Tom Peters

Jenseits der Hierarchien
Liberation Management

Tom Peters

Jenseits der Hierarchien Liberation Management

Deutsch von Team Ursel Reineke

ECON Verlag
Düsseldorf · Wien · New York · Moskau

Für

Percy Barnevik, der jegliche Form der Bürokratie
für überflüssig hält,

Friedrich August von Hayek,
der die Märkte liebte,

Dennis Luther, der Gefangene achtet,

Hans Beck, der Qualität erkennt,
wenn er sie sieht,

Tom Strange und Joe Tilli, die zu Weltmeistern
des Verkaufens geworden sind,

Chris Goddard, ein »Informations«-Wunder,
der weiß, was Service bedeutet,

Anita Roddick, die glaubt, daß Spaß und
Geschäft sich nicht ausschließen müssen,

Mike Walsh mit den eisernen Nerven und

Ted Turner, der spinnt.

Inhaltsverzeichnis

Mit schnellen PCs, digitalem Fernsehen, Kabel- und Funkfrequenznetzen hoher Bandbreite brechen die sogenannten postindustriellen Gesellschaften zu einer Reise in die »permanente Kurzlebigkeit« auf.
Michael Benedikt,
Cyberspace: First Steps

Kürzlich sprach ich mit einem führenden japanischen Währungsspekulanten und fragte ihn nach seinem Erfolgsgeheimnis. Seine Antwort: »Da gibt es viele Faktoren, manche sind kurzfristiger, manche mittelfristiger und einige langfristiger Natur.« An dieser letzten Gruppe war ich besonders interessiert und wollte wissen, an welche Zeiträume er dabei dachte. Er schwieg ein paar Sekunden und meinte dann sehr ernst: »Langfristig? Oh, das sind etwa zehn Minuten.« Das ist das Wirtschaftstempo unserer Zeit.
Toyoo Gyoten,
Changing Fortunes

Die Fortune 500 sind Schnee von gestern.
Peter F. Drucker,
Fortune, 20. April 1992

Vorwort

Das Buch *Jenseits der Hierarchien/Liberation Management* erscheint fast auf den Tag genau zehn Jahre nach der Veröffentlichung von *In Search of Excellence* (dt. *Auf der Suche nach Spitzenleistungen*, 1984). Viele Leser jenes Buches meinten, es habe die amerikanische Managementpraxis bestätigt (zu einer Zeit, als japanische Ansätze die große Mode waren). Ich glaube, daß das nicht stimmt. Die *Suche* war ein Rundumangriff auf die Unmäßigkeit des »rationalen Modells« und des »Paradigmas der Geschäftsstrategie«, die die Managementdenkweise der westlichen Welt beherrschten. Was das Buch damals riet, war vielmehr eine Rückkehr zu den Grundprinzipien: dem Kunden Aufmerksamkeit widmen (Kundennähe), ein bleibendes Engagement für Menschen (Produktivität durch Menschen) und die Zelebrierung des Prinzips »Probieren geht über Studieren« (Primat des Handelns).

Es spielt jedoch keine Rolle, ob mein damaliger Ko-Autor Bob Waterman und ich für oder gegen das Management Partei ergriffen, es gibt nämlich Wichtigeres, beispielsweise den Hinweis auf einen gewaltigen Fehler, der zwischen den Zeilen versteckt lag: In der *Suche* wurden die Exzesse der leidenschaftslosen »modernen Managementpraxis« verurteilt, auf der anderen Seite aber wurden große Fertigungsunternehmen gefeiert. Mit der Begeisterung für IBM und mehr als einer Verneigung vor General Motors haben wir das technokratische Unternehmen ganz generell gutgeheißen – also die Institutionen, die der Wirtschaftswissenschaftler John Kenneth Galbraith vor noch nicht allzulanger Zeit als »beinahe perfekte Instrumente« zur Verwirklichung des amerikanischen Wirtschaftsschicksals bezeichnet hatte. Täuschen wir uns nicht! Bob Waterman und ich sind in den fünfziger und sechziger Jahren geprägt worden, und wir gehörten zu Galbraith' Nachkommen!

Fünf Jahre später erklärte ich: »Es gibt Spitzenfirmen« (*Thriving on Chaos*, 1987; dt. *Kreatives Chaos*, 1988). Ich meinte – und so hatten sich damals auch viele andere geäußert –, daß die Zeit, und dazu noch eine sehr kurze Zeit, mit manchen der beinahe perfekten Instrumente aus der *Suche* nicht besonders gut umgesprungen war. So geläutert, erklärte ich also im Jahre 1987 die »Flexibilität« zum Schlagwort für die neunziger Jahre. Es war ein Anfang. Der noch zurückzulegende Weg aber war sehr viel länger und hatte sehr viel mehr Kurven, als ich mir vorgestellt hatte. Das Wort *»Revolution« (Handbook for a Management Revolution*) erschien zwar als Untertitel zu *Thriving on Chaos*, im nachhinein aber glaube ich nicht, daß es ein revolutionäres Buch war. (Viele Leser dachten dies allerdings sehr wohl. Man muß jedoch alles im Zeitzusammenhang sehen: Der beschriebene Appell zur Kundennähe aus *Auf der Suche nach Spitzenleistungen* wurde 1982/1983 als »revolutionär« aufgefaßt.) Ich hoffe, dieses Buch *ist* revolutionär.

Und wie sieht die neue Definition der Revolution aus? Im Einführungsteil dieses Buches, der unter dem Titel »Der Zwang zur Desorganisation« steht, werden wir Percy Barnevik begegnen, der bei der Fusion der schwedischen Asea mit der schweizerischen Brown Boveri die Stabsmitarbeiter in der Schweiz ganz schnell von 4000 auf ca. 200 reduzierte (eine ähnliche Straffung hatte er bei Asea wenige Jahre zuvor bereits schon einmal bewerkstelligt). Kann es denn möglich sein, daß von jeweils 40 »Stabsmitarbeitern« 38 Ballast waren? – Aber ja doch!

In diesem Buch steht die »Organisationsstruktur« an erster Stelle, und die Kunden kommen erst zuletzt an die Reihe. Da ist ein großer Umschwung nach *Auf der Suche nach Spitzenleistungen, Leistung aus Leidenschaft* und *Kreatives Chaos* (»Struktur«themen nahmen in jenen Büchern nur zwei Prozent des Raumes ein, in diesem Buch sind es über fünfzig Prozent). Heißt das, daß die Kunden von meinem Radarschirm verschwunden sind?

Wohl kaum! Meine Botschaft zur Kundennähe war, so weit sie ging, genau richtig. Dennoch muß ich ein *mea culpa* anbieten: Wenn Sie all die für die Kundennähe wichtigen Dinge getan haben werden, um die ich in meinen ersten drei Büchern flehte

(Erledigungslisten, die insgesamt mehrere hundert Punkte umfaßten), bin ich nicht sicher, daß Sie in fünf Jahren »näher« am Kunden sein werden als heute. Sie werden niemals mehr Nähe erreichen, wenn Sie nicht, wie Barnevik, auch die übergeordnete Unternehmensstruktur niedergerissen haben. Sie werden nur dann Ihren Zielen näherkommen, wenn Sie wie der frühere Chef der Union Pacific Railroad, Mike Walsh (Kapitel 7), eine Organisation mit 30 000 Mitarbeitern schnell auseinandergliedern (Walsh gelang dies in 90 Tagen). Tatsache ist folgendes: Die Aussage von früher bedeutete, den Karren meilenweit vor das Pferd zu spannen, wobei das Pferd für den enormen Widerstand der Struktur stand, aufgrund derer selbst die intensivsten Bemühungen um Kundennähe, die 90 Prozent der progressiven Unternehmungen in den achtziger Jahren unternahmen, zum Possenspiel wurden. Sie müssen also zuerst das tun, was unsere beiden kühnen Beispielhelden als erstes getan haben – und dann erst können Sie die ganze Sache mit der »Kundennähe« verfolgen.

Kundennähe verfolgen – ja . . . und nein. In bestimmter Hinsicht würde ich heute nämlich raten, so manches Mal dem Kunden *nicht* zuzuhören, und darin liegt die eigentliche Revolution. Dieses Buch ist von einem einzigen Begriff beseelt: »*Mode*«. Die Lebenszyklen von Computern und Mikroprozessoren sind von Jahren auf Monate zusammengeschrumpft. Im Lebensmittel- und Drogeriebereich erscheinen jede Woche 250 neue Produkte in den Regalen der (amerikanischen) Einzelhandelsgeschäfte. Selbst die Werkstoff-, Chemie- und pharmazeutische Industrie ist auf Haute Couture eingeschwenkt – mit immer neuen Produkten, von denen jedes einzelne sorgfältig abgestimmt ist auf die sich ständig verändernden und immer spezifischeren Wünsche der Kunden.

All dies bedeutet, daß wir uns sehr viel enger mit unseren Kunden (und vielen anderen zeitweiligen »Netzwerk«-Partnern) beschäftigen müssen, als ich noch vor zehn Jahren geglaubt hatte. »Symbiose« ist hier der Begriff, den ich bevorzuge, ein Begriff, dem Sie auf diesen Seiten immer wieder begegnen werden. Wer aus der Menge herausragen will, muß auch mit seiner eigenen Muse und den Ideen gewiefter Partner aus aller Welt kommunizieren, um so aufsehenerregende Produkte und Dienstleistungen zu schaffen, die Bedürfnissen entsprechen, von denen die Kunden noch nicht einmal geträumt hätten (und solche Bedürfnisse sind selbst der klügsten »Marktforschung« nicht zugänglich und können von ihr auch gar nicht ans Licht gebracht werden.)

Die Idee der Mode beunruhigt viele auf herkömmliche Weise arbeitende Führungskräfte, wie wir bald sehen werden. Sie fordert Befreiung, sie fordert, daß jeder mit Flair und Bravour arbeitet und atemberaubende Fehlschläge genauso beharrlich verfolgt wie Erfolge. Wir *alle* sind in der Alta Moda Mailands und der Filmbranche Hollywoods tätig. (Daher nehmen Organisationen wie CNN einen prominenten Platz in diesem Buch ein. Sie sollen solchen Unternehmen wie DuPont oder GM als Musterbeispiele dienen.)

Befreiung steht auch noch in einem anderen Sinn im Zusammenhang mit Mode. Um eine ganze Menge maßgeschneiderter Lösungen für flüchtige Kundenprobleme anbieten zu können, ist die Kunst schneller Veränderungen innerhalb unserer Produktionsreihen erforderlich. Damit sind der Pirat und der Spieler in uns allen angesprochen. Gefordert sind unser gesamter Verstand und alle menschliche Vorstellungskraft und Phantasie. Kurz: So wie der Dienstleistungssektor wächst und die Dienstleistungskomponente in der Fertigung immer mehr dominiert, ist jeder von uns im »Brainware-Geschäft« tätig.

Jenseits der Hierarchien ist unter anderem Tom Strange und Joe Tilli gewidmet. Sie üben in einem Unternehmen der Schwerindustrie eine Basisfunktion aus. Beide sind mit Leib und Seele Lastwagenfahrer. Sie sind aber auch noch etwas anderes: Ihr Arbeitgeber, Titeflex, Hersteller von High-Tech-Schläuchen (Kapitel 5) hat die Zykluszeit von der Bestellung bis zur Auslieferung von zehn Wochen auf einige wenige Tage reduziert, indem er ein Unternehmen mit 500 Mitarbeitern in Einheiten zu jeweils rund sechs Personen untergliederte und – wie auch bei Asea Brown Boveri – die Reihen der Mitarbeiter in zentralen Stabspositionen lichtete. Am besten zum Ausdruck kommt die neue Titeflex in ihrem »Schnellen Eingreifteam«, das von Strange und Tilli verkörpert wird. Ihnen gelingt es beispielsweise, für Boeing oder General Electric die schnellsten Eilaufträge auszuführen. Von der Kundenanfrage bis zum Verladen der Erzeugnisse dauert es gerade drei bis vier Stunden. Dazu müssen Tom und Joe kräftig anpacken und auch ein paar Schläuche schleppen. Worauf es aber ankommt, ist, daß sie Mehrwert durch »Brainware« schaffen. So wie ich es sehe, unterscheiden sie sich nicht allzusehr – oder

überhaupt nicht? – von den Beratungsteams bei McKinsey & Co., zu denen auch ich vor fünfzehn Jahren gehörte. Sie sind nicht einfach nur »zwei Paar Hände«, die mit anpacken, sie sind vielmehr ein komplettes professionelles Service- und Auslieferungsteam!
Strange und Tilli sind sozusagen unser neues Paradigma, unser neues Modell, unsere neue Metapher (und es werden noch viele Metaphern vorgestellt – Jahrmärkte, Spinnengewebe usw.). Sie sind wahrhaftig befreit von herkömmlichen Hierarchien – an alten Normen gemessen, auch an denen aus *Kreatives Chaos.* Außerdem arbeiten sie in einem Unternehmen, das, im Lichte von gestern gesehen, äußerst desorganisiert ist – notwendigerweise desorganisiert. Sie sind genauso Geistesarbeiter wie die Programmierer von Microsoft und genauso eigenständig und genauso verantwortlich wie die rund 5000 aus zehn Personen bestehenden Teams bei EDS im Bereich der Informationssysteme (Kapitel 2).
Unternehmen, die auf Geistesarbeit basieren, haben einen im Vergleich zu den Firmen von gestern (1982!) ätherischen Charakter, und das ist noch milde ausgedrückt. Stechuhren haben darin beim besten Willen keinen Platz. Und Einmischungen von seiten der Zentrale sollten Seltenheitswert haben. Strange und Tilli werden, genauso wie ihre Kollegen bei Microsoft, EDS, CNN – und wie die Mitglieder meines Teams bei der Entwicklung dieses Buches bei Knopf/Random House –, dort hingehen, wo sie hingehen müssen, um Mehrwert zu schaffen, und das tun, was sie tun müssen, um die anstehende Arbeit schnell zu tun. Befehle zu bellen ist *out.* Neugier, Initiative und Phantasie sind *in.*
Seit einem Vierteljahrhundert fühle ich mich beruflich im Silicon Valley zu Hause, und dieses Tal steht wohl zu Recht in dem Ruf, dies seien die 1300 fruchtbarsten Quadratmeilen der Weltwirtschaft. Es ist aber auch ein Rummelplatz. All meine Annahmen über »Organisationen« habe ich revidiert, als ich beobachtete, wie erfolgreich sich hier alles entwickelte. Silicon Valley hat sich seinen Weg in das Bewußtsein unseres Planeten gebahnt, zum großen Teil durch Fehlschlag über Fehlschlag, über Fehlschlag (und damit einhergehend durch noch mehr Erfolge – Erfolge, die meistens Nebenprodukte der erstaunlichsten Fehlschläge waren). Es ist aufschlußreich, darüber nachzudenken, wie Silicon Valley seinen Coup gelandet hat. Es läßt vielen Menschen eine große

Dosis Freiheit zukommen, und – weiß Gott – Silicon Valley ist desorganisiert. Ich lebe mittendrin in diesem Tal, und so mußte ich schließlich einsehen, daß es an der Zeit war, sich von den alten Vorstellungen zu trennen und sie ganz und gar zu zerpflücken. Als ich von etwa 1978 bis 1982 an *Auf der Suche nach Spitzenleistungen* arbeitete, wandte ich meine Augen meistens gen Osten (Detroit usw.), konzentrierte ich mich auf die großen Hersteller der Vergangenheit. Jetzt hat sich mein Blick verlagert, und diese Verlagerung hat es mir ermöglicht, mich näher mit verrückten Visionären und einer ganzen Reihe von wilden und abwegigen Bestrebungen zu beschäftigen, aus denen heute der größte Teil des Wirtschaftswertes in hochentwickelten Volkswirtschaften entsteht.

Dieses Buch zu schreiben war Agonie. Endlich habe ich die Überbleibsel aus dreißig Jahren traditioneller Denkweise abgeschüttelt. (Manche haben offensichtlich schon unsere früheren Bücher als verrückt-chaotisch betrachtet. Ich bin nicht der Meinung.) Dieses Buch zu schreiben war auch Ekstase. Ich habe mir das ungetrübte Vergnügen geleistet, mich an dem Durcheinander der Marktwirtschaften zu erfreuen, die ihre Kraft von Mondsüchtigen und Träumern beziehen und von Fehlschlägen viel mehr angetrieben werden als von Erfolgen. Wenn dieses Buch seinem Titel gerecht wird und es für Sie genauso befreiend ist, es zu lesen, wie es für mich war, es zu schreiben, dann glaube ich, war meine bescheidene Arbeit der Mühe mehr als wert.

Willkommen an Bord! Ich hoffe, wir unternehmen eine aufrüttelnde Fahrt durch die vor uns liegenden Seiten.

Tom Peters
Palo Alto, Kalifornien

Teil I

Der Zwang zur Desorganisation: Die neuen Vorbilder

1. Kapitel

Modetrends, Unbeständigkeiten und Schnellebigkeit

Zuerst kam Nikes Air Shoe, dann der Reebok Pump. Und jetzt haben wir den Puma-Sportschuh mit dem Puma-Disc-System. Schnürsenkel und Zunge können wir vergessen. Das Disc-System ist vielmehr eine »Verschlußeinheit«, die wie die Scheibe an einem Skistiefel gedreht wird, eine »anatomisch vorgeformte Kompressionseinheit«, die an Stelle der Zunge tritt und durch »lateral stabilisierende Elemente« für optimale Paßform sorgt. Und das alles für bloß 125 Dollar pro Paar.
Joseph Perera, The Wall Street Journal, 31. Oktober 1991

Ihr im Westen haltet die Produkte [der Konsum-Elektronik] für Gebrauchsgüter *und Dinge, die lange halten. Konsum ist für Euch ein Akt, den Ihr stoßweise, von Zeit zu Zeit, unternehmt. In Japan ist der Verbrauch ein ständiger Kreislauf, in dem neue Produkte an die Stelle von alten Produkten treten. Alles befindet sich in einem Prozeß des Wandels. Nichts ist fortdauernd. Wir sind nicht auf der Suche nach dem ewig Bleibenden.*
Mabatoshi Naito, Chefkonstrukteur, Matsushita
Financial Times, 3. September 1991

Microsofts einziges Fertigungskapital ist die menschliche Phantasie.
Fred Moody, New York Times Magazine, 25. August 1991, über Bill Gates (35), der mit 14 seine ersten beiden Software-Unternehmen gründete.

Wir versuchen, immer mehr Intellekt und immer weniger Material zu verkaufen.
George Hegg
Vorstandsmitglied für strategische Planung bei 3M
The Economist, 30. November 1991

Mitte der achtziger Jahre fiel Sony-Chef Akio Morita bei jeder Gelegenheit über die Amerikaner her. Er beschuldigte sie, die Fertigung zu vernachlässigen und dadurch ihre Firmen auszuhöhlen. Womit er durchaus recht hatte. Die Botschaft dieses Buches aber läßt sich vielleicht am besten mit dem neuen Akio Morita symbolisieren. Sony, Hardware-Hersteller par excellence, unterzeichnete im März 1991 einen Milliarden-Dollar-Vertrag – mit dem amerikanischen Pop-Star Michael Jackson. Und wo wir schon von Software-Orientierung sprechen: Dies war nicht Sonys erster Schritt in Richtung »soft«. Im Jahre 1988 gab Sony 2 Milliarden Dollar für CBS Records aus. 1989 zahlte das Unternehmen 3,4 Milliarden Dollar für Columbia Picture. Diese Extravaganzen wurden bald schon von einem weiteren japanischen Hardware-Unternehmen, Matsushita, übertroffen. Auch dieses Unternehmen orientierte sich hin zur Software und übernahm Ende 1990 MCA/Universal zum Preis von 6 Milliarden Dollar. Dazu meinte Bill Pade von McKinsey & Co.: »Im großangelegten Geschäft mit Software ist sehr viel mehr Geld zu verdienen als im herkömmlichen Hardware-Geschäft.«

O ja, Mode!

Die Schlagzeile lautete: »Calvin Klein [amerikanischer Modeschöpfer]: Vorankündigung seiner Modelinie für den Herbst«. Überraschend klingt das nicht – nur, ich habe diese Überschrift erfunden. Die Überschrift in der Ausgabe des *Wall Street Journal* vom 3. September 1991 hieß tatsächlich: »IBM: Vorankündigung der Produktlinie für den Herbst«. Mode! Wie soll man das sonst bezeichnen?

- Neue Lebensmittelprodukte werden, wie die *New York Times* im September 1991 berichtete, als »Software für die Mikrowelle« bezeichnet.

- In den letzten zehn Jahren, berichtet der Wirtschaftswissenschaftler Taichi Sakaiya in *The Knowledge-Value Revolution*, ist die Zahl der Behältertypen, in denen Bier verkauft wird, von acht auf über 130 gestiegen.
- Wenn Sie in Ihre Apotheke gehen, finden Sie möglicherweise 41 Sorten Tylenol! In einem Artikel der *San José Mercury News* vom 1. Oktober 1991 mit der Überschrift »Designer-Mäuse« wird berichtet, wie die Suche nach und die Entwicklung von Arzneimitteln für die Behandlung immer präziser definierter Beschwerden immer mehr maßgeschneidert und immer spezifischer wird. Dies ist eins der Wunder der Revolution in der Biotechnologie.
- »Sogar« Werkstoffe werden neu erfunden. Hierzu heißt es in der *Time* (26. November 1990), es gehe um »eine neue Kategorie hochgezüchteter Substanzen, die als Verbundwerkstoffe bezeichnet werden. Diese neuartigen Bausteine sind im Grunde genommen futuristische Versionen der Werkstoffe Metall, Glas, Kunststoff und Keramik, die wir heutzutage kennen. Anders als diese herkömmlichen Stoffe werden die neuen Werkstoffe mit Zusätzen versehen, die ihre Leistung enorm steigern oder ihnen neue Eigenschaften verleihen. Durch die Einarbeitung steifer Kohlenstoffasern ist es den modernen Alchimisten beispielsweise gelungen, Kunststoffe zu entwikkeln, die bis zu zehnmal stabiler sind als herkömmliche Kunststoffe. Und durch die Vermischung von Kupfer mit Zink und Aluminium haben die Wissenschaftler ein Metall mit ›Gedächtnis‹ entwickelt: Der Stoff kehrt nach Biegen oder Drehen in seine Ausgangsform zurück. All diese Werkstoffe werden meistens im Computer entwickelt. Dort kann man genau analysieren, wie die Moleküle verschiedener Stoffe zueinanderpassen werden. So lassen sich komplexe Verbundstoffe für spezifische Werkzeuge maßschneidern. Aufgrund dieses Potentials ist der Bereich Werkstoffe zu einem der am härtesten umkämpften High-Technology-Bereiche geworden.«
- In der Märzausgabe 1992 des *Mobile Office* – einer Monatszeitschrift für den vielreisenden Manager – war eine ziemlich sexistische Anzeige abgedruckt. Über etwa 90 Prozent der Seite erstreckte sich ein Foto, das eine sehr schlanke, doch kurvenreiche Frau in einem leuchtendvioletten Badeanzug von den

Schultern bis zu den Schenkeln zeigte: »Wenn Sie einen schlanken Körper wollen, rufen Sie Audiovox an.« Es war eine Anzeige für ein sehr schlankes (und sehr kurvenreiches) Funktelefon.

- Grid Systems, dessen hervorragende tragbare Computer im Golfkrieg an der Front eingesetzt wurden, »brachte seinen ersten wie ein Täschchen tragbaren und mit einem Griffel zu bedienenden Computer unter dem Namen PalmPad heraus« (*The Wall Street Journal*, 20. März 1992). Dazu gehört ein Trageband, so daß sich der Besitzer den Computer nur um den Arm zu hängen braucht. Im übrigen wurde der PalmPad bei einer Modenschau in New York vorgestellt. Dazu meinte Innovationsexperte Michael Schrage: »Ab einem bestimmten Punkt sind tragbare Medien wie Telefone, Computer und Terminplaner keine funktionalen Objekte mehr, sondern nur noch modische Accessoires.«

Die Verlagerung zur Soft-Orientierung

Insgesamt ist die Definition sämtlicher Produkte und Dienstleistungen im Wandel begriffen. Alles geht in Richtung weich, weicher, am weichsten, in Richtung Unbeständigkeit, Kurzlebigkeit, Mode. An der Spitze sehen wir eine explosionsartige Vermehrung neuer Wettbewerber, einen steigenden Lebensstandard in den hochentwickelten Teilen der Welt und immer präsente (aber noch in den Kinderschuhen steckendc) neue Technologien. Kein Teil der Welt bleibt von diesem Wahnsinn ausgenommen. Im Wirtschaftsteil meiner Lokalzeitung fand ich folgende Überschrift: »Nur die Lebensmittel weisen darauf hin, daß dies ein Supermarkt ist.« Es folgte die Geschichte über Draeger, ein großes Lebensmittelgeschäft in Menlo Park. Nach einer 10-Millionen-Dollar-Renovierung ist der »Laden« jetzt eine Kreuzung zwischen Disneyland und Tiffany – und die Lebensmittel, die man dort kaufen kann, sind das »Draeger-Erlebnis«. Und, oho, in derselben Woche brachte dieselbe Zeitung einen Artikel über die Buchhandlungen am Ort. Die Überschrift lautete: »Die Buchhandlungen schlagen eine neue Seite auf«. Mit dieser »neuen Seite« waren die Mehrwert-»Dienste« gemeint: Lesungen be-

kannter Autoren, Kaffeebars, Weinbars, die sie anbieten müssen, um wettbewerbsfähig bleiben zu können. Ja nun – und was ist mit den Büchern?
Das muß man erst noch übertreffen: Kalifornische Rosinen werden lautstark von einer Promotiongruppe mit dem Namen »California Raisins« beworben. Diese Raisins erzielten 1989 aus persönlichen Auftritten und Lizenzgebühren für T-Shirts und sonstige Accessoires höhere Erlöse als die Rosinenfarmer aus dem Verkauf ihrer »harten« Produkte – nämlich ihren Rosinen. (Natürlich ist das noch zu übertreffen. Am Sonntag, dem 6. Oktober 1991 heiratete Liz Taylor zum achten Mal. Wem es gelang, in das Festzelt zu kommen und ein Foto von der Zeremonie zu schießen, hätte mit Leichtigkeit eine Million Dollar dafür erlösen können. Im bizarren Konkurrenzkampf der Regenbogenpresse schoß der *Globe* den Vogel ab. »An unserem Kommandoposten mit Blick über den historischen Foxen Vineyard wird der Globe zwei Hubschrauber, einen Tankwagen mit Bodenbesatzung, ein fahrbares Fotostudio, Funktelefone, Walkie-talkies und ein Zelt für Gäste bereithalten«, ließ Mary Ann Norbom in Los Angeles verkünden.)
Diese Entwicklung ist ein Angriff auch auf Sie! Sie können sich nicht davor verstecken. Während ich mich auf ein längeres Seminar vorbereitete, stieß ich auf drei Artikel in drei verschiedenen Zeitschriften, die am selben Tag in meinem Briefkasten gelandet waren. Im *Economist* vom 14. September hieß es: »Coca-Cola ist gestolpert, während Pepsi im Rampenlicht glänzt . . . Coke setzt seine Karte jetzt auf eine Talentschmiede aus Hollywood, die ihm dabei helfen soll, wieder in den Mittelpunkt zu rücken . . . Die Creative Artists Agency, die viele der größten Filmstars der Welt vertritt, wird Coca-Cola als globale Medienberatung dienen.« In der *Time* vom 23. September 1991 heißt es: »Das Jeans-Genie [Calvin] Klein pumpt jede Menge Geld und Kontroversen – aber nicht viele Jeans – in eine [116seitige] Zeitschriftenbeilage.« Und die Zeitschrift *Newsweek* vom 23. September 1991 bringt folgende Überschrift: »Kalifornien träumt . . . Ideen für die Autos der Welt kommen nun aus Konstruktionsstudios in und um (wo sonst?) der Trendsetter-Stadt L.A.«
So ist also Coca-Cola zu dem Schluß gekommen, daß der Multi-Milliarden-Kampf um die Köpfe der Verbraucher davon abhängt, mehr Filmstars schneller für sich zu verpflichten. Calvin Klein

gibt Megasummen für ein 116-Seiten-Magazin mit Bildern voller Sex-Appeal aus, auf denen aber nur wenige Jeans zu sehen sind. (Der Star unter den Cadillac-Händlern, Carl Sewell, macht sich häufig nicht einmal mehr die Mühe, das Auto überhaupt in seinen Verkaufsräumen auszustellen. Er verkauft Ambiente und Kundenfreundlichkeit, das Auto selbst ist nur zufälliges Nebenprodukt.) Natürlich findet der Kampf um die Vorherrschaft im immer noch riesigen Automobilmarkt heute tatsächlich in den Konstruktionsbüros in den Hügeln über Santa Monica, Kalifornien, statt. Die kalifornischen Träume brachten uns unter anderem den Lexus und den Infiniti. (Ironie der Geschichte – und traurige Tatsache zugleich – ist, daß die japanischen Automobilfirmen noch vor Detroit in Los Angeles mit Konstruktion und Design begannen.)

Damit Sie nicht glauben, daß auch ich dem kalifornischen Traum erlegen bin, sollten Sie sich mit einem Leitartikel der *Harvard Business Review* aus dem Jahre 1991 beschäftigen. Andy Rappaport, der Guru der Computerbranche, und sein Kollege Shmuel Halevi verkündeten den Sieg der unbeständigen und kurzlebigen Software über die solide Hardware unter der Überschrift: »Das computerlose Computer-Unternehmen«. Im Jahre 2000, schrieben die Autoren, seien »die erfolgreichsten Computer-Unternehmen diejenigen, die Computer kaufen, aber nicht diejenigen, die sie bauen. Die Marktführer werden phantastisch billige und mächtige Hardware dazu benutzen, neue Anwendungen zu schaffen und zu liefern, sie werden Vorreiter sein bei der Erarbeitung neuer Computerlösungen und werden ihr Wissen in der Distribution und Integration so nutzen, daß sie ihre Kunden auf Dauer beeinflussen . . . Das strategische Ziel der amerikanischen Unternehmen sollte nicht sein, Computer zu bauen. Ihr Ziel sollte es vielmehr sein, nachhaltige Werte in Zusammenhang mit der Computerei zu schaffen« – die, wie die Autoren klarstellen, aus der Software erwachsen.

»Soft« ist der Motor, der die neue Modewelt antreibt. Dazu gehören die Werkzeuge zur Schaffung des »modischen« Endproduktes (CAD, computer-aided design – rechnergestützte Entwicklung und Konstruktion; CAM, computer-aided manufacturing – rechnerunterstütztes Fertigen; CAE, computer-aided engineering – computerunterstützte Entwicklung und Konstruktion; CASE, computer-aided software engineering – rechnergestützte

Software-Entwicklung; CIM, computer-integrated manufacturing – computerintegrierte Fertigung usw.) ebenso wie die Instantverbindungen zwischen Herstellern, Zulieferern und Distributoren. Sie laufen unter dem Namen Electronic Data Interchange (EDI – elektronischer Datenaustausch), wodurch die zur Erledigung der Aufgaben benötigte Zeit drastisch komprimiert wird – und die Mode erst möglich macht. Es ist die in die Produkte eingebettete Intelligenz oder vielmehr die in die Mikroprozessoren eingebettete Intelligenz, die wir heute fast überall finden – von der Toilette über den elektronisch gesteuerten Einkaufswagen bis zum Küchenherd.

»Soft« ist heutzutage Schwerpunkt für Industrie und Design und Nutzerfreundlichkeit. »Soft« ist auch der Schwerpunkt der neuen Methoden des Zielgruppenmarketings mit relationalen Datenbanken, die aus Expertensystemen abgeleitet werden (Nintendo kann so beispielsweise die Entwicklung von Millionen von Kunden verfolgen und Dinge anbieten, die deren individuellen Bedürfnissen entsprechen). »Soft« ist auch der »Unterhaltungs- und Erlebniswert«, der heutzutage allem und jedem beigegeben wird – siehe die »California Raisins« oder das lokale Lebensmittelgeschäft in Form des Schlosses von Versailles.

Selbstverständlich wird das materielle Gut, wie es Taichi Sakaiya ausdrückt, von der Bedeutung her zusammenschrumpfen. Es wird lediglich Behältnis oder Vehikel für den Wert des Wissens sein, der in ihm steckt.

All dies zu begreifen, ist für den Manager herkömmlichen Zuschnitts verdammt hart und herzzerreißend. Auch ich zähle mich zu dieser Gruppe. Von meiner Berufsausbildung her bin ich Tiefbauingenieur. Meine Welt war der Bau von Brücken, Deichen und anderen Großobjekten. Danach erhielt ich eine betriebswirtschaftliche Ausbildung, in der die nackten, kalten Zahlen und ausschließlich die Fakten zählen. Heute aber leben wir in einer Umwelt, über die ein Manager so richtig sagte: »Wenn du es anfassen kannst, ist es unwirklich.«

Folgendes Beispiel mag zur besseren Veranschaulichung dienen: Der berühmte Dow-Jones-Index beruht auf einem Korb von 30 Aktienwerten, die insgesamt den Durchschnitt der Wirtschaft repräsentieren. Ab Mai 1991 zählte USX (U.S. Steel, bis sich das Unternehmen dazu einschloß, ein »softeres« Image zu verbreiten) nicht mehr dazu, genausowenig wie Navistar (der neue weichere Name für International Harvester), ein Unternehmen, das seit seiner Gründung in die Berechnung des Index einging. Was glauben Sie, welche zwei Firmen an die Stelle dieser beiden traten? Es waren Disney und J. P. Morgan. Sagt Ihnen das, wohin der Hase läuft?

Eine Geschäftswelt, in der alles auf die »weiche« Tour geht, alles auf »Unbeständigkeit« und »Mode« setzt, eine Welt, in der Disney und J. P. Morgan (Unterhaltung und Finanzdienstleistungen) an die Stelle von USX und Navistar (Stahl und Lastkraftwagen) auf dem Dow-Jones-Index getreten sind – ist für die meisten unter uns eine verrückt gewordene Welt. Wie aber soll man eine verrückt gewordene Welt bewältigen, wenn nicht mit verrückten Organisationen und völlig verrückten Mitarbeitern? Meine kurzgefaßte Antwort lautet: Nur damit geht's!

Verrückte Organisationen

Wettbewerb ist heute ein »Bewegungskrieg», in dem der Erfolg abhängig ist von der Vorherahnung von Markttendenzen und der schnellen Reaktion auf sich wandelnde Kundenbedürfnisse. Erfolgreiche Wettbewerber gehen blitzschnell in Produkte, Märkte und manchmal sogar in eine ganze Branche hinein – und wieder aus ihr heraus . . . Ein Prozeß, der eher einem hyperaktiven Videospiel gleicht als einem Schachspiel. In einer solchen Umwelt ist die Quintessenz der Strategie nicht die Struktur der Produkte und Märkte eines Unternehmens, sondern die Dynamik seines Verhaltens.

George Stalk, Philip Evans und Lawrence E. Shulmann,
Competing on Capabilities:
The New Rules of Corporate Strategy
Harvard Business Review, März/April 1992

Die Menschen glauben, der Präsident müsse der Hauptorganisator sein. Nein, der Präsident ist der Hauptdesorganisator. Alle »managen« ganz ordentlich; sobald etwas falsch läuft, handeln sie

sofort, um sicherzustellen, daß nichts noch einmal falsch läuft. Das Problem besteht jedoch darin, daß so auch nie etwas Neues passiert.
Harry Quadracci
Quad/Graphics

Mitarbeiter, die versuchen, ihren Job fest im Griff zu halten, merken nicht, worauf es ankommt. Sie erkennen nicht, warum sie überhaupt eingestellt wurden, nämlich, um zu den molekularen Tätigkeiten der Zeitschrift beizutragen und dem sich entwickelnden Drama eine neue Schicht der Komplexität hinzuzufügen..
Veronique Vienne zur Unternehmungskultur von Condé Nast
Make it Right, Then Toss it Away, Columbia Journalism Review, 1991

Ich werde mich später in diesem Kapitel noch mit der in Zürich beheimateten ABB (Asea Brown Boveri), Jahresumsatz 30 Milliarden Dollar, befassen. Kein anderes großes Fertigungsunternehmen hat sich so kühn verhalten wie ABB, als es darum ging, sich den Herausforderungen der Zukunft zu stellen. Ein Anhaltspunkt dafür ist die Tatsache, daß das Unternehmen die traditionelle Zentrale auf ein Minimum zusammengeschrumpft hat. Als die schwedische Asea 1987 mit der schweizerischen Brown Boveri fusionierte, beschäftigten beide Firmen zusammen 4000 Mitarbeiter in ihrer Firmenzentrale. Innerhalb eines Jahres wurde diese Zahl auf ca. 200 zurückgefahren! Das erfolgreiche britische Unternehmen BTR erzielt mit 500 Profit Centers und spartanischen 47 Mitarbeitern in der Zentrale einen Umsatz von 12 Milliarden Dollar. Chairman Richard Branson leitet Virgin Group, einen Multi-Milliarden-Dollar-Konzern (Unterhaltung, Immobilien, eine Fluggesellschaft), ohne Hauptverwaltung, nur mit einem »Zentralstab«, wenn man die Definition eines Stabes im weitesten Sinne auslegt, der fünf Mitarbeiter umfaßt.
Aus diesen und ähnlichen Beispielen habe ich das abgeleitet, was ich als die *»Fünferregel«* bezeichne: Höchstens fünf Mitarbeiter in der Hauptverwaltung eines Unternehmens pro Milliarde Umsatz

(in Dollar)! Auch wenn es komisch klingt, mir ist es ernst damit. Nur eine unbeständige, dezentralisierte Operation wird in einer unbeständigen, dezentralisierten, globalen Wirtschaft bestehen können. Ein grundlegendes Element der Dezentralisierung ist die Auflösung zentraler Stäbe. In einer unbeständigen Wirtschaft zu behaupten, man könne aus dem Zentrum heraus »managen«, ist arrogant. Was man höchstens tun kann, ist, die Energie der untergeordneten Einheiten freizusetzen, untergeordnete Einheiten dazu anzuhalten, immer wieder neue Einheiten auf den Weg zu bringen – und dann dafür zu beten, daß das Gesetz der großen Zahl auf den Weg zu neuen Marktchancen führen wird.

Magische Zahlen

Um selbst in der Schwerindustrie diesen Trends gerecht werden zu können, hat ABB »desorganisiert«. 215 000 Mitarbeiter wurden auf rund 5000 größtenteils selbständige Profit Center mit im Durchschnitt jeweils 50 Mitarbeitern verteilt. Kleine, selbständige Einheiten – selbst »Einheiten«, die nur aus einer Person bestehen – werden in der Reaktion auf einen unbeständigen Markt die führende Rolle spielen. Daraus resultiert meine »neue Numerologie«. Hier sind beispielsweise einige Schlüsselzahlen, die sich aus über 50 Fallstudien in diesem Buch ergeben.

Eine oder einer:

Ich behaupte, alle sind Unternehmer, alle sind Geschäftsleute, alle Mitarbeiter in einem Großunternehmen sind Manager. Womit wir es zu tun haben, ist der »informierte« einzelne. Der hier angewandte Begriff »informiert« stammt von Prof. Shoshanna Zuboff, Harvard University, *In the Age of the Smart Machine*. Der Mitarbeiter eines solchen Unternehmens ist mit Handlungsvollmachten ausgestattet – ein Thema, das andere und ich schon sehr ausführlich behandelt haben – und hat außerdem unter anderem über die Informationstechnik Zugang zu sämtlichen Informationen des Unternehmens. Ein Zugbegleiter der Union Pacific Railroad etwa hat heute einen Computer-Terminal in seinem Dienstabteil und kann so selbständig auf jeden Kundenwunsch reagieren.

Zwei-bis-vier:

Das sind für mich die »eigentlichen Mikro-Unternehmen«. Und

dafür gibt es kein besseres Beispiel als die »Versorgungspaare« im Lakeland Regional Medical Center. Krankenpfleger(innen) und medizinisch-technische Assistent(inn)en sind so ausgebildet, daß sie vom Fach des anderen jeweils so viel verstehen, daß sie rund 80 Prozent aller notwendigen Dienstleistungen für einen Patienten verrichten können (Dienstleistungen, für die üblicherweise mehrere Dutzend Mitarbeiter bereitstehen müßten). Dank eines Computer-Terminals im Patientenzimmer kann das »Versorgungspaar« die notwendigen Aktivitäten des Patienten koordinieren, terminieren und managen. Das erstaunlich vielseitige Duo ist soviel wie ein »Mikro-Krankenhaus« innerhalb eines Monsterhospitals mit zahlreichen Betten.

Sieben-bis-zehn:
Wie gut, daß es die autonome Arbeitsgruppe gibt! Die Wurstherstellergruppe bei Johnsonville Foods machen einfach alles – Einstellung und Entlassung von Mitarbeitern, Leistungsbeurteilung, Verwaltung, Verfahrenstechnik, den Investitionshaushalt, ja sogar die strategische Analyse. Der neue Schlüsselbegriff heißt »Autonomie«: Hier geht es um sehr viel mehr als um Gruppen von jeweils sieben Menschen, die Ähnliches tun und sich dabei »selbst managen«.

Drei-bis-zwölf:
Dies ist die absolut wichtigste »Projektgruppe«. Sie ist der fundamentale Ansatz, um wenigstens ansatzweise begreifen zu können, wie mit einer unbeständigen/kurzlebigen Umwelt umzugehen ist. Weitere Erklärungen dafür liefert unsere umfassende Analyse von bis jetzt kaum untersuchten professionellen Dienstleistungsunternehmen. Den Anfang dabei macht EDS (Kapitel 2) mit 65 000 Mitarbeitern. In der Zukunft wird sich fast alle Arbeit in Projektkonfigurationen abspielen. Funktionsstäbe werden vielleicht sogar ganz verschwinden. Das Unternehmen, das professionelle Dienstleistungen erbringt, stellt das beste Überlebensmodell für die Zukunft dar.

12-bis-20:
Dies ist für mich das »Quasi-Unternehmen«. In dem Kapitel mit der Überschrift »Mit Hochdruck arbeiten lernen« werden wir uns genauer mit den Business Development Teams – Geschäftsent-

wicklungsteams – des High-Tech-Schlauchherstellers Titeflex beschäftigen. (Das Unternehmen hat die Frist von der Kundenbestellung bis zur Lieferung von zehn Wochen auf einige wenige Tage reduziert.) Diese BDTs von Titeflex sind de facto kleine Unternehmen, die einen Auftrag vom Eingang bis zur Auslieferung in wenigen Stunden abwickeln können.

40-bis-200:
Erinnern Sie sich noch an die aus jeweils 50 Personen bestehenden »Organisationen« – die unabhängigen Profit Centers – beim Riesenkonzern ABB? Ich glaube, daß es mit der Zahl 50 (mehr oder weniger) in der heutigen unbeständigen Welt etwas Besonderes auf sich hat. Wir werden uns mit den Profit Centers der ABB und einem halben Dutzend weiterer Beispiele aus verschiedenen Branchen genauer beschäftigen. In allen Fällen erweist sich die Gruppierung gemäßigter Größe als erstaunlich effektiv (effizient und flexibel zugleich) und außerdem in der Lage, im Wettbewerb überall mitzuhalten.
Die Betonung auf *kleinen, autonomen Elementen*, manchmal sogar in großen Ansammlungen (z.B. EDS, ABB) ist die Quintessenz der notwendigen Desorganisation. Die Konstruktion und dann immer wiederkehrende Rekonstruktion von Netzen solcher autonomer Elemente/Einheiten/Geschäftsfelder ist die einzig plausible Antwort auf den verrückten Markt von heute.

Professionelle Dienstleistungsfirmen als Modell-»Organisationen«
Ich arbeitete für die große Unternehmensberatung McKinsey. Mein »Aha-Erlebnis« aber hatte ich erst, als ich bei dem Fernsehsender CNN mit Recherchen beschäftigt war. Ich ging damals Daten durch, die Kollegen bei Oticon in Dänemark ermittelt hatten (Oticon hält zur Zeit 60 Prozent am Hörgerätemarkt), und begriff: *Alle Unternehmen werden zu professionellen Dienstleistern.*
Immer wieder versuche ich daran zu denken, den Begriff Organisation in Anführungsstrichen zu setzen, also »Organisation«. Die Firmen, die ihre Software und professionelle Dienstleistungen anbieten, sind nämlich lange nicht mehr der Art, wie sie unsere Großväter kannten. Die effektive »Organisation« der Zukunft wird buchstäblich täglich neu entwickelt werden. Bei

Oticon beispielsweise entscheiden die Mitarbeiter jeden Tag von neuem, worum sie sich jeweils kümmern werden. Sie schauen sich die anstehenden Projekte an und entscheiden dann, mit wem sie zusammenarbeiten und an welchem Schreibtisch sie ihre für den neuen Tag anstehenden Arbeiten erledigen werden. Bei CNN findet jeden Tag um 8.00 Uhr morgens eine 20minütige »Konferenz« mit den neun Außenstellen statt, in denen die Arbeit des Senders für den kommenden Tag festgelegt wird – bis sich alles wieder verändert, was meistens sehr schnell geschieht. Solche seltsamen Verfahren werden und sind in »Hardware«-Unternehmen genauso normal und üblich wie in »Software«-Unternehmen. Oticon ist schließlich Hersteller von Hörhilfen.

Der Ausgangspunkt für die meisten Bücher wie dieses ist eine Untersuchung der aufregenden, wichtigen – *sehr* aufregenden, *sehr* wichtigen – Umwandlung eines Unternehmens und dann die laut verkündete Schlußfolgerung, wie interessant das Ganze ist. Nun, es ist interessant – allerdings nicht interessant genug für die neue, an modischen Trends ausgerichtete und unbeständige Welt. Die wundervolle Neuigkeit heute lautet: Professionelle Dienstleistungsfirmen sind schon seit langem anders organisiert, um eine historisch bedingte unbeständige Umwelt bewältigen zu können.

Wir haben diese »Dienstleistungs«firmen typischerweise immer an der Peripherie gesehen oder, sogar schlimmer, sie für Parasiten gehalten, die von den »Waren«-Produzenten (von Stahl, Automobilen usw.) lebten. Damit ist es vorbei. Solche Unternehmen sind reine »Wissensspiele«, wie es ein Geschäftsmann in der Ölbranche bezeichnen würde, und alle Wirtschaftsorganisationen werden sehr schnell zu »Wissensspielen«. Es geht nicht mehr darum, ob »die Fertigung eine Rolle spielt oder nicht« – die Fertigung selbst ist zu einem beinahe reinen »Wissensspiel« geworden. 75 bis 90 Prozent der Lohnkosten eines typischen Fertigungsunternehmens gehen heute in den Dienstleistungssektor, in »Wissensarbeiter« – in Experten im Bereich Informationssysteme, Konstrukteure, Ingenieure, Finanzexperten, Marketing-Fachleute, Trainer.

Brainware/Knowledgeware/Software/»informierte einzelne«/»verteiltes Wissen« sind die seltsamen Termini, mit denen sich die erfolgreichen Fertigungsfirmen genausogut beschreiben lassen wie solche »Softies» wie EDS, CNN, Chiat/Day/Mojo (die Werbeagentur), Random House, Banana Republic – oder Microsoft, das 1992 einen Gesamtmarktwert erreichte, der höher lag als der von General Motors. Selbst die wenigen Mitarbeiter, die nominal noch in der Fabrik zurückblieben, verbrachten den größten Teil ihrer Tage damit, Computerbildschirme anzuschauen, den Fortschritt statistisch zu verfolgen, in Projektteams mitzuarbeiten, die neue Produkte entwickelten oder alte verbesserten, und man findet sie immer noch bei Routinebesuchen bei Vertriebsniederlassungen und Händlern.

Wenn die Phantasie nicht reicht

Kehren wir zu dem Zitat über Microsoft, das einzige Produktionskapital des Unternehmens sei die menschliche Phantasie, zurück. In Ordnung! Wie aber läßt sich die »menschliche Phantasie« *managen,* wenn das der richtige Begriff ist (und er ist es nicht). Die Antwort: Frag nach bei CNN und Walt Disney, aber nicht bei General Motors, Ford oder IBM.

Die Folgen sind enorm, wenn einem das Ganze nicht richtig gelingt! Die weltweit tätige Allzweckwerbeagentur Saatchi and Saatchi startete Ende der achtziger Jahre eine Kauforgie. Eine Reihe der zugekauften Organisationen erwies sich als Flop. Dazu meinte ein Finanzanalyst in der englischen Zeitschrift *Management Week:* »Die Saatchis haben Schrott gekauft, den es heute eigentlich gar nicht mehr gibt. Sie haben 500 Millionen Dollar für nichts ausgegeben.«

Das ist zweifellos eine Übertreibung, vielleicht aber keine große. In einer »Soft«-Welt, in der die menschliche Phantasie alles ist (und für 90 Prozent des Wertes am Aktienmarkt steht), kann selbst ein Großunternehmen (dessen Wert mit einer Milliarde Dollar bezeichnet wird) beinahe von einem Tag zum anderen buchstäblich zu einem »Null-Wert« werden.

Dazu kommt noch . . .

»Als einer meiner Freunde zu Digital [Equipment] ging, gab man ihm eine gute und eine schlechte Nachricht mit auf den Weg«, erzählt Charles Savage in *Fifth Generation Management.* »Die gute Nachricht bestand darin, daß 120 000 Mitarbeiter für ihn arbeiteten. Die schlechte bestand darin, daß die Mitarbeiter das nicht wußten. Er mußte selbst feststellen, wie er sich am besten in das Netz einfügte und welche Arbeitsallianzen er aufbauen wollte.« Aus der Sicht des Mitarbeiters beschreibt dieses Zitat ganz genau, wie die »schöne neue Welt« aussieht, die sich allmählich entwickelt. Wer in ihr bestehen will, gleich ob als Führungskraft oder nicht, wird sich seine Firma, seine Projekte selbst schaffen müssen.

Jawohl, das Wort Organisation – vielmehr »Organisation« – gehört unbedingt in Anführungsstriche. Die meiste Arbeit wird von Projektteams erledigt werden. Das Durchschnittsteam wird aus verschiedenen Menschen aus verschiedenen »Organisationen« mit verschiedenen Fähigkeiten bestehen. Es werden Netze entstehen, die sich aus unterschiedlichsten Unternehmensstückchen zusammensetzen. Gemeinsam werden diese Netze Marktchancen nutzen, vielleicht einige Jahre lang zusammenbleiben (wobei sich allerdings ihre Form im Verlauf des Prozesses mehrere Male drastisch ändert), und dann werden sie sich auflösen und nie wieder in derselben Form zusammenkommen. Das ist schwer zu schlucken und noch schwerer zu »managen«. Aber was soll's? Was ist denn die Alternative in einer unbeständigen, an Modetrends orientierten Welt?

Triftige Gründe für die Struktur

Bei einem Meeting mit Kommunikationsführungskräften von Motorola im Jahre 1990 wurde ich gefragt: »Wie sehen Sie die zukünftige Bedeutung von Struktur, Mitarbeitern und operativen und strategischen Entscheidungen der Unternehmensspitze?« Nach dem, was ich in meinen früheren Büchern geschrieben habe, dürfte meine Antwort den Fragesteller wohl überrascht haben. Ich habe zunächst eine weitere Kategorie hinzugefügt: *»Systeme«* – vor allem »horizontale Systeme« (wenn Sie wollen, können Sie auch multifunktionale Projektierung dazu sagen). Solche Systeme werden bestimmen, wie die zukünftigen Geschäfte einer Unternehmung ablaufen werden. (Oje, da ist mir das Wort doch schon wieder entschlüpft! Ich sagte »Geschäfte einer Unternehmung«. Diese Ausdrucksweise ist gefährlich und verdreht: Geschäfte oder wirtschaftliche Tätigkeit, ja, Geschäfte werden jedoch von Netzen und Allianzen getätigt werden. Die Unternehmung ohne Anführungsstriche – es müßte »Unternehmung« heißen – ist genauso schlimm wie die nackte Organisation.) Anschließend nannte ich einige Zahlen: 55 Prozent für die Struktur, 30 Prozent für Systeme, 15 Prozent für Menschen (ich verschmähe den Begriff Humankapital, weil ich mich selbst nicht so begreife – ich ziehe einfach den Begriff »Menschen« vor) und null Prozent für operative und strategische Entscheidungen der Unternehmensspitze.

Richtig: Ich glaube, daß sich die Manager an der Unternehmensspitze überhaupt nicht mit der Festlegung von Strategien beschäftigen sollten, sie müssen sich höchstens um die allgemeine Unternehmensvision kümmern. Strategien müssen weiter unten festgelegt werden, das heißt durch die autonomen Geschäftseinheiten für die autonomen Geschäftseinheiten (abscheuliche Begriffe!).

Für diejenigen, die meine früheren Bücher gelesen haben, enthält meine Antwort an den Motorola-Manager noch eine weitere Überraschung: Die Menschen habe ich mit nur 15 Prozent eingesetzt. Habe ich meine Meinung zu ihnen geändert? Eigentlich nicht. Die Menschen sind alles, daran besteht kein Zweifel – auch wenn viele Firmen noch nicht so handeln. Ich habe jedoch folgendes erkannt: In dieser wahnsinnigen Welt werden motivierte und theoretisch mit vielen Handlungsvollmachten versehene Menschen (ganz zu schweigen von Strategiegenies im Management, vorausgesetzt, die Erarbeitung von Strategien hätte Sinn) in den vertikal orientierten, von Stäben bestimmten und aufgeplusterten Zentralverwaltungsstrukturen nie mehr als eine Handvoll ausmachen. Sie können Mitarbeiter mit Befugnissen überschütten, bis sie im Gesicht blau anlaufen. Sie können die besten Berater hinzuziehen und die besten Strategien entwickeln. Ein Unterschied wird sich nur dann ergeben, wenn die Arterien (die »Struktur«) von allen Verstopfungen befreit und dann radikal neu verdrahtet (zum »System«-Teil) werden.

Das Phänomen Markt

Die Modetrends verlangen verrückte Organisationen (»Organisationen!«). Und sie verlangen ständige Innovation, die dann – im richtigen Takt – uns zu einem wichtigen Ziel führt: das Hineinwehen der rauhen Winde des Marktes in sämtliche Winkel, Ritzen und Spalten der Firma. Genau das tut ABB über seine

kleinen, flexiblen und marktnahen Profit Center und die Dezimierung der Aufgaben der zentralen Stäbe (was den Profit Centern ipso facto großen Spielraum läßt).
Warum Märkte? Weil nur Märkte, so wie ich es sehe, eine unbeständige Umwelt »bewältigen« können. In einer Zusammenfassung seiner 30 Jahre in Hollywood sagte der Filmautor William Goldman über die Fähigkeit der Studioleiter, sich für erfolgreiche Filme zu entscheiden: »Keiner weiß etwas!« Und schon viel früher hat Oliver Cromwell diesen Sachverhalt wohl noch treffender ausgedrückt: »Niemand steigt so hoch wie der, der nicht weiß, wohin er geht.« Warum?
Der Wirtschaftswissenschaftler Friedrich August von Hayek hat immer wieder nachdrücklich betont, daß der globale Markt – in vergangenen Zeiten und erst recht in der Zukunft – das komplizierteste Phänomen auf Erden darstelle und deshalb in seiner Entwicklung völlig unberechenbar sei. Unbeabsichtigte Konsequenzen seien von allerhöchster Bedeutung, schrieb er in *The Fatal Conceit* (und die fatale Einbildung ist die Annahme, man könne seine Schritte mit Hilfe zentraler Pläne bestimmen).
Bei der Innovation geht es darum, daß wir in unserer schnellebigen Welt Organisationen schaffen *müssen*, die zumindest versuchen, durch Marktnähe zu bestehen. »Verrückte Kreative« gehören an ihre Spitze, und die Organisationen müssen klein bleiben, damit sie ihren Schwerpunkt schnell ändern können. »Unwissen über die Gegenwart und Unwissen über die Zukunft – sie sind verzeihlich«, schrieb der Historiker Arthur Schlesinger jr. Anfang 1991. »Aber Unwissenheit darüber, wie unwissend wir sind, ist unverzeihlich.« Unwissenheit ist alles in einer Welt, in der der Medienkonzern CNN ein besseres Rollenmodell für DuPont darstellt als ein anderes vergleichbares Unternehmen der Chemiebranche. Nichtwissen ist die Grundlage des Erfolgs des Fernsehsenders CNN – dort ist man bereit, seine eigene Ignoranz anzuerkennen. Die größte Fähigkeit dieses Fernsehsenders besteht darin, Dinge schnell zu tun. Die Anstalt gesteht ihren Mitarbeitern enorme Autonomie zu und läßt den Markt entscheiden, ob sie »auf Welle« liegt oder nicht. Was der Markt ablehnt, wird ganz schnell aus dem Programm genommen.
Und das Ende vom Lied? »Wie man sein Unternehmen selbst zerstört, bevor es die Konkurrenz tut«, so hat es ein Manager einmal ausgedrückt. Und er hat recht. Dies sind allerdings beun-

ruhigende, um nicht zu sagen beängstigende Aussichten für diejenigen unter uns, die sich in den eingefahrenen Gleisen wohl fühlen, und das sind die meisten unter uns. In einer verrückten Welt bleibt uns jedoch keine andere Wahl: Wir müssen unsere Unternehmen freiwillig selbst entflechten – ehe ein aggressiver Unternehmensaufkäufer von außen kommt. Wir brauchen Perestroika innerhalb des Unternehmens. (Die meisten unter uns sind zwar Anhänger der Theorien des Adam Smith, aber nur bis zur Pforte zu unserem eigenen Unternehmen. Sobald wir drinnen sind, werden wir zu begeisterten Verfechtern der zentralen Planung.) Wir müssen uns von »Außenseitern« aller Art überschwemmen lassen (die meisten Teams sollten Kunden, Lieferanten und Händler einschließen). Wir müssen die Zentralen mit ihren Stäben abbauen. Wir brauchen eine »De-Vertikalisierung« (damit nichts mehr an eine vertikale Integration erinnert). Wir müssen fast alles als »Unteraufträge« nach draußen vergeben, die Vergabe von Aufträgen nach draußen wird auf jeden Fall einen großen Teil ausmachen. Und – halten Sie sich fest: Wir dürfen nicht auf unsere Kunden hören. (Das ist eine komplizierte Geschichte, und wir werden sie noch erklären. Den Kunden zuzuhören ist sehr, sehr wichtig – aber in einer an Modetrends ausgerichteten Welt ist es auch sehr, sehr wichtig, sich auf seine Intuition zu verlassen und Risiken mit neuen Produkten einzugehen, die sich die Kunden gar nicht vorstellen können. Welcher Kunde hätte Ihnen wohl sagen können, ihm habe es ein Sportschuh mit einem Disc-System angetan, ehe dieses Disc-System überhaupt auf dem Markt war?)

Der Grund für dieses so intensive Drängen auf eine Ausrichtung am Markt ist folgender: Nur große Bündel autonomer, kohärenter marktnaher Einheiten werden genügend ausprobieren und so schließlich insgesamt Erfolge verbuchen können. »Was wert ist, getan zu werden, ist wert, schlecht getan zu werden!« Dies sei der Schlüssel zu seinem Erfolg, meinte Ralph Stayer, Chef des Unternehmens Johnsonville Foods. Er erinnert uns daran, daß wir auf dem ersten Flugzeug der Brüder Wright sicherlich keinen Platz gebucht hätten. Ihr Erfolg war damals keine Nachricht wert. Auch das erste Telefon war seinerzeit keine Nachricht wert. Ohne die Brüder Wright aber gäbe es keine Boeing 747, ohne Alexander Graham Bell kein extra schlankes Audiovox-Funktelefon. Noch einmal: In einer modeorientierten Welt ist es zwingend zu handeln, überhaupt etwas zu tun, eine Sache nach draußen zu bringen und sie in der wirklichen Welt auszuprobieren. Schauen Sie sich die Abbildung auf Seite 41 an. Sie zeigt den ersten Computer von Apple. Damit ist heute sicherlich kein Staat mehr zu machen. Ohne dieses Gerät aber gäbe es jedoch das Unternehmen Apple Computers mit einem Umsatz von 8 Milliarden Dollar nicht. Apples Probleme heute haben größtenteils mit der Tatsache zu tun, daß viele neue Menschen häßliche – aber *sehr* interessante – kleine Kästen bauen und Apple damit sehr nervös machen.

Die Mitarbeiter dazu zu bringen, wie »Barbaren, nicht wie Bürokraten« zu denken, ist die oberste Aufgabe von Philippe Kahn, Chef der Borland Software, wie er Upside einmal erklärte. »Ich sage unseren Leuten immer, sie sollen aus kleinen Anfängen heraus denken, sie sollen sich überlegen, was sie tun würden, säßen sie in einer Garage. Versucht nicht, so zu handeln, wie es ein Software-Unternehmen mit 300 Millionen Dollar Umsatz [Borland im Jahre 1991] täte.« Anschließend hatte Kahn noch einen guten Rat für Bill Gates und Microsoft übrig: »Splitte das Unternehmen in zwei Teile ... Siedele sie an verschiedenen Standorten an.«

Ich kenne Microsofts Lage nicht im einzelnen, und Kahn hat seinen Rat sicherlich aus eigennützigen Erwägungen heraus ausgesprochen. Dennoch bin ich automatisch auf seiner Seite. Wenn ich anstelle von John Akers Chef von IBM wäre, wüßte ich genau, was ich täte – ich würde sechs oder mehr kleinere Unternehmen daraus machen und anschließend sämtliche Anteile an der Börse anbieten. Genauso würde ich verfahren, wenn ich Chef von General Motors wäre. Es geht mir dabei nicht darum, was winzig schön ist. Es geht vielmehr darum, daß das Unflexible sehr, sehr häßlich ist und mit jedem Tag häßlicher wird.

Größenvorteile? Daß ich nicht lache! Wir müssen unsere ganze Aufmerksamkeit viel mehr auf Größen*nachteile* richten.

Die Suche nach Metaphern I: Der Jahrmarkt

Wir zählen zusammen: Unbeständigkeit und Mode, das Bedürfnis nach verrückten »Organisationen«, eine Vielzahl von Versuchen

und die unvergleichliche Macht der Märkte. Was ist das Ergebnis? Unter anderem der Aufruf zu einer völlig neuen Bildersprache oder Symbolik.
Kurz, die Bilder, mit denen man die heutigen Organisationen vergleicht, stimmen nicht mehr. Es sind nicht nur die Begriffe, die aus dem militärischen Sprachgebrauch kommen, es ist zum Beispiel auch der Begriff »Pyramide« (schwer, starr, unbeweglich). Es sind aber auch die neuen Begriffe, beispielsweise »Netzwerk« und »Spinnennetz«. Diese modernen Begriffe sind zwar schon ein gewaltiger Schritt nach vorne, aber sie vermitteln immer noch nicht die Kernidee der Unternehmung, die in der Zukunft bevorsteht. Die Kernidee ist die *Dynamik*. Wie sieht's aus, wenn wir das Unternehmen als Jahrmarkt definieren? Jahrmärkte haben folgende Attribute:

- *Die Teile und das Ganze:* »Nächste Woche ist Oktoberfest.« – »Der Zirkus kommt in die Stadt.« Vor unserem inneren Auge entwickelt sich das Bild, wie wir mit unseren Kindern letztes Jahr im Zirkus waren oder was wir in Disneyland oder auf dem Rummelplatz erlebten. Dieses Gesamtbild (das Ganze) spielt die zentrale Rolle für unsere »Kaufentscheidung«, dennoch erleben wir immer nur Teile – eine Karussellfahrt, ein Konzert, eine Pferdevorführung, die Bude, an der man mit einem Ball auf Dosen wirft, um ein schreckliches Plastiktier zu gewinnen.
- *Die Bude:* Als Organisator eines Jahrmarktes oder Volksfestes muß man vor allen Dingen die Buden im Sinn haben. Die Buden sind die Perlen. Die eigentlichen Spitzenleistungen werden in den Buden erbracht. Für einc Bude braucht man einen Topmann, einen Architekten, einen Unternehmer – und natürlich vor allen Dingen Menschen, die dort für wenig Geld (oder sogar ehrenamtlich) ihre Arbeit tun. Genauso wie eine schlechtgelaunte Stewardeß den Charakter eines ganzen Fluges verändern kann, kann auch eine energiegeladene Person in der Bude den gesamten Unterschied ausmachen.
- Das *»Drumherum«:* Jahrmärkte sind aufregend, und die Stimmung ist festlich. Ob wir aber wiederkommen wollen, werden wir uns zweimal überlegen, wenn die Toiletten schmutzig sind (oder wenn zu wenige vorhanden sind) oder wenn der Parkplatz weit entfernt liegt und die Gebühren zu teuer sind. Was sich bei Disney hinter den Kulissen abspielt, ist eine gut geölte,

Apple Computer: der »Klassiker«

vernünftige und unsichtbare Maschinerie, die es erst ermöglicht, daß die Verzückung in der »Oberwelt« reibungslos vonstatten geht.

- *Mikroökonomie:* Ein Jahrmarkt ist der elementare Markt. Unbeständige »grausame« Kunden treffen in jeder Stunde mehrere hundert Entscheidungen: An dieser Bude oder bei dieser Vorführung bleiben sie stehen, die nächste Sensation lassen sie unbeachtet. Die Organisatoren eines Jahrmarktes führen genauso sorgfältig Buch darüber, wer an welcher Bude stehenbleibt und wer welche Vorführung besucht, wie Einzelhändler über den stündlichen Warenumschlag. Sie engagieren sich in einem konstanten Prozeß der Schöpfung und Zerstörung – hier wird eine Bude oder eine Sensation, die keine Zuschauer anzieht, nicht wieder aufgestellt oder nicht mehr ins Programm genommen, dort wird eine Attraktion aus vergangenen Zeiten wieder angeboten. Sie sind ständig auf der Suche nach aufregenden Dingen und neuen Ideen.
- *Gleich und doch anders:* Der Chef eines Jahrmarkts muß genauso wie der Chef eines Unternehmens eine heikle Sache bewältigen: Die Kunden wollen, daß »ihr« Jahrmarkt gleichbleibt – und gleichzeitig wollen sie ihn anders. Sie wollen die gleichen sauberen Toiletten wie im letzten Jahr. Auch ihre Lieblingskarussells und Lieblingsbuden wollen sie wieder vorfinden. Sie werden aber nur dann immer wiederkommen, wenn sie auch regelmäßig mit neuen Angeboten überrascht werden.
- *Ein sich bewegendes Ziel:* Das Aufregende und Frustrierende an der Schöpfung und Aufrechterhaltung eines Jahrmarktes besteht darin, daß er sich immer wieder verändert. Ein Jahrmarkt kann von einem Tag zum nächsten einen völlig anderen Charakter annehmen, ja sich sogar von einer Stunde zur nächsten verändern – aufgrund des Wetters, aufgrund unterschiedlicher Besucher am Nachmittag (meistens Kinder und Jugendliche) und am Abend usw. Außerdem verändert sich der Charakter eines Jahrmarkts von Stadt zu Stadt und natürlich von Jahr zu Jahr.
- *Geringe Gemeinkosten, viele Einzelunternehmer:* Eine Gruppe von gerade vier Mitarbeitern (Chef, Buchhalter, Computer-As und Verwaltungsspezialist) reicht zur Leitung eines von Stadt zu Stadt ziehenden Jahrmarkts aus. Diese vier arbeiten in einfach ausgestatteten Büroräumen, und es gelingt ihnen, ei-

nen umherziehenden Jahrmarkt mit 100 Buden, 30 Karussells und 20 Sensationen (die von Stadt zu Stadt wechseln) mit Besuchern, deren Zahl jährlich in die Millionen geht, zu managen. Der Jahrmarkt ist das höchste an »Vernetzung« von Ereignissen, die von vielen, vielen Unterauftragnehmern angeboten werden. Die Zelte, die Toiletten, die Vorführungen, die Buden – sie alle sind das Werk von Einzelunternehmern. Sie müssen jedoch jeden Tag von neuem wieder zu einem kohärenten Ganzen zusammengefügt werden.

- *Der Kunde ist der Jahrmarkt:* Manche Jahrmärkte sprühen vor Lebendigkeit und Aufregung. Andere entreißen einem höchstens ein müdes Gähnen. Karussells und Buden und die Menschen, die dort arbeiten, sind wesentlich, aber es ist der Kunde, der den Jahrmarkt zum Erfolg oder Mißerfolg macht. 5000 Besucher schaffen sich 5000 verschiedene Jahrmärkte.
- *Dynamik:* Wer »Jahrmarkt« sagt, denkt an Energie, Überraschungen, Aufregung, Spaß. Das Merkmal des Jahrmarkts ist seine Dynamik – und darin unterscheidet er sich erheblich vom normalen Büroalltag. Dynamik ist sein Kennzeichen. Dynamik ist der Grund, warum wir wieder dorthin gehen. Wer einen Jahrmarkt schaffen und unterhalten will, darf nie auch nur ein Jota vom Bild der Dynamik abweichen. Als Chef müssen Sie die Dynamik in ihren Fingerspitzen spüren und sich bei jeder Entscheidung von ihr leiten lassen.

Die Ökonomie macht Spaß! Damit meine ich die wahre Ökonomie, nicht die klassische Nationalökonomie, wie sie an den Universitäten gelehrt wird. Die wahre Ökonomie handelt von Unternehmern. Sie handelt von der Geburt und vom Tod von Produkten und Unternehmen. Sie handelt von wunderlichen Gründen für den Erfolg eines Produktes oder einer Dienstleistung – jetzt, überhaupt oder nie. Die Quintessenz der *realen* Ökonomie ist die Dynamik, auch wenn die Ökonomie meist nur als statisches Fach gelehrt wird.

Der Tanz, den die Weltwirtschaft heute tanzt, ist kein Walzer von Strauß. Es ist vielmehr ein Breakdance mit Straßen-»Rap« als Begleitung. Eine effektive Firma hat sehr viel mehr Ähnlichkeit mit dem Karneval in Rio als mit einer Pyramide am Nil. Der praktische Rat für die Führungskräfte in den Unternehmen lautet: Immer dynamische Bilder und eine dynamische Sprache benutzen! Stampfen Sie alle Formen statischen Denkens und statischer Sprache nieder. So werden Sie die Richtung zur richtigen Struktur und zur richtigen Strategie für diese wirren Zeiten finden.

Auf dem Weg zur verrückten Kreativität

When the sea was calm
all ships alike
showed mastership in floating.
William Shakespeare

Die deutschen Chemie- und Automobilunternehmen konnten es sich lange Zeit in einem oligopolistischen Markt gutgehen lassen (oder, wie Shakespeare es beschreibt, »ihre Schiffe in ruhigen Gewässern kreuzen lassen«). Ähnlich war die Situation für die amerikanischen Automobilhersteller und vielleicht auch für die amerikanischen Computerbauer, da IBM den »anderen« (den sieben traurigen Geschwistern) gestattete, unter seinem Schirm Zuflucht zu finden – solange sie nicht zuviel Lärm machten. Die See ist aber inzwischen recht stürmisch – und hier liegt *der* Grund zu diesem Buch. Es sind nicht mehr viele Schiffe und beileibe nicht die großen, die die stürmischen Gewässer noch zu segeln verstehen. Man kann es auch anders ausdrücken: Langweilige Führer für langweilige Zeiten. Verrückt-kreative Führer für verrückte Zeiten.
Das heißt: Wenn Sie sich nicht verrückt fühlen, sind Sie nicht auf der Höhe der Zeit. Dieser Punkt ist entscheidend. Wir leben in bekloppten Zeiten. Bekloppte Organisationen und bekloppte Menschen, die in der Lage sind, mit Schnellebigkeit, Unbeständigkeit und Modetrends umzugehen, sind Voraussetzungen für das Überleben. Dies ist Voraussetzung für das Überleben von EDS, CNN und Cond-Nast Publications. Dies ist Voraussetzung für das Überleben von GM, IBM, DuPont und Sears Roebuck. Niemand kann sich dem Klammergriff der Modeorientierung, der radikal veränderten Technologien und dem völlig auf den Kopf gestellten Wettbewerbskontext entziehen. Dennoch – und ich weiß, daß ich mich wiederhole – sind unsere Organisationen und ihre Führer in ihrer Mehrheit noch weit davon entfernt, verrückt zu handeln.

Der Begriff »Kurzlebigkeit« gefällt mir fast genausogut wie Mode oder Unbeständigkeit. Ich spreche beispielsweise liebend gern von »den vier Kurzlebigkeiten«: Kurzlebigen »Organisationen«, die sich in ... kurzlebigen Kombinationen zusammentun ..., um kurzlebige Produkte ... für ... kurzlebige Märkte ... herzustellen - *schnell*.
Der Punkt liegt auf der Hand. Er liegt so verdammt klar auf der Hand, daß man wohl eine Tonne Papier bedrucken muß, um Sie auch nur annähernd von dem zu überzeugen, was ich sage. Wenn schon der Markt »kurzlebig« geworden ist, müssen auch wir kurzlebig werden. Früher habe ein Produktlebenszyklus drei Generationen überdauern können, meint MCI-Chairman Bill McGowan. »Heute sind es gerade noch fünf Jahre.« Wie wahr! Mehrere »unangreifbare« Superstars aus *Auf der Suche nach Spitzenleistungen* – und hier müssen wir vor allen Dingen an IBM denken – sind von Wettbewerbern vom Sockel gestürzt worden. Und zahlreiche Firmen, die in diesem Buch positiv erwähnt werden, dürften in einigen Jahren, vielleicht in zehn Jahren, bereits den Bach heruntergegangen sein.
Ich werde nur garantieren, daß jedes einzelne von ihnen versucht, etwas Interessantes zu tun. Etwas Interessantes zu tun – die vier Kurzlebigkeiten zu verfolgen, wenn Sie so wollen – ist bedeutend wichtiger, als auf seinen vier Buchstaben sitzenzubleiben und ein bißchen hier und ein wenig da zu experimentieren. Kühne Zeiten verlangen nach kühnen Wirtschaftsführern. Kühne Zeiten verlangen nach kühnen Experimenten. Die Zeiten für schrittchenweise Zuwächse sind vorbei. (»Die Fortune-500 sind Schnee von gestern« – Peter F. Drucker.)
Natürlich wird sich der Marsch in die Zukunft Schritt für Schritt vollziehen. Diese Schritte müssen aber an einer verrückten, kühnen – und, jawohl, kurzlebigen – Zukunft orientiert sein!

Der schwerfällige Riese

In einem Vortrag vor rund tausend Zuhörern in Orange County, Kalifornien, sprach ich über die Notwendigkeit eines dramatischen Wandels in Zusammenhang damit, daß unsere Großunternehmen beinahe über Nacht zu großen Dinosauriern geworden sind. Einige Tage später erhielt ich in meinem Büro in Palo Alto einen Brief, in dem es in einem Abschnitt hieß: »Ihre Beschreibung eines Dinosaurier-Unternehmens, das sich dem Wandel widersetzt, trifft [für mein Unternehmen] den Nagel auf den Kopf. Dieses Unternehmen zu ändern, dürfte beinahe unmöglich sein.« Absender des Briefes war ein Vorstandsmitglied einer großen japanischen Firma. Seinen Namen und auch den seiner Firma kann ich nicht nennen. Wenn Sie jedoch überlegen, welche sechs japanischen Konzerne jedem Kind bekannt sind, werden Sie sicherlich auch dieses Unternehmen darunter finden.

Lernen Sie von den Besten – in Japan, in Deutschland, in Schweden, in der Schweiz, in Korea, in Taiwan, in Brasilien, in Großbritannien. Es wäre dumm, nicht von ihnen zu lernen. Wir dürfen uns aber die Argumente für den Wandel nicht durch die absurde Vorstellung vernebeln lassen, die Japaner, die Deutschen, die Amerikaner oder sonst wer hätten ein Patent auf die Zukunft. Ein Patent auf die Zukunft hat niemand.

2. Kapitel

EDS, die größte Projektorganisation in der verrücktesten Branche der Welt: 72 000 kluge Menschen in Gruppen von jeweils zehn erzielen Umsätze in Höhe von 7,1 Milliarden Dollar

Electronic Data Systems – oder EDS, wie sich das Unternehmen lieber nennt – ist ganz einfach ein Unternehmen mit 65 000 klugen Mitarbeitern die – ja, was zum Teufel nun eigentlich? – herstellen ...
Das Unternehmen ist ein »Systemintegrator«. Es arbeitet am Herzen der Informationssysteme. Damit gehört es zur größten Branche der Welt (Information, Elektronik, Telekommunikation usw.). Früher einmal hat EDS anderen dabei geholfen, so simple Dinge wie Gehaltsabrechnungen zu automatisieren. Heute beansprucht das Unternehmen den ersten Platz als Strategieentwickler seiner Klienten. Es erarbeitet beispielsweise Schemata für die Informationsverarbeitung, mit deren Hilfe sich rapide wandelnde Märkte definieren und nutzen lassen. 1990 erzielte das Unternehmen mit Sitz in Dallas bei einem Umsatz von 6,1 Milliarden Dollar einen Gewinn von 495 Millionen Dollar. 65 000 Mitarbeiter in 28 Ländern arbeiteten für rund 7000 Kunden. Als EDS 1984 eine hundertprozentige Tochtergesellschaft von General Motors wurde (unter Beibehaltung beinahe völliger Autonomie), lag der Umsatz bei 950 Millionen und der Gewinn bei 71 Millionen Dollar.

Musterbeispiel EDS?

Warum steigen wir mit EDS in unser eigentliches Thema ein? Es gibt mehrere gute Gründe dafür:

- *EDS ist in einem Geschäft tätig, in dem es darum geht, Wissen zu extrahieren, zu integrieren und anzuwenden – und dies wird zum wichtigsten Geschäft der Welt.* EDS ist ein reines »Wissensspiel«. Im übrigen reflektiert die gegenwärtige Arbeit des Unternehmens die dramatische Verlagerung zwischen der ersten und zweiten Ära der Computerrevolution. In der ersten Ära ging es um »DV« (oder Datenverarbeitung). Der alte Organisationsaufbau blieb intakt (vertikale, funktionale Strukturen), und die DV war nicht mehr als die Automatisierung von Routinebürotätigkeiten innerhalb dieser Funktionen – zum Beispiel die Verbuchung von Forderungen.

Die Aufgabe der sich nun entfaltenden zweiten Ära – Systemintegration, »Lösungen für die Bedürfnisse des Unternehmens« (dies ist der Begriff, den EDS verwendet) – besteht darin, die Technologie, neue Organisationsstrukturen (zum großen Teil horizontale Strukturen) und neue Strategien miteinander zu verheiraten, um so völlig neue Möglichkeiten für die Geschäftstätigkeit zu entwickeln (Beispiel dafür ist das EDS-Projekt »C4« für GM). Vorangetrieben wird die zweite Ära durch das wachsende, aber immer noch rudimentäre Bewußtsein, daß Wissen als solches, wenn es innerhalb und über das Unternehmen hinaus richtig integriert und schnell angewandt wird, die Quelle fast allen ökonomischen Wertes darstellt.

- *EDS steht jenseits der traditionellen Hierarchie.* Es läßt sich wohl mit Recht behaupten, daß EDS das beste Strukturmodell für die Zukunft bietet. Dieses professionelle Dienstleistungsunternehmen ist in seiner Operationsweise zwangsläufig völlig auf Projekte ausgelegt. Es ist wahrscheinlich der Welt größter Dienstleister und gehört darüber hinaus zu den Besten auf seinem Gebiet. (Alle professionellen Dienstleistungsfirmen sind »pure Wissensspiele« – und ihre Zeit ist gekommen. Zumindest ist die Zeit für ihre Form/Struktur gekommen.)
- *EDS muß kämpfen – genauso wie alle anderen –, aber mit den »richtigen« Themen.* Auf der einen Seite hat das »Modell« der herkömmlichen professionellen Dienstleistungsfirma die beste Startposition für die irrwitzige Wirtschaftswelt von morgen. Auf der anderen Seite erbringen solche Firmen typischerweise meistens lausige Leistungen, wenn es darum geht, die Hebelkraft der enormen Menge an Wissen, die in ihnen vorhanden ist, auch anzusetzen. Dabei geht es um Mengen an Wissen, die in verstreuten autonomen Projektaktivitäten vorhanden sind.

EDS (und noch ein paar andere professionelle Dienstleister – vgl. die Analyse zu ABB Asea Brown Boveri) kämpft darum zu lernen, *wie* man lernt. Gleichzeitig will das Unternehmen dies auch seinen Kunden vermitteln. Denken Sie noch einmal daran, was George Hegg, der strategische Planer von 3M, sagte: »Wir versuchen, immer mehr Intellekt und immer weniger Material zu verkaufen.« Dies ist das dringendste Anliegen für EDS, 3M und die Wirtschaft überhaupt.

Wer oder was ist EDS?

EDS stellt nichts her. EDS bietet seinen Kunden Beratungsleistungen zu Informationssystemen, Entwicklung von Informationssystemen und sogar das Management ganzer Informationssysteme. Sein Wachstum spiegelt die Zunahme von Anwendungen und die wachsende Komplexität in der Welt der Informationstechnologie im allgemeinen wider. Früher wurden für die Abrechnungen einer Operation bei der Krankenkasse (beispielsweise für eine Blinddarmoperation) rund 250 Datenbits generiert. Heute sind es 50 000 Bits – und diese Informationen enthalten auch die Abrechnungsstatistik des Chirurgen für Blinddarmoperationen.
Das Riesenunternehmen EDS ist in 38 strategische Geschäftseinheiten oder SBUs (Strategic Business Units) aufgegliedert. Es sind 20 »Brancheneinheiten«, beispielsweise Kommunikation, Energie, Chemie, Finanz- und Geldwesen, Fertigungsindustrie, Verkehrs- und Transportwesen, Einzelhandel, Gesundheitswesen. Hinzu kommen zwölf »geographische« Einheiten, darunter Washington, D.C., Südeuropa, Nordeuropa, Mitteleuropa, Paneuropa, Lateinamerika und der Ferne Osten. Weiterhin gibt es ein halbes Dutzend »horizontale« SBUs, die branchenübergreifend spezifische Informationssystemfähigkeiten in künstlicher Intelligenz, Kommunikationsdienstleistungen usw. liefern.
Schauen wir uns die strategische Geschäftseinheit für die Kommunikationsbranche an. Rund 3000 Mitarbeiter betreuen 200 Kunden. Der größte Kunde ist AT&T. Für diesen Kunden arbeiten etwa 1000 Mitarbeiter in einigen Dutzend Einzelprojekten. Der Leiter der AT&T-Projekte bei EDS lebt in der Nähe dieses Kunden in New Jersey. Der für die AT&T-Projekte zuständige

Leiter bei EDS rekrutiert und schult seine Mitarbeiter in New Jersey und führt auch seine Tätigkeiten zur Entwicklung des Geschäftes dort durch. Die Affäre zwischen EDS und AT&T begann in Form eines Kleinprojektes. Tom Bockholt (heute Vorstandsmitglied und Leiter der »Affinitätsgruppe« und verantwortlich für die strategischen Geschäftseinheiten Kommunikation, Energie und Chemie) ging 1982 für ein 60-Tage-Projekt von Dallas nach New Jersey. Nach den ersten Erfolgen wuchs das Auftragsvolumen zu seiner heutigen imponierenden Größe heran.

EDS-Bandbreiten

Ein Blick in den EDS-Geschäftsbericht von 1990 zeigt die Richtung der Informationstechnologie und die Rolle, die das Unternehmen darin spielt. EDS hat beispielsweise auf die Dauer von zehn Jahren das Systemmanagement für Cummins Cash and Information Services, Inc., übernommen. Jawohl: Der Unternehmensbereich Informationsdienste des Herstellers von LKW-Motoren wird bei den elektronischen Überweisungen von Kunden, den Einkaufsprogrammen für Treibstoffe und den Dienstleistungen im Zusammenhang mit vorübergehenden LKW-Zulassungen mit EDS zusammenarbeiten. Solche »weichen« Dienstleistungen werden zunehmend zur wichtigsten »Mehrwert-Quelle« und sind häufig der entscheidende Faktor für die Auftragserteilung an eine »Hardware«-Gesellschaft wie Cummins.
1990 erhielt EDS auch den Zuschlag, als es um einen riesigen Staatsauftrag im Wert von 756 000 Millionen Dollar ging. Das amerikanische Amt für Verteidigungslogistik vergab den Auftrag für ein »kleines Multi-User-Computer-Projekt« an EDS. Bei diesem Auftrag geht es darum, innerhalb von acht Jahren Hardware, Software, Integrationsdienste, lokale Netze und Wartung für 54 verschiedene Produkte von 59 verschiedenen Anbietern bereitzustellen und damit verschiedene Kleingruppen (bestehend aus einer bis 16 Personen) in den Bereichen Wissenschaft, Ingenieurwesen, Management und Verwaltung zu unterstützen.
Ein bescheideneres öffentliches Projekt wird dem für den ruhenden Verkehr in Chicago zuständigen Amt dazu verhelfen, 23 Millionen rückständige Ordnungsstrafen wegen Falschparkens einzutreiben (ein Jahr ist die Stadt in Rückstand). Die Gemeindevollzugsbeamten in Chicago werden von nun an mit kleinen Handcomputern durch die Stadt ziehen, die Daten eintippen und

sie am Ende eines jeden Tages an den Zentralcomputer überspielen.
EDS wird auch mit American International Health Care, Inc. (einer Tochtergesellschaft des Versicherungsriesen American General Group), zusammenarbeiten, um ein Informations- und Verwaltungssystem für Krankenversicherer zu entwickeln und dann auch an andere Kunden in der Branche zu vermarkten. Außerdem wurde der EDS-Vertrag mit Apple Computer dahingehend erweitert, ein Document Management and Control System auf der Basis des Macintosh für das Apple-Geschäft in Kalifornien, Irland, Frankreich und Singapur zu erstellen. Ziel ist eine wesentliche Verringerung der Zeit, die ein Produktentwicklungszyklus bei Apple in Anspruch nimmt.
Diese kurze Aufstellung veranschaulicht die enorme Bandbreite der EDS-Aktivitäten – und die Bandbreite der neuen Produkte und Dienstleistungen im Bereich Informationssysteme, die die Wirtschaft weltweit verändern werden.

EDS-Philosophie

Der Unternehmenschef Les Alberthal glaubt, daß EDS die Vorteile der Zukunft bieten wird. In den sechziger Jahren, sagt er, war der »Kasten [die Computer-Hardware] die Sache«. Es hieß, man brauche nur »den Kasten zu kaufen«, dann habe man im Bereich Informationstechnologie keine Probleme mehr. Also »kaufte man den Kasten, aber die Probleme blieben«. In den siebziger Jahren drehte sich alles um die Anwendungssoftware. Es hieß: »Kauf den Kasten, kauf das Software-Paket, und all deine Probleme werden sich in Luft auflösen.« Das Resultat laut Alberthal: »Also hat man den Kasten gekauft, also hat man das Software-Paket gekauft, aber die Probleme blieben.« In den achtziger Jahren kam die Beratungsleistung hinzu. Mächtige neue Konkurrenten stiegen auf, zum Beispiel Arthur Andersen. Das Endergebnis aber war dasselbe: »Kauft den Kasten, kauft das Software-Paket, kauft die Beratungsleistung – und die Probleme sind immer noch da.«
Die Informationssysteme in den neunziger Jahren, schließt Alberthal, werden der *Systemintegration* bedürfen. Sie ist, wie er und weitere Führungskräfte bei EDS beharrlich betonen, kein primär technisches Problem. »Lösungen für die Bedürfnisse des Unternehmens«, lautet der Schlüsselsatz, der überall in der Zen-

trale in Dallas widerhallt. EDS behauptet, zum Teil wohl durchaus zu Recht, es habe die Systemintegration erfunden – und diese Entwicklung begann Anfang der achtziger Jahre mit Projekten für die amerikanische Regierung. Dazu gehörte schon damals die Systemschulung, Systemwartung, die Softwareentwicklung und die Integration in einem Paket.

Noch lange nicht jeder wird Alberthals Behauptung unwidersprochen lassen. Die Mitarbeiter von Arthur Andersen sagen beispielsweise, die achtziger Jahre seien das Jahrzehnt der Versprechungen der Systemintegration gewesen, Versprechungen, die allerdings nicht gehalten wurden. Die neunziger Jahre, sagen sie, werden die Jahre der »unternehmensspezifischen Lösungen« sein, worauf sich – welch »Überraschung«! – die Berater bei Andersen spezialisiert haben. Beide Firmen reklamieren für sich, daß sie das ganz besondere Wissen haben, um die Lücke füllen zu können. Die EDS-Version der Systemintegration (Lösungen für die Bedürfnisse des Unternehmens) und die Version von Andersen (unternehmensspezifische Lösungen) sind sich jedoch bemerkenswert ähnlich. Beide Unternehmen – und viele andere, darunter auch IBM – versuchen, sich als Co-Architekten der Unternehmensstrategie ihrer Klienten zu positionieren.

Die großartige Strategiedebatte löst sich jedoch zum großen Teil in Wohlgefallen auf, wenn man sich die historische Stärke und die Alltagsexistenz von EDS anschaut – beides sind direkte Vermächtnisse des Gründers Ross Perot. Von Anfang an hat es EDS vermieden, für die von Technokraten gerade wegen ihrer Eleganz so geliebten Probleme elegante Lösungen anzubieten. EDS-Mitarbeiter sind bekannt dafür, daß sie ihre Ärmel hochkrempeln und mit ihren Kunden direkt an praktischen Lösungen für die praktischen Probleme des Kunden arbeiten. Manch einer mag dies auch als Opportunismus bezeichnen. EDS betrachtet ein kleines Projekt als einen Einstieg. Ziel ist es, ein sehr enges Verhältnis zum Kunden zu entwickeln. Erinnern wir uns nur an den ursprünglichen AT&T-Auftrag und seine Entwicklung – aus einem 60-Tage-Rendezvous ist eine Ehe mit 950 Kindern und Kindeskindern hervorgegangen. Die EDS-Mitarbeiter geben zu, daß sie in »Traumata« spezialisiert sind. Sie helfen Unternehmen dabei, auf beträchtliche Änderungen in ihrem Markt zu reagieren, was beispielsweise vorkommt, wenn ganze Branchen dereguliert werden oder plötzlich ein immenses Wachstum einsetzt. Zum

Teil sind sie auch in der reinen Forschung und Entwicklung engagiert (beispielsweise im Netzwerk-Management im Plano Information Management Center des Unternehmens). Normalerweise aber fahren sie einen eher handlungsorientierten Ansatz, auch in der Forschung. Das Unternehmen stellt beispielsweise ein Interessengebiet fest – sagen wir einmal Arzneimittel – und sucht sich anschließend einen hochrangigen Kunden für die Zusammenarbeit an einem Projekt bescheidenen Umfangs. EDS und der Kunde arbeiten sich dann im Experiment zu einer umfassenderen Bewältigung des Potentials der Informationssysteme vor.

Dies soll jedoch nicht heißen, daß solch – immer aktueller – Opportunismus nicht auf große Ziele gerichtet sein kann. Kehren wir noch einmal zu den Arzneimitteln zurück. »Es geht hier nicht darum, die Kosten der Datenverarbeitung eines [Pharma-]Unternehmens von beispielsweise 200 Millionen Dollar pro Jahr auf 50 Millionen Dollar jährlich zu drücken«, meinte ein hochstehender EDS-Manager. »Das hieße ja, einen Tennisspieler schon am Aufschlag zu hindern.« Statt dessen, beharrt er, setzt sich EDS zum Ziel, die 110 Monate, die das Durchschnittsunternehmen braucht, bis es von der amerikanischen Arzneimittelbehörde (FDA) die Zulassung für ein Medikament erhält, erheblich zu verkürzen. Merck, das beste Unternehmen in der Branche, erhält die Zustimmung der amerikanischen FDA im Durchschnitt schon nach 65 Monaten – was zum Teil auf sein hervorragendes Datenmanagement und seine Systemintegrationsfähigkeit zurückzuführen ist. Den Durchschnitt von 110 Monaten auch nur um 10 Monate zu verkürzen ist für ein Unternehmen aber Milliarden wert!

Das Ziel der EDS-Arbeit für die Muttergesellschaft GM ist nicht mehr und nicht weniger als ein radikaler Wandel. Zunächst geht es um eine schnellere Entwicklungszeit für neue Automodelle. Mit dem riesigen C4-Projekt sollen beispielsweise die rechnergestützte Entwicklung und Konstruktion, die rechnergestützte Fertigung, die rechnerintegrierte Fertigung und die Rechnerunterstützung von Ingenieuraufgaben (CAC, CAM, CIM, CAE, die vier »C«s) überall im Unternehmen, das einen Umsatz von 120 Milliarden Dollar erzielt, integriert werden. Auch das Pulsat Network von GM soll integriert werden. Ziel ist es, auf den Dächern sämtlicher 10 000 GM-Händlerniederlassungen in den

USA Satellitenschüsseln zu installieren. Damit sind die verwegenen Pläne der EDS aber noch nicht am Ende: Es geht weiter mit elektronischen Katalogen, elektronischer Rechnungsstellung und elektronischer Autodiagnostik. Im übrigen sollen elektronische Verbindungen zur Fertigung eingerichtet werden, so daß ein Kunde, wenn er ein Auto bestellt, davon ausgehen kann, daß die Fertigung dieses spezifischen Autos kurz danach beginnt. Ziel ist es, die »Gesamtgeschäftspraxis« von GM zu ändern, nicht aber, an enggefaßten technischen Problemen zu arbeiten.
Wie aber läßt sich das alles in der Praxis bewerkstelligen?

Projektarbeit

Wenn man eine strategische Geschäftseinheit auf ihre Grundlagen untersucht, wird man Projekte finden. EDS ist beispielsweise eine große Ansammlung von Projektgruppen.
Die Zahl der Mitarbeiter, die mit einem Projekt beschäftigt sind, kann während der Projektdauer außerordentlich schwanken. Bei EDS setzt sich eine Projektgruppe normalerweise aus acht bis zwölf Mitarbeitern zusammen. Die durchschnittliche Projektdauer beträgt neun bis 18 Monate. Häufig sind auch Mitarbeiter des Kunden in Vollzeitarbeit im Projekt involviert. Der Projektleiter oder Projektmanager kann meistens auf vier bis acht Jahre Erfahrung zurückblicken. (Ein Gesamtprojekt für einen Kunden – beispielsweise eins der 25 Projekte, die für AT&T laufen – besteht meistens aus mehreren Einzelprojekten.)
Welches Produkt oder welches Ergebnis mit der Projektarbeit erzielt werden soll, wird ziemlich genau definiert. Die formale Struktur des Projektteams bleibt jedoch recht verschwommen. An dieses Paradoxon muß man sich in Gesprächen mit EDS-Mitarbeitern und mit professionellen Dienstleistern im allgemeinen erst einmal gewöhnen. »Jeder untersteht jedem, jeder berichtet jedem«, meinte ein im übrigen äußerst leistungsorientierter Topmanager von EDS. Wer wem berichtet, ist nicht entscheidend. Entscheidend ist, daß der Auftrag erledigt wird.
Im groben lassen sich jedoch drei »Ränge« unterscheiden. Da ist der Einzelarbeiter (der sich hauptsächlich der Programmierung widmet), dann kommt der Teamleiter für ein Unterprojekt (»dies ist eher eine Rolle als eine detaillierte Funktionsbezeichnung«),

und dann kommt der Projektmanager – dies ist eine formale Bezeichnung. Es ist ganz normal, wenn ein Einzelarbeiter aufgrund einer bestimmten benötigten Fähigkeit für eine Weile die Funktion des Teamleiters für ein Unterprojekt übernimmt und dann wieder zu seiner Einzelarbeit zurückkehrt. Solche Wechsel werden zwei- bis dreimal stattfinden, ehe er mehr oder weniger »offiziell« zum Teamleiter bestellt wird. Der formale Status eines Projektmanagers wird meistens dann gewählt, wenn der Einzelarbeiter anfängt, Projektmanagementfähigkeiten an den Tag zu legen – eine typisch unpräzise EDS-Redensweise (aber glasklar für denjenigen, der diese Worte ausgesprochen hat).
Trotz der Größe der Institution, die eigentlich nach sehr viel mehr »Struktur« verlangen müßte, vollzieht sich der Aufstieg bei EDS relativ informell. Es gibt eine lange »Dämmerungszone«, sagen die Führungskräfte, in der man in Führungspositionen arbeitet, ohne formal in eine Führungsposition berufen worden zu sein. Der Teamleiter eines Unterprojektes kann beispielsweise auch Verwaltungsverantwortung für die Mitglieder seines Teams tragen, muß es aber nicht. Eines aber steht fest, allen verwischten Grenzen zum Trotz: Der Teamleiter ist eindeutig und unmißverständlich für das Projekt oder das Unterprojekt verantwortlich. Das weiß er, das weiß EDS. Das weiß der Kunde. Und wenn es darum geht, termin- und budgetgerechte Resultate zu liefern, befindet sich der Ball eindeutig im Feld des Teamleiters, ob er formal zum Leiter berufen worden ist oder nicht.

Kommunikationswege offenhalten

EDS arbeitet immer noch hauptsächlich auf der Ebene mündlicher Kommunikation. Natürlich gibt es auch Nachteile, wenn es darum geht, systematisch aus funktionsübergreifenden Erfahrungen zu lernen. Die mündliche Kommunikationsregel bedeutet jedoch, daß man mit jedem reden *kann*, mit dem man reden *will*, um die notwendigen Verbindungen für die Erledigung eines Auftrages zu schaffen. Wenn Sie beispielsweise den richtigen Mann für einen heiklen Job suchen und sich ein guter Kandidat aus ihrem Informationsnetz herausschält, werden Sie Stein und Bein in Bewegung setzen, um diesen Kandidaten zu bekommen, und es wird für Sie keine Rolle spielen, an welchem Ort oder für welche Einheit Sie arbeiten. Es wird auch keine Rolle spielen, welchen »Rang« Sie bekleiden. Rein aus Höflichkeitsgründen werden Sie den Vorgesetzten des von Ihnen gesuchten Mitarbeiters ansprechen und ihm sagen, was Sie vorhaben. Aber das ist alles.

Die Führungskräfte bei EDS geben zu, daß »einige Chefs gute Mitarbeiter horten«. Die meisten sind jedoch gerne dazu bereit auszuhelfen, weil sie genau wissen, daß derjenige, der gibt, auch empfangen wird, wie es Tom Bockholt ausdrückt. »Das Netzwerk« läßt sich also nur dann zum eigenen Vorteil nutzen, wenn man selbst bereit ist auszuhelfen, wenn Hilfe erbeten wird. Dazu kommt der Stolz, die Befriedigung, daß »Ihr Mann, der Bursche, den Sie befördert haben, an einem entscheidenden, kreativen und wichtigen Projekt in einem anderen Bereich arbeiten wird«, sagt der Marketingleiter und langjährige Technologe Barry Sullivan. Bockholt betont, daß die meisten sich daran erinnern, »wie sie ihre eigene Chance bekamen, als sie schweren Herzens an ein anderes Projekt gegeben wurden. Ich kann mich gut daran erinnern. Sicherlich, im Team ist plötzlich eine Lücke. Acht Kollegen müssen die Arbeit von neun oder zehn erledigen. Aber irgendwie paßt man sich ein. Das ist es doch eigentlich, wodurch Chancen entstehen.«

EDS hat einige mehr oder weniger formale Strukturen zusammengeschustert, um Mitarbeiter in den ihnen entsprechenden Projekten einsetzen zu können. Für alle gibt es eine sogenannte »Eignungsbilanz« und auch Vorschläge für die »Karriereentwicklung«. Beide aber funktionieren nicht besonders gut. »Aufträge ergeben sich hauptsächlich über Gespräche, über das Netz«, sagt Sullivan. »Das ist immer noch das beste.«

Locker, flexibel – und diszipliniert

EDS ist »locker und flexibel«, wie es ein Manager ausdrückt – aber auch *verdammt diszipliniert.* Die Aufgabenverantwortung ist unmißverständlich. Wird Ihnen ein Job übertragen, wird auch erwartet, daß Sie ihn ausführen, auch dann, wenn keine schriftlichen Anweisungen existieren, auch dann, wenn die Befugnisse der übernommenen Führungsverantwortung nicht im mindesten entsprechen, wie Sullivan uns erzählte. Solche »Unstimmigkeiten« sind durchaus üblich. Die EDS-Ethik läßt jedoch keine Ausnahmen zu. »Wenn Sie die Befugnisse nicht haben«, sagte Sullivan kurz und trocken, »müssen Sie sie sich holen!« Man geht davon aus, warf ein EDS-Mitarbeiter ein, daß man »selbst her-

ausfinden muß, was man tun muß, um einen Job mit Erfolg zu erledigen, und dann muß man es tun«.
Wer sich in diesem Umfeld abquält, hat bei EDS nur eine begrenzte Zukunft. Sullivan erinnert sich noch gut an den ersten Auftrag, der ihn zu einem potentiellen Teamleiter machte: »Ich zog los und rekrutierte fünf Leute für meine Gruppe. Später kam mein Chef und legte mir eine Liste mit fünf Kandidaten vor. ›Zu spät‹, sagte ich zu ihm, ›ich habe mein Team schon zusammen.‹«
Genau diese Art von Initiative wird bei EDS von Anfang an erwartet – wenn man es zu etwas bringen will. Dieser Ansatz wurde in den sechziger Jahren, als das Unternehmen nicht einmal dreistellige Mitarbeiterzahlen schrieb, genauso erwartet, wie er in den neunziger Jahren mit einem Ensemble von mehreren zehntausend Mitarbeitern erwartet wird.

Lernen am Arbeitsplatz

Jeden Tag sind fünf von sechs EDS-Mitarbeitern dem Kunden »näher« als nah – die meisten auf dem Gelände des Kunden, der Rest in nahe gelegenen Systems-Engineering-Zentralen. Die »Indoktrinierung« gilt heute noch genauso wie zu Perots Zeiten. Vom Kunden nicht zu unterscheiden, heißt die Regel im *Systems-Engineering-Prozeß*, der etwa drei Jahre in Anspruch nimmt.
Die Erfahrungen, die die Universitätsabsolventin Gwen Philips machte, waren typisch: Das gesamte erste Jahr ihrer Anstellung bei EDS verbrachte sie beim Kunden. Bei EDS gilt die Devise: Lernen am Arbeitsplatz. Dabei muß man erst einmal ein Gefühl für die eigentliche Welt des Kunden entwickeln. Als das Unternehmen 1962 gegründet wurde, war es die Philosophie der »Kundennähe von Anfang an«, die EDS von anderen unterschied. Diese Philosophie scheint zwar leicht nachahmbar, ist es aber offensichtlich nicht. In dieser entscheidenden Hinsicht ist EDS heutzutage genauso wie noch vor 30 Jahren etwas ganz Besonderes. Nach dem ersten Jahr beim Kunden geht es aber zur Schulung nach Plano. In einer Gruppe von insgesamt 20 Teilnehmern heißt es, ein zehnwöchiges »Intensivtraining« zu absolvieren. Natürlich haben die Teilnehmer schon einiges an Programmierfähigkeiten, aber Programmieren ist das Hauptfach – und dazu kommt die Art und Weise, wie man es bei EDS macht. Nach diesem Training geht es meistens wieder zurück zum Kun-

den. Nach rund drei Jahren macht man »seinen Abschluß« und erhält die entsprechende Urkunde. Bis es soweit ist, arbeiten die Fähigsten schon längst als Teamleiter.
Das erste Jahr, das hauptsächlich mit dem Kunden verbracht wird, hinterläßt bei den meisten EDS-Mitarbeitern (mit Sicherheit bei allen *erfolgreichen* EDS-Mitarbeitern) einen unauslöschlichen Stempel: *Zuerst kommt der Kunde.* Fast alle haben, wie die Manager von EDS betonen, in ihrem Repertoire Unmengen von Kundengeschichten – wie sie das und jenes meist über alle vernünftigen Grenzen hinweg noch zusätzlich getan haben, um dem Kunden einen noch besseren Dienst zu erweisen.
Jede Stärke kann jedoch auch zu einer Schwäche werden, und von Besessenheit geprägte Beziehungen zum Kunden bilden keine Ausnahme. Sullivan meint dazu: Die Ultra-Nähe zum Kunden, die wir bei EDS pflegen, »bedeutet möglicherweise, daß wir allmählich unseren Kunden zu ähnlich werden«. Das Risiko besteht also darin, daß EDS-Mitarbeiter zu sehr zu Insidern werden und folglich nicht intensiv genug auf innovative Ideen drängen, die dem Kunden ein Maximum an Hebelkraft bieten. Auf der anderen Seite hat die noch in den Kinderschuhen stekkende Branche der Informationssysteme sehr häufig gesündigt, indem sie kluge Lösungen um ihrer selbst willen verfolgte und das eigentliche Leben, das sich auf dem Gelände des Kunden vollzog, außer acht ließ. Das aber ist es, worauf EDS instinktiv achtet.

Integration, Lernen und Hebelkraft

Die meisten strategischen Geschäftseinheiten der EDS sind »vertikal« organisiert (gemeint sind die nach Branchen und geographischen Regionen eingeteilten Einheiten). Dennoch beharrt der EDS-Chef Alberthal darauf, daß die Zukunft der EDS in der »Horizontale« liegt. Es gehe darum, die Fähigkeiten und den verteilt vorhandenen, aber enormen Wissenskörper zu nutzen.
Um dorthin zu gelangen, muß EDS zunächst feststellen, welches diese Fähigkeiten sind. Dann muß das Unternehmen lernen, wie sich das Wissen aus den fragmentierten Institutionen extrahieren läßt und wie man es in mehreren tausend Kundenprojekten effektiv zum Tragen bringt.

Horizontale SBUs

Einen Teil der EDS-Antwort finden wir in den sechs »horizontalen SBUs«, die sich um globale (branchenunspezifische) Fähigkeiten kümmern, beispielsweise Gehaltsabrechnungen, Management von Telekommunikationseinrichtungen und künstlicher Intelligenz. Die horizontalen SBUs dürfen jedoch nicht mit »Stabsgruppen« verwechselt werden. Die horizontalen SBUs haben genauso wie die vertikalen an Branchen orientierten strategischen Geschäftseinheiten die Aufgabe, sich ihre Projekte selbst zu suchen, sich ihre Kunden selbst zu suchen und – vom ersten Tag an – Geld zu verdienen.

Im »horizontalen« Potential der EDS steckt jedoch noch sehr viel mehr. Natürlich sammeln die nach Branchen und Regionen organisierten strategischen Geschäftseinheiten im Laufe ihrer Tätigkeit eine ganze Menge an Fachwissen – und ein großer Teil dieses Wissens könnte als Hebelkraft benutzt werden, wenn es gelingt, ein effektives System zu schmieden, in dem diese Erfahrungen gesammelt und miteinander geteilt werden. Wenn dazu dann noch die unvorstellbare Gesamtheit des Systementwicklungswissens kommt, das in vielen tausend Köpfen rumort, stehen wir vor unbegrenzten Möglichkeiten.

Service-Zentren

Hinzu kommt die neue Idee der »Service-Zentren«. 1991 rief Barry Sullivan beispielsweise ein zweijähriges »Service-Zentrum« zur Förderung von Darstellungs- und Abbildungsmöglichkeiten ins Leben. Ziel war es, jeder SBU die Fähigkeit der Bilddarstellung zu vermitteln. Aus den Graphiken geht hervor, welcher Weg verfolgt wurde: Die Kästen in der obersten Reihe der Abbildung A stehen für die vertikalen/Branchen-SBUs. Die zweite Reihe zeigt die ausbaubaren Fähigkeitsbereiche (mehr oder weniger »horizontal«). Heute finden sich die bilddarstellenden Systeme nur noch in einem einzigen Kasten in der Reihe zwei. Dieser Kasten steht *nicht* für eine formelle horizontale strategische Geschäftseinheit, sondern für ein weniger formales Service-Zentrum mit einer endlichen Lebensdauer. Worum es dabei im Grunde geht – und das zeigt sich in Abbildung B –, ist die Bilddarstellungsfähigkeit »aus« der Reihe zwei »in« jeden einzelnen Kasten in die Reihe eins zu verlegen.

Der »Horizontalisierungs«trick wird in dem ohnehin pragmati-

schen Unternehmen EDS die führende Rolle (Vollzeit, aber ohne das über dem Haupt schwebende Schwert, Gewinne machen zu müssen) im Service-Zentrum übernehmen und von dort aus seinen Weg in die vertikal bzw. nach Branchen organisierten SBUs nehmen. Der Entwicklungsleiter des Projektes bildgebender Systeme stolperte beispielsweise sehr früh über ein Projekt für die Energieindustrie, bei dem er meinte, seine Technik biete eine bessere Antwort als die, die von der vertikalen SBU vorgeschlagen wurde. Er probierte die Idee aus, konnte damit aber nicht landen. »Manchmal gewinnt man, manchmal verliert man«, sagte Sullivan mit einem Achselzucken. Auf der anderen Seite aber, meinte Sullivan, gingen die bilddarstellenden Systeme in Projekte für verschiedene Klienten aus dem Gesundheitswesen ein. Das Ziel des Projektleiters ›Bilddarstellende Systeme‹ ist es, die Klienten der strategischen Geschäftseinheit Gesundheitswesen direkt zu unterstützen. Das weiter gefaßte Ziel besteht natürlich darin, die Begeisterung für bildgebende Systeme an sämtlichen Stellen der für das Gesundheitswesen verantwortlichen strategischen Geschäftseinheit zu vermitteln.
Die Tatsache, daß EDS sein Anliegen zum Wissenstransfer, zum Wissensmanagement und zur systemweiten Anwendung konzeptualisiert, gibt dem Unternehmen einen großen Vorsprung vor den meisten Konkurrenten. Sullivan denkt über die Aktivitäten der »Reihe 2« so nach: »Wie gelingt es uns, diese Fähigkeiten zu hundert Prozent auf die Einheiten der Linie zu verlagern, damit wir hier unsere Zelte abbrechen können?«
Darauf, eine »funktionale Stabseinheit« (beispielsweise für bildgebende Systeme) zu schaffen, die anschließend nichtsahnende SBU-Chefs als Kostenzentren belasten würden, hat er auch nicht einen Gedanken verschwendet. Sobald ein »horizontaler« Bereich als wert erachtet wird, bestehenzubleiben – so war es bei den schon bestehenden sechs horizontalen SBUs –, wird er als Profit Center etabliert und muß genauso rentabel arbeiten wie eine Einheit aus der »Linie« (eine nach Branche oder geographischer Region organisierte Einheit).

»Vetternwirtschaft« usw.

Weitere Mechanismen der Wissensverbreitung zielen darauf ab, die Abhängigkeit des Unternehmens EDS von der mündlichen Kommunikation zu reduzieren. Es gibt zum Beispiel auf Basis

EDS Service-Zentren

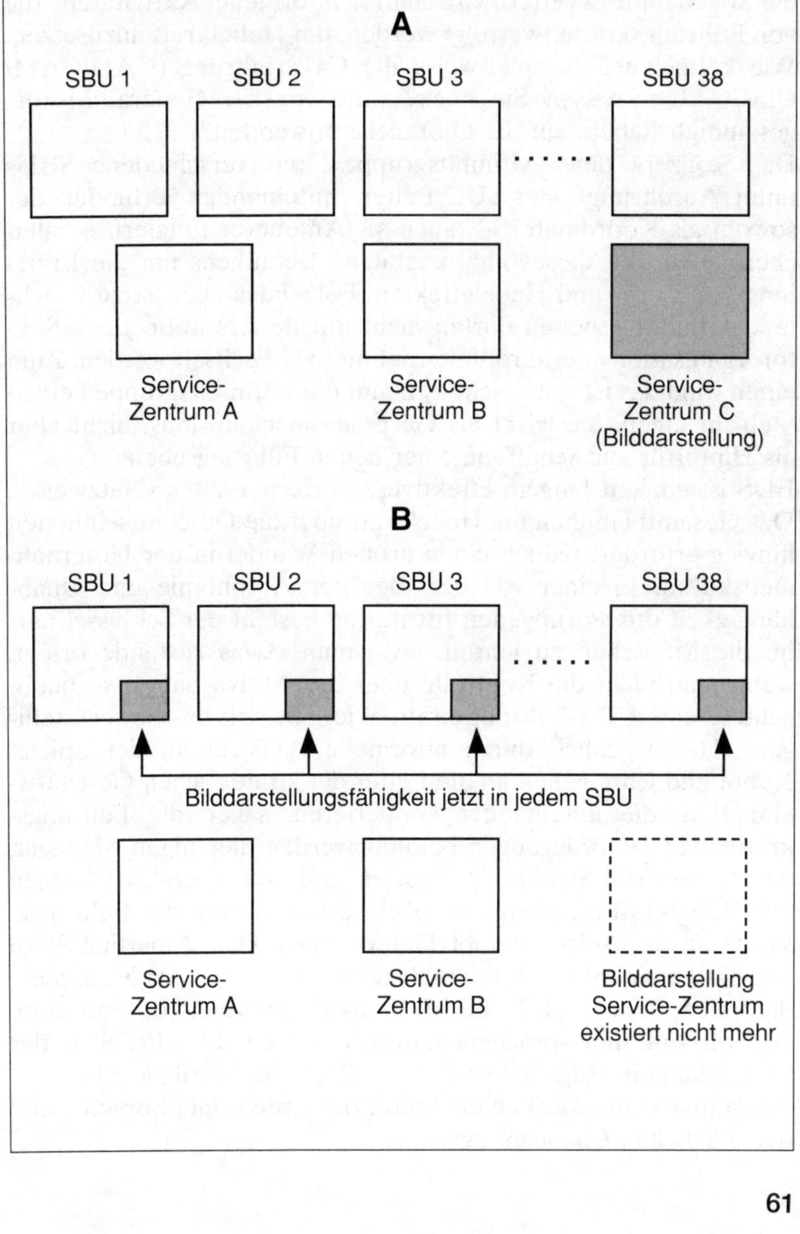

einer relationalen Datenbank ein Verzeichnis, in dem die Fähigkeiten sämtlicher Mitarbeiter aufgelistet sind. (Sein Wert sei zur Zeit jedoch sehr begrenzt, wie manche meinen, weil die Datenbank viel zu viele Informationen enthalte.) Dann gibt es da noch die sogenannte »Vetternwirtschaft«, informelle Aktivitäten, die von Führungskräften verfolgt werden, um Hebelkraft anzusetzen: Wie können wir beispielsweise die C4-Erfahrung (CAD/CAM/CIM/CAE – wissen Sie noch?), die wir bei General Motors gesammelt haben, auf die Ölbranche anwenden?
Das Konzept der »Affinitätsgruppe«, das verschiedene SBUs unter Anführung eines SBU-Leiters miteinander verbindet, der sowohl als Koordinator als auch als Anfeuerer fungiert, ist gleichermaßen Teil dieses »horizontalen« Bemühens um die Erzielung von Lern- und Hebeleffekten. Folgendes aber ist zu beachten: Affinitätsgruppen dürfen nicht mit der traditionellen »Sektororganisation« der Großunternehmer verwechselt werden. Zum einen (und das ist sehr wichtig) nennt die Affinitätsgruppe keinen Stab ihr eigen. Sie wirkt als Gesprächsmechanismus, nicht aber als Hintertür zur Schaffung einer neuen Führungsebene.
EDS ist ein seit langem effektives, engvermaschtes »Netzwerk«. Das Gesamtbemühen um Hebelkraft über die Geschäftseinheiten hinweg erfordert jedoch einen großen Wandel in der Unternehmenskultur. In einer von der Idee der Autonomie und Unabhängigkeit durchdrungenen Institution besteht der Schlüssel darin, die Menschen zu lehren, »wie man etwas zustande bringt, wenn man nicht die Kontrolle über die Aktiva hat« – so beobachtete eine EDS-Führungskraft. Wie läßt sich das bewerkstelligen? Hauptsächlich durch informelle Aufsicht an der Spitze. Ruhm und Ehre gehen an die Leiter der strategischen Geschäftseinheiten, die miteinander kooperieren, sagen die Führungskräfte. Mit Beförderungen belohnt werden diejenigen Manager, die die formale Struktur verfeinern und »horizontale« Chancen mit Hebelkraft schaffen. Die nächste Generation der Führungskräfte an der Spitze, gelobt Unternehmenschef Alberthal, wird aus entschlossenen »Horizontalisten« bestehen – aus Menschen, die sich äußerst effektiv auf Multiplikatorwirkung konzentrieren. Als wir mit ihm sprachen, hatte er jedoch das »Problem der Scheuklappen« (die Schwierigkeit, über die vertikale Orientierung hinauszublicken) an die Spitze der Liste seiner Sorgen – und der möglichen Chancen – gesetzt.

Es geht!

Man *kann* eine Riesenfirma als Ansammlung von Zehn-Personen-Teams – jedes mit eigener Verantwortung – organisieren. Man *kann* eine solche Firma mit Teams organisieren, die immer wieder wechseln und nur selten am Sitz der Firma arbeiten. Außerdem kann man immer noch mit mündlicher Kommunikation als wichtigstem »Organisations«mittel arbeiten. Auch eine subjektive Bewertung ist möglich – wer sich gut benimmt (beispielsweise horizontale Bemühungen unterstützt, Kollegen hilft, indem er einen wertvollen Mitarbeiter an sie abtritt), für den »ist gesorgt«, so verkünden es Topmanager der EDS mit aller Zuversicht. Lesern, die in herkömmlichen Unternehmen der Fertigungsindustrie arbeiten, wird es schwerfallen, alles dies zu glauben. Lesern, die wie ich ihren Weg in recht großen professionellen Dienstleistungsfirmen gemacht haben, scheint das Ganze so natürlich wie das Atmen.

Eine ganze Reihe subtiler Kräfte macht das Unvorstellbare möglich. EDS, so wie das Unternehmen heute ist, schuldet seinem Gründer, Ross Perot, tiefe Dankbarkeit. Auf ihn geht das unmißverständliche Konzept der Verantwortung gegenüber Kollegen und Kunden zurück, auf den Gründer geht das Konzept zurück, daß man seinen Auftrag erledigen muß, gleich welche offiziellen Ressourcen einem dabei zur Verfügung stehen. Auf Ross Perot geht auch das Konzept zurück, daß ein Mitarbeiter seine Karriere immer auf dem Gelände des Kunden beginnt und von Anfang an lernt, daß der Kunde »an erster, zweiter, dritter, vierter Stelle steht ... eine fünfte Stelle gibt es nicht«.

Eine Firma mit 65 000 Mitarbeitern ist nicht zu vergleichen mit einer Firma mit 10 000 Mitarbeitern und schon gar nicht mit einer Firma mit 300 Beschäftigten. Das zukünftige EDS-Wachstum muß sich irgendwo aus dem Wort ergeben, das Alberthal so häufig benutzt – aus »der Multiplikatorwirkung«. Dabei geht es besonders um die Multiplikatorwirkung, die sich aus der Meisterung des Managements des Wissens ergibt und die vielen verschiedenen Teile des Ganzen mit völlig verschiedenen Fähigkeiten dazu veranlaßt, sich »horizontal« orientiert zu verhalten und voneinander zu lernen – schnell, effizient und effektiv.

Alldem zugrunde liegt die Idee Emersons, daß man sich auf sich selbst verlassen muß, und das war auch die Grundidee des Ross

Perot: So lange der Durchschnittsmitarbeiter glaubt, daß er oder sie »alles bewerkstelligen kann«, wird es EDS weiterhin gutgehen. Auf der einen Seite ist dies die Quintessenz eines seit 30 Jahren bestehenden robusten Gewebes. Auf der anderen Seite ist es aber auch angesichts des Wachstums und der Assimilation vieler anderer aus vielen Kulturen ein immer wieder strapaziertes Gewebe, das tägliche Erneuerung und Pflege erfordert. Wie Alberthal beobachtete, läßt sich die ständige offene Kommunikation bei EDS »nicht vom Schreibtisch aus anregen und steuern«. Das ist wahrhaftig eine Untertreibung.

3. Kapitel

CNN: Information als Mode, die Unternehmung als Jahrmarkt

Warum Ted Turner [seinen Kabelsender] so startete und heute noch führt, mag daran liegen, daß er das Problem nicht begreift. Er paßt nicht auf. Die Branche bezweifelt, daß Ted Turner überhaupt Ahnung von Nachrichten hat. Hätte er sich das Ganze gründlicher angeschaut, hätte er sein Angebot verändert. Mit der Zeit aber wird die Art und Weise, wie er sich darangemacht hat, denjenigen unter uns nützen, die es besser können.
Christopher Burns, Vice President,
Washington Post Company

Die erste Frage, die Außenminister Baker von den führenden Politikern in Zentralasien gestellt wurde, lautete meistens: »Wie bekomme ich CNN?« . . . CNN empfangen zu können, erklärten sie, sei die wahre Mitgliedskarte im Club der westlichen Staaten.
New York Times
20. Februar 1992

Live, live. Ich will es live.
Reece Schonfeld, erster Präsident, Cable News Network

Als Cable News Network am 1. Juni 1980 seinen Betrieb aufnahm, hatte der Sender rund 1,7 Millionen Kabelkunden gewonnen. Diese Zahl lag beträchtlich unter den 7,5 Millionen »Minimum«, die der Gründer Ted Turner brauchte, um 50 Prozent der Betriebskosten zu decken. 1988 war die Zahl der Kabelkunden auf 48,5 Millionen angewachsen, wie Hand Whittemore in *CNN: Die Inside Story* beschreibt. Mit der größeren Reichweite sind auch die Gewinne gewachsen. Bis 1984 hatte Gründer Turner in der Verfolgung seines Traumes von CNN als komplettem Kabelnetz Gesamtverluste von 77 Millionen Dollar wiedergutgemacht. 1985 schrieb der Sender zum ersten Mal schwarze Zahlen – mit einem Ergebnis von 13 Millionen Dollar bei einem Umsatz von 123 Millionen Dollar. 1991 betrug der Umsatz 479 Millionen Dollar, und der Ertrag lag bei 167 Millionen Dollar.

Hungrig auf Nachrichten

CNNs Kernkonzept besteht darin, »Nachrichten nach Bedarf zu liefern«. Für meine Begriffe ist die Welt der Wochen- oder Monatszeitschriften, der Tageszeitungen, des Radios und des Fernsehens eine heroische Welt. Nehmen wir die Tageszeitung als Beispiel. Sie muß jeden Morgen um 5.00 Uhr fertig ausgedruckt vor meiner Haustür landen – fast undenkbar für die meisten von uns, die in Zeiträumen von Wochen, Monaten oder Jahren an ihren Aufgaben arbeiten. CNN aber erbringt seine Leistung auf einer ganz anderen Ebene. Die Zeitungen und die älteren Fernsehsender liefern so, wie es ihnen paßt. Die Tageszeitung liegt um 5.00 Uhr morgens vor Ihrer Haustür – egal, was in der Welt passiert. Mit Ausnahme ganz besonderer Ereignisse – beispielsweise der ersten Tage des Golf-Krieges oder der Explosion der Challenger – bringen die Fernsehsender die Nachrichten in Amerika üblicherweise um 19.00 Uhr, ob man sie braucht oder nicht. (Wer westlich von Chicago lebt, bekommt die Nachrichten im übrigen als Konserve vorgesetzt — mit einer, zwei oder drei Stunden Verspätung –, aber jedenfalls um 19.00 Uhr lokaler Zeit.) So ist es, und so bleibt es, ob es einem gefällt oder nicht.
Die Welt scheint sich aber heute schneller als jemals zuvor zu drehen. Was CNN anbietet, entspricht und gleicht sich an an eine Welt, die verrückt geworden ist nach Instant-Produkten. Und CNN hat sich an die Spitze dieser Instant-Welt gesetzt.
Wir sind nun einmal keine Gesellschaft mehr, in der alle von 9.00 bis 17.00 Uhr arbeiten. In den meisten Familien sind heute beide Ehepartner berufstätig, und häufig klaffen die Arbeitszeiten weit auseinander. Die Familie, die sich gemeinsam zum

Abendessen um den Tisch versammelt, schweigend ißt und in der dann aus Shakespeare-Dramen oder der Bibel vorgelesen wird – oder die die Abendnachrichten einschaltet –, ist heute die Ausnahme.
Für die neue Mehrheit der Vielbeschäftigten und Vielreisenden kommt CNN daher wie ein maßgeschneiderter Anzug.

Ted Turner, der Spinner

CNN wurde in 374 Tagen geschaffen! Am 21. Mai 1979 hielt Ted Turner eine Pressekonferenz bei der »National Cable Television Association« in Las Vegas. Tapfer (die meisten sagten mürrisch) kündigte er an, daß sein Nachrichtensender am 1. Juni 1980 seinen Betrieb aufnehmen werde. Und so kam es auch.
Ted Turner konnte auf einige nützliche Erfahrungen zurückblikken. Sein kleiner Sender in Atlanta, WTCG (heute WTBS), hatte schon im Dezember 1976 mit der Ausstrahlung von Satellitenprogrammen begonnen. Die seinem damaligen »Supersender« zugrundeliegende Logik war die, daß alle Welt jedes Spiel seiner geliebten Baseball-Mannschaft *Atlanta Braves* (bis 1990 immer nur unter den Verlierern zu finden) sehen wollte. Eine absurde Idee! Jedenfalls aber stammt diese Version von denjenigen aus Manhattan, Chicago und Los Angeles, die es wissen müssen. Für die Baseballfans in Amerika waren die Spiele der *Braves* jedoch gerade richtig, wenn es keine anderen zu sehen gab.
Turner sah den Erfolg des Sender WTCG, die neue Technik und die Möglichkeit, über Kabel noch viel mehr Menschen zu erreichen. So begann er mit der Planung eines reinen Nachrichtensenders, der seine Fernsehnachrichten Tag und Nacht ausstrahlen sollte. Ende Dezember 1978 versuchte er, seine Idee in der *Western Cable Show* an den Mann zu bringen. Acht Millionen Abonnenten waren sein Ziel. Es meldeten sich jedoch nur 750 000 potentielle Abonnenten, und so legte er seine Pläne wieder in die Schublade. Sechs Monate später zog er sie wieder hervor – und dieses Mal klappte es. Warum? Die Antwort darauf kennt nur Turner, aber ich denke, ich kann sie erraten. Er hat sich wahrscheinlich ausgerechnet – oder fühlte er es in seinen Knochen? –, daß der gesunde Menschenverstand in einer verrückt gewordenen Welt keinen Bestand mehr hat!

Der Glücksfaktor
Der Sender hat wohl von Anfang an – schon in seiner ersten halben Stunde – unter einem guten Stern gestanden. Am 1. Juni 1980 strahlte CNN um 18.00 Uhr seine erste Sendung aus. Zu jenem Zeitpunkt befand sich Präsident Jimmy Carter in Ft. Wayne, Indiana, am Krankenbett des bei einem Attentat verletzten Bürgerrechtsführers Vernon Jordan. Um 18.28 Uhr landete CNN, wie Whittemore berichtet, seinen ersten Knüller. Der Sender war dabei – live –, wie Carter aus Jordans Krankenhauszimmer kam. (Für die Satellitenverbindung nach Ft. Wayne hatte CNN nur bis 18.30 Uhr bezahlt. Wäre Carter auch nur zwei Minuten später herausgekommen, hätte CNN Pech gehabt.) In die ersten Betriebstage fielen auch das Feuer im MGM Grand Hotel in Las Vegas und die Attentate auf Ronald Reagan und Papst Johannes Paul II. (zufällig war CNN mit einem Live-Bericht aus Rom dabei). All dies zeigte den Zuschauern den Wert dieser »spinnerten« Idee, 24 Stunden lang Fernsehnachrichten auszustrahlen.

24 Stunden Arbeit

Wie aber funktioniert es? *»Live, live. Ich will es live.«* Dies waren die Worte – immer wieder die Worte – von CNNs erstem Präsident Reece Schonfeld. Die hinter CNN steckende Idee war völlig anders als die Idee hinter den übrigen drei großen amerikanischen Fernsehsendern. »In unserem Verfahren gab es eine Rolle für unsere Zuschauer«, sagte Schonfeld. Es gab Zacken und Kanten, die zu sehen waren – so wie sich eben wirkliche Nachrichten entwickeln. Ein weiterer Leitsatz Schonfelds lautete, daß Raffinesse und Hochglanz unbedingt zu vermeiden waren. Die Idee, die »Wirklichkeit« mit ihren Zacken und Kanten zu zeigen, ist CNNs Stärke und gleichzeitig immer wieder Angriffspunkt für seine Kritiker.
Ein Reporter der Zeitschrift *Home Video* fragte Turner nach seiner Meinung über die zahlreichen Lästerer, die sich immer wieder darüber beschwerten, daß bei CNN die Scharfeinstellung fehle: »Jetzt machen sie aber mal einen Punkt!« fuhr Turner aus der Haut. »Sie glauben, uns fehlt die Scharfeinstellung, der Brennpunkt, der Schwerpunkt – was ist denn ein Schwerpunkt

überhaupt? Wenn man ständig live sendet, wie kann man dann einen Schwerpunkt haben? Wenn ich etwas in den Brennpunkt rücken will, muß ich wissen, worauf ich abziele. Man kann sich doch nicht auf etwas konzentrieren, wenn man nicht weiß, worauf man sich konzentriert! Eine Tageszeitung kann sich auf einen Schwerpunkt konzentrieren, denn die haben ja einen ganzen Tag Zeit, darüber nachzudenken. Bei einer monatlich erscheinenden Zeitschrift bleibt sogar ein ganzer Monat Zeit zum Nachdenken. Wer auch immer diese Kritik geübt hat – er war wohl nicht ganz bei Trost!«

Auf Verlangen: *Live!* Mit Ecken und Kanten. Wie aber führt man solch ein Unternehmen? Ed Turner (mit Ted nicht verwandt) war von Anfang an bei CNN dabei. Er ist Bereichsleiter Nachrichten, einer von nur acht Bereichsleitern in diesem großen, aber administrativ überschlanken Unternehmen. Sein Arbeitstag in der CNN-Zentrale in Atlanta beginnt meistens morgens um 6.00 Uhr. Als erstes kümmert er sich darum, was sich während der Nacht innen- und außenpolitisch ereignet hat. Danach, erzählte er uns, bestehe seine Arbeit zu 50 bis 75 Prozent aus Telefonaten und kurzen, im Stehen abgehaltenen Besprechungen. An Ausschußsitzungen braucht Turner nicht teilzunehmen. Es gibt keine Ausschüsse, die Besprechungen ansetzen könnten! Im übrigen, sagt er, braucht man nie mehr als drei oder vier Mitarbeiter, die alle nicht weit voneinander entfernt sitzen, um eine Entscheidung treffen zu können – und sie treffen Entscheidungen ohne großes Hin und Her, sofort und häufig im Vorübergehen. Auch Stühle, so scheint es, sind überflüssig.

Ich habe CNN-Präsident Tom Johnson an einem Arbeitstag begleitet, an dem sich einschneidende Ereignisse in der Golf-Krise vollzogen. Ich habe ihn beobachtet, wie er sich jeweils innerhalb von ein bis zwei Minuten mit drei oder vier Mitstreitern kurzschloß und ein halbes Dutzend praktischer Entscheidungen traf – darunter war auch eine, in der es um Millionen Dollar ging. Ed Turner beobachtete aus langjähriger Erfahrung (noch vor CNN-Zeiten), daß Entscheidungen, für die andere (die großen Fernsehsender, Zeitungen) Stunden oder Tage brauchen, bei CNN innerhalb von Sekunden getroffen werden. Johnson, der nach Stationen bei der Los Angeles Times und der Times-Mirror Corporation zu CNN stieß, pflichtet dem bei: »Wozu wir früher zwölf Stunden brauchten, dauert hier gerade mal zwölf Minuten.«

Fügen wir dem CNN-Puzzle ein weiteres Stück zu, und schauen wir uns die Welt von Earl Casey an. Er ist Bereichsleiter und der verantwortliche Redakteur für Innenpolitik. Auch Casey kommt meistens schon um 6.00 Uhr morgens an seinen Arbeitsplatz, um sich »einzulesen« (Ticker-Nachrichten, Zeitungen usw.) Um 8.00 Uhr setzt er sich dann mit einigen Mitarbeitern (einige sind körperlich anwesend, andere werden über Telefon hinzugeschaltet) zu einer Arbeitsbesprechung.
Man versammelt sich eiligen Schrittes (nicht weil Pünktlichkeit gefordert ist, sondern weil es bei CNN Stil des Hauses ist, es eilig zu haben). Man hält sich nicht mit Formalitäten auf. Eine Unterlage von etwa 30 Seiten Umfang wird verteilt. Es ist lediglich geringfügig übertrieben, wenn man sagt, daß diese Unterlage den Sender verkörpert. Sie enthält mehr oder weniger den Tagesplan – das Papier ist noch warm, weil es gerade aus dem Kopierer gekommen ist –, mehrere Seiten mit Vorschlägen aus den neun CNN-Büros innerhalb der USA. Die Überschriften auf den einzelnen Seiten lauten der Reihe nach: Story, Ort, Reporter, geschätzte Sendezeit, Inhalt. Das ist es auch schon.
Ich nahm an der Morgenkonferenz des 15. November 1990 teil. Die Besprechung begann pünktlich um 8.00 Uhr. Die auf der Unterlage vermerkte Zeitangabe lautete 7.45 Uhr. Der Sendeplan war also erst 15 Minuten zuvor ausgedruckt worden. Die erste Story auf Seite 1 lautete »Shuttle-Nutzlast«. Ort: »Atlanta«. Reporter: »Mintier«. Geschätzte Sendezeit: »Möglicherweise vier Minuten, x Sekunden, abhängig von den Startbedingungen.« Inhalt: »Eine weitere beinahe geheime Mission. Der Shuttle Atlantis wird wahrscheinlich einen zusätzlichen Spionagesatelliten in den Erdumlauf bringen. Ein Satellit, der Aufklärungsmaterial zum Persischen Golf liefern kann. Wir bringen Archivmaterial zu den neuesten Aufklärungssatelliten.« Eine weitere Anmerkung zu dieser Story besagt: »Diesen Bericht für die Abendnachrichten um 20.00 Uhr neu zusammenschneiden. Abends kommen Aufnahmen vom Shuttle-Start hinzu.«
Innerhalb von einer halben Stunde arbeiteten sich die Mitarbeiter mit Hochgeschwindigkeit durch die 30 Seiten starke Unterlage, besprachen mal hier einen Punkt, mal dort einen Punkt. Während der Besprechung, die nominell von Ed Turner geleitet wurde, lasen die meisten gleichzeitig auch noch Zeitung. Es gab jede Menge Nebengespräche. Die Teilnehmer waren ganz locker. Sie

CNN "Schedule," Nov. 15, 1990, p. 1

baker, c Thu Nov 15 07:45 page 1

SLUG	WRITER	DAY/DATE/TIME	REV. BY ON	STATUS	TIME
SHUTTLE ATLANTIS	broadman	Tue Nov 13 15:58	broadman Nov 15 06:45	HOLD	1:12

THE ATLANTIS MISSION IS MILITARY. THIS MEANS THAT WE WON'T HAVE ANY INFORMATION AND/OR NASA SELECT DURING THE MISSION.
WE WILL GET PRE-LAUNCH AND LAUNCH COVERAGE LIVE. THEN NASA WILL GOODNIGHT THE BIRD.
MISSION IS EXPECTED TO LAST 3 DAYS, 23 HOURS, 5 MINUTES

NASA SELECT: COMES UP AT 1PM AND GOES DOWN SOMEWHERE AFTER SEPARATION
REC TBA

COVERAGE PLAN: ZARRELLA WILL START LIVE COVERAGE FROM THE CAPE AT 2PM. HE'LL BE JOINED BY TOM MINTIER WHO'LL ANCHOR LAUNCH COVERAGE IN ATLANTA AT 4PM. WE'LL CONTINUE OUR LIVE COVERAGE THRU LAUNCH.

FEEDS:		
210P-225P	REC 12	EAST COAST IFB
350P-415P	REC 12	EAST COAST IFB
ING550P-615P		
615P-7P>	REC 11	EAST COAST IFB

STORY	LOCATION	REPORTER	ETA	CONTENTS
SHUTTLE PAYLOAD THIS PKG WILL BE REVISED FOR 8PM TO INCLUDE LAUNCH	ATLANTA	MINTIER	POSS 4P PENDING LAUNCH CONDITIONS	ANOTHER "ALMOST" SECRET MISSION. ATLANTIS WILL MOST LIKELY BE CARRYING ANOTHER SPY SAT. THIS ONE CAPABLE OF PROVIDING INTELLIGENCE ON THE PERSIAN GULF. WE DO A TIC TOC ON SOME OF THE LATEST SPY BIRDS
LAUNCH PREPS MINTIER BEGINS ANCHORING FROM ATLANTA AT 4PM	KSC	ZARRELLA	LIVE 2P . . . . 4P . . . . 6P . . . . LAUNCH: BEST GUESS 6:46P	 UPDATE WEATHER WITH DONUT . . LAST MINUTE PREPS FINAL COUNTDOWN WINDOW: 630P-1030P
LAUNCH WRAP	KSC	ZARRELLA	2 HRS AFTER LAUNCH	

baker, c Thu Nov 15 07:45 page 1

BUREAU	DAY	DATE	WRITER	REV BY	ON	STATUS	TIME
WX STORIES	THURSDAY	11/15/90		baker,c	Nov 15 07:44	READY	1:51

SLUG	LOCATION	REPORTER	ETA FEED	CONTENTS
WHITE HOUSE REPORTER: OLSON SESNO				COVER EVENTS AT WHITE HOUSE: 8A- INTELLIGENCE BRFG 815A- NATL SECURITY BRFG

CNN-Tagungsprogramm

redeten offen und frei heraus, behielten ihren Auftrag immer im Auge. Sie trafen rund ein Dutzend »Entscheidungen« – nichts Großartiges, nur ob man einen Spot lieber an eine andere Stelle rücken oder ob man eine Sache lieber auf Eis legen solle, bis sich eine andere entwickelt hätte. An einigen Teilnehmern wurde ziemlich offen Kritik geübt (aber kaum beißende Kritik). Über ein paar Flops vom Vortag lachten alle. Was für ein Unterschied im Vergleich zu einer Sitzung des Vorstandsausschusses bei Ford oder GM (oder... oder...)!

Wie wird dieser Sendeplan zusammengestellt? Darauf gibt es keine klar umrissene Antwort. Er entsteht einfach. Earl Caseys Vorgängerin, Cissy Baker, setzte sich meistens zwischen 16.00 und 18.00 Uhr nachmittags mit ihren Mitarbeitern zur »Zukunftsbesprechung« zusammen. Sie redeten eine Weile miteinander (obwohl sie während des Arbeitstages schon Dutzende Male miteinander gesprochen hatten) über den nächsten Tag. Daraus ergaben sich mehr oder weniger die Beiträge zum Sendeplan des nächsten Tages.

Die Sendeunterlage ist ein »Plan« – allerdings in Plan, dessen Einzelheiten »innerhalb von wenigen Stunden wegtröpfeln«, wie Baker meinte. Dennoch ist dieser Plan ein nützlicher Ausgangspunkt, auch wenn die Inhalte von Natur aus instabil sind. Er ist ein hervorragendes Beispiel für die häßlich klingende Idee der »lockeren und gleichzeitig straffen Führung« aus *Auf der Suche nach Spitzenleistungen.* Auf der einen Seite gibt es einen Sendeplan – ein Rahmendokument, in dem steht, was geschehen wird, wie die Dinge jetzt stehen. Auf der anderen Seite ist dieser Rahmenplan immer – und definitionsgemäß – ein sehr grobes Konzept, das augenblicklichen Änderungen unterliegt, ob es sich um einen »Durchschnitts«tag handelt (wobei es bei CNN sowie keinen Durchschnittstag gibt) oder um einen Tag mitten in einer Krise wie bei den Ereignissen am Golf.

Für den Fernsehnachrichtensender CNN gab es im Jahre 1979 keine Vorbilder. Das einzige, woran sie sich orientieren konnten – und das auch taten –, waren die Radiosender, die Tag und Nacht Nachrichten ausstrahlten. Der Schlüssel zu den Radionachrichtensendern (mehr oder weniger auch der Schlüssel zu CNN) besteht, wie Whittemore meint, aus der Idee des »sich ständig drehenden Nachrichtenrades mit 22 neuen Sendeminuten pro Stunde«. Jede Stunde werden rund 22 Minuten Nachrichten

geändert. Eine neue Nachricht kommt hinzu, eine alte wird nicht mehr ausgestrahlt. Die Aufmachernachricht der vorangegangenen Stunde wird aktualisiert (eine Minute kommt hinzu, eine Minute wird abgezogen, eine Minute wird geändert). Das unbarmherzige »Nachrichtenrad« dreht sich in jedem Falle weiter. Man kann sagen, daß die Sender von den Ereignissen angetrieben werden.
Live zu senden ist natürlich ein Risiko, das alles durcheinanderbringt. Gleichzeitig sind aber gerade die Live-Sendungen CNNs ganz spezifisches Markenzeichen. Auch wenn regelmäßig Live-Sendungen dazwischenplatzen, ist das Bild des sich unablässig drehenden Rades entscheidend: Es ist der Kreisel, der nie stillsteht – auch wenn kein Tag jemals dem entspricht, was in der Morgenzeitung »geplant« wurde.

Bob Furnard ist Vizepräsident und Chefproduzent. Ich beobachtete ihn am 10. Januar 1990, wie er mitten in der Golfkrise eine Live-Nachrichten-Sendung leitete. Es ging um den angeblich letzten Versuch, zu einer friedlichen Lösung zu gelangen: die Zusammenkunft zwischen dem amerikanischen Außenminister James Baker und dem irakischen Außenminister Tariq Assiz in Genf. Furnard hatte alles im Griff – und gleichzeitig nichts im Griff. Es ist wichtig, beide Aspekte zu begreifen. Alles im Griff und gleichzeitig alles nicht im Griff zu haben ist nämlich der Schlüssel dazu, daß es »läuft« bei CNN – und bei EDS und allen übrigen Organisationen, die sich darum bemühen, in ihrem hektischen Umfeld zu bestehen.
In der Regie war Furnard ständig in Bewegung, blieb aber mit beiden Füßen auf dem Boden und hatte das Ruder fest in der Hand wie der Kapitän eines Schiffes inmitten eines Sturmes von Windstärke 10. Vier Telefone und ein Faxgerät waren in seiner Reichweite. Mehrere Mitarbeiter saßen eine »Reihe« von Furnard entfernt (in etwa 2 Metern Abstand) und schufen – live – eine Nachrichtensendung. Sie arbeiteten an ihren Bildschirmen – vor ihnen Dutzende von Fernsehmonitoren. (Auf weiteren Monitoren – in Furnards Blickfeld – liefen unter anderem die Sendungen der drei großen amerikanischen Fernsehstationen. Deren Berichterstattung verfolgte er am Rande, und sie gingen als Faktor in seine Entscheidungen ein.)
CNN hat jede Menge High-Tech-Ausrüstung zur Verfügung.

Computer-Terminals stehen auf jeder verfügbaren freien Fläche. Furnards Arbeitsinstrumente aber waren Papier und Bleistift. Auf einem ganz normalen Blatt Papier notierte er sich, *wer* (Reporter, Experte usw.) von *wo* verfügbar war, um ihm zu sagen, *was* als nächstes *über was, von wo* auch immer kommen solle. Er tat alles auf einmal: Zuhören, Anweisungen geben und Pfeile zeichnen von hier nach da. So organisierte er die Reihenfolge der Berichte, strich hier etwas, wenn es schon passé war, und fügte dort etwas hinzu, wenn ihm jemand etwas ins Ohr flüsterte oder eine zweizeilige Notiz vor seinen Augen wedelte.

Die »Show«, die daraus entstand, war, wenn man an die Nachrichtensendungen von CBS, NBC oder ABC gewöhnt ist, weit von jeglicher TV-Norm entfernt. Natürlich gab es zwei Moderatoren, die an ihren üblichen Tischen auf der anderen Seite der Glastrennwand zum Regieraum saßen. (Und dort saßen sie, 60 Minuten lang, ohne ein Wort zu äußern – siehe dazu weiter unten den Abschnitt über das Prinzip »Keine Stars«.) Furnard hatte eben beschlossen, die Moderatoren während dieser Stunde nicht einzusetzen. Ralph Begliter, ein äußerst redegewandter Reporter, der mit Baker in Genf war, wurde von Furnard für diese Sendung als »De-facto-Moderator« eingesetzt. Begliter hatte einen Empfänger in seinem Ohr und stellte unter Furnards Anweisungen (die über eine Entfernung von 3000 Meilen aus der Regie in Atlanta kamen) anderen Reportern seine Fragen (bei den Vereinten Nationen, in Israel, in Washington usw.) und gab dabei die Frage eines Reporters an einen anderen weiter.

Wir können mit Fug und Recht behaupten, daß Furnard innerhalb einer Stunde mehrere Dutzend – wahrscheinlich sogar hundert – Entscheidungen traf. Sie bestimmten die Gestalt der CNN-Präsentation in diesen wilden, hektischen Tagen.

Über den aktuellen Anlaß hinaus dürften einig dieser Instant-Entscheidungen wohl recht lang anhaltende Erfolge haben. CNN versucht beispielsweise, einen direkten Kommentar von einem Mitglied des Repräsentantenhauses zu bekommen. Die meisten Parlamentsmitglieder wollten nicht so recht, aber einem Reporter gelang es, John Warner, den Senator von Virginia, in das Washingtoner CNN-Studio zu locken. Dann aber paßte Warner nicht mehr in Furnards Konzept, und so ließ man den Senator sitzen. Der zukünftigen Beziehung von CNN zu Warner war damit natürlich nicht gedient – und Furnard wußte das natürlich und mußte diesen Punkt als einen von mehreren hundert Variablen, die er »routinemäßig« (im CNN-Stil) innerhalb einer solchen Stunde jongliert, mitberücksichtigen.

CNN zu mögen heißt, Hektik zu mögen

CNN ist kein Sender, der »Stars« hervorbringt. Laut Whittemore haben die CNN-Führungskräfte von Anfang an gesagt: »Die Nachrichten sind der Star.« Wenn dieser Sender keine Stars hervorbringt, was ist er dann? Sagen wir, es handelt sich um einen »VJ-Sender«. Gemeint ist damit ein Sender, in dem *Video-Journalisten* an der Front tätig sind und Projekte erledigen.
Der Video-Journalist ist eine neue Kategorie des »Reportergeneralisten«. Erfunden wurde diese Sparte bei CNN, und die Video-Journalisten tun eine Menge mehr als ihre Kollegen in den anderen Sendern, die nach herkömmlichen Methoden arbeiten. Wer für CNN oder NBC berichtet, wird mit einer ziemlich umfangreichen Mannschaft anrücken. (Ich hatte einmal die Ehre, in einem Drei-Minuten-Bericht für die CBS Evening News aufzutreten. Zu der Armada, die den Bericht zusammenstellte, gehörten mehrere Regisseure mit großen Mitarbeitermannschaften und einer Reihe von Funktionären, die in New York ansässig waren.) Der VJ von CNN kommt dagegen meistens nur mit einem Kameramann und vielleicht noch mit einem Tontechniker. Der VJ schreibt die Skripten, führt Regie und kümmert sich meist auch noch um den Ton – er macht alles, was dazugehört. Der VJ ist von der Auslegung her kein Spezialist, er ist ein »Hansdampf in allen Gassen« – ein Multitalent.
Der für ein Projekt verantwortliche Redakteur ist bei CNN der andere vielseitig talentierte Akteur in der »ersten Reihe« – und auch er gehört bei den übrigen großen Sendern zu den weniger beliebten Mitarbeitern. »Die Redaktionen stehen bei unserem Sender an der Front«, sagt Ed Turner kurz und bündig. Bei den älteren Fernsehanstalten, bei denen sich die Nachrichten auf eine relativ kleine Zahl von Stories konzentrieren, kommt ein Bericht meistens erst dann ins Rollen, wenn einer der an höchster Stelle verantwortlichen Produzenten die Anweisung dazu gibt. Bei CNN dagegen entsteht die Idee für eine Story meistens in der Redaktion. Entweder erarbeitet der Redakteur sie alleine oder in

Zusammenarbeit mit einem der Außenbüros. Der Redakteur spricht die Idee kurz bei Earl Casey oder Ed Turner an (keine Aktennotiz, lediglich ein 90-Sekunden-Kurzgespräch im Regieraum; oder er schaut kurz in Turners winziges Büro hinein; Vizepräsident Casey hat überhaupt kein Büro). Sobald der Vorschlag abgesegnet ist, ruft der Redakteur das maßgebende Außenbüro an, spricht direkt mit dem Reporter (VJ), der die Aufgabe übernehmen wird, und stellt dann die entscheidende Frage: »Können Sie die Story in 24 Stunden abliefern?«

Was sind das für Menschen, die von CNN engagiert werden? Wer kann diese Hektik bewältigen – und wer kann es nicht? CNN sieht sich nach Reportern um, die heiß darauf sind, ihre Stories zu erzählen, sagte mir Cissy Baker. Ein CNN-Reporter macht pro Tag zwei bis drei Stories, die auch auf Sendung gehen. Sein typischer Kollege bei CBS macht nur eine (maximal!). Es ist auch nicht ungewöhnlich, daß ein CNN-Reporter rund sechs Stunden am Stück live berichtet, wenn ihm eine große Story über den Weg läuft.

Cissy Baker sagt, sie engagiere Mitarbeiter hauptsächlich auf der Grundlage ihrer Begeisterung für und Liebe zu Nachrichten. »Den technischen Teil können wir lehren und vermitteln«, fügt sie hinzu. »Ein erfolgreicher Kandidat muß auch als fähig eingeschätzt werden, extrem undurchsichtige Situationen bewältigen zu können. Aus der Erfahrung wissen wir, daß die Mitarbeiter, die aus den traditionellen Anstalten kamen, Schwierigkeiten hatten, sich an CNN anzupassen. Diejenigen, die aus Nachrichten-Agenturen oder Nachrichten-Radios kamen, sind ein hektischeres Dasein schon gewöhnt und kommen mit der immerwährenden Hektik bei CNN besser zurecht.«

CNN besteht darauf, daß Mitarbeiter auf *jeder* Ebene vom ersten Tag an Eigeninitiative ergreifen. Mitarbeiter können das werden, was sie wollen. (Für diese Behauptung gibt es jede Menge Beweise.) Niemand wird ihnen sagen, was sie tun sollen. Es liegt an ihnen festzustellen, was zu tun ist – und es auch dann zu tun. »Immer agieren« heißt die Devise. Die Mitarbeiter können durchaus um Rat fragen, aber sie dürfen nicht einfach dasitzen und auf eine Anweisung warten. Und als Postskriptum sei gesagt, daß es bei CNN keine »Qualitätszirkel« gibt. Für jeden ist es wesentlicher Bestandteil seiner Arbeit, es jeden Tag ein wenig besser zu machen.

CNN als Unternehmen in »Echtzeit« führen

CNN funktioniert. CNN hat seine imponierende Vision verwirklicht und Zeichen gesetzt. Die Auswirkungen, die CNN hat, sind gewaltig. Außerdem fährt der Sender Tonnen von Geld ein. Kurz: CNN tut viel, viel mehr für viel, viel weniger.

Im Rückblick erklärte Ed Turner den Unterschied zwischen CNN und den Nachrichtensendungen der älteren Fernsehanstalten. »Sie hatten Geld«, so sieht er es. In ihrer 60- bis 70jährigen Geschichte (seit der Begründung der Radiosender) hatten sich die Oldtimer eine Menge bürokratischer Knebel zurechtgelegt und einen unstillbaren Appetit auf ein verschwenderisches Ausgabengehabe entwickelt. CNN begann als magere Organisation, und es ist dem Sender auch gelungen, so zu bleiben. Cissy Baker charakterisiert den Sender so: »Gut, billig und flexibel.« Natürlich wird das notwendige Geld und auch mehr für die Technik bereitgestellt, ansonsten aber ist die Devise »Keine Kinkerlitzchen« allgegenwärtig spürbar.

Man hat den Eindruck, daß CNN Unmengen an Zaster verbraucht – gesendet wird schließlich Tag und Nacht, und CNN ist stolz auf seine Live-Berichterstattung. Cissy Baker wies jedoch darauf hin, daß der Sender in den zehn Jahren, die sie dabei sei, höchstens ein Dutzend Flugzeuge gechartert habe, um Mitarbeiter schnell von einem Ort zum anderen zu transportieren. CNNs Flugzeug»flotte«, sagte sie lachend, seien die Linienflüge der Delta Airlines ab Atlanta – und zwar in der Touristenklasse. Darüber hinaus verzichtet CNN auf schöne Hintergrundaufnahmen, die viel, viel Geld pro Minute Sendezeit kosten. »Dafür sind wir nicht da«, sagt Ed Turner ganz einfach.

Ein »Feeling« für das Budget

Natürlich hat CNN ein Gesamtbudget. Wichtiger aber ist, daß alle dort – angefangen bei den Video-Journalisten und den weiteren Mitarbeitern »draußen« – wissen, was was kostet. Dies ist zunächst eine recht harmlose Aussage, aber sie zeitigt große Folgen. Das Unternehmen hat seine Finanzen zum großen Teil deswegen fest in der Hand, weil alle auch das Ganze sehen, und nicht nur ihren eigenen kleinen Teil vom Kuchen.

Wer draußen vor Ort arbeitet, sagte uns Baker, weiß genau, was es kostet, eine Satellitenverbindung von Tokio oder eine Landverbindung von Los Angeles nach Atlanta zu mieten. Die Mitarbeiter haben ein »Feeling für die Budgets, ein Feeling dafür, was übertrieben ist und was nicht«. Wie Turner erklärt, liegt ein großer Teil der Fähigkeit des Senders CNN, spontan große Entscheidungen zu treffen, in diesem Feeling begründet. Als Beispiel erklärte er uns, was nach einer unerwarteten Auslandsreise von Präsident Bush geschah. Die Berichterstattung über diese Reise kostete CNN 100 000 Dollar, die im Budget nicht eingeplant waren. Turner hatte zwar keinen »Plan« zur Deckung dieses Defizits, aber er wußte ganz genau über alle Einzelkosten Bescheid. Er holte das gesamte Defizit wieder auf, indem er hier ein paar tausend Dollar und dort ein paar tausend Dollar einsparte, die Berichterstattung über die Reise noch ein wenig länger ausschlachtete (die Investition war schließlich schon getätigt worden) und die Berichterstattung über andere Dinge ein oder zwei Tage verzögerte. (CNN weiß genau, was ein Dollar wert ist! Das Reportern zustehende Tagegeld in den USA lag 1990 bei 25 Dollar. Im Ausland standen den Reportern 35 Dollar Tagegeld zu und die Übernachtung in einem bescheidenen Hotel.)

Unter Kontrolle, außer Kontrolle, Selbst-Kontrolle

CNN ist ein hervorragendes Beispiel für radikale Zentralisierung und radikale Dezentralisierung – beides zugleich. Alle Aktivitäten sind in Atlanta zentralisiert. Die Führungskräfte an der Spitze, die Entscheidungen zu treffen haben, sitzen selten weniger als ein paar Meter auseinander. Die Fähigkeit, Entscheidungen schnell treffen zu können, wird durch diese physische Zentralisierung und die Vertrautheit der Entscheidungsträger untereinander gefördert. (Auch die magere Personalausstattung auf den höchsten Ebenen hilft viel – dadurch werden Bürointrigen, die in so vielen großen Firmen gepflegt werden, fast unmöglich. Dafür ist einfach keine Zeit.)

Gleichzeitig aber treibt der Sender überall die Dezentralisierung voran. Das zeigt sich an der primären Rolle, die der Video-Journalist und der verantwortliche Redakteur spielen. Das zeigt sich auch an der Forderung, daß alle Initiative ergreifen sollen, wie sie sie für notwendig halten, und es zeigt sich an der damit einhergehenden Toleranz gegenüber Fehlern. (Wenn etwas schiefgelaufen ist, wird nicht lange nachgekartet – das ist in den drei großen traditionellen Anstalten ganz anders.) Wer vor Ort

arbeitet, genießt außerordentlich große Selbständigkeit. Einzige Bedingung ist, daß sich die Mitarbeiter im Rahmen der Vision des Senders bewegen und genau wissen, *wie* sich ihr Stückchen in den Zusammenhang des größeren Puzzles einfügt.
CNN ist kostenbewußt und eindeutig unter Kontrolle – aber nicht unter Kontrolle der Fangarme riesiger Buchhaltungen oder massiver, behindernder Kontrollpapiere. Vor allem führt die dort herrschende Kultur zu einem erstaunlichen Maß an Selbstkontrolle. Es fällt schwer, dies Führungskräften mit herkömmlichem Hintergrund zu erklären. Diese Selbstkontrolle ist aber ganz einfach zu »spüren«, wenn man mehr Einblick bekommt. CNN ist ein Zoo, aber ein Zoo mit hervorragender Disziplin!
Die Widersprüche, die der CNN-Kultur zugrunde liegen und sie beleben, sind zum größten Teil direkte Nebenprodukte der Vision, der Persönlichkeit und der Art der von Ted Turner praktizierten Unternehmensführung. Versagen oder Scheitern gibt es bei Turner nicht. Er ist davon überzeugt, daß man Initiative ergreifen muß. Seine Visionen sind unerschöpflich großartig. Er ist ein sehr unstrukturierter, aber sehr entschlossener Mensch. Turners Ansatz läßt sich sehr kurz zusammenfassen: *»Tu's!«*
Vor allen Dingen (und dies zeigt sich bei CNN bis ganz hinunter auf die unterste Ebene) legt Turner Wert darauf, hervorragende Mitarbeiter zu finden und dann dafür zu sorgen, ihnen nicht im Wege zu stehen. Während des frenetischen 374-Tage-Zeitraumes, in dem CNN aufgebaut wurde, war Turner die meiste Zeit weit weg von Atlanta. Er bereitete seine Verteidigung des »American Cup«, der angesehendsten Segelregatta der Welt, im Jahre 1980 vor. Sein »Geist« war immer da, aber selten war er auch physisch präsent. Reece Schonfeld und andere haben die Aufgabe gemeistert. Whittemore berichtete, daß Turner immer ganz flink in entscheidenden Augenblicken auftauchte, wenn es darum ging, mit RCA und FCC über die Verfügbarkeit von Satelliten-Transpondern zu verhandeln und skeptische Kabelnetzbetreiber davon zu überzeugen, auf den Zug aufzuspringen.

Der CNN-Planet: Ein Rummelplatz?

Wohin bewegt sich CNN? »Wir haben gerade erst begonnen«, sagte mir Präsident Tom Johnson ganz ernsthaft. Er und Ted Turner sind entschlossen, nichts weniger als das erste wahrhaft

»globale Informationsunternehmen« (ihr Begriff) zu schaffen. Sie wollen die »globale Nachrichtenanstalt« werden, deren Berichterstattung in jedem Staat der Erde ausgestrahlt wird (schon heute sind sie in über hundert Ländern auf Sendung). Sie wollen ihre Sendungen in den wichtigsten Sprachen der Welt ausstrahlen, sich auf nichtamerikanische Journalisten konzentrieren und zu einem globalen Unternehmen werden, das »lediglich« seinen Sitz in den Vereinigten Staaten hat.

CNN hat eine gesamte Branche dadurch umgekrempelt, daß es der Sender fertigbrachte, sich selbst jeden Tag von neuem zu erfinden. Von genauso großer oder noch größerer Bedeutung – auch wenn den meisten unter uns (ich selbst eingeschlossen) diese Welt sehr fremd erscheint – ist folgendes: CNN ist ein schöpferisches Modell für die erfolgreiche Organisation von morgen.

Was ist die richtige Metapher für CNN? Ist Bob Furnard beispielsweise »Dirigent eines Symphonieorchesters« (eine Metapher, wie sie von den Vertretern des »New-Age-Managements« bevorzugt wird)? Nein, das ist er beim besten Willen nicht! Das, was er tut, mag zwar der Tätigkeit eines Dirigenten ähneln, aber bei ihm kommt etwas noch ganz anderes hinzu: Er dirigiert nicht nur seine Version der neunten Symphonie von Beethoven, sondern schreibt auch noch, während er dirigiert, die Partitur. Ist CNN ein »Basketball-Spiel« (ein weiterer Lieblingsbegriff der New-Management-Anhänger), in dem die Spieler zwar wissen, wo der Korb ist, aber nicht wissen, auf welchem Weg sie dorthin gelangen? In gewissem Maße ist dieser Vergleich okay. Die Ziele wechseln jedoch häufig ihren Standort, und damit trifft die Basketball-Metapher auch nicht mehr zu.

Es ist gefährlich, wenn man einen in festgefügten Bahnen verlaufenden Maßstab an CNN anlegt – einzige Ausnahme ist hier der Rahmenplan, in dem das grobe Sendungskonzept für den Tag festgelegt ist. (Hier muß ich eines noch einmal klarstellen: Die Mitarbeiter bei CNN machen kein großen Brimborium um diese Unterlage. Ich war derjenige, der etwas Greifbares brauchte.)

Der Futurologe Alvin Toffler meinte einmal, wir sollten die Organisationen der Zukunft als Mobiles beschreiben. Vielleicht ist CNN tatsächlich ein Mobile. Aber auch das scheint die falsche Metapher zu sein. Mobiles bewegen sich zu langsam, und die Einzelteile sind mit Drähtchen miteinander verbunden. Mobiles sind instabil. Vielleicht ist CNN ja tatsächlich mehr als alle anderen Organisationen in diesem Buch ein Jahrmarkt, ein Rummelplatz mit einem gut geölten Getriebe in der Unterwelt, Verrücktheit an der Oberfläche – und immer dynamisch.

Der Sprung ins kalte Wasser

Trotz meines Beharrens auf dem Gegenteil reagieren die meisten Führungkräfte, mit denen ich über das Modell CNN spreche, mit folgender Antwort: »Aber das ist Fernsehen!« Nehmen wir einmal an, ich gestehe Ihnen diesen Punkt für einen Augenblick zu: Eine Bestätigung dafür, auf welch närrische Weise man bei CNN »Entscheidungen trifft« (in Anführungsstrichen, weil diese Entscheidungsbildung so wenig mit den herkömmlichen Vorstellungen der Vorbereitung von Entscheidungen gemein hat), befindet sich in einem preisgekrönten Artikel von Prof. Kathleen Eisenhardt, Stanford University, in der Zeitschrift *California Management Review.* Die Überschrift zu dem Artikel lautet: »Geschwindigkeit und strategische Alternativen: Wie Manager die Entscheidungsbildung beschleunigen.« Kathleen Eisenhardt berichtet in diesem Artikel über ihre gemeinsam mit Jay Bourgeois von der University of Virginia durchgeführte Untersuchung von Entscheidungsträgern bei zwölf Computerfirmen. Die langsamsten brauchten von der Idee bis zu Entscheidung zwölf bis achtzehn Monate, die schnellsten zwei bis vier Monate.

Prof. Eisenhardt entdeckte die fünf wichtigsten Unterschiede zwischen beiden Gruppen. Die Sprinter schwammen in einem tiefen, aufgewühlten Meer von »Echtzeitinformationen«, während sich die Schnecken auf »Planung und futuristische Informationen« verließen. Die auf hohes Tempo ausgelegte Gruppe verfolgte die Betriebskennzahlen – beispielsweise Auftragseingänge, Auftragsüberhänge, Liquidität und Stand der Konstruktionsarbeiten –, und sie ließen sich häufig täglich die aktualisierten Daten vorlegen. Sie setzten üblicherweise bis zu drei Meetings auf höchster Ebene pro Woche an – mit Anwesenheitspflicht –, um die »Geschehnisse« durchzugehen, wie es eine Führungskraft ausdrückte. Hinzu kam ein konstanter Informationsaustausch über elektronische Briefkästen, und persönliche Gespräche traten fast vollständig anstelle der allgegenwärtigen Aktennotizen, langatmigen Berichte und schwerfälligen Konferenzen, die für die schlaffer geführten Firmen charakteristisch waren.

Seltsamerweise, stellt Prof. Eisenhardt fest, berücksichtigen die langsamen Entscheidungsträger weniger Alternativen als ihre schnellen Verwandten! Sie sezieren jede auch nur denkbare Möglichkeit, während die wie ein geölter Blitz vorgehende Gruppe einen ganz Satz von Alternativen auf einmal bedenkt. Der Ansatz, mehrere Dinge auf einmal zu bedenken, wirft hervorragende Nebeneffekte ab. »Die vergleichende Analyse schärft den Blick für Präferenzen«, sagt Prof. Eisenhardt. Eine Reihe von Alternativen zu bedenken baut gleichzeitig Vertrauen auf und gibt einem Positionen, auf die man zurückgreifen kann, und solchen Rückhalt braucht man häufig im heutigen närrischen Marktgeschehen. Die Anhänger der Methode »eins nach dem anderen« grübeln und grübeln – häufig so lange, bis die Chance vertan ist. Wenn dann die Alternative, an der sie so lange gearbeitet haben, keine mehr ist, haben sie nichts mehr in den Händen und müssen den mühseligen Prozeß ganz von vorne beginnen.

»Langsame Entscheider«, sagt Prof. Eisenhardt, werden »durch Konflikte lahmgelegt. Sie . . . warten darauf, daß es zu einem Konsens kommt, und verzögern die Dinge immer wieder in der Hoffnung, daß Unsicheres wie durch Zauber sicher wird.« Die Schnellstarter kommen im Gegensatz dazu gerade durch Konflikte voran. Sie betrachten Konflikte als »natürlich, wertvoll und fast immer als unausweichlich«. Es kommt der Punkt, an dem der Hauptentscheidungsträger die Diskussion abbricht und die Entscheidung trifft, weil er genau weiß, daß sich die Meinungsverschiedenheiten nicht mehr lösen lassen.

Schnelle Führungskräfte verlassen sich oft auf »einen älteren und erfahreneren« Mentor, stellt Prof. Eisenhardt fest, während langsame Entscheider sich nur selten auf Berater stützen. Sie spekuliert, daß die Berater, die häufig zehn bis zwanzig Jahre älter sind als der Chef, der die Entscheidung treffen muß, »die Motivation der Entscheider fördern, tatsächlich Entscheidungen zu treffen«. Dies sei wesentlich, sagt sie, da »Angst der Faktor ist, der Entscheidungen am meisten behindert«.

Der Ansatz, mehrere Dinge auf einmal zu bewältigen, veranlaßt die schnellen Entscheider dazu, Strategie und Taktik gründlich miteinander zu verknüpfen. Die schnellen Entscheider jonglieren gleichzeitig mit Budgets, Zeitplänen und Organisationsalternativen. Die zögerlichen Schnecken dagegen prüfen strategische Entscheidungen in einem Vakuum. Sie schieben operationale Einzelüber-

legungen so lange auf, bis die »großen Entscheidungen« getroffen sind. Das Ergebnis ist, daß sie trotz ihrer sorgsam-gründlichen Analyse des Gesamtbildes eher über Details der Umsetzung stolpern werden.
Die gravierendsten Unterschiede lassen sich so auf den Punkt bringen: Die schnellen Entscheider sind vollständig in ihren Aufgaben versunken. Sie blühen und gedeihen in der Auseinandersetzung. Sie sind keineswegs distanziert. »Die sorgsam durchgeführte Branchenanalyse oder der breitgefaßte strategische Plan sind nicht mehr Garantie für den Erfolg«, schließt Prof. Eisenhardt. »Worauf es heute ankommt ist, schnell zu handeln und Schritt zu halten.«

---

4. Kapitel

ABB: Industriegigant mit kleinen Geschäftseinheiten, magerer Organisation, doch großer Hebelkraft durch Wissensverbreitung

Die Leute sind nicht dumm. Sie spüren, wenn ihr Unternehmen nicht wettbewerbsfähig, ihr Arbeitsplatz gefährdet ist.
Percy Barnevik, Fortune, 29. Juni 1992

In einer »Schicksalsrede« ging Percy Barnevik, Vorstandsvorsitzender des Konzerns ABB Asea Brown Boveri, davon aus, daß zwei Drittel der europäischen Großkonzerne nach der europäischen Wirtschaftsintegration scheitern werden. Er selbst ist wild entschlossen, daß ABB nicht dazugehört.
Im Jahre 1990 erzielte ABB in 140 Ländern einen Gesamtumsatz von 29,3 Milliarden Dollar. 60 Prozent dieses Umsatzes wurden in Europa erzielt, weitere 7 Milliarden Dollar in Nordamerika. ABB ist auf acht Gebieten tätig: Kraftwerke, Stromübertragung, Stromverteilung, »Industrie« (z. B. Metallurgie, Halbleiter), Verkehrswesen, Umweltschutz, Finanzdienstleistungen und »Verschiedenes« (z.B. Robotertechnik, Hochleistungsbatterien). ABB ist ein klassischer Gigant der Schwerindustrie. Oder war es zumindest, bis Barnevik damit begann, die wohl neuartigste Struktur für ein Industrieunternehmen seit Alfred Sloan und den völlig umgekrempelten General-Motors-Werken in den zwanziger Jahren zurechtzuzimmern.

5000 kleine Profit Center

Unter den acht schon aufgeführten Geschäftsfeldern kommen 65 Geschäftsbereiche, dann 1300 selbständige Unternehmen mit eigener Rechtsform und etwa 5000 autonome Profit Center. Dort

»unten« wiederum beginnen die Profit Center damit, sich zu jeweils aus zehn Personen bestehenden Hochleistungsteams mit Multifunktion umzuorganisieren. Der ABB-Konzern hat insgesamt rund 215 000 Mitarbeiter. Eine Tochtergesellschaft hat im Durchschnitt 200 Mitarbeiter, ein Profit Center rund 50.
ABB ist häufig der größte Konkurrent in einem Geschäftsfeld. Diese Größe ergibt sich jedoch oft aus einer Kombination relativ kleiner Betriebe. (Ein »kleiner« ABB-Transformatorenbetrieb etwa kann deswegen als groß gelten, weil er ein ganz spezielles Bauteil für ganz bestimmte Transformatoren herstellt.)
Das Rampenlicht gebührt zunächst den 5000 Profit Centers. Barnevik sagte uns, er würde am liebsten jedes einzelne Profit Center als eigenständige Firma eintragen lassen, wenn da nicht die Lawinen von juristischem Papierkrieg wären, die das Ganze unweigerlich auslöst. Warum? Sein Hauptmotiv sei, das Gefühl der Mitarbeiter zu stärken, es sei ihre eigene Firma, in der und für die sie arbeiten. Die Profit Center erstellen schon jetzt ihre eigenen Gewinn- und Verlust-Rechnungen und legen eine Bilanz vor. Sie haben ihr eigenes Anlagevermögen, und sie kümmern sich direkt um ihre externen Kunden.
Jedes dieser Elemente ist wichtig, keines aber ist so wichtig wie das letzte. »Alles sieht ganz anders aus, wenn sich ein richtiger Kunde am anderen Ende des Telefons über Sie aufregt«, sagt Barnevik. Diese direkte Verbindung zum Kunden verwandelt die kleine Einheit in ein »richtiges Geschäft«.
Das durchschnittliche Profit Center wird von einem »Führungsteam« geführt, das aus fünf Personen besteht – dem Chef des Profit Centers und vier Kollegen –, oder, so drückt Barnevik es aus, die Centers werden kollektiv durch »fünftausend gewinnverantwortliche einzelne Mitarbeiter in Gruppen von drei oder vier Personen geführt«. Plötzlich erscheint der Riesenkonzern ABB sehr viel besser »führbar und beherrschbar« – und genau darauf kommt es an. Barnevik wurde in Uddevalla, einer ländlichen Gegend an Schwedens Westküste, geboren. Sein Vater hatte dort eine kleine Druckerei. Barnevik behauptet häufig, seine Führungsphilosophie sei nichts anderes als die Übertragung der Druckereilogik auf einen sehr viel größeren Maßstab: man müsse die 5000 Profit Centers lediglich wie 5000 Druckereien betrachten!
Einen fanatischeren Gegner jeglicher Bürokratie als Barnevik

habe ich noch nicht getroffen. Beweis: Die gigantische Organisation, erklärt er, hat nur drei Führungsebenen! Das Unternehmen wird von einem 13köpfigen Vorstand (darunter Barnevik) mit Sitz in Zürich geführt. Die nächste Ebene besteht aus 250 Bereichschefs, und zu ihnen zählen 100 Länderchefs und die Chefs der Geschäftsbereiche, und auf der nächsten Ebene haben wir die 5000 Manager der Profit Centers mit ihren Führungsteams. Damit bestehen also nur zwei Führungsebenen zwischen den Mitgliedern der Hochleistungsteams und den großen Häuptlingen im Vorstand.

Was ABB zusammenhält

Barnevik bezeichnet ABB als einen Konzern, der in vielen Ländern zu Hause ist. Die, wenn auch immer noch abstrakte, Interpretation dazu lautete: ABBs Struktur ist so ausgelegt, daß »Schlüsseltechnologien genutzt und Einsparungen durch Auflage von Großserien erzielt werden, ohne die lokale Marktpräsenz zu untergraben«. Weiterführend interpretiert: ABB hat eine Matrixstruktur, wobei Länder und Branchen die beiden Dimensionen bilden.
Individuelle Profit Center, Betriebe und Unternehmen innerhalb einer »Länderstruktur«, bilden eine Dimension der Matrix. Geschäftsbereiche (z. B. Wasserkraftwerke, Stromzähler, Schienensysteme, Leasing- und Finanzdienstleistungen) bilden die andere Dimension. 65 Geschäftsbereichsleiter »haben Verantwortung für« die gesamte globale Strategie ihres jeweiligen Bereichs. Sie sorgen auch dafür, daß sie mit »ihrem« Geschäft im vereinbarten Budgetrahmen bleiben. In der Praxis sind die Leiter der Geschäftsbereiche und ihre kleinen Mitarbeiterstäbe umherziehende Prediger. Sie müssen den einen zu diesem, den anderen zu jenem bringen, die in ihrer Einheit erzielten Ergebnisse am Wettbewerb messen, Versetzungen für Schlüsselmitarbeiter arrangieren und organisieren und hier erarbeitetes Wissen nach dort transferieren.
Der Leiter eines Geschäftsbereiches hat sehr viel Macht – und auch wiederum nicht so viel Macht. Nehmen wir einmal an, seine Analysen laufen auf eine »Rationalisierung« hinaus. Er meint, man könne die Zahl der Betriebe, die ähnliche Bauteile her-

stellen, von fünf auf zwei reduzieren. Nehmen wir weiterhin an, daß diese fünf Betriebe unter dem »Oberbefehl« fünf verschiedener, gleich mächtiger Länderpräsidenten stehen. Dann muß sich der Leiter des Geschäftsbereiches mit den Länderchefs zusammensetzen, die wirtschaftlichen und soziopolitischen Auswirkungen ausloten und mit ihnen gemeinsam zu einer Entscheidung gelangen.

Selbstverständlich gibt es einen formalen Mechanismus zur Konfliktlösung. Jeder Geschäftsbereichsleiter ist genauso wie jeder Länderchef einem der 13 Mitglieder des Vorstandsausschusses unterstellt. (Dabei ist dafür gesorgt, daß sie alle verschiedenen Mitgliedern des Vorstandsausschusses unterstehen.) Wenn sie selbst keinen Ausweg aus der Sackgasse finden können, werden der Geschäftsbereichsleiter und die Länderchefs ihren Fall den jeweils zuständigen Mitgliedern des Vorstandsausschusses vorlegen. Barnevik hat aber ganz deutlich gemacht, daß dies nur selten vorkommen darf. Wenn Länderchefs und Geschäftsbereichsleiter den Vorstandsausschuß häufig zur Lösung von Disputen anrufen, sagte er uns, »werden wir beide entlassen«.

Das Konzept der Geschäftsbereiche ist absichtlich mit fließenden Grenzen gestaltet. Nehmen wir die Prozeßautomation als Beispiel. Dieser Geschäftsbereich stand ursprünglich unter Leitung des Präsidenten eines der Prozeßautomationsunternehmen von ABB. Sein Team bestand aus den Präsidenten der vier weiteren Prozeßautomationsunternehmen. Die Zentrale des Geschäftsbereichs war in Schweden beheimatet – weil der Chef und sein Unternehmen dort ansässig waren. Später wurde die Zentrale nach Deutschland verlegt, dann in die Vereinigten Staaten (nachdem ABB die »Combustion Engineering« erworben hatte, kam der Vorstandsausschuß zu dem Schluß, daß die wichtigsten Prozeßautomationschancen in den USA lagen – daher die Verlegung der Zentrale in die USA). Der jetzige Leiter des Geschäftsbereiches Prozeßautomation muß nicht gleichzeitig auch die Aufgaben des Präsidenten eines Unternehmens wahrnehmen. Die Leitung des Geschäftsbereiches ist seine Vollzeitaufgabe. Er wird dabei von sieben lokal ansässigen, hochqualifizierten Experten unterstützt.

Die Gruppen, die Geschäftsbereiche führen, umfassen eine bis zehn oder fünfzehn Personen. Die Chefs der Geschäftsbereiche ergänzen ihre professionellen Mitarbeiterstäbe gelegentlich mit erfahrenen Führungskräften aus verschiedenen, dem Geschäftsbereich zugehörigen Unternehmen. Sie stellen für kurze Zeit Projektteams zusammen, die sich mit der Beurteilung und Bewertung strategischer Anliegen befassen (beispielsweise Qualitätsverbesserung oder Einführung einer neuen Technologie). Insgesamt jedoch ist es nicht übertrieben zu sagen, daß Barnevik davon »besessen« ist – er benutzt diesen Begriff regelmäßig –, die Führungsmannschaften der Geschäftsbereiche sehr klein zu halten und sie darauf zu trimmen, immer ein offenes Ohr für die Anliegen ihrer Einheiten zu haben.

Eine Matrix, die meistens keine ist

Seit Jahren schimpfe ich auf Matrixorganisationen. Matrixorganisationen entwickeln sich zu hoffnungslos komplizierten Bürokratien und ersticken die emotionale Energie und das Gefühl des »Eigentums« am Unternehmen bei denjenigen, die dem Markt am nächsten stehen. Davon bin ich überzeugt.

Die von Barnevik geschaffene einzigartige Struktur besteht jedoch meinen Test im Hinblick auf hohe Energie und Verantwortung. Allerdings bin ich mir nicht sicher, ob es bei einer ABB ohne Barvenik genauso bleiben würde. Sein absoluter Haß auf alles Bürokratische ist entscheidend dafür, daß die ABB-Struktur funktioniert. So wie ABB heute dasteht, unterscheidet sich die Idee des Geschäftsbereiches in der Praxis äußerst drastisch von der herkömmlichen Matrix. Hierzu gilt im einzelnen:

- Die Mitarbeiterstäbe sind winzig. Die Führungsteams der Geschäftsbereiche werden mit Absicht sehr klein gehalten. So ist es, und so soll es bleiben.
- Sie sind dort angesiedelt, »wo es sinnvoll ist«, und ziehen um, wenn es sinnvoll ist. In der herkömmlichen Matrixorganisation ist die Leitung der Geschäftsbereiche immer im Mekka des Unternehmens, das heißt im Gebäude der Unternehmenszentrale, untergebracht. Die Bereichsleiter tragen bei Streitfragen häufig nur deshalb den Sieg davon, weil sie in direkter Nähe des Vorstandes angesiedelt sind. In der Unternehmenszentrale von ABB in Zürich aber sind keinerlei Leiter von Geschäftsbereichen und keinerlei Bereichsführungsteams angesiedelt – und zwischen Zehen und Ohren der Leitungsstäbe der Geschäftsbe-

reiche kann weder Gras noch übertriebene Selbsteinschätzung wachsen.

- Die Leiter der lokalen Profit Center sind verantwortlich und rechenschaftspflichtig. Die Ziele werden vereinbart, und damit hat sich's – die lokalen Manager sind nicht, wie in der herkömmlichen Matrix üblich, zahlreichen Vorgesetzten verpflichtet. (Das ABB-Ethos der Eigenverantwortlichkeit ist ähnlich gehalten wie bei EDS.)
- ABB bekennt sich für die Führungskräfte an der Spitze zu folgendem Ansatz: Topmanager sollen »Insider« sein, aber keine »Eindringlinge«. Das Unternehmen begegnet der Tätigkeit der lokalen Ländergesellschaften also mit äußerster Hochachtung. Die in den Unternehmensbereichen tätigen Stäbe denken nicht daran, die Mitarbeiter der Produktion wegen kurzfristiger Vorteile hin und her zu schieben – auch dies steht wieder in scharfem Gegensatz zu dem Mumpitz, der in den siebziger Jahren in Matrixorganisationen veranstaltet wurde.
- Die Leiter der Geschäftsbereiche arbeiten mit und durch Überzeugung. Sie arbeiten im operativen Bereich und sind die meiste Zeit weit weg von den politischen Zentren. Sie gewinnen ihre Sporen, indem sie immer hilfsbereit sind und sich »auf eigene Gefahr« mit der Bitte um Beistand zur Konfliktlösung an eine höhere Ebene wenden.

Rationalisieren, aber den Wettbewerb nicht im Kern ersticken

Trotz Barneviks Drängen auf Dezentralisierung bemüht sich ABB ganz offen um die Erzielung »altmodischer« Größenvorteile im Fertigungsbereich. Dieser scheinbare Widerspruch läßt sich durch die atomisierte Struktur der europäischen Wirtschaftslandschaft erklären. Als Barnevik den ABB-Konzern hauptsächlich durch Fusionen zusammenschmiedete, ergaben sich häufig ein Dutzend Betriebe in einer Branche, die alle ein ähnliches hochspezielles Bauteil in niedriger Stückzahl produzierten und nur geringe Erträge erwirtschafteten. Er machte sich sofort daran, diese massive Überlappung zu bereinigen. Heute findet man anstelle von zehn ähnlich gelagerten Betrieben nur noch zwei oder drei. Außerdem fertigt jeder Betrieb (mit Umsätzen von 15 bis 30 Millionen Dollar) sehr viel weniger Produktarten als zuvor).

ABB-Geschäftsbereiche

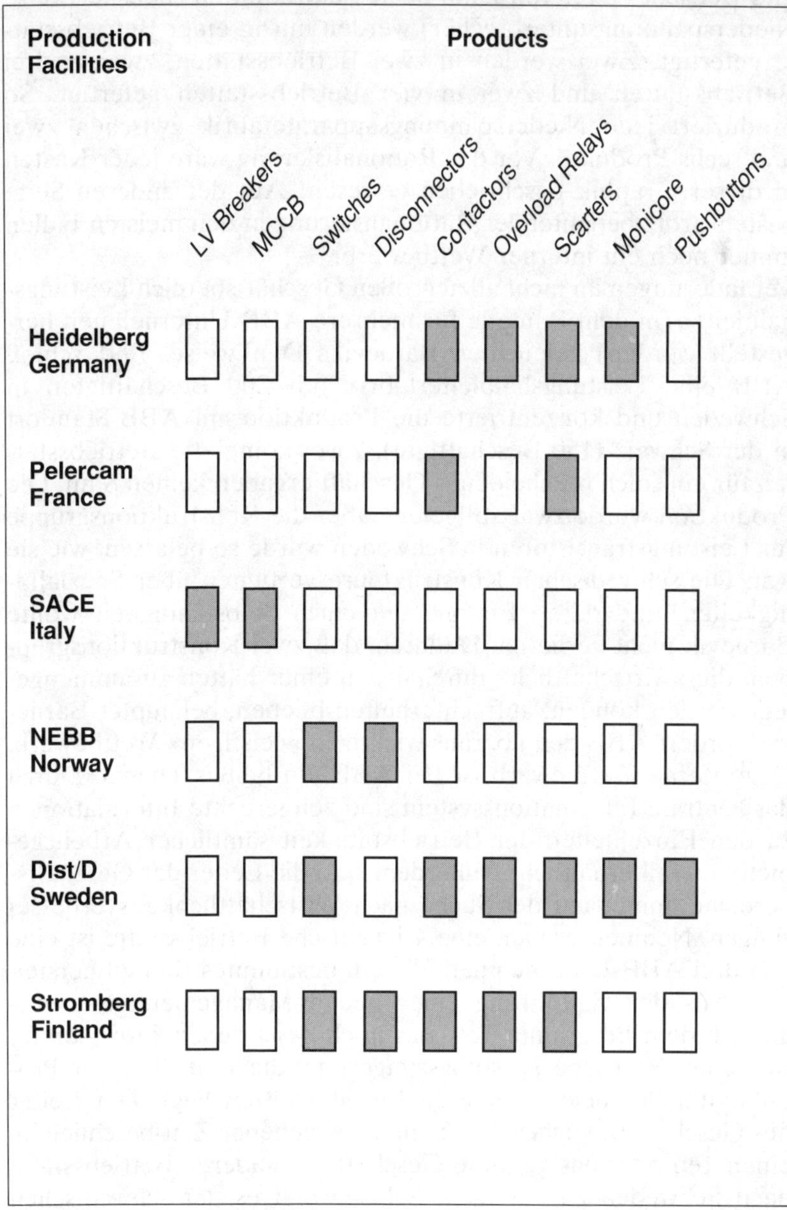

Typisch dafür ist der Geschäftsbereich Niederspannungsaggregate. Die Graphik auf Seite 91 zeigt die wichtigsten Produkte und Betriebe. Drei von neun Schlüsselprodukten (beispielsweise Niederspannungsunterbrecher) werden nur in einer Betriebsstätte gefertigt. Zwei werden in zwei Betriebsstätten, zwei in drei Betriebsstätten und zwei in vier Betriebsstätten gefertigt. So produziert jede Niederspannungsapparatefabrik zwischen zwei und sechs Produkte. Vor der Rationalisierung wäre jeder Kasten in dieser Graphik beschrieben gewesen! Auf der anderen Seite besteht trotz bedeutender Rationalisierung in den meisten Fällen immer noch ein interner Wettbewerb.
Veränderungen im nicht allzu großen Geschäftsbereich Leistungshalbleiter (in dem Bauteile für mehrere ABB-Unternehmen hergestellt werden) beleuchten Barneviks Denkweise. 1991 schloß ABB eine Leistungshalbleiterfabrik mit 200 Beschäftigten in Schweden und konzentrierte die Produktion am ABB-Standort in der Schweiz (150 Beschäftigte). Zwei komplette Betriebsstätten für ein solch bescheidenes Geschäft ergaben keinen Sinn. Die Produktion wurde zwar stillgelegt, aber die Konstruktionsgruppe für Leistungstransistoren in Schweden wurde so belassen, wie sie war. Die schwedischen Konstrukteure verfügten über Spezialfähigkeiten, und deren Energie und auch Selbständigkeit wollte Barnevik nicht verlieren. Dadurch, daß zwei Konstruktionsgruppen, die »wirtschaftlich« durchaus zu einer hätten zusammengelegt werden können, aufrechterhalten blieben, behauptet Barnevik, fördert ABB den überaus wichtigen »geistigen« Wettbewerb.
Der interne Wettbewerb ist bei ABB ein heißes Thema. Durch das zentrale Informationssystem sind zeitgerechte Informationen zu den Einzelheiten der Betriebstätigkeit sämtlicher Arbeitsgebiete überall erhältlich. Außerdem sind die Leiter der Geschäftsbereiche immer auf der Suche nach Wirtschaftlichkeitsverbesserungen. Nehmen wir an, eine schwedische Betriebsstätte ist eine von drei ABB-Unternehmen, die ein bestimmtes Bauteil herstellen. Aus der Einführung eines neuen Managementansatzes – ähnlich dem Programm T50, das noch beschrieben wird – ergibt sich eine drastische Leistungssteigerung, die weit über der Produktivität der beiden anderen Betriebsstätten liegt. Der Leiter des Geschäftsbereiches mag dann zu gegebener Zeit beschließen, einen Teil oder das gesamte Geschäft der anderen Betriebsstätte nach Schweden zu verlegen. Selbst wenn es der schwedischen

Betriebsstätte nicht gelingt, das Geschäft der Schwesterunternehmen direkt für sich zu gewinnen, wird dieses Unternehmen mit Sicherheit als Standort für die nächste Produktgeneration (und Produktentwicklung) dieses Geschäftsbereiches ausgewählt werden.
Insgesamt bemüht sich Barnevik darum, genügend Betriebe mit Parallelproduktion weiterzuführen, damit der überhitzte interne Wettbewerb aufrechterhalten bleibt – und gleichzeitig ist es ihm gelungen, der extremen Fragmentierung, die das Erbe der europäischen Industrievergangenheit ist, effektiv entgegenzuwirken.

»Abspecken« der Organisation

Nach äußerst erfolgreichen Jahren als Chef des Unternehmens Sandvik (unter anderem Hartmetallschneidewerkzeuge) übernahm Percy Barnevik 1980 den Vorstandsvorsitz beim schwedischen Unternehmen Asea. In der Zentrale fand er 2000 Mitarbeiter vor, atmete tief durch und reduzierte die Zahl der Beschäftigten auf 200 – innerhalb der ersten 100 Tage. Barnevik teilte den Stabsmitarbeitern in der Zentrale mit, sie hätten drei Monate Zeit, sich einen Job in einer der operativen Einheiten des Unternehmens zu suchen – sonst sei Schluß. »Man kann schwere Entscheidungen nicht so lange aufschieben, bis sie zu Tode untersucht sind«, schrieb Barnevik in der *Harvard Business Review.* »Flitterwochen mit kleinen Änderungen, die sich über ein bis zwei Jahre hinziehen, kann man nicht zulassen. Eine lange Serie kleiner Änderungen verlängert nur den Schmerz ... Man muß akzeptieren, daß dabei auch Fehler vorkommen, [aber] mir ist lieber, daß ich in etwa richtig und schnell handele als exakt richtig und langsam. Diese Prinzipien wenden wir überall an.«
Genau daran hat er sich auch später gehalten. Als ABB die Firma Stromberg, erste Adresse unter Finnlands Industrieunternehmen, erwarb, wurde er von 880 Stabsmitarbeitern in der dortigen Zentrale begrüßt. Wenige Jahre später war die Zahl der in der Zentrale Beschäftigten auf 25 gesunken! In der deutschen ABB-Zentrale in Mannheim fand Barnevik im Jahre 1988 insgesamt 1600 Beschäftigte vor. Heute sind es nur noch 100. (Wie verringert man die Mitarbeiterzahl von 1600 auf 100? Rund 400 Mitarbeiter mußten gehen. Die meisten gingen in nahe gelegene Profit

Center, da die Zentrale in Mannheim von zahlreichen kleinen ABB-Betriebsstätten umgeben ist.)
Barnevik hat die Aufgabe, die Stabsmitarbeiter der Zentralen zu reduzieren, beinahe zu einer Wissenschaft verfeinert (er versichert, daß sich die Zahl der Mitarbeiter in sämtlichen Aufgabenbereichen der zentralen Stäbe innerhalb des ersten Jahres um 90 Prozent verringern läßt): Rund 30 Prozent gehen durch natürliche Fluktuation, weitere 30 Prozent finden eine Stelle in einem der Profit Center, und weitere 30 Prozent finden ihre Aufgabe in einer der selbständigen Servicegesellschaften (häufig neue Gesellschaften), die ihre Arbeit – Finanzdienstleistungen, Rechtsberatung – auf Wettbewerbsbasis durchführen und ihre Leistungen den operativen Einheiten zu Marktpreisen berechnen. Rund ein Zehntel der Stabsmitarbeiter bleibt in der Unternehmenszentrale. Das ist aber nur der Anfang. Bis zum Jahre drei oder vier, erklärt Barnevik, können die 30 Prozent Mitarbeiter, die in die selbständigen Servicegesellschaften gegangen sind, wiederum um die Hälfte reduziert werden. Die 30 Prozent in den Profit Centers können um ein Drittel verringert werden, und die 10 Prozent Mitarbeiter, die in der Unternehmenszentrale verblieben sind, sollten um eine weitere Hälfte reduziert werden. So werden also 30 Prozent der Stabsmitarbeiter im ersten Jahr gestrichen und weitere 30 Prozent bis zum Jahre drei oder vier. Nach der zweiten Reduzierungsrunde bleiben also nur noch 5 Prozent der ursprünglichen Stabsmitarbeiter in der Unternehmenszentrale.
Genau dies geschah mit den zentralen Stäben, als Asea und Brown Boveri im Jahre 1987 fusionierten. Eine Kongregation von rund 4000 Stabsmitarbeitern wurde auf eine Besatzung von 100 hochqualifizierten Experten und eine Gruppe von 50 Schreib- und Verwaltungskräften zurückgestutzt und in der Zentrale in Zürich zusammengefaßt. Es gibt in der Zentrale beispielsweise nur einen Personalmanager, Arne Olson, der von drei Mitarbeitern und einer Sekretärin unterstützt wird.

Die Hebelkraft des Wissens

Die Mitarbeiterstäbe sind »abgespeckt« (keine lästigen Bürokraten mehr). Die lokalen Einheiten (Profit Center) haben Handlungsvollmacht und sind im wesentlichen autonom. Die »Predi-

ger« der Geschäftsbereiche sind immer auf Wanderschaft und bemühen sich darum, ein Gesamtschema für ihre Einheiten an den Mann zu bringen. ABB hat aber noch mehr besondere Merkmale, und Teil dieses Mehr ist eine völlig neue Betrachtungsweise der Begriffe »global« und »Größenvorteile«.
Es stellt sich heraus, daß die Teams der meisten Geschäftsbereiche Größenvorteile verfolgen, hauptsächlich aber im Lernen, nicht in der Produktion. Nehmen wir den Geschäftsbereich Leistungstransformatoren (Teil des Arbeitsgebietes Kraftübertragung). Mit einem Milliarden-Dollar-Umsatz ist dieser Geschäftsbereich viermal so groß wie sein nächstgrößerer Wettbewerber. Leiter des in Mannheim angesiedelten Geschäftsbereiches ist ein Schwede, Sune Karlsson. Zu diesem Geschäftsbereich gehören 25 Betriebsstätten in 16 verschiedenen Ländern.
»Wir sind kein globales Geschäft«, sagte Karlsson zu William Taylor von der *Harvard Business Review.* »Wir sind eine Ansammlung lokaler Unternehmen mit intensiver globaler Kommunikation. Darin liegt unsere Einzigartigkeit.« Er will, fügt er hinzu, daß die lokalen Unternehmen in kleinen Dimensionen denken, sich um ihren Heimatmarkt und eine Handvoll (zugewiesener) Exportmärkte kümmern und lernen, mit kleineren Volumen Geld zu verdienen. Es sei nicht einfach gewesen, meint er, die lokalen Manager davon zu überzeugen, daß sie kleine Betriebe effektiver führen können [als große], daß sie den Bedürfnissen des Kunden sehr viel flexibler gerecht werden – und auch noch Gewinne erzielen können. An Branchenmaßstäben gemessen, sind Karlssons Fabriken klein. Die erzielten Umsätze liegen zwischen 10 Millionen und 150 Millionen Dollar. Mindestens zwei Drittel der Produktion werden auf den jeweils lokalen Märkten abgesetzt. Zur Verbesserung der Wettbewerbsfähigkeit hat Karlsson dafür gesorgt, daß die Transportzeiten verkürzt wurden. Außerdem legt er Wert auf Maximierung der Konstruktions- und Produktionsflexibilität und konzentriert sich auf inländische Kunden.
Worin besteht der Vorteil der Zusammenfassung der 25 Fabriken zu einem »Geschäftsbereich«? Worin besteht der Vorteil, zu ABB zu gehören? Auf die »harten« Vorteile, beispielsweise die Möglichkeit, günstigere Einkaufskonditionen zu erzielen, wie sie normalerweise als Größenvorteil genannt werden, geht Karlsson erst gar nicht ein. Die »weichen« Vorteile, die sich aus einer effektiven

globalen Koordinierung ergeben, sind es, die den Unterschied ausmachen:
»Unsere größte Stärke besteht darin, daß wir über die Welt verstreut 25 Fabriken haben. Jede hat ihren eigenen Präsidenten, ihren eigenen Konstruktionsleiter, Marketing- und Produktionsleiter. Diese Menschen arbeiten Tag für Tag, Jahr für Jahr an denselben Problemen und Chancen und lernen daraus eine enorme Menge. Wir möchten einen Prozeß des kontinuierlichen Transfers von Fach- und Spezialwissen schaffen. Wenn uns das gelingt, ist dies ein Vorteil, an den keiner unserer Rivalen herankommen kann.«
In einer weitverstreuten Organisation, in der viele Mitarbeiter aus zugekauften Unternehmen (und verschiedenen nationalen Kulturen) kommen, effektives Lernen zu lernen, ist jedoch nicht so einfach. Auf der einen Seite, berichtet Taylor, fördert Karlsson den internen Wettbewerb dadurch, daß er jeden Monat detaillierte Informationen über das Abschneiden aller 25 Einheiten veröffentlicht. Karlsson weiß auch ganz genau, daß ein solcher Wettbewerb konstruktiv sein muß. Er sagt immer wieder, daß die Schlüsselaufgabe darin bestehe, eine »Kultur des Vertrauens und des Austausches« zu schaffen.
So gibt es die unterschiedlichsten Mechanismen oder »Austauschformen«, die von Karlsson zur Förderung des Lernens begründet wurden. Der Vorstand eines Geschäftsbereiches trifft sich beispielsweise vier- bis sechsmal pro Jahr zur Erarbeitung globaler Strategien. Als nächste Gruppe sind Mitarbeiter aus dem Stab des Geschäftsbereiches zu nennen – es sind fünf erfahrene Kräfte mit spezieller Verantwortung für bestimmte Bereiche, beispielsweise Forschung und Entwicklung und Einkauf. Sie sind ständig auf Reisen, konferieren mit den Leitern der lokalen Einheiten und treiben das Gesamtanliegen Lernen und Koordinierung voran. Funktionale Koordinierungsteams, die aus Experten verschiedener Arbeitsgebiete bestehen, setzen sich mehrere Male pro Jahr zusammen, um sich unter anderem mit Anliegen der Produktion, der Qualität und des Marketings auseinanderzusetzen.
Diese formalen Zusammenkünfte sind wichtig, der größte Wert aber, wie Taylor beobachtet, ergibt sich daraus, »daß über das Jahr hinweg ein ständiger Informationsaustausch abläuft. Das System funktioniert, wenn der Qualitätsmanager in Schweden

den Qualitätsmanager in Brasilien mit einem Problem oder einer Idee antelefoniert und anfaxt.« Die Praxis, Fachwissen miteinander zu teilen, »entsteht nicht automatisch«, gibt Karlsson zu. »Die Menschen müssen persönlich Zeit miteinander verbringen, um sich gegenseitig besser kennen- und verstehen zu lernen. Die Menschen müssen auch erkennen, daß es sich für sie selbst lohnt. Koordinierung erwarte ich immer nur dann, wenn alle Seiten davon wirklich profitieren. Wir müssen zeigen, daß sich der Austausch auszahlt, daß jemand, der eine Idee beiträgt, im Gegenzug vierundzwanzig Ideen bekommt.«

Werte durch die Ansammlung von Wissen über ganz verschiedene, meist lokal konzentrierte Geschäftseinheiten hinweg zu schaffen, erbringt noch weitere Vorteile. Nehmen wir ABB Stromberg in Finnland als Beispiel. Zum Zeitpunkt der Übernahme durch ABB versuchte Stromberg – typisch für Firmen in kleinen europäischen Ländern –, allen alles zu sein. Stromberg ist auch heute noch in vielen Geschäftsfeldern tätig, aber das Unternehmen konzentriert sich auf sein Spezial-Know-how in elektronischen Antrieben. In diesem Bereich hatte das Unternehmen schon seit langem eine führende Stellung in Technik und Produktion. Offiziell ist ABB Stromberg zum »Center of Excellence« für elektronische Antriebe erklärt worden. Bei ABB Stromberg liegt die Verantwortung für die Koordination dieses Spezialgebietes mit den übrigen Gesellschaften der ABB-Familie. Solche *Centers of Excellence* entstehen bei ABB an vielen Stellen. (Die Ideen – und auch die Sprachregelung – haben viel mit den »Service-Zentren« bei EDS gemein.) Das Programm »T50« der schwedischen ABB dürfte jedoch die dramatischste Speerspitze im Hinblick auf das Lernen darstellen.

T50: Der nächste Schritt

Zum schwedischen Arm der ABB gehören 46 000 Beschäftigte (davon leben 32 000 in Schweden) in 150 selbständigen Gesellschaften an 200 Standorten. Der Umsatz betrug 1990 rund 8 Milliarden Dollar – und das T50-Programm erschüttert das Unternehmen bis in die Grundfesten. Das Unternehmen will die Zykluszeit (Auftragseingang, Entwurf, Konstruktion, Fertigung, Versand) für sämtliche Produkte bis zum Ende des Jahres

1993 um die Hälfte kürzen. Gelingt das T50-Programm, wird ABB Schweden unterm Strich eine halbe Milliarde zusätzliche Dollar an Umsatz verbuchen können!
Das Programm T50 entstand 1989 aus einer Projektgruppe der Konzernzentrale in Zürich. ABB Schweden fing den Ball auf und entwickelte das Spiel weiter. Heute wendet das schwedische Vorstandsmitglied Kenneth Synnersten (der in zweiter Funktion als Geschäftsbereichsleiter, zuständig für Materialwirtschaft, fungiert) etwa die Hälfte seiner Zeit für dieses Projekt auf. Er arbeitet mit einer schwedischen Steuerungsgruppe zusammen und wird von vier Mitarbeitern unterstützt (die hauptsächlich als »Verkäufer« fungieren, die ersten Erfolge des Programms hinausposaunen, um noch Zögerliche zum Mitmachen zu bewegen).
Eine durchschnittliche Gruppengesellschaft der ABB in Schweden hat zwischen 200 und 400 Beschäftigte. Viele Gruppengesellschaften sind noch auf herkömmliche Weise mit Funktionsabteilungen – Verkauf, Konstruktion, Produktion und Marketing – strukturiert. Das T50-Strukturziel besteht darin, die Primärachse der Geschäftstätigkeit in eine andere Richtung zu drehen und praktisch alle – als Repräsentanten sämtlicher Funktionen – dazu zu bringen, aus den spezialisierten Abteilungen herauszutreten und sich in »horizontalen« Produktbereichen mit 30 bis 100 Mitarbeitern zu organisieren. Dies sei möglich, versichert Synnersten, selbst wenn der größte Teil der Geschäftstätigkeit im Bereich »Schwerindustrie« liege. Der letzte Schritt bestehe darin, diese Produktionsbereiche mit 30 bis 100 Beschäftigten weiter herunterzuschrauben und als multifunktionelle Hochleistungsteams mit rund zehn Mitgliedern, wie sie zu Beginn dieser Analyse schon erwähnt wurden, zu organisieren.
In der neuen Struktur mag es immer noch einen »Verkaufsleiter« geben, der dem Präsidenten der Gesellschaft unterstellt ist und ihn im Bereich Verkauf berät. In dieser beratenden Rolle wird der Verkaufsleiter jedoch keine ihn unterstützenden Stabsmitarbeiter haben. Die Chancen sind außerdem hoch, daß er gleichzeitig als Generalmanager einer der kleinen und weitgehend autonomen Produktbereiche fungieren wird. Synnersten schätzt, daß in einer Einheit mit 200 Beschäftigten mindestens 160 Mitarbeiter horizontalen Produktbereichseinheiten zugewiesen werden können. Damit bleiben nur noch 40 Mitarbeiter für Stabsfunktionen übrig.

ABB Schweden

Die einzelnen Schritte des gesamten Zeitabschnitts vom Verkauf bis zur Auslieferung in Prozenten.

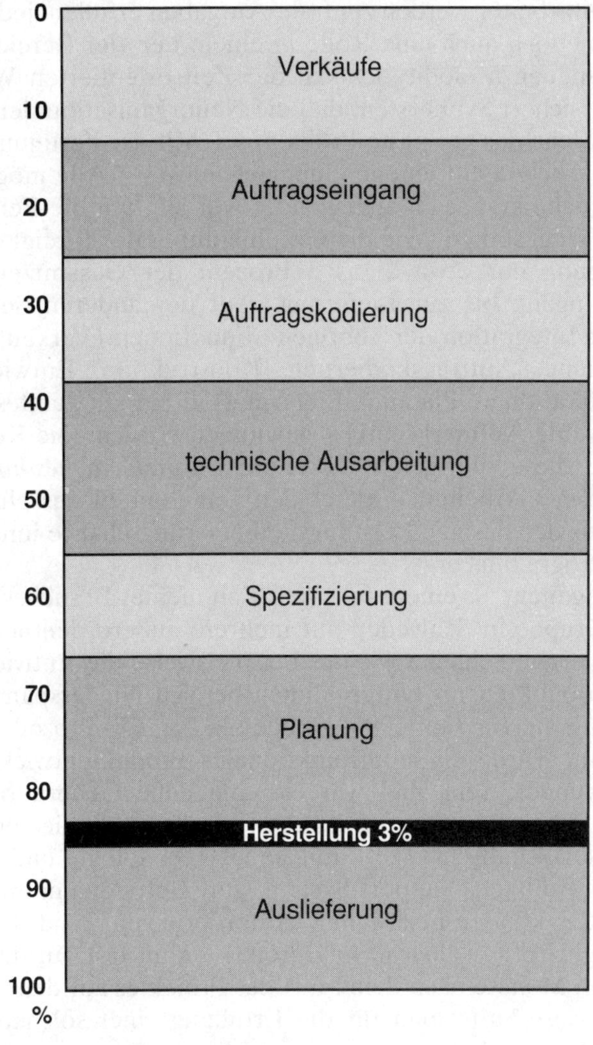

Die Reorganisation der ABB Controls, die zum 1. Januar 1992 in Kraft trat, ist ein gutes Beispiel. Zunächst wurde das Unternehmen mit 500 Beschäftigten in vier Einheiten/Bereiche mit jeweils 125 Mitarbeitern aufgegliedert. (Die zentrale Konstruktionsabteilung mit 60 Mitarbeitern wurde beispielsweise in vier Einheiten, jede mit einem »lokalen« Büro, zerlegt.) Zusätzlich fand eine Aufgliederung in rund 50 Hochleistungsteams statt. Rund 25 Stabsmitarbeiter werden zentrale Aufgaben erfüllen; jeder von ihnen hat jedoch auch eine Rolle in einem der vier Bereiche.
Nach der neuen Melodie des »an der Zeit orientierten Wettbewerbs« versichert Synnersten, daß die Neuorganisation der Fertigung als solche das geringste Problem sei. Mit der Fertigung, sagt er, seien sie schon auf einem »Superschnellweg«. Alle möglichen smarten Techniken seien angewendet worden, um die Fertigung effektiver zu gestalten. Wie die Graphik auf Seite 99 zeigt, belegt die Fertigung nur etwa 2 bis 3 Prozent der Gesamtzeit vom Auftragseingang bis zur Lieferung. Auf der anderen Seite sei früher der Integration der »übrigen« Funktionen (Verkauf, Auftragsannahme, Auftragskodierung, Konstruktion, Entwicklung der Spezifikationen, Planung, Lieferung) in ein gut geöltes Ganzes sehr wenig Aufmerksamkeit gewidmet worden. Die Konzentration auf diese »übrigen Tätigkeiten« – *ganzheitliches/horizontales/paralleles* Arbeiten – bietet den Löwenanteil des Nutzens, der sich aus der riesigen Leistungsverbesserungschance innerhalb des T50-Programms ergebe.
Nach wenig mehr als einem Jahr (zur Zeit meines Besuches) kann die T50-Gruppe in Schweden auf mehrere außerordentliche Erfolge verweisen. Schauen wir uns beispielsweise die Entwicklung von Neuprodukten im Unternehmensbereich Niederspannungsschaltgeräte an. Im Juni 1990, gerade als der T50-Prozeß seinen Lauf nahm, wurde ein multifunktionales Produktentwicklungsteam gegründet. Sein Ziel war es, eine neue Generation von Schaltschränken für den europäischen Markt zu entwickeln. Der »Eurocenter-Schaltschrank« – mit neuer Technologie und einem computergestützten Support-System zur Befriedigung maßgeschneiderter kundenspezifischer Anforderungen (und PC-Anschlußmöglichkeiten überall in Europa) – kam fast auf den Tag genau zehn Monate nach dem Start des Projektes auf den Markt. Normalerweise hätte man für die Erfüllung einer solchen Aufgabe vier Jahre gebraucht.

Ein weiteres Beispiel ist das zehn Mitglieder starke Hochleistungsteam im Bereich Schutzschalter (5 Millionen Dollar Umsatz). Die neugegründete »horizontale» Gruppe begann ihre Arbeit Anfang 1991. Innerhalb von acht Monaten war die gesamte Zykluszeit (Auftragseingang bis Lieferung) von 15 bis 33 Tage auf fünf Tage verkürzt worden. Die Quote der pünktlichen Lieferungen erhöhte sich von 50 Prozent im Januar 1991 auf 96 Prozent im September 1991. Die Zahl der pro Person und Tag gefertigten Schutzschalter (ein allgemeiner Maßstab für die Produktivität) erhöhte sich um rund 20 Prozent von 144 im Januar 1991 auf 169 im September. Der Krankenstand, ein strategisches Problem in Schweden überhaupt, ging um über die Hälfte zurück. Das Team erledigt viele Aufgaben selbständig und autark: Planung, Arbeitsvorbereitung, Terminierung, Einkauf und Qualität im Dienst am Kunden. Einige Konstruktionsaufgaben werden immer noch von einem Reststab in der Zentrale erledigt. Viele dieser Aufgaben werden jedoch im weiteren Verlauf des T50-Prozesses an die Hochleistungsteams delegiert werden.
Synnersten hat eine skelettartige T50-Leistungs»struktur« für die gesamte ABB Schweden eingeführt. In jeder Gruppengesellschaft ist ein Mitglied der Leistungsebene mit der Verantwortung für T50 betraut. Diese Verantwortlichen kümmern sich um den Fortschritt in ihren eigenen Einheiten und fungieren als Verbindungsstellen zu Synnerstens T50-Team in der Zentrale. Sie setzen sich einmal pro Quartal zusammen, um ihre Erfahrungen auszutauschen. Außerdem muß jede schwedische Gruppengesellschaft das T50-Programm in ihrem strategischen Plan und ihrem Jahresbudget berücksichtigen. T50 ist im übrigen »ständiger Punkt« auf der Tagesordnung der Vorstandssitzungen der einzelnen Gruppengesellschaften.
Synnersten geht davon aus, daß bis Ende 1993 etwa zwei Drittel der Mitarbeiter der ABB Schweden aktiv in einem T50-Projekt involviert sein werden. Die Steuerungsgruppe hat außerdem auf ihrem Weg zu einer 50prozentigen Reduzierung der Zykluszeit ganz präzise, quantitative Ziele gesetzt. Synnersten ist zweifellos ungeduldig. Gleichzeitig aber betont er, wie wichtig es sei, Geduld zu üben. »Die Projektleiter«, sagte er uns, »müssen es dem einzelnen möglich machen, sich nach seinem eigenen Rhythmus in den Prozeß einzubinden. Sie müssen bereit sein, die Menschen ›das Rad neu erfinden zu lassen‹.«

Die überzeugendste Lanze, die er für diesen Prozeß brechen kann, ist ein immer länger werdender Katalog von Erfolgsgeschichten. Fast alle waren zunächst skeptisch, sagt er. Nur die wahren Gläubigen waren bereit, sich dem T50-Kreuzzug anzuschließen. Jetzt aber ist Synnersten in der Lage, die Skeptiker durch harte Beweise, die sie selber in Augenschein nehmen können, zu überzeugen. »Sich mit den Erfolgen brüsten zu können und der Druck seitens der Kollegen – das sind die wichtigsten Triebkräfte«, sagt er schmunzelnd.

T50: Mehr als nur Geschwindigkeit

Wie immer gibt es keine eindeutige Definition. »Geschwindigkeit« ist nur ein Teil des Anliegens. Geschwindigkeit schreit nach der Frage: »Geschwindigkeit, *wozu*?« Mode und Modeorientierung bedeutet, neue Produkte schneller herauszubringen. Es bedeutet aber auch, klügere Produkte herauszubringen und sich dabei mit den Kunden auf nagelneue Art zu verflechten. Schneller, sehr viel schneller vorzugehen und funktionale Barrieren einzureißen ist genauso eine Möglichkeit, sehr viel näher an die Kunden heranzurücken, wie die Auftragsbearbeitung zu beschleunigen oder neue Produkte mit frenetischem Tempo herauszubringen. Manchmal muß man sogar bremsen – und einen höheren Koordinierungsgrad zwischen Zulieferern, Produzenten und Kunden erzielen –, um letztlich schneller werden zu können. Wie man es auch sieht: Barnevik wird es nicht zulassen, auf das falsche Pferd gesetzt zu haben und ein Opfer des gemeinsamen europäischen Marktes von 1993 zu werden.

Teil II

Mit Hochdruck arbeiten lernen

Vorspann:
Die Schnellen und die Toten

Seit 1979, als Sony Corp. den Walkman erfand, hat die Firma 227 verschiedene Modelle entwickelt, das heißt alle drei Wochen eines.
Steven Baull
The International Herald Tribune
26. März 1992

Intels Kosten für Forschung und Entwicklung sind ungewöhnlich hoch. Die Firma finanziert zwei Produktgenerationen gleichzeitig, damit sie die Produkte in kürzeren Zeitabständen einführen kann.
San José Mercury News
11. Februar 1992

Die neunziger Jahre werden ein Jahrzehnt der Geschwindigkeit sein, eine Nanosekundenkultur. Es wird nur zwei Typen von Managern geben: die Schnellen und die Toten.
David Vice
Stellvertretender Vorsitzender
Northern Telecom

»Competition Against Time: How Time-Based Competition is Reshaping Global Markets«, geschrieben von George Stalk jr. und Thomas M. Hout, Seniorpartner bei der Beratergruppe Boston Consulting Group, ist zur Bibel der neuen *Geschwindigkeitsbewegung* geworden. Stalk und Hout beginnen ihr Buch mit dem »Krieg H gegen Y« – dem Kampf, der Anfang 1980

zwischen den Motorradherstellern Honda und Yamaha ausbrach und der das heutige Gedränge am Markt vorwegnahm. 1981 nahm Yamaha die Arbeit an einer neuen Fabrik auf, die das Unternehmen zum führenden Motorradhersteller in Japan machen sollte – vorausgesetzt, daß der Absatz für die gesamte Produktion gesichert werden könnte. Honda reagierte sehr schnell auf diese Herausforderung. Zu jener Zeit umfaßte Hondas Produktpalette etwa 60 Motorradtypen. In den darauffolgenden eineinhalb Jahren brach die Firma sämtliche Rekorde und überflutete den Markt mit 113 neuen Modellen. Laut Stalk und Hout machte Honda dadurch das Motorrad zu einem »Modegut«. Yamaha konnte mit Honda nicht Schritt halten und – bemerkenswert für eine so auf die Wahrung des Gesichtes bedachte Gesellschaft wie Japan – verkündete öffentlich seine Kapitulation vor Honda.

Warum haben andere Firmen das Niveau Sonys, Intels oder Hondas nicht erreicht? Die kurze Antwort lautet: Ihre Firmenstruktur ist nicht so gestaltet (beziehungsweise mißgestaltet), daß sie wie ein Schwamm die Zeit einfach aufsaugt. Stalk und Hout haben eine Reihe von Regeln aufgelistet, die auf gründlicher Forschungsarbeit basieren. Keine ist eindrucksvoller oder beängstigender als die sogenannte »0.05-bis-5-Regel«. Sie besagt: »Tatsächlich enthalten die meisten Produkte und Dienstleistungen Werte für nur 0.05 bis 5 Prozent der Zeit, die für sie in den wertsteigernden Bereichen ihrer Produzenten aufgebracht wurden.« Stellt man diese Zahl auf den Kopf, kommt man zu dem Ergebnis, daß 95 bis 99,95 Prozent der Zeit vergeudet werden. Im Durchschnitt!

Aua! Oder doch nicht? Einerseits bieten solche Beobachtungen erste Hoffnungen auf eine einmalige Gelegenheit (richtig organisieren, schnell werden, reich werden – siehe unsere Analyse von CNN). Andererseits sind sie eine große Gefahr: Wenn die Konkurrenz »es« dir antut (die Zeit um 95 Prozent zu komprimieren) und du bist dazu nicht in der Lage, dann gehst du vor die Hunde. Der Gedanke – und die Notwendigkeit –, alles schneller zu machen, ist schwer zu widerlegen. Das Problem ist, wie wir am Schluß der ABB-Analyse gesehen haben, daß Geschwindigkeit so viel mehr bedeutet, als einfach schneller zu sein. Deshalb betonen wir in diesem Abschnitt des Buches mehr den *Hochdruck* als die Geschwindigkeit als den Hauptgegenstand unserer Betrachtungen. Um eins mit dem Kunden zu werden (was mehr bedeutet, als ihm einfach näherzukommen – siehe EDS), in sich stets verändernden Zusammenhängen, mit stets wechselnden Partnern zu arbeiten, um revolutionäre Produkte schnell zu entwickeln und zu vermarkten, bedarf es einer umfassenden Hochdruckkultur. Die im folgenden beschriebenen Fallstudien behandeln Firmen, die das kapiert haben. Sie wurden absichtlich aus Industriezweigen ausgewählt, in denen man gar nicht mit Änderungen aus modischen Erwägungen heraus rechnen würde. High-Tech-Industrieschläuche (Arbeiter, die aufs engste mit den Kunden zusammenarbeiten – und sehr schnell reagieren –, was zu überwältigenden Erfolgen führt), Elektrowerkzeug (Benutzerfreundlichkeit – und Geschwindigkeit – bestimmen ein Stück Industrie neu) und – fast kaum zu glauben – die Eisenbahn (in der langsames Entscheiden und nutzlose Informationen den Glauben an eine Grundlage unseres Wirtschaftslebens zerstörte und deren Basis beinahe selbst zerstörte).

Laßt den Morgen nicht ungenutzt verstreichen

Auch das aktuellste Wirtschaftsmagazin ist in der Regel bereits mindestens eine Woche alt, bevor es in die Hände der Leser gelangt. Aber das *White House Bulletin* macht da eine Ausnahme. Es erreicht seine Abonnenten gerade achtzehn Minuten, nachdem es vom Schreibtisch des Chefredakteurs verabschiedet wird – und zwar per Fax. Der Service macht sich bezahlt: Mitte 1992 waren mehrere hundert politische Insider-Organisationen in Washington, D.C., bereit, eine Summe zwischen 980 Dollar (eine kleine Anwaltspraxis) und fast 4500 Dollar (die eigene Organisation des Weißen Hauses) zu entrichten, um sich über die Geschehnisse im Weißen Haus auf dem laufenden zu halten.

Das Bulletin, das bereits sechs Monate nach dem ersten Erscheinen einen Gewinn aufzuweisen vermochte, faßt täglich all diejenigen Geschehnisse im Weißen Haus zusammen, die sich seit der Auslieferung der Morgenzeitungen ereignet haben, und übermittelt seinen Lesern schnelle Analysen sowie Insider-Informationen über die Tagespolitik und über Personalangelegenheiten. Und wenn sich etwas Außergewöhnliches noch nach Veröffentlichung des Bulletins zuträgt, schickt der Chefredakteur seinen Lesern ein Sonderfax.

»Wir befassen uns und handeln mit einer unüblichen Art von Informationen, da wir unmittelbar nachdem unsere Kunden die Tageszeitung gelesen haben, erscheinen«, sagte uns der Herausgeber Paul Roellig. »So sind wir imstande, über die unmittelbaren Reaktionen der Betroffenen Bericht zu erstatten ... Diese Stadt lebt von Informationen, und wenn du als erster über sie verfügst, hast du sogleich einen Nutzen davon.«

5. Kapitel

Titeflex: Schmeiß den Computer weg, laß die Arbeiter arbeiten und »macht's einfach«

Wir sollten endlich aufhören, die Kuhpfade zu betonieren. Statt überalterte Verfahren in Silizium und Software einzubetten, sollten wir sie ausradieren und von vorn anfangen.
Michael Hammer
»Re-engineering Work: Don't Automate, Obliterate«
Harvard Business Review,
Juli/August 1990

Unser Ziel war es, das Unternehmen umzugestalten, eine neue Seite aufzuschlagen. Das Hauptkriterium war, sämtliche Prozesse aufzuzeichnen. Bei jedem Schritt fragt man rund zehnmal »erbringt das mehr für die Kunden«?
John Simpson
Ehemaliger Präsident von Titeflex

Wir glaubten an unsere Vision. Deshalb beschlossen wir, das Ganze an einem Wochenende durchzuziehen. Darauf vertrauend, daß die Maschinenführer mit dem Puzzle schnell fertig werden würden.
Robert Condon
Direktor für Qualitätskontrolle, Titeflex

1777 wählten George Washington und sein Artilleriechef Henry Knox die Stadt Springfield, Massachusetts, als Standort für das erste U.S.-amerikanische Waffenarsenal aus. Das sicherte Springfield einen bleibenden Platz in der Geschichte. Zwar haben die

Engländer sich sicherlich Verdienste darum erworben, daß sie viele Dinge erfanden, die in die Massenproduktion eingingen, es waren jedoch die Amerikaner, die sie vervollkommneten. (Denken wir nur an den Strom britischer Besucher nach Amerika Mitte des 19. Jahrhunderts, die das A und O der Massenproduktion erlernen wollten.) Ein Großteil dieser Perfektionierung fand in den Arsenalen von Springfield statt.
Die Idee für identische Gewehrläufe – laut den Historikern der erste zögernde Schritt in Richtung Massenproduktion – entsprang 1819 dem Kopf von Thomas Blanchard. Zunächst lag das Hauptaugenmerk auf Spezialisierung. Doch die Spannweite der Arbeiten wurde immer enger und enger. Das Handwerkliche verschwand. Kopfarbeit verschwand beinahe ebenso. Eine ganze Zeit lang zahlte sich das aus. Der Erfolg von Springfield war auch der Erfolg Amerikas. Heutzutage aber sind diese alten Methoden überholt. Eine zweite amerikanische Produktionsrevolution findet in der Stadt Springfield statt. Die Revolution vollzieht sich in einem Unternehmen namens *Titeflex,* einem Hersteller von Flüssigkeits- und Gasbehältern – wir würden Industrieschläuche sagen. Dort kreieren 500 Mitarbeiter in den Produktions- und Raumfahrtbereichen eine nagelneue Geschäftsidee.

Titeflex, etwa 1988

So sah die Firma Titeflex gegen Ende des Jahres 1988 aus: Auftragseingänge wurden in das EDV-»Wundersystem« MRP I (Materialwirtschaftsplanung) eingegeben. Es (MRP I) erstellte dann Papiermengen für die Einkaufsabteilung, die Produktionsüberwachung, das Lager und die Abteilung für die Qualitätssicherung. Planungs- und Kostenüberprüfungen – noch größere Mengen von Papier – wurden ebenfalls veranlaßt.
Laut Jon Simpson, dem Geschäftsführer von Titeflex von Ende 1988 bis Anfang 1992, benötigte all dies (oder verursachte?) unzählige Meetings – »Vormittagsbesprechungen«, »Nachmittagsbesprechungen« sowie »Planungsüberprüfungsbesprechungen«. Nicht zu vergessen »Qualitätsüberprüfungssitzungen«, »Anschaffungssitzungen« und »Einkaufsmeetings«. Insgesamt dauerte die Prozedur für einen einzigen Auftragseingang im Durchschnitt drei bis fünf Wochen.

Schauen wir uns jetzt einmal die Fertigungshalle an, in der die nächste Serie von langwierigen Prozessen begann. Ein Teil des Auftrages ging an die Fertigungsstraße zur Herstellung des Schlauchinneren, zusammen mit dem ganzen Papierkram, der aus den verschiedenen Überprüfungen resultierte. (»Da kam ein ganzes Buch zusammen«, sagte uns ein Arbeiter.) Die Produktionsgruppe wiederum produzierte noch mehr Unterlagen, um das unersättliche »System« zu füttern. Ein anderer Teil des Auftrages ging an die Gruppe, die für die Armaturen der Schlauchverbindungen zuständig war. (In der Regel waren fünf verschiedene Abteilungen an der Herstellung dieser Armaturen beteiligt.) Nachdem die Schläuche und die dazugehörigen Extras hergestellt worden waren, kamen sie in eine andere Abteilung, wo sie gereinigt wurden. Sie durchliefen dann mindestens noch drei weitere Abteilungen bis zur endgültigen Montierung, dann kamen sie in die Abteilung für Qualitätssicherung mit fünfzig Beschäftigten. Und schließlich in die Versandabteilung.

Die Produktionshalle wurde durch eine große Produktionssteuerungs- und Planungsmannschaft gemanagt. Sie hatte immer alle Hände voll zu tun, denn einzelne Teile der Aufträge blieben ständig in dieser oder jener Ecke der Anlage stecken. Ein typischer, sich in Bearbeitung befindender Auftrag ging durch den Lagerraum, der am zentralen Fließband als großer Engpaß bezeichnet wurde, sage und schreibe sechsmal hindurch, auf seiner einen Kilometer langen Reise vom Auftragseingang bis zur Verladung!

Die Überwacher der Produktion wurden außerdem gezwungen, sechs verschiedene Terminüberwachungslisten zu erfinden. Es gab eine heiße Liste (verärgerte Kunden), eine warme Liste (ziemlich verärgerte Kunden), eine Monatsendeliste (um stekkengebliebene Aufträge zu erledigen, damit die Buchhaltung sie bis zum Monatsende in Rechnung stellen konnte) und so weiter. Insgesamt dauerte die Herstellungsphase mindestens sechs Wochen, die für den Auftragseingang benötigten drei bis fünf Wochen nicht mitgezählt. Das ergab eine Gesamtsumme von neun bis elf Wochen, falls, wie Simpson betonte, alles reibungslos verlief.

Titeflex heute

Es hat sich viel geändert bei Titeflex: Die Bürokratie wurde hinweggefegt. Ganze Hierarchieebenen von Führungskräften wurden abgeschafft. Verfahren wurden zu Makulatur. Dann völlig neu erfunden. Alten Computersystemen wurde der Stecker herausgezogen. Auftragseingänge kommen jetzt in eine »Verwaltungszelle«, die *Genesis-Gruppe*. Sie besteht aus sechs Mitarbeitern, deren Tische kreisförmig angeordnet sind. Zu dieser Mannschaft gehören (1) ein Auftragsbearbeiter, die Stimme von Titeflex für den Kunden draußen. Er bespricht die Preise, Liefertermine usw. und erstellt Rahmenverträge mit den firmeneigenen Kleinbetrieben im Haus; (2) Anwendungsingenieure, die jeden Auftrag sofort vom technischen Standpunkt her prüfen; (3) ein Konstruktionsingenieur, der die Herstellungsbedingungen festlegt; (4) ein Zeichner, der, wenn es nötig sein sollte, neue Pläne anfertigt und (5) ein weiterer Sachbearbeiter.

An Stelle der früheren endlosen Vorbereitungsmeetings tauschen die Mitglieder der Genesis-Gruppe einfach Material und Gedanken untereinander aus und sprechen informell miteinander. Sie behandeln sämtliche Einzelheiten selbst – mit ein wenig Unterstützung durch die Überreste des alten MRP-I-Systems (das heute nur noch als hilfreiche Rechenmaschine angesehen wird). Der Papieraufwand ist minimal (oft nicht mehr als eine Seite für einen komplexen Auftrag). Und der ganze Prozeß kann von lediglich zehn Minuten für einen Routineauftrag bis zu maximal zwischen zwei und fünf Tagen für einen wirklich neuartigen und komplizierten Auftrag dauern.

Der restliche Teil der Operation (die Fabrikation) ist de facto in »Kleinbetrieben« organisiert worden (konzentrierte autonome Produktionszellen) von jeweils fünf bis fünfzehn Mitarbeitern. Da gibt es zum Beispiel die *Business Development Teams* (BDTs), verschiedenartige kleine Einheiten/Zellen im Haus, die komplette Schlauch- und Armaturensätze an die Genesis-Gruppe »verkaufen«. *Final Assembly Teams* (FATs) sind für die Endmontage zuständig.

Die gesamte Herstellungszeit beträgt heutzutage im Durchschnitt zwei Tage bis eine Woche. Eilaufträge werden von einem speziellen, blitzschnellen *Rapid Deployment Team* (RDT) erledigt – einer Zweipersonenmannschaft, die die ganze Sache vom Auf-

Altes (kompliziertes) Titeflex System

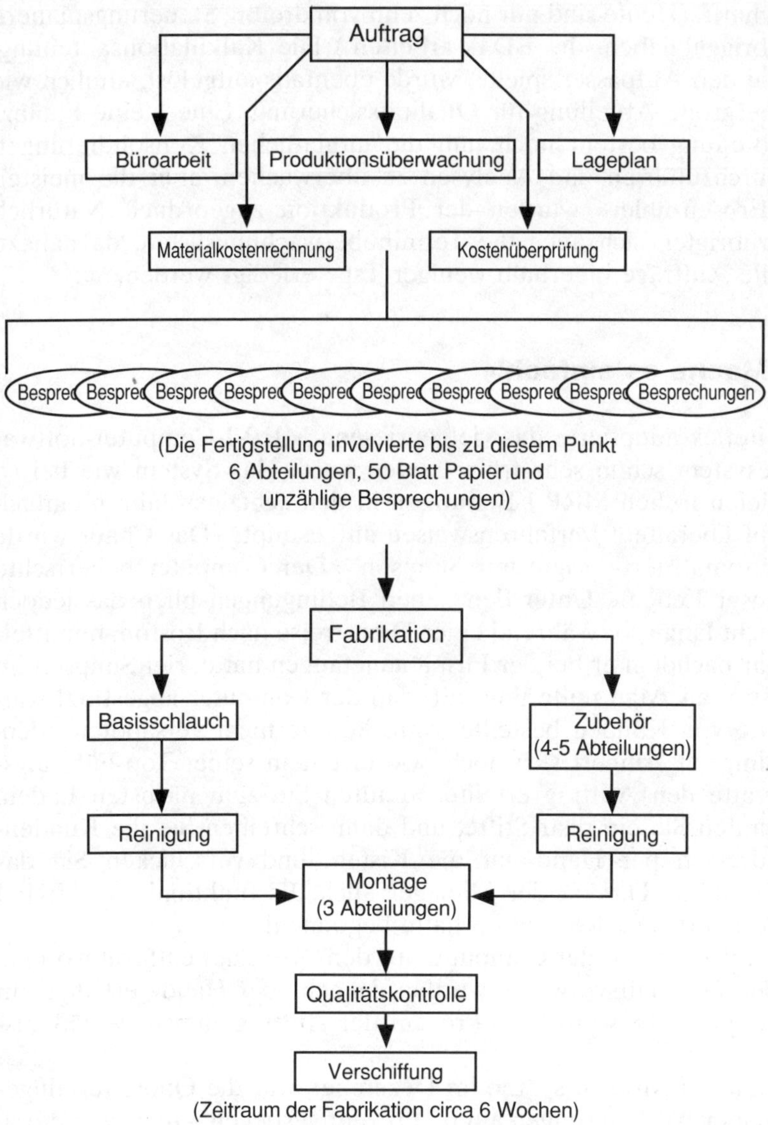

tragseingang bis zum Versand in mitunter nur drei bis vier Stunden abwickeln kann.
In der Umstrukturierungsphase herrschte der blanke Völkermord. Die Steuerungsplanung der Produktion wurde völlig abgeschafft. (Heute sind nur noch zehn von dreißig Steuerungsplanern übriggeblieben, die BDTs arbeiten.) Die Kalkulationsabteilung, die den Aufpasser spielte, wurde ebenfalls aufgelöst, ähnlich wie die große Abteilung für Qualitätssicherung. Eine kleine Finanzabteilung besteht noch, um die monatlichen Konsolidierungen durchzuführen und Analysen zu überwachen, aber die meisten »Erbsenzähler« wurden der Produktion zugeordnet. Natürlich erübrigten sich auch die Terminüberwachungslisten, da nahezu alle Aufträge innerhalb weniger Tage erledigt werden.

»Mache es einfach!«

Titeflex adoptierte das vielgepriesene MRP-I-Computer-Softwaresystem schon sehr früh. Leider wurde das System wie bei so vielen frühen MRP-I-Benutzern in den achtziger Jahren einfach auf überaltete Verfahrensweisen aufgestülpt. »Das Chaos wurde automatisiert«, sagte mir Simpson. »Der Computer beherrschte unser Leben.« Unter den neuen Bedingungen blieb das jedoch nicht lange so. Während einer Dienstreise nach Boston, unmittelbar nachdem er bei der Firma angefangen hatte, rief Simpson im Büro an. Man teilte ihm mit, daß der Computer abgestürzt war: Die von Kunden bestellte Ware konnte nicht versandt werden. Simpson erinnert sich noch, wie er einem seiner Top-Führungskräfte den Auftrag erteilte: »Laufen Sie zum nächsten Laden, kaufen Sie ein paar Stifte, und dann schreiben Sie die Kundenadressen per Hand auf die Kisten, und verschicken Sie das Produkt.« Das tat der Manager auch. Es funktionierte. MRP I verkehrt! Die Revolution hatte begonnen!
Im Prinzip war der Computer aus dem Kreislauf entfernt worden. Die Geschäftsvorgänge wurden danach »per Hand« erledigt. Im August 1988 wurden 23 Prozent der Aufträge termingemäß ausgeliefert.
Nur vier Monate später, im Dezember, war die Quote termingemäßer Auslieferungen auf 65 Prozent gestiegen – und zwar durch »Brachialgewalt«, wie Simpson sagt. Bis zum März 1989 waren

mit weniger Mitarbeitern und keinem Pfennig an neuem Kapital 90 Prozent erreicht.
Eine ganze Menge von »Führungsvariablen« war mit dieser Wende verbunden: die Genesis-Gruppe für den Auftragseingang, die Business Development Teams und so weiter. Aber diese waren gewissermaßen nur der Punkt auf dem i. Etwas viel Grundsätzlicheres untermauerte das Ganze: Simpson begab sich in die Fertigungshallen. Er hörte den Menschen zu, die die Arbeit tun. Er antwortete auf ihre angestauten Frustrationen. Ganz wesentlich für das, was bei Titeflex geschah, ungeachtet der Dollars und der Technologie oder auch der Revolution in den Managementstrukturen, war die veränderte Unternehmensstruktur. Die Einführung des »Dringlichkeitsgefühles«, wie Simpson es nannte.
Als Simpson bei Titeflex anfing, redeten Kollegen in Schlüsselbereichen, wie Finanzen, Konstruktion und Produktion, kaum miteinander. Es wäre wie ein Wunder gewesen, wenn einer der Ingenieure den Weg in die Produktionshalle gefunden hätte, um die Arbeiter um Rat zu fragen. Der Durchschnittskämpfer an der Basis wurde stets frustriert, bei jedem Handgriff.
Simpsons Lösung war ein Lied aus dem EDS- (oder CNN-) Liederbuch: Laßt die Mitarbeiter einfach wissen, unmißverständlich, daß sie *selbst* das tun müssen, was nötig ist, und daß sie ihre Vorgesetzten nicht vorher zu fragen brauchen. Und Simpson selbst gab den Ton an: Fast immer, wenn er oder sein vorwiegend neues Spitzenteam mit einem Wunsch konfrontiert wurde, der über die bestehenden »Regeln« hinausging, lautete die Antwort: »In Ordnung, mach's!«
Während Simpsons erster Wochen bei Titeflex kamen zum Beispiel jede Menge unzufriedene Kunden in die Fabrik. Sie waren zumeist wütend, weil ihr Auftrag sich um Monate (in einigen Fällen sogar um Jahre) verzögert hatte. Simpson nahm die aufgeregte Gruppe einfach mit in die Produktionshalle (das allein war schon unüblich), machte sie mit den Arbeitern von Titeflex bekannt und sagte den beiden Gruppen, sie sollten eine Lösung finden. Dann entfernte er sich wieder. »Und sie fanden auch eine Lösung«, sagte er lächelnd. Business-Development-Manager Kevin Roberts sagt es ganz deutlich: »Wir gaben ihnen unbeschränkte Befugnisse, alles Notwendige zu tun, um die Kunden zufriedenzustellen.«

Das lange Wochenende

Simpson baute Hierarchiestufen und Bürokratie ab. Er reduzierte die Managementebenen um eine bis drei für jede Funktion. Zum Beispiel von fünf auf drei Stufen für das operative Geschäft. (Es gab jedoch keinen Abbau bei den Produktionsmitarbeitern.) Dann gründete er die autonomen Zellen/Teams. Viele Aspekte des Wandels konnten einfacher durchgesetzt werden, als man es zunächst annahm, beteuerte Simpson. Warum? »Die Arbeiter hofften auf Veränderungen.« Das Problem lag bei den Führungskräften im mittleren Management.

Wie schnell können Veränderungen durchgesetzt werden, wenn die Arbeiter darauf drängen? Die verblüffende Antwort lautet: beinahe über Nacht. Von fünfunddreißig Managern verschwanden zwanzig im Verlauf eines einzigen Wochenendes. (Einige kündigten, einige übernahmen Ingenieurposten.) Die erste selbstverwaltete Zelle wurde von den Arbeitern selbst zwischen Freitagnachmittag und Montagmorgen geschaffen. In weniger als einem Monat wurde die gesamte Sparte Industrieproduktion verwandelt.

»Siebzig Prozent der Leute wollten einander umlegen«, gab Simpson über die ersten Wochen nach der Gründung des Teams zu. Eine Arbeiterin, mit der ich sprach, bestätigte dies: »Keiner von uns dachte, daß es funktionieren würde. Wir hielten es für einen Witz.«

Aber es führte nicht zum Chaos. Ob die Leute dabei Federn ließen oder nicht. »Ab Montagmorgen wird die Leistung besser«, behauptete Simpson kurz angebunden. Und die Zahlen gaben ihm recht.

Die Geschichte, die Simpson erzählt, wurde uns bis ins letzte Detail vom Produktionsbereich bestätigt. »Die Veränderungen sind für uns eigentlich nicht so schwer zu akzeptieren. Es ist etwas, das wir schon immer verlangt haben«, meinte ein Gewerkschafter, der bereits seit zwanzig Jahren dabei ist. »Die mittleren Manager hatten die größten Probleme damit.« Einer seiner Kollegen verblüffte mich, weil er beharrlich behauptete, daß die Veränderungen, die mir riesengroß und schnell vorkamen, »nicht schnell genug gingen«. Soviel zu dem alten immer wieder aufgewärmten Vorurteil, daß Arbeiter Probleme damit hätten, sich dem Neuen anzupassen!

Die parallele Revolution des Miteinanderumgehens

Auch die Beziehungen zwischen den Funktionen (und den Funktionsträgern) wurden revolutioniert. Jene Ingenieure, die sich unter dem »alten Regime« niemals in der Produktionshalle hatten sehen lassen, sind jetzt ständig unterwegs. Sie überprüfen die Möglichkeit, dies oder jenes zu machen, und suchen routinemäßig den Rat der Arbeiter. Darüber hinaus begaben sich Arbeiter, die früher Titeflex nie verlassen hatten, auf Reisen. Sie unternahmen nun Dienstreisen und machen regelmäßig Besuche bei Kunden. So weilte beispielsweise eine Gruppe von Maschinenführern zu Besuch bei dem großen Flugzeugmotorenwerk von General Electric in Evendale, Ohio. Nach vielem Hin und Her, berichtete Simpson, erreichten sie eine »fünfminütige Audienz« beim hohen Chef. Er war so beeindruckt von ihrer Schilderung der neuen höheren Produktionsgeschwindigkeit und der Mitarbeiterpartizipation, daß er sie vier Stunden lang ausfragte. Später, als sie zusammen mit Kollegen von General Electric das Fließband entlangschlenderten, bemerkten die Arbeiter von Titeflex, daß Schläuche von einer Konkurrenzfirma vorhanden waren. Ein Arbeiter – und – Superverkäufer fragte: »Können wir diesen Auftrag übernehmen?« General Electric sagte zu.

Ebenso routinemäßig reisen Kunden nach Springfield, um mit dem Personal von Titeflex zusammenzuarbeiten. Ein Ergebnis dieser Zusammenarbeit: Die Entwicklungszeit für neue Produkte hat sich auf die Hälfte verkürzt.

Um solche dramatischen Verringerungen in der Zeit zwischen Auftragserteilung und Auslieferung zu erreichen, bedarf es der Kooperation – »Partnerschaft« ist die bevorzugte Bezeichnung in Springfield – aber nicht nur mit den Kunden, sondern auch mit den Zulieferern. Deshalb besuchen Teams von DuPont, dessen pulverisiertes Teflon der Grundstoff der Titeflex-Schläuche ist, jedes Quartal ihre Partner bei Titeflex, um Produkt- und Prozeßverbesserungen zu besprechen. Mitarbeiter von Titeflex fahren ebenfalls regelmäßig zu DuPont. Noch vor zwei Jahren, meint Simpson, hätte keine der beiden Firmen es zugelassen, daß die jeweils andere Einblicke in ihre Arbeitsprozesse und Produktionsabläufe bekommt.

Geschwindigkeit!

Immer wieder strapaziert Simpson das Schlüsselwort »Geschwindigkeit«. Er erinnert sich, wie ein Kunde aus dem GE-Bereich Luft- und Raumfahrt eines Tages verzweifelt in Springfield auftauchte. Er hatte einen Spezialauftrag, für den früher im besten Fall sechs Wochen benötigt worden wären. Der Kunde verließ die Fabrik am selben Tag um 13 Uhr mit dem speziell für ihn gefertigten Teil in der Hand. Nachdem Simpson mir die Kompliziertheit jenes Produktes geschildert hatte, fragte ich ihn, ob früher wirklich so viel Zeit verschwendet worden war. »Ja, Tom«, erwiderte er düster. »Es wurde in der Tat soviel Zeit vergeudet.« Und er unterstrich nochmals, daß die durch die GE-Geschichte gesteigerte Geschwindigkeit eben nicht aus kapitalintensiven technischen Verbesserungen resultierte (auch wenn die Firma zu diesem Zeitpunkt bereits angefangen hatte, auf Grund der neuen Rentabilität, schon einige zusätzliche Investitionsgüter anzuschaffen). Was den ganzen Unterschied ausmachte, bekräftigte er, war die neue Einstellung. Und das Ausräumen von bürokratischen Hemmnissen, die die Mitarbeiter die ganze Zeit daran gehindert hatten, das zu tun, was sie als notwendig erkannt hatten (und auch tun wollten).

Heute nimmt das Unternehmen Titeflex der Konkurrenz Aufträge weg und verlangt beachtliche Zuschläge für seine Schnelligkeit sowie seine Fähigkeit, die Produkte den Kundenwünschen anzupassen. Aber ist es nicht so, fragte ich die Arbeiter am Fließband, daß die erhöhte Effizienz eine Gefahr für die Arbeitsplätze darstellt? (In manchen Fällen kam es zu unwahrscheinlichen Produktionssteigerungen von 300 bis 400 auf 9000 bis 10 000 Stück pro Monat, zum Beispiel im Geschäft mit Schläuchen für unterirdische Tanks.) Einmal mehr antworteten die Arbeiter überraschenderweise wie aufgeklärte Ökonomen: »Je besser wir werden, desto mehr neue Aufträge schaffen wir.« Es entspricht den Tatsachen, daß die Mitarbeiter am Fließband sogar Simpson und sein Marketingteam sowie die Mitarbeiter aus dem Versand unter Druck setzen, damit sie mehr Aufträge hereinbringen.

Der Paradoxa sind Legion. Eigentlich müßte die intensive, enorm schnelle Arbeitsweise den Durchschnittsmenschen doch überfordern. Trotzdem sagte mir ein Arbeiter, daß er die Arbeit jetzt entspannter finde und daß es mehr Spaß mache.

Die Bedeutung dieses Punktes kann ich nicht hoch genug ansetzen. Die Automechaniker beim Spitzenautohändler Carl Sewell schaffen 50 Prozent mehr Aufträge als in der Branche üblich, und trotzdem führen sie ein weniger stressiges Leben als ihre Kollegen bei der Konkurrenz. Warum? Zum einen werden Teile, die sie immer wieder brauchen, rund um ihre ausgeklügelt gestalteten Arbeitsplätze gelagert statt in irgendeinem weit entfernt liegenden Ersatzteillager. (Eine Kleinigkeit? Nicht, wenn man solche Teile fünfzehnmal während eines acht Stunden währenden Arbeitstages holen muß.) Die ganzen Arbeitsabläufe in der Werkstatt bei Sewell sind so geplant, daß die Arbeit der Automechaniker möglichst reibungslos vonstatten gehen kann. Und das Verblüffende: Bei Sewell Cadillac oder Titeflex oder ABB Schweden sind die drastischen Erhöhungen der Geschwindigkeit keine chaplinesken Stories über Ratten, die ihr Rad immer schneller treten.

Der gemeinsame Nenner der Mode

Zwei bedeutungsschwere Organisationskonzepte, die im Bericht über Titeflex auftauchen, spielen in diesem Buch eine Schlüsselrolle. Erstens sind es *Projekte:* Man übertreibt kaum, wenn man sagt, daß Titeflex zu einem fast völlig »projektisierten« Unternehmen geworden ist. Titeflex sieht viel mehr aus wie EDS als die Muttergesellschaft von EDS, General Motors. Der normale Arbeiter besucht Kunden, arbeitet direkt mit Lieferanten zusammen, sucht ständig nach Verbesserungen. Funktionsbarrieren wurden nicht bloß niedergedrückt, sondern beseitigt. Ein Tag, eine Woche bei Titeflex ist inzwischen zu einer Reihe von neuen Projekten geworden – für fast jeden.

Als ich über die dramatischen Veränderungen bei Titeflex nachdachte, habe ich eine Definition formuliert, die ich als den »gemeinsamen Nenner der Mode« bezeichne. Sie lautet:

Kohärente, autonome, multifunktionelle, voll verantwortliche, sich selbst verwaltende Zellen/Gruppen/Teams/Betriebe von zwei bis fünfunddreißig Mann – unterstützt in Echtzeit durch alle Informations- und Fachressourcen oder Quellen der Organisation (und entsprechender Außenstehender oder dritter Firmen), auf Abruf und voll ausgestattet mit den entsprechenden Befugnissen, alles

Nötige zu tun, um den Kunden/andere Mitglieder der Wertschöpfungskette zu bedienen/auf sie zu reagieren.

Das ist zugegebenermaßen eine langatmige Definition. Doch glaube ich – und das habe ich inzwischen an vielen tausend Seminarteilnehmern überprüft –, drückt sie das Fundamentale des Betriebsablaufes bei EDS und CNN (die gerade anfangen, die von der Mode benötigte Geschwindigkeit zu erreichen) und bei ABB Schweden und Titeflex aus (die das Ziel fast schon erreicht haben). Jedes Wort und jeder Satzteil sind wichtig, aber nichts ist wichtiger als *kohärent und autonom.* Einheiten wie die Business Development Teams von Titeflex sind »Geschäfte«. Ihre Mitarbeiter sind »Geschäftsleute«. Dieser Gedanke ist wesentlich für alles, was folgen wird.

Die Titeflex-Leute sind mein Lieblingsbeispiel einer »Du-kannst-uns-mal«-Antwort. Wenn ich diese merkwürdigen Ideen mit anderen bespreche – zum Beispiel das Verwandeln aller Arbeiten in Projekte –, kontern meine Gesprächspartner immer wieder mit »Na gut, bei CNN oder EDS schon. Aber wie schaut es aus mit der *wirklichen* Welt?« Wirklicher als bei den Schlauchmachern von Titeflex geht es nicht mehr!

---

6. Kapitel

Ingersoll-Rand: Barbecues, Schlepp-Tests, feudale Krieger – und das Verlangsamen, um Dinge beschleunigen zu können

Auf den ersten (und sogar den zweiten) Blick ist die Stadt Athens in Pennsylvania ein recht unwahrscheinlicher Ausgangspunkt für eine Renaissance. Aber gerade dort hat eine stattgefunden. Und zwar in einer Fabrik, die die junge Organisation Ingersoll-Rand (IR) 1905 bezog. Heute ist die Anlage Teil des Elektrowerkzeugbereiches und erzielt einen Umsatz von 200 Millionen Dollar im 3,5 Milliarden schweren Industriekonglomerat.

Gegenwärtig wird in Athens ein heißes Spitzenprodukt hergestellt, der Cyclone Grinder. Es ist ein Preßluftwerkzeug, das zum Entfernen von (Fabrikations)rückständen und Hochpolieren dient, beispielsweise beim Abschleifen von Metallsplittern an Propellerflügeln bei Flugzeugen. Die Einsatzmöglichkeiten sind außerordentlich verschieden, man kann so ziemlich alles damit bearbeiten, von KFZ-Motorblöcken bis hin zu Barhockern – Kunden wie Boeing und Caterpillar kaufen sie zu Tausenden.

1987 nahm der Preßluftschleifer von Ingersoll-Rand den dritten Platz in der Branche ein. In den vorhergehenden zwölf Jahren wurde er viermal umgestaltet – und jede Innovationsrunde war weniger kreativ, teurer und aufwendiger als die vorangegangene, meint der Produktmanager für den Schleifer, Brian McNeill.

Inzwischen hat sich all das geändert. Die vier Jahre, die man gebraucht hatte, um den neuesten Schleifer zu entwickeln, wurden auf ein Jahr komprimiert. Dabei wurde ein »Massenprodukt« in ein aufsehenerregendes, höherwertiges Produkt verwandelt. Man bräuchte einen kleinen Schrank für all die Designerpreise, die der Cyclone inzwischen gewonnen hat. Gewinn, Umsatz und Marktanteil schnellten in die Höhe, und die Konkurrenz war benommen – und ist es bis jetzt geblieben.

Die Geschichte dieses Wunderprodukts enthält einige überraschende Elemente. Der letzte Innovationsschrei lautet »simultane Produktentwicklung« und wurde Anfang der achtziger Jahre in den USA durch die Vermarktung des Taurus von Ford verbreitet. Der Trick besteht darin, alle Schlüsselfunktionen (zum Beispiel Marketing, Herstellung, Engineering) von Anfang an in einem Team zusammenzuführen. Das ist ein großer Kontrast zu der herkömmlichen, sequentiellen Produktentwicklung: Die Konstrukteure machen ihre Arbeit zuerst, dann schmeißen sie das Teil über eine berghohe funktionelle Mauer in die Herstellung und so weiter. Alle an einem Platz zu vereinen, ist ein Teil der Lösung. Aber es gehört viel mehr dazu – eine ganze Reihe von Raffinessen, die die beliebten schlagzeilenähnlichen Formeln in Mißkredit bringen, die auch ich, wie ich eingestehen muß, in der Vergangenheit angeboten habe.

Einundzwanzig Schritte zur Renaissance: Eine Chronologie

① *November 1987:* Brian McNeills Kollege Jim Stryker, Marketingmanager, wurde von Dick Poore, dem Direktor für Verkauf und Marketing der Sparte Elektrowerkzeuge bei IR, zu einem Essen eingeladen. (Poore ist inzwischen zum Generalmanager avanciert, zum Teil auch dank des Erfolges des Cyclone Grinder.) Stryker erzählte uns, daß Poore die Rechnung in einem guten französischen Restaurant beglich und wartete, bis die Teller des Desserts abgeräumt waren, bevor er seine Order zum IR-Schleifer, dessen Umsätze zurückgingen, gab: »Tun Sie etwas! Und zwar schnell!«

Das Projekt »Blitz« (der Name wurde später erfunden) war damit ins Leben gerufen worden – und das Ergebnis war ein völlig neuartiges Produkt. Heutzutage genießt Stryker nicht nur den kommerziellen und künstlerischen Erfolg des Projektes, sondern bereist darüber hinaus die ganze Welt, um seine Geschichte zu erzählen. Das Mittelstück – im wahrsten Sinne des Wortes – seiner Präsentation ist eine zusammengefaltete ein Meter lange Karte, auf der das neue, schnelle Entwicklungsverfahren detailliert aufgezeichnet ist. Dieses Diagramm wirkt sehr eindrucksvoll. »Toll« und »Spitze« und »Das ist also das Geheimnis« sind die üblichen Reaktionen darauf. Aber diese Karte ist eben nicht die Hauptsache. Bei der Ausarbeitung des Projektes skizzierte Stryker auf die schnelle einen 12 mal 25 Zoll großen Entwurf. Er enthielt keinen Hinweis auf den Zeitraum oder Zeitverkürzungen. Die Karte war und ist immer noch eine Hilfe. Aber die Geschichte, die sich entfaltete – Ingenieure und MBAs sollten hier besonders gut aufpassen –, war viel komplexer als die Kreise und Linien auf irgendeinem Flußdiagramm.

② *Dezember 1987:* Unmittelbar nachdem Poore seine Order ausgegeben hatte, verhalf ein Meeting in Athens zu einer Ahnung dessen, was noch kommen sollte. Wichtige Akteure aus dem Werk (Herstellungsleiter und Produktentwickler) und ein Kontingent vom Hauptsitz der IR in New Jersey (Führungskräfte aus den für diese Sparte zuständigen Bereichen Marketing und Verkauf) waren zusammengekommen. Während dieser Sitzung machte Stryker, zu diesem Zeitpunkt der De-facto-Projektmanager, deutlich, daß Herstellung, Engineering und Marketingleute ihre oft benutzten Messer wegstecken mußten und ihre Nasen von vornherein gemeinsam in Entwicklungssachen stekken sollten. (Bisher hatte IR den traditionellen sequentiellen Produktentwicklungspfad beschritten, den ich oben beschrieb. Der König »Ingenieur« gab den Ton an und beachtete dabei gar nicht die Anliegen vom schmutzigen Hersteller oder vom hochmütigen Einkäufer.) Die Anwesenden wurden aufgefordert, alle an einem Strang zu ziehen, als ein Team zu arbeiten. Was das auch immer bedeuten mochte.
Das Zusammenbringen von Mitarbeitern verschiedener Funktionen war schon vorher bei IR versucht worden, aber, sagt Stryker dazu, solche Sitzungen »arteten in der Regel in ein richtiges Affentheater aus«. Ihnen ging ein Berg von Memos voraus, und ein weiterer folgte ihnen, in denen jede Gruppe der anderen die Schuld für Fehler und Verzögerungen in früheren Entwicklungsprozessen gab (und umgekehrt). Dieses Mal beschlossen Stryker und McNeill, »alle in einen Raum einzusperren« und sich gründlich mit dem Problem auseinanderzusetzen.

③ *Februar 1988:* Im Werk wurde eine Betriebsversammlung einberufen. Als sich die lang ausgedehnte Diskussion über die neue Produktumwandlung ihrem Ende näherte, bat Poore alle Anwesenden darum, aufzustehen. Daraufhin sagte er: »Alle, die bereit sind, eine nur einjährige Produktentwicklungskampagne zu unterstützen, hinsetzen.« Sie taten es. Plötzlich fiel Poore auf, daß ein einziger Mitarbeiter noch stand (ungeachtet des enormen Druckes der Gruppe) – und zwar ausgerechnet der Leiter der Konstruktion in Athens, ohne Zweifel die wichtigste Person bei dem Vorhaben, den Produktentwicklungszyklus zu verkürzen.

④ *März 1988:* Trotz der skeptischen Haltung des Chefkonstrukteurs wurde das neue, aus fünf Mitgliedern bestehende Produktentwicklungsteam (inzwischen Projekt Blitz genannt) offiziell gebildet. Es bestand aus Vertretern des Marketings, der Konstruktion, der Herstellung, des Verkaufs und des Einkaufs. Die Mitglieder wurden dem Team in Vollzeit zugeordnet, um traditionelle funktionale Bindungen zu durchbrechen. Außerdem erhielt das Team seinen eigenen Raum innerhalb der Konstruktionsabteilung des Werkes.
Der Herstellungsexperte des Teams, Jim Holton, zog daraufhin aus seiner Arbeitskoje in der Herstellungsabteilung – in der er über zehn Jahre verbracht hatte – aus und richtete sich ein neues Zuhause in der Konstruktionsabteilung ein. Da er sich bisher höchstens für einige Minuten entfernt hatte, war dieser Umzug ein frühes Anzeichen dafür, daß die neue Gruppe etwas Konkretes vorhatte, meinten Stryker und Holton. »Es war nicht einfach«, gestand mir Holton 1990 und zog eine Grimasse dabei. Familienfotos, Kaffeetassen und Nachschlagewerke – alles wurde in das fremde Territorium mitgenommen.
Solche kleinen Schritte machen das Herz dieses Falles aus. Die physische Plazierung zum Beispiel erhält selten die ihr gebührende Aufmerksamkeit bei der Schaffung einer Gruppen- und Projektkohärenz. Aber hier machte es einen wesentlichen Unterschied aus. (Siehe auch Kapitel 27.)

⑤ Während die Märzwinde den Staat Pennsylvania noch durchbliesen, marschierte das neue Team nach Atlanta, um einen Tag mit vier der zehn Spitzenhändler des IR-Schleifers zu verbringen. Wiederum ist es schwierig, das ganze Drama die-

ses Ereignisses völlig umfassend darzustellen. So hatte beispielsweise etliche der langjährigen Mitarbeiter im Team bisher noch nie eine Dienstreise für IR unternommen!
Das Treffen fand in einem winzigen Hotelzimmer statt, und die Großhändler wurden feierlich zu Teammitgliedern ernannt. Eine solche Sprechweise war auch neuartig – keiner der zähen alten Händler, gestand Stryker, glaubte damals ein einziges Wort davon. Bei IR, wie bei den meisten seiner Gegenspieler in der Industrie, herrschte eine Tradition der Lippenbekenntnisse zur Einbeziehung der Großhändler in die Produktentwicklung. Es sollte einer ganzen Reihe solcher Meetings bedürfen, bis das Gerede von einer Partnerschaft mit jenen »Anzugtypen aus Jersey« etwas mehr Glaubwürdigkeit gewann.
Trotz dieses Bruches mit der Tradition standen große Veränderungen noch nicht auf der Tagesordnung. Ein neues Schleifmaschinenmodell schnellstens auf den Markt zu bringen, um dem Verfall des Marktanteiles Einhalt zu gebieten, darauf kam es an. In Wirklichkeit kam die Gruppe in Atlanta schnell zu dem Schluß, daß das neue Produkt genau wie die aktuellen Marktführer beschaffen sein müßte – nur billiger. Zu diesem Zeitpunkt hielt Stryker inne (die erste der vielen Verlangsamungen auf dem Wege zur großen Beschleunigung) und bat die Gruppe, sich gedanklich in die Lage der Konkurrenz zu versetzen.
Nach anfänglicher Verlegenheit – Rollenspiele fielen den meisten nicht leicht, um es gelinde auszudrücken – wurde folgendes deutlich: Wenn IR einfach eine billige Kopie der am Markt führenden Produkte herausbringen würde, würden ihre Hauptrivalen mit einer Preissenkung darauf reagieren. Die Gruppe sah ein, daß sich IR etwas mehr vornehmen mußte. Am Ende der ganztägigen Sitzung, erinnert sich Stryker, fingen die Händler an, sich für diesen vagen, aber wesentlichen Neuerungsversuch zu begeistern.
Das Endziel war zwar noch unklar, aber der Lernprozeß erwies sich für diese Gruppe als unwahrscheinlich wichtig. Das sorgfältige Entwickeln von gemeinsamen Anliegen – Outsider/Insider/Marketing/Konstruktion/Herstellung/Einkauf – bestimmten diesen neuen Ansatz.

⑥ *12. April 1988:* »Die Grillparty auf der JD-Ranch.« Es fällt mir schon wieder schwer, die Bedeutung dieses kleinen Ereignisses gebührend hervorzuheben. Die bisher daheimgebliebenen Teammitglieder starteten nochmals von Athens aus und besuchten Stryker zu Hause (»JD-Ranch« wie sein jetziger Spitzname in Clinton, New Jersey, lautet). Das gegenseitige Kennenlernen und die Teambildung – bisher nie ein wesentliches Ziel – fanden im großen Stile statt. (Wenn ich diese Fallstudie in Seminaren präsentiere, behaupte ich, daß Grillfeten das sind, worauf es ankommt. Trotz unmißverständlicher Skepsis im Publikum wie »Das kann doch nicht Ihr Ernst sein«, stehe ich dazu.)
Es gab auch fundamentalere Veränderungen. Früher war es bei der Entwicklung eines neuen Produktes so, daß man das Pferd von hinten aufzäumte: Die Ingenieure fingen an, indem sie beispielsweise Spezifikationen für den Motor ausarbeiteten, bevor irgend jemand überhaupt wußte, was der Gesamtzweck sein sollte. Dieses Mal begann man damit, daß die Gruppenmitglieder gemeinsam zwei Tage lang ihre Ideen auf Konzeptpapier kritzelten und über die allgemeinen Zielsetzungen für das Projekt diskutierten. Dieses war noch ein Schlüsselelement der Teambildung. Kollegen aus verschiedenen Abteilungen fanden allmählich eine gemeinsame Wellenlänge. Frühere geistige (und soziale) Grenzen wurden langsam abgebaut.

⑦ Die Gespräche nach der Grillparty erbrachten zwar wenig Übereinstimmung über die Ziele, aber das Team traf doch die grundsätzliche Entscheidung, ein halbes Dutzend Endbenutzer zu besuchen. Wenn ein neues Produkt geplant wurde, war es bisher bei IR üblich gewesen, daß Mitarbeiter aus dem Verkauf (und gelegentlich auch aus dem Marketing) ein paar Gespräche mit Einkaufsspezialisten der Kunden, und über diese mit einigen Vorarbeitern, führten. Die Ingenieure und Produktionsmitarbeiter hatten noch nie Kunden besucht. (»Niemals?« fragte ich nochmals nach. »Niemals«, antworteten sie wie aus einem Munde. *Niemals,* niemals – wie das doch an Titeflex erinnert.)
Es gilt als unumstößliches »Gesetz«, daß die Umgehung des Einkaufs, wenn man an den Kunden gelangen will, eigentlich nahezu unmöglich ist. Die Verkaufsleute von IR stellten jedoch

fest, daß die Mitarbeiter im Einkauf des Kunden in der Regel nicht abgeneigt waren, solche Treffen zu organisieren. Im nachhinein scheint das alles so verdammt vernünftig zu sein. Sicher, Einkäufer mögen es nicht allzusehr, wenn ein Verkäufer einen Produktionsmitarbeiter direkt anspricht. Solche Besuche kommen ihnen wie Tricks vor, um die Einkäufer zu umgehen. Aber die Einkäufer sind möglicherweise nicht ganz so kleinkariert, wie man glaubt. Wenn derselbe Vertreter dahingehend argumentiert, daß Ingenieure und Hersteller mit den Fabrikarbeitern direkte Gespräche führen müßten, kommt die Antwort: »Na ja, warum denn nicht?«

Im Rückblick erscheinen die Ergebnisse solcher Besuche fast trivial. In Wirklichkeit waren sie, gemessen an den üblichen Standards, revolutionär. So beobachteten beispielsweise Teammitglieder bei einem Besuch bei Sikorsky Aircraft, daß viele Arbeiter Unmengen von Klebeband um den Schleifer herumwickelten. Sie wollten damit verhindern, daß ihre Hände in die gefährlich rotierende Schleiffläche hineingerieten. Später, bei der Zusammenarbeit mit einem Industriegestalter (siehe unten), konstruierten die Schöpfer des neuen Werkzeuges einen einfachen Schutzmechanismus, der das Abrutschen der Hand verhinderte. So »belanglos« das auch erscheinen mag – es war für die Branche völlig neu.

Stryker und McNeill, beide erfahrene Marketingleute, klingen mitunter wie Heranwachsende, die plötzlich das andere Geschlecht entdecken, wenn sie über die Besuche bei den Endbenutzern sprechen. »Wir konnten sehen, wie sie das Werkzeug tatsächlich handhaben«, schrie Stryker begeistert während unseres Gespräches. »Endlich waren wir mit der Idee konfrontiert, daß Menschen diese Werkzeuge tatsächlich benutzten, um ihr Brot damit zu verdienen, acht Stunden am Tag. Sie hängen von der leichten Handhabung und der Zweckmäßigkeit dieses Werkzeuges ab.« Mit Ehrfurcht beschreibt Stryker den späteren Benutzer des Preßluftschleifgerätes als einen »feudalen Krieger, mit schwerem Helm und Beinschutz, der in einer verliesartigen Umgebung arbeitet und Stunde für Stunde mit der Waffe in der Hand Schwerstarbeit leistet«. Das Werkzeug um den Endbenutzer herum zu gestalten, meint McNeill, war ein Durchbruch in unserer Branche.

Wie mit vielen Dingen in diesem ganzen revolutionären Prozeß hatten die Besuche bei den Endbenutzern noch andere subtile, aber ebenso wichtige Auswirkungen. So war es erstmalig nicht mehr nötig, daß Benutzerbedürfnisse (die früher bestenfalls aus zweiter Hand bekannt waren) im nachhinein für die Konstrukteure, Hersteller und Käufer durch »unglaubwürdige« Verkaufsmitarbeiter interpretiert wurden. Denn wenn es später zu Konflikten über notwendige Gestaltungskompromisse kam, konnte eine Lösung viel schneller erreicht werden als bisher, da diejenigen, die gezwungen waren, jene Kompromisse auszuführen, mit eigenen Augen beobachtet hatten, wie die Werkzeuge tatsächlich gehandhabt wurden.

⑧ *Ende April:* Die Würfel waren gefallen. Verkaufschef Poore initiierte das alljährliche Großhändlermeeting, währenddessen er einem skeptischen Publikum nachdrücklich versprach, daß bis zur nächsten Jahresversammlung etwas vorliegen werde. Die Händler machten keinen Hehl aus ihrem Unglauben.

⑨ *Mitte Mai:* Das Spitzenmanagement stieg aus dem Projekt aus. Jetzt fing das Team an, das ganze Land kreuz und quer zu bereisen, um sich persönlich mit den Kunden zu treffen. Je schneller die Kampagne voranging, desto *leidenschaftlicher* wurde der ganze Prozeß. Das Wort stammt von McNeill, nicht von mir. Aber ohne Leidenschaft gibt es keine echte Transformation.

⑩ *Ende Mai:* Das Team kam noch einmal zu einer kritischen Sitzung zusammen. Das »Äußere des Werkzeugs«, die Handhabung des Werkzeugs durch den Endbenutzer, war inzwischen »zur höchsten Priorität« geworden, sagte Stryker. Früher hätten die Konstrukteure ihre Arbeit an der Motorgeschwindigkeit und ähnlichem bereits abgeschlossen gehabt, ehe der Gestalter – mit wenig Handlungsmöglichkeit – ans Werk gehen konnte, um das, was zynischerweise »das Packpapier« genannt wurde, ein wenig zu glätten und aufzumöbeln. Inzwischen, als Ergebnis jener Besuche bei den Endbenutzern, war das Packpapier ganz wichtig geworden.

»Group-Four«, eine beachtete Gestaltungsfirma wurde angeheuert. Ihr Personal hatte umfangreiche Kundenbesuche absolviert. Auf der Sitzung im Mai gab Group-Four ihre Ergebnisse an das Team von Projekt Blitz weiter, dann verkündete sie ganz ruhig ihr Vorhaben, 20 bis 30 Design-Konzepte innerhalb von vierzehn Tagen zu entwickeln. Die Athens-Gruppe war erstaunt. (Hier sollte man noch eine subtile, unerwartete Wirkung bemerken: Das Dringlichkeitsgefühl, das sich auf Grund der schnellen Vorgehensweise von Group-Four im IR-Team breitmachte. Es war genauso wichtig wie die eigentliche Gestaltungsarbeit von Group-Four.)

⑪ Group-Four lieferte planmäßig. Dann, während sich die IR-Ingenieure Sorgen darüber machten, daß diese Gestaltungsvorschläge von außen sie einengen könnten, verpflichtete sich Group-Four dazu, kurzfristig Styropor-Modelle der fünf bevorzugten Designs anzufertigen.

⑫ *Juni 1988:* Die fünf Styropor-Modelle wurden vorgestellt, und nach einer hitzigen Diskussion wurden zwei Endkandidaten ausgewählt. Früher hatte, nach den damals üblichen Gepflogenheiten, an dieser Stelle die Marketing-Abteilung (Stryker und McNeill) eingegriffen, die Entscheidung getroffen und die Gruppe angewiesen, in diese oder jene Richtung zu gehen. Stryker beschloß jedoch, nichts zu beschließen. Schnelligkeit war sehr gefragt, aber er war sich darüber im klaren, daß dies der falsche Zeitpunkt für eine Entscheidung war. Die Einbindung der Kunden – innerhalb und außerhalb von IR – war eine Mußbestimmung. Sie war aber noch nicht umgesetzt. So versuchte Stryker, Zeit zu gewinnen. Das Team sollte gleichzeitig an einem nicht sehr aufregenden Absicherungsdesign und an einem revolutionären Design weiterarbeiten. Letzteres würde ein Gehäuse aus einem leichten Verbundstoff (mit Glasfaser verstärkten Polymeren) haben. Dieser mögliche Übergang von Metall auf Kunststoff war eine Abweichung von den Industrienormen, die die Gruppe und auch Externe in Panik versetzte. Man kann die strategische Bedeutung von Strykers Entscheidung, nichts zu entscheiden, nicht hoch genug einschätzen. Die Leidenschaft, die Energie und das Engagement, die notwendig sind, um etwas Neues zu schaffen (die Quintessenz der Mode), passieren halt nicht einfach, wenn irgendeiner draußen oder oben die Schlüsselentscheidungen trifft.

⑬ *Juni 1988:* Der Verbundwerkstoff wurde vom zweifelnden Spitzenmanagement besprochen. Dann wurden endlich die Weichen gestellt, nachdem ein Ingenieur des Projektes Blitz eine Handvoll Schleifgehäuse präsentierte, die an Fäden hingen – als Beweis dafür, daß der leichte Verbundwerkstoff genauso strapazierfähig war wie das herkömmliche Metall. Die Gruppe hatte eine einzigartige Haltbarkeitsprüfung durchgeführt. Sie hatte Zylinder, zum Teil aus Metall und zum Teil aus Verbundwerkstoffen, in der Form des Schleifergehäuses zusammengestellt, dann zog eines der Teammitglieder stundenlang (manche behaupten, bis die Polizei kam) diese nachgeahmten Gehäuse auf dem Parkplatz eines nahe gelegenen Hotels hinter seinem Auto hin und her. Die Zylinder aus Verbundwerkstoffen hatten gut abgeschnitten. Diese hausgemachten Demonstrationen räumten noch die letzten Zweifel aus, die keine technische Analyse bisher hatte widerlegen können.

Ebenso wichtig war jedoch die Tatsache, daß eine Handvoll wiederholt erzählter Stories, wie die über diesen Schlepptest, zum fundamentalen Bestandteil der Teamkultur wurden – und zu einer grundsätzlichen Unterstützung für die Teammitglieder während der anstrengenden Proben, die ihnen noch bevorstanden, führten.

⑭ *Juli 1988:* Das zweite Treffen mit den vier Großhändlern (die langsam an ihre Mitgliedschaft im Team zu glauben anfingen) begann mit noch einer sehr wichtigen Gartenparty. Dabei sprachen Stryker und McNeill unauffällig die Idee des Verbundwerkstoffes an. Zu ihrer Verblüffung lehnten die Händler, die mittlerweile das Werkzeug als mehr als nur ein Verkaufsgut betrachteten, die Idee nicht grundsätzlich ab. Einer meinte sogar, es könnte Spaß machen, es zu verkaufen. Ein anderer sagte einfach »Wau!« (Inzwischen hat Stryker diese »Wau-Reaktion« zu einem der notwendigen Ziele für jedes neue Produkt erklärt.)

Trotz dieser Reaktion waren die Großhändler aber noch nicht hundertprozentig überzeugt. Das IR-Team redete auf sie ein abzuwarten und versprach, daß das radikale Design noch im Prototyp-Stadium abgeschafft werden würde, falls die Händler bis dahin nicht auch begeistert wären.

⑮ Um das Verbundprodukt zu entwickeln, wurde Philips Plastics Corp., ein kritischer Lieferant, hinzu- und einbezogen. Und zwar mit Leib und Seele. Sein Ansatz brach gleichfalls radikal mit der Tradition. Früher wurden die kompletten Spezifikationen, zum Beispiel für das Gehäuse, in letzter Minute an etliche Lieferanten geschickt – mit der Bitte um Angebote. Ausschlaggebend für die Entscheidung war dann immer der Preis. Kreativität bei den Lieferanten war grundsätzlich nicht gefragt. Jetzt aber wurde Philips als Partner behandelt, als gleichrangiger Partner des Entwicklungsteams. Zeichnungen und Spezifikationen wurden über CAD-Terminals on line ausgetauscht; gegenseitige Besuche von Philips und Mitgliedern des IR-Teams wurden zur Routine.
Zu diesem relativ frühen Zeitpunkt wurden auch andere Externe zu Insidern gemacht. Die meisten »Rasierklingen« für den Elektrorasierer von IR werden von 3M hergestellt, das heißt, die Schleifkissen, die an der Drehfläche des Werkzeuges montiert werden. Früher hätten IR-Mitarbeiter einen einmaligen Besuch in St. Paul gemacht, um 3M über ihre Absichten aufzuklären. In diesem Fall jedoch waren die Kontakte intensiv (monatliche Besuche) mit dem Ziel, die Aufmerksamkeit von 3M auf das hochinteressante Produkt zu lenken.
Betrachten wir nun ein Ergebnis des Austausches mit 3M. Es ist wichtig, unter anderem aus Sicherheitsgründen, daß sich der Schleifer mit der für die Schleifspitze gedachten Geschwindigkeit dreht. (Wenn die Schleifspitze für 12 000 Umdrehungen pro Minute geplant ist, der Ansatz sich aber mit 35 000 Umdrehungen pro Minute dreht, kann es zu Unfällen kommen.) In der Vergangenheit hatte man aus diesem Grund die maximale Geschwindigkeit auf das Gehäuse aufgeprägt; die Rückseiten der Schleifpolster von 3M bekamen dann dieselbe Prägung. Diese Maßnahme reichte jedoch im Hinblick auf die dunklen Arbeitsräume, in denen die Schleifgeräte üblicherweise eingesetzt werden, nicht aus. Durch ihre Zusammenarbeit erfanden 3M und IR jetzt ein einfaches Farbmarkierungsschema. So hat der neue Schleifer von IR mit 35 000 Umdrehungen eine hochauffällige rote Markierung, das Modell mit den 12 000 Umdrehungen dagegen eine braune und so weiter. In gleicher Weise markierte 3M die Gummirückseite der Schleifspitzen mit bunten Farben. Das ist zwar nicht gerade Hochtechnologie, wie

Stryker grinsend bemerkt, aber durch dieses neue Merkmal hat sich das Produkt trotzdem besser verkauft.

⑯ *Spätsommer:* Das Projekt näherte sich der Herstellungsphase. Es ist eine Sache, eine kleine Gruppe von Konstrukteuren und Herstellern in so etwas wie dem Gestaltungsteam Projekt Blitz zusammenzubringen. Es ist aber eine ganz andere, Input von der ganzen ausführenden Mannschaft zu absorbieren. Früher war es der Transfer vom Konstruktionsteam zur Produktion, aus dem die größten Probleme und auch die größten Verzögerungen entstanden. Dieses Mal wurden, um dieser Entwicklung vorzubeugen, viele in Frage kommende Problemquellen gleich vermieden, da die Herstellungs- und Einkaufsabteilungen von Anfang an im Team vertreten waren. Nichtsdestotrotz war es ein kritischer, in seinen Folgen unvorhersehbarer Schritt, für den zerbrechlichen neuen Prozeß die Zahl der beteiligten Menschen zu vergrößern.

Schon wieder gab es eine ganze Reihe bahnbrechender Veränderungen. Nach der Rezession von 1981 bis 1983 hatte der Elektrowerkzeugbereich mit einer radikal neuen Konfigurierung für das Werk in Athens begonnen. Das Projekt Blitz ging voran, und der Werkleiter Mark Amlot war gerade dabei, zur zellularen Herstellung überzugehen. Um die Revolution im Werk zu beschleunigen und sie mit den ehrgeizigen Zielen des Projektes Blitz zu verbinden, erarbeiteten Stryker, McNeill und Amlot ein zweitägiges Seminar »Design for Manufacturing« (DFM) für Mitglieder des Kernteams sowie andere, darin eingeschlossen die Mitarbeiter am Band, die für die Endproduktion zuständig sein würden. Gemäß dem inzwischen etablierten Ansatz ging das Ganze mit einer Pizzaparty los. Vorangegangene Probleme bei der Umsetzung des Prototyps in die Serienproduktion wurden in einer gemütlichen Runde offen erörtert. Später entstand aus dieser DFM-Übung ein weitgehend verändertes »Montageverzeichnis«: die Leichtigkeit der Herstellung wurde sehr verbessert – so wurde beispielsweise die Anzahl der einzelnen Teile im Werkzeug drastisch reduziert.

Die Arbeiter in Athens gaben mir unmißverständlich zu verstehen, daß dies eine große Sache sei. Zum erstenmal »fing das Management an, auch unsere Erfahrungen zu nutzen. Man fragte uns nach unserer Meinung«, sagte ein langjähriger Mitarbeiter. »Wir hatten das Gefühl, daß wir dazugehörten«, meinte ein anderer. Die Arbeiter berichteten – und das Management bestätigte es –, daß die Mehrzahl der zahlreichen technischen Durchbrüche des Cyclone, die mit den sichtbaren Veränderungen im äußeren Design einhergingen, Ideen waren, die seit Jahrzehnten in den Köpfen der Arbeiter gesteckt hatten.

⑰ *November 1988:* Als die Abhängigkeit des Kernteams von anderen (die weder den Teambildungsprozeß noch die Erfahrungen mit den Großhändlern und Benutzern mitgemacht hatten) wuchs, entstanden zahlreiche Koordinierungsprobleme. Weil er eine Stimmungskrise witterte, entschloß sich der Leiter für Ingenieurtechnik – derselbe hartnäckige Kollege, der vor neun Monaten sich nicht solidarisch gezeigt hatte –, mit seinen Vorurteilen zu brechen und sich zu den Pizza- und Gartenpartyfeiernden hinzuzugesellen. Auf seinen Vorschlag hin versammelten sich etwa dreißig Mitglieder der Fabrikfamilie zu einem Essen im Guthrie Inn, gegenüber dem Werk in Athens. Stryker und McNeill eilten von New Jersey aus dorthin mit T-Shirts und sportlichen Taschen, welche das Emblem des Projektes Blitz trugen, um das Gefühl des Teamgeistes, den Moment der Kameraderie und der Energie zu bekräftigen.

⑱ *Spätherbst 1988:* Das Top-Management machte sich indessen zunehmend Sorgen um die zukünftige Position des Produktes auf dem Markt und wähnte überall große Katastrophen. Es wollte »helfen«. Da er die emotionale Zerbrechlichkeit des Ganzen wahrnahm, verbrachte Stryker viele Stunden zu Anfang des Winterhalbjahres – und setzte dadurch seine Karriere voll aufs Spiel – damit, die »großen Herrschaften« fernzuhalten. Das hart errungene Gefühl des Eigentums seitens des Teams sowie in Athens hätte sehr leicht durch Befehle von oben zunichte gemacht werden können.

⑲ *Dezember 1988:* Im Dezember gesellten sich die Großhändler zu dem Team (dritte Sitzung), und die Verbundwerkstoffprototypen wurden dem »Aussetztest« unterzogen. Beim Ausfragen von Endbenutzern war Stryker und McNeill aufgefallen, daß die Vorarbeiter in den Kundenunternehmen jeden neuen Preßluftschleifer nahmen und ihm dem kräftigsten Arbeiter mit der Maßgabe übergaben, er solle das Gerät mit vollen Kräften gegen die Wand stoßen, um zu sehen, ob es aussetzen würde. Jetzt wurden die Händler aufgefordert zu versuchen, ob die Prototypen Aussetzer hatten. Das neue Werkzeug bestand jedoch den Test. Ergebnis war, daß die Händler sich allmählich für das radikale Verbunddesign begeisterten.

⑳ *Februar 1989:* Eine große Zahl von Prototypen wurde bei den wichtigsten Kunden plaziert. Zwar waren auch früher Prototypen von Kunden getestet worden, aber Probeprodukte in dieser Zahl waren etwas ganz Neues.
Mehrere Prototypen wurden bei Caterpillar Tractor getestet. Während eines späteren Besuches von einem IR-Vertreter bezeichnete ein Endbenutzer das neue Werkzeug als in Ordnung. Er fügte beiläufig hinzu, jetzt täten ihm die Hände nicht mehr weh. Als die Mitglieder des Projektes Blitz diese Worte hörten, wußten sie, daß sie ins Schwarze getroffen hatten, wie McNeill es ausdrückte.
Es gab auch andere Geschichten. Während eines Besuches bei einem Boeing-Lieferanten in Everett, Washington, bemerkte McNeill, daß die Hände einer jungen Frau, die das mit einem Alugehäuse versehene Werkzeug einer Konkurrenzfirma benutzte, blaugefroren waren. »Macht das Ihnen nichts aus?« fragte er sie. »Sie schien meine Frage nicht zu verstehen«, sagte er mir. Sie hielt es für normal, eiskalte Hände zu haben. McNeill gab ihr einen Prototyp. Zwei Wochen später, als die IR-Vertreter vorbeikamen, um ihn abzuholen, hatte sie ihn versteckt und weigerte sich, ihn herzugeben.

㉑ *April 1989:* Schließlich fand die Großhändlerkonferenz in Scottsdale, Arizona, statt. Noch einmal würde sich der »Aussetzungstest« als entscheidend erweisen. Stryker führte das neue Werkzeug in einem Proberaum vor. Er legte einen Fünf-Dollar-Schein auf den Tisch und forderte sämtliche Händler auf, das Werkzeug zum Aussetzen zu bringen. Mehrere nahmen seine Herausforderung an, und als der letzte an der Reihe war, war Stryker schon ganz beruhigt. Zu Strykers Entsetzen setzte nun das Werkzeug aus. Als er ganz niedergeschlagen den Schein überreichte, gab der alte Profi zu, daß er nur einen alten Trick angewandt habe. Er sei auf das Preßluftzufuhrkabel getreten, um die Stromzufuhr zu unterbrechen.

Über das Offensichtliche hinaus

Selbstverständlich gehört noch viel mehr zu dieser Geschichte. Ich habe hundert andere Faktoren weggelassen. Vor allem jene, die die (erstmalig) außerordentlich hohe Einbindung der Produktionsmitarbeiter in Athens in den Konstruktionsprozeß und ihren heutigen Anteil an der ständigen Produktverbesserung betreffen. Eines ist jedoch klar: Der Erfolg ist erstaunlich gewesen. Umsatz und Marktanteil sind in die Höhe geschossen. Am allerwichtigsten ist es jedoch, daß das Selbstvertrauen der IR-Verkäufer, wie Stryker und McNeill übereinstimmend sagen, haushoch ist. Und auch die Händler sind ausnahmsweise hellauf begeistert vom neuen Produkt.

Wie wir gesehen haben, beinhaltete der IR-Prozeß auf den ersten Blick all die üblichen Elemente, die man mit dem modernen Übergang von der sequentiellen zur simultanen Produktentwicklung assoziiert: (1) Sämtliche Schlüsselfunktionen (Marketing, Herstellung, Einkauf, Konstruktion und so weiter) sind von Anfang an im Team vertreten; (2) es gab zweckmäßige Teameinrichtungen; es gab und gibt (3) kontinuierliche Kunden-(Verteiler-, Endbenutzer-)involvierung oder -partizipation; (4) frühzeitige Lieferanteneinbindung und (5) kontinuierliche Mitarbeitereinbindung.

So wichtig diese Elemente jedoch sind – und in den meisten Betrieben fehlen sie bis heute noch –, sie bleiben doch nur an der Oberfläche. Das subtile »Muß« oder die *»Orchestervariablen«*, wie ich sie nenne, beinhalten für mich folgendes:

- Der Kunde soll das Produkt gestalten; man soll von der Partizipation des Kunden zur Führung durch den Kunden übergehen. So waren Kundenbesuche gleich am Anfang bei der Erstellung der allgemeinen Projektziele unentbehrlich.
- Alle sollen – wenn möglich in Gruppen – Kunden besuchen. Daß Einkäufer, Marketingleute, Ingenieure usw. die Einrichtungen der Kunden zur gleichen Zeit besichtigten, war uner-

läßlich für die Erschaffung einer »gemeinsamen Sprache«, die sich später so gut bewährte, wenn es notwendig wurde, schwierige Entscheidungen zu treffen.

- Man sollte den richtigen Kunden auswählen. Das Vordringen am Einkäufer vorbei bis zum Vorarbeiter und schließlich zum Produktionsmitarbeiter war ganz entscheidend.
- Man muß Kunden immer wieder besuchen. Die intensive Einbeziehung der Kunden wurde ununterbrochen über die gesamte Laufzeit des Projektes beibehalten. Stryker behauptet sogar, daß diese ständige intime Kundeneinbindung der wichtigste Einzelfaktor bei der Erringung und Erhaltung eines enthusiastischen Teamgeistes war.
- Man muß das richtige Maß zwischen Dringlichkeit und Geduld finden. Einer von Strykers vielen klugen Schachzügen bestand darin, Dampf zu machen (Erfolg innerhalb eines Jahres, sonst Schluß!) und gleichzeitig während der kritischen Zeitpunkte eine Pause einzulegen (zum Beispiel zuerst die Endziele zu formulieren, zahlreiche Kunden gründlich auszufragen). Das nenne ich den »Schneller-Langsamer«-Widerspruch.
- Man soll nicht mit den Details beginnen, sondern mit dem Dialog und der Zieldefinition. Üblicherweise fangen die Konstrukteure nach flüchtigen Diskussionen mit Vertrieb und Marketing gleich mit der Arbeit an detaillierten Spezifikationen für die Innereien des neuen Werkzeuges an. Im Falle des Cyclone verbrachte das Team – einschließlich der Externen – eine »Ewigkeit« damit, sich an die Gesamtziele für das neue Produkt heranzutasten, und war stets bemüht, nicht überhastet zur Endversion vorzupreschen.

Beschleunigung durch Verlangsamung

Von Zeit zu Zeit setzte sich der Stamm in einem Kreis zusammen. Sie redeten und redeten immerfort, scheinbar ziellos. Sie trafen keinerlei Entscheidungen. Es gab keinen Anführer. Und jeder durfte teilnehmen. Vielleicht waren darunter Weise – die Älteren –, auf die alle anderen ein wenig mehr hörten, aber jeder durfte sprechen. Das Palaver setzte sich fort, bis es endlich ohne einen scheinbaren Grund endete und die Gruppe sich auflöste. Hinterher schien ein jeder jedoch zu wissen, was er zu tun hatte, da sie einander so gut verstanden. Danach konnten sie sich in kleineren Gruppen zusammentun und etwas entscheiden, etwas unternehmen. *David Bohm, »Über den Dialog«*

- Beziehen Sie unkonventionelle Externe mit ein. Das Industriedesignunternehmen »Group-Four« zeigte den Weg, indem es alle dazu brachte, die Dinge aus der Perspektive der Endbenutzer zu sehen. Außerdem zwang die kleine Gesellschaft durch ihren Ehrgeiz und ihre Schnelligkeit (sie brauchte nur Tage für die Aufgabe, die früher Monate gedauert hätte) die traditionsgebundenen Mitglieder des Teams, Schritt zu halten.
- Machen Sie die »Partnerschaften mit Lieferanten« zur Wirklichkeit. Der regelmäßige Kontakt und die gestalterische Mitarbeit von solchen Unternehmen wie Philips und 3M verliehen dem Wort »Partnerschaft« eine weitaus größere Bedeutung, die über bloße Lippenbekenntnisse hinausging.
- Beziehen Sie die Herstellung in die Arbeit ein – ebenfalls in über Lippenbekenntnisse hinausgehendem Maße. Oft vollbringt ein »innovatives« Produktgestaltungsteam, ein Produktentwicklungsteam des »New Look«, wahre Wunder, verspielt sie dann jedoch beim erfolglosen Versuch, die Endausführung im Werk und im Vertrieb durchzusetzen. Stryker und der Werkleiter in Athens, Mark Amlot, dagegen behandelten diese Umsetzung sehr geschickt (obwohl es damals ganz chaotisch wirkte!). Vom Anfang an arbeitete das Projekt-Blitz-Team mit Angehörigen der gemeinsamen »Großfamilie« im Werk regelmäßig zusammen.
- Den Grill ständig brennen lassen! Strykers erste Grillparty auf der JD-Ranch gab den Ton an. Man beachte, daß einige der Teammitglieder aus Athens erstmalig eine Dienstreise antraten. Solche Zusammenkünfte – von denen einige die Großhändler mit einbezogen und dann die Großfamilie im Werk – waren unabdingbar für den Erfolg.
- Die Projektpsychologie beherrschen! Strykers klügste Schachzüge waren die am wenigsten auffälligen – wie seine Entscheidung, zwischen dem konventionellen und dem revolutionären Design erst dann zu entscheiden, wenn das Team zuzüglich wichtiger Externer (z.B. der Großhändler) bereit war, sich für das eine oder das andere zu engagieren.

- Jeder ist seines Glückes Schmied! Unvergeßliche Glücksfälle, wie der »Schlepptest« auf dem Parkplatz, waren unentbehrlich für die Schaffung des Zusammengehörigkeitsgefühls und für dessen Beibehaltung während der schwierigen Zeiten, die Bestandteil jedes Prozesses sind. (Ich zähle deshalb das »Glückhaben« zu meiner Liste der Orchestrierungsvariablen, weil ich der Meinung bin, daß Projektleiter nach solchen »Ereignissen« Ausschau halten und eine Atmosphäre pflegen sollten, die deren Schaffung förderlich ist, auch wenn sie nicht direkt planbar sind. Siehe auch die Geschichte von Mike Walsh bei der Union Pacific sowie das Meeting in Louisiana in Kapitel 7.)

»Zuhören« zum strategischen Vorsprung machen

MIT-Professor Eric von Hippel lebt davon, daß er die Ursachen von Innovationen erforscht. Er ist der Meinung, daß fortgeschrittene Frühadoptierer von neuen Produkten, von Hippel als *»Lead Users«* – Avantgarde – bezeichnet, für die Hersteller Gold wert sein können. Der Clou ist das Ausfindigmachen dieser Wegbereiter und ihre Einbeziehung in die nächste Runde der Produktentwicklung.

Von Hippel entwickelte seine Ideen zusammen mit Wissenschaftlern und Ingenieuren in der Chemie- und Computerindustrie. Jetzt hat er einen großen Schritt unternommen, um seine Grundideen global zu verbreiten. Zusammen mit Cornelius Herstatt vom Schweizer Bundesinstitut für Technologie veröffentlichte von Hippel 1991 die Studie *Eine Anwendung der auf Lead Users gestützten Marktforschungsmethode in einem ›Low-Tech‹-Produktbereich: Rohraufhängevorrichtungen*. Indem sie mit der Hilti AG, einem führenden europäischen Hersteller von Befestigungsprodukten, zusammenarbeiteten, bestätigten von Hippel und Herstatt ihr Konzept der »Lead Users« auf einem unscheinbaren Industriegebiet und stellen eine schrittweise Methodologie dar, wie der Kunde es erreichen kann, mit von der Partie zu sein.

① *Umfrage bei Fachleuten:* Mit Hilfe von Hilti untersuchten die Forscher den Industriezweig und fanden, daß die Fachleute, die die Rohrnetze planen, bestimmen und außerdem kaufen, am ehesten wissen müßten, was auf dem Gebiet los ist (beziehungsweise sein sollte). Acht Fachleute aus der Schweiz,

Deutschland und Österreich wurden systematisch über die Eigenschaften ausgefragt, die die nächste Generation von Rohraufhängevorrichtungen kennzeichnen sollten – zum Beispiel Leichtigkeit der Montage, weniger Teile, geringeres Gewicht (Kunststoff statt Stahl).

② *Umfrage bei Lead Users:* Nachgewiesene Unzufriedenheit mit den vorliegenden Produkten kennzeichnet einen Kunden als einen Avantgarde-Benutzer. So wurde eine aufs Geratewohl ausgewählte Gruppe von 120 Hilti-Kunden gefragt: »Haben Sie jemals Rohrbefestigungsvorrichtungen selbst gebaut und installiert? Haben Sie jemals marktübliche Rohraufhängevorrichtungen modifiziert, damit sie Ihren Bedürfnissen besser entsprechen?« Anschließend wurden 74 Berufspraktiker (»Handwerker, die Rohrbefestigungen installieren«) gründlich interviewt, wovon 22 unbedingt zu den Wegbereitern gehören wollten.

③ *Konzeptentwicklungswerkstatt:* Auf Grund einer Einschätzung ihres persönlichen Interesses an der Entwicklung eines neuen Produktes wurden aus diesen 22 »Finalisten« nun noch zwölf Teilnehmer ausgewählt. Zwei der acht Branchen-»Fachleute«, ein Marketingmanager, ein Produktmanager sowie drei Konstrukteure von Hilti stießen dazu, und die ganze Mannschaft traf sich dann zu einer dreitägigen »Produktkonzeptionswerkstatt«. Am ersten Tag überprüften die Teilnehmer die Ergebnisse der Fachleute, danach teilten sie sich in fünf Gruppen, um verschiedene Konstruktions- und Installationsfragen zu ergründen. Den halben zweiten Tag verbrachten sie in ihrer jeweiligen Gruppe, dann konzentrierten sie sich auf gegnerische Kreativitätsübungen. Am dritten Tag führte jede Gruppe ihre Lösungsvorschläge vor, die von allen auf Originalität, ihre Durchführbarkeit und den Umfang ausgewertet wurden. Dann wurden neue Gruppen gebildet, um die meistversprechenden Konzepte weiter zu erforschen (einschließlich der Ausarbeitung technischer Zeichnungen, die zur allgemeinen Begutachtung herumgereicht wurden). Am Ende einigten sich alle auf ein einziges Produktkonzept.

④ *Gültigkeitstest:* Waren diese Bahnbrecher für die Branche vielleicht nicht doch zu weit vorgeprescht? Um dies herauszubekommen, testete Hilti das Werkstattkonzept bei einem Dutzend »Otto-Normalverbrauchern« – Durchschnittskunden, die nicht für ihre Innovationslust bekannt waren. Zehn bevorzugten das neue Produkt und erklärten sich bereit, bis zu zwanzig Prozent mehr dafür zu bezahlen.

Wichtig ist vor allem, unterstreichen von Hippel und Herstatt, daß sich dieses Modell auch bei Benutzern, »die sich keineswegs durch eine fortgeschrittene technische Ausbildung auszeichnen«, bewährte. Sie fügen hinzu, daß der gemeinsame Ansatz wichtige unverhoffte Nebenwirkungen hatte: Die Stimmung unter den Ingenieuren und Marketingleuten bei Hilti, die zum erstenmal von Beginn an zusammengearbeitet hatten, verbesserte sich; beide Gruppen entwickelten mehr Sinn für Dringlichkeit, und sie fanden eine gemeinsame Sprache. Und auch die Umsetzung der Benutzerbedürfnisse durch Marketing und Ingenieurtechnik verlief reibungsloser als bisher.
Sogar Rohraufhängevorrichtungen können zu Modeartikeln werden!

7. Kapitel

Union Pacific Railroad: Die mittleren Reihen lichten und eine Gegenoffensive gegen die LKW-Fahrer starten

Das größte Element unseres Dienstleistungspaketes wächst und wächst. Es reicht nicht aus, Produkte von einem Ort zum anderen zu liefern. Der Kunde wünscht sich außerdem Informationen: Wo seine Produkte gesammelt und dann verteilt werden; wann jeder Gegenstand wo sein wird; Preise, Zolldaten und vieles mehr. Bei uns kommt es auf Informationen an.
Alex Mandel
Manager beim Transportunternehmen
Union Pacific Railroad

Die Eisenbahn als modebewußtes und kundenorientiertes Geschäft? Sicher! Warum nicht! Oder besser gesagt, sie muß es schon sein wollen. In letzter Zeit haben die LKW-Fahrer die Eisenbahner mit links überholt (von 1980 bis 1989 entfiel der Löwenanteil der gesamten Umsatzsteigerung im zwischenstädtischen Gütertransportverkehr – 60 Milliarden Dollar – bis auf 2 Milliarden auf den LKW-Transport). Warum? Die Fernfahrer be- und entladen genau dann, wenn es dem Kunden paßt, und nicht, wenn der Frachtdisponent es will. Mit dieser größeren Flexibilität überflügelten sie die Eisenbahn, genau wie der permanent abrufbare Nachrichtenservice von CNN, der – im Gegensatz zu den festen und starren Sendezeiten der etablierten Sender – den Kundenbedürfnissen besser entsprach.
Das Hauptproblem der Eisenbahnen im Vergleich zu den Lastkraftwagen bestand eigentlich nicht in der geringeren Geschwindigkeit an sich (Mit Hochdruck arbeiten I). Ein Güterzug mag schon langsamer sein als ein Straßenlaster, aber er hat enorme

Kostenvorteile – nur wurden diese vergeudet durch lauter Überheblichkeit und Unzuverlässigkeit. So geht es in dieser Geschichte mehr um »Mit Hochdruck arbeiten II«, nämlich um eine schnelle und effektive Entscheidungsbildung, die die Zuverlässigkeit und damit das Vertrauen der Kunden vergrößern. Schließlich zeigen Forschungsarbeiten immer wieder, daß Zuverlässigkeit die Hauptursache für die Zufriedenheit der Kunden und für Kundentreue ist. Die Zuverlässigkeit besteht darin, den Kunden zu informieren, auf Anliegen schnell und zuvorkommend zu reagieren und so sein Vertrauen zu gewinnen.

UPRR gesteht seine Mängel ein

> *Früher änderten wir den Service, wenn wir Geld sparen wollten, und fragten uns, ob uns der Kunde auf die Schliche kommen würde. Das Ziel bestand darin zu sehen, wie weit wir gehen konnten. Ein Kunde brauchte nur etwas zu verlangen, und wir sagten »Ja«. Nur hatten wir nicht den blassesten Schimmer, ob wir die Aufgabe erfüllen konnten oder nicht.*
> Bill Hillebrandt
> Vizepräsident
> Union Pacific Railroad

1980 gehörte Union Pacific Railroad zu den Schlußlichtern unter den Eisenbahngesellschaften. Aber seit Mitte der achtziger Jahre verfolgt UPRR mit erstaunlichem Erfolg den Weg an die Weltspitze schlechthin – nicht nur unter den Eisenbahnen. Dieses Verdienst gebührt vor allem dem ehemaligen Vorstandvorsitzenden Mike Walsh, der 1986 von Cummins Engine zur Hauptverwaltung der Pacific Railroad in Omaha wechselte.

Die Union Pacific erzielt einen Jahresumsatz von über fünf Milliarden Dollar. Zu jedem beliebigen Zeitpunkt sind 180 000 Waggons unterwegs. Soweit die trockene Statistik. Wie sieht es jedoch mit der Story dahinter aus? Alteisenbahner Chuck Dettman, inzwischen Assistent des Vizepräsidenten und Leiter des Service-Zuverlässigkeitsteams, gibt zu, daß die UPRR 1985 total unzuverlässig war. Der Waggon kam halt erst dann an, wenn er ankam. Das mußte der Kunde hinnehmen, Beschwerden waren zwecklos.

Die UPRR war verknöchert, unbeweglich, bürokratisch, festgefahren, träge. »Jeder blieb in seinem eigenen Kasten«, wie Walsh meinte. Alles mußte »den Dienstweg gehen«. Der offene Austausch, wie ihn CNN praktiziert, war verpönt. Und die informelle funktionale Integration war gleich Null. »Wenn es zum Beispiel um Marketingpläne oder Strategien ging, galt die meiste Aufmerksamkeit der Frage, wer sie begutachten sollte, bevor sie weitergeleitet wurden.« Bei einer Außenstelle traf Walsh einen Manager an, der für einen Auftrag mit einem Gesamtwert von 22 Millionen Dollar zuständig war. Aber: Seine Befugnisse reichten nicht aus. Wollte er mehr als zweitausend Dollar ausgeben, brauchte er eine schriftliche Genehmigung aus Omaha, und auf die mußte er meistens acht Wochen warten.

Walsh begann seine Arbeit, indem er mit einfachen Eisenbahnern sprach. Bald stieß er auf eine Unmenge von Beispielen byzantinischer Bürokratie. »Ich besuchte die Werkstatt in Jenks, einen großen Lok-Reparaturbetrieb in Arkansas«, erinnert er sich. »Zwei Wochen vorher hatte ich ein Rundschreiben abgeschickt, in dem ich alle über meinen Besuch informierte. Ich bat sie um schriftliche Fragen, damit ich erfahren konnte, was sie bewegt. Als ich ankam, erblickte ich einen Zettel am schwarzen Brett mit Datum des vorherigen Tages, der meine Ankunft ankündigte. Ich fragte, was ist schiefgelaufen? Nun ja, obwohl der Werkstattleiter – der inzwischen nicht mehr bei uns ist – den Brief direkt von mir erhielt, dachte er, er sei nicht befugt, meine Bitte in die Tat umzusetzen. Tatsache! Zuerst schickte er meinen Brief an den Regionalleiter in Texas. Dieser wiederum schickte den Brief zurück mit der Bemerkung, daß sich die Werkstatt zwar in seiner Region befinde, aber eigentlich müsse die Technische Abteilung diese Frage entscheiden. Nachdem der Brief dort herumgelegen hatte, willigte der technische Leiter ein und schickte ihn zurück an die Werkstatt. In der Zwischenzeit war rein gar nichts passiert.«

Das Rattennest ausmisten

Das Fiasko von Jenks war charakteristisch für die Art und Weise, wie man bei der UPRR Entscheidungen traf. Hier ein weiteres typisches Beispiel aus der Praxis: Nehmen wir einmal an, ein Kunde hatte Probleme damit, für eine Ladung einen Güterwaggon zu bekommen, entweder war der Waggon unpassend oder er war für die Be- und Entladung nicht rechtzeitig zur Stelle. Also ging der Kunde zu seinem UPRR-Vertreter, der wiederum zum örtlichen Leiter für Güterverkehr, der sich wiederum an den Regionalleiter wandte. Dieser Regionalleiter leitete das Problem von seiner Vertriebsabteilung über eine Kluft, die psychologisch betrachtet breiter war als der Grand Canyon, zum Generalmanager weiter. Daraufhin erkundigte der sich nach unten hin beim Superintendenten, der sich wiederum weiter unten beim Zugleiter erkundigte, worin das Problem bestehe.

Nun wurde in dieser unwahrscheinlich komplizierten Maschinerie der Rückwärtsgang eingeschaltet, die Information lief langsam die hierarchische Struktur bei den einzelnen Betriebsabteilungen wieder hinauf. Dann wieder die Vertriebshierarchien hinunter. All das konnte mühelos mehrere Tage in Anspruch nehmen, währenderer die lange Kette der Bürokraten einen »Telefonwalzer tanzte«, wobei jeder mit jedem telefonierte. »Dabei versuchte wiederum jeder, dem anderen die Schuld in die Schuhe zu schieben und sich selbst abzusichern, damit er nicht in Schwierigkeiten geriet«, erzählte uns ein Mitarbeiter. »Es ging nicht darum, ob man gewann oder verlor«, sagte ein anderer, »sondern wem man den Schwarzen Peter zuschieben konnte.«

Heute geht ein Kunde mit demselben Problem direkt zum Vorarbeiter vor Ort und erledigt es auf der Stelle, dank dem Union-Pacific-Kunden-Aktions-Teams (UPCAT), dessen Aufgabe es ist, genau diese Probleme zu lösen. Laut Bill Hillebrandt, Vizepräsident Kundendienst, stellen UPCATs eine Möglichkeit dar, die Menschen an Ort und Stelle zusammenzubringen und ihnen die nötige Verantwortung und die entsprechenden Befugnise zu geben, um das Problem lösen zu können.

Die Wirkungen dieses veränderten Entscheidungsmechanismus – sowie tausend ähnlicher – waren durchschlagend: Von 1985 bis 1990 verbesserten sich die pünktlichen Lieferungen von etwa 40 auf 70 Prozent. Bei ausgewählten Großkunden kommt die

UPRR sogar auf 85 bis 95 Prozent. Eine Pünktlichkeitsquote von sage und schreibe 99,9 Prozent (»just in time« auf gut Neudeutsch) wird bei Kunden wie Toyota regelmäßig erreicht. (Noch vor ein paar Jahren, meint Walsh, hätten sich altgediente Eisenbahner beim bloßen Gedanken einer »JIT«-Eisenbahn kaputtgelacht.) Der Absatz hat sich um 18 Prozent erhöht, der Umsatz ist um 25 Prozent gestiegen. Die Zahl der Beschäftigten wurde von 45 000 auf etwa 30 000 gesenkt. Die Produktivität pro Mitarbeiter – 25 Prozent mehr Umsatz bei 25 Prozent weniger Mitarbeitern – hat sich beinahe verdoppelt.

Fehlerkosten (die sogenannten Minderqualitätskosten) wurden ebenso reduziert, von 20 Prozent des Bruttoumsatzes auf 15 Prozent – eine Einsparung von fast 750 Millionen Dollar seit 1986. Zum Beispiel wurden auch die Stillstandszeiten der Lokomotiven von 13 auf 8 Prozent gesenkt, was einer Einsparung von 150 Millionen Dollar entspricht. (Oder den Kauf von 125 neuen Loks erübrigt.) Die Entgleisungskosten sind ebenso drastisch gesunken.

Am allerwichtigsten war jedoch, daß die UPRR 1990 durch ihre Muttergesellschaft (die Union Pacific Corporation) als ein »investitionswürdiges Unternehmen« mit »Wachstumspotential« neu eingestuft wurde. Vorher galt sie als »Ernte-Gesellschaft« – eine (Devestitions-)Gesellschaft, in der Überschüsse an die Mutter zwecks Neuanschaffungen zurückgingen, zum Beispiel Milliarden für den Kauf von Lastwagenspeditionsunternehmen. Die »ohnehin funktionierende« Tochter wurde jedoch vernachlässigt. Inzwischen steht sie mehr im Licht der Aufmerksamkeit. Und heutzutage bleiben diese Gelder bei der Eisenbahn.

Viele der oben zitierten Leistungsparameter waren nicht einmal erfaßt, als Walsh seinen Posten bei der UPRR antrat. Oder sie wurden falsch erfaßt. Nehmen wir das lustige – oder tragische? – Beispiel der Pünktlichkeit. »Man sagte mir, wir lieferten mit einer Pünktlichkeit von 85 bis 90 Prozent«, berichtete Walsh. »Aber als ich mit den Kunden sprach, bekam ich etwas ganz anderes zu hören. Also fragte ich, wie diese Statistik zustande gekommen war. Da waren doch tatsächlich die wirklichen Fahrzeiten mit den geplanten Fahrzeiten verglichen worden – nachdem der Zug losgefahren war. Nehmen wir an, der Zug fuhr mit einer Verspätung von zwei Tagen ab. Planmäßig sollte die Fahrt zwölf Stunden dauern. Aber nachdem sich der Zug endlich in Bewegung gesetzt hatte, dauerte sie in der Tat nur noch elfeinhalb Stunden. Nach unserer Statistik hatte die Frachtsendung nun den Kunden eine halbe Stunde vor Frist erreicht!« – »Die Eisenbahngesellschaft«, fügte Walsh hinzu, »war nur auf interne Belange konzentriert, darauf, wie man die Züge effizient organisieren, aber nicht, wie man den Kundenbedürfnissen entsprechen konnte. Dies bedeutete längere Züge und schwerere Frachten. Wenn man heute nur 50 Waggons voll hatte, wartete man eben bis morgen oder übermorgen, damit man auf 100 kam. Das erhöhte die Tonnage und sparte Brennstoff – aber es brachte unsere Kunden zum Verzweifeln.«

Walsh geht bis zum Äußersten

Als Walsh bei der UPRR anfing, besuchte er 10 000 Mitarbeiter auf 100 Sitzungen, die als »Stadtmeetings« bekannt wurden. »Was ich vor allem mitbekam«, sagte er uns, war die Frustration. Die Mitarbeiter wußten, was sie zu tun hatten, wurden aber daran gehindert, es zu tun.

Gegen alle Ratschläge des ehemaligen Vorstandsvorsitzenden und fast aller anderen beschloß Walsh, bis zum Äußersten zu gehen und eine radikale Veränderung durchzuziehen. Jede Organisation ist imstande, viel mehr zu schaffen, als die meisten Leiter glauben, bekräftigte er. Das Risiko besteht eher darin, zu früh anzuhalten, als zu denken, man hätte die Grenzen des Möglichen bereits überschritten. Walsh sagte seinem kleinen Planungsteam: »Vergeßt die letzten 130 Jahre. Schafft eine nagelneue Eisenbahn! Beginnt mit einem leeren Bogen Papier.« (Das erinnert stark an Simpsons Ausführungen über Titeflex.)

Als erster Schritt wurde die aus 30 000 Mitarbeitern bestehende Bürokratie radikal umstrukturiert. Abbildung A zeigt das Organigramm zur Zeit von Walshs Eintritt in die Firma. Damals gab es neun Führungsebenen vom Vorstandsvorsitzenden bis hinunter zu den Gleisarbeitern. »Aber das Ganze war noch viel schlimmer, als es aussah«, erklärt Walsh. »Jede Ebene wurde zum Spiegelbild der ihr übergeordneten. Um die Papierberge zu bewältigen, duplizierte jede hierarchische Schicht die Struktur der ihr übergeordneten; einige Außenstellenbürokratien waren exakte Duplikate der Hauptverwaltung – mit lokalen Stäben von 100 oder mehr Mitarbeitern. Die simpelsten Entscheidungen durchliefen ein halbes Dutzend personalstarker Bürokratien«.

Die Union Pacific Railroad-Betriebshierarchie

Liste A

Vor der Reorganisation 1987

- *Executive VP Operations*
- VP Operations
- General Manager
- Assistant General Manager
- Regional Transportation Superintendent
- Division Superintendent
- Division Superintendent Transportation
- Trainmaster/Terminal Superintendent
- Assistant Trainmaster/Terminal Trainmaster
- Yardmaster
- *Railroaders*

Liste B

1990

- *Executive VP Operations*
- VP Field Operations
- Superintendent Transportation Services
- Manager Train Operations
- Yardmaster
- *Railroaders*

In nur 90 Tagen riß Walsh fünf Ebenen – und darunter 800 mittlere Manager – aus der Betriebshierarchie heraus. Was übrigblieb, zeigt Abbildung B. Es wurde sowohl zentralisiert als auch dezentralisiert. Gewisse Aktivitäten wie der Dispatcherdienst oder der Kundendienst wurden zentralisiert. Andererseits wurde der Eisenbahnbetrieb – die Erfüllung der täglichen Kundenbedürfnisse – drastisch dezentralisiert.

Neue »Top Guns« im Geschäft

Bei UPRR wurde die Macht auf dreißig lokale Verkehrssuperintendenten verlagert, die Walsh als seine »Top Guns« bezeichnete. Wieso gerade dreißig? Nach welchen industriegemäßen Optimierungsalgorithmen entwarfen die Chefplaner bei UPRR die Spezifikationen für diese kritschen Einheiten?

Die Menschen waren der Schlüssel. Walsh bestand darauf, daß jede Einheit nur so groß sein dürfe, daß der große Chef jeden noch mit Namen kannte. Außerdem mußte er sämtliche Großkunden mitsamt ihren Bedürfnissen genau kennen. Lösung: Man schaffe dreißig Geschäftsbereiche, wie Walsh sie nennt. Jeder mit 400 bis 600 Mitarbeitern, verantwortlich für 1600 Meilen Schienennetz. Ein menschengerechtes Maß sowohl am Arbeitsplatz als auch in den Kundenbeziehungen war also die alles bestimmende Logik.

Gerade das Wort »Geschäft« ist hier wichtig. Vor der Reorganisation waren Vertrieb und Marketing bei UPRR an Umsätzen und Kundenbelangen orientiert; der Betrieb dagegen an Kosten und »Eisenbahn spielen«, wie ein Zyniker es formulierte. Und die beiden kamen nie zusammen. Ein wichtiges Ziel in Walshs Gesamtstrategie war die Einführung des Geschäftssinns. Ihm kam es darauf an, in allen Funktionen eine Leidenschaft für Umsätze und Kosten sowie Gewinn und Service auf der betrieblichen Ebene zu entfachen. So verlagerte zum Beispiel die neue abgespeckte Finanzabteilung das Gewicht von internen Belangen (»buchhalterische Abschlüsse«) auf externe Belange (die Durchführung von »Outreach-Programmen« zur Unterstützung des Betriebes und der Marketingorganisation).

Das übergeordnete Ziel war eindeutig: kundenbezogene Entscheidungen sollten näher an die Arbeitsoberfläche gebracht werden. »Das Motto für die neunziger Jahre heißt Zuverlässigkeit«, meint Chuck Dettman. Um das zu erreichen, müssen

Entscheidungen, die bisher Wochen oder Monate dauerten, zukünftig innerhalb von Tagen oder Stunden gefällt werden – oder man war erledigt. (Mit Hochdruck arbeiten II.)
Walsh erklärt die neue Art, Geschäfte zu machen, an der Abwicklung eines Projektes mit dem Großkunden Boise-Cascade. Der lokale Superintendent für Transport (Top Gun) kennt Boise in- und auswendig. Er und der Kunde arbeiten regelmäßig zusammen, um die Transportbedürfnisse für das bevorstehende Jahr zu planen. (Etwas noch nie Dagewesenes.) Er kennt die Tatsachen in Echtzeit – und sie stimmen. (Etwas noch nie Dagewesenes.) Dieser Top Gun überbrückt routinemäßig die ehemalige Kluft zwischen Operation und Vertrieb/Marketing. (Etwas noch nie Dagewesenes.) Er hat täglich Kontakt mit einem überregionalen Kundenmanager – eine neue Position, quasi der Top Gun im Vertrieb. Und er arbeitet für Boise mit einem funktionsübergreifenden Großkundenteam, dem Eisenbahner aus dem Fahrbetrieb und Mitarbeiter aus Marketing, Finanzen, Disponenten- und Rechnungswesen angehören. (Etwas noch nie Dagewesenes.)
Das Endergebnis: Zur Zeit unserer Untersuchung behauptete Walsh, UPRR habe einen Pünktlichkeitsgrad von 100 Prozent bis auf die Minute genau bei Boise-Cascade erreicht. Und zwar für sämtliche Zielorte des Kunden! Das Sonderprogramm Boise-UPRR stellt einen unverblümten Versuch dar, der ganzen Welt nachzuweisen, daß »JIT« und das Eisenbahngeschäft keine Gegensätze sind.

Funktionale Barrieren niederreißen

Die Revolution bei Union Pacific strotzt von Widersprüchen. Einerseits setzte Walsh ein radikales Dezentralisierungsprogramm durch, und riß dabei zwei Drittel der Führungsebenen im operativen Bereich heraus, andererseits zentralisierte er etliche Aktivitäten. Aber auch diese Zentralisierung war in sich widersprüchlich: Walsh zentralisierte vorwiegend, um die Effektivität der Informationssammlung zu verbessern – damit er diese Informationen anschließend in Echtzeit an die Basis weiterreichen konnte –, als Grundlage für schnelle Entscheidungen zum Vorteil des Kunden.

Und noch ein Widerspruch: Walsh stattete die Mitarbeiter an der Basis mit viel mehr Befugnissen aus. Das assoziiert man traditionellerweise mit einer gewissen Autonomie in einer vertikalen Organsationsstruktur (»Jeder Kasten im Organigramm eine selbständige Einheit«). Gleichzeitig jedoch nahm er einen Teil dieser neu vergebenen Macht zurück, indem er darauf bestand zu lernen, wie man horizontal – das heißt über funktionale Grenzen hinweg – zusammenarbeiten und funktionieren kann.
Vor Walshs Ankunft mußte jede noch so triviale Entscheidung durch die ganzen sechs oder mehr Hierarchieebenen wie durch ein Rohr nach oben fließen. Eine funktionsübergreifende Integration, beteuert Walsh, fand nur im Büro des Unternehmensleiters statt. Das neue Ziel, wie das Beispiel von Boise-Cascade zeigt, besteht darin, alle Funktionen harmonisch zusammenfließen zu lassen – auf Kundenebene im Außendienst und in Echtzeit mit keinem Rätselraten mehr von oben. Dies führt zu grundsätzlichen Veränderungen in puncto Technik (wie zum Beispiel der langanhaltenden Strategie, jeden Zug mit einem Computer auszustatten), Ausbildung (zum Beispiel für die Schaffner – in ihrem eigenen Bereich inzwischen auch zu »Top Guns« geworden). Es führt zu erhöhtem finanziellem Spielraum (Vizepräsident Dettman meint, daß Mitarbeiter vor Ort nunmehr über ungeheure Geldsummen zur Leistungsausweitung verfügen können, um kundennahe und funktionsüberschreitende Ziele ausdrücklich durchzusetzen und so weiter.
Die herkulesmäßigen Anstrengungen, die nötig waren, um historisch hartnäckig autonome Funktionen zusammenzufügen, begannen mit der Bildung einer Angebots-Nachfrage-Kommission. Walsh brachte die Leiter Finanzen, Vertrieb und Marketing mit der Betriebsleitung zusammen, um das Tagesgeschäft der Eisenbahn – die Kundenbedürfnisse (Nachfrage) – mit der Zugkapazität (Angebot) in Übereinstimmung zu bringen. Erstmalig in der Geschichte der Eisenbahn wurde den Fürsten aus Stabsfunktionen Verantwortung übertragen. Sie erhielten das Mandat, Dinge gemeinsam zu bewältigen. Die Ergebnisse der erfolgreichen (oder erfolglosen) Zusammenarbeit spiegeln sich unmißverständlich in ihrer Leistungsauswertung und in der Vergütung wider.
Das hochkarätige Team zur Zusammenarbeit zu bewegen, war kein Honigschlecken. Auf einem Meeting von Managern der Union Pacific und der Universität Stanford sprach Walsh von

einem alles bestimmenden Augenblick, als das Angebot-Nachfrage-Team es nämlich plötzlich lernte, in einer Welt zu leben, in der der Vorstandsvorsitzende nicht alle wichtigen Entscheidungen allein treffen muß.
Obwohl Walsh von der Notwendigkeit überzeugt war, eine horizontale Arbeitsweise für die gesamte Eisenbahn durchzusetzen, war er sich durchaus der Gefahren bewußt – neue Ausuferungen der Bürokratie zu installieren. So machte er zum Beispiel deutlich, daß sich die Angebots-Nachfrage-Organisation nicht zu einer permanenten Stabsstelle entwickeln sollte: »Man muß eine Leitung haben, die bereit ist zu delegieren«, erklärte er. Aber »man darf der Versuchung nicht nachgeben, eine separate Organisation zu schaffen. Das funktioniert nie. Der Trick besteht darin, den verdammten Laden horizontal und ohne eine neue Bürokratie zu schmeißen.«

In Omaha und St. Louis wird zentralisiert – zwecks Dezentralisierung

Am 5. Juli 1988 wurde das gesamte Innere des alten UP-Frachtzentrums neu gestaltet. Neun Monate und 50 Millionen Dollar später wurde das hoch technisierte *Harriman Dispatch Center* an gleicher Stelle eröffnet. Als Teil des Betriebs überwacht das Center die Zusammenstellung der Züge, 20 000 Meilen Bahngleise und die insgesamt 180 000 Waggons, die zu jedem Zeitpunkt unterwegs sind. Als Walsh das Kommando übernahm, gab es Pläne, die zehn miteinander im Clinch liegenden Dispatch-Zentren zu nur drei zusammenschrumpfen zu lassen. Aber nach seiner »Neuanfangsanweisung« und einer sorgfältigen Analyse wurde beschlossen, sich auf ein Zentrum zu beschränken. Die gegenseitige Konkurrenz zwischen den regionalen Zentren (»wie zehn verschiedene Eisenbahngesellschaften«, wie ein Manager sagte) würde dadurch schlagartig aufhören. Das Harriman Center würde alles machen. Aber, und es ist ein großes Aber, die dreißig »Top Guns« (sowie eine ganze Reihe von Sondergruppen wie beispielsweise das Boise-Cascade-Team) würden weitgehende Befugnisse erhalten, um den sich ändernden lokalen Bedürfnissen der Kunden Rechnung tragen zu können. Obwohl diese lokalen Variationen nur einen geringfügigen Teil aller Beförderungen ausmachen, bilden sie den Löwenanteil des Images. Mit anderen Worten: Sie vor allem entscheiden, wie der Kunde die Beweglichkeit (oder die Unbeweglichkeit) der Eisenbahn bewertet.

Das Ganze wurde in St. Louis wiederholt. Das Headquarter des *National Customer Service Center* (NCSC) ist Teil der Vertriebs- und Marketingorganisation, die die Kundenaufträge sowie andere Anforderungen bearbeitet. Die früheren 80 Betriebsstellen (Stand 1986) dieses Dienstleistungszweiges – »80 Dienststellen, 80 Eisenbahnen«, sagte man mir – wurden zu einer einzigen zusammengelegt, mit Sitz im alten Haus der Missouri-Pacific Railroad (die mit der Union Pacific im Jahre 1982 fusionierte). Die Gründung des NCSC, das täglich 24 000 Anrufe, 8000 Faxe sowie 15 000 elektronische Datenaustausche zu bewältigen hat, verschlang weitere 37 Millionen Dollar.

Die Logik des NCSC lautet wiederum: Zentralisierung *und* Dezentralisierung. Einerseits fällt das NCSC wie das Harriman Center jeden Tag Tausende von Entscheidungen mit dem Ziel, die Benutzung unzähliger furchtbar teurer Sachanlagen zu optimieren. Andererseits stellen die beiden Zentren alle notwendigen Informationen – nunmehr genau und termingerecht – denen an der Basis zur Verfügung, die mit den Tausenden von Kunden und Zugbewegungen fertig werden müssen, die notwendigerweise jeden Tag vorkommen.

Teambildung

Zählt man all die Elemente der St.-Louis-(oder Harriman-)Geschichte zusammen, so ergibt das eine Revolution. Die Korridore und Büros der Teams sind restlos mit allerlei Karten und Graphiken übersät. Leistung und Leistungsbewertung sind zur Leidenschaft geworden. Das Team hat all die Zahlen parat (jeder einzelne von ihnen). Sie besuchen Kunden und Zugbegleiter, sie arbeiten routinemäßig in funktionsübergreifenden Teams. Schöpferische Problemlösungen und Projektarbeit haben einen Großteil der Routinearbeit abgelöst. Die Mauern, die im Laufe von 125 Jahren aufgebaut wurden, beginnen zu bröckeln. Jeder redet mit jedem. Alle reden mit allen. Ein zweiminütiger Spaziergang durchs Büro – oder eine Eingabe am Computer-Terminal – löst das Problem eines Kunden oder eines Kollegen in anderer Funktion, dessen Bewältigung früher Monate gedauert hätte. Die Zentralisierung ist groß. Die Dezentralisierung ist jedoch noch

größer. Informationen – akkurat und zeitgemäß – sind reichlich vorhanden; und alle, einschließlich der Externen (Kunden), haben Zugang dazu. Die Zusammenarbeit ist groß, und Teamziele werden genauso oder noch mehr hervorgehoben als die persönlichen Leistungsziele. Es ist in der Tat »eine völlig neue Eisenbahn«. Und diese NCSC-Teams erinnern wirklich sehr stark an die Gruppen, denen wir bei EDS begegneten.
Es gibt also ständig neue Teams, neue Projekte und neue Technologien – die alle das Ziel haben, alte Mauern einzureißen. Aber dem Ganzen liegt etwas viel Wichtigeres zugrunde: »Das Bemühen, das Zusammenarbeiten zu erlernen«, wie es Hillebrandt formulierte. Im Hinblick auf einige Aktivitäten, die so viele zeitaufwendige, fehlerhafte und überflüssige Schritte beinhalteten, gestand er freiwillig ein, es sei relativ leicht gewesen, »das Ganze auseinanderzudividieren und wieder zusammenzubasteln, wenn man die ganzen Verbindungen schematisch darstellt«. »Aber«, fügte er rasch hinzu, »es war halt noch nie gemacht worden.«
Warum? Jene verdammten Hierarchieebenen und funktionalen Barrieren, die das miteinander Reden, das Lösen von Problemen und den zeitgemäßen Informationsfluß so effektiv behinderten, waren der Grund gewesen. Trotz der großen Investitionen in neue Technologien bei Harriman und in St. Louis hatten die Vereinfachungen dort zum großen Teil nur »wenig mit Technik zu tun«, bekräftigte Hillebrandt, aber statt dessen sehr viel mit »dem Festlegen von Prioritäten und dem Zusammenfügen von Informationen aus verschiedenen Quellen«.
Hillebrandt meint, es bestehe kein Konflikt zwischen der neuerdings praktizierten funktionsübergreifenden Orientierung und der gleich starken neuen Betonung der individuellen Verantwortung. Die funktionsübergreifenden Aktivitäten »sind das persönliche Ziel von uns allen. Hochgesteckte funktionsübergreifende Ziele müssen von einem jeden individuell erfüllt werden«, betonte er.

Radikal umdenken

Das radikale Umdenken gehört bei Union Pacific zu den wichtigsten Zielen. Einige sehen diesen Prozeß des »Reengineering« (ein von Michael Hammer geprägter Begriff) als genauso wichtig für die

Erhöhung der allgemeinen Wettbewerbsfähigkeit an wie die Qualitätssicherung. Motorola zeigt den Weg. Das folgende ausführliche Beispiel stammt aus der Zeitschrift *Fortune* vom 25. Februar 1991. Es erbringt einen weiteren dramatischen Beweis für das Beschleunigungspotential durch Vereinfachung und die direkte Einbeziehung des Kunden:

»Der Grundgedanke der Methode bei Motorola ist ein Begriff, den man Prozeßmanagement nennt... Nehmen wir als Beispiel die Konzernrevision. Eine schwer durchschaubare Aktivität, durchgeführt von hochgebildeten Profis, die jedes Jahr eine sehr begrenzte Anzahl von »Produkten« herstellen: 150 Revisionsberichte zu den weltweit verstreuten Motorola-Produktionsstätten. Bis vor drei Jahren dauerte es vom ersten Berichtsentwurf des Innenrevisors bis zur Abgabe der Endversion an den Vorstand im Durchschnitt sieben Wochen. Der Revisor besuchte ein Werk, um die Bilanzen zu prüfen, und kehrte in die Unternehmenszentrale in Schaumburg, Illinois, zurück. Er verfaßte seinen Bericht mit der Hand, gab ihn an die Sekretärin weiter, änderte ihn, schickte ihn an seinen direkten Vorgesetzten, änderte ihn noch einmal, ließ ihn neu tippen, schickte ihn an seinen Chefrevisor, ließ ihn noch einmal umarbeiten, schickte ihn an den Leiter des überprüften Werkes mit der Bitte um Stellungnahme, baute Änderungen ein und ließ schließlich die saubere Endversion schreiben. Jeder kleine Schritt in dieser langen Prozedur bietet neue Möglichkeiten für Hinauszögerungen und Fehler.

Um das Ganze zu beschleunigen, ließ die Firma vier Revisoren sowie zwei Manager zwei Wochen lang in einem Konferenzraum tagen. Ihr Auftrag war es, jene Aufgaben zu identifizieren und zu eliminieren, die für die Herstellung eines Spitzenproduktes für die Kunden, den Vorstand von Motorola und die Mitglieder der Revisionskommission unwesentlich waren. Die Gruppe empfahl radikale Änderungen bei den Prozeduren und eine umsichtige Erweiterung der EDV-Anwendungen.

Das Ergebnis sieht so aus: Der Revisor schreibt seinen Prüfungsbericht jetzt vor Ort an einem Personalcomputer (ausgestattet mit einem Rechtschreibprogramm), zeigt ihn dem Überprüften auf der Stelle und fügt dessen Anmerkungen sowie diejenigen des lokalen Chefrevisors ein. Nach Rückkehr in die Zentrale in Schaumburg gibt eine Sekretärin dem auf einer Diskette gespeicherten Text den letzten Schliff und druckt ihn aus. Ein anderer Rechnungsprüfer

untersucht den Prüfungsbericht auf inhaltliche Qualität – an Hand eines Fragebogens mit 38 Positionen, die er in etwa einer Stunde ausfüllen kann. Das gesamte Verfahren, gerechnet vom Zeitpunkt der Rückkehr des Prüfers in sein Büro bis zur Abgabe des Endberichtes, dauert inzwischen nur noch fünf Tage – ist also zehnmal schneller geworden.
Und der endgültige Beweis: »Die Umsätze von Motorola haben sich in den letzten fünf Jahren verdoppelt, aber die Firma hat keine zusätzlichen Rechnungsprüfer einstellen müssen. Die Revision hat ihre Prüfer und Sachbearbeiter um ein Drittel reduziert. Dank der verbesserten Qualität und dank des gesunkenen Zeitaufwands spart Motorola inzwischen 1,8 Millionen Dollar an Gebühren für externe Rechnungsprüfung.«

Das »weiche« Element

Bisher habe ich den objektiven Prozeß hervorgehoben und die atmosphärischen Begleiterscheinungen kaum erwähnt. Hier sind vor allem die großen Anstrengungen von Walsh, Aufgeschlossenheit und Vertrauen zu schaffen, zu nennen. Der Kampf um die Seele von UPRR und eine strukturelle und kulturelle Umorganisation in diesem Maßstab sind nichts Geringfügiges – und es war kein leicht zu gewinnender Kampf.
»Tu, was man dir sagt«, erklärte uns Chuck Dettman, war immer das Motto bei den Eisenbahnern, bei UPRR wie auch anderswo. »Wir haben den Mitarbeitern an der Basis nie ein eigenes Denkvermögen zugetraut«, fügt er fast wehmütig hinzu. »Ihr ganzes Leben lang wollten sie schon immer so etwas tun, aber wir haben sie daran gehindert.« Aber um Menschen dazu zu bringen, Initiative an den Tag zu legen und Verantwortung zu übernehmen, muß man ihnen erst einmal zeigen, daß man ihnen vertraut – und sie müssen auch zu dir Vertrauen haben. Um diese traurige Situation bei UPRR zu beenden, die über Jahrzehnte entstanden war, unternahm Walsh alles nur Erdenkliche, um nach Möglichkeiten zu suchen, womit er die neue Firmenkultur festigen konnte.

Manager sind doch nicht aus Zucker

Als ich noch keine drei oder vier Monate hier war, hörte ich, daß wir in einer Bahnstation in einem kleinen Ort in Louisiana nach

Drogen gefahndet hatten. Die Instandsetzungs- und Streckenarbeiter waren unter dem Vorwand eines Sicherheitsmeetings zusammengerufen worden. Als sie ankamen, befahl man ihnen, sich auf den Boden zu legen. Dann wurden Spürhunde eingesetzt, die nach Marihuana und Kokain schnüffelten. Es wurde nichts gefunden. Ich war außer mir vor Zorn.
Ich sagte zu unseren Leuten: »Okay, ich selbst nehme jetzt das Flugzeug, ebenso wie Sie, Herr Einsatzleiter, und Sie, Herr Chefingenieur. Und wir fliegen hin. Wir werden uns mit diesen Menschen treffen, und wir werden uns bei ihnen öffentlich für das entschuldigen, was wir getan haben. Wir werden ihnen sagen, daß wir in unserer Firma keine Drogen dulden, aber genausowenig dulden wir, wie die Führungskräfte mit ihnen umgingen.«
Sie waren alle entsetzt und sagten: »Das können Sie nicht tun.« Und ich antwortete: »Warum um alles in der Welt kann ich das nicht? Und übrigens, ich werde das nicht allein tun, Sie werden mit mir kommen.«
Wir flogen hinunter und trafen uns mit diesen Leuten. Es war phantastisch. Sie akzeptierten unsere Entschuldigung innerhalb von etwa zehn Minuten. Dann wurde es erst recht interessant. Ich fragte: »Haben Sie noch etwas auf dem Herzen?« Ein junger Mann hob seine Hand und sagte: »Ja, Sie sprechen sehr viel über Sicherheitsmaßnahmen. Haben Sie jemals unsere Wohnwaggons gesehen?« Ich antwortete: »Nein.« Und er sagte: »Sie haben keine angemessenen Sicherheitseinrichtungen. Die Treppen sind in einem schlimmen Zustand. Wenn wir mitten in der Nacht mal austreten müssen, ist die Gefahr groß, daß wir uns verletzen.« Einer unserer Manager stand auf und sagte: »Gut, Mike, ich beantworte diese Frage.« Und er begann, diesem Mann zu erklären, wieviel Geld wir für die Unterhaltung dieser Wohnwaggons im Jahr ausgaben. Ich unterbrach ihn: »Paß auf, daß hat nichts mit der Frage dieses Burschen zu tun.« Ich fragte den Mann: »Wie weit entfernt stehen sie?« Er antwortete: »Etwa drei Wohnblöcke weiter.« Draußen goß es in Strömen. Ich sagte: »Laßt uns gehen und sie anschauen.« – »Aber es gießt in Strömen«, sagte er. »Wir sind doch nicht aus Zucker«, antwortete ich. Wir gingen hinüber zu den Wohnwaggons, und sie sahen genauso aus, wie dieser Mann sie beschrieben hatte. Sie waren unsicher und eine Zumutung.
Daß wir hinüber gingen, rechneten die Mitarbeiter uns hoch an. Es bedeutete, daß wir die Art des Benehmens, wie es bei der Drogen-

razzia zum Ausdruck kam, nicht akzeptierten. Es ist völlig unerheblich, wieviel Geld wir jedes Jahr ausgeben. Wenn jemand uns sagt, daß etwas unsicher ist, gehen wir der Sache nach. Es ist nicht nötig, ihnen einen Vortrag zu halten.

Mike Walsh

Die Schlacht war zwar noch lange nicht gewonnen, als Walsh gegen Ende des Jahres 1991 das Unternehmen verließ, um eine neue Position, eine neue Herausforderung in der Wirtschaft, zu übernehmen, aber es waren doch schon enorme Fortschritte erzielt worden. Wenn auch die LKW-Fahrer sich noch nicht gerade vor Angst in die Hosen machten, kennt die UPRR inzwischen wenigstens die Bedeutung des Begriffs Pünktlichkeit: Geschwindigkeit plus Zuverlässigkeit. Kann ein kundenorientierter (modebewußter) Service unter solchen Umständen noch lange auf sich warten lassen?

Die Wurzeln des Leistungsdruckes

Mehrere »Grundüberzeugungen« sind die Wurzeln der ziemlich verblüffenden Geschichten, die wir uns gerade angeschaut haben.

- Erstens muß man unbedingt glauben, daß wir in einer Umgebung leben, in der zwischen 95 und 99,9 Prozent der Zeit verschwendet werden (die 0,05-bis-5-Regel von Stalk und Hout). »Ja, es wird tatsächlich so viel Zeit vergeudet«, erzählte mir Simpson von Titeflex in einem der für mich beunruhigendsten Augenblicke dieses ganzen Forschungsprogramms. Ich erzähle diese Geschichte gerne in zahlreichen anderen Unternehmen weiter. Ich zähle die Fakten auf – einer Firma wie Titeflex gelingt es, die Lieferzeit von mehreren Monaten auf ein paar Stunden (oder höchstens auf zwei bis drei Tage) zusammenschrumpfen zu lassen. Ich habe nicht den Eindruck, daß diejenigen, die zuhören, mich der Lüge verdächtigen. Und trotzdem merke ich – wenn ich ihnen in die Augen schaue –, daß sie es in ihrem Herzen doch nicht glauben können. Es ist noch nicht bis in ihr Innerstes vorgedrungen, daß auch sie selbst

95 Prozent ihrer Zeit vergeuden (oder mindestens 75 Prozent). Und wenn diese Überzeugung fehlt, wenn man selbst es nicht glaubt, wird man es nie wagen, das zu tun, was Walsh, Simpson und die anderen taten.

- Zweitens muß man fest daran glauben, daß die Menschen »den großen Wandel bewältigen können«. Ich korrigiere mich: Es ist nicht nur so, daß die Betroffenen mit dem Wandel fertig werden können, die meisten Menschen wünschen sich diese Gelegenheit und haben sie schon immer angestrebt. Denken wir nur an Chuck Dettman bei UPRR: »Das ist es, was die Eisenbahner schon immer gewollt haben«, sagte er. Erinnern wir uns weiterhin an die »Revolution« bei den Komponenten des Cyclone Grinder bei IR. Die technischen Neuerungen entstammten den zuvor noch niemals berücksichtigten Ideen der Arbeitnehmer. Oder denken wir an den Gewerkschafter bei Titeflex zurück: Nachdem man ihn mit dem vom Management als revolutionär bezeichneten Wandel vertraut gemacht hatte, bestand seine Antwort in der schlichten Bemerkung, daß nach seinem Dafürhalten der Wandel noch immer zu langsam erfolge.

  Ich glaube, daß uns die populären Modelle für einen Wandel völlig in die Irre geleitet haben, indem sie versuchen (wie auch ich es versucht habe), »sie« den Wandel zu lehren, ihn »denen« nahe zu bringen, und auch, daß man den Wandel begrüßen sollte. Für »sie« ist es gar kein Wandel. Es ist das, wovon der Zugbegleiter schon immer gewußt hat, daß es sinnvoll ist – ungeachtet der Grundlogik der industriellen Revolution. Jawohl, ein großer Wandel ist schon ein Problem – für die Manager: vor allem für die Manager der mittleren Ebene. Wir wollen es uns aber auch nicht zu leichtmachen, indem wir die Manager der mittleren Ebene zum Sündenbock für alles abstempeln. Meiner Meinung nach besteht das Hauptproblem im fehlenden Mut bei den Führungskräften an der Spitze. »Gehe bis zum äußersten, und höre auf, die Menschen zu unterschätzen«, sagte uns Mike Walsh, und ich glaube, er hat den Nagel auf den Kopf getroffen. Bei der Union Pacific hat er innerhalb von 90 Tagen sechs Führungsebenen eliminiert. Und bei Titeflex wurden die sich selbst verwaltenden Teams an einem einzigen Wochenende eingeführt.

- Drittens: Wir müssen uns die furchtbare Möglichkeit vor Augen führen, daß die meisten Manager in unseren Firmen eher negativ wirtschaften. Denken wir zurück, und erinnern wir uns an die Geschichte der Werkstatt in Jenks oder an die Schwierigkeiten des Kunden, der eine Auskunft über eine Lieferung haben wollte. Früher wurden solche Anfragen zunächst einmal durch ein halbes Dutzend Führungsebenen nach oben weitergeleitet und dann über eine funktionale Kluft abgedrängt, bis sie schließlich durch weitere sechs Hierarchieebenen in eine neue Bürokratie hinabsickerten.

- Und schließlich muß man unbedingt daran glauben, daß Systeme mehr als bloße »Veränderungen« und sogar mehr als »Veränderungen im großen Stil« benötigen. Denken wir an das Konzept des »Ausradierens«, das der Guru des »Reengineering«, Fred Hammer, vertritt.

Auf der anderen Seite . . .

Auch wenn unwahrscheinlich träge Bürokratien es nötig haben, daß ihnen die Quittung präsentiert wird, soll dabei nicht vergessen werden, daß zum Leben mehr gehört als nur Schnelligkeit. Dies belegt in beeindruckender Weise der Fall von Steve Chen. 1987 verließ Steve Chen die Firma Cray Research und gründete Supercomputer Systems. Dort arbeitet er seitdem ruhig und fleißig weiter – mit Unterstützung von IBM. Im Juni 1992 tauchte er plötzlich auf und verkündete, daß er nicht wisse, wann sein Produkt fertig sein werde – dann tauchte er wieder ab.

Und dann gibt es den Bericht von einer Freundin bei CBS, die mit großer Bewunderung von einem ehemaligen Kollegen spricht, der seinen Vorstand beinahe in den Wahnsinn trieb. Wiederholt, berichtete sie, kam ihm für einen Dokumentarfilm irgendeine Idee, die er dann seinen Chefs unterbreitete. Meistens stießen seine Ideen auf Zustimmung. Daraufhin ging er in sein Büro zurück, setzte sich hin und fing an, vor sich hin zu grübeln. Und immer weiter zu grübeln. Es vergingen Tage. Es vergingen Wochen. Nicht selten vergingen sogar Monate. »Wann, zum Teufel, geht er endlich auf die Straße, um den verdammten Film zu drehen?« wollten seine aufgebrachten Vorgesetzten wissen. Dann, eines Tages, war sein Büro plötzlich leer, und einige Wochen später kam er mit einem Koffer voll Filmbänder wieder. Ob er sich dann schnurstracks in den Schneideraum begab? Er dachte überhaupt nicht daran! Statt dessen ging er in sein Zimmer zurück, machte es sich bequem und begann erneut zu grübeln. Die Aschenbecher quollen über von all der Pfeifenasche rings um ihn herum. Irgendwann ging er dann doch endlich in den Schneideraum – und als er wieder herauskam, hatte er einen perfekten Film vorzuweisen. Die ganze Geschichte wiederholte sich unzählige Male, und das Ergebnis war ausnahmslos so gut, daß die Oberen von CBS gar keine andere Wahl hatten, als sein merkwürdiges Verhalten zu dulden.

Geschichten wie diese riefen auf dem Gesicht von George Leonard, dem Autor des 1991 erschienen Buches *Mastery,* immer ein Lächeln hervor. Er ist der Meinung, daß beinahe jeder von uns in der Lage ist, ein Meister auf dem Gebiet des Supercomputing, des Filmemachens oder der persönlichen Beziehungen zu werden. Nur, um dies zu erreichen, müßten wir auf den üblichen Hang zum *schnellen* Erfolg verzichten, meint er. Der Weg zur Meisterschaft ist absehbar. Dazu gehören: ① Übung und nochmals Übung; ② ein plötzlicher Durchbruch; ③ ein leichter Leistungsabfall; dann ④ die Erreichung eines neuen Plateaus, meist etwas höher gelegen als das vorhergehende. Und so weiter.

In Leonards Augen besteht das Problem für die meisten von uns darin, daß wir Plateaus als eine Art von »Fegefeuer« betrachten. Und doch sei *»Plateaus lieben zu lernen«* (eine der Kapitelüberschriften in seinem Buch) der Schlüssel, um es auf einem x-beliebigen Gebiet zur Meisterschaft zu bringen. »Wie geht man am besten daran, ein Meister zu werden?« fragt Leonard in seinem Buch. »Indem man um des Übens willen fleißig übt.«

Leonard gibt viele praktische Hinweise, von der Auswahl des Ausbilders bis zur Notwendigkeit des geduldigen Ertragens von gewissen »Demütigungen«. (»Ihre ersten Sprünge ins Wasser werden höchstwahrscheinlich Bauchlandungen sein – und Sie werden die Aufmerksamkeit fast aller Besucher im Schwimmbad auf sich lenken. Sind Sie bereit, dies hinzunehmen? Wenn nicht, werden Sie nie die Kunst des Springens erlernen.«)

Wir sehen uns mit einem Paradox konfrontiert. Das Tempo des Geschäftslebens hat sich drastisch erhöht, und von der Informationstechnik bis zur Spaghettisoße (von der uns allein das Jahr 1991 vierundsechzig neue Varianten bescherte – siehe Kapitel 41) sind sämtliche Bereiche betroffen. Andererseits hat gerade das erhöhte Tempo des Lebens herausragende Ausnahmen um so seltener und wertvoller gemacht, was wiederum für einsame Pfeifenraucher spricht, die eine Ewigkeit lang dasitzen und über große Pläne nachdenken.

Einer meiner Freunde, der bei einem riesengroßen Beratungsunternehmen beschäftigt ist, sagte mir 1991, was seine Firma am dringendsten nötig habe, seien ein paar großartige Ideen, die von hochangesehenen Visionären entwickelt würden. »Das Problem ist nur, daß unser Top-Management nicht begreift, daß man zehn Jahre braucht, um auf egal welchem Gebiet eine solche Position zu erreichen. Bei uns in der Firma aber gilt ein Jahr als eine lange Zeit, und drei Jahre werden gleich als eine Ewigkeit betrachtet.«

Ich mußte wieder an George Leonard und sein Lächeln denken . . .

Teil III

Informationstechnologie: Mehr und weniger als versprochen

8. Kapitel

»Fuzzy«-Logik und Prosumenten

Bis zum Jahre 2020 werden 80 Prozent des Unternehmensgewinnes und des Marktwertes dem Teil des Unternehmens zu verdanken sein, der auf dem Informationsgeschäft basiert.
Stan Davis und Bill Davidson,
2020 Visionen

Das Leben auf der Farm wird nie wieder das gleiche sein! Dies behauptet Tom Urban, Vorstandsvorsitzender von Hi-Bred International, dem größten Hersteller von Saatkornhybriden der Welt, mit Sitz in Des Moines, Iowa. Mitte 1991 berichtete er in der von Digital Equipment Corporation herausgegebenen Zeitschrift *Enterprise*:
»Wir fangen an, horizontal statt vertikal zu denken . . . Ein Forschungsbeschluß beispielsweise hat eine enorme Auswirkung auf eine Produktionsentscheidung, die wiederum einen großen Einfluß auf Umsätze und Verfügbarkeit. Indem wir diesen Denkprozeß komprimieren und geeignete Teams zusammenstellen, können wir effizientere Entscheidungen treffen.
Informationssysteme sind die beste Möglichkeit, miteinander zu reden. Man kann nur miteinander reden, indem man die Daten austauscht . . . Dieses Jahr werden vier oder fünf Millionen Dollar für Muttergetreide eingespart werden. Muttergetreide ist die Generation zwischen Forschung und Produktion. Als wir den Entscheidungsbildungsprozeß von der Forschung über die Mutterproduktion und die Hybrikproduktion bis zum Vertrieb analysierten, stellten wir fest, daß jeder mit den Zahlen mogelte . . . Und so hatten wir am Ende ungefähr zweimal soviel Mutterge-

treide, als wir tatsächlich brauchten ... Inzwischen haben wir alle begonnen zu begreifen, worin unsere eigene Rolle tatsächlich besteht und auf welche Informationen wir uns verlassen können. So haben wir angefangen, intelligentere Entscheidungen zu treffen und unsere Vorräte an Muttergetreide um etwa 30 Prozent reduziert ...

Ebenso wichtig wie die funktionsübergreifenden Systeme wird der globale Zugang zu den Daten sein ... Der erste Schritt ... wird darin bestehen, ein funktionierendes Kommunikationssystem zu schaffen. Früher setzte man sich ins Flugzeug. Das tun viele auch heute noch. Aber jetzt haben wir außerdem Dialogsysteme, die allmählich unsere Beziehungen bestimmen. Die Globalisierung besteht nun einmal darin, daß jeder jeden als gleichwertigen Partner betrachtet, gleich ob er sich in Peru oder Minnesota befindet ...

In der Forschung zum Beispiel sammelten wir früher im Herbst Daten über den Ernteertrag. Dann dauerte es fast bis zur Pflanzzeit im darauffolgenden Frühjahr, bis wir entscheiden konnten, was wir pflanzen sollten. Inzwischen können wir mitunter solche Daten innerhalb von 24 Stunden umsetzen. Das ermöglicht für uns die Winterproduktion. Wir können Entscheidungen darüber treffen, was in Chile oder Hawaii oder Florida gepflanzt wird. Das hat uns eine ganze zusätzliche Generation von Pflanzen beschert – wir haben unsere Entwicklungszeit für neue Produkte von etwa zwölf Jahren auf sechs Jahre reduziert ... Ich kann zwar Pflanzen auch ohne einen Computer züchten, aber ohne ihn nicht auf dem Weltmarkt konkurrenzfähig bleiben ...

Unsere Strategie besteht darin, den Markt in immer kleinere Zielsegmente aufzuteilen und diese Ziele effektiver durchzusetzen. Daraus ergibt sich die Frage, wie man sich mit 500 000 Landwirten in Verbindung setzen kann? ... Wir gründeten ein auf Satellitenbasis betriebenes Informationsnetz, das inzwischen zu einem Joint-venture zwischen uns, Farmland Industries und dem Illinois Farm Bureau, geworden ist ... Wir können jetzt mit einem einzelnen oder mit 50 000 sprechen. Dann können wir von diesen 50 000 ein Profil erstellen, damit wir zum Beispiel alle rothaarigen, rechtshändigen, blauäugigen Alfalfa-Anbauer identifizieren können und die Möglichkeit haben, ihnen per Datenleitung eine Nachricht zukommen zu lassen. Das ist beeindrukkend – und höchst effektiv.«

Die Informatik verändert alles – von der Eisenbahngesellschaft Union Pacific über die Farm und die Fabrik bis zur Wall Street. Sie stellt den bedeutendsten Wandel seit tausend Jahren dar und beeinflußt die Art und Weise, wie wir Dinge organisieren, leben, Krieg führen und Politik machen. Sie hat die Welt auf den Kopf gestellt, und der Computer mit den Kommunikationsnetzen ist das Triebwerk dieser Revolution.

Es ist sehr leicht, sich durch diese Informatiksache beeindrucken zu lassen. Und auch gefährlich, es *nicht* zu tun. Die Informationstechnologie in der hier geschilderten Form erscheint am Rande – und oft im Mittelpunkt – fast jeder Seite in diesem Buch. Selbst dort, wie etwa in Deutschland, wo teilweise noch die alten Fertigungsindustrien vorherrschen und Lehrlinge auch heute noch fast ein Jahr damit zubringen, Metallwerkstücke per Hand zu feilen, hat sie sich längst durchgesetzt. So sind etwa bei dem führenden Werkzeugmaschinenhersteller Trumpf 50 Prozent des Forschungsstabes Softwareprogrammierer. Noch vor sechs Jahren machten sie nur zehn Prozent aus.

Information ist alles

1991 feierte eine meiner alten Universitäten, die in Stanford, ihren einhundertsten Geburtstag; sie ist zweifelsohne eine der führenden Bildungseinrichtungen der Welt. Ihr Gründer Leland Stanford blieb dagegen erfolglos. Auf der Suche nach Gold war er in den Westen gegangen, fand jedoch keines. Daraufhin eröffnete Stanford einen Laden, um Waren an die Goldgräber zu verkaufen. Das war die wirkliche Goldgrube. Wie er entdeckte auch Sam Walton seinen auf 20 Milliarden Dollar geschätzten Familiengoldschatz im Einzelhandel *(Wal-Mart)*. Andere auf der kurzen Liste der reichsten US-Milliardäre stehende Männer sind »Kollegen«, wie der Ladenkettenchef Les Wexner *(The Limited)*, Microsofts jugendlicher Bill Gates und der Gründer von EDS, Ross Perot. Walton, Wexner, Gates und Perot haben genausowenig wie Stanford jemals irgend etwas »hergestellt«. Sie waren *Informationsorganisatoren*.

Lange bevor Leland Stanford die Szene betrat, waren die Betreiber der mittelalterlichen Märkte Vorboten unseres Informationszeitalters. Sie gestalteten unsere abendländische Gesellschaft völlig neu und führten uns aus der Barbarei heraus. Ein physischer Marktplatz (die Hauptkreuzung in einer mittelalterlichen Stadt oder der Kaufladen in Stanford) bieten genauso wie ein EDV-gestütztes System zum Aktienhandel (beispielsweise die Londoner Börse, die das Börsenparkett durch ein elektronisches Netz ersetzte, das sie seit 1989 mit der ganzen Welt verbindet) auf effiziente Weise Information zur Unterstützung der Käufer wie der Verkäufer. Je dichter die Information, desto größer der Nutzen für die Kunden. Sie erhalten den bestmöglichen Wert aus einem beinahe »perfekten Markt«, wie es die Wirtschaftsexperten nennen.

Informationen als solche – die unsichtbarste aller Waren – spielen eine immer größere Rolle im Welthandel. Aber wir fühlen uns bei dieser Dominanz der Information unbehaglich, und ihre Bahnbrecher kommen uns irgendwie verdächtig vor. So waren wir schon immer. Zu Leland Stanfords Zeit widmeten sich die »echten Männer« der Bodenbestellung oder Viehzucht – die anderen waren verpönt. Noch bis vor ein paar Jahrzehnten schauten wir auf die Hochschulabsolventen herab – »echte Männer« sollten die ersten zehn Arbeitsjahre damit verbringen, Eisenbarren in glühende Hochöfen zu wuchten. Vor einigen Jahren gewann Robert Reich, Politökonom an der Harvard-Universität, viel Applaus, als er die Geldmanipulatoren beschimpfte und als »Papierunternehmer« bezeichnete. Seine Verunglimpfungen spiegelten den Abscheu wider, den viele davor empfanden, daß die klügsten Kinder Amerikas Karrieren in solchen Berufen wie Investmentbanking suchten.

Die andauernde und weitverbreitete Geringschätzung von »Kopfarbeit« erfüllt uns um so mehr mit Sorge, weil die US-Volkswirtschaft, wie in allen hochindustrialisierten Ländern, inzwischen fast ausschließlich auf Geistesarbeit basiert. Daraus resultiert auch, daß die Handhabung von Informationen die Grundlage für Erfolg oder Mißerfolg in jedem Job und jedem Geschäft, egal ob alt oder neu, darstellt. Bevor der Computer auftauchte und sein dramatischer Einfluß sich abzeichnete, hat man, wenn überhaupt, nur ganz selten über die Informationsverarbeitung gesprochen. Das war ein grundsätzlicher Fehler. Schließlich kann man mit Fug und Recht behaupten, daß der menschliche Körper, der Konzern, die Volkswirtschaft und sogar die ganze Welt nichts anderes als *informationsverarbeitende*

Maschinen sind. In gewissem Sinne waren Informationen bereits alles, noch lange bevor William Shockley den ersten Transistor erfand oder Steve Jobs und Steve Wozniak mit dem Apple I aus ihrer Garage die Welt eroberten.

Einer der aufregendsten Softwarebereiche ist die »Fuzzy«-Logik. Was ist das? Ein Versuch – kaum der erste und bestimmt nicht der letzte –, die unscharfe Art und Weise, wie der Mensch denkt und Informationen verarbeitet, mit dem Computer zu programmieren. Auf der trivialsten Ebene werden beispielsweise »Fuzzy-Logik-Bausteine« in das Steuerungsprogramm für die Geschwindigkeit von Autos eingebaut. Denken Sie an Ihren »Tempomaten«, falls Sie so etwas haben. Falls er wie der meinige funktioniert, ist er nicht 100prozentig zuverlässig. Die Geschwindigkeit kann bis zu 12 km pro Stunde abweichen – abhängig davon, ob man bergauf oder bergab fährt. Fuzzy-Logik-Software kann diesen Steuerungsprozeß vorhersehen und korrigieren – sozusagen die Beulen ausbügeln. (Mit anderen Worten: Der so programmierte »Tempomat« wird die Fähigkeit des menschlichen Fahrers besser simulieren und winzige Änderungen vorhersehen.)

Gehen wir nun von den Gehirnfunktionen zum Großkonzern über. Jede Organisation ist – wie wir gesehen haben – eine Informationen verarbeitende Maschine – nichts weniger, nichts mehr: Organisationsstrukturen, darunter Hierarchien, erfassen und verarbeiten Informationen und leiten sie weiter. Das ist alles. Die ersten modernen Großkonzerne in Amerika waren Eisenbahngesellschaften. Da sich die wachsenden Eisenbahnnetze über mehrere Zeitzonen erstreckten, mußte das mittlere Management erfunden werden, um diese neue Komplexität zu entwirren. Man könnte sogar meinen, daß die allerwichtigsten Erfindungen, die die Eisenbahnen funktionsfähig machten, nichts mit Dampfloks oder dem Verlegen von Gleisen zu tun hatten, sondern vielmehr mit der Informationsverarbeitung. Ein Beispiel ist die Einführung der »Normalzeit«. Komplexe Fahrpläne – und damit die Vermeidung von Zusammenstößen (die in der ersten Zeit der Eisenbahn häufig vorkamen) – wurden erst durch die Vereinheitlichung der Zeitangabe von Gemeinde zu Gemeinde ermöglicht. Eine andere große »Informationsentdeckung« war der Frachtbrief. Die Anzahl der täglichen Transaktionen war explodiert. Wie sollte man das Ganze erfassen? Durch den Frachtbrief natürlich. – Das heißt, aus heutiger Sicht erscheint es uns natürlich. Heute gibt der Kaufhausgigant Wal-Mart den Ton an, indem er von allen Lieferanten, gleich welcher Größe, verlangt, Geschäfte ausschließlich per Computer – über den elektronischen Datenaustausch – abzuwickeln. Die umfassende Verwirklichung des Datenaustausches bei Wal-Mart ist im Grunde nicht mehr als eine Erweiterung der Einführung der Normalzeit und des Frachtbriefes durch die Eisenbahnen vor 130 Jahren. Und es waren auch die Eisenbahngesellschaften, die die moderne Wall Street erfanden, eine Informationsbörse, die sich über mehrere Häuserblocks nach Norden und Süden auf dem unteren Manhattan Island ausdehnt. Die Eisenbahnen waren gleichfalls die ersten Unternehmen, die immense Kapitalinfusionen benötigten. So entwickelte sich das Investment Banking mit dem Ziel, die zahlreichen nicht integrierten Geldquellen anzuzapfen und so dem unersättlichen Geldbedarf der Eisenbahnen zu genügen.

Das gesamte Wirtschaftsleben beruht auf Informationsverarbeitung. Sie tragen am liebsten grüne Turnschuhe mit Luftpolster? Schön! Ich bevorzuge blaue ohne Luftpolster. Herauszufinden, wer was will – Information! – und auf diese speziellen Bedürfnisse schneller als andere einzugehen ist das, was Firmen, Innovationen und den Markt insgesamt steuert. Gleich, ob es einem gefällt oder nicht, der Bauer bekommt höchstens ein oder zwei Pfennig von der Mark, die der Einzelhändler für eine Büchse Tomatensuppe entgegennimmt. Verarbeitung und Abfüllung beanspruchen ebenfalls nur wenige Pfennige. Den Großteil schlucken Vertrieb, Logistik, Werbung, Großhandel und Einzelhandel – also die Informationsverarbeitung. Banker, Finanzleute und Händler aber waren nie beliebt. Das schafft heutzutage besondere Probleme, weil immer mehr von uns praktisch Banker, Finanzleute und Händler sind – also von Berufs wegen Informationen verarbeiten.

Wie viele Nullen hat eine Billion?

Im Jahre 1980 konnten Computer 330 000 Recheneinheiten pro Sekunde ausführen. Der gegenwärtige Kampf geht darum, wer als erster eine Teraflopmaschine entwickeln kann – die eine Billion Rechnungen pro Sekunde ausführen wird. Bolt, Beranek and Newman, Cray Research, IBM, Intel, NCube, Parsytac, Thinking Machines und Tera Computer sind hier die großen Konkurrenten. Im Juni 1992 verkündete NCube mit viel Trara, daß sein Computer, der 1994 auf den Markt kommen soll, in der Lage sein wird, 6,5 Billionen Rechnungen pro Sekunde auszuführen. (Nicht alle Beobachter sind davon überzeugt, daß die Firma den richtigen Weg geht. »Wir würden uns auch am Rennen beteiligen, wenn wir nur einen Kunden finden könnten, der eine solche Maschine braucht«, sagte Abraham Peled von IBM der *New York Times* am 10. Juni 1992.)

Die neue Infrastruktur

> *Keine Nation kann eine Volkswirtschaft betreiben, die dem 21. Jahrhundert entspricht, wenn sie nicht auch die dazugehörige elektronische Infrastruktur des 21. Jahrhunderts nutzt, die Computer, Datenübertragung und die übrigen neuen Medien umfaßt. Das erfordert eine Bevölkerung, die mit der Informationsinfrastruktur genauso vertraut ist wie mit Autos, Straßen, Autobahnen, Eisenbahnen sowie der Transportinfrastruktur der alten Schornsteinindustrien.*
> Alvin Toffler
> Power Shift

Der Computer ist die Lokomotive des Informationszeitalters. Aber die Netzwerke, durch die die Computer ihre vereinte Macht ausüben werden, sind genauso wichtig. Zu den größten strategischen Entscheidungen, die die USA in den neunziger Jahren zu treffen haben, gehört der Aufbau von *Datenautobahnen*. Es ist eine unscheinbare Aufgabe, die aber für die internationale Konkurrenzfähigkeit äußerst wichtig ist. Der amerikanische Kongreß hat ein vorwiegend von der öffentlichen Hand zu finanzierendes Äquivalent der Bundesstraßen untersucht. Dieses Äquivalent wird NREN, *National Research and Education Network*, genannt. Dann gibt es noch eine von der Privatwirtschaft vorgeschlagene Alternative, die ANS heißt, *Advanced Network Services*, und gemeinsm von IBM, MCI und

dem Bundesstaat Michigan konzipiert wurde. Diese Privatinitiative erinnert an die Anfänge der Eisenbahnen, die während der ersten zwanzig Jahre ebenfalls privat finanziert wurden. (Wenngleich jenen beiden Jahrzehnten, wie ich zugeben muß, eine jahrzehntelange massive öffentliche Unterstützung folgte.)
Die Frühjahrsausgabe 1991 der *Whole Earth Review* beginnt ihren Leitartikel »Highways of the Mind« wie folgt:
»Zur Zeit wird im [amerikanischen] Kongreß, in den Firmenvorständen und in den Universitäten eine unscheinbare, aber höchst wichtige Debatte geführt, die möglicherweise das Leben in den USA im 21. Jahrhundert umkrempeln könnte. Ihr Ergebnis könnte darüber entscheiden, wo Sie wohnen werden, wie gut Ihre Kinder ausgebildet werden, wer gedeihen und wer eingehen wird in einer Gesellschaft, in der nationale Konkurrenzfähigkeit und persönlicher Wohlstand wahrscheinlich vom Zugang zur Information abhängen. In dieser Debatte geht es darum, wer die hochschnellen Informationsnetze der Zukunft bauen, besitzen, benutzen und bezahlen wird, und ob ihr Inhalt zensiert werden wird. Diese Datenstraßen mit der Fähigkeit, ganze Bibliotheken von Küste zu Küste in wenige Sekunden zu transportieren, Millionen von Menschen in Interessenverbänden zusammenzuschließen oder lebenswichtige Computertomographiebilder von entlegenen Landgemeinden zu Großstadtspezialisten zu übertragen, könnten in einem massiven Netz der *Gedankenautobahnen* miteinander verbunden werden.«
In der Geschichte der USA und der anderer Länder war nichts so ausschlaggebend für die wirtschaftliche Entwicklung wie die Bildung verschiedener Netze: Kanalnetze, Eisenbahnnetze, Autobahnnetze, Telefonnetze. Im Winter des Jahres 1992 befürchtete die ehemalige Sowjetunion eine Hungersnot. Die Schuld daran lag nicht bei den Bauern, auch wenn sich zeigte, daß das fünfzigjährige Experiment mit der Kollektivierung katastrophal gescheitert war. Der eigentliche Feind war das mangelhafte Infrastrukturnetz. Beinahe die Hälfte der Ernte vom Herbst 1991 ging aufgrund der lausigen Straßen und der grundsätzlich mangelhaften Vertriebsinfrastruktur verloren. Die Entwicklung von Informationsnetzen, sowohl innerhalb von Firmen als auch Nationen, wird einen ebenso großen Einfluß auf das relative wirtschaftliche Wohlergehen im 21. Jahrhundert haben, wie die Entwicklung der Eisenbahn- und Straßennetze im 19. und 20. Jahrhundert.

Komisches Zeug

Ja, aber was hat es mit dem komischen Zeug, der Informatik, nun eigentlich auf sich? Mein Bass-Pro-Shop-Katalog von 1992 bildet auf Seite 275 den EZ 6600 (549,88 Dollar) ab. Es ist ein sonares System, ein Gerät, das durch Schallwellen Gegenstände unter Wasser aufspürt. Aber statt russische Atom-U-Boote zu jagen, unterstützt es die Angler beim Aufspüren von Fischen. In seinem Mikroprozessor sind die akustischen Merkmale von Forellen, Muskalunge, Gausaugenfischen, Barschen, Molukkenkrebsen, Lachs und anderen Fischarten gespeichert. Man blättert durch bis zur gewünschten Fischart, dann selektiert man »See«, »Fluß« oder »Eis«, und der EZ 6600 (der auch geteilte Bildanzeigen, Zooms und Fadenkreuz, Zielmarke und Corser zu bieten hat) zeigt Ihnen, was sich bis zu einer Tiefe von 200 Metern unter Ihrem Boot abspielt.
Weitere Beispiele? Bitte sehr:

- In *2020 Vision* berichten Unternehmensberater Stan Davis und Bill Davidson, Professor an der Universität von Südkalifornien: »Die Aufzugfirma Otis schaffte den Otis-Datenservice, damit – falls irgend etwas in einem ihrer Aufzüge kaputtgeht – der Fehler sofort diagnostiziert und, wenn möglich, noch innerhalb des Aufzugs automatisch korrigiert wird. Ansonsten wird eine Meldung an die nächste Serviceabteilung geschickt, mit den entsprechenden Angaben über die benötigten Teile, Arbeitskräfte und Reparaturmaßnahmen. Der Hausbesitzer ist durch diesen Servicevertrag abgesichert, der für Otis wiederum die eigentliche Gewinnquelle darstellt.«
- *Business Week,* Oktober 1991: »In Zukunft werden Kleidungshersteller in den USA automatische Nähmaschinen brauchen, um mit der Konkurrenz in Übersee Schritt halten zu können. Das wirft jedoch die Frage der Qualitätskontrolle auf. Inzwischen haben Forscher am Georgia Institute of Technoloy in Atlanta ein elektronisches Ohr entwickelt, das es den Nähmaschinen ermöglicht, die eigene Arbeit zu kontrollieren und Fehler festzustellen. Die Sensoren stellen Abnutzungserscheinungen oder Brüche in den Nähmaschinennadeln fest, bevor sie die Kleidungsstücke beschädigen können ... Denn zerbrochene oder abgenutzte Nadeln geben ein bestimmtes Tonsignal oder eine Art akustische Unterschrift von sich. Computeranaly-

sen dieser Unterschriften zeigen, daß die Amplitude mit dem Abnutzungsgrad der Nadel zunimmt. Wenn die ›Nähmaschinenohren‹ das hören, wird ein Lichtsignal ausgelöst, das den menschlichen Näher darauf aufmerksam macht, daß eine Reparatur notwendig ist.«

- Davis und Davidson noch einmal: »In der Industriegesellschaft wurden die Tiere auf Viehmärkten verkauft. Aber Versteigerungen unter Einsatz von Videoaufnahmen im elektronischen Verbundnetz könnten für die Viehmärkte das gleiche Schicksal bedeuten, wie es zuvor die Cowboys ereilt hat – nämlich überflüssig zu werden. Superior Livestock Auction of Fort Worth ist eine Viehversteigerung, die die Möglichkeiten der Satellitenübertragung, Fernsehkamera und eines elektronischen Einkaufssystems nutzt. Bei dieser Form der Versteigerung bleiben die Rinder so lange auf der Farm, bis sie verkauft sind.«
- *Business Week*, im Juli 1991: »Wollen Sie Ihr mittelmäßiges Auto in einen Superflitzer verwandeln? Adaptive Technologies, mit Sitz in Port Hueneme (Kalifornien), hat ein System entworfen, das es Ihnen erlaubt, den Computerchip auszuwählen, der Ihren Motor regeln soll. Bisher waren Raser, die ihren Motor frisieren wollten, gezwungen, in die Elektronik ihres Autos einzugreifen, um den Computer des Autoherstellers gegen einen anderen auszutauschen, der durch ein anderes Luft-Kraftstoff-Verhältnis und eine andere Zündfolge die Pferdestärken erhöhte. Das neue System, das 219 Dollar kostet, kann in die meisten PKWs und LKWs von General Motors, die seit 1984 ausgeliefert wurden, eingebaut werden. Es beinhaltet bis zu vier verschiedene Motor-Regelungsschips . . . Man kann einen Chip auswählen, der einem bei Bedarf eine stärkere Leistung gewährleistet oder einen, der den Benzinverbrauch ökonomischer reguliert. Ein Sicherheitschip verhindert Diebstähle, indem er die Benzinzufuhr und die elektronischen Systeme außer Kraft setzt. Es gibt sogar einen Chip, der die Motorleistung drosselt. Man kann so beispielsweise verhindern, daß die Kinder zu wild zum Kaufhaus fahren können.«
- *Mobile Office*, August 1991: »Als einer der größten Lebensmittelhersteller im Lande kürzlich ein neues Produkt in drei Geschmacksnuancen auf den Markt brachte, konnte der zuständige Verkäufer nur zwei Geschmacksrichtungen an den Großhändler verkaufen. Die dritte stieß auf Ablehnung. Das

war sicherlich eine ärgerliche Situation. Aber der Verkäufer rechnete damit, daß ein hoher Verkaufserfolg für die ersten beiden Geschmacksrichtungen – beflügelt durch die Werbekampagne – die dritte mitverkaufen würde. Im Normalfall hätte er 30 bis 45 Tage auf die Verkaufsstatistiken warten müssen. Er jedoch brauchte nur acht Tage später seinen Laptop an den Firmengroßrechner anzuschließen, und schon hatte er auf dem Bildschirm per Knopfdruck . . . sämtliche Informationen, die er brauchte. Er ging mit den neuesten Verkaufszahlen, einer Liste der Supermärkte, in denen die Produkte schon ausverkauft waren, und den prozentualen Übersichten für verschiedene Gebiete zu seinem Einkäufer. Er konnte sogar einen ausführlichen Vergleich des neuen Produktes mit denen seiner Konkurenten für denselben Zeitraum vornehmen. Auf Grund dieser Informationen konnte er seine Kunden überzeugen, auch die dritte Geschmacksrichtung zu bestellen.

Dies ist natürlich nur eine willkürliche Aneinanderreihung von Beispielen. Aber sie gibt doch einen Einblick in die weitreichende Bedeutsamkeit der Informationstechnologie. Plötzlich erscheint die Behauptung von Davis und Davidson, daß bis zum Jahre 2020 achtzig Prozent der Wertschöpfung auf informationsverarbeitenden Technologien beruhen werden, gar nicht mehr so weit hergeholt.

Informationsverarbeitung und Veränderungen in den »Produkten«/Industrien

1989 machten informationsverarbeitende Geräte 51 Prozent aller Gebrauchsgüter aus, die von der Privatwirtschaft [in den USA] gekauft wurden. 1970 lag der entsprechende Anteil lediglich bei elf Prozent.
CIO Magazine, März 1992

An diesen Zahlen kann man gut ablesen, daß die Informationstechnologie eine enorme eigenständige Branche ist und einen außerordentlich großen Einfluß auf beinahe jedes Produkt, ob neu oder alt, hat. (Inzwischen gibt es eigentlich gar keine »alten«

Produkte mehr – siehe die Entwicklung intelligenter Nadeln für Industrienähmaschinen.) Noch wesentlicher ist es jedoch, daß die Informationstechnologie jeden einzelnen Aspekt von Produktentwicklung, Marketing, Lieferung und Dienstleistung revolutioniert.

- *Pure neue Produkte für die Informationsverarbeitung:* Dazu zählen der leistungsstarke Großrechner, der Computerchip, die Peripheriegeräte, Datenfernübertragung, Heimelektronik und Software. Die Gesamtumsätze für 1991 werden auf annähernd eine Billion Dollar oder sogar das Doppelte geschätzt. Wer nicht glaubt, daß dieser Markt dynamisch ist, der sollte sich überlegen, daß noch bis vor zehn Jahren etwa drei Viertel aller Computerleistungen von Großrechnern erbracht wurden. Heutzutage bewegt sich dieser Prozentsatz irgendwo zwischen eins und fünf. 1990 wuchsen allein die Umsätze mit Personalcomputern auf 82 Milliarden Dollar, im Jahre 1981 waren es lediglich zwei Milliarden Dollar gewesen.
- *Computergestaltung von Chemikalien, Werkstoffen, Autos:* Computergestütztes Design hat Aussehen, Form und Methode der Produktentwicklung dramatisch verändert. Erfindungsverfahren sind ebenso stark von der Nutzung elektronischer Postnetze (E-Mail) geprägt: Ein Entwicklungsingenieur bei IBM, der vor einem schwierigen technischen Problem steht, kann per Knopfdruck sofort und gleichzeitig mehrere Tausend seiner Kollegen nach einem Lösungsvorschlag fragen. Fortgeschrittene Telekonferenztechnologien führen zu globalen Brainstormings zwischen Mitgliedern einer »Organisation«, ihren Lieferanten und Großhändlern sowie einer stets wachsenden Gruppe von Externen (z. B. Professoren aus einem halben Dutzend Universitäten auf vier Kontinenten). Und vergessen Sie nicht Hi-Bred und das Geschäft mit dem Saatgut – ein enges globales Kommunikationsnetz verkürzte die Produktentwicklungszeit um sechs Jahre!

Zusammenarbeit über Netzwerke – Vorsprung garantiert

In einem Schritt, der eine große Gefahr für die Airbus-Industrie in Europa bedeuten könnte, werden Boeing und seine fünf japanischen Partner bei der Entwicklung des Flugzeugprojektes B-777

ein transpazifisches Telekommunikationssystem mit einem Wert von 150 Milliarden Yen bauen, um ihre Planungsaktivitäten miteinander zu verbinden.
Das System ... wird wahrscheinlich außerdem die japanischen Firmen weiter in das Boeingnetz integrieren und es ihnen dadurch erschweren, sich mit anderen ausländischen Flugzeugherstellern zu verbinden ... Es wird mehr als 500 Workstations auf beiden Seiten des Pazifiks beinhalten, die mit von der französischen Firma Dassault entwickelter Software für computerunterstützte Planung, Herstellung und Ausführung (CAD/CAM/CAE) ausgestattet sind ... Das System wird nicht nur die Entwicklungsaktivitäten miteinander verbinden, sondern auch ... Werkstoffe, Lieferungen und Produktionsprozesse für das Produkt verwalten.

The Nikkei Weekly, 26. Oktober 1991

- *Konstruktion von Prototypen:* Man entwirft irgendeinen komplexen Teil am CAD-Terminal, und der Prototyp wird gleichzeitig in Originalgröße aus Kunststoff konstruiert, eine Straße, eine Meile – oder einen ganzen Kontinent weiter – wo immer man sich das wünscht.
- *Die Erfindung neuer Produkte durch leistungsstarke Rechenmodelle:* Die biotechnologische Industrie entstammt womöglich eher der Computerrevolution als der Entdeckung der DNS-Struktur. So ist die Computersimulation und -modellierung die Grundlage des immensen, umstrittenen, menschlichen Genom-Projektes, das die Bestimmung unserer gesamten genetischen Struktur zum Ziel hat. Die chemische Industrie wird ebenso neu entdeckt. Heutzutage sind chemische Verbindungen oft hochspezialisierte, auf ganz bestimmte Anwendungen hin zurechtgeschneiderte Moleküle. Dank der »virtuellen Realität« wühlen Arzneimittelforscher (im übertragenen Sinne) routinemäßig in Molekülen herum, um Verbindungen zwischen den einzelnen Atomen untereinander zu überprüfen.
- *Alle Gegenstände sind »intelligent«:* Es gibt »intelligente« Stricknadeln, »intelligente« Autos, »intelligente« Einkaufswagen, »intelligente«, in Wirkstoffe eingebettete Sensoren, »intelligente« Einrichtungen der Selbstdiagnose (Aufzüge, Kopiergeräte), »intelligente« Herde, »intelligente« Werkzeugmaschinen. Und sogar »intelligente« Gebäude. Man lasse sich nur

die folgende Beschreibung eines »intelligenten Heimes« aus *The Wall Street Journal* vom 21. Oktover 1991 einmal durch den Kopf gehen:

»Die endgültige Vision für die Heimelektronik ist das *elektronische Heim*.
Eine der allermodernsten Wohnungen befindet sich zehn Minuten zu Fuß vom Stadtzentrum Tokios entfernt. Wenn man sich dem intelligenten Pilothaus TRON nähert, schaltet sich die Innenbeleuchtung selbständig ein. Nachdem man hereingekommen ist, legt man seine Aktentasche in einen Behälter im Schrank, wo sie fotografiert und anschließend in den Keller gebracht wird. (Später wählt man auf einem Video die gewünschte Aktentasche aus bis zu zehn verschiedenen Behältern, und sie wird sofort wieder nach oben transportiert.)
Das Badewasser wurde schon vorher eingelassen: Man bestimmt den genauen Zeitpunkt per Telefonanruf, ehe man das Büro verläßt. Um ein asiatisches Gericht zuzubereiten, braucht man nur zwei Knöpfe am kombinierten Herd/Videorecorder zu betätigen. Ein Video zeigt, wie man das ausgewählte Essen vorbereitet, und der Herd schaltet sich im richtigen Moment ein. Um das Gießen der Pflanzen braucht man sich auch nicht mehr zu kümmern: Sprinkler treten dafür automatisch in Aktion. Wenn es anfängt zu regnen, schließen sich die Fenster.
Kommt man in die Toilette, regelt ein Sensor die Stärke, Richtung sowie Temperatur des Wassers, das im Bidet hervorsprudelt, während ein angeschlossener Computer eine detaillierte Urin- und Blutanalyse vornimmt. Um die Übertragung von Krankheitserregern durch den Kontakt mit der menschlichen Hand zu vermeiden, wird die Toilette automatisch gespült, ebenso werden die Wasserhähne automatisch auf- und zugedreht. (Über fünf Millionen intelligente Toiletten – allerdings nicht so intelligent wie diese – wurden in Japan bereits verkauft.)
Das zweigeschossige Vorzeigeheim, das zwar nicht fürs normale Wohnen bestimmt ist, aber trotzdem ab und zu einmal Gäste beherbergt, wird durch Kabel, Kameras und Sensoren gesteuert, die durch die Wände und Decken hinab zum zentralen Computer im Keller führen. Achtzehn japanische Firmen, dar-

unter Nippon Telegraph & Telephone Corp., Mitsubishi Electric Corp. sowie Seibu Department Store Ltd., arbeiteten bei der Fertigstellung dieser intelligenten Wohnung zusammen, die im Dezember 1989 übergeben wurde.«

Und was passiert, wenn man ein Eigenheim kaufen will? *The Wall Street Journal* noch einmal:
»Erwerber von Eigenheimen bedienen sich in Japan der Computerintelligenz, um ihre Wohnungen zu gestalten. Im April 1991 eröffnete eine Tochtergesellschaft von Matsushita einen Ausstellungsraum, in dem Kunden eine dreidimensionale Computersimulation ihrer zukünftigen Küche durchschreiten können.
Das Spielchen basiert auf einer Zukunftstechnologie, die virtuelle Realität heißt. Der Benutzer setzt einen aus zwei Mini-Fernsehern sowie einem Kopfhörer bestehenden Helm auf und zieht dazu einen speziellen, mit Glasfaseroptik ausgestatteten Handschuh an. Ein Computer überwacht die Kopf- und Handbewegungen der Person anhand der Sensoren und sendet dann Bilder und begleitende Geräusche. So wird bei der Testperson das Gefühl geweckt, als ob sie die entsprechenden Handlungen tatsächlich ausführen würde. Der Kunde kann zum Beispiel ... den Hahn der Spüle aufdrehen und die Schränke öffnen.«

Hat all das die Stufe der Marktreife schon erreicht? Nein. Wird es bis 1995 soweit sein? Nein. Sollte man es trotzdem bei den Überlegungen über die jetzige Geschäftsstrategie berücksichtigen? Und ob!

- *Die Konstrukteure neuer Produkte:* Rechnergestützte Fertigung (CAM) und rechnerintegrierte Fertigung (CIM) ändern radikal die Art und Weise, wie Produkte vom »Reißbrett« (dem Bildschirm!) in und durch die Fertigung gelangen. Unter anderem führt dies zu »Massenkundenorientierung«, wie es einige nennen: Während einer Abschlußfeier an der Cornell-Universität entdeckte ich nicht weniger als 350 verschiedene Emblemvarianten auf Sweatshirts, Trainingshosen und so weiter, darunter auch welche für »Mutti/Vati beim Cornell-Abschluß 1991« – das heißt Massenprodukte (Sweatshirts und dergleichen), die einem sehr speziellen Kundenkreis (anläßlich einer dreitägigen Abschlußfeier) »maßgeschneidert« worden waren.

Und noch etwas zum Stichwort »dreitägig«: Es folgt ein Auszug aus dem *Manufacturing 21 Report*: Die Zukunft der japanischen Produktion, der die Ergebnisse einer vom Verband der japanischen Maschinenbauer sowie dem Wissenschaftlichen Institut der Universität Waseda gesponserten fünfjährigen Studie zusammenfaßt.

»Der Erfolg dieses Konzeptes hängt von der Schaffung des *Auto-Prosumenten* ab. (»Prosumenten« – dieser Begriff wurde durch den amerikanischen Futurologen Alvin Toffler geprägt – sind stinknormale Kunden, die sich aktiv am Konstruktionsprozeß beteiligen.) Der Prosument nimmt an der Konstruktion seines PKW auf einer Workstation beim Autohändler teil. Er nutzt die CAD/CAM-Software des Autohändlers und kann so als Prosument zunächst einmal die Karosserie, Antrieb und Federung festlegen . . . Viele Merkmale des Autos können vom Käufer selbst bestimmt werden, immer abhängig davon, wieviel er ausgeben will . . . Die Sitze können den Körperkonturen des Fahrers angepaßt, die Beleuchtung entsprechend dem Geschmack des Kunden modifiziert, das Cockpit nach persönlichen Wünschen gestaltet werden . . . Im Rahmen bestimmter Grenzen kann der Prosument die Form der Karosserieteile selbst auswählen, die Innendekoration selbst entwerfen sowie den Hi-Fi-Sound nach eigenem Gutdünken kreieren . . . Das Produktionssystem wird eingeschaltet, sobald der Autohändler den verbindlichen Auftrag mitsamt den CAD/CAM-Daten vorliegen hat. Die Lieferzeit beträgt sage und schreibe nur drei Tage!«

Wann wird all das Wirklichkeit sein? Vielleicht bis zur Jahrtausendwende, vielleicht noch früher. Es ist keine Phantasie mehr.

Cardinals vor!

Am Samstag, dem 23. November 1991, um 16 Uhr schlug die Stanford-Cardinal-Fußballmannschaft ganz unerwartet die damals auf Rang sieben der Bestenliste stehende Universität von Kalifornien. Am Montag, dem 25. November 1991, um 14 Uhr kaufte ich ein aus Anlaß dieses Spieles angefertigtes Sweatshirt im Einkaufszentrum von Palo Alto. Die Aufschrift lautete nicht »Überraschender Sieg« oder so ähnlich, was man sich im voraus hätte ausdenken können. Statt dessen zeigte das Design sechs Kästen mit jeweils einer detaillierten Skizze und Beschreibung eines Schlüsselmomentes in dem Spiel, das mit 38 zu 21 Punkten endete. Das nenne ich Kundenorientierung! Das nenne ich Mode! Das verstehe ich unter einem engbegrenzten Marktsegment!

- *Industrien, die durch Informationen geschaffen und neuerschaffen werden:* In einem knappen Jahrzehnt ist das Reiseunternehmen Rosenbluth Travel in Philadelphia von einem Buchungsvolumen in Höhe von ein paar Millionen auf anderthalb Milliarden Dollar angewachsen. Vorwiegend verdankt es diesen Erfolg eigenen Software-Paketen, von denen ungefähr alle dreißig Tage ein neues eingeführt wird. Rosenbluth spart seinen Großkunden wie Motorola, für das es die Geschäftsreisen organisiert, Millionen. Möglich wird dies, indem Rosenbluth zum Beispiel die optimalen Reiseverbindungen zu den günstigsten Preisen auswählt und dabei gleichzeitig individuelle Präferenzen berücksichtigt. (Noch ein Beispiel für »Massenkundenorientierung«.) Aber auf keine der Industrien war und wird die Auswirkung der Informationsverarbeitung stärker sein als auf dem Bereich der Finanzdienstleistungen. Das Bankwesen war früher zum Beispiel ein bequemes geregeltes Spiel. Jede Bank leistete vieles für jeden. Daß Gewinne erzielt wurden, war immer so gut wie sicher. Anfang der achtziger Jahren kam dann die Deregulationswelle, der die neuen Technologien folgten. Rechnerleistungen und Speicherkapazitäten im Bankwesen weisen eine jährliche Wachstumsrate von über 25 Prozent auf. »Die Systemseite« des Bankgeschäftes verleiht der Industrie ein völlig neues Gesicht, berichteten 1990 die McKinsey-Berater Tom Steiner und Diego Teixera in *Technology in Banking*.

  Im nachhinein liegt es auf der Hand, daß man gerade bei den Banken heutzutage die ersten Anzeichen für die Informationstechnologie des 21. Jahrhunderts findet. »Sämtliche Bankprodukte«, führen Steiner und Teixera aus, »sind nichts anderes als Neukombinationen von Informationen. Angesichts der hundertfachen Zunahme an zur Verfügung stehenden Daten überrascht es nicht, daß es viele neue Produkte gibt.«

  Die Banken geben mehr und mehr Aufträge weiter und konzentrieren sich lediglich auf ein Kerngeschäft, wodurch sie sich von anderen Banken zu unterscheiden glauben. Zum Beispiel ist die First Wachovia von Winston-Salem in North Carolina zum zweitgrößten Bearbeiter von Studentendarlehen im Lande geworden. »Studentendarlehen«, erfährt man bei Steiner und Teixera, »sind ein äußerst komplexes Geschäft, da jeder Bundesstaat andere Regelungen für die verschiedenen Fachrichtungen hat. So unterscheidet sich ein Darlehen für einen Medizinstudenten von dem für einen Studenten der Geisteswissenschaften, das wiederum anders ist als die Finanzierung eines Lehrganges für angehende LKW-Fahrer . . . First Wachovia hat eigene Software entwickelt, die den ganzen Komplexitäten der Studentendarlehen gerecht wird und die erforderlichen Dienstleistungen erbringt. Die Software ist selbstverständlich einzigartig und bildet daher eine erhebliche Zugangsbarriere (für eventuelle Konkurrenzfirmen).«

Oder nehmen wir das Beispiel der State Street Boston Corporation, die laut den beiden Autoren gar keine Bank mehr ist, sondern ein »EDV-gestütztes Archivierungs- und Buchhaltungsunternehmen«. Die riesige Institution veräußerte beziehungsweise schloß 90 Prozent ihrer Filialen, um sich vorwiegend auf das »Aufbewahrungsgeschäft« zu konzentrieren, indem sie sehr komplizierte und hochregulierte Dokumentationsaktivitäten für das Wertpapiergeschäft ausübt. Inzwischen bestreitet die State Street als Treuhänder 10 Prozent des weltweiten Wertpapiergeschäftes (625 Milliarden Dollar) und erzielte dadurch eine Rendite von 36 Prozent auf das Eigenkapital.

Die Entwicklungsgeschichte der Banken gleicht der aller anderen Wirtschaftszweige. Finanzdienstleistungen haben halt einen Vorsprung von zehn Jahren auf Grund der Schlüsselrolle, die Informationen gezwungenermaßen in diesem Bereich spielen. Aber sogar hier sieht man nur die Spitze des Eisberges: Bis 1990 waren kaum zehn Prozent aller Banktransaktionen automatisiert.

- *Neue Verbindungen sind gleich neue Firmen:* Bindungsfreudige Unternehmen wie MCI, Federal Express, Rosenbluth Travel, The Limited, Pioneer Hi-Bred und Wal-Mart schieben sich immer mehr in den Vordergrund. Ihre Macht und Marktvorteile liegen eben in ihrer Bindungsvielfalt.

  Schauen wir uns etwa die Wirtschaftsprüfungsgesellschaft Coopers & Lybrand an. Die Zeitschrift *CIO* schreibt, daß die Firma ein globales Netz aufgebaut hat, um den gemeinsamen Zugang zu Informationen und Know-how über verschiedene Fachbereiche sowie geographische Räume hinweg zu erleichtern... Durch dieses Netz kann zum Beispiel ein englischer Partner, der bei einer weltweit operierenden Flugreservierungsgesellschaft als Steuerberater und Wirtschaftsprüfer einsteigen will, Input von amerikanischen Partnern erhalten, die möglicherweise mehr Erfahrung mit solchen Kunden haben. Coopers & Lybrand ist die Summe seiner Verbindungen!

- *Die wachsende Zahl von Einzelunternehmern:* Für Millionen Amerikaner und andere wird das Telecommuting zum normalen Leben. Hochspezialisierte Mikrounternehmer, die sich sonstwo in der Welt niederlassen können, solange ein Telefon, Faxgerät und Modem zur Verfügung stehen, nehmen einen immer größeren Anteil der immer intelligenteren Arbeitskräfte ein.

Von Palmen zu Planeten

Oracle Corp., Vorreiter im Bereich der relationalen Datenbanken, hat eine Methode erarbeitet, wie man gigantische Informationsspeicher mit den Wizard-Minicomputern von Sharp verbinden kann. *Computerworld* berichtete Anfang 1992 darüber:

»Der Wizard – der üblicherweise im Kaufhaus für 250 bis 400 Dollar zu haben ist – gesellt sich nun zu den verschiedenen Computern wie den IMB-Großrechnern, den VAX-Maschinen von Digital Equipment Corp. und den Workstations von Unix, die alle an die Datenbanken von Oracle anschließbar sind.

Die neue Anwendungsoberfläche Palmlink von Oracle ermöglicht es Softwareentwicklern, Anwendungen zu entwickeln, die die 500 000 Wizards auf dem Markt mit Datenbanken der IMB-Personalcomputer oder Apple Computer, darunter auch Macintoshes, verbinden. Das einzige, was die Verbraucher benötigen, ist eine für 129 Dollar zu kaufende Kabelverbindung, um den Wizard mit der Platine des Personalcomputers zu verbinden, eine Palmlinkoberfläche für 299 Dollar sowie das Kartenanwendungsset von Oracle, ebenfalls für 299 Dollar... Daten, die man in den Wizard eingibt, können eine Oracle-Datenbank fortschreiben oder aber durch das E-Mail-System von Oracle an einen anderen Oracle-

Anwender übermittelt werden, sagt Bill Ford, Marketingchef von der Abteilung Neue Technologien bei Oracle. Oracle und Sharp werden die neuen Produkte gemeinsam vertreiben.«

Wenn man all diese Erscheinungen zusammenaddiert, fallen einem drei bekannte Worte ein: *Mode, Geschwindigkeit, Immaterielles*. Die »weichere« oder »wissensintensivere« Komponente eines jeden »Produktes« (diesen Begriff müssen wir ebenfalls in Anführungszeichen setzen, da das neue Produkt verschwindend wenig mit seiner alten, harten, klumpigen Form zu tun hat) nimmt sprunghaft zu.

9. Kapitel

Informationstechnologie und Organisation

Die Qualität und die Quantität von Informationen, die innerhalb von bestimmten Zeiteinheiten verstanden werden, können jetzt darüber entscheiden, wer einen Auftrag (oder einen Krieg) gewinnt oder verliert.
Mel Phelps, Risikokapitalgeber,
in: Upside, Juni 1991

Der größte Teil dieses Buches ist – und ist auch wieder nicht – ein Produkt der neuen Welt der Informationstechnologie. Den Mitarbeitern zuzuhören, sie in Verbesserungsprozesse miteinbeziehen, die Organisation in eine Sammlung von Projekten umzuwandeln – all das war auch vor Beginn des Informationszeitalters möglich. Und natürlich gab es auch Unternehmen, die all diese Dinge bis zu einem gewissen Grad getan haben. Andererseits kann die Informationstechnologie – wenn man sie richtig anwendet! (man denke nur an die MRP-I-Erfahrung von Titeflex) – zu einer deutlichen Erhöhung solcher Aktivitäten führen. Daraus ergeben sich dann verblüffende organisatorische Konsequenzen:

- *Die »Insiderisierung« von Outsidern oder Externen und die »Informatisierung« aller Mitarbeiter:* Es gibt keine andere Wahl! Externe müssen unbedingt Zugang zu fast sämtlichen Firmendaten haben – dazu gehören die Zulieferer, die Zulieferer der Zulieferer, Distributoren, Linzenznehmer und andere Mittelsmänner, Kunden und Kunden von Kunden. Und sämtliche Mitarbeiter in der eigenen Firma müssen ebenso Zugang zu diesen Informationen haben! (Jawohl, das haben Sie schon einmal gehört ... Aber die meisten Firmen haben es doch noch nicht beherzigt.) Es ist unabdingbar, Informationen im Dialogbetrieb miteinander zu teilen und über relationale Datenbanken und ähnliche Systeme den Zugang zu Informationen in einer benutzerfreundlichen Form, die den verschiedensten Anwendern hilft, zu ermöglichen. Funktionale Barrieren überwindet man nur dann effektiv, wenn Informationen über Vorgänge in anderen Abteilungen allen Mitarbeitern der Organisation pünktlich zur Verfügung gestellt werden. (Ebendies ist zum Beispiel die Grundlage für die bewundernswerte Strategie von Hi-Bred.)

Zu der veränderten Form der Beziehungen in der Organisation gehört folgendes: (1) Vertrauen (die Bereitschaft, beinahe *alles mit allen* zu teilen, sowohl innerhalb wie außerhalb der Organisation); (2) die Einrichtung von On-line-Datenbanken, die über funktionale Grenzen hinweg genutzt werden können (dahingehend, daß die alten Funktionen aufhören zu existieren); (3) die Schaffung eines »E-Mail-Ethos«, damit Informationen zwischen den verbliebenen Ebenen und Funktionen ungezwungen ausgetauscht werden können; (4) der Anschluß an fremdbetriebene On-line-Datenbanken und elektronische Tickerdienste und (5) die verbreitete Anwendung des elektronischen Datenaustausches (EDI), um Transaktionen mit Externen zu vereinfachen und zu automatisieren.

- *Elektronische Autobahnen:* Der Zugang zu den unzähligen externen On-line-Datenbanken und dergleichen mehr, über den elektronischen Datenaustausch, wird durch die sprunghafte Verbreitung von eigenentwickelter Software sowie öffentlichen elektronischen Netzen und Tickerdiensten erleichtert. Das Planen von »elektronischen Autobahnen« ist für die Schaffung der Organisationsstrukturen von morgen unabdingbar.
- *Projektmanagement durch »Großfamilien«:* Die wirksame Einbindung von E-Mail-Systemen und verschiedenen anderen elektronischen Verbindungen geben Projektteams die Chance, viele Menschen einzubeziehen, die weit weg von »zu Hause« sind. Ein Beispiel ist die Zusammenarbeit zwischen Boeing und seinen japanischen Partnern bei der Konstruktion eines neuen Flugzeuges. In ein Projekt/Netz können zur gleichen Zeit Firmenangehörige in der ganzen Welt, Zulieferer, Distributoren, Kunden und spezielle Ressourcen (wie Universitäten und schöpferische Denker zum Beispiel) einbezogen werden. Die

Nutzung von Groupware und anderer problemlösender Tools hat das Projektmanagement/das Brainstorming/das Konzeptschaffen sowie den sozialen Integrationsprozeß ein für allemal verändert. Dramatische Veränderungen im Rechnungswesen spielen eine Schlüsselrolle in der neuen dezentralisierten/projektierten/informationsverarbeitenden Umgebung. Vor allem muß man wissen, welche Kosten mit Mikroaufgaben im gesamten »Produktauslieferungskreis« verbunden sind – eine verblüffend neue Idee! Darüber hinaus müssen Finanzdaten auch für die kleinste Einheit (zum Beispiel das Projektteam) schneller parat sein – täglich, stündlich, und sie müssen noch häufiger aktualisiert werden.

- *Neuer Maßstab I: Kleiner ist besser:* Die Mindestgröße für eine lebensfähige Einheit nimmt immer mehr ab. (Siehe auch *Jenseits der Hierarchien* und *Märkte und Innovationen.*) In der Produktion zum Beispiel erlauben häufig intelligente Industriewerkzeuge die maximale Wirtschaftlichkeit der »Großserienproduktion« auf einem relativ kleinem Gelände. Die neuen Maschinen und Techniken verursachen eine sich selbst bewahrheitende Voraussage: Da sie so leicht die Herstellung von maßgeschneiderten Produkten ermöglichen, zerstören sie gleichzeitig den Markt für Massenprodukte. Außerdem, wie wir bereits bei Titeflex gesehen haben, können auch sehr verschiedene Produktionszellen – aus nur sechs bis zehn Mitarbeitern – wirtschaftlich effektiv arbeiten, und zwar aus allerlei organisatorischen Gründen, die über die Informationstechnologie hinausgehen (zum Beispiel die fast schon automatisch ablaufenden intensiven Kundenkontakte).
- *Neuer Maßstab II: Größe als Netzwerk-Größe:* Die vernetzte Organisation – das zeitweilige Zusammenbringen von Auftragnehmern aller Größenordnungen von überall her zur Realisierung bestimmter Aufgaben – gibt den Worten »groß«, »klein« und »in großem Maßstab« eine neue Bedeutung. Bisher war der große Maßstab mit der vertikalen Integration verbunden und stand für »viel«. Heutzutage ist dieser Begriff mit der Fähigkeit verbunden, die Wissenskraft von Menschen/Organisationsteilen, die buchstäblich auf der ganzen Welt verteilt sind, schnellstmöglich geltend zu machen.
- *Die auf Wissen basierende Gesellschaft:* Nur diejenigen Organisationen werden gedeihen, die das Lernen gelernt haben. Das

schließt all jene Organisationen ein, die per E-Mail mit außenstehenden Unternehmen in ständiger Verbindung stehen, mit denen sie eigentlich nur locker liiert sind, und auch jene, die Universitäten und anderen Ausbildungseinrichtungen angeschlossen sind. Die in jedem »Produkt«, jeder »Dienstleistung« und jedem Produktionsnetz enthaltene »Wissenskomponente« steigt rasant an (entsprechend dem von Davis und Davidson gesetzten Ziel von achtzig Prozent oder noch mehr). Die Fähigkeit, Wissen einzubeziehen, aus der Arbeit anderer Teile der Organisation/des Netzverbundes zu lernen und die Organisation/den Netzverbund neu zu schaffen, dürfte zur Hauptquelle des geschaffenen Mehrwertes werden – für Unternehmen genauso wie für Volkswirtschaften insgesamt.

Die auf Wissen basierende Gesellschaft

Eines Tages wird die Elektronikindustrie vielleicht dafür in die Geschichte eingehen, daß sie unseren Planeten mit Wissensnetzen versehen hat, bevor das Unwissen die Welt zerstören konnte. Die Wahl zwischen Offenheit und Ruin zwingt die Computer- und Kommunikationsindustrien im globalen Maßstab entweder zu kooperieren oder unterzugehen. Nationale Schranken fallen, da Wissen die vorher nicht informierten Bürger erreicht, die jetzt nicht mehr passiv dasitzen und der Regierung erlauben, das, was für sie das »Beste« ist, zu tun.
Mel Phelps, Risikokapitalgeber,
in: Upside, Juni 1991

Die Informationstechnologie läßt sich mitunter auch falsch auf Organisationen anwenden. Das war sogar öfters der Fall – das Bild von Titeflex »vorher« entspricht leider dem Normalzustand. Andererseits liegt die Fähigkeit der Informationstechnologie, jeden Aspekt der Organisation zu beeinflussen, auf der Hand. Davis und Davidson behaupten: »Der beste Grobindikator für die Konkurrenzfähigkeit mag schlicht und einfach der Umgang der

Ressourcen sein, die der Informationsinfrastruktur gewidmet sind.« Das bezieht sich auf den individuellen Mitarbeiter, auf das Unternehmen und, wie Davis und Davidson bekräftigen, auf ganze Nationen.
In einem Arbeitspapier mit dem Titel *Elektronische Organisationen und Expertennetze: Der nächste Schritt nach der elektronischen Post und computerunterstützten Konferenzen* schreibt Chandler Harrison Stevens vom MIT:
»Expertennetzwerke stellen eine neue Dimension dar, eine elektronische Gesellschafts- und Organisationsdimension, die erst durch die Entwicklung von computerunterstützter Kommunikation möglich wurde ... Expertennetzwerke können eine ältere Organisationsform, nämlich Verbände, verwandeln. Vor der Entwicklung von Expertennetzwerken war der Verband eine weniger wichtige Organisationsform als zum Beispiel das Privatunternehmen oder eine öffentliche Dienststelle. Durch Expertennetzwerke können Verbände – gleich ob zu berufsmäßigen, religiösen oder sonstigen Zwecken gegründet – in viel stärkere Organisationen verwandelt werden ...
Elektronische Organisationen und Expertennetze sind viel leistungsstärker als bekannte Formen (der computerunterstützten Kommunikation) wie E-Mail oder Computerkonferenzen ... (Rechnergestützte Kommunikation) ist weniger formal als die meisten anderen Schreibformen und kommt einem in der Tat mehr wie ›miteinander sprechen‹ vor ... Es ist eher ein Fragenstellendes als ein Statements abgebendes Medium. Dialoge anstelle von Vorträgen werden zur Norm. Viele Fragen werden gestellt. Häufig kommen die besten Antworten aus überraschenden Quellen. Ein unbekannter Sachkundiger, der über keine direkt relevanten Erfahrungen verfügt, kann unter Umständen bessere Lösungen anbieten als ein berühmter Experte, der vielleicht eher abblockt oder sich weniger gut artikulieren kann ... Die Speicherungs- und Weiterleitungsform der meisten Arten von (rechnergestützter Kommunikation) ermöglicht ... gemeinsame Überlegungsvarianten, die bei den herkömmlicheren Typen des synchronen bilateralen Dialoges nicht möglich sind ... Mehr und mehr Arbeit wird durch weniger organisationsabhängige Profis geleistet. Sie verdienen ihr Geld durch ihren Wissensstand, der kontinuierlich durch Kontakte mit Kollegen erneuert werden muß.«

Die von Stevens geschilderte Welt gehört 1992 noch eher zu den Ausnahmen als zur Regel. Da jedoch das projektweise Vorgehen zum Standardansatz für die Erledigung der meisten Aufgaben jeder Organisation wird (von CNN bis zur Schleifmaschinenkonstruktion bei Ingersoll-Rand) und Netzwerke, die eine Reihe von schon genannten »Externen« miteinbeziehen, zur normalen Arbeitsmethode werden, wird seine Vision der Zukunft immer mehr zur Norm.

Paradox

Trotz jahrelanger eindrucksvoller technologischer Verbesserungen und Investitionen gibt es bis jetzt keinen Beweis, daß die Informationsverarbeitung die Produktivität oder andere Kriterien des kommerziellen Erfolges im großen Maßstab erhöht noch – was noch wichtiger ist –, daß sie die wirtschaftlichen Leistungen der USA beträchtlich ankurbelt . . . Die Schuld daran liegt prinzipiell bei den Organisationen. Die Informationstechnologie hat ein großes Potential, aber bisher haben die Unternehmen keine entsprechenden Strukturen geschaffen, die die Nutzung der Informationstechnologie so erleichtern würden, daß daraus ein wesentlicher Mehrwert entstehen würde.
Gary Loveman, Computerworld, 25. November 1991

Nach langen Überlegungen entdeckte die Firma Deere and Company, daß sie durch die Einführung der Computertechnik die alten manuellen betrieblichen Vorgänge einfach automatisiert hatte. Nach viel intensivem Nachdenken fiel Deere auf, daß es die Widersprüche, Konfusion und Inkonsequenzen des bereits vorhandenen Betriebsgeschehens EDV-mäßig festgeschrieben hatte. Eingedenk dieser Erfahrung empfiehlt Jim Lardner, Vorstandsmitglied bei Deere, daß Firmen erst die bestehenden Abläufe vereinfachen müssen, ehe sie mit einer großangelegten Umstellung auf EDV beginnen.
Charles Savage, Fifth Generation Management

Diejenigen, die sich in den letzten fünfzig Jahren durch die Verheißungen der Informationstechnologie begeistern ließen, gehören einem riesengroßen Klub an. Einerseits kann man mit Fug und Recht behaupten, daß es hochgefährlich ist, sich nicht begeistern zu lassen. Andererseits ist es ebenso gefährlich, sich doch mitreißen zu lassen. Erinnern wir uns an Titeflex. Das bahnbrechende MRP-I-System automatisierte fast alles – und brachte dadurch die ganze Firma beinahe zum Einstürzen. Der Weg zur Rettung begann bei Titeflex mit der Entcomputerisierung. Danach wurde eine grundsätzliche Reorganisation in Angriff genommen. Erst danach wurden die nagelneuen Organisationsmodelle entsprechend erneut auf Computer umgestellt. Die Geschichte ist beispielhaft für die Entwicklungen gegen Ende der achtziger Jahre. Ein konkreter Beweis: Die Hälfte der Computerspezialisten in den Unternehmen mußte eine Abwertung des Status ihres Jobs hinnehmen. Während die Revolution der Informationen gedieh, wurden die sie verkörpernden Experten degradiert – der Preis dafür, daß sie viel zuviel zu früh versprochen hatten.
Mit der Informationstechnik sind jedoch auch zahlreiche andere Widersprüche verbunden:

- *Es geschieht zwar schnell, aber es kommt weniger dabei heraus als versprochen:* Die Verheißungen der rechnergestützten Technik sind scheinbar unbegrenzt. Walter Wriston, Ex-Vorstandsvorsitzender bei Citicorp, Wirtschaftsexperte George Gilder und andere prophezeiten die Demokratisierung unseres ganzen Erdballs über Nacht – dank der Informationstechnologie. Und die Informationstechnologie hat in der Tat eine wichtige Rolle im Befreiungsgeschehen Osteuropas gespielt. (Als Ted Turner – und nicht Boris Jelzin – von *Time* zum »Mann des Jahres« 1991 ernannt wurde, signalisierte die Wahl neue Verschiebungen im relativen Machtverhältnis zwischen modernen Informationsmaklern und Politikern. Jelzin war gewissermaßen eine »Kreation Turners«.) Andererseits ist die Welt – wie der Golfkrieg, die Balkankrise und zahlreiche andere Konflikte tagtäglich zeigen – alles andere als eine einzige, harmonische Großfamilie.
  Die Computerrevolution – die wachsende Zahl der PCs, die Vervielfachung von Netzwerken und elektronischen Informa-

tionsdiensten und die ungeheure Zunahme an Rechnerleistung schlechthin – ist geradezu atemberaubend. Diese Seiten deuten nur den kleinsten Teil von dem an, was noch kommen wird. Und trotzdem haben sich bis zu 95 Prozent von all den Vorreitern blamiert, so wie das eigentlich für Bahnbrecher in jedem Bereich typisch ist. Es ist wichtig, wie Davis und Davidson in *2020 Vision* immer wieder beteuern, die geschäftlichen Konsequenzen zu Ende zu denken, noch ehe man sich organisatorische Lösungen ausdenkt. Sich zu schnell mit zuviel Rechentechnik zu bewegen kann katastrophale Folgen haben. (Sich zu langsam zu bewegen ist aber genauso katastrophal. Das Leben ist hart!)

- *Es ist eine Welt der »High-Tech«, aber gleichzeitig auch des »High-Touch«:* Denken wir an den Fall Union Pacific zurück. Auf der einen Seite wurden Unmengen an Geld für die Einführung von EDV-Technologie ausgegeben. Auf der anderen Seite resultierte der größte Wandel in den Beziehungen daraus, daß Bürokraten entfernt und die Mitarbeiter ermutigt wurden, sich über früher unüberwindbare funktionale Barrieren hinweg mit den Kunden in Verbindung zu setzen. Letzten Endes war der Erfolg weniger der bloßen Geschwindigkeit zu verdanken, sondern gründete darauf, daß die Kunden auf dem laufenden gehalten wurden – das ist *High-Touch*, wie der Futurologe John Naisbitt es bezeichnet.
- *Es geht zugleich um Zentralisierung und Dezentralisierung:* CNN hat eine zentralisierte EDV-Struktur, genauso wie Union Pacific. Andererseits aber beabsichtigt man, durch diese Zentraliserung die Dezentralisierung immer mehr zu fördern. Das ist ein cleveres Statement. Es läßt sich leicht sagen, und in diesen beiden Fällen funktioniert es auch. Aber oft – und offen gesagt, öfter als oft – funktioniert es nicht. Und die Befürworter der Zentralisierung haben gegenüber den Fürsprechern der Dezentralisierung häufig gesiegt. In einer »modebewußten« Welt ist dies gleichbedeutend mit einem Freifahrschein aufs wirtschaftliche Abstellgleis.
- *Ausradieren, dann automatisieren:* Das hier ist die Story von Titeflex. (Und ebenfalls der Kern der John-Deere-Episode.) Das Automatisieren von einhundert Jahre alten Systemen, was in den sechziger, siebziger, achtziger Jahren weitverbreitet war und sogar zum Teil noch heute verbreitet ist, ist eine

verfehlte Lösung – und der Hauptgrund dafür, daß so viele EDV-Systeme mehr Probleme geschaffen haben, als sie lösen konnten. Man muß zuallererst die Organisationsstrukturen neu durchdenken, und dann erst sollte man sich um die Technologie kümmern. (In Wirklichkeit ist es eine Wechselwirkung. Die Konzepte des Umdenkers werden von der Fähigkeit fortgeschrittener Informationsverarbeitungssysteme beeinflußt werden, seine vorgeschlagenen radikalen Veränderungen der Organisationsbeziehungen zu unterstützen.)

- *Es geht um Masse, es geht um Kundenorientierung:* Die neuen Werkzeuge machen es möglich, kundengerechte Lösungen – und das massenweise – zu entwickeln. Das zum Beispiel ist es, was die Datenbankverwaltung bei Nintendo ausmacht. Und auch die 350 verschiedenen Sweatshirts der Cornell University. Oder aber die fast verwirklichte Möglichkeit, sein Auto selbst zu konstruieren – und drei Tage später abzuholen. Die Produktion für die Massen ist nicht ausgestorben. Es ist nur so, daß sie sich drastisch verändert hat, um maßgeschneiderte Lösungen mit verblüffender Geschwindigkeit anzubieten.
- *Bremsen und Gas geben:* Bei Ingersoll-Rand lautete das Ziel, die Produktionsentwicklungszeit von vier Jahren auf eines zu verkürzen. Aber um das zu ermöglichen, mußte man sich intensiv mit Beziehungen auseinandersetzen – und das braucht Zeit. Kommen wir zurück zu Herrn Stevens vom MIT: Die neue Technologie erlaubt das Stattfinden von allerlei Dialogen und Gesprächen. Andererseits muß die Technologie so »flexibel« gestaltet sein, daß eine informelle Atmosphäre herrschen kann. Die besten E-Mail-Systeme sind typischerweise »ineffizient« – das heißt, mit allerlei überflüssigem Geplauder behaftet. Diejenigen Systeme, die versagen, sind meist formal und gestelzt – direkte Nachahmungen der Organisationen, in denen sie entstanden.

Es ist notwendig, *die Desorganisation einzuleiten*, wie der Titel dieses Buches es verkündet. Und die Befreiung! Die striktesten Anforderungen an ein modegerechtes Produkt – ob bei der Eisenbahn (UPRR), bei der Schlauchherstellung (Titeflex), bei der Transformatorenproduktion (ABB) – können nur dann erfüllt werden, wenn kleine Wandergruppen den Markt bevölkern. Aber diese kleinen Banden können ihre anspruchsvolle Klientel nur dann effektiv bedienen, wenn sie Zugang zu globalen Netzen von Gleichgesinnten haben – die sich auf neuartige Weise immer wieder auflösen und neu verbinden.

Ebendies ist die Verheißung der Informationstechnik. Doch ist der Weg von hier bis dahin mit einer unvorstellbaren Vielfalt von Hindernissen verbaut. Im folgenden Abschnitt werden wir uns intensiver sowohl mit der Verheißung als auch mit den Gefahren beschäftigen.

Teil IV

Jenseits der Hierarchien

10. Kapitel

Demontierte Organisationen

> *Das »Schlachtschiff IBM« versucht, zu einer Flotte von flinken »Zerstörern« zu werden.*
> Die New York Times
> am 27. November 1991
> nach der Verkündung einer großen
> Umstrukturierung bei IBM

Am 26. November 1991 – nachdem er in den Spiegel geschaut und die Entwicklungen bei anderen Großfirmen wie ABB studiert hatte – tat der stolpernde Gigant IBM einen Riesenschritt in Richtung Selbstauflösung. Ungeachtet der gleichzeitigen Ankündigung der geplanten Umstrukturierungsmaßnahmen in Höhe von drei Milliarden Dollar, die diesen freiwilligen Selbstzerstörungsakt begleiteten, demonstrierte die Börse sofort begeistert und ließ den Kurs der IBM-Aktie um 2,75 Dollar in die Höhe schnellen.

Sehr große Nähe zum Kunden suchen: Im allgemeinen ist das eine vortreffliche Idee. Im Hinblick auf einen Markt, in dem Mode für jede Firma das ausschlaggebende Element geworden ist, erweist sie sich sogar als eine unmittelbare Notwendigkeit. Wie geht man also vor? In meinen letzten drei Büchern habe ich tonnenweise Ratschläge dazu angeboten: Die Zufriedenheit des Kunden messen, den Truppen an der Front Macht geben. Und so weiter und so fort.

Aber, um der Wahrheit die Ehre zu geben: Ich habe danebengetippt. Jahrelang hielt IBM den allerengsten Kontakt zum Kunden – nach allen Regeln der Kunst (von denen es viele selbst erfand). Bei den Kunden änderte sich vieles – bei IBM jedoch nichts. Der Grund dafür lag – schlicht und einfach – an der riesengroßen, jegliche Initiative tötenden Wasserkopfstruktur des Unternehmens. Es galt, diese Struktur unbedingt zu zerstören. Das ist die Botschaft. Auch wenn eine Milliarde intelligente, tatkräftige Menschen von den »richtigen« Anreizen beflügelt werden, kommt man keinen Millimeter näher an den Kunden heran, wenn ihnen nicht das überflüssige Gewicht einer vertikalen Hierarchie von den Schultern genommen wird. Solange mehr als nur ein noch so verschwindend geringer Teil des Druckes übrigbleibt, gibt es keine Befreiung.

»Entbürokratisieren?« »Die Spitze der Pyramide abtragen«? Nein – gehen Sie lieber ins nächste Schreibwarengeschäft. Kaufen Sie dort jenes saubere, unbeschriebene Blatt Papier, von dem wir bereits im Abschnitt »Mit Hochdruck arbeiten lernen« gesprochen haben. Und dann geht es los: die Hierarchie abreißen, auseinanderbauen, zerstückeln, töten: Das ist die Geschichte von Percy Barnevik (ABB). Und die von Jon Simpson (Titeflex). Und die von Mike Walsh (Union Pacific). Aber, Moment mal, sagen Sie. Was ist eine Hierarchie? Warum gibt es überhaupt Hierarchien? Und wie gelangt man über die Hierarchie hinaus, ohne in die Anarchie abzurutschen?

Vergessen Sie alle wissenschaftlichen Definitionen. Dieses Kapitel wird voll und ganz *induktiv* sein. Und wir werden unsere Geschichte an Hand von Fallstudien erzählen. Und die bestmögliche Methode anzufangen ist die, sich soweit wie möglich von der Theorie zu entfernen. Wie um alles in der Welt ist es, ohne formale Hierarchien zu leben? Ich kenne jemanden, der diese Frage beantworten kann: *Mich.*

Ich werde mit einer sehr persönlichen Schilderung anfangen, mit einer Überlegung darüber, wie das Leben in einer großen, aber fließenden und durchaus in ihre Bestandteile zerlegbaren Organisation aussieht – bei McKinsey & Company, der Unternehmensberatungsgesellschaft. McKinsey, wo ich acht Jahre lang meinen Platz hatte, handelt ausschließlich mit Ideen. So »schwammig« wie sich das auch anhören mag – es handelt sich dabei um den Grundstein unser aller Zukunft.

Beim Stichwort »Projektorganisation« denkt man (es sei denn, es fällt einem die NASA ein) an eine eher bescheidene Struktur – ein halbes Dutzend Menschen in irgendeiner Ecke von allem anderen abgeschirmt, die für begrenzte Zeit an einer genau definierten Aufgabe arbeiten. Und das ist auch eine perfekte Beschreibung von McKinsey (und EDS). Aber zugleich eine lausige. Die meisten der Aufträge bei McKinsey werden zwar tatsächlich von aus sechs Beratern (oder weniger) bestehenden Teams mit einem oder zwei Kunden als Vollzeitmitglieder erledigt. Und zumeist werden sie tatsächlich in irgendeine Ecke abgeschoben – in eine unbenutzte Abstellkammer irgendwo im Büro des Kunden, in einen sechs mal sechs Meter großen »Projektraum« mit einem ganz gewöhnlichen Tisch, einer zerbeulten Kaffeemaschine, mit Telefon, Personalcomputer und Kopierer. Aber andererseits ergeben diese vielen kleinen Gruppen zusammen eine milliardenschwere Firma, die sich von 1986 bis 1991 in ihrer Größe verdoppelte.

Das Leben ist ein Fluß

> *Ein Produkt geschaffen zu haben, das im Grunde genommen eine leere Schachtel ist, die jedesmal mit neuen Inhalten – und Taten – gefüllt werden muß: Das ist, wenn man genauer darüber nachdenkt, eine ziemlich spektakuläre Leistung.*
> Richard A. Betts,
> Southern Methodist University,
> über McKinsey & Co.

> *Wenn die Geschäftsführung eine Unternehmensberatung hinzuzieht, vor allem wenn es sich um eine fast legendäre Unternehmensberatung wie McKinsey handelt, sucht sie zweifellos Rückendeckung . . . Aber man erreicht nicht einen solchen Ruf, wie McKinsey ihn genießt, indem man für zögernde Geschäftsführungen nur lauter Alibis ausstellt . . . Wenn McKinsey zur Legende geworden ist, ist diese Firma zumindest eine Legende, die auf einer beachtlichen Substanz beruht.*
> »Forbes«, Titelgeschichte,
> 19. Oktober 1987

McKinsey: Man braucht den Namen nur auszusprechen, und ansonsten ganz und gar vernünftige Menschen knien nieder. Die Firma berät General Electrics, Fujitsu, BASF und viele tausend weitere führende Unternehmen rund um die Welt. Vor Jahren waren die Beraterfirmen nichts weiter als kommerzielle Fußnoten. Heute ist das anders. In einem ökonomischen Umfeld, in dem das Wissen alles beherrscht, sind Wissenshändler per definitionem die neue Elite. Und McKinsey ist ein Wissenshändler, an den nur wenige herankommen.
Es ist axiomatisch. Jedes Unternehmen ähnelt, aus nächster Nähe betrachtet, einem zoologischen Garten. McKinsey war keine Ausnahme. Ich habe zehn Jahre gebraucht, um einzusehen, daß diese merkwürdig organisierten Wissenshändler, die, mit herkömmlichem Maße gemessen, so »schlecht« gemanagt werden (es gibt beispielsweise keine Tätigkeitsbeschreibung, keine Organigramme, keine Jahresziele und nur ein schwer durchschaubares Leistungsbewertungsschema), inzwischen – im Zeitalter des »Wertzuwachses durch Wissen« – zum wichtigsten Modell für beinahe jeden geworden sind. Ihre unschönen Arbeitsmethoden (gemessen an alten Standards) gewinnen jeden Tag an Attraktivität.

Angefangen, losgeschickt

Ich fing am 2. Dezember 1975, um 9.00 Uhr, bei McKinsey an. Ich erhielt meine Kreditkarten, nahm meine Schlüssel in Empfang. All das dauerte nur bis 9.30 Uhr. Kein Mitglied des Teams, dem ich zugeordnet war, befand sich in dem Büro in San Francisco. Die drei anderen waren in Oklahoma, Iowa und New York City. Oder, besser gesagt, das war zumindest zu vermuten. Ich sollte an einem Investitionsvorschlag mit einem Wert von 150 Millionen Dollar für den Ausbau einer Ammoniakanlage für die Skelly Oil Company mitarbeiten. Man riet mir lediglich, nachmittags eine Maschine nach New York zu nehmen und dort mit einem Mikroökonomen, Berater der Berater, über Düngemittel zu diskutieren. Er war eine Schlüsselfigur im »informellen Netz« des Projektleiters (gewiß nicht der damals gebräuchliche Begriff!) und war herangezogen worden, um einige schwierige Probleme im Hinblick auf Angebot und Nachfrage zu regeln. Ich sollte den nächsten Tag in New York verbringen und mich anschließend zum Werk des Kunden in Clinton, Iowa, begeben.

Als ich dort schließlich ankam, nun ein McKinsey-Veteran von zwei Tagen, war mein Kollege, der schon vor mir dagewesen war, inzwischen zum Hauptsitz von Skelly in Tulsa geeilt. Da war ich also. Zum ersten Mal beim Kunden, kostete ein beachtliches Tageshonorar und war völlig auf mich selbst gestellt. Es fiel mir jedoch zu keiner Zeit ein, daß das, was ich machte, etwa nicht »normal« sein könnte.

Einige Tage später, immer noch, ohne meinen Chef kennengelernt zu haben, fuhr ich allein nach Calgary, um mich mit einem Kernstück des Puzzlespiels zu beschäftigen, nämlich einer Einschätzung von Angebot an und Nachfrage nach Agrarchemieprodukten in Kanada in den nächsten zwanzig Jahren. (Wo liegt Calgary? Was ist Agrarchemie?) Etwa einen Tag nach meiner Ankunft war mir klar, daß ich Hilfe brauchte – das heißt, der Berater brauchte dringend einen Berater. Ohne einen Hinweis oder die Zustimmung meines Vorgesetzten (Wer ist das? Wo ist er?) abzuwarten, heuerte ich eine aus zwei Personen bestehende Firma an, von der ich ahnte, daß sie mit dem Auf und Ab innerhalb des kanadischen Marktes in Agrarchemie so weit vertraut war, daß sie innerhalb einer Woche eine Studie durchführen konnte.

Ich habe eben das getan, was mir in den Sinn kam. Einfach so!

Das Projekt ist alles

Buchstäblich von der ersten Stunde des Tages bei McKinsey an war ich Mitglied eines Projektteams. Und ich war immer Mitglied irgendeines Projektteams von da an bis zum letzten Tag meiner Tätigkeit dort: Wenn man ein geschätzter Mitarbeiter war, fing das nächste Projekt bereits an, noch bevor das erste abgeschlossen war. Damals war das Leben eine unendliche Folge von Aktivitäten in kleinen Gruppen.

Bei McKinsey war das Projektteam alles! Es war die Quelle der Umsätze. Die Quelle des Images. Die Quelle der Herausforderung. Seit geraumer Zeit schon schreiben Organisationsspezialisten von *»Aufgabenorientierung«* als einer der wichtigsten Grundlagen für die Gestaltung jeder Organisation. (Fälschlicherweise versäumen es die meisten traditionellen Firmen, die Integration der Aufgabendimension zu betonen, sie unterstreichen statt dessen die in Einzelteile zerlegten eng umgrenzten funktionalen Sonderaufgaben.) »Aufgabenorientierung« – jenes Produkt –

war bei McKinsey Anfang, Mitte und Ende. Sogar das Familienleben drehte sich um sie herum. Und doch hatte das Ganze nichts Formales an sich. Es funktionierte und funktionierte gut. Aber kein einziger Augenblick wurde dem »Teamtraining« oder der »Teamführung« gewidmet.

Die gerade geschilderte Beschreibung meiner ersten Tage bei McKinsey läßt viele Fragen unberücksichtigt. Zum Beispiel: Warum bearbeitete das Büro in San Francisco einen Kundenauftrag aus Tulsa (Skelly), obwohl es nähergelegene Büros, jeweils eines in Chicago und in Dallas, gab? Ganz einfach: In früheren Zeiten war Getty Oil mit Hauptsitz in Los Angeles als Kunde des McKinsey-Partners Katzenbach angeworben worden. Als ich zu der Firma kam, saß Katzenbach in San Francisco, und Skelly Oil war inzwischen eine Tochtergesellschaft von Getty (das wiederum in der Zwischenzeit von Texaco übernommen wurde – tempus fugit). Katzenbach behielt Getty als Kunden, als er von Los Angeles nach San Francisco umzog. »Mein« Projekt mit Skelly handelte er im Rahmen seines mit Getty laufenden Beratungsvertrages aus. Seniorpartner Katzenbach hatte Allen Puckett aus San Francisco zum Projektkoordinator ernannt; der Projektleiter vor Ort (»engagement manager«), Jim Crownover, stammte ebenfalls aus San Francisco, während ich der einzige Vollzeit-»Associate« oder -»Kollege« war, wie wir Juniorberater genannt wurden. Aufgrund der Art des Auftrages engagierten wir außerdem gegen Stundenhonorar einen Wirtschaftsexperten aus New York. Der New Yorker Partner Jerry Hillman eilte von Projekt zu Projekt, verkaufte seine Sondertalente und kümmerte sich wenig um den Fortgang der Kundenbeziehungen oder das Projektmanagement. Wegen seiner Persönlichkeit und Intelligenz hatte er seine eigene Rolle und sein eigenes Netz geschaffen, indem er eine personengebundene Nachfrage schuf. McKinsey war mit einer solchen Situation einverstanden, solange Hillman das Geld heranschaffte und sein Netz ihn lobte. Gleichzeitig fühlte sich die Firma bei diesem Verhalten jedoch etwas unwohl. Schließlich war Hillmans Tätigkeitsfeld keine normale Projektarbeit. (Seltsamerweise fühlte sich McKinsey genauso unwohl bei »normalen« funktionalen Aktivitäten à la Hillman wie die meisten »traditionellen« Firmen sich schwertaten mit Projektarbeit.) Solche Teams, deren Mitglieder aus verschiedenen Außenstellen kamen, gab es öfter bei McKinsey – und im allgemeinen war das

auch beabsichtigt. Ich kann mich nicht an ein einziges Team erinnern, in dem ich mitarbeitete, das ausschließlich aus lokalen Mitgliedern bestanden hätte. Darüber hinaus – und gemessen an den herkömmlichen Normen ist dies geradezu verrückt, – habe ich nie ein zweites Mal mit genau demselben Team gearbeitet.
Also . . . ich besuchte nie einen richtigen »Ausbildungslehrgang« bei McKinsey. Und bereits ein paar Stunden nach Antritt meines Jobs war ich mit meinem ersten Auftrag unterwegs. Aber »irgendwie« wurde mir sofort klar, daß *DAS PROJEKT ALLES WAR*. Ich nahm jene Kreditkarten, den Schlüssel zum Büro und das Flugticket entgegen – und war auch schon unterwegs – als gleichwertiges Mitglied einer temporären Projektgruppe in die Kriegszone, an die Front, zum Einsatz (wie Projekte bei McKinsey genannt wurden), zum Kunden.

Wer kroch da neben mir ins Bett?

Es war zwei Uhr früh im Hotel »Amfac« am Flughafen Dallas/Fort Worth. Wir schrieben das Jahr 1976. Jemand machte sich an meiner Tür zu schaffen, kam dann herein und kroch neben mir in das Doppelbett. Ich fühlte mich verdammt unbehaglich dabei, aber so außergewöhnlich war es eigentlich gar nicht. Denn so war nun mal das Leben bei McKinsey.
Mein unerwarteter Bettgefährte entpuppte sich als ein junger Engländer, der meiner Gruppe zugeordnet worden war (zur Bearbeitung von Fragen, die sich aus der Fusion zwischen Getty Oil und Skelly Oil ergeben hatten). Als er im Hotel eintraf, gab es kein freies Zimmer mehr. Da er ein kluger Bursche war, überredete er den Nachtportier, ihm den Schlüssel zu meinem Zimmer zu geben, ging hinauf und kletterte in mein Bett. Er schlief sofort ein. Sein Name war Tom Kellock, er war ein witziger und sehr fähiger Berater.
Warum ich das alles erzähle? Um zu zeigen, daß das »Ding« mit den Projekten ein sehr intensives, sehr persönliches Erlebnis ist. Für drei bis neun Monate verfolgt man ein hoffnungslos komplexes Ziel, indem man ein vom Kunden gestelltes anspruchsvolles Problem »löst« (oder besser gesagt, man bildet sich ein, daß man eine Lösung findet, obwohl man in Wirklichkeit weiß, daß es keine einfache Lösung gibt). Zusammen mit einer Handvoll Kollegen vertieft man sich in Geschäftsbereiche und Technologien, die man kaum versteht, verbringt Monate an einem Ort, den

man zuvor nicht einmal auf der Karte hätte finden können, und arbeitet eng mit Menschen zusammen, denen man vorher nie begegnet ist. Binnen einiger Monate lernt man all dies kennen und meistern, einschließlich der politischen Machenschaften in der Firma des Kunden, die man bekämpfen muß, um überhaupt die geringste Chance zu bekommen, die vorgeschlagenen Lösungen umsetzen zu können. Es war immer frustrierend, immer äußerst anstrengend (die Aussteigerrate war hoch) – und fast immer aufregend. So sah die Arbeitswelt bei McKinsey nun einmal aus – und eben aus diesem Grunde brauchte man keine formale Hierarchie. Die Aufgaben waren so »furchteinflößend«, daß einem gar keine andere Wahl blieb, als sie einfach im Eiltempo anzupacken und sich völlig auf die Kollegen zu verlassen. Und da es keine Alternative dazu gab, klappte es auch.

Die Kultur »mitbekommen«

> *Das an den Tag gelegte Engagement ist mehr als nur eine Show. Hinter McKinseys imposanten Mahagonitüren in der East 52nd Street in Manhattan befinden sich Menschen, die sich ernsthaft für eine Art von weltlichen Jesuiten halten, begabte Intellektuelle, die durch ihre Visionen die Wirtschaftswelt erhöhen wollen. Neuankömmlinge lernen schnell, daß McKinsey kein »Geschäft« betreibt, sondern einer »Berufung« folgt. McKinsey arbeitet nicht »für« die Kunden, sondern »mit« ihnen. Die McKinsey-Berater nehmen keine »Jobs« an, sondern »Einsätze«.*
> »Forbes«, Oktober 1987

Die Firma McKinsey vermittelt ihre Werte nicht in Papierform. Bis zum heutigen Tag (es sind inzwischen 18 Jahre vergangen, seitdem ich bei McKinsey anfing) habe ich keine Ahnung, ob die Firma jemals ihre Strategie schriftlich festgehalten hat. Deshalb tue ich mich immer so schwer, wenn man mich fragt: »Woher wissen Sie, was los ist, wenn nichts Schriftliches vorliegt?« Bei McKinsey gibt es zwar ein paar mehr oder weniger obligatorische Trainingskurse, aber sie sind weniger wichtig als das Training »on the job«.

Man ist ständig unterwegs, und deshalb nimmt man das Abendessen (und das Frühstück und das Mittagessen) mit den Teamkollegen zusammen ein. Man arbeitet an jenen Statusberichten, die alle sechs Wochen fällig sind – sie sind deutliche Indikatoren dafür, wie die Firmenprobleme angegangen werden müssen (schließlich ist es das Lösen von Problemen, wovon McKinsey lebt). Was McKinsey ist und was für die Firma wichtig ist – die Qualität und die Gründlichkeit der Analysen, die Art und Weise, wie man mit Klienten zusammenarbeitet, die Art und Weise, wie man mit den eigenen Kollegen arbeitet –, all das ist etwas, was man buchstäblich *lebt*, vierundzwanzig Stunden täglich.

»Die Filmstars der Geschäftswelt«

Jim Crownover, mein erster Projektmanager nannte uns »die Filmstars der Geschäftswelt«. Das wirft ein Licht darauf, wie es bei McKinsey mit der hierarchischen Struktur bestellt war. McKinsey war ein unwahrscheinlich stolzer Betrieb (nicht selten bis zum Punkt der Überheblichkeit). Ein Ergebnis dessen war, daß man das Team nicht im Stich lassen wollte! Man trug eben das berühmte Trikot! Man war einer der Erben einer legendären Tradition der Lösung von Problemen in der Welt der Wirtschaft! Der selbstauferlegte Druck war unerbittlich.

Sicher gab es auch unter uns einige Berater, die es nicht schafften. Bei ihrem Abschiedsgespräch sagten sie manchmal, »daß sie nie ein Feedback bekommen hätten«. Ich glaube, sie hatten selbst am meisten Schuld daran. Ich habe noch nie für eine Firma gearbeitet, in der es so oft Feedbacks gibt – täglich, wenn man aufmerksam auf seine Umgebung achtete. Jeder schnüffelte in der Arbeit der anderen herum. Das Feedback kam zwar nie schriftlich oder offiziell, aber das heißt noch lange nicht, daß es keines gab. (Ich kann mich nur an ein einziges Feedback-Dokument erinnern, eine einseitige Zusammenfassung, die nach jedem Projekt vom Einsatzleiter erstellt und vom Projektleiter unterschrieben wurde. Diese Einschätzung hatte nur eine geringe Bedeutung für die berufliche Weiterentwicklung. Eine »schlechte Note« war zwar sicher kein gutes Zeichen, aber es ist kaum möglich, daß eine solche Zensur auf einem Blatt Papier den Betroffenen hätte überraschen können. Wahrscheinlich könnte man diese Berichte als eine Art Dauereinschätzung betrachten, aber die Beförderung zum Partner hatte wenig damit zu tun. Bei McKinsey war die Bewertung von Leistung eine mündliche und keine gedruckte Sache.)

Es macht einsam, hier untätig herumzusitzen

Einige professionelle Dienstleistungsunternehmen machen sich die größten Sorgen um den »Auslastungsgrad« – das heißt den genauen Prozentsatz der Zeit, die dem Kunden in Rechnung gestellt wird (und umgekehrt, die Zeit, während der man untätig am Strand herumsitzt und kein Honorar für die Firma einbringt). Auf der individuellen Ebene machte sich McKinsey keine Sorgen um so etwas. Wenn es dagegen viele Berater ohne Beschäftigung gab, war es selbstverständlich schon ein Problem für das Regionalbüro oder für das Unternehmen insgesamt. Der individuelle Berater jedoch fühlte sich kaum dem Zwang ausgesetzt, über eine bestimmte Stundenzahl »ausgelastet« sein zu müssen.

Statt dessen setzten sich die Berater selber unter Druck. Man wollte unbedingt zu einem »guten Team« gehören. Aber das stellte man sich überhaupt nicht als »Auslastungszeit beim Kunden« vor. Es war ganz einfach: Wenn man einen soliden oder guten Ruf hatte, waren die Seniormanager an einem interessiert. Wenn man hingegen einen mittelmäßigen oder lausigen Ruf hatte, wartete niemand auf einen. Und wenn niemand auf einen wartete, hatte man es ganz schwer, überhaupt eingesetzt zu werden. Da saß man eben im Büro herum.

Bei McKinsey war es selten notwendig, Juniorberater direkt zu feuern, obwohl unbeliebte Kollegen oft scheinbar monatelang an ihrem Stuhl kleben blieben. Aber irgendwann beschlossen der Berater und auch die Büroleitung, daß nun endlich Schluß sei. Nach der Abschlußfête verschwand dann der »Aussätzige«, und alle – vom jüngsten Kollegen bis zum Chef – atmeten erleichtert auf.

(Es war eine ziemlich behutsame Prozedur. McKinsey hegt und pflegt sein Netz von ehemaligen Kollegen sorgfältig und meisterhaft. Eine um so beeindruckendere Errungenschaft, wenn man bedenkt, daß sich diese Ehemaligen vorwiegend aus den Reihen der Hinausgeworfenen zusammensetzen. Der Trick besteht darin, die so Gefeuerten, die meist zum ersten Mal in ihrer bis dahin blütenweißen Karriere ihren Hut nehmen mußten, zu loyalen Verbündeten zu machen, anstatt zu zornig Gescheiterten. Dieser Prozeß beginnt mit einer enormen Bemühung seitens des Büroleiters, dem zu Entlassenen zu einem guten Job zu verhelfen, vielleicht bei einem Kunden, der die Arbeit des Betroffenen früher bewundert hatte.)

Anhänger finden – weit weg von zu Hause

Für den Neuankömmling war die momentane Arbeit im Team das A und O. Aber nach etwa anderthalb Jahren, begann man langsam, sich Gedanken zu machen, wie man die Karriereleiter emporklettern könnte. Wenn bis dahin alles gut verlaufen war, konnte man damit rechnen, innerhalb eines Jahres zum Einsatzleiter befördert zu werden – und das war die Zwischenstufe zur großen und heißersehnten Position eines »Partners«.

Kurzum, um sich seinen Platz unter den Mächtigen des Unternehmens zu sichern, hieß es, daß man sich ein eigenes Netz von Kontakten aufbauen mußte. Hier muß ich nochmals eingestehen, daß ich nicht weiß, wie ich das »gelernt« habe, wahrscheinlich bei den unzähligen Bieren während der unzähligen Nächte, weit weg von zu Hause während der Dauer eines Projektes. Aber irgendwie lernte man es doch. Man lernte, daß der Aufbau von vorwiegend überregionalen Verbindungen das langfristige persönliche Ziel sein mußte. Und daß man, wenn es soweit war, daß man für eine Beförderung in Frage kam, unbedingt ein ganze Schar von Verbündeten, die einen tatkräftig unterstützten, von hüben, drüben und sonstwoher brauchte.

Zu diesem »Netz bauen« gehörte, neue Arbeitspartner zu finden, auch wenn man sehr einvernehmlich – und erfolgreich – mit dem jetzigen »Chef« zusammenarbeitete. Man mußte mit Erfolg für mindestens ein halbes Dutzend Seniorpartner arbeiten. Und von dieser Gruppe mußten wiederum mehrere in den Augen von McKinsey als »mächtig« angesehen werden. Und etliche sollten unbedingt von außerhalb der eigenen Region kommen.

So lag die Initiative, den Ball oder Stein ins Rollen zu bringen, bei einem selbst und nicht bei den »anderen«. Die Kollegen, die die Aufgabe so betrachteten, hatten in der Regel Erfolg. Diejenigen aber, die der Annahme waren, daß die »Organisation« es für sie erledigen würde, gerieten schnell ins Abseits.

Wie mußte man also vorgehen, um sich eine Hausmacht aufzubauen? Die Formel »Es spricht sich einfach herum« trifft es wahrscheinlich am besten. Die einen Berater wurden als »heiße Ware« angesehen, andere als »tote Hosen«. Durch den geheimnisvollen (und größtenteils akkuraten) Buschfunk bekamen die »heißen« Kandidaten laufend Angebote, manchmal aus einer Entfernung von zwei Kontinenten, die »toten Hosen« dagegen gingen leer aus.

Wie man ohne eine Hierarchie Kontakte aufbaut

Der Prozeß, Kunden auf fremdem Territorium anzuwerben, funktionierte während meiner Zeit als Partner bei McKinsey folgendermaßen: Ich besuche eine Elektronikmesse in der Stadt und verbringe anschließend den größten Teil des Abends mit einem Vorstandsmitglied eines Schweizer Großunternehmens. Wir verstehen uns gut und wollen in Kontakt miteinander bleiben.

Am nächsten Tag im Büro schreibe ich ihm einen Brief und stelle einiges Material für ihn zusammen. Und schicke eine Kopie des Vorgangs an den Chef des McKinsey-Büros in Zürich. Der Vorstandsvorsitzende des Schweizer Unternehmens ruft mich auf mein Schreiben hin an und fordert mich freundlich auf: »Schauen Sie doch mal vorbei, wenn sie das nächste Mal in der Gegend sind. Ich möchte gerne, daß Sie sich mit unseren Leuten hier unterhalten.«

Während meiner nächsten Dienstreise in Europa setze ich meinen neuen Bekannten in der Schweiz auf die Besucherliste. In der Zwischenzeit habe ich mehrere Gespräche mit dem Leiter unseres Züricher Büros geführt oder mit einem Freund, der in Zürich als Partner arbeitet. (Sie haben bisher einige unbedeutende Kontakte zu der Firma gehabt und haben sie auf ihre »Irgendwann-mal-vielleicht-Liste« gesetzt.)

Als ich die letzten Details mit dem möglichen Kunden aus der Schweiz erledige, erwähne ich beiläufig, daß ich zwei Kollegen aus dem McKinsey-Büro in Zürich mitbringen will (es wäre unerhört und ist bisher noch nicht vorgekommen, wenn er einen solchen Vorschlag ablehnen würde).

Nehmen wir weiter an, daß aus unserem Meeting ein erster kleiner Auftrag resultiert und daß dieser »Fuß in der Tür« ein halbes Jahr später zu einem ordentlichen Projekt führt. Der Schweizer Kunde wird »mein« Kunde werden, oder um es im Jargon von McKinsey auszudrücken, ich werde der Leiter des Dienstes an diesem Kunden sein. Als das Projekt allmählich Gestalt annimmt, arbeite ich mit dem Chef unseres Züricher Büros zusammen und ziehe einen lokalen Partner hinzu, der die Routinearbeiten überwachen soll. Ich werde ein paar Kollegen für die Detailarbeiten brauchen – der eine wird vielleicht ein Elektronikspezialist von Gott weiß woher sein und der andere ein hochangesehener junger Kollege aus dem Züricher Büro.

Am Jahresende werden die »meinem« Kunden in Rechnung

gestellten Beträge meiner Leistung zugeschrieben werden. Gleichzeitig werden sie unter dem Namen der Züricher Partner erscheinen, die die Projekte für den Kunden leiteten. Natürlich wird der »Auslastungsgrad« des Züricher Personalstabes höher sein, weil wir junge Schweizer den Hauptteil der Arbeit erledigen ließen.
Kurzum, es ist keine große Sache! Je mehr es wie eine große Sache aussieht, desto kleiner ist es in Wirklichkeit. Nehmen wir an, daß unser Bürochef in Zürich gerade dabeigewesen war, eine Studie mit dem Kunden auszuhandeln. Wahrscheinlich wird er sich sehr freuen, daß ich noch einen Bezugspunkt zu diesem Kunden gefunden habe. Wenn wir beide gleichzeitig Projekte starten, wäre es normal, wenn er die Leitung des Kundenservice übernimmt (schließlich sitzt er vor Ort!), aber er wird mich sicherlich dazu ermutigen, soviel mit »seinem« Klienten anzufangen, wie ich will – letzten Endes wird es ja sowieso sein Renommee erhöhen. Der einzige, der möglicherweise von der ganzen Sache nicht ganz begeistert sein wird, ist der Bürochef in San Francisco. Denn meine Schweizer Ablenkung wird meine Bemühungen an der heimischen Front schmälern.

»Struktur«

Bei McKinsey gibt es doch eine »Art« Rangordnung: Juniorberater, Seniorberater, Junioreinsatzleiter, Senioreinsatzleiter, Juniorpartner (Prinzipal), Seniorpartner (Direktor). Die ersten Stufen auf der Karriereleiter werden innerhalb der Struktur der lokalen Niederlassung erklommen. Beförderungen zum Prinzipal bzw. Direktor sind dagegen unternehmensweit.
Es gibt schon ein Gremium, das sogenannte *Principal Candidate Evaluation Committee* (Beurteilungskommission für angehende Prinzipale) PCEC, das den Beförderungsprozeß zum Prinzipal überwacht. Nur die Spitzenpartner und Hauptabteilungsleiter dürfen Mitglied des PCEC werden. Und trotz der großen Verantwortung ihrer Mitglieder, auf »lokaler Ebene« soviel Umsatz wie möglich zu erzielen, nimmt sich die Kommission bewußt jede Menge Zeit. Zum einen verbringen die PCEC-Mitglieder vier Wochen allein damit, ein Dutzend zu anderen Büros gehörende Kandidaten zu überprüfen (so fällt beispielsweise in den Zustän-

digkeitsbereich eines PCEC-Mitglieds, das im Büro von San Francisco zu Hause ist, auch die Einschätzung der Kandidaten aus Melbourne, Amsterdam oder Houston).

Im großen und ganzen schätzen die Berater diesen Auswertungs- und Auswahlvorgang hoch ein. Man weiß, daß hochverdiente Topmanager für diese Sache sehr viel Zeit geopfert haben! Noch bevor sie sich als Gruppe zusammensetzen, haben die einzelnen Mitglieder wochenlang Kandidatenauswertungen vorgenommen (das Hauptkriterium besteht darin festzustellen, wieviel Unterstützung jeder Kandidat hat – und wie stark sie ist); danach haben sie weitere Wochen lang 16-Stunden-Tage benötigt, um das alles bis ins letzte Detail auszuarbeiten.

Auch wenn sich dieser Vorgang ziemlich vage anhört, ist er es in Wirklichkeit nicht. Der Beförderungsprozeß gehört zu McKinseys Stärken. Die Stärke geht sowohl in die Breite (die Voraussetzung, daß man breite Unterstützung genießt und daß das eigene Büro nicht die entscheidende Stimme hat) als auch in die Tiefe (die vielen Stunden, die die besten und talentiertesten Menschen in der Firma in diesen Prozeß investieren).

Der langsame Konsensbildungsprozeß

> *Wie (der damalige Geschäftsführer) Daniel wird sein Nachfolger in der äußerst kollegialen Kultur bei McKinsey eher einem Schafhirten ähneln, der seine Herde behütet, als einem Vorstandsvorsitzenden, der seine Befehle herausschreit. Wenn der geschäftsführende Partner mit seinen Mitpartnern zu schroff verfährt, wird er nicht wiedergewählt. Genau das ist Daniels Vorgänger Alonzo MacDonald widerfahren, der kurz darauf die Firma verließ und Präsident Carters Chef des Stabes in Washington wurde.*
>
> *Daniel meint: »Hier geht es extrem demokratisch zu. Der Geschäftsführer regiert nur mit der Zustimmung seiner Kollegen und Mitarbeiter. Wenn seine Partner kein Vertrauen zu ihm haben, ist er tot. Wenn sie jedoch Vertrauen zu ihm haben, kann er fast alles mit ihnen machen.«*
>
> »Forbes«, Oktober 1987

Wie wird McKinsey geleitet? Zum Teil – und das ist aufschlußreich – lautet die Antwort: »Weiß der Kuckuck!« Ich war nicht lange genug dabei, um ein wichtiges Kommissionsmitglied zu werden. Ich hielt mich zwar öfters in der Zentrale auf, aber die meisten von uns kümmerten sich nicht viel um Leistungsfragen. Man war so sehr mit sich selbst, seinem eigenen Team und mit Fragen der Kundenentwicklung beschäftigt, daß wenig Zeit übrig blieb, um sich mit Firmenpolitik und Führungsfragen zu beschäftigen. Deshalb basieren die folgenden Bemerkungen vorwiegend auf Gerüchten und auf Plaudereien in Bars und Flugzeugen.

Erstens gibt es einen Geschäftsvorsitzenden, einen mageren Verwaltungsstab sowie einige sehr wichtige Kommissionen, die sich um personelle Fragen (zum Beispiel das PCEC) und allgemeine Geschäftsstrategien (etwa die Kommission der Aktionäre) kümmern. Bei einer solchen Leitungspolitik, die so sehr auf Zustimmung beruht, kommen strategische Änderungen bei McKinsey nur l-a-n-g-s-a-m voran. Der Geschäftsführer ist der erste (aber nur gerade so unter gleichen). Er (oder eines Tages vielleicht auch sie) übt seine Macht aus, indem er mit viel Geduld eine neue Politik an die renommierten (und auf ihre Unabhängigkeit stolzen) Seniorpartner einzeln verkauft. Ich kann mich nicht einmal an neue »Strategien« im klassischen Sinne erinnern, die von oben gekommen wären. Die strategische Richtung haben wir nie geändert, zum Teil deshalb, weil McKinsey sich schon immer über seine Kernwerte im klaren war. Und eben deswegen hatte die Firma Erfolg. 1925 von James O. McKinsey, einem Professor für Rechnungswesen an der Universität von Chicago, gegründet, nahm das Unternehmen seine jetzige Gestalt dank Marvin Bower an, der sie von 1939 bis 1967 leitete und im Alter von 88 Jahren noch immer ein Büro in der New Yorker Zentrale hat, von wo aus er bis heute eine starke geistige Führung ausübt. Bower baute McKinsey nach dem Vorbild von »professionellen« (ein Wort, das er liebt) Anwaltskanzleien auf – früher war er selbst Partner in einer Anwaltssozietät in Cleveland gewesen.

Der wichtigste Faktor in seinem Leben (noch vor der Familie und sich selbst und vielleicht sogar Gott) bestand darin, dem Kunden zu dienen. Und obwohl die Firma einigen großen Herausforderungen von Konkurrenten mit starken »Technologien« (wie der Boston Consulting Group) begegnen mußte, ist sie nie von ihrem Grundsatz des *totalen Engagements für den Kunden* abgewichen.

Dieses »immaterielle Vermögen« hat sich als ein beinahe unschlagbarer und äußerst nützlicher Vorteil im Wettbewerb erwiesen. Warum? Eben darum, weil die meisten zu ihrem eigenen Nachteil eine solche »weiche« Strategie nicht sehr ernst nehmen! (EDS tat es und tut es noch. Und wir werden in den folgenden Abschnitten auch andere Firmen kennenlernen, die sie ernst nehmen.)

Der Zusammenhang dieser Fragen mit der Leitungspolitik besteht darin, daß die Leiter bei McKinsey eigentlich kaum eine herkömmliche »strategische« Aufgabe wahrzunehmen brauchen. Das zu erhalten, was sich in der Vergangenheit als nützlich erwiesen hat – die Achtung vor Menschen an erster Stelle, die Kunden im Brennpunkt der Bemühungen – und die Firma, trotz ihres schwindelerregenden Wachstums, vor der Gefahr der Inflexibilität und Bürokratisierung zu bewahren, das war für sie die große Herausforderung.

Vermutlich waren wir Berater im Unterbewußtsein irgendwie froh darüber, daß es irgendwo ein Chefbüro gab, in dem sich jemand Gedanken um die allgemeine Stellung des Unternehmens machte. Aber es war für uns keine große Sache. Fakt ist, daß der Berater / die Beraterin, obwohl Teil einer stolzen und effektiven Institution, auch selbst leitete und es schaffte, seine oder ihre »Firma innerhalb der Firma« zu managen. Auch wenn man es bis zum Prinzipal gebracht hatte, kümmerte man sich vor allem um die Entwicklung der eigenen Kunden sowie der eigenen engsten Mitarbeiter. Und im Prinzip war das alles.

Das quietschende Rad bekommt kein Öl

Unter den Beratern – was immer ihr Rang ist – herrscht Gleichheit. Natürlich ist das von einem Büro zum anderen unterschiedlich – in Düsseldorf gibt es viel mehr informelles »Rangbewußtsein« als in San Francisco –, aber verblüffend wenige Persönlichkeiten scheren aus der Reihe. Das ist wichtig. Aus der Menge heraus ragt Kenichi Ohmae, McKinseys Superstar in Japan, und eine Zeitlang gehörten auch Bob Waterman und ich, aufgrund unseres Buches *Auf der Suche nach Spitzenleistungen* zu denen, die hervorstachen. Für Ohmae ist das mehr oder weniger unproblematisch, da er sich 9000 Meilen vom Hauptsitz der Firma entfernt befindet und außerdem eine unabhängige Machtbasis in Japan geschaffen hat. (Allerdings habe ich gehört, daß er in

seinen Kontakten zu »New York« fast genauso viele Tiefs wie Hochs erlebt hat.) Für Waterman und mich war es nicht ganz so unproblematisch. McKinsey tat sich mit uns sehr schwer. Und am Ende verließen wir beide die Firma – im gegenseitigen Einvernehmen. Kurz, bei McKinsey wird ein quietschendes Rad normalerweise nicht geölt, sondern weggeworfen.
McKinsey pflegt den (für seine Selbstverwaltung sehr wichtigen) Mythos der Auswechselbarkeit der Partner. In der Regel sind Partner sehr klug und sehr aggressiv und haben eine stark ausgeprägte Persönlichkeit. Trotzdem gelingt es der Firma, ein außerordentliches Gefühl der Gleichheit zwischen den Partnern und den Anteilseignern bis hinauf zum Geschäftsführer zu erhalten. Das Firmengewebe wurde selten durch wilde oder anarchistische Persönlichkeiten zerrissen. Und dies, im guten (meistens) oder im schlechten (manchmal), ist mehr oder weniger notwendig, um so ein großes Unternehmen mit so wenig fixen Regeln vor dem Explodieren zu bewahren. (Man denke nur an die Art von Feindschaften zwischen Beratern und Mitarbeitern des Rechnungswesens, die eine Zeit lang Arthur Andersen zu zerstören drohten.) Das Ganze kostet aber einiges – vor allem an verlorengehender Kreativität. McKinsey stellt sich zwar der Forderung der modernen Wirtschaft nach größerer Kreativität, allerdings mit vielleicht nicht ganz genügender Tatkraft. Andererseits scheinen im Laufe der Jahre die Vorteile die Nachteile mehr als ausgeglichen zu haben.

Ich kann immer noch keine Hierarchie entdecken

McKinsey ist ein riesengroßes Unternehmen. Die Kunden respektieren es. Es ist außerdem *der* Prototyp eines multinationalen Unternehmens, das in vielen Ländern zu Hause ist (und war es bereits lange bevor Barnevik von ABB den Begriff erfand), mit Büros in 25 Ländern, von denen einige über einen enormen lokalen Einfluß verfügen.
Aber es gibt einfach keine traditionelle Hierarchie. Es gibt keine Organigramme, keine Tätigkeitsbeschreibungen, keine Strategiehandbücher. Keine Regeln für die Abwicklung von Kundeneinsätzen. Keine Regeln zur Festlegung von Budgets für solche Einsätze (die sich leicht auf Millionen von Dollar belaufen können), keine Richtlinien, die einem deutlich machen, wie man befördert wird oder wie man jemanden feuert. Keine Standard-

verfahren für den sehr wichtigen Einstellungsprozeß. Und trotzdem hat man alle diese Dinge gut im Griff – man sollte sich nicht täuschen: McKinsey gerät nicht außer Kontrolle!
Nicht daß McKinsey auf einer Insel der Seligen residiert. Die Firma ist eine akkurate Widerspiegelung des jeweiligen Wirtschaftsumfeldes. Mitunter war das langweilig, und McKinsey war es auch. In der turbulenten Geschäftswelt von heute dagegen macht McKinsey einen ganz anderen Eindruck als noch vor Jahren. Zum Beispiel beschäftigen sich die McKinsey-Mitarbeiter viel mehr mit Recherchen und Veröffentlichungen – und mit der Überprüfung der Ergebnisse aus ihrer Beratungstätigkeit beim Kunden. Worauf es jedoch ankommt, ist die Tatsache, daß McKinsey *funktioniert*. Es funktioniert bereits seit mehr als einem halben Jahrhundert. Das Unternehmen zeigt kaum Anzeichen des Abbaus. (Und seine Struktur weist wenige oder keine Ähnlichkeiten auf mit der von Sears, General Motors, Kodak, IBM oder anderen hierarchisch aufgebauten Unternehmen.)
Im großen und ganzen gibt es bei McKinsey keine Hierarchie. Aber seien wir ganz offen, bei McKinsey gibt es statt dessen eine Hackordnung. Zwischen beiden besteht jedoch ein großer Unterschied.

Die Suche nach Metaphern II

Wenn es – aus der Perspektive der Mitarbeiter gesehen – ein gemeinsames Thema gibt, das aus der Analyse von McKinsey (sowie EDS, CNN, Titeflex, UPRR, MCI und Quad/Graphics) hervorgeht, ist es die Idee, daß man »die Firma selbst gestalten muß«. Jeder muß *selbst* die Initiative ergreifen, Projekte starten, Kunden ausfindig machen, ein eigenes Kontaktnetz aufbauen. Der Markt spielt verrückt. Deshalb müssen die Unternehmen ebenso verrückt spielen, um Schritt halten zu können. Der RAP-Sound der Straßenmusikanten tritt an die Stelle der vorhersagbaren Marschrhythmen.

Schachbretter, Kaleidoskope, Jazz Combos

Das verzweifelte Suchen nach einem neuen Image beginnt. Und die Ursachen sind eben jene vermasselten neuen Verhältnisse. Am Anfang dieses Buches habe ich auch mein Scherflein –

Jahrmärkte – dazu beigetragen. Aber ich bin nicht der einzige. Alvin Toffler bietet in Machtbeben unter anderem »Schachbrettorganisationen«, »pulsierende Organisationen« und »doppelgesichtige Organisationen« an. Dabei, erklärt Toffler, gehe es um eine Einheit, die »ihre Größe und Organisationsform von Zeit zu Zeit ändert«. Ein anderer spricht von »kaleidoskopähnlichen Organisationen« – der damit gemeinte Begriff ist nochmals die Mobilität, die ständige Veränderung in Größe, Gestalt und Struktur.

Rosabeth Moss Kanters 1989 veröffentlichtes Buch trägt den Titel *When Giants Learn to Dance* (Wenn Riesen tanzen lernen) – und die Bilder des Tanzes durchdringen das ganze Buch. (Buchtitel stellen unsere Verwirrung ganz deutlich bloß. 1989 bot uns der britische Unternehmensberater Charles Handy den Titel *The Age of Unreason [Das Zeitalter der Unvernunft]* an. Und 1992 beglückte uns Bob Kriegel und Louis Patler mit dem Titel *If it Ain't Broke... BREAK IT!« [Wenn es noch ganz ist... mach's schnell KAPUTT!])*

In *Fifth Generation Management* (Management der fünften Generation) erwärmt sich Charles Savage für Jazz-Combos. Karl Weick, Professor für Organisationswesen an der University of Michigan, bevorzugt den Begriff »Improvisationstheater«. Er schreibt, daß »Organisationsgestaltung aus der Perspektive der Improvisation heraus gesehen aktueller, kontinuierlicher, überraschender und schwerer beherrschbar ist..., als unsere durch die Architektur bestimmten Entwürfe«. Und in *In the Era of Human Capital* (Im Zeitalter des menschlichen Kapitals) bekennt sich der Investmentbanker Richard Crawford zu »nur vorübergehend bestehenden Gesellschaften«. In der Wissenswirtschaft tritt an die Stelle der Bürokratie zunehmend eine *Adhocratie*, eine Holdinggesellschaft, die die Arbeit zahlreicher nur vorübergehend bestehender Arbeitseinheiten koordiniert, die dem Tempo des Wandels im Organisationsumfeld entsprechend gegründet und wieder aufgelöst werden. Die Adhocratien der Zukunft werden durch Mitarbeiter getragen werden, die schnelles Lernen (um neuartige Verhältnisse und Probleme begreifen zu können) und phantasievolles Denken (um neue Lösungen zu finden) beherrschen. Diese Männer und Frauen werden sich in kleinen Gruppen, interdisziplinären Teams, Partnerschaften und Qualitätskreisen zusammenfinden.

Der Leser könnte vielleicht den Eindruck gewinnen, daß ich dieses Thema zu sehr hochspiele: »Sie haben uns Fallstudien versprochen, und jetzt schicken Sie uns in den Tanzunterricht. Was soll denn das?« Ich befolge lediglich den Ratschlag meines schwedischen Kollegen Gunnar Hedland. In wechselhaften Zeiten, bekräftigt er, sind das Metaphorische und Bildhafte allgegenwärtig. Die wenigsten unter uns sind sich bewußt, wie oft wir uns einer bildhaften Sprache bedienen. Solange aber die Welt des Fußballspieles unsere bevorzugte Metapher bleibt, sind wir in Schwierigkeiten!

Form oder Formlosigkeit?

> *Ich bin nicht mehr der Meinung, daß die Führung von oben nach unten funktioniert ... Heute legen alle Mitarbeiter ihre Maßstäbe selbst an. Früher hatten sie keine Ahnung, wie der Zeitplan aussah. Jetzt legen sie ihn selbst fest ... Es war zwar eine sehr stressige Zeit, aber inzwischen habe ich* sämtliche *Führungsebenen abgeschafft. Alle sechsundsiebzig Mitarbeiter in der Produktion sind mir direkt unterstellt ... Interdisziplinäre Aus- und Weiterbildung ist zur Routine geworden. Alle tun es. Wir haben unsere Tätigkeitsbeschreibungen von 54 auf sechs reduziert. Wir bringen unsere Abteilungen dazu, sich wie eigenständige Geschäftsbereiche zu verhalten ..., über* alles *nachzudenken.*
>
> Produktionsleiter einer kleinen Computerfirma
> in einem Brief an den Autor

»Wir brauchen so etwas wie eine Art Lackmustest. Damit meine ich eine Methode, die geeignet ist, festzustellen, ob ein Unternehmen den Prozeß eines umfassenden Wandels schon begonnen hat«, schrieb Harvard-Professor Quinn Mills 1991 in *Rebirth of the Corporation* (Wiedergeburt des Unternehmens). Den Test gibt es schon. Um sicher zu gehen, daß die neuen Systeme funktionieren, muß die Organisationsstruktur drastisch verändert werden. Denn es ist gerade die Firmenstruktur, in der sich traditionelle Führungspraktiken am ehesten widerspiegeln.«
In *Strategy and Structure* (Strategie und Struktur), einem Buch,

das zwei Generationen von Führungskräften beeinflußte, schreibt der Wirtschaftshistoriker Alfred Chandler, daß sich die Organisationsstruktur eines Unternehmens aus seiner bewußt gewählten Strategie herleiten sollte. Ich kann Chandlers Argument zwar nachvollziehen, nur denke ich, daß er es völlig verkehrt hat. Denn: Es ist gerade die Struktur einer Organisation, die mit der Zeit die Entscheidungen herbeiführt, welche Märkte angepeilt werden. Bei einer vertikal integrierten und hierarchisch durchstrukturierten Organisation kann ich, auch heute, in einigen Bereichen durchaus gute Arbeit leisten. Aber eines steht fest: Das Ruder schnell herumzuwerfen, geht nicht!

Teil des Problems ist es, daß diesem Begriff eine veralterte Bildsymbolik anhaftet. Gestaltlosigkeit trifft, gemessen an den Kriterien der Vergangenheit, eher zu. Peter Keen, Experte für Informationssysteme, bietet die folgende Erklärung für den Sachverhalt:

»Das herkömmliche Konzept einer ›Organisation‹ ist für Manager, Führungskräfte oder Studenten der Organisationswissenschaften nicht länger brauchbar. Das Konzept wird geprägt durch Modelle der Struktur und der physischen Identität zu einer Zeit, in der die Telekommunikation die Grenzen zwischen den Firmen ausgehöhlt und das Wesen der Koordination über verschiedene geographische Regionen hinweg verändert hat.

Die traditionelle Darstellung der Organisation in Form einer Struktur mit deutlichen Zielen und einer klar definierten Branche, in der sie mit anderen konkurriert . . ., fügt sich schlecht in die neue Welt der elektronischen Datenverbindungen ein. Diese Datenverbindungen dienen als Grundlage für die Führung von Unternehmen und die Koordination von Aktivitäten über verschiedene Zeitzonen hinweg innerhalb globaler Märkte, in denen die Grenzen der Handelstätigkeit durch die Technologie und nicht durch Organisationsstrukturen und Verfahren bestimmt werden.

Es liegt auf der Hand, daß sich die aus all dem resultierende elektronisch verbundene ›Organisation‹ nicht durch ihre formale Hierarchie – etwa mit einer deutlichen physischen Identität oder Grenzen, durch die sie sich von anderen Organisationen abhebt – definieren läßt. Auch ist die neue Organisation keine im luftleeren Raum agierende Einheit, definiert durch ihr Ziel, ihre Mission oder eine Strategie.«

Mit diesen Ausführungen wirft Keen die zweihundert Jahre alte Tradition der Industrieorganisationen und die einhundert Jahre alte Theorie der »modernen« Führung über Bord. Der bloße Gedanke an Organisationsgrenzen zur »Außenwelt« ist demzufolge passé, oder – noch schlimmer – er ist gefährlich. Die Organisation als alleinstehende Einheit ist in unserer heutigen seltsamen, schnellen und vernetzen Welt funktionsunfähig.

Charles Handys Kleeblätter

Der Schornstein »hat möglicherweise einen größeren gesellschaftlichen Wandel verursacht als irgendeiner der Kriege«, meint der Brite Charles Handy in *The Age of Unreason* (Das Zeitalter der Unvernunft). »Bevor der Schornstein erfunden wurde, mußten sich alle an einem zentralen Platz um ein Feuer zusammendrängen, dessen Rauch über ein Loch im Dach darüber abzog. Erst der Schornstein mit seinen separaten Rauchabzügen machte es möglich, mehrere Zimmer innerhalb einer Wohnung zu heizen.« Auf die Spitze getrieben, führte der Schornstein zum Zusammenbruch der mittelalterlichen Wirtschaftsstruktur (geprägt durch die vielen einzelnen Werkstätten) und schließlich zur Entstehung von riesengroßen Fabriken. Ein klassisches Beispiel hierfür, das ich vor einiger Zeit besuchte, war der Ludwigshafener Industriekomplex der BASF, des deutschen Chemiegiganten, mit seinen 65 000 Beschäftigten.

Heutzutage ist das Zeitalter der Industrieschlote – und damit solcher unbeweglichen Anlagenkomplexe mit 65 000 Beschäftigten – jedoch passé. »Oft sind es die kleinen Dinge im Leben, die die größten und nachhaltigsten Veränderungen verursachen«, schreibt Handy. »Das moderne Äquivalent des Schornsteins ist die Telefonleitung, und sie wird es auch bleiben . . . Ich erblickte einen Mann, der in einem Auto auf dem von mir begehrten Parkplatz saß. ›Fahren Sie weg?‹ fragte ich ihn. ›Erst in zwei Stunden‹, erwiderte er. Dann erst sah ich den Laptop auf dem Beifahrersitz und das an sein Autotelefon angeschlossene Faxgerät. Er benutzte sein Auto als mobiles Büro . . . Das Telefon mitsamt der anschließbaren Technik macht es heute möglich, daß verschiedene Menschen zusammenarbeiten können, ohne am selben Platz präsent sein zu müssen. Die auf viele Orte verstreute Organisation ist inzwischen zur Realität geworden.«

Moderne Organisationen sind »zunehmend Arbeitsplätze für das Hirn und nicht für die Muskeln«, fügt Handy hinzu. »Früher galten Organisationen als immense technische Strukturen mit austauschbaren menschlichen Komponenten. Man sprach eben von ihren Strukturen und ihren Systemen, vom Input und Output, von Steuerungs- und Regelungsmechanismen, als ob das Ganze nichts anderes sei als eine gigantische Fabrik. Heute hat der Sprachgebrauch des politischen Lebens den der Technik abgelöst. Man spricht jetzt von Kultur und Netzwerken, von Teams und Koalitionen, von Einflußmöglichkeiten oder Macht statt von Steuerung, man spricht von Führung und nicht mehr von Management.«
Daraus entstand der Handysche Begriff vom *»Kleeblatt«*: Das erste Blatt steht für die Kernbelegschaft, die ich lieber als den professionellen Kern bezeichne . . . In ihm liegt das gesamte Betriebswissen, das eine gegebene Organisation von allen anderen unterscheidet. Wenn Mitarbeiter aus diesem Kernbereich weggehen, verliert die Firma einen Teil von sich selbst . . . Aber wenn sich dieser Kern verkleinert, wer soll die Arbeit noch machen? Immer häufiger wird sie nach außen vergeben (an das zweite Blatt, ein Netz von Subunternehmern). Das dritte Blatt besteht aus der flexiblen Mannschaft, aus allen Teilzeitbeschäftigten und Aushilfskräften, die den am schnellsten wachsenden Teil der modernen Arbeitswelt bilden.
»Die dreiblättrige Belegschaft«, führt Handy weiter aus, »hat es in einer embryonalen Form schon immer gegeben. Was heute den Unterschied ausmacht, ist das Ausmaß, das diese Entwicklung genommen hat . . . Für immer mehr Organisationen wird das Leben innerhalb des Kerns dem in einem Beratungsunternehmen einer Werbeagentur oder einer Sozietät ähneln. Solche Organisationen haben eine flache Struktur mit selten mehr als vier Hierarchiestufen, wobei sich die höchste aus den Partnern, Professoren oder Direktoren selbst zusammensetzt. Wer etwas taugt, macht seinen Weg nach oben ganz schnell . . . Bald fällt also die Beförderung als Mittel der Belohnung und Anerkennung aus; der Erfolg für diejenigen, die bereits auf der höchsten Stufe angelangt sind, kann eigentlich nur noch heißen, denselben Job besser und wahrscheinlich für mehr Geld zu machen . . . In einer von Diskontinuität gekennzeichneten Epoche kann kein Unternehmen mehr garantieren, daß die diesjährige Gehaltserhöhung der Ausgangspunkt für die des nächsten Jahres sein wird . . . Die sich im Kern

befindenden Profis werden nicht nach Zeitaufwand, sondern nach erzielten Ergebnissen bezahlt und erhalten eher Honorare als Gehälter.«

Brian Quinns Phantasiereise:
Unternehmen als »Dienstleistungspakete«

In einem Beitrag der *Sloan Management Review* (Winter 1990) stellt James Brian Quinn aus Dartmouth zusammen mit Penny Paquette und Thomas Doorley eine neue Konzeption des Unternehmens als Dienstleistungspaket vor. Diese unkonventionelle Sehweise wird bereits beim schnellen Überfliegen der Zwischenüberschriften deutlich:

- »Unendlich flache« Organisationen
- »Spinnennetzartige« Organisationen
- Zerstörung der Bürokratien
- Die »geistige Holdinggesellschaft«
- Gemeinkosten durch Outsourcing aufgehoben
- Das Liebgewinnen des »ausgehöhlten Unternehmens«
- Die Vermeidung vertikaler Integration
- Aus Fertigungsbetrieben werden »Dienstleistungsnetze«

»Dienstleistungen, nicht Fertigungsaktivitäten, sind die größte Quelle der Wertschöpfung für den Kunden«, schreiben die Autoren. »Die meisten Unternehmen stellen vorwiegend eine Kette von Dienstleistungen her, die sie für ihre jeweiligen Kunden in die bestnützliche Form integrieren. Da die Fertigung zunehmend durchautomatisiert wird, verschiebt sich der größte Prozentsatz der Wertschöpfung weg von der Stufe der Umwandlung von Rohstoffen in ein brauchbares Produkt (z.B. Stahl zu einer Karosserie) . . . mehr in Richtung Styling, Qualität . . . und Marketing, und dies alles sind Dienstleistungsfunktionen.«
Da Dienstleistungstätigkeiten an *strategischer* Bedeutung gewinnen, kommen sie – genau wie vorher die Fertigungsaktivitäten – für die Vergabe nach außen in Frage. Quinn und seine Mitautoren geben den folgenden einfachen Ratschlag: Finden Sie die besten Lieferanten für eine jede Dienstleistung, und nehmen Sie sie unter Vertrag – ehe die Konkurrenz es tut. »Man muß sich bei jeder einzelnen Tätigkeit fragen«, schreiben die Autoren, »ob man wirklich gegen die Weltspitze anzukämpfen vermag. Wenn

nicht, muß man sich fragen, ob ein klug geführtes Outsourcing die Stellung auf lange Sicht aufbessern wird. Eine richtige Analyse der Dienstleistungstätigkeiten sollte nicht nur das eigene Unternehmen berücksichtigen, sondern man sollte jede Dienstleistung auch mit denen der ›Spitzenreiter‹ sowohl im eigenen Lande wie international vergleichen.«

Die Autoren sprechen bei dieser Art der Desintegration vom »Liebgewinnen des ausgehöhlten Unternehmens«. Doch wenn man so viele Aufgaben nach draußen vergibt, was bleibt dann vom eigenen Unternehmen überhaupt noch übrig? Die Antwort lautet: ziemlich viel. Und es kommt etwas *Neues* hinzu: Unternehmensführer werden zu »Managern von geistigen Systemen«. Sie entfernen sich vom »funktionalen Management« und gehen immer mehr in Richtung »Koordinierungs- und Konzeptionsmanagement«. Bei der Firma Apple, die die Autoren als eine »geistige Holdinggesellschaft« bezeichnen, lernen die Führungskräfte, wie man seine Anstrengungen auf die »Beherrschung jener Dienstleistungen, die für die Strategie unersetzlich sind«, konzentriert – wie zum Beispiel auf Design und Marketing.

Die von den Autoren zitierte »spinnennetzähnliche Organisation« ist ein nichthierarchisch aufgebautes Netz, das »einen leicht strukturierten Verbund von Zwischenbeziehungen« aufweist. Schauen wir uns Merrill Lynch an. Die 500 Zweigstellen dieses Brokerhauses »sind für Routineaufgaben mit dem zentralen Informationsnetz der Muttergesellschaft verbunden. Sie können aber das elektronische Datensystem umgehen, wenn Sie den direkten Zugang zu einzelnen Experten in der Hauptverwaltung suchen. Dank der modernen Technologie erreicht das Brokerhaus einen hohen Koordinierungsgrad und kann mit der geballten Macht eines gewichtigen Finanzdienstleisters funktionieren, und zugleich ermöglicht sie es den lokalen Maklern, ihre eigenen kleinen Einheiten autonom zu führen. (Solche) Netztechnologien versetzen die Mitarbeiter an der Front in die Lage, sämtliche für die spezifischen Bedürfnisse der Kunden benötigten Daten aus verschiedenen Quellen zu beziehen und miteinander zu verknüpfen . . . Das Ergebnis ist die größtmögliche Reaktion auf Kundenbedürfnisse vor Ort.«

Mit alten Maßstäben gemessen, ist die Personalausstattung in solchen Unternehmen sehr dünn. Federal Express, das von Quinn und seinen Kollegen ebenfalls gern zitiert wird, hat nur

2,1 Mitarbeiter pro Million Dollar Umsatz. Das entspricht nur einem Fünftel des Durchschnittswertes für die Branche. Das Verhältnis von Mitarbeitern zu Vorgesetzten beträgt bei Federal Express 50 zu 1. Durch die EDV-Systeme DADS und COSMOS haben die Mitarbeiter Zugang zu sämtlichen Daten – und damit erübrigt sich das mittlere Management: »An und für sich gibt es keinen Grund, warum eine Organisation nicht ›unendlich flach‹ gestaltet werden kann – also mit unzähligen Außenstellen, die sich eines einzigen zentralen . . . ›EDV-Abfragesystems‹ bedienen. Bei der Gestaltung von Dienstleistungssystemen, so lautet das Ergebnis dieser Studie, könnte es sinnvoller sein, statt über den traditionellen ›Steuerungsumfang‹ nachzudenken, sich lieber Gedanken über den ›Umfang der effektiven Zusammenarbeit‹, ›den Umfang der Kommunikation‹ oder ›den Umfang der Unterstützung‹ zu machen.«

Organisierungsvorschläge: Die Erarbeitung neuer »Strukturen«

> *[Silicon Valley] hat keine Ehrfurcht vor Alter und Erfahrungen. Es ist eine »Meritokratie«, in der jeder die Chance hat, erfolgreich zu sein. Wichtig ist nicht, woher man kommt oder was man in der Vergangenheit erreicht hat, sondern nur das, was man heute beitragen kann.*
> *Andy Grove, Vorstandsvorsitzender von Intel, dem weltgrößten Hersteller von Mikroprozessoren, zieht einen Vergleich mit der New Yorker Theaterwelt, die über eine wechselnde Schar von Schauspielern, Regisseuren, Stückeschreibern und Technikern sowie über erfahrene Finanziers verfügt. Eine Produktion läßt sich schnell zustande bringen, wenn man dieses Netzwerk anzapft. Ein Stück kann zu einem großen Kassenschlager werden oder aber auch zu einem Flop. Die Zahl der lange auf dem Spielplan stehenden Stücke ist zwangsläufig gering – aber neue kreative Ideen tauchen immer wieder auf.*
> Geoffrey Owen und Louise Kehoe
> »A Hotbed of High-Tech«, Financial Times, 28. Juni 1992

Nichts ist so praktisch wie eine gute Theorie! Die folgenden 27 »Organisierungsvorschläge« bilden zusammen die Grundlagen einer neuen Organisationstheorie. Und sie bieten zugleich einen Einblick in die »Strukturen«, die für das Überleben in den neunziger Jahren erforderlich sind.

① Der größte Teil der *Wertschöpfung* aus Produkten und Dienstleistungen jeglicher Art wird aus Kopf-/Geistes-/Wissensarbeit resultieren.

② Die meiste *Arbeit* in allen Arten von Unternehmen wird Kopf-/Geistes-/Wissensarbeit sein.

③ Jeder Geschäftsvorgang muß ausradiert – und dann neu belebt werden. »Horizontale« Prozesse, die sämtliche früheren funktionalen Tätigkeiten zu einem nahtlosen Ganzen verbinden, werden die Hauptgrundlage für die Wirtschaftstätigkeit und die Wertschöpfung bilden.

④ In letzter Zeit hat das mittlere Management in den meisten Firmen überhaupt keinen Mehrwert erzeugt. Die mittleren Führungsebenen sind deshalb schlimmer als nutzlos: Sie zerstören Werte.

⑤ Die meiste Arbeit wird in Zukunft in Projektgruppen erledigt werden.

⑥ Solche Projektgruppen werden weder den Individualismus unterdrücken noch die Spezialisierung abstumpfen, im Gegenteil: Einzelbeiträge werden wichtiger denn je. Ein Experte zu werden – und das eigene Know-how zu vermehren – wird wohl für uns alle unabdingbar sein.

⑦ Auch wenn Know-how und Spezialisierung wichtiger denn je sind, ist die Entwicklung einer »peripheren Vision«, eines Feelings für die Gesamtaufgabe, wesentlich. Wir werden gezwungen sein, routinemäßig jede beliebige Aufgabe innerhalb des Teams zu erfüllen, zu erlernen. Auch wenn wir ständig unser eigenes Können ausbauen, wird das Erlernen funktionsübergreifender Tätigkeiten und das Begreifen der übergeordneten Funktionen des Teams unbedingt erforderlich werden.

⑧ Traditionelle funktionale Stabseinheiten werden so ziemlich – und in vielen Fällen völlig – verschwinden. Daraus resultiert, daß beinahe alle Arbeiten (die zu Projektgruppenaufgaben werden) die wichtigsten »funktionalen« Fachrichtungen beinhalten.

⑨ Eine Projektgruppe ist kein Ausschuß. Der Hauptunterschied zwischen einer Projektgruppe und einem Ausschuß ist die Abhängigkeit. Die Mitglieder einer Projektgruppe sind aufeinander angewiesen. Die Mitglieder eines Ausschusses sollen hingegen »einen bestimmten Gesichtspunkt vertreten« – und sie behalten sich im Namen ihrer Abteilung ein Vetorecht vor.

⑩ Vertrauen ist wesentlich. Im Hinblick auf die Projektautonomie, die gegenseitige Abhängigkeit, den Kontakt zu Externen und das »auswärtige« Arbeiten ist eine Atmosphäre des Vertrauens absolut notwendig. Daran wird der Erfolg von zukünftigen Organisationen eher scheitern als an der Schaffung einer richtig funktionierenden Informationstechnologie.

⑪ Es geht um viel mehr als nur darum, das »jetzige Spiel« zu gewinnen. Die Entwicklung eines Weltklasseteams mit Weltklassemitgliedern mag zwar zum Erfolg führen – aber in der heutigen Wissenswirtschaft ist die Entwicklung von Talenten mit Starqualitäten viel wichtiger als einzelne Teilerfolge.

⑫ Die Lebensdauer eines Projektteams kann ein ganzes Leben umfassen (sehr unwahrscheinlich) oder auch nur einige Stunden (nicht ganz so unwahrscheinlich). Dynamische, kurzlebige Projektkonfigurationen werden an der Tagesordnung sein. Es wird nicht außergewöhnlich sein, im Laufe eines Jahres in vier oder fünf Projektteams oder in mehreren Teams gleichzeitig mitzuwirken – aber man wird niemals in genau derselben Kollegengruppe ein zweites Mal tätig sein, nicht einmal in einer zwanzigjährigen »Karriere«.

⑬ Das durchschnittliche Projektteam wird mindestens eine Chance von 75 zu 25 haben, »Externe« – einen Zulieferer, eine Vertriebsgesellschaft, einen Kunden oder alle drei – miteinzubeziehen. Mitarbeiter werden mindestens die Hälfte ihrer Zeit in Teams verbringen, in denen Menschen, die von anderen Firmen bezahlt werden, mitarbeiten.

⑭ Die Frage, wer wem verantwortlich ist, wird sich ständig ändern. Und oft wird man für die eine Aufgabe jemandem unterstellt sein, der bei einer anderen Aufgabe einem selbst untergeordnet ist. Trotz dieses »Wer-wem-Kuddelmuddels« (wer ist wem unterstellt?) wird die Zuständigkeit und Verantwortlichkeit für das gesetzte Ziel weit höher sein als in herkömmlichen Organisationen.

⑮ Wenn Sie nicht wissen, wo Ihre Leute heute sind, ist das vermutlich ein gutes Zeichen (wie bei EDS, McKinsey, CNN und sogar Union Pacific und Titeflex). Es bedeutet, daß sie jenseits der funktionalen Barrieren arbeiten, Kunden besuchen und so weiter, und so fort.

⑯ Feedbackschleifen werden ganz kurz sein. Vor allen Dingen wird die Gegenwart von Kunden ein schnelles Feedback ermöglichen und das Projektteam wissen lassen, ob es auf dem richtigen Wege ist oder nicht.

⑰ »Das Team nicht im Stich lassen« und die ständige Präsenz von Kunden (Externen/Märkten) wird zur Hauptmotivation für das Projektteam werden und an die Stelle der »Anweisungen von oben« treten.

⑱ Neue Kriterien zur Leistungsbeurteilung werden eine wesentliche Rolle spielen. Die Leistungsbewertung durch Kollegen wird genausowichtig oder noch wichtiger sein als die Bewertung durch den Vorgesetzten. Subjektive Beurteilungen werden zur Norm – und werden sich auf die Teamfähigkeit und die Entwicklung der eigenen Fähigkeiten und Fertigkeiten konzentrieren.

⑲ Es wird zu einer ständigen Umorganisation im Sinne einer nie enden wollenden Neukonfiguration der Projektteam- und der Netzwerkstrukturen kommen. Diese ständige Reorganisation läßt sich aufgrund folgender Faktoren bewältigen: (a) gemeinsame Wertvorstellungen auf der Ebene des Teams, des Unternehmens und des Netzes; (b) Leistungsbeurteilungskriterien, die die gemeinsamen Wertvorstellungen, die Teamarbeit und die Aufgabenergebnisse betonen; (c) stark betonte Belohnung der Leistung solcher Führungskräfte, die auf ihre besten Mitarbeiter verzichten, damit diese bessere Chancen wahrnehmen können; (d) ein Beurteilungs- und Vergütungssystem, das langfristig als fair und gerecht angesehen wird.

⑳ Mittel- bis längerfristig gesehen, wird sich der größte Teil der Wertschöpfung aus speziellen Lern-/ Lehr-/ und Kommunikationssystemen ergeben. Diese Systeme, die in ihrer Form sehr verschieden sein werden – von eigenständigen ertragsstarken strategischen Geschäftseinheiten bis hin zu winzigen Stäben mobiler Experten –, werden die Gesamtverantwortung für die Steuerung der Wissensentwicklung in der Organisation übernehmen.

㉑ Das Lernen wird in der Organisation hoch vergütet werden. Der Beitrag zur Wissensentwicklung der Gesamtorganisation wird zu den Hauptdimensionen gehören, nach denen Leistung und Vergütung, vor allem auf längere Sicht gesehen, beurteilt werden.

㉒ Das unbeständige Netz wird dazu genutzt werden, fast alle Großaufgaben (Entwicklung und Vermarktung eines neuen Produktes) auszuführen. Es wird mit zahlreichen »Supersubs« aufgepeppt werden – Supersubkontraktoren, die für jeglichen qualitativ hochwertigen Spezialauftrag einzigartig geeignet sind. Außerdem wird es durch die Zusammenarbeit mit wechselnden Zusammensetzungen von »Supersubs« dem Unternehmen möglich, schlank, flexibel und funktionsfähig zu bleiben.

㉓ Die Informationstechnologie ist alles. – Und nichts! Die Nutzung der neuen Technologien ist wesentlich für den Erfolg. Ihr Überstülpen auf überalterte Organisationsformen ist jedoch ein Rezept, das von vornherein zum Scheitern verurteilt ist.

㉔ Der Zugang zu sämtlichen Daten in Echtzeit, auch zu Informationen aus »externen« Quellen, ist für jeden Mitarbeiter in der Organisation unentbehrlich. Sagenhafte Mengen an Zeit und Geld sind für die Kommunikation aufzuwenden, die dazu dient, schwer faßbare und nur vorübergehend existierende Netze zusammenzuhalten. Dazu gehört die Informationstechnologie, und dazu gehören auch Meetings, in denen man sich von Angesicht zu Angesicht gegenübersitzt, und dazu gehören hohe Reisekostenbudgets.

㉕ Der »Projektmanager« und der »Netzmanager« sind die Stars der Zukunft! Jeder wird routinemäßig mittel- wie auch unmittelbar Projektmanagement-/Netzmanagementrollen übernehmen müssen.

㉖ Sehr vereinfacht ausgedrückt, wird es in Zukunft im Prinzip drei Arten von »Unternehmen« geben, die sich im Wirtschaftsleben mit der Ausführung von Projekten beschäftigen: (a) Systemintegratoren, die vorwiegend Netzwerke bauen und verwalten; (b) Spezialisten (beispielsweise Supersubs), die über einzigartige Fachkompetenz verfügen, die sie in verschiedene Netzwerke einspeisen; und (c) freiberufliche Talente, die entweder als Einzelberater arbeiten oder aber als Teil einer »Talentebank« fungieren.

(27) »Marktmacht« wird zur Funktion der gesammelten Kraft aller Netze, zu denen verschiedene Teile Ihrer Organisation zu bestimmten Zeitpunkten gehören. Die Marktmacht ist nicht abhängig vom Umfang der im Unternehmen selbst verfügbaren Ressourcen als Maßstab für den Grad der vertikalen Integration. Tatsächlich wird der Umfang der Marktmacht umgekehrt proportional zum Ausmaß der vertikalen Integration sein.

Die Suche nach Metaphern III: Das Kino

Robert X. Cringelys: *Accidental Empires: How the Boys of Silicon Valley Make Their Millions, Battle Foreign Competition and Still Can't Get a Date* ist eine leicht lesbare, bissige und lustige Schilderung der wichtigsten »Industrie« Amerikas: Mikroprozessoren, Software und Personalcomputer. Die wenigsten aus dieser Branche kommen ungeschoren davon, und sogar im Personen- und Sachregister werden noch mit solchen Einträgen wie »IBM, der Verfall von« Seitenhiebe verteilt.

Cringely schließt das Buch mit einer Bemerkung zur »größten Gefahr« für die Zukunft unserer Computerbranche. »Vergessen sind die Japaner«, ermahnt er uns; das wirkliche Sorgenkind ist der »Verlust an geistiger Energie«. Cringelys neugierig machende Problemlösung lautet: *»Das Softwarestudio«.* Er vergleicht die Softwaregiganten von heute mit den Filmstudios der dreißiger Jahre. »Sie finanzieren, produzieren und vertreiben ihre Produkte selbst«, schreibt er. »Leider ist es sehr schwer, alle diese Dinge gutzumachen.« Ihre Arbeitsweise steht im krassen Kontrast zu einem modernen Filmstudio. »Heute ist das Studio ein bloßer Treffpunkt für Regisseure, Produzenten und Talente, die kommen und gehen – nur die Infrastruktur ist beständig geblieben.«

Die meisten Gründergruppen wollen laut Cringely »eigentlich keine große Organisation schaffen. Am Ende arbeiten (sie) in Rollen, von denen sie glauben, daß sie ihnen gefallen müssen – aber die meisten finden doch keinen Gefallen daran.« Nach seinem Modell könnten solche Gruppen jedoch selbständig und lebensfähig bleiben, würden sie mit dem Äquivalent eines Filmstudios arbeiten, unter dem Schirm einer Organisation, die die Bereiche Finanzwesen, Verwaltung, Fertigung und Vertrieb übernimmt.

Cringely trifft den Nagel auf den Kopf, nicht nur im Hinblick auf die

Computerbranche, sondern auch auf so ziemlich alle anderen Branchen, von der chemischen über die Nahrungsmittel- bis hin zur pharmazeutischen Industrie. Betrachten wir uns nun mal solch ein mögliches universales »Filmstudiomodell«:

- *Infrastructure Inc./Integrator Inc.:* Die Hauptaufgaben dieser »Muttergesellschaften« sind: 1. Vermarktungskonzeption und Finanzierung; 2. Systemintegration; 3. Marketing; 4. Verkauf; 5. Logistik und Vertrieb und 6. Services. Die großen Filmstudios arbeiten bereits nach diesem Muster. Verlagshäuser wie Random House und Simon & Schuster oder Telekommunikationsunternehmen wie MCI kommen dieser Vorgehensweise schon recht nahe. Computerfirmen sind dabei zu lernen: Apple vergibt bereits sehr vieles aus beinahe sämtlichen Bereichen nach außen. EDS ist ein Systemintegrator schlechthin: EDS wurde beispielsweise vor kurzem von NCR, dem Hardwarehersteller innerhalb des AT&T-Konzerns, angezapft, und EDS soll einer von acht spezialisierten »Integratoren« werden, über die NCR 80 bis 90 Prozent seiner Umsätze abzuwickeln gedenkt. Sogar Autohersteller freunden sich langsam mit solchen Ideen an, und machen einige wichtige Zulieferer zu Integratoren für wesentliche Automobilsubsysteme. Diese Integratoren wiederum koordinieren selbst Dutzende ihrer eigenen Zulieferer.
- *Unabhängige Anbieter von Infrastrukturen:* Die »Produkte«herstellung, Service, Wartung, Training und Informationssysteme werden zunehmend von unabhängigen Infrastruktur-Subspezialisten angeboten. So wird Arthur Anderson mit seinem neuen Contract Financial Management Service ein schlüsselfertiges Finanz- und Rechnungswesen anbieten und sogar einen Leiter Finanz- und Rechnungswesen zur Verfügung stellen.
- *Talentvermarkter I:* In Hollywood kommen unabhängige Produzenten mit einem Gesamtpaket (Drehbuch, Stars unter Vertrag, Regisseur) und vielleicht auch schon mit einem freistehenden Finanzierungsplan in das »Studio« des Integrators. In den High-Tech-Industrien wird diese Rolle, de facto oder de jure, häufig von Risikokapitalgebern übernommen.
- *Talentvermarkter II:* Michael Ovitz, Chef der Agentur Creative Artists in Beverly Hills, wird als mächtigster Mann der Filmindustrie bezeichnet. Er herrscht über ein riesengroßes Reservoir an Talenten und managt die Auftritte seiner Stars. Im Sport und im Buchverlagswesen spielen Superagenten bereits eine ähnlich

große Rolle. Warum nicht solche »Talentbanken« auch in die Halbleiter-, Software- oder Biotechnologiebranche einführen?

- *Unabhängige intelligente Menschen:* Ein-Mann-Teams mit aufsehenerregenden Backgrounds sind inzwischen millionenfach vorhanden. Sie sind dadurch gekennzeichnet, daß sie von der einen hochinteressanten Aufgabe zur nächsten wandern – und sich nie und nirgendwo fest anstellen lassen.

---

11. Kapitel

Projekte und professionelle Dienstleistungsunternehmen I: Fallbeispiele auf der Suche nach einem gemeinsamen Nenner

> *Im Gegensatz zu Detroit gibt es bei uns kein Kastenwesen. Unsere Mitarbeiter interessieren sich nicht dafür, für welche Führungskraft sie arbeiten, sondern nur dafür, an welchem Projekt sie arbeiten.*
> Rick Lepley
> Vorstandsmitglied
> Mitsubishi, (USA)
> The New York Times,
> 3. März 1992

Wertschöpfung wird in der gesamten Volkswirtschaft – und daher auch für das einzelne Unternehmen – aus Wissen entstehen, aus Wissen, das sich aus den angestammten Fertigkeiten, aus dem firmeneigenen Können und aus dem von Netzwerkpartnern (Organisationen aller Größen rund um die Welt) herleitet. Solches Wissen zur Geltung zu bringen – eine Politshow bei CNN, ein neuer Einfall bei Disney, eine zwischen UPRR und Ford ausgearbeitete neue Transportstrategie oder die Ausführung eines Datenverarbeitungsprojektes von AT&T bei EDS –, wird »die Arbeit der Welt« sein. Im Prinzip wird sich die Fabrik von morgen nicht auf die geringste Weise von der Praxis eines traditionellen professionellen Serviceunternehmens unterscheiden. Denn was ist das *Project Lightning Team* bei Ingersoll-Rand anderes als ein »zeitweiliges professionelles Serviceunternehmen«?

Und was macht das schnelle Eingreifteam bei Titeflex, während Sie diese Zeilen lesen? Wie ich schon im Vorwort sagte, hantieren die beiden Teamstars, Tom Strange und Joe Tilli, vielleicht gerade

in diesem Augenblick mit Schläuchen – aber gleichzeitig arbeiten sie an einem vertraulichen Projekt für den (und mit dem) Kunden. Und wenn die bestellte Ware dann ausgeliefert ist, werden sich Strange und Tilli hinsetzen und sich Gedanken darüber machen, wie sie ihre Arbeit noch besser hätten erledigen *können* und wie sie sie morgen auch tatsächlich besser erledigen *werden*. Was habe ich also gerade beschrieben? Ein professionelles Serviceunternehmen! Bei Titeflex brachte eines Tages ein Mitglied einer Fertigungszelle eine Videokamera mit zur Arbeit. Die Mitglieder des Teams filmten sich bei ihren Tätigkeiten. Ein weiteres Teammitglied nahm das Videoband mit nach Hause, analysierte es genauso, wie ein Fußballtrainer das letzte Spiel analysiert, und machte auf Grund dessen einige Verbesserungsvorschläge. Dann gingen sie das Band zusammen mit den Teamkollegen durch – und im Anschluß daran konnte die Echtzeit um 90 Prozent verringert werden. Soll man so einen Vorgang klassifizieren? Ich würde so etwas als das tagtägliche Geschäft eines »professionellen Serviceunternehmens« bezeichnen.
Das Problem, dem ich auf mehreren Dutzend Seminaren immer wieder begegnet bin, besteht darin, die Bedenken des durchschnittlichen Managers gegen den scheinbar strukturlosen Stil solcher Unternehmen zu überwinden. Die Vorstellung, sich in die Lage von Les Alberthal versetzen zu müssen und 5000 weit verstreute, aus jeweils 10 Personen bestehende EDS-Teams zu »leiten«, kann ganz schön einschüchternd wirken. Wir müssen jedoch alle den Versuch unternehmen – denn wir haben keine Alternative. So lautet die Parole nolens volens: Wie EDS. Wie McKinsey. Und (mehr oder weniger) wie CNN. Und, um die Perspektive abzurunden, werden wir uns jetzt drei weitere Beispiele anschauen.

Imagination = Phantasie

»Eines Tages, kurz nach der Fusion von British Airways und British Caledonian, die erst nach langen und harten Verhandlungen zustande kam, schauten der Vorstandsvorsitzende Lord King und der geschäftsführende Vorstand Sir Colin Marshall bei uns herein«, sagte uns Gary Withers, der Gründer der Firma *Imagination*, während unseres Besuches im April 1991. »Alle

waren froh über die Fusion, einzige Ausnahme waren die Mitarbeiter, die einen sehr gedrückten und teilnahmslosen Eindruck machten. Die beiden fragten mich, was man da tun könne. Wir fuhren hin, führten Gespräche mit einigen der Leute und gelangten zu dem Schluß, daß die beiden Vorstände lediglich ›Danke schön!‹ zu sagen brauchten. King und Marshall kamen wieder, und ich riet ihnen: ›Sagen Sie einfach Danke schön!‹ Sie schauten sich an und antworteten: ›Genau! Aber wie?‹ Wir beschlossen, eine zwei Wochen dauernde Mammutparty für alle 40 000 Mitarbeiter zu veranstalten. Dazu verwandelten wir einen unbenutzten Flugzeughangar in einen Nachtclub. Sir Colin und Lord King nahmen an allen 14 Abendveranstaltungen teil, hielten am Anfang eine kurze Rede, und dann ging das Vergnügen los.«
In ihrer Ausgabe von April 1990 kommentierte die englische Fachzeitschrift *PR Week*: »Nirgendwo sonst findet man Architekten, Schriftsteller, Film- und Videoproduzenten, Graphiker, Theater- und Beleuchtungstechniker, Ingenieure, Fotografen, Komponisten und Produktionsleiter unser einem Dach.« Das ist *Imagination!* Die Gesellschaft mit einem Umsatz von 80 Millionen Dollar (1990) und 200 Mitarbeitern wächst schnell – und sie ist ein ganz besonderes Unternehmen.

Das »Produkt«

Wenn man den Geschäftsführer Brian Shepherd fragt, was Imagination eigentlich macht, antwortet er (mit absolut ernstem Gesicht), daß seine Firma »eine komplette Palette kreativer Dienstleistungen anbietet«. Withers, der von einigen Witzbolden der »englische Walt Disney« genannt wird, ist der Meinung, daß Imagination »Theater« macht. Der Umfang an Fertigkeiten und Techniken, die unter dem Dach des Unternehmens vereint sind, ist in der Tat außerordentlich. Es gibt Tonstudios, eine Grafikabteilung, eine Film- und Videoabteilung, eine Beleuchtungsabteilung und eine fotografische Abteilung. Hinzu kommen renommierte Architekten, Innendekorateure, CAD-Spezialisten, Modellbauer, PR-Gurus, Künstler und Superstars des graphischen Gewerbes. Imagination ist mehr oder weniger offiziell in vier Profit Centers mit etwa 15 nachgeordneten Einheiten untergliedert. Was im Grunde gar nichts heißt. Denn Imagination bringt halt diejenigen zusammen, die gebraucht werden, wo immer und wann immer sie gebraucht werden, und setzt sich ungeniert über

etwaige funktionale Bezeichnungen hinweg, um etwas ganz Besonderes für seine Klienten zu kreieren.
Das Unternehmen hat zahlreiche neue Produkteinführungen für Ford in ganz Europa organisiert. (Ford, einer der ersten Klienten, macht zwanzig Prozent des Honorarumsatzes aus.) Imagination half auch British Airways dabei, seinen festgefahrenen First-class-Service aufzumöbeln und entwirft gerade einen Flughafen in Macao. Es hat wiederholt mit British Telecom an verschiedenen internen und externen Projekten zum Wandel von Produkten und der Unternehmensstruktur zusammengearbeitet. »Wir versuchten, der Firma ein konsequenteres Image zu geben«, sagte Withers, »und sie weniger als einen Hardware-Lieferanten, sondern mehr als ein innovatives Serviceunternehmen darzustellen.«
Unterhaltung, Theater, die Schaffung eines Images – zitiert in der *Financial Times*, meinte Withers –, diese Ideen seien »der Weg nach vorne im Kampf um eine explosionsartige Umsatzausweitung«. Wiederholt hat Imagination eine anfängliche Skepsis überwunden und einige Großunternehmen in Großbritannien und auch in den USA (wo Sony und Disney zu seinen Kunden gehören) gewaltig aufgepeppt. Imagination war auch für die »Roadshow« von British Steel verantwortlich, mit der das Unternehmen, Eckstein der Reprivatisierungskampagne Margaret Thatchers, den Gang an die Börse auftat: In knapp zwei Wochen schuf Imagination vierunddreißig Präsentationen in dreißig europäischen und nordamerikanischen Städten – und arbeitete auch noch die Reden für den Vorstandsvorsitzenden aus.
Einer der Leitsätze von Imagination lautet: Übernehme nur dann einen Auftrag, wenn *er Spaß macht, man daraus lernen und etwas ganz Besonderes daraus machen kann.* »Wenn ein Auftrag hereinkommt, der stinknormal ist«, sagt Withers, »lassen wir entweder die Finger davon, oder wir modeln ihn um.« Wachstum, bekräftigt Shepherd, »kann nicht heißen, mehr vom selben zu produzieren«.

»Organisation«

Aber wie sieht dieses Unternehmen aus, das fast ohne weiteres eine Party für 40 000 Personen organisieren kann und imstande ist, so viele verschiedene Fachrichtungen (und vermutlich auch so viele übergroße Egos) so schnell, so reibungslos und so effektiv unter einen Hut zu bringen?

Zum Teil beruht das Kunststück auf Spannung – und auf *totaler* Flexibilität. »Ständig halten wir die unmöglichsten Termine ein«, sagt ein Vorstandsmitglied. »Und das können wir nur durch große Flexibilität. Wenn etwas gemacht werden muß, dann macht man's eben, egal, ob's die Putzfrau oder der Projektleiter ist.« Und das ist das Ergebnis, das Imagination mit der von Shepherd so bezeichneten »amöbenartigen Struktur« erzielt. »Es ist ein Chamäleon, das ständig seine Gestalt und seine Farbe verändert, je nachdem, welche Bedürfnisse gerade gefragt sind.« Es gibt kein großartiges Konzept, beteuert er, außer daß wir uns faszinierende Aufgaben aussuchen, die es den Menschen erlauben, zu neuen gemeinsamen Grenzen vorzustoßen. Und alle leitenden Angestellten, mit denen wir sprachen, hielten es für unabdingbar, daß das Unternehmen etwas schon Dagewesenes niemals noch einmal machen dürfe. Über sich hinauswachsen, immer wieder, das ist Imaginations Strategie und auch Markenzeichen.
Manchmal, zumindest am Anfang, läßt sich der Ansatz, den Imagination verfolgt, an engstirnige Firmen, die traditionellen Strukturen sehr verhaftet sind, schwer verkaufen. »Sie können nicht begreifen, warum wir keine Tätigkeitsbeschreibungen und Ähnliches haben«, erzählte uns Shepherd. »Wir versuchen, ihnen klarzumachen, daß unsere Mitarbeiter *wissen*, was sie tun und wie sie es zu tun haben, und daß sie die Aufgaben mit Energie und Begeisterung angehen, daß wir aber ganz bewußt niemanden in irgendwelche Schablonen zwängen.«
Bei Imagination gibt es keine Personalabteilung. In der Regel sind die Teamleiter für Neueinstellungen zuständig. Das Ausschlaggebende besteht laut Shepherd darin, Mitarbeiter auszuwählen, »die an einer Vision teilhaben wollen. Jeder neueingestellte Mitarbeiter muß unverwechselbare Eigenschaften mitbringen.« Die Kandidaten begegnen vielen Menschen, aber keinem Personalchef. Ein leitender Angestellter meinte, daß die Interviewer nach »Energie, Kreativität, Begeisterung und Teamfähigkeit« Ausschau halten. Zeugnisse, beteuerte Withers, seien unwichtig.
Es ist auch nicht ungewöhnlich, daß Imagination Mitarbeiter einstellt, ohne einen Arbeitsplatz für sie zu haben. »Es kann bis zu sechs Monate dauern, bis wir die richtige Nische für sie gefunden haben«, sagte uns Withers. »Wenn jemand gut ist, dann nehmen wir ihn. Wir brauchen sie auf Vorrat.« Bei einem Jahres-

wachstum von fünfzig Prozent (seit 1986) ergeben sich neue Möglichkeiten aber meist ungeahnt schnell.
Die berufliche Entwicklung bei Imagination hat mit dem Erklimmen einer Karriereleiter absolut nichts zu tun. Horizontale Bewegungen sind die Regel, und Mobilität ist der Schlüssel. »Einer unserer besten Videoleute kam als Buchhalter zu uns«, erzählt Shepherd. »Eines Abends entdeckte ihn Gary (Withers), wie er ganz allein im Schneideraum arbeitete. Der Bursche hatte eine Heidenangst, weil er ertappt worden war. Aber Gary sagte einfach: ›Na, lassen Sie mich doch mal sehen, was Sie gemacht haben!‹ Und am nächsten Tag informierte er den Leiter Finanzwesen, daß der Buchhalter von jetzt an in der Videoabteilung arbeiten werde.«
Schmunzelnd gab Shepherd zu, daß das erste halbe Jahr bei Imagination für die meisten »ein Alptraum ist. Den außerordentlich hohen Anforderungen an Vielseitigkeit, Arbeitsdruck und Kreativität gerecht zu werden ist nicht leicht.«

Projekte!
Wenn ein möglicher Auftrag ins Haus steht, setzt sich schnell ein »Brainstormingteam« zusammen. Geführt von einem der sieben Vorstandsmitglieder gehören dazu normalerweise ein Texter sowie zwei andere – z.B. ein Beleuchter und ein Grafiker. Ist der Auftrag dann gewonnen, wird ein »Projektteam« zusammengebastelt. Aber seine Gestalt ist alles andere als felsenfest und unveränderlich; es wird sich in dem Maß verändern, wie sich das Projekt entwickelt.
Das Team ist alles! Imagination führt pro Jahr zweihundert oder mehr Klientenaufträge aus. Dadurch ist es im Prinzip lediglich eine Ansammlung von Projekten. Sobald ein Team gebildet wird, wird von jedem erwartet, sich in allen Teilbereichen der Aufgabe zu engagieren. Die Projektteams entscheiden selbst, wie sie sich organisieren wollen. »Wer dem Team angehört, wer wem berichtet und wie die Arbeit erledigt wird, bleibt ihnen überlassen«, sagte Shepherd. Projektleiter sind einem leitenden Angestellten unterstellt, der gleichzeitig Leiter einer Funktionsabteilung (z.B. der Grafikabteilung) ist. Das Finanzmanagement fällt in den Zuständigkeitsbereich der Projektleiter (sie können sich unter anderem eine Aufstellung der Ausgaben, die täglich aktualisiert wird, auf ihren Computerbildschirm holen).

Permanente Flexibilität

Shepherd behauptet, die Entscheidungsfindung bei Imagination sei »permanent flexibel«. Er fügt hinzu, daß »keiner Angst davor hat, eine gefällte Entscheidung am nächsten Tag zu revidieren, wenn plötzlich eine neue Information, und sei sie noch so klein, auftaucht«. Withers leistet seinen Beitrag dazu, indem er unaufhörlich gegen bürokratische Tendenzen in dem wachsenden Unternehmen ankämpft. Irgendwann wurden die Arbeitszeitaufstellungen um die jeweilige Personalnummer ergänzt. Withers fand dies heraus und wurde fuchsteufelswild. Er raste durch das Gebäude und stieß dabei mit dem Kaffeewagen zusammen. Triefend vor Kaffee stürmte er weiter, bis er alle neuen Arbeitszeitaufstellungen eingesammelt hatte. Er lief in den Hof hinter dem Haus und setzte sie in Brand. Die meisten Mitarbeiter eilten zum Fenster und applaudierten ihm mit Begeisterung.

Man sollte sich jedoch nicht täuschen, die Unternehmenskultur bei Imagination ist anstrengend. »Unsere Mitarbeiter sind so gut wie ihr letztes Projekt«, meinte Michael Howard, im Vorstand zuständig für die Produktion. Und ein weiterer leitender Mitarbeiter meinte: »Wenn jemand anfängt, sich auf Kosten des Teams zu profilieren, merken wir das sofort« – und er deutete an, daß der betroffene Mitarbeiter sehr schnell auf der Straße landen würde.

Shepherd beschreibt Imagination als eine Ansammlung von 200 kreativen Einzelpersönlichkeiten, von denen »jede ihre eigenen unternehmerischen Ambitionen verfolgt«. Er fügt hinzu: »Wenn ich morgens hereinkomme, finde ich häufig ein halbes Dutzend Leute in einem Studio, die die ganze Nacht hindurch an einem Projekt für einen Klienten gearbeitet haben. Die Intensität des Engagements, vom Sachbearbeiter bis zum Kreativchef, ist ungeheuerlich. Das macht die Herausforderung.« Die Bezahlung ist leicht überdurchschnittlich, aber ein Vorstandsmitglied gestand, daß das »Gesamtpaket nicht überwältigend« sei. Und trotzdem bleiben die begabtesten »Imagineers« – so nennen sie sich selbst – dabei. Einer der besten, Paul MacKay, erzählte uns, er habe das Gefühl, seine eigene Firma zu leiten, und schaffe gleichzeitig viel mehr, als in einer winzigen eigenen Firma möglich sei.

Shepherd erzählte uns, daß Kunden »routinemäßig fragen ›Wie zum Teufel managen Sie das Ganze?‹« Shepherd betrachtet leitende Angestellte als »Fitneßtrainer«, er selbst sei »Cheftrainer«. Außerdem beteiligt er sich an der Vorplanung für Aufträge potentieller Kunden und hilft, Projektstellen nach Bedarf zu besetzen – wobei der »Ressourcenzuteilungsprozeß«, wie fast alles andere bei Imagination auch, ohnehin »ziemlich organisch« ist.

»Auch Teamleiter-Stellen sind zu besetzen«, sagt Shepherd ganz cool. Und »wenn jemand der richtige Projektleiter ist, dann wird er es auch. Er braucht dazu keine bestimmte Zahl von Jahren an Berufserfahrung.« Darüber hinaus werden Projektleiter unter Umständen im Verlaufe des Projektes ausgewechselt. (Es gibt einen Projektterminüberwacher, der alle zwei Wochen die zentralen Ressourcenzuteilungsunterlagen aktualisiert. Jeder kann sie sich über das Computernetz anschauen. »Aber«, sagt Shepherd mit einem Schulterzucken, »es ist immer schon überholt.«)

Withers' Stil hat sich im Laufe der Jahre verändert. Er zeichnete eine kleine Skizze, um das zu verdeutlichen:

Am Anfang sah er sich als die Spitze einer kleinen Pyramide. Dann – wie das zweite Bild zeigt – stellte er die Pyramide auf den Kopf, so daß er selbst ganz unten angesiedelt war. Die heutige Organisationsform hat Withers nach eigenem Gutdünken und nach dem Vorbild des verstorbenen Walt Disney gestaltet. »Man vergleicht Disney mit einer Hummel, die mit befruchteten Ideen von einer Blume zur anderen fliegt, die den schöpferischen Funken vermittelt, der selbst keine Linienverantwortung trägt«, erklärte er. Bei Imagination ist die »Linienverantwortung« im großen und ganzen an Shepherd delegiert. Was also macht eigentlich die »Hummel«? Withers schildert seinen Tagesablauf: »Ich komme um sieben Uhr ins Büro und widme die erste Stunde mir selbst, um Post zu erledigen, Briefe zu diktieren und so weiter. Von acht bis neun Uhr frühstücke ich in unserer Kantine. Alle wissen, wo ich zu dieser Zeit zu finden bin, so daß sie die Chance haben, Sachen mit mir zu besprechen, meine Meinung oder meine Entscheidungen einzuholen. Den Rest des Tages wandere ich in unserem Gebäude umher. Es kann vorkommen, daß einer unserer Leute aus einer Präsentation oder einem Meeting bei einem Klienten anruft und sagt: ›Die Sache läuft, nur macht mir sein Architekt zu schaffen.‹ Dann sage ich: ›Ich komme sofort‹. Ich springe in ein Taxi und bin bei der Nachmittagssitzung dabei, um meinen Mitarbeiter zu unterstützen.«

Die Kantine, die in einem großflächigen, lichtdurchfluteten

Gary Withers wechselnde Rollen

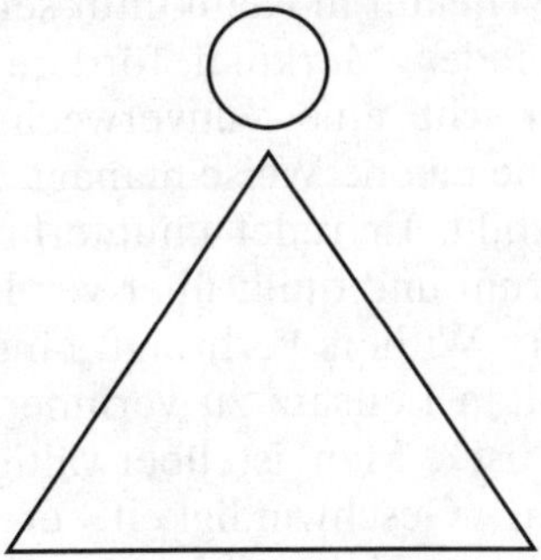

»Am Anfang stand ich an der Spitze einer kleinen Pyramide.«

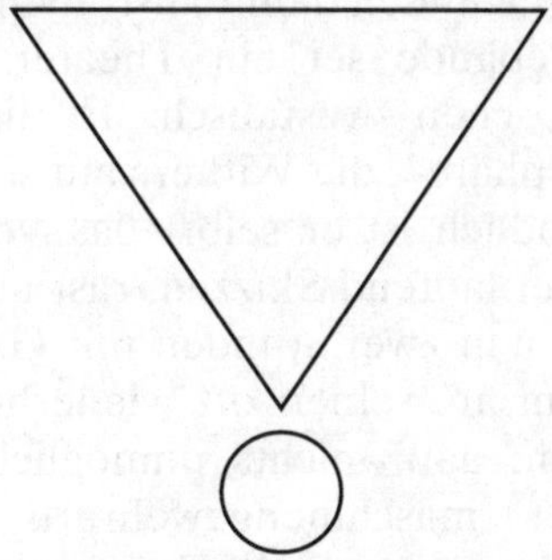

»Als das Geschäft florierte, arbeitete eine größere Gruppe mit mir von 6.00 Uhr morgens bis 24.00 Uhr nachts!«

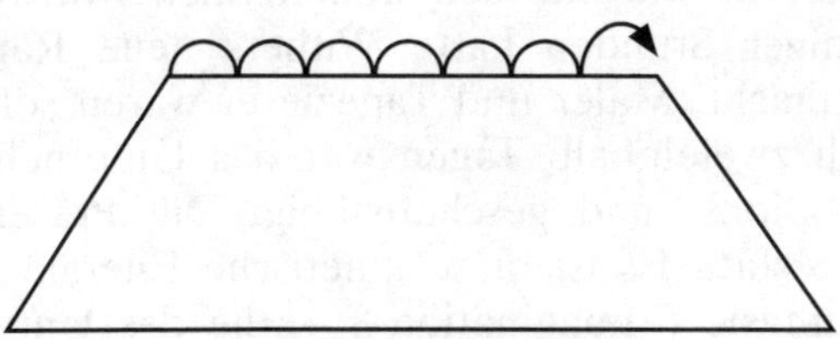

»Die heutige Zielvorstellung ist eine dreilagige, flache Firma. Ich las einmal ein Buch von Disney, in dem man seine Rolle mit der einer Hummel verglich: auch sie fliegt herum und befruchtet die Blumen – sie sorgt für das kreative Moment, trägt aber nicht die Verantwortung für das Endprodukt.«

Atrium untergebracht ist und die Withers jeden Tag besucht, ist das Kommunikationszentrum der Firma. Dort findet man Klienten, dort findet man Imagineers, den ganzen Tag über. Die Menschen reden ungezwungen miteinander. Withers besteht darauf, immer wieder, daß der Imagination-Prozeß und das, was sie für ihre Kunden damit anstreben, Theater in Reinkultur sei. Auch das Gebäude sei ein Theater. Jedes Merkmal fördere einen dynamischen Austausch. Es herrscht eine »unverwechselbare Atmosphäre«, die Withers auf seine eigene Weise managt. Selbstverständlich ist er selbst das Vorbild: Er redet ununterbrochen, zeichnet laufend Skizzen, rast herum und quillt über vor Ideen.
Wenn man zwei Stunden mit Gary Withers verbringt, fängt man langsam an, seinen oft wiederholten Leitsatz zu verinnerlichen, nämlich, daß »nichts unmöglich ist«. Man ist überwältigt, mit welcher maschinengewehrartigen Geschwindigkeit er seine Ideen heraussprudelt. Er ist immer am Ausprobieren, am Anregen, »tut sein Möglichstes, um sich zu übernehmen«, wie er selbst sagt. »Wir drängen immer bis an die Grenzen und manchmal darüber hinaus«, sagt er.
Vor einigen Jahren fiel das Imagination-Gebäude einem Brand zum Opfer. Das geschah an einem Wochenende. Und eine wichtige Präsentation war für den kommenden Mittwoch geplant. Binnen weniger Stunden hatte Withers neue Räumlichkeiten ausfindig gemacht, Maler und Tapezierer waren sofort zur Stelle, und nach zweieinhalb Tagen war das Unternehmen wieder rundum funktions- und geschäftsfähig: Die Präsentation fand termingemäß statt. Es ist diese kinetische Energie – zusammen mit der Phantasie (»Imagination«) –, die das Unternehmen so erfolgreich auf seine Kunden überträgt.

Projektmodelle sind Verantwortungsmodelle

Der Druck ist selbstgemacht . . . Man glaubt, daß es nie gut genug ist. Man fragt sich am Ende immer, was habe ich in letzter Zeit wirklich geschafft? Denn es gibt einen alten Spruch: Du bist nur so gut wie dein letzter Werbespot.«

Alfred Link, Werbetexter
Goldberg Moser O'Neill
Image, 7. Juli 1991

Projektmodelle machen immer einen unordentlichen Eindruck – und sie sind es auch in gewissem Maße. (Eben darum brauchen wir sie: Unordentliche Organisationen für unordentliche Märkte.) Außerdem gibt es viele Möglichkeiten, die »Projektsache« falsch zu machen – einige werden unten besprochen. Aber richtig ausgeführt, wie bei EDS, McKinsey oder Imagination, sind Projektmodelle das Nonplusultra für Verantwortungsmodelle.

- Erstens gilt: Alle richtig geführten Projekte / Projektteams haben Kunden, manchmal interne, aber meist externe (auch bei Titeflex und UPRR). Echte Kunden, darin sind sich die Spitzenpraktiker alle einig, erzeugen quasi automatisch ein hohes Verantwortungsbewußtsein.
- Ebenso bedeutsam ist es, daß Projektteams, die schon aus ihrer Konzeption heraus Ergebnisse erzielen müssen (und die personell immer »unterbesetzt« sind, wie bei EDS, McKinsey und Imagination), auch eine Art von internem Verantwortungsbewußtsein der einzelnen Mitglieder untereinander und auch der Teams untereinander entwickeln. Einer für alle, alle für einen – genauso läuft's. Effektive Teams, die aus einzelnen Mitgliedern mit individuellen Fähigkeiten bestehen, sind durch Abhängigkeiten gekennzeichnet: Jeder ist auf die Fähigkeiten des anderen angewiesen, um dem Kunden richtig dienen und der Aufgabe gerecht werden zu können. Das erklärt die unter den besten und professionellsten Serviceunternehmen oft festgestellte Erscheinung, daß sich gerade die, die selbst unter starkem Druck stehen, eine Aufgabe abzuschließen, sich am ehesten freiwillig melden, um anderen auszuhelfen. Denn sie wissen, daß sich der Spieß sehr schnell umdrehen kann! (Der hohe Leistungsdruck hat auch den Nebeneffekt, Kritteleien zu unterbinden – weil dafür einfach keine Zeit bleibt –, und es entsteht das, was die Psychologen als »die Norm der Reziprozität« bezeichnen.)
- Projektkonfigurationen führen darüber hinaus zu Eigenverantwortung. Wenn nämlich das Berufsleben ein ständiges Eilen von Projekt zu Projekt ist – dies erinnert schon wieder an EDS, McKinsey und Imagination –, so muß sich jeder gezwungenermaßen selbst um seine eigene Entwicklung kümmern, damit er auf der »Wunschliste« möglichst vieler Projektleiter erscheint. »Schaffe dir dein eigenes Unternehmen«, lautet das schon häufig zitierte Motto (vgl. Kapitel 5, 6).

Wenn man alles zusammenzählt – am Kunden orientiertes Verantwortungsbewußtsein, gegenseitige Rücksichtnahme aufgrund wechselseitiger Abhängigkeiten und Eigenverantwortung –, hat man eine baumstarke Kombination. Tatsache ist jedoch, daß in normalen Hierarchien häufig keine dieser drei Arten von »Verantwortung« vorhanden ist.

David Kelley Design

> *Fail sometimes, be Left-handed, get Out there, be Sloppy, be Stupid. (Sei manchmal erfolglos, habe zwei linke Hände, geh raus und hau rein, sei schlampig, sei dumm.)*
> »FLOSS«,
> David Kelleys
> Ansatz zu Konstruktion und Design

> *Wenn wir einmal ein ganz verrücktes Problem haben, ist es gut möglich, daß jemand (bei David Kelley Design) über die notwendigen Fähigkeiten verfügt, es zu lösen.*
> Steve Jobs; Gründer von Apple und
> Gründer/Vorstandsvorsitzender von NeXT, ID,
> September/Oktober 1987

Als ich das Unternehmen *David Kelley Design* Anfang 1991 besuchte, gab es dort rund sechzig Mitarbeiter, meist Elektroingenieure und Maschinenbauer. Etwa die Hälfte von ihnen waren Absolventen des einzigartigen Studienganges Produktdesign der Stanford University. Der Hauptsitz befindet sich in Palo Alto, im Herzen des Silicon Valley. Dazu gibt es noch winzige Außenstellen in Chicago und Boston.

Was ist eigentlich David Kelley Design? Und genauso wichtig ist die Frage, was David Kelley Design *nicht* ist. »Schöner bauen« allein ist es nicht. Natürlich spielt die Ästhetik bei DKD eine bedeutende Rolle, aber weiteren Faktoren, wie beispielsweise der Herstellbarkeit, gebührt ein genauso hoher, wenn nicht gar hö-

herer Stellenwert. Das Unternehmen läßt sich in keine Standardschablone einordnen – genau wie es dem Anliegen des Firmengründers David Kelley entspricht.
Das Industriedesign mit einem Stab von vierzig bis fünfzig Mitarbeitern spielt von Tag zu Tag eine zunehmend wichtige Rolle. Einige Designer widmen sich ausschließlich ästhetischen Belangen. Andere kümmern sich nur um die Herstellbarkeit. Wieder andere werden vom ersten Tage eines neuen Produktdesignprojektes für einen Klienten miteinbezogen. Einige kommen erst dann hinzu, wenn ein Kundenprojekt bereits ziemlich weit vorangeschritten ist, aber in Schwierigkeiten steckt. Einige arbeiten am Gesamtprodukt, andere nur an zwei oder drei Bestandteilen. DKD ist bereit, zu jedem beliebigen Zeitpunkt in ein Projekt einzusteigen, von einem sehr frühen bis zu einem sehr späten Zeitpunkt. Und beliebige Aufträge zu übernehmen, von der Entwicklung des Gesamtkonzeptes bis hin zu einem relativ unbedeutenden Teilprojekt. Es hat schon Zeiten gegeben – zum Beispiel in den Anfängen von Steve Jobs' NeXT Computer –, als DKD de facto für den NeXT-Maschinenbau zuständig war. Manchmal war die Arbeit des Unternehmens so effektiv, daß die Klienten auf eigene Maschinenbaukapazitäten verzichteten und sich statt dessen völlig auf Kelley verließen.
Die *San Jose Mercury News* beschreibt ein tpyisches DKD-Projekt: die Konstruktion einer Recyclinganlage für Aluminiumdosen für das aufstrebende Unternehmen Sjöberg Industries:
»Zum selben Preis hätte [Sjöberg] drei Ingenieure einstellen und jeden von ihnen mit raffinierten computergestützten Designsystemen ausstatten können. Nur hätte sie ein Jahr gebraucht, um das Produkt auf den Markt zu bringen – vier Monate länger als David Kelley benötigte. Sjöbergs Vorstandschef Don Massaro meint, daß es mehr Sinn hat, nur das intern zu machen, was die Konkurrenzfähigkeit des Unternehmens tatsächlich erhöht. ›Es ist besser, interne Ressourcen auf den Gebieten zu verstärken, auf denen man einen wirklich beachtlichen Mehrwert erzielen kann.‹«

Der Prozeß: Hochkinetische Energien

David Kelley Design verblüfft seine Kunden immer wieder. Das »Büro« ist eine Widerspiegelung seiner Arbeitsmethode und läßt sich am besten mit den Worten einer »einigermaßen gesteuerten

Hektik« bezeichnen. Das Ambiente vermittelt Anregung und Verspieltheit. Gegenstände liegen verstreut herum. Es ist vielfarbig. Spaßige Gegenstände (Spezialeffekt-Modelle für einen Film) stehen direkt neben seriösen Gegenständen (Teile von neuen Computern, an denen DKD arbeitet). Verrückte individuelle Design-Projekte – darunter eine merkwürdige Lampe, die um die Ecke leuchten kann – liegen kunterbunt neben dem halbfertigen Modell eines Gerätes für die Blutanalyse. Den Geist des Unternehmens bekommt man sofort mit. Mitarbeiter bauen Dinge zusammen, besprechen Dinge und arbeiten an Gegenständen. Das Ganze erinnert in etwa an eine Kindergartengruppe mit umhergestreuten Bastelmaterialien, die nur darauf warten, in irgendeiner überraschenden Form zusammengebaut zu werden. David Kelley will nicht – und vielleicht kann er es auch gar nicht – hinter seinem Schreibtisch hocken bleiben und Vorträge halten. Er besteht darauf, Besucher persönlich herumzuführen, und beteuert, daß man die Gegenstände unbedingt berühren, anfassen und ausprobieren müsse, um sie richtig begreifen zu können. Sein Konzept der Zusammenarbeit – das kunterbunte Miteinander vielfältiger Talente und Ideen – liegt glasklar auf der Hand. Bei DKD – genauso wie bei Imagination – erweist sich das Feeling und die Atmosphäre als ein nützlicheres Marketingwerkzeug. »Wenn wir einen Kunden dazu bringen können, zu uns zu kommen und sich umzuschauen, vergibt er den Auftrag fast immer an uns«, versichert uns Kelley.

Der Prozeß: Brainstorming und so weiter

Die Zeitschrift *America West Airlines* nannte Kelley »einen selbsterklärten ›horizontalen Ingenieur‹, das heißt, er bringt alle zusammen, von Anfang an, um das Projekt – das gesamte Projekt – zu besprechen«. Und in der Zeitschrift *ID* liest man, daß Kelley während seiner ganzen Zeit bei Boeing »lernte, daß ›Produktdesign‹ in neuen Bereichen der Technologie nicht serienmäßig angegangen werden solle, sondern daß jede Funktion von der Konstruktion über das Design bis zum Absatz getrennt gehandhabt werden müsse. Er ist aber der Meinung, daß dies kreative Mitarbeiter dem Gesamtprojekt entfremde und Mißverständnisse sowie negative Konkurrenz erzeuge. Am Anfang eines jeden Projektes bei DKD werden daher alle zu einer Brainstormingsitzung zusammengerufen, in der Zielsetzungen diskutiert werden und frische Ideen zirkulieren.« So konzentrierte sich das erste Brainstorming in einem Gemeinschaftsprojekt mit Matrix Computer Design (es ging um Konstruktion und Design einer Workstation für Metaphor Computer) darauf, was mit einem Computer geschieht, wenn er nicht in Betrieb ist; daraus resultierte die Idee, bei der Dateneingabe mit Infrarotgeräten zu arbeiten, um so den üblichen Kabelanschlußsalat zu vermeiden.

»Wir sorgen dafür, daß alle in einem Raum zusammenkommen, und dort brüllen sie sich gegenseitig an«, sagt Kelley in einem *Newsweek*-Interview. »Manche unserer Kunden wissen nicht einmal, wie man die richtigen Fragen stellt.« Er schilderte die Entwicklung eines kostengünstigen Bürostuhles – der Schlüsselfaktor war, den Klippmechanismus aus einem einzigen Gummistück zu konstruieren. »Sie wußten einfach nicht, daß man so etwas mit Gummi machen konnte«, erklärte Kelley.

Die Welt von Kelley ist hektisch, chaotisch, energisch, spielerisch, intuitiv – und strukturiert. Kelley kann stundenlang über den schöpferischen Prozeß reden. Brainstormingsitzungen sind ein konstanter Faktor und bilden den Kern der DKD-Methode. Bei Kelley kann jeder zu jeder beliebigen Zeit ein Brainstorming einberufen. Alle anderen, gleich wie beschäftigt sie sind, lassen alles stehen und liegen und eilen herbei. Warum? Weil sie wissen, daß die anderen Kollegen am nächsten Tag das gleiche für sie tun würden.

Im Laufe der Jahre hat DKD verschiedene Varianten der Brainstormingidee entwickelt, beispielsweise die »Rücken-an-Rücken-Methode«. Ein halbes Dutzend DKD-Mitarbeiter tauschen einen halben Tag lang Ideen mit einem Kunden aus. Dann zieht sich die erste DKD-Gruppe zurück, und sechs andere DKD-Kollegen treten an ihre Stelle. Das Anliegen wird nun von neuem aufgerollt. Kelley praktiziert diesen Ansatz, um »das Problem von vornherein ganzheitlich in den Griff zu bekommen.« Er meint zwar, Schnelligkeit sei alles, aber er fügt auch hinzu, daß »voreilige Entscheidungen« der Feind Nummer eins seien. »Das dicke Ende kommt später«, sagte er.

Die DKD-»Organisation«

Alle Arbeit bei David Kelley Design ist Projektteamarbeit. An einem ganz kleinen Projekt arbeiten ein bis zwei Mitarbeiter, an einem riesengroßen zwölf bis fünfzehn. An einem typischen

Projekt arbeiten vier bis fünf Personen, zwei Hauptverantwortliche (Designspezialisten) sowie zwei bis drei Personen, die Unterstützungsfunktionen wahrnehmen (CAD-Spezialisten, Werkzeugmaschinenspezialisten). Kurze Projekte dauern etwa zwei Wochen. Lange Projekte können sich bis zu einem Jahr oder länger hinziehen. Die Größe des Projektteams wechselt häufig, kann von eins bis zwölf ansteigen und dann wieder auf eins zurückgehen.

Ein Projektleiter/Projektmanager wird offiziell ernannt. Dieser Leiter kann ohne weiteres mit nur einem einzigen Projekt ein ganzes Jahr lang ausgelastet sein. (Natürlich nimmt der Projektleiter, wie jeder andere Mitarbeiter auch, an den informellen Gesprächen im Korridor und an den tagtäglichen »Brainstormings« aktiv teil.)

Die meisten Mitarbeiter wollen unbedingt ein Projekt leiten. Waren sie erfolgreich, wollen sie danach meist ein größeres Projekt leiten. Im allgemeinen – und dies ist *ein* Schlüssel zu Kelleys Erfolg – sind die Mitarbeiter durch die Bank darauf erpicht, ihren Standort zu wechseln, ihren Erfahrungshorizont zu erweitern und über das nächste Projekt in eine neue Branche oder Technik einzusteigen. (Sehr viele Mitarbeiter behaupten, daß gerade die Vielfalt DKD so attraktiv macht.) Es ist nicht übertrieben, zu behaupten, daß DKD-Mitarbeiter es ablehnen, dasselbe zweimal zu machen – allen voran Kelley.

Wie schon Withers von Imagination sagt auch Kelley, daß er nur dann ein neues Projekt annimmt, wenn er und seine Firma daraus etwas lernen können. Er beteuert, daß DKDs Stärke aus der Vielfalt der Branchen herrührt, die das kleine Unternehmen bedient – Computer, Medizintechnik, Spielwaren, Spezialeffekte für Filmproduktionen, Möbel und so weiter. Dadurch, daß die Mitarbeiter routinemäßig – und leidenschaftlich – von einem Gebiet zum anderen wechseln, tauchen Ideen aus dem einen Zusammenhang auch in einem neuen, anderen Kontext auf. So wurde zum Beispiel ein Kugelgelenk für einen Liegestuhl ursprünglich für ein Projekt in der Computerindustrie entworfen.

Und wie sieht es mit der »Lernumgebung« aus, von der die Managementgurus heutzutage so wehmütig reden? Nun, David Kelley Design ist ein Lernlabor schlechthin. Mit den Mitarbeitern von Kelley zu reden, ist ein Vergnügen. Die meisten sind von ihrer Arbeit hellauf begeistert. Die Projektleiterin für die Entwicklung eines Ballonkatheters für die Angioplastie hat Elektrotechnik und Maschinenbau studiert – und besitzt außerdem das DKD-Flair für Ästhetik, Herstellbarkeit und Geschäftssinn. Natürlich hätte sie am liebsten Tag und Nacht über ihr Projekt geredet. (Ich war so begeistert, daß ich schon mitmachen wollte.) »Vor einem Jahr wäre sie vermutlich nicht einmal in der Lage gewesen, das Wort Angioplastie zu buchstabieren«, kommentiert Kelley. »Ich schätze, daß sie heute eine von zwei oder drei Experten auf diesem Gebiet in der Welt ist.«

Kelley ist überzeugt davon, daß die wechselseitige Anregung den Schlüssel zur Kreativität bildet, auch wenn es manchmal Mühe bereitet, interessierte Kunden, vor allem etablierte Unternehmen, zu überzeugen. Das mächtige Unternehmen Steelcase beispielsweise stemmte sich vehement dagegen, als er es aufforderte, es sollte doch ihn engagieren – gerade weil er noch nie zuvor in seinem Leben einen Stuhl entworfen hatte! Aber Kelley wirkt eben äußerst überzeugend. Nach Überwindung der anfänglichen Skepsis erhielt er den Auftrag.

DKD-Mitarbeiter haben völlig freie Hand. Einige möchten lieber ihre eigenen Wege gehen. Kelley unterstützt sie und hilft ihnen, die Finanzierung auf die Beine zu stellen. In vielerlei Hinsicht ist jeder der fünfzig Designer bei DKD (unter insgesamt sechzig Beschäftigten) ein Unternehmer – der zu den besten Werkstoffen, Lieferanten, Kunden, CAD-Systemen und Kollegen in aller Welt Zugang hat. Wie bei EDS, McKinsey oder Imagination erfolgt die Projektverteilung ausnahmslos mündlich. Projektleiter müssen um die benötigten Mitarbeiter förmlich betteln. Meist weiß man, wer zur Verfügung steht und wer nicht. Es gibt auch einen »Engineering Manager«, der zur Not bei der Lösung von Problemen der terminlichen Abstimmung aushelfen kann. Er führt ein EDV-Protokoll, das mehr oder weniger verfolgt, wer gerade was macht. In der Praxis aber wird seine Hilfe nur selten in Anspruch genommen.

Wer für wen arbeitet, ist aus der Sicht der DKD-Mitarbeiter meist ziemlich irrelevant. »Mein Chef ist mein Mitarbeiter – und ebenso mein Chef«, erzählte mir ein Kelley-Designer mit einem Achselzucken. Das ist »Organisation«!

Chiat / Day / Mojo

Andere Werbeagenturen sind bestrebt, keine Fehler zu machen – genau das ist ihr Fehler.
Tom Mignanelli
Vorstandsmitglied der
Nissan Motor USA,
zu Chiat / Day / Mojo

Wenn auch professionelle Serviceunternehmen im allgemeinen die besten Vorbilder für die Organisation von morgen sein mögen, heißt das noch lange nicht, daß es nicht sowohl gute als auch schlechte Exemplare, tatkräftige und unbewegliche gibt. Wir tendieren dazu, Werbeagenturen als superwitzig zu sehen. Viele alteingesessene Werbeagenturen haben jedoch inzwischen dieselben Symptome fortschreitender Bürokratie entwickelt – groteske Überspezialisierung, Kämpfe zwischen den einzelnen Sparten (die Kreativen gegen die Betriebswirte), die »Titelitis« und anderes mehr –, die auch die absterbenden Industrieunternehmen kennzeichnen.
Wie es heutzutage auf jede Branche zutrifft, sind auch die alten Profis der Werbebranche oft von jungen aufstrebenden Agenturen überflügelt worden. Nichts verdeutlicht das besser als *Chiat / Day / Mojo*, die von der Zeitschrift *Advertising Age* zur »besten Agentur der achtziger Jahre« gekürt wurden. Mitte 1991 verzeichnete C/D/M einen Weltumsatz von 1,1 Milliarden Dollar. Das Privatunternehmen mit heute 1000 Mitarbeitern wurde 1968 in Los Angeles als Chiat Day gegründet, eröffnete 1980 eine Niederlassung in New York und erwarb 1988 die australische Agentur Mojo. Zu seinen Kunden gehören Nissan USA, Nutrasweet, Toshiba America Information Systems, Reebok und Shearson Lehman Brothers. Die berühmteste Werbekampagne von Chiat war wohl der umstrittene Spot für Appel zur Super Bowl (Amerikanische Meisterschaft im Profi-Football) 1985, in dem sie die streng gehorsame IBM-Truppe militärisch exakt über eine Klippe ins Meer marschieren ließ.

Kreativität ist alles

C/D/M steht für Kreativität. Alles und alle dienen dieser Idee. Es fängt bei der »Organisationsstruktur« an – keine rigide Einteilung. C/D/Mler sind nicht in enge Schablonen zu pressen. Auf ihren Visitenkarten stehen keine Titel. »Ich bin seit zwei Jahren dabei und habe noch keine Tätigkeitsbeschreibung gesehen«, erzählte uns Etatdirektor Sean Hardwick.

Der Firmengründer Jay Chiat besteht darauf, daß eine großartige Idee von überall her kommen kann und daß sich Mitarbeiter beruflich gemäß ihren Energien und Interessen entwickeln sollen. In der Tat haben viele der Kreativen in ganz bescheidenen Positionen angefangen. Nehmen wir Amy Moorman als Beispiel. Sie wurde als Mitarbeiterin für den Empfang eingestellt und hoffte, es bis zur Texterin zu bringen. Nach nur drei Wochen erfuhr sie von einer freien Assistentenstelle im kreativen Bereich. Aus freien Stücken übernahm sie die Aufgabe (zusätzlich zu ihren regulären Pflichten), und seitdem erfindet sie immer wieder neue Projekte für sich. So bot sie sich beispielsweise an, einen zehnwöchigen Sonderlehrgang für junge Kreative zu koordinieren. Um an diesem Kurs teilnehmen zu können, mußte man ein Portfolio mit früheren Arbeiten vorlegen. Natürlich hatte Amy ein solches Portfolio nicht – aber trotzdem erlaubte ihr die Firma zu hospitieren und den Kurs genau zu beobachten. Sie ist bereits auf dem besten Wege.

C/D/M-Mitarbeitern wird im allgemeinen eine ungewöhnlich breitgefächerte Erfahrung vermittelt. In einer traditionellen Agentur muß sich ein Assistent des Etatdirektors beispielsweise oft mit Detailfragen wie Budget- und Terminüberwachung auseinandersetzen. Bei C/D/M dagegen kann er bzw. muß er an Strategiebesprechungen mit dem Kunden teilnehmen und Kundenbeziehungen selbst entwickeln.

Schon immer hat die Agentur auch von ihren Etatbearbeitern Kreativität verlangt ... So war es ein Etatleiter, der die Idee hatte, Anfang 1981 mit artesischen Brunnen für Olympia Beer zu werben. Die Vermarktung kreativer Konzepte erfordert auch, daß Chiat für das kämpft, woran die Kreativabteilung der Agentur glaubt. »Die meisten Agenturen haben nicht den Mumm, eine gute Idee zu unterstützen ...«, sagte C/D/Ms Kreativdirektor Lee Clow. »Möglicherweise ... tragen sie die Idee ab und zu mal dem Kunden vor ..., aber sobald sie von irgendeinem Chef abgeschmettert wird, haben sie nicht das Rückgrat, dem Kunden zu sagen ›aber einen Moment bitte. Wir wissen, daß dies ein Risiko ist, aber Sie sollten es aus folgenden Gründen doch probieren.‹ Die meisten Etatleiter würden einfach ins Büro zurückkehren und sagen: ›Tut mir leid, Leute, wir haben es versucht, aber der Kunde will nun mal folgendes.‹«

Hart, aber herzlich

Als Gegenleistung für diese unbegrenzten Entfaltungsmöglichkeiten verlangt C/D/M viel – beinahe alles. Bei Bewerbergesprächen lassen die Interviewer keinen Zweifel daran, daß Chiat für den Kandidaten zum Lebensinhalt werden muß. »Wenn das nicht das Wichtigste für Sie ist, können wir Sie nicht brauchen«, sagte Vorstandsmitglied Sharon Stenley. »Das Leben ist so kurz. Also sollte man nur das tun, was man wirklich gerne tut. Arbeit muß Spaß machen.«

Das erinnert wieder an Imagination. Etatplanerin Ginny Kollewe unterstrich die Notwendigkeit der Flexibilität. »Jeder bei uns, sogar Telefonisten und die Mitarbeiter in der Buchhaltung, werden aufgefordert, alle möglichen Aufgaben zu übernehmen. Wem das nicht paßt, wird nicht allzu lange bei uns bleiben. Viele wollen hier arbeiten, aber nicht jeder ist dafür geeignet.« Sie betont weiter: »Wer sich nicht traut, die Initiative zu ergreifen, wer Angst hat oder wer wartet, bis ein Vorgesetzter seine Zustimmung gegeben hat, wird Ärger bekommen«.

Neue Kollegen werden ins kalte Wasser geworfen. »Es ist eine Feuerprobe«, sagt Etatdirektorin Laura Gonzales. »Man muß sich selbst auf Trab bringen. Das Fehlen eine überschaubaren Struktur kann für einen neuen Mitarbeiter verwirrend sein. Aber die Offenheit bei uns – ohne exakte Tätigkeitsbeschreibungen – bringt einen dazu, mehr übernehmen zu wollen.«

Man sollte dies jedoch nicht mit Anarchie gleichsetzen: »Unsere Funktionen sind bewußt mehrdeutig«, meinte Sharon Stanley. »Eines aber steht ganz eindeutig fest: der Unternehmensauftrag.« Und Vorstandsmitglied Elaine Hinton fügt hinzu: »Freiheit heißt nicht, daß man nicht auf die Kosten, nicht auf die Details achten muß. Sie bedeutet einfach, daß man bei uns nicht an die Hand genommen wird. Wenn Sie etwas nicht wissen, müssen Sie aufstehen und fragen. Es ist Pflicht, sich beruflich auf dem laufenden zu halten, und wer etwas weiß, ist verpflichtet, es den anderen Beteiligten mitzuteilen. Es gilt, fleißig zu sein, zu recherchieren und Fragen zu stellen.« Wie in den meisten leistungsstarken Serviceunternehmen werden solche unklar scheinenden Aussagen von den Betroffenen sehr wohl verstanden. Leistungsbeurteilungen? C/D/M ähnelt darin Imagination und DKD. »Bei uns herrscht keine Geheimnistuerei in puncto Leistungsbeurteilung«, sagte die Verwaltungsassistentin Sally Walsh. »Man kann jederzeit mit jedem reden und so erfahren, wie man von den anderen eingeschätzt wird.«

Geplante Neugier

Alle, mit denen wir sprachen, hoben den Stellenwert der Kommunikation hervor. Nichts ist schwieriger, insbesondere im Hinblick auf das schnelle Wachstum von C/D/M, als auf mündlichem Wege zu führen. »Informelle Mitteilungen können mißverstanden werden, ohne daß man es weiß«, sagte ein Gesprächspartner. »Auf der anderen Seite«, fügte Elaine Hinton schnell hinzu, »zwingt einen die offene Struktur, Beziehungen aufzubauen. Und außerdem kann man alle hier alles fragen und alles mit allen besprechen. Man braucht keine achtundvierzig Stunden auf einen Gesprächstermin mit einem der Vorstände zu warten.« »Neugierde fördert die kreative Energie«, sagte uns Michael Smith, ein Kreativer. »Man kann ständig in jeden Raum hineinschauen und Gedanken austauschen, die Texte oder Graphiken anschauen. Dadurch, daß sie so nah beieinander arbeiten, können die Kreativen um so leichter Ideen miteinander ausprobieren. Unsere physische Struktur fördert die Kommunikation. Unsere Firmenphilosophie verlangt, daß nichts versteckt wird.« Ein weiterer Kreativer erinnerte sich, daß in der großen Agentur in New York, in der er früher arbeitete, »manchmal eine ganze Woche verging, ohne daß ich mit jemandem redete. Keiner wußte, was ich machte. Hier ist man ein Teil des Ganzen, das bedeutet ein viel stärkeres persönliches Engagement.«

Die Leistung von Chiat / Day / Mojo dreht sich um einen scheinbaren Widerspruch. Das unumwundene Streben nach Kreativität ist beherrschendes Element. Auf der anderen Seite verdankt C/D/M seinen Vorsprung vor der Konkurrenz genausosehr seinen Bemühungen, die Kunden von Anfang an in die Entwicklung der Werbekampagnen einzubeziehen. »(C/D/M) nimmt einen Auf-

trag gar nicht erst an, wenn der Kunde es ablehnt, mitzuarbeiten«, berichtete *Business Month.* »Ein Beispiel ist die Zeitschrift *Vogue*, ein Kunde, der sehr werbewirksam ist, auch wenn er nur wenige Aufträge erteilt. Jay Chiat sagt: ›Ich fragte den Herausgeber, wie die Werbungen abgesegnet werden. Er antwortete, daß Herr Newhouse sie persönlich genehmigt. (S.I. Newhouse, jr., ist Vorstandsvorsitzender von Condé Nast Publications, der Muttergesellschaft von *Vogue*.) Ich fragte, ob wir die Chance bekommen würden, mit Herrn Newhouse zu sprechen und ihm unsere Arbeit zu präsentieren. Nein, sagte er. Sie übergeben mir die Arbeiten, und ich zeige sie Herrn Newhouse. Darauf sagte ich: In dem Fall glaube ich nicht, daß wir für Sie arbeiten können, denn wir würden so niemals begreifen, was Herr Newhouse wirklich will.‹«
C/D/M drängt und drängt auf kreative Risiken. Und es drängt und drängt auf intensive Kundeneinbindung (genauso wie Imagination und David Kelley Design). Aber dieser scheinbare Widerspruch läßt sich leicht auflösen. Das (an normalen Standards gemessen) etwas chaotische Verfahren der Kundeneinbeziehung stellt sich letzten Endes als ein ideales »Weichmach«instrument dar. Wenn Kunden schon zu Anfang in die lärmenden und hitzigen Diskussionen einbezogen werden, werden sie zu engagierten Partnern in einem gemeinsamen Kreuzzug. Später stehen sie dann gewagteren Ideen und Vorschlägen viel aufgeschlossener gegenüber. Nicht selten werden sie sogar zu Befürwortern radikaler Initiativen!
Wird der Kunde dagegen nicht schon ganz zu Anfang in die noch zwangsläufig unausgegorenen Diskussionen einbezogen, besteht kaum eine Chance, daß er sich zu außergewöhnlichen Schritten überreden läßt. Die Bereitschaft, Risiken einzugehen, ist das Ergebnis zeitaufwendiger Gespräche, bei denen es immer wieder hin und her geht und bei denen Fortschritte in Zentimetern gemessen werden. Es ist kaum verwunderlich, daß ein Kunde, der die entscheidenden Phasen nicht mitvollzogen hat, davor zurückschreckt, bei einer Werbekampagne große Risiken einzugehen – auch wenn er in den ersten Projektverhandlungen ein »sehr kreatives Ergebnis« verlangt hatte. Der Risikobereitschaft geht ein intensiver Dialog voraus – so ist das nun mal.

Das Rätsel der professionellen Serviceunternehmen

Während einer in jüngster Zeit geführten Diskussion über professionelle Serviceunternehmen, meldeten die Seminarteilnehmer folgende Bedenken an:

- Der Kunde verliert Vertrauen, wenn Teammitglieder ausgetauscht werden. Wenn er zusehen muß, wie Nachwuchskräfte bei McKinsey oder EDS ganz plötzlich in ein Projekt aufgenommen oder wieder herausgenommen werden, regt sich der Kunde manches Mal darüber auf, wieviel von »unserer kostbaren Zeit – und unserem kostbaren Geld – für deren Ausbildung aufgewandt wird.« (Erinnern wir uns daran, daß EDS neue Mitarbeiter ohne vorherige Schulung direkt zum Kunden schickt.)
  Andererseits handeln professionelle Dienstleistungsunternehmen ausschließlich mit Ideen. Daher müssen sie immer wieder auftanken. Neue Mitarbeiter bringen neue Perspektiven aus unterschiedlichen Fachdisziplinen und Projekterfahrungen ein. David Kelley betrachtet dieses Durchmischen als den Hauptgrund für den Erfolg seines Unternehmens.
  Professionelle Serviceleister müssen aber auch das Gefühl – und die Realität – einer Kontinuität vermitteln. Die einzelnen Mitglieder – und sogar Leiter – eines Projektes mögen ausgetauscht werden, aber die kluge Firma sorgt für Stabilität in der Betreuung des Kunden. Bei McKinsey zum Beispiel werden verschiedene Projekte von unterschiedlichen Mitarbeitern geleitet – doch der für die Beziehungen zu diesem Kunden zuständige Betreuer wird es in der Regel auch jahrelang bleiben.
- Es herrscht ein scheinbarer Mangel an (Finanz-, Leistungs- usw.) Kontrolle. Die Steuerung und Überwachung wird kaum wahrgenommen.
  Der breitgefächerte Arbeitsstil von Projektteams und die bei den meisten professionellen Serviceunternehmen in schriftlicher Form nur spärlich vorhandenen Unternehmensleitlinien lassen Traditionalisten erbleichen. Und, geben wir's gleich zu, es gibt schon Beispiele für professionelle Servicefirmen, die die Kontrolle über Qualität und Finanzen verloren haben. (Ironischerweise aber resultiert das Scheitern eines professionellen Dienstleistungsunternehmens zumeist aus einem Zusammenbruch der partnerschaftlichen Beziehungen und der Vertrauensbasis und nicht aus unkonventionellen Bilanzierungspraktiken.)

In allen von uns untersuchten Fällen waren jedoch Steuerung, Regelung und Überwachung (Rechenschaftspflicht, Selbstverantwortung) bei weitem intensiver, als man sie in traditionellen Bürokratien vorfindet.

- Die Zuteilung von Ressourcen (Menschen) ist ein Alptraum. Ich bin noch keinem professionellen Serviceunternehmen begegnet, das über eine »gute« – das heißt systematische – Technik verfügt. Alle haben formale Systeme ausprobiert, aber wieder verworfen. Die alternative mündliche Methode ist zwar chaotisch, kann aber funktionieren. Im Laufe der Jahre entwikkeln leistungsstarke Projektleiter ein ausgedehntes Netzwerk – es ist ein primäres Kennzeichen für den Erfolg. Sobald der clevere Projektmanager die allerersten Anzeichen für ein interessantes neues Projekt in der Luft wittert, greift er zum Telefon und erkundigt sich stundenlang nach verfügbaren Mitarbeitern, trifft Vereinbarungen mit Kollegen (holt die Gegenleistung für früher erwiesene Gefallen ein) und versucht, ein potentielles Team zusammenzustellen. Solche Fähigkeiten in der Rekrutierung von Teammitgliedern sind eines Projektleiters beinahe wichtigstes Gut.
  Der Prozeß regelt sich von selbst. Da der Teamerfolg von der Fähigkeit abhängt, erstklassige Talente zu rekrutieren, nehmen ehrgeizige Projektleiter den Aufbau von Netzwerken in der Regel sehr ernst. (Und sie lernen auch, die Zügel locker zu lassen, wenn es schmerzt – aus Gründen der puren Selbsterhaltung.) Da ein typisches professionelles Dienstleistungsunternehmen zudem immer bis und über die Grenzen hinaus ausgelastet ist, bleibt kein Platz für Sentimentalität. Projektleiter mit armseligem Ruf (lausige Analytiker, »Menschenverächter« etc.) können keine guten Leute für ihr Team bekommen. Talentierte Mitarbeiter mit lausigem Ruf bekommen keine guten Aufträge. Daraus resultiert ein effektiver Prozeß der natürlichen Auslese.
- »Kreative« Zeit ist knapp – wegen fürchterlichen Termindrucks. Fürsprecher professioneller Serviceunternehmen sagen, daß die mit dem Projekt verbundene Originalität an sich bereits die notwendige Kreativität erzeugt. Dies ist zwar eine Übertreibung, aber es stimmt schon, daß jedes Projekt zumindest einen neuen Anfang bedeutet. Aber manche Firmen gehen weiter als andere. David Kelley Design und Imagination akzeptieren ein Projekt beispielsweise nur dann, wenn es sie zu neuen Grenzen führen

wird. Bei beiden Unternehmen herrscht außerdem eine Kultur vor, die die Mitarbeiter dazu drängt, sich mit neuen Problemstellungen zu befassen – statt sie zu zwingen, auch noch den letzten Tropfen aus dem gerade erworbenen Spezialwissen herauszupressen. Beide Firmen sind der Meinung, daß solche Praktiken ihnen helfen, Anziehungskraft auf hochkarätige Leute auszuüben und sie dann auch zu halten.

Trotz dieses natürlichen Drucks in Richtung Kreativität haben viele Serviceunternehmen doch mehr Gemeinsamkeiten mit herkömmlichen Firmen, als sie zugeben möchten. Es gibt ganz bestimmt eine routinemäßige »McKinsey-Mentalität« oder »EDS-Mentalität«. Leider gestehen sehr wenige McKinsey-Berater das ein. Die meisten professionellen Dienstleistungsunternehmen gehen davon aus, daß sich das Kreativitätsproblem durch die ständige Zufuhr neuer Projekte von selbst »erledige«. Dem ist aber nicht so.

Merkmale professioneller Service-»Organisationen«

Aus diesen Fallbeispielen – EDS, McKinsey, Imagination, David Kelley Design und Chiat/Day/Mojo – lassen sich wichtige Tendenzen ableiten:

- *Die Projekt-/Geschäfts-/»horizontale« Achse dominiert.* Der Grund ist einfach: Es ist das Tempo der Veränderungen am Markt. Professionelle Dienstleistungsunternehmen sind aus einem ganz einfachen Grund so organisiert: Es gibt keine Alternative.
- *»Adhocratie« ist die Norm.* Ständiger Wandel und permanente Flexibilität in Reaktion auf die Anforderungen des Marktes (bei gleichzeitiger Erhaltung zugrunde liegender zentraler und beständiger Wertvorstellungen) ist wiederum eine durchschnittliche Reaktion auf den durchschnittlich bewegten Markt.
- *Den persönlichen Interessen folgen / Strategie kommt von unten und ändert sich den Umständen entsprechend / Das Portfolio von Zeit zu Zeit bereinigen / Dieselbe Idee taucht immer wieder auf.* Professionelle Serviceunternehmen werden, auch wenn manche von ihnen es unwilliger zugeben als andere, nach den

persönlichen Interessen der wichtigsten Mitspieler organisiert. Wenn eine aufregende Person mit einer besonderen Vorliebe – beispielsweise für Bankstrategien in einer Unternehmensberatung – auftaucht, wird er oder sie mit dem Geschäft, daß er oder sie aufbaut, allmählich Leute an sich locken. Professionelle Serviceunternehmen betrachten dies als völlig normal, wobei die meisten schon dafür sorgen, daß Egoisten immer wieder auf den Boden der Tatsachen zurückfinden.

Der Führungsstil in dieser Art von Unternehmen bildet das genaue Gegenteil des autoritären Führungsstils, der »normale« Firmen kennzeichnet. (Hinweis: Heute gibt es keine »normalen« Firmen mehr!) Die Grundidee der Führung liegt, wie beim Gärtnern, darin, ein Umfeld zu schaffen, das üppiges Wachstum fördert. Die Leiter professioneller Dienstleistungsunternehmen kümmern sich um die Samenauswahl (Mitarbeiterrekrutierung), um die Düngung und Bewässerung (Förderung aller möglichen Einzel- und Kleingruppeninitiativen). Wildwuchs müssen sie gelegentlich ausjäten. Dabei müssen sie jedoch sehr sorgfältig vorgehen, da sie wissen, daß es oft gerade die nicht vorgesehenen wilden Blumen sind, die zu den allerschönsten werden und im Laufe der Zeit den ganzen Garten beherrschen und dessen Charakter verändern können.

- *Ständige Reorganisation.* Die sich verändernden Unternehmenschancen führen bei Bedarf zu einer Reorganisation, die ohne großes Trara vonstatten geht (da Führungskräfte unter anderem nicht nach der Zahl der ihnen unterstellten Mitarbeiter bemessen werden). Neue Beziehungen zu Kunden, vor allem zu Großkunden, sind Anlaß genug für eine umfassende Neugestaltung – de facto oder de jure.
- *Jeder berichtet jedem.* Es gibt Ausschüsse zur Leistungsbeurteilung, es gibt Projektleiter und manchmal auch Abteilungsleiter. Dennoch ist der Begriff »Unterstellungsverhältnis« in einem professionell geführten Serviceunternehmen mehr oder weniger ein Fremdwort. Jeder wendet sich an die, deren Unterstützung oder Fachkenntnisse er benötigt. Der Chef von heute ist der Mitarbeiter von morgen und umgekehrt. Und wer morgen Hilfe aus dem »Netzwerk« brauchen wird, sollte seine Unterstützung für das »Netzwerk« schon heute anbieten.
- *Spezialisierung ist wesentlich.* Hierarchien vergehen, und funktionale Stäbe sind nicht mehr existent. Dennoch bleibt der

Bedarf an Know-how unvermindert weiterbestehen und wächst sogar noch. Wenn Teams bescheidener Größe einen Markt angreifen und erobern wollen, ist Expertenwissen bei sämtlichen Teammitgliedern und noch mehr Sach- und Fachwissen beim Leiter des Teams noch entscheidender und nicht etwa weniger wichtig als in einem traditionellen Umfeld. Hier geht es jedoch um eine »neue Spezialisierung« – die Spezialisierung auf eine kohärente Aufgabe, auf eine Chance in einer Marktnische und nicht um eine Spezialisierung auf einen trivialen Teil einer Riesenaufgabe.

- *Beziehungspflege ist wesentlich, aber schwer zu koordinieren.* Professionelle Serviceunternehmen wickeln in der Regel einen unverhältnismäßig hohen Teil ihres Geschäftsaufkommens mit einer relativ kleinen Zahl von Kunden ab. (Die altbewährte 80:20-Regel gilt hier genauso.) Es gibt eine spezielle Fähigkeit, die man als »Beziehungspflege« bezeichnet. Die Hege und Pflege der Beziehungen zu Großkunden ist eine Grundvoraussetzung. Auf der anderen Seite besteht die Beziehung in Wirklichkeit aus einer Reihe von »Produkten« – Finanzinstrumente eines Emissionshauses, spezielle Projektberatung, Werbekampagnen –, die man dem Kunden verkauft. Um diese Projekte – mit dem gewissen Etwas – ausführen zu können, braucht man Spezialisten, die einen durchgehend ungehinderten Zugang zum Kunden haben.
- Der Kunde ist König. Um den Umgang mit dem Kunden bestmöglich organisieren zu können, muß man zwangsläufig Kompromisse eingehen. Wofür man sich entscheidet, macht einen großen Unterschied aus – ein Beispiel ist der behutsame Umgang der Werbeagentur Chiat/Day/Mojo mit seinen Kreativen. Aber täuschen wir uns nicht. Verglichen mit dem durchschnittlichen nicht professionell geführten Dienstleistungsunternehmen sind all das unwichtige Haarspaltereien auf dem Wege zu einer Symbiose mit dem Kunden (siehe Kapitel 45.) Die »Beziehungspflege« wurde bereits in den achtziger Jahren in vielen Gruppen – von Bankiers bis zu High-Tech-Virtuosen – zu einem heißen Marketingthema. McKinsey verfolgt diesen Ansatz ganz konsequent schon seit den dreißiger Jahren. Die Vorgehensweisen bei EDS, McKinsey, DKD, C/D/M und Imagination sind zwar unterschiedlich, aber nur graduell, nicht grundsätzlich: Fakt ist, daß fast alle erstrangigen, professionell

geführten Dienstleistungsunternehmen und auch die meisten zweitrangigen in kleinen Gruppen um den Kunden herum organisiert sind.

Diese Ergebnisse habe ich mehreren tausend Führungskräften präsentiert. Auch wenn der eine oder der andere Punkt recht merkwürdig erscheinen mag und der größte Teil ein Gefühl der Unbehaglichkeit aufkommen läßt, ist es immer wieder das Leistungsbeurteilungssystem, das die Teilnehmer total verblüfft – und dabei ist es besonders der scheinbare Widerspruch zwischen einem außerordentlich hohen Ausmaß an Selbständigkeit/Aufgabenverantwortung und subjektiven Methoden zur Leistungsbeurteilung.
In einer Welt, in der sich Werte aus Wissen entwickeln, ist die »Technologie« der Wissensanwendung per definitionem der wertvollste Rohstoff. Allerdings kann auch eine Methodik genauso wie eine Werkzeugmaschine im Laufe der Zeit veraltet sein und den Erfolg eher behindern, als ihn zu fördern. (Mehr zu diesen Gefahren im Abschnitt »Märkte und Innovationen.«)

12. Kapitel

Projekte und professionelle Dienstleistungsunternehmen II: Die flüchtige »Organisation«

Für die Mitarbeiter in Automobilwerken und Stahlhütten müssen die Geschehnisse bei Imagination, Chiat/Day/Mojo, McKinsey und EDS wie der helle Wahnsinn klingen. Es wird ständig umstrukturiert. Man wird auch in einer längeren Karriere nie zweimal mit demselben Team, derselben »Organisation« zusammen arbeiten. Anderthalb Stunden nachdem der Auftrag vollendet ist, trennen sich ihre Wege wieder. Vor ihrer Ankunft waren viele Teilnehmer einander noch nie begegnet. Und auch hinterher werden viele nie wieder miteinander arbeiten. Doch auch wenn die Zukunft nicht jeden wieder in Berührung mit jedem anderen bringen wird, ist das »Netz«, dem sie alle gemeinsam angehören, von ausschlaggebender Bedeutung für die zukünftige Entwicklung jedes einzelnen. Finden Sie das verwirrend? Lesen Sie weiter.

Geburt, Leben und Sterben der »Dallas-Organisation«

10. Januar 1991. Grand Kempinsky Hotel, Dallas, Texas. Neun Uhr morgens. »Appell.« Ungefähr 35 Menschen finden sich zusammen. Einige sind Ortsansässige. Andere sind während der Nacht von verschiedenen Standorten eingeflogen. Andere kamen mit dem Auto. In der Gruppe der 35 sind fast genauso viele Fachdisziplinen vertreten wie Menschen.
Viele begegnen sich zum ersten Mal. Zehneinhalb Stunden später werden sie einen zweistündigen Vortrag (gehalten vom Autor) aufzeichnen. Dieser Vortrag soll zum Hauptthema einer einstündigen Fernsehsendung werden. Am folgenden Tag werden sie ihn

noch einmal aufzeichnen. Danach werden sie sich in alle Winde zerstreuen und nie wieder in derselben Zusammensetzung miteinander arbeiten.

Wer sagt, daß Organisationen »ewig« sein müssen?

Was ist genaugenommen eine Organisation? Im klassischen Betriebswirtschaftstext *Managerial Psychology* von Professor Harold Leavitt heißt es, daß eine Organisation aus Aufgaben, Struktur, Informationen, Steuerung und Überwachung, Menschen und einem äußeren Umfeld besteht. Mitte der siebziger Jahre gehörte ich bei McKinsey zu einer Gruppe, die den sogenannten »Sieben-S-Rahmen« entwickelte. Wir erklärten, daß die sieben »S« zusammen – strategy, structure, systems, style, staff, stills, superordinate goals (Strategie, Strukturen, Systeme, Stil, Mitarbeiter, Fähigkeiten, Fertigkeiten und ein übergeordnetes Ziel) – eine Organisation bildeten.

Keine der beiden aufgeführten Definitionen noch einhundert ähnliche schließen Langlebigkeit ein. Mit anderen Worten muß eine Organisation nicht unbedingt »auf ewig« existieren, dem vorherrschenden Mythos der Permanenz, der das amerikanische Körperschaftsrecht kennzeichnet, zum Trotz. Man kann genausogut von einer »Organisation« sprechen, wenn sie nur einen oder zwei Tage besteht. (Es gibt viele kleinzellige und molekulare »Organisationen«, die in einem Bruchteil der Zeit, die Sie zum Lesen dieses Satzes brauchen, entstehen, eine wichtige Funktion erfüllen und wieder absterben.)

Die größeren Netzwerkformen

Im Laufe der Jahre war ich an der Entwicklung einer Reihe von Fernsehsendungen für PBS beteiligt. Ich und meine Firma, die Tom Peters Group (TPG), haben vorwiegend mit Video Publishing House (VPH) aus Schaumburg in Illinois gearbeitet. Irgendwann schlossen wir uns mit Federal Express zusammen, das eine Teilfinanzierung für Sendungen übernahm.

Mitte 1989 fragte Federal Express bei Video Publishing House an, ob es daran interessiert sei, eine Sendung zu produzieren, die sich mit dem wachsenden Interesse der amerikanischen Industrie an Geschwindigkeit befassen sollte. VPH setzte sich mit meinen Kollegen bei TPG Communications (die Buch-, Audio- und TV-Firma, die zu den fünf Unternehmen der Tom Peters Group gehört) in Verbindung und kontaktierte außerden einen anderen langjährigen Geschäftspartner, Pat Perini, Chefproduzent für landesweit auszustrahlende Sendungen beim öffentlichen Fernsehsender KERA-TV in Dallas. Wer es bei der dezentral organisierten Fernsehanstalt PBS schaffen will, daß eine Sendung landesweit ausgestrahlt wird, braucht einen lokalen »Sponsor«, der die Sache beim nationalen PBS-Apparat, der für die Koordinierung der Sendeplätze zuständig ist, als Champion vertritt.

In mehreren unserer »Dokumentarprogramme« (die mit der Kamera aufgenommene Gespräche in drei oder vier Unternehmen zeigten) hatten wir Filmmaterial aus einem meiner »Vorträge« verwendet, um die Fallbeispiele miteinander zu verbinden. Wir beschlossen, einen solchen Vortrag auch in der neuen Sendung zu verwenden. Die verschiedenen Aktivitäten, die mit der Zusammenstellung dieser Sendung zusammenhingen, zogen sich von November 1989 bis März 1991 dahin, doch bildeten die zweitägigen Dreharbeiten in Dallas eine geschlossene Einheit, eine einmalige »Organisation« zur Erfüllung einer bestimmten Aufgabe.

Zahlreiche andere »Organisationen« trugen zu der von mir so genannten Dallas-Organisation bei. Vertreter sehr großer Unternehmen (Federal Express) und Dutzende von Freiberuflern (Ein-Mann-Betriebe aus der örtlichen Filmproduktionsbranche) kamen zusammen. Topmann war der unabhängige Produzent Ed Fouhy, der die winzige Concord Communications Group in Washington, D.C., leitet. Er hat unter anderem als leitender Angestellter bei der CBS News, als Produktionsleiter für CBS Evening News und als Bürochef für CBS News in Saigon gearbeitet.

Die Organisation, die Fouhy in Dallas »befehligte«, stellte ein überragendes »Produkt« her. Diese Leistung straft sämtliche herkömmlichen Managementweisheiten Lüge: Jeder hatte mündliche Kontakte mit ein paar anderen, aber die meisten kannten nur wenige der Kollegen, mit denen sie in Dallas zusammentrafen. Keiner kannte alle. Und trotzdem stellten sie eine reibungslos funktionierende Produktion auf die Beine. Es stand sehr viel auf dem Spiel, doch es wurde auch ein großer Erfolg – mit nur

zwei »Anläufen«. Und Video Publishing House hatte einen Ruf zu verlieren und eine stattliche Summe Geld (etwa 125 000 Dollar für das Ereignis) investiert.
Kurz: Hervorragende Qualität – die aus einer sehr komplizierten und hochentwickelten »Organisation« hervorgeht – läßt sich von einem Augenblick zum nächsten schaffen. (Es ist wahr, daß dem Ergebnis eine monatelange Planung vorausging, aber das Team traf sich zum ersten Mal weniger als einen halben Tag, bevor es zur Sache ging.) Und der Grund für diese ausführliche Schilderung: Eine solche Methode, Menschen/winzige Organisationsbestandteile zusammenzubringen, um etwas auf die Beine zu stellen, trifft man immer häufiger an – im Bereich der Automobile, der Computer, der Software, der Chemie und der Preßluftschleifmaschinen ebenso wie in der Film- und Videobranche.

Die »Besetzung«

Letztendlich kann man alle »Variablen« vergessen, mit einer Ausnahme: *Eine Organisation besteht aus Menschen.* Darüber sind wir uns alle einig. Die Dimension Mensch hat immer Vorrang. Aber in diesem Fall trifft das noch mehr zu – wenn das überhaupt möglich ist. Fremde von überallher müssen sich zu einem bestimmten Zeitpunkt an einem gemeinsamen Ort zusammenfinden, sofort an die Arbeit gehen, ihre Sache ohne Wenn und Aber erledigen (dafür reicht die Zeit meistens aber nicht aus), und zwar nicht nur als kompetente Einzelprofis, sondern auch als Mitglieder eines gut geölten Ganzen, eines Teams. Sogar unter den allergünstigsten Bedingungen ist das viel verlangt. Es ist eine um so anspruchsvollere Aufgabe, wenn man bedenkt, daß die Mitwirkenden in der Regel noch nie miteinander geübt haben und nur knapp zwölf Stunden Zeit haben, um sich nach dem ersten Kennenlernen in das Team einzuspielen.
Wer waren also die »Besetzung« oder Mitwirkenden in diesem zweiteiligen Stück in Dallas? Und welche Verbindungen hatten sie zueinander?
Video Publishing House: Als Gesamtproduzent der Sendung trägt VPH die Verantwortung für verschiedene Aktivitäten: Konzeption, Bildung und Überwachung der »Netzorganisation« – dazu gehört das Engagement freiberuflicher Auftragnehmer – , Finan-

zierung, Marketing und Verkauf. Der VPH-Vorstandschef *von Polk* war in Dallas zugegen, um zu beobachten, zu ermuntern – und mehrfach entscheidende technische und inhaltliche Beiträge zu leisten. *John Teegarden*, Programmdirektor vom April 1990 bis Januar 1991, trug die Verantwortung für die unmittelbare Produktion. In Dallas arbeitete der Produktionsleiter/Regisseur *Steve Fanizza* in einer inoffiziellen/offiziellen Kapazität als »Kollege« von Joe Cortina, dem Direktor der Dallas-Organisation.

Die Tom Peters Group: Peters (ich) war bereits seit einer ganzen Weile von der Idee des am Faktor Zeit ausgerichteten Wettbewerbs fasziniert und nahm deshalb den Vorschlag von Video Publishing House, daß man gemeinsam eine »Zeit-Show« auf die Bühne bringen sollte, mit Begeisterung an. *Alison Peterson* ist Chefin von TPG Communications und war in Dallas persönlich anwesend.

KERA-TV: Als das dritte Mitglied des inoffiziellen Produktionskonsortiums übernahm *Pat Perini*, Chefproduzentin beim Sender Dallas PBS TV, die Gesamtverantwortung für die Sendung und war in Dallas hinter der Bühne aktiv. Für die Show in Dallas wurde Perini von *Barbara Sullivan* assistiert, Special-Events-Koodinatorin bei dem Fernsehsender.

Ed Fouhy, Concord Communications: Der Produzent Fouhy war in Dallas Chef d'affaires. VPH arbeitet mit Ted Koppels Produktionsgesellschaft, Koppel Communications, zusammen, wenn es um Wirtschaftsfilme geht. Fouhy wurde VPH House durch Susan Mercandetti empfohlen, eine ehemalige Kollegin, die inzwischen bei Koppel gelandet ist. (Das ist typisch für das weitverzweigte Netz mündlicher Verbindungen, die jeden Knoten in dieser Organisation kennzeichnen.)

Joe Cortina: Der freie Mitarbeiter Cortina aus Nord-Virginia hatte 1986 als Regieassistent für Fouhy gearbeitet und während der achtziger Jahre viel für NBC gearbeitet. Fouhy engagierte Joe Cortina für die Verfilmung des Vortrages. (Ansonsten war er an der Sendung nicht beteiligt.)

Die Green Line Group: Dieses Unternehmen aus Boston in Massachusetts ist auf eine besondere Spezialität geeicht: Es stellt komplette Teams für Fernsehproduktionen zusammen. Green Line wurde von Video Publishing House unter Vertrag genommen und verpflichtete den Löwenanteil der Mitspieler für die Dallas-Sendung.

Jon Epstein: Der freie Mitarbeiter aus Durham in New Hampshire fungierte als technischer Direktor. Nach mehreren Jahren beim öffentlich-rechtlichen Fernsehen und bei NBC machte sich Epstein 1987 selbständig. Als dritter »Leiter« vor Ort (nach Fouhy und Cortina) hattte er bis zum 10. Januar keines der anderen Teammitglieder gekannt. Die drei »Großkopferten« der Dallas-Organisation – Fouhy, Cortina und Epstein – waren vor diesem großen, entscheidenden Ereignis keinem der Mitarbeiter je begegnet.

Bob Selby: Selby ist Geschäftsführer von Fiat Lux in Fort Worth, Texas. Seine Spezialität ist die Beleuchtung von Szenen, die gleichzeitig von mehreren Kameras gefilmt werden. Er ist seit 35 Jahren in der Branche tätig und gilt nach den Aussagen mehrerer Teammitglieder als »lebende Legende«. Seine Anwesenheit unterstrich die Bedeutung des Ereignisses. Selby hatte seit 1987 immer wieder »mit« (oder »für«? – schon wieder eine interessante sprachliche Frage) der Green Line Group gearbeitet.

Producers Mobile Service: Der »Regiewagen«, der die für die Koordinierung einer großangelegten Filmaufnahme mit mehreren Kameras benötigte High-Tech-Ausstattung im Werte mehrerer Millionen Dollar erhält, stammte von Producers Mobile Service, Inc., aus St. Louis, Missouri. *Don Geist* von Producers Mobile fungierte als Betriebsleiter für die Aufnahmen in Dallas. Green Line hörte von ihm über einen Aufnahmewagenverleih in King of Prussia, Pennsylvania. *Mike Copeland*, der in Nashville, Tennessee, zu Hause ist, wurde von Geist als Chefingenieur für den Regiewagen engagiert. Der selbständige Ton-/Bildingenieur *John Fekas* wurde ebenfalls von Producers Mobile Service für dieses Ereignis verpflichtet. (Er wohnt in Lawrence, Kansas.)

Die Dallas-Connection: Der Rest der Truppe kam aus der Gegend von Dallas. *Eric Norberg* war für Kamera Nummer eins zuständig. Er hatte noch nie mit Fouhy oder Cortina gearbeitet. Aber er kannte die übrigen Teammitglieder, die wiederum seine Fairneß und seine Fähigkeit lobten, ein Team optimal zu dirigieren. Zu den übrigen »Heimspielern« gehörten: *Dave Elendt* an Kamera zwei; er hatte für ABC und auch andere Organisationen gearbeitet, ehe er 1984 nach Dallas zog. Elendt kannte fast jeden am Aufnahmeort. *Chris Childs*, der 1989 nach Dallas kam und als Kameramann für die Abendnachrichten lokaler Fernsehsender arbeitet, war für Kamera Nummer drei verantwortlich. Er war mit den meisten der lokalen Teammitglieder bekannt. *Scott Maynard* stand hinter der Kamera vier; er ist freier Mitarbeiter bei CBS und ESPN. Maynard kannte ebenfalls fast alle Einheimischen. *David McGill* an Kamera fünf arbeitet vorwiegend an Kinofilmen (»Robocop«, »Steel Magnolias«, »Der mit dem Wolf tanzt«) und kannte nur wenige Mitglieder des Teams. Green Line war durch einen Dekorationsverleih auf ihn aufmerksam geworden. McGills Assistent in Dallas, *Dan Clear*, Spezialist für Filmaufnahmen, war ein weiterer freier Mitarbeiter aus Dallas, dessen Namen Green Line ebenfalls über den Dekorationsverleih erfuhr. (Keiner der Kameraleute hatte jemals zuvor mit Fouhy, Cortina oder Epstein gearbeitet.)

Kevin Spivey war der für den Ton verantwortliche Aufnahmeleiter. Er produziert rund 200 Sendungen pro Jahr, vor allem im Sportbereich, und leitet die Reunion Production Company. Spivey kannte fast alle mit Ausnahme von Fouhy, Cortina und ein oder zwei anderen. Colin Defford assistierte Spivey bei unserem Projekt. Er ist neu im Geschäft. Seine Mentoren im Gebiet von Dallas sind Spivey und der erste Kameramann Eric Norberg. *Randy Patrick* bediente das Videoaufnahmegerät. Er ist seit 22 Jahren im Geschäft und leitet seit 1984 eine eigene Firma für Beratung und Technik. Am Videorecorder saßen weiterhin *Jay Hamlin* und sein Kollege *Steve Tennison*, der bei CBS bei live übertragenen Sportereignissen meistens für die Wiederholungen in Zeitlupe verantwortlich ist.

Brian Harbert und *Pat Hawks*, »Drahtzieher« für Scott Maynard bzw. David McGill, sind zwei weitere in Dallas ansässige Freischaffende. Maskenbildnerin *Elaine Lauber* stammt auch aus Dallas und ist seit 15 Jahren im Geschäft.

Das Ereignis nimmt Gestalt an

Die Arbeit an der Show begann Anfang Juni 1990, als Fouhy einen Vertrag mit Video Publishing House abschloß. Mitte August 1990 wurden die Termine für die Vortragsveranstaltung auf den 10. und 11. Januar 1991 festgelegt, und Fouhy heuerte sofort Joe Cortina als Regisseur an. Mitte Oktober besichtigte Fouhy zusammen mit Sullivan von KERA drei mögliche Drehorte in

Dallas und entschied sich schließlich für das Grand-Kempinsky-Hotel. Sullivan ging in dieser Zeit auch mit mehreren hundert Eintrittskarten für die Veranstaltung, die vor echtem Publikum stattfinden sollte, hausieren.
Am 20. November (sieben Wochen vor dem Ereignis) erhielt Green Line von Video Publishing House den Auftrag, einen technischen Direktor, einen Direktor der Beleuchtung mitsamt Beleuchtungscrew und ein Kamerateam zu engagieren und sich um einen Aufnahmewagen zu kümmern. Green Line bestellte bei Producers Mobile einen Aufnahmewagen (mitsamt Don Geist), verpflichtete Jon Epstein als ›Technischen Direktor‹ und Bob Selby als Beleuchtungsdirektor. (Green Line beauftragte Selby auch mit der Zusammenstellung der Beleuchtungscrew.) Am 11. Dezember flog Teegarden von Video Publishing House von Chicago nach Dallas, wo er sich mit Cortina und dem Beleuchtungsexperten Selby traf. Die Gesamtanforderungen wurden festgelegt – Anzahl der Kameras, Kameratypen usw.
Kurz vor Weihnachten hatte Cortina das Bühnenbild im Entwurf fertiggestellt. Teegarden arbeitete zusammen mit Green Line an der Bühnenbild-Logistik – es ging um die Beschaffung der richtigen Vorhänge, Teppiche, der Bühne selbst und ähnlichem mehr. Green Line begann auch mit der Zusammenstellung des endgültigen Aufnahmeteams und verließ sich im Hinblick auf die Verpflichtung lokaler Kräfte auf die Kontakte des in Dallas ansässigen Kameramannes Eric Norberg. (Norberg organisierte das Team in den ersten Januartagen. Die letzte Unterschrift bekam er am vierten Januar, sechs Tage vor dem großen Ereignis.)
Zahlreiche Einzelheiten wurden während dieser Zeit geklärt. Don Geist von Producers Mobile kümmerte sich zusammen mit dem Hotel um Sicherheitsfragen, um die Reservierung eines genügend großen Parkplatzes für den Aufnahmewagen und die Verlegung der notwendigen Stromleitungen. Außerdem schickte er eine detaillierte Beschreibung der Ausstattung des Aufnahmewagens an Joe Cortina, der von diesem Arbeitsplatz aus, den er zuvor nie gesehen hatte, Regie führen sollte. Die Fäden liefen allmählich zusammen. Die Verfilmung des Dokumentarteiles war so gut wie abgeschlossen. Ich war ganz und gar damit beschäftigt, Material für den Vortrag zusammenzustellen und mit Fouhys Rechercheurin, Robson, die Lücken zu füllen.

Mal ist es zu sehen, mal nicht

Am Donnerstag, dem 9. Januar, knapp 24 Stunden vor der »großen Show«, kamen die Mitglieder der Dallas-Organisation allmählich zusammen. Der 15 Meter lange Aufnahmewagen von Producer Mobile raste gleich nach Ende der Live-Aufnahmen eines Basketballspiels für ESPN von Norman, Oklahoma, nach Dallas. Um 10 Uhr traf Fanizza vom Video Publishing House aus Chicago ein. Am späten Nachmittag tauchte Cortina auf. Cortina führte die Gruppe durch die nächsten vierundzwanzig Stunden, und die einzelnen Teammitglieder übernahmen ihre Aufgaben als erfahrene und selbständig arbeitende Profis. Zum Herumalbern ist keine Zeit und für Primadonnen kein Platz, wie uns ein Teammitglied erzählte. Jeder tut seinen Teil der Dreckarbeiten und bereitet sich auf den professionellen/künstlerischen Teil seines Auftrags vor.

Um 9.45 Uhr traf Clear mit seinem Kamerawagen und 12 Meter Schienen ein und begann mit der Verlegung. Selby und seine Crew stellten die Beleuchtungsanlagen auf. Um die Mittagszeit kam Sullivan von KERA an und kümmerte sich um die Feinheiten im Zuschauerraum. Der Technische Direktor Jon Epstein kam erst um 13.30 Uhr an (sein 6.30-Uhr-Flug von Boston hatte sich durch die Auswechslung einer DC 10 gegen eine DC 9 verspätet, und diese Maschine mußte bei einer Zwischenlandung in Virginia ausgetauscht werden. Die DC 10 war von der Regierung zum Transport von Truppen nach Saudi-Arabien requiriert worden). Ich erschien im Kempinsky um 16.00 Uhr zur ersten, letzten und einzigen Probe (es war keine komplette Generalprobe, sondern nur ein 25minütiger Spaziergang, um die Aufnahmewinkel festzulegen und die Toneinrichtungen zu überprüfen etc.) Planmäßig um 16.30 Uhr erschien Elaine Lauber und richtete die »Maske« ein.

Um 19.30 Uhr hieß es »Kamera läuft«. Die Dallas-Organisation stand, und jeder der einzelnen Profis tat seinen Teil. Es war eine Live-Aufzeichnung ohne Pausen oder Drehwiederholungen (anders als beim zweiten Durchlauf am nächsten Morgen). So mußten Probleme in »Echtzeit« bewältigt werden. Davon gab es zwei: Eine Band fing plötzlich an, unmittelbar über dem Malachite Room zu spielen. Diesen Lärm einzudämmen war ein großer Kraftakt, da das Grand-Kempinsky-Hotel zwischen zwei Stühlen saß, sprich zwischen zwei Kunden. Zweitens brach die Klimaanlage zusammen, so daß das »große Talent« (der Autor) sehr schnell vor Schweiß triefte und das Publikum unruhig wurde.

Die rote Lampe (»Achtung Aufnahme«) erlosch um 22 Uhr. Die Crew räumte auf. Anschließend setzten sich mehrere von uns mit Fouhy zusammen, um die Veranstaltung zu besprechen und die Änderungen für den nächsten Morgen festzulegen. (Was für mich einen Weckruf um drei Uhr morgens bedeutete – um das Material umzustellen, Lücken zu füllen und so weiter, denn Herr Polk vom Video Publishing House hatte eine ziemlich gründliche Überarbeitung gefordert.)

Der Appell für die zweite Runde am 11. Januar war auf 7 Uhr früh angesetzt. Um 9.45 Uhr ging die zweite Vorstellung los. Sie war bis Mittag abgewickelt. Und das bedeutete das Ende der Dallas-Organisation! Mehrere Mitglieder des Teams eilten zum 13-Uhr-Appell in das Reunion-Stadion in Dallas, um dort die Übertragung des Spiels der Dallas Mavericks am selben Abend vorzubereiten. Der Aufnahmewagen von Producers Mobile raste in Richtung Jackson, Mississippi. Dort wurde er am Samstagabend zur Aufzeichnung eines Basketballspiels für Black Entertainment Television erwartet. Fouhy und Cortina begaben sich sofort nach Hause. Dasselbe versuchte Jon Epstein – aber vergeblich. (Sein Flug nach Boston war wegen eines Schneesturmes gestrichen worden, was ihn in Panik versetzte, da er Samstag früh als Technischer Direktor für ein Basketballspiel in Boston eingeplant war. Zu seinem Glück mußte das Spiel wegen des Schneesturms ebenfalls abgesagt werden.)

Schlußfolgerung: Ein vollwertiges verantwortliches Unternehmen

Die Dallas-Organisation hatte eine klare Aufgabe und ein klares Ziel – und erreichte beides mit Elan. Sie hatte eine überschaubare Organisationstruktur, auch wenn es keine »Organigramme« oder »Kästchen« auf dem Papier gab. Und es gab ein Planungsschema: Fouhy und Epstein waren beide voller Lob für Cortinas sorgfältige Planung der Kamerapositionen, -einstellungen und so weiter.

7-S-Analyse der Dallas Organisation

7-S-Variable	Die Dallas-Kundgebung
Übergeordnetes Ziel:	Technisch und künstlerisch perfekte Produktion (Video produzierende Einheiten, Fouhy als Antreiber). Außerdem: »Es muß klappen, da man keine zweite Chance bekommt.«
Strategie:	Fouhy, Cortina und Teegarden hatten klare Vorstellungen (meist nicht in Schriftform), und Fouhy wußte genau, wie das Dallas-Zusammentreffen in das übergeordnete Schema paßte.
Struktur:	Fouhy und Cortina waren die »Mannschaftsführer«. Es gab keinen formellen Organisationsplan, aber im japanischen Sinn kannte jeder seinen Platz genau.
System:	Nichts war schriftlich oder formal festgelegt. Jedoch verstand jeder genau, wie er oder sie zu den anderen paßte – obgleich erstklassige Hintermänner gebraucht wurden, um die Verbindung zwischen den einzelnen Spielern herzustellen. (Vergleiche mit dem übergeordneten Ziel, der Strategie und dem Stil.)
Fähigkeiten:	Alle Spieler – Stars oder nicht – wußten, was sie zu tun hatten; die »Netzwerker« hatten sichergestellt, daß die individuellen Fähigkeiten außerordentlich waren.
Personal:	Der Prozeß der Anwerbung war kritisch – obschon er keinen Regeln unterworfen werden konnte. »Mundpropaganda« war das Wichtigste. Die Verantwortlichkeit war sehr groß.
Stil:	Die gesamte Unternehmung war von Professionalität gekennzeichnet. Locker zu sein, aber dennoch konzentriert heißt, daß Kameradschaft und persönliche Ideen mit einer strengen Zielsetzung gepaart wurden.

Die Dallas-Organisation hatte auch eine für sie typische »Kultur« – genau wie IBM oder Procter & Gamble. Diese Kultur (der »Spitzenleistungen«?) erwuchs zum größten Teil aus der direkt oder indirekt per Mundpropaganda weitergetragenen Reputation der Mitglieder, die im Laufe der nächsten 36 Stunden – je nach dem – weiter wachsen oder geschmälert werden würde.

Um die »Realität« der Dallas-Organisation zu unterstreichen, habe ich sie an Hand des »Sieben-S-Rahmens« von McKinsey bewertet. Das Ergebnis (siehe Seite 269) zeigt sehr deutlich, daß diese so kurzlebige »Organisation« in ihrer Art genauso robust war wie die Mannschaften, die man auf den Flugzeugträgern der amerikanischen Marine findet.

Shirley Robson sprach hinterher mit fast der gesamten Mannschaft, mit den Nebenspielern genauso wie mit den Stars. Mehrere schätzten die Tatsache, daß es keine »Montag-morgen-Nörgeleien« gab. Es herrschte Teamgeist und Anerkennung. Ein Teammitglied erinnerte sich an die vielen ermunternden Worte von Cortina, die er über seine Kopfhörer vernahm. Kameramann Scott Maynard sagte: »Ed Fouhy kam rüber und schüttelte meine Hand. Er lobte meine Arbeit und erwähnte ein paar spezifische Aufnahmen. So was baut einen richtig auf.« Beleuchtungsdirektor Selby meinte, daß der Regisseur Cortina »einen tollen Sinn für Humor hat. Er versetzt alle in eine gute Stimmung.« Tonaufnahmeleiter Kevin Spivey sagte zusammenfassend: »Der Produzent und der Regisseur waren auf derselben Wellenlänge wie das Team. Sie wußten, was sie taten. Sie wußten, was sie wollten. Es war eine professionelle Produktion.«

Auch abstrakte Faktoren spielten eine bedeutende Rolle. »Ich arbeite gern mit ›aufgeweckten‹ Typen, wenn es um Aufnahmen mit mehreren Kameras geht«, sagte der Chef des Kamerateams Eric Norberg. »Die wissen, wie man ohne Netz und doppelten Boden arbeitet und wie man's gleich beim ersten Mal richtig macht.« Außerdem begriffen alle, wie wichtig ihre Arbeit als Beitrag zu einem erstklassigen Endprodukt war – das ist dasselbe Gefühl, das Produktionsmitarbeiter in Lebensstellung bei Honda empfinden.

In einer etwas systematischeren Form seien nun einige der Merkmale aufgelistet, die die Dallas-Organisation eine so effektive Arbeit leisten ließen:

- Ausgezeichnetes Mund-Propaganda-Netzwerk. Jeder Beteiligte war irgend jemandem wohl bekannt. Nur wenige jedoch waren vor dem Ereignis vielen bekannt.
- Alle waren der Professionalität und Spitzenleistungen verpflichtet.
- Genügend Menschen, die einander von früher kannten, um dafür zu sorgen, daß dies nicht zu einer chaotischen Begegnung wurde. Die in Dallas ansässigen freien Mitarbeiter hatten bereits in verschiedenen Teamzusammenstellungen miteinander gearbeitet. (Etliche hatten schon an meinen Sendungen mitgearbeitet – ein nicht unwesentlicher Punkt, da ich einen lebhaften Vortragsstil habe und daher den Kameraleuten das Leben schwermache.)
- Effektive Führung. Fouhy und Cortina hatten schon miteinander gearbeitet, und so kannte jeder den Stil des anderen. Sie schufen einen Gesamtstil (unterstützend, aber immer professionell), der es der Gruppe erleichterte, sich sehr schnell zusammenzuraufen.
- Zentralisierung und Dezentralisierung zugleich. Ein Thema, das uns bereits bei CNN und UPRR aufgefallen war, taucht hier wieder auf: Cortina und Fouhy hatten ganz deutlich »die Führung« in der Hand. Und das Produkt war ein »orchestriertes Ganzes«. Und doch war jedes Teammitglied in hohem Maße autonom – es gab keine Rückfallpositionen –, und niemandem wurde über die Schulter geschaut.
- Anerkennung für die Arbeit eines jeden anderen. Es gab keine geringfügigen Rollen, wenngleich einige Funktionen sicherlich »bedeutender« waren als andere. Jeder mußte seine Aufgabe erstklassig erledigen – dies ist das klassische Beispiel dafür, wie das schwächste Glied in der Kette das Ganze zum Scheitern bringen könnte. Das Verständnis für das »Gesamtbild« bedeutete auch, daß alle einander unaufgefordert halfen und füreinander einsprangen. (Das erinnert an Imagination.)
- Eine »lernende Organisation«. Da diese Organisation nur von so kurzer Dauer war, klingt es irgendwie absurd, von einem Lernprozeß zu sprechen. Aber denken wir scharf nach: Jedes Mitglied der Organisation ist ein selbständiger Profi, der ständig bestrebt ist, sich in einem von scharfem Wettbewerb geprägten Umfeld immer noch ein bißchen mehr hervorzuheben. In einem solchen Umfeld herrscht genügend Anreiz zum Ler-

nen, und es bietet gleichzeitig eine Chance. Mit jedem Ereignis wie dem hier beschriebenen kommt eine neue Konfiguration zustande – mit neuen Gesichtern, neuen Techniken und neuen Ideen. Der gesamte Lernprozeß des »Netzwerkes« – und daher der Marktwert eines jeden – vermehrte sich zum Teil gerade wegen der Kurzlebigkeit des Ereignisses. (Ich bin keine Ausnahme. Die Aufzeichnung meiner Vortragsveranstaltung in Dallas zwang mich, eine ungeheure Menge von Material in kürzester Zeit aufzunehmen, zu verarbeiten und wiederzugeben – und gerade das gab mir den Anstoß für die vielen Passagen dieses Buches.)

13. Kapitel

Projekte und professionelle Dienstleistungsunternehmen III: Die große Umwandlung

Aha! Die Mitglieder der Dallas-Organisation hatten schon Erfahrungen in »undurchsichtigen Situationen« gesammelt. Ich hatte andererseits behauptet, daß man ein solches Erlebnis nie mit altgedienten Mitarbeitern über die Bühne ziehen könne. Also lautet die Frage: Unter welchen Umständen ist ein Übergang auf diesen freizügigen Arbeitsstil überhaupt möglich?

CNN schaffte es von Anfang an genauso wie David Kelley, EDS und andere. Es stimmt zwar, daß Union Pacific und vor allem Titeflex große Fortschritte in Richtung »Projektisierung« gemacht haben; aber von der CNN-Welt sind sie noch weit entfernt. Und jetzt kommen wir zu *Oticon!*

1904 gegründet, stieg das dänische Unternehmen Oticon bis zum Jahre 1979 zum führenden Hersteller von Hörhilfen auf. Das Unternehmen wurde allgemein bewundert, aber es war »selbstgefällig geworden und hatte seine Flexibilität eingebüßt«, urteilte Vorstandsvorsitzender Lars Kolind. Der Marktanteil sank beängstigend, und 1987 geriet die Firma sogar in rote Zahlen.

Im Jahre 1988 trat Kolind in das Unternehmen ein und sanierte es in einer Art, die an die ersten Jahre von Mike Walsh bei Union Pacific erinnerte. Ende 1989 schrieb die Firma wieder ganz gesunde schwarze Zahlen. Kolind war jedoch der Meinung, daß Oticon noch lange nicht energisch genug war, um wieder die Marktführerschaft erlangen zu können.

Kolind versucht es mit Spaghetti!

»Am Neujahrstag des Jahres 1990«, erzählte uns Kolind, »setzte ich mich hin und versuchte, das Undenkbare zu denken: eine Vision für das Unternehmen von morgen« – ein Morgen, das

eine drastische Verbesserung in allen Aspekten des Marketings, mehr Kreativität und ein schnelleres Tempo erfordern würde.
Seine Lösung: Eine komplette Überholung der Organisation mit dem Ziel »die Arbeitsplätze an die Erfordernisse der Mitarbeiter anzupassen und nicht umgekehrt«. Jedem Mitarbeiter sollten mehr Funktionen übertragen werden, und aus der Anhäufung verschiedener Funktionen würde sich ein »Arbeitsplatz« ergeben. So müßte ein Forschungs- und Entwicklungsingenieur zum Beispiel in der Lage sein, »auch im Verkauf aktiv zu werden oder gar das Telefon zu bedienen. So gewinnt er eine Gesamtübersicht, und letzten Endes kann er bessere Mikroprozessoren entwickeln, wenn er die Gesamtzusammenhänge kennt.«
Dorthin zu gelangen, bedeutet »von einer auf Anweisung gründenden Struktur zu einer auf Problemlösungen basierenden Struktur überzugehen«. Kurz, die funktionalen Abteilungen wurden abgeschafft, und an ihre Stelle trat eine projektbezogene weitgehende Freiheit. Kolind nannte es eine *»Spaghetti-Organisation«*. Als wir mit ihm im Frühjahr 1992 sprachen, erstreckte sich diese Organisationsform auf alle 130 Mitarbeiter in der Unternehmenszentrale mit den Bereichen Verwaltung, Forschung und Entwicklung, Vertrieb und Marketing. Auch in der Fertigung waren die Anfänge gemacht (siehe unten).
Die größte Veränderung hatte sich im Bereich Forschung und Entwicklung vollzogen. Man hatte sich sehr schnell von der Einstellung gelöst, »neue Produkte um neuer Produkte willen« zu entwickeln und hatte sich sehr viel stärker am Markt orientiert – was Kolinds Hauptziel gewesen war. Da es inzwischen keine formale Abteilung Forschung und Entwicklung mehr gibt, berichtete Kolind, sind die Forscher und Entwickler »jetzt viel mehr bereit, ihre Aufgaben aus einer umfassenderen Perspektive zu sehen«.
Die Grundidee ist, daß jeder selbst verantwortlich ist, seinen Arbeitstag mit nützlichen Projekten auszufüllen. »Wenn jemand nichts zu tun hat«, sagte Kolind, »muß er eben etwas finden – sonst kann er gehen.« Selbstverantwortung also ist das neue Kriterium. »Wir gehen davon aus, daß wir übernommene Projekte vollenden müssen«, berichtete Kolind. »Am Anfang dachten wir, wir müßten ein leistungsstarkes EDV-System einführen, um uns über die EDV immer einen Überblick verschaffen zu können. Aber das hätte so viel Geld gekostet, daß wir beschlos-

sen, uns so durchzuwursteln. Inzwischen haben wir gemerkt, daß wir eine solche hochkomplizierte EDV eigentlich gar nicht brauchen. Der einzelne Mitarbeiter hält seine Projekte selbst im Blick. Wenn man wissen will, was er gerade alles macht, braucht man ihn nur zu fragen.« Einige Arbeitsplätze/Funktionen ließen sich leichter in Projekte aufgliedern als andere. »Die Dame in der Telefonzentrale macht immer noch nichts anderes, als das Telefon zu bedienen«, gestand Kolind ein. »Das Problem haben wir noch nicht in den Griff bekommen.«

Physische Veränderungen spielten eine sehr große Rolle. »Die herkömmlichen Strukturen waren ein Hemmschuh für die Kommunikation«, meinte Kolind. »Büroräume links und rechts von langen Korridoren verursachen emotionale Barrieren. Wir rissen die Trennwände ein, und so befreiten wir alle davon, tagein, tagaus in denselben kleinen Räumen hocken zu müssen.« Jetzt setzen sich die Mitarbeiter aus der Unternehmenszentrale an beliebigen Orten zusammen, wo auch immer sie an ihren selbstgewählten Projekten gemeinsam arbeiten wollen. »Diese ›mobile Bürokonstellation‹ bedeutet, daß sich ein F&E-Ingenieur, der jedoch einen Hang zum Marketing hat, zu den Marketingleuten gesellen kann, und dasselbe gilt für den Verwaltungsmann, der sich für den Vertrieb interessiert«, erklärte Kolind. »Man kann den ganzen Prozeß erst dann in Bewegung bringen, wenn die Mitarbeiter die Möglichkeit haben, festzustellen, was sich bei anderen Gruppen tut.«

Alle Arbeitsplätze (sprich Schreibtische!) in den gigantisch großen Räumen sind identisch eingerichtet. Kein Arbeitsplatz ist personengebunden. Statt dessen hat jeder Mitarbeiter seinen eigenen Rollcontainer, in dem er die etwa zehn Hängemappen verwahrt, die für das laufende Projekt relevant sind, und das, was er sonst noch so alles braucht – ein Foto von den Kindern oder vom Hund usw. Wer längere Zeit dienstlich unterwegs ist, bringt seinen Rollcontainer in einem Abstellraum unter.

Auch das Korrespondenzwesen wurde drastisch umorganisiert und an der neuen Struktur orientiert. In der Poststelle werden die eingegangenen Schriftstücke jeden Morgen in den Zentralcomputer eingelesen. Dazu wird ein Scanner verwendet, den Hewlett-Packard eigens für Oticon entwickelte. Die Originaldokumente werden in Postfächer einsortiert, aus denen die Adressaten sie abholen können. Ist die Post gelesen, landet sie im

Papierkorb – ihr Inhalt ist ja schon längst im System abgespeichert.
Die Mitarbeiter stehen am Lesetisch – es gibt keine Stühle – wenn sie die für sie eingegangene Post durchsehen. Außerdem ist gleich am Eingang des Leseraumes unübersehbar ein Reißwolf postiert. Über eine durchsichtige, durch die einen Stock tieferliegende Kantine führende Rohrpostleitung werden die Papierschnitzel entsorgt. So kann man jeden Morgen eine richtige Papierlawine vorüberfließen sehen.
Hinter dieser Papierabwehrkampagne steckt folgende Idee: Je größer die zu bewältigende Papierflut ist, desto schwieriger wird es, beweglich zu bleiben und sich für neue Projekte zu interessieren. Nach Kolinds Schätzung hat sich die Papierzirkulation durch das neue System um achtzig Prozent verringert, Papierkörbe sind unerwünscht, statt dessen ist die Benutzung des Reißwolfes »in«. Kolind fügte hinzu, daß sich auch sein eigener Stil drastisch verändert habe. Die Kommunikation sei jetzt viel direkter und schneller. Es gebe keine Vorzimmerdamen mehr, die etwas abblocken könnten. (Genauso wie alle anderen Mitarbeiter auch, suchen sich jetzt auch die Sekretärinnen aus, an welchen Projekten sie mitarbeiten wollen – siehe unten.) Kolind schätzte, daß er inzwischen »pro Tag zwei- bis fünfmal so viele Gespräche führt wie vorher«. Und er fügt hinzu: »Nur ganz selten muß ich eine Anweisung aussprechen. Die Mitarbeiter ergreifen selbst die Initiative. Wenn jemand mit einem Problem oder einer Idee zu mir kommt, frage ich ihn, was er vorhat. Meistens sage ich ihm dann, ›entscheiden Sie selbst‹.«

Der Projektprozeß

Es gibt ein EDV-unterstütztes »Schwarzes Brett für Stellenangebote«. Man kann einen beliebigen Bildschirm einschalten (jeder Arbeitsplatz ist mit einem ausgestattet) und durch Anklicken des Symbols für Stellenangebote durchblättern, welche Projekte »im Angebot sind«. Dort findet man auch den Namen des Projektleiters, eine Tätigkeitsbeschreibung und eine Aufstellung der Einzelaufgaben, die seiner Meinung nach dazugehören. Auch die voraussichtliche Dauer des Projektes ist angegeben. In der Regel jedoch suchen sich die Projektleiter die wichtigsten Teammitglieder über informelle Gespräche aus. Und umgekehrt: Will eine »Sekretärin« beispielsweise an einem Marketingprojekt mitarbeiten, führt sie am besten zunächst ein Sondierungsgespräch mit dem zuständigen Projektleiter. Theoretisch könnte sich ein Mitarbeiter auch schriftlich bewerben, aber Kolind meinte: »Es ist doch viel leichter, einfach zum anderen Ende des Raumes zu gehen und zu fragen.«

Einige Projekte werden durch ein Mitglied der obersten Führungsebene initiiert, das dann auch den Projektleiter ernennt. Genausogut aber kann jeder Mitarbeiter einen Projektvorschlag machen. Erhält der Vorschlag von einem der fünf Mitglieder des obersten Führungsgremiums grünes Licht (mündlich, papierlos!), so wird dieser Mitarbeiter automatisch zum Projektleiter und organisiert die Aufgabe eigenverantwortlich.

Projektleiter verfügen offiziell über Entscheidungsbefugnis, machen davon aber nur ganz selten Gebrauch. Konfrontationen kommen in der ohnehin um Konsens bemühten dänischen Kultur nur selten vor. Projektleiter tragen auch die Finanzverantwortung, und die Zeichnungsberechtigung wird großzügig gehandhabt. So entscheidet jeder Projektleiter für sich, was im konkreten Fall sinnvoll ist. Einige Projektleiter, mit denen wir sprachen, zeichneten ohne weiteres Einzelausgaben in Höhe von 10 000 dänischen Kronen ab, während Sekretärinnen sich mit Beträgen von einigen hundert Kronen zu begnügen schienen. Wenn ein Projektleiter es für nötig hält, klärt er eine Ausgabeposition mit Kolind oder einem anderen Vorstandsmitglied ab.

Die Fertigungsabteilung ist räumlich vom restlichen Oticon-Betrieb getrennt. Produktionsleiter Svenning Thompson ist begeistert davon, wie die Unternehmenszentrale nach Projekten untergliedert ist, und hegt bereits Pläne für eine ähnliche Struktur in der Herstellung. Zur Zeit unseres Interviews bestand zwar noch kein formales Projektstrukturschema, aber sämtliche Produktionsaktivitäten waren schon auf Gruppen aus jeweils neun Personen ausgerichtet worden. Die Mitglieder wechseln ihre Gruppen regelmäßig – monatliche Wechsel sind üblich. »Ziel sei«, erzählte uns Thompson, »die Produktion so flexibel wie möglich zu halten.« Er führte weiter aus, daß der Wechsel von einem Team zum anderen freiwillig ist und daß im Gegensatz zu traditionellen Überzeugungen »nur wenige es vorziehen, lange Zeit im selben Team zu bleiben«.

Ein Tag im Leben der Inge Christophersen

Jetzt wollen wir uns mit der siebenunddreißigjährigen Inge Christophersen näher beschäftigen, die seit 15 Jahren als Sekretärin bei Oticon beschäftigt ist. »Früher sagte ich immer, ich sei Sekretärin«, erzählte sie uns, »aber heute komme ich mir mehr wie eine ›Krake‹ vor.« (Dieser dänische Ausdruck entspricht ungefähr dem Begriff »Hansdampf in allen Gassen«.) Christophersen erzählte uns, sie habe früher nur für bestimmte Leute gearbeitet und nur bestimmte Funktionen ausgeübt. »Inzwischen arbeite ich für eine ganze Menge verschiedener Leute.« Sie fügt hinzu, daß sie jetzt »mehr Verantwortung« habe. »Ich kümmere mich jetzt auch um mehr.«

»Als ich noch für einen einzigen Chef arbeitete, bekam ich nur ganz bestimmte Schriftstücke zu Gesicht. Jetzt arbeite ich unter anderem für einen Projektleiter in der Rechtsabteilung. Das kann sehr aufregend sein. Ich erledige für ihn auch ›Rechercheaufträge‹ und nicht nur Tipparbeiten«. Außerdem hat sie inzwischen angefangen, Textverarbeitungskurse für Fortgeschrittene anzubieten – auf ihre eigene Initiative hin.

Frau Christophersen gibt zu, daß es »ein großer Schock war«, als das neue System vor anderthalb Jahren eingeführt wurde. »Einige dachten, ›nie im Leben‹, und ungefähr die Hälfte der Mitarbeiter hatte Angst davor, an Computern arbeiten zu müssen. Aber jetzt gibt es kein Zurück mehr, und keiner möchte mehr zum alten Arbeitsstil zurückkehren.«

In Wirklichkeit ist die Umstellung nicht ganz so traumatisch ausgefallen. Als wir sie fragten, wie sie die Arbeit für mehrere Chefs bewältigt, erwiderte Frau Christophersen unbefangen: »Sie sagen mir, bis wann der Auftrag erledigt sein soll, und ich sage ihnen, ob ich es schaffen kann. Ich muß selbst dafür Sorge tragen, die Aufträge zu organisieren und – wie versprochen – termingerecht fertigzustellen.«

»Die Menschen reden viel mehr miteinander«, sagte Christophersen, als sie die Vorteile des neuen Systems erläuterte. »Verschiedene Gruppierungen lernen sich jetzt besser kennen.« Aber dieses Mehr an »Gesprächen« geht überraschenderweise mit weniger Klatsch und Tratsch einher! Mehr Offenheit und eine beschleunigte Kommunikation bedeuten weniger Meuterei und weniger Machtkämpfe.

Wenn es in diesem abteilungslosen Unternehmen zu Problemen kommt, greift ein festgelegtes Problemlösungsverfahren. Jeder Mitarbeiter hat einen offiziellen Betreuer, »der sich um einen kümmert«, sagte uns Christophersen. »Es kann sein, daß man arbeitsmäßig nichts mit ihm zu tun hat, aber man kann ihn mit beruflichen oder persönlichen Problemen ansprechen.«

Sind nach oben keine Grenzen gesetzt? Zu dem Schluß kann man kommen, wenn man Frau Christophersen gehört hat. Als wir sie fragten, ob sie vorhabe, etwas Neues auszuprobieren, antwortete sie sofort: »Ich möchte gern in der Werbung mitarbeiten. Ich schau mich schon nach einem passenden Projekt um.«

Die Neuorientierung in Richtung Projektarbeit hat auch den typischen Tagesablauf von Frau Christophersen verändert. Ein Teil dieser Veränderungen resultiert aus der gleichzeitig mit der Umstrukturierung eingeführten gleitenden Arbeitszeit. Das ist jedoch noch nicht alles. Fixe Zeiten für die Kaffeepausen gebe es nicht mehr, sagte uns Frau Christophersen. Jetzt macht jeder Pause »wenn es ihm sinnvoll erscheint«. Das gleiche gilt für die Mittagspause: »Man geht erst dann Mittagessen, wenn man eine bestimmte Arbeit fertiggestellt hat. Früher plante man die Arbeit um die Mittagspausen herum.« Sie fügte hinzu, daß die meisten Mitarbeiter jetzt dazu tendieren, mit den Mitgliedern der Projektgruppe essen zu gehen, statt mit »ranggleichen« Kollegen oder Kollegen aus der eigenen Abteilung.

In freien Momenten widmet sich Frau Christophersen meistens neuen Aufgaben, von denen sie hofft, daß sie einmal zu Projekten werden. Am Ende des Arbeitstages räumt sie den an diesem Tag von ihr benutzten Schreibtisch leer und verstaut die noch benötigten Unterlagen in ihrem persönlichen Rollcontainer. Papierabfälle wirft sie beim Hinausgehen in den Reißwolf der Poststelle. (Zugegeben, es gibt immer noch einige »unprojektisierte« Aufgaben, die nicht gerade spannend sind. Das aus zwölf Personen bestehende Sekretärinnenkontingent wechselt sich beispielsweise in der Bedienung des neuen Postscanners ab. Frau Christophersen bezeichnet dies als eine absolut langweilige Arbeit, die einen ganzen Vormittag in Anspruch nimmt, wenn man an der Reihe ist.)

Ein Tag im Leben des Soren Holst

Der dreißigjährige Soren Holst hat im Zweitstudium Betriebswirtschaft studiert. Während der ersten drei Jahre bei Oticon spezialisierte er sich auf Logistik. Er spricht begeistert von der erweiterten Lebensperspektive in der Spaghettiorganisation. »Die Planung der Logistik ist nach wie vor mein Hauptprojekt, aber ich bin außerdem Leiter eines Unterprojekts mit Zuständigkeit für den technischen Teil eines großen Forschungs- und Entwicklungsprojektes, das zum Ziel hat, ein neues Produkt für ein enges Marktsegment zu entwickeln. Ich habe mich schon immer für den Maschinenbau interessiert, aber schließlich bin ich Betriebswirtschaftler geworden. Deshalb bin ich von der Möglichkeit fasziniert, mich mit diesem Fachgebiet noch einmal näher beschäftigen zu können. Ich weiß zwar nicht so gut Bescheid wie die Maschinenbauer vom Fach, aber ich schaue mir das Problem an und frage ›warum können wir es nicht auch so machen‹. Weil ich es nicht besser weiß. Und dann sagen die Ingenieure in meiner Gruppe ›Also . . .‹ Aber dann überdenken Sie das Problem noch einmal. Ich bin halt derjenige, der die dummen Fragen stellt!«

Im Hinblick auf die Zusammensetzung der Projektteams gestand Holst ein, daß es »unter den Projektleitern einen Konkurrenzkampf um die besten Mitarbeiter gibt. Ich weiß, wen ich für ein bestimmtes Projekt haben möchte, und versuche, die entsprechenden Mitarbeiter zum richtigen Zeitpunkt dafür zu interessieren.« Und das kann zu Problemen führen. »Ursprünglich wurden die Oticon-Mitarbeiter nicht für diese Art von Organisation eingestellt«, erzählte uns Holst. »So haben wir auch bei uns Mitarbeiter, die sich mit den resultierenden Anforderungen an das Projektmanagement schwertun.« – »Insgesamt gesehen jedoch«, meint Holst, »hat sich das Tempo erheblich beschleunigt. Jetzt reden die Mitarbeiter viel mehr miteinander. Wenn ein Kunde eine Frage stellt, finden wir viel schneller die richtige Antwort.«

Insgesamt ist bei Oticon der Umbau in einer radikal neuen Organisationsform viel glatter verlaufen, als sich die meisten hatten vorstellen können. Und die Gewinne waren am Ende des ersten Jahres erneut angestiegen. Während ich diese Zeilen schreibe, liegt das endgültige Ergebnis noch lange nicht vor, aber die ersten Anzeichen sind sehr verheißungsvoll.

14. Kapitel

Projekte und professionelle Dienstleistungsunternehmen IV: Auf dem Wege zu Projekten für alle

Einige Unternehmen wie EDS, CNN und Imagination, waren für *»Projekte für alle«* wie geschaffen. Andere, wie Oticon, haben die Transformation zu Projekten beinahe vollendet. Wieder andere, wie Ingersoll-Rand und die Union Pacific Railroad, sind noch auf dem Wege dahin.

In Wirklichkeit liegen – verglichen mit dem Rest – auch die letztgenannten beiden weit vorne. Und eben von ihnen, die in diesem Verwandlungsprozeß mittendrin stecken, können wir einige »Muß-Bestimmungen« für alle diejenigen ableiten, die die Nerven und den Mut dazu haben, sich auf diesen Weg zu begeben.

- Man muß den Unterschied zwischen »Projektgruppen« und »Ausschüssen« begreifen.
- Man muß die Bedeutung effektiven Projektmanagements und die Bedeutung effektiver Projektmanager begreifen.
- Man muß die Kosten richtig kalkulieren.
- Man muß sofort beginnen.
- Man muß den Verlauf einer »Karriere« neu definieren.

Aus Projektteams dürfen keine Ausschüsse werden

Projektstrukturen sind nichts Neues. Eine Zeitlang war die »Task Force« der große Renner. Die Matrixstruktur stellte einen Versuch dar, flexiblere und reaktionsfähigere Unternehmen zu schaffen – aber eine »Ausschußmanie« und der Mangel an Verantwortlichkeit verurteilten sie zum Scheitern. Die Voraussetzungen

für den Erfolg der Projektstruktur erwiesen sich als abhängig davon, daß sie autonom verantwortlich und nach außen gerichtet sein mußte. Das Projektteam bei McKinsey, das nur aus drei Personen besteht, ist kundenorientiert und trägt komplette Verantwortung für sein Tun! Dank der Art und der Intensität der Arbeit ist jedes Mitglied des Teams im Hinblick auf den persönlichen wie auch den gemeinsamen Erfolg auf die anderen angewiesen. In einem Ausschuß gilt nichts dergleichen.
Daraus folgen einige für die richtige Orientierung unbedingt erforderliche Prinzipien:

- *Ziele/Termine für die Überprüfung wichtiger Untersysteme setzen.* Ausschüsse diskutieren und erwägen. Projektteams handeln. Erfolgreiche Projektteams sind, um die Kreativität zu fördern, durch eine deutliche Zielsetzung gekennzeichnet – auch wenn der Weg bis dorthin nicht genau spezifiziert ist. Außerdem definieren die effektivsten Teams drei oder vier absolut verbindliche Stichtage für Untersysteme – technische Überprüfungen / Marketingtests / Experimente – und halten sie auch ein. Bei McKinsey sind es beispielsweise die »Programmüberprüfungen«, die in Zusammenarbeit mit Führungskräften des Kunden durchgeführt werden.
- *Das Schicksal der Teammitglieder soll in den Händen des Projektleiters bleiben.* Der Projektleiter und nicht der Funktionsvorgesetzte (wenn es denn einen gibt) muß die Arbeit der Teammitglieder beurteilen – ohne Wenn und Aber.
- *Vollzeitmitarbeit in einem Team anstreben.* Hohes Engagement ist das Wahrzeichen effektiver Projektteams. Dies aber läßt sich nicht etwa in Fünftel oder Drittel aufteilen. Aus diesem Grunde sollte die Zuordnung von Schlüsselpersonen zu einem Team auf Vollzeitbasis erfolgen. Ausnahmen von dieser Regel gelten nur für Routineprojekte. Das lehrt uns Ingersoll-Rands Projekt Blitz, und das lehren uns sämtliche McKinsey-Projekte. (Auch wenn Unternehmen wie Union Pacific oder Oticon noch regelmäßig gegen dieses Prinzip verstoßen, bin ich der Überzeugung, daß sie im Laufe der Zeit immer mehr zur Vollzeitzuordnung von Mitarbeitern zu den Projektgruppen übergehen werden.)
- *Die Mitglieder sollten mit angemessenen Befugnissen ausgestattet werden,* damit sie ihre Funktionen in ein Team einbringen

können. Wenn man davon ausgeht, daß immer noch Überbleibsel einer funktionalen Struktur vorhanden sind (wovon wir hoffentlich zunehmend nicht mehr ausgehen müssen), dann müssen die Teammitglieder die Möglichkeit haben, ohne Zwischenrede von oben Ressourcen aus ihren Funktionen einzubringen. Die Unternehmensführung muß diese »Regel« von vornherein festlegen – und durchsetzen. Herrschen dagegen nur bedingte Möglichkeiten, die eigene Funktion einzubringen, haben wir es mit einem Ausschuß zu tun.

- *Den Teammitgliedern reichlich Platz geben, damit sie miteinander »leben« können.* Als effektivste Projektteams erweisen sich die, die möglichst weit von der Zentrale untergebracht werden. Kameradschaft und Teamgeist sind in überraschend hohem Maße von gemeinsamem Tun weit weg von jeder Alltagsroutine beeinflußt. Die Räumlichkeiten sollten zumindest flexibel gestaltbar sein, wie bei Oticon, so daß alle Projektteams – die kleineren wie die großen – an einem Ort zusammenarbeiten können (dazu viel mehr in Kapitel 27).
- *Externe mit einbeziehen.* Oder besser gesagt: Fordern Sie Externe so schnell wie möglich dazu auf, einzusteigen. Produktentwicklungsteams sind zum Beispiel unwirksam, wenn nicht auch Externe engagiert am Projekt beteiligt sind. Wichtige Zulieferer, Händler und »Vorreiterkunden« (die zukünftigen Tester der Produkte) sollten von Anfang an als vollwertige Mitglieder des Teams einbezogen werden. Externe leisten nicht nur direkte Beträge, sondern bringen auch Authentizität mit ein und verstärken beim Team das Gefühl der Unverwechselbarkeit und Dringlichkeit und das Engagement für die Aufgabe.
- *Autarke Systeme aufbauen.* Das engagierte Team braucht eigene Workstations, lokale Computernetze, Datenbanken und so weiter. Dies kann zu Doppelausstattungen führen, und wenn man es zu weit treibt, kann eine übermäßige Isolierung in Probleme münden, wenn das Projektteam in das Unternehmen reintegriert werden muß. Aber in erster Linie muß man bestrebt sein, unter den Teammitgliedern das Gefühl zu schaffen, daß sie die Verantwortung tragen und demzufolge auch »das Steuer in der Hand« haben.
- *Jedes Team bestimmt seinen Leiter selbst.* Ein selbsternannter Champion kann zwar oft mit dem Segen des Managements

Dinge ins Rollen bringen. Doch die erfolgreichsten Projektgruppen wählen – und wechseln – ihre Leiter selbst, und mitunter ziehen sie es sogar vor, offiziell *ohne* Leiter zu bleiben. Sie müssen im Verlauf eines Projektes mit wechselnden Leitern rechnen, da je nach Projektstadium die Betonung auf verschiedenen Funktionen liegen wird (bei neuen Produkten ist es zuerst die Konstruktion, dann die Fertigung und noch später der Vertrieb).

- *Führungsfähigkeiten gebührend würdigen.* Projekte werden zum »normalen Arbeitsstil«. So werden horizontale (multifunktionale) Führungsfähigkeiten zu den meistgeschätzten, höchstbewerteten Fähigkeiten in einem Unternehmen, die in Form von Geld und auch Beförderungen entsprechend honoriert werden.
- *Karriere machen heißt, erfolgreiche Projektarbeit leisten.* In einem an Projekten ausgerichteten Unternehmen besteht eine Karriere aus einer Kette von multifunktionalen Aufgaben – sprich Projekten. Der Erfolg ist gleich dem Projekterfolg – nicht mehr und nicht weniger.

Insgesamt gesehen mag diese Liste etwas einschüchternd wirken. Ist es überhaupt realistisch, zu glauben, man könne alle Hürden nehmen? Rufen wir uns die Fallbeispiele der professionellen Dienstleistungsunternehmen ins Gedächtnis zurück. Jede der untersuchten Firmen kann mit einem fast makellosen Leistungsnachweis aufwarten. Deswegen habe ich gerade dem Modell des professionellen Dienstleistungsunternehmens so viel Aufmerksamkeit geschenkt. Diese Merkmale sind keine »Kann-Bestimmungen«, sondern »Muß-Bestimmungen«. Professionelle Dienstleistungsunternehmen, für die Projekteffektivität eine Überlebensfrage ist, haben dies begriffen. Wir anderen müssen es erst noch lernen.

Projektmanagement begreifen

Wenn »Projekte«, »Netzwerke«, »horizontales Arbeiten« und »Organisation« zur Norm werden, erübrigt sich die Frage »Wer ist hier der Chef?« Wir werden es lernen müssen, »in« Teams »mit« vielerlei unabhängigen Experten zu arbeiten, die oft aus

eigenständigen Unternehmen stammen. (Merken Sie sich die Worte *in* und *mit*.) In Anlehnung an die Dallas-Organisation werden alle auf die Fähigkeiten aller anderen angewiesen sein und von sich aus ihr Bestes geben.
All dies deutet auf eine Schlüsselfigur der Zukunft hin – den »*Projektmanager*«. Allerdings ist Projektmanagement bei weitem nichts Neues. Die Stars bei den Riesenunternehmen der Bauindustrie, Flour und Bechtel, sind mehrere hundert Projektleiter. Die Regisseure sind die wirklichen Könige und Königinnen der Filmwelt. Oder denken Sie zurück an Ihre Schulzeit. Erinnern Sie sich an den spindeldürren Jungen mit der dicken Brille, der Schulkonzerte und andere Ereignisse so meisterhaft organisieren konnte? Er war ein angehender Projektleiter.

Letzten Endes erweist sich das Projektmanagement vor allem als die Meisterung von Paradoxen:

- *Egoismus / Selbstlosigkeit:* Projektleiter müssen sich selbst komplett einbringen. Sie sind mit einer äußerst anspruchsvollen und komplexen Aufgabe konfrontiert. Um Erfolge zu erzielen, müssen Sie sich absolut mit der Aufgabe identifizieren. Die besten »leben« ihre Projekte neunzig Tage oder sogar mehrere Jahre lang. Projektleiter dürfen aber absolut nicht egoistisch sein. Sie haben ständig mit zahlreichen Menschen innerhalb und außerhalb des Unternehmens zu tun, denen sie schwerlich »Anweisungen« geben können. (Dazu sind sie weder befugt noch begreifen sie die Einzelheiten des von diesen Experten eingebrachten Know-hows.) Darüber hinaus müssen sich auch alle »Mitarbeiter« in hohem Maße selbst einbringen. Das bedeutet, daß der Projektmanager ihnen die ihnen gebührende Ehre für ihre Leistungen zuteil kommen lassen und auf der anderen Seite dafür sorgen muß, daß er einen überproportionalen Anteil am Erfolg der Gesamtorganisation für sein Team in Anspruch nimmt, und sei der Beitrag noch so »winzig klein«.
- *Autokratisch führen / Delegieren:* Wenn es darauf ankommt, muß der Oberbefehlshaber (Projektleiter) Befehle erteilen, und zwar schnell – zum Beispiel wenn die Beleuchtung im Konferenzsaal gerade in dem Moment ausfällt, in dem fünftausend Zuschauer hereingeströmt kommen. Andererseits wird

der Projektleiter als Führungskraft, die hervorragend delegieren kann, die Zuständigkeit schon längst in die Hände des Beleuchtungsfachmanns gelegt haben – und er wird schon längst zur Problemstelle geeilt sein und den Schaden behoben haben, ehe sein Chef von der Schwierigkeit erfährt.

- *Führer / Manager:* Mehr als in herkömmlichen Organisationen hängt der Erfolg eines Projektleiters von dem Engagement und der Energie anderer ab, denen er keine direkten Anweisungen erteilen kann. Er muß mit anderen Worten »führen« – Visionen und Anregungen vermitteln und Begeisterung wecken. Andererseits beinhaltet die Kunst des »Managements« (das in letzter Zeit etwas in Mißkredit geraten zu sein scheint) die Beherrschung unzähliger, langweiliger Details. Ein effektiver Projektleiter muß nicht nur die Fähigkeit haben, andere mitzureißen (zu führen), sondern muß auch eine Neigung zur Bewältigung des zu seiner Aufgabe gehörenden Kleinkrams aufweisen.
- *Mehrdeutigkeit von Situationen und Sachverhalten / Perfektion:* Das Wesen aller komplexen Projekte (die Organisation Olympischer Spiele, die Entwicklung eines neues Produktes, die Organisation eines Schulfestes) ist die Mehrdeutigkeit von Situationen und Sachverhalten. Situationen und Sachverhalte entfalten sich und entwickeln sich immer weiter. Das einzig »Sichere« ist das Unerwartete. Der effektive Projektmanager muß imstande sein, extrem ambivalente und ungewisse Situationen mit Elan – und Humor – zu bewältigen. Zugleich aber muß er (oder sie) unablässig nach Perfektion streben. Ein letztes Mal alles überprüfen – und dann noch einen »alleralllerletzten« Check durchführen –, um sich zu vergewissern, daß die Bühne für die morgigen Aufnahmen stimmt! Dies ist unabdingbar.
- *Groß / Klein:* Projektleiter müssen die Fähigkeit an den Tag legen, sowohl den Wald als auch den einzelnen Baum erkennen zu können. Die Projektleiter, die sich nur für das »Gesamtbild« interessieren, werden über die Einzelheiten stolpern. Die, die der Meinung sind, der Teufel stecke im Detail, werden die Hauptsache aus den Augen verlieren. Ein Projektleiter muß immer und überall die Beziehung zwischen dem Kleinen und dem Großen und dem Großen und dem Kleinen gleichzeitig erkennen können.

- *Ungeduldig / Geduldig:* Zum einen müssen Projektmanager »Aktionsfanatiker« sein: Die Sache anpacken, die Mißgeschikke von gestern vergessen und immer den Blick auf morgen richten – das müssen ihre Leitlinien sein. Zum anderen aber »leiten« sie Netzwerke, die per definitionem aus mehreren hundert zerbrechlichen Egos, Kulturen und Beziehungen geknüpft sind. In Wirklichkeit aber »leiten« sie diese Netze keineswegs. Im besten Fall ist der Projektleiter ein *primus inter pares,* also, der erste unter gleichen.

Es ist unklar, ob Mutter Teresa allen oben aufgeführten acht Anforderungen genügen würde! Es gibt jedoch keinen Zweifel daran, daß Projektmanagement *die gefragteste Fähigkeit der Zukunft* sein wird, und daß so etwas wie diese Liste von Paradoxa den Kern des effektiven Projektmanagements ausmacht. Was muß also ein Unternehmen tun, um die Rolle des effektiven Projektmanagements zu unterstreichen?

- *Trainieren:* Projektmanagement gilt oft als eine als »selbstverständlich« vorausgesetzte Fähigkeit, die nicht einmal eines besonderen Trainings bedürfe. (Der bei McKinsey und EDS praktizierte Ansatz »schwimme oder geh unter«, der durch wenig oder gar kein formales Training gekennzeichnet ist, funktioniert nur dann, wenn »die Institution« seit Jahrzehnten nichts anderes als Projektarbeit kennt.)
- Fähigkeiten in Projektmanagement als einen eigenständigen Punkt in allen Leistungsbeurteilungen anführen. (Und Teamfähigkeit in die Beurteilung jedes Mitarbeiters aufnehmen.)
- Junge Mitarbeiter so früh wie möglich zur Mitarbeit in Projektteams heranziehen und ihnen Teilverantwortung übertragen – wie es EDS beispielsweise von ersten Tage an tut.
- Neue Mitarbeiter mit einem Blick auf ihre Projektmanagementfähigkeiten auswählen. Eine gute Nachricht: Potentielle Projektleiter hinterlassen unmißverständliche Fußstapfen – vorherige Erfolge im Bereich des Projektmanagement. Deutliche Hinweise hierauf sind bei Hochschulabsolventen beispielsweise Erfahrung in der Organisation von Konzerten, die Zusammenstellung eines preisgekrönten Jahrbuches, die Gründung und Erhaltung einer neuen Vereinigung. Die besten Projektleiter von morgen waren in der Regel auch die besten Projektleiter von gestern.

»Hochkarätige« Projektmanager ernten die größten Kartoffeln

Quantitative Forschungsarbeiten zur Bedeutung des effektiven Projektmanagements sind zwar dünn gesät, aber ein paar gibt es noch. Im *Design Management Journal* aus dem Frühjahr 1991 berichtet Takahiro Fujimoto von der Universität Tokio über eine weltweit durchgeführte Untersuchung zum Projektmanagement in der Automobilindustrie. In seinem Artikel analysiert Fujimoto 21 Organisationen, die Produkte für die Automobilindustrie entwikkeln (17 Massenhersteller und vier hochspezialisierte Firmen). Er vergleicht »Organisationsmethoden«, die von einer stark funktionalen Orientierung bis hin zu einer »hochkarätigen PM-Struktur« (leistungsstarke Produkt-/Projektmanager) reichen. Der Erfolg wurde an Hand eines »Index zur Gesamtqualität des Produktes« gemessen. Fujimoto kommt zu dem Ergebnis, daß eine »Konzentration auf hochkarätige Produktmanager dazu tendiert, eine höhere Gesamtqualität zu erzielen«.

Im großen und ganzen wiesen alle hochkarätigen Produkt- und Projektmanager folgende Merkmale auf: (1) Verantwortung vom Konzept bis zum Markt; (2) Verantwortung für Koordination und Konzeption / Konzeptförderung. (»Sie sind mehr als bloße neutrale Schiedsrichter oder passive Konfliktmanager, und manchmal befürworten sie nachdrücklich einen ganz bestimmten Ansatz.«); (3) Verantwortung für die Kostenkalkulation und technische Fragen sowie für das Design; (4) direkter Kontakt zu Kunden, Marktforschung durch ein externes neutrales Institut als »Gegengewicht« zur eigenen Marktforschung; (5) Vorrang persönlicher Gespräche vor »dem Verfassen von Schriftstücken und der Einberufung formeller Sitzungen«.

Diese Analyse wurde Mitte der achtziger Jahre durchgeführt, als Produktqualität für das Hauptbewertungskriterium, für die kritischste Variable im Hinblick auf industrielle Konkurrenzfähigkeit gehalten wurde. Die von Fujimoto im Anschluß daran unternommenen Zusatzuntersuchungen kommen zu folgendem Ergebnis: Zur Meisterung des heute ausschlaggebenden Faktors – Produktentwicklungszeit von der Konzeption bis zur Marktreife – ist der »hochkarätige PM« mindestens genauso wichtig, wenn nicht gar noch wichtiger.

Die Neudefinition des Begriffes »Karriere«

Wie wäre es auf längere Sicht, wenn wir die »Karriere« als eine Reihe von Projekten betrachten würden? Es ist eine wertvolle Idee. Eine Karriere muß nicht unbedingt aus einem spezifizierbaren »Pfad« bestehen, der irgendwie von oben festgelegt und durch eine Organisation bestimmt wird, in der wir hoffen, unser Berufsleben zu verbringen. Zunehmend, und nicht nur in den Aushängeschildgebieten wie Silicon Valley, betrachten kluge Menschen – die an der Produktionsfront ebenso wie Ingenieure, Industriedesigner und Manager – die Welt als ein Schachbrett, auf dem sie ein projektorientiertes Spiel, das »meine Karriere« heißt, spielen können. Die nachdenklichsten Unternehmen kommen ihren Mitarbeitern in dieser Beziehung schon sehr entgegen. Sie erblicken in dem Begriff der Schachbrett-Karriere Vorteile für sich und auch für den einzelnen Mitarbeiter. Es ist ihnen lieber, eine engagierte sowie ehrgeizige (im besten Sinne des Wortes) Persönlichkeit für zwei oder drei aufregende Jahre (für beide Seiten aufregend) als über 25 ereignislose Jahre in ihrem Unternehmen zu haben. In *Odyssey* schildert es John Sculley, der Chef von Apple Computer, so:
»Sie werden dazu aufgefordert, einen Teil Ihrer selbst in den Erfolg des Unternehmens einzubringen ... Vom einzelnen Mitarbeiter wird mehr verlangt als zu der Zeit, in der er nur ein kleines Rädchen im Getriebe eines durchsystematisierten Unternehmens war. Als Gegenleistung sollten Sie eine Erfahrung genießen, die Ihre Instinkte schärft, Ihnen die neuesten Lektionen erteilt, Ihnen zeigt, wie Sie in Ihrer Arbeit aufgehen können, und es Ihnen ermöglicht, die Welt auf eine neue Art zu betrachten ... Ich verlange keine unbegrenzte Loyalität ... Ich fordere nur die Mitarbeiter von Apple auf, die *Vision* der Firma zu teilen, solange sie dabei sind.«
Sculley steht mit seiner Meinung nicht allein. In einer Ausgabe der Zeitschrift *Management Review* aus dem Jahre 1990 schlug Tom Horton, Geschäftsführer der American Management Association, einen ähnlichen Ton an: »Die typische Laufbahn von morgen wird weder geradlinig noch kontinuierlich, geschweige denn immer nach ›oben‹ verlaufen. Statt dessen wird der Verlauf der Karriere mehr in Zickzacklinien geschehen. Diejenigen, die sich auf Wandel und Wachstum vorbereiten, werden die größte

Aussicht auf Erfolg haben.« In *The Age of Unreason* schreibt Charles Handy in ähnlicher Weise, daß der »Wandel Teil unseres Lebens werden muß«. Er rät uns, unsere Karriere als ein »Portfolio« von verschiedenen Aufgaben und Fachrichtungen zu sehen, die wiederum aus verschiedenen Aktivitäten bestehen. (So schlägt er vor, daß »Hausaufgaben« oder »Studieren« Teil des Lebens eines jeden wird.) Auch *Business Week* hat die Botschaft begriffen und in einem Leitartikel (am 7. Oktober 1991) weiterverkündet. Er trug den Titel *»Ich mache mir Sorgen um meine Stelle«*. Der Artikel enthielt folgende Zwischenüberschriften: »Der neue Karriereweg«, »Groß anfangen«, »Die Fähigkeiten ausbauen«, »Ausbrechen«, »Eine Pause einlegen«, »Zeitarbeit«; er bot dem Leser außerdem eine »Überlebensausrüstung für den Beruf«: (1) Fähigkeiten erwerben ... (2) Einen zweiten Job annehmen ... (3) Lernen ... (4) Ihre Einsätze sorgfältig auswählen ... (5) Bleiben Sie locker ... (6) Netzarbeit sofort ... (7) Lernen Sie Ihren Headhunter kennen ... (8) Verantwortung übernehmen ... (9) Eine Rückfallposition bereithalten.«

Einige, wie Bob Reich von der Harvard University, teilen Handys Ansicht, bekräftigen aber, daß das unvermeidliche Endprodukt eine immer breitere Kluft zwischen den »Betuchten« und den »Habenichtsen« sein werde – zwischen denjenigen, die sich an Projektarbeit beteiligen können, und denjenigen, die dazu verurteilt sind, im Abseits zu stehen. Ich bin in diesem Falle aber anderer Meinung. Die »Projektorientierung« ist für den Produktionsmitarbeiter genausowichtig – und plausibel – wie für den Ingenieur, der vor zehn Jahren sein Studium an der University of California in Berkeley abgeschlossen hat, bei dem die »Halbwertzeit« des damals erworbenen Wissens inzwischen etwa gerade noch fünf Jahre beträgt. Das bedeutet, daß der Sachbearbeiter / die Sachbearbeiterin, der bzw. die auf einem sich schnell verändernden globalen Arbeitsmarkt Erfolg haben will, entschlossen sein muß, sich ständig zu bilden / weiterzubilden – und mehr als sein Nachbar zu lernen. (Denken wir an Inge Christophersen von Oticon.)

Morgen wird der Begriff der »Hausarbeit« dem 43jährigen Sachbearbeiter genauso geläufig sein wie dem Abiturienten. So berichtet Handy zum Beispiel, daß bestimmte professionelle Dienstleistungsunternehmen in London ihre Schreibarbeiten dank der modernen Telekommunikation in Taipeh erledigen lassen.

Schreibkräfte in London müssen also begreifen, daß sie sich in direkter Konkurrenz zu schlechter bezahlten Kolleginnen befinden, die an einem 9000 Meilen entfernten Ort sitzen. Das einzige, was die besser bezahlten Schreibkräfte in London retten könnte, ist die Möglichkeit, ein besseres und ständig besser werdendes Leistungspaket anzubieten – zum Beispiel mit mehr Textverarbeitungssystemen oder Datenverwaltungssystemen vertraut zu sein als ihre »Konkurrentinnen«.

Organisationen wie Apple Computer, CNN, MCI, Quad/Graphics und die meisten professionellen Dienstleistungsunternehmen sind im Prinzip so strukturiert, daß sie solche persönlichen Odysseen unterstützen. Sie sind »Universitäten«. Wenn ein Druckerlehrling bei Quad/Graphics nicht daran interessiert ist, mehr zu lernen, hat die Firma genausowenig ein Interesse daran, ihn zu behalten – und dasselbe gilt für seine Arbeitskollegen/-kolleginnen, die, wie wir uns erinnern, die ersten sein werden, die ihn hinauswerfen. Das Konzept der permanenten Weiterentwicklung und der permanenten Weiterbildung gilt für hundert Prozent der Beschäftigten eines Unternehmens.

Es gibt nur wenige Autoren, die beredter als Ed Freeman und Daniel Gilbert über »Karriereprojekte« schreiben. In dem Werk *Corporate Strategy and the Search for Ethics* schlagen die Autoren eine persönliche Projektstrategie vor. Diese Theorie, meinen die Autoren, »wird es uns ermöglichen, Menschen und ihre Organisationen in einer konsequenten und freiheitsfördernden Weise zu betrachten. Wir suchen ein Konzept des Unternehmens, das für das Individuum ermächtigend wirkt, ... das befreiend und nicht zwingend oder unterdrückend wirkt.« Die meisten Menschen gehen davon aus, daß die Projekte der Organisation Vorrang haben vor denen des Individuums. »Nichts könnte unserer Absicht ferner liegen«, behaupten Freeman und Gilbert ganz entrüstet. »Unternehmen sind menschliche Organisationen«, fügen sie hinzu. »Unsere Einstellung zum Unternehmen ist relativ einfach. Es ist ein Mittel zur Realisierung der Projekte bestimmter Personen, die ›Unternehmensmitarbeiter‹ genannt werden. Ein Unternehmen ist einfach ein Vehikel, über das wir unsere Projekte realisieren können. Oder, um dasselbe etwas anders auszudrücken: Das Unternehmen ist für den Menschen nur eine Durchgangsstation auf dem Wege zu seinem Endziel ... Nach unserer Ansicht sieht es so aus: Wenn ein Unternehmen dem Mitarbeiter

X bei dem Projekt P keine angemessene Hilfe leistet, wird X nach einer Alternative Ausschau halten und dem Unternehmen seine Unterstützung entziehen. Andere Mitglieder des Unternehmens versuchen nicht, den Kollegen X zum Bleiben zu zwingen, noch versuchen sie zu verhindern, daß ein anderes Unternehmen den Projekten von X mehr entspricht ... Ein Unternehmen ist eine Fiktion ... die für die Interessen ihrer Mitglieder steht ... Man kann sich ein Unternehmen als einen Satz von Vereinbarungen unter den Mitgliedern zur Erfüllung ihrer Projekte vorstellen.« Alles nur Wunschdenken? Im Jahre 1946 vielleicht, im Jahre 1906 ganz bestimmt. Aber heutzutage nicht mehr! Diese scheinbar »idealistische« Idee erweist sich als *durchaus vereinbar* mit den heutigen Bedürfnissen nach Wettbewerbsfähigkeit. Die »Eroberung« von Märkten ist nicht mehr eine einmalige, immerwährende Situation, wie das im Prinzip früher der Fall war für GM, IBM oder Sears. Märkte können nicht mehr erobert werden. Wir wohnen auf wirtschaftlichem Treibsand. Projekte, die verschiedene Menschen aus unterschiedlichen Disziplinen und verschiedenen Unternehmen zusammenbringen, können heutzutage einen Markt höchstens für einen kurzen Augenblick »erobern«. Die »Spieler« (die wir früher als »Arbeiter« oder »Arbeitnehmer« bezeichneten) werden mehr oder weniger alle ein improvisierendes Theaterensemble bilden, dessen Mitglieder unaufhörlich dazulernen. Ihre Projekte (nach Freeman/Gilbert) werden sich eine Zeitlang mit einem bestimmten Unternehmen/Netzwerk identifizieren und sich dann wieder auflösen.

Auf dem Wege zu Projekten für alle

Man könnte meinen, daß bis zur industriellen Revolution Projektarbeit die Norm war. Die meisten Aktivitäten fanden in kleinen unabhängigen Werkstätten statt, und das Handwerk beziehungsweise die Handwerker bildeten den Kern der Volkswirtschaft. Mit der industriellen Revolution wurde all das anders. Fähigkeiten und Aufgaben wurden enger begrenzt. Und noch enger. Tausende von Menschen sammelten sich am Arbeitsplatz unter einem Dach. Heutzutage könnte man dank der neuen Druckwirkung des Wettbewerbs und dank der neuen Technologien, die Information verteilen und so weiter, behaupten, daß wir zu der handwerklichen Tradition zurückkehren. Das Wesen des Handwerkes ist das Projekt. Wer weiß, vielleicht werden sich die 150 Jahre seit der Zeit des Charles Dickens bis zum Jahre 1980 als eine Anomalie entpuppen. Das Normale, innerhalb wie außerhalb des Betriebes, wird sich als das Handwerk, das Lernen und die Wertschöpfung – das heißt: *das Projekt* – erweisen.

Véronique Vienne

Auf den ersten Blick sieht es nicht unbedingt nach einem Erfolgsrezept aus: sieben Stellen in zehn Jahren, darunter mindestens ein Rausschmiß und unzählige Auseinandersetzungen mit den jeweiligen Vorgesetzten. Aber Véronique Vienne ist philosophisch gelassen, wenn sie über ihre »Karriere« nachdenkt, die sie zickzackartig durch mehrere bekannte Zeitschriftenredaktionen bis (seit Oktober 1991) ins winzige New Yorker Büro von *Yves Saint Laurent Parfums* gebracht hat. Die Funktionen, die die gebürtige Französin bekleidet hat, reichen von Art Director bei einer Zeitschrift über Verkäuferin von Haute Couture bis zur erfolgreichen freischaffenden Autorin. Es mag zwar ganz exotisch klingen, aber man sollte sich nicht täuschen: Die Netzwerkfähigkeiten und das stahlharte Durchsetzungsvermögen, die ihre Welt kennzeichnen, werden zum Handwerkszeug der Überlebenden aller Schattierungen in der neuen Wirtschaft werden.

Die mit Marmor und Teak ausgestatteten Büroräume von Yves Saint Laurent waren ganz ruhig an dem kalten Vormittag im Dezember 1991, als mein Kollege Paul Cohen zu einem Besuch eintraf. Die 49jährige Véronique Vienne, die erst zwei Monate vorher als Direktorin für Unternehmensentwicklung eingestellt worden war, war etwas nervös. Die meisten älteren Angestellten befanden sich entweder in Paris oder San Francisco und kümmerten sich um die Wiedereinführung der Originalparfums auf dem Markt, und Veronique wartete auf eine Nachricht. Außerdem hatte man sich gerade von Judith Harrison, Präsidentin von YSL Parfum, getrennt.

Das war für Vienne allerdings nichts Neues. Acht Jahre zuvor, während ihrer Zeit als Art Director bei der Zeitschrift *San* Francisco, wurde der Chefredakteur, der sie eingestellt hatte, entlassen – und sie bekam seinen Posten. (Später folgte sie ihm zu einer neuen Anstellung als Art Director beim Sonntagsblatt *San*

José Mercury News.) Es war für Vienne die erste Erfahrung mit, wie sie es nennt, dem »Verrat am Chef«.
»Du fragst dich, ob es falsch ist, zu bleiben, wenn dein Freund und Beschützer gehen muß, oder ob es falsch ist, diejenigen, die dich weiter vorangebracht haben, im Stich zu lassen. Es ist schmerzlich, weil Loyalität und Integrität die Eigenschaften sind, die dich am Leben erhalten. Der Chef stellt dich ein, und wenn du dich dann von dieser Bindung wieder lösen mußt, ist es ziemlich unschön. – Du bleibst loyal, solange du da bist. Aber du weißt, daß du sie manchmal verläßt, und manchmal verlassen sie dich.«
Unausweichlich, meinte Vienne, wird der Karrierepfad von der Sprunghaftigkeit des Arbeitsplatzes, der Macht des eigenen Rufes und der Stärke des eigenen Terminkalenders bestimmt. Sie betrachtet sich selbst als jemanden, der beide Elemente dieser Gleichung fest im Griff hat, und sieht ihren Job als eine Möglichkeit, sowohl ihre professionellen Fähigkeiten zu verbessern als auch ihr persönliches Netzwerk auszubauen. »Meine einzige Karrierestrategie ist vorauszuplanen, was ich ganz konkret bei jedem Job lernen kann«, sagte sie. »Ich versuche, zwei oder drei Dinge, die ich bei jedem Arbeitsplatz erreichen kann, ganz genau zu definieren.«
So setzte sie sich zum Beispiel das Ziel, während ihrer drei verschiedenen Anstellungen bei Sonntagszeitschriften im Raum von San Francisco Bay innerhalb von vier Jahren zunächst einmal zu lernen, wie man unmögliche Termine doch einhalten kann und mit Illustratoren und Fotografen zusammenzuarbeiten; und als nächstes die genauen Details eines besonderen Stils der graphischen Gestaltung zu meistern.
Dieses Prinzip »Was kann ich als nächstes lernen« gilt auch, wenn sie ein unverhofftes Angebot erhält. Als Condé Nast ihr beispielsweise einen Topjob bei der Zeitschrift *Self* anbot, ergriff sie die Chance mit beiden Händen – aber erst, nachdem sie ihre Ziele definiert hatte (sie wollte die »Denkweise« von Alexander Libeman, dem Redaktionsdirektor von Condé Nast, kennenlernen, mit der damaligen Chefredakteurin Anthea Disney zusammenarbeiten und Einblicke in die Welt der Mode bekommen).
Während ihrer acht Jahre in San Francisco gab Vienne viele Dinnerpartys für Zeitschriftenleute, die sich auf der Durchreise befanden, machte sich in Graphikerkreisen bemerkbar und fuhr öfter nach New York. All das spiegelte eine wirkliche Liebe zu ihrer

Arbeit wider – und setzte viele Stunden in der Küche voraus. »Die meisten unterschätzen die Bedeutung von Dinnerpartys für die Pflege von Kontakten«, bemerkte sie.

Das Leben bei Condé Nast war jedoch nicht leicht. An dem Tag, als Viennes Möbel aus San Francisco eintrafen, wurde ihr Chefredakteur bei *Self* gefeuert, und nach zwei turbulenten Jahren wurde Vienne selbst auf eine schmerzliche Weise durch Liberman auf die Straße gesetzt. »Condé Nast heuert die Mitarbeiter an, die das Unternehmen nicht bei der Konkurrenz sehen will«, sagte sie. »Die schmeißen dich raus und wissen, daß kein anderer dich nehmen wird, daß du ›beschädigte Ware‹ bist.«

Dennoch – ihre Designererfahrung und ihre Kontakte halfen Vienne, sich auf dem Stellenmarkt zu behaupten. »Momentan«, sagte sie, »sieht man mich eben als ›die Französin‹, als eine Ausländerin, die Englisch spricht. Nach Condé Nast arbeitete sie als Kreativdirektorin bei einem internationalen Beratungsunternehmen für Design, dann landete sie bei YSL über einen Textgestaltungsauftrag, den sie auf freiberuflicher Basis für die YSL-Marketingabteilung übernommen hatte. Ihr Arbeitstag ist jetzt durch Anrufe nach und aus Paris gekennzeichnet und durch Verhandlungen mit Produktmanagern, Anwälten und höheren Führungskräften. Außerdem kümmert sie sich um Werbetexte für den US-Markt, Produktpositionierung und Kontakte zu Lieferanten und Händlern.

Das Mittagessen bietet eine weitere Gelegenheit, um ihr Netz von Kontakten zu pflegen. An dem Tag, an dem Cohen mit ihr sprach, aß sie mit einem erschütterten Freund und Mentor von der Zeitschriftengruppe Hearst, der mitten in einer großen, mit vielen Entlassungen verbundenen Umbruchsituation gerade in Pension ging.

Sie gibt gern zu, daß sie in einigen ihrer Karriereschritte »ichbezogen und egozentrisch« war, aber sie ist immer auf dem Boden der Tatsachen geblieben. »Ich habe Fehler gemacht. Die Chefredakteure mochten mich als Art Director, aber sie mochten mich noch mehr, als ich nicht mehr für sie arbeitete. Sie hatten eine gehörige Angst vor den Vorträgen, die ich ihnen hielt. Und letzten Endes gerieten sie mir zum Verhängnis, weil ich ihnen so auf die Nerven ging.«

Susan Brennerman vom *Los Angeles Times Sunday Magazine,* die mit Vienne beim *San Francisco Examiner* zusammenarbeitete, kann dies bestätigen – aber hält sie trotzdem nicht für ganz so schlimm: »Véronique ist eine Herausforderung, weil sie sehr emotionell ist, hohe Anforderungen stellt und immer das sagt, was sie denkt. Sie ist den Leuten unbehaglich. Aber für mich ist das eher ein Vorzug. Wir waren oft verschiedener Meinung, aber viele ihrer Ideen waren gut.«

Am späten Nachmittag erhielt Vienne einen letzten Anruf – von einem Headhunter, der nach den personellen Veränderungen bei YSL seine Chance witterte. Vienne war ein wenig skeptisch, ob sie sofort ihre Stelle wechseln sollte, gestand aber ein, daß sie, nachdem sie gründliche Kenntnisse der Geschäftswelt gesammelt haben wird, eines Tages gern in die Verlagsbranche zurückkehren würde.

Sprechen ihre häufigen Stellenwechsel auf dem Arbeitsmarkt gegen sie? »Ich bin nicht stolz darauf, daß ich so oft meine Stelle gewechselt habe«, gab sie zu, »aber ich habe noch nie Schwierigkeiten gehabt, eine neue Anstellung zu finden. Man hält mich nicht für jemanden, der ständig weiterzieht. Ich glaube, man sieht mich eher als jemanden, der weiß, was er tut.« Brennerman und andere bestätigen diese Selbsteinschätzung.

Der chaotische Lebensstil der neunziger Jahre erscheint Vienne als etwas Natürliches. »Meine Einstellung entstammt dem Zweiten Weltkrieg und der Umbruchsituation in Europa. Aufwachsen zu müssen ohne Hoffnung auf Stabilität hat mir gute Dienste geleistet. Denn die Welt ist nun mal kein stabiler Ort.«

Sheryl Spanier, Outplacement-Beraterin bei Lee Hecht Harrison, die Vienne beriet, als sie Condé Nast verließ, stimmt mit ihr überein: »Heute gibt es keinen deutlichen stabilen Karrierepfad mehr, keine Regeln, auf die man sich berufen kann, um automatisch an sein Gehalt zu kommen«, erzählte sie uns. »Es kommt jetzt darauf an, sich interessante und herausfordernde Aufgaben im Beruf zu suchen, sich einzigartig zu machen und seine Fähigkeiten zu erweitern, anstatt sich auf Zufälle zu verlassen.«

Letzten Endes, meint Vienne, ist die Berufsstrategie nur ein kleiner Teil der gesamten Geschichte. »Das Schwerste im Leben besteht nicht darin, ein guter Geschäftsmann zu sein, das Schwerste im Leben ist es, zu lernen, mit den eigenen Stärken und Schwächen klarzukommen. Man muß lernen, wie man ein guter Mensch werden kann.«

Kapitel 15

Organisationsbausteine 1: Alle Mitarbeiter sind Geschäftsleute

Wir wollen, daß alle Mitarbeiter Geschäftsleute sind.
Ralph Stayer
Geschäftsführer der Johnsonville Foods, Inc.
Mai 1990

In der *Harvard Business Review* (Juli/August 1990) beschreibt Michael Hammer, der Guru der Systemerneuerung, den revolutionären Wandel in einer riesigen Versicherungsgesellschaft: »Das lange Verfahren (bei der Bearbeitung von Versicherungsanträgen) bestand bisher aus zahlreichen Einzelschritten wie der Überprüfung der Kreditwürdigkeit, Einstufung und Feststellung der Beitragshöhe, Unterzeichnung der Police usw. Ein Antrag wurde in bis zu dreißig separaten Arbeitsgängen behandelt und beschäftigte fünf Abteilungen und neunzehn Mitarbeiter. Seit der Reorganisation ist eine neue Kraft an ihre Stelle und über alle Abteilungsgrenzen hinweg getreten: der ›Fallmanager‹. Er trägt die gesamte Verantwortung für den Versicherungsantrag von der Annahme bis zur Ausstellung der Police. Der Sachbearbeiter wiederholt unter den wachsamen Augen seines Vorgesetzten immer wieder die gleiche festgelegte Aufgabe; der Fallmanager hingegen arbeitet autonom. Akten werden nicht mehr weitergereicht, Verantwortung wird nicht mehr delegiert, Kundenanfragen werden nicht länger hin- und hergeschoben. Fallmanager sind in der Lage, alle mit einem Versicherungsantrag zusammenhängenden Aufgaben zu erledigen. In besonders schwierigen Fällen kann er einen erfahrenen Gutachter oder Arzt hinzuziehen, aber die Rolle dieser Spezialisten beschränkt sich auf die eines Beraters; der Fallmanager allein behält den Bearbeitungsvorgang unter Kontrolle.«

Erstes Ergebnis dieser Methode: Die Bearbeitungszeit für Bewerbungen schrumpfte von 5 bis 25 Tagen auf etwa einen Tag – wenn es sein mußte, sogar auf einige wenige Stunden. Mehr noch: »Fallmanager« bearbeiten nun problemlos mehr als doppelt so viele Anträge wie im alten System.

Der Mitarbeiter als Geschäftsmann

Denken Sie an die Besitzer in Ihrem Tante-Emma-Laden. Denken Sie an einen Fließbandarbeiter oder an einen Manager auf mittlerer Ebene in der großen, traditionsreichen Firma. Zu Recht betrachten Sie die erstere(n) als Geschäftsfrau. Die anderen beiden üben dagegen nur einen »Job« aus. Welch ein Unterschied!

Der entscheidende Baustein für die neue Organisation ist die »Geschäftsperson«, die »informatierte Einzelperson«, der »Fallbearbeiter«, das »Fallbearbeitungspaar« oder der »Maßkonfektionist«. Heute entstehen neue Organisationsformen, in denen alle Mitarbeiter – dem Motto von Ralph Stayer entsprechend – Geschäftsleute sein werden. Der Markt wird dies sogar ausdrücklich fordern. Und das wird, Sie sehen es ganz richtig, bedeuten, daß die Mitarbeiter mit echten Befugnissen ausgestattet werden. Es bedeutet weiterhin, daß Informationen über die Organisation für jedermann jederzeit abrufbar sind; sie müssen allen auf einen Knopfdruck hin zur Verfügung stehen. Die neue Organisationsform bedeutet aber noch viel mehr.

Kehren wir noch einmal zur Union Pacific Railroad (UPRR) zurück. Mike Walsh schaffte mehrere Schichten der Bürokratie einfach ab. Er schuf 30 »Mini-Eisenbahnen« mit je 600 Mitarbeitern. Jede wird von einem »Top Gun« (einem unabhängigen Direktor) geleitet. Dieser ist bevollmächtigt, so zu agieren und zu investieren, wie es für seinen Zuständigkeitsbereich erforderlich ist. Walsh ermutigte außerdem Tausende von Mitarbeitern, die unmittelbar im Publikumsverkehr arbeiteten, Entscheidungen für Verbesserungen im Kundenservice zu treffen. Bisher mußte sich solch ein altgedienter Mitarbeiter etwa durch sieben Schichten nach »oben« und vier Schichten nach »unten« arbeiten, bevor er – und dann nur mittelbar – Verbindung zum Kunden aufnehmen konnte. Jetzt ruft er den Kunden direkt an, und selbst in

schwierigen Fällen werden buchstäblich 99 Prozent der Probleme gleich an Ort und Stelle gelöst.
Die UPRR geht sogar noch weiter: Sie stellt beispielsweise in ihren Dienstwagen Computer für die Zugführer auf. Sie mögen sich daran erinnern, daß Shoshana Zuboff von der Harvard University in ihrem Buch *In the Age of the Smart Machine* den häßlichen, aber zutreffenden Begriff »informatiert« einführte. Der Mitarbeiter, der im direkten Umgang mit dem Kunden steht, ist mit tatsächlichen Entscheidungen ausgestattet; darüber hinaus stehen ihm alle Informationen der Gesellschaft auf Abruf zur Verfügung. Der »informatierte« Zugbegleiter darf die Art des Umgangs mit dem Kunden selbst bestimmen (da er mit Befugnissen ausgestattet ist). Er kann dem Kunden sinnvolle Dienstleistungen bieten, da er zu den Finanz- und den Kundendaten der Eisenbahn Zugang hat. Durch Befugnisse und Informationen wird er zum »Geschäftsmann«. In der Tat braucht man seine Phantasie nicht sonderlich anzustrengen, um ihn ein »Ein-Mann-Unternehmer« oder sogar einen »Unternehmer« zu nennen. Stan Davis und Bill Davidson befürworten diese Entwicklung in ihrem Buch *2020 Vision*; sie vertreten dort die Auffassung, daß die »Grenze des Designs« für die Organisation der Zukunft in der »Geschäftstätigkeit jedes einzelnen Mitarbeiters« liegt.
Verbleiben wir einen Augenblick bei der UPRR, und denken wir etwas weiter: Stellen wir uns statt einer Person drei Personen vor. Betrachten wir erneut das Team, das im nördlichen Teil Kaliforniens für den nationalen Kundendienst zuständig ist (National Customer Service Center). Es ist letztendlich für die Zufriedenheit der Kunden verantwortlich und spielt eine Rolle, die der des »Fallmanagers« in einer Versicherungsgesellschaft mit seinen mehreren tausend Kunden vergleichbar ist. Die Mitglieder solch eines Teams reisen zum Standort des Kunden und planen dort Transport und Logistik. Nominell gehören sie zwar zur Verkaufsorganisation; sie fahren aber mit dem Zug herum, um sich mit Maschinenführern und Zugbegleitern im tatsächlichen Betrieb vertraut zu machen, mit denen sie auf regelmäßiger Basis zu tun haben. Im NCSC in St. Louis haben sie vollen Zugang zur Information der Eisenbahnlinie (und wenn sie in St. Louis etwas nicht herausfinden können, fragen sie ihre »informierten« Kollegen im »Harriman Dispatch Center« in Omaha). Sie nehmen außerdem routinemäßig an Projektarbeiten teil. Dabei arbeiten

sie mit Außenstehenden zusammen und erfüllen mehrere Funktionen innerhalb der Eisenbahn. Diese Projektarbeit soll die »horizontalen« Verfahren der UPRR besser an die »horizontalen« Verfahren der Kunden anpassen. So sollen zum Beispiel alle wichtigen UPRR-Informationen (aus vielen Abteilungen und Orten) einen gerade zu bearbeitenden Auftrag zum Inhalt haben und für zahlreiche Teile der Kundenorganisation transparent sein. Die drei bisher machtlosen und isolierten Rädchen im Getriebe der Bürokratie erhalten also eine ganz neue Rolle:

① Sie sind mit Befugnissen ausgestattet, alles zu tun, was für die Erfüllung der Kundenwünsche erforderlich ist. Zu diesem Zweck dürfen sie auch beträchtliche Summen ausgeben.
② Sie werden ermutigt, sämtliche funktionalen Grenzen nach Gutdünken zu überschreiten, ohne daß dies vorher ausdrücklich genehmigt werden muß.
③ Sie arbeiten routinemäßig in verschiedenen Funktionen und in Teams an der Verfahrensverbesserung.
④ Sie arbeiten routinemäßig mit verschiedenen Organisationen zusammen.
⑤ Sie sind umfassend informiert.
Sie befinden sich im Mittelpunkt eines sehr flachen »Spinnennetzes«.
⑥ Sie sind äußerst »pro-aktiv« (d.h., sie ergreifen die Initiative, bevor ein Problem überhaupt entstehen kann).

Die Teams der NCSC sind die »Tante-Emma-Läden« der neuen UPRR. Man erwartet von ihnen einen ganzheitlichen Ansatz; sie sollen als *Eisenbahn*, nicht als Mitglieder einer funktionalen Organisation, handeln – und sie haben die nötigen Mittel dafür. Für mich sind solche Teams »professionelle Mikro-Dienstleistungsfirmen«. Ihre neue Arbeitswelt ähnelt eher der des Beraters bei McKinsey oder der des Informationsspezialisten des EDS als der des Eisenbahnangestellten und im Kundenverkehr tätigen Sachbearbeiters des Jahres 1880 – oder auch noch des Jahre 1985. Und wie steht es mit den Videojournalisten von CNN, mit den heute in mehreren Funktionen tätigen Produktentwicklungsgruppen bei Ingersoll-Rand? Alles Geschäftsleute. Sehen Sie, worauf ich hinaus will?
Solche Leute sind auch »Maßanfertiger«, um wieder zum allge-

meinen Trend, zurück zur Mode, zu kommen. Was die neue Generation der UPRR-Zugbegleiter und der Fallmanager der Versicherungsgesellschaften tut, ist ja eben dies: Maßkonfektion herstellen. Sie gestalten die Dienstleistung für eine große Zahl von Kunden persönlich (d.h., sie fertigen sie nach Maß). Sie sind umfassend »informatiert«, erledigen den größten Teil ihrer Arbeit selbst und überwachen die übrige Arbeit. (Erinnern Sie sich an Michael Hammer und seinen Fallmanager bei der Versicherungsgesellschaft? Er oder sie kann einen ranghöheren »Spezialisten« zu Rate ziehen, gibt jedoch *niemals* das Heft aus der Hand.)

Die Umkehrung der Überspezialisierung: »Pflegepaare«, »Pflegetrios« und das »Krankenhaus mit dem Patienten als Mittelpunkt«

Der Berater J. Philip Lathrop von der Firma Booz, Allen und Hamilton rechnete aus, daß Krankenhäuser für jeden Dollar, den sie für die eigentliche Pflege aufwenden, weitere drei bis vier Dollar ausgeben, während sie »warten, daß etwas geschieht, sich darauf vorbereiten, etwas zu tun, und alles schriftlich festzuhalten«. In der Ausgabe des *Healthcare Forum Journal* vom Juli/August 1991 geißelt Lathrop die heutigen Dienstleistungspraktiken im Krankenhaus – und liefert einen verblüffenden Lösungsvorschlag. Er und seine Kollegen nennen es das »Krankenhaus, das den Patienten in den Mittelpunkt rückt«.
Zunächst zu Lathrops Anklage (die sicherlich nicht nur für die USA zutrifft). Er schreibt: »Schuld an der Situation hat eigentlich niemand. Es gab nicht etwa eine Verschwörung ... [Wir] in der Gesundheitsindustrie trafen im Lauf der letzten dreißig Jahre viele, viele tausend im Grund vernünftige Entscheidungen. Leider ergeben sie jetzt zusammengenommen ein absolut sinnloses Chaos. Wir haben heute:

- ein System, in dem wir (und die Patienten!) zu der Überzeugung gelangt sind, daß eine ein- bis zweistündige Odyssee, um eine routinemäßige Röntgenuntersuchung zu erhalten, ›guter Service‹ ist;
- ein System, das sich von den Bedürfnissen der Kunden so weit

entfernt hat, daß mehr als die Hälfte der wichtigsten Laboruntersuchungen als Dringlichkeitsfälle geordert werden;

- eine Fixierung auf Spezialisierung, die zu folgenden Ergebnissen führt: (1) ein fünfminütiges EKG erfordert fast eine Stunde an Terminabsprache, Dokumentation und Transport, all dies allein mit dem Ziel, die Zeit eines Schulabgängers, der eine zweiwöchige (Spezial-)Ausbildung durchlief, zu ›optimieren‹ (2) die Anwesenheit von Spezialisten und Technikern, bei denen es uns im Traum nicht einfallen würde, sie um die Erledigung von Aufgaben zu bitten, die nicht in ihren eng – und häufig von ihnen selbst – definierten Arbeitsbereich fallen, und dies gilt auch dann, wenn sie einen Großteil der Zeit nichts zu tun haben; (3) getrennte Stellenbeschreibungen für Raumpfleger, die Kacheln reinigen, und solche, die Teppiche reinigen;
- eine Infrastruktur, die ein Alptraum ist: in großen Krankenhäusern gibt es mehr Sachbearbeiter und Sekretärinnen als Patienten;
- Sitzungen von Abteilungsleitern in großen Krankenhäusern, an denen in typischen Fällen 60 bis 100 Mitarbeiter teilnehmen.«

Die Überspezialisierung ist dabei der größte Feind des Gesundheitswesens. Nehmen wir ein Beispiel: Im St.-Vincent-Krankenhaus in Indianapolis, das 1940 Betten hat, gibt es 598 verschiedene Stellenbeschreibungen. Über zwei Drittel dieser Stellen sind nur mit einer einzigen Arbeitskraft besetzt. Lathrop und seine Kollegen vertreten dagegen ein Alternativmodell, das auf dreijähriger Forschungsarbeit basiert und ganz gezielt eine *Zentralisierung der Routinetätigkeiten* anstrebt, aus denen schließlich die meisten der für den typischen Patienten erbrachten Dienstleistungen bestehen. In diesem neuen Ansatz sind weitgehend autonome Dienstleistungseinheiten von bescheidener Größe vorgesehen:

- Pflegepersonal wird berufsübergreifend ausgebildet und ist imstande, 80 bis 90 Prozent der vom Patienten benötigten Dienstleistungen zu erbringen – von der Versorung am Krankenbett über routinemäßige Röntgenaufnahmen und Laborarbeiten bis hin zur Behandlung der Atemwege und zu EKGs. Für eine angemessene Röntgen- und Laborausrüstung der Einheit wird gesorgt. Ergebnis: Die Patienten verlassen kaum je die Einheit; Terminvereinbarungen und größere Transporte entfallen fast vollständig.

- Das Pflegepersonal »verfügt« tatsächlich über seine Patienten. Trotz Schichtdienst und tagelangem Patientenaufenthalt im Krankenhaus ist für Kontinuität gesorgt. Das Pflegepersonal weist seine eigenen Patienten ein und kodiert medizinische Dokumente und Krankenberichte. Es übernimmt sogar stumpfsinnige Arbeiten wie Bettenbeziehen, Essen servieren und Blutabnahme. Patienten haben es dadurch bei einem dreitägigen Aufenthalt nicht mehr mit 55, sondern höchstens mit 15 Angestellten zu tun.
- Routinemäßige Hilfsdienste werden nicht von den zentralen Abteilungen diktiert, sondern richten sich nach den Bedürfnissen der Patienten und Ärzte. Die Bearbeitungszeiten liegen weit unter denen der gegenwärtigen Dringlichkeitsstufe.
- Das Pflegepersonal wendet jetzt pro Tag weniger als 30 Minuten für die Dokumentation auf. Medizinische Akten lassen sich heute in Millimetern statt in Zentimetern messen.
- Die Qualität gewinnt an Transparenz. Wir brauchen uns heute nicht mehr damit zu begnügen, ausschließlich den »Pflegeprozeß« zu überprüfen.
- Das Personal läßt sich langfristig und dauerhaft um 15 bis 20 Prozent reduzieren.

Lakelands unabhängige »Pflegepaare«

Der Journalist David O. Weber untersuchte sechs Krankenhäuser, die den neuen Umgang mit ihren Patienten bereits praktizierten. Darunter befand sich eine Piloteinheit mit 40 Betten, die in das »Lakeland Regional Medical Center« (ein Krankenhaus mit 897 Betten) in Lakeland (Florida) integriert war. Weber berichtet: »Die unabhängige Chirurgieabteilung [verfügt über] ein Minilabor, diagnostische Röntgenräume, Versorgungslager und einen Verwaltungsbereich für Akten- und Sachbearbeitung. Die entscheidende Neuerung war jedoch die Organisation der Fürsorge am Krankenbett, bei der Teams mit vielseitig ausgebildeten Praktikern im Mittelpunkt stehen. Diese Teams bestehen aus Pflegepaaren, nämlich jeweils aus einer staatlich geprüften Krankenschwester und einem berufsübergreifend ausgebildeten Techniker. Ihnen zur Seite stehen ein Apotheker, ein Sachbearbeiter und eine Hilfskraft, die alle in dieser Einheit tätig sind. Jedes

Pflegepaar ist zuständig für bis zu 90 Prozent der medizinischen Betreuung von vier bis sieben Patienten vor und nach Operationen!«

Die Krankenschwestern und Techniker der Piloteinheit nehmen an einem sechswöchigen Ganztagskurs teil, in dem Dutzende von therapeutischen und diagnostischen Verfahren behandelt werden, die bisher auf eine Unzahl von Spezialisten verteilt waren. »Gemeinsam ist das Pflegeteam in der Lage«, so schreibt Weber, »den gesamten Bereich der eigentlichen Patientenpflege, der Aktenbearbeitung und der Hotelfunktion des Krankenhauses kompetent zu erledigen: Von der Patientenannahme und dem Anlegen von Tabellen über die Rechnungserstellung, Essensausgabe, den Transport und die Zimmerreinigung bis hin zur Pflegeplanung, Beurteilung, therapeutischen Eingriffen, der Durchführung diagnostischer Tests und der Endbewertung.« Darüber hinaus unterstützt eine eigene Software (»Carelink«) und ein Computer im Zimmer jedes Patienten das Team bei der Koordinierung und Organisation aller Aktivitäten der Patienten, und zwar auch bei den 10 Prozent der Aktivitäten, die das dynamische Duo nicht selbst erledigen kann.

Zunächst reagierten fast alle der 2300 Krankenhausmitarbeiter mit Furcht und Verwirrung auf diesen Wandel, berichtet Weber. Vielen Spezialisten schien die Aussicht darauf, stumpfsinnige Arbeiten durchführen zu müssen, nicht eben verlockend. Die Leiterin des Pflegedienstes, Phyllis Watson, erzählte Weber jedoch, daß diese Zweifel weitgehend abgebaut werden konnten. Sie sagt: »Die Krankenschwestern der Einheit sagen, sie wollten lieber Tabletts austragen, als eine Stunde am Telefon zu verbringen.«

Hier einige der verblüffenden Ergebnisse des Pilotprojekts in Lakeland:

- Weber berichtet, daß die durchschnittliche Bearbeitungszeit für Routinetests von 157 auf 48 Minuten gesunken sei. Ein Beispiel: Diagnostische Radiologieverfahren, die bisher in 40 Schritten abgewickelt wurden, erfordern nun nur noch 28. Statt 140 Minuten braucht man jetzt nur noch 28.
- Die Pflegepaare verbringen mehr als doppelt soviel Zeit mit den Patienten: Im alten System waren es 21 Prozent, heute sind es 53 Prozent.

- In der neuen, auf den Patienten konzentrierten Einheit stürzen weniger Patienten als bisher. Die Fehlerquote bei den verabreichten Medikamenten war die niedrigste des ganzen Krankenhauses.
- Durchschnittlich begegnete jeder Patient 13 Krankenhausmitarbeitern; außerhalb der Piloteinheit sind es dagegen 27 Krankenschwestern, zehn Angestellte der Essenszubereitung und -ausgabe, sechs Mitarbeiter, die als Hilfspersonal dienen, sowie fünf Angestellte der zentralen Transportabteilung, also mehr als dreimal so vielen »Bezugspersonen«!
- Die Zufriedenheit nahm schlagartig zu. Die Fluktuationsquote der staatlich geprüften Krankenschwestern war die niedrigste des ganzen Krankenhauses. Und – so berichtet Weber – die Ärzte »begrüßen einhellig die Verbesserungen bei der Bearbeitungszeit von Testergebnissen; außerdem fielen weniger Schreibarbeiten an. Auch die Rundgänge der Ärzte waren effektiver.« Die Patienten hatten einen überdurchschnittlich guten Eindruck von der Qualität der Betreuung. Auch die stationären Kosten für die Patienten sanken spürbar.

Obwohl noch immer eine Reihe von Problemen zu lösen ist, war der Weg bis hierher nicht einfach. So berichtet Weber beispielsweise über das Problem, ein Programm für die Vergütung und die Karriereförderung auszuarbeiten. Es sei schwierig, so Weber, »den mehrgleisig ausgebildeten Praktiker angemessen zu entlohnen und zu motivieren«. Eine neue, grundlegende Lohnskala in zwei Teilen berücksichtig zum einen die Fertigkeiten des Mitarbeiters, die mit bis zu 600 Punkten bewertet werden. Diese Bewertung gründet sich auf Kompetenztests. Zum anderen wird die Ausbildung in Betracht gezogen; dafür gibt es bis zu 400 Punkte. Finanzielle Anreize werden aufgrund einer jährlichen Leistungsbeurteilung gezahlt. Dabei geht es um die Führungsleistungen (sie werden bei der Bewertung mit 45 % angesetzt), die berufsübergreifende Ausbildung (35 %) und die berufliche Fortentwicklung (20%).
Und nun das Interessanteste: 1993 wird Lakeland das Modell auf 235 Betten erweitern. Verwaltungschef Jack Stephan teilte Weber mit: »Diese Ansätze sind zwar radikal und bedeutsam, aber meiner Meinung nach doch nur ein Tropfen auf den heißen Stein.«

Weber untersuchte auch von seinem Projekt unabhängige Änderungen im St.-Vincent-Krankenhaus, eben jenem Krankenhaus, das sich mit 598 spezialisierten Berufen schmückt. Im Januar 1990 wurde dort in den Bereichen »Allgemeine Chirurgie/Unfallfachbereiche« eine um »Pflegetrios« gruppierte Piloteinheit mit 44 Betten organisiert. Diese Trios bestehen aus einer staatlich geprüften, berufsübergreifend ausgebildeten Krankenschwester sowie aus zwei weiteren, ebenso ausgebildeten und technisch versierten Mitarbeitern. In dieser an den Bedürfnissen des Patienten ausgerichteten Einheit gibt es nur fünf Stellenbeschreibungen: »Mitglied des Pflegeteams«, »Klinikmanager«, »Vertreter der Einheit«, »Apotheker« und »Einheitshilfskraft«. Dieser Versuch führte zu erstaunlich guten Ergebnissen, und St. Vincent eröffnete daraufhin im März 1991 eine weitere 44-Betten-Abteilung nach diesem Muster.

Jeder kleine Bankangestellte als »Bankpräsident«: Der Fall der Silicon Valley Bank

Für die meisten Banken gilt: Der Service für den Kunden verschlechtert sich proportional zur wachsenden Zahl der Mitarbeiter. Die Silicon Valley Bank (sie verfügte Ende 1991 über Aktiva von 869 Millionen Dollar) entdeckte hingegen Mittel und Wege, um die Fallgruben des dramatischen Wachstums zu umgehen. Präsident Roger Smith meinte mir gegenüber: »Meine Aufgabe ist es, Banken auf ein erträgliches Maß zurückzustutzen, sobald sie zu groß werden. Eine Arbeitseinheit von etwa acht Menschen halte ich für ideal. Einige Banken sind aber derart riesig, daß wir Witze darüber reißen, daß unsere ganze Bank ins Büro ihres Präsidenten passen würde.«

Smith löste alle funktionalen Abteilungen seiner Bank sehr energisch auf. »Jede Einheit ist ihre eigene Bank und hat ihre eigenen Leistungsvorgaben«, meint Bob Gionfriddo, der die Handelsabteilung der Silicon Valley Bank leitet. Seine Gruppe betreut Unternehmer und arbeitet in vier Teams von je zwei Mitarbeitern. Die acht Teammitglieder sitzen alle im Kreditausschuß. Kunden erfahren bei dieser »Strategie des kleinen Teams« eine größere Stetigkeit. Es werden auch neue Kunden angezogen,

denn die Kunden »wissen, daß sie auch tatsächlich bedient werden«, meint Gionfriddo.
1991 zum Beispiel eröffnete ein Zweierteam, das Kunden aus dem Hochtechnologiebereich bedient, ein kleines Büro in Palo Alto. »Wir lassen diese Teams selbständig arbeiten, denn das hat sich bewährt«, stellt Smith fest. »Unsere Mitarbeiter haben die Fäden fester in der Hand. Wenn ein Team getrennt von der Zentrale arbeitet, wächst die Unabhängigkeit. Wenn Teammitglieder im gleichen Raum mit Spitzenführungskräften sitzen, wird das Ausmaß ihrer Mitbestimmung durch die physische Anwesenheit einer anderen Person geschwächt.«
Insgesamt verteilte die Technologieabteilung der Bank eine Gruppe von 17 Mitarbeitern auf Teams von zwei oder drei, die in drei Büros arbeiten. Die Paare bestehen aus einem erfahrenen Banker und einem Juniorpartner. Sie werden danach ausgesucht, ob sie zusammenpassen, und das Portefeuille richtet sich nach den für das Geschäft des einzelnen Kunden notwendigen Erfahrungen. »Wir bemühen uns, die jeweilige Persönlichkeit zu berücksichtigen und festzustellen, wo Menschen eine Situation sinnvoll ausnutzen können und gut zusammenarbeiten«, sagt Harry Kellogg von der Technischen Abteilung. Er fügt hinzu: »Wir kamen zu der Erkenntnis, daß es für Lernprozesse und für die Mitbestimmung günstiger ist, wenn weniger Mitarbeiter beteiligt sind. Wir bemühen uns darum und halten es für eine ganz wichtige Aufgabe, jetzt, wo wir immer größer werden, unsere Einheiten klein zu halten. Wir glauben, wenn wir auf diesem Gedanken aufbauen, schaffen wir es auch.« Bisher ist die Bank sehr gut damit gefahren – das Einkommen pro Mitarbeiter (1991: knapp 70 000 Dollar) ist das höchste in der gesamten Branche.
»Gleichgültig, mit welchem Maßstab Sie uns messen, wir haben für unsere Größe weniger Mitarbeiter als jede andere amerikanische Bank«, meint Smith. »Wir wollen, daß unsere Angestellten ihr Portefeuille und das ihres Teams steigern, nicht aber die Anzahl ihrer Mitarbeiter. Unsere Mitarbeiter wünschen sich ›Partner‹ – uns liegt nichts daran, eine Menge ›Assistenten‹ bei uns zu haben. Kunden sind nicht daran interessiert, von ›Assistenten‹ bedient zu werden. Wir wollen die Mitarbeiter nicht auf irgendeinen Posten ›befördern‹, sondern sie an ihrem Arbeitsplatz belassen, ihnen mehr zahlen und ihnen größere Verantwortung (für Kunden und Portefeuille) geben.«

Dieser Ansatz funktioniert laut Kellogg, weil »jeder über sein eigenes Geschäft verfügt und das auch kapiert hat. Ich kenne die Leitung der einzelnen Teams und ihren Beitrag zum Ganzen genau.« Die Teams arbeiten seit etwa einem Jahr zusammen und erhalten großzügige Leistungsgratifikationen. »Die Steigerung des Portefeuilles in jedem einzelnen Team wird anerkannt«, fährt Kellogg fort. »Die Mitarbeiter dürfen nie vergessen, daß sie ein ureigenes Interesse an ihrem Team haben. Dann fügt man einfach weitere Teams hinzu, und das Ganze bleibt überschaubar.«

Die einzelnen Abteilungen sind auch nach geographischen Gesichtspunkten untergliedert, und selbst dem Leiter der Abteilung im Einzugsgebiet Boston, Alan Woodward, impfte man die Mentalität des *»Small is beautiful«* (Klein ist schön) ein. Er meint dazu: »Roger bringt einem das Konzept der Nähe zum Kunden nahe. Wenn das Unternehmen zu groß wird, muß man es in kleine Bestandteile zerlegen, um die Nähe zum Markt gewährleisten zu können.«

Einen weiteren Vorteil für die kleine Einheit sieht Smith darin, daß sie »der Entstehung von Cliquenwirtschaft vorbeugt«. Alle arbeiten in Hörweite voneinander. Smith setzt seine Theorie konsequent in die Praxis um: Er zerlegte selbst die Telexabteilung in kleine Einheiten. »Die Mitarbeiter sitzen jetzt in einem Raum, in dem sie sich untereinander verständigen können«, berichtet Smith. »Mir gefällt eine offene Atmosphäre, in der die Leute ihren Stuhl umdrehen und Fragen stellen können.«

Dies wirkt sich spürbar auf die Kunden aus, meint er. »Am häufigsten hören wir die Bemerkung: ›Man gewinnt den Eindruck, daß ihr keine Banker, sondern Geschäftsleute seid.‹« Seine Antwort darauf: »Wir *sind* Geschäftsleute, nur daß unser Unternehmen zufällig eine Bank ist.«

Smith erläutert, daß sich der Spielraum, den die einzelnen Filialmanager genießen, nicht danach bemißt, was sie anbieten, sondern wie sie es tun. Smith erklärte dies so: »Unsere Produktpalette ist zwar klein, aber der Trick liegt darin, *wie* man an den Kunden herangeht. Im Bankwesen hat jeder unbegrenzte Macht, ›nein‹ zu sagen, wenn er möchte, den ganzen Tag lang. Bei uns ist die erste Frage, die sich ein für die Kreditvergabe zuständiger Angestellter stellt: ›Wie kann ich ja sagen?‹ Bei uns sind die Kreditangestellten die Direktoren ihrer eigenen Bank. Wenn

man vierzig Konten hat, ist man Direktor über diese Konten. Ich möchte, daß der Kunde das Gefühl hat, es mit einem Mitarbeiter zu tun zu haben, der auch tatsächlich die Entscheidungen fällt. Das ist für mich echte Mitbestimmung.«
Vor 300 Jahren war der Schmied an seiner Esse ein selbständiger Geschäftsmann. Vor 30 Jahren hatte Ross Perot genug von der Schwerfälligkeit der IBM (die er damals weitsichtig erkannte) und machte aus den kämpferischen Mitarbeitern seiner Firma EDS tatkräftige Unternehmer, die nach der Devise vorgingen: »Alles kein Problem.« Und schließlich entdeckte Roger Smith diese Formel (oder entdeckte sie zumindest wieder) für die Silicon Valley Bank; Jack Stephens und Bain Farris griffen in Lakeland und im St.-Vincent-Krankenhaus ebenso darauf zurück wie Jon Simpson bei Titeflex. Der »neue« Unternehmer ist eigentlich der alte Unternehmer – und mehr als das!

Modelle für weltweite Netzwerke

Läßt sich dieser Gedanke, daß alle Mitarbeiter Geschäftsleute sein sollten, noch weiter fortführen? Durchaus! Ebendies geschieht im Medical Center der Universität von Pittsburgh. Oder, wie Michael Alexander es in einem Beitrag in der *Computerworld* vom 9. Dezember 1991 sagt:

»Das medizinische Zentrum der Universität von Pittsburgh ... wird in dieser Woche ein multimediales Netz einführen, mit dessen Hilfe es Neurophysiologen möglich sein wird, von einem ganz anderen Terminal aus bei Operationen zu helfen ... Neuronet wird Instrumentenablagen in Operationssälen mit 100-HP-Apollo-Workstations in den sieben Krankenhäusern, aus denen das Zentrum besteht, verbinden ... [Das Netz] wird die Aktivität der Hirnstromwellen von Patienten, die sich einer neurochirugischen Operation unterziehen, vom Operationssaal an ein Terminal übertragen. Der Physiologe wird so sehen können, was der Chirurg während der Operation in seinem Mikroskop sieht. Außerdem kann er den Operationssaal visuell überblicken. Gegenseitige Kommunikation ermöglicht es dem Arzt, zuzuhören, was im OP gesprochen wird. Gleichzeitig kann er sich mit einem Neurotechniker verständigen ...«

»Bei komplizierten Gehirnoperationen stoßen Chirurgen häufig auf Probleme, für deren Lösung sie die Hilfe eines Kollegen benötigen«, sagte Dr. Robert Sclabassi. »Befand sich dieser in einem anderen Krankenhaus, mußte er oder sie bisher buchstäblich zum Operationssaal rennen, um sich die Hände zu desinfizieren und sich das Problem anzusehen. Mit Hilfe dieses fortschrittlichen Netzes kann der Arzt einfach zum nächsten Computerterminal gehen und von dort aus an der Operation teilnehmen.«

Sie werden sich an die Abhandlung von Chandler Stevens über »elektronische Organisationen« und »Expertennetze« im Abschnitt über die Informationstechnologie erinnern. Das dort von ihm beschriebene Legitech Network verbindet wissenschaftliche Berater der Regierungen der einzelnen amerikanischen Staaten. Einer dieser Berater stellte die Frage: »Welche Alternativen gibt es zum Streuen von Salz auf eisigen Straßen, ohne daß dabei Wasser verschmutzt wird?« Umgehend erhielt der Fragesteller einen Berg nützlicher Antworten aus dem ganzen Land. Das heißt, daß man sich durchaus vorstellen kann, daß der wirklich informierte Fallmanager plus Geschäftsmann durch sein Fenster einen Blick auf so ziemlich die ganze Welt hat. Die nur aus einer Person bestehende »Gruppe« von morgen wird legitim die Rolle einer globalen, treibenden Kraft spielen.

Es gibt sogar Präzedenzfälle. Führende Universitätsforscher bemühen sich seit Jahren darum, und zwar bis vor kurzem ohne den stützenden Arm der Technik: Sie arbeiten mit einer kleinen Gruppe von Kollegen an Forschungsvorhaben, veröffentlichen die Ergebnisse weltweit und in einer Zusammenarbeit mit Professoren, Mini-Teams und industriellen und staatlichen Labors aus der ganzen Welt, und sie fungieren als Unternehmensberater und gründen selbst Unternehmensgesellschaften: Forscher legten den Grundstein zur industriellen Nutzung der Biotechnologie und sind nach wie vor deren Motor. Sie besuchen zahlreiche Konferenzen und haben über die besten Bibliotheken, die sich fast alle in Universitäten befinden, Zugang zur Welt. Diese globalen, reinen »Wissensspieler« waren schon vor Jahrhunderten informatiert. Heute klopfen der Zugbegleiter, das Pflegepaar im Krankenhaus, der Fallmanager der Versicherungsgesellschaft und der lokale Banker an die Tür dieses ehedem exklusiven Klubs und begehren Einlaß.

»Geschäften«

Es ist mir höchst unsympathisch, weitere Jargon-Begriffe einzuführen. Aber zum Teufel mit den Torpedos. Wie wär's mit »geschäften«? Letztendlich geht es uns doch allen – von Johnsonvilles Stayer bis zu Smith von der Silicon Valley Bank – darum, alle zu *»geschäften«*: Alle Mitarbeiter sollen – wie die Betreiber von Tante-Emma-Läden – in *echte, selbständige Geschäftsleute* verwandelt werden, die für ihre Kunden von der Bestellung bis zur Lieferung einer Dienstleistung oder eines Produkts verantwortlich sind. Das »Geschäften« besteht, wie aus unseren Beispielen ersichtlich wird, zumindest aus folgenden Elementen:

- Eine gründliche, fachübergreifende Ausbildung, Verantwortung für das Budget, Besitz von Aktiva, umfassende Kontrolle über die Ausgaben (»Was immer Sie für notwendig erachten«) sowie Verantwortung für Qualität und Management.
- Die Befugnis und Verantwortung, auf eigene Initiative zu handeln und – ohne Vorabgenehmigung oder Kritik im nachhinein – andere Betriebsbereiche einzuschalten.
- Die Verantwortung, 80 bis 90 Prozent der Aufgaben zu erledigen, die bisher auf viele Einzelpersonen und Abteilungen verteilt waren und für die eine Genehmigung durch verschiedene Managementebenen erforderlich war.
- Der Umgang mit echten Kunden, deren Fall die Geschäftsperson voll und ganz erfaßt und den sie von Anfang bis Ende begleitet. (»Geschäftet« zu werden heißt also, die Dienstleistungen, die man selbst nicht erbringen kann, beizuschaffen; dies kann unter anderem dazu führen, daß bei Bedarf erfahrenere »Superexperten« hinzugezogen werden.)
- Zugang zu allen Finanzierungsinformationen und Echtzeiten aus allen Fachbereichen, und zwar sortiert nach Kunden.
- Zugang zu umfassenden Informationen nicht finanzieller Art, etwa zu Daten über Terminabsprachen. Es muß sogar möglich sein, die Datenbasen anderer zu ändern, also zum Beispiel eine Patientenaktivität in einen anderen Teil des Krankenhauses zu verlegen.
- Zugang zu Expertensystemen, Mitgliedschaft in einer Struktur mit dem Zwecke der Wissensverwaltung.
- »Globale Universität« (d.h. Zugang zu elektronischen Anzeigetafeln und externen Datenbanken).

Diese »Elemente« werden sich aber nur dann in die Praxis umsetzen lassen, wenn die Muttergesellschaft folgende Schritte unternimmt: (1) Sie muß etliche Managementebenen ersatzlos streichen. (2) Das Unternehmen wird in Mini-Unternehmen – wie etwa die »Krankenhäuser im Krankenhaus« – oder in marktgerechte Einheiten zergliedert. Dabei wird fast das gesamte Fachpersonal in kleine Einheiten eingegliedert. (3) Ungezwungenen Unterhaltungen mit »Außenseitern« jeglicher Couleur darf nichts im Wege stehen.

In ihrem Buch *2020 Vision* kommen Davis und Davidson zu dem Schluß, daß »die Umwandlung einer Organisation in ein Geschäft oder Busineß immer die Unternehmensleitung verbessert«. Gilt dies wirklich ohne Ausnahme? Ja – Sie können sicher sein: Es gilt immer!

»Business«

Der Vorstandsvorsitzende von ABB, Percy Barnevik, ist fest davon überzeugt, daß der Erfolg seiner neu eingerichteten, mit jeweils 50 Mitarbeitern besetzten Profit Center darauf beruht, daß »die Kunden ihnen die Tür einrennen«. Das qualifiziert sie als echte »Business-Einheiten«. In einem vor sich hin dämmernden IBM-Entwicklungslabor in Rochester (Minnesota) wurde eines der erfolgreichsten Produkte des Unternehmens und der Branche insgesamt entwickelt: der AS/400-Mittelbereichscomputer. Er fuhr über 10 Milliarden Dollar an jährlichen Gewinnen ein. Viele Elemente trugen zu diesem Wandel bei. Die Projektleiter – Roy Bauer, Emilio Collar und Victor Trang – äußerten jedoch (in *The Silverlake Project*) die Überzeugung, daß die Lernerfahrung, sich »wie ein Geschäft« zu verhalten, ausschlaggebend war. Das Projekt hob wirklich ab, als die Gruppe ihre fast vollständige Unabhängigkeit von der Geschäftsleitung erklärte und sich zum Beispiel von deren Bild des idealen AS/400-Kunden löste

»Busineß« scheint ein magisches Wort zu sein. Es steht für Autonomie, Praxisnähe, das Ergreifen von Initiative, Unabhängigkeit und Eigenverantwortung. In unseren größten Bürokratien spielte dieser Gedanke zu lange eine untergeordnete Rolle, und das gilt für gewinnorientierte Unternehmen ebenso wie für gemeinnützige Organisationen und Unternehmen des öffentlichen Dienstes.

---

16. Kapitel

Organisationsbausteine 2: Unabhängige Arbeitsteams

Das Geschäftsentwicklungsteam vom Titeflex besteht aus fünf bis fünfzehn Mitarbeitern und zeichnet sich durch folgende Eigenschaften aus:

- Fast alle ehemaligen Fachbereiche des Unternehmens wurden von den Teams übernommen: der Großteil der Buchführung und des Ingenieurwesens, die Produktionsplanung und die Qualitätsbewertung.
- Die Teams verwalten sich selbst und führen Personalbewertung durch.
- Sie sind für den Einkauf verantwortlich.
- Sie führen auf eigene Faust Besuche und Gegenbesuche bei Kunden und Verkäufern durch.
- Sie entscheiden mit darüber, wie Kapital am besten eingesetzt wird.
- Sie bemühen sich in Eigeninitiative um neue Geschäftsbeziehungen.
- Sie sind echte Gewinn- und Verlust-Zentren.

Ein solches »Arbeitsteam« geht meilenweit über frühere Versuche um ein Mitbestimmungsmanagement hinaus. Die Erfolge bei Titeflex oder ABB (dort sind es die Hochleistungsteams) und Firmen wie Johnsonville Foods lassen sogar darauf schließen, daß diese Einheiten, die gleichzeitig Team und Geschäft sind, fast alle in der ganzen Welt anfallenden Arbeiten übernehmen können.

Zum Beispiel: Johnsonville Foods

Auf die Frage von *Inc.-Magazin*: »Wie haben Sie es geschafft, Ihr Unternehmen in angemessene Teams aufzuteilen?« antwortete der Vorstandsvorsitzende der Firma Johnsonville Foods, Ralph Stayer: »Überhaupt nicht. Sollte das etwa mein Problem sein? *Die Mitarbeiter selbst* nahmen die Unterteilung vor.«

Ralph Stayer trat 1965 nach seinem Universitätsabschluß in die familieneigene Wurstfabrik in Sheboygan (Wisconsin) ein. 1978 übertrug ihm sein Vater die Unternehmensleitung. »Der Betrieb verzeichnete ein rapides Wachstum«, erzählte er mir 1989. »Trotzdem hatte ich im Innersten dieses Gefühl, daß wir nicht aus der Masse herausragten. Und die Mitarbeiter schienen auch nicht begeistert von ihrer Arbeit zu sein.« Ein Erlebnis im Jahre 1980 hinterließ bei ihm einen bleibenden Eindruck. »Ganz zu Anfang hatte ich einen Mitarbeiter eingestellt, der sehr kompetent war«, erinnerte er sich. »Eines Tages erkannte ich, daß er die Rolle eines Soldaten hatte, der ausschließlich Befehle – in diesem Fall meine Befehle – ausführte. Ich versuchte, ihn dazu zu bewegen, mehr Verantwortung zu übernehmen – vergeblich. Ich hatte ihn verdorben! Einige wenige Jahre meines Führungsstils hatte ihm jegliches unabhängiges Denken abgewöhnt.« Das ist eine ernste Diagnose, vor allem, wenn sie – wie hier – in selbstkritischer Absicht gestellt wird. Stayer war es aber völlig ernst damit, und er fügt hinzu: »Es war nicht so, daß wir schlechte Mitarbeiter gehabt hätten – wenn sich irgend etwas ändern mußte, war ich es.«

Erfahrungen wie diese führten zu einem grundlegenden Wandel. Er ist am einfachsten an den Teams der Firma festzustellen. Sie verwalten sich weitestgehend selbst. Einige der Aufgaben einer typischen zwölf Mitarbeiter umfassenden Arbeitsgruppe bei Johnsonville sind etwa:

- Das Team sucht neue Mitarbeiter selbständig aus und entscheidet auch über Beurteilungen und eventuelle Entlassungen.
- Es eignet sich kontinuierlich neue Fertigkeiten an und schult sich untereinander in diesen Fertigkeiten.
- Es erstellt sein eigenes Budget, überprüft es laufend und ändert es bei Bedarf ab.
- Es besucht die entsprechenden Verkäufer von Ausrüstungen,

erstellt die notwendigen stützenden Analysen und legt daraufhin Vorschläge für Kapitalinvestitionen vor.

- Es ist zuständig für alle Qualitätskontrollen, Inspektionen, die Beseitigung von Störungen und die Lösung der anfallenden Probleme.
- Es ist verantwortlich für fortlaufende Verbesserungen jedes einzelnen Verfahrens und Produkts.
- Es unterbreitet Vorschläge und entwickelt auf deren Grundlage Prototypen möglichst neuer Produkte, Verpackungen usw.
- Es entwickelt Qualitätsnormen für die Produktivität und die Qualität und überprüft ständig deren Einhaltung.
- Es partizipiert an strategischen Entscheidungen in den obersten Etagen des Unternehmens.

Und worin liegt nun das Geheimnis, Wurstfabrikanten zu einem Wandel zu bewegen? Stayer sagt ganz ernst: »Alle Menschen wollen großartig sein.« Und der Chef selbst? So hochtrabend es klingen mag, es ist ihm ernst: Er wolle, daß »jeder das Instrument seines eigenen Geschickes ist. Es ist nicht zu verantworten, Menschen die Möglichkeit vorzuenthalten, ihre Talente in vollem Umfang zu nutzen.«

Es scheint zu funktionieren: Der Unternehmensgewinn stieg von etwa 7 Millionen Dollar im Jahre 1981 auf etwa 130 Millionen im Jahre 1991. Die Zahlen sind natürlich sehr schön, aber Stayer betont, daß es seine größte Freude ist, »zu beobachten, wie Menschen sich entwickeln und wachsen«.

»Fortgesetztes« und »lebenslanges Lernen« sind in den meisten Unternehmen leere Schlagworte. In Johnsonville nimmt man sie ernst. Die Arbeitnehmer zum Beispiel besuchen einen anspruchsvollen Volkswirtschaftskurs, der in Zusammenarbeit mit dem öffentlichen College entwickelt wurde. Deshalb sind sie überhaupt in der Lage, problemlos ihre Budgets zu erstellen und zu kontrollieren. Vielleicht noch wichtiger: Mitarbeiter bei Johnsonville gehören zu dem knapp einen Prozent der amerikanischen Arbeitnehmer, die von ihren Arbeitgebern dazu ermuntert werden, *irgend etwas* – auch wenn es nichts mit der Arbeit zu tun hat – zu studieren und von ihrer Firma finanziell dabei unterstützt werden. Ein Mitarbeiter (in der Sprache von Johnsonville ist er ein »Mitglied«, und mit diesem Begriff werden alle unabhängig von ihrem herkömmlichen »Rang« bezeichnet) erläuterte es so:

»Es ist ganz egal, was man lernt. In jedem Fall trainiert man dabei seinen Kopf. Man nimmt Anteil. Und persönliches Engagement kann durchaus auch dazu führen, daß man bessere Wurst herstellt.«
Die Erwartungen sind hoch. Ich wohnte einer der täglichen Sitzungen bei, deren Gegenstand die Qualitätsbewertung ist und an denen etwa sechs Arbeitnehmer mit besonders guten Ergebnissen teilnahmen. Eine Mitarbeiterin erläuterte ihren Plan, Ausbildungsexpertin zu werden und im ganzen Betrieb helfend eingreifen zu können. Ein weiterer Mitarbeiter sagte mir: »Ich habe fest vor, bis zur Pensionierung hier zu arbeiten. Ich habe ein Ziel. Ich möchte Koordinator für statistische Verfahrenskontrolle werden und alle unsere Fertigungsstätten besuchen, mit anderen an Projekten arbeiten, Geld einsparen, neue Programme entwickeln und alles in allem zum weiteren Wachstum der Firma beitragen.«
Johnsonville ist eine Ansammlung von Projekten. Jedes einzelne Team arbeitet an Projekten. Jeder Mitarbeiter kann neue Produkte vorschlagen. Die Erhaltung des Status quo ist nicht genug – es geht darum, sich weiterzuentwickeln. Mit Kollegen, die sich gegen das System der Weiterentwicklung des einzelnen entscheiden, wird hart abgerechnet.
Um ein Bild davon zu erhalten, wie diese außergewöhnliche Geschichte zustande kam, hören wir nun die Aussagen des Betriebskoordinators (Sie würden ihn wohl Betriebsleiter nennen), die Aussage von zwei Mitgliedern des Ressourcenausschusses (in der gängigen Managementsprache würde es sich um die Abteilungsleiter für Herstellung, Verkauf und Marketing handeln) und des Vorsitzenden dieses Ausschusses.
Der Betriebskoordinator (Betriebsleiter): »Wir sind Lehrer. Wir helfen Menschen dabei, sich weiterzuentwickeln, zu wachsen. Das ist mein wichtigstes Ziel. Jede(r) ist ihr oder sein eigener Manager. Wir richten [im Produktionsbereich] einen ganz neuen Balgenbereich ein. Die Leute haben ein Team gebildet und sich hingesetzt und darüber nachgedacht, wie man es am besten anpacken sollte. Ich war als Trainer dabei. Wir haben keine Technikabteilung, die runterkommt und sagt: So, jetzt ändern wir das und das. Wir haben aber Leute im Betrieb, die sich das Ganze anschauen und dann sagen: ›Wißt ihr, wenn wir es so und so machen, wenn wir zum Beispiel dieses kleine Stück hier einfügen, können wir diesen Mitarbeiter hier herausnehmen und au-

ßerdem die Belastung um vierzig Pfund erhöhen.‹ Diese Leute sind Industrieingenieure. Auch Landwirte sind Ingenieure, Geschäftsleute, Volkswirtschaftler. Sie besitzen und betreiben ihr eigenes Geschäft. Jeder Mitarbeiter bei Johnsonville kann dies auch tun ...« »Zu Anfang war es sehr schwer. Wir bildeten Gruppen, die sich zusammensetzten, die Lage im Betrieb besprachen und überlegten, was man bessermachen könnte. Mitarbeiter, die sich nicht überzeugen ließen, verließen auf Grund des Gruppendrucks die Firma oder wurden über Abstimmungen aus den einzelnen Abteilungen entfernt.«

»Es ist wirklich spannend, High-School-Abgänger oder gar Mitarbeiter ohne Schulabschluß bei der Arbeit zu beobachten. In kürzester Zeit sind sie soweit, daß sie den Ablaufplan für den gesamten Betrieb erstellen. Sie haben eine Vorstellung vom Inventar, von Gewinn und Verlust, von Budgets ... Das ließe sich überall erreichen, nämlich dann, wenn Menschen ihnen und ihren Motiven trauen, wenn sie verstehen, daß ihnen an den Mitarbeitern wirklich liegt und sie nicht nur ihr eigenes Schäflein ins trockene bringen wollen.«

Mitglied des Ressourcenausschusses I. (Abteilungsleiter Verkauf und Marketing): »Was mich (vor allem während der zehnjährigen Arbeit für einen Großkonzern) am meisten ärgerte, war die Tatsache, daß ich mehr Zeit damit verbrachte, etwas zu erklären, als es tatsächlich zu tun. Vier Tage im Monat verplemperte ich damit, ein Jahresbudget auszuarbeiten. Diese vier Tage hätte ich nutzbringender für das eigentliche Geschäft verwandt ...«

»Wir verbringen hier viel Zeit damit, die Institutionalisierung von Dingen zu vermeiden, die uns buchstäblich andere Jobs vergrault haben. Wir führen zwar Systeme ein, behalten uns aber die Möglichkeit offen, sie auch wieder abzuschaffen. Die Mitarbeiter kommen schon mit der Einstellung zu uns, daß sie hier alles ›umschmeißen‹ können, sich nicht den Rest ihres Lebens mit einer vorgegebenen Situation abfinden müssen. Sie können Dinge in Bewegung setzen, Wandel bewirken. Das »*sollen* sie sogar ...« – »Mein ›Aha-Erlebnis‹ hatte ich vor etwa zweieinhalb Jahren. Ich hatte immer noch einiges vom Gehabe meiner alten Stellung an mir und beging den Fehler, mich vor eine Gruppe Männer und Frauen zu stellen und zu verkünden: ›Während dieser wichtigen Versandperiode darf kein Urlaub genommen werden.‹ Darauf konterten unsere Mitarbeiter umgehend so:

›Und Sie dürfen uns nicht vorschreiben, wann wir Urlaub zu nehmen haben. Wir sind erwachsen – behandeln Sie uns entsprechend.‹ Dieser Augenblick war für die Organisation entscheidend. Die Mitarbeiter fühlten sich der Aufgabe gewachsen, den Betrieb zu übernehmen. Und ich gab nach. Seither haben sie nicht nur ihre Urlaubstermine selbst bestimmt, sondern sind für die Struktur ihrer eigenen Arbeit und ihres Budgets verantwortlich und entscheiden selbst über buchstäblich alle wesentlichen Aspekte ihres Arbeitslebens.«

»Diesem Ereignis voran gingen etwa anderthalb Jahre, in denen wir monatlich ganz informelle Sitzungen ohne jedes Hierarchiedenken abhielten. Die Mitarbeiter nahmen es mir inzwischen wohl ab, daß ich ein sehr ernsthaftes Interesse an einem echten Dialog hatte. Es war so eine Art Probezeit. Ganz allmählich gelangten sie zu der Überzeugung, daß sie sich mit mir ruhig anlegen konnten. Schließlich waren sie soweit zu sagen: ›Na gut, er kann ja eigentlich nicht umhin, seinen Worten Taten folgen zu lassen, also packen wir es am besten gleich an.‹«

Wir führten [in einer kürzlich neuerworbenen Anlage in New Haven in Connecticut] etwas ein, das es bis dahin noch nie gegeben hatte: Wir stellten einem Kunden all die Mitarbeiter vor, die das Produkt des Kunden herstellen würden. Kein einziger Verkäufer war im Raum. Der Kunde sprach unmittelbar mit den Menschen, die für ihn sein Produkt bauen, prüfen, ihm Würze geben und es verpacken würden. Keine Verkaufs- und Marketingfiguren! Sie sind aus dem ganzen Verfahren verbannt! Der Nettoeffekt war absolut verblüffend! Beide Seiten waren sprachlos vor Verwunderung. Mitarbeiter in der Linie [in der neuen Fabrik] hatten zwar schon von diesem magischen Wesen, dem Kunden, gehört, saßen ihm aber niemals an einem Tisch gegenüber. Und jetzt wurden sie plötzlich aufgefordert, innovativ zu sein, dem Kunden neue Ideen und neue Produkte vorzustellen, die es vorher nie gegeben hatte. Wir faßten in dieser Sitzung den Plan, daß die Mitarbeiter der Fertigungsstätte diese verlassen und einige neue Produkte entwickeln sollten, die nach den Wünschen und Bedürfnissen des Kunden maßgeschneidert waren. Die Mitarbeiter kehrten nach drei Wochen zurück und legten Produkte vor, die es bis dahin nicht einmal in der Phantasie gegeben hatte. Ein Typ brachte sogar einige Produkte mit, die er daheim im Keller angefertigt hatte!«

»Vor [dem Kauf durch Johnsonville] war der Enthusiasmus der Mitarbeiter völlig verlorengegangen. Sie waren gleichgültig ihrer Arbeit gegenüber und waren nicht mit innerer Überzeugung bei der Sache. Ich glaube auch nicht, daß das ehemalige Management seine Mitarbeiter sonderlich mochte oder schätzte! Sie hatten Berater über Berater! Die Ideen waren vorhanden. Die Konzepte waren vorhanden. Sie wurden aber einfach nicht glaubwürdig vertreten. Den Mitarbeitern muß ihre Arbeit wichtig sein. Leidenschaft und Gefühle müssen eine Rolle spielen dürfen.«

Mitglied des Ressourcen-Teams II (Abteilungsleiter Betrieb): »Wir brauchen keine sechzehn Unterschriften mehr, um etwas genehmigt zu bekommen und in Angriff nehmen zu können. Wir besuchen uns gegenseitig in unseren Büros. Keine unsichtbaren Linien auf dem Fußboden trennen uns voneinander. Wir wandern umher, wann immer es notwendig ist.«

»Der Prozeß kommt sehr langsam in Gang, doch die meisten von uns sind sehr ungeduldig. Wir haben ein Ziel vor Augen, aber wir müssen es lernen, unsere Zunge zu hüten. Dann wächst ganz allmählich das Vertrauen, und die Mitarbeiter finden den Mut, auf den Zug aufzuspringen. Viele saßen wartend auf dem Zaun, viele standen auch auf der falschen Seite des Zaunes. Ein Ausleseprozeß setzt ein. Einige fallen durch die Maschen; sie waren nicht bereit mitzumachen. Andere brauchten etwas Entscheidungshilfe.«

»Ein entscheidender Schritt war die Abschaffung der Vorgesetzten in der Produktion. Das bedeutet nun nicht, daß die Aufgaben des Vorarbeiters verschwanden; sie wurden lediglich auf Mitarbeiter aufgeteilt. Viele unserer Vorgesetzten entschieden sich, in anderer Funktion bei uns zu bleiben; Vorarbeiter waren sie jedoch nicht mehr. Unser Einkaufsleiter ist so ein Fall. Ihn reizte es, etwas anderes zu versuchen, und so übernahm er die Verantwortung für einen anderen Bereich. Ein weiterer wurde Techniker, während andere in die Fertigung zurückgingen.«

»Unter anderem geht es hier darum, daß man vierundzwanzig Stunden am Tag man selbst bleiben kann. Man braucht, wenn man zur Arbeit geht, keine Maske aufzusetzen oder sich anders zu geben als sonst ... Wir fragen uns oft gegenseitig: ›Und was wollen Sie werden, wenn Sie erwachsen sind?‹ Mancher wird das zum Lachen finden, ich aber nicht. Ich lerne ständig dazu und wachse dabei, und das soll auch in Zukunft so sein. Ich möchte immer produktiv bleiben. Die Methode Johnsonville hat so viele Bestandteile, daß es schwierig ist, diesen oder jenen Teil herauszugreifen. Oft werde ich gefragt: ›Erklären Sie mir doch diesen oder jenen Aspekt Ihres Systems.‹ Das kann ich nicht. Ich muß das *ganze System* erläutern; es ist wie ein Bild oder wie ein Puzzle, bei dem einige Teile fehlen. Wenn man nicht das Gesamtbild sieht, kann ein einzelner isoliert stehender Teil nicht funktionieren.«

Der Vorsitzende des Ressourcenausschusses: »Zunächst einmal wird man von seinen Mitarbeitern und nicht von einer Personalabteilung oder einem Vorgesetzten eingestellt. Die gibt es bei uns nicht. Die Einstellungsgespräche sind zunächst so angelegt, daß die Menschen ausgesiebt werden, die ohne Hierarchie, ohne Privilegien, ohne starre Struktur nicht sein können. Da gewinnt der Bewerber natürlich den Eindruck: ›Oh, hier geht es aber anders als sonstwo zu.‹ Zweitens: Sie werden von Ihren Mitarbeitern, also von den Leuten ausgebildet, die die Arbeit tatsächlich ausführen. Diese Leute haben Tabellen und Daten entwickelt, mit deren Hilfe alle Mitarbeiter ihre eigene Leistung bewerten können. Von ihnen werden Sie angeleitet werden. Sie werden Sie unter ihre Fittiche nehmen und Ihnen das Programm bis ins letzte Detail erklären. Sie werden Sie über unsere Leistungsnormen nicht im unklaren lassen, und diese Leistungsnormen sind sehr hoch.«

»Wir haben ein grundlegendes Problem, wenn Menschen von unserem Johnsonville-Programm erfahren. Sie verstehen es ganz falsch. Sie glauben, das ist ja alles sehr nett, ein warmes freundliches Nest. Nichts könnte der Wahrheit ferner sein! Die Arbeit für Johnsonville ist weit schwieriger als in anderen Unternehmen. Wir brauchen eine ganz besondere Art von Mitarbeitern. Wir suchen Leute, die den Ehrgeiz haben, aus der Masse herausragen zu wollen. Andere können wir nicht gebrauchen. Wir wiederum eröffnen dem Mitarbeiter die Möglichkeit, sein Lebensziel zu erreichen. Wir helfen ihm sogar dabei, sein Lebensziel zu definieren. Wir geben ihm die Ressourcen an die Hand, dieses Ziel zu erreichen. Wenn Sie allerdings keine Zielvorstellungen haben, wenn Sie nicht willens sind, sich ständig weiterzuentwickeln, dann sind Sie bei uns fehl am Platz. So einfach ist das. Denn dann schaden Sie nicht nur sich selbst, sondern auch all Ihren Mitarbeitern ...«

»Wir haben einen bestimmten ›Way of life‹. Sie bestimmen die Wertvorstellungen, die Sie für wichtig halten und von denen Sie nicht abweichen. Daraus ergibt sich alles andere automatisch. Man darf nicht annehmen, daß wir diese Dinge einführen und die Leute mit all diesen neuen Programmen ›kurieren‹. Das Gegenteil ist der Fall. Wir kurieren erst *uns selbst* und unsere Wertvorstellungen, und dann geschieht der Rest von selbst. Wenn Sie wirklich Ihre Handlungsweise umstellen wollen, müssen Sie alles von Grund auf ändern.«

Gewinnbeteiligung

Die Gewinnbeteiligung spielt ebenfalls eine Rolle. Stayer, der eben bereits zitierte Vorsitzende des Ressourcenausschusses, ging 1990 in einem Artikel der *Harvard Business Review* auf dieses Thema ein.

»Wir bewerten jedes halbe Jahr die Leistung aller Mitarbeiter unseres Unternehmens und berechnen danach per Computer die Anteile an unserem Gewinnbeteiligungsmodell. ›Wir‹ ist allerdings das falsche Wort. In der Praxis nehmen die Mitarbeiter selbst ihre Leistungsbeurteilungen vor. Nehmen wir als Beispiel dreihundert Lohnempfänger (Gehaltsempfänger haben einen getrennten Gewinnbeteiligungspool und ein anderes Bewertungssystem). Diese dreihundert Arbeitnehmer füllen Formulare aus, in denen sie sich auf einer Skala von eins bis neun in siebzehn genau umrissenen Gebieten einordnen, die wiederum in drei Kategorien eingeteilt sind: Leistung, Teamarbeit und persönliche Entwicklung. Bewertungen mit der Note drei Komma vier und fünf, die dem Durchschnitt entsprechen, werden einfach in der entsprechenden Zeile eingetragen. Bei sehr niedrigen oder sehr hohen Bewertungen – also etwa eins oder zwei oder sechs bis neun – fügt man eine kurze Erklärung hinzu.«

»Der ›Trainer‹ jedes Mitarbeiters füllt das gleiche Formular aus. Dann setzen sich beide zusammen und besprechen alle siebzehn Bereiche. Wenn sie sich nicht einigen können, darf ihre Gesamtpunktzahl um neun voneinander abweichen. Dann wird der Durchschnittswert der beiden Gesamtpunktzahlen errechnet und ergibt die Schlußnote. Falls sie sich nicht auf minimal neun Punkte Differenz einigen können, halten wir eine Schiedsgruppe bereit, deren Einsatz bisher allerdings nie erforderlich wurde.«

»Die Schlußbewertungen werden dann ohne Namensnennung an ein Gewinnbeteiligungsteam weitergeleitet, das die Formulare in fünf Leistungskategorien einordnet: eine kleine Gruppe von etwa fünf Prozent, die herausragende Leistungen vorzuweisen hatte; eine größere Gruppe von etwa zwanzig Prozent, die über dem Durchschnitt lag; und eine kleine Gruppe leistungsschwacher Mitarbeiter, deren Arbeitsplatz oft gefährdet ist.«

»Die gesamte zur Ausschüttung vorgesehene Summe wird nun durch die Anzahl der Arbeitnehmer dividiert, denen ein Durchschnittsanteil zusteht. In unserem Beispiel wird dieser Durchschnittsanteil mit tausend Dollar berechnet. Mitglieder, die die Spitzenkategorie erreichten, erhalten einen Scheck übe 125 Prozent dieses Betrages, also 1250 Dollar. Die nächste Gruppe erhält 110 Prozent (1000 Dollar), und dann geht es auf 900 und 750 Dollar und so weiter herunter.«

»Aber ja doch – es gibt gelegentlich Beschwerden von Mitarbeitern, vor allem dann, wenn sie glauben, eine höhere Einordnung nur um ein oder zwei Punkte verfehlt zu haben. Meist wird dann versucht, den Enttäuschten in bestimmten Bereichen so zu fördern, daß er sein Ziel beim nächsten Mal erreichen kann. Im allgemeinen aber sind die Mitarbeiter mit dem System sehr zufrieden, was teilweise sicher darauf zurückzuführen ist, daß sie es selbst eingeführt haben, es verwalten und im ständigen Bemühen um größere Gerechtigkeit revidieren. Derzeit ist für das Gewinnbeteiligungsmodell bei Johnsonville ein gewerblicher Arbeitnehmer aus der Versandabteilung zuständig.«

Der Status des Arbeitsteams

Johnsonville nimmt mit Sicherheit eine Ausnahmestellung ein. Aber es gibt auch eine ganze Reihe anderer positiver Entwicklungen zu verzeichnen. Peter Lazes und Marty Falkenberg faßten ihre Forschungsarbeiten in einem Beitrag für das *Journal for Quality und Participation* (Juni 1991) zusammen und lieferten damit eine wertvolle Analyse von 22 stichprobenartig ausgewählten Betrieben, die mit neuen Arbeitsgruppenmethoden experimentieren. Es handelte sich dabei ausnahmslos um Fertigungsstätten in den USA und in Kanada. Neun waren »Betriebe auf der grünen Wiese« (d.h. neue und aufstrebende Unternehmen). Die übrigen 13 hatten einen Wandlungsprozeß durchgemacht (hier waren also bereits bestehende Firmen reorganisiert worden). Die neuen Anlagen hatten durchschnittlich 260 Mitarbeiter. Die alten, umorganisierten Betriebe hatten im Schnitt 1140 Beschäftigte, zehn der 22 Betriebe waren gewerkschaftlich organisiert.

Die Autoren beschäftigten sich zunächst mit acht Dienstleistungsfällen, die in traditionellen Betrieben von verschiedenen Hilfsabteilungen übernommen werden: Qualitätskontrolle, Sicherheitsstandards, Maschinenwartung, Änderungen in Maschinenbau und Ausrüstung, Auswahl der Produktionsmethoden, Produktdesign, Beziehungen zwischen Kunden und Lieferanten und generelle Aspekte der Problemlösung. Sie kamen zu dem Ergebnis, daß die von ihnen untersuchten Arbeitsgruppen im Schnitt sieben dieser acht Funktionen übernommen hatten. Am seltensten beteiligten sie sich am Produktdesign (12 von 22 Teams).

Es folgten acht Koordinierungs- und Planungsaufgaben. Dazu gehörte die Festsetzung von Produktionszielen, die Materialverwaltung, Vorbereitung und/oder Überwachung eines Teambudgets, Zuweisung von Aufgaben, Produktionsplanung, Einteilung des Schichtdienstes, der Pausen und des Urlaubs. Die durchschnittliche Arbeitsgruppe war zumindestens für fünf dieser Aufgaben zuständig. Die Aufgabenverteilung stand an Platz 1: Gruppen an 19 Standorten waren stark daran beteiligt. Die Vorbereitung und/oder Überwachung des Gruppenbudgets kam am seltensten vor, aber selbst in diesem Bereich hatten immerhin acht der 22 Gruppen einen Teil der Verantwortung für das Budget übernommen.

Drittens: Aufgaben zur Unterstützung der Gruppe. Dabei geht es um die Auswahl der Arbeitsgruppenmitglieder und des Gruppenleiters, um Fragen der Ausbildung, der Leistungsbewertung des einzelnen und/oder der Gruppe, der Disziplin, des Entgeltsystems und dessen Verwaltung. In diesen nach wie vor empfindlichen Bereichen waren die Arbeitsgruppen – wie zu erwarten – schwächer vertreten. Durchschnittlich nahmen drei aktiv teil. In 18 der 22 Betriebe spielten sie allerdings eine Rolle bei der Ausbildung. In vier Betrieben hatten die Gruppen ein Mitspracherecht bei der Auswahl einer Führungskraft von außerhalb.

Lazes und Falkenberg richteten ihr Augenmerk vor allem auf die Integration von Arbeitsgruppen und Hilfsabteilungen. Der übliche erste Schritt bei der Schaffung solcher Gruppen war die formelle Ernennung von Verbindungspersonen. In acht Fällen hatten die Hilfsabteilungen Koordinatoren ernannt, die für die Verbindung zu den Arbeitsgruppen zuständig waren. In den meisten dieser Fälle hatte außerdem auch die Arbeitsgruppe ein Mitglied mit der Aufgabe betraut, die Arbeit mit den wichtigen Hilfsfunktionen zu koordinieren. Jedes einzelne Gruppenmitglied übernahm nach dem Rotationsprinzip für etwa sechs Monate das Amt der Verbindungsperson. Drei der 22 Fertigungsstätten hatten einen entscheidenden weiteren Schritt unternommen: Die Hilfsabteilungen hatten sich aufgelöst, und der Stab (Wartungsfachleute, Ingenieure, Einkäufer) war in die Arbeitsgruppen integriert worden. »Eigentlich hatte jedes Team seine eigene Mini-Hilfsabteilung«, schreiben die Autoren. Lazes und Falkenberg stellten fest, daß in sechs Fällen die althergebrachten Hilfsabteilungen mehr oder weniger in der üblichen Form beibehalten wurden. Allerdings war es selbst in diesen Fällen so, daß Mitglieder der Arbeitsgruppe einige der Hilfsaufgaben der Abteilung übernahmen, wie etwa die statische Verfahrenskontrolle, Qualitätsinspektionen, wichtige Sicherheitsaufgaben und vorbeugende Wartung.

In sieben von den 22 insgesamt untersuchten Fällen, so berichten die Autoren, waren die Vorarbeiter abgeschafft worden. In weiteren sechs Fällen war ihre Anzahl gesenkt worden. Bei den übrigen Firmen hatte sich die Rolle des Vorarbeiters gewandelt. Früher gab er die Richtung an und führte die Aufsicht. Jetzt war seine Aufgabe die Arbeitserleichterung, das Training und die Kommunikation.

Die Autoren stießen außerdem auf umfassende Änderungen der Vergütungsordnung. Sechzehn der 22 Betriebe richteten ihr Entgeltsystem nicht mehr ausschließlich nach der Klassifikation des Arbeitsplatzes. Die Autoren berichten: »Drei Betriebe zahlen den traditionellen, auf der Art des Arbeitsplatzes beruhenden Lohn, den sie mit einer Gewinnbeteiligung oder einem Gruppenbonusplan kombinieren. Fünf zahlen nach Fertigkeiten; sieben zahlen ebenfalls nach Fertigkeiten in Kombination mit einem Gewinnbeteiligungsplan; und ein Betrieb zahlt nach einem System des finanziellen Leistungsanreizes.« (Von den sechs Betrieben, in denen sich gar nicht gerührt hatte, waren fünf gewerkschaftlich organisiert.)

Nicht eine einzige dieser Bemühungen um die Einrichtung von Arbeitsgruppen wurde vom Management zu einem Fehlschlag erklärt. Zwölf der 22 Fabriken verzeichneten bedeutende Produktivitätssteigerungen von bis zu 100 Prozent. Nur drei sagten aus, ihre Produktivität sei unverändert geblieben. (Von den übrigen Betrieben wurden keine Ergebnisse vorgelegt.) Elf berichteten über Qualitätssteigerungen, während zwei aussagten, ihre Qualität sei unverändert geblieben. Neun antworteten nicht. Sechs der zehn gewerkschaftlich organisierten Betriebe berichteten, die Zahl der Reklamationen sei zurückgegangen, in einem Fall sogar von 130 pro Jahr auf zehn.

Cluster – die vollkommene Alternative zur Hierarchie?

Quinn Mills will mehr! In seinem Buch *Rebirth of the Corporation* beschreibt er eine umfassende Alterative zur Hierarchie: die »Cluster-Organisation«. Er befürwortet einen dramatischen Wandel in der Struktur der Organisation. Ohne jede Umschweife stellt er die Behauptung in den Raum, dort, wo die Hierarchie überlebe, »kann es kein Umdenken bezüglich der Grundlagen des Managements geben«.

Mills differenziert sorgfältig zwischen dem Cluster und den heute gängigen Experimenten mit selbstverwalteten Teams. Er nennt sie »einen Kompromiß auf dem Weg aus der Hierarchie« und beschreibt ein Cluster dagegen als »eine Gruppe von Menschen aus verschiedenen Fachrichtungen, die auf halbwegs permanenter Basis zusammenarbeiten. Der Cluster übernimmt zahlreiche Verwaltungsfunktionen und löst sich so von der umfassenden Managementhierarchie. Ein Cluster entwickelt seine eigenen Fachkenntnisse. Er betont die Zuwendung zum Kunden. Die Entscheidungsfindung verlagert sich im Cluster dorthin, wo sich tatsächlich alles abspielt. Informationen werden großzügig ausgetauscht. Der Cluster übernimmt die Verantwortung für ... Ergebnisse.«

Mills stellt sich vor, daß solche weitgehend selbständigen Cluster zwischen 30 und 50 Mitarbeiter haben sollten. Sie werden weiter unterteilt in selbstbestimmte Arbeitsteams von fünf bis sieben Mitarbeitern (dies erinnert an die Profit Center und Hochleistungsteams von ABB). In einem komplexen Umfeld findet man den Cluster in sechs verschiedenen »Geschmacksrichtungen«: Da gibt es das »Kernteam«, das bisher die Unternehmensleitung war (dem entspricht der Ressourcenausschuß bei Johnsonville). Es gibt »Geschäftseinheiten«, die Geschäftsabschlüsse mit externen Kunden direkt tätigen; die »Stabseinheiten« sind Cluster, die für den Umgang mit internen Kunden zuständig sind, sich dabei aber nach den Gesetzen des Marktes richten. »Projektteams« werden mit dem Ziel einer konkreten Verbesserung oder der Entwicklung eines strategischen Projekts gebildet, »Bündnisteams« sind allgemein für »ganzheitliche« Unternehmen mit Außenstehenden verantwortlich; und die »Wandelteams« schließlich haben die konkrete Aufgabe, die allgemeinen Aspekte der Aktivitäten des Unternehmens zu modifizieren.

Vier Faktoren sind für das gute Funktionieren des Clusters ausschlaggebend, sagt Mills. Erstens: Die Zielsetzung muß ganz klar sein. »Jeder muß die Aufgabe des Teams, in dem er oder sie mitarbeitet, genau kennen und verstehen.« Zweitens: »Um in Eigeninitiative handeln zu können, müssen die Mitarbeiter über die erforderliche Kompetenz verfügen. Dies bedeutet nicht nur eine technische Spezialisierung, sondern auch das Erfassen des Gesamtbildes.« Daher dürfe zum Beispiel eine ständige Weiterbildung nicht als Kostenfaktor gelten, sondern müsse als Investition aufgefaßt werden. Beim dritten Punkt schließt sich Mills der wachsenden Zahl derer an, die einen völlig freien Informationsaustausch fordern. »Um unter den spezifischen Bedingungen vor Ort die richtige Entscheidung treffen zu können, braucht man mehr als nur lokale Informationen ... Man braucht Informationen über das gesamte Umfeld, in dem man sich bewegt.« Viertens erklärt Mills: »Die Menschen müssen sicher sein können, daß man ihnen traut und daß sie, wenn sie Fehler machen, keine unfaire Strafe zu erwarten haben.«

Erst die neuen Informationstechnologien ermöglichen das Funktionieren des Clusters. Allerdings weist Mills darauf hin, daß »PC-Netze an sich nicht, wie viele irrtümlich annahmen, neue Organisationsstrukturen sind«. Er definiert sie als »die dem Cluster zugrundeliegende Infrastruktur«. Für ihn steht fest, daß Hierarchien die neuen Technologien weniger gut nutzen können als Cluster. Am überzeugendsten schreibt Mills, wenn er die gängigsten Einwände gegen das Cluster-System entkräftet:

- »Cluster verkennen, daß dem Menschen ein ureigenes Bedürfnis nach hierarchischen Strukturen innewohnt.« Mills vertritt das Gegenteil, also daß »vieles von dem, was wir am Arbeitsplatz als menschliche Natur erleben, in Wahrheit nichts anderes ist als die außerordentlich gründliche Anpassung des einzelnen an eine hierarchisch geprägte Umwelt«. In Clustern wird durchaus entsprechend der Fähigkeiten der einzelnen Mitarbeiter differenziert. »Menschen mit angeborenen Führungsqualitäten ragen aus der Gruppe heraus und übernehmen einen überdurchschnittlich großen Teil der Gruppenaktivitäten«, sagt er. »In einer formell festgelegten Hierarchie ist hingegen das Auftauchen unerwarteter Führungspersönlichkeiten nicht gefragt.« (Hier finden wir eine Parallele zu unserer Diskussion über den Unterschied zwischen »Hackordnungen« und Hierarchien.)
- »Es ist nicht möglich, Mitarbeiter zu motivieren, ohne ihnen Beförderungen (im hergebrachten Sinne) in Aussicht zu stellen.« Mills gab zu, daß Beförderungen eine wichtige Rolle spielen, wendet aber ein, daß nach seinen Forschungsergebnissen »die Anerkennung guter Arbeitsleistungen und die Selbstmotivation« eine noch wichtigere Rolle spielen. Das »Anzapfen« dieser tiefen Impulse wird das Fehlen hierarchischer Karriereleitern mehr als wettmachen.
- »Die Leistung des einzelnen wird sich im Cluster auf dem geringsten gemeinsamen Nenner einpendeln.« Dieses Einpendeln auf dem untersten Niveau, so Mills, ist in der Hierarchie wahrscheinlicher als im Cluster. »Warum versuchen denn Mitarbeiter, sich mit einem möglichst geringen Arbeitspensum durchzuschmuggeln? Weil das Spielchen, den Vorgesetzten reinlegen zu wollen, interessanter ist als die Arbeit selbst.« Im Cluster entfällt aber nun der Vorgesetzte, den es zu beschummeln gilt. Außerdem sind im Cluster »alle gleichgestellt und voneinander abhängig, da sie gemeinsam die Last tragen. Aus diesem Grund haben sie nicht das geringste Verständnis für Drückeberger.« Unsere Beispiele, vorneweg Johnsonville und Titeflex, sprechen eine deutliche Sprache.
- »Im Cluster verlieren die Menschen ihre Individualität und ihre Privatsphäre.« Mills räumt ein, daß diese Möglichkeit besteht. Andererseits gibt es Gegenstrategien. Man kann zum Beispiel dafür sorgen, daß die hohe Leistung des einzelnen Mitarbeiters

entsprechend geschätzt und dies auch ausgesprochen wird. Außerdem kann den Mitarbeitern neben den Gruppenbereichen ein separater Arbeitsplatz zugeteilt werden, und schließlich ist genauestens darauf zu achten, daß »maßgeschneiderte Entwicklungspläne« für jeden einzelnen Mitarbeiter des Clusters erarbeitet werden.

- »Wenn meine Stelle nicht mit einem wohlklingenden Titel versehen ist, habe ich bei anderen Firmen keine Chance auf einen guten Posten.« Mills gibt zu, daß Titel im Cluster weitgehend verschwinden werden. Andererseits, so sagt er, haben Titel ihre Bedeutung schon heute fast völlig verloren, da sich bereits etliche Firmen in einem fließenden Übergangsstadium befinden.
- »Es wird im Cluster nicht möglich sein, Fehler der Mitarbeiter effektiv einzugrenzen, da es keine unmittelbare Aufsicht mehr gibt.« Mills entgegnet darauf, daß die Leute in einem interdependenten Team besonders »rasch Fehler ihrer Kollegen bemerken und sie ausmerzen«. Und schließlich gibt es ja auch weiterhin die individuelle Leistungsbeurteilung, bei der diejenigen ausgesiebt werden, die »wiederholt schwerwiegende Fehler machen«.
- »Ich bin gerne Chef. Im Cluster wird das doch überhaupt keinen Spaß machen.« Stimmt, sagt Mills – aber nur dann, wenn der Spaß darin bestand, Befehle zu erteilen und selbstherrlich von oben herab zu handeln. Wenn man es allerdings – wie Stayer – als Bereicherung empfindet, andere in ihrer Entwicklung zu unterstützen, ist der Cluster für den neuen Manager wie gemacht.
- »Die Manager verlieren den Bezug zu ihren Organisationen.« Ganz im Gegenteil, sagt Mills. Die wenigen verbleibenden Bosse werden von Routinearbeiten weitgehend befreit sein und haben »nicht weniger, sondern mehr Zeit, um sich um längerfristige Strategien sowie Fragen der Geschäftsintegration zu kümmern«.
- »Es wird niemand im mittleren Management übrigbleiben, und wir, die wir in diesem Bereich tätig sind, verlieren unseren Arbeitsplatz.« Mills prophezeit, daß es im Cluster-System mehr Stellen im mittleren Management geben wird als heute, allerdings mit einer Verschiebung: Die traditionelle Rolle des mittleren Managers, nämlich die Initiierung von Projekten mit

dem Ziel des Wertzuwachses, wird nun zum Bestandteil der Arbeit aller Mitarbeiter.

- »Unternehmen, die es mit Organisationsstrukturen wie dem Cluster versucht haben, sind gescheitert.« Mills läßt das Beispiel »Peoples' Express« gelten. Das Unternehmen war mehr oder weniger im Clusterformat organisiert. Er bietet aber gleichzeitig eine überzeugende Analyse der Probleme dieses Unternehmens und vertritt die Auffassung, daß der Grund für den Untergang nicht in seiner neuartigen Struktur lag. (Ich stimme dem zu. Es ist hier nicht der geeignete Ort für lange Erklärungen, aber »Peoples' Express« erlebte sein Waterloo, weil der Gründer der Firma, Don Burr, die lebenswichtige Rolle der Informationstechnologie für die Fluggesellschaften – zum Beispiel für die »dynamische Preisstrategie« von American Airlines – leichtfertig abtat.) Ohnehin, so Mills, müssen wir uns auf Fehlschläge einstellen, wenn wir eine völlig neue Organisationsform einführen, die eine Ohrfeige für die Traditionen der letzten Jahrhunderte bedeutet. Und schließlich fragt er, wer diese nicht in Cluster-Form organisierten Unternehmen denn sind, daß sie glauben, in der heutigen, sich rasant entwickelnden Geschäftswelt die Nase rümpfen zu dürfen. Wenn es darum geht, mit Pleiten hausieren zu gehen, erhielten die traditionellen Hierarchien von allen Seiten Ehrenpreise!
- »Die Vorteile, die der Cluster angeblich bringt, können ebensogut in hierarchischen Strukturen erreicht werden.« *Theoretisch* schon, gibt Mills unumwunden zu – allerdings nur dann, wenn »die Hierarchie ihre üblichen Verhaltensmuster wesentlich ändern würde«. Erinnern Sie sich an unsere Analyse der »Union Pacific Railroad«? Komplexe Prozesse der Entscheidungsfindung hätten sich auch ohne die Streichung von sechs Managementebenen in der Betriebsstruktur zurechtstutzen lassen. Aber die Wahrscheinlichkeit, daß ohne die radikale strukturelle Erneuerung eine solche Rationalisierung möglich gewesen wäre, tendiert wohl gegen Null.

Die praktische Umsetzung des Clusters ist kein Sonntagsspaziergang. Sie erfordert hohe Intensität. Der Schwerpunkt muß einerseits auf der Leistung des einzelnen, andererseits paradoxerweise auf der Notwendigkeit zur Zusammenarbeit liegen. »Es ist wie ein Bienenstock«, erzählte ein Manager, der in einem Cluster gearbeitet hatte. (Aha! Die Wanze der neuen Metaphern beißt wieder zu!) »In der Organisation eines Bienenstockes gibt es Wettbewerb ebenso wie Zusammenarbeit und gegenseitige Unterstützung«, meinte er. »Es ist nicht alles Konsens und Gegenseitigkeit wie in Asien. Es ist nicht wie bei Mitarbeitern, die unter unmittelbarer Aufsicht des Vorgesetzten stehen, wie es in vielen amerikanischen Organisationen der Fall ist. Im Bienenstock verschmelzen anscheinend das Wettbewerbsdenken und die Bereitschaft zur Kooperation zu einer sehr beeindruckenden Kombination.« Mills liefert zur Untermauerung seiner Ideen mehrere solide, sorgfältig recherchierte Fallstudien, die alle den Übergang zu clusterähnlichen Organisationsformen dokumentieren. Er zitiert Entwicklungen in Teilen der US-Army, bei General Electric, Square D, Volvo, Swissair und British Petroleum. Nimmt man seine Arbeit, die Erfahrungen von Johnsonville und Titeflex, die Arbeit von Lazes und Falkenberg zusammen – dann kommt man dank eindeutiger Forschungsergebnisse zu einem schrankenlosen Optimismus für die extremste Form der Selbstverwaltung.

Oder?

Tatsache ist, daß ich Ihnen genausogut mehrere ausgezeichnet dokumentierte Gegenstudien hätte zitieren können, die den Standpunkt vertreten, daß der Einsatz von Arbeitsgruppen im Schnitt zu geringfügigen oder keinen Verbesserungen bei der Wettbewerbsfähigkeit (Produktivität, Qualität, Preis usw.) führt. Das Problem dieser Studie rührt daher, daß sie die Idee der Arbeitsgruppe in einem Vakuum betrachtet. Ein progressives Arbeitsteam/Clusterkonzept wird erst dann erfolgversprechend verlaufen, wenn es – wie dies bei Walsh (UPRR), Simpson (Titeflex) und Stayer (Johnsonville) der Fall war – gelingt, die Organisation von mehreren Managementschichten zu befreien und die Macht und Zahl der Stäbe »abzuspecken«. Doch das ist nicht alles. Denken Sie an Walshs Abenteuer in Louisiana nach der schlecht geplanten Drogenrazzia oder an Simpsons »große Farbstift-Masche« und an den Aufstand der Mitarbeiter bei Johnsonville gegen eine diktatorisch bestimmte Urlaubsplanung. Diese Ereignisse ergeben zusammengenommen das, was ich den »fehlenden Faktor X« nenne, mit anderen Worten: das *Vertrauen*.

17. Kapitel

Der fehlende Faktor X: Das Vertrauen

Wenn Gefängnisleiter Dennis Luther von Insassen als »seinen Wählern« spricht, ist dies wohl als die Position eines Einzelgängers zu bezeichnen.
Craig Apker,
stellvertretender Gefängnisleiter,
Bundesgefängnis McKean

Wenn man einen Menschen in die Ecke drängt und immer wieder auf ihn eindrischt, wird er *eines Tages zurückschlagen. In die Ecke ist er aber schon dadurch gedrängt, daß er im Gefängnis sitzt.*
Wayne Smith,
stellvertretender Gefängnisleiter,
ebenda

Vertrauen? »Eine gute Sache«, werden Sie sagen. »Nun aber zum praktischen Teil der Sache: Wie viele Managementebenen brauchen wir? Welche konkreten Aufgaben sollten den Arbeitsteams übertragen werden?«
Das ist der Lauf der Welt. Vertrauen? Sicher ist Vertrauen wichtig – aber was soll man sonst noch dazu sagen? Ich meine, eine ganze Menge.
Wir haben Vertrauen bereits bei den Mitarbeitern der Eisenbahn und bei unserem Wurstfabrikanten gesehen. Jetzt machen wir wirklich ernst: Wie steht es mit *Vertrauen in einem Bundesgefängnis*?
Gefängnisleiter Dennis Luther eröffnete im Februar 1989 ein Bundesgefängnis (Federal Correctional Institution) in Bradford/

Pennsylvania. Mitte 1992 wachte ein Stab von 334 Mitarbeitern über 1266 Insassen. Diese Anstalt der mittleren Sicherheitsstufe ist bereits zu weit über 100 Prozent ihrer Kapazität belegt.
Luther hat zeit seines Lebens in Gefängnissen gearbeitet. Er sagt, diesen Beruf habe er aus »altruistischen Motiven« ergriffen und ihm den Vorzug vor seinem zweiten Berufswunsch gegeben – einem geistlichen Amt. Mitte der achtziger Jahre gelang Luther ein Umschwung in der von einer Bundesbehörde betriebenen Anstalt in Danbury. Einige Fachleute hielten sie vor der Übernahme durch Luther für die schwierigste im gesamten Gefängnissystem. Luther erwarb sich den Ruf eines Einzelgängers und eines Mannes, der gewagte Risiken eingeht.
»Ich bin nicht der Auffassung, daß das Gefängnis für die Mitarbeiter und die Insassen eine einzige negative Erfahrung sein muß«, sagt er. Die Strafe für den Gefangenen ist es, ins Gefängnis zu *kommen*, fügt er hinzu. Es geht nicht darum, ihn ständig zu bestrafen, wenn er erst einmal im Gefängnis sitzt. Luther ist davon überzeugt, daß ein Gefängnis reibungslos funktionieren kann, wenn sich dieser eine Gedanken in den Köpfen festsetzt.

»Eine unorthodoxe Kultur«

»Wir könnten Gefangene zusammenschlagen und eine feindselige Stimmung zwischen Verwahrern und Verwahrten schaffen«, sagte uns der stellvertretende Gefängnisleiter Wayne Smith, »aber hier erlauben wir den Insassen, sich in Grenzen selbst zu verwalten.« Die Durchsetzung dieses neuen Ethos war nicht eben leicht. Konservative Mitglieder der Belegschaft kämpften gegen Luthers Pläne und beriefen sich dabei auf eine »heilige Kuh«: die Gefährdung der öffentlichen Sicherheit.
Luther beispielsweise gestattete bei besonderen Veranstaltungen wie Filmvorführungen den Verzehr von Popcorn. Einige Wächter äußerten Bedenken: Sie behaupteten, die Insassen könnten das Popcorn dazu benutzen, ihre Schlösser zu verstopfen. Das Popcorn wurde dennoch ausgegeben; kein einziges Schloß wurde verstopft. Das ist natürlich bei weitem nicht alles: Außen gibt es zwar die normalen Sicherheitsvorrichtungen (elektronisch überwachter Maschendraht, dazwischen Rollen rasiermesserscharfen Drahtes); innen aber gibt es keinerlei Stahlgitter. Auch die Holztüren zu den Räumen der Insassen bleiben unverschlossen.

Nicht alle Mitarbeiter kamen mit dem McKean-Ansatz klar. Luther entließ zwei seiner Stellvertreter, deren Widerstand gegen seine Methode nicht nachließ.
Meine erste Kontaktperson, mit der ich über dies »Mustergefängnis« sprach, war Roger Fields, ein Insasse. (Er schrieb mir, zehn Jahre nach dem Erscheinen von *Auf der Suche nach Spitzenleistungen*, den ersten Brief, den ich aus einem Gefängnis bekam.) Er berichtete mit einiger Verblüffung: »Selbst Mitarbeiter, die auf Luthers Idee nicht ansprechen, weiß er auf seinen Kurs zu bringen.« (Fields wurde Mitte 1992 wegen guter Führung entlassen.) Ein weiterer Insasse, Steve Monsanto, bestätigt Fields' Kommentar und erzählt eine Geschichte, die nur in McKean passieren konnte: In jedem Bundesgefängnis finden sogenannte *»shakedowns«* (Durchsuchungsaktionen) statt. In den meisten Gefängnissen durchwühlen die Wächter dabei die Zellen der Insassen. In McKean jedoch müssen die Wächter, die die Aktion durchführen, danach alles wieder genauso hinterlassen, wie sie es vorgefunden haben. Monsanto erinnert sich daran, daß er einmal bei der Rückkehr zu seiner Zelle den Raum durchgewühlt vorfand. Ein neuer Mitarbeiter hatte nicht wieder aufgeräumt. Monsanto meldete es einem anderen Wächter, der ihm sagte, es solle die Zelle lassen, wie sie sei. »Der neue Mitarbeiter wird sie wieder in Ordnung bringen«, meinte er.
Auch Mike Eger, Lagerhausvorarbeiter und Sprecher der Angestellten des öffentlichen Dienstes, zollte Luther Tribut für das, was dieser *»eine unorthodoxe Kultur«* nennt. Eger war von Anfang an in McKean dabei. Er registrierte dort eine Rekordzahl an Neuzugängen für die örtliche Gewerkschaftsabteilung. Offizielle Stellen in Washington äußerten sich besorgt – ohne Grund, wie sich herausstellte. »Seit unserer Eröffnung im Oktober 1989 habe ich keine einzige Beschwerde erhalten«, berichtete Eger uns. »Der Gefängnisdirektor hier hat einen ganz anderen Stil. Er versucht, Neuerungen einzuführen, einfache Dinge, die unser Leben verbessern.« Eger vergleicht seine Erfahrungen in McKean mit seiner früheren Stelle in Lewisberg, wo die Insassen ständig Streit untereinander hatten und das Aufsichtspersonal schikanierten. Er meint dazu: »Hier in McKean haben die Insassen eine Alternative, nämlich ein hohes Maß an Selbstverwaltung.« Wie viele andere auch betont Eger aber gleichzeitig, daß der Aufenthalt in McKean kein Picknick sei: »Die Insassen

bekommen nicht mehr als Insassen in jedem anderen Gefängnis auch.« Eger ist sich sicher, welchen »Zaubertrick« Luther sich zunutze macht: »Das Beste an unserem Direktor ist die Tatsache, das er niemals lügt.«

Aus erster Hand

Einige der von Luther vertretenen Ideen kann man vielleicht auch von anderen Gefängnisleitern hören. Bei einer Gruppe kann man sich aber ganz sicher sein, daß Klartext geredet wird, nämlich bei den Gefängnisinsassen selbst. Meinen Kollegen Deborah Hudson und Paul Cohen wurde uneingeschränkter Zugang zu »Luthers Knackis« gewährt. Bei den Gesprächen war kein Vertreter der Verwaltung dabei. Hier einige Auszüge: »Ich bin seit fünfzehn Jahren hinter Schloß und Riegel. Ich habe noch nie erlebt, daß Leute sich trotz unterschiedlicher Glaubenszugehörigkeit oder Hautfarbe vertragen – hier ist es aber so.« – »Der Direktor weist das Personal so ein, daß es die Insassen wie Menschen behandelt.« – »Mir hat es echt die Sprache verschlagen. Noch zwei Monate nach meiner Einweisung kam mir die – ich muß dieses Wort benutzen – Freiheit, die man hier hat, immer noch wie ein Traum vor.« – »Es gibt hier kaum gewalttätige Zwischenfälle. Und warum? Weil die Insassen ihre Fähigkeiten und Talente zu ihrem eigenen und zum Nutzen der Institution nutzen können. Wo sonst gibt es das denn, daß die Insassen einen Clubraum mit Büro und ihrem eigenen Telefon haben und jederzeit nach Belieben mit der Verwaltung sprechen können?« – »Besser als hier ist es nirgends hinter Gefängnismauern. Dies ist der beste Ort im gesamten Vollzugssystem. Jeden Tag hat man Kontakte zu einem stellvertretenden Leiter, und den Direktor selbst sieht man alle zwei bis drei Tage.«
Abdul Adam ist der Sprecher der in der Anstalt einsässigen Moslems. Er meint: »Ich sage meinen Leuten: Wenn es hier noch eine Spur besser wird, lassen wir unsere Frauen und Kinder herkommen. Bin ich vielleicht gestorben und befinde mich im ›Gefängnishimmel‹?« Abdul Adam war zehn Jahre in Leavenworth, zwei in Terre Haute. Dort war er, wie einer der Mitarbeiter in McKean sagt, der (wie es in der Gefängnissprache heißt) die »Zeit mit ihm abgesessen hat«, ein »Top-Unruhestifter«. Wenn

Moslems ohne Vorkenntnisse der Verhältnisse nach McKean eingeliefert werden, gehen sie gewöhnlich zunächst zu Abdul Adam und bitten ihn meist, ihnen ein Messer zu besorgen. »Dann setzen wir uns hin und bereden alles«, sagt er. »Und wir erzählen den Neuen, wo's lang geht, wie hier alles abläuft. Sie können das erst gar nicht fassen.«

Die Rolle der Insassen

Regelmäßige »Rathaussitzungen« unter Teilnahme der Insassen sind Bestandteil eines energisch betriebenen Kommunikationsprozesses in beiden Richtungen. Mehr noch: Jeder Vorschlag zur Änderung von Bestimmungen und Verfahren wird zunächst den Insassen vorgelegt. Die »Knackis« machen dann oft auf viele kleine Details aufmerksam, die das Programm verbessern oder aber – wenn sie unberücksichtigt geblieben wären – dem Programm geschadet hätten, berichtet Luther. Vorschläge von Insassen sind heute ein fester Bestandteil der alltäglichen McKean-Kultur. Beispiel: Empfehlungen zum Angebot im gefängniseigenen Laden.

Klingt belanglos, meinen Sie? Mag sein – aber nur dann, wenn Sie in Gefängnispsychologie nicht bewandert sind. Noch so eine »Belanglosigkeit«: In der Personalkantine wird das gleiche Essen ausgegeben wie in der Kantine für die Insassen. Das Personal veranstaltet auch vierteljährliche Umfragen unter den »Kunden«.

Die richtige innere Einstellung ist sicher wichtig, aber sie muß auch das richtige Forum finden. In den »McKean-Clubs« sind die entsprechenden Strukturen gegeben. Es gibt eine katholische Organisation, den Vegetarier-Club, die Brüderschaft der Moslems, den Spanisch-Club usw. Diese Organisationen bieten den Insassen konkrete, wertvolle Betätigungsfelder. Die Clubs haben aber darüber hinaus eine Auffangfunktion für Neuankömmlinge – sie spielen eine Schlüsselrolle dabei, McKeans einzigartige Kultur zu vermitteln.

Ein Unterstützungsfonds für Insassen sammelt Gelder, mit dem kulturelle Veranstaltungen, ein Freizeitangebot sowie Sonderprogramme finanziert werden. Die Insassen wählen Vertreter, die sie in den Vorstand des Fonds entsenden. In diesem Vorstand sitzt auch ein ranghohes Mitglied des Gefängnispersonals. Der Fonds wird einmal im Jahr von einem unabhängigen Wirtschaftsprüfer kontrolliert. »Die Stärke des Unterstützungsfonds liegt darin, daß

wir dazu beitragen können, die inneren Angelegenheiten des Gefängnisses mitzubestimmen«, sagt der Insasse, der den Vegetarier-Club leitet.
Als meine Kollegin Deborah Hudson in McKean war, bewarb sich der Fonds gerade darum, den gesamten Wäschereibetrieb für das Gefängnis zu übernehmen. Auch die »Vereinigung der Musikliebhaber« wollte, wie sie hörte, gerade über eine Veranstaltung Geldmittel aufbringen und die Zahl ihrer Mitglieder (derzeit 75) steigern. Mit dem Geld soll eine Notenbibliothek eingerichtet werden. (Instrumente können mit einer Mitgliedskarte des Clubs im Erholungszentrum ausgeliehen werden.) Der »Italienisch-amerikanische Club« mit seinen 50 Mitgliedern hatte gerade eine ähnliche Veranstaltung abgehalten und dabei italienische Wurst- und Käsesorten verkauft.
Einer der Anstaltsgeistlichen, Andre, erinnert sich an einen Essensstreik gleich nach der Eröffnung des Gefängnisses. Die neue Verwaltung behielt die Kontrolle über die Vorgänge, denn man traf sich und besprach das Problem. Es fand ein offenes, ehrliches und rechtzeitiges Gespräch mit den Insassen statt. Direktor Luther: »Der Streik war eine großartige Lernerfahrung für den Einstieg in die neue Aufgabe. Wenn ich könnte, würde ich jedes Gefängnis auf diese Art eröffnen. Die wirklichen Themen sind Kommunikation und Aufgeschlossenheit. Die Anstalt war ganz neu, das Personal entsprechend überfordert. Die Lösung des Problems: herumspazieren, reden, in den Hof gehen, Notizen vergleichen.«
Alles schön und gut, aber funktioniert es auch? Nach drei Jahren Betrieb sieht die Statistik für McKean so auch: *Keine Ausbrüche, kein Mord, keine ernsthaften Angriffe auf andere Insassen oder das Personal, keine sexuellen Übergriffe, kein Selbstmord.*

McKeans Credo: Grundsätze im Umgang mit Häftlingen (Auswahl)

① Die Einweisung ins Gefängnis ist die Strafe. Sind die Insassen erst einmal im Gefängnis, darf der Aufenthalt dort keine ununterbrochene Strafaktion sein.
② Das Anstaltspersonal trägt die Verantwortung dafür, daß die Menschen nicht aggressiver oder feindseliger in die Allgemeinheit entlassen werden, als sie es bei ihrer Einweisung waren.

③ Insassen haben während ihres Aufenthalts in der Anstalt ein Anrecht auf sichere und humane Behandlung.
④ Wir müssen an die Fähigkeiten jedes Menschen glauben, sein Verhalten zu ändern.
⑤ Die Gefängnisumgebung muß – soweit irgend möglich – normalisiert werden, das heißt, es muß Programme, einige Annehmlichkeiten und Dienstleistungen geben. Nur aus Gründen der Aufrechterhaltung der Ordnung und der Sicherheit, nicht aber als Strafe dürfen diese Dinge den Häftlingen vorenthalten werden.
⑥ Man sollte möglichst immer Maßnahmen und Verfahren, die der Häftling als negative Auswirkungen auf seine Lebensqualität empfindet, erklären.
⑦ Seien Sie zuverlässig im Umgang mit Insassen. Wenn Sie versprechen, etwas zu tun, tun Sie es.
⑧ Es ist wesentlich, daß das Personal den Insassen das Verhalten, das es von ihnen erwartet, als Vorbild vorlebt.
⑨ Sie dürfen niemals, niemals einen Häftling belügen.
⑩ Die Insassen werden viel eher zur Zusammenarbeit mit dem Personal bereit sein, wenn sie von Achtung und nicht von Furcht motiviert sind.
⑪ Führen Sie keine Regeln, Bestimmungen oder Reglementierungen ein, die nicht irgendeinen reellen Bezug zur Bewahrung der Ordnung und zur Sicherheit haben.
⑫ Betonen Sie, wie wichtig es ist, eine positive Einstellung mit Privilegien und Annehmlichkeiten zu belohnen.
⑬ Bestrafen Sie Verhalten, das Ordnung und Sicherheit gefährdet, sofort und streng.
⑭ Legen Sie völlig eindeutig fest, welche Art von Verhalten Sie nicht tolerieren werden.
⑮ Die Disziplinierung der Insassen muß konsequent und fair sein.
⑯ Üben Sie nur so viel verbale oder physische Gewalt aus, wie für den Erhalt der Ordnung und der Sicherheit von Personal und Insassen erforderlich ist.
⑰ Tun oder sagen Sie zu einem Insassen nichts, was Sie nicht dem Gefängnisdirektor auf einem Videoband vorspielen könnten!

Trucker und Vertrauen

»Preston war genau wie alle anderen Transportunternehmen«, berichtet uns der stellvertretende Verkaufsdirektor Paul Sims. »Das Management hatte immer alle Antworten parat. Wenn es eine Frage gab, entschied es darüber. Daß der Manager sieben Jahre Erfahrung hatte, der Lastwagenfahrer aber zwanzig, spielte keinerlei Rolle. Ich verfuhr nach dem Motto: ›Ich bin der Manager. Ich habe den Titel.‹ Wenn mir die Einstellung eines Mitarbeiters nicht paßte, deckte ich ihn mit Extraarbeit ein, um ihm eine Lehre zu erteilen.«

Dann wurde im Jahre 1977 Will Potter Generaldirektor der in Preston (Maryland) ansässigen Firma. Er teilte dem Management – und den Fahrern – mit, daß das Problem beim *Management* liege. Sims, der damals in der Niederlassung der Firma in Canton (Ohio) arbeitete, gesteht ein, daß er Potter »für verrückt« hielt, sich aber trotzdem entschloß, dem Unternehmen zunächst einmal treu zu bleiben und abzuwarten, was bei der neuen Methode herauskam. Nach einem Seminar über »Leistungsmanagement« ging er beispielsweise hin, kaufte eine Staffelei und »erstellte täglich Aushänge über unsere Produktivität, unsere Einkünfte und die durchschnittliche Auslastung unserer Lkws«. Es erstaunte ihn sehr, daß die Fahrer sofort begannen, Fragen zu stellen. »Ich zeigte ihnen, wie produktiv sie an einem bestimmten Tag gewesen waren, und malte einen Stern auf oder klebte einen Aufkleber hin, wenn sie gut gearbeitet hatten«, erinnert er sich. »Ich bemerkte, daß diese erwachsenen Menschen das richtig spannend fanden. Wenn ich morgens zu beschäftigt war und nicht dazu kam, die Zahlen hinzuhängen, kamen sie zu mir herüber und verlangten: ›Sims! Hängen Sie doch bitte die Zahlen auf!‹« Sims arbeitete bis zur Erschöpfung. Er begann um 4 Uhr 30 morgens und verließ das Unternehmen völlig ermüdet um 6 Uhr abends.

»Eines Tages ließ ich drei weitere Schlüssel für unser Hoftor anfertigen«, berichtete er weiter. »Die Morgencrew kam, und ich legte die drei Schlüssel auf den Tisch. ›Wofür sind die?‹ fragten die Fahrer.

›Damit Sie morgens aufschließen können‹, sagte ich.

›Was? Werden Sie denn nicht da sein?‹

Ich meinte: ›Nein. Ich kann nicht auf Dauer um 4 Uhr morgens kommen. Sie arbeiten von vier Uhr dreißig bis dreizehn Uhr; ich

bleibe bis achtzehn Uhr, und das schaffe ich nicht.‹ Sie fragten: ›Und was ist, wenn wir ein Problem haben?‹
›Dann lösen Sie es‹, sagte ich.
›Und wenn wir das nicht können?‹ fragten sie zurück.
Ich antwortete: ›Hier ist meine private Telefonnummer; rufen Sie an, Sie können mich ruhig wecken.‹
›Sie vertrauen uns?‹ sagten sie.
›Sonst hätte ich doch diese Schlüssel nicht machen lassen‹, sagte ich. Sie waren ziemlich fassungslos.«
Inzwischen glauben sie an das neue System. »Preston ist in dieser Form einzigartig. Ich hatte bisher noch nie mit einer solchen Transportgesellschaft zu tun«, berichtete uns Sunny Musso, der Boß der lokalen Gewerkschaft. »Sie geben ihren Fahrern nicht einfach die Order: ›Sie machen jetzt das und das‹. Sie erklären, warum etwas so sein soll oder warum nicht. Und der Fahrer kann, wenn er das möchte, mit dem Chef des Unternehmens sprechen.«
Hunderte von Speditionen, die nicht immer mit hundertprozentig ausgelasteten Lastwagen fahren, mußten nach der Freigabe der Preise in der Branche die Pforten dichtmachen. Preston dagegen begann einen steilen Höhenflug: Der Ertrag hat sich mehr als verdreifacht, die Produktivitätssteigerungen reichen an die von Union Pacific heran, während die Unfallziffern und die Anzahl der Reklamationen drastisch zurückgehen. Anspruchsvolle Kunden wie Charlie Corace, Vorstandsmitglied bei McNeil Pharmaceutical, sagte uns, daß er in dieser Tochterfirma von Johnson & Johnson in Preston »ein Vorbild sieht, dem wir nacheifern möchten. Ich fördere die Firma, wo ich kann. Ich habe meinen früheren Arbeitgeber angerufen und ihm geraten, mit Preston ins Geschäft zu kommen. Ein Preston-Laster läuft für uns. Leute kommen in mein Büro und fragen, warum wir gerade dieses Unternehmen wählen. Ich erzähle ihnen dann, wie weit man es bringen kann, wenn man seine Mitarbeiter entsprechend unterstützt und fördert. Wenn ich auf diesen Lastwagen von Preston blicke, sehe ich nicht den Lastwagen; ich sehe fünftausend Menschen, die an einem Strick ziehen.«

---

18. Kapitel

Organisationsbausteine 3: Marktgerechte Einheiten (Buckyborgs)

> *Kleinere Firmengrößen werden immer vorteilhafter. Frischgebackene Universitätsabsolventen gehen zunächst zu einem Großunternehmen, weil sie bereits an der Uni angeworben wurden und ihnen ein Ausbildungsprogramm offeriert wurde. Früher gingen sie von einem Großunternehmen zum nächsten, aber das hat sich geändert: Heute wechseln sie viel eher von einem Großunternehmen zu einer Firma mittlerer Größe. Und betrachten Sie die Exporte . . . Alle (amerikanischen) Exporteure von Industriegütern sind mittlere, hochgradig spezialisierte Unternehmen. Ich glaube nicht, daß die großen Unternehmen ganz verschwinden werden. Aber ich bin der Auffassung, daß es in Zukunft eine strategische Entscheidung sein wird, ob ein Unternehmen größer werden soll oder nicht, während bisher Größe an sich das Ziel war. Auch in Zukunft wird für einige Unternehmen eine riesige Größe sinnvoll sein, aber ich sehe immer mehr Unternehmen, für die eine mittlere Größe viel vorteilhafter ist und bei denen der Versuch, immer größer zu werden, einfach die Ergebnisse verschwimmen läßt und die Rentabilität zerstört. Es wird immer wichtiger, sich über die richtige Größe Gedanken zu machen.*
>
> Peter Drucker, Fortune, 30. Dezember 1991

Wie Drucker ganz richtig sagt, bedeutet die »richtige Größe« nicht unbedingt ein riesiges Unternehmen, wie man über Jahr-

zehnte automatisch annahm. Die Giganten selbst sind sogar Vorreiter der neuen Entwicklung gewesen, als sie ihre Aktiva entweder verringerten (sie wurden schlanker, entledigten sich unpassender Unternehmensbereiche), eine Umgruppierung der Aktiva in überschaubare Stücke vornahmen oder beides taten. (ABB zum Beispiel kaufte zwar noch hinzu, magerte andererseits aber ab und strukturierte sich in 5000 autonome Kleinstbereiche um.)
Läßt sich in einer solch undurchschaubaren Situation überhaupt etwas Allgemeingültiges zur »richtigen Größe« sagen? Durchaus! Zunächst einmal ist die richtige Größe oft *viel kleiner*, als man annehmen möchte – und das gilt für sämtliche Branchen.

Goldmann Produktion – eine Boeing mit elf Mitarbeitern

Es gibt zwei Methoden, Kerzen zu färben. In den USA ist die meistverbreitete Methode die »Ganzfärbung«, für die man große Mengen billiger, fettlöslicher Färbungschemikalien verwendet. Die andere Methode besteht darin, die Kerzen in wesentlich teurere Pigmente einzutauchen und zu überziehen. Diese Farbe verblaßt im Unterschied zur fettlöslichen Variante nicht mit der Zeit.
Die deutsche Goldmann GmbH wurde 1919 von Stanley Goldmann zu dem Zweck gegründet, Borsäure aus den USA nach Deutschland zu importieren. Sie besteht aus drei Gesellschaften. Eine davon produziert diese teuren Pigmente, hochentwickelte Verbindungen, die sonne- und hitzeunempfindlich sind. Sie enthalten keine Lösemittel und sind nicht allergieauslösend.
Das Unternehmen hat nur elf Mitarbeiter und beherrscht in ihrer hochspezialisierten Marktnische beeindruckende 50 Prozent des Weltmarktes. Es expandiert ständig und nimmt jährlich 5 Millionen Dollar ein. Zur Zeit denkt man über einen möglichen Durchbruch auf dem US-Markt nach. Mehrere große amerikanische Chemieunternehmen wollen ihre Fertigungsstraßen ausbauen und das Pigmenttauchfärbeverfahren einsetzen. In diesem Fall werden sie entweder von Goldmann beziehen oder aber von Bekro Chemie, einer weiteren winzigen deutschen Firma, die die andere Hälfte des Weltmarktes beherrscht.

Hat man so etwas je gehört? Ein Unternehmen mit elf Mitarbeitern legt größten Wert auf Forschung und Entwicklung? Andererseits – eine Firma, die mit elf Mitarbeitern einen Weltmarktanteil von 50 Prozent kontrolliert, ist auch etwas völlig Neues. Zwei der elf Mitarbeiter bei Goldmann Produktion sind Forscher. Unter anderem führte ihre Arbeit zu einem explosionsartigen Anstieg der patentrechtlich geschützten Mischungen, die das Unternehmen im Angebot hat. Zu Beginn gab es 600 Farbschattierungen, heute sind es etwa 10 000.
Goldmann ist ein exzellentes Beispiel für die deutschen Managementpraktiken. Direktor Walter Goldmann fordert schon seit Jahren die Selbstverantwortung des Arbeitnehmers. Dies ist einer der Faktoren, der das unabhängige Chemieunternehmen Walter Goldmann zur »Boeing« in seinem Bereich machte. Weitere Faktoren: hochgradige Spezialisierung, ein offenes Ohr für den Kunden, trotz seiner Zwergengröße die Exportorientierung und eben die konsequente Investition in Forschung und Entwicklung.

Möge der Beste gewinnen!

»Man kann mit sehr wenig Geld sehr viel erreichen.«
Robert Kreible, Gründer von Loctite,
Anfang 1992 bei einem Vortrag vor russischen
Beamten über Unternehmertum

Ende 1991 kündigte Wavetracer (aus Acton, Massachusetts) die Einführung eines »handlichen Großraum-Supercomputers für Parallelverarbeitung« an. In der Computerbranche sorgte diese Mitteilung für einige Aufregung, denn dieses Gerät sollte nur zwischen 85 000 und 150 000 Dollar kosten und lediglich 8 x 23 x 29 Zoll groß sein. Bei Versuchen des Pentagon erwies sich sein Preis/Leistungs-Verhältnis als dem leistungsstarken Supercomputer Cray XMP48 um das Fünfzigfache überlegen. (Cray entwickelte in der Zwischenzeit ebenfalls einen leistungsstärkeren Computer.) Ausschlaggebend war die Ankündigung von Wavetracer, einen Hochleistungscomputer als Tischcomputer zu entwickeln. Dadurch eröffneten sich ganz neue und bisher unvorstellbare Möglichkeiten für den dezentralisierten Einsatz von Computern.

Ein führender Unternehmer erzählte mir, daß die Entwicklung eines solchen Computers durch ein Großunternehmen drei bis vier Jahre gedauert hätte, mehrere hundert Ingenieure damit befaßt gewesen wären und die Kosten für Forschung und Entwicklung sich auf 25 bis 150 Millionen Dollar belaufen hätten. Wavetracer hingegen schaffte den Schritt vom Entwurf auf dem Papier zur Produktion des Systems in nur 15 Monaten. Ein Team von zehn Ingenieuren entwickelte das System für ganze 2 Millionen Dollar. Und für den Bau des ersten Vor-Prototyps waren genau 14 Dollar an Material erforderlich!

Buckyborgs (und Zauberei)

Je mehr die Wissenschaftler herausfinden, desto eher fragen sie sich, ob es irgend etwas gibt, was (Buckminster-)Fullerene nicht können. Die symmetrischen 60 (Kohlenstoff-)Atome des winzigen Kügelchens (genannt Buckyball) passen so gut zusammen, daß das Molekül Eigenschaften aufweist, die es wie ein einziges »Superatom« erscheinen lassen . . . Es reagiert mit vielen Substanzen und behält unter einer Vielzahl von Bedingungen seine Integrität . . . [Es] ist eine Zwischenstufe zwischen atomaren und makroskopischen [Ebenen] . . . [Wissenschaftler] setzten die Buckyballs extremen Drücken aus . . . und verdichteten die Moleküle auf weniger als die Hälfte ihres ursprünglichen Durchmessers. Und die Buckyballs gingen unbeschädigt aus diesen Experimenten hervor. Sie sind sehr widerstandsfähig . . . Es brach ein regelrechtes »Fullerene-Fieber« aus; mehrere Untersuchungen über die verblüffende Beweglichkeit der Buckyballs waren die Folge. Diese kleinen Dinger können auf 174 verschiedene Arten und Weisen vibrieren . . . Jede Kugel konnte sich auf einer Seite flachmachen, sich auf der anderen aufplustern und dann wieder ihre ursprüngliche runde Form annehmen. Jede Kugel war auch in der Lage, sich wie

beim Atmen auszudehnen und wieder zusammenzuziehen. Oder aber die fünfeckigen Facetten dehnten sich aus, während die sechseckigen sich zusammenzogen ... Die Kugeln können auch frei und unablässig rotieren oder sporadisch wie bei einem Zahnkranz. Oft bewegen sie sich bei hohen Temperaturen sehr schnell ... taumeln umher ... Geordnet oder ungeordnet, trudelnd oder sich drehend, supraleitend oder nicht – in der Superstarsphäre weisen viele Dinge darauf hin, daß hier ungewöhnliche Eigenschaften vorliegen.
Science News,
24. August 1991

Die »richtige Größe« – selbst in der Chemie kann sie also klein sein! Vielleicht sind Unternehmen mit mehr als zwölf Mitarbeitern wirklich zu groß, um flotte Supercomputer zu entwickeln. Vielleicht auch nicht – aber allzuweit hergeholt ist der Gedanke nicht.

Ich möchte für einen Augenblick die Welt der »Im Dutzend schlagen wir den Rest der Welt«-Teams verlassen (darauf kommen wir später in unserem Abschnitt über Markt und Innovationen noch sehr ausführlich zurück) und zum Stichwort *Zauberei* kommen. Vielleicht liegt der Schlüssel dazu in den Buckyballs. Wie es aus unserem Epigraph ersichtlich wird: Chemiker bestaunen diese Wundermoleküle atemlos. Sie sind weder winzig noch großartig, also eher unauffällig. Sie lassen sich zusammenstauchen und sind doch nicht »kleinzukriegen«. Und sie vibrieren auf 174 verschiedene Arten – nicht übel, oder?

Die Buckyballs – und Peter Barnevik – brachten mich zum Denken. Barnevik ist völlig begeistert, ja richtig verliebt in das *50-Personen-Molekül*, also etwas, das den Gewinn-und-Verlust-Zentren von ABB vergleichbar ist. Einige Einheiten sind größer und haben bis zu 500 Mitarbeiter, werden aber wohl auch noch aufgelöst. Es finden sich auch kleinere Abteilungen von etwa zwölf Menschen (ABB-Entsprechung der Goldmann Produktion). 50 – oder ein paar weniger oder mehr – ist jedenfalls ein sehr günstiger Mittelwert.

Im Hinterkopf hatte ich nun also ständig die Herren Fuller und

Barnevik, und siehe da, ich stolperte plötzlich mit schönster Regelmäßigkeit über die Zahlen 50/60.
Der Engländer Richard Branson baute in der knallharten Unterhaltungsindustrie ein millionenschweres Unternehmen auf (Schallplatten, eine Werbegesellschaft, die Luftschiffe einsetzt, usw.). Als er Anfang 1992 seine Schallplattengesellschaft veräußerte, standen 10 000 Gehaltsempfänger auf seiner Liste – unterteilt in 200 Gesellschaften mit durchschnittlich 50 Mitarbeitern. (Stieg die Zahl erheblich über 50, so griff er ohne zu zögern ein und unterteilte dieses Unternehmen, damit es flexibel und aggressiv blieb.)
Auf den folgenden Seiten werden wir mehrere Buckyball-Organisationen – oder, wie ich sie nenne, *Buckyborgs* (Bucky-Organisationen) – untersuchen. Dabei wird das kommerzielle Spektrum weitgehend erfaßt: also die Medien (Random House, International Data Group), die Finanzdienste (Acordia), die Schwerindustrie (Chromalloy Component Technologies und noch einmal ABB). In jedem dieser Fallbeispiele taucht die »Zauberzahl« 50/60 (grob gesagt – der Bereich geht eigentlich von 35 bis 200) als effektive, marktgerechte Einheitsgröße auf.
Dahinter steckt mehr. Unternehmen können beispielsweise mit der Zusammenstückelung einer beträchlichten Anzahl dieser Einheiten Macht – und Profit! – anhäufen. Sie sind also gleichzeitig klein *und* groß. Damit haben weder Peter Drucker noch ich ein Problem.
Es geht also nicht darum, daß klein jetzt immer unbedingt auch schön ist. Groß ist aber – in seiner gegenwärtigen, oft undifferenzierten Form – oft häßlich. (Die neuen unabhängigen Einheiten von IBM sind beispielsweise immer noch fast ausnahmslos monströs.)
Ich werde im folgenden kaum den »Beweis« liefern, daß die Zahlen 60, 50, 35 oder 200 für jeden Markt geeignet sind. Es würde mir reichen, wenn Sie die Fälle durchlesen und mit einem zustimmenden »Hm! Interessant!« kommentieren. (Und ich wäre hellauf begeistert, wenn Sie Dinge übernehmen würden wie etwa: »Die magische Zahl 50. Wie zum Teufel kann ich diesen Barnevik erreichen?«)

Warum gerade 50?

Lieber Tom:

Sie sagen, daß die Zahl 50 Sie fasziniert und Ihnen Unternehmen dann am produktivsten erscheinen, wenn sie aus höchstens 50 Mitarbeitern bestehen. Ich arbeitete jahrelang in aufstrebenden neuen Unternehmen. Sie haben völlig recht. Wenn Unternehmen über 50 Beschäftigte hinauswachsen, verändern sie sich grundlegend. Bei 80 bis 100 Mitarbeitern verlieren sie mit Sicherheit ihre Effektivität.

Vielleicht ist die Antwort ganz einfach und hat mit der Fähigkeit zu tun, effektiv zu kommunizieren: Bei 50 Mitarbeitern gibt es immerhin 1255 Möglichkeiten der Beziehungen allein zwischen zwei Menschen. Heute, wo sich Aufgaben nicht mehr aufteilen lassen wie früher, wo sich Gruppen bilden und umbilden und Menschen als Team effektiv zusammenarbeiten müssen, will es mir kaum in den Kopf, daß selbst 50 Menschen eine effektive Gruppe bilden können!

Außerdem bin ich der Auffassung, daß an einem bestimmten Punkt der Entwicklung einer Organisation die Bildung von Managementebenen einsetzt – und bei 50 Mitarbeitern ist der Punkt vielleicht erreicht. Es ist axiomatisch, daß Sitzungen dann nicht mehr effektiv sind, wenn mehr als zwei Managementebenen daran teilnehmen. Dies bedeutet, daß es für Menschen zwar schwierig ist, in einer unstrukturierten Umgebung zusammenzuarbeiten, daß es jedoch ebenso schwierig ist, in einer strukturierten Umgebung zu arbeiten.

Mit freundlichen Grüßen

Dave Bonini

Hitachi Data Systems

Die verrückte Welt des Büchermachens

Die amerikanische Originalausgabe dieses Buches wird vom Alfred-A.-Knopf-Verlag verlegt, den einige für die Nr. 1 im amerikanischen Verlagswesen halten. Das Buch wird aber nur »teilweise« bei Knopf verlegt, denn Random House, Inc. ist ebenfalls an der Herausgabe beteiligt. Dieses weltweite Unter-

nehmen ist eine Milliarde Dollar schwer und seinerseits wiederum lose mit dem Newhouse-Medienkonzern verbunden, der aus dem Random-House-Verlag und zahlreichen Zeitungen und Zeitschriften und Kabelfernsehstationen besteht.
Random House, Inc. besteht, wie David Streitfeld in der Zeitschrift *New York* Ende 1991 schrieb, »aus einem verwirrenden Irrgarten von Abteilungen, Verlagen und Verlagen innerhalb von Verlagen«. Es gibt innerhalb von Random House, Inc. ein weiteres Random House (allgemein als »Little Random« bezeichnet), es gibt Knopf, Pantheon, Schocken, Villard, Crown (zu dessen Familie wiederum Clarkson Potter, O'Ryan, Harmony und Bell Tower gehören), Time Books, Turtle Bay (neu mit sieben Mitarbeitern), Vintage (»Qualitäts«-Paperbacks, die meist in Buchhandlungen verkauft werden), Ballantine/Del Rey/Fawcett/Ivy (Paperbacks für den »Massenverkauf«, die genauso über Zeitungskioske und Drugstores wie über den Buchhandel vertrieben werden), Fodor's Reiseführer, eine noch junge Sparte, die Firma Outlet für »Buchpromotion«, Sparten für Audio- und Videoprodukte, für Nachschlagewerke und elektronische Publikationen sowie etliche internationale Einheiten von Toronto über London und Sydney bis nach Auckland.
Eine am Markt orientierte Einheit bei Random, Inc., etwa ein Verlag wie Knopf, ist ein *sehr* kleines Unternehmen. Die Größe liegt bei 2 (Schocken) bis 80 Mitarbeiter (Little Random). (Im Durchschnitt hat der typische Random-House-Verlag 25 Mitarbeiter.) Diese Verlage »erwerben« Manuskripte oder Anregungen von einem Autor oder, was heute wahrscheinlicher ist, von einem in der Wissensgesellschaft allgegenwärtigen Mittelsmann – dem Agenten. Der Verlag ist dann zuständig für die redaktionelle Entwicklung, Design, Produktion (diese wird weitgehend von Satzanstalten und Druckereien außerhalb des Hauses übernommen; im Haus selbst wird nichts davon erledigt) und Vermarktung. Knopf hat beispielsweise 76 Mitarbeiter – 30 im Lektorat, 21 in Werbung und Marketing, Vergabe von Rechten und Lizenzen, 23 in Design und Überwachung der Herstellung, zwei im Bereich Finanzen). Im Vertrieb verfügt Random House über vier Außendienstmannschaften mit rund 180 Verkäufern, die die Bücher aus den zahlreichen Random-Verlagen und aus fünf ansonsten unabhängigen Verlagen vertreiben (darunter Reader's Digest). Ein dezentralisiertes Vertriebssystem mit Auslieferungslagern in

Westminster (Maryland), Avenel (New Jersey) und Jackson (Mississippi) ergänzt den Verkaufsbetrieb.

Eine Ansammlung kompatibler Intellekte (Geld verdienen)

Big Random ist in einem Geschäft tätig, in dem es um die Entwicklung von geistigem Eigentum gehe, sagte mir der Unternehmenschef Alberto Vitale im Jahre 1992. Es sei ein Prozeß, der nicht so eindeutig definiert werden könne wie etwa die Produktentwicklung bei General Electrics oder General Motors. (Stimmt, aber uns geht es hier ja darum, daß die Welten von GE und GM der Random-Welt immer ähnlicher werden – sehr zum Bedauern der Angehörigen jener Organisationen.) Vitale bezeichnete einen Verlag als »ein Unternehmen« und als »eine Sammlung kompatibler Intellekte« – die Summe der Fähigkeiten und des Schwungs ihrer Lektoren. Eine radikale Dezentralisierung sei die einzig mögliche Struktur, um »intellektuell« unverwechselbar zu bleiben und sich aus der Vielzahl von Verlagen herauszuheben. Um die Kreativität am Kochen zu halten, sagte er beinahe seufzend, »nimmt man viel Unsinn, Improvisation und [gemessen an Harvard-Business-School-Standards] auch einen gewissen Mangel an Professionalität im Management in Kauf«. Man toleriere diesen Wirrwarr, weil es darauf ankomme, welche Zahl schließlich »unterm Strich« stehe, und die Antwort darauf, wie die Gewinne aussehen, ergebe sich letzten Endes aus nur einer Frage: »Haben wir die Bücher?«

»Der Preis der Freiheit [für einen Verlag] ist finanzieller Erfolg«, sagte Vitale. Das meint er keineswegs im Scherz. Random House, Inc. verfolgt ein sehr strenges Budgetierungs- und Prognosekonzept, von dem selbst Vitale fröhlich zugab, daß es »rigoros« sei. Im übrigen macht der Druck der Kollegen (der Chefs der zu Random gehörenden Verlagshäuser) ständig Dampf. Vitale sah zwar ein, daß »intellektuelle Talente« wie Verlage manches Mal sogar mehrjährige Dürreperioden überstehen mußten, aber, fügte er schnell hinzu: »Wer sich nicht aufregt, wenn die Geschäfte schlecht laufen, hat hier nichts zu suchen.«

Kurz nachdem er seinen Job bei Big Random im Jahre 1990 antrat, bewies Vitale, daß es ihm mit seinen Worten ernst war. Er forderte den langjährigen Pantheon-Verleger André Schiffrin – der in der Buchwelt sehr angesehen war – dazu auf, sein Haus nach mehreren Jahren schwerer Verluste finanziell wieder auf Vordermann zu bringen. Schiffrin lehnte ab und mußte gehen. (Wichtige Namen in der Literaturwelt protestierten gegen seine Entlassung; auf der anderen Seite unterzeichneten zahlreiche Lektoren bei Random Inc. eine öffentliche Erklärung, die letztendlich besagte, daß sich alle unter dem Schirm von Random House zusammengeschlossenen Verlage, auch der hochnäsigste, ihrem Verständnis nach auf dem Markt bewähren müßten.)

Eichhörnchennest? Bienenstock?

Meine Erfahrungen mit Knopf – und die vorangegangenen mit Little Random – waren voll und ganz Erfahrungen mit einem kleinen Unternehmen. Sie betreten den unauffälligen Eingang an der Adresse 201 East 50 Street in New York, melden sich bei der »Sicherheit« an, suchen den Namen ihres Verlages am Fahrstuhl und fahren in die entsprechende Etage. Dort empfängt Sie jemand in einem schmucklosen Rezeptionszimmer – vielleicht, vielleicht aber auch nicht, denn oft ist dieser Tisch unbesetzt. Dann gelangen Sie – mit oder ohne Begleitung – in (a) ein Labyrinth? (b) ein Eichhörnchennest? (c) ein Rattennest? (d) einen Bienenstock? Können Sie sich aussuchen.

Jedes einzelne Büro ist eine einzige individuelle Unabhängigkeitserklärung. Zunächst steht man fassungslos in diesen kleinen Höhlen von etwa drei mal drei Metern (bei mir hält dieser Zustand bis heute unverändert an) und kann sich kaum vorstellen, daß der Lektor hier vielleicht schon seit Jahren mit den literarischen Größen unserer Zeit verhandelt. Wenn Ihr Manuskript die Phase des Redigierens und der Herstellung erreicht, werden die Büros oft noch winziger und befinden sich in der Ecke einer Ecke. Immer aber hat man ein Gefühl der Intimität und Vertrautheit – wahrhaft ein großer Unterschied zu der meist unpersönlichen Atmosphäre in Großunternehmen.

Vitale beharrt darauf, daß die Eichhörnchennester – und die energiegeladenen, kleinen Verlage, die sie ausmachen – es ohne »Papa Random« nicht schaffen können. Random House, Inc. hat tiefere Taschen als jeder kleine selbständige Verlag. Er kann die gelegentlichen Dürreperioden bei einem oder zwei Verlagen überstehen. Random House, Inc. bietet erstklassige spezialisierte Dienstleistungen (z.B. in rechtlichen Angelegenheiten). Dank seiner allgegenwärtigen Marktpräsenz übt der Verlag große Anziehungskraft auf Spitzentalente aus. Zum letzten Punkt bekräftigte Vitale, sein Hauptziel für das Unternehmen liege darin, »das Unternehmen zu sein, in dem jeder Top-Lektor arbeiten möchte«. Beim Verlegen von Büchern geht es nach Vitales Auffassung um anhaltende Qualität – und nackten Opportunismus. Ein Verlag sei zugleich ein ruhiges, ungestörtes Reich (mit Lektoren, die unendlich penibel an der Gestaltung eines Manuskriptes arbeiten in einem Prozeß, der manches Mal Jahre dauert) wie ein »verrückter als verrückter« Ameisenhaufen (rücksichtslose Jagd auf das Recht, einen Magic Johnson oder Norman Schwartzkopf verlegen zu können, und anschließend komme der Wahnsinn, der damit verbunden ist, zum »richtigen« Zeitpunkt mit dem Buch zu erscheinen und es auf einem sehr umkämpften Markt ganz groß herauszubringen und durchzusetzen). Strukturmäßig ist Random House, Inc. laut Vitale groß *und* klein – eine Mischung »aus reaktiver Fähigkeit« (klein) und »zentralen Dienstleistungen« (groß). Der Veteran in der Verlegerwelt meinte, das, was Big Random auszeichne, sei die Förderung der »Freiheit der individuellen Möglichkeiten« unter Lektoren und anderen (»ohne damit der Finanzverantwortung zu entsagen«, fügte er zum soundsovielten Mal hastig hinzu). Solche Freiheit, das Beste zu produzieren, ist bei Big Random eine langjährige Tradition, die Vitale eindeutig sehr schätzt. Sie wird noch begünstigt durch die bei Newhouse überall herrschende Philosophie, die da lautet: *Viel* Freiheit, *viel* Verantwortung für Leistung.

Wesentlich ist es, zu begreifen, wie weit das Big-Random-»Modell« über die von Großunternehmen konventionell praktizierte Dezentralisierung hinausgeht. Die Random-Verlage sind »Kleinunternehmen mit außergewöhnlicher Autonomie«. Sie müssen blühen und gedeihen, oder sie werden zugemacht. Das ist aber nicht alles: Random-Verlage haben alle eine unverkennbar eigene »Persönlichkeit«, wodurch jeder einzelne zu mehr wird als zu einer bloßen »Geschäftseinheit unter dem Schirm von Big Random«. Es sind diese bemerkenswerten Charakterunterschiede unter den sogenannten »nachgeordneten« Einheiten, die es der Muttergesellschaft – als De-facto-Portfolio-Manager – ermöglichen, in diesem verrückten Markt zu blühen und zu gedeihen. Diese Unverwechselbarkeit von agilen Einheiten bescheidener Größe betrachte ich allgemein als allererste Voraussetzung für den Unternehmenserfolg in der Zukunft. Bei Big Random wer-

den Sie kein besseres Beispiel für eine winzige Einheit mit eigenem Gesicht finden als Knopf.
(Übrigens, diese deutsche Ausgabe erscheint in der ECON Verlagsgruppe – etwa 60 Mitarbeiter, dort aber in der selbständigen ECON-Executive GmbH, die aus fünf Personen – einschließlich Lektorat – besteht.)

Sonny Mehta, Inc. (Hauptsächlich)
Der Knopf-Verleger Sonny Mehta erzählte mir scherzend, er fühle sich zu Büchern hingezogen, weil er so schlecht in Mathematik sei. Ehrlich, man kann sich kaum vorstellen, daß Mehta, der indischer Abstammung ist, in irgend etwas schlecht sein könnte. Seine Verlegerkarriere ist vor allem durch einen starken Hang zur Unabhängigkeit, Beifall der literarischen Welt, Kontroversen – und Erfolg im Geschäft gekennzeichnet.
1987 überredete S. I. Newhouse, Jr., Bob Gottlieb, den langjährigen Cheflektor bei Knopf, dazu, die immer altmodischer werdende Zeitschrift *New Yorker* zu übernehmen (allerdings blieb sie zu altmodisch für Newhouse, so daß Gottlieb im Juni 1992 seinen Hut nehmen mußte). Gottlieb selbst schlug seinen alten Freund Mehta, damals Verlagsdirektor bei Pan Books in London, als seinen Nachfolger bei Knopf vor. Manche waren perplex, ja sogar ärgerlich darüber, daß sich Random House für den prestigeträchtigsten Posten im amerikanischen Verlagswesen einen Mann von jenseits des Atlantiks holte. Die meisten aber waren voll des Lobes über Mehtas künstlerisches und kommerzielles Geschick. In einem damals in *Vanity Fair* erschienenen langen Artikel faßte Ian Jack die Gefühle der »Buchwelt« zusammen, als er schrieb, daß Mehta »ein Mann ist, der in den Augen seiner Kollegen und Rivalen ein einfallsreich-schöpferischer Finder und Verkäufer von Büchern ist«.
Mehta, der auch die Vintage- und Pantheon-Verlage für Big Random leitet, hat alles – und nichts – verändert. Gottlieb, sagte er, war ein Alleinunterhalter. Er ließ seinen Lektoren enormen Spielraum in der Entwicklung von Büchern mit ihren Autoren – letzten Endes aber waren es immer die Bücher, die Gottlieb wollte. Auch Mehta ist ganz bestimmten Büchern zugetan (darunter sogar *American Psycho* von Bret Easton Ellis, das er für den Vintage-Verlag kaufte). Dennoch ermuntert er seine Lektoren dazu, sich bei Büchern, die zum Erwerb der Rechte anstehen,

nach ihrem eigenen Geschmack zu richten – und gewährt ihnen dann viel Spielraum im nachfolgenden Entwicklungsprozeß (wobei er ihnen allerdings auch, sehr viel mehr als in der Vergangenheit üblich, nahelegt, die finanziellen Aspekte der buchverlegerischen Tätigkeit zu beachten). In gewissem Sinne hat er seine Lektoren mehr oder weniger zu eigenständigen »Verlegern« gemacht.

Chef des Marketing ist Mehta selbst – und sein Geschäftsinstinkt bildet das Fundament eines immer besser gehenden Geschäftes bei Knopf. Im übrigen hat er in seinem Verlag den Sinn für Finanzdisziplin geschärft. Früher, sagte er, habe Gottlieb alle Zahlen in seinem Kopf gehabt. Mehta hat den Budgetierungsprozeß etwas formeller gestaltet, ohne ihn jedoch in Bürokratie ausarten zu lassen. Weiterhin macht er deutlich, daß er, nicht »Papa Random«, der Herr des Finanzplanungsprozesses bei Knopf sei.

Ich fragte Mehta, warum eine solch unabhängige Kraft wie er sich als Karriereschritt für die Herausforderung in einem eher kleinen Unternehmen entschieden habe. Er gab offen zu, über Random House, Inc. im Jahre 1987, als er den Vertrag unterschrieb, fast gar nichts gewußt zu haben. Er habe sich aber schnell einverstanden erklärt, den Posten zu übernehmen, weil der Knopf-Verlag ein unverwechselbares Image habe. Knopf zähle zu den besten Verlagen der Welt – ähnlich wie Jonathan Cape und Penguin in Großbritannien. Dazu kommt, daß Mehta – Literat mit allumfassenden Interessen – außerdem ein leidenschaftlicher Marketing-Mann ist. Er ist stahlhart entschlossen, hohe Auflagenzahlen zu erzielen. Seine Bücher sollen »das beeinflussen, worüber man in der Welt spricht«. Hardcovers lassen sich in Großbritannien nicht gut verkaufen, erklärte Mehta. Darum habe er in Großbritannien zu Paperbacks tendiert. In den Vereinigten Staaten jedoch lassen sich Hardcover-Ausgaben sehr gut verkaufen. Dort spielen sie eine zentrale kulturelle Rolle – und unter ihren Verlegern ist keiner, der eine größere Rolle spielt als Knopf.

Offiziell ist Mehta Vizepräsident von Big Random. Allerdings hat er, als wir miteinander sprachen, die Muttergesellschaft selten erwähnt. Er scheint die dort gelegentlich stattfindenden politischen Intrigen mit gedankenverlorenem Abstand zu betrachten und gibt zu, zu Random House, Inc. per se zu gehören, verursache

ihm kaum ein Prickeln. Was ihn belebt und anregt, sind Bücher, neue Projekte aller Art und die Verbindung zu den Lesern.
Dennoch hat die Zugehörigkeit zu Big Random seine Vorteile. Seine Taschen sind tief. Wenn man davon ausgeht, daß Mehtas eigenes Haus in Ordnung ist, kann er sehr schnell die Genehmigung für beinahe jeden Manuskripterwerb oder andere neue Projekte erhalten. Außerdem hilft der mächtige Verkaufs- und Vertriebsarm enorm dabei, zu den Lesern zu gelangen. Mehta muß sich zwar um sämtliche Details der Vermarktung der neuen Knopf-Titel kümmern (pro Jahr sind es etwa 180 neue Titel), aber er räumt ein, er habe wenig Appetit auf Management als solches. Er erbleicht bei dem Gedanken, sich um die Führung des Außendienstes kümmern zu müssen. »Alleine schon entscheiden zu müssen, wie ich eine Stelle am Empfang besetze, ist lästig«, sagte er.
Wird Mehta auch rund zwei Jahrzehnte bei Knopf bleiben wie sein Vorgänger Gottlieb? Wird er dort bis zum Ende seines Berufslebens ausharren? Die Karriereleiter bei Random House, Inc. (so wie sie sich darstellt) erklimmen? Einen größeren Teich zum Fischen suchen? Man spürt, daß er wenig Sinn oder Neigung dazu verspürt, überhaupt eine unternehmensübliche Karriere zu verfolgen. Er ist im Gegenteil immer auf der Suche nach Chancen, will Neuland betreten und bleibende Spuren hinterlassen. Mit den Begriffen dieses Buches gesprochen – siehe dazu Kapitel 30 –, ist er ein an großartigen Projekten orientierter »horizontaler Hochdruckarbeiter«. Solange er solche Chancen in seinen Portfolios bei Knopf, Vintage und Pantheon wahrnehmen kann, wird er wahrscheinlich bleiben. Sonny Mehta ist in der Tat ein Meister in der globalen Verlagswelt, und zu diesem Zeitpunkt kann er wahrscheinlich innerhalb der Big-Random-Familie genauso viel oder sogar mehr tun als sonst irgendwo.
Mehta ist Mehta, und Knopf ist Knopf *und* Mehta – und am Rande Teil einer größeren Einheit. Mehta, der einen Rechtsanwalt über seine Vergütung mit Random verhandeln läßt (er selbst hat für solche Gespräche nichts übrig), erinnert mich mehr an jemanden wie den Filmregisseur Martin Scorsese: Mehta geht eine Zeitlang eine Verbindung mit Großunternehmen ein, die ihm den Raum gewähren, umfangreiche Projekte zu verwirklichen, die er für richtig hält. An die Unternehmenseinheit verschwendet er so wenig Zeit wie möglich. Er erbringt Leistungen

an seinem eigenen Teich (vertieft ihn und erweitert seinen Durchmesser) und geht meistenteils seine eigenen Wege. Eine Handvoll solch glühend unabhängiger und selbständiger Menschen gewonnen zu haben, ist ein Schlüssel – der Schlüssel? – zum kleingroßen Erfolg von Big Random und in der Tat auch zum Gesamterfolg des Newhouse-Konzerns.

Die International Data Group

> *Wir finden: »Small is beautiful.« Wenn Menschen ihre Arbeit völlig im Griff haben, kann die emotionale Umgebung gar nicht mehr besser werden.*
> Pat McGovern,
> Gründer der IDG,
> The Economist, März 1991

> *Kennt sich mit Neugründungen gründlichst aus. Seine eigene Firma wächst durch ständige Neugründungen. Sucht den Kontakt mit dem Kunden, das Eingehen auf den Kunden, Geschwindigkeit. Startete eine IDG-Veröffentlichung in nur drei Tagen. Versteht besser als jeder andere Unternehmensleiter die Grundsätze: Predige die Botschaft, liefere Informationen, halte die Leute an einer langen Leine – und dann laß sie auf ihren eigenen Beinen stehen . . . Noch etwas: Seine Arbeit macht ihm riesigen Spaß. Das gefällt uns.*
> Begründung der Wahl Pat McGoverns zum Direktor zum »Start-up All-Stars«, 1989

Jeden Mittwoch bringt der Postbote die *Computerworld* zu meiner Farm in West Tinmouth (Vermont). Das Magazin hat etwa 125 eng bedruckte Seiten und bezeichnet sich selbst als »Wochenzeitschrift des Managements der Informationssysteme«. *Computerworld* ist einer von 150 von International Data Group veröffentlichten Titeln, die von rund 25 Millionen Lesern in 49 Ländern gelesen werden.
Neben seinem Magazinbetrieb (IDG Communications; hier werden 80 Prozent des Gesamteinkommens der IDG erzielt) ist die

IDG World Expo Corporation Bestandteil des Unternehmens. Sie organisiert Konferenzen, Seminare und Handelsmessen für die Informationstechnologiebranche. Ein drittes Standbein sind die IDG Research Companies, die Marktforschung betreiben und 3700 Unternehmen und verschiedene Industrie-Datenbanken beraten. 1991 legte das Unternehmen – wie üblich – um etwa 25 Prozent zu, nämlich von 500 Millionen auf 650 Millionen Dollar. Gegründet wurde die Firma 1964 von Pat McGovern, einem MIT-Absolventen, der sich zum Bilderstürmer und Unternehmer gewandelt hatte. Er ist ein besessener Weltreisender, der jedes Jahr eine Viertelmillion Meilen »runterreißt«, um dem schnellen Wandel in der Informationstechnologie auf der Spur zu bleiben. Dabei beschäftigt er ohne weiteres vier Vollzeitsekretärinnen. Leuchten der Industrie wie der Gründer von Microsoft, Bill Gates, erkennen den Erfolg des in Farmington (Massachusetts) ansässigen Unternehmens an und bezeichnen es als einen bedeutenden Mitspieler in der Branche der Informationssysteme. (Der Erfolg des Unternehmens sicherte McGovern außerdem einen Platz auf der Liste, die *Forbes* jedes Jahr von den 400 reichsten Amerikanern erstellt.)

Satellitenprojekte – je mehr, je besser

Ich bin fest der Überzeugung, daß unser Erfolg auf unseren dezentralisierten Geschäftsansatz zurückzuführen ist, also auf unsere Fähigkeit, »klein« zu bleiben. Dadurch sind wir in der Lage, uns mit dem Markt zu entwickeln und ständig neue Verbrauchsgruppen zu finden . . . Wie ist es möglich, die Atmosphäre eines kleinen Unternehmens zu bewahren und trotzdem zu wachsen und erfolgreich zu sein? Die Antwort auf diese Frage: Das Unternehmensnetz. Der große Helfer: Die Technologie. Die Technologie durchbricht die Schranken zur nächsten Generation der Welt der Unternehmen. Netzcomputer, hochspezialisierte, aber erschwingliche Kommunikationseinheiten und der strategische Einsatz von Informationssystemen eröffnen plötzlich eine Myriade neuer Möglichkeiten.

Pat McGovern
Firmengründer, April 1990

Die IDG verzeichnete lediglich einen Gewinn von einer Million Dollar pro Jahr, als McGovern beschloß, die erste seiner unabhängigen Unternehmenseinheiten zu starten und auf den internationalen Markt zu gehen. Der IDG-Präsident Walter Boyd erzählte uns: »Pat hatte vor vielen, vielen Jahren schon die Vision eines Marktes im Kopf, bei dem jede Sparte ihre eigenen Veröffentlichungen hat, ihre eigene Marktforschung, und zwar in jedem einzelnen nationalen Markt.« 1967 führte das Unternehmen das japanische Gegenstück zu *Computerworld* ein, *Shukan Computer*, und die Strategie führte bis heute zur Gründung von 80 die ganze Welt umspannenden Geschäftseinheiten.

Geschwindigkeit. Schnelle Reaktionszeit. Unabhängigkeit. Das sind die Schlüsselworte. McGovern und sein Unternehmen geben diesen viel gebrauchten Wörtern den nötigen Biß. Seit Mitte 1989 startete die Organisation – in nur 18 Monaten – 16 Veröffentlichungen in Osteuropa. Eines ihrer Flaggschiffe – *MacWorld* – wurde am selben Tag gestartet, an dem Steve Jobs den Macintosh ankündigte.

Fritz Landmann ist der derzeitige Vorsitzende und Herausgeber von *Computerworld*. Er kam Ende 1986 zu IDG und wurde unverzüglich darauf angesetzt, *Federal Computer Week* aufzubauen, eine Zeitschrift, die sich schwerpunktmäßig an Staatsbedienstete im Informationsbereich wandte. »Pat gab mir – buchstäblich – einen Scheck und sagte: ›Viel Glück. Sie haben acht Wochen, Ihre Erstausgabe herauszubringen‹«, berichtete Landmann der *Publishing News*. »Pats großes Talent ist es, talentierte Mitarbeiter einzustellen und sie dann in Ruhe zu lassen. Er nimmt großen Anteil an ihrer Tätigkeit, mischt sich aber nicht ein. Ich konnte ohne jede bürokratische Hürde direkt zur Sache kommen. Bei (meinem vorigen Arbeitgeber) hätte eine solche Firmengründung sechs Monate gedauert.«

Diese Formel ist wirksam. Beeindruckende 75 Prozent der IDG-Veröffentlichungen werfen nach den ersten drei Jahren Gewinne ab; weniger als zehn Projekte blieben erfolglos. McGovern erläutert die Ursprünge seiner Philosophie der kleinen Unternehmenseinheiten und der Satellitenprojekte in einem Artikel in *Chief Executive*:

»Wenn ich Route 128 in Massachussetts oder Route 101 in Silicon Valley entlangfahre, überschlage ich per Augenmaß die Unternehmen an diesen Straßen. Die Anzahl der Autos, die nach sechs

Uhr nachmittags noch auf dem Parkplatz stehen, ist der Größe der Unternehmen umgekehrt proportional ... Bei den großen Gesellschaften sind die Parkplätze wie ausgestorben. Dieses Phänomen bestätigt eine Lekton, die ich gleich nach meinem MIT-Abschluß lernte. Ich war stellvertretender Herausgeber eines Computermagazins und bereiste die USA, um Computerunternehmen zu besuchen. Es war unverkennbar, daß die Mitarbeiter kleinerer Firmen ihre Arbeit, die Produktchancen und den Kontakt zum Kunden spannender fanden. Je größer die Organisation war, um so unzufriedener waren die Mitarbeiter. Es gab innerhalb der Gesellschaft einen zu scharfen Wettbewerb, der die Mitarbeiter an einem Aufstieg hinderte und sie frustrierte, ganz zu schweigen von einem wesentlich verkürzten Kontakt zum Kunden. Die einleuchtende Schlußfolgerung: Klein ist besser.«

Die Geschäftseinheiten bei IDG haben im Schnitt 50 Mitarbeiter (ja, ich weiß, schon wieder diese Zahl); sie bewegen sich zwischen 30 Angestellten in Argentinien und Neuseeland, die drei Publikationen betreuen, und 200 Mitarbeitern bei *Computerworld* in den USA. Die Organisation hat in einem einzigen Jahr bis zu 20 Publikationen gegründet. Wie man das schafft, erklärte McGovern der *Newspaper/Magazine Week* so:

»IDG kann aufgrund seiner weitgehend dezentralisierten Unternehmensorganisation auf neue Marktentwicklungen schnell reagieren. Unsere Marktforschungsabteilung IDC liefert uns wichtige Anhaltspunkte ... Sobald die IDC-Forschung, Informationsquellen und mein in vielen Geschäftsjahren erworbener Instinkt uns sagen, daß ein neuer Markt so weit gediehen ist, daß eine IDG-Publikation eine Chance hat, hänge ich mich persönlich rein. Das heißt, daß ich vor Ort bin. Sieht die Situation für uns günstig aus, untersuchen wir potentielle Lesergruppen und sprechen mit den wichtigsten in Frage kommenden Werbeträgern. Kommen wir zu der Überzeugung, daß der Markt lebensfähig ist, beginne ich mit meiner wichtigsten Aufgabe: Ich muß an Ort und Stelle die geeignete Person für den Chefsessel finden. Und wenn die Zeitschrift erst einmal auf dem Markt ist, setze ich mein ganzes Vertrauen auf die von mir eingestellten Manager.«

Die IDG besteht darauf, daß die lokalen Bosse bei Null anfangen. »Es gibt in der ganzen Welt neununddreißig Ausgaben der *Computerworld*«, berichtet Boyd bei unserem Interview Ende 1991, »und die Leute denken: ›Meine Güte, Sie übersetzen in

viele Sprachen.‹ Stimmt nicht – wir übersetzen überhaupt nicht. Wir gründen in all diesen Ländern eigene Unternehmen.« In jeder Ausgabe der *Computerworld* werden zum Beispiel Beiträge zusammengestellt, die für dieses Land von besonderem Interesse und in der Landessprache geschrieben sind. Die Werbung zielt auf die Käufer eines bestimmten Landes ab, und die Zeitschriften werden in den jeweiligen Ländern gedruckt.
Das *Boston Business Journal* brachte einen Beitrag über die Bemühungen von IDG und dessen Konkurrent Faxon um den damals noch sowjetischen Publikationsmarkt im Bereich Informationstechnologie. Faxon druckte einfach eine höhere Auflage seiner amerikanischen Zeitschrift. Die IDG-Veröffentlichung aber wurde von russischen Autoren auf russisch gestaltet. »Es kam auch für uns überraschend«, meint McGovern, »aber Tatsache ist, daß die Russen eigentlich keine amerikanischen Erfolgsstories lesen möchten.« Ergebnis: Faxon hofft, in drei bis fünf Jahren in Rußland in die schwarzen Zahlen zu kommen, während IDG dies schon mit der ersten Ausgabe der *PC World USSR* dank hoher Auflagenziffern gelang.
Die lokalen Betriebszweige werden zudem ermutigt, zu expandieren und weitere Publikationen in Angriff zu nehmen. Der Unternehmenssitz steuert sogar bis zu 50 000 Dollar für die Erforschung vielversprechender Ideen bei (diese Variante der Forschung und Entwicklung belief sich 1990 auf 6,5 Millionen Dollar). Es gibt eine Grundregel: Jedes geplante Produkt muß einen entschlossenen Befürworter finden. »Sie müssen eine Führungskraft an der Spitze haben, deren Seelenheil davon abhängt, einer bestimmten Publikation zum Durchbruch zu verhelfen«, so Boyd. »Jedes einzelne Mal, wenn wir – aus welchen Gründen auch immer – nicht auf diesem Punkt beharrten, ging die Sache schief.« Er fügt hinzu: »Die Direktoren der Geschäftseinheiten werden von uns unterstützt, wenn sie neue Zeitschriften herausbringen wollen. Sind diese erst einmal auf dem Markt, müssen sie allerdings die Zügel aus der Hand geben.
Wir wollen in all unseren Bereichen der Marktführer bleiben, und dafür braucht es einen ohne jede Ablenkung arbeitenden Herausgeber.« Die Ahnentafel bei *Network World* ist bezeichnend. *Publishing News* berichtete 1990:
»(Die) Redakteure bei *Computerworld* erkannten die Bedeutung der Kommunikation für die Unternehmen. Sie beobachteten

außerdem, daß es bei ihnen eine wachsende Gruppe von Managern gab, die die neuen Netze für verbale, Daten- und Videokommunikationen beherrschten. Ohne Zögern gründeten sie *On Communication*, ein Magazin mit längeren Artikeln für die Manager von Computernetzen. Es erschien zweimal jährlich als Beilage zur *Computerworld*; die Leser verschlangen es nur so, und *On Communication* kam nun einmal im Monat heraus... Schließlich wurde es zu einer Wochenzeitschrift und erhielt den Namen *Network World*...1989, nur drei Jahre nach dem ersten Erscheinen der wöchentlichen Ausgabe im März 1986, war man aus den roten Zahlen.

Es sieht so aus, als erhalte *Network World* jetzt sein eigenes Satellitenprojekt: *Global Network*... Einer der langjährigen Herausgeber der *Network World* flüsterte Gary Beach, dem Präsidenten und Herausgeber der Zeitschrift, diese Idee letzten Februar ins Ohr. Bei einer Vorstandssitzung im April beantragte er die firmenüblichen Versuchsgelder... Steve Moore wird nun, nachdem er die ganze Idee entwickelt hat, zum Chefredakteur bei *Global Network*... So geht es beim Think Tank der IDG-Zeitschriften zu.«

Die IDG fördert aber nicht nur Neugründungen durch bereits bestehende Unternehmenseinheiten, sondern ist auch sehr aufgeschlossen für Vorschläge Außenstehender für neue Publikationen. »Wir prüfen den Vorschlag und sagen dann unter Umständen: ›Das gefällt uns großartig. Kommen Sie doch als Leiter dieser neuen Firma zu uns und setzen Sie Ihren Plan in die Praxis um‹«, so Boyd in seinem Interview mit uns. »Wir machen das gar nicht so selten, und wir sind wie ein Magnet! Die Leute kennen unseren Ruf, sie wissen, daß sie ihrer Unternehmertätigkeit bei uns ohne große Auflagen nachgehen können. Von uns bekommen sie ihr Startkapital, aber können trotzdem ihre Selbständigkeit weitgehend beibehalten.« Über ein Dutzend IDG-Betriebsunternehmen entstanden aus den Nachfragen solcher Quereinsteiger.

Von Anfang an global

»Bei unserer Unternehmensgründung befand sich der Weltmarkt für Informationstechnologie zu 78 Prozent in amerikanischer Hand«, so McGovern 1990 zum *Boston Business Journal*. »Heute sind es 45 Prozent, und bis zum Jahre 2000 werden es nur noch 20 Prozent sein. Wenn Sie also nicht auf dem gesamten

Weltmarkt vertreten sind, verpassen Sie einen Großteil der Chancen.« Die Geschichte der IDG ist ein getreues Spiegelbild der Umbrüche im Markt der Informationstechnologie. 1990 kamen 48 Prozent der Einnahmen von außerhalb der USA, und diese Zahl wird sich bis zum Jahr 2000 wohl auf 80 Prozent belaufen. Boyd meint, sein Unternehmen sei »wahrscheinlich denjenigen der US-Konkurrenz um 15 bis 20 Jahre voraus, die erst jetzt allmählich begreifen, daß sich alle Gesellschaften global ausrichten müssen«. Die IDG folgt allerdings selten dem einfachen, bereits ausgetretenen Pfad. In Übersee nahm sich das Unternehmen gleich Japan als Partner vor, und es darf ganz zu Recht damit prahlen, als erster eine Art Joint-venture mit China eingeleitet zu haben. Mehr noch: 1986 eröffnete das Unternehmen erstmals eine Zweigstelle in Osteuropa, in Ungarn. *Computerworld/Ungarn* wirft heute 5 Millionen Dollar Gewinn ab und hat 240 Mitarbeiter. Insgesamt kam *Computerworld* Ende 1990 in 19 Sprachen und 42 Ländern heraus.

In der Hauptgeschäftsstelle der IDG arbeiten gerade einmal 20 Mitarbeiter. Fünf davon sind Mitglieder des Vorstands (McGovern, Boyd, der stellvertretende Vorsitzende, der Finanzabteilungsleiter und der Rechnungsprüfer). Zur Seite stehen ihnen einige Finanzanalytiker, Verwaltungsassistenten, PR-Fachkräfte und Sekretärinnen.

Wie hält ein ständig auf Achse befindlicher Unternehmensleiter den Kontakt zur Hauptgeschäftsstelle? Direkt! »Es steht *nichts* zwischen den Managern der unabhängigen Geschäftseinheiten und der Hauptgeschäftsstelle«, betont Boyd. »Es gibt direkte Verbindungen, und wir reagieren vierundzwanzig Stunden am Tag. Wir haben keine Manager auf regionaler Ebene. Wir haben keine Produktmanager. Unsere Hauptgeschäftsstelle operiert wie eine Risikokapitalgesellschaft. Was die ›Managementebenen‹ angeht – wir haben keine.« (Beachte: *Keine!*)

Das bedeutet nun keineswegs, daß Anarchie herrscht. Eines der Unternehmensrituale ist die jeden Montagmorgen stattfindende Sitzung des Vorstandsausschusses um 11.11 Uhr. »An jedem Montagmorgen des Jahres müssen wir entweder im Konferenzsaal der Hauptgeschäftsstelle sitzen oder am Telefon«, so Boyd. »Wir besprechen dort alle neuen Geschäftspläne (von denen jede Woche drei oder vier vorliegen) sowie neue Vorschläge und Abweichungen vom alten Plan.« Die schnelle Reaktionsfähigkeit der Organisation wird durch diese allmontäglichen Sitzungen gewährleistet. Kaum eine Frage steht länger als eine Woche im Raum, bevor sie entschieden wird.

Und die finanzielle Kontrolle ist tatsächlich dezentralisiert. Jede Geschäftseinheit übersendet beispielsweise einmal im Monat einen genormten elektronischen Buchprüfungsbericht an die Hauptgeschäftsstelle, an den eine Seite mit Kommentaren angefügt ist, die, wie Boyd sagt, »uns im Normalfall nur grobe Umrisse aufzeigen – Änderungen in der Wettbewerbssituation, der Wirtschaftslage, den gesellschaftlichen Gegebenheiten«. Die Leiter der Einheiten sind außerdem verpflichtet, alle 30, 60 und 90 Tage über die Geschäftsaussichten zu berichten und eine jeden Monat auf den neuesten Stand gebrachte Jahresprognose abzuliefern. Auch ein jährlicher Geschäftsplan wird verlangt, an den man sich unbedingt halten muß, wenn man erst einmal zugestimmt hat. *Wehe nicht!* »Wenn ein unabhängiger Manager einer Geschäftseinheit drei Quartale hintereinander die Einhaltung seines Geschäftsplanes nicht schafft, bekommt er von mir einen Einschüchterungsbesuch, bei dem wir dem Betroffenen mitteilen, daß es vielleicht an der Zeit ist, sich nach einem anderen Job umzusehen«, berichtet Boyd. »Sicher gibt es auch Ausnahmen, zum Beispiel in Fällen wirtschaftlicher oder gesellschaftlicher Umbrüche. Im allgemeinen aber ist unser Standpunkt in einer ›normanormalen‹ Situation der, daß wir sagen: ›Wenn Sie drei Quartale hintereinander keine Gewinne einfahren, sind Sie eindeutig nicht der richtige Mann für uns.‹ Wir gehen davon aus, daß unsere Direktoren ganz eng am Marktgeschehen sind. Wenn sie ihre Jahresplanung einmal abgegeben haben, erwarten wir auch, daß sie sie erfüllen.« Man kann sich auch nicht durch zaghafte Projektionen retten. »Unser erklärtes Unternehmensziel ist eine Gewinnspanne, die doppelt so hoch ist wie das Marktwachstum«, erklärt uns Boyd. »Wächst der Markt um 15 Prozent, streben wir ein Wachstum um 30 Prozent an.«

Für die, die es schaffen, lohnt es sich auch: Ungewöhnlich hohe Löhne werden durch hohe Bonuszahlungen ergänzt. »Die Bonuszahlung richtet sich nach dem Geschäftsplan, und es gibt keine Ober- oder Untergrenze«, sagt Boyd. »Wir handeln einmal im Jahr eine Basis für Gehalt und Bonus aus. Beispiel: Wir sagen: Sie bekommen ein Gehalt von hunderttausend Dollar und eine Bonuszahlung von ebenfalls hunderttausend Dollar. Der Bonus richtet sich prozentual nach Ihrem Geschäftsplan: Erfüllen Sie diesen zu neunzig Prozent, erhalten Sie neunzig Prozent Ihres Bonus. Erfüllen Sie Ihren Plan zu hundertachtzig Prozent, erhalten Sie eine Bonuszahlung von hundertachtzig Prozent. Das Grundgehalt soll möglichst nicht mehr als fünfzig bis sechzig Prozent der Gesamtvergütung ausmachen. Wir wollen eigentlich keine Mitarbeiter, die für ein Einheitsgehalt arbeiten wollen – diese Leute sind für uns von geringem Interesse.«

Lernen in schweren Zeiten

McGovern hat einen »Ausbildungsspleen«. »Für Ausbildungszwecke reservierten wir einen Betrag, der etwa drei Prozent unserer Lohnsumme entspricht«, berichtete er der Zeitschrift *Human Capital.* »Im Budget jeder Geschäftseinheit sind diese Beträge enthalten. Man muß sie nutzen, um sie nicht zu verlieren. Wir bauten eine dahingehende Klausel ein, um zu verhindern, daß eine Gruppe, die ein schwieriges Geschäftsjahr durchmacht, in Versuchung kommt, ihre Bilanzen durch Einschnitte ins Ausbildungsprogramm zu verbessern ... Die Einheit mit den geschäftlichen Schwierigkeiten ist vielleicht die, die das Aus- und Weiterbildungsprogramm am nötigsten braucht. Sie befindet sich offenbar in einer Wettbewerbssituation, in der es dringend erforderlich ist, die Fähigkeiten der Mitarbeiter zu fördern ... Wir stellen immer wieder fest, daß die lohnendsten Investitionen die im Aus- und Weiterbildungsbereich sind. Sie rentieren sich eher als ein neues Textverarbeitungsgerät, ein Farbtrennsystem oder ein Preisauszeichnungsgerät. Der Mitarbeiter profitiert ein Leben lang davon. Das ist lohnender, als in die Lebenszeit einer Maschine zu investieren.«

Außerdem wird jede Publikation angewiesen, jedes Jahr mehrere Kundenbefragungen durchzuführen. Die Einheiten betreiben ihrerseits regelmäßig Marktforschung. Und die Hauptgeschäftsstelle erstellt jedes Jahr eine Umfrage unter den Mitarbeitern: Die Arbeitnehmer beurteilen ihre Einheit und ihre unmittelbaren Vorgesetzten.

Normalerweise sind die Geschäftseinheiten selbst zuständig für die Redaktion, die Erstellung von internen Berichten, Veröffentlichungen, Verkauf, Auflage, Marketing und Produktion. Buchführung, Marktforschung, Adressenverwaltung und andere Hilfsdienste werden dagegen meist aus dem Haus gegeben. IDG verfügt über mehrere zentrale Dienstleistungseinheiten, die diese Aufgaben übernehmen, aber als getrennte Unternehmen organisiert sind. Es ist für die Geschäftseinheiten auch nicht verbindlich, diese Unternehmen in Anspruch zu nehmen. »Die Dienstleistungseinheiten müssen ihre Dienste jedes Jahr den Betriebseinheiten verkaufen, wenn sie im Geschäft bleiben wollen«, erklärt Boyd. »Unsere zentrale Buchprüfungsgruppe ist sich also bewußt, daß jeder, der ihre Dienste in Anspruch nimmt, ein Kunde ist, und als solcher wird er auch behandelt. Die Gruppe muß einen ausgezeichneten Kundendienst haben, und der Preis muß ebenfalls stimmen. Die Hauptgeschäftsstelle übernimmt keinerlei Verantwortung für Fehler der Gruppe. Wenn sie ihre Kunden verliert, wird sie vom Markt verdrängt.«

Die Aufgabe, die Zentrale schlank und das Verlagswesen unternehmerisch zu halten, erfordert unablässige Wachsamkeit. »Ich bekämpfe konstant die Verbreitung von Hierarchien und den Machtzuwachs derjenigen, die zentralisieren wollen«, schrieb McGovern in *Chief Executive.* »›Warum kaufen Sie Ihr Papier nicht zentral, statt jede einzelne Betriebseinheit ihre eigene Quelle finden zu lassen?‹ fragen uns die Experten. ›Solche Kostenersparnisse würden sich doch unmittelbar positiv auf die Gewinnspanne auswirken‹, lautet ihr Argument. Das mag zutreffen, aber wenn man den Menschen die Freiheit wegnimmt, den Betrieb nach *ihren* Vorstellungen zu gestalten, würden sie das Unternehmen verlassen, und in wenigen Jahren würde alles stagnieren. Wenn Sie dagegen einer kleinen Gruppe von Menschen erlauben, eine Idee zu entwickeln, zu hegen und pflegen, aufzubauen und in die Tat umzusetzen, wachsen Ihre Erfolgschancen ins Unermeßliche.«

Ein »ans Netz angeschlossenes« Unternehmen

»Wir *leben* von elektronischer Post«, sagt Boyd. »Mit unserer E-Post sind Gott und die Welt verbunden.« Das Unternehmen gründete zusätzlich den IDG-Nachrichtendienst, über den sämtliche IDG-Publikationen Zugang zu den Neuigkeiten aller anderen Publikationen der Gruppe erhalten.

IDG befolgt den Rat seiner eigenen Zeitschriften und schöpft die Möglichkeiten des elektronischen Zeitalters völlig aus. Gleichzeitig aber setzt die IDG geschickt einen ganz anderen Akzent: Sie gibt viel Geld für persönliche Begegnungen aus. Alle Ein-

heiten eines Landes nehmen regelmäßig an Sitzungen mit Boyd teil, die nach geographischen Aspekten ausgerichtet werden. Andererseits gibt es an der Produktserie orientierte Sitzungen, bei denen sich dann alle Mitarbeiter von *Computerworld*, der *PC World*, *MacWorld* oder *Network World* treffen. Darüber hinaus gibt es Funktionssitzungen, bei denen Mitarbeiter im Verkauf, im Marketing oder im Abonnementwesen von überall her zusammenkommen. Alljährlich findet weltweit ein dreitägiges »Fest« statt, die Sahne auf dem Kuchen sozusagen. »Bei all diesen Sitzungen«, so Boyd, »werden Know-how und Informationen ausgetauscht und vermittelt, und es wird ein Zusammengehörigkeitsgefühl unter den ansonsten völlig getrennt voneinander operierenden Einheiten aufgebaut.«
Das Bemühen darum, die neuesten Informationen am rechten Ort und zur rechten Zeit einsetzen zu können und gleichzeitig den unternehmerischen Schwung zu bewahren, geht also weiter.

Cap Gemini Sogeti (und die magische Zahl)

Cap Gemini Sogeti ist (im Bereich der Informationstechnologie) das führende Dienstleistungsunternehmen und die größte Softwareorganisation Frankreichs. Das Unternehmen verfügt über keine zentrale Personalabteilung, dafür aber über drei Unterabteilungen des Unternehmens – in Frankreich, Europa und in den USA –, die in 250 autonome Zweige aufgeteilt sind und im Schnitt etwa 50 Mitarbeiter haben. Die Evolution einer solchen Gruppe läßt sich mit den Wachstum von Zellen vergleichen. Sobald eine Einheit eine unüberschaubare Größe erreicht, wird sie in kleinere Teile zerlegt.
Jeder Manager eines einzelnen Zweiges hat sein eigenes Budget und wird nach den Ergebnissen bezahlt. Er trägt außerdem die alleinige Verantwortung für die Organisation seiner Mitarbeiter. Diese dezentralisierte Struktur paßt gut zu einer Dienstleistungsgesellschaft, die ihren Kunden maßgeschneiderte Dienste anbietet. Und es ist doch so, daß viele Unternehmen in vielen Marktbereichen sich in ebendiese Art von Dienstleistungsfirmen verwandeln.
Wenn man sich für Autonomie ausspricht, muß man Unterschiede in Kauf nehmen. Ein Kandidat wird in jedem Fall von seinem unmittelbaren Vorgesetzten ausgewählt, selbst wenn dieser erst

wenige Monate länger bei der Firma ist. Ein Manager meinte dazu: »Dieser Ansatz ergibt sich als logische Konsequenz aus der Philosophie, die hinter der Dezentralisierung steht: Entscheidungen sollen von denen gefällt werden, die unmittelbar von diesen Entscheidungen betroffen sind.« Diese Autonomie kann zu großen Unterschieden in der Geschäftspraxis der einzelnen Teile führen. Manager aus benachbarten Gruppen begegnen sich zu Aus- und Weiterbildungszwecken. Die gegenseitige Anregung mit neuen Ideen wird gefördert – nicht aber Uniformität.
Business International, 1991

Die kleinen Acordia-Riesen

Ben Lytle ist Direktor der Associated Group, einem Unternehmen, das jährlich zwei Milliarden Dollar Einnahmen einfährt und seinen Umsatz in den letzten fünf Jahren verdoppelte. A. M. Best, ein Experte für die Bewertung von Versicherungsgesellschaften, gibt dem Unternehmen – basierend auf dessen finanzieller Solidität – die bestmögliche Note. Die Organisation ist in Indianapolis ansässig und beschäftigt etwa 7000 Mitarbeiter. Sie ist in fünf große Unternehmen aufgeteilt: Eines verkauft Lebens- und Krankenversicherungen. Ein weiteres erledigt auf Vertragsbasis Verwaltungsaufgaben für verschiedene staatliche Programme. Ein dritter Zweig des Unternehmens liefert der Versicherungsindustrie Spezialdienste (Marktforschung, Software, Leistungsabrechnungen). Der vierte verkauft unter dem Namen Raffensperger Hughes Aktien, Anleihen usw. Zusätzlich gibt es eine Ansammlung von Unternehmen, die die meisten dieser oben genannten Dienstleistungen an sorgfältig ausgewählte Marktnischen vermitteln: die Acordia-Gesellschaften. Direktor Lytle bezeichnet sie als »ein völlig neues Konzept im Bereich Finanzdienstleistungen«.

SGEs böse Enttäuschung

Lytle wurde 1982 Direktor der Associated Group und ging damals direkt und, wie er meinte, entschlossen gegen die offenbare Schwerfälligkeit des großen Unternehmens vor. Er richtete fünf Strategische Geschäftseinheiten (SGEs) ein. »Ich stellte dann aber fest, daß diese Einheiten nicht klein und konzentriert genug waren«, berichtete er uns. »Die Unternehmenskultur änderte sich eigentlich kaum. Einige wenige führende Manager wurden rechenschaftspflichtig für diese Strategischen Geschäftseinheiten, dachten weiterhin wie ›Organisationsleute‹. Ihre Gedanken kreisten nach wie vor um die Frage: ›Wie viele Mitarbeiter habe ich?‹ und nicht darum, wieviel Geld sie für ihr Unternehmen verdienten. Sie dachten an innerbetriebliche Maßstäbe für Dienstleistungen, nicht an externe.«

»Es wäre äußerst schwierig gewesen, schnurstracks das Konzept der Acordia-Gesellschaften anzupeilen«, erinnert sich Lytle im nachhinein. »Wir versuchten es also fast fünf Jahre mit diesen großen Abteilungen und entwickelten parallel dazu die Idee zu den Acordia-Gesellschaften. Dabei ging es zunächst einmal um eine weitere Unterteilung der Strategischen Geschäftseinheiten (die es übrigens nach wie vor gibt); sie dienen als »Produktions«-Einheiten für die Acordia-Gruppen. Außerdem wollten wir unsere Märkte schärfer umreißen, rechtlich unabhängige Unternehmen gründen und mehrere wichtige Funktionen dezentralisieren, was bei der Gründung der SGEs versäumt worden war.«

»Einer der wichtigsten Schritte war die umfassende Dezentralisierung in getrennte Einrichtungen. Ich werde nie einen Wortwechsel vergessen, den ich einmal im Fahrstuhl erlebte. Ich fand es ganz großartig, daß wir uns von einer funktionalen Organisation in diese großen Einheiten verwandelt hatten. Eine Sachbearbeiterin für Schadensfälle fuhr mit mir im Aufzug, und ich fragte sie: ›Wie gefällt Ihnen die Arbeit in unserer neuen Unternehmensstruktur?‹ Sie antwortete: ›Gut.‹ Ich fragte sie: ›Und wo arbeiten Sie?‹ Ich erwartete eine Antwort wie: ›Ich arbeite in der Wirtschaftsabteilung, wir fördern kleine Unternehmen.‹ Und was sagte sie? ›Vierzehn.‹ Alles, was sich für die Mitarbeiterin geändert hatte, war der Stock, in dem sie arbeitete! Und sonst nichts!«

»Aufgrund dieser Erfahrung begann ich intensiv darüber nachzudenken, wie man eine Unternehmenskultur von Grund auf ändern kann. Dazu muß man manches ändern, etwa die Weise, wie Menschen sehen, wo sie leben, wie sie bezahlt werden – einfach alles. Als wir dann später die horizontale Aufteilung in die Acordia-Gesellschaften unternahmen, änderten wir buchstäblich viele Dinge im Leben unserer Mitarbeiter. Sie mußten sich sogar ganz offiziell um eine Stelle bei einer Acordia-Gesellschaft bewerben. Wir stellten unsere Vergütungsordnung um und zahlen nunmehr nach Leistung, also entsprechend der vom Mitarbeiter erzielten Ergebnisse.«

Das Acordia-Konzept

Auf den ersten Blick klingt die formelle Definition des Acordia-Konzeptes nicht eben radikal: Es sollen »Versicherungs- und Finanzdienstleistungsprodukte für bestimmte Kundengruppen integriert, vermarktet und angewandt werden«. Anders gesagt: Institutionen (Schulen, Krankenhäuser, Banken) erwerben derzeit von Dutzenden verschiedener Agenten und Verwaltern finanzielle Dienstleistungen. Die Aufgabe der Acordia-Gesellschaft ist nun, »diese Produkte [für] unsere Kunden zu bündeln... Wir fungieren als Integrationsstelle...und [werden] spezialisierte Produktpakete zusammenstellen und viele unserer Pakete auch betreuend begleiten. Wir überlassen das nicht einer Versicherungsgesellschaft, die vielleicht gar nicht in der Lage ist, auf die Bedürfnisse unserer Kunden einzugehen.«

Lytle führt aus, daß »die Käufer von Versicherungen und Sozialleistungen für Mitarbeiter immer stärker einzigartige maßgeschneiderte und integrierte Lösungen verlangen werden«. Damit ist es mit den traditionellen genormten »Entweder-oder-Angeboten« bei den Finanzprodukten schlagartig vorbei. Die Acordia-Lösung ist ein Bündel von Kleinstunternehmen, von denen sich jedes eine Mikroscheibe des Marktes als Zielgruppe vorgenommen hat. Lytle sagt es so: »Ein Netz kleiner selbständiger Firmen, die jeweils ein Spezialgebiet haben und von einem unternehmerischen Management geführt werden.« Lytle betont immer wieder das Wort »selbständig«. »Es handelt sich nicht einfach um Betriebsabteilungen«, wiederholt er wieder und wieder. Alle Acordia-Gesellschaften haben zum Beispiel ihre eigene Geschäftsleitung und ihr eigenes Aufsichtsgremium, das sich ausschließlich aus Unternehmensfremden zusammensetzt.

Jede Acordia-Gesellschaft betreut eine bestimmte Zielgruppe (z.B. Schulen, Universitäten), eine bestimmte Altersgruppe oder eine geographische Region (wie etwa sechs Landkreise bei Evansville im Bundesstaat Indiana). Bisher arbeiten ungefähr zwei Dutzend Acordia-Gesellschaften mit den Verwaltungen auf Stadt-, Kreis- oder anderen lokalen Ebenen zusammen. Sie liefern Dienstleistungen für Colleges und Universitäten, für Grund-

und weiterführende Schulen, für Banken und andere Finanzinstitutionen sowie Produkte und Dienstleistungen für ältere Mitbürger. 1989 gründete das Unternehmen acht neue Gesellschaften, und für Lytle ist es durchaus vorstellbar, daß in den nächsten zehn Jahren 100 weitere hinzukommen.
»Jede Acordia-Gesellschaft ist wesentlich kleiner als ein Großunternehmen«, sagte Lytle kürzlich in einer Rede, »ist aber doch noch ein beachtlicher Betrieb.« Er und seine Kollegen halten eine Mitarbeiterzahl von 65 bis 100 für ideal. Steigt die Mitarbeiterzahl eines Unternehmens auf fast 200, ist es für Lytle an der Zeit, es aufzugliedern und noch stärker und konzentrierter auf eine ganz präzise definierte Marktnische einzustellen. Es geht darum, wie Lytle uns sagte, »den Direktor und seine Mitarbeiter zu zwingen, möglichst dicht am Kunden zu bleiben«. Um selbst *innerhalb* der kleinen Betriebe Ansätze von übertriebener Größe zu bekämpfen, sind die Mitarbeiter überwiegend in selbstverwalteten Teams organisiert, die alle, mit Lytles Worten, »für einige wenige Kunden die Verantwortlichkeit haben«.
Jede Acordia-Gesellschaft ist also auf eine möglichst umfassende Autonomie angelegt. Jede hat Verkaufsspezialisten, Produktdesigner, Sozialleistungsanalytiker, Fachleute für Schadensansprüche und – was das wichtigste ist – Experten für die Kundengruppe, die den »Kundenstamm« der Gesellschaft bildet. Zum Beispiel: Frühere Schulrektoren arbeiten im Bereich, der das Schulwesen betreut. Finanzberater arbeiten in den Gesellschaften, deren Zielgruppe die finanzielle Dienstleistungsindustrie ist, und so fort. Ganz ohne Zweifel ist dabei ein Ziel, die breite Produktpalette der Mutterfirma, »Associated Group«, aggressiv zu vermarkten. Die Associated Group ist bis heute – und daran wird sich wohl nichts ändern – der größte Lieferant für die Acordia-Gesellschaften. Finden die Führungskräfte einer Acordia-Gesellschaft allerdings innerhalb des Netzes der Associated Group nicht die Finanzprodukte, die sie gerade brauchen, steht es ihnen frei, sie woanders zu suchen. Die Acordia-Gesellschaften haben zu diesem Zweck bereits mit über fünfzig der weltgrößten Versicherungsorganisationen Kontakte geknüpft.
Das Ganze scheint zu funktionieren. Die Hay-Gruppe erhob 1991 eine Umfrage zur Management-Kultur bei Acordia. Etwa 98 Prozent der Befragten sagten aus, ihre spezielle Unternehmensstruktur »erleichtere die Entscheidungsfindung«. Im Vergleich: In

der Branche insgesamt waren es 45 Prozent. 79 Prozent waren erfreut über »die Freiheit, selbständig handeln zu können«. Hier lag der Branchendurchschnitt bei 40 Prozent. 92 Prozent sagten aus, »die Entscheidungsfindung sei innovativ«. Zum Vergleich: Bei anderen Firmen kam man hier nur auf 28 Prozent!

Acordia Collegiate Benefits

Acordia Collegiate Benefits (ACB) übernahm von der Muttergesellschaft Associated Group 23 College-Kunden und entdeckte rasch, daß etwa die Hälfte davon Geld verloren. Die elf Verlierer hätte die Muttergesellschaft mit ihren 2000 Kunden ohne weiteres verkraftet, aber der kleinen Acordia-Gesellschaft, die von Anfang an mit der Auflage arbeiten mußte, einen Gewinn zu erzielen, stachen sie wie ein Dorn ins Auge. Deshalb ging man mit Vehemenz daran zu untersuchen, warum diese Depots keinen Gewinn abwarfen, und dies wiederum führte zur Entwicklung neuer Angebote.

Direktorin Sherry Nord erläuterte uns ihren neuen Ansatz bei der Gesellschaft: »Die Purdue University kümmert sich wirklich um ihre Mitarbeiter; sie hatte sogar auf dem Universitätsgelände ein Büro, in dem die Angestellten ihre Anträge bearbeiten lassen konnten und wo andere Uni-Mitarbeiter ihre Fragen beantworteten.« Dieses Programm wurde selbstversichert und -verwaltet, aber die Kosten explodierten. »Purdue sah sich einerseits gezwungen, die Sozialleistungen zu erhöhen, mußte aber auch den Kostenanstieg im Griff behalten.« ACB arbeitete einen neuen, maßgeschneiderten Plan aus, der diese beiden Dinge vereinte. Purdue wollte allerdings das Büro auf dem Universitätsgelände bestehen lassen und keine Universitätsangestellten entlassen.

Sherry Nord erinnert sich: »Dann fragten sie uns also auch noch, ob es möglich sei, daß ihre Mitarbeiter die Anträge nach unserem System bearbeiten und unsere Mitarbeiter nur die Überprüfung dieser Anträge übernehmen würden. Unsere Mitarbeiter sollten die anfängliche Ausbildung sowie die Weiterbildung der Universitätsangestellten übernehmen. Wir sagten: ›Das hat bis jetzt noch niemand getan, aber wir können es ja einmal versuchen!‹«

Um diesen Wünschen nachkommen zu können, war eine extreme Flexibilität vonnöten. ACB mußte die elektronischen Anschlüsse ans ACB-Netz schaffen. Es mußte den Universitätsangestellten die Bearbeitung der Anträge und die Beantwortung der Fragen anderer Mitarbeiter beibringen. Gleichzeitig liefen die üblichen Dinge weiter: die Anträge von Krankenhäusern etwa mußten bearbeitet, Buchführung mußte erledigt, alles dokumentiert und archiviert werden. Es war eine einzigartige Sache und ist es heute noch. Sherry Nord weist darauf hin, daß das Ganze sich »zu einem Sicherheitsproblem hätte entwickeln können, falls anderen der Zugang zu unserem System gelungen wäre, aber das Problem konnten wir lösen. Endergebnis: Purdue brauchte niemanden zu entlassen, und die Mitarbeiter der Universität haben nach wie vor eine Anlaufstelle, bei der sie ihre Versicherungsanträge mit richtigen Menschen besprechen können. Und Purdue braucht selbst nichts zu bearbeiten.«

Die zielstrebige Spezialisierung ACBs auf den Universitätsbereich führte auch zur Entwicklung weithin anwendbarer neuer Produkte. »Nachdem wir erst einmal selbständig waren, stellten wir fest, daß der Studentenmarkt an Colleges und Universitäten völlig unterversorgt war«, berichtet Frau Nord. »Associated Group behandelte aufgrund seiner Größe die Gruppe der Studenten wie jede andere Gruppe auch. Wir bei ACB stellten dagegen fest, daß sich diese Klientel von der üblichen Klientel für Gruppenversicherungen drastisch unterscheidet und daß es keinerlei konkret auf die Studenten zugeschnittene Angebote gibt.« Die Gesellschaft entwickelte ein spezielles neues Angebot, »in das wir als Großunternehmen niemals genug Forschungsarbeit hätten investieren können. Und das ist schlimm, denn zehn Prozent der Menschen, die in den USA nicht versichert sind, sind Studenten!« Frau Nord berichtet, daß sie den Marktbereich von ACB bis aufs I-Tüpfelchen kennt. »Wenn man insgesamt nur dreieinhalbtausend mögliche Kunden hat und weiß, wer sie sind, kann man seine Anstrengungen sehr konzentriert und zielstrebig auf diesen Kundenstamm richten. Wir betreiben unsere Werbung zum Beispiel ausschließlich in College- und Universitätsblättern. Es wäre sinnlos, eine Anzeige im *Underwriter* (einem allgemeinen Magazin des Versicherungswesens) zu veröffentlichen und darauf zu warten, daß irgend jemand in irgendeinem College diese Anzeige möglicherweise liest. Unser Bekanntheitsgrad steigt im Augenblick schneller, als es möglich wäre, wenn wir den Versuch unternähmen, den gesamten USA den Namen unserer Muttergesellschaft aufs Butterbrot zu schmieren.« (Aha! »Klein« bedeutet also einen größeren Bekanntheitsgrad?)

Frau Nord überrascht der Erfolg von ACB nicht. »Entscheidungen werden hier sehr schnell getroffen«, sagt sie. »Wir sitzen alle nur wenige hundert Meter voneinander entfernt und können mal eben über den Flur gehen und sagen: ›Hallo, können wir das mal eben besprechen.‹ Die Entscheidung fällt dann buchstäblich in wenigen Stunden. Ein weiterer Vorteil: Der Kunde kann mich, meine Stellvertreter oder jeden anderen leitenden Angestellten dieses Unternehmens zu jeder Tageszeit erreichen, indem er uns einfach anruft. Bisher war es dem Kunden kaum möglich, unmittelbaren Zugang zur Unternehmensleitung zu gewinnen ... Wir wissen genau, wer die Leute sind, wir reden mit ihnen. Ein echter Austausch findet statt. Das gab es bisher nicht. Wir erfahren jetzt unmittelbar von den Kunden, was sie wirklich bedrückt.«

Acordia Business Benefits

Acordia Business Benefits bedient einen Markt, der sich lediglich über elf Landkreise erstreckt. »In diesen elf Kreisen in Indiana lernen wir entweder schwimmen, oder wir gehen unter. Wenn wir für diese Landkreise keine geeigneten Programme entwickeln, sind wir von der Bildfläche verschwunden«, sagt uns Direktor Russ Sherlock. »Das bedeutet, daß wir ganz konkret auf die Situation vor Ort eingehen müssen. Da kam zum Beispiel Indian Industries und schlug vor: ›Wir haben da so eine Idee für ein Krankenversicherungsprogramm. Das Konzept steht bereits, aber wir brauchen noch jemanden, der uns hilft, die Einzelheiten auszufeilen. Wir haben es bereits mit anderen Versicherungsgesellschaften versucht, aber die haben an uns kein Interesse, weil wir nur dreihundert Mitarbeiter haben und die einzigen sind, die diese Art Programm wünschen.‹ Wir steckten also unsere Köpfe zusammen und überlegten und kamen zu dem Schluß: ›Ja, wir machen das.‹«

Der Direktor von Indian Industries, Bob Griffen, ist sehr angetan. »Acordia hörte einfach zu«, erzählt er. »Sie hielten unseren Plan für gut und halfen uns beim Entwurf und der Umsetzung. Sie entwarfen für uns eine spezielle Software und unterstützten uns sehr großzügig bei unseren Bemühungen, dieses Programm zum Erfolg zu führen.«

Sherlock ist sich darüber im klaren, warum seine Gesellschaft die einzige war, die ein solches Risiko einging. »Ich muß schon sagen, wenn ich ein New Yorker Großunternehmen wäre und eine kleine Firma in Evansville mir etwas derartig Verrücktes antragen würde, weiß ich auch nicht, ob ich dafür die notwendigen Mittel lokkermachen würde«, meint er. »Mehr noch – selbst wenn ich Manager bei der alten Struktur, also beim Blue Cross oder Blue Shield von Indiana (betrieben von Associated Group), gewesen wäre, hätte ich dieses Programm niemals in weniger als anderthalb Jahren durchziehen können. Und bei uns hat es nur anderthalb Monate von dem Zeitpunkt an gedauert, als die Anfrage von Indian Industries kam.«

Acordia Local Government Benefits

Der erste Auftrag, den *Acordia Local Government Benefits* (ALGB) erhielt, war unmittelbar darauf zurückzuführen, daß die Gesellschaft sich ausschließlich auf örtliche Verwaltungen spezialisierte. Der Staat Mississippi schrieb ein Sozialhilfeprogramm für Pensionäre aus. Etwa zehn Unternehmen unterbreiteten ein Angebot. »Die Entscheidungsträger in Mississippi waren sehr beeindruckt davon, daß wir uns ausschließlich mit dem Service für städtische Angestellte befaßten«, berichtet Don Stengele von ALGB. »Sie kamen zu der Überzeugung, daß wir ihre Bedürfnisse besser kannten als unsere Konkurrenz, ALGB hatte keineswegs ein preisgünstigeres Angebot vorgelegt. Alle Bewerber lagen hier in etwa gleich. Mississippi kam aber zu der Überzeugung, daß wir die Probleme besser kannten und verstanden.« Mike Henning, der Direktor von ALGB, erinnert sich daran, daß der Staat Mississippi recht beeindruckt davon war, daß »wir zwar nur ein kleines Unternehmen waren, im Rücken allerdings die Associated Group hatten, also eine finanziell sehr schwergewichtige Organisation. Und obwohl unsere Muttergesellschaft zwei Milliarden Dollar wert ist, waren wir eine engagierte, unternehmerisch ausgerichtete Gesellschaft, die sich ausführlich nach den Bedürfnissen in diesem besonderen Fall erkundigte.«
Der stellvertretende Marketingleiter bei ALGB, Tom Archer, meint, daß »der freundliche Empfang, der uns beim Kongreß der Kommunalbehörde bereitet wird, wohl der beste Hinweis darauf ist, daß unsere Kunden unsere hochspezialisierten Dienste zu schätzen wissen. Letztes Jahr waren vierhundert Aussteller dort vertreten, aber wir waren die einzige Krankenversicherung mit Erfahrung vor Ort. Die Bürgermeister kamen bei uns vorbei

und fragten: ›Sie schließen Krankenversicherungen für städtische Mitarbeiter ab?‹ Und wir sagten dann: ›Ja, und zwar tun wir nur das, nichts anderes.‹ Das konnten sie gar nicht fassen.«

ALGB bietet städtischen Angestellten ein volles Programm an finanziellen Dienstleistungsprodukten: Krankenversicherung, Invalidenrente und eine Art Vermögensbildung als Altersvorsorge. Archer meint: »Was aber noch wichtiger ist: Wir bieten einen Service. Unsere Vertreter nennen wir ›Sozialleistungsberater‹, denn sie helfen den lokalen Beamten und Angestellten beim Weg durch das Lohn- und Sozialleistungsverfahren, bei der Planung, Vorbereitung, Beteiligung an Verhandlungen mit den Tarifpartnern. Das hatte man in dieser Branche bisher nicht erlebt. Der Normalfall war, daß ein Versicherungsvertreter zu den Leuten hinging und ihnen sagte: ›Das kostet so und so viel‹ – und das war's dann. Wir dagegen betrachten sie als Partner und helfen ihnen dabei, die Gesamtkosten unter Kontrolle zu behalten.«

Acordia Small Business Benefits

Keith Fuller, Direktor der *Acordia Small Business Benefits*, gab uns weitere Hinweise auf den Unterschied zwischen der »alten« und der »neuen« Unternehmenskultur. Zwei Monate vor der offiziellen Eröffnung seiner Firma erwarb er Plan Administrator's Inc., einen kleinen Drittverwalter. »Mir war bewußt, daß sich das ganze Umfeld wirklich gewandelt hatte«, sagte er uns:

- »In der Vergangenheit trafen nur leitende Führungskräfte Entscheidungen über Zukäufe.«
- »Dieses Mal besuchte mein Team – und niemand sonst – das zum Verkauf stehende Unternehmen an seinem Standort.«
- »Ich lieferte nicht mehr als zehn Seiten Papier nach oben – früher erforderten Zukäufe einen monatelangen Zeitaufwand und Stapel von Papier mit Analysen von Buchprüfern und Beratern.«
- »Für diesen Handel mußte ich erst einmal 550 000 Dollar hinlegen und riskierte 1,2 Millionen – keine riesigen Beträge, aber zu diesem Zeitpunkt hatte ich nicht einen Pfennig auf unseren Gesellschaftskonten.«
- »Die Unternehmensleitung genehmigte den Kauf nach zwei kurzen Sitzungen und in weniger als zwei Monaten, und davon verbrachten wir die meiste Zeit damit, die rechtlichen Fußangeln abzuklären.«

- »Im Grunde teilte man mir mit: ›Es sieht gut aus, es paßt zu Ihrer Aufgabe – jetzt brauchen Sie nur noch dafür sorgen, daß auch Gewinne einfließen.‹«
- »In einer zentralisierten Organisation wäre so etwas nie und nimmer möglich gewesen.«

Der Kampf um die Umsetzung

Solche Erfolgsstories in derart kurzer Zeit zu bewerkstelligen war natürlich nicht so einfach, wie es hier klingt. »Wir haben alle Führungskräfte mit E-Mail ausgestattet, mit Autotelefon, Fax-Geräten in ihren Häusern, was immer sie für notwendig hielten«, sagte uns Lytle. »Wir betrieben systematisch ihre ›elektronische Aufrüstung‹, so daß sie sich untereinander kurzschließen konnten. Die gewohnte Unterstützung durch den ›Stab‹ würde ja in Zukunft entfallen. Die E-Mail kam genau richtig. Außerdem haben wir ein ›Executive Information System‹, das Informationen aus allen Acordia-Gesellschaften speichert. Jede dieser Firmen hat so Zugang zu den Daten der anderen, jede kann sehen, wie und wo sie steht.«

»Einige unserer Topmanager hatten noch nie mit Computern gearbeitet. Erst saßen sie mit zusammengekniffenen Augen vor diesen unheimlichen Geräten, haben sich aber inzwischen daran gewöhnt und gebrauchen sie so intensiv wie jeder andere auch. Ich habe ihnen den ganzen Kram regelrecht aufgedrängt. In unserer Unternehmensgeschichte war es bisher ganz im Gegenteil so, daß es immer hieß: ›Jetzt erklären Sie uns erst einmal, warum Sie ein Autotelefon oder einen Heimcomputer brauchen.‹ Ich sagte allen, wenn Sie bei uns in leitender Stellung beschäftigt sind, bekommen Sie alles, was Sie brauchen.«

»Wir halten auch eine monatliche Sitzung ab, bei der wir über unsere Fortschritte berichten und die verschiedenen neuen Dinge besprechen, die unsere Mitarbeiter ausprobieren. Die Direktoren der einzelnen Gesellschaften referieren über die Tätigkeit ihrer Gesellschaft. Der formale Teil der Sitzung ist allerdings gar nicht so wichtig. Ich plane die Sitzungen mit voller Absicht so, daß es zu Beginn eine lange Pause gibt, dann ein bißchen Programm, eine lange Pause in der Mitte und wieder ein bißchen Programm. Im Anschluß daran haben wir eine lange Cocktailstunde mit Abendessen. Und bei diesem Essen geht es ums Geschäftliche. Außerdem treffen sich die Direktoren der Acordia alle zwei oder

drei Monate allein. Mit dieser Sitzung habe ich nichts zu tun. Sie strukturieren ihre eigenen Sitzungen um die Dinge herum, mit denen die einzelnen Gesellschaften sich gerade befassen.«
Auf dem langen Weg zum Wandel erlebte Lytle auch viel Frustrierendes an der Basis: »Wir fanden heraus, daß von unseren Leuten vielleicht die Hälfte oder weniger es wirklich reizvoll fanden, neue Aufgaben zu erlernen und vielfältige Tätigkeiten auszuüben. Die andere Hälfte schlug sich mit dem neuen Ansatz mehr oder weniger erfolglos herum, entweder aus Mangel an Intelligenz oder aber, weil sie fragten: ›Wieviel mehr bezahlen Sie uns denn, wenn wir das auch noch lernen?‹ Langsam aber gewinnen wir die Schlacht. Wir stellen neue Leute von draußen ein, und sie wissen ja gar nicht, daß man all diese Aufgaben nicht vorab können muß; sie erlernen es eben von Anfang an. Wir waren aber doch über die negative Einstellung *einiger* Mitarbeiter überrascht – in sämtlichen Umfragen während der letzten zehn Jahre war schließlich immer wieder zu hören, daß sie sich mehr Abwechslung bei der Arbeit wünschten.«
Eine mögliche Lösung des Problems ist das von Lytle sogenannte »Zeigen Sie einen Erfolg vor«-Strategem. »Wir ließen zu, daß jede Gesellschaft ihren eigenen Weg wählen durfte. Einige beließen es bei einer relativ hohen Spezialisierung ihrer Arbeit, ergänzten dies aber mit multifunktionalen Teams, die zum Beispiel mit drei Sachbearbeitern für Versicherungsanträge, zwei für Umfragen zuständigen Mitarbeitern und einem Buchprüfer besetzt wurden. Andere Gesellschaften zogen es vor, alle Mitarbeiter in einem Team fachübergreifend auszubilden. Jeder Mitarbeiter ging für sich allein an die Sache heran, stellte fest, was für ihn oder sie am besten funktionierte, und dann lernten sie voneinander. Das ist das Schöne an Acordia. Bei uns sind all diese Experimente möglich. Es gibt nicht eine einzelne zentralisierte Gruppe, die allein herausfindet, wie es gemacht werden sollte.«
Letztendlich ist der Schlüssel zum Erfolg bei allen Acordia-Gesellschaften vielleicht ganz leicht zu finden. Sie ziehen jedes Geschäft an Land, das sie irgend bekommen können – wie man bei den Extrawünschen sah, die Acordia Collegiate Benefits der Purdue-Universität zugestand –, denn sie haben gar keine andere Wahl. Als kleine Firma muß man sich auf die Launen des Kunden einstellen, sonst geht man baden!
Wie schon ABB Brown Boveri hat auch Acordia eine neue

Vorstellung der idealen Firmengröße entwickelt. Größe hat heute überwiegend mit Wissen zu tun, nicht mit unhandlichen Gegenständen. Es geht ja eben darum, daß jede einzelne Acordia-Gesellschaft ein Gigant wird, kein Zwerg. Das heißt, daß die kollektiven Köpfe ihrer 65 Mitarbeiter den Kunden besser kennen (also »größer« sind im Sinne des modernsten, normgezielten Wissens) als jeder Konkurrent, dessen Gesamtgröße oder Aktivposten vielleicht »größer« ist. Mehr noch: Durch den klugen Einsatz all ihrer internen und externen Gesellschaften müßte es ihr möglich sein, *schneller, effektiver und phantasievoller* über mehr (»größere«) Ressourcen zu verfügen als andere, »größere« Konkurrenten.

Chromalloy Compressor Technologies

Chromalloy Compressor Technologies gehört zur Chromalloy Gas Turbine Corporation und ist einer von fünf Bereichen der Sequa Corporation, einem Unternehmen, das 1990 einen Umsatz von 2,2 Milliarden Dollar verzeichnete. Einfach eine Unterabteilung also? Weit gefehlt. CCT – von nur bescheidener Größe – gliederte sich selbst in 16 unabhängige Gesellschaften auf. Man kann mit Fug und Recht behaupten, daß jede einzelne davon ein legitimes, in sich riesiges (»neugroßes«) Kraftwerk in ihrem eigenen, winzigen Tätigkeitsbereich ist.
Das Schlagwort bei CCT lautet: »*Konzentriertes Management, konzentriertes Produkt.*« (Wie bei Acordia!) In jedem dieser hochspezialisierten Betriebe ist die Technologie auf dem neuesten Stand. Sie nehmen die notwendigen Investitionen vor und reparieren für große Fluggesellschaften einige wenige Teile von Flugzeugtriebwerken. Diese Strategie verhilft jeder Einheit zu einer führenden Stellung in ihrem jeweiligen technischen Spezialgebiet. Außerdem werden so die besonderen Ausrüstungen und Maschinen am besten ausgelastet, weil jede Einheit in ihrem *sehr* begrenzten Feld ein echter, weltweit führender Spieler ist. Zwei dieser ausgereiften CCT-Unternehmen sind beispielsweise:

- *Panhandle Aeromotive* spezialisiert sich auf die Reparatur der folgenden Brennkammern: Pratt & Whitney JP9B, PW2000 und PW4000. Das Unternehmen repariert auch weitere dünn-

wandige Teile von Hochtemperatur-Präzisionsturbinentriebwerken. Mit seinen umfassenden und innovativen Bearbeitungs- und Inspektionseinrichtungen ... und modernster Robotertechnik ist diese Einheit eindeutig führend in ihrem Bereich.
- *Aero Services Technologies* ist eine Reparaturstation, die sich auf den Umbau und die Reparatur von mittleren Turbinenrahmen der Triebwerksreihe CF6 von General Motors konzentriert. Zu den neuesten Techniken, die hier zur Anwendung kommen, gehört das automatische TIG-Schweißen, mit dem die Hülle des Turbinenmittelrahmens und der Auskleidungsflansch ersetzt werden können.

Verstehen Sie das? Wahrscheinlich nicht – ich auch nicht. Der Punkt, um den es geht, ist jedoch klar: Die Sache bei CCT heißt: *Konzentration!* Andererseits ist CCT in der Lage, als ganzes Unternehmen ein außergewöhnliches Expertenteam zusammenzustellen, das in einer weiten Spanne von Bereichen auch die dornigsten Probleme angeht.

CCT-Unternehmen: Unabhängigkeit und gemeinsame Dienstleistungen (klein/groß)

Eine typische CCT-Gesellschaft hat 25 bis 70 Mitarbeiter und jährliche Einnahmen von 5 bis 25 Millionen Dollar. Jede ist unabhängig und trägt (1.) die vollständige Verantwortung für Gewinn und Verlust, und zwar ohne Wenn und Aber. (2.) Sie hat ihr eigenes Gebäude, ihre eigene Ausrüstung und ihr eigenes Management. (3.) Jedes Unternehmen ist befugt, sich Kunden zu suchen, bestimmte Leistungszusagen einzuhalten, Personal einzustellen, Kapitalausstattung zu kaufen und die Kosten zu kontrollieren. (4.) Jede Gesellschaft ist in der Lage, Produktion, Maschinenbau, Qualität, Verkauf und technische Kundenhilfe in Eigenregie durchzuführen.

Eines können Sie mir glauben: Mit der oberen Beschränkung der Größe ist es CCT ebenso ernst wie Acordia. In Mariana (Florida) begann man anläßlich der Einstellung des 70. Mitarbeiters ernsthaft über eine Neugründung nachzudenken. Inzwischen sind es 100 Mitarbeiter, und 40 Kilometer weiter wurde der Standort für das neue Unternehmen ausgewählt. Diese neue Gesellschaft wird sich ausschließlich mit Schweißtätigkeiten aus dem Spezialbereich befassen. Trotzdem profitieren die winzigen Gesellschaften von den gemeinsamen Serviceleistungen, die die CCT liefert. Dazu zählen Gebäude- und Anlagenwartung, Government Relations und Public Relations, die Standortwahl sowie der Versand und die Annahme. Jede Firma verfügt zwar über ein Rechnungswesen und umfassende Verantwortung für die Finanzen, aber die eingehenden Empfangsbestätigungen werden an CCT weitergeleitet. CCT erstellt auf Wunsch der Unternehmensspitze darüber Berichte.

Außerdem hat CCT eine winzige Gruppe hochtalentierter Ingenieure, die – auf Abruf – bei außergewöhnlichen Problemfällen einspringen. Gibt es beispielsweise Schwierigkeiten bei einem Ersatzteil, das eine CCT-Firma vertreibt, wird auf Kosten der CCT schleunigst ein Experte an den Standort des Kunden reisen, und zwar unabhängig davon, wer nun das Problem verursachte. Die Zentrale investierte auch intensiv in Servicetechnologien zum Nutzen des Kunden. Beispiel: QUICKTRAK ist ein hochmodernes, rund um die Uhr zu erreichendes Telekommunikationssystem, über das der Kunde telefonisch feststellen kann, wie weit die Reparatur seiner Teile bereits gediehen ist. Das System arbeitet auf englisch, japanisch, deutsch, französisch, spanisch und koreanisch.

Das Leben bei einer typischen CCT-Gesellschaft: Aero Component Services

Wie sieht nun der Alltag in einer der typischen CCT-Gesellschaften aus? Nehmen wir als Beispiel die Firma Aero Component Services mit 37 Angestellten. Die meisten Mitarbeiter an der Basis kommen mit wenig oder gar keiner Vorbildung in das Unternehmen. Gerade solche Mitarbeiter suchen die CCT-Gesellschaften. Wegen der speziellen Eigenheiten der Teile, von denen jedes 300 000 Dollar kostet, findet die Gesellschaft es – wie man uns sagte – einfacher, die Qualitätsnormen der CCT »Amateuren beizubringen, statt Angestellte anderer Betriebe umzuschulen«. Die hochgradige Spezialisierung jeder Gesellschaft lädt zu dieser Praxis geradezu ein. Den Arbeitnehmern braucht man nur eine kleine Anzahl von Teilen zu erklären. Über ihren besonderen Aufgabenbereich hinaus nehmen jedoch alle Mitarbeiter in selbstverwalteten Teams an allen Aspekten des Unternehmens teil, zum Beispiel an Qualitäts-, Zuverlässigkeitskontrollen und Produktionstechniken. (Ein Erfolgsmesser: Die

Betriebseinnahmen pro Mitarbeiter belaufen sich jährlich auf beachtliche 250 000 bis 350 000 Dollar.)

Wenn Sie sich bei Aero Component Services umschauen, finden Sie eine Schatztruhe voll modernster maschineller Anlagen. Die CCT-Unternehmen mögen winzig sein, sie wissen aber, wie sie Butter auf ihr Brot bekommen: Führend in der Technologie bleiben – oder vom Markt verschwinden. Aero Component Services hat daher, wie jede andere CCT-Gesellschaft auch, die Befugnis, nach Bedarf neues Investitionskapital aufzunehmen.

Wie aber findet der potentielle Kunde eine so kleine Firma? Aero Component Services hat seinen eigenen Verkaufsrepräsentanten, nimmt aber auch die gepoolten Ressourcen der Gruppe in Anspruch, zum Beispiel die »Technologie-Touren«: Es handelt sich dabei um regelmäßige Besuche bei den größten Fluggesellschaften der Welt. Die »große Tour« des Jahres 1990 beispielsweise machte halt bei American, Delta, Northwest und Continental in den USA. In Europa ging es dann weiter mit SAS, Air France, Iberia, Swissair, British Air und Air Lingus. Technikexperten und Vertreter aller CCT-Gesellschaften waren daran beteiligt.

Die Vorteile der Strukturierung von CCT

Als die Ankündigung herauskam, daß CCT sich aufteilen wolle, glaubten die Kunden, der Firma sei der Verstand abhanden gekommen. Dazu der stellvertretende Vorstandsvorsitzende von CCT, Jerry Price: »Unser Konzept bedeutete, daß eine Fluggesellschaft statt mit einer einzigen Firma plötzlich mit einem Dutzend verhandelte. ›Da versuchen wir, die Zahl unserer Zulieferfirmen zu senken, und jetzt kommen Sie und machen einen Riesenschritt in die andere Richtung‹, bekamen wir zu hören. Ich glaube aber, die Erfahrung hat diese Einstellung geändert. Die Kunden können jetzt wegen einer extrem speziellen Detailfrage eine unserer Gesellschaften anrufen und direkt mit jemandem sprechen, der auch entscheidungsberechtigt ist. Der Kunde kann etwa sagen: ›Wir wollen ein bestimmtes Teil ändern und seine Toleranz steigern‹ – und über Nacht ist es erledigt.«

Price zählte mehrere Vorteile auf, die der Kunde durch das neue System hat:

- *Geschwindigkeit:* Die meisten Kunden der CCT besitzen ihre eigenen, kostspieligen Maschinen, mit denen ähnliche Teile repariert werden. Meist sollen aber mit einer ihrer Mehrzweckmaschinen alle möglichen Teile repariert werden. Dadurch, so Price, »staut sich alles nach hinten, und die Bearbeitungszeit steigt«. Also gründete CCT eine eigene Gesellschaft, in der »die notwendigen Maschinen für die Reparatur eines Teils oder vielleicht von sechs Teilen stehen, führt diese Reparaturen aber für alle Fluggesellschaften aus. Durch unsere völlige Konzentration auf einen enggefaßten Bereich können wir in zwanzig bis dreißig Tagen ein Teil herstellen, für das die Fluggesellschaften oft siebzig bis achtzig Tage brauchen.« Wenn man Teile rasch genug repariert, braucht man die Triebwerke um bis zu 50 Prozent seltener zu überholen. Dadurch braucht man auch weniger Ersatztriebwerke, von denen jedes 8,5 Millionen Dollar kostet! Zumindest aber bedeutet die rasche Arbeit der CCT-Gesellschaften, daß die Fluggesellschaften ihre Ersatzteillager verkleinern können. Bei Ersatzteilen, die unter Umständen 300 000 Dollar pro Stück kosten, ist das ein wesentlicher Gesichtspunkt.

Die Geschwindigkeit ist der eine Eckpfeiler der Betriebspolitik bei CCT, und es wird von allen CCT-Gesellschaften erwartet, daß sie ihren Kunden eine Bearbeitungszeit von 30 Tagen oder weniger garantieren. Meistens arbeiten sie allerdings erheblich schneller. Diese kleinen Unternehmen sind so flott, daß sie häufig auch europäische Fluggesellschaften bedienen – und das von Florida aus! »Wenn mir jemand je gesagt hätte, daß wir eines Tages Teile zur Reparatur in die USA schicken würden, hätte ich das nicht geglaubt«, erzählte ein Lufthansa-Manager Price. Aber heute ist das tatsächlich der Fall.

- *Aufgeschlossenheit für den Kunden:* Klein bedeutet weniger Bürokratie. Kunden, die eine der kleinen Gesellschaften anrufen, sprechen unmittelbar mit jemandem, der sehr große Fachkenntnisse *und* die Befugnis hat, Entscheidungen zu treffen. Sonderwünsche werden meist sofort berücksichtigt.
- *Kostensenkung:* Die Arbeitskosten sind allgemein niedrig, weil die winzigen CCT-Fertigungsanlagen/Gesellschaften in kleinen Gemeinden angesiedelt sind, in denen die Lohnkosten unter denen der Großstädte liegen (in denen die meisten Fluggesellschaften beheimatet sind). Außerdem, so Jerry Melvin: »Die Arbeitsmoral ist in den kleinen Orten viel höher als in den großen. Die meisten Menschen wollen in dem kleine Ort wohnen bleiben; sie sind also durchaus glücklich, dort arbeiten

zu können.« Einen weiteren Kostenvorteil hat CCT aufgrund seiner – dank der kurzgehaltenen Bürokratie – sehr großen Effektivität und durch die fast vollständige Auslastung seiner Maschinen.

- *Besseres Management:* Laut der CCT-Manager bedeutet Kleinheit auch besseres Verständnis, bessere Kommunikation, größeren Zusammenhalt sowie die Fähigkeit, seine Aufmerksamkeit ohne jede Einschränkung auf ein *einziges* Produkt, eine *einzige* Technologie richten zu können.
- *Bereitschaft zu technischen Neuerungen:* Der technologische Wandel in dieser Industrie vollzieht sich mit atemberaubender Geschwindigkeit. Daher brauchen die CCT-Gesellschaften ständig neue Geräte, Maschinen und Fachwissen. Auch hier wirkt sich die konsequente Konzentration auf nur einen Bereich positiv aus – es geschieht kaum einmal, daß eine CCT-Gesellschaft zu spät zur »Technologie-Party« kommt. (Das kann sie sich nämlich gar nicht leisten!)
- *Die Motivation eines unabhängigen Unternehmens:* Jedes der Unternehmen strebt danach, in seinem eng umrissenen Spezialgebiet weltweit die Nr. 1 zu sein. Jede der Gesellschaften muß dank einer klaren Gewinn/Verlust-Orientierung immer auf dem Sprung sein, »Rapport zu erstatten«.

Insgesamt gesehen, addieren sich die winzigen CCT-Gesellschaften, wenn man sie kombiniert, zu etwas sehr Großem. »Unsere Konkurrenz hat eine weniger große Spannbreite bei den Maschinen, Maschinenmodellen oder Teilen, als wir als kollektive Gruppe von Unternehmen reparieren«, meint Price. »Eine unserer Gesellschaften überholt die Mittelhülle des JT8D (eines Bestandteils des Triebwerks der Boeing 727 CK). Andere Firmen leisten die gleiche Arbeit, reparieren aber in ihrer Werkstatt verschiedene Teile. Wir hingegen haben eine Werkstatt, die nichts anderes tut, als nur dieses eine Teil zu bearbeiten. Unsere Mitarbeiter kennen es in- und auswendig. Und es kommt noch besser: Die Mitarbeiter lernen das Teil immer genauer kennen, und wir sammeln immer mehr Erfahrung damit, den ganz speziellen Erwartungen und Anforderungen jedes Kunden gerecht zu werden. Das wird dann wie bei ›Burger King‹, wo sich jeder seinen ganz individuellen Hamburger zusammenstellen kann. Wir können zunehmend maßgeschneiderten Service anbieten.«

CCT und seine Kunden, die Luftfahrtunternehmen, sind nicht die einzigen, die sich von diesem Konzept überzeugen ließen. Der leitende Inspektor für Flugtauglichkeit der US-Luftfahrtsbehörde FAA, John Walker, äußerte sich 1990 in einem Brief an die CCT so: »Ihre Anlagen und Ihre Investitionen in die Zukunft unserer Branche haben uns sehr beeindruckt. Ich wünsche mir, alle Reparaturstationen hätten Ihre Einstellung, denn das würde unsere Arbeit erheblich erleichtern.« Solches Lob von den Nörglern (Gott sei Dank sind sie das!) der FAA ist in höchstem Maße ungewöhnlich!

Die Semco in Brasilien bildet »Buckyborgs«

Vor etwas mehr als zehn Jahren erbte Ricardo Semler ein Unternehmen, das kurz vor der Pleite stand. Heute ist es ein blühender Betrieb mit 800 Mitarbeitern. Trotz des ständigen Durcheinanders auf den brasilianischen Märkten stieg die Produktivität seiner Mitarbeiter im letzten Jahrzehnt um 700 Prozent. (Semlers Semco produziert eine Reihe von Produkten von Schiffsbaupumpen, LKW-Armaturen, Digitalscannern bis hin zu Spülmaschinen. Die Firma verkauft ihre Produkte an Kunden erster Bonität in der ganzen Welt. Zur Information: Auch die Konkurrenz wie etwa Westinghouse gehört zu den ersten Adressen.)

Semler brach zunächst einmal alle Strukturen auf. »Die erste Auswirkung (der Einführung von Geschäftseinheiten) war ein Kostenanstieg, da Arbeit doppelt ausgeführt wurde und eine Kostendegression nun nicht mehr möglich war«, schrieb er in der *Harvard Business Review.* »In den Bilanzen erscheinen solche Änderungen zunächst als Verbindlichkeit . . . und zunächst gibt es auf der Aktivseite ja auch nichts zu verzeichnen, es sei denn, leere Sprüche wie ›vermehrtes Interesse der Mitarbeiter‹ oder ›ein erhöhtes Gefühl der Zusammengehörigkeit‹.« Neue, autonome Einheiten mit jeweils 100 bis 150 Mitarbeitern bewirkten dann den Umschwung. Der Umsatz verdoppelte sich innerhalb eines Jahres. Zahlreiche neue Produkte, die jahrelang in Forschungs- und Entwicklungsabteilungen Staub angesammelt hatten, kamen jetzt auf den Markt. Semler will nicht behaupten, »daß die Reduzierung der Betriebsgröße dies alles allein bewirkte«, hält sie aber doch für den wichtigsten Faktor, und zwar aus dem einfachen Grund, weil sie den Mitarbeitern einen engen, menschlichen und nicht an Rang-

ordnungen gebundenen Kontakt untereinander erlaubt. (Heute trennt nur eine einzige Managementebene den Schlosser an der Drehbank vom Leiter der Geschäftseinheit. Als Semler die Firma übernahm, gab es dagegen elf Führungsebenen.)
Semler schiebt nichts auf die lange Bank. Teil seines Systems ist – wie bei Acordia und CCT – die »automatische Teilung«. Sobald eine Semco-Einheit eine Größe von 100 bis 200 Mitarbeitern erreicht hat, wird sie geteilt, »ganz unabhängig von theoretisch möglicher Kostendegression. Irgendwie finden wir immer einen Weg, den Betrieb zu untergliedern.«
Die Führungscrew bei Semco besteht aus nur 14 Mitarbeitern. Es gibt nur noch eine einzige Führungskraft mit Zuständigkeit fürs Personal, einen Juristen und eine kleine Finanzabteilung, aber die Topmanager sind meist unterwegs, suchen nach neuen Geschäftsmöglichkeiten und machen Kundenbesuche. Diese Arbeitsteilung fördert den lokalen Entscheidungsfindungsprozeß ungemein. »Erst einmal die Firmenleitung zu befragen brächte nichts – da ist nämlich keiner anzutreffen. Also trifft man die Entscheidung am besten gleich selbst vor Ort.«

Locker verbundene, marktgerechte Einheiten

Was können wir aus den Erfahrungen dieser Firmen lernen? In der Vergangenheit wäre ein Unternehmen wie die CCT im günstigsten Fall eine »Werkstatt« gewesen, eine Kostenstelle. (Wahrscheinlicher ist, daß sich alle Gegenstände des CCT-Anlagevermögens halb ausgelastet und fast schon veraltet, unter einem riesigen, undifferenzierten Dach befunden hätten.) Heute kristallisiert sich jedoch eine neue Einsicht heraus. Man ziehe 35 bis 70 Mitarbeiter zu einer Gruppe als »Gesellschaft« zusammen, die magisch Kunden anzieht, gebe ihr die volle Verantwortung für Gewinn und Verlust, die notwendige Ausrüstung und alle notwendigen funktionalen Fähigkeiten – und was erhält man? Enorme Macht – und das ohne die Extrakosten, die wir bei einer Verdoppelung der Dienstleistungen eigentlich immer erwarteten. Bei CCT kam es nirgends zu einer solchen Verdoppelung; und doch liefert die einzelne Einheit innerhalb ihrer kleinen Gemeinschaft eine große Bandbreite an hochentwickelten Dienstleistun-

gen für eine sorgfältig ausgewählte Zielgruppe anspruchsvoller Kunden in der ganzen Welt.
CCT ist ein glänzendes Beispiel für das neue »*Kleingroß*«, bei dem die Vorteile kleiner und großer Betriebe kombiniert werden. Hier werden die unternehmerischen Qualitäten von 50 zielstrebigen, energiegeladenen Mitarbeitern optimal genutzt. Aber täuschen Sie sich nicht: Es ist gleichzeitig ein potentes Netz von Unternehmen. Es gibt Synergieeffekte: (1) eine in sich geschlossene Philosophie; (2) ein gewisses Maß an Verkäufen untereinander; (3) Gruppenunternehmungen zur Verbesserung des Marketing, wie die »Technologie-Touren«; hochqualifizierte, jederzeit verfügbare Experten; (5) einige wenige zentrale Unterstützungsabteilungen und (6) das für den großen, bürokratischen Kunden beruhigende Gefühl, daß jede CCT-Gesellschaft Teil eines stabilen Großunternehmens ist, nämlich der Sequa. Dieses Gefühl der Sicherheit hätte man bei einer Firma mit nur 50 Mitarbeitern, die rein zufällig ihre Tore in Fort Walton Beach (Florida) eröffnet, wohl kaum, auch wenn sie noch so gut wäre. Die Geschichten von ABB, Random House, IDG und Acordia sind ähnlich. Und das ist ja eben das »Geheimnis« der *Buckyborgs*: Sie machen sich das unternehmerische Engagement zunutze (das ist symptomatisch für »Kleinheit«) und leiten die Macht des Netzes (groß) in die richtigen Wege.
Gibt es Präzedenzfälle? Hewlett-Packard konnte sich zu der Zeit, als das Unternehmen noch zwei Milliarden Dollar einfuhr, mit einer gewissen Klein-und-groß-Struktur brüsten. Sie entsprach in etwa den Einheiten der IDG; es gab also kleine Organisationen voller unternehmerischer Energie. Auf dem Wege zur Riesenfirma und mit zunehmender Zentralisierung blätterte der Glanz allerdings zusehends ab. (Heute arbeitet der Konzern auf vollen Touren, um zu seiner früheren unternehmerischen Brillanz zurückzufinden.) 3M war lange mein Favorit. Diesem Unternehmen ist es gelungen, eine überraschend starke unternehmerische Begeisterung in funktionierenden Klein-groß-Einheiten wachzuhalten, während man gleichzeitig die 14-Milliarden-Dollar-Macht des Netzes zu nutzen versteht.
Diese neuen »marktgerechten« Modelle unterscheiden sich allerdings grundlegend von der alten Hewlett-Packard und der heutigen (und alten) 3M. ABB, Random House, IDG, Acordia und CCT haben eine einigermaßen übereinstimmende Vision und

ähnliche Wertvorstellungen. Die Architekten dieser Entwicklung haben innerhalb eines großen Ganzen wirklich unabhängige, unternehmerisch orientierte *Gesellschaften* entweder bewußt geschaffen oder zumindest deren Aufstieg zugelassen. Es gibt die Macht des Systems zwar auch, aber Acordia ist dennoch eine Ansammlung selbständiger und *unabhängiger* Gesellschaften (die z.B. in ihren elf Zentren in Indiana entweder den Durchbruch schaffen oder aber den Laden schließen müssen). IDG ist eine Gruppe *unabhängiger* Gesellschaften. Random House ist eine Ansammlung *sehr* unabhängiger, *sehr* streitbarer Verlage. Der Trick besteht letzten Endes darin, eine neue Form des Netzes und eine neue Unabhängigkeit für marktgerechte Einheiten zu schaffen. Die »Macht des Netzes« ist bei ABB, Random House oder IDG beeindruckend und nützlich. Diese Macht wird aber nicht von großen, zentralisierten und dominierenden Stäben ausgeübt. Die Unabhängigkeit in den einzelnen Einheiten dieser Unternehmen würde die meisten Abteilungsleiter bei HP oder 3M vor Neid erblassen lassen.

Warum überhaupt ein Zentrum? (Die Suche nach der Seele, Teil I)

Die Walter Goldmann Produktion besteht aus genau elf Mitarbeitern, und die halbe Welt liegt ihr zu Füßen. Die Zahl der spezialisierten Verleger nimmt exponentiell zu, und Auflagegiganten wie Random House schätzen sich mehr als glücklich, ihre Produkte an den Mann bringen zu können. Im nächsten Kapitel finden Sie eine spezielle Analyse der optimalen marktgerechten Einheit: Wir untersuchen dort ein unabhängiges, weltweit agierendes *Monstrum* mit 320 Mitarbeitern, nämlich die Firma Rational, ein führendes Mitglied des berühmten deutschen Mittelstandsektors. In Kapitel 21 besprechen wir die »Supersubs« (Super-Subunternehmer), die nur so groß wie die Firma Goldmann sind – unabhängige Spezialisten, deren Einfluß von ihren sorgfältig ausgesuchten winzigen Marktnischen aus in die ganze Welt reicht. Mit anderen Worten: Die neuen Wirtschaftsbedingungen schwächen die alte Macht der bloßen Größe und erfordern eine erstaunliche Anpassungsfähigkeit. Diesen neuen Bedarf deckt eine wahre Flut vollständig unabhängiger Spitzenklasseunternehmen von sehr bescheidener Größe.

Daraus ergibt sich eine wichtige Frage: Ist die Dimension des allumfassenden Netzes eines Großunternehmens *wirklich* so schrecklich wichtig? Warum eine Ansammlung von Gesellschaften? Wozu überhaupt ein Unternehmenskern? Gute Fragen! Und es gibt keine einfachen Antworten darauf. (Dieses Buch wird sich im weiteren Verlauf überwiegend mit dieser Problematik befassen.) Im Augenblick kann man anhand unserer Beispiele aber doch schon sagen, daß ein zentraler Bezugspunkt einiges beizusteuern hat:

- *Die neue Sehweise (Vision? Strategie?):* Ich ziehe den Begriff »Sehweise« denen der »Vision« und der »Strategie« vor. Ben Lytle hat eine genaue Vorstellung davon, wofür eine Acordia-Gesellschaft steht. Diese Vorstellung ist der Leitfaden, der dem Unternehmen den Zusammenhalt gibt. Andererseits ist es den unabhängigen Einheiten nicht zur Auflage gemacht, einer detailliert ausgearbeiteten Strategie zu folgen. Einige ziehen den Begriff »Vision« vor und bezeichnen Pat McGovern und Ben Lytle als »Visionäre«. Ich werde später noch im einzelnen darauf eingehen, warum ich mit diesem Begriff Probleme habe. Einige Visionen können nämlich zu Zwangsjacken werden, die sich restriktiver auswirken als selbst eine von oben diktierte ausführliche Strategie. Und vergessen Sie nie: Letztendlich geht es darum, sich die Flexibilität, Anpassungsfähigkeit und Unabhängigkeit *seiner* Sehweise zu bewahren, um in unserer schnelllebigen, sich nach jedem Modetrend richtenden Welt mit Entschlossenheit und Unternehmergeist handeln zu können.
- *Der Ruf der guten Qualität:* ABB betreibt viel institutionelle Werbung. Meist soll sie den guten Ruf der Firma und ihr langjähriges, allgemein bekanntes Engagement für Qualität herausstreichen, und zwar bei *allem*, was sie tut. Random House und IDG betreiben zwar keine Goodwill-Werbung, haben jedoch in ihren großen Branchen ebenfalls den Ruf, »für Qualität zu stehen«.
- *Methodologie/Betonung einer bestimmten Disziplin:* IDG verlangt für Magazine ähnlicher Aufmachung (z.B. alle *Computerworlds*) Kundenbefragungen vergleichbarer Art, und es gibt einen unverkennbar von IDG geprägten Stil bei der kurzfristigen Einführung neuer Zeitschriften. Man findet bei diesem Unternehmen neben allgemein verbreiteten Ansichten recht klar artikuliert die Aussage: »So machen wir das eben

bei uns.« Dies ist für ein Netz weit verstreut arbeitender Organisationen, die auf in etwa vergleichbare Märkte abzielen (d.h., Informationen im Bereich der sich schnell wandelnden Informationsindustrie zu liefern), durchaus von Vorteil.

- *Vom Netz kann man lernen:* IDG gründete seinen eigenen Telegrafendienst. Die Firma führt auch zahlreiche persönliche Begegnungen durch, um den Lernprozeß innerhalb des Systems zu fördern. ABB wird mit seiner Fähigkeit, ein »Lernnetz« zu schaffen, stehen oder fallen, und das trifft für die Acordia-Gesellschaften ebenso zu. Die Entwicklung formaler Strukturen des Wissensmanagements wird uns aber noch beschäftigen.
- *Der Kuchen ist groß genug, um Stars und Spitzentalente anzuziehen:* Der Hauptanziehungspunkt bei IDG ist sicherlich die Chance, unternehmerische Träume verwirklichen zu können. Nicht zu verkennen ist aber auch die Anziehungskraft, die von der Verbindung mit einer großen, etablierten Organisation ausgeht. Teilweise besteht die »Netzmacht« von IDG darin, daß das Unternehmen in der Lage ist, energische Spitzenkräfte anzuziehen, die nicht ganz dazu bereit sind, sich selbständig zu machen, aber für die Arbeit in einem Traditionsunternehmen viel zu unternehmerisch veranlagt sind. Außerdem – Sie erinnern sich – gilt IDG auch als gute Adresse für Geschäftsvorschläge; das ist ebenfalls die Eigenschaft eines »großen Kuchens«. Kleine, gänzlich unabhängige Firmen werden die Voraussetzungen dafür nicht erfüllen können.
- *Über ein Rotationssystem Zugang zu Experten:* Wie wir bereits sahen, gehört es zu den Aufgaben des Leiters eines ABB-Geschäftsbereiches, Spitzentalente durch mehrere kleine ABB-Gesellschaften rotieren zu lassen, und zwar mit dem Ziel, das systematische Lernen zu fördern, Allround-Manager (und weltweit einsetzbare Kräfte) zu entwickeln und im Bedarfsfall unverzüglich die notwendigen Experten »ins Feld« zu senden.
- *Ausgewählte Zentraldienste:* CCT zieht aus dem winzig kleinen Pool seiner Superexperten, die auch die schwierigsten Probleme der Kunden schnell lösen können, enorme Vorteile. Außerdem lassen verschiedene dieser Firmen – zum Beispiel IDG und ABB – die lokalen Einheiten darüber entscheiden, ob sie den zentralen Service wollen oder nicht. Sie setzen also diesen Service den Gesetzen des Marktes aus.

- *Marktmacht:* Wenn Sie mit American Airlines oder Lufthansa verhandeln wollen, steht Ihnen das Image eines kleinen Würstchens schlecht an. Dieses Image hilft CCT vermeiden – selbst wenn die *wahre* Macht des Unternehmens sich weitgehend auf »gezielt eingesetzte, aber doch kleine Würstchen« gründet, nämlich auf diese Einheiten von um die 37 Mitarbeiter, die sich auf ganz eng definierte Geschäftsbereiche beschränken. Auch ABB vermittelt durch seine Macht ein Bild der globalen Marktpräsenz, obwohl viele seiner 25 unabhängigen Organisationen kleiner als die lokale Konkurrenz sind.
- *Die Power des Vertriebs:* Random House hat allein aufgrund seines Namens die Fähigkeit, den Markt zu beeinflussen. Ich vermute sogar, daß die wirklich effektiven Giganten in der Welt von morgen die großen Vertriebsriesen sein werden – Random House, UPS, Federal Express, Walden Books, Wal-Mart, Arrows Electronics.
- *Die Größe allein gewährleistet dem Kunden Stabilität:* Dem Staat Mississippi (als Kunde) gefiel zwar die »Acordia Local Government Benefits« wegen ihrer Spezialisierung und Aufgeschlossenheit für die besondere Situation des Kunden; er empfand aber doch den Schirm der »Associated Group« zusätzlich als beruhigend. Bei der FAA ist es ähnlich: Die kleinen, spezialisierten Einheiten der CCT schätzt sie sehr, fühlt sich aber durch die Schirme der CCT und Sequa abgesichert.
- *Große Investitionen für Einsätze mit hohem Risiko:* IDG stellt für einzelne Magazine Millionen an Startkapital zur Verfügung. Präsident Boyd nennt die Unternehmenszentrale einen »Risikokapitalbetrieb«. Das »große« Random House bezahlt Millionen für einen Buchvorschlag; unabhängige, winzige Verleger können da gar nicht mithalten. Auch ABB beteiligt sich an solchen Spielen. Solche Hätschelprojekte der Zentralen können sinnvoll sein. (Andererseits können die Portemonnaies der großen Firmen allzu tief sein und eventuelle Trendsetter im Ansatz ersticken. Davor muß man sich hüten!)
- *Groß genug, um Investoren anzuziehen:* Ob es einem gefällt oder nicht, Geld fließt nun einmal schneller an ABB oder IDG als an die neuen Trendsetter. Gut verpackte Netze (vgl. dazu auch den Fall Thermo Electron) können auch für kleine, sogar für spekulative Unternehmungen das große Geld anziehen.

Der Trick ist, den Balanceakt zwischen *»etwas«* und *»nichts«* zu schaffen, also – wie Barnevik von ABB es sagt – die Widersprüche zwischen einem gleichzeitigen Groß und Klein miteinander zu vereinbaren. Am »Nichts-«Ende der Skala steht die große Dachorganisation als finanzielle Holdinggesellschaft; sie bietet ihren Tochtergesellschaften kaum einen Rückhalt. (Sie ist seelenlos!) Am anderen Ende der Skala kann jeder einzelne der zahlreichen *»raisons d'être«* – oder gar alle zusammengenommen – für eine Zentrale zu schwersten Eingriffen führen, die dann die schwerverdiente, immer gefährdete, zerbrechliche Unabhängigkeit, den unternehmerischen Geist und Willen und die Mentalität des »Das Wichtigste ist der Kunde und seine Wünsche, sonst überleben wir nicht« zerstören und damit die Grundlage der marktgerechten Einheit vernichten.
Barnevik war bei weitem nicht der erste, der die Bedeutung der Spannung zwischen klein und groß erkannte. Vor 70 Jahren sagte der legendäre Alfred Sloan von General Motors, die wichtigste Aufgabe des Vorstandsvorsitzenden sei es, das ständig schwankende Gleichgewicht zwischen Zentralisierung und Dezentralisierung auszugleichen. (Seine heutigen Nachfahren bei GM bekommen als Gleichgewichtskünstler verflixt schlechte Noten!)
Diese an sich doch so sinnvollen zentralen Stellen werden so schrecklich leicht dominierend und herrisch! Die Abteilungen bei HP erstickten Mitte der achtziger Jahre an zentraler Leitung (IBM und GM stehen kurz davor.) Barnevik spricht zwar von Gleichgewicht (allerdings nannten einige sein Unternehmen das »dezentralisierteste Ungetüm der Welt«), aber in diesen unausgewogenen, verrückten Zeiten sollten wir unser Augenmerk besonders auf Pat McGoverns Leidenschaft für das Fehlen des Gleichgewichts richten: Falls man sich vertut, bitte immer und ohne das geringste Zögern *zugunsten der Unabhängigkeit.*

19. Kapitel:

Mehr über die marktgerechte Größe: unabhängig, global, mächtig und klein

Wenn Sie auf der Basis des Bruttoinlandprodukts oder der Bevölkerung richtig addieren, werden Sie feststellen, daß Japan in relativen Zahlen viermal so viele Großunternehmen hat wie Deutschland. Wenn Sie an die deutsche Wirtschaft denken (was in den USA nur wenige tun), denken Sie an BMW, Daimler-Benz, den Chemieriesen BASF und den Elektronikgiganten Siemens. Natürlich gibt es diese Firmen, und sie haben eine stolze Vergangenheit (wenn auch Gewinne und Wachstum heute zurückgehen). Sie sind aber nicht das Herz des beispiellosen deutschen Wirtschaftserfolgs, wenn man ihn an der Pro-Kopf-Exportquote mißt, die meist zweieinhalbmal über dem der Japaner liegt und vor der Integration Ostdeutschlands (und auch seither, zumindest bis jetzt) viermal so hoch ist wie die der USA.

Das deutsche Geheimnis ist der *Mittelstand*. Diese mittelgroßen deutschen Unternehmen – deren Größe zwischen weniger als einem Dutzend und mehreren tausend Mitarbeitern schwankt, von Walter Goldmann bis zu Trumpf (Kapitel 35) – sind spezialisierte, export- und wertschöpfungsorientierte Besessene. Sie leben nach einer alten Vorstellung, die sich seit langem bewährt hat und auch heute noch ihrer Zeit voraus ist. In unserer heutigen trendbestimmten Wissenswirtschaft definieren die führenden Mittelstandsunternehmen, was ein zweckdienliches und marktgerechtes Leistungsniveau ist. Sie können sowohl im Bereich der Niedrig- wie auch der Hochtechnologie Gewinner vorweisen. Die höchsten Löhne der Welt »besiegen« sie, indem sie die höchstwertigsten Produkte der Welt herstellen.

Niemand schafft dies besser als Rational. 1992 hatte die Firma aus Landshut nur 345 Beschäftigte und ist trotzdem die Kombination von IBM, DEC und Fujitsu in einem. Die Firma ist führend im

Bereich »Kombinationskochen«. Sie produziert computergesteuerte Herde, die Konvektions- und Dampfhitze kombinieren. Die Exporte machen zwei Drittel des Umsatzes aus, die Forschung steht ganz oben auf der Prioritätenliste, Maßfertigung ist der Normalfall – und die Preise erreichen schwindelerregende Höhen.

Völlige Konzentration

Warum überhaupt einen Kombinationsdampfofen von Rational? Diese Frage stellten wir André Soltner, dem weltbekannten Koch und Besitzer des einzigartigen Lutèce-Restaurants in Manhattan. »Wir haben hier nicht viel Platz zur Verfügung«, meinte er. »Ein Ofen wie dieser tut eine Menge, ohne viel Raum einzunehmen. Wir dämpfen, backen, wir setzen dabei die Kombinationsmöglichkeiten ein wie etwa dämpfen *und* braten – eigentlich haben wir hier drei Öfen in einem. Der Ofen kocht auch sehr gleichmäßig: Hühnchen brät zum Beispiel viel gleichmäßiger, da der Ofen etwa alle dreißig Sekunden etwas Dampf hinzufügt, so daß wir die Tür gar nicht mehr öffnen müssen, um etwas Wasser zuzugießen. Mit der reinen Dämpffunktion garen wir all unser Gemüse, Spargel, Tomaten, Spinat zum Beispiel, aber auch Fisch.« Soltner arbeitet seit vier Jahren mit dem Rational-Produkt und meint: »Der Ofen hat unseren Kochstil verändert. Ohne ihn wäre es mir unmöglich, meinen Kunden gleichbleibende Qualität vorzusetzen. Er ist eine der größten Erfindungen, seit ich Koch wurde.«
So rosig wie heute sah es bei Rational nicht immer aus. 1970 begann der Besitzer, Siegfried Meister, mit der Wiederbelebung der Firma, die damals nach seinen Worten »einfach eine Blechfabrik war«. Er begann mit Konvektionsherden und entwickelte ein erstklassiges Produkt, aber andere taten es ihm bald gleich. Ein heftiger Kampf entbrannte. Meister bezeichnet sich selbst als »Erzfeind jedes destruktiven Wettbewerbs« und hatte damals keinerlei Absicht, so sagt er, »einen Preiskrieg zu beginnen«.
Er ging zu seinen potentiellen Abnehmern auf dem Markt und befragte Berufsköche nach neuen Ideen. Es ist kein Geheimnis, daß viele Kochvorgänge gleichzeitig Dampf- und Konvektionshitze erfordern. Die Köche riefen Meister dies ins Gedächtnis

zurück und erklärten ihm auch, daß kein Ofen auf dem Markt sei, der beides gleichzeitig könne. Meister ist Techniker mit etlichen eingetragenen Patenten; er ging nach Hause, und er machte sich an die Arbeit.

Es dauerte etwa acht Jahre, bevor er den ersten effizienten »Kombi-Ofen« entwickelt und auf dem Markt eingeführt hatte. Der Bedarf war ja offenbar vorhanden, aber die Berufsköche waren zunächst skeptisch. Es war zu schön, um wahr zu sein. Meister und seine Kollegen warben mühsam hier und da einen Kunden an – bis 1984 gerade mal hundert. Trotz aller Schwierigkeiten beschloß Meister dennoch, das Risiko einzugehen. Er gab seine erfolgreiche Konvektionsofenproduktion auf (die Kollegen hielten ihn für »verrückt«, gesteht er ein) – und steckte all seine Energie und die seiner Firma in den Kombi. »Wir mußten uns spezialisieren«, sagt er. Es scheint, daß Meister heute seine Aufgabe gefunden hat: Er will die Konvektionsherde vom Markt vertreiben. Aber nur dann, wenn es Rational gelingt, sein bahnbrechendes Produkt ständig zu verbessern. »Wir sind ein starkes Unternehmen«, sagt er, »weil wir uns völlig konzentrieren und spezialisieren.« (Willkommen im Mittelstand!)

Bis heute verkaufte Rational ungefähr 80 000 Kombis. (Das Marktpotential dürfte die Firma bisher aber nur oberflächlich angekratzt haben.) Sie finden Kombis inzwischen auf norwegischen U-Booten, auf der Privatjacht eines saudischen Prinzen, auf einer Ölbohrinsel in der Nordsee und in Disneyworld (das amerikanische Küchenteam benutzt ihn dort), bei Lutèce (und in anderen eleganten Restaurants in der ganzen Welt) und in zahlreichen Krankenhäusern und Universitäten. Das Marktpotential entspricht laut Helmut Stempel, dem stellvertretenden Verkaufsleiter, etwa 1,5 Millionen Einheiten.

Eine bezeichnende Mischung aus »Hard- und Software«

Neueste Computer-Software ist unerläßlicher Bestandteil des Kombi. Gleichzeitig aber gibt es bei Rational (und bei den anderen von uns untersuchten deutschen Mittelstandsfirmen) einen gesunden Respekt für das Handwerk. Die meisten Beschäftigten bei Rational – und das gilt für den Ingenieur in der

Forschung und Entwicklung ebenso wie für den Arbeitnehmer in der Werkstatt – haben Deutschlands einzigartiges dreieinhalbjähriges Lehrlingssystem durchlaufen. Meister meint: »Dieses System ist heute ebenso wichtig wie damals, als ich selbst lernte. Das elektronisch gesteuerte ›Gehirn‹ des Kombi ist natürlich wichtig. Aber der Ofen hat auch viele mechanische Teile. Unsere Mitarbeiter müssen mit größter Präzision arbeiten.«
Ein deutscher Arbeitnehmer gab seinem Chef recht: »Wir bemühen uns täglich, das Produkt zu verbessern«, sagte er. »Nehmen Sie zum Beispiel die Schweißarbeiten. Wenn uns ein winziges Stück Metall im Ofen auffällt, an dem der Kunde sich stören könnte oder an dem Kleidung hängenbleiben könnte oder was auch immer – wir versuchen, es zu verbessern. Das allerwichtigste ist die Qualität des Produkts.« Wenn aber die Schweißarbeit an einer Stelle ausgeführt wird, die sowieso niemand sieht, fragte ich. »Es geht nicht darum, ob der Kunde es sieht oder nicht«, antwortete er scharf. »Es geht einzig darum, optimale Qualität zu liefern. Ob der Kunde es sieht oder nicht – das ist nicht unser Problem. (Meister steht einigen seiner amerikanischen Kollegen kritisch gegenüber.) »Sie halten die Software, die elektronischen Teile, für ausschlaggebend«, sagt er. »Sie behaupten, sie machten achtzig Prozent des Produkts aus. Das glaube ich nicht.« Er vergleicht die Japaner – und die Deutschen – mit den Amerikanern. »Die Japaner haben auch das gesamte Produkt im Blick«, sagte er mir. »Sie sehen die Dinge nicht voneinander losgelöst, wie Sie es in Amerika tun, wo Sie sagen, daß die ›Software am wichtigsten ist und die mechanischen Teile unwichtig sind‹.«

Gut genug? Der Kunde entscheidet

Ich schrieb bereits ausführlich darüber, daß der Kunde im Mittelpunkt stehen müsse. Bei meinem Besuch bei Rational lernte ich darüber sehr viel, ich kam mir sogar ganz klein vor. Überall im Werk hängen zum Beispiel Schilder mit der Aufschrift: »Gut genug? Der Kunde entscheidet.« Und dann bestand Meister darauf – und beileibe nicht nur er; ich hörte es überall in Deutschland, vom Fließband bis zur Chefetage –, daß sein Hauptanliegen nicht der Gewinn ist. Seine wahre Leidenschaft ist es, die Probleme seiner Kunden zu lösen. »Alle Entscheidungen werden danach getroffen, ob sie dem Kunden nutzen können«, so drückte es Marketingchef Stempel aus. Und ein Arbeiter meinte: »Dem Kunden das Leben erleichtern, darum geht es.« Ein anderer: »Alles für den Kunden.« Und noch ein weiterer: »Wir haben hier eine neue Maschinengeneration, die wir erst seit sechs Wochen produzieren. Dieser Ofen wird von rechts geöffnet. Einer unserer Kunden fragte, ob wir ihn auch so bauen könnten, daß er von links zu öffnen sei. Wir gingen zu unserer Forschungsabteilung, und die meinten dort: ›Ja, das geht schon, aber es braucht Zeit. Er will den Ofen in einer Woche, und das schaffen wir nicht.‹ Am nächsten Tag setzten wir uns (in der Fabrik) zusammen und beschlossen, es dennoch zu versuchen. Der Kunde bekam sein Gerät rechtzeitig, in der von ihm gewünschten Sonderausführung.« Ich wagte den Einwand, daß eine solche Maßanfertigung doch ein Vermögen kostet, und wurde prompt getadelt: »Wir tun alles, was der Kunde möchte. Einer möchte den Griff nach oben, der andere möchte den Griff nach unten. Ich bin wirklich der Überzeugung, daß es nichts gibt, was wir nicht tun würden.«

Es gab Zeiten, da konnte ich das Wort »Zielgruppe« nicht mehr hören. Die Zielgruppe von Rational sind die Berufsköche. Für sie lebt das Unternehmen. »Das ist sehr, sehr wichtig«, erinnerte mich Stempel immer wieder. »Die zugrundeliegende Philosophie ist das Wichtigste«, so Meister. »Wir sprechen öfter über unseren Daseinsgrund, nämlich der Zielgruppe das Beste zu liefern.« Stempel erklärt den Erfolg von Rational mit der »Vision«, mit »den bunten Bildern, die Herr Meister für uns alle ausmalt«. Meister benutzte eine ähnliche Sprache. »Ich male Bilder, versuche, immer wieder unsere Grundidee lebendig zu gestalten.« Welches Bild Meister ausmalt? »Die Erleichterung der täglichen Kocharbeiten für Berufsköche in alle Welt«, blafft Stempel mich fast an.

»Wir haben hier 345 Mitarbeiter, die Tag für Tag nichts als Kombi-Kochen im Kopf haben«, fügte der Marketingchef hinzu. »Keiner unserer Konkurrenten kann auf fünfzehn Jahre totaler Konzentration auf diese eine Kochform verweisen.« Und die Zukunft? Meister betont, mehr als 400 Mitarbeiter werde er nie haben wollen. Nach dem zu erwartenden Wachstum und weiteren Abschlüssen von Zulieferverträgen werden diese 400 sich noch mehr auf die besonderen Fähigkeiten konzentrieren, die für die

Produktion von Kombis unerläßlich sind. In den letzten 15 Jahren ging es nur um Konzentration. Und morgen – um noch mehr Konzentration.
Zehn Prozent der Beschäftigten arbeiten in der Forschung. Ganz einfach gesagt: Kein Konkurrent – und das gilt auch für diejenigen, die ein dutzendmal so groß sind wie Rational – hat einen Forschungsbereich mit 30 Mitarbeitern vorzuweisen, der sich ausschließlich mit Kombis beschäftigt. »Ein Kunde, der den Forschungsbereich bei Rational besucht, sieht dreißig Geräte, von denen jedes einzelne ein Kombi ist. Bei der Konkurrenz sieht er in der Forschungs- und Entwicklungsabteilung – *falls* man ihn hineinläßt – ebenfalls dreißig Geräte, darunter vielleicht einen Kombi.« Der Leiter der Abteilung Forschung und Entwicklung, Peter Huber, besteht darauf, daß es Teil der Strategie bei Rational ist, Kunden in die F&E-Abteilung einzulassen. »Wir wollen, daß sie unsere F&E sehen, daß sie wissen, wie intensiv und ausschließlich wir daran arbeiten, die Kombi-Technik zu verbessern«, sagt er. »Wir wenden dafür Ressourcen auf, mit denen sich niemand messen kann.«

Die »Anwälte« des Kunden

Rational ist stolz auf die acht Köche, die hauptberuflich in der Firma arbeiten. Diese Köche können Erfahrungen in den führenden Küchen der Welt vorweisen. »Sie sind die Anwälte unserer Kunden«, sagte mir Meister. Und Stempel ergänzt: »Die Konkurrenz hat gelegentlich ein oder zwei Köche als Mitarbeiter, meist aber gar keine.« Diese Köche sind verantwortlich für viele technische und nichttechnische Besonderheiten, die die Rational-Produkte auszeichnen.
Das scheint alles selbstverständlich zu sein, ist es aber offensichtlich nicht. Niemand sonst hat Köche – Rational schon. Sie sind ständig unterwegs, kochen auf Nahrungsmittelmessen in der ganzen Welt, weisen andere Köche ein, die eben ein Rational-Produkt erworben haben, veranstalten Vorführaktionen in einem der zahlreichen Ausbildungszentren, die Rational oder einer seiner Vertriebsfirmen gehören. Und: Sie hören zu, hören zu, hören zu.
René Markus beschreibt einen typischen Besuch bei einem Kunden, der kürzlich einen Kombi erstanden hatte: »Wir gehen dorthin, schauen uns die Speisekarte an und sagen ihnen, wie

sie den Kombi am besten bei der Zubereitung dieser Speisen einsetzen können.« Wenn ein Kunde – egal, woher – anruft und einen Koch von Rational anfordert, macht sich einer unverzüglich auf den Weg – auf Kosten von Rational.

Fast ebenso wichtig wie der Dialog mit dem Kunden ist die unkomplizierte, offene Beziehung zwischen den Köchen und der F&E sowie der Produktion. Josef Meringer, Leiter der Anwendungstechnik, beschreibt das »Kochen mit unseren Technikern«, das den Technikern hilft, die »Welt der Küche« besser zu verstehen. Neben solchen »Live«-Demonstrationen gibt es viele weitere praktische Möglichkeiten für einen engen Kontakt der Köche zu F&E und zur Produktplanung. Die Firma verläßt sich laut Verkaufschef Stempel nicht auf Marktforschungsumfragen über ihre Kunden. »Bei uns«, so erläuterte er mir, »ist das eine Sache des permanenten Feedbacks; man setzt sich zusammen und bespricht die Dinge.« Es gibt beispielsweise einmal im Monat einen *jour fixe*, einen Tag, an dem sich die Köche, die Produktmanager und die F&E-Mitarbeiter treffen. Die Köche »spielen nicht die Rolle von Mitarbeitern im Verkauf«, betont Stempel. »Sie sprechen die Sprache unserer Kunden.«

Stempel zählte dann eine Reihe weiterer Aktivitäten auf, die den lebenswichtigen Prozeß des ständigen Informationsaustauschs erleichtern. Alle im Kundendienst arbeitenden Techniker arbeiten mindestens vier bis sechs Wochen vor Ort in der Fabrik, »fühlen das Material, lernen zu verstehen, wie sich alles zusammenfügt«. Alle Mitarbeiter im Verkauf und im Marketing wiederum arbeiten eine bestimmte Zeit in einer Küche – eine Woche in einer Krankenhausküche, eine weitere in einer Hotelküche, eine in einem Restaurant. Damit wird angestrebt, so Stempel, »daß sie ein Feeling für das Leben in der Küche gewinnen, daß sie die täglichen Probleme unserer Kunden nachvollziehen können«.

Keine Kommunikationshemmnisse

Ein wichtiger Schlüssel zum Erfolg ist die offene Kommunikation. Wie F&E-Chef Peter Huber sagt, ist es für alle Köche, die bei Rational arbeiten, völlig selbstverständlich, daß sie »mich mit einem Problem anrufen oder den Software-Ingenieur, der in diesem Gebiet arbeitet. Oder nehmen Sie den Service-Trainer: Wenn er von einer Reise um die ganze Welt zurückkehrt, schaut er immer bei F&E hinein und liefert uns Feedback.«

Das erstaunlich nutzerfreundliche Bedienungsfeld des Kombis ist ein typisches Nebenprodukt der engen – und von gegenseitiger Achtung geprägten – Beziehung zwischen den Köchen und Ingenieuren. Stempel amüsiert sich angesichts der komplizierten Bedienungsfelder bestimmter Konkurrenten. »Ich sah einmal eins, bei einer Ausstellung in Wien«, erinnert er sich. »Am Bedienungsfeld klebt ein kleiner Zettel, auf dem die Symbole erklärt wurden – und zwar für die *Verkäufer der Firma.* Es ist unglaublich – aber wahr.« Er schüttelte den Kopf und meinte: »Wenn schon die eigenen Verkäufer die von den Ingenieuren entworfenen Symbole nicht verstehen, wie muß es dann erst [dem möglichen Kunden] ergehen?«

Oder nehmen wir den Fall des dünnen Fleischthermometers. Wie bei einigen anderen Öfen auch, gehört zum Kombi ein Fleischthermometer. Wie sollte das aber aussehen? »Die Ingenieure beharrten auf einem dicken Thermometer«, erzählte mir Meringer. »Das sei sicherer und haltbarer. Für uns Köche ist es aber wesentlich, daß der Stab sehr dünn ist. Mit einem dicken Stab macht man ein großes Loch, das beim Aufschneiden des Fleisches sichtbar ist. Das ist für uns unakzeptabel, und Sie als Gast in einem Restaurant sollten es auch nicht hinnehmen.«

Die Köche blieben also hart. »Wir brauchen einen dünnen Stab als Fleischthermometer. Wenn ein dünner Stab zu leicht bricht, ist das das Problem der Ingenieure. Unser Problem ist das Roastbeef.« Es gab eine lebhafte Diskussion unter den Ingenieuren, den Köchen, den Verkäufern. Die Köche gaben nicht nach. Die Ingenieure ebensowenig. Meringer lacht: »Sie sagten: ›Ihr dummen Köche! Was versteht ihr schon von Metall?‹ Wir diskutierten immer weiter, und schließlich fanden wir die richtige Lösung [ein ziemlich dünner, sehr starker Stab] für Köche auf der ganzen Welt. Diese Dinge sind für uns unglaublich wichtig.«

Selbstauferlegte Größenbeschränkungen

Wird Meister wirklich bei den 400 Mitarbeitern, die er sich selbst als Obergrenze setzte, bleiben? Stempel ist offen skeptisch, erwartet aber doch, wenn es denn nicht bei 400 bleibt, daß es auch nicht viel mehr sein werden. »Wir wollen keine tausend oder zweitausend Mitarbeiter«, sagte er mir. »Das entspricht nicht unserer Zielsetzung. Wir wollen innovativ sein, uns auf das Know-how konzentrieren; es liegt uns nichts daran, mehr Ziegelsteine, Gebäude, große Fabriken und dergleichen hochzuziehen. Unser Schwerpunkt soll die innovative Kraft unserer Organisation sein.«

Wie Meister es sieht, bedeutet dies konkret, »im Hause das zu tun, was wir am besten können, und alles andere nach draußen zu vergeben«. Er nennt dies die »Strategie der verlängerten Arbeitsbank«. Meister ernannte »Mit-Chefs« in der Produktion, die seinen außergewöhnlichen Ansatz überwachen. »Wir haben zwei verschiedene Produktionsleiter; einen für die Produktion innerhalb der Firma, einen für die Arbeit unserer Zulieferer. Sie konkurrieren in gewisser Weise miteinander. Beide wollen unter Beweis stellen, daß ihre Mitarbeiter die besten Teile bauen, die beste Qualität liefern können. Später entscheiden wir dann, welches Teil wir wo herbekommen.«

Der Produktionsleiter für die Zuliefererarbeit ist normalerweise in Sachen Einkauf unterwegs, in Deutschland wie in den USA. »Eigentlich wollen wir aber gar nichts ›einkaufen‹«, meint Meister. »Wir wollen unsere Produktion vergrößern, und zwar nicht nur im eigenen Hause oder durch Kapitalinvestitionen in unser Werk. Wir wollen es auch außerhalb schaffen. Unsere hohen Leistungsnormen und unser Streben nach einer Just-in-time-Produktion können wir nur dann durchhalten, wenn wir die Produktion, die wir nach außen geben, wie unsere eigene behandeln.«

Trotz aller von Zulieferern übernommenen Arbeit will Meister unbedingt »das Gefühl für das ganze Produkt aufrechterhalten«. Zu diesem Zweck behält er immer mindestens ein Gerät aus jeder wichtigen Produktionsreihe für sich selbst.

Meisters Einstellung zur Produktion spiegelt sich in seinen Beziehungen zu einer wichtigen Außenseiterkategorie: den Vertriebsfirmen. Rational entscheidet sich meistens für relativ kleine Vertriebsfirmen, die sich zu echten Partnern entwickeln können, die die Firmenphilosophie teilen, die mit dem Unternehmen wachsen – und sich, das ist natürlich das wichtigste, auf das Kombi-Produkt konzentrieren.

Der flexible Arbeitnehmer von Rational

Wenn ein durchschnittlicher Amerikaner an Deutschland denkt, hat er vermutlich die Assoziation: Disziplin und Sturheit. Disziplin, ja. Von Sturheit dagegen läßt sich bei Rational kaum sprechen. Es ist sogar so, daß die Disziplin, vor allem die Selbstdisziplin, die optimale Bedingung für eine größtmögliche Flexibilität schafft. Produktionsleiter Bernhard Hintersberger erinnert sich an seine Erfahrungen mit dem Giganten Siemens. »In einer solchen Firma muß man viele mühselige Schritte tun, um die Kommunikation mit einer anderen Abteilung erst möglich zu machen.« Bei Rational hingegen »geht man ans Telefon, kann jeden Mitarbeiter erreichen, kann mit [F&D-Leiter] Huber sprechen, ihm etwas erzählen, ein Problem auf der Stelle lösen«.

Alles schön und gut, räumte ich ein, aber funktioniert es auch andersherum? Wie sieht es mit den Arbeitnehmern in der Produktion aus? Hintersberger äußerte sich eindeutig. Es ist an der Tagesordnung und beileibe nicht ungewöhnlich, daß sie sich direkt an ihn oder an Meister wenden. In einem Gespräch, das ich später mit vier Arbeitnehmern führte, fragte ich sie, ob Hintersberger die Wahrheit gesagt hatte. »Stimmt absolut«, sagte einer sofort und fuhr fort: »Jeder hier in der Werkstatt, jeder in der ganzen Organisation kann jeden anderen jederzeit anrufen. Wir können Herrn Meister und Herrn Stempel anrufen, wir können sie ausrufen lassen, und wir tun es auch.« Er führte sehr beredt aus, warum solche Kommunikation lebenswichtig ist. »Man braucht die schnelle Kommunikation, um sehr rasch Entscheidungen treffen zu können. Für uns ist es sehr wichtig, daß wir nicht nur die nächsthöhere Ebene, sondern auch die darüber erreichen können.« (Ich fragte mich, ob man mich zum besten halten wollte, glaube es aber nicht. Die Körpersprache des Arbeitnehmers drückte die Haltung aus: »Wie können Sie so eine dumme Frage stellen?« Ich hörte das gleiche auch woanders, dann auch in ein, zwei Kneipen, und meine Skepsis schwand allmählich.)

Die Arbeitnehmer verglichen ihren Betrieb auch mit ihnen bekannten Großunternehmen. »Firmen wie Siemens sind einfach nicht mehr so flexibel«, sagte einer von ihnen. »Sie können ihr Produkt nicht so schnell anpassen wie wir.« Stempel wies darauf hin, daß »es bei Rational jeden Tag ein Feedback [vom Markt] gibt. In größeren Unternehmen wird dieses Feedback oft nicht zur Kenntnis genommen.« Er dachte auch über die zwanzig Jahre nach, die er für Hobart, den großen amerikanischen Produzenten von Küchengeräten, gearbeitet hatte. Ingenieure und Marketingleute redeten dort höchst selten miteinander, berichtete er. Die Marketingmitarbeiter waren selten willens, sich Ideen anzuhören, die für den deutschen Markt geeignet erschienen, nicht aber unbedingt für den amerikanischen. (Stempel bemühte sich, bei Hobart Interesse für die Kombi-Idee zu wecken, wurde aber abgewiesen, weil dies »für die Amerikaner nicht von Interesse« sei.)

Disziplin, Selbstdisziplin, »Selbstverwirklichung«

Manchmal war es nicht einfach, der Geschichte von der schrankenlosen, leichten Kommunikation Glauben zu schenken. Auf meiner Reise durch Deutschland stieß ich zum Beispiel ständig auf große Qualitätskontrollabteilungen. Die neue amerikanische (d.h. japanische, von uns importierte) Theorie besagt, daß die Qualitätskontrolle vom Arbeitnehmer selbst übernommen wird, daß die Abteilungen für Qualitätskontrolle also überflüssig sind. Die deutsche Methode scheint aber zu funktionieren und wirkt auf den Arbeitnehmer anscheinend weniger demotivierend als in den USA. Dort bedeutet Qualitätskontrolle die Überwachung eines Haufens von Idioten – nämlich den Arbeitnehmern – durch eine Art Polizeischnüffler. Ich fragte nun den für die Qualitätskontrolle bei Rational zuständigen Mitarbeiter, Roland Klages, ob er sich letztendlich nicht wie ein Polizist fühle. Er gab mir ordentlich Kontra. »Vielleicht sehen wir so aus [die Jackenfarbe der Leute von der Qualität ist anders], aber das ist nicht unsere Aufgabe. Wir bilden eine Brücke zwischen der Produktion und dem Kunden.« Klages sieht es als seine Aufgabe, die Mitarbeiter in der Fabrik zu unterstützen. »Jeder macht Fehler, und das ist nicht schlimm«, meint er. »Wichtig ist, *wie* die Menschen miteinander umgehen. Und da geht es um den Respekt für den Arbeitnehmer.«

Klingt in amerikanischen Ohren vielleicht wie »Mutterschaft und Apfelkuchen«, aber es ist wohl, wie ich meine, eine der besonderen Eigenschaften der deutschen Arbeitswelt. Fast alle in diesem Werk sind durch das Lehrlingsausbildungssystem geprägt. Die Arbeitnehmer *sind* tatsächlich kompetent und werden auch so wahrgenommen. Der wichtige Punkt, sagt Produktionschef Hintersberger, ist nicht die Disziplin, sondern die »Selbstdisziplin«. Geschicklichkeit und handwerkliche Fähigkeiten werden gegenseitig anerkannt, beispielsweise zwischen dem Arbeitnehmer in der Produktion, dem Ingenieur und dem Mitarbeiter in der Qualitätskontrolle. Man verbringt viel Zeit damit, Achtung vor Werkstoffen und Präzision zu entwickeln. In den meisten US-Unternehmen fehlt diese Basis, da der Arbeiter grundlegende Kenntnisse nicht erwerben konnte und der Chef, der sich nie die Finger schmutzig macht, die Resultate dieser Fertigkeiten nicht erkennen würde, selbst dann nicht, wenn man ihn mit der Nase darauf stieße.

Mit dem Gedanken der Selbstdisziplin einher geht der Gedanke der *Selbstverwirklichung*, wie Hintersberger es nennt. Bei Siemens war ihm diese Selbstverwirklichung nicht möglich; deshalb ging er dort weg. Und aus demselben Grund ging Siegfried Meister gar nicht erst hin. »Meine Familie bestand aus Beamten, Lehrern«, sagte Meister. »Sie sagten mir alle (als ich ein junger Ingenieur war), geh zu Siemens, da hast du Sicherheit. Aber das wollte ich nicht. Ich wollte Möglichkeiten ausschöpfen, etwas bewegen können.«

Etwas bewegen können ist ein Ausdruck, den man von Meister oft hört. Er betont: »Junge Ingenieure bei Rational spüren von Anfang an, daß sie mit ihrer Arbeit tatsächlich etwas bewirken können. Und übrigens – ihr Arbeitsplatz hier ist ebenso sicher wie bei einem Großunternehmen. Und wenn Sie wirklich etwas bewegen wollen, sind Sie hier viel eher am rechten Ort.«

20. Kapitel

Netze I: Abschied von der vertikalen Integration, jetzt kommen die Netze

In den neunziger Jahren wird die Selbstbezogenheit der Unternehmen einer Zusammenarbeit weichen müssen . . . Das Konzept von Unternehmen als einem geschlossenen Ganzen, das gleich einer Festung unabhängig dasteht, wird an Bedeutung verlieren. An seine Stelle wird vermehrt das Konzept der Partnerschaft zwischen Unternehmen rücken . . . Sie werden sich auf das konzentrieren, was sie am besten können, und sich mit anderen Firmen, die etwas Wertvolles, etwas für ihre Dienstleistungsangebote Unerläßliches anzubieten haben, zusammentun.
L. Berry/A. Porasuraman
Marketing Services

Die größte Herausforderung des 21. Jahrhunderts wird darin liegen, Projekte zu entwickeln, die sämtliche konventionellen Grenzen sprengen. Das gilt für die Herstellung globaler Produkte ebenso wie für den Kampf gegen den weltweiten Temperaturanstieg. Die Bürokratien des industriellen Zeitalters mit ihrer strengen Ausrichtung am hausinternen Protokoll werden bei den neuen unternehmensübergreifenden, transkontinentalen Netzen einen ähnlichen Eindruck erwecken wie eine alte »Royal«-Schreibmaschine bei einem PC-Benutzer.
Jessica Lipnack und Jeffrey Stamps
St. Louis Post-Dispatch,
22. Dezember 1991

Ich muß ständig neue Netze aufbauen und bin immer auf der Suche nach geeigneten Partnern.
Stephen Wayne, Vorstandsvorsitzender
»Sasson« (Umsatz 1991:
256 Millionen Dollar. Zahl der Beschäftigten: neun)

Die Angelpunkte unserer wirtschaftlichen Zukunft sind die Informations- und die Biotechnologie. In diesen beiden Industriezweigen entwickeln sich »Organisationen« – die man aber erst einmal finden muß! – in ganz neuen Formen. Sie bemühen sich darum, dem raschen wissenschaftlichen Fortschritt und einem explosionsartigen Anstieg der Unternehmerzahlen gerecht zu werden. Wie Brian Quinn von Dartmouth einmal sagte, stammt fast jedes neue Produkt in der Biotechnologie aus einer »Gesellschaft«, deren Organisationsstruktur einmalig ist. Das Markenzeichen der Branche ist die *extreme Spezialisierung*. Einige der Gesellschaften sind bei bestimmten Aspekten der wissenschaftlichen Grundlagen herausragend, andere sind Meister auf dem Gebiet bahnbrechender Pflanzenentwicklung, wieder andere leben von der Produktion in kommerziellen Größenordnungen, manche befassen sich mit klinischen Versuchen, und einige, unter ihnen die größten Pharmaunternehmen, dominieren das komplizierte Marketing, den Verkauf und das komplexe Vertriebsnetz. Die Vorstellung der vertikalen Integration ist diesen Unternehmen – bis auf wenige Ausnahmen – ein Greuel, und auch diese wenigen Ausnahmen arbeiten intensiv daran, sich in handlichere, effektivere Einheiten aufzuteilen. Es geht also buchstäblich um *Desintegration*.

Strohhalme im Wind

Finanzserviceunternehmen desintegrieren rasch. Erinnern Sie sich an die Industrieanalyse von Steiner und Teixeira im Abschnitt über die Informationstechnologie: Unternehmen konzentrieren sich auf das, was sie am besten können, und lagern die übrige Arbeit an eine wachsende Zahl unternehmerischer Firmen aus, die oft gar nicht zu dieser »Branche« gehören. (Branche in Anführungszeichen, da Finanzserviceunternehmen oft Pakete an

Serviceaktivitäten anbieten, von denen die meisten nichts mit Finanzen zu tun haben: z.B. Datenverarbeitung, Rechtsangelegenheiten usw.) Selbst die schwerfälligen Automobilfirmen stürzen sich in eine Kampagne der Auftragsvergabe. Früher bezogen sie nur sekundäre Bauteile aus anderen »Quellen«. Heute beginnen sie sogar, die Forschung und Entwicklung nach außen zu verlagern. Wenn sie nicht desintegrieren, fördern sie zum Beispiel zumindest interne Bauteileinheiten mit dem Ziel, ihre Produkte wie »echte Geschäftsunternehmen« auf dem offenen Markt zu verkaufen. Aber es gibt noch andere Beispiele:

- Robert Reich, *New Perspectives Quarterly*: »Wenn ein Amerikaner einen Pontiac Le Mans von General Motors kauft, ist dies eine internationale Transaktion. GM erhält für den Wagen 20 000 Dollar. Davon gehen ungefähr 6000 Dollar – für Arbeit und Montage – nach Korea. 3500 gehen nach Japan, das hochentwickelte Teile wie Motoren und Elektronik liefert. 1500 Dollar gehen nach Deutschland für Styling und Konstruktion. Taiwan und Singapur erhalten für Kleinteile 800 Dollar, England bekommt 500 Dollar für Marketing. 100 Dollar finden den Weg nach Barbados oder Irland – für die Datenverarbeitung. Den Rest – weniger als 8000 Dollar – erhalten Strategen in Detroit, Anwälte und Banker in New York, Lobbyisten in Washington, Beschäftigte bei Kranken- und anderen Versicherungen überall in den USA und die Aktionäre von GM. Die meisten der letzteren leben in den USA, aber die Zahl der ausländischen Aktionäre steigt.« (Dies als anschauliches Beispiel für den Sinn – oder Unsinn – der »Buy American«-Aktionen.)
- *The Economist* (29. September 1990) berichtete, daß »International Automotive Design« (IAD) Einnahmen von 77 Millionen Dollar verzeichnete. John Shute gründete die Firma 1976. Heute hat sie 1300 Mitarbeiter in Amerika, Europa und in Japan. Das Unternehmen erfreut sich aus mehreren Gründen einer starken Nachfrage bei den Autoherstellern: Einige haben ihre internen Design-Abteilungen zurechtgestutzt. Andere geben Projekte ganz bewußt an Firmen wie IAD, um neue Perspektiven zu entwickeln. Der wichtigste Faktor aber ist die Schnelligkeit von IAD. Seine Hauptaufgabe sieht das Unternehmen darin, »Ideen, die auf einem computergestützten De-

sign-Bildschirm entstehen, in einen Prototyp, den Spitzenmanager fahren können, umzusetzen ... So entstand der Mazda MX-5. Das Originalkonzept und das Originalstyling kam vom Mazda-F&E-Zentrum in Irvine (Kalifornien). Ein IAD-Prototyp wurde nach Kalifornien geschickt, damit die Mitarbeiter von Mazda ihn im Zielmarkt testfahren konnten. In dem Augenblick, als Autofahrer in Santa Barbara dem Wagen hinterherjagten, um zu fragen, wo sie einen kaufen konnten, war dem Unternehmen klar, daß das Auto ein Erfolg werden würde.« *The Economist* fügt hinzu, daß es noch vor 15 Jahren für Autoproduzenten undenkbar gewesen wäre, die Aufgaben, die IAD inzwischen routinemäßig übernimmt, auszulagern.

- Kevin Done, *Financial Times*, 6. März 1991: »Ford unterzeichnete einen Vertrag mit Yamaha in Japan: Yamaha soll einen kleinen Motor für den Einsatz in Fords europäischen Autos ab Mitte der neunziger Jahre entwerfen und entwickeln ... Dies ist das erste Mal, daß Ford ein solch wichtiges Element seines ureigenen Maschinenbauentwicklungsprogramms extern vergeben hat. Und es ist das erste Mal, daß sich Ford an Japan wandte.«
- »Großunternehmen hecheln jetzt der Außenvergabe hinterher«, *Computerworld*, 30. September 1991. »General Dynamics Corp. und Computer Sciences Corp. betraten auf aufsehenerregende Weise Neuland im Bereich der Nutzer und Anbieter von Fremddienstleistungen. Die Organisationen schlossen letzte Woche einen Vertrag über einen zehnjährigen Computerservice ab. Wert: Geschätzte 3 Milliarden Dollar.«
- Ende 1991 strebte McDonnell Douglas eine umfassende Partnerschaft mit Taiwan Aerospace an. Um in Konkurrenz zu Boeing und Airbus treten zu können, bemüht sich die Gesellschaft um Desintegration. *The Wall Stree Journal* berichtet sogar, daß McDonnell nur noch »an drei Kernbereichen« festhalten wolle: am Design, an der Endmontage und an den Testflügen.

»Neue Größe« = Größe des Netzes

Was *ist* Größe? Seit mehreren hundert Jahren koppelte man diesen Begriff mit dem des Besitzes. Der Wirtschaftshistoriker und Pulitzer-Preisträger Alfred Chandler beschrieb die Entstehung des modernen Unternehmens des Industriezeitalters. Dabei schildert er die vollständige Verlagerung auf die vertikale Integration gegen Ende des 19. Jahrhunderts als den letzten Schritt zur modernen Organisation. Es war damals sicherlich sinnvoll, alles ganz und gar unter eigener Kontrolle zu halten: In der Wirtschaft von vorgestern war die zuverlässige Lieferung von Rohstoffen wie Eisen und Öl von großer Bedeutung. Die begrenzten Kommunikationsmöglichkeiten (kein elektronischer Datenaustausch!) und die unzulänglichen Transportwege sorgten für allgemeine Unsicherheit. Das ist heute jedoch alles anders!

Zum einen werden die unhandlichen Rohstoffe immer mehr durch kurzlebige »Geisteskraft« ersetzt, die heute die Quelle des stärksten Wertzuwaches ist. Doch Geisteskraft ist – im Gegensatz zu einem Ölfeld oder einem Kohlevorkommen – unbeständig; sie löst sich auf, wandelt sich ständig. Der neuen Technologie, die es ermöglicht, so gut wie fehlerlos und ohne Papier zu kommunizieren und zu koordinieren (dank EDI), verdanken es die Unternehmen, daß sie beides haben können: Verläßlichkeit einerseits und andererseits die Möglichkeit, die Arbeit anderer, die auf bestimmte Aufgaben spezialisiert sind, in Anspruch zu nehmen. Gegen die vertikale Integration spricht heute aber vor allem eines: *Innovation* und *Flexibilität*, die neu am Horizont erschienenen Leitsterne, sind schlüssigerweise unvereinbar mit dem Besitz aller Ressourcen.

Angesichts dieser Entwicklungen sollten alte Vorstellungen über Größe in der Versenkung verschwinden. »Neugroß« – und das kann durchaus riesig groß bedeuten – steht für die »Netzgröße«. Das heißt: Die Größe – gemessen zum Beispiel an der Marktposition – ist eine Funktion der gesamten zu einem Unternehmen gehörigen Familie von zeitweiligen oder quasipermanenten Gruppen. Es ist nicht eine Funktion dessen, was das Unternehmen besitzt und direkt kontrolliert.

Es ist schwierig, sich die neue, desintegrierte Unternehmens-Netzform der »Eigentlich-sind-wir-gar-kein-Unternehmen« vorzustellen. Es zu führen, ist Quälerei. Nehmen wir als Beispiel die heutige Form der Vergabe von Unteraufträgen: Das ist nicht das gleiche wie früher, als die Ingenieure einer Firma in einem Vakuum Produktmuster entwickelten, als die Käufer gedankenlos das günstigste Angebot unter den Anbietern aussuchten, die sie in den Gelben Seiten finden konnten – und als die häufig unbefriedigende Qualität dieser »Bande in der Fertigung« angelastet wurde. Bei der heutigen Vergabe von Unteraufträgen (die Vorsilbe »unter« kann ich nicht mehr akzeptieren, wie ich gleich erläutern werde) geht es um Netze und Beziehungen unter *Gleichgestellten* (und hoffentlich – dafür sollten Sie beten: »Besseren«). Eine wichtige Aufgabe für das Management der Organisation ist es zu erlernen, wie ein Netz von Beziehungen unter Gleichberechtigten/Besseren zu führen ist. Nur sehr wenigen ist klar, was ansteht. (Unter den Großen sind Unternehmen wie Apple und MCI vorne zu finden. Auf Kontrolle fixierte Oldtimer wie GM und IBM haben den weitesten Weg vor sich.) Wie viele Ausbildungskurse hält Ihr Unternehmen zum Thema »*Management der Beziehungen zu Externen*« ab? Wie viele sind für all Ihre Manager Pflicht? Dies sind die Fragen, die wir stellen müssen!

Die flexible, vernetzte Welt von MCI

> *Wenn Sie zu der Erkenntnis gelangen, daß man ständig unter dem Druck steht, Starrheit zu institutionalisieren, und daß es einen normalen Trend gibt, den Status quo verewigen zu wollen, dann müssen Sie genau das Gegenteil tun: nämlich den Wandel institutionalisieren.*
> Bill McGowan
> MCI-Interview mit dem Autor, 1989

Bill Gowans MCI ist der David, der den Goliath AT&T besiegte und inzwischen selbst zu einem Goliath herangewachsen ist. Wenn Sie sich aber heute bei MCI umschauen, fallen Ihnen trotz der Größe des Unternehmens als erstes Vitalität, Energie und ein kaum beherrschbar erscheinendes Chaos auf – und das, obwohl MCI ein Telekommunikationsnetz betreibt, in dem große Fehler im Betrieb einfach nicht zulässig sind.
Dies läßt sich zum Teil mit der mageren Organisationsstruktur erklären. Bei unserem Interview Anfang 1989 war McGowan, der inzwischen verstorben ist, stolz darauf, »weitaus weniger Mitarbeiter im mittleren Management« zu haben als vergleichbare

Firmen. Er sagte, das mittlere Management auf der Hierarchieleiter verlangsame alles, unterdrücke wichtige Informationen und blockiere Entscheidungen – und er fügte hinzu: »Die meisten Mitarbeiter im mittleren Management sind eigentlich nicht mehr als ›menschliche Botschaftübertrager‹! Sie sammeln Informationen, stellen sie zusammen, verzerren sie ein wenig und sitzen sehr lange darauf, da Information Macht bedeutet. Dann erst verteilen sie die Information. Das dauert alles sehr lange und ist sehr kostspielig. Der Prozeß der Entscheidungsfindung wird dadurch fast ausgeschaltet.« Und das geht nicht an, weder bei MCI noch sonstwo.

Die Philosophie bei MCI ist klar: »Freiheit und Verantwortung.« Der Topmanager Dick Liebhaber betont, daß MCI »kein Kindermädchen« sei. Die Mitarbeiter trügen »Verantwortung in einem für sie unvorstellbaren Ausmaß. Sie erhalten die Chance, mit ihrer Aufgabe zu wachsen, ihre Arbeit selbst zu gestalten, in einer Umgebung ohne Hierarchie zu arbeiten.« Wenn sie aber »nicht in dieses Umfeld passen, müssen sie gehen. Wir verhätscheln niemanden. Wir sind kein patriarchalisches Unternehmen. Menschen, die sich in einer unstrukturierten Welt nicht wohl fühlen, schaffen es bei uns nicht.« Insgesamt, so Liebhaber, ist MCI nichts weniger als ein mutiges »soziales Experiment«. Dieses Experiment mit einem völlig *offenen internen* Management, spiegelt sich auch im Umgang der Firma mit Außenstehenden.

Per Untervertrag: Ein »Way of Life«

Davon profitiert MCI: 9000 Ingenieure, die *nicht* auf seinen Gehaltslisten stehen; eine erfahrene Führungskraft für hochentwickelte Technologie, die selbst *keine* Technologie entwickelt; und eine zwei Hektar große Forschungs- und Entwicklungsabteilung in Richardson (Texas), die 65 Millionen Dollar kostete und an der F&E *nicht* stattfindet. Diese Einrichtung ist das »Entwicklungslabor für Ingenieurwesen«, denn hier werden Technologien – entwickelt von Dutzenden unabhängiger Vertragspartner in aller Welt – getestet, vervollkommnet und dann in das MCI-Telekommunikationsnetz integriert.

MCI entschied sich für die Vergabe von Unteraufträgen, weil es gar keine andere Wahl hatte! Als das Unternehmen 1968 gegründet wurde, war niemand in den USA bereit, dem Unternehmen Betriebsmittel zu verkaufen. MCI wandte sich daraufhin an internationale Zulieferer und etablierte seinen Telekommunikationsservice mit Hard- und Software, die zum Teil (oder ganz) von anderen entwickelt wurde. In einer Industrie, in der Produkte meist bereits nach einem Jahr veraltet sind, vertritt MCI heute die Ansicht, daß es effektiver ist, Zeit mit der Suche nach innovativen Zulieferern zu verbringen als mit der Entwicklung eigener Technologien. »Ich habe Zugang zu den intellektuellen Fähigkeiten von neuntausend [bei anderen Firmen arbeitenden] Ingenieuren«, meint Liebhaber. »Wie viele stünden mir in einer firmeneigenen Abteilung zur Verfügung? Vielleicht fünfhundert.«

MCI hat einen Stab von etwa zwölf Mitarbeitern, der unablässig die ganze Welt nach führenden Technologien durchkämmt, berichtete uns Liebhaber. (Ein Ergebnis: Das Unternehmen setzte vor allen Konkurrenten von Corning Glass entwickelte Glasfaserkabel ein.) Um die Zulieferer dazu zu bringen, ihre Technologien bis zum letzten auszuschöpfen, hat die Gesellschaft für jede der Netzfunktionen zwei Subunternehmer, also für die Glasfaseroptik, die Schaltzentralen usw. Dann wird mit einem automatisierten, im Netz verankerten Meßsystem die Zuverlässigkeit der von den Subunternehmern gelieferten Ausrüstung überwacht. Die Verträge werden immer nur um ein Jahr verlängert. »Unsere Subkontraktoren lernen sehr schnell, daß sie bei Lieferung nicht funktionierender oder veralteter Technologie nicht sehr lange unsere Zulieferer bleiben«, erklärte uns Liebhaber.

Ein Beispiel: Zwei große Unternehmen, ein amerikanisches und ein japanisches, belieferten MCI mit Lasertechnologie, die Faseroptikkabel mit einer Übertragungsgeschwindigkeit von 405 Megabytes pro Sekunde versah (das entspricht der gleichzeitigen Übermittlung von 6000 Telefongesprächen pro Sekunde). Der zweite Verkäufer bot 565 Megabytes an; er erhielt des Zuschlag für alle neuen MCI-Leitungen. Dem ersten Anbieter gelang dann der Sprung auf 810 Megabytes – er erhielt den Zuschlag beim nächsten Vertragsabschluß. »Wenn wir von nur einem Anbieter abhängig gewesen wären, lägen wir wohl immer noch bei 405«, sagte Liebhaber. »Wenn wir unsere eigene Ausrüstung selbst entwickelt hätten, ist ebenfalls davon auszugehen, daß wir noch bei 405 lägen.«

Anbieter, die bei neuen Verträgen nicht zum Zuge kommen, sind aber nicht völlig aus dem Rennen. Ausrüstungen des »Verlierers« bei der Vertragsvergabe für die Lasertechnologie befinden sich nach wie vor im MCI-Netz, und das Subunternehmen hat bei der Bewerbung um neue Verträge sofort eine Chance – falls es seine Technologie verbessert. »MCI will sich jeden möglichen Zulieferer warmhalten«, sagte uns Liebhaber. »Die Firmen haben im allgemeinen den Ehrgeiz, Spitze in ihrer Branche zu sein, und wir helfen ihnen, ihre Ziele zu verwirklichen, indem wir diese hohen Normen vorgeben.«

MCI sucht sich auch routinemäßig Partner, wenn es um die Erledigung von Aufgaben außerhalb des Tätigkeitsbereichs der Gesellschaft geht. Als MCI beispielsweise Teilzeitbeschäftigte für das Fernsehmarketing brauchte, entschied sich das Unternehmen für einen Zulieferer. »Es kann nicht unsere Aufgabe sein, komplizierte Arbeitsplätze für Teilzeitbeschäftigte auszuarbeiten«, meint Liebhaber. »Ich bemühe mich darum zu lernen, wie man Qualitätsservice liefert. Ich bin der Überzeugung, daß die erfolgreichsten Unternehmen heute diejenigen sind, die über diese partnerschaftlichen Arrangements verfügen, von denen alle Beteiligten profitieren können.«

Ein Netz von Subunternehmern zu beschäftigen kann zu interessanten Konstellationen führen. Gelegentlich liefert MCI eine Dienstleistung an einen bestimmten Kunden, während der Kunde gleichzeitig Subunternehmer für MCI ist – und MCI mit dieser Firma in einem Wettbewerbsverhältnis steht. »Wenn wir miteinander sprechen, dürfen wir nie vergessen, in welcher Eigenschaft wir es tun«, berichtete Liebhaber uns. »Wenn es um den Wettbewerb geht, behandele ich jede Firma genauso wie alle anderen Konkurrenten auch.« Er fügt hinzu: »Wenn Sie drei derart komplexe Beziehungen ganz rational miteinander vereinbaren können, haben Sie gewonnen, denn dann bestärken sich die Partner untereinander.«

MCI hat sich schnell zum zweitgrößten Telekommunikationsnetz der USA entwickelt, hat aber nach wie vor nicht die Absicht, seine eigene Technologie zu produzieren. Liebhaber verbringt auch keine schlaflosen Nächte damit, sich über die mangelnde Fähigkeit von MCI zu sorgen, in Eigenregie neue Produkte und Dienstleistungen zu entwickeln. »Das Entscheidende ist, wie Sie alles zusammenfügen. Da beginnt unsere Wertschöpfung. Wissen Sie, wir verstehen nämlich unser Geschäft. Wir sind keine Ingenieure, keine Fertigungsanlage. Unser Geschäft ist die Dienstleistung. *Wie* man also die einzelnen Stücke zusammenfügt, genau darin liegt die Kreativität von MCI. Wir wissen, daß *dies* unsere Stärke ist.«

Den Kuchen kann man auf mehrere Arten schneiden

AT&T übernimmt – eher zufällig – viel mehr dieser Aufgaben selbst. Dieses Unternehmen und MCI bilden jedoch nicht das einzige scharf kontrastierende Paar mächtiger, sich unmittelbar gegenüberstehender Konkurrenten. Ein Vergleich der Umsätze pro Beschäftigtem sowie den Wert der Sachanlagen in prozentualem Verhältnis zum Umsatz, und zwar für die folgenden drei Unternehmen: Apple Computer, IBM und Digital Equipment lohnt sich. Natürlich stellt dieses Trio nicht die gleichen Produkte her, aber in etwa sind diese drei Unternehmen doch vergleichbar. Unterschiede im Produktsortiment können jedenfalls in keiner Weise dazu dienen, die vierfachen Unterschiede in der Mitarbeiterleistung oder den dreifachen Unterschied in der Spalte Sachanlagen im prozentualen Verhältnis zum Umsatz zu erklären, zwischen Apple auf der einen Seite und IBM und Digital auf der anderen.

Ich behaupte gar nicht, daß IBM und Digital etwas »falsch« machen oder daß Apple alles »richtig« macht. Ich tendiere zwar in diese Richtung, brauche aber gar nicht so weit zu gehen, um meinen Standpunkt klarzumachen. Ich will nämlich nur verdeutlichen, daß hier drei Organisationen, drei Computergesellschaften völlig unterschiedliche Geschäftsmethoden gewählt haben. Die Zahlen stimmen auch mit der Beurteilung dieser drei Unternehmen durch Experten überein. Digital, ein Konzern, der sich immerhin in letzter Zeit um Änderung bemüht (nachdem er eine Reihe von Produkten mit Verspätung auf den Markt brachte), war lange dafür bekannt, daß er alles selbst in der Hand behielt: Wenn Digital es nicht selbst erfunden hatte, war es kein Gesprächsthema! Das Strickmuster bei IBM war ähnlich. Apple wiederum ist zwar nicht der extremste Fall in der Branche, aber das Unternehmen wird man wohl zu Recht als »Netzunternehmen« bezeichnen können. Das Management der zwischenmenschlichen Beziehungen ist bei Apple ebenso wichtig wie bei MCI. (Es ist auch kein Zufall, daß der Vorsprung von MCI gegenüber AT&T beim Umsatz pro Mitarbeiter in etwa dem gleicht, den Apple gegenüber IBM hält.) Apple übernimmt zwar einige seiner Schlüsselfunktionen selbst, vor allem in den Bereichen Konstruktion, Maschinenbau, Montage und Marketing, ist aber ansonsten wie MCI sehr zufrieden mit der Vergabe von Aufträgen an Zulieferer.

(Plötzlich, wie interessant, achten die Unternehmen auf Statistiken, die sie bisher eher unter den Tisch fallen ließen. Sun Microsystems etwa, das bereits einen Großteil seiner Arbeit nach außen vergibt, möchte den Trendsetter Apple mit 200 000 Dollar Umsatz pro Mitarbeiter Ende 1991 weit hinter sich lassen: Jeder Mitarbeiter soll einen Umsatz von 500 000 Dollar erwirtschaften. Wie das gehen soll? Durch gesteigerte Auftragsvergabe nach außen!) Wenn wir über japanische Unternehmen sprechen, denken wir meist an riesige Monolithen, große, ordentliche Firmen, die ihre Standardgüter massenweise ausspucken. Wie so oft irren wir uns auch hier. Tatsache ist, daß der durchschnittliche japanische Großkonzern – wie Nissan, Fujitsu oder Canon – ein Netz ist, das sich in höchstem Maße auf kleine (selbst kleinste) Subunternehmer verläßt. Die »Muttergesellschaft« behält sich einige wichtige Funktionen vor, und das war's dann auch schon. Ein Beispiel ist die Kao Corporation, mit 4 Milliarden Dollar der japanische Marktführer bei Fertigwaren. Das Unternehmen führt auf seinen Gehaltslisten etwa 6700 Beschäftigte; das bedeutet gut tausend Mitarbeiter pro Milliarde Umsatz, also etwa 600 000 Dollar pro Mitarbeiter. Sara Lee, typischer Vertreter für amerikanische und europäische Fertigwaren, bringt es mit 100 000 Mitarbeitern auf 12 Milliarden – pro Dollar Umsatz fünfmal soviel Beschäftigte wie bei Kao. Darüber hinaus sind ungefähr 2800 der 6700 Mitarbeiter bei Kao, also verblüffende 42 Prozent, in Forschung und Entwicklung tätig!

Apple, Kao und MCI unterscheiden sich in ihrer vertikalen Integration drastisch von ihren wichtigsten Konkurrenten. Kao hat einen mächtigen Direktvertrieb im riesigen japanischen Markt (und breitet sich rapide in anderen Ländern aus). Apple ist in den USA und weiten Teilen der Welt tonangebend. MCI hat in den USA feste Wurzeln geschlagen und streckt ebenfalls die Fühler in andere Länder aus. Mit anderen Worten: Kao und Apple haben eine enorme globale Marktposition und -präsenz. Und doch »tun« sie nicht so viel wie ihre wichtigsten Konkurrenten. Einen großen Teil aller Aufgaben vergeben sie nach draußen. Ihre Arbeitskraft konzentrieren sie auf Ideen – Technik, die Entwicklung neuer Produkte, Werbung usw. Die weltweite Apple-, Kao- und MCI-Macht ist also überwiegend die Macht eines Netzes.

Macht, vertikale Integration und »neue Größe«

Die Marktposition ist heute nicht mehr proportional zu der Größe, wie sie sich aus der vertikalen Integration oder der Anzahl der Mitarbeiter auf den Lohn- und Gehaltslisten berechnen läßt. Man könnte aufgrund der oben erstellten Analyse sogar sagen, daß sich die Macht heute möglicherweise *umgekehrt proportional* zur vertikalen Integrationsgröße verhält. Das vertikal integrierte Unternehmen wird zu schwerfällig und nimmt sich selbst den Zugang zu vielen, reichen Innovationsquellen.
Statt dessen ist der Erfolg auf dem heutigen Markt direkt proportional zu dem Wissen, das ein Unternehmen einsetzen kann, der Schnelligkeit, mit der es das tut, sowie der Geschwindigkeit, mit der das Unternehmen Wissen ansammelt. Marktmacht ist also die Fähigkeit, das beste Netz von Insidern und Outsidern aufzubauen und seine sich kurzfristig bietende Möglichkeit zu nutzen. Die Fähigkeit, Wissen schnell einzusetzen, ist wiederum weitgehend eine Funktion folgender Faktoren:

- der Reichweite des Firmen»netzes«, inklusive der Insider und Outsider, die die unterschiedlichsten Größen haben und von überallher kommen können,
- die Dichte des Netzes, das heißt (1) die Vielfalt der Netzpartner, die an einem bestimmten Projekt beteiligt sind, und (2) die Intensität der Beziehungen, auf die man jederzeit ohne Verzug zurückgreifen kann,
- die Flexibilität des Netzes und die Fähigkeit, es durch schnelle Umgruppierung zu erneuern.

Per definitionem umfassen solche Netze (sind aber nicht darauf beschränkt): (1) Zulieferer, (2) Zulieferer der Zulieferer, (3) Vertriebsunternehmen, (4) Franchisenehmer, (5) weiter Zwischenhändler, (6) Kunden, (7) Kunden der Kunden und (8)

weiter spezialisierte Ressourcen, etwa Universitätsprofessoren und Berater.
Die moderne Marktmacht stammt also überwiegend aus Ressourcen, die man weder »besitzt« noch im alten, hierarchischen Sinne »kontrolliert«. In der auf Wissen basierenden Gesellschaft, in welcher die zu einer Aufgabe beigetragenen Ideen die wichtigste Wertquelle sind, besitzt man per definitionem gar keine Ressourcen. Jeder muß *freiwillig* (anders geht es nicht – das ist ja der entscheidende Punkt!) *seine Phantasie einbringen*, ob er nun auf der Gehaltsliste steht oder nicht – das ist der neue Name des neuen Spiels.

»Neue« Kernkompetenz (Seele II)

Dies alles soll natürlich nicht heißen, daß eine kritische Masse an wichtigen Fähigkeiten und Fertigkeiten nicht wesentlich sei. Vergessen Sie nicht – McDonnell Douglas wird seine Fähigkeiten/Aktivitäten in den Bereichen Konstruktion, Endmontage und Testflug beim Abschluß seines Geschäftes mit Taiwan Aerospace nicht abgeben. MCI betont, daß seine besondere Fähigkeit darin liegt, Telekommunikationssysteme zusammenzustellen, die dem Kunden auf der Stelle besseren Service bieten. Eine weitere strategische Fähigkeit von MCI, die das Unternehmen sich nicht aus der Hand nehmen lassen wird, ist die rasche Integration der Arbeit von Fremdfirmen.
Oder nehmen wir Rational: Trotz überwältigender Marktmöglichkeiten will Direktor Siegfried Meister seine Firma nicht über die Zahl von 400 Mitarbeitern hinaus anwachsen lassen. Bei einer Ausweitung seiner Tätigkeiten wird er mehr und mehr auf Subunternehmer zurückgreifen. Seine Kernkompetenzen aber baut er unbeirrt immer stärker aus: seine Gruppe von Köchen, die riesige F&E-Abteilung (im Vergleich zu seiner Konkurrenz und zur Größe seiner Marktnische); außerdem managt er seine Unabhängigkeit – denken Sie an die Idee der »Co-Produktionsleiter« sowie die Beibehaltung der wesentlichen Ingenieur- und Designfähigkeiten in untervertraglich belieferten Bereichen.
Innerhalb des »Netz-Macht-Systems« sind *kritische Masse* und *Kernkompetenz* also springlebendig vorhanden. Die Definition der beiden Begriffe allerdings ist sehr schwierig! Außerdem kann ein Bereich zur Kernkompetenz erklärt werden und trotzdem *ein Teil* der Arbeit in diesem Bereich nach draußen vergeben werden.

BMW zum Beispiel wird vielleicht bald beschließen, Motorenblöcke – eine Kernkompetenz – extern produzieren zu lassen. Das heißt natürlich nicht, daß BMW die Absicht hätte, seine Fähigkeiten in diesem wichtigen Bereich verkümmern zu lassen. Ganz im Gegenteil: Gerade weil die Motorblöcke so wichtig sind, ist es dringend erforderlich, daß BMW mit allen möglichen cleveren Outsidern zusammenarbeitet. Es mag verrückt klingen, aber es ist so: Je wichtiger ein »Kernkompetenz«-Bereich ist, desto wichtiger ist es, starke Subunternehmen in diesen Bereich einzuschalten, denen die hauseigenen Experten zuhören müssen. (Darauf kommen wir noch im Abschnitt über Markt und Innovation zurück. Im Augenblick möchte ich dazu nur folgendes anmerken: Je bedeutender die Kernkompetenz ist, desto unwahrscheinlicher wird es, daß die hausinternen Experten *überhaupt jemandem* zuhören. Traurig, aber nicht eben überraschend. Es sind extreme organisatorische Maßnahmen notwendig, um sich gewissermaßen gegen sich selbst zu impfen, damit neues Blut und neue Ideen in den kritischen Bereichen frei fließen können.)
Es muß also begriffen werden, daß für die Beibehaltung einer kritischen Masse in einem Kernbereich keine Ansammlung von Tausenden von Mitarbeitern erforderlich ist. »Kritische Masse« könnte also auch bei der größten Firma heißen: Eine Gruppe von 10 bis 30 »Starexperten«, die von einer sich ständig wandelnden Gruppe von Outsidern (Universitäten, kleinen Unternehmen usw.) unterstützt werden. Beispiel: MCIs reiselustige Gruppe von zwölf Stabstechnikern, die überall auf der Suche nach der besten Technologie/dem besten Partner sind. Man muß sich daran erinnern, daß die »neue Größe« keine Sache des Besitztums ist, sondern insgesamt gesehen eine »Netz«-Idee. Ähnlich könnte die neue kritische Masse bzw. die Kernkompetenz eine »Affinitätsgruppe« bedeuten. Eine kritische Masse für die Entwicklung von Wissen (wie man es an der Universität findet, die für ein wissensbasiertes Unternehmen zunehmend ein gutes Vorbild ist) wird im typischen Fall von einem Team von höchstens zwölf Experten geschaffen. Diese Experten sitzen an sechs verschiedenen Orten in sechs verschiedenen Ländern auf drei verschiedenen Kontinenten. Begriffe wie »Affinitätsgruppe«, »erweiterte Gemeinschaft« und »Universität« passen gut zur sich heute herausschälenden Vorstellung von einer Kraft, die mit den gegenwärtigen unbeständigen Zeiten fertig wird. Sie passen sogar ausgezeichnet: Die

Ideen der erweiterten Gemeinschaft bzw. der Affinitätsgruppe bzw. der Universität helfen, das »Wir-haben-das-hier-nicht-erfunden«-Syndrom und andere Formen der Verkalkung zu vermeiden.

Das Für und Wider der Vergabe von Unteraufträgen

> *Organisationen müssen Strukturen schaffen, die die Assimilierung externer Technologien ausdrücklich fördern . . . [Sie] sollten mehr tun, als einige »Scouts für die Suche nach Technologie-Talenten« einzustellen; sie sollten vielmehr eine organisatorische Gleichstellung der internen und externen Entwicklungstätigkeit schaffen . . . Unternehmen sollten auch über die Einführung einer »Steuer« auf hauseigene Forschungs- und Entwicklungsprojekte nachdenken: Man könnte 10 bis 15 Prozent der Gelder für die Anschaffung externer Technologien bereitstellen, zum Beispiel für Lizenzen, Beziehungen zu Universitäten und Fachwissen von Außenseitern. Das Management sollte darauf bestehen, daß bei jeder Überprüfung einer Innovation und Entwicklung eine Diskussion darüber stattfindet, wie ein neues Produkt oder eine neue Dienstleistung aus externen Quellen entstehen könnte.*
>
> Michael Schrage
> The Wall Street Journal, 14. Januar 1991

Nehmen Sie einmal für einen kleinen Augenblick an, es wäre sinnvoll, *alles* an Zulieferer zu vergeben. In den letzten Jahren forderten wir die Teilnehmer an unseren Managementseminaren auf, sich dies vorzustellen. Ihren Überlegungen verdanken wir einige wichtige Ideen:

- *Der Trend hin zur Auftragsvergabe betrifft alle:* Für AT&T, IBM und BMW ist die Vergabe von Unterverträgen ein echtes Thema, keine Frage. Für mein 10-Millionen-Dollar-Unternehmen (Umsatz) ist es aber ebenso wichtig. Wo entsteht *unsere*

Wertschöpfung? Was sind *wir*? Was sollten wir nicht tun? Unser Kommunikationsbereich verzeichnet Erlöse von etwa 4 Millionen Dollar, und das bei vier Mitarbeitern – der Umsatz pro Mitarbeiter ist damit fast dreimal so hoch wie bei Apple. Die winzige »Abteilung« (sie ist eigentlich, Sie erinnern sich, eine unabhängige Gesellschaft, eine von fünf, aus denen die »Tom Peters Group« besteht) arbeitet mit anderen zusammen in den Bereichen Fernsehen, Audio und Buchveröffentlichungen. Um mit Brian Quinn zu sprechen: Es handelt sich um eine »intellektuelle Holdinggesellschaft« – die einzigen Aktiva sind Ideen, Eigenkapital/Identität (ein Minimum an Marktmacht) und die Fähigkeit, effektiv mit einer Vielzahl an Netzpartnern zusammenzuarbeiten.

- *Das Hauptziel bei der umfassenden Arbeitsvergabe nach draußen ist die Innovation.* MCI und Apple behaupten sich auf hektischen Märkten, und dies gelingt ihnen überwiegend mit der Hilfe Außenstehender. Das Zulieferwesen ist keineswegs eine neue Idee – wir sind immer schon nach außen gegangen, um Effektivität zu kaufen. Aber in unserer »tapferen neuen Welt«, wo jede Ware eine Modeware ist, ist es primäre Aufgabe einer Institution, aus gewohnheitsmäßigen Verhaltensmustern auszubrechen. Dieses Ziel läßt sich nur im ständigen und engen Handel mit Außenseitern erreichen. Die Vergabe von Unteraufträgen allein garantiert noch keine Innovation! Es gibt kluge und dumme Aufträge. Zunächst liegt mir nur daran, den Mut zur Vergabe von Unteraufträgen zu wecken.
- *Effektivität ist eine positive Nebenwirkung der Vergabe von Unteraufträgen – aber nicht aufgrund der Perspektive »Einstellen/Entlassen« oder »An-/Ausschalten«.* Riesige Firmen stellen fest, daß die Auftragsvergabe an Partner bescheidener Größe fast automatisch die Effektivität erhöht. Verrückterweise sind kleine Firmen mit niedrigen Gemeinkosten und der Fähigkeit, schnell wie der Blitz zu handeln, im allgemeinen viel schlagkräftiger als Großunternehmen, die »es alles« in hauseigenen Abteilungen bearbeiten. Anmerkung: Die Effektivität ist auf die Struktur des Subunternehmens zurückzuführen. Sie rührt nicht daher, daß – wie bisher allgemein verfahren wurde – die Subunternehmen an Bord kommen durften, wenn der Bedarf bestand, und bei niedrigem Bedarf wieder abgeschoben wurden. Eine solche Vorstellung ist im heutigen Um-

feld der Subunternehmen mehr als fehl am Platz. Wenn wir davon sprechen, wirkliche »Netzpartnerschaften« zu entwickeln, wäre es ein Fehler, die Subunternehmen als etwas zu behandeln, dessen man sich nach Lust und Laune wieder entledigt.

- *Subunternehmen sollten an allen Arbeitsvorgängen beteiligt werden – auch an Forschung und Entwicklung*. Das Netzunternehmen Apple behielt den Löwenanteil der »Denkfunktion« innerhalb der eigenen vier Wände. Trotzdem versteht das Unternehmen es meisterhaft, im Geistesbereich Subunternehmen einzuschalten. Das geht von Tausenden von Softwareentwicklern bis hin zu unabhängigen Vertragspartnern, die allem, was Apple tut, eine gewisse Klasse verleihen. (Um die Bucht von San Francisco herum scheint es manchmal schwierig, einen intelligenten Menschen zu finden, der noch kein Sonderprojekt für Apple durchgeführt hat!) Und erinnern Sie sich an die 9000 Ingenieure, die für MCI arbeiten? Eigentlich ist es ja nur ein Dutzend, das damit beschäftigt ist, 9000 Ingenieure bei *anderen* Firmen zu finden und einzusetzen.
- *Bilden Sie aus, teilen Sie Wertvorstellungen, teilen Sie Informationen, und laden Sie »Außenseiter« ein, an allem teilzunehmen*. Eine effektive Gruppe von Außenseitern muß als koordiniertes Ganzes arbeiten. Das bedeutet, daß man der Verwaltung des Netzes mehr Aufmerksamkeit schenken muß als normalen Organisationsformen. Vor allem sind die Außenseiter wie firmeneigene Mitarbeiter zu behandeln. Außenseiter müssen beispielsweise sofortigen Zugang zu praktisch allen Informationen des Netzpartners erhalten, auch zu den bestgehütetsten. Einen Haken hat die Sache jedoch. Wenn die »Insider-Eingliederung« zu extrem wird, verlieren Sie eben jene Frische, die Sie sich von einem Subunternehmen erhofft hatten. Man könnte annehmen, daß Sie die lähmende Abhängigkeit verhindern können, indem man vom Subunternehmen hohe, jährliche Verbesserungsquoten verlangt. Das ist ein nützlicher Schritt, reicht aber nicht aus.
- *Der Ruf aus der Chefetage sollte heute lauten: »Beweisen Sie mir, daß man es nicht per Arbeitsvergabe machen kann!«* Die hauseigenen Abteilungen sollten die Beweislast für die Berechtigung ihrer eigenen Existenz tragen. Das wichtigste ist es, die Entscheidungen über das »Herstellen«/»Kaufen« in einem fai-

ren Wettbewerb zu treffen. Die hauseigene Abteilung sollte zum Beispiel voll kalkuliert werden.

- *Beschließen Sie, eine Aufgabe* nicht *an einen Subunternehmer zu vergeben, machen Sie es der Gruppe, die die Arbeit übernimmt, zur Auflage, einen erheblichen Anteil ihrer Produkton »draußen« zu Marktpreisen zu verkaufen.* Wenn Sie die Subidee nicht mit Haut und Haaren übernehmen wollen, simulieren Sie zumindest den offenen Markt. (Das gilt auch für alle Stabsfunktionen, siehe ABB.)
- *»Verkaufen Sie nicht Ihre Seele an die Subunternehmen.* Dies war der Rat eines hohen Federal-Express-Mitarbeiters und Teilnehmers an einem unserer Seminare, als wir unsere »Geben Sie alles aus dem Haus«-Frage stellten. Es muß »etwas« übrigbleiben, über das sich Apple, MCI oder Kao definieren. Dieses »Etwas«, das der *Seele* eines Unternehmens entspricht oder dem, was das Unternehmen von anderen unterscheidet, zu bestimmen, wird aber immer schwieriger und wandelt sich drastisch.

Fallgruben der exzessiven Auftragsvergabe . . . vielleicht

Die Teilnehmer an unseren Seminaren akzeptieren meist die Idee, der Desintegration weitaus mehr Beachtung zu schenken als bisher und mehr Arbeiten nach draußen zu vergeben. Es tauchen aber immer wieder schwerwiegende Einwände auf.

- *Das Subunternehmen, das Ihre Geheimnisse kennt, kann Sie bei der Kehle packen. Wenn nicht mehrere Subunternehmen verfügbar sind, wird die Abhängigkeit automatisch zum Problem.*

Erwiderung: MCI ist bei der Bekämpfung der Abhängigkeit wegweisend. Das Unternehmen besteht auf einem hohen Standard seiner Subunternehmen, nicht unbedingt auf einem maßgeschneiderten Produkt. Von Subunternehmern wird erwartet, daß sie sich an ausdrücklich festgelegte hohe Normen halten und so ständig nach Verbesserungen streben (also in seiner Klasse oder in der ganzen Welt die Nummer eins zu werden). Werden diese Normen nicht erfüllt, wird das Subunternehmen fallengelassen. MCI durchkämmt zudem ständig die ganze Welt nach weiteren/besseren Subunternehmen. Findet MCI einen vielversprechenden Kandidaten, testet die Firma zunächst in einem winzigen Marktbereich, aus welchem Holz er geschnitzt ist.

Es stimmt natürlich, daß ein Abhängigkeitsverhältnis entsteht, wenn tatsächlich nur ein einziger Anbieter verfügbar ist. Teilweise geht es ja eben darum, durch das Netz größere Abhängigkeit zu schaffen. Die Akzeptanz gegenseitiger Abhängigkeit macht sich durch ein freudigeres Streben nach Innovationen, durch größere Flexibilität und Effektivität bezahlt. Die »Kosten« für die Subunternehmen bestehen in einer großen Anstrengung, die viele scheuen, nämlich die effektive Verwaltung abhängiger Beziehungen zu erlernen.

- *Subunternehmer, die Ihre Geheimnisse erfahren, werden sich in Ihren Geschäftsbereich hinein ausdehnen.*

Erwiderung: C'est la vie! Ich weiß, diese Antwort wird Sie kaum zum Schweigen bringen, aber »c'est la vie« hat durchaus seinen Platz im Leben. In einer schnellebigen, sich ständig wandelnden Welt muß man schnell Netze schaffen, um vorübereilende Marktchancen erhaschen zu können. Stellen Sie das bestmögliche Netz für die heutige Gelegenheit zusammen, und hoffen Sie auf das Beste.

Vor allem aber sollten Sie nicht vergessen, daß wir ein ganz neues Spiel der »Zuliefererbeziehungen« beschreiben. Wenn Ihnen ein Subunternehmen zu nahe »auf den Pelz rückt«, läßt sich das meist auf drei Gründe zurückführen: (1) Sie waren bei der ursprünglichen Auswahl nachlässig; (2) Sie quengelten unaufhörlich in einer Weise mit dem Subunternehmer herum, die jeden auf eine Geduldsprobe gestellt hätte; und/oder (3) Sie haben von Anfang an nicht wirklich in diese Partnerschaft und in gegenseitiges Vertrauen investiert. Lektion: Wenn Sie nicht wollen, daß Ihre Subunternehmer Sie linken, müssen auch Sie sich ihnen gegenüber fair verhalten. Und: Arbeiten Sie nur mit den Besten zusammen, denn die sind damit beschäftigt, die Leistungen auf ihrem eigenen Spezialgebiet zu verbessern. Ein Eindringen in ihren Geschäftsbereich würde für sie nur eine Ablenkung von ihrer eigentlichen Zielsetzung bedeuten. (Außerdem sind »die Besten«, egal in welchen Bereichen, meist sehr integer.)

- *Bei der Produktion von Bauteilen (und übrigens auch bei der Produktion von Dienstleistungen) ist eine sehr große Kostendegression möglich. Wenn unterschiedliche Anbieter von außerhalb meine Firma mit verschiedenen Teilen beliefern, verweigere*

ich dem Teileproduzenten im eigenen Haus den Zugang zur gesamten Firma – und nehme ihm so die Möglichkeit zu wirklich großen Einsparungen.
Erwiderung: Sehen wir einmal davon ab, daß die Kostendegression immer wahnwitzig überschätzt wird. Wenn es etwa um Sicherheitsprobleme, Parkmöglichkeiten oder die Ausbildung an Spezialgeräten geht, sind es häufig die Subunternehmer, die die größten Einsparungen erbringen! Denken Sie an CCT: Dessen 50-Personen-Einheiten sind größer als American Airlines mit seinen 10 Milliarden Dollar – zumindest was einen bestimmten Triebwerkrotor anbelangt. Und wie steht es mit dem hauseigenen Produzenten, der dem Großunternehmen (Ihrem) alles auf einem Silbertablett – also monopolistisch – serviert? Ich halte dies für den besten Weg zur Zementierung der Ineffektivität. Dieser interne Produzent muß seinen Weg zur Kostendegression in fairen Kämpfen auf dem offenen Markt *verdienen.*

- *Wenn die Subunternehmen zu weit entfernt sind, werden die »sanfte« – aber wesentliche – Intimität und das Lernen, die aus dem täglichen Kontakt erwachsen, fehlen.*

Erwiderung: Zunächst einmal entsteht aus übergroßer Nähe oft Verachtung. Ihre Innenrevision hegt meistens die typische Verachtung des Revisors für den Nicht-Buchprüfer. Gibt man aber die Buchführung aus dem Haus, wird der Zulieferer seine Verachtung zumindest hinter der ernsthaften Bemühung verstecken, den Kunden zufriedenzustellen, da er den Kunden ja nicht verlieren will. Und was noch wichtiger ist – auf der ganzen Welt tut sich Aufregendes, Neues, in allen Fachbereichen. Sie können davon ausgehen, daß der Verlust der geographischen Nähe von der Klugheit des ganz hervorragenden Subunternehmens wettgemacht wird, auf das Sie nach langer Suche endlich stießen (wie bei MCI). Noch einmal: Sie müssen nur lernen, wie man mit weit entfernten Partnern zusammenarbeitet. Knausern Sie also nicht bei der Genehmigung von Reisen, selbst in schwierigen Zeiten (gerade in schwierigen Zeiten).

- *Ist die Loyalität des Subunternehmers nicht per definitionem suspekt?*

Erwiderung: Bei sorgfältiger Auswahl sind Subunternehmen loyal wie der Teufel. Wenn Ihre Firma etwas anzubieten hat, liegt guten

Subunternehmen daran, ihr eigenes Geschäft mit Ihrem zu verknüpfen und gemeinsam mit Ihnen zu wachsen. Außerdem ist die Gewinn-und-Verlust-Orientierung der meisten Subunternehmer viel stärker als bei Ihren eigenen Mitarbeitern, so daß sie einen zwingenden Grund haben, den Kunden möglichst zufriedenzustellen und ihn nicht bei den »weichen« Faktoren – wie der Loyalität – im Stich zu lassen. Subunternehmen mit einem Ruf für mangelnde Loyalität in einer Welt, die Netze und Beziehungen immer stärker wahrnimmt, verderben sich sehr schnell ihre Geschäftsgrundlage. Oder würden Sie einem Subunternehmer einen Auftrag erteilen, der Ihren Erzrivalen betrogen hätte? Nicht, wenn Ihr Kopf richtig auf Ihrem Hals angebracht ist.

Jeder dieser Einwände ist fair und vernünftig. Und es stellt sich heraus, daß es eigentlich nur *ein* Gegenmittel gibt: Wie der Teufel am Management des Netzes und der Beziehungen zu arbeiten und Subunternehmer der Spitzenklasse *zu finden* und *zu pflegen*. Keine Angst: Aufgaben/Fähigkeiten kommen dann schon zu ihrem Recht.

Netze, Subunternehmen (und Seele III)

Hier eine Bewertung des Verlagswesens, die am 3. Juli 1991 in der *New York Times* erschien:

Verlage, machen Sie Platz: Räumen Sie den Weg frei für das neueste Lieblingskind der Branche: die »Lektorats-Boutique.«

Zwei Trends begünstigen diese »Boutiquen«. Die Lektoren der großen Verlage sind völlig überlastet und finden nicht die Zeit, alle Manuskripte selbst zu redigieren. Zudem haben mehrere hundert Menschen im vergangenen Jahr ihren Arbeitsplatz im Verlagswesen verloren, von denen einige beschlossen, ihre eigenen, freiberuflich betriebenen Lektoratsbüros zu gründen.

»Die Verleger geben immer mehr Funktionen ab, weil sie damit Zeit und Geld sparen«, sagt Jim Frost, der letztes Jahr Warner Books verließ, als er seinen Cheflektorposten räumen sollte. Inzwischen gründete er seine eigene Gesellschaft, Philip Lief Group, Inc., die freiberuflich lektoriert.

Vor kurzem etwa wurde Frost von Delacorte, einer Einheit der Bantam Doubleday Dell, gebeten, das Buch *The Small Book* von Jack Trimpey zu redigieren, das ein Behandlungssystem für Alkoholiker beschreibt. Frost erhielt den Auftrag, kurz nachdem Dela-

corte das Buch in einem Doppelvertrag für 250 000 Dollar erstanden hatte.
Die offizielle Lektorin des Buches bei Delacorte, Emily Reichert, meinte: »Wir wollten es so schnell wie irgend möglich herausbringen, und uns wurde klar, daß wir jemanden brauchten, der die umfangreiche und sehr zeitaufwendige Arbeit daran erledigt.« Sie sagte, dies sei das erste Mal, daß Delacorte einen Außenlektor heranziehe.
Laurence J. Kirschbaum, der Direktor der Warner Books, berichtet, sein *Haus* gebe inzwischen etwa 10 Prozent der Neuproduktionen an externe Lektoren. Er meint: »Ich glaube, diese Tendenz wird sich noch verstärken.« . . . »Die Entwicklung heute« (so Verlagsberaterin Lorraine Stanley) »geht dahin, daß Verlagshäuser immer mehr zu Vertriebszentren werden und die Lektorenfunktionen außer Haus erledigen lassen.«
Viele Verleger wehren sich gegen diesen Trend. Die wirtschaftlichen Bedingungen im modernen Verlagswesen und in den Medienkonglomeraten sind aber so, daß den Lektorats-Boutiquen der Weg offensteht, alles von der Erstredaktion bis zur »Verpackung« des Buches zu übernehmen, also die gesamte Vorbereitung eines Buches bis zu dem Punkt, an dem der Verleger es nur noch drukken und vertreiben muß.

Vielleicht werden die einzigen großen (mehr oder weniger im Sinne von »altgroß«) Unternehmen von morgen die Vertriebsfirmen sein. Darauf will diese Geschichte hinaus. Wo bleibt aber da die Seele? »F&E« und »Produkt-Design« werden im Verlagswesen meist von den Autoren und Lektoren vorgenommen. Autoren waren immer schon »Zulieferer«. (Andere Aufgaben, vom Anhang bis zum Schutzumschlag, werden meist auch an Subunternehmer vergeben.) Nun soll aber auch das Lektorat aus dem Haus gegeben werden. Wenn man auch »F&E« und »Produkt-Design« an andere vergibt, was bleibt denn dann noch? Mit Sicherheit ein großer Schaden an der Seele.
Andererseits halten sich (bisher) alle großen Verleger einen Elitestall von »Akquisitions-Lektoren«, die dem Verlag Autoren bringen und für die Pflege der Beziehungen zu langjährigen Autoren des Hauses zuständig sind. (Dieser »Stall« an Lektoren entspricht vielleicht der Reisetruppe von einem Dutzend Super-

Ingenieuren, die für MCI auf der Suche nach neuen Technologien um die ganze Welt jetten.)

Die großen Verleger sind also Experten des »Netzmanagements« (Autoren, Agenten, unter Vertrag genommene Lektoren, die nicht in der Akquisition arbeiten, Designer usw.) und des Marketing und Vertriebs. Und doch besteht hier eine Gefahr. Es gibt ein nicht greifbares »Etwas«, das ein bei Knopf erschienenes Buch als solches kenntlich macht. Das hat zum einen mit dem Stall der Superlektoren zu tun (also mit den Autorensuchern und den pedantisch gründlichen Lektoren der alten Schule, die Manuskripte von Grund an überarbeiten und umformen), zum anderen aber auch mit den Kadern der Designer und anderer, die die Knopf-Saga verinnerlicht haben und das Knopf-Gefühl zu einem/diesem Buch beisteuern.

(Übrigens: Dieser Band, den Sie gerade lesen, ist außer Haus übersetzt, bei ECON von einem der oben erwähnten »Lektoren der alten Schule« redigiert, wiederum außer Haus Korrektur gelesen, bei ECON zur Produktion hergerichtet und außer Haus gesetzt, gedruckt und gebunden worden.)

21. Kapitel

Netzwerke II: Die Welt der »Supersubs«

1990 hielt ich einen Vortrag im Marriott-Hotel, Orange County, Kalifornien. Es war Mittagszeit, und die Straßen waren fürchterlich verstopft. Trotzdem vollbrachten die Mitarbeiter vom Parkservice eine bemerkenswerte Leistung: Über tausend Menschen konnten in einer erstaunlich kurzen Zeitspanne direkt vor dem Hotel aussteigen, ohne sich selbst ums Parken kümmern zu müssen. Aber nicht nur das. Das Marriott-Team hatte die Aufgabe mit Bravour gelöst – Emsigkeit, flotte Uniformen, ein Lächeln für jeden Gast und keine einzige eingebeulte Autotür.
Verschiedene Unternehmen, darunter auch Walt Disney Productions, hatten Tische für diese Sponsorenveranstaltung der öffentlichen Fernsehanstalten reserviert. Mitten in meinen Ausführungen wandte ich mich an die Disney-Gruppe und sagte: »Selbst Sie könnten noch von der Art lernen, wie unsere Freunde vom Marriott-Hotel das Parkproblem gemanagt haben!« Die Zuhörer applaudierten, denn auch vielen anderen war aufgefallen, wie außergewöhnlich gut das Parkproblem gelöst worden war. Nach meinem Vortrag stellte sich mir ein junger Mann als Mitbegründer der Professional Parking Services, Inc. vor. Wie sich herausstellte, hatte sein Team das »Park-Ereignis« vor dem Marriott-Hotel organisiert.
Willkommen in der Welt der Super-Subkontraktoren oder »Supersubs«! Sie sind es, die es einem Großkonzern wie MCI oder Apple – oder einem wie Marriott – ermöglichen, bestimmte Aufgaben auszugliedern und dabei auch noch einen Gewinn zu erzielen.

Professional Parking Services, Inc.

Ron Cribbett, Generaldirektor des Marriott-Hotels in San Ramon, Kalifornien, hat sich dafür entschieden, keinen eigenen Parkservice zu unterhalten. »Ich versuche, bei meinen eigenen Leisten zu bleiben«, sagte er uns 1990 und fügte hinzu: »Abgesehen davon – wir sind nun mal kein Parkservice.«
Das war die Stunde des Paul Paliska. Er arbeitete früher als Hotelpage für Cribbett, lernte das Parkproblem aus erster Hand kennen und fand, daß er es besser machen könne. Zusammen mit seinem Bruder Stephen gründete er 1984 die *Professional Parking Services, Inc.* (PPS). Als es zu Parkproblemen beim Marriott-Hotel in Irvine, Kalifornien (wo ich jene Rede hielt), kam, standen die Paliska-Brüder schon bereit. 1992 beschäftigten sie bereits 600 Parkdiener in 80 Hotels und Restaurants. Sie übernehmen auch den Parkservice bei zahlreichen »besonderen Anlässen« in Hollywood und anderenorts.
Aber PPS behauptet, es kann mehr, als nur Autos parken – es will »den Eingang«. Das heißt, auch die Arbeit des Hotelportiers. Bei einigen Auftraggebern, wie dem Marriott-Hotel in San Ramon und dem Westin South Plaza in Orange County, hat PPS schon alle Aufgaben vor dem Hoteleingang übernommen.
Wie fast jede Arbeit, ist auch der Parkservice von nahem betrachtet weitaus komplizierter, als es zunächst den Anschein hat. Die Paliska-Brüder sind Meister darin, den »Gast« (ein Begriff, den sie vom Marriott übernommen haben) zum König zu machen. Sie sind auch Meister der Qualitätskontrolle, der Arbeitsplanung – und des Risikomanagements. (PPS versichert seine Kunden gegen Schäden an geparkten Autos.)
Eine gute Personalpolitik ist das A und O. (Natürlich, werden Sie sagen. Andererseits: Welchen Eindruck haben Sie vom Durchschnitts-Parkservice?) Künftige Beschäftigte von PPS müssen, wie Stephen Paliska sagt, adrett aussehen, höflich und freundlich zu den Kunden sein. PPS hebt sich auch dadurch vom Durchschnitt ab, daß es die Schulung seiner Mitarbeiter ernst nimmt. »Unsere Schulungsphilosophie ist, die besten Ideen von den Hotels zu ›stehlen‹, mit denen wir zusammenarbeiten«, verriet uns Stephen. Anhand einer zehnseitigen Broschüre werden neue Beschäftigte eingeführt und auch getestet: Sie besuchen im südkalifornischen »Red Lion Hotel« einen Einführungskurs über das

Öffnen von Autotüren für Damen, das Parken von Autos, das Ausfüllen von Parkscheinen usw. Danach wird ihnen eine Arbeitsstelle zugewiesen, an der sie sich mit einem ausgewählten »Trainer« die örtlichen Details erarbeiten – etwa wo sich der Festsaal und die Toiletten befinden, mit wem man sich für welches Problem eines Gastes im Hotel in Verbindung setzen muß usw.

Wenn es um PPS geht, wird Cribbett vom Marriott-Hotel poetisch. »Der Service von PPS ist großartig, sie achten auf solche Dinge wie Uniformen und schulen ihre Mitarbeiter auf unsere Art und Weise«, sagte er. Tatsächlich schickt PPS seine Mitarbeiter sogar zu Marriott-Schulungsprogrammen. »Das ist phantastisch«, sagte Cribbett, »weil es dazu beiträgt, daß sie unsere Philosophie der Gästebetreuung verstehen. In den Augen des Kunden gehören die Parkdiener zum Marriott.«

Cribbett war mehr als bereit, die Aufgaben des Portiers in San Ramon an PPS zu übergeben. Bevor dies offiziell geschah, hatten die Parkdiener von PPS den Hoteleingang immer dann routinemäßig mitbetreut, wenn der Portier nicht da war (z.B. während der Pausen). »Sie haben so gute Arbeit geleistet«, erzählte uns Cribbett, »daß es uns richtig erschien, ihnen die Verantwortung ganz zu übertragen.« Der Service ist besonders hilfreich bei einem außerhalb einer Stadt gelegenen Hotel wie dem in San Ramon. »An solchen Orten«, hob Cribbett hervor, »verdienen Portiers nicht viel Geld. Sie bekommen hier auch nicht in dem Maße Trinkgelder wie ihre Kollegen, die mitten in einer Großstadt arbeiten. Für hier draußen einen Portier zu bekommen ist so schwierig wie die berühmte Suche nach der Stecknadel im Heuhaufen.« PPS übernimmt das für ihn, denn das ist eine ihrer zentralen Fähigkeiten (Teil ihrer »Seele«).

Es herrschte aber nicht immer eitel Sonnenschein. So gab es durchaus Konflikte zwischen den Pagen vom Marriott und den Parkdienern von PPS, wie Cribbett gestand. Wenn die Parkdiener von PPS das Hotel betreten und keinen Pagen finden, bringen sie das Gepäck der Gäste einfach selbst aufs Zimmer. Doch als sich die Pagen dann darüber beschwerten, sagte ihnen Cribbett: »Ihr hättet euren Posten eben nicht verlassen sollen!« Er fügte hinzu: »Wir lösen solche Konflikte, indem wir uns anschauen, wer die Kunden am besten betreut hat.« Bei der wöchentlichen Sitzung von Cribbetts Geschäftsleitung ist auch der örtliche Supervisor

von PPS anwesend; andere Parkservice-Unternehmen hatte Cribbett nach seinen eigenen Worten erst dazu zwingen müssen.
Wenn ein Kunde sich darüber beschwert, daß ein Parkdiener sein Auto beschädigt hat, übernimmt PPS die Reparatur, ohne Nachfragen zu stellen. Wenn ein Kunde sagt, ihm sei Geld aus dem Auto gestohlen worden, ersetzt PPS den Betrag. Cribbett konnte sich nur an einen einzigen Fall erinnern, bei dem PPS nicht automatisch die Reparatur übernommen oder den Betrag ersetzt hatte. Ein Auto verschwand auf mysteriöse Weise vom Parkplatz, und der Kunde behauptete, er sei ein Vertreter für Stereoanlagen und hätte eine riesige Anlage in seinem Wagen gehabt. Cribett lachte in Erinnerung daran, daß das Auto ungefähr 39 Dollar wert gewesen war und die Stereoanlage ungefähr 16 000 Dollar. PPS war damit einverstanden, das Auto und die Stereoanlage zu ersetzen – sofern der Vertreter eine Quittung für den Kauf der Stereoanlage oder eine Bescheinigung des Unternehmens, das ihm die Anlage geliehen hatte, beibringen würde. Außerdem benachrichtigte PPS die Polizei. Es stellte sich heraus, daß der »Verkaufsrepräsentant« das Auto gestohlen hatte.

Guardsmark

Aufgrund der Unternehmensbroschüre könnte man meinen, man hätte es mit Tiffany's zu tun. Das Deckblatt, auf bestem Qualitätspapier gedruckt, ist klassisch grau, durchbrochen von einem schmalen Silberstreifen; rechts von dem Streifen erscheint in Tiefdruck der Name »Guardsmark«; unterhalb des Streifens in eleganter größerer Prägung die Buchstaben »Edge«. Also »Guardsmark Edge«.
Aber es ist nicht Tiffany's. Oder vielleicht doch: Guardsmark ist das Tiffany's der Sicherheitsbranche. 1963 von Ira Lipman in Memphis gegründet, ist es inzwischen der sechstgrößte Sicherheitsdienst in den USA (von insgesamt 13 000), mit einem jährlichen Umsatz von grob geschätzt 150 Millionen Dollar; 8000 Beschäftigte von Guardsmark arbeiten in 400 Städten.
Wach- und Sicherheitsdienste (einschließlich des Wachpersonals, das bei Marriott oder Apple auf der Gehaltsliste steht) wachsen insgesamt um 15 Prozent pro Jahr; der Umsatz dieser Branche soll bis 1995 etwa 50 Milliarden Dollar erreichen. Spezialisierte

Wach- und Sicherheitsdienste schneiden sich Jahr für Jahr ein größeres Stück des Kuchens ab – 1988 waren es zum Beispiel 65 Prozent im Vergleich zu 55 Prozent zehn Jahre zuvor. Gleichzeitig steckt diese Branche jedoch voller Probleme.
Fragwürdige Außendienstmitarbeiter führen die Hitliste der Sorgen an. »Leider sind zu viele der Wachleute, die heute in den USA arbeiten, unqualifiziert, unaufrichtig, unzuverlässig und gewalttätig«, sagte Ira Lipman in einem Vortrag vor dem Institut für Strafrecht und Kriminologie der Universität von Maryland. »Viele von ihnen nehmen Drogen und sind vorbestraft . . . Dieser Mangel an Qualität – der zu einem großen Teil auf mangelndes Verantwortungsbewußtsein der Firmeninhaber zurückzuführen ist – stellt heute die größte Herausforderung der privaten Sicherheitsbranche dar.« Lipman führte erschreckende Statistiken an: »In den frühen Siebzigern fand der Besitzer eines Sicherheitsdienstes in Pennsylvania heraus, daß zehn Prozent seiner Sicherheitsmannschaft vorbestraft waren . . . Von allen Wachleuten im Staat New York waren 66 Prozent schon einmal verhaftet worden. In Kalifornien sind ein Fünftel der Bewerber für die Sicherheitslizenz schon mindestens einmal verurteilt worden.«
Lipman, ein Veteran, der seit vierzig Jahren im Sicherheitsgeschäft tätig ist, bedauert, daß er keine Geschäfte machen kann, wenn der Kunde nur am Preis interessiert ist. In einer Rede vor der Universität von Maryland machte er klar, wo er seine Prioritäten setzt: »Mein ganzes Berufsleben habe ich bei privaten Wach- und Sicherheitsdiensten gearbeitet und all meine Energie der Schaffung eines Unternehmens gewidmet, das einzig ist in dieser Branche . . . Wenn es ein Geheimnis unseres Wachstums in all den Jahren gibt, dann ist es das, daß Qualität von Unternehmern nicht als relativer, sondern als absoluter Begriff verstanden werden sollte . . . Daß wir unsere Prinzipien über den Profit gestellt haben, hat uns im Laufe der Jahre einiges gekostet, zumindest kurzfristig gesehen. Als wir unser Wachpersonal entwaffneten (Guardsmark leistete hier Pionierarbeit), verloren wir viele Kunden, die glaubten, ihre Sicherheit erfordere einen Westernhelden vom Kaliber eines Wyatt Earp oder Doc Holiday. Unsere Auswahl-, Schulungs- und Überwachungsprogramme waren so kostenintensiv, daß wir im Rennen um hart umkämpfte Verträge, bei denen der Preis der ausschlaggebende Faktor war, nicht mithalten konnten. Zum Glück gibt es in jeder Branche

immer auch einen Markt für den mit der besten Qualität. Es war eine große Herausforderung, dies den Skeptikern für den Bereich privater Sicherheitsdienstleistungen zu beweisen.«

Markvorteile durch Anwerbung und Schulung

Die Werbebroschüre von Lipmans Unternehmen gibt alle seine Geheimnisse preis. Die Personalbeschaffung steht ganz oben auf der Liste – der erste Abschnitt ist daher mit *Der Vorteil der Auswahl* betitelt:

»Jeder, der Wächter bei Guardsmark wird, ist gründlich befragt und überprüft worden, bevor er endgültig von der Geschäftsleitung angenommen wird ... Im 24seitigen Bewerbungsbogen von Guardsmark sind die Wohnsitze und Arbeitsverhältnisse des Bewerbers der letzten zehn Jahre sowie seine vollständige Krankengeschichte anzugeben. Für jeden Zeitraum von mehr als 30 Tagen ohne Arbeitsverhältnis wird eine notariell beglaubigte Erklärung verlangt ... Sämtliche Arbeitgeber der letzten zehn Jahre werden kontaktiert und über die Personalakte des Bewerbers befragt, genauso wie man fragt, ob man den Bewerber erneut einstellen würde. Wir setzen uns auch mit den gegenwärtigen und früheren Nachbarn in Verbindung und sprechen auch mit den in der Bewerbung angegebenen Referenzen. Bei jedem Bewerber wird überprüft, ob er bei der Polizei aktenkundig ist, und es werden von jedem einzelnen Fingerabdrücke genommen, soweit dies gesetzlich zulässig ist ... Kriegsveteranan werden nur bei ehrenvoller Entlassung aus dem Militärdienst für eine Anstellung berücksichtigt; die Information wird beim zuständigen Amt überprüft ... Für alle Angestellten wird ein Polygraph-(Lügendetektor-)Test verlangt, soweit dies gesetzlich zulässig ist.«

Nur 2 Prozent der Bewerber überstehen diese Prozedur. Lipman behauptet, »daß es schwieriger ist, ein Wachmann bei Guardsmark zu werden als Polizeibeamter in den meisten Gemeinden«. (*Time* berichtete Anfang 1992, daß die Strafregister der Wachleute von Guardsmark 1991 doppelt so »sauber« waren wie die der Polizeibeamten von New York City.) Während das Unternehmen generell für Dezentralisierung eintritt, wacht es mit starker Hand über die Auswahl der neuen Mitarbeiter (seinen Kernbereich, seine »Seele«). Ein Personalcontroller der Konzerngeschäftsleitung wacht über jede einzelne Neueinstellung.

Guardsmark betont ebenfalls den *Vorsprung durch Schulung.* In einem ersten Schritt muß der neue Mitarbeiter, wie uns die Broschüre lehrt, ein 113seitiges Schulungshandbuch meistern. Dann gibt es Videos, die in der hauseigenen Schulungsabteilung produziert wurden. Und zusätzlich zu all dem »nehmen alle Wachleute von Guardsmark an nicht weniger als vier regelmäßigen Schulungssitzungen pro Monat teil ... [Und] mit jedem Gehaltsstreifen erhalten die Wachleute ein detailliertes Schulungsbulletin, das Teil eines ständig erweiterten Sicherheitshandbuchs ist.« Eine solche Schulung, die eines von vielen Zeichen für das Engagement der Firma für ihre Beschäftigten ist, hilft, die Fluktuation auf ein Viertel des bei Sicherheitsfirmen üblichen Durchschnitts zu begrenzen. (Wobei eine überdurchschnittliche Bezahlung natürlich auch nicht hinderlich ist!)

Totale Hingabe

Der letzte Abschnitt der Broschüre *Der Vorteil des Rundum-Service*, beschreibt zahlreiche Dienstleistungen für Kunden und Nichtkunden. Die Abteilung »Technische Dienstleistungen« des Unternehmens, ein unabhängiger Consulting- und Forschungszweig, führt Sicherheitsuntersuchungen durch und übernimmt Spezialprojekte wie zum Beispiel Unterstützung bei der Terroristenbekämpfung. Gegen Gebühr führt Guardsmark ortsspezifische Sicherheitsuntersuchungen für Nichtkunden durch, erstellt einen 40 bis 60 Seiten langen Bericht mit zusammenfassenden Empfehlungen und verfaßt ein »auf die Kundenwünsche zugeschnittenes, detailliertes Handbuch, [das] der Organisation eine Grundlage für spätere Sicherheitsmethoden, -standards und -verfahren zur Verfügung stellt«.

Selbst die größten Konzerne hätten wohl arge Schwierigkeiten, sich ihrem eigenen Sicherheitsbetrieb mit soviel Hingabe zu widmen. Wie ein Interview mit Lipman oder ein Blick in das Werbematerial des Unternehmens zeigen, ist Guardsmark äußerst seriös, extrem professionell und in höchstem Maße engagiert. So wie die Paliska-Brüder beim Parkservice, so hat Lipman aus einer banalen Tätigkeit, die von den Konzernmanagern kaum gewürdigt wurde, eine Goldgrube gemacht – und eine erstklassige Dienstleistung.

Words at Work

Die Welt erfuhr am 10. April 1991 in einer Pressemitteilung erstmalig von *Words at Work.* Darin hieß es unter anderem: »Geschäftsführer, Manager, Unternehmer oder einfach Angestellte gleich welchen Berufes, die unter Termindruck stehen und keinen professionellen Texter zur Hand haben, können ihre Briefe, Berichte, Angebote oder Artikel an die Nummer (617) 338-8954 faxen und erhalten innerhalb von 24 Stunden eine edierte Version per Fax zurück. Die Redakteure/Profitexter von Words at Work korrigieren Satzzeichen und Grammatikfehler, glätten den Stil, verbessern sprachliche Schnitzer und machen darüber hinaus Vorschläge, wie der Kunde sein Kommunikationsziel besser erreichen kann.

Dies war Musik in den Ohren einer Top-Verkäuferin eines großen Unternehmens. Die meiste Zeit unterwegs, schafft sie einen Jahresumsatz von 2 Millionen Dollar pro Jahr – und die Kommunikation mit ihrem Chef findet regelmäßig per gefaxten Memos statt. Aber wie viele andere auch, hat sie eine panische Angst vor dem Schreiben. Hier kommt Words at Work ins Spiel. Die Starverkäuferin wurde schnell zu einer der Top-Kunden von Susan Benjamin, der Präsidentin und Gründerin von Words at Work. Bald sandte sie routinemäßig ihre Memoentwürfe zuerst an Benjamin (per Fax), bevor sie sie an die »hohen Tiere« daheim weiterleitete.

Der Subkontraktor Words at Work ist selbst ein Netzwerk von Subkontraktoren (»unabhängige Kontraktoren«, wie es im Amtsjargon der Finanzbeamten heißt). Words at Work hilft zwar auch bei den schon erwähnten Memos, Hauptkunden sind jedoch junge Unternehmen. Words at Work behandelt sie als Partner, erstellt Pressemitteilungen, Verkaufsbroschüren und dergleichen. Mitte 1992 zählte das zwei Jahre alte Unternehmen bereits über 150 Kunden von Alaska bis Maine. Ungefähr die Hälfte dieser Unternehmen nutzt den Firmenservice regelmäßig. Dank des phantastischen Wunders Fax kann Words at Work von einem kleinen Büro in Boston (*und* von den Schreibtischen der Subkontraktoren!) aus arbeiten. In diesem Sinne ist es ein technologiegestütztes, voll vernetztes und durch und durch modernes Unternehmen. Andererseits umfaßt der hier gebotene Service in gleichem Maße praktische Beratung wie »Wortschmiedekunst«.

»Schreiben ist jedem mehr oder minder ungeheuer«, sagte uns Benjamin. »Wir versuchen, eine Beziehung zu den Menschen aufzubauen, damit sie sich wohler fühlen. Wir versuchen, ihnen zu helfen, indem wir ihnen die Informationen geben, die sie brauchen. Wir sind der Überzeugung, daß Edieren und Redigieren eine Art von Unterrichten ist.« Wenn Words at Work ein Dokument bearbeitet, bekommt der Kunde mehr als nur schön gestaltete Zeilen. Es gibt auch immer eine detaillierte Kritik. Und mehr noch: Wann immer sich Benjamin mit den Bewerbungen potentieller Subkontraktoren beschäftigt, gehört ein Interview bei einer Tasse Kaffee auch mit dazu. »Ich möchte sicherstellen, daß unsere Auftragnehmer eine aufmunternde Persönlichkeit haben, die ihnen dabei hilft, besser mit unseren Kunden zusammenzuarbeiten«, erklärt Benjamin.

Words at Work arbeitet darauf hin, daß es bei einer bestimmten Gruppe von Kunden mit der Zeit überflüssig wird. Mit Benjamins Worten: »Einerseits bekommen die Kunden von uns ein Dokument, wie es ihnen auch eine Werbeagentur liefern würde. Andererseits entwickeln sie gleichzeitig die Fähigkeit, ein solches Dokument selbst zu erstellen – etwas, das ihnen für die Zukunft bleibt, etwas, das ihrem Geschäft nützt. Wir erledigen nicht einfach einen Auftrag, und das ist es dann. Wir möchten dem Kunden zeigen, daß er Geld sparen kann, wenn er einen Großteil der Arbeit selbst tut. Wir wollen nicht, daß unsere Kunden für immer von uns abhängig sind.« – »Aber«, fügt sie schnell hinzu, »viele bleiben bei uns, auch wenn sie im Laufe der Zusammenarbeit besseres Schreiben gelernt haben.«

Ein Rundum-Service-Betrieb

Words at Work ist auf seinem speziellen Gebiet, genau wie Guardmark, ein »Rundum-Service«-Unternehmen. Zu den angebotenen Dienstleistungen zählen:

Edieren, einschließlich Expreß-Edieren: Words at Work bietet drei Edierdienste an: »Normal« (Drei-Tage-Service), »Schnell« (24-Stunden-Service) und »Expreß« (»Melden Sie sich telefonisch an, und Ihr Dokument ist in wenigen Stunden wieder bei Ihnen«). Die Preise lagen Mitte 1992 bei 20 Dollar für die erste Seite und 10 Dollar für jede weitere Seite im normalen Service und 30 Dollar für die erste Seite und 25 Dollar für jede weitere Seite beim Expreß-Service. Die Kunden drängten Words at Work, den Expreß-Service einzuführen, aber er raubt Benjamin den Schlaf. »Ich komme mir vor wie ein Arzt – als wäre ich ständig auf Abruf«, sagte sie uns. »Die Kunden haben die private Telefonnummer der Person, mit der sie zusammenarbeiten. Vorgestern gab ich eine Dinner-Party und erhielt um 22.30 Uhr den ›Notruf‹ eines Kunden. Die Leute rufen mich Sonntagnacht zu Hause an, weil sie an etwas arbeiten, das Montagmorgen fertig sein muß.«

An dem Morgen, als wir Benjamin interviewten, hatte sie gerade einen Anruf einer Stammkundin erhalten, einer Versicherungsangestellten, die dringend Rat suchte. Sie war dabei, ein Antwortschreiben auf eine Kundenreklamation aufzusetzen, und fand keine positive Brieferöffnung. Benjamin sorgte auf der Stelle für Abhilfe. Typischer ist jedoch, daß ein Kunde bei Words at Work um 14.00 Uhr ein zehnseitiges Angebot per Telefon ankündigt. Der Kunde faxt den Text dann gleich rüber und wird ihn – überarbeitet – wahrscheinlich gegen 19.00 Uhr per Fax zurückerhalten. Words at Work bittet seine Kunden nur um einige Informationen bezüglich der Rechnungsstellung und des Ediertormats – ob zum Beispiel das Manuskript direkt korrigiert werden oder ob dies gesondert geschehen soll. Der Hauptteil der Arbeit des Unternehmens besteht nicht in der Bearbeitung von Notfällen, wenngleich die meisten der ›Notfall‹kunden zu normalen Kunden werden. »Es kommt vor, daß jemand einmal unseren Faxservice in Anspruch genommen hat und uns dann ein 50seitiges Angebot zur Überarbeitung schickt, das per Post an ihn zurückgeht«, erklärte uns Benjamin.

Persönliche Beratung: Einige Kunden arbeiten ständig mit Words at Work zusammen. Einer von ihnen ist ein erfahrener Wissenschaftler, laut Benjamin »ein lausiger Schreiber«. In der Liste der ständigen Kunden findet sich eine Reihe von Professoren. Gerade diese müssen, so Benjamin, »schreiben und veröffentlichen, aber viele von ihnen sind am Schreiben gar nicht interessiert. Sie schreiben sehr allgemein, es fehlt der rechte Ton – und wir versuchen, ihnen bei solchen Problemen zu helfen.«

Hausinterne Seminare: Words at Work betätigt sich auch als Kommunikationsberater für Unternehmen. Seine Subkontraktoren verbringen bis zu fünf Tage beim Kunden vor Ort und schulen die Mitarbeiter – ganz ihren Bedürfnissen und Wünschen entsprechend – in den Bereichen Briefe- und Memoschreiben. Die

Trainer sind für gewöhnlich Experten auf dem Gebiet des jeweiligen Kunden.

Öffentliche Seminare: Gelegentlich führt Words at Work auch öffentliche Seminare über verschiedenste Themen – vom Veröffentlichen bis zum Schreiben von Kurzgeschichten – durch.

Keine festangestellten Mitarbeiter – aber ein talentiertes Netzwerk: Benjamin ist die einzige festangestellte Vollzeitkraft in ihrem Unternehmen. Die Verwaltungsarbeit wird subkontraktiert, und die Edieraufgaben werden nach außen vergeben. Die Mindestanforderungen sind beeindruckend: zehn Jahre Mindesterfahrung als Texter/Lehrer; Hochschulabschluß in Englisch, Schreiben oder einem angrenzenden Fach oder ein Abschluß in einem besonderen Fachgebiet wie zum Beispiel Recht oder Wirtschaft; einige Erfahrung in Großunternehmen, entweder in fester Anstellung oder als Trainer für Angestellte von Großunternehmen. »Uns geht es wirklich darum, daß unsere Subkontraktoren sich auf ihrem Gebiet auskennen, sei es nun Wirtschaftskorrespondenz, Immobilien oder Jura«, betonte Benjamin uns gegenüber. »Sie müssen Kontakt zur entsprechenden Branche haben. Wenn sie zum Beispiel mit einem Immobilienmakler zusammenarbeiten, sollten sie regelmäßig für Immobilienzeitschriften schreiben.«

Words at Work legt ebenfalls großen Wert darauf, daß seine Subkontraktoren für andere Firmen arbeiten. »Wenn sie sich auf dem freien Markt bewegen, sind sie in besserem Kontakt mit der Sache, was ihnen dabei hilft, ein besseres Verständnis für die Bedürfnisse spezialisierter Kunden zu entwickeln«, behauptet Benjamin. (Das ist der springende Punkt: Für Words at Work ist man nur dann wertvoll, wenn man *nicht* die ganze Zeit nur für eine Firma arbeitet.)

Ein Blick auf den Lebenslauf eines typischen Words-at-Work-Subkontraktors bestätigt Benjamins Geschick bei der Personalbeschaffung und ihre Vorliebe für Qualität: ». . . Arbeitete 25 Jahre lang als Redakteur, Journalist und Kolumnist für Zeitungen und Zeitschriften in New York, Chicago und Boston, gewann mehrere Preise . . . veröffentlichte bisher mehr als 300 Artikel in Fachzeitschriften und schreibt regelmäßig Beiträge für *The Office, U.S. Banker* und *Financial Services Week.* Zu seinen Kunden zählen die PR-Abteilungen von Großunternehmen wie IBM, Wang, Alloy Computers, Stratus Computer und die Saddelbrook Corporation.«

Fazit: Words at Work läßt Kunden jeder Größe aus der außerordentlichen Leistungsfähigkeit des Words-at-Work-Netzwerkes Nutzen ziehen. Nur wenige mittelständische Unternehmen bzw. »große« in diesem speziellen Bereich können sich solcher Aufgeschlossenheit oder eines vergleichbaren Reservoirs an Fertigkeiten rühmen.

Skonie Corporation: Dieser Supersub »macht ›Seele‹« (›Seele‹ IV)

Ein Krankenhaus, das zum Beispiel 200 000 Dollar für ein chemisches Blutanalysegerät ausgibt, wird wahrscheinlich einen Mitarbeiter aus dem Labor für eine Woche zum Gerätehersteller schicken, damit er bzw. sie lernt, wie das Gerät zu bedienen ist. Eine Woche später wird das Gerät dann versandt und im Krankenhauslabor aufgestellt.
Ist die Geschichte damit schon zu Ende? Wohl kaum. An diesem Punkt ist es durchaus möglich, daß sich nun ein Kontraktor, der als Teil des Netzwerks der *Skonie Corporation* (4 Millionen Dollar Umsatz) arbeitet, zu dem Krankenhaus begibt. Dort wird er einige Wochen lang »Vor-Ort-Unterstützung« gewähren, wie Valerie Skonie, Gründerin des Unternehmens, es nennt, um zum Beispiel das gesamte Personal an dem neuen Gerät zu schulen, seine Leistungsfähigkeit zu bewerten und festzulegen, wie viele Verbrauchsartikel (Filter, Pipetten usw.) das Krankenhaus benötigen wird.
Wieso übernehmen nicht die Gerätehersteller diese *Follow-up*-Schulung? Das ist eine lange Geschichte, aber der Kernpunkt ist, daß die Gerätehersteller traditionell die Schulung zugunsten des Verkaufs vernachlässigt haben. Dann kam die in Sausalito, Kalifornien, ansässige Skonie Corporation und meisterte diese geheimnisvolle, lebenswichtige Kunst.

Skonie als Netzwerk und außergewöhnlicher Anwerber

Skonie beschäftigt sieben Ganztagskräfte. Es ist ein Subkontraktor für Hersteller von medizinischen Geräten – und stellt eigene, sorgfältig ausgewählte Subkontraktoren zur Verfügung, die mit den Kunden der Gerätehersteller zusammenarbeiten. Skonie ist die unauffällige Hauptfigur in dem Netzwerk zwischen Gerätehersteller, Trainer und Endanwender. »Kunden«? Skonie hat alle Arten von Kunden! Die Gerätehersteller. Die Endanwender im Hospital. Die Subkontraktoren von Skonie, die die eigentliche Arbeit machen, nämlich die Endanwender an den Geräten der Hersteller zu schulen. Valerie Skonies »Aha«-Erlebnis war, in diesem Durcheinander ein Geschäft zu sehen. Am liebsten ist es Skonie, wenn die Zusammenarbeit mit dem Gerätehersteller einige Monate vor Freigabe des Produktes beginnt. Auf diese Weise können die Trainer gleich von Anfang an voll einsteigen. Das Unternehmen wird aber auch häufig eingeschaltet, wenn ein Hersteller einen unerwartet starken Absatz eines neuen Produktes verzeichnet: Die Verkäufer des Herstellers werden überschwemmt vom Schulungsbedarf der Endanwender und vernachlässigen ihre Routinepflichten als Verkäufer.

Wie Skonie es 1991 ausdrückte, besteht für sie der Kern ihrer Geschäftsidee darin, als Anwenderschulungsabteilung für den Hersteller tätig zu werden und so den Verkäufern den Rücken für ihre eigentliche Aufgabe freizuhalten. »Der Verkäufer ist wahrscheinlich einer der teuersten Mitarbeiter auf der Gehaltsliste«, sagte uns ein Manager von Skonie. »Er soll die Geräte verkaufen und sich nicht um deren Installation kümmern. Wir sagen unseren Kunden: ›Lassen Sie uns jemanden finden, der diese Arbeit kosteneffektiver für Sie ausführt.‹«

Skonie arbeitet mit ungefähr 80 Subkontraktoren zusammen. Ein Großteil des Firmenwertes ist auf die sorgfältige Anwerbung und Auswahl solcher Kontraktoren zurückzuführen. »Wir suchen nicht den Besten der Stadt [in der Skonie Trainer braucht]«, sagt Valerie Skonie. »Wir suchen die *absolute Topqualität*. Wir können in eine Stadt gehen und fünfzehn Kandidaten zutage fördern, aber dennoch ohne jemanden zurückkehren. Nur zu gerne würde man bei der Rückkehr sagen: ›Das ist der Beste‹. Aber ich muß immer wieder darauf hinweisen: ›Der Beste in der Gruppe ist nicht unbedingt gut genug für uns.‹ Es ist meine Aufgabe, daran ständig zu erinnern.«

Zu dem Auswahlverfahren gehört unter anderem auch eine Schulungspräsentation. Die Kandidaten bringen ein Gerät mit, mit dem sie sich auskennen und das auch »schulungsbedürftig« ist, und schulen Skonie an ihm. Sie achtet auf ganz bestimmte Punkte: Welche Erwartungshaltung rufen die Kandidaten hervor? (sagen sie klipp und klar, wie lange das Schulungsprogramm

dauern wird?); wann wird der Kunde wirklich einbezogen? (wie früh?); achten sie darauf, wie der Kunde sich bei der ganzen Sache fühlt, usw.?
Sobald geeignete Trainer für eine Aufgabe gefunden sind, stellt Skonie sie dem Hersteller vor – und fast immer bestätigt er Skonies Auswahl. »Wir haben aus der Auswahl des richtigen Kontraktors eine Wissenschaft gemacht, und unsere Kunden wissen das«, behauptet Skonie. »Wir können bis zu vier Monate damit verbringen, den Richtigen zu finden. Für unsere Fähigkeit, Mitarbeiter zu finden, die – wie unsere Kunden sagen – häufig besser sind als ihre eigenen Angestellten, haben wir uns einen wirklich guten Ruf erworben.« Skonie betont, daß es völlig einleuchtend ist, daß ihre unabhängigen Trainer besser sind als Festangestellte: »Sie sind bereit, Risiken und die Verantwortung für ihre Arbeit zu übernehmen. Daher haben diese Menschen eine ganz andere Motivation.«

Kein leichter Abschluß

Trotz nachweisbar guter Leistungen hat es Skonie noch immer nicht leicht, sich die Herzen der Hersteller zu erobern. »Potentielle Kunden sehen im allgemeinen die Vorzüge unserer Geschäftsidee, aber oft müssen wir für einen Abschluß jahrelang mit dem Kunden in Kontakt stehen«, erzählte uns Valerie Skonie. »Und dann ganz plötzlich hat der Kunde Bedarf, ein neues Produkt oder eine neue Produktwerbung, einen Einstellungsstopp oder irgend etwas anderes.« Wenn das geschieht, fühlt sie sich wie im siebenten Himmel. »Wenn ein Kunde erst einmal die Chance hat, es auszuprobieren, kann er sich selbst davon überzeugen, daß die Vorteile die Risiken weit überwiegen«, sagt sie. »Unsere Kunden werden zu unseren besten Verkäufern.«
Skonies Zusammenarbeit mit dem inzwischen größten Kunden begann mit einem kleinen Probeauftrag. Ein Hersteller führte Seminare für Endanwender in seiner Zentrale durch und brauchte dazu von Zeit zu Zeit einen zusätzlichen Trainer für besonders große Gruppen. Der Kontraktor, den Skonie vermittelte, legte den Grundstein für ihre Reputation bei diesem Hersteller. Zweieinhalb Jahre später, als der Hersteller drei neue Produkte auf den Markt brachte, wurde Skonie verpflichtet, die Schulung bei den Endanwendern zu übernehmen. Auch dies wurde ein Erfolg, so daß Skonie heute die meisten der externen

Schulungsprogramme dieses Herstellers durchführt. »Wir haben angefangen mit einem Auftrag für eine Person über einen Zeitraum von zweieinhalb Jahren«, sagt Skonie, »und heute sind es bei diesem Kunden in Spitzenzeiten 62 Leute.«

Die Lücke finden

Valerie Skonie arbeitete jahrelang in einem Krankenhauslabor, dann wurde sie Produkttrainerin einer Firma in Silicon Valley, die dabei war, eine medizinische Abteilung aufzubauen. Die Firma feuerte ihren regionalen Verkaufsleiter – und plötzlich war Skonie »Verkaufsleiterin Region West« und verantwortlich für 14 Staaten. Skonie merkte schnell, daß sie keine Lust hatte, ihre Zeit weiterhin mit Schulungen »zu verlieren«. »Eine Menge Unternehmen setzten ihre Verkäufer als Trainer ein«, erinnert sie sich, »aber ich merkte, daß es meine Hauptaufgabe war zu verkaufen, auch wenn mir das Schulen mehr lag als das Verkaufen.«

Skonie wurde später Produktmanagerin in dieser Firma, die Geräte für mehrere größere Unternehmen herstellte, die dann unter deren Label verkauft wurden. Eine ihrer Aufgaben war es, den großen Unternehmen beizubringen, ihre Verkäufer darin zu schulen, ihre Endanwender zu schulen. »Den Verkäufern war es egal«, erinnert sie sich, »es war einfach ein Witz. Ich schaute mir das an und sagte: ›Das ist eine Katastrophe. Niemand interessiert sich für die Schulungen.‹«

Sie glaubte, daß es einen besseren Weg geben müsse, und überzeugte ihren Kunden, jeden der zehn Verkäufer Kontraktoren für die Endanwender-Schulung finden zu lassen. Klingt gut, funktionierte aber leider nicht. Die Verkäufer wußten nicht, wie man Trainer auswählt. »Was wäre, wenn ich das Ganze übernähme«, grübelte sie, »anwerben, einstellen, die Buchhaltung führen – und die Trainer auf ihre Aufgabe vorbereiten?« Im Februar 1980 machte sie genau das – und nachdem sie sich fünf Monate lang die Hacken abgelaufen hatte, bekam sie ihren ersten Auftrag.

Skonie hat ihre Erfahrungen als Verkäuferin in der freien Wildbahn in einen Geschäftsvorteil umgemünzt. »Wenn du für ein Viertel des Landes (als Verkaufsgebiet) zuständig bist, bringt das dein Leben total durcheinander«, sagt sie leidenschaftlich. »Ich spürte, daß es eine Menge Menschen gibt, die diese Jobs gerne übernehmen würden, aber eben nicht ganztägig und ohne das viele Herumreisen. Letzten Endes würden solche Menschen bessere Arbeit leisten, wenn sie die Freiheit hätten, sich ihre Zeit selbst einzuteilen.« Und genau das, fügt sie mit Nachdruck hinzu, »beweisen wir«.

Skonie testet ihre Theorien in ihrem eigenen Unternehmen. Als wir sie besuchten, erledigte eine Halbtagskraft gerade lästige Büroarbeiten. Ihr Chefbuchhalter ist ebenfalls ein selbständiger Auftragnehmer. Sie fühlte sich nicht allzu wohl bei dem Gedanken, eine so wichtige Aufgabe außer Haus zu geben, dachte sich dann aber, »wenn ich selbst nicht das Risiko übernehme, wie kann ich es dann von meinen Kunden erwarten? Ich versuche daher, mein Geschäft genauso zu führen, wie ich es auch meinen Kunden vorschlage. Ich reagiere auf Kundenwünsche. Ich umgebe mich gern mit selbständigen Auftragnehmern. Ich denke, sie genießen ihre Arbeit mehr und sind bereit, härter zu arbeiten. Wenn sie hier sind, geben sie 150 Prozent. Ich glaube, man bekommt einfach eine Leistung, die man bei ganztägig Beschäftigten nicht unbedingt immer erwarten kann. Nicht nur das, man gibt diesen Menschen auch die Chance, das Drehbuch für ihre Karriere, ja für ihr Leben selbst zu schreiben.«

In einem Interview mit einer Lokalzeitung sagte Skonie: »Unsere Kunst ist es, hervorragende Menschen zu finden und die Beziehung zwischen Kunde und Kontraktor so abzustimmen, daß jeder das bekommt, was er letztlich braucht, um zu gewinnen.« Hätte ich mit diesem Zitat begonnen, hätten Sie wahrscheinlich gelacht. Aber zehn Jahre Erfolg legen die Vermutung nahe, daß Valerie Skonie und ihre Netzwerk-Kollegen genau das tun – und ganz nebenbei eine neue Organisationsform erfinden.

Die »Supersubs« in der Übersicht

- *Die Personalbeschaffung:* Jedes der Unternehmen, das wir untersucht haben, wußte entschieden mehr als seine oft stärkeren Kunden darüber, wie man die Besten im jeweiligen Fachgebiet anwirbt. Rückblickend ist es »offensichtlich«, daß die wichtigste Fähigkeit der Supersubs – ihre »Seele«! – die Personalbeschaffung ist. (Wenn das den Supersubs so klar ist, warum ist es dann nicht auch allen anderen klar? Ich bin immer wieder erstaunt darüber, wie wenig strategische Aufmerksamkeit viele – die meisten? – der Personalbeschaffung schenken.)

- *Fähigkeiten in den Bereichen Forschung und Entwicklung:* Aufgrund des kleinen Spezialgebietes und der totalen Konzentration auf dieses eine spezielle Gebiet widmen die Supersubs ihrer Aufgabe – Sicherheit, Schulung an komplexen Geräten in Krankenhäusern, Edieren, Parkservice – eine enorme »Forschungsaufmerksamkeit«.
- *Umfang:* Obwohl Skonie nur sieben Ganztagskräfte beschäftigt, ist es riesig – es hat Zugang zu (und detailliertes Wissen über) ein viel größeres Netzwerk von exzellenten Fachleuten (Vertragstrainer für Geräte) als tausendmal größere Kunden. Und das trifft auch auf Words at Work, Guardsmark oder Professional Parking Services zu: In ihren sehr eng begrenzten Spezialgebieten verfügen sie über eine Ehrfurcht gebietende Fülle an Wissen.
- *Meisterhaftes Beziehungsmanagement:* Das Ende der Vertragsbeziehungen kann schon morgen kommen. Da ihre Position immer gefährdet ist, legen diese Firmen außerordentlich viel Wert auf das Management der verschiedensten Beziehungen – zu ihren eigenen Kunden (Einkaufsabteilungen der Unternehmen, Geräteherstellern) und den Endanwendern (Hotelgäste, Krankenhauslaboranten). Und anders als eine hausinterne Personalabteilung kommt der Supersub, der die Endanwender nicht gut bedient, in große Schwierigkeiten – und das ziemlich schnell.

Und noch ein Netzwerkpartner

Brauchen Sie ein komplett ausgestattetes, voll funktionsfähiges, mit Profis besetztes Büro oder Headquarter – und das auch noch schnell? Versuchen Sie es mit HQ. Die Werbebroschüre des Unternehmens beginnt mit folgenden Zeilen:
»Willkommen bei HQ *(Headquarters Companies)* – dem Topunternehmen im Bereich Büroservice für Manager. Wir bieten Ihnen die besten Büros, voll ausgestattet, hervorragendes Personal und Dienstleistungen an den besten Adressen. Unser Ziel ist es, Ihr Unternehmen in seinem Wachstum zu unterstützen, indem wir Ihnen das komplette Surrounding bieten – und das zu einem vernünftigen Preis. Wir bei HQ schneidern Ihnen einen Büroplan nach Maß. Sie entscheiden, welche Dienstleistungen Sie benöti-

gen – lang- und kurzfristig. Von unserem Business Identity Plan bis zu unserem Complete Executive Office, wofür Sie sich auch entscheiden, Telekommunikation und Maintenance Support rund um die Uhr gehören immer dazu. Das heißt, Ihr Büro ist immer im Dienst – auch wenn Sie unterwegs sind.«

HQ wurde 1967 in San Francisco gegründet und erhebt den Anspruch, seine Kunden in 100 Städten bedienen zu können. Es verweist auch stolz auf solche Topadressen wie die Galleria in Atlanta, den University Place in Cambridge, Massachusetts, und das Fox Plaza in Los Angeles. Genau wie Guardsmark, achtet HQ sehr stark auf Qualitätsüberwachung:

»Das Leitmotto von HQ ist konsequenter Dienst am Kunden. Jedes Bürocenter im HQ-Netzwerk wird zumindest einmal jährlich überprüft. Es gibt ein HQ-Handbuch zu Standards, an die sich jedes einzelne Center zu halten hat. Die Bewertung in einer Überprüfung hängt von der Erfüllung von Anforderungen ab, die praktisch jeden Bereich der Geschäftstätigkeit abdecken. Wenn unsere Kunden eines unserer HQ-Centren betreten, wissen sie, daß sie sich darauf verlassen können, Topleistungen von Profis zu bekommen.«

Und so weiter... HQ ist eine weitere Spielart der Netzwerkpartner, die in unserer verrückten Welt wie verrückt wächst.

Eine Theorie des Subkontraktierens

Erinnern Sie sich an den alten Spruch von Groucho Marx: »Ich würde keinem Club beitreten, der mich als Mitglied akzeptieren würde«? Wie wäre es mit dieser Version: »Ich würde mit keinem Subkontraktor zusammenarbeiten, der mich als Partner akzeptieren würde«? Für die wettbewerbsintensivere Welt von morgen schlage ich Version 2 als angemessenes Motto vor – und zwar wegen der *Supersubs*. Um aber mit diesen Meistern oft unbeachteter, aber lebenswichtiger Aufgaben umgehen und deren Vorteile voll nutzen zu können, brauchen wir (noch) einige neue Imperative:

- *Arbeiten Sie nur mit Subkontraktoren, die so gut sind, daß sie nicht mit Ihnen zusammenarbeiten würden*. Das ist leicht übertrieben das gleiche wie: Arbeiten Sie nur mit den Besten. Es geht nicht darum, daß »wir« »ihnen« einen Gefallen tun, sondern umgekehrt: »sie« tun »uns« einen Gefallen – oder, so möchte man hoffen, jeder von uns tut dem anderen einen großen Gefallen, indem wir uns in unserem speziellen Netzwerk auf einige Zeit zusammenschließen. Für mein eigenes Geschäft sehe ich es auch so. Ich bin verblüfft über die Energie und das Talent der Menschen, die als Subkontraktoren für mich arbeiten. Ich fühle mich durch ihre Anwesenheit geehrt. Ich glaube kaum, daß Ford diese Einstellung gegenüber, sagen wir, seinen Spiegellieferanten hatte.

- *Da der Weltmarkt sehr unbeständig ist, müssen Sie als »erstklassiger« Generalunternehmer ungeheure Anforderungen an ihre Subkontraktoren stellen.* Die Fähigkeit, guten Gewissens das Unmögliche zu fordern, ist einer der Hauptgründe dafür, nur mit den Besten zusammenarbeiten zu wollen. Um auf den neuesten Markttrend angemessen reagieren zu können, müssen Sie von ihren »Subs« erwarten, daß sie sich immer kürzeren Reaktionszyklen anpassen, die nötig sind, um Ihrem eigenen Bedarf nach immer kürzeren Reaktionszyklen zu genügen. (Wir sind heutzutage alle hoffnungslos miteinander verstrickt.)
- *Sie müssen einen »unfairen Anteil« an Aufmerksamkeit von Ihren Subs fordern.* Vergessen Sie Ihren Altruismus! Da Ihre Subs die Besten sind, rennen ihnen die Kunden die Türen ein. Da sie die Besten sind, werden sie wohl praktisch allen Kunden einen »sehr guten« Service bieten. Sie aber wollen mehr als einen nur sehr guten Service: Sie wollen einen außergewöhnlich guten Service. Und den bekommen Sie nur, wenn *Sie* ständig daran arbeiten, Helden aus Ihren Subs zu machen.
- *Ihre Subkontraktoren müssen finanziell äußerst gesund sein.* Auf den Pfennig gucken war bei Subs schon immer unangebracht. Jetzt ist es schädlich. Ich will das Unmögliche von meinen Subs – das bedeutet, ich will, daß sie finanziell so gut dastehen, daß sie in bezug auf Technik, Schulung usw. immer mehr als auf dem laufenden sind.
- *Vergessen Sie die Vorsilbe »sub«.* Eine einfache Alternative ist »Kontraktor«. Eine andere ist »externer Mitarbeiter« im Unterschied zum »internen Mitarbeiter« auf Ihrer Gehaltsliste. Genau auf die Sprache zu achten ist kein Zeichen von Engstirnigkeit. Worte sind wichtig – und »sub« trägt eine Menge Ballast mit sich herum. Das ist nicht gut in einer Welt, in der die

schnelle Antwort auf sich rasant verändernde Zeiten Vertrauen und gegenseitige Abhängigkeit genauso bedeutet wie die *Nicht*inanspruchnahme von Anwälten.

(Noch mehr) Supersubs, große und kleine

- Am 11. März 1991 brachte die *Financial Times* eine Sonderbeilage über die »Außenvergabe von Busineßdienstleistungen«. Es ist ein Bericht über »das rapide weltweite Wachstum auf dem Sektor der Supportdienstleistungen, [das] eine Revolution im Denken der Vorstandsetagen über die kosteneffektivste und effizienteste Art widerspiegelt, ein Unternehmen in der rauhen und im höchsten Maße wettbewerbsbezogenen Welt der Konzerne zu führen«. Unter anderem untersuchte die *Financial Times mehr* als 50 europäische Support-Service-Unternehmen mit mehr als eine Milliarde Pfund Umsatz pro Jahr – zum Beispiel Sunlight, Textilleasing (waschbare Arbeitskleidung, Wäsche, OP-Kittel) und natürlich die Gebäudetechnik.
- Eine Überschrift des *Wall Street Journal* vom 11. September 1991 lautete: »Kleine Firmen florieren durch die Übernahme bestimmter besonderer Aufgaben für die großen Konzerne.« Der Artikel begann mit folgenden Worten: »Im vergangenen Oktober rationalisierte die National Steel Corp. ihren Betrieb auf eine besondere Art und Weise: Die Expedition wurde aufgelöst. Die Angestellten im Pittsburgher Hauptquartier des Stahlkochers bekommen natürlich auch weiterhin ihre Post. Aber eine andere Firma, die Ameriscribe Corp., sortiert und verteilt sie. Das New Yorker Unternehmen erledigt auch sämtliche großen Kopierarbeiten für National Steel.«
- »Brauchen Sie einen freien Buchhalter? Rufen Sie Arthur an!« Nein, solche Werbeanzeigen gibt es nicht, jedenfalls noch nicht. Aber wenn Sie es leid sind, Ihre Buchführung selbst zu machen, können Sie es ja mal mit Arthur Anderson versuchen. »Die Führungskräfte von heute für die Gestaltung der Zukunft freistellen« ist die eingetragene Dienstleistungsmarke des neuen Buchführungsservice Contract Financial Management (CFM) des 5-Milliarden-Dollar-Buchhaltungsunternehmens. Es übernimmt Ihre gesamte Buchhaltung (setzen Sie Ihre Buchhalter auf Andersons Gehaltsliste) und stellt Ihnen obendrein noch einen Chefbuchhalter zur Verfügung. CFM wurde 1989 gegrün-

det als Antwort auf gesunkene Wachstumschancen und auf die erhöhte Bereitschaft der Unternehmen, möglichst viel nach außen an Subkontraktoren zu vergeben, um abzuspecken und sich aufs Wesentliche konzentrieren zu können. (Die Geschäftswelt war wie vor den Kopf geschlagen, als die Continental Bank im Zuge einer Nulldiät 1991 ihre gesamte Rechtsabteilung nach außen vergab.) Zu den ersten Kunden von Andersons CFM zählten ebenso mittelständische Hersteller wie eine Tochterfirma der British Petroleum (Anderson übernahm 250 BP-Beschäftigte); die Firma setzt auf CFM, mit dem sie bis Mitte der neunziger Jahre mehrere hundert Millionen US-Dollar Umsatz erwirtschaften will. »Das Unternehmen wird langsam ›entfloch-entflochten‹«, sagt Gary Peterson, der für den Geschäftsbetrieb von Andersons CFM zuständig ist. »Es wird der Tag kommen, an dem man zehn verschiedene Leute trifft, die für eine einzige Firma arbeiten – und sie werden von zehn verschiedenen Firmen bezahlt werden.«

Andere mit »Seele« ermöglichen es Ihnen, das Unwesentliche loszuwerden: Die (meist) guten Netzwerk-Neuigkeiten – oder »Seele« V

Was hat Parken mit Seele zu tun? Ein Hotel zu führen gehört wohl zu den härtesten Jobs, die man sich vorstellen kann. Es ist eine Qual, den Gästen einen unvergleichlichen und dennoch wirtschaftlichen Service zu bieten. Da ist es schon hilfreich, wenn der Hotelmanager sich auf das Wesentliche konzentrieren und sich anderer wichtiger, aber zweitrangiger Routinearbeiten entledigen kann – wie etwa des Parkservice bei besonderen Anlässen.

Aber »entledigen« ist ein gefährliches und unnötiges Wort. Die große Neuigkeit: Für jeden Service, gleich wie banal er auf den ersten Blick auch sein mag (und was kann scheinbar banaler als parken sein?), gibt es, irgendwo da draußen, einen energischen Unternehmer, der sich so leidenschaftlich um seine Aufgabe kümmert wie Seymour Cray um die nächste Generation von Supercomputern.

Okay, ich gebe zu, ich bin ein Snob. Ich kann mir nur schwer vorstellen, wie man sich »leidenschaftlich ums Parken« kümmern kann. Aber das Wunderbare an der Struktur unserer immer mehr unternehmerisch ausgerichteten Wirtschaft ist doch, daß sie uns mit Parkfanatikern versorgt! Der Hotelmanager des Marriott kommt ins Schwitzen, wenn er sich bis ins kleinste Detail darum kümmert, wie seine Gäste in seinen vier Wänden behandelt werden. Aber er kann sich damit trösten, daß die PPS-»Manager« auch ins Schwitzen kommen – und vielleicht sogar noch mehr als er, denn als Unternehmer hängen ihr Ruf und ihr wirtschaftliches Überleben davon ab, daß sie ihn *sehr* glücklich machen.

Catch 21,9: Was ist wesentlich?

Es besteht natürlich ein großes Dilemma. Wie kann ich entscheiden, was zur Seele und was nicht zur Seele eines Unternehmens gehört? Kann sich McDonnell Douglas ganz sicher sein, daß die drei Aufgabengebiete (Design, Endmontage, Flugtests), die es nach der Entflechtung behalten will, ausreichen, um (1) unverwechselbar zu bleiben und (2) den Gesamtprozeß von Flugzeugentwicklung, Verkauf und Support zu steuern, um Anspruch auf eine dementsprechende Präsenz auf dem Weltmarkt zu haben? (Viel hängt bei der Beantwortung dieser Frage für den erstklassigen Generalunternehmer davon ab, ob er über die notwendigen Fähigkeiten des Netzwerk-, Projekt- und Interdependenz-Managements verfügt – siehe Kapitel 24). Oder wie steht es mit dem Manager von Marriott? Ich sagte, der Parkservice gehört nicht zum Wesentlichen für das Hotel. Moment mal! Der Parkservice trägt möglicherweise viel, wenn nicht gar das meiste zum wichtigen ersten *und* letzten Eindruck der Gäste des Marriott bei. Es ist daher nicht weit hergeholt zu sagen, daß PPS »Kernarbeit« für das Marriott verrichtet.

Das alles ergibt – gelinde gesagt – Catch 21,9, ein Dilemma. Einerseits können Sie sich »unnötiger« Lasten (z.B. Parkservice) entledigen und diese einem Spitzensupersub übergeben. Andererseits können sich diese »unnötigen« Tätigkeiten als Seele des Geschäfts (d.h. als kritisch) erweisen.

Aber wen kümmert's, solange gute Arbeit geleistet wird? Die verzwickte Frage ist: *Wieviel ist zuviel*? Erst vergibt man den Parkservice, dann den »Eingang«. Dann die Beschallung und Beleuchtung bei Konferenzen. Warum nicht auch die Raumpflege vergeben? (Krankenhäuser haben mit Erfolg Service Master damit betraut.) Nahrungsmittel? (Mir ist ein Krankenhaus mit einer hervorragenden Bäckerei bekannt, die so gut ist, daß sie Backwaren an das örtliche Marriott-Hotel liefert.) Usw., usw. . . . Je länger die Liste wird, um so weniger bleibt von Ihnen übrig. Nach Jahrzehnten exzessiver vertikaler Integration und aufgrund des neubegründeten Bedürfnisses nach Innovation und Anpassungsfähigkeit ist das größtenteils gut so. Aber ab einem bestimmten Punkt gibt es *nichts mehr* zu vergeben.

Wann überschreitet man die Grenze zwischen »kluger Desintegration« und totaler Selbstauflösung? Darauf gibt es keine einfachen Antworten. Tatsächlich wird das Ganze immer verwirrender.

Der letzte Schrei: Die »horizontale Seele«

Betrachten wir die äußerst profitable und strategisch vorteilhafte Sparte für Informationssysteme von AMR (dem Mutterkonzern von American Airline). Die dynamische Preisgestaltung von AMR ist, wie einige behaupten, zum wichtigsten strategischen Hebel für American geworden. Zudem hat AMR mit der Überlassung seiner Informationssystem-Kapazitäten an Dritte zuweilen mehr Gewinn erwirtschaftet als mit dem eigentlichen Fluggeschäft. Also: Was wäre, wenn AMR seine gesamte Informationssystem-Sparte an EDS vergeben hätte? Zweifellos hätte EDS gute und effektive Arbeit geleistet. Aber hätte EDS auch das gleiche Flair gehabt wie der Informationssystem-Zauberer von AMR, Max Hopper, und sein Vorstandsvorsitzender Bob Crandall? Wetten Sie lieber nicht!

Mit dem Beispiel von AMR gelangen wir auf neues, total unübersichtliches Terrain. Seele ist verstärkt eher in »horizontalen« als in traditionellen, »vertikalen« Prozessen zu finden. Schauen wir uns noch einmal ABB an. ABB verfügt über wichtige traditionelle »vertikale« Fertigkeiten, zum Beispiel auf bestimmten Gebieten über eine exzellente Technik. Dennoch dürfte sich das T50-Verfahren für Zeitzyklen-Kompression zu ABBs wertvollster – und nicht duplizierbarer – Kompetenz entwickeln. Oder denken Sie noch einmal an die International Data Group: Sie hat auf dem Computermarkt eine bedeutende Nische für sich erkämpft (»vertikale Seele«). Aber ihre Unverwechselbarkeit rührt mindestens genauso von ihrer »horizontalen Seele« her – zum Beispiel ihrem ausgereiften Verfahren für schnelle Start-ups. Auch EDS macht keinen Hehl aus seiner Zukunft. »Vertikale« strategische Geschäftseinheiten bringen zwar heute noch den Hauptteil des Gewinns, aber der Weg in eine rosige Zukunft führt über die neuen »horizontalen« strategischen Geschäftseinheiten (die das Wissen im ganzen Unternehmen stärken).

Bei Boeing werden nur 35 Prozent des Wertes, der in ihre Flugzeuge eingeht, selbst erarbeitet. Triebwerke, Elektronik, Bordelektronik, Sitze und sogar große Teile des Rumpfes werden komplett von Fremdfirmen hergestellt. Es wird behauptet, daß Boeings wahre Seele seine meisterhafte »Systemintegration« sei. Genauso ist die System- bzw. Netzwerkintegration die wahre Seele von MCI. Hervorragende Leistungen nur auf diesem Gebiet zu erbringen und zu bewahren stellt für MCI kein Handicap in seinem Kampf gegen AT&T dar (AT&T rühmt sich gewaltig seiner technischen Talente, zu denen auch zahlreiche Nobelpreisträger der Bell Laboratories gehören). Möglicherweise ist der Mangel an hauseigenen Talenten ein Vorteil für MCI – das Unternehmen hat Erfolg mit der Kunst, sich schnell anzupassen, während AT&T Gefangener seiner massiven hauseigenen Technik (gleich wie talentiert die Ingenieure sind) und Produktion ist.

Zu der schwer faßbaren »horizontalen Seele« zählen unter anderem: (1) die horizontalen strategischen Geschäftseinheiten von EDS; (2) die 106 erst kürzlich identifizierten horizontalen Verfahren bei Union Pacific; (3) das T50-Programm von ABB, (4) die »Geschwindigkeitskultur« von Titeflex; (5) die Geschäftserzeugungsfähigkeiten von IDG; (6) das Systemintegrations- und Netzwerkmanagement-Talent von MCI; (7) die Personalbeschaffungsfähigkeiten der Supersubs; und (8) die Projektmanagement-Fähigkeiten von Boeing, Fluor, Bechtel und anderen.

Seele entsteht an den seltsamsten Orten! Es ist heutzutage gefährlich, zuviel selbst zu tun. Und genauso gefährlich ist es, wenn man mit seiner Vermutung über die überzähligen Nischen, aus denen die ausgereifte, vermarktbare Seele entstehen könnte, falschliegt.

Das Topteam eines Unternehmens muß auf Hochtouren an der Desintegration arbeiten, um innovativ und flexibel zu bleiben (ohne jedoch die Desintegration bis zur Bedeutungslosigkeit voranzutreiben). Aber die Führungsgruppe muß auch auf Hochtouren daran arbeiten, um festzulegen, was und wo jetzt und in Zukunft »Seele« ist, sein kann, sein könnte oder sein sollte. Die Wahl fällt schwer. Die Konsequenzen sind enorm. Heutzutage bringt mangelnde Flexibilität schnell das Aus. Andererseits braucht eine »horizontale Seele«, die Milliarden wert ist (wie die Fähigkeit zur Systemintegration bei Boeing), Jahrzehnte, um sich zu entwickeln und am Markt zu behaupten.

Die schwer zu fassende »Neue Seele« in der Automobilindustrie

In einem 1989 von der MIT veröffentlichten Arbeitspapier mit dem Titel »Kooperative Produktion« untersuchte Charles Sabel vom MIT zusammen mit Horst Kern und Gary Herrigal das Subkontraktorenwesen und die – alte, neue und sich verändernde – Seele in der Automobilindustrie weltweit:

»Die Firmen bewegen sich . . . wohl oder übel und aus Gründen, die sie kaum in Worte fassen, . . . fort von ihren (begrenzten) Interpretationen neuer Beziehungen zu ihren Zulieferern, die auf eine Preisreduzierung abzielen, hin zu einer irritierenden Sicht, bei der Entwurf und Herstellung von Automobilen die Zusammenarbeit vieler spezialisierter Firmen erfordern, von denen keine die Aufgabe alleine erfüllen oder auch nur organisieren könnte. Im Grenzfall – und zumindest einer der großen Automobilhersteller hat diesen Grenzfall schon erreicht – wird das Automobilunternehmen zu einer Art Designerhaus und Marketingagentur höherer Ordnung. Seine Hauptfunktion würde darin bestehen, die Arbeit der anderen Designerhäuser (der Systemlieferanten) zu koordinieren, die Halbfertigprodukte zu montieren und das Endprodukt zu vermarkten . . . Der traditionelle [Automobil]hersteller wird bestenfalls zu einem Primus inter pares, schlimmstenfalls ein ›Mehrwert-Wiederverkäufer‹ oder ein Systemhaus, wie man in der Computerindustrie unschön eine Firma bezeichnet, die Komponenten von hochentwickelten Spezialisten einkauft und sie so zusammensetzt, wie es den Anforderungen bestimmter Märkte entspricht . . . [Die Automobilhersteller müssen unterscheiden zwischen] Systemen . . . die das Unternehmen selbst herstellen muß, um seine Wettbewerbsvorteile und eine wettbewerbsfähige Identität zu bewahren, und solchen, die es herstellen kann, aber genausogut an Zulieferer mit unabhängigen Designkapazitäten

vergeben kann . . . [Die meisten folgern daraus,] daß alles außer Haus entworfen und produziert werden kann; und was in einem bestimmten Moment auf einer unabänderlichen Liste als ›Muß-‹ oder ›Kann‹-Komponente erschien, stellte sich als das augenblickliche, revidierbare, kollektive Urteil darüber heraus, wie opportun es war, diese oder jene Komponente selbst herzustellen . . .
Bei BMW wurde die kooperative Produktion am entschiedensten vorangetrieben. 55 bis 75 Prozent der gesamten Produktionskosten entfallen auf von Fremdfirmen gefertigte Teile. 80 Prozent der gekauften Teile erforderten eine bedeutende Kooperation mit spezialisierten Subkontraktoren . . . Die wachsende Betonung der Kooperation ließ aus der hauseigenen Fertigung einen strategischen Lernprozeß werden (das Höchste an »horizontaler Seele«!). Die Idee besteht darin, ein System zu errichten, in dem das Unternehmen ständig von seinen Zulieferern lernt, ohne in unerträgliche Abhängigkeit von ihnen zu geraten . . . Kürzlich gab es eine lange Diskussion zwischen dem Einkauf und der Produktion darüber, ob die hauseigene Zylinderkopfproduktion eingestellt werden sollte. BMW entschied sich für die hauseigene Produktion, weil man einem Zulieferer nicht die geschützte Gußtechnologie, die von elementarer Bedeutung ist, überlassen wollte. Alle Beteiligten waren sich aber darin einig, daß es unwahrscheinlich ist, daß es noch lange bei der hauseigenen Produktion bleiben wird.«

22. Kapitel

Netzwerke und Märkte I: Ein erster Blick darauf, wie man ein Unternehmen am Markt ausrichtet

Das moderne amerikanische Unternehmen ist eine Anomalie. Es ist Wettbewerber in einer kapitalistischen, marktorientierten Wirtschaft, im Innern aber funktioniert es wie eine zentralverwaltete marxistische Wirtschaft.
Hal Carroll
»Perestroika in the American Corporation«, Organizational Dynamics, Frühjahr 1990

So schwer es auch für die Oberen zu akzeptieren sein mag, eine Hauptverwaltung erbringt viele Dienstleistungen nur genausogut, wie ein externer Subunternehmer dies tun könnte. Stellen Sie daher [alle Dienstleistungen] in den Wettbewerb mit Externen. Behalten Sie daher nur diejenigen Dienste in eigener Regie, die unter normalen Bedingungen ebenfalls den Zuschlag bekommen würden.
»Farewell HQ«, The Economist, 24. März 1990

Die Abteilungsmanager zahlen für die Dienste der Hauptverwaltungen aus ihren eigenen Budgets. Wenn sie glauben, zuviel für Support-Personal zu zahlen, streichen wir einfach den Job [in der Hauptverwaltung].
Robert Potter, Präsident der Monsanto Chemical Company, Fortune, 6. April 1992

Erinnern wir uns an die großen, aufgeblähten Stabsabteilungen der ABB von gestern. Der Vorstandsvorsitzende Percy Barnevik reduzierte die Zahl der Mitarbeiter um fast ein Drittel. Ungefähr ein weiteres Drittel ging zu den mehr als 1300 Basiseinheiten, und das verbleibende Drittel blieb bei den Stabsabteilungen, die in unabhängige Service-Center überführt wurden. Diese müssen jetzt zu Marktpreisen um die Aufträge der Basiseinheiten kämpfen. Nehmen wir zum Beispiel das ABB World Treasury Center mit Sitz in Zürich. Es beschäftigt 200 Mitarbeiter, die in zehn Finanz-»Gesellschaften« tätig sind. Simon Holberton von der *Financial Times* berichtete, daß diese zehn Unternehmen sich um die finanziellen Bedürfnisse der Geschäftseinheiten Industrie der ABB kümmern. Sie arbeiten jedoch auch als unabhängige Profit-Center. Bei ihren Geschäften mit den Geschäftseinheiten gelten Marktpreise (sie stehen in direktem Wettbewerb mit den Banken um die Geschäfte der 1300 Firmen der ABB), und ihre Gewinne, die dann dem (zentralen) Finanzzentrum zugeschrieben werden, erzielen sie beim Handel und dem Management der ihnen anvertrauten Geldmittel.
Auch die Stabsabteilungen einiger anderer Unternehmen haben neue Wege gefunden, um richtig Geld zu machen. Im April 1991 berichtete die Zeitschrift *CIO,* daß die Mellon Bank in Pittsburgh sich aggressiv darum bemühte, Dienstleistungen zu vermarkten, die früher zu den Stabsfunktionen gehört hatten. Hierzu nutzte sie 350 Millionen US-Dollar aus für 700 »externe« Kunden der Finanzwelt durchgeführten Datenverarbeitungsaufträgen. Weiter heißt es in dem Artikel:
»Zu den Wettbewerbern gehören nicht nur andere Banken (wie z.B. die Citicorp), sondern auch EDS, IBM und Systematics ... [Ende 1990] schlug Mellon beispielsweise sieben Mitwettbewerber aus dem Feld – es ging um einen Auftrag über zig Millionen der 4,5 Milliarden Dollar (Aktiva) schweren Dollar Dry Dock Bank, White Plains, New York. Dollar Dry Dock wollte jedoch mehr als nur gemietete [Rechnerleistung]. Die zwei Banken traten in eine ›Hybrid-Beziehung‹ ein, wie der stellvertretende Vorstandsvorsitzende Charles Richardson von Dollar Dry Dock es nennt. Ein Teil der Software von Dollar Dry Dock läuft auf Mellons Maschinen, aber über die sechs Jahre Laufzeit des Vertrages hinweg wird die New Yorker Bank auch [anfangen, die Anwendersoftware von Mellon zu benutzen] ... Mellon beabsich-

tigt auch, sich auch außerhalb des Bankgewerbes um Kunden zu bemühen, und hat in Betracht gezogen, Allianzen einzugehen ... um seine Dienstleistungen ... auszuweiten.«
Zu der General-Motors-Gruppe »KFZ-Bauteile« gehören sieben Geschäftsbereiche Kfz-Teile. Jeder dieser Geschäftsbereiche steht mit externen Anbietern im Wettbewerb um das GM-Geschäft. Gleichzeitig bietet aber auch jeder von ihnen seine Teile auch außerhalb von GM an – zur Freude von Chrysler, Ford und einer Reihe von japanischen Betrieben in den USA, die zu ihren Kunden gehören.
Zusammengefaßt läßt sich sagen, daß damit eine der letzten zentralgesteuerten Wirtschaften jetzt auch unter die Herrschaft des Marktes gerät. (Nein, nicht Kuba.) Aber die zentralgesteuerten, nicht marktwirtschaftlich organisierten Bereiche (z.B. Teile, Dienstleistungen), die das Innere des traditionellen, vertikal integrierten Unternehmens dominieren, geraten unter Druck. Die Chefmanager von großen Unternehmen werden richtig gesprächig, wenn es um den Markt geht, aber wenn man mal bei den meisten der von ihnen geleiteten Unternehmen hinter die Kulissen schaut, findet man himmelschreiende Ineffizienz bei der Bereitstellung von Diensten und Bauteilen, noch gefördert durch das Fehlen jeglicher Marktmechanismen.

Die Thompson Publishing Group richtet ihre »Stabs«-Dienste (und alles andere) am Markt aus

Im Jahre 1990 entschied sich die Thompson Publishing Group (17 Millionen US-Dollar Umsatz), die vertikale Integration zu verstärken – das aber auf unkonventionelle Art und Weise. Es wurde eine Telemarketing-Abteilung zur Unterstützung der 40 Rundbriefe und Handbücher geschaffen. Zumindest potentiell, denn Präsident Richard Thompson war klar, daß die neuen internen Mitarbeiter mit externen um die Geschäfte des Verlags in Wettbewerb stehen müßten. Man würde von den Mitarbeitern des Telemarketing erwarten, daß sie auch externe Aufträge akquirieren würden. »Warum für externe Dienste zahlen, wenn man es intern besser machen kann?« sagte uns Thompson 1990. »Und wenn man es intern besser machen kann, warum diese Dienste nicht auch selbst extern anbieten?«

Heute sind die 80 Mitarbeiter der *Thompson Fulfillment Services* – mit Sitz in Salisbury, Maryland, 100 Meilen entfernt von der Zentrale in Washington, D.C. – zuständig für das Telemarketing wie auch für die Auflagenhöhen, die Bearbeitung und Pflege der Mailing-Listen, den Kundendienst, die Buchhaltung und die Lagerhaltungsdienste von Thompson Publishing und anderen Unternehmen.
Alle Thompson-Mitarbeiter fühlen den Druck, aber auch den Anreiz des Marktes. Die Publikationen selbst (für die unterschiedlichsten Industriezweige) sind in Form von vier autonomen Geschäftsbereichen organisiert. Jeder wird von »Mitverlegern geleitet, die für ihre Endergebnisse selbst verantwortlich sind«. Mit Thompsons Worten: »Sie können die Thompson Fulfillment Services in Anspruch nehmen oder auch nicht.« Mitverleger Stephen Munro nutzt die Thompson Fulfillment, bleibt aber auch mit externen Anbietern in Verbindung: »Wir werden immer wieder von Fulfillment-Organisationen angesprochen, daher wissen wir, wie die externen Preise aussehen.« Er wies darauf hin, daß Thompson Fulfillment den Vorteil der Vertrautheit mit den komplizierten Spezifikationen der Thompson-Veröffentlichungen habe – von denen die meisten individuell zusammengestellte Loseblattwerke von Hunderten von Seiten seien. Nichtsdestotrotz, da Munro die Augen offenhält, weiß er, daß »wir den besten Service zum besten Preis bekommen. Und wenn sich das ändert, gehen wir eben woanders hin.«
Karen Lankford, General Managerin bei Thompson Fulfillment, nimmt ihrerseits bei ihren »internen Kunden« nichts als selbstverständlich hin. »Ich sehe sie als meine besten Kunden und meine härtesten Kritiker«, sagte sie uns. »Sie erwarten von uns mehr als von einem externen Anbieter, und wir bemühen uns, es ihnen zu liefern.« Die Mitverleger, die bei jeder neuen Kampagne ermutigt werden, Thompson Fulfillment mit externen Anbietern zu vergleichen, entscheiden sich manchmal dafür, Telemarketing-Aufträge an externe Firmen zu vergeben. Sie beziehen sich dabei auf deren näher gelegenen Standort oder auf die zufriedenstellenden Beziehungen zu diesen Firmen, die aus der Zeit vor der Gründung von Thompson Fulfillment stammen. Thompson Fulfillment seinerseits tätigt heute 15 Prozent seiner gesamten Geschäftstätigkeit außerhalb der Thompson Publishing und erwartet ein Ansteigen dieser Zahl auf 25 Prozent innerhalb der nächsten

zwei Jahre und auf 50 Prozent innerhalb der nächsten fünf Jahre. Selbstverständlich ist Thompson Fulfillment verantwortlich für seine eigenen Gewinne und Verluste, und fast alle seine einzelnen Aktivitäten – die Systeme, das Fulfillment, der Kundendienst und das Telemarketing – arbeiten auch als eigenständige Profit-Center.

Karen Lankford von Thompson Fulfillment hat sich mit Volldampf auf diese neue Art der Unternehmensführung eingestellt. Vor kurzem hat sie Lagerfläche an einer anderen Stelle in Salisbury angemietet, obwohl zusätzliche Fläche in ihrem Hauptgebäude in Salisbury zur Verfügung stand. Lankford erzählte uns mit einem Anflug von Stolz in der Stimme, daß die Gebäudeverwaltung »dachte, wir würden zusätzliche Fläche von ihr anmieten, einfach nur aus dem Grunde, daß wir sowieso schon hier waren – aber ich habe eben woanders preiswertere Fläche gefunden, und diese Kostenersparnis können wir an unsere Kunden weitergeben«. Ähnlich erfolglos war Richard Thompson, als er Lankford bat, ein Programm zu entwickeln zur Beurteilung der Charakteristika eines effizienten Telemarketing-Mitarbeiters. »Sie sagte mir: ›Es ist eine gute Idee, aber wo liegt der Profit für uns?‹« erinnert Thompson sich und fährt lachend fort: »Also schuf ich bei uns einen entsprechenden Budgetposten, um sie für die Zeit der Studie bezahlen zu können.«

Lankford und der Vizepräsident Finanzen, Joe Ozalas, haben ein detailliertes Berichtssystem entwickelt, das die Kosten jeder einzelnen Aufgabe genau aufsplittet, von der Buchhaltung bis zur Lagerhaltung. Die Fakturierung an die einzelnen Publikationen erfolg dann dementsprechend. »Das Geld kommt aus ihren Budgets und geht in unseres«, sagt Lankford. »Auf der Unternehmensebene geht das im Endeffekt Null auf, aber für die einzelnen Geschäftsbereiche sind es wirkliche Kosten, und für uns ist es wirkliches Einkommen.«

Das Experiment mit dem freien Markt begann bei der Thompson Publishing Group im Jahre 1987, als das Unternehmen seinen redaktionellen Stab in autonome Einheiten umorganisierte, von denen jede für die Redaktion, die Produktion und das Vermarkten ihrer eigenen Publikationen zuständig war. »Ich versuchte, für die [Mitverleger] einen Job zu schaffen, den ich gerne selbst haben würde«, erinnerte sich Richard Thompson. »Es ist für sie die Möglichkeit, ihr eigenes Geschäft zu betreiben und ihre eigenen Entscheidungen zu treffen.« Außerdem befreite diese Veränderung Thompson von den Kopfschmerzen der Tagesroutine und erlaubte es ihm, »sich auf die Vorbereitung und Schaffung neuer Produkte und Geschäftstätigkeiten zu konzentrieren«. Die Mitverleger kooperieren, indem sie ihre Anmerkungen zu ähnlich gelagerten Problemen miteinander vergleichen, aber die Gruppen stehen auch im Wettbewerb. So verteilt Richard Thompson zum Beispiel in regelmäßigen Abständen eine Liste mit Ideen für neue Publikationen an alle Mitverleger. »Jede Idee steht zum Erwerb offen«, erzählte er uns. »Jeder Mitverleger, der Zeit oder Interesse hat, kann für die Entwicklung einer neuen [Publikation] bieten. Wenn keiner eine Idee haben will, war es wohl eine schlechte Idee.« Die externen Mitverleger haben natürlich auch die Freiheit, externe Publikationen zu erwerben, wobei alle Kosten auf ihrer eigenen Gewinn-und-Verlust-Rechnung auftauchen. Richard Thompson bietet auch Anreize für den Start neuer Publikationen. Der jeweilige Bonus richtet sich nach dem Wachstum und der Rentabilität der einzelnen Gruppe (was natürlich in der Realität bedeutet, daß Mitverleger, die in neue Geschäfte investieren, wie »richtige« Geschäftsleute, kurzfristige Boni für möglicherweise größere langfristige Gewinne opfern müssen). Angespornt durch dieses neue System, ist die Thompson Publishing Group seit ihrem Start jedes Jahr um 20 Prozent gewachsen und hat seitdem 86 neue Publikationen auf den Markt gebracht.

Hewlett-Packard testet sich auf dem Weltmarkt

Am 1. November 1987 verwandelte sich der Bereich »Integrierte Schaltkreise« von Hewlett-Packard nach den Worten seines Verkaufsmanagers Richard Duncombe aus »einem Kosten-Center in eine unabhängige finanzielle Einheit«. Sie begann sich weltweit um externe Kunden zu bemühen. Im Wettbewerb mit anderen führenden Anbietern, wie zum Beispiel Toshiba und AT&T, gelang es dem Bereich, die Auftragszuschläge für ganz spezielle Anwendungen zu gewinnen (1991 betrug der Umsatz 200 Millionen Dollar).
Da intern bei HP niemand gezwungen ist, von der IC-Abteilung

zu kaufen, konkurriert sie – wie Duncombe uns 1991 erzählte – mit externen Anbietern »auf der gleichen Grundlage« und bekommt »einen fairen Marktpreis« für ihre besonderen Kenntnisse. »Es geht hier nicht um Kostenvorteile oder Ähnliches«, sagte er uns. »Innerhalb von HP verkaufen wir an die Computersysteme, die Computerprodukte, die Meßsysteme und viele andere Betriebsabteilungen.« Die IC-Abteilung bedient 45 der 52 Produktabteilungen von HP und stellt Bauteile für die Mehrheit der 12 000 HP-Produkte zur Verfügung.
Nachdem das meiste des internen Marktes gewonnen war, hat man damit begonnen, die Außenwelt in Angriff zu nehmen. »Wir suchen Beziehungen, die über das einfache Verkaufen – Kaufen hinausgehen, Beziehungen mehr strategischer Natur«, berichtete Duncombe uns. »Wir arbeiten mit [externen Kunden] zusammen an der Entwicklung neuer Produkte, die auch für unsere internen Kunden interessant sein werden.« Er fuhr fort, daß durch die Verkäufe nach außen die Abteilung einen »realistischen Maßstab« für ihre Stärken und Schwächen bekommt. »Wir erfuhren, daß wir dort stark waren, wo wir dies nie vermutet hätten, und wie schwach wir wirklich bei den Punkten waren, bei denen wir schon vermuteten, daß sie nicht zu unseren Stärken gehören würden. Es ist wie eine Neu-Eichung. Wenn man sich mit IC-Prozessoren aus Silizium beschäftigt, ist das teuer . . . man kann es sich also nicht erlauben, am Ziel vorbeizusegeln. Wenn man auch nach außen verkauft, hält einen das auf Kurs.«

Midland Cabinet erlaubt dem Markt, aus seinen Arbeitern »Geschäftsleute« zu machen

Robert Boynton Junior, Besitzer der Midland Cabinet Company in San Carlos, Kalifornien, fördert vehement das Unternehmertum unter seinen 20 Mitarbeitern und verbessert dadurch noch ganz nebenbei seinen Kundendienst. Den Mitarbeitern stehen die neuen, viele Millionen Dollar werten Einrichtungen nach den offiziellen Arbeitsstunden für externe Aufträge zur Verfügung. Boynton stellt ihnen die Materialkosten plus 10 Prozent in Rechnung. Mitarbeiter müssen drei Monate bei dem Unternehmen sein, bevor sie einen Schlüssel erhalten, der es ihnen ermöglicht, in ihrer arbeitsfreien Zeit in die Firma zu kommen.

Boynton verweist Kunden direkt an seine Mitarbeiter, wenn ein möglicher Auftrag entweder zu klein ist, um für Midland profitabel zu sein, oder wenn terminlich keine Möglichkeit besteht, ihn auszuführen. Einige seiner Mitarbeiter führen pro Jahr zwölf oder sogar mehr externe Aufträge durch. Dieses Privileg erweitert die Fertigkeiten seiner Mitarbeiter und verbessert ihren Geschäftssinn, sagen die Mitarbeiter selbst. Sie lernen es, Preise festzusetzen, ihre eigenen Termine auszuhandeln und ihre Zeit besser einzuteilen, was sie auch bei ihrer regulären Arbeit schneller und effektiver werden läßt. Sobald ein Auftrag mal an einen Mitarbeiter verwiesen wurde, kümmert sich Boynton nicht mehr um die Geschäftsbeziehungen zwischen seinen Mitarbeitern und deren Kunden. Der Mitarbeiter ist voll verantwortlich – sich selbst und seinen Arbeitskollegen gegenüber.

»Einer war in seiner Arbeit wirklich alles andere als gut, und das war schlecht für unser aller Glaubwürdigkeit, aber der Chef möchte dieses Privileg aufrechterhalten, weil es uns allen weiterhilft«, erzählte uns einer der Möbeltischler. »Der Mann führte den Auftrag zu Ende, aber nicht ohne ständig zu meckern und zu nörgeln. Es wurden ihm keine Vorwürfe gemacht, aber letztlich ging er [von Midland weg]. Die Firma hält sich raus, aber wenn du Mist baust, werden sie dich bestimmt für keinen weiteren Auftrag mehr vorschlagen.«

Die Mitarbeiter sind selbst dafür verantwortlich zu beurteilen, ob dieser zusätzliche Auftrag ihre normale Arbeit beeinträchtigen wird oder nicht. Sie lernen im Endeffekt so viel über das Betreiben eines Geschäftes, daß schon ein halbes Dutzend Möbeltischlereien als Spin-off von Midland entstanden sind. Boynton ist stolz auf seine Schäflein. Er fügt hinzu: Dadurch, daß seine Möbeltischler ihre Geschäftstüchtigkeit schulen und lernen, effizient mit Kunden umzugehen, werde den Kunden gezeigt, daß Midland-Mitarbeiter jeden Auftrag bewältigen, gleich ob groß oder klein.

Märkte, Märkte, Märkte

Diese drei Beispiele beweisen eine ganze Menge:

- Gemäßigt große Basiseinheiten haben ihre eigene Gewinn- und-Verlust-Rechnung und können sogar eigene Geschäfte akquirieren (Thompson).

- Sie können die Angebote der Stabseinheiten über bestimmte Dienste aus guten Gründen ablehnen (Thompson, Hewlett-Packard).
- Von Stabseinheiten wird nicht nur erwartet, daß sie um die Aufträge der Basiseinheiten konkurrieren, sondern auch, daß sie einen beträchtlichen Teil ihres Umsatzes mit externen Kunden tätigen (Thompson, HP).
- Arbeiter und Mitarbeiter bekommen einen besseren Geschäftssinn und ein besseres Gefühl für den Markt, wenn sie ermutigt werden, externe – gewinnträchtige – Aufträge anzunehmen (Midland).

Alle drei Beispiele zeigen das Potential der Marktausrichtung bei kleinen Unternehmen (wie Midland mit 20 Mitarbeitern) sowie bei Riesen (HP mit 90 000 Menschen auf der Lohn- und Gehaltsliste). Schauen Sie sich ähnliche Unternehmen wie ABB und die Mellon Bank unter diesem Gesichtspunkt an, und Sie werden beginnen – so hoffe ich zumindest –, das gewaltige Potential zu erkennen. Aber es gibt natürlich auch hierbei Fragen und Zweifel.

Kurz nachdem wir eine Ausgabe unseres Rundbriefes dem Thema »Marktausrichtung« gewidmet hatten, erhielt ich folgenden Brief:

»Lieber Tom,

der Gedanke, Kosten-Center in Profit-Center zu verwandeln, kann sicherlich mehr Aufmerksamkeit auf die Punkte Qualität und Service lenken, da die Betriebseinheit sich jetzt bemühen muß, das Endergebnis selbst zu verbessern. An und für sich bin ich für dieses Prinzip, möchte aber doch eine Warnung aussprechen: Wenn man eine Einheit zwingt, zum Profit-Center zu werden, kann das das ganze Unternehmen auch Geld kosten.

Stellen Sie sich vor, der Geschäftsbereich der Gizmo Inc., ein Profit-Center, braucht Bauteile. Sie können intern gekauft werden (vom Bereich Teile, also einem Profit-Center) oder von einer anderen Firma zugekauft werden. Der Bereich Teile der Gizmo produziert das Bauteil für $ 1,00. Das externe Unternehmen kann das Bauteil für $ 0,75 herstellen. Der Standardaufschlag in dieser Branche beträgt 100 Prozent, so daß der Teilebereich der Gizmo $ 2,00 verlangen würde, während es bei dem externen Anbieter $ 1,50 wären.

Wenn sich jetzt die Geräteabteilung für den internen Einkauf entscheidet, ist der Preis pro Bauteil $ 0,50 höher, das heißt, sie würden den externen Zukauf vorziehen (gemäß Ihrem Ratschlag). Trotzdem steht das Unternehmen als Ganzes besser da, wenn das Teil intern eingekauft wird. Jedes extern gekaufte Bauteil bedeutet, daß die Gizmo Inc. $ 1,50 zahlen muß (den Preis, den die Geräteabteilung zahlen muß). Beim internen Kauf muß Gizmo Inc. nur $ 1,00 zahlen (die wirklichen Kosten der Teileabteilung). Zusätzlich liegen kurzfristig keine Arbeitsstellen und Ressourcen brach.

Es besteht vielleicht die Notwendigkeit für das Management von Gizmo, bessere Transferpreise festzulegen oder die Leistungen der Teileabteilung zu stützen, aber das sind nur nebensächliche Aspekte. In der Zwischenzeit profitiert das Endergebnis, der Endgewinn, davon, daß nicht alle Abteilungen in Profit-Center, die im Wettbewerb bestehen müssen, umgewandelt wurden.

Ich schreibe diesen Brief, weil ich erlebt habe, wie dieses Konzept der Profit-Center gegen die ureigenen Interessen eines meiner ehemaligen Arbeitgeber gewirkt hat. Andererseits arbeite ich gegenwärtig für ein sehr lethargisches Kosten-Center, dem es sehr gut zu Gesicht stehen würde, viele Ihrer Ideen zu diesem und auch anderen Themen zu übernehmen.

Mit freundlichen Grüßen
Seth Steingraph
Marketing-Ingenieur
Hewlett-Packard«

Meine Antwort lautete wie folgt:

»Lieber Seth,

für Geräte braucht man nun mal Teile. Sowohl der interne Teileanbieter (INT) als auch der externe Teileanbieter (EXT) werden um Angebote ersucht. Das Angebot von INT lautet $ 2,00, das von EXT $ 1,50 – genau wie Sie sagten. Aber wie weiter?

In der Realität wird die Geräteabteilung wahrscheinlich an INT herantreten: ›Ihr müßt mir einen besseren Preis machen.‹ INT wird zuerst darauf verweisen, daß sein Produkt mehr wert sei: ›Der mittlere Ausfallabstand ist niedriger als bei EXT.‹ – ›Wir haben extra Features/extra Funktionen.‹ ›Ihr könnt leichter ein Auge auf uns haben, weil wir näher dran sind.‹ Usw., usw.

Die Geräteabteilung reagiert, indem sie den mittleren Ausfallabstand von INT erfragt und hinzufügt: ›Ihr [INT] habt immer eine Präferenz für eure Große-Schwester-Abteilung. Und wenn es dann mal eng wird, zieht ihr die Daumenschrauben an – und das mit dem Segen des Unternehmens. (Die Geräte wissen, daß das Unternehmen Gizmo auf die Große-Schwester-Abteilung rechnet, um bei den Erlösen für dieses Jahr einen gewaltigen Schritt vorwärts zu machen – daher mag Geräte wohl recht haben mit der Einschätzung des zukünftigen Verhaltens von INT.)

Also geht es bei INT wieder zurück an die Zeichenbretter, genau wie es bei einem ›richtigen Unternehmen‹, das mit seinen Preisen nicht konkurrieren kann, der Fall wäre. INT entscheidet, mit dem Preis auf $ 1,60 runterzugehen und gleichzeitig eine schon lange überfällige Initiative zu starten, die darauf abzielt, unter anderem diese Kosten schnell von $ 1,00 auf $ 0,80 zu senken.

Die $ 1,60 sind auf dem Tisch, und Geräte ist bereit, mit INT ein Geschäft zu machen, unter der Voraussetzung einer schriftlichen Liefergarantie. Bei einem Verkauf bei $ 1,60 wird aber die Gizmo-Regel des 100prozentigen Gewinnaufschlags verletzt, so daß INT jetzt das Problem einer nörgelnden Unternehmensleitung hat (wie ein ›wirkliches Geschäft‹ mit engen Gewinnaufschlägen es haben würde). Und dem kann man nur mit einem glaubwürdigen Plan entgegentreten, wie diese Kosten schnell auf $ 0,80 zu senken sind.

Gehen wir davon aus, INT senkt die Kosten wirklich auf $ 0,80 und bietet außerdem noch einige spezielle Features. Als Ergebnis behält INT nicht nur das Geschäft mit der Geräteabteilung (legitimerweise!), sondern befindet sich jetzt auch in der Lage, große Aufträge außerhalb der Gizmo-Muttergesellschaft zu finden. (Ich neige ganz allgemein dazu, bei der Gizmo davon auszugehen, daß sie der INT harte und zeitlich enge Ziele für den zu erreichenden Anteil der externen Aufträge gesetzt hat – sagen wir 10 Prozent innerhalb der ersten zwei Jahre und ein Minimum von 25 Prozent innerhalb von fünf Jahren.)

Lassen Sie uns noch von einem anderen Szenario ausgehen. Nehmen wir an, daß INT nach einigen Schwierigkeiten die $ 1,60 erreicht hat, wie ich sagte. Es ist das Natürlichste der Welt, daß die Geräteabteilung jetzt erneut zu EXT geht, einem hungrigen, von Marktanteilen angetriebenen japanischen Lieferanten,

der sich nicht um Gewinnspannen schert und sagt, wir verbessern unser ursprüngliches Angebot von $ 1,50 auf $ 1,30.
Jetzt sitzt INT wirklich in der Klemme. Seine Manager sehen keine Chance, die Kosten auf $ 0,70 zu drücken, um ihren Preis einschließlich entsprechender Aufschläge auf $ 1,40 zu bringen, womit sie dann wieder im Spiel wären. Es besteht natürlich die Möglichkeit, daß sie falsch liegen und daß dieser Schock sie schließlich zu einer massiven Umstrukturierung zwingt. Aber lassen Sie uns mal davon ausgehen, daß sie recht haben. Was passiert dann? Die beste Möglichkeit für INT wäre vielleicht die, den Innovationen mal wirklich Feuer zu machen und zu versuchen, EXT von hinten zu überholen, indem man ein Teil der nächsten Generation herstellt, über das die Geräteabteilung in Verzückung geraten wird. Genauso wie genügend externe Auftraggeber, um die Forschungs- und Entwicklungskosten von INT und Gizmo wieder reinzuholen. Genau das hat Intel vor Jahren getan. Es stöhnte und klagte über die Dumpingpreise der Japaner bei DRAMs (dynamische RAMs), bei denen es nur darum ging, den Marktanteil zu vergrößern. Dann schaute man sich die Fakten genau an und zog sich aus dem DRAM-Geschäft zurück, stürzte sich voll auf Neuentwicklungen und brachte eine Reihe von ganz neuen Mikroprozessoren auf den Markt, die das Wachstum hochschnellen ließen und schon fast unanständige Gewinne einbrachten. In der Zwischenzeit führte das erbarmungslose Streben der Japaner nach Quantität zur Erreichung von Effizienz zu folgenschweren Überkapazitäten und schließlich zu einem finanziellen Blutbad.
Wie auch immer, für mich jedenfalls ist dieses am Markt ausgerichtete Geben und Nehmen im ureigensten langfristigen Interesse von Gizmo. Ohne den Druck des Marktes schleppt INT sich weiter, verliert vielleicht jedes Jahr etwas mehr von seiner Wettbewerbsfähigkeit. Bei gegebenem Marktdruck besteht jedoch die Chance, daß INT in der Lage ist, sich aufzurappeln, die Geräteabteilung ehrlich und fair zu bedienen und auch noch auf dem freien Markt wettbewerbsfähig zu werden.
Genauso wichtig ist, daß dadurch, daß es ein klares Geschäft nach klaren Grundsätzen ist, bei dem die Geräteabteilung nicht gezwungen wird, dem internen Zulieferer die zusätzlichen $ 0,50 zu zahlen, der Druck auf die Geräteabteilung hinsichtlich ihrer Verantwortlichkeit ganz gewaltig wird. Wenn die Geräteabtei-

lung ihre Ziele bei den Deckungsbeiträgen nicht erreicht, können ihre Manager sich am Ende des Jahres nicht bei den Bossen der Gizmo beschweren, daß ›die Schwierigkeiten daher kommen, daß wir bei INT für $ 2,00 einkaufen, statt $ 1,50 bei EXT zu bezahlen‹. Und wenn die Manager der Geräteabteilung ein legitimes Geschäft mit INT zu einem Preis von $ 1,60 machen und INT sie terminlich wegen der Großen-Schwester-Abteilung unter Druck setzt dann können sie sich auch dann nicht beschweren. Denn ihr Zulieferer hat eben seine Verpflichtungen nicht eingehalten. Die Geräteabteilung bekommt zwar immer noch Ärger mit der Unternehmensleitung, weil sie die Ziele nicht erreicht hat, schwört aber, nie wieder mit INT Geschäfte zu machen, egal zu welchem Preis. Genau wie in der ›wirklichen Welt‹.

Und noch mehr: Gizmo mag vielleicht immer mal wieder finden, daß eine innovative, dem Marktdruck ausgesetzte Einheit wie INT einen Volltreffer landet, wodurch Gizmo in eine neue wertvolle Richtung gebracht wird. Im Extremfall kann eine solche Teileeinheit wie INT, die dem Marktdruck ausgesetzt ist, zum wichtigsten Wachstums-/Gewinnmotor für Gizmo werden. Die Geräte laufen dann vielleicht nur noch nebenbei. Die Chancen stehen nicht allzu gut. Wenn INT aber nicht dem Marktdruck ausgesetzt wird, sind sie praktisch gleich Null.

Zusammenfassend läßt sich also sagen, daß Gizmo langfristig besser damit gedient ist, seine Investitionen aus Einheiten wie INT abzuziehen, wenn sie in bezug auf Preise und Leistung kein Weltmarktniveau erreichen. Voraussetzung ist, daß es zahlreiche alternative, zuverlässige externe Zulieferer gibt, wovon man heutzutage eigentlich ausgehen kann. Um sicherzugehen muß Gizmo, wenn es seine Investitionen aus Teileeinheiten wie INT abzieht, sicherstellen, daß elementare Ingenieur- und Designkapazitäten erhalten bleiben, die es Gizmo erlauben, kreativ mit den externen Zulieferern zusammenzuarbeiten und die Beziehungen zu ihnen gut zu gestalten.

Falls Gizmo aber nicht in der Lage ist, in Teilebereichen wie INT einen dauerhaften Wettbewerbsvorteil aufzubauen, sollte es seine ›frei verfügbaren‹ Dollars in die Geräteabteilung oder andere/neue Abteilungen, die ihr ähnlich sind, stecken, wo Gizmo wahrscheinlich mehr Möglichkeiten/Vorteile (mehr ›Seele‹) hat. Angesichts der schnellen Veränderungen des Marktes (in Ihrer [Elektronik-]Branche umfaßt eine Produktgeneration für Teile oder

INT wahrscheinlich ein Jahr, höchstens) kann Gizmo es sich einfach nicht leisten, irgendwelche langfristigen, nicht wettbewerbsfähigen Anhänge mitzuschleppen, die das Budget durcheinanderbringen.

Vielen Dank für Ihren Brief.

Mit freundlichen Grüßen
Tom Peters

P.S. Mein Antwortbrief bezieht sich nur auf die sterile ›logische Seite‹ des Falles. Die grundlegende Kunst, die letztendlich darüber entscheidet, ob dieses Konzept funktioniert oder nicht, liegt darin, ein vertrauenswürdiges Buchführungssystem zu schaffen und eine Unternehmenskultur, die ein marktorientiertes Verhalten unterstützt und bei kreativen Beziehungen mit externen Netzwerkpartnern blüht und gedeiht.«

Die Gründe für Eigentum

Geld wird dadurch gemacht, daß man De-facto-Standards setzt.
Bill Gates, Microsoft

Größe führt nur selten zu der versprochenen Effizienz. Und Größe vermindert immer die Innovationsfähigkeit (»groß und flexibel« ist schlichtweg ein Witz). Andererseits gilt: Auf neue Art und Weise groß zu sein erlaubt Ihnen, mächtig zu sein, während Sie *gleichzeitig* große Teile der Arbeit nach außen an Supersubs vergeben, die Sie in Ihren jeweiligen Bereichen übertreffen.

Warum also auch nur daran denken, auf alte Art und Weise groß zu sein? Weil man so die Menschen einfacher schikanieren kann (fragen Sie irgendeinen Rabauken aus ihrer Nachbarschaft). Wenn GM spricht, lauschen Tausende von Zulieferern jedem einzelnen Wort – selbst heute noch. Wenn IBM niest, bekommen Tausende von Verkäufern eine Erkältung – selbst heute noch.

Die wirtschaftswissenschaftliche Forschung hat eine Reihe von schlüssigen Beweisen parat, daß Kartelle (die De-facto-Standards setzen, wie z.B. Preis»standards«) selten sehr lange leben. Die Eisenbahnkartelle gegen Ende des letzten Jahrhunderts in den USA lösten sich sehr schnell in internem Gezänk und Streit auf.

Seitdem hat sich nur allzuviel geändert: Im April 1991 bildeten 21 Computerunternehmen, unter ihnen auch solch große wie Digital Equipment, die *Advanced Computing Environment.* ACE war eine Koalition, bei der es darum ging, Industrienormen für eine ganze Reihe von Dingen festzusetzen – und die darauf abzielte, die doch immer noch gewaltige Schlagkraft von IBM anzunagen. Ein Jahr später herrschte in der ACE, aus einer ganzen Reihe von Gründen, totale Konfusion. Und IBM, obwohl verletzt, war ungebeugt.

Keiner hätte die Gründe für den Fehlschlag der ACE voraussagen können. Aber kluge Köpfe hätten in der Lage sein sollen, das Endergebnis vorauszusagen. Was uns dann wieder zu einem anderen schwierig zu fassenden Punkt der Netzwerke, der »Seele«, führt.

Ich behaupte mehr oder weniger, daß Netzwerke heute der beste, ja vielleicht einzige Weg sind, um angemessen zu reagieren. Ich habe auch behauptet, daß Zwerge, wie der Herdbauer Rational, globale Riesen sein können. Ich will hier keine dieser Behauptungen im Detail behandeln. Ich will jedoch die Weisheit des oben zitierten Ausspruches von Bill Gates anerkennen.

Sun Microsystems vergibt Lizenzen für fortschrittliche Technologie an jeden, der sie will, in der nicht verhehlten Hoffnung, so einen von Gates' »De-facto-Standards« zu schaffen (siehe Kapitel 34). Boeing vergibt sehr viel nach außen, behält aber (genau wie BMW) die Systemintegration im eigenen Haus, was dem Unternehmen dabei hilft, bei manch großem Verkäufer ein großes Geschäft zu machen (z.B. General Electrics Multi-Milliarden-Dollar-Geschäft mit Flugzeugtriebwerken).

Der Versuch, Standards zu setzen – für Sun, Microsoft oder Boeing –, ist riskant. Die Belohnung kann aber auch gigantisch sein. Darum: Halten Sie nicht Ihren Atem an, während Sie darauf warten, daß die »Netzwerke« die Schwerkraft Lügen strafen und die Art von Schlagkraft entwickeln, den gegenwärtigen Herausforderungen standzuhalten.

23. Kapitel

Netzwerke und Märkte II: Das Streben nach Macht

Vor einigen Jahren setzten sich leitende Führungskräfte von Procter & Gamble (P&G) und Wal-Mart zwei Tage lang zusammen, um herauszufinden, wie sie zusammen die Prinzipien des Qualitätsmanagements auf das Geschäft mit Einmalwindeln anwenden könnten. Als Ergebnis dieses Treffens zog ein Mitarbeiterteam von Procter & Gamble nach Bentonville, Arkansas, in das Hauptquartier von Wal-Mart, um mit den dortigen Führungskräften an Qualitäts- und Produktivitätsfragen zu arbeiten. Wal-Mart hat seitdem sein Geschäft mit Procter-&-Gamble-Windeln um 50 Prozent erhöht und seine Lager... um 70 Prozent reduziert – aufgrund dieser Zusammenarbeit.

Leonard Berry und A. Parasuraman,
Marketing Service

In einer strategischen Allianz will einer der beiden Partner oder aber wollen alle beide sicherstellen, daß der andere keine Affäre mit einem Außenstehenden eingeht. Wir vom Kartellamt sind mehr für die freie Liebe.

Wolfgang Kartte,
ehemaliger Präsident des Deutschen Bundeskartellamtes, zu der vorgeschlagenen Verbindung zwischen der Allianz (Europas größtem Versicherungsunternehmen) und der Dresdner Bank
(Financial Times, 22. April 1992)

Wettbewerb durch Zusammenarbeit, um so den Wettbewerb zu vermeiden? Wie bitte? Man lernt es bereits am ersten Tag seines Wirtschaftsstudiums: Clevere Geschäftsleute streben nach Monopolen. Denn, wie Willie Sutton in bezug auf Banken bemerkte: »Damit kann man Geld machen.« (Was der Grund dafür ist, daß clevere Regierungen versuchen, clevere Geschäftsleute davon abzuhalten, Monopole zu errichten.)

Siegfried Meister von Rational ist ein cleverer Geschäftsmann. Er entwarf einen guten Konvektionsofen. Andere machten es ihm nach. Er wiederum erwiderte, daß er keinen »destruktiven Wettbewerb« möge (Preiswettbewerb, der die Gewinnspannen verringert), und gab seine erfolgreiche Konvektionsofen-Linie einfach auf – um monopolistische Gewinne durch einen nicht wieder einholbaren Vorsprung bei der Technologie von Kombikochgeräten anzustreben. Jetzt arbeitet Meister mehr mit anderen zusammen, das heißt, er vergibt immer mehr von diesem oder jenem nach außen. Aber er arbeitet mit anderen zusammen, um zu *konzentrieren.* Er möchte, daß sein Unternehmen dynamisch bleibt (400 Spitzenleute), aber er will, daß diese 400 sich einigen wenigen Gebieten ganz widmen, bei denen er seine fast monopolistischen Fertigkeiten in bezug auf Kombikochgeräte noch weiter stärken kann (z.B. mehr Forschung und Entwicklung).

Am 1. Mai 1990 hielt Keith Alm, Manager von Sara Lee, einen leidenschaftlichen Vortrag über strategische Allianzen: »Wettbewerb durch Zusammenarbeit ... Es waren P&G (ein Konkurrent), die praktisch das Marketing von abgepackter Ware definiert hatten, und jetzt definieren sie es neu unter dem Aspekt aufregender und innovativer neuer Partnerschaften – strategischen Allianzen zwischen Lieferanten und Kunden, die sie ins nächste Jahrhundert hinübergeleiten werden ... Wir schaffen *gemeinsame Ziele*. Und diese gemeinsamen Ziele basieren immer mehr auf *gemeinsamen Informationen* ... Die neue Währung ist Wissen ... Phantasievolle Lieferanten – wie P&G und Sara Lee – fangen damit an, Partnerschaften auf der Basis von Wissen zu schaffen, um mit ihren größten Kunden Informationen und auch Geschäfte zu teilen ... Die grundlegende Idee ist es, Wettbewerb zu *vermeiden*, wann und wo immer möglich. Es geht darum, dem Kunden klar und eindeutig den höchsten Wert einzuräumen, wodurch der Wettbewerber einfach abgeschossen wird, man ihm zuvorkommt, während gleichzeitig ein dauerhaf-

tes Machtgleichgewicht zwischen den Partnern hergestellt wird . . . Es muß eine Hochzeit sein – durch die ganze Vertriebskette hindurch bis zu Ihrem Kunden . . . auf der Grundlage von *strategischen Allianzen* mit erstklassigen Einzelhändlern . . . weltweit sind die wichtigsten Einzelhandelsketten dabei, kooperative Allianzen mit einigen ausgewählten Lieferanten einzugehen.«
Keith Alm ist unmißverständlich (genauso wie P&G, als es »liebevoll« Wal-Mart ansprach: siehe Epitaph am Anfang des Kapitels). Zusammenarbeit? Netzwerke? Allianzen? Er ist für das alles! Warum? Erster Tag des Wirtschaftsstudiums – das Streben nach monopolistischer Macht (». . . gemeinsame Ziele . . . Wettbewerb vermeiden . . . den Wettbewerber aus dem Feld schießen . . .«). Ich würde darauf wetten, daß die größte Wolke am Horizont von Alm die Sorge darüber ist, genügend Schlagkraft gegenüber einem Monster wie Wal-Mart zu behalten, ein »dauerhaftes Machtgleichgewicht zwischen den Partnern« aufrechtzuerhalten. Metternich und John D. Rockefeller würden vor lauter Begeisterung in die Hände klatschen!
Ja, Alm macht die obligatorische Verbeugung vor dem eindeutig übergeordneten Wert des Kunden. Das erinnert mich an die durch und durch demokratischen Worte in der alten sowjetischen Verfassung. Aber das primäre Anliegen ist unmißverständlich.
»Strategische Allianzen« sind groß in Mode. Und wenn MCI sich mit einem cleveren mittelständischen Technologiepartner zusammentut, um neue Innovationen in sein Netzwerk einzubringen, und zwar schnell, applaudiere ich. Genauso wie ich applaudiere, wenn ein großer, cleverer Hersteller von medizinischen Geräten sich Skonie aussucht, um seine Kunden zu schulen. (Aber lassen Sie sich nicht täuschen: Valerie Skonie strebt genauso nach einem Monopol wie Keith Alm: Sie will *alle* Toptrainer für medizinische Geräte in ihrem – wie sie hofft – makellosen Netzwerk haben.)
Hat jetzt der Verbraucher irgend etwas von dieser Heirat zwischen P&G und Wal-Mart? Wahrscheinlich ja – aber wir sollten trotzdem nicht applaudieren. Warum? Weil der Verbraucher wahrscheinlich nur *am Anfang* etwas davon hat. Die meisten Monopole bringen am Anfang etwas. Aber dann setzt die Trägheit ein, das heißt die Angst vor dem Neuen, denn warum sollte man den gegenwärtigen monopolistischen Vorteil noch weiter verstärken?
Zurück zu MCI. Liebhaber, der oberste Chef Betriebsablauf, ist

ein eigennütziger *Anti*monopolist, obwohl er sich immer um Wettbewerbsvorteile bemüht. Wie bitte? Liebhaber will nicht irgend etwas *machen*. Warum? Bürokratie bleibt Bürokratie, und er würde bald zum Opfer eines internen, monopolistischen Konstruktionsbüros werden – um die Investitionen in die interne Abteilung zu rechtfertigen, muß man ihnen *etwas* zu tun geben, selbst wenn ein kleiner taiwanesischer Zulieferer einen Teil des Jobs schneller, preiswerter und pfiffiger erledigen könnte. Daher ist Liebhaber bestrebt, seinen Vorteil zu wahren, indem er sich *nicht* an diese interne Trägheit bindet – und immer zumindest noch ein oder zwei konkurrierende Zulieferer an der Angel hat.

Die – überwiegend – guten Nachrichten: Monopolisten ersticken fast immer an ihrer eigenen Gier. Sie bekämpfen Innovationen und kämpfen und kämpfen. Und dann irgendwann werden sie unausweichlich von einem Emporkömmling gestürzt.

Wolfgang Kartte, der Ex-Präsident des Deutschen Bundeskartellamtes, hat recht, wenn er die strategischen Allianzen zwischen schwerfälligen Riesen den »freiwilligen Verzicht auf Wettbewerb« nennt und dafür eintritt, sie zu vernichten.

Wie sieht es aber mit den obersten Bossen aus? Sie sollten Kartte sehr gut zuhören. Das Streben nach Monopolmacht, zum Beispiel durch das Vernichten eines strategischen Vorteils durch ein *De-facto*-Forschungsmonopol bei Kombikochgeräten, führt zu Innovationen. Aber es gibt immer noch diesen Widerstand gegenüber Veränderungen. Für den Unternehmenschef liegt der Trick darin, den Wettbewerb gegen den eigenen Widerstand durchsetzen (genauestens untersucht in dem Kapitel *Märkte und Innovationen* und erwähnt in den Analysen von IDG, Acordia und CCT): Sich schnellstens bemühen, einen »niederschmetternden« Vorteil anzustreben und zu halten (wie es ein CCT-Unternehmen mit 35 Mitarbeitern macht, das nur eine Art von Turbinenschaufel bei Flugzeugtriebwerken repariert) und lebendig bleiben, indem man mehr und mehr größtenteils unabhängige 35-Mann-Kraftwerke schafft.

Zusammenarbeit und arbeiten im Netzwerk (mal abgesehen von Zustimmung oder Ablehnung der Regierung) ist etwas Tolles – und etwas Tödliches. Und zwar gleichermaßen. Durch Zusammenarbeit »konkurrieren«, um Wettbewerb zu vermeiden. Und dann auf einmal überholt sein.

Catch 22! Probleme bei irgend jemandem?

24. Kapitel

Netzwerke III: Das Leben in Organisationen, die in Netzwerken arbeiten

Wer Geschichte als Abfolge von großen Männern beschreibt, unterschätzt die Bedeutung des Netzwerks.
Jonathan Miller,
zitiert in: Michael Schrage, Shared Minds

Wir haben uns mit jenen Teilen von Netzwerken wie z.B. den Supersubs beschäftigt und jene Unternehmen wie z.B. MCI diskutiert, die sich bewußt dafür entschieden haben, weniger als ihre Kollegen zu »tun« und mehr nach außen zu vergeben. Wir haben uns die Pros (viele) und die Contras (die die Pros überwiegen) aller möglichen Arten von Allianzen angeschaut. Wie aber ist es, ein vernetztes Leben zu *leben*? Wie »managt« man eine der weltweit größten Jahrestagungen mit einem Mitarbeiterteam, das gerade mal in eine Telefonzelle paßt?

Die Jahrestagung des amerikanischen Gaststättenverbandes

Sie findet immer in der dritten Maiwoche in Chicago statt. Sie rühmt sich, 1990 die größte Besucher-/Teilnehmerzahl einer jährlich stattfindenden Fachveranstaltung aufgewiesen zu haben: 108 731. Es dreht sich um die Jahrestagung der *National Restaurant Association* – NRA (Nationaler Gaststättenverband) mit 1800 Ausstellern, einem Marathon im Begleitprogramm, berühmten Gastrednern und einem knochenharten Wettbewerb zwischen verschiedenen kulinarischen Teams.
Die Jahrestagung des NRA muß sich gewaltig anstrengen, um Besucher anzuziehen. Zum einen bewegen sich die anderen

nationalen Fachausstellungen für den gleichen Bereich von einem interessanten Platz zum nächsten, Jahr für Jahr. Andererseits kann nur McCormick in Chicago die riesigen Zahlen dieser Veranstaltung in den Griff bekommen, und deshalb findet sie entweder in Chicago – oder gar nicht statt. (Außerdem gibt es noch die ebenfalls intensive Konkurrenz durch die aufgemotzten regionalen Fachausstellungen.)

Auftritt Michael Bouit: Der für die Jahrestagung des NRA zuständige Organisationschef Dick Gaven beauftragte ihn mit der Leitung der »*American Culinary Classic*« auf der Jahrestagung 1991. Es hatten sich 15 Teams aus der ganzen Welt beworben, einschließlich des U.S. Culinary Teams, das von dem NRA finanziell unterstützt wird. Ein solches typisches kulinarisches Team auf nationaler Ebene besteht meist aus drei Köchen für warme Gerichte, einem Pastetenbäcker und einem Teamchef.

Auf Frankfurts international renommierter Gaststättenfachausstellung beispielsweise laufen die Kochwettbewerbe wie folgt ab: Jedes Team reicht ein bevorzugtes Rezept ein, dann wird vor Ort für die Beurteilung durch die Preisrichter gekocht. Der NRA ging 1991 einen anderen Weg: Am Abend vor dem Wettkochen zog jedes Team eine Nummer und erhielt dann ein der Nummer entsprechendes »Schatzkästchen« mit verschiedenen Zutaten (die entsprechend den Regularien für internationale Kochwettbewerbe ausgewählt worden waren). Jedes Team hatte dann eine halbe Stunde Zeit, daraus ein originelles Rezept zusammenzustellen. Es wurde über Nacht gearbeitet, und die Teams kamen am großen Tag morgens um 6.00 Uhr am McCormick Place an. Mittags servierte dann jedes Team 80 Portionen für die Preisrichter und weitere 280 Portionen an Besucher mit einem speziellen Voucher.

Durch seine Planung und Organisation des »großen Kochens« stand Bouit im Rampenlicht, für ihn eine nicht ganz unerhebliche Tatsache, da er eines Tages die »Kulinarische Vereinigung Amerikas« leiten möchte. Gaven von der NRA warb ihn mit dem Versprechen und gab ihm dann ein paar tausend Dollar zur Dekkung erster Kosten. Bouit besuchte daraufhin zwei Jahre lang ähnliche Wettbewerbe, unterhielt sich mit Chefköchen und kulinarischen Teams und rührte die Werbetrommel für das NRA-Ereignis. Er stellte auch ein umfangreiches Netzwerk auf die Beine. So überredete er zum Beispiel diverse Chefköche aus dem ganzen Land, als »Botschafter der Gastfreundlichkeit« für die Teams zu werben. ARA, das riesige Catering-Unternehmen, verpflichtete sich, eine Party für die Teams zu sponsern. Ein anderer Aussteller stellte Stühle für den großen Tag zur Verfügung. Ein dritter das Tafelsilber. Syracuse China sorgte für besondere Gedenkteller. Und so weiter und so fort.

Ein filigranes, jedoch robustes Netzwerk produziert Präzision und Überraschungen

Das *Culinary Classic* des NRA erlaubt uns einen kurzen Blick auf das Leben des Netzwerkmanagers und NRA-Vorstandes Dick Gaven. Man könnte sagen, daß Bouit ein Subkontraktor von Gaven war. (Gaven sieht das nicht so. Bouit war für ihn ein Mitstreiter.) Bouit seinerseits arbeitete auf persönlicher Ebene intensiv mit einem separaten umfangreichen Netzwerk von »Subkontraktoren« zusammen, um das Großereignis auf die Beine zu stellen. Tatsächlich wird fast alles, was mit der NRA-Jahrestagung zusammenhängt, weitervergeben. (Die Zahl der NRA-Vollzeitbeschäftigten, die für den Ablauf der Tagung verantwortlich sind, beträgt mehr oder minder sieben Mitarbeiter.) Schnorre, helfe nach und entlocke, lauteten die Spielregeln – etwa die Gedenkteller, die Stühle, das Tafelsilber. Alles zusammengenommen waren mehrere tausend »Mitarbeiter« am Werk, vom bezahlten Platzanweiser (einer von den zig Hunderten bezahlter Subkontraktoren) bis hin zu jenen Freiwilligen, die die kulinarischen Teams in der Gegen herumchauffierten.

Es war ein komplexes Durcheinander. Doch angesichts des immer stärker werdenden Wettbewerbs im Umfeld und der hohen Erwartungen der NRA-Mitglieder (für die meisten von ihnen war es *die* Reise des Jahres) mußte Gavens umfangreiche halbfertige »Organisation« gleich beim ersten Mal perfekte Arbeit liefern. In Gavens Welt ist es *immer* das erste Mal. Es gibt bedeutende Unterschiede zwischen den einzelnen Tagungen und den Mitspielenden – keine Veranstaltung gleicht der anderen. Zusammenfassend kann man sagen: Das, was Gaven managt, muß sehr verläßlich, sehr zuverlässig, sehr vorhersehbar – und sehr neu, sehr aufregend und ganz was anderes sein. Und all dies dank eines Planungs-/Überwachungsteams, das ungefähr ein zehntel Prozent der Zahl derjenigen ausmacht, die die Fachtagung dann im Endeffekt in die Realität umsetzen.

Aufgrund des wachsenden Marktes (und des Druckes durch die Konkurrenz) muß Gaven ständig mit ganz ausgefallenen *»Special Events«* aufwarten, um der Jahrestagung immer wieder das Flair von etwas Neuem zu geben. Das *Culinary Classic* war zum Beispiel eines jener besonderen Ereignisse, genauso wie es das *10-K-Rennen* ist, über das so viel geschrieben wird und das 1991 zum 11. Mal stattfindet. »Irgend jemand schlug es vor«, sagte Gaven ganz trocken, »und wir haben es dann einfach einmal ausprobiert.« Heute verfügt das »gastfreundlichste Rennen der Welt« über ein Budget von 50 000 Dollar und zieht 3200 Sportler an. United Airlines stellt 20 Preise zur Verfügung. Andere tragen dazu bei, indem sie T-Shirts ausgeben, die für das Rennen werben, usw. Ein solches Ereignis wird dann für eine ansehnliche Zahl von Teilnehmern das sein, woran sie sich im Zusammenhang mit der Fachausstellung erinnern. Gaven behauptet, daß es viele Teilnehmer der Tagung gibt, die über das Rennen in höchsten Tönen schwelgen, aber über den Rest der Jahrestagung nur wenig zu sagen wissen. Andere bilden sich ihre Meinung über die Jahrestagung auf der Grundlage von etwas, was sie eventuell gar nicht selbst gesehen haben. Gaven erzählte uns folgendes Beispiel: »Dreitausend Menschen haben den Vortrag eines berühmten Redners, z.B. Norman Schwartzkopf, wirklich gehört. Zehntausende aber werden später sagen, sie hätten ihn gehört. Sie hatten ja auch wirklich vor, zu dem Vortrag zu gehen.« Das heißt, viele derjenigen, die an den Special Events nicht teilnehmen, haben immer noch das Gefühl, an etwas Aufregendem teilgenommen zu haben, weil Norman Schwartzkopf ja da war. (»Hey, ich habe Norman Schwartzkopf auf der NRA 92 gesehen.«) Und genau das ist im Endeffekt der entscheidende Punkt, wenn Gaven sie für das nächste Jahr wieder nach Chicago locken will, und das Jahr darauf . . .

Special Events kommen und gehen. Gaven hat sich ein Kapitel des 3M-Handbuchs zu Gemüte geführt: *»Mach ein bißchen, verkauf ein bißchen und mach ein bißchen mehr.«* Und wenn es sich nicht verkauft, laß es sein. Einige Zeit lang gab es den NRA *»Wine Classic«*. Gaven konnte jedoch für den Weinproben-Wettbewerb nie mehr als tausend Zuschauer gewinnen. Und das war einfach für ein »großes« Ereignis nicht genug, nicht im Kontext der weitergehenden Ziele der Fachausstellung. Gaven hat ihn dann noch einmal veranstaltet, aber die Zahlen veränderten sich nicht wesentlich. Nach vier Jahren vergeblichen Austestens hat er die Veranstaltung dann gestrichen. Dieses »Schaffen und Vernichten« ist der Kern des sich immer schneller drehenden Karussells (Stichwort Rummelplatz).

Die kleine Jongleurstruppe

Wie aber wickelt man jetzt so etwas ab? Gaven ist zuständig für die Promotion und die »politische« Aufgabe des Umgangs mit dem obersten Gremium des NRA. Andy Wroblewski ist Vollzeit-Direktor Bereich Ausstellungen und Verkauf. Er und Mary Pat sind dafür zuständig, daß die gegenwärtigen Aussteller zufrieden sind, und managen ein Netzwerk von Telemarketingleuten, die sich um neue Aussteller bemühen. Lennie Torres treibt um die 14 000 Hotelzimmer auf und pflegt die Beziehungen mit den Hoteliers der Stadt. Gaven ist derjenige, der entscheiden muß, was nach außen vergeben wird und was selbst gemacht wird. Er könnte, wie viele andere Organisatoren lokaler Fachausstellungen auch, die Zimmerreservierungen an das Messe- und Ausstellungsbüro der Stadt Chicago vergeben. Aber er besteht darauf, daß es viel zu wichtig ist, diese Räume *wirklich* zur Verfügung zu haben, um diese Aufgabe nach draußen zu vergeben. (Zimmerreservierungen sind »Seele«.)

Dann gibt es noch Theresa Struppa. Gaven arbeitet seit 14 Jahren mit ihr zusammen, kann sich aber nicht daran erinnern, welchen Titel sie hat oder ob sie überhaupt einen hat. Sie ist zuständig für die Anmeldung. Die Herstellung der Namensschilder ist auch »Seele« und bleibt daher im Hause – eine kleine Maschine produziert 300 Stück pro Stunde. Ein einziger Mann, Ainsley Wareham, stellt sie ganz auf sich gestellt her. Gaven erzählte mir, daß Wareham sonst bei Burger King arbeitet. Zusätzlich aber arbeitet er für Gaven, für 6 Dollar die Stunde. Wenn man Gaven zuhört, ist er der vielleicht wichtigste Mann in der Organisation. Denn er ist auch für die Poststelle zuständig und macht praktisch alles, um das ihn dieser oder jener bittet. Wareham liebt Gaven, und Gaven und das NRA-Team lieben ihn. Es gibt aber noch zwei andere mehr oder minder Vollzeitbeschäftigte beim NRA-Organisationsteam – einen Computer, der auch die verwaltungstechnischen Einzelheiten von vielen hundert Verträgen handhabt, und Judith Fay, eine Sekretärin.

Mehr sind es nicht!

Der Netzwerkmeister Gaven

In meinen Augen ist Dick Gaven der klassische »New Look«-Netzwerkmanager. (Für ihn ist es »Old Look«, ein alter Hut – er steht eben voll und ganz auf »New Look«, auf vertikal integrierte Firmen.) Er ist ein sehr sympathischer Mensch, läuft ständig hin und her und beherrscht die Telefone wie ein Meister – und arbeitet unablässig an Beziehungen. Gaven hat ein gut entwikkeltes Talent für das Aufstöbern von Menschen wie Michael Bouit. Und niemand, den ich kenne, zollt anderen so voll und ganz Anerkennung für verschiedenste Dinge, bei denen er selbst heimlich mitmischte. Er sprudelt über von Ideen – Gaven läßt sie sprudeln, sucht Unterstützung für sie, versucht sie und treibt sie voran. Wenn sie funktionieren, mit den richtigen Mitspielern am richtigen Platz, ist es gut. Treib sie weiter und härter voran. Wenn nicht – auch gut. Bloß keine schlaflosen Nächte. Einfach weitermachen!

Herumzeigen, hochloben, schnorren, nachhelfen, herauskitzeln – dies sind die scheinbar unnützen Fähigkeiten, in denen Gaven es zu solcher Meisterschaft gebracht hat. Sie führen jedoch zu außerordentlich wenig langweiligen Ergebnissen, nämlich zur absoluten Topstellung, die die Jahrestagung des NRA in der milliardenschweren Welt der Konferenzen, Messen und Ausstellungen innehat.

TPG Communications: Where's the Beef? (»Seele« VI)

Es fällt immer schwerer, den *eigentlichen* Kern oder das *eigentliche* Wesen irgendeiner Art von Unternehmen zu bestimmen. Hotelunternehmen sind heutzutage selten die Besitzer von Hotels; für ein Versicherungsunernehmen oder irgendein anderes großes Finanzunternehmen ist es dagegen nichts Ungewöhnliches, ein Hotel zu besitzen. Fast jede »Sache«, die ein Hotelunternehmen heute »besitzt« – Markentreue, Service/Managementfähigkeiten, Informationssysteme ebenso wie Datenbanken und Geschick bei der Abwicklung von Finanzgeschäften –, sind immaterielle Güter. Aber in Fällen wie dem des *Marriott* addiert sich der Wet dieser immateriellen Güter zu Milliarden US-Dollar auf. Der Erhalt solcher Werte wird mehr und mehr zu einer Frage der Schaffung und Pflege von dichten Netzwerken.

Selbst meine kleine Firma ist eingebunden in ein Spinnennetz von sich verändernden, komplexen Beziehungen mit einer Reihe von kleinen und großen Außenstehenden, und wir bauen fleißig weiter an dem Netz. Es sind besonders die fünf Vollzeitbeschäftigten eines unserer fünf eigenständigen Unternehmen, der *Tom Peters Group Communications* (TPGC), die den größten Teil ihrer Zeit damit verbringen, rund um den Erdball nach den besten Partnern dafür zu suchen, daß aus Ideen (*soft*) Produkte (*hard*) werden – und letztendlich Geld (1991 ungefähr 4 Millionen Dollar Umsatz).

Bei Videopodukten arbeiten wir hauptsächlich mit Video Publishing House zusammen (Sie erinnern sich: dem Glanzstück der Dallas Organization). Der 14 Millionen Dollar schwere Branchenführer bei Schulungsvideos bringt die besten Regisseure zusammen, sorgt für die Finanzierung und findet die richtigen Sender (wie PBS) für unsere Shows. Die »einzigen« Dinge, die Video Publishing House »macht«, sind übergreifende Programmkonzepte, Marketing und Vertrieb – und *Netzwerkmanagement*. (Plus ungefähr eintausend andere »kleine« Dinge, die seine Seele von den Seelen anderer unterscheidet – d.h. jenen schwer bestimmbaren Kern von Video Publishing House.) Das wiederholt sich bei fast allen anderen Produkten von TPGC: Die in Lizenz vergebenen Workshops werden weltweit von CareerTrack of Boulder in Colorado produziert. Bei den Audioprodukten gibt es meistens ein Joint-venture mit Nightingale-Conant in Chicago. (Auch hier sind die beiden Unternehmen, die führend in ihrer Branche sind, ihrerseits voll und ganz Teil eines Netzwerks.) Wir entwerfen, recherchieren und schreiben einem monatlichen Rundbrief, aber die Info Com Group in Berkeley vermarktet und verwaltet ihn (wobei sie ihrerseits von zahlreichen Subkontraktoren unterstützt wird). Und die wöchentlichen TV-Spots, die ich früher gemacht habe, wurden von Dutzenden unabhängiger Firmen irgendwo auf dem Globus inszeniert und produziert, je nachdem, wo ich gerade war. (Manchmal war der Produzent eine 1-Frau-Truppe mit einem Subkontraktor Audio, manchmal war es aber auch der für spezielle Dienstleistungen zuständige Ableger einer riesigen Gesellschaft.)

Welch ein Wirrwarr!

Wie hängt das jetzt alles zusammen? Zuallererst durch ein klares Konzept, d.h. die »Seele«. Wir denken, wir wissen, worum es uns

geht. Indem wir fast alles nach außen vergeben, konzentrieren wir uns auf die wenigen Punkte, bei denen wir einen strategischen Vorteil haben. Aber niemand ist im klassischen Sinne »verantwortlich« oder »zuständig«. Wir sehen Video Publishing House als unseren Subkontraktor, und sie sehen uns als ihren Subkontraktor. Wer hat recht? Beide! Keiner! Jeder ist solange und soweit gut, wie es der andere ist: Es ist eine Beziehung, die auf unmißverständlicher gegenseitiger Abhängigkeit basiert. (Mitte 1992 schlug uns ein anderes Videounternehmen ein Projekt vor, dem wir einfach nicht widerstehen konnten. Wir entschieden uns, VPH mit ins Spiel zu bringen, obwohl es keinen technischen Grund hierfür gab. Der nicht-technische Grund lag für uns darin, deutlich zu machen, daß wir mit unseren wichtigen Partnern »zusammen dabei sind«.)
Warum versuchen wir also nicht, einen Teil des Einkommens, auf das wir verzichten (d.h. die ca. 20 Millionen Dollar Differenz zwischen dem verbuchten Einkommen unseres Kommunikationszweiges und dem Wert unserer Produkte im Endverkauf), doch selbst in die Hand zu nehmen, indem wir unsere TV-Shows, Videos und Rundbriefe selbst produzieren, vermarkten und vertreiben? (Oder sogar die Bücher: Einige unternehmerisch interessierte Mitmenschen, zu denen auch ein paar einnehmende MBA-Studenten aus Dartmouth gehören, schlugen ein Selbstverlagsprogramm vor.) Die Antwort ist ganz einfach: Jede Aufgabe, die an einen Subkontraktor vergeben wird, ist in ihrem Bereich hochkomplex und speziell. Die Chancen stehen schlecht, daß wir bei irgendeiner dieser Tätigkeiten die mit viel Geduld verfeinerten Fertigkeiten unserer jeweiligen Partner erreichen würden. Jeder von ihnen ist immerhin genau wie wir davon besessen, seine eng umgrenzten Stärken ständig weiter zu verbessern. Und darum geht es doch im Endeffekt.
Dies ist nicht die Geschichte eines »großen Unternehmens«. Ich glaube, wir sind gut, aber diese detaillierte Beschreibung war nicht als Werbung gedacht. Der Punkt bei der ganzen Sache ist: Unsere Struktur des »Jetzt-sehen-Sie-es Jetzt-nicht Finden-Sie-es-wenn-möglich Es-hat-sich-seit-gestern-geändert«, die ja nach den Maßstäben der letzten Jahrhunderte eine *Nicht*-Struktur ist, wird schnell immer mehr zu Norm, von so kleinen Unternehmen wie unserem bis zur riesengroßen MCI.

Juli 1991: Ein Tag im Leben der Alison Peterson, einer Netzwerkmeisterin

Alison Peterson, die die Tom Peters Group Communications leitet, ist *unser* Dick Gaven. Eine Woche lang hat sie aufgeschrieben, was sie so den Tag über gemacht hat. Ein typischer Arbeitstag, aufgeteilt in Viertelstundenintervalle, sieht bei ihr so aus:

8.00 Uhr	Teeküche aufgeräumt (rotierende Aufgabe): »Was für ein Saustall!«
8.15 Uhr	Anruf bei einem Videopartner. Fax an koreanische Partner [die gerade damit beginnen, unsere Produkte zu vertreiben]
8.30 Uhr	Bewertung eines Subkontraktors, der für CareerTrack arbeitet
8.45 Uhr	dito
9.00 Uhr	Anruf VPH, Anruf bei einem Subkontraktor von VPH
9.15 Uhr	Faxe an verschiedene Kunden
9.30 Uhr	Bewertung von Subkontraktoren von CareerTrack
9.45 Uhr	Anruf bei einem Subkontraktor von VPH
10.00 Uhr	Anruf bei einem Kunden
10.15 Uhr	Bewertung von Subkontraktoren von CareerTrack
10.30 Uhr	Anruf bei einem Subkontraktor von VPH, Verfassen eines Memo über diesen Anruf für Tom
10.45 Uhr	dito
11.00 Uhr	Bewertung von Subkontraktoren von CareerTrack
11.15 Uhr	dito
11.30 Uhr	dito
11.45 Uhr	Fax an deutschen Subkontraktor, der an Recherchen für ein Buch sitzt [dieses!]
12.00 Uhr	Lunch mit dem Vizepräsident Marketing eines anderen TPG-Unternehmens
12.15 Uhr	dito
12.30 Uhr	dito
12.45 Uhr	dito
13.00 Uhr	dito
13.15 Uhr	Überarbeitung der gegenwärtigen Fassung eines neuen Films vor dem Gespräch mit VPH
13.30 Uhr	dito
13.45 Uhr	dito

14.00 Uhr	dito
14.15 Uhr	Anruf bei VPH
14.30 Uhr	dito
14.45 Uhr	Anruf bei einem anderen VPH-Subkontraktor
15.00 Uhr	dito
15.15 Uhr	Anruf bei CareerTrack zur Bewertung der Subkonktratoren
15.30 Uhr	Anruf bei potentiellen Seminarpartnern
15.45 Uhr	Vorbereitung für das Meeting am nächsten Tag (mit unserem Leiter Finanzwesen)
16.00 Uhr	Versch. Verwaltungsaufgaben, meistens betr. Externe
16.15 Uhr	dito
16.30 Uhr	dito
16.45 Uhr	Anruf bei Tom betr. Videoprojekt
17.00 Uhr	Überarbeitung von Manuskripten, die mit einem anderen Videoprojekt zusammenhängen
17.15 Uhr	dito
17.30 Uhr	Bis morgen!

Zusammenfassung:

	Stunden	Prozent
Verwaltung TPGC	0,75	8
Andere Untern. TPG	1,25	13
Venture-Partner/Subkontr.	7,50	74
Kunden	0,50	5

Alison Peterson ist wahrscheinlich eine *typische »New Look«*-Netzwerkmanagerin – sie verbringt ungefähr zwei Drittel ihrer Zeit mit den Beziehungen zu Partnern! Die Stunden, die sie der Bewertung der Subkontraktoren von VPH gewidmet hat, offenbaren den wahren Dreh- und Angelpunkt des Arbeitens in Netzwerken. In unseren Augen steigt oder fällt unser Ansehen mit der Leistung unserer Partner. Alison Peterson verbringt jeden Monat Stunden damit, deren Trainer durch Anhören der Bandaufzeichnungen ihrer Leistungen zu bewerten. (Bei Seminaren schauen auch mal Mitarbeiter von uns, die oft nicht direkt zu TPGC gehören, und Freunde aus aller Herren Ländern vorbei.) Aus all dem

- lernen wir/sie neue Neigungen, Interessen unserer Kunden kennen,

- bleiben wir/sie aktiv an der Sicherstellung unserer Produktqualität beteiligt (und machen durch die damit verbrachte Zeit klar, daß wir bei der Erhaltung dieser Qualität keine Kompromisse kennen), und
- sind wir und sie in der Lage, unseren Partnern ein umfassendes, detailliertes Feedback zu geben (wozu auch großes Lob und die gelegentliche Empfehlung, einen Redner nicht mehr einzusetzen, gehören).

Das heißt also, daß diese Geschichte eine ganze Menge *»beef«* enthält (siehe Kapitelüberschrift) – nur nicht gerade der Art und Weise, die wir bisher gewöhnt waren. Wir »kontrollieren« unsere Schlüsselbeziehungen hauptsächlich dadurch, daß wir *Zeit* investieren. Wir behalten uns (oft durch Verträge) beträchtliche formale Befugnisse vor, setzten aber Himmel und Hölle in Bewegung, um sie *nicht* ausüben zu müssen. Unsere Effektivität ist eng verbunden mit den Fähigkeiten von Alison Peterson, verschiedene Ebenen von Beziehungen mit beträchtlichem wirtschaftlichen Wert zu entwickeln und zu hegen und pflegen – und darin, keine formalen Sanktionen zu verhängen, es sei denn als letztes Mittel.

Management Maximizers

Als die Gründerin von *Management Maximizers* (M^2), Marion McGovern, 1990 in ihren Mutterschaftsurlaub ging, machte sie genau das, was ihre Firma den eigenen Kunden empfiehlt: Sie stellte eine Anfrage an das M^2-Netzwerk und fand eine Stellvertreterin für ihre Funktion als Unternehmenschefin (!): Nancy Macchia, früher zuständig für das Vorstandsressort Verkauf und Operations bei der Bank of America. Macchia leistete so gute Arbeit, daß sie zur Mitinhaberin aufstieg.
Natürlich war es nicht ganz so einfach. Zuerst mußte McGovern herausfinden, was Macchia genau tun sollte – und das hieß herauszufinden, was sie selbst eigentlich tat. McGovern betrachtete sich als Hauptverantwortliche ihres kleinen Unternehmens für PR und Marketing. Aber nachdem sie das Ganze zusammen mit ihrer Kollegin und Mitbegründerin, Paula Reynolds, noch einmal genau durchgesprochen hatte, kam sie zu dem Schluß,

daß ihr Spezialgebiet der Kundenservice war – und genau das wurde dann zu Macchias Hauptaufgabe während ihrer Zeit als Vertreterin der Chefin.

M^2 wurde 1988 gegründet und erzielte 1991 einen Umsatz von 1,2 Millionen Dollar, wobei erwartet wird, daß sich diese Zahl bis 1994 auf 5 bis 10 Millionen Dollar erhöhen wird. An einem Tag im Spätjahr 1991 waren 25 Mitglieder des M^2-Netzwerkes als Führungskräfte oder leitende Projektmanager eingesetzt.

Einer der allerersten Einsätze einer von M^2 vermittelten Führungskraft (in Vertreterposition) war bei der Lucasfilm. Lori McAdams, die Direktorin Personal der Lucasfilm, stand kurz vor ihrem Mutterschaftsurlaub, und das junge Unternehmen von McGovern fand sechs mögliche Stellvertreterinnen für sie. Zu ihnen gehörte auch Patsy Murphy, die früher im Personalbüro von NBC gearbeitet hatte und inzwischen ungefähr drei Jahre als Freiberuflerin tätig gewesen war. Murphy war ein mehr als nur adäquater Ersatz für McAdams, was darin gipfelte, daß sie nach der Rückkehr von McAdams bei der Lucasfilm blieb, um spezielle Aufgaben zu übernehmen.

Seitdem hat M^2 ungefähr 125mal für die Vertretung eines Vorstandsmitgliedes gesorgt. Der Kundenkreis umfaßt außer der Lucasfilm die Union Bank, Hewlett-Packard, Safeway, Windham Hill, Oakland East Bay Symphony und FMC. Trotz dieser großen Namen sind die meisten M^2-Kunden mittelständische Unternehmen. Bei solchen Firmen wird die Luft eng, und schwere Zeiten brechen an, wenn eine leitende Führungskraft ausfällt. Die Gründerinnen von M^2 stellten fest, daß die meisten Großunternehmen dagegen immer noch genügend Reserven haben, um den zeitweiligen Ausfall einer wichtigen Führungskraft verkraften zu können, ohne das Gefühl zu haben, unbedingt Ersatz für diese Person finden zu müssen.

Unter den Vertretern, die man fand, waren: ein Controller/Leiter Finanzwesen für ein junges Unternehmen im Bereich Biotechnologie, unbegrenzte Teilzeitbeschäftigung für drei Tage in der Woche auf der Grundlage einer Jahresvergütung von 75 000 Dollar, ein Interimsleiter Finanzwesen für ein Konsumgüterunternehmen mit 140 Dollar pro Stunde, ein Akquisiteur für ein riesiges Telekommunikationsunternehmen mit 65 Dollar pro Stunde, ein Produktmanager für einen Informationsdienst, der sich um die neue Preisfestsetzung für die einzelnen Produkte kümmern sollte, und zwar für 100 Dollar in der Stunde, ein Strategieplaner für ein Unternehmen im Bereich Umweltdienste mit dem gleichen Lohn.

M^2 ist ein Produkt seiner Zeit *und* ein Vorbote kommender Zeiten. Untersuchungen zeigen, daß zwei Millionen Amerikaner in Teilzeit als unabhängige Freiberufler arbeiten. Im Bereich der San Francisco Bay, wo M^2 seine Zentrale hat, setzen 60 Prozent der mittelständischen Unternehmen Vertragsmanager auf der mittleren Managementsebene ein. Noch genauer ausgedrückt gibt es zum gegenwärtigen Zeitpunkt einen wachsenden 75-Millionen-Dollar-Markt für Vertretungen von leitenden Führungskräften, also genau für M^2s Domäne.

Das Herz des M^2-Geschäftes

Das Herzstück von M^2 ist ein außerordentlich fähiges Netzwerk von 2000 hochqualifizierten Profis, die im Durchschnitt auf eine 15jährige Berufserfahrung zurückblicken können (das durchschnittliche Mitglied des Netzwerks hatte bereits mehrere Positionen im mittleren Management inne). Mehr als die Hälfte der M^2er hat eine abgeschlossene Zusatzausbildung, und fast die Hälfte betreibt eine eigene, unabhängige Unternehmensberatung. Ungefähr 60 Prozent der Mitglieder sind Frauen.

Am Anfang bekam M^2 viel Publicity im Zusammenhang mit den Mutterschaftsvertretungen. Und wirklich war es so, daß es anfangs bei fast allen Aufträgen darum ging, eine Führungskraft zur Vertretung einer anderen Führungskraft zu finden, die in Mutterschaftsurlaub ging, und von Zeit zu Zeit gibt es solche Aufträge auch heute noch. Vertretungen von jemandem, der aus dem einen oder anderen Grund beurlaubt ist, sind eine der vier typischen Aufgaben von M^2. Die anderen Arten von Stellen, die man besetzt, sind: 1. Interimsführungskräfte, d.h. Vertretungen auf Vollzeit- oder Teilzeitbasis für freigewordene Managerstellen, die kurzfristig zu besetzen sind, entweder weil jemand unerwartet gegangen ist oder weil das Unternehmen entschieden hat, langfristig Stellen abzubauen, 2. zeitlich unbefristete Teilzeitangestellte zur Besetzung von Stellen (einschließlich sehr hoch angesiedelter), für die Vollzeitkräfte nicht länger gebraucht werden, und 3. Projektspezialisten, d.h. Professionals, die kurzfristig in Projekte z.B. der Bereiche Marketing, Finanzen, Personal oder Produktion einsteigen und diese durchziehen können. In dem zuletzt genannten Einsatzbereich präsentiert sich M^2 als Alternative zu den recht teuren Beratungsfirmen wie Booz Allen und McKinsey.

Wenn man die Gründerinnen von M^2 in Rage bringen will, braucht man ihr Unternehmen nur als »Zeitarbeitsvermittlung für Führungskräfte« oder noch schlimmer als »Menschenhandel« zu bezeichnen. Sie geben zwar zu, daß diese zwei Umschreibungen rein technisch gesehen zutreffen könnten, ihr erklärtes Marketingziel ist es jedoch, genau über dieses typische Zeitarbeitsgefühl hinauszukommen. Das Besondere an M^2 (»Seele«!) ist nach Meinung der Gründerinnen die einzigartige kunstvolle Fähigkeit, hochtalentierte Netzwerkmitglieder und Kunden, die erfahrene Spezialisten suchen, zusammenzubringen – und genau herauszuarbeiten, was die zu besetzende Stelle umfaßt (in der Art, wie McGovern es machte, als sie eine Vertretung für ihre eigene Stelle in ihrem Unternehmen suchte).

Es überrascht nicht, daß M^2 mit Stolz auf die firmeneigene Computerdatenbank verweist, bei der man im Laufe der Zeit herausgefunden hat, wie man sie am besten mit nützlichen und abrufbaren Informationen speichert. Nichtsdestotrotz ist es die Kunst von M^2, die über diese »kalten Qualifikationen« in der Datenbank hinausgeht, die das Ganze zu einem besonderen Service macht. Das Unternehmen bietet seine Dienste zu ansehnlichen Preisen an und strebt danach, seinen Unterhalt damit zu verdienen, sehr zielgerichtet Aufträge aufzuspüren, bei denen man bei der Besetzung einer kritischen Stelle eine wesentliche Rolle spielen kann. Paradoxerweise ist es bei den meisten Vertretungen von leitenden Führungskräften so, daß sich die Kunden von M^2 nur selten genau Gedanken über die tägliche Arbeit beispielsweise eines ihrer Abteilungsleiter gemacht haben. Die effektive Spezifizierung der Hauptaufgaben ist jedoch ein Muß, da man von einem von M^2 vermittelten Stellvertreter für eine Führungskraft erwartet, daß sie sofort voll durchstartet.

Zu den fachlichen Fähigkeiten und Fertigkeiten der Netzwerkmitglieder gesteht M^2 ein, daß die meisten von ihnen »überqualifiziert« sind. Und genau so sollte es sein. Die fachlichen Anforderungen einer Stelle werden die Vertretung wohl kaum aus der Fassung bringen. Der wahre Schlüssel zum Erfolg der M^2-Netzwerksmitglieder liegt in ihren »politischen Fähigkeiten«, die wiederum davon abhängen, daß die von M^2 eingesetzten Stellvertreter einen »umfassenden Crashkurs in der [jeweiligen] Unternehmenskultur« bekommen, wie die Gründerin Paula Reynolds es ausdrückt. »Wer wird zurückgerufen, wer nicht, und so weiter und so fort.«

Wie bekommt man Aufträge?

Mitte 1992 liefen bei M^2 drei bis sechs Kundenanfragen pro Woche ein. Wie uns Reynolds erzählte, gehörten eine oder zwei immer noch zu der Kategorie »Machen Sie ... ?« Sie erzählte jedoch glücklich, daß die Anfrager »zumindest wissen, daß Zeitarbeit für Sekretärinnen nicht dazugehört«. Um das Wachstum anzukurbeln, hatte M^2 schon im Oktober 1990 die erste Kunden-Akquisiteurin, Claire McAuliffe, eingestellt. Durch sie kamen zusätzlich zu den normalen Anfragen noch vier bis sechs weitere pro Woche herein. Normalerweise dauert es mehrere Monate, bis man einen neuen Kunden wirklich an der Angel hat. McGovern betont, daß die Verkaufsfunktion von entscheidender Bedeutung sei, und sie führt einen Großteil ihres Erfolgs auf eine siebenköpfige, vollzeitbeschäftigte Verkaufstruppe zurück. »Der Service muß erklärt werden und dann noch einmal erklärt werden«, sagte sie. Zur Zeit erfolgt der Großteil des Geschäfts mit Vertretungen von Führungskräften auf regionaler Ebene. M^2 hat jedoch hochspezialisierte, lokale Konkurrenten wie zum Beispiel Adams & Allgood aus Palo Alto, die darauf spezialisiert sind, Hochtechnologie-Unternehmen temporär mit Marketing- und Verkaufskräften zu versorgen. Aber Sorgen macht man sich bei M^2 nicht um den offiziellen Wettbewerb. »Unser größter Konkurrent ist zweifellos ›Ich-kenne-jemanden,-der- ...‹«, wie Reynolds es formuliert. Will heißen, die Zufalls-»Netzwerke« alter Freunde, die angerufen werden, wenn man einen Ersatz für einen Manager oder einen Projektleiter benötigt. M^2s wichtigste Aufgabe im Bereich Kundenakquisition besteht dann darin, zu zeigen, daß die Breite und Tiefe seines Netzwerkes und seine Fähigkeit, sich auf einzigartige Weise auf eine Aufgabe vorzubereiten, wertvoller sind als die zufällige Sammlung verfügbarer Freunde, die den Führungskräften von potentiellen Auftraggebern in den Sinn kommen. Da die aber zu diesem Zeitpunkt meist nur sehr wenig Erfahrung mit Teilzeit-Führungskräften und Interimsprojektmanagern haben, ist es für sie sehr schwierig, den Unterschied zwischen »geeignet« und »ungeeignet« oder zwischen einem

»Netzwerk« aus zehn alten Freunden und dem auf Herz und Nieren geprüften M^2-Netzwerk mit 1800 Mitgliedern zu erkennen.

»Es verstehen«

Trotz des durchweg positiven Feedbacks seitens der Kunden wurden die Erwartungen der Gründerinnen von M^2 im Hinblick auf Folgeaufträge nicht erfüllt. Zum gegenwärtigen Zeitpunkt kommen ungefähr 25 Prozent der Aufträge von ehemaligen Kunden. Selbst die zufriedensten Kunden »begreifen es einfach nicht ganz«, klagt McGovern, wenn es darum geht, zu verstehen, wie man M^2s einzigartige Netzwerkressourcen am besten nutzen kann. Ein Teil des Problems liegt in dem Unvermögen zu verstehen, wie die Sache heute läuft. Reynolds und McGovern berichten, die Auftraggeber würden immer wieder einwenden: »Wenn diese Leute [die Mitglieder des Netzwerks] so gut sind, wie kommt es dann, daß sie nicht irgendwo fest angestellt sind?« McGovern und Reynolds kontern dann mit: »Sie sind so gut, daß sie nicht Vollzeit arbeiten müssen!« – d.h. daß M^2s Netzwerk im großen und ganzen aus selbstsicheren Profis besteht, die beschlossen haben, dem traditionellen knallharten Konkurrenzkampf den Rücken zuzukehren.
Die Gründerinnen von M^2 argumentieren, und ich stimme mit ihnen darin überein, daß die Zielstrebigkeit und das Engagement des durchschnittlichen Netzwerkmitglieds häufig größer sind als die des durchschnittlichen Gehaltsempfängers, einschließlich leitender Angestellter. »Das sind Menschen, die ihren guten Ruf jeden Tag aufs Spiel setzen«, schrie McGovern fast während unseres Gespräches. Für einen unserer Arbeitnehmer auf Zeit, der Mist baut, gibt es keine Zukunft! Reynolds fügte hinzu, daß ein Mitglied des M^2-Netzwerks »in der Regel eine wesentlich stärkere Eigenmotivation besitzt und mehr Eigeninitiative entwickelt als ein durchschnittlicher, sogar guter Gehaltsempfänger in einem guten Unternehmen. Die Mitglieder des M^2-Netzwerkes sind selbstsichere, in sich ruhende Menschen, die wissen, daß sie in fast jeder Umgebung schnell Höchstleistungen erbringen können.«

M^2 teilt sich mit Douglas & Co. ein winziges Büro im Finanzdistrikt von San Francisco. Zur festen Belegschaft gehören die

Firmeninhaberinnen (von denen nur McGovern ganztags arbeitet), McAuliffe für den Vertrieb, Yolanda Pacho, Büroleiterin, Koordinatorin und zuständig für die allgemeine Verwaltung sowie Dick Knock als Kundenakquisiteur. Teilzeitsachbearbeiter, die meisten von ihnen Studenten, gewähren weitere administrative Unterstützung. Auch der Controller von M^2 ist eine Teilzeitkraft und kommt aus dem Netzwerk des Unternehmens. Und wenn spezielle Aufgaben zu erledigen sind, wendet sich das Unternehmen – an sein eigenes Netzwerk.

»Schauen Sie sich unser Projekt zur Corporate Identity an«, sagte McGovern. »Ein kleines Unternehmen wie das unsere nutzt die Ressourcen einiger der talentiertesten Menschen in unserem Land auf der (sehr bezahlbaren) Basis von viel Teilzeitarbeit. Und das ist unser Geheimnis.«

Die Arbeit in/mit einem Netzwerk: Der 12. Juli 1991, ein Tag bei M^2

Werfen wir noch einen letzten, sehr genauen Blick auf das »Netzwerk-Management«. Marion McGovern und ihre Mitarbeiterinnen erlaubten meiner Mitarbeiterin Kathy Dalle-Molle, sie einen Tag lang zu begleiten.

12. Juli 1992, 8.00 Uhr – 10.00 Uhr:

Marion McGovern schreibt Nachfaßbriefe an potentielle Auftraggeber. Nancy Macchia versucht, Subkontraktoren für einen neuen Auftrag zu finden, der gestern nachmittag einging. Der Auftraggeber ist Rucker Fuller, Einzelhändler für Büroeinrichtungen, der im Herbst einen Ausstellungsraum eröffnen will; er benötigt so schnell wie möglich einen Mitarbeiter für die Koordinierung der Eröffnungsveranstaltung.

Es handelt sich um eine Teilzeitposition ab sofort bis Ende Oktober. McGovern und Macchia beschließen, die Datenbank nach Subkontraktoren mit Erfahrung in Veranstaltungsplanung, Vertrieb und Marketing und vielleicht auch Immobilienfragen, zu durchsuchen. »Das ist eine interessante Stelle«, sagt Macchia, »denn da werden viele verschiedene Fähigkeiten verlangt. Das ist etwas anderes, als die Lücke eines Finanzanalytikers zu füllen.«

Sie führen eine Datenbankrecherche nach Branchenkriterien durch, in diesem Fall Public Relations als erste Kategorie und Immobilien als zweite. (Sie können Suchläufe in bis zu fünf

Branchen gleichzeitig durchführen.) Die Datenbankrecherche wird von einem der zwei in Teilzeit beschäftigten Studenten durchgeführt, und Macchia geht dann das Ergebnis, eine Liste von mehr als 100 in Frage kommenden Kandidaten, durch. An ein paar erinnert sie sich. Bei den meisten kann sie auf vorhandene Unterlagen zurückgreifen – die Akte eines Subkontraktors enthält seinen Lebenslauf, Arbeitsproben, die Bewerbung bei M^2, Notizen aus dem Vorstellungsgespräch (falls eins stattgefunden hat – ungefähr ein Drittel der Mitglieder waren bei einem Vorstellungsgespräch, das normalerweise in Zusammenhang mit einem möglichen Einsatz geführt wurde). Notizen über die Positionen, wegen derer der Subkontraktor kontaktiert wurde und/oder die er angenommen hat, usw. Macchia wählt drei Kandidaten aus und ruft sie an. Zwei sind nicht zu erreichen (typisch), einer steht nicht zur Verfügung.

Am 12. Juli bearbeitet M^2 natürlich noch weitere Aufträge. Fünf weitere Auftraggeber etwa sehen sich die Kandidaten an und gehen deren Lebenslauf durch. Anfragen von fünf anderen Kunden sind noch in der Schwebe: Eine Firma wollte, daß M^2 vier Stellen besetzen sollte, aber plötzlich erfolgte eine Umstrukturierung, und die Stellen wurden zunächst bis auf weiteres eingefroren, eine weitere Firma definierte das Projekt neu, und wieder eine andere benötigte die Zustimmung der Konzernleitung. (In solchen Situationen faßt Macchia einmal pro Woche beim Auftraggeber nach.)

Macchia entdeckt, daß sie nicht genau weiß, an welches Stundenhonorar Rucker Fuller bei dem Veranstaltungsplaner gedacht hat. Sie ruft ihren Kontaktmann in Rucker Fullers Organisation an; er ist gerade in einer Sitzung, und Macchia hinterläßt eine Nachricht für ihn. (Später erzählt sie, daß Rucker Fuller nichts gegen das vorgeschlagene Stundenhonorar von 100 Dollar einzuwenden hatte.)

Macchia ruft einen Subkontraktor an, der vor ein paar Monaten wegen eines Jobs bei der Wells Fargo Bank (zur Leitung der Entwicklung eines neuen Produktes) zum Vorstellungsgespräch bei ihr war. Die Bank kann sich seit Monaten nicht entschließen, den Auftrag zu erteilen. Obwohl sie von M^2 und von den Subkontraktoren, mit denen Vorstellungsgespräche geführt wurden, beeindruckt war, hat Wells Fargo die Stelle bisher nicht besetzt. Gestern schrieb Macchia ihrem Auftraggeber bei Wells einen

Brief mit folgendem Wortlaut: »Ich nehme an, daß sich das Projekt erledigt hat. Ich hoffe, daß Sie wieder auf uns zukommen werden ...« Jetzt informiert sie die Subkontraktoren, mit denen sie gesprochen hatte, über den Stand der Dinge. (Macchia verbringt die meiste Zeit am Telefon.)

10.00 Uhr – 12.30 Uhr:
Termin mit Linda Rosso, einer Subkontraktorin (Teil des Netzwerks), die die letzten sechs Wochen am neuen Marketing-Kommunikationsplan von M^2 gearbeitet hat. Rosso führte Gespräche mit allen Firmeninhaberinnen und zahlreichen Subkontraktoren und Kunden von M^2. Sie stellte fest, daß die Kunden lange brauchen, um herauszufinden, was M^2 denn nun wirklich macht. Sie sagt auch, daß die am Anfang gewonnene Publizität als »Mutterschaftsnetzwerk« eine Belastung sein könnte. (In den kommenden Monaten wird Rosso als M^2s De-facto-Marketing-Direktorin fungieren. »Es war klar, daß wir es uns nicht leisten konnten, sie fest anzustellen«, sagt McGovern, »aber fünftausend Dollar hier und zehntausend Dollar da, damit können wir leben.«)

12.30 Uhr – 14.00 Uhr:
Paula Reynolds und Linda Rosso gehen zusammen zum Mittagessen. Macchia geht einkaufen. McGovern bittet sie, ihr einen großen Becher Mokkajoghurt mitzubringen, den sie später während der Arbeit ißt.
Die Personalleiterin von Smith & Hawken rief McGovern gestern nachmittag verzweifelt an. Sie braucht einen weiteren Mitarbeiter für die Personalabteilung, kann ihn aber nicht vor November einstellen. Der Leiter Finanzwesen, der Reynolds vor ein paar Monaten bei einer Einladung traf, gab der Personalleiterin Reynolds' Karte und schlug vor, sie zu fragen, ob M^2 helfen könne. Flexible Arbeitszeit. Der Subkontraktor von M^2 sollte vor allem für die Entwicklung eines neuen Systems zur Leistungsbeurteilung und für die Outplacement-Beratung zuständig sein. Die Personalleiterin sagte McGovern, es könnten noch weitere Aufträge folgen.
Inzwischen führt sie eine Datenbankrecherche nach den Codes A, C und E durch – wobei »A« z.B. für »guter Generalist« steht. Jetzt sieht sie den Ausdruck durch und kreist diejenigen ein, die

ihrer Ansicht nach für den Job geeignet wären – einer ist beispielsweise ein ehemaliger Personalleiter von Cost Plus. Auch markiert sie »eventuell in Frage kommende Kandidaten.« Naomi Hayashi, Teilzeitkraft bei M^2 und Studentin an der San Francisco State University, sucht die Akten der ersten Wahl heraus und die derjenigen, die McGovern nicht kennt. McGovern wird dann fünf mögliche Kandidaten anrufen.

Sie versucht auch, einen Kandidaten für Fair Isaac, eine örtliche Auskunftei, zu finden. Das Unternehmen benötigt Hilfe beim Aufbau eines Systems, das Versicherungsunternehmen mit Kreditwürdigkeitsbeurteilungen versorgt. McGovern ist der Ansicht, daß sie den perfekten Kandidaten gefunden hat. »Als ich einen derjenigen anrief, die als Referenz angegeben waren, sagte er mir: ›Es gibt niemanden auf der ganzen Welt, der für diesen Job besser geeignet wäre.‹« Der Kandidat ist jedoch bei weitem nicht mehr der Jüngste, und deshalb möchte sie noch mehr Wahlmöglichkeiten haben – »Es könnte sein, daß sie ein Arbeitstier wollen«, sagt sie.

(McGovern ruft den ganzen Tag lang Auftraggeber und Subkontraktoren an, um festzustellen, welches Interesse sie an den verschiedenen Posten haben. Auch bleibt sie in Kontakt mit McAuliffe, die mehrmals täglich anruft. McGovern sieht auch die ungefähr fünf Lebensläufe/Netzwerk-Bewerbungen durch, die jeden Tag eingehen. Zuerst überprüft sie sie auf Genauigkeit. Ein Bewerber beispielsweise hat unter »besondere Kenntnisse« Jura angegeben, aber sein Lebenslauf zeigt, daß er zwar einmal in einer Anwaltskanzlei gearbeitet hat, jedoch kein Jurist ist – er erstellte Budgets für die Juristen. Ein anderer Bewerber war Veranstaltungsdirektor im »Caesar's Palace«. Er hat außergewöhnlich gute Qualifikationen, aber McGovern entscheidet, daß es sich nicht lohnt, ihn zum Vorstellungsgespräch einzuladen, da M^2 nicht viele Anfragen zu solch einer außergewöhnlichen Kombination von Fähigkeiten erhält.)

14.00 Uhr – 14.45 Uhr:

Macchia spricht mit einem potentiellen Netzwerkmitglied, auf den ein anderes Mitglied des Netzwerkes hingewiesen hat, das zufällig auch ein ehemaliger Auftraggeber ist. Macchia stellt fest, daß die Bewerberin arbeitslos ist und nach einer unbefristeten Ganztagsstelle sucht. (Macchia hatte, als sie die Bewerberin anrief, einen Auftraggeber im Kopf gehabt, der jemanden mit genau ihren Fähigkeiten benötigte. Der Job beinhaltete die Erstellung eines Direct-Mail-Konzepts für ein neues Produkt.) Macchia weist die Bewerberin darauf hin, Bedingung für die Einladung zum Vorstellungsgespräch sei, daß sie sich für die gesamte Dauer des Auftrags verpflichtet – keine Möglichkeit also »auszusteigen«, wenn während der Dauer des Auftrags ein Angebot für eine unbefristete Anstellung winkt.

14.45 Uhr – 15.30 Uhr:
Macchia beantwortet einige Anrufe von Subkontraktoren wegen des Jobs bei Rucker Fuller. Sie sprechen über die Stelle, das Interesse der Subkontraktoren an dem Job, wie sie sich verkaufen sollen, um den Job zu bekommen, und Macchia fragt sie, welche ihrer Erfahrungen sie in ihrem Gespräch mit dem Auftraggeber hervorheben soll.
McGovern ruft Subkontraktoren wegen des Auftrags von Smith & Hawken an. Sie sieht sich vor einem möglichen Problem, da alle ihre Kandidaten älteren Jahrgangs sind.

15.30 Uhr – 16.30 Uhr:
McGovern, Reynolds und Macchia treffen sich jeden Mittwoch um diese Zeit. McGovern führt den Vorsitz. Macchia spricht über Rucker Fuller. McGovern geht Smith & Hawken durch. Broderbund Software hat einen Auftrag gestrichen – Macchia soll den Grund hierfür herausfinden. Reynolds schlägt vor, daß Macchia bei einem möglichen Auftraggeber aus dem Investment Banking nachfaßt, der einen Controller sucht. McGovern berichtet, daß McAuliffe sich mit dem Geschäftsführer von Working Assets getroffen hat – der gerade von M^2 eingesetzte Subkontraktor sei »bestens geeignet«, sagte er. McAuliffe versucht, Working Assets dazu zu bringen, sich für Phase II des Projekts zu verpflichten. Reynolds fragt ihre Partnerinnen, ob sie von diesen Auftraggebern Empfehlungsschreiben bekommen.
Die Gruppe entscheidet, daß ein besseres Voice-Mail-System benötigt wird. McGovern schlägt vor, daß Reynolds ein Mitglied des Netzwerkes anruft, das auf diesem Gebiet Spezialist ist. (Das Netzwerkmitglied hat die letzten fünf Monate an einem Kundenprojekt gearbeitet, das ursprünglich nur eine Woche laufen sollte.)

Reynolds beginnt eine Diskussion über das Treffen mit Linda Rosso. Sie entscheiden, wieviel sie für das Marketingprogramm ausgeben können und wo Einsparungen möglich sind. Sie sprechen über den Entwurf für einen neuen Werbebrief, den McGovern verfaßt hat, der Rosso aber überhaupt nicht gefiel. Rosso überarbeitet ihn jetzt noch einmal und wird ihn morgen früh sofort zurückfaxen. Es besteht Einigkeit darüber, daß Rosso McGovern »unterstehen« wird. Reynolds sorgt dafür, daß jede der Frauen weiß, um welches Projekt sie sich kümmern soll, und wer jeweils für ein bestimmtes Projekt zuständig ist.
Reynolds überlegt, ob man den Marketingplan an den gesamten Beirat schicken soll. Sie beschließen, ihn nur den drei Marketingfachleuten im Beirat zu schicken. Reynolds wird sie anrufen, vorwarnen und ein Arbeitsessen zur Besprechung des Plans vereinbaren.
McAuliffe nimmt nicht an dem Treffen teil. Reynolds möchte, daß man dafür sorgt, daß sie über alles informiert wird.

16.30 Uhr – 17.30 Uhr:
McAuliffe kommt von Kundengesprächen zurück. Normalerweise verbringt sie zwei Tage mit Kundenbesuchen außerhalb der Stadt (einen im Silicon Valley, einen in Marin County und der East Bay), einen weiteren Tag mit Kundenbesuchen in San Francisco und zwei Tage mit Nachfaßtelefonaten. McAuliffe trifft sich im Schnitt jede Woche mit acht bis zehn Auftraggebern. Heute war sie im Silicon Valley und traf den Leiter Finanzwesen eines Herstellers medizinischer Geräte und den Abteilungsleiter Finanzwesen vom Franklin Fund. Eigentlich sollte sie sich auch mit jemandem von Sun Microsystems treffen – als sie ankam, wurde ihr jedoch gesagt, daß der entsprechende Mitarbeiter den Termin leider nicht wahrnehmen könne, also besuchte sie einen anderen Kunden bei Sun.
»Tage im Leben« von M^2 sind normalerweise sehr aufschlußreich. Einerseits geht es vom Inhalt her oft um das stets gleiche, sei der Gegenstand nun Joe Doaks, Marion McGovern oder Senator Gernegroß, nämlich: gut zureden, schmeicheln, Dinge anstoßen, plaudern, das verfolgen, was sich anbietet. Andererseits ist dieses Beispiel anders. Die Inhaberinnen von M^2 denken ständig an ihr Netzwerk. Die meisten Führungskräfte herkömmlicher Art spielen die Bedeutung von Netzwerken herunter, nehmen bestenfalls

eine »Das-Netzwerk-soll-sich-selbst-managen«-Haltung ein (und im schlimmsten Falle eine »Was-für-ein-blödsinniger-Zeitvertreib«). Nicht so bei M^2. Ihr Netzwerk ist der Lebensnerv ihres Unternehmens.

ROIR – Die Macht von Beziehungen

ROI: *R*eturn *o*n *i*nvestment (Investitionsrentabilität). Wichtig!
ROIR: *R*eturn *o*n *i*nvestment in *r*elationships (Investitionsrentabilität bei Beziehungen). Noch wichtiger!!

Wir alle investieren in Beziehungen. Das ist nur menschlich, sei es bei der Arbeit oder im Privatleben. Aber es hat den Anschein, daß die klügsten Unternehmen heutzutage diejenigen sind, die bei den *bewußten Investitionen in Beziehungen* – den stetigen, ständigen, mit Leidenschaft und mit einem festen Ziel im Auge getätigten – ganz vorne liegen. Doch selbst die absoluten Glanzsterne, die Pioniere (Apple, MCI, Skonie, M^2) versuchen nicht, dies zu *messen*. Und das ist ein Fehler. Was aber noch wichtiger ist: das Messen *kumulativer* Investitionen in Beziehungen, die *Investitionsrate* bei Beziehungen, die *Zuwachsrate* bei den Investitionen in Beziehungen, und so weiter. (Ich wußte zum Beispiel vor unserer Untersuchung nicht, daß unsere Alison Peterson 74 Prozent ihrer Zeit mit »Beziehungen zu Netzwerkpartnern« zubringt. Wenn ich klug bin, überprüfe ich das in einem Jahr noch einmal und untersuche, ob der Prozentsatz gesunken ist – besonders, ob er zugunsten mehr nach innen gerichteter Tätigkeiten gesunken ist.)
Erinnern Sie sich daran, daß neue Mitarbeiter bei EDS sofort zum Kunden müssen? Vom ersten Tag an tauchen sie nicht in Technologie ein, sondern in das Bewußtsein, daß der Kunde an die erste Stelle zu setzen ist. Es ist immer noch die physische Nähe zum Kunden bei EDS, die das Unternehmen merkbar von vielen seiner Konkurrenten unterscheidet. All das läuft auf eine phänomenale Investition in enge Beziehungen zum Kunden hinaus. Denken Sie noch einmal an die Personalchefs bei Rational in Deutschland: Was tun sie – tagaus, tagein – anderes, als mehr als ihre Konkurrenten in den Aufbau enger Beziehungen zu den professionellen Chefköchen zu investieren?

Oder sehen Sie die *Silicon Valley Bank* einmal unter einem anderen Aspekt. Verglichen mit vielen ihrer benachbarten Konkurrenten ist sie winzig. Aber auf ihrem selbstgewählten Markt ist sie sehr gut im Geschäft: Sie bedient aufstrebende Technologieunternehmen. Warum das so ist? Ein leitender Angestellter bei der Bank faßte es in einfache Worte: »Wir haben mehr in die Beziehungen mit den [lokalen] Risikokapitalgebern investiert. Wir kennen sie besser als jeder einzelne unserer Wettbewerber.« Diese Risikokapitalgeber wiederum verweisen Jungunternehmen an die quicklebendige Bank. Schauen Sie sich noch einmal Management Maximizers und die Skonie Corporation an. Es sind kleine Unternehmen mit großen Zielen. Die Führungskräfte drängen in ihren Unternehmen einfach nur darauf, mehr und schneller als andere in den Aufbau von Beziehungen zu investieren.

Wenn es um die Japaner geht, sprechen die Amerikaner auf schändliche Weise über Beziehungen. Die Japaner haben eine viel stärker auf »Beziehungen« basierende Gesellschaft als wir. Außenseitern ist es dort oft fast unmöglich, in den inneren Kreis vorzudringen. Seltsamerweise besteht eine ziemlich enge Parallele zwischen den Frustrationen der Amerikaner über das Abschotten der Japaner und den Frustrationen bei CDC, Honeywell, Burroughs und anderen, wenn sie an IBM denken. Nach typisch westlicher Manier dachten die Konkurrenten von IBM, sie müßten siegen, ohne »wenn«, »und« oder »aber« – da sie ja die »besseren Geräte« hatten. Ich kann nicht beurteilen, ob das der Fall war oder nicht. Ich gehe davon aus, daß sie in vielen Fällen zumindest ebenso gute Geräte hatten wie IBM. Andererseits ist man bei IBM ein Meister darin, »den Kunden zu binden«. Das ist ein anderer Ausdruck dafür, daß man dort geduldig und mit viel Geld – mehr als jeder andere Konkurrent – in den Aufbau von Beziehungen zu den Führungsetagen der Kunden investiert hat. Das war keine Funktion der Größe des Unternehmens. Diese Strategie läßt sich bis in die zwanziger Jahre unseres Jahrhunderts zurückverfolgen: Als IBM noch kleiner war als die Silicon Valley Bank, investierte Thomas J. Watson. Sr. mehr als jeder andere in Beziehungen.

Und die Frauen werden den Weg weisen!
Die ersten Franchisenehmer waren Frauen, und das gefiel mir – ich hatte keine Schwierigkeiten damit. Ich konnte sehen, daß Männer gut mit wissenschaftlichen Dingen und mit Worten umgehen können, daß sie gut über Wirtschaftstheorien und Gewinn-und-Verlust-Rechnungen reden können (es gibt natürlich auch einige Frauen, die das gut können). Aber ich konnte auch sehen, daß Frauen besser mit Menschen umgehen können, daß sie sich mehr um andere kümmern, und daß sie sich mehr für das, was sie tun, begeistern können. Ich habe die Erfahrung gemacht, daß Frauen weniger als Männer bereit sind, zu akzeptieren, daß die Freude an der Arbeit allein in deren Endergebnis liegt.
Anita Roddick
Gründerin des Body Shops
Body and Soul

In *The Female Advantage* untersucht die Journalistin Sally Helgesen den Führungsstil vierer außergewöhnlich erfolgreicher weiblicher Führungskräfte: Vor allem legen die vier großen Wert auf *Beziehungen.* Sie sagten Helgesen, sie sähen sich selbst im Zentrum eines »Spinnennetzes« (da haben wir es wieder!) und nicht an der Spitze einer Pyramide. »Netzwerk«, »Beziehungen«, »Spinnennetz« und ähnliche Begriffe sind der fundamentale Bestandteil von Helgesens Pionierarbeit. Ein Beispiel: Die bei ihr angeführten Frauen halten Unterbrechungen für natürlich – und fruchtbar. Während dem typischen Mann Unterbrechungen auf die Nerven fallen (laut Forschungsergebnissen), sehen Frauen sie eher als *Gelegenheit,* eine Beziehung mit einem Insider oder einem Outsider zu festigen, jemandem zu danken oder einem geschätzten Mitarbeiter auf andere Art und Weise Respekt zu zollen.
Laut Helgesen neigen Frauen eher dazu, mehr Betonung (relativ gesehen) auf *langfristige Aspekte* zu legen. Nicht als ob die von ihr untersuchten weiblichen Chefs bessere langfristige Pläne gehabt hätten als die Männer. Sie sind nur eher bereit, alles langfristiger und im größeren Kontext zu sehen. Helgesen verweist auch auf umfassende Forschungsarbeiten von Leonard Greenhalgh, Professor an der Dartmouth Business School, der der Ansicht ist, daß Frauen bessere Verhandlungspartner seien als Männer: Männer konzentrieren sich auf Gewinne, Verluste und Konkurrenz. Frauen

»sehen Verhandlungen im Rahmen einer sich fortsetzenden Beziehung«, so Helgesen. Sie geben sich allergrößte Mühe, damit ihr Gegenüber in seinen/ihren Augen und in denen der Welt als Sieger(in) dasteht.
Die erfolgreichen weiblichen Chefs betonen auch die *Nähe* zu den anderen Mitgliedern des Teams, anstatt Distanz zu halten. Sie praktizieren *Aufnahme* anstelle von Ausschluß, fügt sie hinzu. Sie sind viel eher als Männer dazu bereit, Informationen weiterzugeben und mit anderen zu teilen. Nicht so überraschend, aber deswegen nicht weniger wichtig ist die Tatsache, daß Frauen dahin tendieren, ihre Arbeit und ihr Privatleben *nicht* voneinander zu trennen. Beides geht nahtlos ineinander über. Werte, die in einem Bereich (ihrem Privatleben) gelebt werden, beispielsweise für andere zu sorgen und sie zu unterstützen, werden ganz natürlich auf den anderen Bereich (Arbeit) übertragen.
Helgesen argumentiert auf überzeugende Art und Weise, daß dieser andere Führungsstil in der heutigen Wirtschaftswelt ganz besonders angebracht ist. Im Zeitalter des Kopfarbeiters sind Selbstmotivation, Ratschläge anstelle von Anweisungen, Zuhören anstatt Anschreien und die Entwicklung eines vielfältigen und enggeknüpften Netzes von Beziehungen/Netzwerkpartnern anstelle des Versuches, jedes unvorhergesehene Ereignis unter Kontrolle zu bringen, genau das, was gebraucht wird.
Meine Kollegen und ich haben die Autorin über ihre Arbeit befragt: *Was hat Sie an ihren Ergebnissen überrascht?* Zum einen haben die Männer positiv reagiert. Viele Männer hatten sehr schlechte Erfahrungen in hierarchisch strukturierten Unternehmen gemacht. Sie schauen sich das Buch an und sagen »Dort lag das Problem! Der Mann hat alle Informationen an sich gerissen. Er war mehr an seiner Position interessiert als an dem ganzen Unternehmen, und dessen Struktur hat das noch verstärkt.«
Wie können weibliche Führungskräfte am besten mit dem Widerstand gegen den Wandel in der Organisation fertig werden? Denen zuhören, die dagegen sind, das in Betracht ziehen und es im positiven Sinne nutzen. Das ist eine entwaffnende Methode. Menschen, die sich gegen etwas stellen, erwarten, daß ihnen nicht zugehört wird, also fangen sie an zu hetzen oder im Unternehmen Gerüchte zu verbreiten. Halten Sie sich das immer vor Augen! Beziehen Sie diejenigen, die sich widersetzen, in den Prozeß mit ein, indem Sie ihnen das Gefühl geben, beteiligt zu sein.

Was können Männer von weiblichen Führungskräften lernen? Das erste, was sie lernen können, ist, daß sowohl das Sammeln von Informationen als auch ihre Weitergabe ein Zeichen von Stärke sind. Sie zurückzuhalten aber nicht! Worauf die Frauen in dem Buch hinwiesen, war, daß man viel flexibler sein kann, wenn man sich selbst als im Zentrum anstatt an der Spitze stehend betrachtet. Auch Männer werden lernen müssen, ihrer Identität mehrere Facetten zu geben, sich nicht einzig und allein durch ihre Arbeit zu identifizieren, sondern auch ihr Familienleben und ihr gesellschaftliches Leben mit in ihre Identität einfließen zu lassen. Hierarchische Strukturen sind männlich. Sie wurden im öffentlichen Leben geschaffen, als es von Männern beherrscht wurde. Wir alle müssen lernen, davon wegzukommen, denn das ist nicht länger effizient, nicht länger praktikabel, nicht länger der beste Weg, etwas zu tun. Wieviel besser ist es doch, aus den Menschen das Beste herauszuholen, ihnen Führung und Leitung zu bieten, und ihnen gleichzeitig Freiraum zu gewähren, sich zu entwickeln? Dann können Sie größeren Nutzen aus ihren Fähigkeiten ziehen und sich selbst auch von manchen Sorgen befreien – und an all dem mehr erfreuen.

---

25. Kapitel

Die Suche nach Metaphern: Die Vorstellung von Dynamik und logischen Zusammenhängen

> *Die meisten Manager bekommen Schwierigkeiten, weil sie vergessen, in Zirkeln zu denken. [Sie] glauben weiterhin, daß es so etwas wie einseitige Kausalität, abhängige und unabhängige Variablen, Anfang und Ende gibt.*
> Karl Weick
> The Social Psychology of Organizing

Das Netzwerkmodell ist schwierig zu verstehen, da wir nun einmal in traditionellen, lineraren, kartesianischen Denkweisen gefangen sind. Für manche jedoch ist die Nicht-Linearität so etwas wie die Luft zum Atmen. Und an diese Menschen wenden wir uns in unserer Suche nach neuen Modellen, nach neuen Metaphern, nach neuen Gedankenstrukturen.

Wir haben so eingefahrene Gewohnheiten, daß wir nicht in der Lage sind, uns klarzumachen, daß es unerschütterliche mentale Grundstrukturen gibt, die sich bewährt haben und die wirkliche, vollentwickelte Alternativen zu unseren üblichen Denkweisen und konventionellen Vorstellungen bieten. Offen gesagt, ist es kaum möglich, das Ausmaß, in dem wir unbewußt durch alte Strukturen bestimmt werden, zu überschätzen. Wenn wir Amerikaner an Strategien denken, denken wir sehr oft an Football. Eine Katastrophe! Footballplätze sind klar umgrenzt. Zu einer festgesetzten Zeit erscheinen unsere Gegner, und das Spiel beginnt. Beim Ertönen eines Pfiffs hören beide Mannschaften auf zu spielen. Und so weiter. Das ist meilenweit entfernt von den schwindelerregenden Dingen, die in der Welt von M^2 passieren.

Der Antirealismus der Quantenmechanik

Jeder, der von der Quantentheorie nicht schockiert ist, hast sie nicht verstanden.
Niels Bohr, Physiker;
Vater der Quantenmechanik

Einstein sagte, wenn die Quantenmechanik recht habe, sei die Welt verrückt. Nun, Einstein hatte recht. Die Welt ist verrückt.
Daniel Greenberger, Physiker,
in: Scientific American,
Juli 1992

Die Quantenphysik ist eigenartig. Ich habe vielleicht ein Dutzend Bücher darüber gelesen, z.B. Nick Herberts *Quantum Reality*, Fritjof Capras *The Turning Point* (dt. Wendezeit), Michael Talbots *Beyond the Quantum*, John Gribbins *In Search of Schrodinger's Cat*, Danah Zohars *The Quantum Self*, Gary Zukaws *The Dancing Wu Li Masters*. Obwohl ich eigentlich als Wissenschaftler ausgebildet wurde, verstehe ich heute wenig mehr von der Quantenmechanik als damals, als ich das erste Buch aufschlug. Aber ich bin total durcheinander und emotional berührt. Das ergibt alles keinen Sinn. Und *genau das* ist mehr oder weniger der entscheidende Punkt.

»Ich erinnere mich an stundenlange Diskussionen mit Bohr [im Jahre 1927], die bis tief in die Nacht gingen und uns fast zur Verzweiflung brachten«, schrieb Werner Heisenberg, der Pionier der Quantenphysik, 1958 in *Physik und Philosophie*. »Und wenn ich nach der Diskussion alleine im benachbarten Park spazierenging, fragte ich mich immer wieder ›Kann die Natur wirklich so absurd sein, wie uns das bei diesen Kernversuchen vorkam?‹« Kern der Verzweiflung war das Verschwinden der »alten« Realität, die Newtonschen Masse – der einzelnen Protonen und Elektronen, die in einer klar verständlichen, umfassenden Sonne-und-Planet-Atomstruktur leicht dargestellt werden konnten.

»Auch nach 60 Jahren ihrer jungen Geschichte sind die Quantenphysiker immer noch vollkommen unfähig zu erklären, wie es die Welt, die wir im Alltag erleben, überhaupt geben *kann* – die Welt der Tische und Stühle, der Steine und Bäume, usw.«, schreibt

Danah Zohar. »Dieser anti-realistische Ansatz ... wird beeinflußt von der bizarren und schemenhaften Natur der Ereignisse auf der Ebene der Quanten, auf der man von keinem Ding sagen kann, daß es an einem bestimmten Ort existiert, und wo alles in einem Meer von Möglichkeiten schwimmt ... Wir müssen daran denken, daß Material auf der Ebene der Quanten nicht sehr viel von ›Material‹ an sich hat ... Anstelle von [Atomen], die als winzig kleine Billardbälle, die durch Kontakte oder Kräfte bewegt werden, beschrieben werden können, gibt es jetzt etwas, das so vielen Mustern aktiver Beziehungen gleichkommt: Elektronen und Photonen, Mesonen und Nukleonen, die uns mit ihrem flüchtigen Doppelleben necken, da sie jetzt Position sind, jetzt Impuls, jetzt Teilchen, jetzt Wellen, jetzt Masse, jetzt Energie – und alle in Reaktion aufeinander und auf die Umgebung.«
Es ist die Welt der seltsamen Namen. Gluonen und Gravitonen. Myonen und Leptonen. Tauonen. Quarks. Charm-Quarks. Und man ist noch nicht einmal sicher, daß diese »Partikel« subatomarer Größe existieren! Die Beziehung wird alles, erklärt Fritjof Capra in *Wendezeit.*
Die Entdeckung des dualen Aspektes der Materie [ihr Verhalten sowohl als Teilchen als auch als Welle] und die fundamentale Rolle der Wahrscheinlichkeit hat die klassische Vorstellung von Festkörpern zerstört ... Die Feststoffe der klassischen Physik lösen sich in wellenartige Wahrscheinlichkeitsmuster auf. Diese Muster stellen letztendlich nicht die Wahrscheinlichkeit der Dinge dar, sondern eher die Wahrscheinlichkeit von Zusammenhängen. Eine genaue Analyse ... der Kernphysik hat gezeigt, daß die Teilchen subatomarer Größe als isolierte Gebilde keine Bedeutung haben, sondern nur als Zusammenhang verstanden werden können ...
Folglich sind Partikel subatomarer Größe nicht »Dinge«, sondern Zusammenhänge zwischen »Dingen«, und diese »Dinge« wiederum hängen zusammen mit anderen »Dingen« und so weiter ... Wenn wir immer tiefer in die Materie eindringen, zeigt uns die Natur keine isolierten Baustoffe, sondern erscheint eher wie ein kompliziertes Netz von Beziehungen ...
Die Vorstellung vom Universum als einem Netz von zusammenhängenden Beziehungen ist eines der zwei großen Themen, die in der modernen Physik immer wiederkehren. Das andere Thema ist die Erkenntnis, daß das kosmische Netz eigentlich dynamisch ist.

Capra besteht darauf, daß die Welt der Quanten konventionelle Denkweisen auf eine Art und Weise auf den Kopf stellt, die vielleicht in der Vergangenheit nur Dichter verstanden haben. »Während in der klassischen Mechanik die Eigenschaften und das Verhalten der Teilchen die des Ganzen bestimmen«, schreibt Capra, »ist die Situation bei der Quantenmechanik genau umgekehrt: *Das Ganze bestimmt das Verhalten der Teilchen.*«

Ich habe nicht vor, hier mehr zu »erklären« (die Wahrheit ist, ich kann es gar nicht), ich will nur darauf hinweisen, daß die Quantenphysik, die die Newtonsche Physik genauso übertrumpft hat wie das Auto das Pferd (mit Pferden kam man damals gut zurecht, und sie haben immer noch ihren Platz), die beste Erklärung ist, die wir heute von der »physischen« Welt haben. Es ist eine Erklärung, die mit der deterministischen Newtonschen Vergangenheit überhaupt nicht übereinstimmt.

Da wir typischerweise unsere Modelle der Sozial»wissenschaften« an den physikalischen Wissenschaften ausgerichtet haben, ist es jetzt sicherlich an der Zeit, sich eingehend mit den Auswirkungen der Quantenmechanik auf Organisationen zu beschäftigen. Zumindest sollten wir uns über unsere anhaltende Hingabe an die Newtonschen Modelle der Organisationsstruktur Gedanken machen. In der Tat scheinen die organisatorischen Arrangements in unserem von vielen Verbindungen gekennzeichneten, schnellebigen, immateriellen/wissensintensiven, von Beziehungen getriebenen »Weltdorf« viel eher mit der Quantenrealität als mit der Newtonschen Realität in Einklang zu stehen. Beziehungen. Netzwerke. Alles wird immateriell (»instruktiv«). »Spinnennetzartige« Organisationen. All diese Ideen sind von derselben Art wie die schwer zu bestimmenden Prinzipien der Quantenphysik. Zumindest kann die Tatsache, daß man zugibt, daß in den neuen organisatorischen Modellen etwas Quantenähnliches zu finden sein mag, dazu führen, daß sich die große Gruppe der »Ich bin illusionslos und stolz darauf«-Menschen unter uns besser fühlt – es läuft auf einen unfehlbaren Anker für diese seltsame neue Art und Weise in den physikalischen Wissenschaften hinaus.

Australien als Musikpartitur

Und jetzt zu etwas *völlig anderem*! Vorwärts in die Vergangenheit. Aus der Welt der Myonen, Tauonen und Quarks in die Welt der Ureinwohner Australiens, wie sie Bruce Chatwin in *The Songlines* beschreibt. Vergessen Sie jetzt noch einmal das Newtonsche Maß und Ziel. Eigentum, Eigentumsrechte und »Organisation« unter den Ureinwohnern wurden als ein Labyrinth von eindimensionalen »Linien« angesehen, die »gesungen« wurden. Chatwin schreibt, daß wir uns die Liedzeilen als ein Gemisch aus Ilias und Odyssee vorstellen müssen, einmal hierhin, einmal dorthin.

Die Mythologie der Liedzeilen stammt aus der »Traumzeit«, wie die Schöpfung in der Sprache der Ureinwohner bezeichnet wird. »Am Morgen des ersten Tages«, erzählt uns Chatwin, »hob ... jeder der Ureinwohner seine Linke und rief ... einen Namen. Er hob die Rechte und rief einen anderen Namen. Er benannte das Wasserloch, das Schilfrohrbett, die Gummibäume – er rief nach rechts und nach links, nannte alle Dinge beim Namen und wob ihre Namen in Verse ein.«

»Man könnte ganz Australien wie eine Partitur lesen«, beobachtet Chatwin. »Es gab kaum einen Stein oder einen Bach im Land, der nicht besungen werden könnte bzw. wurde ... Falls man das Lied kannte, konnte man immer seinen Weg durch das Land finden.« Wenn eine schwangere Ureinwohnerin zum ersten Mal spürte, wie ihr Baby sich regte, rief sie die Ältesten zusammen, »die die Sachlage beurteilen und entscheiden, welcher Vorfahr diesen Weg des neuen Lebens ging und welche Strophen das Eigentum des Kindes sein werden«.

Um die Liedzeilen lebendig zu erhalten, trafen sich die eingeborenen »Liedbesitzer« regelmäßig: »Einer nach dem andren singen die ›Besitzer‹ dann ... ihren Teil von den Fußspuren ihrer Vorväter. Immer in der richtigen Reihenfolge! Einen Vers außerhalb der Reihenfolge zu singen war ein Verbrechen, das gewöhnlich die Todesstrafe nach sich zog ... Sein Lied zu vergessen würde bedeuten, die Schöpfung rückgängig zu machen.«

Die Ureinwohner benutzten die Liedzeilen auch im Handel. »Eine Handelsroute ist eine Liedzeile«, schreibt Chatwin. »Lieder, nicht Gegenstände, sind das wichtigste Tauschmedium ... Die Verse eines Mannes waren seine Eigentumsurkunde für das

Gebiet. Er konnte sie an andere verleihen und selbst wiederum von anderen Verse ausleihen. Eins jedoch konnte er nicht: Die Verse verkaufen oder sie einfach loswerden.«

In einer Beschreibung, die leicht aus einem Lehrbuch für Quantenphysik stammen könnte, behandelt Chatwin die Handelsbeziehungen zwischen zwei voneinander getrennten Stämmen. »Sich in solch einer ausgedörrten Landschaft fortzubewegen, bedeutet das Überleben; an ein und demselben Platz zu bleiben Selbstmord. Alles hing davon ab, ob man in der Lage war, einen gegebenen Ort zu verlassen. Jeder Ureinwohner hoffte, mindestens vier ›Wege heraus‹ zu haben, die er im Falle einer Krise bereisen könne. Jeder Stamm – ob es ihm nun gefiel oder nicht – mußte Beziehungen zu seinen Nachbarn pflegen. Was die Weißen das ›Walkabout‹ zu nennen pflegten, war praktisch nichts anderes als eine Art Busch-Telegramm-mit-Börse, der Botschaften zwischen Menschen hin und her schickte, die sich nie sahen und unter Umständen der Existenz des anderen gar nicht gewahr waren.«

Ist das etwa verwirrend? Natürlich ist es das! Aber das Fundament (ist *das* das richtige Bild?) ist wiederum eine Metapher, die von »Beziehungen«, nicht von »Gegenständen« lebt – und weit entfernt von den traditionellen Hierarchien ist. Das Entscheidende ist, daß die Liedzeilen (1) Tausende von Jahren existiert haben und wirksam waren; (2) eine genauso glaubwürdige Art der Organisation sind wie jedes andere Modell; und (3) überraschenderweise vielleicht sogar *besser* geeignet sind, das heutige *»corporate environment«* zu beschreiben, als die traditionellen Hierarchien, Organigramme und voluminösen Strategiepläne.

Harlot's Ghost

> *Es war wieder einmal ein purer Zufall, der die Zukunft entschied. Es war pures Glück, daß wir das Appartement noch nicht verlassen hatten, als die Companie Générale Transatlantique anrief; wahrscheinlich war es derselbe Anruf, den ich ungefähr eine Stunde vorher gehört hatte, als ich nicht an das Telefon gehen konnte. Es war ein wichtiger Anruf. Meine Überfahrt nach Europa konnt nur gebucht werden, wenn ich sofort, bis spätenstens 22.00*

Uhr, mit meinem Reisepaß kommen würde. Ich will hiermit nur sagen, daß, wenn ich das kleine Gerät nicht auseinandergenommen hätte, mich der Anruf nicht erreicht hätte, und das hätte bedeutet, daß meine Reise nie stattgefunden hätte, oder zumindest nicht mit dem Schiff, mit dem Sabeth reiste, und wir, meine Tochter und ich, uns nie getroffen hätten.
Max Frisch
Homo Faber

Max Frisch, Paul Bowles, Gabriel García Márquez, Anton Tschechow, Jane Smiley, Malcolm Lowry oder Norman Mailer zu lesen bedeutet, Beziehungen, Glück, gegenseitige Verbindungen, Muonen, Liedzeilen, große Dinge innerhalb von kleinen Dingen, kleine Dinge innerhalb von großen Dingen, Dinge innerhalb anderer Dinge, die nichtsdestoweniger darüber hinaus gehende Dinge umfassen, in vielfältiger Form in sich aufzunehmen. Vielleicht gibt es kartesianische Romane, hierarchische Romane, Newtonsche Romane. Wenn das der Fall ist, nimmt man an, daß sie schnell – und gnädigerweise – in den Papierkorb der Literatur gewandert sind. Die Fülle des Lebens, die wir als Privatpersonen akzeptieren (und auch, wenn wir uns Romanen und Gedichten zuwenden), scheint vor der Eingangstüre von Unternehmen oder öffentlichen Ämtern aufgegben zu werden.
Ich habe schon viel über die Wahrnehmungsattribute von Produkten geschrieben, über die unermeßliche Bedeutung einer rücksichtsvollen Antwort auf ein heilloses Durcheinander (wie man mit einem Fehler umgeht, ist genauso wichtig wie die Tatsache, daß das Produkt überhaupt funktioniert!) und über die oben erwähnten organisatorischen Probleme. Diese »seltsamen« Ideen stimmen mehr mit den Verwicklungen innerhalb der Verwicklung in Norman Mailers *Harlot's Ghost* überein als mit Peter Druckers (oder meinen) jüngsten Äußerungen.
Können Romane und Gedichte als »Metaphern« angesehen werden? Vielleicht, vielleicht aber auch nicht. Das Entscheidende hierbei ist die hartnäckige Suche nach ungewöhnlichen Entsprechungen. Wenn erzählende Literatur und Poesie (Schauspiel, Opern etc.) das Leben besser einfangen können als andere Kulturmedien – und wer würde das bezweifeln –, warum sollte man

dann nicht *die Dichtung als ein Modell für Organisation* ansehen? Organisationen sind fiktiv – besonders die auf Wissen basierenden professionellen Dienstleistungsunternehmen, die die besten Modelle für das Morgen sind.

Eine Reise nach Kunming

Und jetzt eine »taoistische Erzählung« aus dem China-Buch »*The Lonely Planet*:

»Es waren einmal zwei Reisende, von denen einer am nächsten Tag unbedingt in Kunming sein wollte. Der andere, ein Taoist, wollte ebenfalls nach Kunming. Die beiden gingen zusammen zum Bahnhof und sahen sich dort einer langen, ungeordneten Schlange am Fahrkartenschalter gegenüber. Nachdem er sich in die Schlage eingereiht hatte, schrie der erste Reisende Menschen, die sich vordrängeln wollten, an, und drängte sie, wenn möglich, wieder hinaus. Nach einer Stunde Warten erreichte er den Fahrkartenschalter und verlangte einen Liegewagenplatz für den Nachmittagszug. Es gibt keine Plätze für den Liegewagen mehr, erfuhr er. Er fluchte und beschwerte sich und erreichte es so, eine Fahrkarte für einen Stehplatz zu ergattern. Triumphierend erkämpfte er sich den Weg aus der vollen Bahnstation und sah, daß sein Freund verschwunden war.

Äußerst erregt und ärgerlich wartete der Reisende im verräucherten Wartesaal, bevor er sich seinen Weg zum Zug freikämpfte. Alle Plätze waren schon besetzt, woraufhin er seinem Ärger mit lauter Stimme Ausdruck verlieh und so die anderen Passagiere befremdete. Er fühlte sich von denjenigen, die nur seine harte ausländische Währung wollten, schlecht behandelt und weigerte sich so, etwas zu essen oder den Platz im Schlafwagen anzunehmen, den ihm der Schaffner anbot. Er demonstrierte seine Verachtung für jedermann, indem er 18 Stunden am Stück bis nach Kunming stand. Als er ankam, entsprach die Stadt nicht seinen übertriebenen Erwartungen, die er während seiner höllischen Zugreise aufgebaut hatte. Der Reisende haßte China im allgemeinen und Kunming im besonderen.

Drei Wochen später traf er zufällig seinen alten Gefährten wieder. Nachdem er seine leidvolle Geschichte erzählt hatte, fragte er den Taoisten nach seinen Erfahrungen mit Kunming. Sein Freund antwortete: »Ich weiß nicht. Ich bin immer noch auf dem Weg dorthin. Als ich sah, daß es keine Liegewagenplätze im Zug gab,

machte ich mich auf den Weg zum Busbahnhof. Bevor ich ihn erreicht hatte, traf ich einen Lastwagenfahrer, der eine Schüssel Nudeln aß, und fuhr mit ihm zu einem Fest in seinem Heimatdorf. Dort traf ich ein paar Burschen, die mit dem Bus nach Norden fuhren. Wir machten zusammen ein paar tolle Abstecher, und dann fuhr ich mit einer Familie zusammen per Boot zurück. Als sich zeigte, daß Bahnfahrkarten nach Süden nur schwer zu bekommen sind, ging ich statt dessen zum Wandern aufs Land. Sie sehen, ich habe den Weg nach Kunming genossen und erreiche vielleicht sogar wirklich noch die Stadt, bevor ich dieses Land verlasse.«
Und wo, mögen Sie jetzt verständlicherweise fragen (endgültig frustriert), ist die Beziehung zwischen einer taoistischen Erzählung und der modernen Marktwirtschaft? *Überall,* vermute ich. In bewegten Zeiten ist es von größter Bedeutung, Freude am unverständlichen *Prozeß der Entdeckung* zu haben – und nicht anzunehmen, daß die Dinge geplant werden können. Das ist eine weitere Geschichte über Beziehungen und Wellen, und nicht über Tabellen und Teilchen.

Es gibt keine Organisationen, oder?

Das wirkliche Problem liegt darin, daß wir daran gewöhnt sind, die Welt nicht allzu komplex zu sehen. Wir sind daran gewöhnt, zu glauben, daß etwas da ist oder nicht da ist . . . Die Erfahrung lehrt uns, daß die physische Welt fest, real und unabhängig von uns ist. Die Quantenmechanik sagt einfach, daß das nicht so ist . . . Der Physiker Henry Pierce Stapp vertritt die Ansicht, daß, falls der Ansatz der Quantenphysik richtig ist . . . es keine tatsächliche physische Welt im eigentlichen Sinne des Wortes gibt. Der Schluß hieraus ist nicht die unverbindliche Folgerung, daß es vielleicht keine tatsächliche physische Welt gibt, sondern daß in der Tat die tatsächliche physische Welt nicht existiert . . . Das ist nicht nur eine andere Art und Weise, die Welt zu betrachten, als wir es die letzten 300 Jahre getan haben, sondern konträr hierzu . . . Wir erleben nicht die externe Realität, sondern unsere

Interaktion mit ihr. . . Die Welt besteht nicht aus Dingen, sondern aus Interaktionen.
Gary Zukav
The Dancing Wu Li Masters

Als ich bei MyKinsey war, fiel mir auf, daß man die Berater in zwei Gruppen einordnen konnte. Die eine erstellte tolle statische Bilder von einem Markt, einer Wettbewerbssituation, einem großen Unternehmen. Die andere sah Menschen, Beziehungen, Abläufe. Man kann wohl ohne Übertreibung sagen, daß die zwei nie zusammenkamen. Man braucht volle Konzentration, um ein Bild von einem Markt zu bekommen. Man braucht aber auch volle Konzentration, um zu »schnuppern«, zu empfinden, und das Auf und Ab von Macht und Beziehungen zu fühlen.

Teilchen und Wellen

Das Nachdenken über solche Unterschiede wird noch stärker, wenn man zur seltsamen Welt der Quantenmechanik zurückkehrt. Denken Sie an Werner Heisenbergs Unsicherheitsprinzip. Wir können wissen, wo ein Teilchen subatomarer Größe *ist* oder wohin es sich *bewegt*. Aber wir können *nicht beides* wissen. Mit anderen Worten, subatomares »Zeug« kann als Teilchen oder als Welle beschrieben werden. Früher dominierte die Sicht von einem festen Teilchen. Jetzt steht die Idee der Wellen im Vordergrund. Dasselbe gilt auch für die Welt der »Organisationen«. Ja, ich *sollte* das Wort »Organisationen« immer in Anführungszeichen setzen. (Das Wort ohne die Anführungszeichen zu benutzen heißt, anzudeuten, daß das Ding real ist und einen konkreten Platz hat.)

Vielleicht waren Organisationen einmal nahezu real. In einer Welt, die von den vorhersehbaren Rhythmen der Landwirtschaft bestimmt wurde, in der sich nichts Wesentliches von einem Jahr zum nächsten änderte – oder in einer späteren Welt, die von Veränderungen bestimmt war, die Jahre dauerten, die den meisten von uns Zeit gaben, sich an neue Erfindungen zu gewöhnen, in der die Märkte ziemlich stabil waren, und Zeiträume von zwei, fünf oder sogar 15 Jahren für die Produktentwicklung akzeptabel waren (15? So lange brauchte Mercedes normalerweise, um ein Modell völlig neu zu gestalten), war die Newtonsche Weltsicht

einfach prima. Unternehmenszentralen waren große Gebäude. Sie »sahen aus wie« die Organisation – die Hierarchie –, die sie beherbergten.
Dann hat diese Welt mit uns den Molly gemacht. Alle Waren – »harte« (Materialien) und »weiche« (Filme, Schallplatten) – wurden zu Modeartikeln. Die Unbeständigkeit wurde zur Norm. Ambiguität dominierte. Genauso wie das Entstehen der Quantenmechanik die vergängliche Welle von einer weit entfernten nebensächlichen Stelle im Arsenal der Erklärungen in der Physik zur höchsten Stelle über Newtons Uhrwerke und Billardbälle emporhob, so hebt die vergängliche wettbewerbsorientierte Umgebung die »nachgiebige Seite« der Organisation bis an die Spitze. Organigramme (die eine unheimliche Ähnlichkeit mit den Newtonschen Atommodellen haben) und die Bücher zur Vorgehensweise (die vorgeben, umfassende Leitungsdiagramme zu sein) werden von Spinnennetzen, improvisiertem Theater, Rummelplätzen und elektronischen Anzeigetafeln verdrängt.

Harte und weiche Bilder

Was ist eine Organisation? Schauen Sie sich noch einmal die Dallas Organization, EDS, M^2, Imagination an. Gruppen, einschließlich der »Outsider« (die auch immer in Anführungszeichen stehen sollten, da Outsider heutzutage Insider sind und die Grenzen durchlässig geworden sind) verschmelzen irgendwie für eine gewisse Zeit und erledigen einen »Job«. (Job benötigt hier auch Anführungszeichen, da die Fähigkeit jedes Jobs, den Markt über längere Zeit hinweg zu beherrschen, in jedem Geschäftsbereich verschwunden ist.)
Die neuen Ideen / Bilder sind wichtig (Man braucht einfach irgendeine Definition, nicht wahr?), und sie sind gleichzeitig irreführend. Sie sind hilfreich, denn sie geben uns alternative *harte* Bilder; anstatt das alles als Seifenblasen zu bezeichnen, bezeichnen sie es eher als »Spinnennetz«. Und sie sind alles andere als hilfreich, denn im Grunde genommen lassen sie uns mit einem Gefühl des Konkreten zurück.

Können Sie Ihre ganz eigene Organisation finden?

Quantenphysiker weigern sich anzuerkennen, daß die Stühle, auf denen sie sitzen, wirklich da sind, ja sogar, daß sie überhaupt existieren. Die Chancen stehen gut, daß der Stuhl genau jetzt existiert (»Das ist eine gute Arbeitshypothese«, murmelte ein mit mir befreundeter Physiker nachdenklich). Aber sie können es nicht beweisen. Alles ist im Fluß. Alles *ist* Fließen. Es ist nur mehr oder weniger wahrscheinlich, daß Teilchen mehr oder weniger an diesem Platz sind.

Das gilt auch für Organisationen. Man sitzt in der Zentrale der Ingersoll-Rand Industrial Power Tool Division, einem Gebäude in New Jersey: *Wo* ist übrigens dieses Team für das Projekt Beleuchtung? Und was noch grundlegender ist, *was* ist dieses Team für das Projekt Beleuchtung? In diesem Moment spricht eine Gruppe von Menschen – Ingenieure, Hersteller, Einkäufer, Buchhalter, Anbieter, Verkäufer, Industriedesigner und vielleicht sogar ein oder zwei Zulieferer – mit einem realen Endabnehmer in einer Fabrik für Raupenfahrzeuge.

Jim Stryker, der Projektleiter, lebte in einer Newtonschen Welt – der Hauptverwaltung in New Jersey. So erstellte er ein dreieinhalb Fuß hohes Newtonsches Schaubild, das den Großen in New Jersey das Gefühl gab, über allem zu stehen. Aber der wirkliche »Zauber« – erinnern Sie sich an die Barbecues, den Aufbau des Teams, die Gabe, beim »Suchtest« auf den Motel-Parkplätzen Unerwartetes zu entdecken? – waren die Wellen, der Fluß des Ganzen. Die Energie der ersten Dienstreisen, die über die Stadtgrenzen hinausgingen, für altgediente Ingersoll-Rand-Mitarbeiter, *die neue Beziehung* zu dem Industriedesigner, *die neue Beziehung* zu den Vertreibern, die neue Beziehungzu dem Materiallieferanten Philips und dem Schleifpolsterproduzenten 3 M – all das erlaubte es Ingersoll-Rand, die Zeit drastisch zu komprimieren, ein wirklich neues Produkt zu entwickeln.

Wenn Sie Glück haben, dann *existiert* Ihre Organisation – d.h. »Organisation« – *nicht.* Sie können sie nicht finden. Die Mitarbeiter sind nicht in ihren Büros. Sie tun nicht, was sie »eigentlich« tun sollten – Papiere hin und her schieben, die Zeiger der absolut Newtonschen Uhr beobachten, wie sie auf 17.00 Uhr zuschleichen. Sie verletzen eine Newtonsche Regel nach der anderen. Sie sprechen mit diesem oder jenem, bauen diese oder jene Beziehung auf, versuchen, sich mit Hilfe irgendeines schwer zu durchschauenden elektronischen Netzwerkes in irrwitzige Informationsströme einzuklinken. Jemand ist gerade in aller Frühe ohne genau umrissenen geschäftlichen Anlaß nach Japan aufgebrochen – d.h. auf der unwahrscheinlichen und geheimnisvollen Suche

nach einer Verbindung, einem Partner, einem *Gefühl* für den unglaublich wechselhaften, ungewohnten und geheimnisvollen japanischen Markt.
Ambiguität definiert den Markt. Folgt daraus nicht – wie auf die Nacht der Tag folgt –, daß Ambiguität die Organisation *sein* muß? Ergibt sich nur die Frage, wie erstelle ich Kurs- und Kostendiagramme von Ambiguität!

Das nicht gebäudehafte Gebäude von 3M

Betrachten wir den riesigen Geschäftsbereich Elektronik der 3M in Austin, Texas. Als Reaktion auf das neue Tempo des Marktes hat 3M die Produktentwicklungszyklen in den letzten Jahren drastisch von ein paar Jahren auf ein paar Monate gekürzt, 3M verkauft ein Produkt, okay, – ein Kabel, einen Stecker, was auch immer. Aber Spitzenleute aus dem Vertrieb von 3M sagten mir 1990, daß sie in Wirklichkeit *einen Prozeß verkaufen* – einen Prozeß, der es 3M erlaubt, eine auf den Kunden zugeschnittene Lösung für die Bedürfnisse des Kunden effektiver (schneller, klüger) zu finden, als das der Konkurrent tun kann. Es geht um »mein Flußdiagramm gegen das Flußdiagramm meines Konkurrenten«, sagten sie. Denken Sie nicht an die Masse, sondern an ein Flußdiagramm, das natürlich mit Beziehungen zu tun hat. Tschüß, Newton, hallo Heisenberg!
Ein anderer Teil der neuen »3M« in Austin ist das neue Gebäude – eine physikalische Konfiguration, die entworfen wurde, um normale physikalische Konfigurationen zu verneinen. Es ist eine »anti-konfiguratorische Konfiguration«. Es ist ein Design, das Wellen unterstützt – es erhöht die Wahrscheinlichkeit, daß ein nützliches Teilchen (eine Person) in Kontakt mit einem anderen nützlichen Teilchen gerät. Die Menschen werden »vorsätzlich« enger zusammengeführt. Funktionen werden vermischt, um zufällige Kontakte herbeizuführen. Pinnwände, Sofas und Kaffeemaschinen werden bewußt in die Nähe der Waschräume aufgestellt, um die Wahrscheinlichkeit eines produktiven Austausches zu erhöhen. Wenn das nicht Denken »in Wellen« ist, dann weiß ich nicht, was es sonst sein soll.
Ich garantiere Ihnen: Irgend jemand hat das Gebäude gebaut. Irgend jemand hat die Entwürfe gefertigt. Irgend jemand hat die Rohre verlegt. Irgend jemand hat die elektrischen Leitungen installiert. Nichtsdestotrotz ist es ein antigebäudehaftes Gebäu-

de, mit dem das Ziel verfolgt wird, 3Ms Anti-Produkt-Produkt-Umgebung zu erleichtern.

Kapitalismus ohne die unordentlichen Kapitalisten

Es ist entmutigend! *Dynamik* wird in den meisten Wirtschaftskursen nicht gelehrt. Es spricht viel für die einfachen Newtonschen Angebot-und-Nachfrage-Charts. Wenn Sie sie nicht im Schlaf beherrschen, werden Sie nicht viel von Wirtschaftswissenschaften verstehen. (Wenn Sie Newton nicht kennen, werden Sie gewaltige Schwierigkeiten haben, Heisenberg zu begreifen.) Aber Angebot und Nachfrage als *Momentaufnahme* bedeuten, verflixt noch mal, gar nichts. Angebot und Nachfrage *über einen langen Zeitraum* – das ist es! Es ist schwierig, darüber nachzudenken, schwierig, es zu begreifen: Die meisten Darstellungen von Angebot und Nachfrage, die auf ungeschickte Weise sich ändernden Marktbedingungen beschreiben, wie beispielsweise »Spinnennetz«-Graphiken von Angebot und Nachfrage, sind Versuche, die darin enthaltene Dynamik auf zweidimensionale Art und Weise zu illustrieren.

Aber ein paar Menschen, ein paar Marktteilnehmer – Les Wexner bei The Limited beispielsweise – sind Dynamiker; sie »fühlen« den Fluß des Marktes. Der wirtschaftswissenschaftliche Kommentar George Gilder tadelt die meisten Wirtschaftswissenschaftler. Sie haben dazu beigetragen, daß diese Wissenschaft ihrem schlechten Ruf gerecht wird, sagt er. Sie lieben den Kapitalismus, aber sie mögen keine Kapitalisten. Kapitalisten/Unternehmer – wie Wexner – stören, unterbrechen, verursachen Wellen.

»Wenn Sie wirklich an die Quantenmechanik glauben, dann können Sie sie nicht ernst nehmen,« sagte Robert Wald, Physiker an der Universität Chicago, in der *New York Review of Books.* Oder anders herum: Wenn Sie wirklich an Organisationen glauben, dann können Sie sie nicht ernst nehmen. Organisationen ernst zu nehmen, bedeutet, Newtonisch zu werden – sich auf die Graphiken, die Kästen, die Arbeitsbescheinigungen, das Spezifizierbare zu konzentrieren. Organisationen nicht ernst zu nehmen, bedeutet, eine wellenartige Umgebung zu genießen, in der Beziehungen von allergrößter Bedeutung sind, in der willkürliche Attacken auf die Märkte (mit Hilfe einer bunten Sammlung von Buckyborgs) von grundlegender Bedeutung sind, in der Projekte Könige sind, in der sich ständig verändernde Netzwerke mit vielen Subunternehmen die Märkte erobern, in der Abtrünnige und Störenfriede für das Durcheinander, das sie schaffen, gelobt werden, in der der Weisheit letzter Schluß ist, sich selbst aufzusplitten (z.B. die Unternehmensbereiche), bevor ein Übernahme-Geier es macht; in der die *notwendige Desorganisation* herrscht. Es gibt keine Organisationen – oder?

26. Kapitel

Wissensmanagement-Strukturen I: Wissensmanagement ernst nehmen

> *Lernen ist die neue Form der Arbeit. [Es ist] keine separate Tätigkeit mehr, die entweder vor Beginn des Arbeitslebens oder in abgelegenen Klassenzimmern stattfindet . . . Lernen ist das Herz produktiver Tätigkeit.*
> Shoshana
> In the Age of the Smart Machine

»Soft« ist in. »Hard« ist out. Wissen ist von allüberragender Bedeutung. Wissen schnell zum Tragen zu bringen, ist entscheidend. Wir haben über neue Strukturen gesprochen, die den Informationsfluß erheblich gesteigert haben. Aber die folgende Frage haben wir bis jetzt größtenteils außer acht gelassen: Wenn Wissen die größte Mehrwertquelle ist (angefangen bei kleineren Verbesserungsprojekten bis hin zur schnellen Entwicklung neuer Produktionspaletten), *wie akkumulieren Organisationen dieses Wissen, wie lernen Mitglieder verstreuter Organisationen voneinander?*

Denken Sie an ABB: Das Geschäftsfeld Stromübertragung, obwohl weltweit das bei weitem größte Unternehmen in dieser Branche, besteht aus 25 Geschäftseinheiten in 17 Ländern. Viele dieser Geschäftsbereiche sind kleiner als der größte Mitwettbewerber vor Ort. Warum verkauft man diese kleinen Geschäftsbereiche nicht einfach an ihre Manager? ABBs Antwort ist, kurz gesagt, *das Versprechen zu lernen.* »Wir wollen einen Prozeß ständigen Transfers von Fachwissen [zwischen den 25 Geschäftseinheiten] einleiten«, sagte Sune Karlsson von ABB. »Wenn es uns gelingt, erbringt uns das Vorteile, die keiner unserer Gegner zu bieten hat.« Da die einzelnen Einheiten im Geschäftsfeld Stromübertragung klein sind, können sie angemessen reagieren; man hofft jedoch, daß durch ständige Zusammenarbeit mit den anderen Geschäftsbereichen jeder einzelne Bereich das enorme Gesamtwissen der ABB in der Stromübertragung, das durch Tausende von Projekten in der ganzen Welt gesammelt wurde, zum Tragen bringen kann.

Aha, sagen Sie, verstehe. Sprechen wir also mit den Genies der Informationstechnologie. Lassen Sie uns ein Mailbox-Netzwerk nach dem neuesten Stand der Technik aufbauen und innerhalb dieses »verstreuten Netzwerks« mittlerer ABB-Geschäftseinheiten weiter kommunizieren. Keine schlechte Idee. Es zeigt sich jedoch, daß das nur ein kleiner Teil der Antwort ist. Eine durchdachte Anwendung der Informationstechnologie ist eine notwendige, aber bei weitem nicht ausreichende Voraussetzung für den Erfolg von Wissensmanagement. Was ist also außerdem erforderlich? Viel! Sehr wenige Menschen – meiner Ansicht nach noch nicht einmal bei ABB – haben sich gründlich mit dem Prozeß der Aufnahme und der nachfolgenden (und zwar systematischen) Anwendung von Wissen innerhalb eines neuen, auffallenden, verrückt zusammengesetzten »Netzwerkes« (»Spinnennetz« etc.) auseinandergesetzt.

Wissensmanagement-Strukturen und die neue Organisationslogik

»Lernende Organisationen« sind zu einem brandaktuellen Thema geworden. Die Bezeichnung gefällt mir. Aber ich ziehe eine andere vor: *Wissensmanagement-Struktur* oder WMS. (Lassen Sie sich von dem Wort »Struktur« nicht irreführen. Sie werden aber noch sehen, daß der Gedanke ein wichtiges strukturelles Element in sich birgt. Aber es gehört viel mehr dazu – und ein Großteil dessen ist weich, »soft«.)

Bevor wir das Kind aber beim Namen nennen, wollen wir einmal die einzelnen Puzzlestücke betrachten, die uns zu diesem Punkt geführt haben.

① *Der »modegerechte« Markt erfordert eine nie zuvor gekannte Entkoppelung.* Die Logik hinter den Strukturen der ABB, IDG und Acordia ist vom Markt bestimmt. Nur mehr oder minder kleinere Geschäftsbereiche haben genügend Anpassungs- und Reaktionsvermögen, um auf dem heutigen verrückten Energie-, Material-, Elektronik- oder Finanzdienstleistungsmarkt bestehen zu können. Daher: Alte Unternehmensstrukturen müssen aufgelöst, müssen entkoppelt werden.

② *Um die entsprechende Entkoppelung/Beweglichkeit zu erreichen, müssen wir die Hauptverwaltungen und die funktionsgebundenen Mitarbeiter abschaffen.* Dezentralisierung und die Schaffung von Geschäftsbereichen auf dem Papier reichen nicht aus. Wir haben es in den vergangenen Jahrzehnten bereits ohne allzu großen Erfolg betrieben. Wie wir im Fall der Union Pacific, der ABB und der Acordia gesehen haben, müssen die Ebenen des mittleren Managements und die Funktionsstäbe so gut wie komplett abgeschafft werden, wenn Autonomie weit mehr als nur ein Lippenbekenntnis sein soll. (Oder die Zahl dieser Mitarbeiter/die Größe der Hauptverwaltungen sollten, wie bei IDG und CNN, von Anfang an sehr klein sein.)

③ *Der »modegerechte«/»Mehr-Wissen«-Markt erfordert Fachwissen wie nie zuvor.* Jedoch stoßen wir dabei auf ein furchteinflößendes Paradoxon. Zum Überleben braucht man Entkoppelung und Personalabbau. Überleben kann man aber auch mit Hilfe der »Cleveren« – was erfordert, daß wir die verborgenen, breit angelegten Wissensmanagement-Strukturen innerhalb und außerhalb des Unternehmens anzapfen (wie die des ABB-Geschäftsfeldes Stromübertragung). Wie aber können wir gleichzeitig in kleinem Rahmen (beweglich/marktgerecht/entkoppelt) und in großen Rahmen (System-clever) agieren?

④ *Um das notwendige Fachwissen aufzubauen, müssen wir funktionsgebundene Mitarbeiterstäbe ohne Bürokratie und mit weltweitem Agieren simulieren.* Das Konzept eines Mitarbeiterstabs ist nicht falsch. Der traditionelle Mitarbeiterstab sollte schließlich der Anhäufung von Wissen dienen und als Verteilungsmechanismus fungieren. Das Problem lag darin, daß a) diese Stäbe merkten, daß Macht auf das Anhorten von Wissen zurückzuführen ist, b) die Führungskräfte des Managements Mitarbeiter als Aufseher einsetzen und c) durch den schwerfälligen Mitarbeiterstab die Entscheidungsfindung unerträglich langsam verlief. Wir müssen also – mehr als je zuvor – breites Wissen hervorbringen, aber ohne die alten, langsamen, politischen »Ich-bin-der-Experte-und-Sie-nicht«-Strukturen.

⑤ *Zur Simulation eines funktionsgebundenen Mitarbeiterstabs ohne Bürokratie brauchen wir spartanische, weltweite Wissensmanagement-Strukturen* (WMS). Das Konzept des Wissens/Fachwissens muß lebendig bleiben, es muß sogar noch erweitert werden – bedarf aber auch der Anpassung an moderne Begriffe und Inhalte. Eine Antwort darauf ist die »Lernende Organisation«/das Konzept der Wissensmanagement-Strukturen. Im Endeffekt stellen sie einen revolutionär neuen, unbürokratischen Ansatz dar, um die Arbeit der Entwicklungsexperten/den Aufbau von Fachwissen so zu gestalten, daß die Stärke der marktgerechten Geschäftsbereiche erhöht wird, ohne sie mit einer aufgezwungenen Bürokratie zu belasten.

⑥ *Der Kern einer leistungsstarken WMS liegt in der Werbung, dem Marketing, der Verpackung, den Anreizen, großen Reisekostenbudgets und der Psychodynamik des Wissensmanagements.* Das Hauptproblem liegt hier nicht bei der Information, der Informationstechnologie oder dem Wissen *per se*. Es geht zum Beispiel darum, wie man vielbeschäftigte Mitarbeiter in diesen Miniatur-ABB-Einheiten dazu bringt, einen Beitrag zu den WMS leisten zu wollen. Es zeigt sich, daß man die Antwort jedoch eher in der Psychologie und dem Marketing (des Wissens in der »Familie«) findet als in Bits und Bytes.

Die Psychodynamik des Wissensmanagements

Als ich bei McKinsey war, galt es als Erfolgsstrategie Nr. 1, hochintelligente, aggressive Menschen auf ein Kundenproblem anzusetzen. Man nahm an, daß wir mit der Zeit automatisch immer cleverer würden. Wir würden von unseren Kunden lernen, von unseren Kollegen lernen, an zwei oder drei Projekten pro Jahr arbeiten und mehrfach die Branche wechseln; ständig sahen wir uns neuen Kollegen und Führungskräften, oft aus dem Ausland, gegenüber.

Die Dinge haben sich geändert. Wissenmanagement und Wissensintegration – und der *Lernprozeß als solcher* – stellen sich bei McKinsey 1992 ganz anders dar als 1980. Zum einen aus dem Grunde, daß das Unternehmen eine Geheimwaffe hat – Brook Manville, der, als ich Mitte 1991 mit ihm sprach, den eindrucksvollen Titel Direktor Wissensmanagement trug. Es wäre übertrieben, zu sagen, daß Manville sich an der Spitze einer »alternativen Pyramide« befindet (entgegen der normalen Büro-/Projektstruktur des Unternehmens, genauso wie bei ABB die Dimension der Geschäftseinheiten gegenläufig zur eigenen Matrix ist). Manvilles Aufgabenbereich deutet jedoch darauf hin, daß eine Reihe neuer, wichtiger Fragestellungen bei McKinsey aufgeworfen wurde. Genauer gesagt spricht der Direktor des Unternehmens, Fred Gluck, nun davon, das Gleichgewicht zwischen der »Kundenbetreuung« und der »Wissensschaffung« zu erhalten. Die meisten Gespräche über »Lernende Organisationen« sind entsetzlich abstrakt und vage – und immer mangelt es an konkreten Einzelheiten. McKinsey jedoch hat diesen Gedanken erheblich weiter ausgearbeitet als jedes andere große Unternehmen, das ich kennengelernt habe. Seine Führungskräfte glauben nicht, daß sie sich den Luxus leisten können, mit Abstrakta zu leben. Die nachfolgende Analyse ist, gleich der Sage von der Entwicklung des Cyclone Grinder bei Ingersoll-Rand, voller Details, denn hauptsächlich dort, in den *Details*, liegt der Schlüssel zur Errichtung einer wirkungsvollen WMS.

Die Struktur

Am engsten arbeitet Brook Manville mit einem der hohen Führungskräfte in der Verwaltung von McKinsey zusammen: Bill Matassoni, Direktor Kommunikation. Manville ist mehr oder minder der »Mr. Inside« des Wissensgeschäfts und leitet im Haus die Bemühungen des Unternehmens, das Lernen intern zu entwickeln und zu verbreiten. Es gibt auch einen »Mr. Outside«, Alan Kantrow, zuständig für die externen Publikationen von McKinsey. Einerseits arbeitet Kantrow daran, McKinsey an den Schaltstellen der Geschäftswelt einen Namen zu schaffen – daher die Bemühungen, daß die Berater in *Fortune, Business Week, The Economist* und anderen renommierten Magazinen zitiert werden. Aber Kantrows Bemühungen sind auch ein wesentlicher Teil des gesamten Prozesses der Wissensentwicklung: Vielbeschäftigte Berater dazu zu bringen, viel Zeit damit zu verbringen, Artikel für externe Publikationen zu schreiben, ist von entscheidender Bedeutung, wenn man innovatives Denken anregen will, das wiederum auf das Lernen abfärbt.

Für uns aber steht Manville im Mittelpunkt. Die »Struktur«, die er »unter« sich hat, besteht aus 31 »Practice Centers«. (Eins sei klargestellt: Diese »Center« unterstehen Manville auf keinen Fall. Jedes von ihnen ist weitgehend unabhängig, wie wir bei näherer Untersuchung von einem, dem »Organization Performance Practice Center«, sehen werden.) Dreizehn sogenannte »Clientele Center« sind auf *Wirtschaftszweige* ausgerichtet – Bankwesen, Versicherungen, Energie, Elektronik; die anderen 18, genannt »Centers of Competence«, spezialisieren sich auf *funktionale Spezialgebiete* – Leistungsfähigkeit der Organisation, Marketing/ Operationen. Jedes »Practice Center« verfügt über einen vollkommen freiwilligen Führungskader aus Beratern. Auch seine Mitglieder sind freiwillige Berater. Die Zahl der Mitglieder in einem »Practice Center« variiert von einer Handvoll bis zu hundert Mitgliedern; die Zahl schwankt stark, je nachdem, ob das Thema gerade aktuell ist. »Center« steht für eine Geisteshaltung und nicht für einen festgelegten Standort – die meisten »Center« verfügen jedoch über einen ganztags beschäftigten Verwaltungsassistenten, der oder die meistens (aber nicht immer) einen Schreibtisch im Hauptbüro des jeweiligen Leiters stehen hat.

Die Philosophie

Vor ungefähr fünf Jahren wurde der Direktor Kommunikation, Matassoni, angeregt, »darüber« nachzudenken – es hatte irgend etwas mit »lernen« zu tun. Aber die Entwicklung eines effektiveren Lernsystems reizte ihn nicht – »einen Haufen Bibliothekmist« nannte er es. Angesichts der geringen Wertschätzung dieser Tätigkeit bei McKinsey zu jener Zeit war er sicher, daß sich die Zeit, die er in dieses Gebiet zu investieren hätte, »für ihn nicht rentieren würde«. Der Leiter der Bibliothek des New Yorker Büros sollte Matassoni helfen, wurde aber befördert und verschwand. Matassoni bat Manville um Hilfe. Der Humanist, der auch computergestützte Datenbanken entwickelt hatte, erwies sich als eines ausgezeichnete Wahl.

Manville beschreibt seinen Ansatz als sich »*um dieses ›Wir-sind-schlauer-als-alle-anderen-und-das-reicht,-um-unseren-Vorteil-zu-bewahren‹ hinaus zu bewegen, hin zu ›Jede-Aufgabe-ist-eine-Möglichkeit-zu-lernen.*« (Sie erinnern sich: Aufgabe ist gleich Kundenprojekt im Jargon des Unternehmens.) Matassoni betonte, daß auch hier die Not, wie üblich, erfinderisch machte. »McKinsey (und eine Handvoll anderer ähnlicher Unternehmen) hatten sich immer die Abgänger der besten wirtschaftswissenschaftlichen Fakultäten reserviert«, sagte er, »aber so läuft das jetzt nicht mehr. Unsere Kunden haben Leute wie uns selbst fest angestellt und sie überall in ihren Organisationen eingesetzt. Hochintelligente Analytiker sind keine Mangelware mehr – und die Praxis, einfach hochintelligente Menschen auf ein Problem anzusetzen, wie wir es damals getan haben, reicht nicht mehr aus.« McKinsey hat somit die Bedrohung ernst genug genommen, um seine »grundlegenden Wertvorstellungen« dahingehend zu ändern, daß sie nun ungefähr so lauten: »Professionalität – McKinseys langfristiger Wettbewerbsvorteil – plus Fachkenntnisse in der Beratung plus institutionelles Wissen bedeutet Eindruck beim Kunden erzielen.« Die Betonung der systematischen Entwicklung von Fachkenntnissen in der Beratung, die über das einfache »Catch-as-catch-can« hinausgeht, ist neu. Und die Gleichstellung der institutionellen Wissensentwicklung und -anwendung mit den anderen beiden Punkten läuft auf eine dramatische Schwerpunktverlagerung hinaus.

Manville ging ausführlich auf »internes Wissen *auf Anfrage*« ein. Das heißt, sofort in der Lage zu sein, das anzuzapfen, was jemand gelernt hat – *und* vor allem dazu zu motivieren, dieses Gelernte zuerst einmal zumindest in verschiedenen Datenbanken und in die »Practice Center« einzuspeisen! Einfacher ausgedrückt, liegt der Kern der Bemühungen, nach Manvilles Worten, darin, Menschen mit anderen Menschen und mit Informationen zusammenzubringen. Menschen in Kontakt miteinander zu bringen war sonst ein zwangloser und sich auf der persönlichen Ebene abspielender Prozeß; jetzt wird das systematisiert (eine Notwendigkeit in einem Unternehmen mit einem Umsatz von einer Milliarde Dollar); dieser Prozeß der Wissensbildung als Ganzes wird, laut Manville, den Menschen die Möglichkeit geben, »ihre persönlichen Netzwerke schnell und effizient auszuweiten«. Das »quid« *und* das »quo« sind wichtig. »Jede Aufgabe gibt Ihnen die Gelegenheit, zu nehmen und zu geben, ebenfalls einen Beitrag zu leisten«, legt Manville seinen Juniorberatern ans Herz. »Wissensentwicklung ist eine berufliche Verantwortung.« Auch wenn anderen zu helfen (selbst wenn man selber bis über beide Ohren in Arbeit steckt) immer schon zur Kultur von McKinsey gehörte, lag der Gedanke, offiziell zum institutionellen Lernen beizutragen, vor zehn Jahren noch total fern.

Das Marketing

Es ist nicht einfach, Unternehmensberater, die sich ausschließlich auf den aktuellen Kunden konzentrieren, für die neue Priorität zu gewinnen. Die »Practices« müssen knallharte Verkaufsstrategien anwenden. »Sie sollten einfach daran denken, ihr Wissen durch Gedankenaustausch mit den Beratern in der ganzen Firma zu erweitern«, sagte Matassoni. »Sie sollten die Meinung vertreten: ›Ich möchte, daß meine ›Practice‹-Ideen von immer mehr Menschen unter die Lupe genommen werden.‹« Die Gurus des Wissensmanagements drängen die »Practices« sogar, eine Umfrage unter den Beratern durchzuführen, um herauszufinden, *was* diese wissen müssen und wollen.

Macht es sich bezahlt?

Es ist von entscheidender Bedeutung, daß Wissensentwicklung anerkennend in die Bewertung der Mitarbeiter einfließt, und es hat auch auf diesem Gebiet bereits Fortschritte gegeben. Manville und Matassoni behaupten, daß es zum Beispiel für eine Beförderung fast unerläßlich ist, »auf Veröffentlichungen verweisen zu können«. Wenn man nicht zur Wissensdatenbank beigetragen hat, wird man ein wenig schief angesehen. Manville strahlt, als er von einem Anruf eines Mitglieds des »Directors' Committee« berichtet (der Gruppe, die für die Beförderung auf die höchste Ebene bei McKinsey verantwortlich ist). Bei einem Kandidaten hatte man Schwierigkeiten, sich zwischen Zusage und Absage zu entscheiden. Er hatte jedoch erhebliche Beiträge in einem Practice-Bereich geleistet. »Wie oft ist sein intellektuelles ›Gerüst‹ benutzt worden?« wurde Manville gefragt. Angesichts der zunehmenden Komplexität im Bereich Wirtschaftsmanagement konnte Manville nach eigener Aussage hierfür mehr als nur vereinzelte Beweise nennen. So konnte er zum Beispiel 131 erfolgreiche Projektanträge anführen, in denen die Ansätze von Soundso explizit genannt wurden; auch konnte er den Anrufer auf erfahrene Projektleiter verweisen, die sich dieses ›Gerüst‹ in ihrer Kundentätigkeit zunutze gemacht hatten.

Manville betont jedoch, daß es sich indirekt bezahlt macht, in der Wissensentwicklung mitzuarbeiten, indem man sich, allgemein gesprochen, »einen Namen macht, wodurch man in der Welt des McKinsey-Netzwerkes im Wert steigt. Man wird öfter angesprochen, man kommt in den Kreis derjenigen, die für bessere

Aufgaben herangezogen werden, steht viel mehr im Rampenlicht.«

Die »Organization Performance Practice«

Die »Organization Performance Practice« (OPP) spielt bei McKinsey die erste Geige bei der vorbereiteten Organisation für das Wissensmanagement. Sie ist zudem eine der größten »Practices«: Rund 50 Prozent der McKinsey-Studien haben eine entscheidende organisatorische Komponente, sagen die OPPler, verglichen mit rund 25 Prozent vor nur wenigen Jahren.
Zwei Seniorpartner – Jon Katzenbach aus New York und Ed Michaels aus Atlanta – sind de facto Practice-Leiter. Sie gehören einer aus acht Partnern bestehenden »Führungsgruppe« an. (Sechs der acht sind Amerikaner, einer ist Franzose und einer Kanadier.) »Unterhalb« dieses Führungskreises befinden sich ungefähr 60 Practice-Mitglieder. Kriterien für die Mitgliedschaft: Fast alle sind Seniorberater und »organisieren gerne« – und steuern Unterlagen zur Practice bei.
Es gibt noch eine Reihe anderer lockerer Kategorien für OPP-Beratungsexperten. Erstens Projektmanager mit Fällen, die eine entscheidende organisatorische Komponente haben, die sich jedoch in der Vergangenheit nicht ausdrücklich für den Organisationsbereich interessiert hatten; diese Gruppe wird getrennt gesehen, da dort Fachwissen zu finden ist, das von anderen genutzt werden kann. Wiederholte Benutzer des »Rapid Response Network« (siehe unten) finden sich ebenfalls auf der Liste der »Freunde der Practice« – die drei Mitarbeiter, die das Netzwerk verwalten, betreiben Marketing nach innen. Sie bemühen sich sehr stark darum, mehr Berater in die Organisationsarbeit hineinzuziehen. (Sie gehen davon aus, daß jemand, der wiederholt RRN in Anspruch nimmt, reif für die Bekehrung ist.) Zusätzlich gibt es verschiedene Professoren der Harvard University. Sie sind Teil der verhältnismäßig neuen Karrieremöglichkeit, als Spezialist bei McKinsey mitzuarbeiten. (Von diesen Superexperten wird jedoch auch im »neuen« McKinsey-Unternehmen erwartet, daß sie die Hälfte ihrer Zeit den Kunden in Rechnung stellen.)
In einer beispiellosen Initiative, die darauf abzielte, »frisches Blut« in die Practices zu bringen, erfand das OPP 1991 das

»Client Service Center« (Kundenservice-Center). Ungefähr 15 Projektmanager haben sich dazu verpflichtet, über einen Zeitraum von 12 bis 18 Monaten ganztags an mit dem OPP im Zusammenhang stehenden Projekten zu arbeiten. Die von diesen speziell ernannten Projektmanagern angeführten Teams greifen *immer* auf Fachleute der OPP als Berater zurück. Die Teams treffen sich außerdem auch einmal im Monat zum Gedankenaustausch.

All das fügt sich zusammen zu einem eindrucksvollen Aufgebot *halb*spezialisierter Talente – es sind ausschließlich Freiwillige, abgesehen von den beiden ehemaligen Professoren. Aber dieser lose Zusammenschluß reicht nicht aus. Die angehenden OPP-Fachleute brauchen Unterstützung – und, wichtiger noch, ihre aufblühenden kollektiven Fähigkeiten müssen den anderen 2900 weit verstreuten Beratern (von denen, Sie erinnern sich, die Hälfte mit zumindest OPP-verwandter Arbeit betraut ist) auf angenehme Art und Weise irgendwie leicht zugänglich gemacht werden.

Der OPP wird durch das Rapid-Response-Netzwerk (RRN) Leben eingehaucht

1981, kurz bevor ich aufhörte, kam die Organisationsbibliothekarin Jennifer Futernik zu McKinsey. Zu jener Zeit waren sie und ein New Yorker Kollege, der jetzt in der Strategie-Practice arbeitet, die einzigen Vollzeit-Verwaltungsmitarbeiter/Disponenten in dem halbgaren Practice-Geschäft. In der Zeit von 1975 bis 1981, als ich mich mit dem »Organisationskram« befaßte, waren wir hauptsächlich damit beschäftigt, herauszufinden, was draußen in der Welt passierte, um dann zu versuchen, dieses Wissen den Beratern zu vermitteln – mit Hilfe umständlich formulierter (Papier-)Dokumente und einiger weniger fünftägiger Schulungsseminare, die meist nur für die ganz altgedienten Berater gedacht waren. Mit einigen Dreh- und Kehrtwendungen und Erweiterungen schleppten sich die Aktivitäten über die folgenden acht Jahre. Anfang 1989 jedoch machte die OPP einen großen – und organisierten – Schritt vorwärts. Der achtköpfige Führungszirkel verbrachte zwei Tage in Rockport, Massachusetts, und zerbrach sich den Kopf über eine neue Vision für die Practices. Man entschied sich für eine Schwerpunktverlagerung. Anstatt sich darauf zu konzentrieren, festzustellen, was außerhalb der Mauern von

McKinsey in McKinseys Fachgebiet geschah, legte man den Schwerpunkt auf den »Aufbau von Fähigkeiten« – die Organisationsberatungsfähigkeiten sollten überall im Unternehmen drastisch gesteigert werdne.

Doug Smith, ein Partner aus New York, und Lynn Heilig, eine ehemalige Beraterin, die jetzt OPP-Spezialistin in Atlanta ist, übernahmen die Aufgabe, eine Art »Netzwerk« zu erfinden, das jedem Berater, der sich mit einem organisatorischen Problem konfrontiert sah, gleich, wo er sich befand, schnelle und nützliche Informationen (Unterlagen / Zugang zu Fachleuten) gewähren würde. Damals wurden Informationsanfragen an die OPP meistens zu Jennifer Futernik nach San Francisco weitergeleitet. Sie war (und ist) ein wandelndes Lexikon – und ihr Büro ein einziges Durcheinander von Akten. (Wäre sie von einem Bus überfahren worden, wäre ungefähr die Hälfte der »Kompetenz« der OPP futsch gewesen.) Irgendwie versuchten Smith und Heilig, Futerniks »Catch-as-catch-can-Aktivitäten) in eine Form zu gießen, zu systematisieren und auszudehnen.

Aber wie? Per heißem Draht? Per Mailboxen? Formell? Informell? Sollten sie sich an das FPIS and PDNet anhängen, die gerade erst in Schwung kamen? Oder brauchten sie ihre eigene computergestützte Datenbank? Trotz einiger Bedenken ob möglicher Doppelarbeit und Schwierigkeiten innerhalb und außerhalb der Practices kamen Heilig, Smith und die OPP-Führungsgruppe letztendlich zu dem Schluß, daß sie ein neues, einzigartiges, ganz auf die besonderen Erfordernisse zugeschnittenes System brauchten. Heilig fand ein akzeptables Software-Paket, DataEase, und die OPP zahlte 180 000 Dollar, um es zu modifizieren, zu aktualisieren und zu installieren. Der Dreh- und Angelpunkt des Systems waren die Computer, die Drucker und eine Datenbank, verwaltet von Heilig, Futernik und Nancy Taubenslag, »die Dritte bei den OPP-Drei«, wie ich sie nenne.

Im April 1990 wurde den 60 OPP-Mitgliedern bei einem Treffen in Nizza, Frankreich, der neue Service mit dem Namen *Rapid Response Network* mit großem Trara angekündigt, und das, obwohl die Software noch nicht voll lief. Entgegen der sonst so »zugeknöpften« McKinsey-Mentalität wurde die »Taufe« des Netzwerks sogar mit RRN-Emblems auf T-Shirts und Bechern begangen. Im Herbst 1990 ging RRN ans Netz – begleitet von viel Skepsis. Man fürchtete verwirrende Überschneidungen mit anderen McKinsey-Datenbanken. Dann war da noch die vage, aber entscheidende Sorge darüber, daß die nach Information strebenden Berater sich durch RRN von den Practice-Mitgliedern abheben würden. Das alte »System« war ein einziges Durcheinander. Man durchstöberte sein persönliches Netzwerk auf der Suche nach Hilfe, immer aufs Geratewohl, aber zumindest gab es keine formellen »Filter«. Die neue Sorge bestand nun darin, daß sich das RRN als eine zusätzlich eingezogene Ebene herausbilden könnte – außerdem waren die »Schrankenwärter« Heilig, Futernik und Taubenslag keine normalen Berater. »Wir werden mit Mitarbeitern auf den unteren Ebenen sprechen müssen«, ging die Klage um. »Wir verlieren den Zugang zu unseren Partnern.« – »Wir werden isoliert werden.«

Der Wissensmanagement-»Kram« ist eben deshalb so knifflig, weil all diese bösen Vorahnungen ohne weiteres hätten eintreffen können. Wären die OPP-Drei machtgierige Bürokraten gewesen, wäre RRN ein Totgeburt geworden. Sie waren aber alles andere als das. (Für diese Untersuchungen stellt das fast schon ein Problem dar: Sie sind so verflixt selbstlos, daß man sich, wie auch bei Ingersoll-Rand, fragt, ob der Prozeß überhaupt wiederholt werden könnte.)

Das RRN auf einen Blick

Stellen Sie sich vor, das Rapid Response Network wäre keine computergestützte Datenbank, sondern ein Telefon. Es klingelt in Atlanta (dort sitzt Heilig), aber durch Voice-Mail nehmen Futernik und Taubenslag regelmäßig Anfragen entgegen und bearbeiten sie. (Taubenslag, eine ehemalige McKinsey-Beraterin, arbeitet inzwischen als Teilzeit-Subauftragnehmerin von ihrer Wohnung aus, die in der Nähe von Manhattan liegt.) Jeden Monat gehen ungefähr 120 Anfragen ein, circa 25 Prozent davon von außerhalb der USA (rund 60 Prozent der McKinsey-Berater sitzen nicht in den USA). Die Beantwortung einer »normalen« Anfrage dauert zwei bis drei Stunden. Der anfragende Berater erhält normalerweise im Endeffekt ein halbes Dutzend entsprechender Unterlagen – aus der RRN-Datenbank, FPIS oder PDNet – und die Namen einiger Fachleute, die er anrufen kann. Mitte 1991 enthielt die RRN-Datenbank 700 Dokumente, zu denen pro Monat 70 neue hinzukamen; der Zugang erfolgt über 60 Themenbereiche und 150 Schlagworte. Die RRN-Unterlagen umfassen interne Practice-Vorträge (über allgemeine und spezielle Themen), relevante Vorschläge, aufgearbeitete Unterlagen aus dem Kundenservice, mit dem OPP in Zusammenhang stehende Buchrezensionen und Artikel aus Fachzeitschriften. Informationen über Fachleute sind ebenfalls enthalten – meist McKinsey-Mitarbeiter, aber es gibt auch Hinweise auf eine Handvoll von McKinsey-Schülern.

Der »On-Call Consultant« (OCC)

Der On-Call Consultant (Berater vom Dienst oder Berater in Bereitschaft) ist ein wesentlicher und einzigartiger Bestandteil des RRN. Alle 60 Practice-Mitglieder hatten sich im April 1990 in Nizza dazu bereit erklärt, OCCs zu sein, d.h., sie versprachen, mehrere Wochen pro Jahr für Gespräche mit Beratern des Unternehmens, die sich organisatorischen Problemen gegenübersahen, zur Verfügung zu stehen. Außerdem verbürgten sie sich dafür, jeden Anrufer innerhalb von 24 Stunden zurückzurufen – sie wußten von Anfang an, daß das Kennzeichen dieses Prozesses Zuverlässigkeit sein mußte.
In der »Bereitschaftswoche« verbringt ein OCC normalerweise eine halbe Stunde oder etwas mehr pro Tag mit einer Reihe von Anrufen. Julien Phillips, während der vergangenen 15 Jahre ein Schlüsselmitglied der Practice, ist der Schutzheilige der OCCs. Er ist bekannt dafür, Stunde um Stunde auf die einfachsten Anfragen auch des untersten Juniorberaters zu verwenden. (Stellen Sie sich Phillips als das menschliche Gegenstück der OPPs zum Ingersoll-Rand-»Drag Test vor.« Ohne einen so heiligen, selbstlosen Seniormitarbeiter wäre das RRN-Konzept möglicherweise nicht von dem Geist geprägt, durch den es sich so deutlich abhebt. Im allgemeinen sind es eben diese Feinheiten, bzw. Glücksfälle, je nachdem wie man es sieht, mit denen ein Wissensmanagement-Programm steht oder fällt.)

Ein Tag im Leben der OPP-Drei

Die Bedeutung der Art und Weise, wie die OPP-Drei ihre Arbeit angehen, kann nicht oft genug betont werden. Sie sind zum Beispiel diejenigen, die entscheiden, ob eine Anfrage an einen bestimmten OCC weitergereicht wird oder nicht. Sie sind *sehr* darauf bedacht, die OCCs einzeln und als Gruppe so zu »managen«, daß diese nicht überlastet werden. (Und die 60 ständig gejagten OCCs haben sehr unterschiedliche Auffassungen von dem, was Überlastung ist.) Taubenslag, eine der OPP-Drei, spricht von der Verwaltung dieser »Psychodynamik des Netzwerkes« als dem zu Recht wichtigsten Beitrag, der von ihnen geleistet wird.

Die marketingbewußten OPP-Drei sehen ihre Arbeit als eine aktive – und nicht nur reaktive – Tätigkeit. Ganz offen sprechen sie davon, »junge Berater früh für sich zu gewinnen«, außerordentliche Dienstleistungen anzubieten, um so auch viele »Folgegeschäfte« tätigen zu können. Ohne Scheu gehen sie mit ihrer Ware hausieren. Alle Practice-Unterlagen, die an Berater versandt werden, bekommen einen Aufkleber mit der RRN-Telefonnummer. Jedes OPP-Schriftstück, das das PDNet in London oder New York auswirft, erhält als Beilage automatisch eine Practice-Broschüre über das RRN. In einem todschicken Jahresbericht – siehe die abgebildete Musterseite – findet man detaillierte Informationen über Erfolge, Kundenfeedback sowie einen Katalog mit den angebotenen Dienstleistungen.

Lynn Heilig berichtet von einem typischen Tag im Mai 1991: Sechs Anrufe kamen herein. Erstens eine Bitte um Information über die Organisation von Finanzabteilungen in weltweit agierenden Unternehmen zur Unterstützung eines neuen McKinsey-Projekts; besonders dringliche Fragen waren die nach Zentralisierung und Dezentralisierung, nach der Bedeutung und Anwendung von Informationstechnologien. Heilig führte daraufhin unter anderem eine FPIS-Datenbankabfrage durch. Schließlich verschickte sie einen Stapel Unterlagen und empfahl verschiedene Experten, die man kontaktieren könne. Der zweite Anruf kam von einem Berater in Los Angeles und bezog sich auf einen Kunden aus der Energiewirtschaft, der in der Umstrukturierung begriffen war. Heilig verschickte Material mit umfassenden Informationen über die angemessene Rolle der Mitarbeiter in Linie und Stab sowie über Unternehmensumstrukturierungen im allgemeinen. Die dritte Anfrage kam von einem Berater, der an einem Antrag für ein mögliches neues Projekt arbeitete. Er wollte McKinseys Erfahrung in einem bestimmten Bereich anzapfen. Nach einem weiteren FPIS-Suchlauf erhielt der Berater eine Liste mit verschiedenen Personen, an die er sich wenden konnte. (Normalerweise wäre dies Aufgabe der Bibliothekarin gewesen, aber da Heilig angesprochen worden war, erledigte sie

OPP 1991 Annual Report, p. 11.

Rapid Response Network Feedback from Users

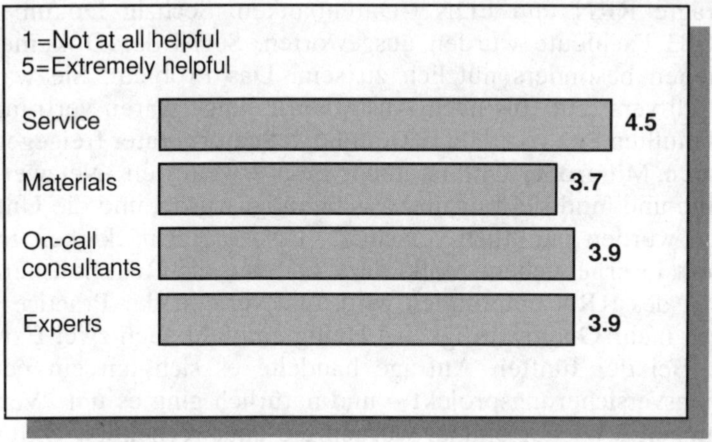

Representative quotes:

- SF Engagement Manager: »I received the documents you sent yesterday and they're extremely helpful and on target. I also wanted to thank you for putting us in touch with the on-call consultant, who essentially helped us structure the effort.«
- ME Associate: »I just wanted to thank you for the high-quality information you recently provided us in such a short time frame. The follow-up was outstanding! Keep it up.«
- TX Information Specialist: »When we call RRN, we know we'll get a quick and knowledgeable response and that they'll be very happy to help us. There is just no match for Rapid Response in the Firm.«
- LN Principal: »Thank you for your quick response to my query. The material helped us to prepare for our final negotiation with the client this morning, at which we were given the go-ahead to proceed.«

(SF=San Francisco; ME=Melbourne; TX=Texas; LN=London)

Musterseite aus dem OPP-Jahresbericht 1991

es – und war wie üblich mit Blick auf Marketing und zukünftige Geschäfte Feuer und Flamme für die Aufgabe.)

Die vierte Anfrage kan von einem Seniorpartner aus Los Angeles, der »kundengerechtes« Material erbat – fertige Diagnosetools, die er sofort in seinem Projekt einsetzen konnte. Heilig befragte RRN und PDNet-Datenbanken. Sechzig Dokumente und 83 Fachleute wurden ausgeworfen. Sechs der Dokumente schienen besonders nützlich zu sein. Das Problem: Sie waren überall verstreut (bis nach Australien), einige waren vertraulich und mußten erst von dem betreffenden Seniorberater freigegeben werden. Mit großer Unterstützung ihres erweiterten »Netzwerks« suchte und fand sie, wer und was benötigt wurde, und die Unterlagen wurden pünktlich verschickt. (Diese Hartnäckigkeit trägt erneut in erheblichem Maße dazu bei, wie die Reaktionsbereitschaft des RRN empfunden wird, und verleiht der Practice dadurch mehr Glaubwürdigkeit.) Heilig empfahl auch zwei Experten. Bei der fünften Anfrage handelte es sich um ein neues Lebensversicherungsprojekt – und natürlich ging es um »Verzögerungen«. Wieder einmal wurden die entsprechenden Unterlagen versandt und drei Fachleute empfohlen. (Es ist kein Zufall, daß diese Drei ehemalige RRN-Anwender waren, die sich in den vergangenen vier Monaten aktiv mit RRN beschäftigt hatten – so wächst das Netzwerk!)

Die letzte Anfrage dieses Tages kam von einem Berater, der mit einem anderen Kunden aus der Energiewirtschaft zusammenarbeitete. Er wollte wissen, wie Einheiten der Linie die von zentralen Stäben erbrachten Leistungen messen und bewerten sollen. Der Berater ging davon aus, daß man von ihm erwartete, eine Umfrage durchzuführen, aber er war sich nicht sicher, ob das auch das richtige sei. Wenn doch, wollte er Umfrageformulare, und zwar *sofort*. Heilig stellte einige Unterlagen zur Verfügung und verwies ihn an den OCC und zwei weitere Fachleute.

Ebenso wie Heilig erledigt Futernik drei bis sechs Anrufe pro Tag. Futernik bezeichnet sich selbst als Späherin für *externes* Material (eine nette Ergänzung zu der internen Orientierung ihrer Kollegen); sie ist zum Beispiel eine gewissenhafte Leserin von Buchrezensionen, und wenn sie eine entsprechende Menge an relevanten Rezensionen gesammelt hat, verschickt sie sie an die Mitglieder der Practice.

Für den Aufbau eines Kundenstammes ist den OPP-Drei das

Follow-up genauso wichtig wie die prompte Erledigung der eingehenden Anfragen. Nancy Taubenslag ist die designierte Follow-up-Spezialistin. An einem normalen Tag (Anfang 1991) erledigt sie 15 Follow-up-Anrufe bei RRN-»Kunden«. (Ihr Computer ist so programmiert, daß es sieben Tage nach *jeder* RRN-Anfrage zu einer Wiedervorlage kommt.) Fünf der Kunden erreichte sie. Einer beschwerte sich – er hatte RRN angerufen und Informationen erbeten, die nichts mit OPP zu tun hatten und war jetzt unzufrieden. Trotz seiner unvernünftigen Reaktion sah Taubenslag ihn als potentiellen »Konvertiten« und gab ihm einige Ratschläge. Von den beiden anderen erhielt RRN für das Material, das sie erhalten hatten, vorbehaltloses Lob. Die beiden letzten benötigten mehr Information – und weitere Kontakte zu Fachleuten. Warum hatten sie das RRN nicht selbst wieder kontaktiert? »Was soll's? Wen interessiert das?« sagte Taubenslag. Der entscheidende Punkt ist, daß diese Wiedervorlage nach sieben Tagen eine Gelegenheit darstellt, den Kunden *weitere* Dienste anzubieten – und sie so ein wenig fester an die »Practice-Angel« zu nehmen.

Die OPP-Drei sind ein fürsorgliches Team. Das merkt man, und darin besteht der große Unterschied. Sie verfolgen ihre Hauptziele (Lernen kodifizieren, eine Datenbank verwalten) nicht mit Scheuklappen, sondern es geht ihnen darum, »Beratern zu helfen, bessere Fragen zu stellen« und »Organisationsberatung zu einer der Schlüsselfähigkeiten bei McKinsey zu machen«.

Heilig, Futernik und Taubenslag sprechen auch oft über »gegenseitige Unterstützung« und »Kollegialität«. Solche Gespräche sind ein wesentlicher Teil des gesamten Wissensmanagement-Konzepts. Bei McKinsey ist dieses OPP-Center einzigartig – hauptsächlich aufgrund der Tatsache, daß die OPP-Drei eine »kritische Masse« erreicht haben, die in anderen McKinsey-Practice-Gebieten fehlt. Konzepte dieser Art, wie kritische Masse (›Seele‹!) und »gegenseitige Unterstützung« (›Seele‹!) innerhalb der Gruppe, sind von allerhöchster Bedeutung (zusammen mit einigen hundert weiteren »Details«). Die Aufgabe der OPP-Drei besteht, kurz und knapp gesagt, darin, Interesse und Begeisterung für ihre Practice zu wecken: Ihre Fähigkeiten als »Cheerleaders« sind mindestens ebenso wichtig wie ihr enzyklopädisches technisches Wissen.

Die »fliegenden Einsatztrupps« der FI Group

Steve – das heißt, Stephanie – Shirley entschied sich 1962, ein Kind zu bekommen, aber ihr Arbeitgeber (Großbritanniens große Computerfirma ICL, jetzt im Besitz der Fujitsu) war nicht bereit, ihr bei den Arbeitszeiten entgegenzukommen. Shirley nahm folglich ihr Schicksal selbst in die eigene Hand und gründete die FI Group – und erfand eine Arbeitsweise, die in ihrer Fortschrittlichkeit noch nie dagewesen war. (Stephanie verwandelte sich in »Steve«, um einen Fuß in die Tür zu bekommen. Anfang der sechziger Jahre bedeutete die Ankündigung »Stephanie möchte zum Chef«, daß sie kaum am Pförtner vorbeikam.)

Die schnell wachsende FI Group ist mit ungefähr 25 Millionen Pfund Umsatz eines der größten Unternehmen für Informationssysteme in Großbritannien. Es beschäftigt rund 1000 Mitarbeiter, von denen ungefähr zwei Drittel Frauen sind. Aber der harte Kern der ganztags Beschäftigten beläuft sich allerdings auf lediglich 250 – davon sind 150 für die Projektverwaltung und für »Kernzuständigkeiten« verantwortlich, 100 Mitarbeiter sind in der Verwaltung beschäftigt. Der Rest besteht aus »freien Mitarbeitern«, die bei Bedarf über eine 5000 qualifizierte, unabhängige Fachleute umfassende Datenbank (Netzwerk) angefordert werden können, um FIs anspruchsvolle Kundenprojekte auszuführen. Sie sind verpflichtet, mindestens 20 Stunden pro Woche zu arbeiten; ungefähr ein Drittel der Arbeit erledigen sie zu Hause. Die übrige Arbeitszeit verbringen sie vor Ort bei Kunden oder in einem von FIs neuen Work-Centern. Anderes herum gesagt arbeiten an jedem beliebigen Tag über 500 FI-Mitarbeiter an Hunderten von verschiedenen Standorten (einschließlich privaten Schreibtischen).

Die meisten FI-Projekte beziehen sich auf langfristige Software-Unterstützung und Wartung. Zu den Kunden gehören britische Spitzenunternehmen wie Sainsbury's, Unilever, Shell und British Telecom. Um nur ein typisches Projekt zu nennen: Die FI Group erstellte ein komplexes Auftragsprogramm für Tesco, das riesige britische Backwarenunternehmen.

Dadurch, daß sie das verstreute Arbeitsschema mit Substanz versah und die für die Glaubwürdigkeit einer solch seltsamen Einrichtung unvergleich hohen Qualitätsstandards setzte (von besonderer Bedeutung, da FIs Kunden sehr konservativ sind),

hatte Shirley in den Anfangsjahren keine Auftragssorgen. Inzwischen arbeitet »Chief Executive« Hilary Cropper, die 1985 einstieg, jedoch an »Phase Zwei« – der Umwandlung von FI von einem *produktions*bestimmten zu einem *marketing*bestimmten Unternehmen. Die Schaffung von Geschäftsbereichen, die sich auf bestimmte Märkte konzentrieren, war der erste Schritt. (Die Verlagerung bedeutete auch, daß das »mittlere« Management hinaus in die Geschäftsbereiche geschickt wurde, um den Anfängen einer Bürokratie zu wehren.) Das nächste Ziel ist es, eigene Informationsprodukte zu entwickeln, die mit einem Markenzeichen versehen und ohne große Modifizierungen an zahlreiche Kunden verkauft werden können. Die treibende Kraft für eine Beschleunigung in der Produktentwicklung liegt in der »Aufnahme von Wissen«, sagte mir Cropper 1991. Sie beteuerte, daß darin »FIs langfristiger Wettbewerbsvorteil« liegen wird.
Aber wie kann man in einer so völlig verstreuten Organisation schnell Wissen aufnehmen? Croppers Antwort darauf sind »Fliegende Einsatztrupps«, die aus einem Kader von circa zwölf Schlüsselmitarbeitern bestehen. Sie begeben sich von Produkt zu Produkt, um nützliches Wissen herauszuziehen, das in Produkte mit breitgestreuter Anwendung umgewandelt werden kann. Ein Mitglied verbringt vielleicht drei Monate bei einem Projekt, das drei Jahre läuft. Es gewinnt die Anerkennung des immer unter Druck stehenden Teams durch Mithilfe bei den täglich anfallenden Arbeiten, behauptet Cropper. Dann kann es sich seiner Hauptaufgabe, der Kodifizierung von Ideen, die von anderen genutzt werden können, zuwenden. Cropper sprach unablässig davon, »es aufzuschreiben« – das ganze Konzept des systematischen Lernens, sagte sie, stehe in krassem Gegensatz zu der normalen spontanen FI-Kultur (desgleichen bei McKinsey).
Der von der »Fliegenden Einsatztrupps« hervorgerufene Prozeß der Produktentwicklung gewinnt immer mehr an Fahrt. »Langsam begreifen wir, wie es geht«, sagte Cropper. »Die Projektteams schaffen immer neue Fähigkeiten«, fügt sie hinzu. »Die ›Fliegenden Einsatztrupps‹ stehen in der Mitte. Sie versuchen, diese Fähigkeiten aus den einzelnen Teammitgliedern herauszuziehen und sie dann zu kodifizieren. Da die Organisation immer durch Verstreutheit gekennzeichnet war, war diese Kodifizierung früher ignoriert worden.«
Hinter dieser knappen Beschreibung verbirgt sich eine Unzahl

von Feinheiten. So hat zum Beispiel die FI Group der Kollegialität und Selbstdisziplin lange Zeit hohe Priorität eingeräumt. 1991 entschied sich die Gründerin Shirley, ihre Anteile drastisch zu reduzieren und die Mehrheit an die Mitarbeiter, einschließlich der Freiberufler zu verkaufen. Angereizt durch zinsfreie Darlehen griffen 72 Prozent der Mitarbeiter auf das Erstangebot zu.

CRSS, die Wissenschaft vom gemeinsamen Zuhören und Lernen

CRSS, eine Houstoner Firma mit einem Umsatz von 472 Millionen Dollar im Jahre 1991, erbringt Leistungen in den Bereichen Bau-Management, Hoch- und Tiefbau, Maschinenbau, entwickelt und verwaltet Blockheizkraftwerke und ist eine der weltbesten Architekturfirmen. Ihre Wurzeln liegen in der Architektur, und zu der bemerkenswerten Erfolgsbilanz der CRSS gehören die Entwürfe für einige der schwierigsten Projekte der Welt. Durch ihren Ansatz, mit den Kunden zusammenzuarbeiten, hebt sich das Unternehmen von anderen ab. Über vier Jahrzehnte hinweg haben sich die CRSS-Architekten erstaunlicherweise durch eine »einfache« Taktik – nämlich *das Zuhören ernst zu nehmen* – eine herausragende Stellung und einen Wettbewerbsvorteil geschaffen und bewahrt. CRRS baut auf *Zuhören* auf, sorgt sich ums *Zuhören* und arbeitet unablässig an der Verbesserung der Fähigkeit des *Zuhörens.*
Im Jahre 1948 gewann der Gründer von CRSS, Bill Caudill, den Auftrag, ein Schulgebäude in Blackwell, Oklahoma, zu entwerfen, 525 Meilen von seinem »Hauptquartier« (einem überfüllten Büro über einem Lebensmittelgeschäft) in College Station, Texas, entfernt. Er und sein Partner Wallie Scott definierten die Anforderungen, brüteten den Entwurf aus und schleppten die Pläne nach Blackwell. Die Schulbehörde wies den Entwurf ohne viel Umschweife zurück. Caudill und Scott hörten sich die Beanstandungen ihrer Kunden höflich an, kehrten mit hängenden Köpfen nach Hause zurück, nahmen alle geforderten Änderungen vor und schleppten die Pläne in einem zweiten Anlauf zurück nach Blackwell. Wieder lehnte die Schulbehörde die Entwürfe kurzerhand ab. Und noch einmal. Dann ein viertes Mal.
»Langsam gingen uns die Geduld, der Enthusiasmus und das

Geld aus«, schrieb Caudill später in *Architecture by Team*. »Schließlich sagte ich, . . . ›Wallie, wir verlieren noch unser letztes Hemd, wenn uns nicht bald etwas einfällt. Wie wär's, wenn du und ich unsere Zeichenbretter in deinen Wagen packen (mein Wagen war so alt, daß er die Fahrt nicht überlebt hätte), nach Blackwell fahren und uns wie Steinbecks arme Wanderarbeiter aus Oklahoma so lange in den Sitzungssaal der Schulbehörde hocken, bis die verdammten Pläne genehmigt werden?‹ Und genau das machten wir. Sonntag nacht kamen wir an, und Montag morgen früh eröffneten wir unser ›Büro‹ – im Sitzungssaal der Schulbehörde. Wir hätten es uns niemals träumen lassen, daß wir vierzehn Jahre später genau das gleiche im Harvard Faculty Club mit einem Team von neun Architekten/Ingenieuren in Zusammenarbeit mit zwölf hervorragenden Professoren tun würden. Offen gesagt, alles was wir wollten, war, ›diese verdammten Pläne genehmigt zu bekommen‹. Und siehe da, Freitag abend, bei einem Treffen mit der Behörde und der Verwaltung in genau jenem Sitzungssaal, wurden die Pläne ›einstimmig und begeistert‹ angenommen. Aber zwischen Montag morgen und Freitag abend war eine Menge geschehen.«

Willie Peña, einer der Firmengründer, erinnerte sich 1989 in einem Interview genauso an diese amüsante Szene, weil er sie von Caudill und Scott gehört hatte. Die Leute aus Blackwell, erzählte er mir, wollten anfangs mit diesem jungen Duo nichts zu tun haben. Aber nach ein oder zwei Tagen schlenderte ein Mitglied der Schulbehörde vorbei, stellte ein paar Fragen, machte eine Bemerkung über, sagen wir, den Standort eines Schranks, einer Toilette, halt irgend etwas. Langsam wurden diese Besuche immer häufiger. Somit, schrieb Caudill, »sind wir dadurch, daß wir das Entfernungsproblem lösen wollten, auf eine Wahrheit gestoßen, die uns eigentlich von Anfang an hätte ins Auge springen müssen – die Kunden wollen an der Planung teilhaben und wenn sie in die Planung eingebunden sind, gibt es keinen Grund mehr, die Pläne nicht zu genehmigen, denn dann läuft es automatisch« – und außerdem entstehen bessere Bauten.

Soviel dazu – mehr oder weniger. Aber, wie so häufig, ist das, was auf den ersten Blick so einfach aussieht, auf den zweiten Blick gar nicht so einfach. Das intensive, interaktive Design und der gemeinsame Lernprozeß – heute verkörpert durch die »Squatters' Teams« (»Hausbesetzungsgruppen« – wie sie immer noch genannt werden), die bei großen Projekten aus 20 bis 30 Mitgliedern bestehen können – wurden von der überheblichen Architektenwelt jahrelang ausgelacht. Die Leonardo da Vincis der Architektur sagten, Kunst und Kreativität würden unweigerlich geopfert, wenn Kundenbeteiligung, besonders in diesem Ausmaß, zur Norm würde. Das Echo dieses Gelächters hallt noch heute nach. Das ist *ein* Grund dafür, daß dieses immer noch seltsame Geschäftsgebaren – herumhängen, besetzen: nennen Sie es wie Sie wollen – immer noch den gleichen großen Wettbewerbsvorteil bietet wie vor fast einem halben Jahrhundert nach dem Vorfall in Blackwell.

Diejenigen, die heute bei CRSS arbeiten, schätzen diesen Ansatz sehr hoch. »Der Kunde gehört dazu«, sagte mir ein junger Architekt. »Sie sind die ganze Nacht auf, genau wie wir. Du bringst deine Zeichentische mit und tapezierst die Wände mit ›Snow-Cards‹ (auf denen Ideen und Konzepte festgehalten werden – mehr dazu später). Du ißt dort, manchmal schläfst du sogar da. Wenn du eine Mütze Schlaf bekommen willst, haust du dich ein paar Stunden hin, dann arbeitest du wieder einige Stunden. Aus Sicht der Auftraggeber zeigst du wirkliches Engagement für *ihr* Projekt, *ihr* Problem. Du kommst mit dieser Art wesentlich weiter als mit allem anderen.«

Zu den Teams gehören heute Vertreter der verschiedensten Disziplinen, sowohl aus dem Unternehmen des Kunden wie von der CRSS. Nehmen Sie den Entwurf für die Hauptverwaltung des Unternehmensbereichs Elektronik von 3M in Austin, Texas. 3M-Angehörige aus den Bereichen Anlagenplanung, Finanzwesen und ähnlichem aus St. Paul, Minnesota, wurden einbezogen. Ebenso 3M-Produktvermarkter, Verkäufer und Ingenieure aus Austin. Von CRSS waren Architekten verschiedener Couleur beteiligt (»Programmierer«, »Designer« – siehe unten), Baumanager, Ingenieure und so weiter.

Die Führungskräfte von 3M schwärmen von dem Gebäude, das sie entwickelt haben (zusammen mit CRSS), und behaupten, es trage als maßgeblicher Faktor zur drastischen Kürzung der Produktentwicklungszyklen bei. Ein leitender Angestellter aus der Produktentwicklung bei Toyota kehrte nach der Zusammenarbeit mit CRSS nach Hause zurück und wendete das Verfahren, das er in Houston gelernt hatte, erfolgreich an – das Resultat waren drei neue Automodelle.

Teamwork und Programmierung

Wir haben hier zwei Schlüsselkonzepte – Teamarbeit und Programmierung. »Teamarbeit ist schwer zu verstehen«, schrieb Caudill in *Architecture by Team*. »Ausbildung zum Architekten läuft dem Teamgedanken entgegen. In Wahrheit wurde uns beigebracht, unsere Ellenbogen zu benutzen, unseren Kunden mitzuteilen, was sie brauchten. Ich dachte, daß das, was sie brauchten, ›ich‹ sei. *Meinen* Entwurf. *Meinen* derzeitigen Geschmack. *Meine* Überzeugungen, wenn nicht Vorurteile. Ich bewunderte den heldenhaften Architekten, der den Mut hatte, seinem Kunden zu sagen, er solle zur Hölle fahren, falls dieser es wagen sollte, sich einzumischen . . . oder sich zu beschweren, daß sein Dach undicht sei.«

Die harte CRSS-Disziplin der »Programmierung« unterstützt und ergänzt dieses Teamkonzept. »Der grundlegende Beitrag, den CRSS zu dem Berufszweig [der Architektur] geleistet hat, war die Einführung dieses neuen Aspekts in unsere Praxis als Architekten sowie die Tatsache, es akzeptiert zu haben, daß durch Beteiligung des Kunden/Benutzers an der Planung bessere Gebäude entstehen«, schrieb Caudill. »Das brachte uns auf die Entwicklung neuer Methoden in der Kundenbetreuung, auf die Schaffung von Formen in der Teamkommunikation, wie zum Beispiel die Analysekarten, die ›Squatters‹, die Benutzer/Architekten-Fachkurse . . . Das Unternehmen hat insbesondere zwei Arten von Spezialisten hervorgebracht – eine ›Programmierer‹ genannt, die andere ›Designer‹«.

Das CRSS-Management weist darauf hin, daß die Programmierung eine andere Denkweise erfordert als das Design. Der Grund: Die Programmierung muß getrennt gehalten werden, wenn dem Zuhören die ihm zustehende, aber oft nicht zugestandene ruhige Aufmerksamkeit zuteil werden soll.

Das Grundkonzept: »Wenn Programmierung bedeutet, Probleme zu suchen, dann bedeutet Design, sie zu lösen«, erklären Willie Peña, Steve Parshall und Kevin Kelley in einem anderen CRSS-Buch, *Problem Seeking. An Architectural Programming Primer.* »Die meisten Designer lieben es, zu zeichnen, ›grobe Skizzen‹ hinzuwerfen, wie sie es nannten . . . Wenn das zur falschen Zeit geschieht, kann die Planung eines erfolgreichen Gebäudes ernsthaft gefährdet werden . . . Bevor das Problem nicht in seiner Gesamtheit erkannt ist, kann es nur verfrühte Teillösungen geben ... Der erfahrene, kreative Designer hält sich in seiner Beurteilung zurück, er widersteht vorgefaßten Lösungen und dem Druck, alles zusammenzufügen ... Er weigert sich, Skizzen anzufertigen, bevor er das Problem des Kunden kennt.«

Peña, der letzte des ursprünglichen Caudill-Teams, ist der »Hohepriester der Programmierung«. 72 Jahre alt, mit einem spöttischen Glitzern in den Augen und einem herzlichen Lachen, ist er doch streng und unnachgiebig, wenn es um die Verteidigung dieser Grundsätze geht. An seinen unverrückbaren Ansichten wird bei CRSS nicht selten herumgenörgelt, trotz der hervorragenden Bilanz der Firma (und Peñas). Aber Peña, genau wie Caudill vor ihm, hat sich daran gewöhnt. Geduldiges Zuhören und die Trennung zwischen Programmierung und Design bleiben ungewöhnlich.

Brown Sheets / Snow Cards

Das Konzept von Programmierung/Zuhören/Team-Architektur wird von Dutzenden ausgeklügelter Hilfsmittel unterstützt, die über die Jahre hinweg entwickelt und weiter verfeinert wurden. Zum Beispiel gibt es die »Brown Sheets«, Analysekarten, die darauf abzielen, das Problem des Kunden besser zu verstehen, (was wiederum zu mehr Beteiligung und wirkungsvollerem Design führt). Dazu folgender Ausschnitt aus dem Buch »*Problem Seeking*:

»Auf den Brown Sheets werden die räumlichen Anforderungen (einer Einrichtung) graphisch dargestellt, die aus den Projektzielen, Fakten und Konzepten abgeleitet wurden. Sie sollen die Bedeutung von Zahlen und Größen vor Augen führen. Der Kunde und der Designer können sich Anzahl und Größe der Räumlichkeiten eher vorstellen, wenn sie graphisch und maßstabsgerecht dargestellt sind. Mit einem Blick auf die Brown Sheets sieht man, wo die hauptsächliche Zuteilung von Raum erfolgt ist, wobei ein höherer Prozentsatz an Verkehrsflächen eingeplant werden muß, wenn kleine Räume überwiegen, oder wo unterschiedliche funktionelle Bereiche ungerechtfertigterweise die gleiche Größe haben.

Der Hauptzweck der Brown Sheets liegt darin, die Anforderungen an die räumliche Aufteilung, wie sie während der Besprechungen beschlossen wurde, darzustellen. ... An zweiter Stelle dienen sie während der Sitzungen als Arbeitsbögen. Zu diesem

Zweck bestehen sie einfach aus irgendwelchem gerade zur Verfügung stehenden Material, das eine Überarbeitung nicht nur erlaubt, sondern geradewegs dazu einlädt. (Mit dem Computer erstellte Brown Sheets weisen diese Qualität nicht auf.)«

Als Beobachter verfolgte ich eine Sitzung mit ungefähr einem Dutzend Teilnehmern von CRSS und 3M. Die Wände waren übersät mit eigenartigen Anordnungen, von, wie ich erfuhr, »Snow Cards«. Es zeigte sich, daß die Entwicklung, Nutzung und Manipulation der Darstellung der durchschnittlich 150, 5 mal 8 Zoll großen Snow Cards das Wesentliche der Programmierung darstellen. Noch ein Ausschnitt aus *Problem Seeking* zu den Einzelheiten:

»Die Snow Card ist mit einem kaum erkennbaren, hellblauen 5-mm-Raster unterlegt. Dieser Raster hilft bei der Darstellung von Diagrammen, Tabellen und sogar bei der Beschriftung ... Die Karten sind aus einem Spezialpapier gefertigt. ... Sie sind verhältnismäßig klein und leicht zu handhaben. Sie sind bewußt so klein gehalten, damit nur *ein* Gedanke, *eine* Idee, einfach und knapp dargestellt, auf ihnen Platz hat ... Die Karten sind so klein, daß man gezwungen ist, unnötige Details wegzulassen.

Eine Snow Card behandelt man wie ein Telegramm. Überlegen Sie sich, was Sie sagen müssen. Reduzieren Sie es auf einen Gedanken. Stellen Sie es graphisch in nur wenigen Zügen dar. Schreiben Sie es mit nur wenigen Worten auf. Benutzen Sie Farbmarkierungen nur zur Betonung oder Kodierung ... Gute Analysekarten erkennt man sofort. Die schlechten sind normalerweise zu auffallend und plump oder zu verkünstelt oder unauffällig ... Beschriften Sie die Karten korrekt. Untermauern Sie die Zeichnung mit einem kurzen Satz ... Alle Karten sind Arbeitsunterlagen und sollten, verglichen mit dem endgültigen Dokument, eher informell und locker aussehen ... Ermutigen Sie alle Teammitglieder, die einführenden Analysekarten anzufertigen. Bauen Sie die Hemmungen ab, die von hochwertigen ›Präsentations‹-Karten hervorgerufen werden. Fördern Sie die Anfertigung von ›Denk‹-Karten.

[Analyse]karten können einzeln, sortiert oder gruppiert benutzt werden. Am besten pinnt man sie an eine Wand – zusammengeheftet und geordnet nach der Verfahrensabfolge Ziele, Fakten, Konzepte, Bedürfnisse und Probleme ... Üblicherweise führen Stichpunkte aus Besprechungen und Informationen aus der Prä-

Programmierungsphase zu der Erstellung von Analysekarten. Während der Arbeitssitzungen werden sie ausgestellt und überprüft. Es ist ein Prozeß der *Rück-* und *Vorwärts*kopplung . . . Durch die Ausstellung der Analysekarten wird die Überprüfung der Zusammenhänge zwischen Zielen, Fakten und Konzepten erleichtert, wodurch man zu den Bedürfnissen und schließlich zur Problemfeststellung gelangt.«

Warum gehen wir in diesem Buch über allgemeines Management so detailliert auf die Spezifizierungen der CRSS-Analysekarten ein? Aus demselben Grund, aus dem ich Sie durch einen Morgen im Leben der Nancy Taubenslag von McKinsey geschleppt habe. »Lernende Organisationen« und »Wissensmanagement« von einer Eintagsfliege in einen 50 Jahre andauernden strategischen Vorteil zu verwandeln, umfaßt genauso das verwendete Spezialpapier wie die hochtrabend klingende Unterscheidung zwischen Programmierung und Design.

Quad/Graphics: Ausbildung – das sind wir

Wir sind ein Know-how-Unternehmen, ein Wissensunternehmen, ein F&E-Unternehmen. Und das bedeutet, daß wir auch ein Unternehmen voller Menschen sind – denn wo sonst sollten die Ideen herkommen? Deshalb müssen wir so viel Zeit in . . . Ausbildung investieren. Denn anders als einige der High-Tech-Unternehmen dort im Silicon Valley . . . stellen wir nicht viele Ingenieure ein. Der durchschnittliche Mitarbeiter, der in mein Unternehmen kommt, sieht wie ein geborener Verlierer aus. In unseren Schulungsräumen sitzen Menschen, die nicht an die Uni gingen, die in der Schule aus irgendeinem Grunde nicht mitkamen und in vielerlei Hinsicht nicht wissen, wohin. Und wir bauen sie auf, helfen ihnen, es zu etwas zu bringen, wovon sie niemals geträumt hätten. Wir bringen sie dazu, sich nicht als Drucker zu sehen, sondern als ausgebildete Techniker, die die Computer bedienen, die die Presse steuern ... Man kann kein Technologieunternehmen sein, ohne auch gleichzeitig ein Ausbildungsunternehmen zu sein. Das haben wir von Anfang an begriffen ... Also bedienen die Mitarbeiter am Montag, Dienstag, Mittwoch und Donnerstag die Presse, und Freitag drücken sie die Schulbank. Es ist ein unglaubliches Entwicklungssystem – die jungen Menschen machen sich wirklich.

Harry Quadracci
Vorstandsvorsitzender
Quad/Graphics Inc., 1986

Wie Ralph Stayer von Johnsonville Foods ist Harry Quadracci ein eloquenter Befürworter dessen, was ich die »Organisation als Universität« nenne. Sowohl Johnsonville als auch Quad/Graphics sind *ausdrücklich als Lerneinrichtungen konzipiert.*

Quad/Graphics ist ein Wachstumsunternehmen mit einer halben Milliarde Dollar Umsatz. Es hat einen ausgezeichneten Ruf: Druckmaschinen nach dem neuesten Stand der Technik, überragendes Reaktionsvermögen, Spitzenqualität. Aber das Unternehmen zeichnet sich vor allem dadurch aus, daß es sich auf unübertroffene Weise dem Lernen verschrieben hat. »Schon in der *ersten Stunde*«, erzählte mir ein 19jähriger Mitarbeiter, »fangen sie an, dich zu unterrichten.« An seinem früheren Arbeitsplatz, sagte er, hätten die Kollegen ihr Wissen für sich behalten, um den eigenen Vorteil zu wahren. Aber Quads »Trick« ist einfach: *Alle* Mitarbeiter sind »Studenten«. Sie gehören meist autonomen sechsköpfigen Teams an und werden von »Sponsoren« (Kollegen) eingestellt und von »Mentoren« (nicht von Chefs) beaufsichtigt. Um selber Mentor zu werden, muß man Quads einjährige Grundausbildung überstehen. Auch wird man erst dann aus den besonders harten Einstiegsjobs auf eine höhere Ebene befördert, wenn man seinen Nachfolger selbst ausgebildet hat. Mein 19jähriger Informant erzählte, er sei völlig verdutzt gewesen, als man ihn bereits zwei Monate nach seiner eigenen Einstellung aufforderte, selbst zu unterrichten.

Bezahlt werden die Quad-Mitarbeiter für eine 4-Tage-, 40-Stunden-Woche mit flexibler Zeiteinteilung. Dann gibt es noch den freiwilligen fünften Tag – ohne Bezahlung – im Klassenzimmer. Ungefähr die Hälfte kommen. Die Mitarbeiter, die sich 1991 für den Unterricht entschieden hatten, verbrachten im Durchschnitt 200 Stunden im Klassenzimmer.

Lernen und lehren sind, nach Quadraccis Aussage, die einzigen Wege zu einem sicheren Arbeitsplatz. Jeder bildet so seinen (oder ihren) möglichen Nachfolger aus, genauso wie jeder die Gelegenheit hat, als Lehrer/in im Klassenzimmer zu fungieren. Quad/Ed, der Ausbildungsarm der Firma, beschäftigt fünf Vollzeitausbilder. Aber auch jeder Arbeiter, der irgendeinen Kurs abhalten möchte, kann das tun. »Schnapp dir drei Leute, steck sie in ein Klassenzimmer, und schon kann's losgehen«, erzählte mir ein Quad/Ed-Mitarbeiter. Es gibt fast 200 freiwillige Ausbilder (darunter auch Quadracci) für die Arbeiter, von denen jeder dem Ausbilden durchschnittlich zehn Stunden pro Woche widmet.

Es gibt auch Unterricht für Kunden in der kleinen roten Backsteinschule. Quads Kunden sind in allen Betrieben der Firma immer herzlich willkommen. Quadracci besteht darauf, daß die Mitarbeiter in der Linie sein Verkaufstab sind. »Der Verkauf«, sagte er, »geschieht im Betrieb.« Und so ist es denn auch wirklich; an jedem beliebigen Tag sieht man Kunden zusammen mit Quads Mitarbeitern an Verbesserungen der Druckprodukte arbeiten.

Auch Forschung und Entwicklung werden von dem Unternehmen als Ausbildungsaktivität organisiert. Quad/Tech (der F&E-Arm: auch Mitarbeiter) experimentiert mit den sechs Millionen Dollar teuren Druckpressen, läßt sie Dinge tun, von denen die Hersteller nicht einmal geträumt hatten. (Quad/Tech perfektionierte, zum Guten oder Schlechten, das Gerät, das Abbonnementkarten in Zeitschriften einbringt.) Durch ständige Verbesserungen hat Quad sich an die Spitze seiner Konkurrenten gesetzt und den Absatz erhöht; Quad/Tech verkauft inzwischen Lizenzen an die Konkurrenz.

Eine Lern-/WMS-Typologie

Aus diesen und einigen vorhergegangenen Fällen können wir eine Art Typologie zusammenstellen:

- *Formelle WMS*: Das »McKinsey-Modell« oder systematische Wissenaufnahme und -verwaltung als strategisches Ziel, FI Group (Fliegende Einsatztrupps), EDS (Dienstleistungszentren, horizontale strategische Geschäftseinheiten) und ABB (der Geschäftsbereichmechanismus, Zentren für Spitzenleistungen) – alle haben diesen Weg eingeschlagen.
- *Die Technik des gemeinsamen Lernens:* CRSS hat sich mit diesem Verfahren gedanklich mehr auseinandergesetzt als alle anderen Unternehmen, die ich kennengelernt habe. David Kelley Design und Chiat/Day/Mojo suchen auf ähnliche Weise nach Vorteilen.
- »*Schulhaus*«: Quad/Graphics ist der Inbegriff des Modells des Unternehmens-als-Universität. Johnsonville Foods liegt auf der gleichen Wellenlänge.
- *Völlige Integration/Symbiose*: PPGs Beziehungen zu BRGG ist der Maßstab für Integration/Symbiose mit Außenstehenden. EDS und Rational kommen dem nahe.
- *Lern-Netzwerk:* MCI ist so gut wie seine tatkräftigen, unternehmerischen Netzwerk-Partner. Und nicht besser. Das sich verändernde MCI-Netzwerk *ist* das Unternehemn – und sein Lernmittel. Apple ist ebenfalls ein Meister dieses Verfahrens.

Lernmittel in rauhen Mengen

In den in diesem Kapitel behandelten Fällen liegt die Betonung auf dem *Lernen* und dem *Wissensmanagement*. Es zeigt sich jedoch, daß auch schon in früheren Beispielen ein reichhaltiges Aufgebot an Rüstzeug zum Lernen enthalten war. Die Lernprozesse selbst lassen sich in vier wichtige Bereiche aufgliedern:

- *Mit Kunden lernen*: Wie erreicht die Organisation über die normale Marktforschung, die Schwerpunktgruppen etc. hinaus eine Symbiose und einen ständigen Lernaustausch mit ihren Kunden?
- *Von Außenstehenden lernen:* Wie zapft eine Organisation das Wissen der Berater, der Akademiker, der Universitäten, der

Subkontraktoren, der führenden Köpfe in der Nachbarschaft und anderer, die nicht auf ihrer Gehaltsliste stehen, an?

- *Voneinander lernen:* Wie wird Wissen innerhalb einer Gruppe zwischen Gruppen, zwischen Abteilungen oder sogar zwischen den Bereichen einer Organisation weitergegeben?
- *Systematische Wissensaufnahme und -verbreitung:* Gibt es, nach McKinsey, ein systematisches Schema auf *strategischer Ebene* zur Aufnahme und Verbreitung von Wissen? Besteht ein voll ausgebildeter Lernmechanismus?

27. Kapitel

Wissensmanagement-Strukturen II: Die physische Dimension

Clusters brauchen ein Umfeld, in dem man sich ohne große Schwierigkeiten sehen kann und dadurch ermutigt wird, zu kommunizieren. In der Vergangenheit wollten die Unternehmen solche Situationen vermeiden, denn sie glaubten, daß die Zeit, in der sich die Mitarbeiter unterhielten, von der Arbeitszeit abging. Da aber die Arbeit in zunehmendem Maße . . . mehr Verständnis spezifischer Situationen erfordert, läßt sich die Effizienz steigern, wenn man sich kurz darüber berät, wie man mit einer Situation am besten umgeht.
D. Quinn Mills
Rebirth of the Corporation

Im Jahre 1993 werden bei IBM in Großbritannien alle 1000 Mitarbeiter der Hauptverwaltung in »revierlosen« Büros arbeiten - Büros, in denen es keinen Schreibtisch gibt, der nur einem gehört . . . Die finnische Tochtergesellschaft der Digital Equipment Corporation hat ihre Büroräume mit komfortablen Bürostühlen und Polstergarnituren ausgestattet, um sie gemütlicher zu gestalten, damit informelle Gespräche und Ideenaustausch gefördert werden. Unternehmen wie Apple und General Electric führen ähnliche Experimente durch.
The Economist,
7. März 1992

Mein dickes Wörterbuch stand im Regal neben dem Kamin im Wohnzimmer. Ich benutzte es ungefähr einmal pro Woche. Vor einiger Zeit legte ich es auf den Tisch in der Diele und ließ es beim letzten Wort, das ich nachgeschlagen hatte, offen liegen. Jetzt benutze ich es ein- oder zweimal am Tag, manchmal auch öfter.

Vielleicht befinden wir uns schon im Zeitalter der Teraflop-Computer (die eine Billion Befehle pro Sekunde verarbeiten), aber das einfache, ganz gewöhnlikche physische Vorhandensein – mit wem und womit man sich beschäftigt –, das ist für unser Lernen entscheidend. Ich benutze dieses Wörterbuch viel, und viel häufiger aus einem einzigen gottverdammten Grund: *Es ist da.*

Es stellt sich heraus, daß Fragen des physischen Vorhandenseins weder einfach noch gewöhnlich sind. In der Tat ist das *Management von Raum* vielleicht das am wenigsten beachtete – und wirksamste – Werkzeug, einen kulturellen Wandel herbeizuführen, Innovationsprojekte zu beschleunigen und den Lernprozeß in weit verstreuten Organisationen zu fördern. Während wir uns endlos mit Ausrüstungsfragen, beispielsweise der Bürofläche, die den Mitarbeitern verschiedener Positionen zur Verfügung gestellt wird, herumquälen, beachtet keiner von uns die wichtigste strategische Frage – *die Parameter des miteinander in Kontakttretens.*

Neue »Nachbarschaften« beschleunigen die Produktentwicklung

Die glänzende, siebenstöckige Pyramide aus Glas und Granit ragt über die Weizenfelder in der Nähe von Grand Rapids, Michigan, und ist meilenweit sichtbar. Aber sie ist kein Monument für das Ego des Unternehmens. Vielmehr ist die Struktur ausdrücklich so beschaffen, um den Produktentwicklungsprozeß von *Steelcase, Inc.,* dem Büromöbelhersteller (2 Milliarden Dollar Umsatzerlös im Jahre 1991) umzugestalten.

Bei Steelcase verfolgt man das Ziel, die Produktentwicklungszeiten um die Hälfte zu reduzieren, indem die 575 Konstrukteure, Ingenieure und Fachleute aus dem Marketing und dem Einkauf in multidisziplinären Teams zusammengefaßt werden (vorher waren sie auf drei Gebäude verteilt). Bereits zwei Wochen nach dem Umzug in das 111 Millionen Dollar teure »Corporate Deve-

lopment Center« (CDC) im Mai 1989 bemerkte Michael Nowik, der Leiter der aus dreizehn Mitarbeitern bestehenden Materialwirtschaft, eine »verringerte Zahl von Sitzungen und einen weniger offiziellen, viel effektiveren Informationsfluß und Dialog. Jetzt werden Fragen und Entscheidungen viel einfacher und schneller geregelt.«
Die Mitarbeiter von Steelcase wirkten persönlich am Entwurf des Gebäudes mit, das unter anderem den folgenden Prinzipien gerecht wird:

- *Funktionale Vielfalt:* »Die einzige Möglichkeit, Schranken abzubauen, besteht darin, die Menschen enger in Kontakt miteinander zu bringen... Das Ziel ist nicht, die Organisation ›homogener‹ zu gestalten, sondern den verschiedenen Gruppen zu helfen, andere Denk- und Arbeitsweisen zu akzeptieren und zu respektieren«, erzählte uns Franklin Becker, Professor für Anlagenbau an der Cornell-Universität, der bei dem Projekt beratend tätig war. Im CDC geschieht dies durch »Nachbarschaften« diverser Disziplinen, die für die Dauer eines Projektes zusammengestellt werden.
- *Räumliche Mobilität:* »Kein einziges Büro, wie gut es auch konzipiert sein mag, kann wahrscheinlich all die Aufgaben und Aktivitäten und Arten der Interaktion, von denen die Mitarbeiter betroffen sind, unterstützen«, sagte uns Becker. Daher bedient sich das Center multipler Arbeitsbereiche: Arbeitsplätze für eine Person, gemeinsame Arbeitsbereiche, spezielle Projekträume (in denen die Konstrukteure ihre Materialien ausbreiten und mit Produkten experimentieren können), Pausenräume und abgeschlossene Büros an der Spitze der Pyramide (die für jeden, der einen ruhigen Arbeitsplatz braucht, temporär zur Verfügung stehen).

Becker argumentiert, daß das Gebäude nicht unbedingt »effizient« sei (die Mitarbeiter müssen vielleicht längere Wege als vorher zurücklegen, um eine Tasse Kaffee zu bekommen oder zur Toilette zu gehen), aber es ist »effektiv«, es fördert mehr Interaktion und Innovation. Manager aus allen funktionalen Abteilungen arbeiten in einer leicht zugänglichen »Direktionsgruppe« im Zentrum des Gebäudes. Und laut Becker unterstützen auch die Vorhalle, die Cafeteria, die Pausenräume und die

Aufzüge im Atrium des Gebäudes den »Kontakt von Angesicht zu Angesicht . . . und die spontane Kommunikation.«
Und Michael Nowik meinte dazu, daß das Arbeiten inmitten seiner Gruppe zu einem effektiveren, entspannteren Managementstil ermutige. Die Mitarbeiter kommen nicht auf Knien in das Büro ihres Chefs gerutscht. »Das Gebäude fördert einen Führungsstil, bei dem ich integraler Bestandteil des Teams sein kann . . . und die Möglichkeit habe, mehr zum Förderer zu werden als ›Chef‹ zu sein.«

Bringt sie zurück nach Hause

Mit der Zeit, als das Unternehmen immer stärker wuchs, breiteten sich die Funktionen des Unternehmens auch in geographischer Hinsicht aus . . . Die Ausgestaltung erfolgte im Osten und die ergonometrische Analyse an der Westküste. Die Prototypen wurden in Asien gebaut, in den USA getestet und dann an die Produktionsstätten in den USA und den asiatischen Ländern weitergegeben. Dieses Fehlen eines gemeinsamen Standortes war ein wichtiger Unterschied zwischen dem Unternehmen und seinen sehr innovativen Konkurrenten . . .
Aufgrund der Trennung der Funktionen arbeiteten die dem Programm [zugeteilten Mitarbeiter] . . . gleichzeitig an verschiedenen Projekten. Der bei diesen Projekten erzielte Fortschritt wurde durch computergestützte Aufstellungen von Arbeitsplänen koordiniert, die die Projekte von formaler Überprüfung zu Überprüfung weiterschleusten. Aufgrund der physischen Trennung der Tätigkeiten mußten die Programmteilnehmer große Strecken zurücklegen, sogar innerhalb eines Gebäudes. Selbst die hochbezahlten Manager legten bei der Erfüllung ihrer Aufgaben zwischen zwei und neun Meilen am Tag zurück. Im Durchschnitt verloren sie mehr als 25 Prozent ihrer Zeit damit, von einer Aufgabe zur nächsten zu gehen, weitere 25 Prozent wurden für die Koordinierung der Sitzungen aufgewendet, was weniger als 50 Prozent ihrer Zeit für die Wertschöpfung übrigließ.
Im Gegensatz dazu konzentrieren die sehr innovativen Konkurrenten die Ressourcen für ihre Programme nicht nur in einer Stadt, sondern in einem Gebäude und auf einem Stockwerk. Die Produktion erfolgt ebenfalls im selben Gebäude oder in einem Gebäude in der Nähe. Die Kommunikation läuft . . . blitzschnell. Probleme

können schnell gelöst werden, nicht nur weil sie für alle stärker sichtbar sind, sondern auch, weil die Feedback-Schleifen für die Information kurz sind.
George Stalk, Jr., und Thomas M. Hout
Competing Against Time

Halte dich dort auf, wo es sinnvoll ist

Martin Beck ist Vorstandsvorsitzender der Fitch RS, einer 35-Millionen-Dollar-(Umsatzerlöse 1991) Beraterfirma für Konstruktion und Design mit Sitz in Worthington, Ohio, die sich für den Entwurf von Konsumgütern und Ladeneinrichtungen und die Durchführung von Unternehmens- und Marken-Identitätsprogrammen multidisziplinärer Teams bedient. Die 500 Mitarbeiter des Unternehmens sind in fünf Landhäusern, die inmitten von 60 000 qm hügeliger Wiesen liegen, untergebracht. Um die Kundenwünsche noch effektiver erfüllen zu können, drängt Beck seine Mitarbeiter, mit ihrem Arbeitsplatz »herumzuspielen«. Folglich werden Wände, Fenster, Türen und Flure ständig verändert. Beck sagt, es leuchte ihm nicht ein, daß die Einschränkung solchen Auf- und Abbaus Geld sparen solle. (Fitch RS investiert ungefähr 1,5 Prozent seines Jahresumsatzerlöses in solche Umgestaltungen.) »Alles kostet Geld«, sagte er uns. »Die Leute haben Dinge in ihrem Unternehmen, bei denen sie überhaupt nicht an die Kosten denken. Sie haben Wachen an den Aus- und Eingängen, um ihre Angestellten daran zu hindern, etwas mitgehen zu lassen. Bei uns gibt es keine solchen Wachen. Wir haben Tischler. Die schlimmsten Kosten entstehen, wenn man in einem Gebäude ist, das es einem nicht erlaubt, so zu arbeiten wie man möchte.«
Striche an der Decke zeigen, wo vorher die Bürowände waren, die die Angestellten inzwischen versetzt haben. Einige Mitarbeiter entschieden sich für kleine abgeteilte Räume mit künstlerisch aufgemachten Unterteilungen, andere für antike Schreibtische anstelle der von der Firma gestellten weißen Platten. Meist entscheidet die Natur der Projekte, an denen gerade gearbeitet wird, darüber, ob die Mitarbeiter kleine, durch Stellwände abgetrennte Räume oder Bücherregale oder feste Wände haben wollen.

Die Angestellten arbeiten zwar in multidisziplinären Teams, doch die Mitarbeiter mit ähnlichen Aufgaben sind in einzelnen Abteilungen zusammengefaßt, die in verschiedenen Räumen untergebracht sind. Aber die Mitarbeiter gehen dorthin, wo ihre Anwesenheit aufgrund des Projektes erforderlich ist. Wenn sie in großen Gruppen arbeiten müssen, versammeln sie sich in speziell möblierten Konferenzbereichen, denen sie den Spitznamen »Kampfstätten« gegeben haben. Wenn die Arbeit von zwei Mitarbeitern bewältigt werden kann, treffen sie sich in einem Abteilungsbüro. Wenn einer allein die Arbeit tun kann, bleibt er / sie an seinem / ihrem Schreibtisch – oder arbeitet, wenn es das Wetter erlaubt, draußen an einem der Picknicktische. Wenn die Teams sich auf langfristige Projekte konzentrieren müssen oder ganze Abteilungen eng zusammenarbeiten müssen, wird eben umgezogen.

Zum Beispiel verbrachten die Einzelhandelsdesigner, die Ladeneinrichtungen entwerfen, immer mehr Zeit mit den Designern der Kommunikationsabteilung (die sich mit der Produktverpackung befassen) in einer der »Kampfstätten« des Unternehmens. »Wir dachten, es wäre einfacher, wenn wir die beiden Gruppen einfach enger zusammenbringen würden«, sagte Dan Dorsey, das für das Einzelhandelsressort zuständige Vorstandsmitglied. Der anschließende Umzug hat dazu geführt, daß die Mitarbeiter beider Abteilungen ihre Aufgaben jetzt anders wahrnehmen: Da sie Seite an Seite an einem Projekt arbeiten, sehen die Mitarbeiter die Bedürfnisse ihrer Kunden mehr ganzheitlich. Zum gleichen Zeitpunkt änderten sich auch die Anforderungen der Kunden an das Design. Zum Beispiel fangen die Hersteller an, Geschäfte zu eröffnen, um ihre eigenen Produkte zu verkaufen. Da die kombinierten Abteilungen bei Fitch RS sowohl mit dem Produktdesign als auch mit der Gestaltung von Ladengeschäften vertraut sind, können sie für solche Kunden ein besser abgestimmtes Design schaffen.

Nicht alle waren glücklich über diesen Umzug. Die Marktstrategie-Gruppe, die direkt neben der Kommunikation angesiedelt gewesen war, fürchtete, daß ihre Beziehungen zu dieser Abteilung sich abschwächen würden, falls die beiden Abteilungen voneinander getrennt würden. (Über Umfragen und die Entwicklung von Strategien zur Vorstellung eines Produktes auf dem Markt arbeitet die Strategieabteilung eng mit der Kommunikation zusammen.) Aber Fitch RS fördert eine Philosophie, nach der die Mitarbeiter alles tun können, was nötig ist, um ihre Aufgabe zu erledigen – und die Designer von Ladengeschäften wollten sich bei den Kommunikationsdesignern aufhalten und umgekehrt. Das war's also, und obwohl Bill Burke, Vorstandsmitglied Marktstrategien, zugibt, er habe »ein wenig gemeutert und gebrüllt«, erkannte er bald, daß die von den »Ladengeschäften viel zuwenig Platz hatten und ihre Waren nicht sehr gut ausstellen konnten. Es erschien nur logisch, daß wir umzogen.« Jetzt, da seine Abteilung in ihren neuen Räumen ist, haben seine Mitarbeiter die Bindung an andere Abteilungen wie Projektplanung und Unternehmensmarketing verstärkt. »Eigentlich haben sich diese Räume für uns sehr gut bewährt«, gestand Burke ein.

Auch die Buchhaltung ist in das Ganze einbezogen, auch sie bewegt sich zwischen den fünf Landhäusern hin und her. »Ich denke, so sollte es auch sein, denn unsere Hauptaufgabe ist es, die Konstrukteure und Designer bei ihrer Arbeit zu unterstützen«, sagt Paul Casper, Vorstandsmitglied Finanzen und Verwaltung. Aber das bedeutet nicht, daß seine Abteilung automatisch alles akzeptiert. Casper erzählte uns, daß er das formlose »Entwerfe-wie-du-arbeitest«-Umfeld nicht mag, in dem Designer aufzublühen scheinen (obwohl auch er einige Designerhilfsmittel benutzt, z.B. Holzfaserplatten zum Festpinnen von wichtigen Zetteln). Casper betonte, daß seine Mitarbeiter darüber entschieden haben, wer neben wem sitzen soll, und zwar auf der Grundlage des Arbeitsflusses.

Fitch RS kennt aber noch andere Wege, das Nachdenken über die Beziehung zwischen Arbeitsplatz und Mensch anzukurbeln. Es hat ein Design-Versuchslabor entwickelt, daß nicht nur dabei hilft, Probleme der Kunden zu lösen, sondern im Laufe dieses Prozesses Versuche mit neuen Arten des Arbeitens und der Nutzung des Arbeitsplatzes anstellt. Die dabei entstehenden Ideen wiederum werden an das Unternehmen zurückgeleitet. So plant zum Beispiel Fitch RS, um die zentralisierte Bibliothek des Unternehmens für Mitarbeiter leichter zugänglich zu machen, sie in kleine Bibliotheken aufzuteilen, die überall innerhalb des Komplexes verstreut untergebracht werden sollen.

Auch die Kunden werden gebeten, Fitch RS'Arbeitsumfeld mit zu gestalten, so daß es den Anforderungen ihrer Projekte entspricht. (Die Kunden schauen häufig herein und können dann entweder in einem nahe gelegenen Hotel oder bei einem Fitch-Mitarbeiter übernachten.) Sie helfen dabei, für Präsentionen notwendige Konstruktionen zu bauen, und sie versetzen Wände, wenn der Arbeitsbereich vergrößert werden muß. So machen Kunden sich mit dem Verfahren eher vertraut und können das Projekt zu Hause in ihrer eigenen Organisation besser umsetzen, beobachtete Vorstandsmitglied Rheinfrank. Es ist eine interessante Variation des CRSS-Themas (siehe Kapitel 26).

»Die Kunden sagen ›Ich wünschte, ich könnte eine Betriebsstätte wie diese hier haben.‹ Nicht weil sie hübsch ist, sondern weil sie wirklich funktioniert und weil sie der Art zu denken, die wir hervorzubringen versuchen, förderlich ist«, erzählte uns Duncan Sutherland, Leiter des Design-Forschungslabors. »Die meisten Unternehmen versuchen immer noch, Menschen mit einem Schuhlöffel in ein Anlagenkonzept zu zwängen. Das haben wir hier geändert, und das ist der Grund, warum die Kunden es so sehr mögen. Unser Ziel ist es, die Idee der Betriebsstätte selbst verschwinden und die Arbeit an die Oberfläche kommen zu lassen; also müssen wir die Beziehung zwischen Mensch und Arbeitsplatz wirklich neu überdenken.« Die Betriebsstätte ist »nicht nur ein Schuhkarton«, fügte Sutherland hinzu. »Sie ist ein bedeutender Bestandteil der organisatorischen Strategie. Sie wird zu einem machtvollen Werkzeug zur Erreichung der Ziele des Unternehmens werden und nicht einfach eine Art, den Regen abzuhalten und sicherzustellen, daß Menschen auch wirklich da sind.«

Willkommen im Werk, Erbsenzähler

Das mit High-Tech vollgepackte Coca-Cola- und Schweppes-Getränkewerk in Wakefield, England, ist mit einer Auslieferung von 11 000 Dosen und Flaschen pro Stunde das größte seiner Art weltweit. Zur Erleichterung der Teamarbeit, Schnelligkeit und Leistungsfähigkeit entwarf Coke das neue Werk so, daß fast alle 100 Mitarbeiter in dem Gebäude – einschließlich der Techniker und Büroangestellten – in Sichtweite der Produktion untergebracht sind.

Das Werk ist um funktionsübergreifende Teams aus fünf oder

sechs Mitarbeitern herum organisiert. Die Workstations sind so gestaltet, daß sie den Anforderungen jedes einzelnen gerecht werden. So arbeiten zum Beispiel Teams aus Produktionsarbeitern und Wartungstechnikern Seite an Seite am Fließband; Platz für ihre Werkzeuge und Arbeitsmaterialien ist in ihrer Reichweite. Zusätzlich dazu hat jedes Team sein eigenes »Kabäuschen«, in dem es sich abseits vom Lärm der Produktionsstraße treffen, Tee trinken und Probleme diskutieren kann.

In der Tat sind lediglich die Computerräume des Werks von der Produktionsfläche getrennt (aufgrund technischer Anforderungen an die Klimasteuerung); alle anderen Büros – Buchhaltung, Einkauf, Personal – überblicken die Einrichtung der Produktion oder des Lagerhauses. Jeder ist in der Nähe der Produktion, was dazu führt, daß Probleme in der Fertigung schnell behoben werden können.

»Wir haben Mitarbeiter mit verschiedenem Hintergrund genommen, und sie haben sich gegenseitig geholfen«, erzählte uns Produktionsleiter Nick Bolton. »Einige können jetzt detaillierte technische Gespräche führen, obwohl sie vor einigen Monaten noch nie in einer Fabrik gewesen waren.«

Auf ein Glas Wein mit Ihren neuen Teamkollegen

Stellen Sie sich vor, Sie haben ein entscheidendes Projekt über 90 Tage (oder 9 Monate) und bestehen darauf, daß die Buchhalter, die Management-Informations-Systeme-Clique, der Produktionsverein, das Vertriebsteam und die Verkaufsleute sich von Anfang an mit den Designern und den F&E-Leuten zusammentun sollten. Aber aus Kostengründen oder weil Sie Unterbrechungen befürchten oder aus ähnlichen Gründen zögern Sie, sie zusammenzustekken. Also arbeitet die Buchhalterin sechs Stunden pro Tag, vier Tage in der Woche, mit der Gruppe zusammen. Ohne Ausnahme rennt sie nun jeden Nachmittag in ihr Büro in der Buchhaltung zurück, um »wenigstens das Gröbste zu erledigen«. Sie geht schnell ihren Posteingang durch, spricht kurz mit ein oder zwei Kollegen, steckt ihren Kopf in das Büro des Chefs. Grauenhaft?

Kaum! Denn eigentlich fühlt sie sich (seit 15 Jahren) wohl bei ihren mitstreitenden Zahlenkünstlern. Sie verdreht die Augen, als sie einem alten Buchhaltungskumpel von der finanziellen Naivität »dieser primitiven Verkaufsheinis im Projektteam« erzählt. Sie

und ein Abteilungskollege planen, Samstag abend auszugehen oder zumindest Freitag abend für eine halbe Stunde in der Bar des ersten Hotels am Orte, vorbeizuschauen – wo bei einem oder zwei Glas Chardonnay weitere dieser »Sind-wir-schlau/sind-die-dumm«-Schauergeschichten erzählt werden.
Schreiben Sie die Projektteam-Kameradschaft, die gegenseitige Anerkennung und den Eifer, die Aufgabe zu vollenden, in den Wind. Ich habe überhaupt nichts gegen ein gemeinsames Ausgehen am Samstagabend oder eine Stippvisite in der Hotelbar. Ich wünschte mir nur, dabei würden sich der Zahlenkünstler des Projekts mit dem entsprechenden Verkäufer des Teams zusammensetzen. Und so wäre es sehr wahrscheinlich auch gekommen, hätte der Planer die Vernunft, den Einfluß und die Mittel gehabt, das Projektteam an einem Ort, zwei Meilen von der Hauptverwaltung entfernt – und möglichst in der Nähe jener Hotelbar, durch die die Chancen für Plaudereien des Teams nach Arbeitsschluß erhöht worden wären.

Das »transnationale« Phänomen

Chris Bartlett und Sumantra Ghoshall prägten den Ausdruck »*transnationale* Unternehmen«. Sie behaupten, daß durch den fließenden Charakter der Märkte die alten Organisationsmodelle für multinationale Unternehmen nicht mehr anwendbar sind. In der Vergangenheit hatten sich die meisten Unternehmen dafür entschieden, entweder (1.) den Großteil der Macht in der Hauptverwaltung zu konzentrieren (mit einem dort ansässigen »weltweiten Produktmanager«, der die globalen Geschäftsstrategien festsetzte, oder (2.) fast alle Macht einem »Länderchef« zu übertragen. Statt dessen empfehlen Bartlett und Ghoshall, jeweils das zu tun, was für eine bestimmte Geschäftssparte sinnvoll ist.

CSC Europa

CSC Europa ist ein 200 Milliarden Dollar, 2000 Personen großer Teil der 1,7 Milliarden Dollar großen *Computer Sciences Corporation.* Um sich auf ein stärker integriertes Europa vorzubereiten, veränderte CSC 1991 seine Gestalt. Der Chairman John Thompson erklärte im CSC-Geschäftsbericht 1991:

»Wir sehen wenig Mehrwert darin, wenn die Mitarbeiter einer Hauptverwaltung transnationale Aktivitäten ›koordinieren‹, daher haben wir unsere ehemalige Verwaltungsniederlassung in Brüssel geschlossen; diejenigen Funktionen, die spezialisierte Dienstleistungen anbieten, befinden sich nun in der Linienorganisation, die ihnen entspricht . . . Natürlich brauchen wir immer noch zentrale Kompetenz bei, sagen wir, Finanzfragen, aber wir halten diese Kompetenz dort aufrecht, wo unsere Spezialisten dafür leben, und sie wiederum unterhalten ein Netzwerk mit anderen in jeder unserer Länderorganisationen. Anstatt all diese Kompetenzen in einer zentralen Hauptverwaltung zu vereinigen, verteilen wir sie über ganz Europa.«

Thompson von CSC verwendet zwar immer noch das Wort »zentral« (»zentrale Kompetenzen bei, sagen wir, Finanzangelegenheiten . . .«), aber damit meint er eine Ansammlung von Experten, die sich da aufhalten, wo sie wollen oder wo es sinnvoll ist, und die durch die Arbeit in und mit Netzwerken an Stärke gewinnen. Daher kommt CSC Europa in den Genuß konzentrierten Fachwissens, ohne sich mit dem ganzen Klamauk der Bürokratie herumschlagen zu müssen. Ich nenne diesen Ansatz *»Neue Zentrale«* (Konzentrierung/Zentralisierung durch Netzwerke, mit der physischen Plazierung einer potentiell kritischen Masse jeweils dort, wo sie am effektivsten sein kann). Das kommt dem Konzept des *»new big«*, des »Neugroßen«, das in Kapitel 20 vorgestellt wurde, sehr nahe.

GM Europa

In Europa erlebte General Motors in den letzten Jahren eine beachtliche Erfolgssträhne. Dafür gibt es viele Gründe, aber die Verlegung der Europazentrale ist der wesentliche Faktor, den viele Fachleute anführen.

GMs Europageschäfte wurden von seiner deutschen Tochtergesellschaft Opel mit Hauptsitz in Rüsselsheim, Deutschland, geführt. Über die daraus resultierenden Auswirkungenm berichtete *The Economist* 1990 wie folgt: »Die europäischen Spitzenmanager von GM wurden gewöhnlich mit rein deutschen Angelegenheiten und alltäglichen Problemen in der Leitung von Rüsselsheim, dem größten Fertigungskomplex des Unternehmens, überhäuft. Eine weitere Schwierigkeit bestand darin, daß Rüsselsheim Generationen von Arbeitern aus derselben Familie beschäftigt.

Das bedeutet harten Widerstand gegen Veränderungen – und gegen Investitionspläne für Fertigungsstätten außerhalb Deutschlands.«
Die frustrierten GM-Chefs entschieden sich für einen Umzug an einen neutralen Standort. 1986 wurde die europäische Hauptverwaltung nach Zürich verlegt – und es wird berichtet, daß sich fast von einem Tag auf den anderen eine eher gesamteuropäische Stimmung ausbreitete.

IBM

IBM ist ein Meister der internationalen Geschäfte. (Die Royal Dutch Shell ist vielleicht das einzige Unternehmen, das da mithalten kann.) Schon vor langer Zeit hatte IBM erkannt, wie wichtig es ist, fern der Heimat ein »Insider« zu sein. Aber wenn es um das »einzig Wahre« geht, die Produktionsstrategie, ließ Armonk (die Hauptverwaltung) sich fast überhaupt nicht in die Karten sehen. Das könnte sich ändern. Lesen Sie dazu den folgenden Bericht der *New York Times* aus dem Tokioter Büro von Anfang 1991:
»Als IBM kürzlich eine Reihe kleiner tragbarer Computer in den Vereinigten Staaten einführte, fehlte etwas. Das Unternehmen sagte, es würde Monate, vielleicht ein Jahr dauern, bis es seinen ersten superleichten Notebook-Computer herausbrächte, der in die Aktentasche paßt. Aber wenn man hier in Japan lebt, ... kann man seit dieser Woche einen von International Business Machines Corporation hergestellten kaufen. Und zwar aus dem Grunde, daß IBM unter wachsendem Wettbewerbsdruck japanischer Hersteller, allen voran Toshiba und NEC, steht, die einen Milliarden-Dollar-Markt für die tragbarsten der tragbaren Computer geschaffen haben. Also stürzt sich das amerikanische Unternehmen in dieser Woche mit einem neuen Notebook auf Tokios neonbeleuchteten Elektronikmarkt.«
»Es ist ein neuer Ansatz«, sagte kürzlich Nobuo Mii, der für Fertigung und Technologie bei IBM Japan zuständig ist. »Es gibt viele Technologien in Japan, die wir ausgiebiger nutzen müssen. Und der beste Ort, um diese Technologien zu prüfen, ist genau hier, wo es zu einem direkten Vergleich mit den besten japanischen Herstellern kommt. So haben wir nun die Aufgabe, einige dieser Technologien für IBM in der ganzen Welt zu entwickeln.«
In der Tat sagt IBM, daß die kaum vier Kilogramm schweren

Laptops, die vor zwei Wochen in den Vereinigten Staaten eingeführt wurden, die letzten in Amerika entwickelten Modelle sein werden. Denn von jetzt an werden sie alle von IBM Japan kommen.

Nähe in großem Umfang: Die Stärke des Silicon Valley

In *The Origins and Dynamics of Production Networks in Silicon Valley,* beschreibt Anna Lee Saxenian, Professorin an der Universität von Kalifornien, brandneue Formen vielfältigster Lieferanten-Käufer-Beziehungen, die, so behauptet sie, das amerikanische Geschäftsleben in der High-Tech-Industrie und darüber hinaus grundlegend verändern. Wie üblich hat Not mal wieder erfinderisch gemacht. »Die steigenden Kosten der Produktentwicklung, die Verkürzung der Produkt(lebens)zyklen und schnelle technologische Veränderungen«, sagt Saxenian, brachten Firmen im Silicon Valley, zusammen mit anderen, dazu, auf bahnbrechende Art, Geschäfte zu machen.
Natürlich hätten sich die Silicon-Valley-Unternehmen auch einfach gegenseitig aufkaufen können, wobei zweifellos schwerfällige Megafirmen herausgekommen wären. (Die mitleiderregende europäische Elektronikindustrie hat, zu ihrem Nachteil, genau solch einen Weg eingeschlagen.) Statt dessen haben die Firmen des Valley beschlossen, ihre prächtige Lage zu nutzen und ausgedehnte, auf Zusammenarbeit basierende Partnerschaften zu schaffen. Die Vorteile aus den sich ergebenden »Netzwerk-Firmen«, wie Saxenian sie bezeichnet, sind beträchtlich. Die Unternehmen, sagt sie, können sich weiterhin auf das konzentrieren, was sie am besten können (und sich in sorgfältig ausgewählten Gebieten verbessern), die Risiken streuen (Kosten und Technologie), schnell reagieren (durch Beteiligung aller Parteien von Anfang an) und mehrfache Innovationsquellen zugleich auf den Markt werfen.
Sun Microsystems, 1982 gegründet und bereits ein 5-Milliarden-Dollar-Unternehmen, ist ein klassischer Vertreter dieses neuen Unternehmenstyps. Suns Gründer, schreibt Saxenian, »entschlossen sich, sich auf den Entwurf von Hardware und Software für Workstations zu konzentrieren und die Fertigung auf Proto-

typen, Endmontage und Prüfung zu beschränken. Sun kauft von Lieferanten anwendungsspezifische ICs (ASICs), Diskettenlaufwerke und Netzteile zu, ebenso wie Standard-Speicherbausteine, Gehäuse und Tastaturen, Mäuse, Kabel, Drucker und Bildschirme von Zulieferern. Sogar die Leiterplatte im Herzen der Workstation wird von Vertragsherstellern montiert.« Jim Bean, Suns Vorstandsmitglied Fertigung, beteuerte gegenüber Saxenian, daß die Firma eine vertikale Verflechtung niemals in Betracht gezogen habe – angesichts des Vorhandenseins hunderter hochentwickelter Betriebe im Silicon Valley, von denen jede beträchtlich investiert, um beim Design und in der Fertigung ihres Spezialartikels ganz vorne zu bleiben. »Wenn wir eine stabile Produktpalette hätten«, fügte er hinzu, »könnte ich stichhaltige Argumente für eine vertikale Verflechtung finden.« Aber die Produktlebenszyklen sind dafür viel zu kurz und die Technologie ändert sich zu schnell. »Das Leitprinzip für Sun«, folgert Saxenian, »besteht darin, sein Fachwissen und seine Ressourcen auf die Koordination von Design und Montage eines Endsystems zu konzentrieren, einige entscheidende Technologien zu verbessern und die Kosten und Risiken neuer Produktentwicklung durch Partnerschaften mit seinen Lieferanten zu streuen.«
Saxenian schildert das hilfreiche Beispiel der Zusammenarbeit von Sun mit *Cypress Semiconductor* zur Entwicklung eines hochentwickelten Mikroprozessors, dem Gehirn einer Workstation. Ein Team aus 30 Ingenieuren beider Unternehmen arbeitete ein Jahr lang an einem gemeinsamen Standort und »verband Suns SPARC-Architektur und sein Wissen im Bereich der Systemplanung und der Software mit dem Fachwissen der Cypress auf dem Gebiet der Auslegung integrierter Schaltkreise . . . Dieses Kernteam wurde durch ständiges Feedback seitens der Spezialisten aus der Produktentwicklung, dem Marketing und den Kontrollabteilungen beider Unternehmen unterstützt.« Die Entwicklung und Verwaltung solch gegenseitiger Lernerfahrungen bildet das Herzstück der gesamten Unternehmensstrategie von Sun.
Sun ist ein »Spitzen-Systemintegrator«. Wie aber sehen solch komplizierte Beziehungen aus, und wie empfindet man sie, wenn man sich am anderen Ende der Nahrungskette befindet? Saxenian untersuchte eine Gruppe von Firmen, die »Vertragshersteller« genannt werden, besonders diejenigen, die an der Montage von Leiterplatten beteiligt sind. Diese Montagen waren in der

Vergangenheit arbeitsintensiv und technisch nicht sehr hoch entwickelt – lagen also am unteren Ende der Technologieskala. Aber selbst das ändert sich, stellte sie fest. Betrachten wir *Flextronics:* Während der siebziger Jahre war es ein kleiner Subkontraktor mit geringer Wertschöpfung. Aber heute ist er zum »größten Vertragshersteller der Region geworden und bietet technische Dienstleistungen nach dem neuesten Stand der Technik und automatisierte Fertigung an«, schreibt Saxenian. Das Unternehmen hat langfristige Beziehungen zu den großen Nachbarn wie IBM, Hewlett-Packard, Sun und Apple Computer aufgebaut. Flextronics ist kein einfacher »Verrichtungsgehilfe«, sondern liefert wichtige Innovationen, die sich in sämtlichen Produkten der großen Kunden widerspiegeln.
Aus diesen eng miteinander verwobenen Schicksalen resultiert etwas, das noch schwerer zu fassen, aber möglicherweise noch wichtiger ist. Saxenian nennt es *»gemeinsames Lernen«.* Da die Lieferanten in wachsendem Maße als Ebenbürtige im gemeinsamen Prozeß der Planung, Entwicklung und Fertigung innovativer Systeme behandelt werden, behauptet sie, »werden die Lieferanten selbst zu innovativen und kapitalintensiven Herstellern differenzierter Produkte. Im Endeffekt ist Silicon Valley weit mehr als eine Anhäufung einzelner Technologiefirmen. Seine Netzwerke interdependenter (aber doch autonomer) Hersteller wachsen und innovieren wechselseitig.«

Meine Schlußfolgerung: Es könnte fast »so einfach« sein. Unzählige Forschungsergebnisse unterstützen mich hierbei. Auf makroökomomischer Ebene zeigt Michael Porter in *The Competitive Advantage of Nations* die bemerkenswerte Stärke eines dichten regionalen Lern-Netzwerkes bei der Schaffung weltweiter industrieller Überlegenheit. (Mehr zu Porters These in Kapitel 34.) Auf mikroökonomischer Ebene hat Tom Allen vom MIT seit Jahrzehnten das physische Layout untersucht. Er beobachtete größenordnungsgemäße Unterschiede bei der Häufigkeit von Kontakten – wenn Leute um 3 oder 6 Meter oder so zusammen- oder auseinanderrücken. Untersuchungen im Bereich der Sozialpsychologie zeigen, daß Menschen, die zusammengesteckt werden, stets beginnen, sich anzuerkennen – ja sogar sich zu mögen. Bringen Sie die Erbsenzähler und die Leute aus der Fertigung zusammen, wie Coca-Cola/Schweppes es getan hat,

Lernprozesse bei Firmen mit Liberation-Management

Unternehmen	von Kunden lernen	von Außenstehenden lernen	voneinander lernen	systematische Wissensanhäufung	Bemerkungen
David Kelley Design	H	H	H	H	Die Projekte sind das Wichtigste; ebenso ein Training in vielen Disziplinen; Brainstorming; frühe und anhaltende Kundeneinbindung auf strukturierte Art und Weise; nur Aufträge annehmen, von denen man etwas lernen kann; ein physisches Layout begünstigt die Interaktion; Wechsel von Branche zu Branche; die Wertsteigerung kommt durch den Kreativitätsprozeß; institutionalisierte Verspieltheit; Stanford University Verbindungen (Außenstehender); neugieriger Chef (David Kelley).
McKinsey	H	D	H	H	Die Projekte sind das Wichtigste; starke Kundeneinbindung von Anfang an; formale Wissensmanagementstruktur; die Rotation der Projekte eröffnet einen Zugang zu vielen Branchen; das Einschalten einer kleinen Anzahl von Akademikern erhöht die funktionale Vortrefflichkeit; Publikationsstrategien; ein hervorragendes Mundpropaganda-Netzwerk; eine bestimmte Reziprozität (Es wird erwartet, daß man anderen hilft, egal wieviel Arbeit man hat).

H = Höchstleistung; G = gut; D = durchschnittlich/schwach

Unternehmen	von Kunden lernen	von Außenstehenden lernen	voneinander lernen	systematische Wissensanhäufung	Bemerkungen
FI Gruppe	H	D	G	H	Die Projekte sind das Wichtigste; »fliegende Einsatztruppen« werden zusammengestellt, um das Gelernte festzuhalten; die Betonung liegt auf der Erfindung von Produkten, die auf dem Gelernten aufbauen; leichtgemachte elektronische Kommunikation; neue Arbeitszentren begünstigen die Interaktion.
EDS	H	D	G	G/H	Die Projekte sind das Wichtigste; in engem Kontakt mit dem Kunden vom ersten Tag an; die Betonung liegt auf horizontalen SBUs, um die Produkte in den verschiedenen Branchen zu verbreiten; Service-Zentren ergänzen die horizontalen SBUs; Akquisitionen sollen Wissenslücken füllen; hervorragende Mundpropaganda-Netzwerke; es gibt Punkte dafür, daß man seine Mitarbeiter an den Projekten anderer arbeiten läßt.
Chiat/Day/Moja	H	G	H	H	Die Projekte sind das Wichtigste; einzigartige kreative Kundeneinbindung von Anfang an; Unterstützung der Kreativen durch den Kontroller; das physische Layout unterstützt die Interaktion; kreative Verbesserungen; starke, unabhängige Fürsprecher für den Konsumenten.

Lernprozesse bei Firmen mit Liberation-Management

Unternehmen	von Kunden lernen	von Außenstehenden lernen	voneinander lernen	systematische Wissensanhäufung	Bemerkungen
CRSS	H	G	H	H	Die Projekte sind das Wichtigste; wertsteigernde Strategie, die auf 1.) der Fähigkeit der Klienteneinbeziehung; 2.) einer Konstruktion, die auf den Ideen des gesamten Teams beruht; 3.) der Trennung von der Programmierung und des Designs basiert.
ABB	G	D	H	H	Die Struktur (P&L-Center) fördert einen hohen Kundenkontakt; Arbeitsplatzstruktur (spartanisch, umherlaufende Lehrer), was de facto KMS darstellt; Lernen und Wissensvermittlung sind die Strategien von ABB.
Dallas Organisation	H	H	H	D	Bei jedem neuen Fall heißt es, mit anderen Menschen arbeiten zu müssen und neue Tricks zu erfinden, um in einem rauhen Klima zu überleben, wo Mundpropaganda extrem wichtig ist.

H = Höchstleistung; G = gut; D = durchschnittlich/schwach

Unternehmen	von Kunden lernen	von Außenstehenden lernen	voneinander lernen	systematische Wissensanhäufung	Bemerkungen
MCI	G	H	H	G	Von Vermittlern lernen und dann das Wissen an Kunden und Partner zu übertragen ist die wertsteigernde Strategie von MCI; ein leichtgemachter Austausch schafft neue Projekte; elektronisches Briefsystem; eine große Toleranz für Fehlschläge; eine geringe Toleranz für Bürokratie.
CCT	H	G	G	H	Die Struktur macht es unerläßlich, daß jedes kleine Teilchen ausgereifter ist als das des Mitbewerbers (oder Kunden) in dem Mikromarktbereich, in dem die Firma konkurriert; sie kümmert sich prozentual um mehr Probleme und Kunden als jede andere Firma; ein kleiner Expertenstab ist hier am Werk.

Lernprozesse bei Firmen mit Liberation-Management

Unternehmen	von Kunden lernen	von Außenstehenden lernen	voneinander lernen	systematische Wissensanhäufung	Bemerkungen
Quad/Graphics	H	G	H	H	»Wir bringen Ihnen vom ersten Tag an etwas bei«; »Sie werden andere in ein paar Monaten unterrichten«; »Jeder kann einen neuen Kursus beginnen«; Lehren und Lernen sind normal und die Basis für eine Wertsteigerung; die Firma verkauft schnell neue Prozeßverbesserungen an Mitbewerber und heizt so eine ständige Entwicklung an; der Kunde ist immer involviert; Facharbeiter sind Verkäufer und Experten.
Imagination	H	H	H	G	Die Projekte sind das Wichtigste; jeder hilft jedem; es gibt viele Verbesserungen; jeder macht alles; konstanter Druck, kreativer zu sein und besser als gestern; die Großzügigkeit der Räume macht den Austausch leicht; nimmt nur herausfordernde Projekte an; man stellt sich darauf ein, Spitzenleute zu bezahlen, auch wenn kein momentaner Bedarf da ist; ein aktiver und neugieriger Chef (Withers).

H = Höchstleistung; G = gut; D = durchschnittlich/schwach

Unternehmen	von Kunden lernen	von Außenstehenden lernen	voneinander lernen	systematische Wissensanhäufung	Bemerkungen
Johnsonville Foods	G	G	H	D	Neue Fertigkeiten zu erlernen und als Individuum zu wachsen ist das Firmenethos und der wertsteigernde Vorteil; Teams arbeiten mit Verkäufern und mit Kunden zusammen an neuen Produkten und Anlagegütervorschlägen.
Ingersoll-Rand's product development approach	H	H	H	H	Multifunktionelles Lernen; stetiger Kunden-/Verkäufer-/Außenstehende-Kontakt; Schema, um Arbeitsabläufe zu rekonstruieren; die Aufmerksamkeit wird den »weichen« Lernstrukturen gewidmet (zum Beispiel Grillabende).
Titeflex	H	H	G	D	Marktentwicklungsteams sind in direktem Kontakt mit Kunden und Händlern; Ethik des leichten Änderns; Druck, um ständige Verbesserungen zu erzielen.

Lernprozesse bei Firmen mit Liberation-Management

Unternehmen	von Kunden lernen	von Außenstehenden lernen	voneinander lernen	systematische Wissensanhäufung	Bemerkungen
Rational	H	H	G	D	Personalchefs stehen in direktem Kontakt mit dem Kunden; »lebt für den Kunden« ist die Firmendevise; alles muß kundengerecht sein; leichter Kontakt zwischen den einzelnen Funktionen.
IDG	H	G	G	H	Unternehmerische Struktur in Einheiten erzwingt den Kundenkontakt; minimale Bürokratie (»keine Schichten«); frenetischer, umherwandelnder Chef; guter Mechanismus, um ein abteilungsübergreifendes Lernen zu ermöglichen (formell und informell), versucht unabhängig denkende Profis anzuziehen.
UPRR	D/G	D	G	H	Funktionsübergreifender Kontakt und Kundenkontakt als Routine; 106 horizontale Prozesse, die für eine Verbesserung für ein systemisches Wissensmanagementschema identifiziert werden; das gesamte Personal ist sachkundig.

H = Höchstleistung; G = gut; D = durchschnittlich/schwach

Unternehmen	von Kunden lernen	von Außenstehenden lernen	voneinander lernen	systematische Wissensanhäufung	Bemerkungen
Oticon	D	G	H	H	Das Wichtigste sind die Projekte; es gibt keine Grenzen für den Job; es gibt eine Fließkultur (»Tue, was auch immer Sinn ergibt«); fast keine Bürokratie.
Buick/PPG	H	G	G	H	Eine Vermischung mit dem Großhandel ergibt einen einzigartigen täglichen Kontakt und eine besondere Lernstrategie; die Vermischung wird auf spezielle, langangelegte Projekte ausgedehnt.
Véronique/ Vienne	H	H	nicht anwendbar	G/H	Die Karriere wird angesehen als eine Kette der Lernerfahrungen und der Verbesserungsmöglichkeiten; sie arbeitet nur mit Menschen, von denen sie lernen kann; unersättliche Suche nach bedeutenderen Erfahrungen: minimale Angst vor Fehlschlägen (im traditionellen Sinn).

und bald sehen Sie Buchhalter mit Schmierfett unter den Fingernägeln und Fertigungsarbeiter, die über Kostenabweichungen diskutieren. (Und wie die Forschung zeigt, fangen sie innerhalb weniger Monate auch an, gemeinsam – mit ihren Familien – kegeln zu gehen.)

Menschen, die in Annapolis aufwachsen, mögen Austern

Es gibt Menschen, die, wie ich, in Annapolis aufgewachsen sind, und die sich einen Kehricht um Austern, Schiffe oder die Marine scheren. Und es gibt Menschen in Billings, Montana, die Schiffe, die Marine und Austern lieben. Aber es liegt doch auf der Hand, nicht wahr, daß, ganz gleich aus welchem Grund man in Annapolis lebt (z.B. durch einen Geburts»unfall«, wie ich), die Chancen, den »Meereskram« zu mögen, wesentlich größer sind, als wenn man in Billings das Licht der Welt erblickt hat? Natürlich, es liegt auf der Hand. Natürlich, »die Chancen sind wesentlich größer«. Natürlich – nur denken wir selten an diese Dinge, wenn wir ein Unternehmen entwerfen. (Die Aufstellung oben deutet darauf hin, daß viele der Pioniere, die wir auf diesen Seiten geschildert haben, zu den raren Meistern der physikalischen Dimension gehören.)

---

28. Kapitel

Wissensmanagement-Strukturen III: Wissensbasen, Expertensysteme, computerverstärkte Zusammenarbeit und das Potential der Informationstechnologie

IBM nimmt physische Faktoren ernst, um schnelles Lernen zu unterstützen – es schafft diese »revierlosen« Büros in seinen britischen Niederlassungen, um den vielfältigen Austausch zwischen den verschiedenen Mitarbeitern zu fördern, und verlegt die volle Verantwortung für seine Computer weg von seiner »Hauptverwaltung« (in den USA) nach Japan – damit sie im Epizentrum der Branche liegt. Aber es bedient sich auch auf sehr wirkungsvolle Art und Weise seiner eigenen Technologie: Am späten Nachmittag benutzt ein Ingenieur im Thomas-J.-Watson-Forschungszentrum in Yorktown Heights, New York, das interne Mailbox-System, um eine Anfrage bei Tausenden von IBM-Ingenieuren auf der ganzen Welt durchzuführen, und am nächsten Morgen findet er ein Dutzend Antworten von Kollegen aus einem halben Dutzend Ländern vor.

Aber wie wir schon am Beispiel Titeflex gesehen haben, gibt es nichts Automatisches an fortschrittlicher Computertechnologie. Wenn der Computer nicht klug genutzt wird, kann er einen mehr behindern, als daß er hilft. (Das Titeflex-Genesis-Team, das zusammengestellt worden war, um den Auftragseingang zu beschleunigen, war eine *physische* Antwort auf falsche und exzessive Computerisierung. Fünf Mitarbeiter, die vorher in verschiedenen Funktionen gearbeitet hatten, zu einer Gruppe zusammenzustellen, war, wie sich herausstellte, genau das richtige.) Obwohl man bis jetzt mehr schlechte als gute Erfahrungen gemacht hat, nutzt man zunehmend die Macht des Elektrons, um menschliche Interaktionen zu verstärken. Genau das geschah auch bei McKinseys Rapid-Response-Netzwerk. Die »Psychodynamik des Netzwerk-Managements« ist entscheidend – aber täuschen Sie sich nicht: Das RRN ist ein Kind des Computerzeitalters.

Buckman schwört auf Wissenstransfer

> *Während wir uns auf das Chaos der Zukunft hinbewegen, wird der Fortschritt der Buckman-Laboratorien im Vergleich zu anderen Unternehmen davon bestimmt werden, wie stark das im Unternehmen vorhandene Wissen an Wert gewinnt ... Durch die Beschleunigung des Wissenstransfers können wir diese Ansammlung von Individuen, die wir Buckman nennen, zu dem machen, was sie sein können ... Unser strategischer Vorteil liegt in der Hebelwirkung des Wissens.*
>
> Bob Buckman
> Vorstandsvorsitzender der Buckman-Laboratorien
> Rede vor Marketing-Fachleuten
> Mai 1992

1991 erlitt Bob Buckman, Vorstandsvorsitzender der Buckman-Laboratorien, in Memphis, Tennessee (Spezialchemikalien; 200 Millionen Dollar Umsatzerlös), eine Rückenverletzung. Als er zu Hause dann mit seinem Computer herumspielte, fing er zu grübeln an und entstand seine Besessenheit, sich mit ›Wissensbanken‹ auseinanderzusetzen. Ein paar Monate später schrieb er mir: »Ich bin zu dem Schluß gekommen, daß wir ein System mit den folgenden Merkmalen brauchen: (1) Die Zahl der Wissensübertragungen zwischen den Menschen sollte auf einfachste Strukturen reduziert werden, damit dieses Wissen in so wenig verzerrter Form wie möglich weitergegeben wird; (2) jeder sollte Zugang zur Wissensbank des Unternehmens haben; (3) jedem sollte es möglich sein, dem System Wissen hinzuzufügen; (4) das System sollte über Zeit und Raum hinweg funktionieren mit einer Wissensbank, die 24 Stunden am Tag und sieben Tage in der Woche zur Verfügung steht, da das Unternehmen ›nie schließt‹; (5) es sollte für diejenigen, die keine Computer-Fachleute sind, leicht zu bedienen sein – die Wissensbank sollte nach jedem in ihr vorkommenden Wort abgefragt werden können; (6) die Kommunikation sollte in der Sprache erfolgen, die der Benutzer am besten versteht, welche das auch sein mag [Buckman ist in mehr als 60 Ländern tätig]; und (7) da die Benutzer der Wissensbank Fragen stellen und diese Antworten gibt, sollte sie automatisch auf den neuesten Stand gebracht werden – solch eine Ansammlung fachlicher Fragen und Antworten würde unsere Wissensbanken der Zukunft schaffen.«

Seitdem hat sich bei Buckman viel ereignet. Der Höhepunkt war die Umstrukturierung aller im Zusammenhang mit den Informationssystemen stehenden Tätigkeiten in ein neues, eigenständiges Gebilde, das einfach »*Abteilung Wissenstransfer*« genannt wird. Es soll die folgenden Ziele erreichen:

① Die Akkumulation und Verarbeitung von Wissen durch alle Partner der Buckman-Laboratorien weltweit zu beschleunigen;
② einfachen und schnellen Zugang zu den weltweiten Wissensbasen des Unternehmens zu gewähren;
③ die Beschränkungen durch Zeit und Raum bei der Kommunikation zu beseitigen;
④ die Partner anzuregen, den Wert eines unternehmensweiten Wissens-Sharing für den Kundenservice zu entdecken; und
⑤ die Würde jedes einzelnen zu respektieren, indem ein Umfeld geschaffen wird, das die berufliche Entwicklung fördert und jeden als ein geschätztes Mitglied eines service-orientierten Teams anerkennt.

Buckman, der viel Geld für Forschung und Entwicklung ausgibt, sagt, daß die Ausgaben für den Wissenstransfer genau so hoch sind – was er auch für richtig hält.

Bob Buckman ist noch nicht am Ziel angelangt und vermutet, daß die vollständige Umsetzung wohl erst 1994 erfolgt sein wird. Aber er weiß, was zu gewinnen ist, wenn er es richtig macht. Der Wert des Privatunternehmens wurde 1990 von Goldman, Sachs geschätzt. Danach liegt sein Marktwert 175 Millionen Dollar höher als sein Buchwert. Diese Differenz, behauptet Buckman, ist das Wissen in den Köpfen aller Mitarbeiter. »Wissen wird ganz vorne, in der vordersten Linie erworben, bewegt sich in der Organisation nach oben, wird unter die Lupe genommen, verarbeitet, neu geordnet und dann an die vorderste Linie zurückgegeben«, sagte Buckman Ende 1990 in einer Rede vor seinen Planern. »Das Wissen, das jeder einzelne von uns erwirbt, wird für jeden einzelnen von uns eine andere Bedeutung haben und wird auch für diejenigen eine andere Bedeutung haben, an die wir es weitergeben. Je mehr Stufen es in diesem Prozeß gibt, desto stärker ändert sich das Wissen, und desto gesicherter wird es.« Wenn das Unternehmen effektiv Wissen anhäufen und verbreiten könnte, folgerte er, »hätten wir mehr als 520 kluge Köpfe, die, in Echtzeit miteinander verbunden, über Zeit und Raum hinweg bei der Lösung jedes Problems zur Verfügung ständen. Wir alle müssen einsehen, daß bei einem bestimmten Thema die besten Köpfe des Unternehmsn nicht im Unternehmen in den USA zu finden sind, oder im Marketing-Service in Memphis, oder in der Forschung und Entwicklung, sondern, daß sie über die ganze Welt verstreut sind. Unser Computersystem für Fachfragen und Antworten wird Ihnen Zugang zu jedermann geben. Wenn Sie dem System eine Frage stellen, werden Sie vielleicht überrascht sein zu sehen, woher die Antwort kommt.« Seit seiner Rede im Jahre 1990 ist Bob Buckman sogar noch schärfer geworden. Der neue Ansatz der Buckman-Laboratorien bei der »Verarbeitung von Wissen«, sagte er 1992 in einer Rede vor seinen Marketing-Fachleuten, »ist durch und durch anti-bürokratisch ... Die mächtigsten Individuen in der anti-bürokratischen Zukunft der Buckman-Laboratorien werden diejenigen sein, die beim Transfer von Wissen an andere die beste Arbeit leisten.«

Digital nutzt seine Netzwerk-Produkte für internes Lernen

Bob Buckman versteht das letztendliche Potential des elektronischen Wissenstransfers besser als jeder andere, den ich kenne. Aber einige Unternehmen sind bei der grundsätzlichen Umsetzung doch schon weiter als er, so berichtete *Sales & Marketing Management* 1990 über Easynet, das »flexible Informationssystem« von Digital Equipment:
»... den Verkäufer zu einem produktiveren Mitglied eines Multifunktions-Teams zu machen, dessen Fachwissen Vertrieb, Marketing, Finanzen, Ingenieurwesen, Support-Dienste, Software und Ausbildung mit einschließen können ... Easynet ... verbindet alle Mitarbeiter von Vertrieb, Marketing und Service aus 500 Büros in 33 Ländern (und erleichtert es) den Kunden, Aufträge elektronisch zu erteilen, es vereinfacht die Kommunikation zwischen den Vertriebsleuten und den Support-Ressourcen des Un-

ternehmens, stattet den Vertrieb mit 50 großen Vertriebs- und Marketing-(Software-Anwendungs-)Programmen vom Kundenerstkontakt bis zur Post-Auslieferungs-Phase aus... Jeder DEC-Vertreiber hat ein Easynet-Konto und kann von seinem Büro, von einem Kunden oder von zu Hause aus über einen PC oder ein Terminal auf Easynet zugreifen.«

Robert Hughes, damals DEC-Vorstand für Vertrieb und Marketing USA, beschrieb die kühne Vision von Easynet folgendermaßen: »Jedes Bedürfnis eines Kunden nach irgendeiner der 100 000 Produkt- oder Serviceleistungen von DEC sofort elektronisch zum Nulltarif zu befriedigen.« Toll! Dann bot Hughes Sales & Marketing Management aufsehenerregende erste Beweise dafür, daß das wagemutige Ziel nicht Science-fiction ist: »Vor kurzem führten wir einen großen Verkaufsauftrag von Pacific Telesis aus. Der Vertriebsmanager für das Produkt saß in San Francisco, die Industrie-Marketing-Gruppe in Massachusetts, der Projekt-Manager in Washington, der Software-Manager in Los Angeles, der Bereichsleiter, der die Preise festgesetzt hatte, in Santa Clara und die Support-Mitarbeiter in Maryland. Das Projekt wurde fast ausschließlich über elektronische Konferenzschaltungen abgewickelt. Da auch der Kunde an das Netzwerk angeschlossen war, wurde er ständig über den Stand der Dinge auf dem laufenden gehalten. *Sales & Marketing Management* berichtet, daß »sich die Vertriebsmitarbeiter schneller an den neuen Modus operandi gewöhnten als ihre Manager«. Das überraschte Hughes nicht: »Von ihrem Standpunkt aus gesehen lag das auf der Hand, denn die Kunden verlangten es händeringend. Für die Manager ist das schwieriger, da sie auf ihrem Gebiet der ›King‹ gewesen waren.«

Der Export von Wissensmanagement-Fähigkeiten zur Profitmaximierung

Federal Express ist das führende Unternehmen bei der Entwicklung von Informationssystemen, die darauf abzielen, den Kunden auf dem laufenden zu halten und einen besseren Service zu bieten (Das Unternehmen hat einen Stab von 950 Programmierern in Memphis und Colorado Springs). Es hat jedoch herausgefunden, daß es auch seine *internen* Fähigkeiten beim Wissensmanagement in ein neues Geschäft einbringen kann. Die *Business Week* be-

richtete im Mai 1992, daß der Bereich *Business Logistics Service* von FedEx 400 Millionen Dollar Umsatzerlöse damit erzielt, »die Lagerbestände und den Versand für Unternehmen wie zum Beispiel Laura Ashley zu managen«.
FedEx steht damit nicht alleine da. *Motorola* etwa nutzt seine Fähigkeiten im Bereich Kommunikations-Netzwerke dazu, ganze Kommunikationsbereiche für Kunden zu managen.
Kennametal, seit mehr als 50 Jahren Hersteller von Werkzeugen für die metallverarbeitende Industrie und den Bergbau, gehört zu denjenigen, die man am wenigsten bei diesem Spiel erwartet hätte. Es entwickelte für sich selbst ein High-Tech-Mangagementsystem für Lagerbestände. Dann stellte man fest, daß dies ein Dienst war, den man auch verkaufen konnte. »Kennametal«, berichtete die *New York Times* im Mai 1992, »lagert und verwaltet jetzt die Werkzeuglagerbestände etlicher Kunden.«

Expertensysteme zapfen fundiertes Wissen an

Gurus der »künstlichen Intelligenz« (KI) versprachen das Blaue vom Himmel. Und sie erschreckten viele von uns zu Tode. Sie priesen eine Revolution, bei der die hochqualifizierten Profis überflüssig werden würden. Aber die ersten Anwendungen von KI schienen trivial zu sein. Worum geht es also?
In der 1988 veröffentlichten Publikation *The Rise of the Expert Company* führten Ed Feigenbaum, ein Pionier der KI-Forschung, und seine Kollegen, Pamela McCorduck und Penny Nii, praktische Beispiele an – Beispiele für die Entwicklung eines Expertensystems im Bereich der verarbeitenden Industrie (z.B. Northrop, Navistar, FMC, IBM, DuPont, Westinghouse), im Dienstleistungsbereich (z.B. American Express, Arthur Andersen) und im öffentlichen Bereich (British National Health Service, British Pension Advisory Service). Auch Japans wegweisende Unternehmen wurden untersucht – Kajima im Bauwesen, Canon, Fujitsu, Nippon Kokan Toyota im Stahlbau und Nippon Life.
Vielleicht kommt die aufregendste Geschichte jedoch von DuPont. Der Chemiegigant liegt bei den Zahlen mit Sicherheit ganz vorne. 1988 hatte DuPont 200 funktionierende Expertensysteme aufgebaut – eine schwindelerregend hohe Zahl angesichts der Tatsache, daß ich zu dem Zeitpunkt (weltweit) nur 1500 Expertensysteme in Betrieb vermutete. Und weitere 600 waren in Arbeit!

Eines der Expertensysteme heißt »Mike-in-the-Box« (Hansdampf in allen Gassen). Der wirkliche Mike ist DuPonts herausragende Fähigkeit, eine Destillationssäule von allen Unreinheiten zu reinigen, eine der herausforderndsten Aufgaben in der Welt der industriellen Verfahrenstechnik. Ein Großteil des Fachwissens des wirklichen Mike wurden in Hunderten von Regeln zusammengefaßt und in einem computergesteuerten Expertensystem, das auf einem PC läuft, gesammelt. (Fast alle Anwendungen von DuPont laufen auf PCs.)

Und der absolute Champion von DuPont, Ed Mahler, überwacht eine »Operation Piratenschiff« mit einem kleinen Stab an Vollzeitmitarbeitern. Gigantische Investitionen vermeidet er weitgehend und drängt statt dessen die Ingenieure, für die Entwicklung eines jeden neuen Systems nur einen Monat und ungefähr 5000 bis 10 000 Dollar aufzuwenden. Die KI-Systeme bei DuPont tragen den glücklicherweise nicht bedrohlich klingenden Namen »Partner für Experten«.

Die Endergebnisse, von denen Feigenbaum und seine Kollegen berichteten, sind beeindruckend. Bei IMB Burlington (einem gigantischen Halbleiter-Betrieb) hat ein Expertensystem eine 10- bis 20prozentige Steigerung des Durchsatzes erreicht – das ist im Endeffekt eine jährliche Einsparung von mehrern Millionen Dollar aus nur diesem einen System. Beim British National Health Service kann eine schwierige und anspruchsvolle Auswertung, an der vorher sechs Experten zwei Stunden lang saßen, jetzt in neun Minuten – besser – erledigt werden. Bei American Express wurde die »Ablehnungsquote« (Entscheidungen, keinen Kredit zu gewähren) um ein ganzes Drittel reduziert; der Wert des einen, neuen KI-Systems, das das möglich macht, wurde auf 27 Millionen Dollar jährlich geschätzt. Ein Westinghouse-System (ein neuer Service, den das Unternehmen den Versorgungsbetrieben anbietet), das die Nutzung gigantischer, stromgetriebener Turbinen verbessern soll, trägt dazu bei, jährlich pro Kundenanlage Millionenbeträge einzusparen. Und ein KI-System, das Canon beim Produktdesign unterstützt, hat gesuchte, hochqualifizierte Designer für Fernsehkameralinsen um das Zwölffache produktiver gemacht.

Kenner streiten über die Bedeutung verschiedener Formen linearerer (traditioneller KI) und weniger linearer Rechenabläufe (neuronale Netzwerke, die durch superschnelle, parallele Rechner unterstützt werden). Ich habe weder die Lust noch die Begabung, in diese Debatte einzusteigen. Ich komme jedoch zu dem Schluß, daß jede Führungskraft, die sich nicht wenigstens über Expertensysteme informiert und nicht zumindest prüfend einen Zeh – oder auch zwei – in das Wasser der KI steckt, eine wichtige Gelegenheit verpaßt.

Vorstandsvorsitzende – die Computer-Deppen?

Bob Buckman möchte ein kontinenteüberspannendes Gespräch mit 520 Menschen in Echtzeit führen. DEC möchte das gleiche mit noch mehr Menschen an noch mehr Orten. McKinseys Rapid-Response-Netzwerk, gespickt mit Anreizen und viel Psychologie, ist der Versuch, ein Gespräch zwischen vielbeschäftigten, weit voneinander entfernten Beratern zu führen, die vermutlich viel voneinander lernen können.
Die meisten Vorstände, so Unternehmsberaterin Mary Boone in *Leadership and the Computer 1991*, sind vor dem Computer zurückgeschreckt. Einige jedoch haben ihn sich effektiv zunutze gemacht, um die Kommunikation zu verbessern und den Prozeß des systematischen Lernens in ihrem Unternehmen zu beschleunigen, wie etwa:

- Richard Pogue ist geschäftsführender Sozius in der weltweit tätigen Anwaltskanzlei *Jones Day Reavis & Pogue* (1200 Rechtsanwälte). Das gesamte Unternehmen ist komplett »technologisiert« mit elektronischem Dokumentenaustausch (sogar mit den Kunden), computergestützten Recherchen und computerisierten Gerichtsterminkalendern. Pogue selbst ist ein »Mailbox-Abhängiger«, wie Boone berichtet. Er schwört darauf, daß dieses Medium ein großer Anreiz dafür ist, die Kommunikation *persönlich* zu gestalten, die Kollegialität zu fördern und weit entfernte Büros in das Team mit einzubeziehen. Durch die Mailbox, fügt er hinzu, unterhalten sich Menschen mit ihm, die sonst vielleicht zu schüchtern wären, in sein Büro zu kommen. Und während eine Mitteilung vielleicht wochenlang in seiner Aktentasche ruht, zwingt das psychologische Moment, den Bildschirm wieder freibekommen zu wollen,

Pogue dazu, seine täglichen 35 bis 40 elektronischen Botschaften sofort zu beantworten.

- Burnell Roberts, Vorsitzender der riesigen *Mead Corporation*, ist ebenfalls abhängig von der Mailbox, und sagt, daß sie »das Leben auf wunderbare Weise erleichtert«. Er weist auf ihre überraschende »Intimität« hin. Boone fügt hinzu, daß Roberts und seine Kollegen auch eine einzigartige weltumspannende Datenbank von den Menschen aufgebaut haben, die sie hier und da kennengelernt haben. Wenn Roberts beispielsweise nach Übersee reist, zapft er die Datenbank an, um mögliche Kontakte zu prüfen; das sich ständig ausweitende Netzwerk ist wichtig für seine weltweite Teambildung und seine Bemühungen, Wissen zu Kapital zu machen. Roberts nutzt auch regelmäßig Meads Online-Human-Resources-System. Er sagte Boone, daß ihm die darin enthaltenen ungefilterten Informationen über Aufsteiger gefallen. Das Topmanagement, vermutet er, wird wahrscheinlich – eher als konservative Personalchefs – solche Kandidaten für einen Job berücksichtigen, die ein unkonventionales Profil haben.
- William Esrey steht an der Spitze von *United Telecom* (und so auch von *US Sprint*). Auch er wirbt mit der Mailbox, um »einen Dialog« mit den Mitarbeitern auf allen Ebenen des Unternehmens zu beginnen. »Sie haben das Gefühl, daß sie direkt mit mir zu tun haben«, sagte er, und reden anders, als wenn die Kommunikation erst über andere Mitarbeiter läuft. (Esrey verkündete einige wenige Mailbox-»Regeln«, eine appelliert an den Benutzer, keine Sekunde damit zu verschwenden, zur Beseitigung von Tippfehlern oder anderen Pannen innezuhalten. »Die Idee besteht darin, daß man [ohne großes Theater] miteinander kommuniziert«, betonte er.) Aber für Esrey ist die Mailbox nur ein Anfang. Bei US Sprint spielte er beispeilsweise eine praktische Rolle bei der Entwicklung eines Online-Programms, das täglich aktualisierte Zahlen zum Cash-flow und zur Barliquidität liefert. Dieses System, sagte er Boone, mußte einen weiten Weg zurücklegen, damit jeder sich auf das Cash-Management konzentrierte. Esrey zapft auch regelmäßig externe Datenbanken an. Beispielsweise ist sein Desktop-Rechner so eingestellt, daß er stündlich die neuesten Nachrichten über die wichtigsten Konkurrenten recherchiert. Auch arbeitete er umfangreiche externe Daten in interne Finanz-Datenbanken

ein, um das zu fördern, was er einen »Kulturwandel von internem zu externem Bewußtsein« nennt.

- Die *Comshare, Inc.* von Richard Crandall hat bei Informationssystemen für Führungskräfte Pionierarbeit geleistet. Crandall gibt den Ton an, indem er die Produkte seines Unternehmens voll und ganz nutzt. (Eine überraschend hohe Zahl von Computer/Software-Chefs tut das nicht.) Wie Esrey von United Telecom verläßt sich Crandall auf externe Datenbanken, um die Konkurrenz und die Branche direkt im Auge zu behalten. Crandall sieht sich selbst als einen »interaktiven Navigator« inmitten eines Strudels unverarbeiteter Informationen, die auf Tastendruck verfügbar sind. Er baut auch gerne Online-Maßnahmen und schnelle Feedback-Schleifen für alles mögliche auf. Die Kunden zufriedenzustellen, das ist seine Besessenheit – und er will erreichen, daß das bei jedem anderen auch so wird. Crandalls System stellt täglich fest, wie viele Kundenprobleme gelöst wurden, und er stellt sogar die Anzahl der Besuche von wichtigen Kunden (oder potentiellen Kunden) bei Comshare graphisch dar, wobei gerade dies sich als ein genialer Indikator für die Geschäftslage erweist.

Nicht so schnell?

Die Dinge, die bei Boones 16 Interviews mit Vorständen angesprochen wurden, sind natürlich komplex. Wann gehen präzise Untersuchungen darüber hinaus, die Aufmerksmakeit auf Schlüsselinitiativen zu lenken, und werden zum kräftezehrenden Mikromanagement? Und was ist mit dem »Fall« Ron Compton, dem Präsidenten von Aetna Life & Casualty: Er gestand Boone, daß er einen aktiven Mailbox-Anschluß auf seinem Segelboot hat. Oh mein Gott!
Erinnern Sie sich an unsere Lobeshymne im letzten Kapitel, durch physische Nähe zu lernen? Das Elektron könnte hier ein größeres Hindernis sein. Einer meiner Freunde bei Hewlett-Packard erzählte mir, daß das berühmte MBWA (Managing by Wandering Around – Management durch Umherwandern), das so wichtig für die Aufrechterhaltung der Informalität angesicht der wachsenden Größe des Unternehmens war, dadurch zurückgestutzt wurde, das die Insider MBSA (*Managing by Screening*

Around – Management durch Herumscreenen) nennen. Während einige, die sonst nicht mit anderen kommuniziert hätten, das dank der Mailbox nun tun, ist das Herumwandern »zu einer verlorengegangenen Kunst« geworden, sagte er. »Die Menschen kleben an ihren Bildschirmen. Manche schauen den ganzen Tag nicht einmal hoch.«

Thomas Winship, ehemaliger Herausgeber des *Boston Globe*, nimmt in einem Artikel vom August 1991 im *Editor and Publisher* eine ähnliche Haltung ein:

»Es gibt kein Zurück mehr zu den Tagen, als die Schreibmaschinen heißliefen. Der elektronische Nachrichtenraum hat zu viele Wunder vollbracht bei der Produktion, der Kosteneinsparung, bei Schnelligkeit und Effizienz. Es existiert jedoch ein psychologisches Manko . . . Immer mehr Reporter und Kolumnisten großen Stils arbeiten jetzt zu Hause oder gehen von dort direkt zu ihren Terminen. Sie werden nur noch selten am Getränkeautomaten gesehen. Ein Beispiel: Peter Gammons, der hervorragende Baseball-Kommentator, stimmte nur unter der Bedingung zu, für *Sports Illustrated* zu arbeiten, wenn er von seiner Wohnung in Brookline, Massachusetts, aus einem zu stellenden Heimcomputer arbeiten könne. Er schickt seine Berichte und Kommentare entweder von seinem Schreibtisch zu Hause oder vom Baseballfeld aus und hat bei *Sports Illustrated* in New York noch nicht einmal einen Schreibtisch. Gammons repräsentiert ein immer stärker verbreitetes Arbeitsmuster. Aber wenn die Stars nicht ins Büro kommen, verschlechtert das die Stimmung, die Atmosphäre und die Inspiration im Nachrichtenraum gewaltig, ganz besonders unter den jungen Journalisten, die so viel dabei lernen, einfach mit denen zu schwatzen, die es geschafft haben . . .«

Der Nachrichtenraum ist ganz sicher nicht mehr das, was er einmal war, sagt Arthur Gelb, der vor kurzem als Herausgeber der *New York Times* in den Ruhestand ging. »Früher zogen sich gewöhnlich die Reporter und die Herausgeber in die Stammkneipen zurück, um zusammen zu arbeiten, mit den anderen zu reden und noch mal durchzukauen, wie man mit bestimmten Stories hätte umgehen sollen.« Jetzt, so hat Gelb beobachtet, »sprechen die Reporter eher mit den Computern als miteinander. Viel zu oft senden, empfangen und besprechen Herausgeber und Reporter die Zuteilung der Aufgaben mit Hilfe der Mailbox. Es ist ja so viel einfacher für den Herausgeber, einem Reporter oder

Fotografen Instruktionen zu schicken, statt sich von seinem Hintern zu erheben, durch das Zimmer zu gehen und die Story direkt mit ihm zu besprechen. Oder im Falle einer ärgerlichen Auseinandersetzung – wie einfach ist es da für den Reporter oder den Herausgeber, ihren Gefühlen durch eine Computer-Botschaft anstatt durch eine Konfrontation von Angesicht zu Angesicht Ausdruck zu verleihen . . .
Es ist zunehmend schwierig, ein stärkeres Zusammengehörigkeitsgefühl zu schaffen. Eine Antwort besteht darin, mehr Mitarbeitertreffen und Gruppendiskussionen abzuhalten. Eine andere darin, die nächstgelegene Kneipe subventionieren.«

Die »klare« Antwort auf das Dilemma, das Boone und Winship beschreiben, besteht darin, *beides* zu tun. Einerseits Menschen zusammenzubringen, um die Effektivität des Projektteams zu steigern (die »mobilen Schreibtischrollys« bei Oticon, die »interaktiven Knoten« bei 3M, die »Nachbarschaften« bei Steelcase und die »revierlosen Büros« bei IBM). Andererseits sollten sie einfachen elektronischen Zugang zu den Internen (worin besonders IBM und DEC gut sind) und den Externen erhalten. Oder man folgt dem IDG-Modell: Eine »Organisation voller Netzwerke« schaffen, mit dem Elektron als oberstem Netzwerker; dann wie verrückt Geld ausgeben, um Menschen in aller Welt regelmäßig zusammenzubringen.
Solch eine »klare« Antwort ist natürlich – wie die Hewlett-Packard-Vignette zeigt, schnell bei der Hand. Hat HP mehr von den elektronischen Verbindungen »gelernt«, als es durch die Beschneidungen beim Management-durch-Umherwandern verloren hat? Solomon konnte hierauf keine Antwort geben. Die Mailbox kann ziemlich geschwätzig sein. Aber selbst wenn sie auf Hochtouren läuft, ist sie nicht mit der örtlichen Kneipe zu vergleichen. Schauen Sie sich noch einmal Saxenians Beschreibung der Stärken des Silicon Valley an: Manche sagen, die Gespräche im Gewichtheberaum in Santa Claras Decathlon-Club für Yuppies hätten mehr erfolgreiche neue Produkte entstehen lassen, als sie von vielen großen Nationen produziert wurden.

Computerverstärkte Zusammenarbeit verändert menschliche Interaktion zum Zwecke des Lernens

Einerseits Expertensysteme und elektronische Bulletin-Boards, andererseits das Bemühen des ehemaligen Herausgebers des *Boston Globe,* Thomas Winship, die heißen Diskussionen nach der Arbeitszeit in der Kneipe abzuhalten. Der bilderstürmende Kolumnist Michael Schrage beschäftigt sich mit beiden Phänomenen: Seine Vision ist elektronisch *und* utopisch, und er weiß, daß die volle Nutzung der neuen Technologien viel mehr bedeutet als Schnelligkeit und Kapazität bei der Verarbeitung von unverarbeiteten Informationen. »Nötig ist nicht mehr Kommunikation«, schreibt Schrage in *Shared Minds: The New Technologies of Collaboration*, »sondern vielmehr eine andere Qualität der Interaktion.« Diese neue Qualität, erklärt er, ist *Zusammenarbeit*: »Der wirkliche Wert in der Wissenschaft, den Künsten, dem Handel . . . entsteht überwiegend aus der Zusammenarbeit. Darüber hinaus hängt die Qualität und die Quantität vernünftiger Zusammenarbeit oft von den Werkzeugen ab, derer man sich dabei bedient . . . Zusammenarbeit ist wie eine Romanze . . . Es kann sich keine Routine einstellen, und nichts ist vorhersehbar. Die Menschen arbeiten genau aus dem Grund zusammen, daß sie nicht wissen, ob und wie sie effektiv mit den Herausforderungen, denen sie sich als Individuen gegenübersehen, umgehen können . . . Es geht hier nicht um Kommunikation oder Teamarbeit – es geht um Wertschöpfung. Zusammenarbeit beschreibt einen *Prozeß der Wertschöpfung*, den unsere traditionellen Strukturen der Kommunikation und der Teamarbeit nicht erreichen können.«

Eine die Zusammenarbeit fördernde Umgebung zu schaffen, ist eine der wichtigsten organisatorischen Aufgaben, denen sich die Unternehmen von heute gegenübersehen, behauptet Schrage. »Kreative Menschen müssen ihre Fähigkeiten nutzen, um eine Umgebung zu schaffen, die ihrer Arbeit förderlich ist«, erfuhr Schrage von Howard Gruber, einem Psychologen.

Schrage stellt eine »kommunikationsorientierte Umgebung, in der die Menschen über das, was sie tun wollen, sprechen, und dann das tun, auf das sie sich ihrer Meinung nach geeinigt haben«, einer »Umgebung der Zusammenarbeit« gegenüber, in der »die

Menschen genauso viel Zeit damit verbringen, zu verstehen, was sie tun, wie es wirklich zu tun«. »Was die zusammenarbeitenden Gemeinschaften von den meisten anderen Gemeinschaften unterscheidet«, beobachtete er, »ist der Wunsch, durch Interaktion mit anderen neue Konzepte der Welt zu erschaffen.«

Die Untersuchungen Schrages befassen sich hauptsächlich mit den neuen Werkzeugen der Zusammenarbeit. »Ungeachtet dessen, wie neu sie sind, Organisationsstrukturen reichen nicht aus. Man braucht Räume, um sich darin zu treffen, Licht, um zu sehen, Computer, um Verbindungen herzustellen, Telefone, um miteinander zu sprechen ... Werkzeuge sind, im wörtlichen und im übertragenen Sinne, die Art und Weise, wie Menschen mit ihrer Arbeit fertig werden.« Er fragt sich, ob es so etwas wie »Werkzeuge für das Zusammenleben« geben kann. Das Zusammenleben, schreibt Schrage, »bietet einen anderen Kontext, in dem man die Gestaltung und Nutzung der Instrumente einer Organisation sehen kann ... Ein Schreibtisch wurde aufgestellt für den Gebrauch durch eine Person. Genauso wie das Telefon. Und der Personalcomputer ist genau das: personal, für den persönlichen Gebrauch ... Das Fotokopiergerät unterstützt die schnelle Vervielfältigung von individuell geschaffenen Notizen und Berichten. Oberflächlich gesehen stimmt das auch: der einzelne braucht Werkzeuge zur Unterstützung seiner Arbeit. Es gibt jedoch nichts im Büro, das explizit dazu geschaffen wurde, die Zusammenarbeit zu unterstützten ... Werkzeuge, die die Zusammenarbeit unterstützten sollen, sind qualitativ völlig verschieden von Werkzeugen, die den einzelnen unterstützen sollen.«

Ein paar Dinge gibt es aber doch. »Der Filzschreiber und die Papierserviette sind Werkzeuge für die Zusammenarbeit«, schreibt Schrage. »Das Schwarze Brett ist ein erstaunlich verläßliches und widerstandsfähiges Werkzeug. Es hat uns Hunderte von Jahren gut gedient, aber vielleicht ist jetzt die Zeit für einen Wandel gekommen.« Damit tritt auf die computerverstärkte Zusammenarbeit:

»Bernard Dekoven von Xerox entdeckte, daß der von einem Computer geschaffene gemeinsame Raum die beste Möglichkeit ist, die Menschen dazu zu bringen, spielerisch an Treffen teilzunehmen ... Die Zusammenarbeit bei Xerox schließt einen großen Bildschirm ein, der zu einem gemeinschaftlichen Computer-Bildschirm wird, an dem jeder schreiben, zeichnen, kritzeln, entwerfen, tippen oder auf andere Art und Weise Symbole für die gemeinschaftliche Sicht hervorzaubern kann. Es ist ein gemeinsamer Raum. Die Menschen können darin etwas herstellen oder ihn verschmutzen ... Die traditionellen Begriffe der Gesprächs-Etikette lösen sich auf ... Jemand kann eine kontroverse Botschaft auf den gemeinschaftlichen Bildschirm schreiben, während jemand anderes sich vielleicht über ein ganz anderes Thema ausläßt ... Auf den ersten Blick ist daran vielleicht nichts Revolutionäres zu erkennen, aber Ideen und Argumente im Kontext eines gemeinsamen Raumes zu erforschen, kann die Konversation vollkommen verändern. Die Software hält zur Disziplin an und ermuntert die Menschen, visuell und mündlich das gemeinsame Verständnis mit ihren Kollegen zu schaffen. Die Technologie motiviert sie, zusammenzuarbeiten ... Wenn Ideen Objekte werden, die (physisch) manipuliert werden können, werden die Treffen konkreter ... In dieser Umgebung sind mündliche Beiträge nicht der einzige Weg, um etwas beizutragen. Die Menschen können schweigend Ideen für den Gebrauch durch die Gemeinschaft eingeben. Anstatt darauf zu warten, bis man dran ist, und das Risiko einzugehen, daß der Funke einer Idee sich in Luft auflöst, kann man die Idee in ein spezielles Bildschirmfenster eingeben, ohne daß, was vor sich geht, mündlich zu unterbrechen ... ›Rollenkriege‹, ›Fensterkriege‹ ... Das Medium ... erzeugt seine eigene Sprache und seinen eigenen Humor. Wenn man sich zu lange mit einem Punkt befaßt, wirft vielleicht irgendein Schelm die Abbildung einer Uhr mitten auf den Bildschirm, vergrößert sie noch mehr, und läßt sie ticken. Die Menschen begreifen dann schon ... An einem (EDS) Capture-Lab-Meeting teilzunehmen, ähnelt dem Aufenthalt in einem Schneideraum, in dem ein Film bearbeitet wird, oder im Innern eines Ü-Wagens, von dem aus die Übertragung eines Fußballspiels geleitet wird ... Die Diskussion ist voller Energie, und die Menschen fühlen, daß ihre Worte etwas Greifbares sind — daß sie die Hand ausstrecken und ihre Worte auf dem Bildschirm hin und her schieben können, sie edieren, vergrößern oder abspeichern können ...«

Nicht etwa, als geschähe all das automatisch. »Menschen, die ihre Gedanken nicht ordnen, und diejenigen, die Schwierigkeiten bei der Artikulation ihrer Gedanken haben, werden bestraft«, gibt Schrage zu, der zu keiner der beiden Kategorien gehört.

Teilnehmer, die Kommentare herunterrattern und abschweifen, erwecken den Eindruck von konfusen Denkern. Vielleicht beugen sich die Menschen zu leicht den zungenfertigen Teilnehmern, die immer schnell mit einem nichtssagenden Satz bei der Hand sind. Trotz solcher Sorgen ist Schrage begeistert: »Die Folgen sind klar, sowohl die Führungskräfte als auch das mittlere Management werden mehr Zeit für die gemeinsame Arbeit an Dokumenten aufwenden, die für ihre Organisationen als wichtig gelten. Der Haushalt, Schulungsabläufe, Quartalsberichte und andere Dokumente werden verstärkt (in gemeinsamer Arbeit) in Realzeit erstellt werden, und nicht in langen Zyklen von Entwurf und Überarbeitung.«

Schrage ist begeistert. Aber auch hier gilt es, nicht den Wermutstropfen in diesem edlen Gebräu zu übersehen, da fast alles, was auf diesen Seiten gesagt wurde, im Einklang mit seiner Forderung nach neuen Formen der Zusammenarbeit steht, mit denen den Wissensarbeitern, von Union Pacific Railroad bis McKinsey, geholfen werden soll. Andererseits lassen eingehende Forschungen – beispielsweise im Bereich kognitiver Stile – vermuten, daß die Menschen *sehr* unterschiedliche Denkgewohnheiten haben. Einige kommen mit einem offenen Austausch gut zurecht. Andere hören während einer dreistündigen Debatte ruhig zu, ohne selbst einen Beitrag zu leisten – dann machen sie einen Spaziergang und bringen eine Synthese hervor, die mehrere Stufen über dem von der Gruppe Produzierten liegt. (Und ein paar sitzen Monate, sogar Jahre, dabei und hören zu und produzieren dann den großen Druchbruch – wenn ihre Unternehmen, sei es mit oder ohne Computer, clever genug sind, das Schweigen so lange zu erdulden.) Schrages Liebäugelei mit den neuen Werkzeugen läßt nicht die alten, begründeten Ängste verschwinden, daß nämlich Ausschüsse – egal mit was für guten Werkzeugen sie auch ausgestattet sein mögen – Kreativität öfter zügeln als beflügeln. In der florierenden Software-Industrie zum Beispiel kommt ein überraschend großer Teil der bahnbrechenden Produkte von bärtigen Computerfreaks, die allein und tief verborgen in den Hügeln des nördlichen Kalifornien oder Oregons leben. Das Fehlen von bärtigen Computerfreaks aber gehört zu den größten Nachteilen, die Japan im Software-»Rennen« gegenüber den USA hat.

Elektronische Gemeinschaften

In der Ausgabe der *Whole Earth Review* vom Sommer 1991 zitiert Howard Rhinegold eine Seite aus Michael Schrages Buch und schreibt über das enorme Potential der Schaffung elektronischer Gemeinschaften:

»Im Zeitalter der Massenmedien benötigen die Bürger und die Gruppen an der Basis einen Stabilisator. Die Kombination aus Personalcomputer und Telefonnetz ist im Informationszeitalter vielleicht für die Menschen ebenso wichtig, wie es die Druckerpresse mehrere Jahrhunderte lang war. Die Nutzung des elektronischen Mailservice, der Bulletin-Board-Systeme (BBS) der Computer und der Computerkonferenz-Systeme als Kanäle für die Entscheidungsfindung und zur Verbreitung von Informationen kann politischen Basisgruppen, gemeinnützigen Organisationen und anderen Bürgerinitiativen helfen, wichtige Informationen zu sammeln, politische Aktionen zu organisieren, die öffentliche Meinung zu beeinflussen und den Politikern Richtungshinweise zu geben.

Dave Hughes beispielsweise fand heraus, wie man das BBS nutzen kann, um politischen Druck auf die Gemeindeverwaltung auszuüben. Fragen Sie irgend jemanden in Colorado Springs, wo Hughes seinen ersten Ausflug in die ›elektronische Demokratie‹ machte, weil er eine Möglichkeit suchte, damit lokale Anbieter, die bei den Geboten für den Computervertrag der Gemeinde ausgeschlossen worden waren, ihre Beschwerden vorbringen konnte. Die Presse schaltete sich ein, stellte Online-Fragen und konfrontierte die Gemeindevertreter mit den Beschwerden und den Fakten, die zusammengetragen worden waren. ›Die Sache wurde so heiß, daß man Mitglieder des Gemeinderats beobachten konnte, die während der Beratungen auf dem Podium BBS-Ausdrucke lasen‹, erinnert sich Hughes. ›Am Ende . . . gaben sie nach, die ganze Ineffizienz und die Mauscheleien des Systems kamen ans Tageslicht, und heute gibt es einen völlig neuen Ansatz beim Informationsmanagement in Colorado Springs. Der Schlüssel dazu war, daß die Mitglieder der Presse, die wußten, daß etwas nicht stimmte, aber nicht das technische Fachwissen hatten, die richtigen Fragen zu stellen, mein BBS dazu benutzen konnten, sich de facto mit vielen verschiedenen Experten zu treffen und so eine schwierige Form des Enthüllungsjournalismus bewältigen konnten.‹ Bei seinem nächsten Ausflug in die per BBS betriebene Politik lud Hughes einen Kandidaten für den Stadtrat ein, damit er seine Ansichten über das BBS von Hughes darlegen und Fragen der Wähler beantworten konnte. Der Kandiat wurde gewählt, und der Abgeordnete des Stadtrates benutzt das BBS weiterhin, um mit den Einwohnern seines Wahlkreises zu kommunizieren.«

Und mißachten Sie »Cyberspace« nicht!

Ende 1991 lieferte die MIT Press *Cyberspace* aus. In einem von Steve Pruitt (von Texas Instruments) und Tom Barrett (von EDS) verfaßten Kapitel heißt es darin:
»Die traditionelle Gleichung ›Arbeit + Rohstoffe = wirtschaftlicher Erfolg‹ ändert sich jetzt sehr schnell, da amerikanische Unternehmen die von starkem Wettbewerb gekennzeichneten globalen Märkte des 21. Jahrhunderts angehen. Der strategische Vorteil liegt jetzt in der Akquisition und Kontrolle von Informationen . . . Die Unternehmen . . . werden verwirrend vielseitig und geographisch ausgedehnt. Die Fähigkeit, verstreute Aktivposten effektiv bei einem einzigen Projekt oder bei nur einer einzigen Gelegenheit einzusetzen, wird zunehmend schwieriger . . . Die schwerfälligen Bürokratien dieses Jahrhunderts werden durch schnelle, interdependente Gruppen von Problemlösern ersetzt werden.
Wir glauben, daß die *Cyberspace*-Technologie der Hauptantrieb hin zu neuen Unternehmensstrukturen sein wird. Die Technologie wird multidimensionale, professionelle Interaktionen und die natürliche, intuitive Bildung von Arbeitsgruppen ermöglichen. Die Technologie wird sich dahin entwickeln, den Unternehmen sogenannte ›Coporate Virtual Workspaces‹ (CVWs) als hochproduktiven Ersatz für die jetzigen Arbeitsumgebungen zur Verfügung zu stellen . . . Da keine Notwendigkeit für irgendwelche Einrichtungen außer diesem System besteht, wird das Cyberspace-Unternehmen ausschließlich in Cyberspace existieren.
Da nur wenig Startkapital benötigt wird, werden sich die Cyberspace-Unternehmen schnell um ein Individuum oder um eine Gruppe von Individuen herum bilden, die eine Gelegenheit entdeckt und einen Marktplan erstellt haben. Zusätzliche Cyber-

space-Mitarbeiter werden von früheren Unternehmungen zusammengezogen und neue Talente aufgenommen werden. Die Gewinne werden anteilsmäßig unter den Teilnehmern aufgeteilt werden.
Ein Cyberspace-Unternehmen bietet vielleicht nur *ein* Produkt oder nur *einen* Service an – und löst sich dann auf. Oder aber es bildet sich mit längerfristigen Zielen, um weiterzubestehen und den Produktmarkt zu bedienen. Andere Cyberspace-Unternehmen spezialisieren sich vielleicht darauf, die Wartung bestimmter Produkte zu übernehmen, wenn der Produktentwickler beschließt, andere Marktmöglichkeiten zu nutzen.
Cyberspace-Unternehmen werden sehr schnell handeln und kurzlebig sein. Sie werden aus klugen, kreativen Hochtechnologie-Nomaden bestehen, die sich in Arbeitseinheiten zusammentun, um dynamische Marktmöglichkeiten zu nutzen. Es wird viel Personalwechsel geben, wenn sich die Cyberspace-Mitarbeiter nach Erfüllung einer Aufgabe entschließen, andere Gelegenheiten zu nutzen. Da permanent neue Unternehmen entstehen, werden Cyberspace-Mitarbeiter vielleicht feststellen, daß sie periodisch mit denselben Menschen zusammenarbeiten. Es wird sich ein sehr produktives informelles Netzwerk ausbilden, da die Cyberspace-Mitarbeiter ihre reiche Erfahrung und ihre vielfältigen Kontakte nutzen.«

Weiter so! (Entschuldigung)

Benötigen wir wirklich solche Begriffe wie »Cyberspace« und »Corporate Virtual Workspace«? Einerseits umgeht solch eine verdrehte Terminologie die praktischen Sorgen, mit denen sich die früheren Chefs von Union Pacific, Mike Walsh, und von McKinsey, Brook Manville, beschäftigen mußten. (Operieren nicht die computerunterstützten UPRR-Zugbegleiter und McKinseys Rapid Response Network letztendlich in einem »Corporate Virtual Workspace«?)
Andererseits müssen wir gefordert werden. Die UPRR-Geschichte läuft auf viel mehr hinaus als darauf, »Menschen aus verschiedenen Funktionen mit Hilfe von moderner Elektronik und Telekommunikation zusammenzubringen«. Ich stimme Schrage zu! Es besteht jetzt die Gelegenheit – und die Notwendigkeit! –, die Art und Weise, wie Menschen miteinander sprechen (Werkzeuge des Zusammenlebens?), neu zu gestalten, damit

wir vorwärtskommen. Ich hoffe, daß diese Seiten viele hilfreiche Details enthalten. Ich hoffe auch, daß die neue Sprache, selbst wenn sie irritierend ist, ständig daran erinnert, wie *grundlegend* dieser Wechsel hin zu einer auf Wissen basierenden Gesellschaft doch ist.

29. Kapitel

Wissensmanagement-Strukturen IV: Die Entwicklung und Nutzung von Expertenmacht in der hierarchielosen Organisation

Sozialarbeiter sind wie jede andere Berufsgruppe. Ihr ganzes Berufsethos gründet sich darauf, daß sie es besser wissen; daß ihr spezielles Wissen und ihre spezielle Schulung ihnen Einblicke gewährt, die über den gesunden Menschenverstand hinausgehen ... Fachleute wehren sich von Natur aus gegen die Vermutung, daß andere ihren Job mit weniger oder gar keiner Ausbildung oder Schulung genauso gut machen könnten, und was sie am meisten fürchten, ist, daß man ohne sie ohne sie zurechtkommen könnte. Die meisten haben sehr viel in ihre Aus- und Fortbildung investiert und sich auf der Karriereleiter nach oben gekämpft. Fachleuten zu sagen, daß diese Anhäufung von Ausbildung und Erfahrung durch den gesunden Menschenverstand untergraben werden kann, wäre genauso, als sagte man einem Eigenheimbesitzer, daß sein Haus durch Absinken des Bodens einzustürzen droht ... Jeder Beruf ist, wie George Bernard Shaw bemerkte, eine Verschwörung gegen die Laien. Fachleute unter Kontrolle zu halten wird stets ein mühsames Unterfangen bleiben. Ziel muß es daher sein, ihre Macht zu begrenzen und die Regreßansprüche der Bürger gegen sie zu vermehren, sie mehr zur Rechenschaft zu ziehen. Vor allem sollten wir uns fragen, inwieweit wir sie überhaupt brauchen.

Peter Wilby, The Professionals Who Fear We Could Manage Without Them
In: The Independent, 14. April 1991

Wir bewegen uns über die traditionelle Hierarchie hinaus. Unternehmen in Einzelkomponenten aufzuteilen ist Teil dieses Wandels. Funktionale Barrieren einzureißen ein anderer. Beide Ideen legen dramatische Verbesserungen der Kommunikation zwischen ehemals isolierten funktionalen »Fürstentümern« und den Untergang der meisten mittleren Ränge in ihnen nahe, so daß die direkt Betroffenen in einer Funktion sich leicht mit den direkt Betroffenen in einer anderen kurzschalten können (um z. B. ohne – oder fast ohne – großes Trara eine aktuelle Aufgabe zu erledigen, einen Ablauf zu verbessern, ein Problem zu lösen oder eine schnelle Marktchance zu nutzen). Aber man kann noch viel weiter gehen – bis zur pauschalen Vernichtung dieser Funktionen selbst, um dann das gesamte Unternehmen »an Projekten auszurichten«.

Eine »neue Logik des Fachwissens«

Funktionen sind »alte Hüte«. Aber bevor wir dieses Epitaph absegnen, sollten wir uns klarmachen, weshalb sie überhaupt so groß geworden sind. Als die Organisationen komplex wurden (sich z. B. landesweit ausdehnten), wuchs die Nachfrage nach guten »Kopfarbeitern« exponentiell an (etwa der riesigen Spezialabteilungen für Maschinenbau, Technik, Finanz- und Einkaufswesen sowie für Personal bei den Eisenbahnen). Heute sind wir dabei, diese »Funktionen« zu zerstören. Dies impliziert aber, wenn wir nicht sehr aufpassen, eine Verunglimpfung des Fachwissens generell. Genau darum geht es jedoch nicht. Im Gegenteil, nie war Expertenwissen (Wissensmanagement!) so wichtig wie in unserer wissensbasierten Gesellschaft. Wir können nur einfach die konventionelle Form nicht länger ertragen, in der uns das Fachwissen angeboten wird. Sie verlangsamt alles und entmachtet (wie bei der alten Union Pacific) diejenigen, die am nächsten an der Sache dran sind.
Diese Kapitel über Wissensmanagement-Strukturen sollen uns zu einer »neuen Logik des Fachwissens« führen, die den an Modetrends ausgerichteten Märkten entspricht. Lassen Sie mich die Entwicklungsgeschichte des Fachwissens in Unternehmen kurz schildern, von seinen nützlichen Anfängen vor 125 Jahren bis zu den Höhen der schrecklichen Exzesse in unserer Zeit. Die

Argumentation für den Übergang vom Fachwissen von gestern zum Fachwissen von morgen ist nachfolgend kurz zusammengefaßt:

① *Unsere Experten waren nicht so fähig, wie wir dachten.*
Die Idee, die hiner der funktionalen Organisation stand, war recht sinnvoll: Es dauert ein Leben lang, ein Fachgebiet zu erlernen und dann darin auf dem neuesten Stand zu bleiben. Aber als die Fachbürokratien wuchsen, lief es nicht immer so ab. Ein nicht einmal besonders zynischer Manager beschrieb den Verlust eines altgedienten Fachspezialisten (»Experten«) mit folgenden Worten: »Es ist nicht so, als ob wir 23 Jahre Erfahrung verloren hätten. Wir haben ein Jahr Erfahrung verloren, mal 23.« Tragischerweise ist der Durchschnittsexperte in der Hauptverwaltung letzten Endes gar kein wirklicher Experte. Denn leider stand »Lernen« nicht sehr weit oben auf der Prioritätenliste der typischen Einkaufs-, Buchhaltungs-, Schulungs- oder Personalabteilung. Und das ist noch sehr freundlich ausgedrückt.
»Experten« wurden meist auf wundersame Weise zu »Polizisten« gemacht, die die Vorschriften überwachten, in denen die Verantwortung ihrer Funktion gegenüber dem Unternehmen definiert wurde. Zugegeben, diese Vorschriften wurden jedes Jahr geändert. Aber jede Veränderung führte nur zu einem weiteren »Das macht man nicht« statt zu einem neuen »So geht's besser«. So wurde aus dem typischen Experten ein Hemmschuh bei der Arbeit, ein Herr (oder seit kurzem: eine Frau) »So geht das aber nicht«. Wenngleich es kaum systematische Beweise hierfür gibt, legen meine Beobachtungen über die letzten 25 Jahre hinweg die Vermutung nahe, daß der durchschnittliche Experte – zumindest in großen Unternehmen – wahrscheinlich weniger als fünf Prozent seiner Arbeitszeit dem Erlernen neuer Arbeitsmethoden widmet. (Gewiß wird er zum jährlichen Treffen seines Berufsverbandes gehen, aber wohl hauptsächlich wegen der alten Kumpels vom letzten Jahr und der vom Unternehmen bezahlten Woche weg vom Büro.)
So etwas wäre für effektive, unabhängige »Profis« bzw. »Experten«, die freiberuflich tätig sind, völlig ungewöhnlich. Um im Geschäft zu bleiben, muß man als Chirurg oder unabhän-

giger Wirtschaftsprüfer eine Menge Zeit für die »Hausaufgaben« opfern, um die neuesten Drehs und Kniffe zu lernen. Wie viele Angestellte des Einkaufs eines Unternehmens kennen Sie, die wie ein durchschnittlicher Chirurg oder unabhängiger Wirtschaftsprüfer – einmal oder zweimal pro Woche – tatsächlich gewissenhaft ihre Hausaufgaben machen und z. B. Zeitschriftenartikel lesen? Nicht viele, fürchte ich

② *Die Fachgebiete sind nicht so geheimnisvoll oder komplex, wie die Experten uns gerne glauben machen.*
Wie das Zitat von Peter Wilby zeigt, kann man ohne weiteres sagen, daß eine der Rollen der Experten darin besteht, ihre Fachdisziplinen mit Hokuspokus, Brimborium und anderen magischen Insignien zu umgeben, damit man den Eindruck gewinnt, daß sie äußerst komplex und nur den Meistern zugänglich sind. Doch als Unternehmen beispielsweise dazu übergingen, die Routineaufgaben des Rechnungswesens ganz »nach vorne« zu verlegen, stellten sie fest, daß der durchschnittliche Angestellte schnell eine ganze Reihe der routinemäßigen Arbeiten und sogar der weniger routinemäßigen übernehmen konnte. Das gilt auch für die Einkaufs-, Technik-, Verkaufs- und sogar (auf die seltsame Weise des Ralph Stayer von Johnsonville) für die Planungsabteilung.
Einer der hehren Grundsätze der »Qualitätsbewegung« lautete, »sich der Abteilung Qualitätssicherung zu entledigen«. Bis zum Aufkommen dieser neuen Philosophie der Qualitätssicherung in den achtziger Jahren hatten die Amerikaner über fünfzig Jahre lang »Fachwissen« auf dem Gebiet der Qualitätssicherung angesammelt. Es stellte sich jedoch heraus, daß die Mitarbeiter »ganz vorne« durchaus in der Lage waren, Ursache-Wirkungs-Diagramme zu erstellen, eine Pareto-Analyse (komplizierte Methode für das Zählen von Fehlern) durchzuführen und jede Menge von grundlegenden (und schwierigen) statistischen Manipulationen vorzunehmen – und sie hatten auch noch viel mehr Ahnung davon, was gemessen oder berechnet werden sollte, als die Experten am grünen Tisch. (Die »Experten« im Mitarbeiterstab haben übrigens erst Pareto-Analysen durchgeführt, nachdem sie von außen dazu gedrängt wurden – um dann zu behaupten, daß nur sie zu solchen Analysen in der Lage seien.)

③ *Damit soll aber nicht gesagt werden, daß wir kein Fachwissen mehr brauchen!*
Wenn ich fordere: »Weg mit den Funktionen/Funktionsträgern«, will ich damit nicht behaupten, daß Rechnungswesen, Einkauf, Wareninformationssysteme, Qualitätssicherung und Produktionsplanung nicht wichtig seien. Sie sind wichtig. Fachwissen auf diesen Gebieten ist unbedingt erforderlich! Unternehmen brauchen sogar noch mehr davon und nicht weniger. Die Arbeit der Experten muß getan werden. Die Frage ist nur, wie – und wo – sie getan wird. Und die Antwort besteht verstärkt in der Einsicht, daß sie nicht in isolierten hochangesiedelten Fachabteilungen (des Unternehmens, des Sektors, der Gruppe des Geschäftsbereichs) getan werden muß, die Tausende von Seiten an nichts Neues bringenden, immer ausgefeilteren Vorschriften hervorbringen.

④ *Der größte Teil des Expertentums bzw. des Fachwissens sollte – und kann – auf Arbeitsgruppen, Produktionszirkel, Projekt- und andere Gruppen verlagert werden.*
Bei Titeflex entfiel die Betriebseinheit Produktionskontrolle, wodurch auf einen Schlag ein »Überschuß« von circa 30 Experten entstand. Die meisten kamen in neu gebildeten Produktionsgruppen unter. Sie brachten den legitimen Teil ihres Fachwissens als Teil eines kohärenten, in sich abgeschlossenen Teams bzw. Geschäfts näher an den Produktionsprozeß heran. Als Faustregel kann man davon ausgehen, daß mindestens 80 Prozent, vielleicht sogar 95 Prozent der Experten auf der jeweiligen Ebene (Division, Gruppe, Sektor, Unternehmen) in abgeschlossene Betriebseinheiten, Projekt- oder Produktionsgruppen überführt werden können.
Dieses Problem läßt sich auf die unterschiedlichsten Arten angehen. Bei General Electric wählen z. B. im Betrieb für Beleuchtungsschalttafeln in Salisbury, North Carolina, selbstverantwortliche Teams halbjährlich diejenigen Personen, die die Expertenaufgaben – z. B. Qualitätssicherung, Sicherheit und Sauberkeit, Schulung oder Produktionsplanung – übernehmen sollen. Bei Johnsonville Foods wählt sich der »Möchtegern-Qualitäts-Guru« eines Teams mehr oder weniger selbst, d. h., eine Kollegin äußert etwa ihr Interesse und nimmt erst einmal an Schulungskursen teil. Wenn sie sich in den Augen

ihrer Teamkolleginnen als kompetent erweist, wird sie von ihnen ziemlich sicher zur Gruppenbeauftragten für Qualitätssicherung bestimmt.

⑤ *Es muß, kann und sollte eine rudimentäre Struktur geben, um dieses neue Schema zu überwachen.*
Schauen wir uns noch einmal den Betrieb für Beleuchtungsschalttafeln von General Electric an: Die gewählten Teamführer für ein spezielles Fachgebiet treffen sich einmal pro Woche mit einem »Berater«, um Aktivitäten, Probleme und Chancen zu besprechen. Der Berater kann ein echter Experte auf einem bestimmten Fachgebiet sein, ein Finanzexperte, ein Personalexperte oder einfach ein übergeordneter Manager aus irgendeiner anderen Funktion, der sich freiwillig als Supervisor (Trainer, »Cheerleader«) für ein bestimmtes Fachgebiet zur Verfügung stellt.
Die OPP-Drei bei McKinsey spielen eine ähnliche Rolle in einem völlig anderen Umfeld – in der Verwaltung von Fachwissen für Tausende. Auf der obersten Ebene erfüllt jeder der »schlanken« Stäbe der 65 Geschäftsbereiche bei ABB eine ähnliche Aufgabe für die zahlreichen Unternehmen und Profit-Center des Geschäftsbereichs.

⑥ *Es bestehen klare Verantwortlichkeiten, die von einer »Koordinationsgruppe« oder einem einzelnen für das Fachwissen zuständigen Teammitglied übernommen werden.*
Koordinatoren, gewählte Experten oder aufstrebende Experten übernehmen die Verantwortung für die Ausbildung: ihre eigene und die anderer. Mit den »anderen« sind gemeint: (a) die übrigen Teamkollegen, wenn der Qualitätskoordinator vom Team bestimmt wurde; (b) eine Gruppe von Team-Qualitätskoordinatoren; oder (c) das gesamte Werk oder der gesamte Geschäftsbereich, wenn ein »aufstrebender« Qualitätsexperte es übernimmt, eine ganz bestimmte wichtige Fertigkeit zu unterrichten (wie etwa bei Quad/Graphics, Johnsonville). Zu den Aktivitäten eines »New-Look«-Koordinators bzw. Experten kann unter anderem gehören: die Lektüre von Fachliteratur und der Besuch von geeigneten Seminaren und Kursen, um im Fachgebiet ständig auf dem laufenden zu bleiben; (b) das Einschalten von Beratern für eine ausgedehnte Untersuchung

oder einen kurzen Kursus für z. B. Qualitätskoordinatoren, ausgesuchte Arbeitsgruppen oder die ganze Einheit, das ganze Werk oder den ganzen Geschäftsbereich; (c) Weiterbildungsurlaub zu nehmen, um bestimmte Fertigkeiten aufzufrischen oder zu erweitern (ein Qualitätskoordinator einer Arbeitsgruppe könnte z. B. bei einem Kunden vor Ort oder an einer Universität eine bestimmte Technik erlernen, um sie später in seiner Einheit zum Einsatz zu bringen); (d) drei- bis neunmonatige »Arbeitsreisen«, um einige besondere oder grundlegende Fertigkeiten, die er beherrscht, den Koordinatoren in anderen Arbeits-, Produktions- oder Projektgruppen beizubringen; und/oder (e) das Bilden von Sonderprojektgruppen, um einmalige Expertenprojekte durchzuführen (z. B. die Überarbeitung von Projektbewertungspraktiken).

⑦ *Freiwilliges und schnelles Lernen sind das Fazit.*
Alle angeführten Beispiele sind gekennzeichnet durch Freiwilligkeit (Mitarbeiter melden sich freiwillig und entscheiden selbst, daß sie Experten werden wollen, wie etwa bei Johnsonville, Oticon, Quad/Graphics oder McKinsey) und ständiges Lernen (herausfinden, was läuft, das Wissen an andere weitergeben sowie genügend Freiraum haben inklusive Zeit und finanzieller Unterstützung, um nur zu lernen). Im Idealfall wird es keine »durchschnittlichen« Teamkollegen mehr geben! Jedes Mitglied eines Teams sollte sich ein Gebiet mit speziellen Fertigkeiten aussuchen, in dem es sich überhaupt nicht durchschnittlich verhält und ziemlich große Verantwortung übernimmt.
Die neuen Anforderungen an den typischen Arbeiter gehen drei bedeutende Schritte über die »zwei Hände« von gestern hinaus. Sie oder er muß (a) mehrere Fertigkeiten aufweisen, (b) auf einem von ihm gewählten Gebiet über besondere Kompetenz verfügen und (c) dieses spezielle Wissen anderen innerhalb und außerhalb des Arbeitsteams vermitteln.

⑧ *Und vielleicht gibt es immer noch eine Aufgabe für einen »zentralen Stab«.*
Zu den abgespeckten »zentralen« Aufgaben in irgendeinem speziellen Fachgebiet könnten die folgenden gehören (oder auch nicht):

- Keine. Übertragen Sie die gesamte Verantwortung den Koordinatoren auf der jeweiligen Organisationsebene. Oder nutzen Sie eigenverantwortliche Koordinatorengruppen (für z. B. Qualitätssicherung), um Spezialwissen zu bewahren bzw. zu erweitern.
- Ein Manager, der als Nebenaufgabe die Aufsicht über ein bestimmtes Fachgebiet übernimmt und die verschiedenen Gruppen, Teams, Projekte, lokalen Experten und Koordinatoren bei ihrer Arbeit unterstützt.
- Ein kleiner Stab, der nicht aus Experten besteht. Bei der Union Pacific zum Beispiel sind die Planungsstrategen keine Profis, sondern Facharbeiter, die diese Aufgabe für ein paar Jahre übernehmen. (Diese Situation bringt Vorteile für alle. Die Planungsstrategen haben kein Interesse daran, bürokratische Strukturen aufzubauen, weil sie sich nur darüber ärgern würden, sobald sie in ihre frühere Funktion zurückkehren. Darüber hinaus bringen sie bei ihrer Rückkehr unschätzbare Erfahrungen mit.)
- Ein kleiner Stab von mehr oder weniger ständigen Experten, die 75 bis 90 Prozent ihrer Zeit »on the road« verbringen (in der Fabrik, bei anderen Geschäftsbereichen), als »Berater für« die Kerngeschäftsfelder fungieren und nur dann auftauchen, wenn sie gerufen werden.

Nach Hause gehen

Die letzten hundert Jahre (»Spezialisierung« ist vor 175 Jahren aufgekommen, »Expertentum« vor 125 Jahren und der Glaube an den allwissenden »MBA« vor 50 Jahren) haben wir angenommen, daß es einen ganz bestimmten Platz für Fachwissen geben müsse: bei den Expertenstäben in den Unternehmensbereichen, Gruppen, Sektoren oder in den Zentralen. Und einen anderen, davon deutlich unterschiedlichen Platz, an dem »bloß die Arbeit getan wird«. Die neue Organisationsform bringt das Fachwissen wieder dorthin zurück, wo etwas passiert, wie es in den handwerksorientierten, vorindustriellen Zeiten der Fall war. Das heißt, wir ignorieren Fachwissen überhaupt nicht. Wir ändern nur seinen Platz, verleihen ihm neue Geltung und erkennen an, daß in einer schnellebigen, modischen Welt *jeder ein Experte* sein muß.

Ein New-Look-Profi zieht Bilanz

David Maister, früherer Professor an der Harvard Business School, dann Unternehmensberater, ist die Kapazität, wenn es um professionelle Dienstleistungsunternehmen geht. Er hat sich damit beschäftigt, wie Firmen ihren wissensbasierten Vorteil bewahren oder verlieren. Und dann unersuchte er sich selbst! Nachfolgend ein Auszug aus seinem Buch *»How's Your Asset?«:*

»Am Ende meines ersten vollen Jahres als selbständiger Unternehmensberater beschloß ich, Bilanz zu ziehen.

Was war die Basis meiner Karriere? Ich entdeckte schnell ein verwirrendes Paradoxon. Meine Einkommenserklärung wies phantastische Zahlen auf, meine Gewinn-und-Verlust-Rechnung aber war so entsetzlich schlecht, daß ich Gefahr lief, meine Karriere zu ruinieren, d. h., pleite zu gehen.

Kurz bevor ich als selbständiger Berater anfing, hatte ich einige Artikel veröffentlicht, die die Aufmerksamkeit meiner Zielklientel erregten . . . Als Folge davon hatte ich furchtbar viel zu tun. Aber stand mein Geschäft (bzw. meine Karriere) wirklich auf gesunden Füßen? . . . Die erste Gruppe von Aktivposten, auf denen meine Karriere gründete, war mein Bestand an Wissen und Fertigkeiten. Fachleute werden für ihre Zeit bezahlt, aber Zeit ist nicht das, was wir verkaufen. Wir verkaufen Wissen und Fertigkeiten. Der zweite (potentielle) Aktivposten waren meine Kundenbeziehungen. Sehr zu meiner Überraschung fand ich heraus, daß beides sich arg verschlechtert hatte.

Das Problem mit meinem Wissen und meinen Fertigkeiten war, daß ich nichts Neues dazugelernt hatte. Die telefonischen Anfragen, die mich erreichten, verlangten per definitionem nach Serviceleistungen, für die ich bereits bekannt war. Obwohl natürlich jedes Kundenprojekt (bis zu einem gewissen Grad) auf die Kundenwünsche zugeschnitten war, stellte ich fest, daß ich eine Reihe von Kunden auf der Grundlage mehr oder minder ähnlicher Arbeit bediente. Ich hatte meinen Fähigkeiten keine neuen hinzugefügt. Noch schockierender (und deprimierender) war die Beobachtung, daß ich meine Aktivposten nicht nur nicht ausgebaut hatte, sondern daß deren Marktwert auch rapide sank. Ohne Pflege verlieren Wissen und Fertigkeiten, wie alle Aktivposten, an Wert – und zwar erstaunlich schnell.

Kurz gesagt, ich erkannte, daß sich meine beruflichen Aussichten

zwangsläufig verschlechtern würden, wenn ich nicht aktiv an meiner Karriere arbeitete, selbst wenn (oder vielleicht gerade wenn) ich auf die jetzige Art und Weise viel Geld verdiente. Ein finanziell gut laufendes Jahr war ganz klar eine notwendige Bedingung für meinen Erfolg, aber bei weitem keine hinreichende.
Das habe ich in meinem ersten Jahr gelernt. Seitdem habe ich begriffen, daß diese Erfahrungen nicht bloß die Probleme der ersten Stufen auf der Karriereleiter sind. Es war sogar so: Je erfolgreicher ich in späteren Jahren wurde, um so größer wurde die Versuchung, vorhandene Fertigkeiten und Kundenbeziehungen auszubeuten. So mußte ich um so härter arbeiten, um sicherzugehen, daß mein Geschäft nicht vor sich hin dümpelte und meine Bilanz sich unkontrolliert davonstahl.
Nachdem ich Tausende von Freiberuflern auf gleicher Ebene (in vielerlei Berufen und zahlreichen Ländern) beobachtet habe, bin ich zu dem Schluß gekommen, daß diese Lektionen nicht nur auf mich zutreffen, sondern auf jeden Freiberufler an jedem Punkt seiner beruflichen Laufbahn . . . Ganz gleich, ob Sie 25 oder 55 sind, Sie werden sich stets Gedanken darüber machen müssen, wie es mit Ihrer Karriere weitergehen soll. Hier sind ein paar Fragen, die Sie sich stellen sollten, wenn Sie über Ihre berufliche Entwicklung nachdenken: In welcher Weise ist Ihr persönlicher Wert auf dem Markt höher als letztes Jahr? Wie sehen Ihre Pläne aus, um sich selbst am Markt wertvoller zu machen als in der Vergangenheit? Welche spezifischen neuen Fertigkeiten wollen Sie im nächsten Jahr erwerben oder erweitern? Wie sieht Ihr persönlicher Strategieplan für Ihre Karriere für, sagen wir, die nächsten drei Jahre aus? Wofür genau wollen Sie »einmalig« sein?

---

30. Kapitel

Das Trauma des Umstiegs auf ein »horizontales«, »ganzheitliches« Unternehmen und das »Lernen-Lernen«

Die Hauptaufgabe zum Ende dieses Jahrhunderts besteht darin, der Zersplitterung entgegenzuwirken . . . Nach meinem Dafürhalten gilt dies für alle Bereiche.
Ilya Prigogine,
Nobelpreisträger für Chemie, New Perspectives Quarterly, Frühjahr 1992.

Damit das *Lernen-Lernen* (für Unternehmen) zur Selbstverständlichkeit wird und sich eine umfassendere Sicht der Dinge durchsetzt (was für das Arbeitsteam bzw. Buckyborg das Wesen des Lernens ausmacht), ist noch ein enormes Stück Arbeit zu leisten. Das wiederum eine völlig neue »Soziologie« erfordert.

Das Umsteigen auf horizontale Unternehmensformen

»Die herkömmlichen Arbeitsplatzbeschreibungen haben sich als ein Hindernis erwiesen«, schrieb ein leitender Angestellter von Motorola im Organ des Verbandes für Fertigungsqualität im *Target*. »Wir wollten eine Unternehmensform, die zwischen den Organisationsdisziplinen durchlässig genug war, um fließende Übergänge zuzulassen, so daß die Mitarbeiter über funktionelle oder organisatorische Schranken hinweg die gemeinsame Aufgabe erfüllen konnten, statt sich damit zu begnügen, nur ihren speziellen Teil einer Aufgabe zu erfüllen.«
Ich bin jedesmal regelrecht begeistert, wenn ich Motorola-Leute

Begriffe wie »durchlässig« und »fließend« verwenden höre. Motorola ist ein sehr leistungsorientiertes, von der Technik beherrschtes Unternehmen. Und es war eines der ersten dieser älteren Riesenunternehmen, das zu der Erkenntnis kam, daß funktionelle Schranken verschwinden mußten. Bei einem solchen Prozeß ist es unerläßlich, sich mit Begriffen wie »durchlässig« und »fließend« anzufreunden. Das ist im übrigen einer der Hauptgründe, warum heutzutage Organigramme so gut wie keine Aussagekraft mehr haben. Versuchen Sie mal, das Wesen eines Unternehmens wie M^2 auf einem DIN-A4-Blatt darzustellen!

Aber selbst wenn es Ihnen gelänge, M^2 auf einem Blatt Papier darzustellen, würde es wahrscheinlich auf eine Skizze wie nachstehend hinauslaufen. Sie ist einer Präsentation von Roald Nomme, einem ehemaligen leitenden Angestellten von Scandinavian Air System (SAS), entnommen. Ein Kunde, sagt Nomme, erlebt eine Fluggesellschaft »horizontal« – einen Gepäckabfertiger am Eingang zum Flughafen, eine Person am Check-in-Schalter, eine Person in der Abflughalle, einen Steward oder eine Stewardeß usw. Der Kunde macht also eine ganzheitliche »SAS-Erfahrung«. Dieser Ausschnitt steht im Widerspruch zu der normalen Form, in der Unternehmen traditionell gegliedert sind. Während der Kunde das Unternehmen rein horizontal sieht, ist das Unternehmen selbst funktionell konzipiert und erfüllt seine Aufgaben über vertikale, oft nicht miteinander kommunizierende »Abteilungen« (Fürstentümer, Hochburgen, Hoheitsbereiche etc.).

Mit dieser Zeichnung von Nomme könnte jedes Unternehmen jedweder Größenordnung an jedem beliebigen Ort skizziert werden. Wenn Sie ein Hotel betreten, gehört jeder Mitarbeiter des Hotels, mit dem Sie zu tun haben – Portier, Rezeption, Zimmerservice, Reinigungspersonal –, einer anderen, »vertikalen« (funktionalen) Abteilung an. Sie jedoch erleben das Hotel rein »horizontal«. Sie erleben das Hotel beispielsweise als ein Marriott-Hotel, für Sie ist es nicht »eine Erfahrung mit der Reinigungs-Abteilung von Marriott« oder »eine Erfahrung mit dem Zimmerservice«. Das gleiche gilt, wenn Sie es mit IBM, Apple oder MCI zu tun haben.

Und jetzt los, rüberspringen!

Man kann die Bedeutung dieses Gedankens gar nicht stark genug hervorheben. Besonders seine Bedeutung in einer modeorientierten, kurzlebigen Welt. Die Wahrnehmung des Kunden ist »horizontal«. Auch die Entwicklung kurzlebiger Produkte ist »horizontal« (das Spinnennetz im Unterschied zur Pyramide). Das Lernen ist »horizontal«. Nicht nur im wesentlichen »horizontal«. Nicht nur »erheblich« horizontal. Sondern *durch und durch horizontal!*

Zugegeben, der Gedanke des »Horizontalen« im Unterschied zum »Vertikalen« ist ziemlich abstrakt. Aber in diesem ganzen Buch gibt es keinen wichtigeren Gedanken als diesen. Also, *rüber über diese Hürde.*

ABB hat bereits damit begonnen unter Zuhilfenahme des T50-Prozesses. Union Pacific ist ebenfalls dabei. David Kelley Design, Imagination, McKinsey, M^2, EDS, MCI, CNN und Apple sind schon immer so gewesen . . .

Die »Soziologie« dieses gewaltigen Sprunges

Im Jahre 1991 verteidigte Gari Kasparow erfolgreich seinen Weltmeistertitel im Schach. Glauben Sie wirklich, daß er jetzt, da er diese Hürde erneut genommen hat, auf eine »Beförderung« aus ist? Auf eine Chance, die »Leiter hochzuklettern«? Kann man sich vorstellen, daß Kasparow sich darum bemüht, Präsident des Internationalen Schachverbandes zu werden? Dumme Vorstellung – oder nicht?

Wenn Ihnen das Beispiel Kasparow komisch vorkommt, warum kommt Ihnen dann die Idee der »horizontalen Beförderung« komisch vor? Es ist unbestritten, daß dieser Gedanke integraler Bestandteil – ja, *das* soziale Fundament – des neuen hierarchielosen, horizontalen, projektorientierten Unternehmens werden muß. Dabei wird nicht viel an Pyramide zum Erklettern übrigbleiben.

Wie sollen dann aber die Menschen ihre Motivation, ihr Geld, ihre psychologische Belohnung erhalten? Jahrhundertelang haben wir die besonderen Nebenleistungen, die Extras genauso genossen wie Gehaltserhöhungen; den Firmenwagen, den noch größeren Firmenwagen, die Sekretärin, dann zwei Sekretärinnen – kurz, die verschiedenen Stadien der zunehmenden Isolierung im eigenen Büro.

Seien wir doch einmal ehrlich: Das ist doch die eigentliche »Karriere«, oder etwa nicht? Erst der Schreibtisch im Großraumbüro. Dann die Eins-zwanzig-Trennwand. Dann die durchgehende, vom Boden bis zur Decke reichende Trennwand. Dann eine Sekretärin vor der Abtrennung. Dann eine Sekretärin mit einem eigenen Büro. Als nächstes kommt dann das Vorzimmer. Dann der Aufstieg in die Führungsetage mit einem »gemeinsamen Vor-Vorzimmer« schließlich noch das eigene Vorzimmer. Jetzt kommen noch die Sicherheitsleute. Und schon – hurra! – ist die reale Welt für immer ausgeschlossen!
Ha, ha, ha! Aber bei meinen Seminaren gibt es schon einige, die darüber nicht mehr lachen. »Die«, so höre ich immer wieder, wollen ja alle dieses Drumherum – nicht »wir«. »Die« haben große Schwierigkeiten, sich mit der Idee des Umsteigens auf eine horizontal gegliederte Unternehmensform anzufreunden, »ich« bin durchaus dafür. Wir in den USA sind sehr viel mehr vom unternehmerischen Denken geprägt als die meisten anderen Nationen. Für einen jungen Amerikaner oder eine junge Amerikanerin ist es durchaus in Ordnung, Unternehmer/in werden zu wollen und in einem kleineren Unternehmen zu arbeiten. Aber so okay ist es auch wieder nicht. Irgendwo tief in ihrem Herzen wünschen sich die meisten Eltern, daß ihre Janie oder ihr Johnny irgendwas als Ingenieur bei 3M oder in der Marketingabteilung von PepsiCo, in der Wertpapierabteilung von Morgan Guaranty und so weiter arbeitet. Wir sind vielleicht auf diesem Gebiet ein ganzes Stück »besser« als der Durchschnittsdeutsche – aber es wäre wohl zutreffender zu sagen: »etwas weniger schwach«. Wir hegen immer noch viel Bewunderung für diese renommierten Unternehmen und wünschen uns für unseren Sohn oder unsere Tochter (und uns selbst), daß sie mit allem, was dazugehört, »die Leiter hochklettern«.
Für Großunternehmen ist der Versuch, auf eine »horizontale Gliederungsform« umzusteigen – und damit von einer Struktur, bei der Ansehen durch »Aufstieg« erworben wurde, zu einer wesentlich fundamentaleren Struktur, »in der man ein neues, interessanteres Arbeitsgebiet übernimmt als das vorherige« –, eine riesige Hürde. Das ist ein weiterer Grund – und ich muß das immer wieder betonen –, warum Unternehmensberatungs- und Dienstleistungsfirmen mit einer gesamtheitlichen Projektorientierung ein optimales Modell für die Zukunft sind, beson-

ders als »soziales« Modell. Der durchschnittliche Mitarbeiter einer Unternehmensberatungs- oder Dienstleistungsfirma, der im Zusammenhang mit Projekt X eine gute Arbeit leistet, strebt danach, Mitglied eines größeren Teams zu werden und einer umfangreicheren, komplexeren und anspruchsvolleren Aufgabe zugeteilt zu werden. Ein solcher Wunsch kann in vielerlei Hinsicht ein »Mehr« bedeuten. Aber ein Mehr (z. B. an Komplexität) ist nicht das gleiche wie ein Mehr an Aufstieg. Im Gegenteil, dieses Streben ist eindeutig horizontal – denn es geht darum, im Projektteam zu bleiben, in der eigentlichen Arbeit des Unternehmens zu bleiben, allerdings in einem Umfeld wachsender Komplexität, mit größerer Herausforderung (und, im Laufe der Zeit, auch mit mehr Geld). Bei McKinsey kennt man die meisten Mitarbeiter eher als »der Mann/die Frau, der die Hewlett-Packard als Kunde betreut«, und nicht als »Manager der Abteilung XYZ«.

Gewiß gibt es auch bei McKinsey oder EDS oder auch Imagination Leute, die sich in alten Strukturen bewegen. »Es sei ihnen gegönnt«, haben wir damals immer bei McKinsey über sie gesagt. Man braucht immer Leute, die »managen«, auch in einem sehr horizontal gegliederten, projektorientierten Unternehmen. Und diejenigen, die bereit waren, diese Arbeit zu leisten, wurden dankbar aufgenommen (besonders, da sie auch nicht mehr Gehalt bekamen als die Top-Projektberater).

Die Weltmeister im Pokerspielen sind genausowenig darauf erpicht, Casino-Manager zu werden, wie Kasparow Schachbürokrat werden will. Der normale Weltklassepianist ist auch nicht darauf aus, Dirigent eines Symphonieorchesters zu werden, genausowenig wie der Durchschnittsautor Verleger werden will. In den meisten Bereichen des Lebens – abgesehen von den großen Unternehmen, die aus der industriellen Revolution hervorgegangen sind – ist es »normal«, daß man danach strebt, »eine bessere, interessantere Aufgabe« zu erhalten, als »nach oben« zu klettern. Alles schön und gut, werden Sie sagen. Aber wie bringe ich eine soziale Revolution im Unternehmen in Gang, in der eine horizontale Beförderung als etwas Normales gilt? Ein paar unternehmungslustige Spitzenleute im Unternehmen, die bereit sind, eine interessante horizontale Aufgabe zu übernehmen, statt die nächste Hierarchiestufe zu erklettern, können eine wichtige Signalwirkung auslösen. Ein Teilnehmer eines unserer Seminare für

Führungskräfte hat genau dies getan. Er war gerade vor kurzem ins Topmanagement emporbefördert worden. Als er dann feststellte, daß er den ganzen Tag mit Ausschußsitzungen zubrachte, die ihn daran hinderten, die seiner Meinung nach wichtigen Änderungen durchzuführen, versetzte er seine Kollegen in größtes Erstaunen, als er seine Zurückstufung beantragte und die Leitung einer mittelgroßen operativen Einheit auf einer niedrigeren Hierarchiestufe übernahm. Noch ist es zu früh, um etwas über die langfristigen Auswirkungen dieser Initiative sagen zu können, aber es ist vorstellbar, daß diese »unerhörte Tat« auch anderen im Unternehmen als Beispiel dient und sie dazu ermutigt, das Unkonventionelle zu wagen.

Bei Union Pacific Railroad hat der frühere Chef Mike Walsh immer wieder davon gesprochen, daß die horizontale Ausrichtung – die Übernahme und Federführung umfangreicher Projekte, ohne daß dies mit einer höheren Stufe der Karriereleiter einhergeht – das Wesen der Karriereentwicklung ausmacht. Natürlich müssen entsprechende Vergütungsregelungen solche Entscheidungen fördern. Es muß beispielsweise unmißverständlich klar sein, daß Spitzenwissenschaftler, die Forschung betreiben, aber nicht unbedingt eine leitende Funktion im Management der Forschung einnehmen wollen, genausoviel (oder mehr) verdienen können wie diejenigen, die sich für komplexe administrative Aufgaben entscheiden. Bei Semco hat es Ricardo Semler mit einer Gruppe von nicht am Management interessierten Innovatoren so gehalten. Ihre Rolle bestand darin, neue Produktlinien zu schaffen, und wo es ihnen gelang, wurden sie großzügig am Gewinn beteiligt.

Der Weg in die fernere Zukunft ist weit klarer. Man beginnt gleich am Anfang – indem man schon beim Einstellungsgespräch Klartext redet und deutlich macht, daß »Vorankommen« eine seitliche Bewegung bedeutet, gelegentlich vielleicht sogar eine »Abwärts«-Bewegung, um neue Fähigkeiten zu erwerben und anspruchsvollere Aufgaben übernehmen zu können, die nicht unbedingt mit einem »Emporklettern der Karriereleiter« einhergehen. Zur bescheidenen oder weniger bescheidenen Untermauerung (in Unternehmensberatungen, in denen die Projektarbeit gleich am Tag eins beginnt, ist es weniger bescheiden) sollten neu eingestellte Mitarbeiter möglichst schnell (innerhalb weniger Wochen?) in ein Projektteam eingegliedert werden. Wenn das

Durchlaufen mehrerer anspruchsvoller Projekte von vornherein die Norm ist, kann sich die Attraktion der Statussymbole der Hierarchie erst gar nicht etablieren.
Die horizontale Beförderung ist in einer Welt modeorientierter, zersplitterter Märkte eine Notwendigkeit – und keine Gefälligkeit. Die Unternehmen werden sich im großen und ganzen zu »flachen« und weniger zu pyramidenförmigen Strukturen entwikkeln (wie IDG, CCT und Acordia). Wenn etwa ein monolithisches, nach Funktionen gegliedertes Chemieunternehmen eines Tages aufwacht und feststellt, daß 80 Prozent seines Umsatzes mit Spezialchemikalien erwirtschaftet werden, ist es gut beraten, so schnell wie möglich durchgehend auf eine horizontale Gliederung umzustellen.

Die Rundum-Sicht

Wal-Mart verfügt über ein einzigartiges Informationssystem, das dem Unternehmen gestattet, blitzschnelle Entscheidungen zu treffen. Trotz der Leistungsfähigkeit dieses High-Tech-Systems verbringen Spitzenmanager von Wal-Mart mindestens zwei Tage pro Woche an der Front. Wenn Sie sie fragen, warum sie das tun, bekommen Sie die wenig aufschlußreiche Antwort: »Weil es das richtige ist.« Was soll das heißen? In *Future Perfect* hilft uns Berater Stan Davis etwas weiter. Er beschreibt Top-Devisenhändler als »... intuitiv, als Menschen, die sich mit den Devisenströmen gewissermaßen eins fühlen ... Sie sehen die Dinge als ein Ganzes.«
Sich eins fühlen mit dem Markt – das ist genau der Grund, warum die Spitzenmanager von Wal-Mart sich jede Woche in den Kaufhäusern ihres Unternehmens herumtreiben!
Die Notwendigkeit, alle Abläufe zu beschleunigen, mit immer mehr Partnern in immer komplizierteren Netzen zusammenzuarbeiten und noch verbleibende funktionale Schranken innerhalb des Unternehmens zu überbrücken, erfordert, daß alle Mitarbeiter eines Unternehmens, vom obersten Boß bis zum Gelegenheitsarbeiter, lernen müssen, ganzheitlich zu denken. (Wir brauchen »Metaphern Für das Ganzheitliche«, schreibt Shoshana Zuboff in *In the Age of the Smart Machine.)* Aber eine solch harmlos klingende Forderung läuft unserer langjährigen Neigung

nach immer größerer Spezialisierung zuwider. Zum Ende des Zweiten Weltkrieges hatten wir komplette Arbeitsplätze so weit auseinandergegliedert, daß es in einigen Firmen für die gewerblich Tätigen bis zu 500 verschiedene Tarifgruppen gab.

31. Kapitel

Vertrauen, Achtung und das menschenfreundliche Unternehmen

Eines Tages wurde einigen Bewohnern eines Altenwohnheims die Möglichkeit eingeräumt, sich Zimmerpflanzen zu halten und sie zu betreuen. Sie wurden außerdem aufgefordert, einige kleinere Entscheidungen über ihren Tagesablauf selbst zu treffen. Eineinhalb Jahre später waren diese Menschen nicht nur fröhlicher, aktiver und wacher als eine vergleichbare Gruppe im selben Heim, die diese Möglichkeiten nicht hatten, es lebten auch mehr als in der anderen Gruppe. In der Gruppe, die Pflanzen halten und selbst Entscheidungen treffen durfte, waren weniger als halb so viele gestorben wie in der Vergleichsgruppe. Dieses Experiment mit seinen erstaunlichen Ergebnissen begann nach über zehnjähriger Forschungsarbeit über die großen Auswirkungen dessen, was meine Kollegen und ich schließlich mit »Rücksicht« und seinem Gegenteil mit seinen ebenso starken, aber destruktiven Auswirkungen als »Gedankenlosigkeit« bezeichneten.
Ellen Langer
Sozialpsychologin, Harvard University

Die einzige Möglichkeit, einen Menschen vertrauenswürdig zu machen, besteht darin, ihm zu trauen; und die sicherste Art und Weise, ihn mißtrauenswürdig zu machen, besteht darin, ihm zu mißtrauen und ihm dieses Mißtrauen zu zeigen.
Henry Stimson
US-Kriegsminister im Zweiten Weltkrieg

Denken Sie einmal über die folgenden Geschichten nach:

- Dennis Luther bringt in die Bundesstrafvollzugsanstalt von McKean, Pennsylvania, eine Kultur von Achtung und Vertrauen – sowohl beim Personal als auch bei den Insassen (beides bislang einmalig). Im Unterschied zu anderen Gefängnissen werden die Insassen nicht nach Rassen getrennt. Die Strafvollzugsanstalt bekommt von der Vereinigung der Amerikanischen Strafvollzugsanstalten die besten Noten, und nach dreijähriger Erfahrung mit dem neuen System ist festzustellen, daß es keine Morde, keine Fluchtversuche, keine ernsthaften Übergriffe auf Insassen oder Personal, keine sexuellen Angriffe und keine Selbstmorde mehr gegeben hat.
- Mike Walsh kommt von einem mittleren Posten bei Cummins Engine und übernimmt den Vorstandsvorsitz bei Union Pacific Railroad. Er entläßt 10 000 Mitarbeiter; trotzdem hat er die Bewunderung der Gewerkschaften. Die Manager der alten Garde stellen sich um. Eine einhundert Jahre alte Überbürokratie ist innerhalb von fünf Jahren abgeschafft. Sein »Trick«: Vertrauen und Achtung. Nach einer Drogenrazzia aufgrund falscher Informationen in Shreveport/Louisiana steigt Walsh ins Firmenflugzeug, mit ihm seine Spitzenmanager, lenkt es nach Louisiana – und entschuldigt sich öffentlich vor der versammelten Mannschaft der Eisenbahnangestellten für diesen verachtenswerten Akt des Mißtrauens seitens des Managements. Unter Hinweis darauf, daß die meisten Mitglieder seines Vorstandes »so gut wie keine Ahnung davon haben«, welche Umstellungen die Belegschaft bewältigen kann, legt Walsh sozusagen über Nacht die Verantwortung in die Hände der Mitarbeiter und öffnet die Bücher zur Einsicht für jedermann. Ein ehemaliger Eisenbahner, der heute Vizepräsident bei UPRR ist, drückt es folgendermaßen aus: »Wir ließen die Leute das machen, was sie tun wollten – und was sie die ganze Zeit schon konnten.«
- Will Potter, ein Banker, kommt 1978 zu Preston Trucking. Vor einer Gruppe von Lkw-Fahrern erklärt er, daß das Management für die miserablen Ergebnisse der Vergangenheit verantwortlich zu machen sei. Management und Belegschaft bietet er eine Wunderkur an: Vertrauen. Paul Sims, damals ein Manager der unteren Ebene, ist entsetzt. Da er aber seinen Job nicht

verlieren will, versucht er mitzumachen. Die Reaktion der Belegschaft auf Vertrauen und Achtung (und die offenen Bücher) überzeugt ihn jedoch innerhalb weniger Tage. Knapp zehn Jahre später ist Preston ein produktives, Gewinne erzielendes Unternehmen, das von Außenstehenden als »eines der 100 besten amerikanischen Unternehmen aus der Sicht der Belegschaft« eingeschätzt wird. Die führenden Leute der National Teamsters Union (Transportarbeitergewerkschaft) verweisen Kunden an Preston. Erstklassige Kunden wie 3M und Johnson & Johnson erklären, daß sie von den Truckern eine Menge über Personalpolitik lernen können.

- In einer weiteren Teamster-Hochburg, der Geburtsstätte der industriellen Revolution Amerikas, geschieht ebenfalls ein Vertrauenswunder. Jon Simpson kommt zu Titeflex, ein in wirtschaftlichen Schwierigkeiten steckender Schlauchfabrikant. Die Kunden sind in Aufruhr. Er stellt als erstes das modische Computersystem ab, schleppt die wütenden Kunden in die Fabrikhalle und weist seine Arbeiter in der Produktion an, den Auftrag zu erledigen und das Problem so zu lösen, wie sie es für richtig halten. Er öffnet die Bücher, verhandelt mit den Gewerkschaften, setzt innerhalb eines Wochenendes in einem größeren Teil des Betriebes Selbstverwaltungsteams ein – und erzielt innerhalb von 90 Tagen eine fast an ein Wunder grenzende Wende.
- Im Jahre 1974, praktisch nur ein paar Stunden nachdem ich bei McKinsey anfing, werde ich zum Betrieb eines Mandanten geschickt. Aus Gründen, die ich auch zehn Jahre später noch nicht richtig begriffen habe, hatte man mir bei McKinsey zugetraut, daß ich das Richtige tun würde. Was ich auch tat. (»Menschen, die eine Menge Verantwortung haben, treffen die richtigen Entscheidungen« – Industriepsychologin Karlene Robert, siehe unten.) Trotz vielfältiger Konkurrenz ist McKinsey nach wie vor eine der ersten Beratungsfirmen der Welt und konnte zwischen 1986 und 1991 ihren Umsatz verdoppeln.

Aber es gibt noch viel zu tun:

- Eine Umfrage des Gallup-Institutes im Auftrag der Amerikanischen Gesellschaft für Qualitätskontrolle stellte Ende 1990 fest, daß zwischen Rhetorik und Realität eine große Kluft besteht: »Das Bild, das sich aus dieser Untersuchung über

Arbeitnehmer ergibt, läßt erkennen, daß deren Fähigkeiten, Begabungen und Energien nicht voll für die Qualitätsverbesserung genutzt werden – obwohl dies unbestritten heute die wichtigste Aufgabe amerikanischer Unternehmen ist ... Die Umfrage zeigt einen Mangel an Beteiligung ... Sicherlich sind einige enttäuscht über die Kluft, die sie zwischen den Aussagen der Firma und deren tatsächlichen Maßnahmen auf dem Gebiet der Qualität feststellen.«

- Eine 1991 von der *Harvard Business Review* durchgeführte weltweite Umfrage unter Führungskräften der Wirtschaft ergab, daß weniger als 20 Prozent der Befragten ihre Mitarbeiter über wichtige strategische Fragen aufklären. (Sie behalten solche Informationen für sich: 25 Prozent der Befragten geben an, daß sie strategische Informationen »nie« an ihre Kunden weitergaben, und ein weiteres Viertel gab an, bei der Planung neuer Produkte ihre Kunden oder Lieferanten »niemals« mit einzubeziehen.)
- In einer von ISL International im Jahre 1991 durchgeführten Umfrage unter kanadischen Führungskräften wurde um Stellungnahme zu folgender Aussage gebeten: »Die meisten der Mitarbeiter unseres Unternehmens haben das Gefühl, daß sie als Einzelperson einen Beitrag zur besseren Wettbewerbsfähigkeit des Unternehmens leisten können.« Lediglich 7 Prozent der befragten Präsidenten und Vizepräsidenten gaben sich eine Punktezahl von 9 oder 10 (1 = entschieden dagegen; 10 = entschieden dafür). Die Hälfte der Führungskräfte gaben ihren Firmen – und damit sich selbst – eine Punktezahl von sechs und weniger.

Dieses Buch stellt eine große Herausforderung für Chefs und Mitarbeiter dar. (Oder, besser gesagt, das Buch gibt eine Einschätzung der Herausforderungen, die heute auf ein Unternehmen zukommen.) Sie verlangt vom durchschnittlichen Mitarbeiter heute – sei er nun Schlauchmacher, Lkw-Fahrer, Lokomotivführer oder Unternehmensberater –, daß er

- vorwiegend in selbstverwalteten Projektteams arbeitet;
- von Zeit zu Zeit in ein anderes Team überwechselt;
- sich mehrere Fähigkeiten aneignet, die früher nur Fachkräfte erwerben mußten, und sich in ein bis zwei Fachgebieten überdurchschnittliche Fachkenntnisse erwirbt;

- mit Kunden und Lieferanten kontinuierlich zusammenarbeitet;
- es als Selbstverständlichkeit akzeptiert, Initiative zu entwickeln und Verbesserungsvorschläge zu machen.

Dies sind mit anderen Worten Dinge, die von den Mitarbeitern erwartet werden, wenn das Unternehmen vor hat zu überleben und wenn das Top-Management seinen Mitarbeitern zutraut (ebenso wie seinen Führungskräften, Kunden und Lieferanten), daß sie es auch schaffen. Das letzte »Wenn« ist die zentrale Frage, von der die Leistungsfähigkeit dieser neuen Art von Unternehmen abhängt: Kein Vertrauen bedeutet keine Projektorganisation, kein Abspecken von Mittelmanagementschichten, keine Bereitschaft, strategische Informationen weiterzugeben, keine fachübergreifende Ausbildung, keine Selbstverwaltung (im Team oder als Einzelpersonen), keine enge Einbeziehung Außenstehender (Kunden, Lieferanten, Partner) bedeutet keine Chance. Das ist die Gleichung, der sich heute kein Unternehmen mehr entziehen kann.

Der Chef genehmigt keine Reisen

Es ist am besten, Ralph S. Heath III. keine Materialanforderungen vorzulegen. Er wirft sie wahrscheinlich ins Feuer.

Der Präsident von Ovation Marketing Inc. in La Crosse, Wisconsin, hat das schon einmal getan, und dies hat sich offensichtlich bei den Mitarbeitern herumgesprochen.

Bis Ende letzten Jahres mußten Materialanforderungen und Reisekostenanträge vom mittleren Management und Heath abgezeichnet werden. Dann fiel Heath etwas Neues ein: Die Mitarbeiter wurden angewiesen, ihre Ausgaben selbst zu genehmigen.

Heath stellte fest, daß es leichter war, die Weisung zu erteilen, als sie umzusetzen. Ein paar Wochen später wurde er immer noch mit Anträgen überhäuft. »Sie hatten sich mit ihrer neuen Verantwortung noch nicht richtig angefreundet«, erinnerte er sich. »Daher beschloß ich, daß es Zeit war, eine Sitzung einzuberufen.« Er erklärte, daß künftig jeder für seine Kosten selbst verantwortlich sei. Dann zündete er den ganzen Packen Materialanforderungen an. Diese Demonstration war nachhaltig. Seither hat er keine Bestellung mehr erhalten.

Die Veränderung wirkte sich auch noch in einer Reihe anderer

Bereiche aus. Sechs Monate nach Beginn des Experimentes stellte Heath fest,

- daß die Reisekosten bei Ovation um 70 Prozent zurückgegangen waren;
- daß die Bewirtungsspesen um 39 Prozent geringer waren;
- daß die Fahrtkostenabrechnungen für Kfz-Benutzung um 46 Prozent niedriger waren und
- daß die Kosten für Büromaterial um 18 Prozent gesunken waren.

Aber was noch viel wichtiger ist: Im Vergleich zum gleichen Zeitraum des Jahres 1990 sind die Umsätze um 16 Prozent gestiegen. »Es ist ein interessantes Phänomen«, sagte Heath. »Wir konnten eindeutig nachweisen, daß unsere Mitarbeiter dadurch, daß wir ihnen die Kontrolle übertragen haben, mit den Ausgaben jetzt wesentlich sorgfältiger umgehen als ich vorher, weil es jetzt ihre eigene Verantwortung ist.«
Ken Brekke in: La Crosse Tribune, 2. September 1991

Der Haken bei der Geschichte: Kein halbherziges Vertrauen

Wenn Sie eine Institution schaffen, in der die Mitarbeiter nicht neugierig sein *dürfen*, werden sie es auch nicht sein. Sehr bald werden die Chefs mit massiven Beweisen feierlich verkünden, daß die »meisten Menschen nicht neugierig sind«. Da fragen wir uns natürlich, wie sie »mit den ganzen Veränderungen zurechtkommen werden«. Also entscheiden wir uns für eine halbherzige Strukturreform – und schon ist das Spiel verloren.
Die Krux des Problems ist nur: Es gibt *kein halbes Vertrauen.* »Man muß die Nadel ganz durchziehen«, sagte Walsh von UPRR (und er tat es). Menschen, die viel Verantwortung tragen, treffen die richtigen Entscheidungen – das war auch die wichtigste Schlußfolgerung, zu der Professor Karlene Roberts von der University of California nach einer mehrjährigen Studie kam, bei der Entscheidungsprozesse unter Druck in Atomkraftwerken, auf Flugzeugträgern und bei Fluglotsen untersucht wurden. (Nach der Untersuchung von Roberts, die in der Zeitschrift *Smithsonian* vom Juli 1989 zusammengefaßt wurde, haben die

erfolgreichsten Führungskräfte ihren untergeordneten Mitarbeitern viel Verantwortung übertragen, die ständige Überwachung abgeschafft und Ergebnisse verlangt.) Noch einmal das Zitat von Kriegsminister Stimson: »Die einzige Möglichkeit, einen Menschen vertrauenswürdig zu machen, besteht darin, ihm zu vertrauen.«

Eine Führungskraft (die gleichzeitig Privatpilot ist) drückte es folgendermaßen aus: »Wenn man zum erstenmal allein fliegt, kann der Fluglehrer nicht halbwegs neben einem sitzen.« (Sicher muß der baldige Alleinflieger erst einmal die Grundlektionen am Boden beherrschen. Trotzdem kann in den USA der erste Alleinflug nach nur zehn Flugstunden stattfinden. Und offensichtlich gehen nicht allzu viele Erst-Piloten verloren, sonst würde die Flugsicherheitsbehörde die Vorschriften ändern.) Das heißt also, daß die Menschen normalerweise auch die schwierigsten Aufgaben bewältigen – wenn die Manager die Nerven haben, andere erst einmal vor solche Herausforderungen zu stellen, und dazu müssen sie den Pilotensitz schleunigst räumen.

»Nerven« ist genau das richtige Wort. Sie können Gift darauf nehmen, daß es Mike Walsh, Jon Simpson, Will Potter und Dennis Luther eine Menge Nerven gekostet hat und Mut außerdem. Oder einfach nur einen enormen Glauben an ihre Mitmenschen.

Warum nur? Warum nur erfordert Vertrauen einen so starken Glauben? Warum nur bezeichnen wir Führungskräfte, die ihren Mitarbeitern vertrauen, immer wieder als »mutig«? Wie war das bei Ellen Langer? Patienten in einem Altenheim sich für etwas engagieren lassen – indem man ihnen gestattet, sich um ihre Pflanzen selbst zu kümmern – erhält doppelt so viele am Leben wie in der Gruppe, die sich um nichts kümmern muß. Was der Markt verlangt, sind demnach Unternehmen, die ihren Mitarbeitern gestatten, *sich um etwas zu kümmern.* Und dies ist das Ergebnis großzügig gewährten Vertrauens.

Spielraum fürs Lernen: Louis Agassiz

Das Buch *Louis Agassiz as Teacher* von Lane Cooper (1917) enthält Erinnerungen zahlreicher renommierter Wissenschaftler, die unter dem bekannten Harvard-Zoologen und außergewöhnlichen Lehrer studierten. Einer erzählte, wie er Agassiz kennen-

lernte: »Es war mir ein kleiner Holztisch mit einer rostigen Zinnschüssel darauf zugewiesen worden . . . Als ich vor meiner Zinnschüssel saß, brachte mir Agassiz einen kleinen Fisch, legte ihn vor mich hin und forderte mich ziemlich streng auf, ihn zu untersuchen, aber unter keinen Umständen mit jemandem darüber zu reden oder etwas über Fische zu lesen, bis ich seine Erlaubnis dazu hätte. Auf meine Frage ›Was soll ich tun?‹ sagte er tatsächlich zu mir: ›Versuche herauszufinden, was du kannst, ohne das Exemplar zu beschädigen; wenn ich der Meinung bin, daß du fertig bist, werde ich dir Fragen stellen.‹ Nach einer Stunde glaubte ich den Fisch rundherum untersucht zu haben . . . Ich wollte so schnell wie möglich [einen Kurzbericht] darüber abgeben und dann zum nächsten Schritt übergehen.«
Aber Agassiz schenkte dem Studenten an diesem Tag keine Aufmerksamkeit mehr, auch nicht am nächsten Tag und nicht in der folgenden Woche. Nachdem er seine Ungeduld unterdrückt hatte, machte sich der Neuling erneut ans Werk. Zu seiner Überraschung lernte er noch mehr: »Ich konzentrierte meine ganze Aufmerksamkeit auf den Fisch, und nach circa 100 Stunden dachte ich, ich hätte wirklich genug getan – 100mal mehr, als mir am Anfang überhaupt möglich erschien.«
Endlich reagierte Agassiz: »Am siebten Tag kam dann die Frage, und ich sprudelte alles heraus, was ich gelernt hatte, während er auf der Kante meines Tisches saß und eine Zigarre paffte. Nachdem ich eine Stunde erzählt hatte, drehte er sich weg und sagte: ›Das stimmt nicht.‹ Zögernd wandte sich der Student wieder seiner rostigen Zinnschüssel zu. Nach einer weiteren Woche harter, schweigsamer Arbeit brachte er Ergebnisse, die ihn selbst verblüfften und bei seinem schweigsamen Lehrer Gnade fanden. Agassiz belohnte den Erfolg des Studenten, indem er ihm einen Stapel Knochen vorlegte und ihm den Auftrag gab, sie zu sortieren.
Noch viele solcher harten Prüfungen sollten kommen – und alle mit verblüffenden Ergebnissen: »Zwei Monate oder noch mehr sollte ich mit dieser [zweiten] Aufgabe zubringen, ohne daß ich eine andere Unterstützung erhielt als einen gelegentlichen Blick auf meine Einteilung mit der stereotypen Bemerkung: ›Stimmt nicht.‹ Schließlich war die Aufgabe getan, und wieder wurde mir eine erstaunliche Gruppe von Exemplaren vorgesetzt, die 20 verschiedene Arten von Seitenschwimmern darstellten . . . Ich

werde niemals das Gefühl von Leistung vergessen, das ich empfand, als ich nun mit einer noch größeren Aufgabe konfrontiert wurde. Ich hatte mittlerweile die Kunst des Vergleichens gelernt, die die Voraussetzung für jede naturwissenschaftliche Arbeit ist.«
Die Aufgabe des Managers ist wie die des Lehrers. Er bzw. sie hat nur ein Ziel: durch die Förderung eines langfristigen persönlichen (und Team-)Engagements, durch Lernen und ständiges Weiterentwickeln auf eine Leistungssteigerung hinzuarbeiten.
Verstehen eines Stoffes erfordert ein tiefes Einsteigen und bringt eine Menge Frustration mit sich. Das gilt für ein Tier oder eine Pflanze in einer Glasschüssel ebenso wie für das Funktionieren einer kleinen Abteilung eines Vertriebszentrums. Es ist jedoch unbestritten, daß der durchschnittliche Arbeitnehmer (wie jeder gute Student oder Schüler) wißbegierig und lernfreudig ist – wenn wir nur den Mut hätten, mehr Arbeitsplätze zu schaffen, die ein bißchen mehr wie das Labor von Agassiz sind.

»Die« wollen . . .! – Quatsch!

Immer wieder kommen die Manager mit ihrem »›Die‹ wollen«. Zum Beispiel: »›Die‹ wollen Strukturen.« Quatsch! Nein, das ist nicht ganz fair: Wenn »die« Strukturen wollen, dann liegt es in neun von zehn Fällen daran, daß »die« »Ihnen« nicht trauen. Menschen, die genaue Richtlinien wollen (und davon gibt es eine Menge), oder solche, die die Sicherheit eines Tarifvertrages wollen, haben einen Grund: Normalerweise trauen sie dem Management nicht, daß es seine Seite der Verabredungen einhält.

Das Kontroll-Paradox

Verantwortung/Rechenschaft . . . Delegieren . . . Gewerkschaftlich organisierte Schlauchmacher in selbstverwalteten Teams, die Kunden und Lieferanten besuchen. Werden da nicht Fehler gemacht? Selbstverständlich! Und Menschen wie Simpson von Titeflex sind die ersten, die es zugeben – und gerne sogar. Wo keine Fehler gemacht werden, wird auch nichts gelernt. Jeder Idiot weiß das. Bedauerlich ist nur, daß sich eine Menge Industriemanager in den letzten 150 Jahren wie Idioten benommen haben.

»Schüchterne Männer ziehen die Stille des Despotismus der turbulenten See der Freiheit vor«, sagte einst US-Präsident Thomas Jefferson. Seine Worte beschreiben meiner Meinung nach genau die heutige Unternehmensszenerie. Viel zu viele unserer Chefs auf Arbeitsgruppen- oder Abteilungsebene scheinen den stillen Despotismus ihrer eigenen Machart der turbulenten Freiheit einer wirklich selbständigen Belegschaft vorzuziehen.
Stiller Despotismus mag seine Daseinsberechtigung gehabt haben, als die Märkte noch ruhig waren. Aber die Märkte sind heute turbulenter geworden. Und turbulente Konkurrenzverhältnisse erfordern nun einmal turbulente Mitarbeiter, turbulente Teams, turbulente Buckyborgs und turbulente Unternehmen. So einfach ist das!
Damit kommen wir zu einem ungewöhnlichen Paradoxon: Sie haben die Sache nicht mehr unter Kontrolle, wenn Sie die Kontrolle darüber haben. Aber: Sie haben die Kontrolle darüber, wenn Sie sie nicht mehr unter Kontrolle haben. Die Führungskraft, die »alles weiß«, die von mehreren Schichten von Stabsmitarbeitern umgeben ist und von unten her mit vielen tausend Seiten Analyseberichten eingedeckt wird, hat »die Kontrolle darüber« so wie die Zentralplaner in den Machtzentralen der früheren Sowjetwirtschaft. In Wirklichkeit hat er bzw. sie aber nur die *Illusion der Kontrolle.*
Wirklich unter Kontrolle haben Sie Ihren Betrieb jedoch nur, wenn Tausende und aber Tausende von Menschen – ohne daß Sie etwas davon wissen – Initiative ergreifen, über den Tellerrand ihrer Zuständigkeiten blicken und ihre Richtlinienkompetenzen außer acht lassen, um die Kunden besser zu betreuen, den Produktionsprozeß zu verbessern, um mit einem Lieferanten schnell einen Mangel zu beheben. Wenn das System es ermöglicht, daß Sie über all diese Dinge Bescheid wissen, passiert folgendes. 1. Die Stabsmitarbeiter würden sich einmischen, ihr Fachwissen zum besten geben und bestenfalls den ganzen Prozeß verlangsamen. 2. Die so wichtigen »die« würden erst einmal überhaupt keine Initiative ergreifen, denn »die« wüßten ja, was kommt, nämlich Verzögerung, Umfunktionieren von Ideen, und zwar durch die Horden von Stabsmitarbeitern, die es auf allen Ebenen des Unternehmens gibt.

Autokraten, die delegieren (ein weiteres Paradoxon)

Es ist nicht leicht, Mike Walsh zu mögen. Unter anderem ist er ein Autokrat. Ich möchte bei ihm nicht auf der falschen Seite stehen. (Gleiches gilt für den eigentlichen Gründer von McKinsey, Marvin Bower – und bei dem habe ich auf der falschen Seite gestanden.) Andererseits weiß Walsh, wie man die Zügel loslassen muß – fast genausogut wie Professor Agassiz. Er hat den Mitarbeitern in ihren jeweiligen Arbeitsbereichen enorm viel Eigenständigkeit und Autorität übertragen, zunächst praktisch ohne jede flankierende Anleitung (das kommt erst Jahre später). Andererseits lohnt es sich, uns noch einmal den Vorfall von Shreveport vor Augen zu halten: Walsh machte ganz klar, daß er Drogenkonsum nicht dulden würde – aber auch, daß er es nicht duldet, wenn seine Mitarbeiter hinters Licht geführt werden. Dies war eine autokratische, einseitige, kompromißlose Erklärung. Walsh hat eindeutig einen moralischen Ton angeschlagen: Vertrauen von seiner Seite (einseitig gewährt) gegen Verantwortung, Zuverlässigkeit und Bereitschaft, Rechenschaft abzulegen, von der anderen Seite.

Auf die Frage, was ihm an Gefängnisdirektor Dennis Luther am besten gefiel, antwortete der frühere Vorsitzende der McKean-Insassen-Vereinigung Mike Ege: »Er lügt nie.« Luthers Formel lautete wie folgt: Vertrauen gegen verantwortungsbewußtes Verhalten.

Die Freiheit, die wir bei McKinsey unter seinem Gründer Bower erlebten, war schwindelerregend. Aber gleichzeitig hatte ich sieben Jahre lang fast ständig Kopfschmerzen wegen der Erwartungen, die an mich gestellt wurden. In der »ungewissen«, projektorientierten Welt von McKinsey, wo man nie zweimal mit denselben Menschen zusammenarbeitete, waren die Anforderungen in bezug auf Integrität und Aufmerksamkeit gegenüber Kunden und Kollegen überwältigend. Mit anderen Worten: Ich zahlte für die Freiheit, die ich genoß, einen hohen Preis (und meistens war es ein gutes Geschäft – obwohl ich Jahre brauchte, ehe ich das begriff).

Viele Unternehmen sind dabei zu dezentralisieren. Das war schon in den fünfziger Jahren so und geschieht derzeit wiederum mit Macht (à la ABB). Leider vermasseln die Chefs die Sache jedoch

in zweierlei Hinsicht: 1. Sie lassen die Zügel nur halb los (was noch schlimmer ist, als sie gar nicht loszulassen), und 2. gelingt es ihnen nicht, ein tief empfundenes, echtes Verantwortungsgefühl (und das dazugehörige Bauchgrimmen) zu schaffen. Sie schenken nur halbherziges Vertrauen. Sie delegieren nur halb. Sie fordern nur halb. Und wundern sich dann, wenn nicht viel passiert.
Die Top-Delegierer auf meiner Liste sind: Mike Walsh, Pat McGovern (IDG) und Percy Barnevik (ABBV). Und die drei Top-Autokraten auf meiner Liste sind: Mike Walsh, Pat McGovern und Percy Barnevik. Versuchen Sie, *das* mal auf die Reihe zu bekommen. (Ich hoffe inständig, daß es Ihnen gelingt.)

32. Kapitel

Jenseits aller Hierarchien

Der Modernismus des ausgehenden 19. Jahrhunderts ist ... mit Massenproduktion, Uniformität und Berechenbarkeit verbunden; der Post-Modernismus mit Flexibilität, Auswahl und Eigenverantwortung.
Michael Prowse, Financial Times, 21. April 1992

Als Wissenschaftler würde ich sagen, daß man überhaupt nicht von einem lineraren Fortschritt reden kann ... Und mit Sicherheit kann man nicht von Schicksal sprechen. Wovon man aber reden kann, sind Neuartigkeit und »Regeln des Zufalls«.
Ilya Prigogine, Frühjahr 1992

Sicher lehren wir viele gute Dinge an den Betriebswirtschaftsfakultäten, aber einige kritische Dinge, die wir eigentlich lehren sollten, lehren wir nicht ... wie Führung, Vision, Phantasie und Werte. Der Hauptgrund, warum wir es nicht tun, ist folgender: Würden wir diese ungelehrten Dinge beibringen, würde es schwieriger werden, die Dinge zu lehren und zu rechtfertigen, die wir jetzt lehren. Also haben wir ein merkwürdiges, beinahe unvorstellbares Konzept für die MBA-Ausbildung entwickelt, das wir dann wohlproportionierten jungen Männern und Frauen überstülpen und sie (wenn wir Pech haben, gelingt es uns auch) zu Kreaturen mit einseitig ausgerichtetem Hirn, steinernen Herzen und geschrumpften Seelen verunstalten.
Harold Leavitt, Prof. em.
Stanford University, Frühjahr 1989

Die Hierarchie überwinden! Ach, wirklich? Percy Barnevik und Mike Walsh haben sehr viel Verantwortung aufgegeben. Beide aber haben die Hand noch fest am Steuer. Man kann auch nicht behaupten, daß die Produktions-, Verkaufs-, Marketing- und Finanzabteilungen bei Union Pacific Railroad verschwunden seien – selbst wenn sie mittlerweile mit ungeahnter Leichtigkeit zusammenwirken. Aber wie steht es mit den Firmen Acordia und IDG? Die Leiter der Geschäftseinheiten haben eine Menge Macht. Aber es gibt auch eine ausgesprochene »Macht des Netzes«, selbst wenn diese nur von einem winzigen Zentrum ausgeübt wird.

Nun gut, es bleiben Spuren der Hierarchie übrig, selbst in den »exemplarischen« Firmen, die ich genannt habe. Aber gehen wir die Sache mal von einer anderen Seite an. Vor nicht allzu langer Zeit, im Jahre 1958, schrieb John Kenneth Galbraith in seinem Buch *Die Überflußgesellschaft*, daß alle materiellen Bedürfnisse befriedigt würden – dank der quasi automatisch verdienten Gewinne des modernen amerikanischen Großunternehmens, »eines fast perfekten Instruments« in den Händen einer Elite von Management-Technokraten.

Keine 40 Jahre später haben externe Aufsichtsratsmitglieder von General Motors beinahe ihren Vorsitzenden auf die Straße gesetzt. Gleichzeitig denkt IBM daran – mit viel Applaus von der Öffentlichkeit –, sich freiwillig aufzuspalten. Und im Mai 1992 hatte *Business Week* als Titelblatt-Aufmacher »Johnson & Johnson, ein Großunternehmen, das funktioniert!« (ja, sogar mit Ausrufezeichen).

Es ist wahr: Wir sind neuerdings eher verblüfft, wenn ein Großunternehmen wirklich funktioniert. Im übrigen fühlte sich *Business Week* dazu veranlaßt, sogar noch auf der Titelseite hinzuzufügen, daß »J & Js Geheimnis darin besteht, daß es seine Geschäftsbereiche in kleine Einheiten aufgeteilt habe. Die Manager haben großen Spielraum für Risiken . . . Aber sie tun gut daran, gute Ergebnisse zu erwirtschaften.« Soviel zu Management-Technokraten in hohen Türmen, die steilen, funktional gegliederten Bürokratien vorstehen.

Der Zerfall der Berliner Mauer – und des Zeitalters der Vernunft

> *»Die Abschaffung der Planungsabteilung könnte das Beste sein, das ein Unternehmen für seine Aktionäre tun kann«, heißt es in einem Bericht der Unternehmensberatung Deloitte Haskins and Sells. Sie untersuchte die Gesamtrendite, die 75 britische Unternehmen in den letzten drei Jahren für ihre Aktionäre erwirtschaftet hatten, und stellte fest, daß Firmen ohne zentrale Planungsabteilung tendenziell höhere Renditen erwirtschafteten. Das Hauptproblem scheint dabei zu sein, daß Unternehmen mit einer Planungsabteilung eher dazu neigen, Imperien aufzubauen. Die im Rahmen der Untersuchung analysierten Firmen tätigten 500 Firmenkäufe in drei Jahren. Wie viele andere Untersuchungen kam auch diese zu der Erkenntnis, daß Diversifizierung mit niedrigen Renditen einhergeht.*
> *Mehr als die Hälfte der Unternehmen ohne Planungsabteilung bescherten ihren Aktionären Gesamtrenditen von über 100 Prozent . . . Zu schade, daß die 29 Firmen mit Planungsapparatschiks so eng mit ihnen verheiratet waren: Firmen, die der Überzeugung waren, daß sie ihren Planern einen großen Teil des Erfolgs verdankten, waren in der Gruppe der gut verdienenden Unternehmen wenig vertreten.*
> »The Planned and the Damned«
> The Economist, 18. Februar 1989

Es ist gewiß kein Zufall, daß das Nachdenken über neue Methoden für die Erzielung zufriedenstellender Unternehmensergebnisse zu einer Zeit stattfindet, in der totalitäre Staaten zusammenbrechen und sich nondeterministische Modelle in der Wissenschaft durchsetzen. In seiner Ansprache vor den Weltwirtschaftsführern im März 1992 in Davos, Schweiz, nannte Václav Havel den Zusammenbruch des Kommunismus »das Ende nicht nur des 19. und 20. Jahrhunderts, sondern der Neuzeit insgesamt ... des Glaubens, daß der Mensch als Krone der Schöpfung in der Lage sei, alles Bestehende objektiv zu beschreiben, zu erklären und zu steuern«.

War nicht die alte Firmenstruktur von Union Pacific unter ganz anderen Bedingungen und mit Zugang zu ganz anderen Technologien als heute zusammengeschustert worden, sozusagen als ein überheblicher Versuch, »alles Bestehende zu kontrollieren«? Waren es nicht objektive Algorithmen, auf denen die alte Union Pacific, Sears, GM und IBM aufgebaut worden waren und die Galbraith' Phantasie angeregt hatten? (Die Größe von General Motors dient nicht dem Monopol oder der Kostendegression, sondern der Planung«, schrieb Galbraith in *The New Industrial State* [1967]. »Und dank dieser Planung – im Sinne einer Steuerung von Angebot, Nachfrage, Kapitalbereitstellung, Risikominimierung – gibt es keine eindeutige Obergrenze hinsichtlich der optimalen Größe.«) Auch Peter Druckers richtungweisendes Werk *Die Praxis des Management* (1954) war eine einzige Kampfansage an die Intuition und eine Lobeshymne auf hyperrationale Methoden zur Verdingung zahlloser Menschen in großen Institutionen.

Noch vor 15 Jahren wurden landauf, landab und rund um den Globus an den betriebswirtschaftlichen Fakultäten Lobeshymnen auf die Erfolge der zentralisierten strategischen Planung gesungen. Dann aber schrieben Gary Hamel und C.K. Prahalad in der *Harvard Business Review* einen wegweisenden Artikel, der mehr nach dem klang, was Václav Havel sagte, als nach zwei Betriebswirtschaftsprofessoren:

»Je mehr die ›Strategie‹ blühte, um so mehr schwand die Wettbewerbsfähigkeit der westlichen Unternehmen. Das mag ein Zufall sein, aber wir sind nicht dieser Meinung ... üblicherweise konzentriert sich die Analyse der Mitbewerber auf die vorhandenen Ressourcen ... auf die bestehenden Konkurrenten ... Eines ist jedoch klar: Die Auseinandersetzung mit den derzeitigen taktischen Vorteilen bekannter Konkurrenten hilft nicht weiter, wenn es darum geht, die Entschlossenheit, den Drive und den Einfallsreichtum potentieller Konkurrenten einzuschätzen.«

Die Autoren regen dann an, daß sich die Unternehmen mehr darum bemühen sollten, Kompetenz bei der Bewältigung des Unbekannten zu erwerben – so etwas wie Prigogines »Regeln des Zufalls« oder die flexible Ansammlung kleinerer, risikofreudiger, verantwortungsbewußter Unternehmen wie Johnson & Johnson.

Der Teppich ist dick, die Sicht phantastisch, die Gewinne mies
Ed Brennans Familie ist in der dritten Generation bei Sears Roebuck beschäftigt. Er selbst hat sich von der Pike auf zum Vorstandsvorsitzenden hochgearbeitet und sitzt nun im 110stöckigen Büroturm von Sears in Chicago und denkt über ein Investitionsproblem nach. Der Teppich ist dick, die Sicht nach draußen phantastisch, und Brennan scheint keine Antwort auf sein Problem zu finden.
Ein Berater kommt zu Hilfe. Die gesuchte Zahl wird im Rechenschaftsbericht des Geschäftsbereiches Einzelhandel und Finanzdienstleistungen erscheinen. Vielleicht könnte er sie heraussuchen und dann später mitteilen? Brennan ist besänftigt und läßt sich des langen und des breiten über die Gefahr der Statistik aus.
Zufällig hatte einige Wochen zuvor ein ähnliches Gespräch stattgefunden. Der Rahmen, in dem dieses Gespräch stattfand, war die spartanisch ausgestattete Zentrale von Wal-Mart, einer aggressiven Diskonterkette, die gerade Sears vom ersten Platz als Amerikas umsatzstärkstes Einzelhandelsunternehmen verdrängt hatte. Don Soderquist, zweiter Mann von Wal-Mart, war in einem Nachbarbüro erschienen, hatte sich den Finanzchef vorgenommen und eine Antwort bekommen. Das Ganze dauerte zwei Minuten, und keiner hatte Probleme damit.
Financial Times, 12. Mai 1992

Arbeit als Dialog

> *Was geschieht, wenn Hierarchien flacher werden? Man bekommt das gleiche – nur eben etwas weniger. Obwohl es weniger Managementebenen gibt, glauben die Leute immer noch, daß ihr Kästchen ein Heiligtum ist, das um jeden Preis verteidigt werden muß. Flachere Unternehmensstrukturen bedeuten nicht ... daß die Beziehungen zwischen den Menschen und die Funktionen innerhalb der*

Organisation von Grund auf neu definiert werden. Die Funktionen laufen weiterhin sequentiell ab, Entscheidungen werden weiterhin aus zersplitterter Perspektive getroffen.
Was wäre, wenn wir statt dessen uns selbst und unsere Position innerhalb der Organisation nicht mehr als feststehende kleine Imperien betrachten, sondern als eine Ressource, die allen zur Verfügung steht, wenn wir uns nicht mehr als Kästchen, sondern als Knoten in einem Netz, nicht als Räder in einem Getriebe, sondern als Bereitsteller von Wissen betrachten . . . Im netzförmigen Unternehmen bedeutet jede Position eine Person mit Fähigkeiten, Qualifikationen und Erfahrungen. Statt Aufgaben mit Ausschließlichkeitscharakter (Aufträgen) und Abteilungsaufträgen (Mandanten) sollten die Unternehmen die Fähigkeiten der einzelnen Menschen zu zielgerichteten Aufgaben zusammenführen.
Charles Savage, Fifth Generation Management

Nach Savage reicht es nicht aus, die Unternehmen nur »flacher zu machen«. (Quinn Mills hat schon behauptet, daß dort, wo die Hierarchie bestehenbleibt, »ein Umdenken zu den Grundlagen des Managements nicht möglich ist«.) Savage spricht von der »Arbeit als Dialog«, ein Gedanke, der in Unternehmen (dann eingeschlossen auch die »Outsider«) eine Ansammlung von sich immer wieder neu bildenden, wieder auflösenden, sich ständig verändernden, multifunktionellen, fachlich qualifizierten Projektteams sieht, die, wie im Oticon-Modell, alle einbeziehen. Arbeit als Dialog erinnert auch an Michael Schrages neue Formen der Zusammenarbeit und die elektronischen »Instrumente der Benutzerfreundlichkeit« – Schrages Buch trug, wie wir wissen, den Titel *Shared Minds (Gemeinsames Denken)*.
Weder Savage noch Schrage – ebensowenig wie Lars Kolind von Oticon oder Ted Turner von CNN – sind Anarchisten. Es gibt auch bei Oticon einige Regeln (nur heißen sie hier Werte), und hinter Turner Broadcasting/CNN steht eine klare Führungsphilosophie. Schließlich haben wir in diesem Kapitel der »Seele« – mein Lieblingsbegriff für Regeln, Werte, Vision, Philosophie oder wie immer man es nennen mag – manche Seite gewidmet. Oticon

hat eine Seele. Ebenso Rational und Random House. (Selbst die kurzlebige »Dallas Organization« hatte eine Seele.)
Arbeit als Dialog, gemeinsames Denken und sich immer wieder neu bildende Projektteams (aus internen und externen Mitgliedern), die durch eine Art von Seele miteinander verbunden sind – das ist, was hinter dem Überwinden der Hierarchie steht und meist schwer zu fassen ist. Aber das Wort *meist* ist ein Schlüsselbegriff. Denn wir haben auch Unternehmen kennengelernt, die die traditionelle Hierarchie bereits weit hinter sich gelassen haben – wie zum Beispiel Dienstleistungsfirmen, CNN, Oticon und selbst das gigantische Industrieunternehmen ABB.
Natürlich ist keines dieser Unternehmen *ohne* Hierarchie, geschweige denn ohne eine Hackordnung. Aber überwunden haben sie sie, gemessen an dem, was in den letzten paar hundert Jahren vorherrschte.

Die neuen Paradoxien des Organisierens

Auf der einen Seite gehen wir über die Hierarchie hinaus und versuchen, fast alle in der Organisation zu befreien. Diese Befreiung führt auf der anderen Seite jedoch zu so manch schlafloser Nacht – das Ergebnis unserer Mitgliedschaft in Projektteams mit himmelhohen Normen, die wir uns meistens selbst auferlegen, und mit anspruchsvollen Kollegen. Dieses Paradoxon – eines von mehreren – bildet Herz und Seele der kühnen neuen Reise, auf die wir uns begeben.

- *Organisieren/konzentrieren bzw. desorganisieren/desintegrieren:* Unsere Musterfirmen werden »mehr organisiert« und stärker zielgerichtet. Sie bilden eng verknüpfte Netze und weitgehend eigenständige Einheiten von multifunktionalen Miniteams bis zu unabhängigen Geschäftsbereichen, die Verantwortung für ein komplettes Projekt übernehmen (und Rechenschaft ablegen). Gleichzeitig gehen diese Firmen auch dazu über, sich zu desorganisieren (indem sie mehr gedankliche Vielfalt und Selbständigkeit gedeihen lassen und festgefahrene Denkweisen in Frage stellen) und zu desintegrieren (indem sie die eine oder andere Aufgabe im Unterauftrag vergeben, auf jeden Fall von überall ein bißchen).

- *Autonomie und Partnerschaft:* Die einzelnen werden selbständiger mit der Übernahme größerer Verantwortung für die Erarbeitung von Projekten. Als Angestellte oder als Selbständige bestimmen sie ihre Karriere selbst. Und sie engagieren sich für mehr Partnerschaftsaktivitäten. Teammitglieder sind sie im Rahmen eines umfangreichen Netzes, das immer auch zahlreiche »Außenseiter« mit einbezieht, abhängiger voneinander und von anderen.
- *»Kleiner« und »größer«:* Die »Gesellschaft«, die wir bisher gekannt haben, wird tendenziell kleiner dadurch, daß sie immer mehr Aufgaben nach außen vergibt, sich freiwillig aufspaltet und sich mehr auf die Dinge konzentriert, in denen sie besondere Fähigkeiten der Wertschöpfung besitzt. Andererseits ist das Unternehmen bei der Durchführung einer speziellen Strategie oder bei der Entwicklung eines speziellen Produktes bzw. einer Produktfamilie, selbst wenn es sich um ein wirklich kleines Unternehmen handelt, vielfach in ein großes, leistungsfähiges Netz eingebunden. Das Netz ist dann eine Zeitlang die Firma. Mit anderen Worten, Unternehmen werden gleichzeitig kleiner und größer. Oder, anders dargestellt: »Das neue große Unternehmen« ist eine Einheit von kleiner bis mittlerer Größe, die es de facto zu einem Giganten machen, es ist Klassenbester in einem speziellen Schlüsselbereich. »Das neue Großunternehmen« ist gleichbedeutend mit dem besten Netz – das heißt dem Zusammenwirken leistungsfähiger autonomer Teile großer Firmen.
- *Verantwortung und Teamarbeit*: Nachdem wir das fehlgeschlagene Experiment der Matrixstruktur und der Überspezialisierung hinter uns haben und angesichts der Notwendigkeit, Produkte schneller zu entwickeln und schneller auf den Markt zu bringen, zielt alles auf eine größere Verantwortung ab – für den einzelnen, das Arbeitsteam und den Geschäftsbereich, der diesen Markt bedient. Diese Verantwortung ist jedoch eingebettet in die Notwendigkeit, andere Netzwerkpartner zu unterstützen. Dienstleistungsunternehmen wie EDS und McKinsey und neue Netzwerkfirmen wie MCI zeigen, wie man beides mit Plausibilität und Effektivität gleichzeitig tun kann.
- *Die Entwicklung von mehr Spezialitäten und Fachwissen und weniger Spezialisten und Experten*: Die Entwicklung von Wertschöpfungsfähigkeiten wird wichtiger denn je. Jedes Teammit-

glied und jedes Team bzw. jeder Minigeschäftsbereich erhält mehr Verantwortung für die Entwicklung von Spezialkenntnissen. Andererseits sind die altmodischen Fachzentren (die oft gar keine waren) – diese riesigen, funktional organisierten Stäbe – dabei zu verschwinden.

Amen, vielleicht?

Im September 1991 konfrontierte ich eine Gruppe von 80 Führungskräften mit dem Inhalt dieses Buches. Unter dieser Gruppe waren auch Führungskräfte aus Malaysia, Brasilien und Neuseeland. Die Manager vertraten das gesamte Spektrum der Privatkundschaft und der öffentlichen Verwaltung. Kurz vor dem Ende eines recht schwierigen fünftägigen Seminars befragten meine Kollegen und ich die Teilnehmer über ihre Meinung in vier verschiedenen Abstufungen zu Aussagen, die ich absichtlich ziemlich extrem formulierte.

Die erste Aussage lautete: »Sie verstehen und akzeptieren ›Mode‹ als die ›richtige‹ Metapher.« Etwa 57 Prozent nannten diese Aussage eine »sichere« Aussage, das heißt, sie konnten sich damit einigermaßen identifizieren; 30 Prozent qualifizierten die Aussage als »riskant« (mittlere Kategorie), und die restlichen 13 Prozent nannten sie »gefährlich«. (Eine Aufspaltung nach einzelnen Branchen ist wenig aussagefähig; allerdings kann festgestellt werden, daß die Vertreter des öffentlichen Sektors etwas vorsichtiger urteilten als ihre Kollegen aus der Privatwirtschaft.)

Dann testeten wir die Projektidee mit der Aussage: »Alles und jeder sollte um Projekte organisiert sein.« Diese Aussage erhielt am meisten Unterstützung. 61 Prozent entschieden sich für »akzeptabel«, 33 Prozent für »riskant« und 6 Prozent für »gefährlich«. Also willkommen die Projekte, adieu die Funktionen.

Aber noch ist nicht alles gewonnen. Die letzte Aussage lautete: »Funktionale Abteilungen sind abzuschaffen.« Und hier war plötzlich der Teufel los. 21 Prozent konnten dies akzeptieren, 23 Prozent nannten dies riskant, und 56 Prozent entschieden sich für »gefährlich«.

Ganz schön verfahren. Kleine Einheiten, okay. Projekte ebenfalls. Aber wenn es den funktionalen Abteilungen ans Eingemachte geht – oh, dann heißt es langsam, nicht ganz so schnell.

Noch viel zu tun

Die beste – und wichtigste – Neuigkeit ist, daß »die da« (also Sie, ich und Ihre gewerkschaftlich organisierten Arbeitnehmer) damit fertig werden. Véronique Vienne, karrieremachende Jobhopperin, hat es kapiert. Marion McGovern ebenso. Und selbstverständlich auch Inge Christophersen bei Oticon, die ehemals (vor langer Zeit) als »Sekretärin« arbeitete und nun ein vielseitig einsetzbares Mitglied einer sich ständig verändernden Gruppierung von Projektteams ist.

Einen Moment noch: Es mag schon sein, daß Inge Christophersen das kapiert hat – aber das heißt noch nicht, daß die ganze Sache nur ein Spaziergang ist. Der Volkswirt Soren Holst, ein Kollege von Christophersen bei Oticon, beklagte, daß viele der »alten« Manager (und Nicht-Manager) keine guten Projektteamleiter des New Look abgaben. Gefängnisdirektor Dennis Luther mußte einige seiner Gefängnisaufseher auf die Straße setzen, weil die Vorstellung von »Achtung vor den Insassen« nicht in ihre Betonköpfe wollte. Und selbst David Maister, der sich zeit seines Lebens mit besonderen Unternehmen der Dienstleistungsbranche befaßte, mußte neue Tricks lernen, um sein Kapital aufzubauen (nämlich lernen, wie man immer weiter lernt).

McKinsey, das führende Unternehmen im Wissensbereich, bemüht sich angestrengt, eine klare Vorstellung davon zu bekommen, was Wissen eigentlich ist – obwohl es in bezug auf »Wissensmangagement« schon viel weiter ist als die meisten, aber noch kaum weiter als gerade aus den Startlöchern heraus. Denn das Problem besteht darin, daß sich die Startlöcher in unserer unbeständigen Welt ständig verschieben. Nur wenn man sich für eine dauernde Zerstörung öffnet, besteht die Hoffnung auf Erneuerung. Und wie geht das? Die bereitwillige Auseinandersetzung mit den ständigen Stürmen des Marktes ist die *einzige* Medizin, die hier hilft – auch wenn es manchmal eine bittere Pille ist.

Teil V

Märkte und Innovation: Gute Gründe für die Desorganisation

Prolog:

Das Unternehmen auseinandernehmen

Lenin sagte einmal, daß die Kapitalisten den Strick für den eigenen Galgen liefern würden, wenn sie nur daran verdienten – und in gewisser Hinsicht hatte er recht. Ähnlich wie die Marktkräfte und das Aufkommen des Informationszeitalters schließlich die Auflösung der Sowjetunion bewirkten, genauso zwingen sie Amerikas größte Unternehmen dazu, sich in kleinere, effiziente Teile aufzuspalten. Wenn man sich an das geschützte Leben innerhalb einer großen Firma gewöhnt hat, sollte man jetzt Mitleid mit den arbeitslosen Apparatschiks im Kreml haben. Denn der nächste Kreml, der fällt, könnte der eigene sein.

Peter Huber, The Unbundling of America
Forbes, 13. April 1992

Man kann es auch umgekehrte Synergie nennen. Viele Anleger sind heute offensichtlich der Ansicht, daß weniger Geschäftsbereiche pro Unternehmen besser ist und das die Summe der Teile größer ist als das Ganze. Das neueste Beispiel dieser Denkweise ist Westmark International Inc., die am Mittwoch eine Aufspaltung in zwei Unternehmen ankündigten. [Innerhalb eines Tages] legte die Aktie des Unternehmens um 21 Prozent zu.

Floyd Norris, »Westmark Sees Value in Split-Up«
The New York Times, 14. Februar 1992

Am 25. Dezember 1991 wurde die sowjetische Flagge über dem Kreml eingeholt. Damit endete ein 74 Jahre dauerndes fehlgeleitetes Experiment zentraler Planung. Nur wenige Wochen zuvor kündigte IBM mehr oder weniger eine Aufspaltung des Unternehmens in 13 Teile an und tat damit freiwillig das, was das amerikanische Justizministerium bereits in den siebziger Jahren tun wollte und wogegen das Unternehmen ein Jahrzehnt lang gekämpft hatte. Im Januar 1982 lag IBMs Börsenwert bei 34 Milliarden Dollar; bis zum Juni 1992 war es nach Angaben der Zeitschrift *Fortune* um 65 Prozent auf 56 Milliarden Dollar gestiegen. 1982 stimmte AT&T einer Einflechtung in acht Einzelunternehmen zu: AT&T und sieben »Baby Bells«. Während der nächsten zehn Jahre schoß der Wert aller Bell-Unternehmen zusammengenommen von 48 Milliarden Dollar auf 180 Milliarden Dollar – ein Sprung nach oben von 275 Prozent. Steckt hinter den beiden Geschichten mehr als der Unterschied zwischen Entflechtung und Nichtentflechtung?
Auseinanderbrechen ist das Schlagwort der achtziger und mehr noch der neunziger Jahre. Große Unternehmen stellen regelmäßig fest, daß der Wert ihrer Einzelteile um das Vielfache größer ist als das Unternehmen in seiner Gesamtheit. ABB kauft alles, was ihnen unter die Finger kommt, und bricht diese Firmen in winzige Teile auf. Man kann diese Vorgehensweise das kühnste organisatorische Experiment der letzten Jahrzehnte nennen. Auch japanische Unternehmen sind dabei, wie wild Unternehmenseinheiten abzuspalten. In den Industrieländern hat die Durchschnittsgröße der Unternehmen drastisch abgenommen. Deutschlands einzigartiger und bisher noch kaum untersuchter Wirtschaftserfolg während der Nachkriegszeit gründete sich zum größten Teil auf dynamische, auf ihre Unabhängigkeit beharrende, mittelgroße Unternehmen, den sogenannten *Mittelstand* (so im amerikanischen Original).
Im vorherigen Teil dieses Buches ging es um die Organisation. In diesem Teil geht es nun um die *Desorganisation.* Und es gibt kein Medium, das effektiver desorganisiert als der Markt. Daher lautet der Titel dieses Buchteiles: Märkte und Innovation. Der Bedarf an Innovation ist heute größer denn je. Die Frage ist nur, wie? Es scheint, daß die beste, vielleicht sogar einzige zufriedenstellende Antwort auf diese Frage darin besteht, dem Markt freien Lauf zu lassen.

33. Kapitel

Das Wunder der Unordnung. Oder: Wie man lernt, den Zufall zu lieben

Die beiden Hauptantriebskräfte des Universums sind Zeit und Glück.
Kurt Vonnegut
Hocus Pocus

»Wenn man immer das Richtige tut, wird aus dem Kind schon etwas werden.« So einfach ist das also – abgesehen von Dingen wie: Schicksal, Glück, Vererbung, Zufall, dem Sternzeichen, unter dem das Kind geboren ist, das wievielte Kind er oder sie in der Familie ist, die erste Begegnung mit dem Bösen, dem Mädchen, das ihn trotz seiner guten Eigenschaften sitzenläßt, dem Krieg, der gerade stattfindet, wenn er ein junger Mann ist, die Drogen, die er einmal oder zu oft ausprobiert, die Freundschaften, die er schließt, die Ergebnisse seiner Prüfungen, wie gut er damit umgehen kann, wenn andere sich über seine kleinen Fehler lustig machen, wie ehrgeizig er wird, wie weit er zurückfällt, Indizien, ironische Perspektiven, Gefahr, wann sie am wenigsten erwartet sind, wie leicht oder schwer er mit bestimmten Umständen, mit hinterhältigen Menschen oder tollwütigen Tieren fertig wird.
Aus: Picturing Will
Roman von Ann Beattie

Elefanten brauchen lange, um sich anzupassen. Dagegen überleben Kakerlaken alles.
Peter Drucker

Einige Aussagen im vorherigen Teil dieses Buches waren paradox. Es wurden laute Lobeshymnen auf unabhängige Einheiten gesungen – die »Pflegepaare« im regionalen medizinischen Zentrum von Lakeland; die Tausende von 50-Mann-G+V-Zentren bei ABB; die ca. 50 Personen starken unabhängigen Unternehmen bei CCT, IDG und Acordia. Es wurden Netze und Verbindungen mit gleicher Begeisterung geschildert. Insgesamt bezog sich die Hauptaussage auf das Organisieren. Jetzt ist es aber an der Zeit, mit Nachdruck über die immer wichtigere Rolle des Desorganisierens in einer immer schwächer werdenden Wirtschaft zu sprechen.

IBM dezentralisiert *und* dezentralisiert. Und dezentralisiert dann gleich wieder. Dann schließt sich IBM mit diesem, bald mit jenem Unternehmen zusammen. Aber das Ganze geht noch lange nicht schnell genug. Der 80 Jahre alte Schatten einer, wenn auch geschrumpften, Zentrale hängt immer noch über dem Unternehmen und erstickt eine Initiative nach der anderen. In seinem Buch *Accidental Empires* schreibt Robert K. Cringeley: »Wie fast jedes intelligente Produkt von IBM ist auch die neuartige Datenbank-Sprache SQL heimlich entwickelt worden. Das Entwicklungsteam hat damit lange hinter dem Berg gehalten, um es dann schließlich doch den wichtigen Leuten in der Firma vorzustellen, die dann zu beeindruckt waren, um es abzulehnen.« Das *Wall Street Journal* brachte einen ähnlich erschreckenden Bericht über die beiden IBM-Nobelpreisträger für Supraleitfähigkeit, den Deutschen J. Georg Bednorz und den Schweizer K. Alex Mueller: »Die beiden Wissenschaftler forschten im stillen, sie sagten ihren Vorgesetzten nur die halbe Wahrheit und lenkten neugierige Besucher geschickt ab . . . Inzwischen ist die Geschichte für das IBM-Management zu einer Peinlichkeit geworden.«

Ein noch kritischerer Bericht erschien im Mai 1992 in *Upside* und untersuchte, warum IBM aus einer Vereinbarung ausgestiegen ist, bei der es um die Verwendung des vielversprechenden »objektorientierten« Betriebssystems von NeXT-Computer ging: »Was Nextstep zu Fall brachte, war die interne Politik in der hochpolitisierten Welt von IBM. Als das Nextstep-Geschäft abgeschlossen wurde, stand Andrew Heller dem IBM-Geschäftsbereich für Workstation-Systeme vor . . . er war ein großer Befürworter von Nextstep. Damals hatte Heller guten Kontakt zum Vorstandsvorsitzenden John Akers. Heller sah jedoch Nextstep als eine Alternative zu den von alten IBMlern favorisierten Technologien. Die alte Garde hatte Angst, bestehende, sehr profitable Software-Systeme zu gefährden... IBM konnte es sich einfach nicht leisten, eine so gute Lösung [seinem eigenen Betriebssystem] anzutun.«

Was ist die Antwort darauf? Der *Markt*: Die einzige wirkliche Dezentralisierung ist die Ausgliederung, schrieb mir Professor Julian L. Simon von der Universität Maryland im Zusammenhang mit einem meiner Artikel, in dem ich seiner Meinung nach IBM zu leicht davonkommen ließ. »IBM spaltet Geschäftsbereiche in mehrere ›unabhängige‹ Teile auf und ernennt gleichzeitig einen Zar als Oberaufseher.«

IDG und Acordia gliedern Firmenteile regelrecht aus. Aber auch sie würden den hohen Anforderungen von Simon nicht genügen: Man muß diese Firmenteile an die Manager oder an die Öffentlichkeit verkaufen und das übrige dem Markt überlassen. Im nächsten Kapitel (Drastische Markt-Injektions-Strategien) werden wir einige Firmen kennenlernen, die an Simons Ideal schon ziemlich nahe herankommen, zum Beispiel Thermo Electron und Teknekron.

Ist es besser, eine lockere Verbindung zu belassen (nach Art des Spinnennetzes?) und Synergieeffekte zu suchen (ABB)? Oder sollte man Firmenteile an die Öffentlichkeit verkaufen (Thermo Electron)? Oder soll man schließlich alles verkaufen (Teknekron)? Sollte man das Spiel »automatische Firmenteilung« spielen (CCT, Acordia, IDG)? Oder sollte man von vornherein dafür sorgen, daß die Firma nicht zu groß wird (Rational)? Ganz ehrlich gesagt: *Ich weiß die Antwort auch nicht.*

Aber ich bin ganz sicher, daß der Gesichtspunkt »Mode« hier eine wichtige Rolle spielt! Jeder Markt explodiert und spaltet sich in Mikroeinheiten auf. Das geht schneller, als man sich versieht. Außerdem sind Ursachen und Wirkung viel zu komplex, als daß man klar auseinanderhalten könnte, ob man in Haute Couture, Software, Rohstoffen, Chemie, Reiseverkehr oder in der Filmbranche tätig ist. Jeder ist dabei, jeden einzuholen und zu übernehmen. In praktisch allen Branchen sind die Produktentwicklungszyklen auf ein Jahr und weniger geschrumpft. Und es ist durchaus nicht unüblich, Zyklen anzutreffen, die nur einige Wochen dauern. (Überlegen Sie mal, ich habe fünf Jahre gebraucht, um dieses Buch zu schreiben. Heutzutage haben Unternehmen

wie Walden Books einen enormen Einfluß auf die Marktakzeptanz und den Umsatz. Nehmen wir mal an, Walden interessiert sich für das Buch und stellt es auf dem begehrten Frontregal auf. Prima! Dann hat das Buch zwei Wochen Zeit, sich zu bewähren. Wenn nicht, kommt es in eines der hinteren Regale und dann zur Hintertür wieder hinaus. So ist das Leben. Für Sie. Für mich. Adieu, meine fünf Jahre.)
Wenn Sie Chef von IBM sind wie John Akers, reicht es nicht mehr, darauf zu hoffen, daß ein paar Leute in Rüschlikon in der Schweiz ein bißchen mogeln und ihren Vorgesetzten nicht sagen, was sie eigentlich tun – und dann den Nobelpreis einzuheimsen. Was bedeutet überleben? Ich meine, Peter Drucker hat recht: Dies ist das *Zeitalter der Kakerlaken!*

Was nun kommt, wird für die meisten bittere Medizin sein:

- Die Dinge bewegen sich viel zu schnell, als daß wir in der Lage wären, sie logisch auseinanderzuhalten. Unser Verständnis von Ursache und Wirkung ist hoffnungslos unvollständig, entsetzlich irreführend und wird, trotz immer größerer Computerleistung, täglich schlimmer. (Kennen Sie ein gutes Computerprogramm, das geahnt hätte, wie sehr wir uns für sichtbare Luftpolster in unseren Turnschuhen begeistern würden?)
- Also desorganisieren!
- Und immer wieder desorganisieren!
- Probieren Sie, *was Sie wollen.* Je mehr Sie alles durcheinanderbringen, um so besser – verfangen Sie sich nicht in endlosen Neuauflagen des Alten. Man muß sich schnell fangen und dann wieder etwas Neues ausprobieren.
- Und natürlich das eine: Vielleicht ist es am besten, das ganze Unternehmen auseinanderzubrechen. *Verkaufen Sie die besten Geschäftsbereiche* (im Ernst!).
- Und beeilen Sie sich!

Chaotische Märkte

Ich liebe die Märkte – ich gebe es zu. Ich liebe radikale Dezentralisierungen. Ich bin ein entschiedener Gegner ausgetüftelter Pläne. Ich bin immer für schnelle Aktionen. Ein Feind überma-

ßiger Ordnung. Ein Freund ungeordneten Probierens durch Fehler – insbesondere durch Fehler.
Ich bin ein glühender Bewunderer von F.A. v. Hayek. Es ist im höchsten Maße unfair, die 22 Bände seiner gesammelten Werke in einem Absatz zusammenzufassen. Aber es muß sein. *»Die Marktwirtschaft ist nicht das Produkt bewußter Planung«*, schrieb er 1989. *»Sie übersteigt bei weitem unser Verständnis.«* Das Problem besteht aber nicht nur darin, daß die Märkte »chaotisch« und »komplex« sind. Sie sind auch nicht »fair«. Der Erfolg belohnt nicht unbedingt – oder nicht allzuoft – diejenigen, die am härtesten gearbeitet haben. Vielmehr ist der Erfolg oder Mißerfolg eines Produktes im Markt die Folge einer langwierigen, komplexen Verknüpfung von Umständen, die zum Zeitpunkt, an dem die Entscheidung über ein neues Produkt oder ein neues Unternehmen fällt, überhaupt noch nicht abzusehen sind.

Mißerfolg in Kauf nehmen, um den Erfolg zu entdecken

Begrüßen Sie also diese irrsinnige Macht des Marktes – dieses blubbernde Gebräu und konstante Tohuwabohu von Ausprobieren und Fehlermachen, von Arbeit und Produkten und Projekten, das Aussortieren von Gewinnern und Verlierern aus Gründen, die hoffnungslos kompliziert (und immer »unfair«) sind.
Der Markt ist erschreckend, ja furchterregend. Er ist nicht schön. Und mit Sicherheit irrational. Auf längere Sicht jedoch funktioniert der ungebremste Markt aus rein rationalen Gründen: Er produziert mehr Experimente, mehr Versuche, mehr Erfolge, mehr Mißerfolge, ein Mehr an Informationsverarbeitung (Marktsignale) – und er ist schneller als jede andere Alternative. (Hayek sah in der marktwirtschaftlichen Ordnung eine »Entdeckungstechnik«, schrieb die *Financial Mail* in ihrem Nachruf vom 3. April 1992.)
Ach ja, natürlich, die Mißerfolge. Das ist auch so ein kleineres Ärgernis: Das Wesentliche und *die Antriebskraft der Marktwirtschaft ist der Mißerfolg*. Nicht der Erfolg. Statistisch gesehen ist der Erfolg – im Musterunternehmen, in einer Branche, in einer Region oder einem Land – nur das gelegentliche (und gewöhnlich rein zufällige) Nebenprodukt der weitaus häufigeren Mißerfolge. Das ist schwer zu verdauen! (War es auch schon früher.) Aber es muß verdaut werden, jetzt mehr denn je. In den heutigen, absolut wild gewordenen Märkten, wo sich nicht nur Symphonieorchester

Konkurrenz liefern, sondern auch Turnschuhe, bedeutet es den Todesstoß, wenn man das Chaos nicht versteht bzw. versäumt, Strategien zu entwickeln, die auf diesem Chaos aufbauen.
Ja, ich liebe ihn, den Markt! Weil ich davon überzeugt bin, daß nur der Markt in der Lage ist, »Orientierungshilfen« zu geben und die Dinge auseinanderzusortieren, habe ich angefangen, meine Reden mit folgenden Titeln zu versehen: »*Wie man sein Unternehmen zerstört, bevor es die Konkurrenz tut.*« Ja, richtig: zerstören! Produkte, Produktlinien, Unternehmen und ganze Branchen verdrängen sich gegenseitig mit schockierendem Tempo. Nur diejenigen, die den Mut haben, den Mißerfolg bereitwillig in Kauf zu nehmen und absichtlich und ständig und beharrlich zu desorganisieren, werden eine Chance haben. (Im übrigen bin ich nicht einmal so sicher, ob sie überhaupt so etwas wie eine Chance haben. – Mehr dazu im Kapitel 40.)

Das beharrliche Streben nach dem zufälligen Glück

Sie können sich ruhig lustig machen über die alte Jagd-»Strategie« der Napaski-Indianer Labradors. Ich nehme sie sehr ernst. Organisationsforscher Karl Weick berichtet in *The Social Psychology of Organizing* dazu:
»Jeden Tag stehen die Napaskis vor der Frage, in welche Richtung die Jäger gehen sollen, um das Wild zu stellen. Die Antwort auf diese Frage liefern ihnen getrocknete Karibu-Schulterknochen, die sie über ein Feuer halten. Sobald die Knochen erhitzt werden, bilden sich Risse und Flecken, die dann von einem Experten ›gelesen‹ werden. Sie geben die Richtung an, in der die Jäger nach Wild suchen sollen. Die Napaskis glauben, daß diese Verfahrensweise den Geistern gestattet, Einfluß auf ihre Jagdentscheidung zu nehmen. Das Interessante an dieser Verfahrensweise aber ist, daß sie funktioniert.
Warum . . . nun, dazu sollte man sich einige der Besonderheiten dieses Entscheidungsprozesses vor Augen halten. Zum einen ist die endgültige Entscheidung über den Ort der Jagd nicht eine rein persönliche oder eine Gruppenentscheidung. Wird kein Wild angetroffen, sind die Geister – und nicht die Gruppe – schuld daran. Zweitens wird die endgültige Entscheidung nicht beein-

flußt durch das Ergebnis früherer Jagdausflüge. Ließen sich die Indianer von den Ergebnissen früherer Jagdausflüge leiten, bestünde die Gefahr, daß sie den Wildbestand dezimieren. Frühere Erfolge würden mithin spätere Mißerfolge nach sich ziehen. Drittens wird die endgültige Entscheidung nicht beeinflußt durch die typischen menschlichen Präferenzmuster, die es dem Jagdwild ermöglichen, die Gegend zu verlassen und sich auf die Präsenz menschlicher Wesen einzustellen.«

Gut gesagt! Aber vielleicht sagt es Dr. Claire Lewicki in dem 1990 erschienenen Film *Days of Thunder* noch besser als Weick oder gar Hayek, indem jemand zu dem Rennfahrer Cole Trickle (der von Tom Cruise dargestellt wird) sagt: »Kontrolle ist eine Illusion, du infantiler Egozentriker. Niemand weiß oder kontrolliert irgend etwas.« Wenn ein Produkt ein reißender Erfolg wird – wie mein erstes Buch *Auf der Suche nach Spitzenleistungen* –, so liegt es an Tausenden und aber Tausenden unbegreiflicher Gründe. So ist das Leben.

Sie dürfen mich nicht falsch verstehen: Ich bin nicht gegen hartes Arbeiten. Im Gegenteil, es ist notwendig. Das Problem ist nur: Viele Leute arbeiten hart, viele Leute sind intelligent, und viele Leute arbeiten hart und sind intelligent. Nehmen wir noch einmal den aufschlußreichen Fall von IBM, Arbeitsplatz vieler sehr intelligenter und hart arbeitender Menschen. Und doch würde ich behaupten, daß sein einziger Erfolg von 1960 bis 1980 größtenteils reines Glück war.

Tom Watson sen. arbeitete um die Jahrhundertwende für National Cash Register. NCR-Chef William Patterson war ein Pionier, der auf Service Wert legte und sich um die Arbeitnehmer kümmerte – was in jenen Tagen nicht gerade die Norm war. Watson sen. hat von Patterson aus erster Hand gelernt.

1913 kaufte Watson die Firma Computing-Tabulating-Recording, die Vorläuferin der heutigen modernen IBM. Auch er legte größten Wert auf Menschen und Service – es war schon fast eine fixe Idee. Das kleine Unternehmen blühte. Als die ersten elektronischen Computer in der Zeit nach dem Zweiten Weltkrieg entwickelt wurden, zeigte Watson sen. noch wenig Begeisterung dafür. Sein schwer erarbeiteter Kundenstamm war durchaus mit seinen Lochkartenmaschinen zufrieden. Warum also sollte er sich in unsichere Gewässer begeben? Es war schließlich sein aufmüpfiger Sohn, der nach einigen ziemlich turbulenten Jahren wieder

in den Schoß der Firma zurückkehrte und Papa schließlich dazu brachte, ins Computergeschäft einzusteigen.
Was sich nicht änderte, war Watsons sen. unerschütterliches Beharren auf Service und Menschen. Und es erwies sich als genau die richtige Idee in der damaligen Zeit. Vor dreißig Jahren wurden, wenn Sie sich erinnern, Computer nur für triviale Funktionen eingesetzt, wie beispielsweise für die Lohnabrechnung. Außerdem waren sie damals noch keineswegs so zuverlässig. Die Mitarbeiter, die in den Unternehmen für Computer zuständig waren, waren in den seltensten Fällen Experten; meistens waren es leitende Angestellte in der Buchhaltung, die plötzlich die neuerstandene Computerabteilung zu leiten hatten, da die routinemäßig ablaufenden Buchhaltungsvorgänge als erste automatisiert wurden.
Die meisten Wettbewerber von Watson, wie William Norris bei Control Data Corporation, waren dagegen in erster Linie Technologen. Im Unterschied zu Watson sen. liebten sie ihre cleveren Maschinen und die Idee der Computer-Revolution. Wie die Barney Oldses ein halbes Jahrhundert zuvor ging es ihnen vor allem um die tollen technischen Eigenschaften dieser Maschinen. Sie stellten technisch versiertes Verkaufspersonal ein, und es blieb ihnen immer ein Rätsel, warum Watson sen., der seine Maschinen an konservative Buchhalter verkaufte, die inzwischen zu »Computer-Baronen« geworden waren, soviel Erfolg mit den ihrer Meinung nach einfallslosen Produkten hatte. Kurzum, IBM war ein Star im *Service*bereich, in einer Zeit, als die Maschinen noch alles andere als hundertprozentig waren, und es funktionierte – und wie!
Aber auf einmal (Mitte der achtziger Jahre) war der Wurm drin, vermutlich kam er mit dem massiven Ansturm der Mini-Computer von Digital Equipment. Computer wurden auf einmal zuverlässig, und auch ihre Leistung wurde immer mehr dezentralisiert. Maschinen und Systeme wurden für die Bereiche außerhalb des »Glashauses«, außerhalb der Reichweite des Firmenvorstandes verkauft. Mittlerweile war der für Computer zuständige Vorstand ein Fachmann, nicht nur ein umfunktionierter Buchhalter, der sich um jeden Preis gegen Fehlschläge absichern wollte. Der neue »Fachmann-Boß« war experimentierfreudig und wollte die firmeneigene Computereinrichtung nach seiner Fasson gestalten

(und gegebenenfalls auch die IBM-Geräte mit den Geräten anderer Hersteller »mischen«). Plötzlich bekamen Firmen, die von Fachleuten geleitet wurden und die es sich zur Aufgabe machten, die Probleme ihrer Kunden zu lösen, erhebliche Aufträge (dies war lange Zeit die Stärke von Digital). Folge: IBM erlitt einen Rückschlag nach dem anderen, und zwar von allen Seiten, den sogenannten »Kleinen« wie Apples, den Digitals und HPs im mittleren Marktsegment und den Großen wie Crays und Thinking Machines. Die einst für ihren »ehrfurchtgebietenden Service« bekannte IBM hatte plötzlich einen schlechten Ruf als arrogant, bürokratisch, selbstgefällig und an den falschen Kunden interessiert.

Wir sind im Grunde genommen in der Zwickmühle. Um als Unternehmen weiterhin erfolgreich zu arbeiten, muß man mit Überzeugung die Perfektion der Produkte und Dienstleistungen, denen man den Erfolg verdankt, vorantreiben (z. B. die alte IBM). Um aber langfristig überleben zu können, muß man energisch die Zerstörung dessen, was man geschaffen hat, betreiben. Kann man aber gleichzeitig energisch die Perfektion *und* die Zerstörung betreiben? Das ist nicht sicher.
»Die einzige Möglichkeit, einigermaßen die Kontrolle zu behalten«, sagt eine Führungskraft, die an einem meiner Seminare teilnahm, »besteht darin, anzuerkennen – daß man die Kontrolle nicht hat.« – »Wenn man sich mit den Unwägbarkeiten des Marktes abfindet (Glück, Timing)«, sagte Mao Tse-tung, »muß man hundert Blumen blühen und tausend Denkschulen argumentieren lassen.« (Mao hat das zwar nicht getan, aber das ändert nichts daran, daß es eine gute Idee ist – und vor allem eine treffende.) Die »Granden« bei Johnson & Johnson, PepsiCo, 3M, IDG und ABB sind dabei, das zu verstehen. Leider gibt es kaum andere in vergleichbarer Position bei großen Unternehmen, großen Museen oder großen öffentlichen Institutionen, die das kapiert haben.
Und nun fordere ich Sie auf, sich über die folgenden *logischen* Vorschläge über eine *unlogische* Welt Gedanken zu machen. Sie wurden absichtlich so formuliert, daß sie irritieren:

- Erfolg ist eine Sache des Glücks.
- Erfolg birgt bereits den Keim des Mißerfolgs.

- Nur wenige Stücke (Produkte) haben eine lange Laufzeit am Broadway (am Markt).
- Eine ernsthafte Erneuerung und echte Veränderung sind praktisch unmöglich.
- Man kann den Erfolg überleben, aber es ist kaum zu erwarten, daß man wieder interessant wird.
- Planung ist nur hinderlich, und die stets so beliebten »Programme zur Veränderung der Kultur« sind eine Falle und eine Täuschung.

Vorsicht vor den falschen Propheten des Verstehens

Ich habe das Buch *Chaos* von James Gleick regelrecht verschlungen. Es bestätigt etwas, was mir sehr am Herzen liegt, nämlich, daß die chaotischen Aspekte der Phänomene die wichtigsten sind. Vor der Chaos-Theorie lehrte uns die Wissenschaft, daß die großen Wirkungen normalerweise von großen Ursachen ausgelöst werden. Jetzt behaupten die »Chaotiker«, daß kleine Veränderungen in den Ausgangsbedingungen enorme Konsequenzen haben. Nehmen wir einmal an, auf dem Weg zur Arbeit fällt Ihnen ein Blumentopf vom dritten Stock auf den Kopf. Welche komplexe Ereigniskette in Ihrem Leben, im Leben des Mieters im dritten Stock und im letzten des Architekten dieses Hauses hat dazu geführt, daß Sie und der Blumentopf zusammentrafen? Und wenn nun Ihr Großvater vor genau 73 Jahren seinen Tagesablauf ein kleines bißchen verändert hätte, wäre dann nicht die Chance ziemlich groß, daß sich dieser Vorfall von heute morgen nicht ereignet hätte?
Die zunehmende Computerleistung ermöglicht die Entwicklung von Modellen, die Opas Leistungen nachvollziehen und lange, konvolute Kettenreaktionen berücksichtigen. Als Folge davon wird die Chaos-Theorie in Bereichen wie der Wettervorhersage (z. B., um zu zeigen, wie eine kleine Störung hier einen Riesensturm an anderer Stelle auslösen kann), der medizinischen Wissenschaft (z. B. durch Erklärung der geheimnisvollen Turbulenz, die das Herz am Funktionieren hält) und anderen Disziplinen künftig eine größere Rolle spielen.
Aber Vorsicht vor den überzogenen Versprechungen der Chaos-

Theorie. Noch vorsichtiger sollten Sie sein bei den Anhängern dieser Theorie, die deren unmittelbare Anwendung auf Unternehmensstrategien propagieren. Als ich mit einem Kollegen über einige chaotische Marktphänomene diskutierte, gab er gleich folgendes zum besten: »Die Chaos-Theorie wird nachweisen, daß daran überhaupt nichts Chaotisches ist.« Er mag hier in einem sehr engen, technischen Sinne recht haben. Aber ich würde meine Firma nicht darauf verwetten. Dazu ein Auszug aus dem Buch *A Random Walk Down Wall Street*, in dem sich der Wirtschaftswissenschaftler Burton Malkiel über die Superstars unter den Aktienspekulanten lustig macht:

»Der Wettstreit beginnt, und 1000 Teilnehmer werfen ihre Münzen. Genau so, wie man es beim Zufall erwarten würde, fallen 500 Münzen auf Kopf, und diese Gewinner dürfen in die zweite Runde des Wettspiels vorrücken und nochmals werfen. Wie zu erwarten, werfen 250 wieder Kopf. Nach den Gesetzen des Zufalls gibt es 125 Gewinner in der dritten Runde, 63 in der vierten, 31 in der fünften, 16 in der sechsten und acht in der siebten. Um diese Zeit sammelt sich die Menge um die Münzwerfer, um den überraschenden Fähigkeiten dieser sachverständigen Münzwerfer zuzusehen. Die Gewinner . . . werden als Genies in der Kunst des Münzwerfens gefeiert – ihre Biographien werden geschrieben, und die Leute drängen sich um ihren Rat. Schließlich gab es 1000 Teilnehmer, und nur acht schafften es, konsequent Kopf zu werfen.«

Ich muß zugeben, ich habe auch schon ähnliches Lob ausgesprochen. Das Feiern mancher »Helden« gehört zu dem ewigen zwanghaften Bedürfnis, alles zu erklären. Ihm verdanken wir die Höhlenmalerei, die griechische Mythologie, Newtons Physik, die Quantentheorie und jetzt auch noch die Chaos-Theorie. Unser Wunsch, den Dingen auf den Grund zu gehen, war die Antriebskraft der modernen Zeit.

Anatomie eines (planlosen) Sommerurlaubs

Hätte ich nicht genau zu diesem Zeitpunkt auf die Toilette gemußt, wäre wahrscheinlich alles anders gelaufen. Wir haben uns an solche spektakulären Geschichten wie die nach einem Flugzeugabsturz schon gewöhnt: Jemand, der im Verkehrsstau steckengeblieben ist und den Todesflug um 90 Sekunden verpaßt hat. Ist das

dramatisch? Absolut! Aber es zeigt sich, daß das *ganze* Leben so ist. Wenn wir den Mut haben, uns das einzugestehen, werden wir auch ganz andere Unternehmensstrategien verfolgen, als wenn wir denken, wir könnten das Schicksal durch clevere Pläne lenken.
Meine Frau und ich landeten auf dem Flughafen von Grenoble. Es dauerte ziemlich lange, bis unser Gepäck kam, also ging ich zur Toilette. Auf dem Weg zurück zur Gepäckausgabe kam ich an einem Kiosk vorbei, an dem ein paar recht interessante Reiseführer angeboten wurden – mit genauen Beschreibungen von einigen hundert verlockenden Wanderwegen genau in der Gegend, in die wir wollten. Ich blätterte einige dieser Bücher durch und kaufte dann das ganze Paket (sechs).
Am nächsten Morgen beschlossen wir in unserem (gemieteten) Ferienhaus in den französischen Alpen, einen dieser Wanderwege auszuprobieren. Es war phantastisch, so daß wir schließlich (obwohl es ursprünglich gar nicht so geplant war) jeden Tag eine Wanderung unternahmen.
Was wäre gewesen, wenn unser Gepäck nicht fünf Minuten später gekommen wäre? Wenn ich nicht beim Kiosk angehalten hätte? Wäre der Urlaub genauso verlaufen? Die Antwort kann eigentlich, wenn man ein bißchen ehrlich mit sich selbst ist, nur lauten: natürlich nicht.
Aber das ist noch nicht alles, was auf dieser Reise passiert ist. Etwa 18 Monate lang hatte ich »Aerobic-Laufen« (oder Leistungs-Laufen) trainiert. Als ich anfing, schaffte ich kaum 1,25 Meilen bei 14,5 Minuten pro Meile. Drei- oder viermal pro Woche trainierte ich. Heute schaffe ich im Durchschnitt fünf Meilen, bergauf, bergab, bei 11,25 Minuten pro Meile, und das sechs- oder siebenmal pro Woche. Das letztere war ein Durchbruch, den ich während meines Urlaubs in den Alpen erreichte.
Als ich in Frankreich ankam, war ich entschlossen, mein Lauftraining nicht fallenzulassen, machte mir aber doch etwas Sorgen, da unser Ferienhaus in etwa 1850 m Höhe lag. Ich stellte mir vor, wie mühsam es sein würde, in dieser Höhe zu laufen. Ich fing vorsichtig an und schaffte am ersten Tag etwa 1,5 relativ langsame Meilen und einen Anstieg von 250 m. (Als Opfer meiner vorgefaßten Meinung über Mühsal – war es Mühsal.)
An unserem zweiten Tag in den Alpen machten meine Frau und ich nach dem Abendessen zufällig eine kleine Spazierfahrt und entdeckten am Ende unserer Straße (auf der ich lief) ein reizendes

Dorf. Es lag etwa 4,5 Meilen von uns entfernt und ca. 850 m höher. Zu diesem Dorf zu gelangen und wieder zurück wurde künftig mein vages »Laufziel«. In den nächsten Tagen, als ich mich auch an die Höhe gewöhnt hatte, wurden meine Laufstrecken immer ein bißchen länger und gingen ein bißchen höher und wurden schneller. Aber das Dorf am Ende der Strecke war immer noch fern.

Der »Durchbruch« erfolgte am zehnten Tag unseres Aufenthalts. Meine Frau und meine Tochter wollten einen Weg hinter dem Ende unserer Straße erkunden. »Ich gehe ihn hoch«, erklärte ich nonchalant, »und treffe euch dann am anderen Ende des Dorfes.« Ich ging los, lief meine normale Strecke bergauf (zu diesem Zeitpunkt waren es bereits 2,5 Meilen bzw. 4 km), und allmählich wurde mir der Sauerstoff knapp. Aber ich wollte natürlich unter keinen Umständen als hechelndes Häufchen Elend am Straßenrand stehen, wenn die anderen kamen. Ich wußte, daß ich praktisch jede Strekke laufen, wenn auch nicht auf Tempo laufen konnte. Und das tat ich denn auch – und schaffte es. Ich erreichte das Dorf, noch bevor Kate und Sarah mit dem Auto ankamen, und begrüßte sie, indem ich wie ein unbekümmerter Anhalter mit dem Daumen winkte.

Am nächsten Tag gelang es mir mühelos, bis auf eine halbe Meile vor dem Dorf auf Tempo zu laufen. Am Tag darauf schaffte ich es problemlos bis zum Dorf. Zwei Tage später lief ich jenseits des Dorfes eine weitere halbe Meile einen steilen Pfad hoch. Am Ende unseres Aufenthaltes lief ich routinemäßig sieben bis neun Meilen mit einem Aufstieg von gut 800 m bei schnellem Tempo. Als ich nach Vermont zurückkam, wo meine Laufstrecke monatelang bei 3,5 Meilen und 12 Minuten stehengeblieben war, fing ich mit 4,5 bis 6 Meilen bei einem Durchschnittstempo von 11,25 Minuten pro Meile an.

Diese kleine Geschichte zeigt meines Erachtens sehr deutlich, welche Mühen mit praktisch jeder Leistung verbunden sind. Und auch diesen einfachen Fall habe ich stark vereinfacht dargestellt. (Nehmen wir einmal an, Kate und Sarah hätten bereits am fünften und nicht am zehnten Tag unseres Aufenthaltes den dringenden Wunsch verspürt, die Gegend jenseits des Dorfes zu erkunden. Zu einem früheren Zeitpunkt hätte ich jede Menge Gründe gehabt, »mir ein so hohes Ziel« nicht vorzunehmen.) Auf jeden Fall nachstehend einige »Erfahrungen« aus meinem Bergurlaub:

- Hochgesteckte Ziele sind von Nutzen, die meisten ergeben sich jedoch per Zufall. Ich habe mein Dorf durch Zufall entdeckt und es mit allen möglichen heroischen Eigenschaften verbunden. Davor war meine kurze Laufstrecke lediglich ein schlechter, mühsamer Pfad, der nirgendwohin führte, außer nach oben, immer weiter nach oben, auf einem endlosen staubigen Weg.
- Wie man es macht, ist unerheblich. Aber wenn man es erst einmal geschafft hat, ist es geschafft. Ich »beschloß«, daß es überhaupt keine Rolle spielte, wie langsam ich zum Dorf lief. Also ging ich – langsam. Das Wichtige daran ist, daß ich es schaffte. Am nächsten Tag lief ich schnell, einfach weil ich wußte, daß ich es sowieso schaffte.
- Nichts davon war geplant. Abgesehen von dem vagen Wunsch, meine Laufgewohnheiten auch während des Urlaubs beizubehalten, konnte ich mir kaum so perfekte und komplexe Umstände vorstellen, um über meine früheren, anhaltend gleichbleibenden »Grenzen« hinwegzukommen.

Kann man diese Erfahrungen eines Lauftrainings auf dem Lande auch auf die komplexe Unternehmenswelt anwenden? Gewiß doch:

- Sehen Sie im *Zufall Ihren Verbündeten.* Eine leistungsfähige Führung besteht darin, opportunistisch auf Zufälle zu reagieren, statt kostbare Zeit damit zu verschwenden, über die Ungerechtigkeit widriger Umstände zu lamentieren (schwache Knie, steile Berge, neue Konkurrenten).
- *Schaffen Sie Spielraum,* damit die Menschen sich selbst motivieren können (fördern Sie die Entstehung von unvorhergesehenen Situationen, und beglückwünschen Sie diejenigen, die darauf eingehen). Nur Ziele, die wir selbst entdecken und die unser Ego herausfordern, motivieren uns weiterzukämpfen.
- *Nicht zuviel planen.* Normalerweise sind Pläne bedeutungslos, Ziele ohne Leben – und es ändert sich sowieso alles.

---

34. Kapitel

Drastische Markt-Injektions-Strategien

Die thematischen Begriffe lauten Autonomie, Experimentieren und Vielfalt . . . Die Grundvoraussetzung für die Fähigkeit des Westens, den Funken der wirtschaftlichen Revolution zu entzünden, war die einzigartige Art und Weise, in der mit Technologie und Organisation experimentiert wurde . . . Schlüsselfaktoren des Systems waren die für das Experimentieren erforderliche weite Verbreitung von Autorität und Ressourcen, das Fehlen grundsätzlicher politischer oder religiöser Beschränkungen sowie Anreize und reichliche Belohnung für den Erfolg . . . neben dem Risiko schwerwiegender Einbußen durch Nicht-Experimentieren.
Nathan Rosenberg/L. E. Birozell
How the West Grew Rich

Amerika prosperierte nicht, weil alles, was es tat, perfekt war, sondern weil alles immer in Bewegung war. Es lebte in dem ständigen Glauben, daß etwas anderes oder etwas Besseres auftauchen könnte . . . Wann hatte der Mensch jemals zuvor so viel Vertrauen in das Unerwartete gezeigt?
Daniel J. Boorstein
The Americans: The National Experience

In der Überschrift zu diesem Kapitel geht es zuerst um die Märkte und erst in zweiter Linie um Innovation. Mir ist in der letzten Zeit immer klarer geworden, daß in unserer völlig verdrehten Welt, in der alle Güter mehr oder weniger modeabhängig sind, die Überlebenschance eines Unternehmens oder einer überragenden Leistung nur dadurch (auf ein befriedigendes Niveau – vielleicht!) verbessert werden können, wenn man voll auf den Markt powert und jeder einzelne Bereich des Unternehmens total gefordert wird.

Der Motor der Unordnung

F. A. v. Hayek war einer der wenigen Wirtschaftswissenschaftler, die gleichzeitig erstklassige Historiker waren. Für den wahren Wirtschaftshistoriker – wie für den guten Romancier – ist das Chaos die Geschichte. Hayek beschreibt den wechselvollen Fortschritt von Wirtschaft (und Menschheit) als eine unmittelbar mit dem vielseitigen, volatilen und unvorhersehbaren Experimentieren im Markt zusammenhängende Entwicklung. (Er nennt die Weltwirtschaft »die komplizierteste Ordnung des Universums« – die in sich unverständlich ist.) Das ist vielleicht keine schöne Perspektive, aber es zeigt sich immer deutlicher, daß sie wesentlich besser funktioniert als jede andere Alternative.
Die Bekanntschaft mit Hayek (ich bin durch Zufall auf sein Werk gestoßen – wie könnte es auch anders sein!) wurde für mich zu einem äußerst erfreulichen Erlebnis. Er untermauert seine Argumente mit harten empirischen Fakten (in den 22 Bänden seiner gesammelten Werke, die ich noch nicht alle durchgearbeitet habe). Nach dem Kennenlernen von Hayeks Werken schwor ich mir, nie wieder zu den Kräften der Ordnung zurückzukehren – den dogmatischen strategischen Planern, den Hierarchikern, den zentralen Kontrolleuren, die uns glauben machen wollen, daß Ordnung und Erfolg einander bedingen (o welch beruhigende Illusion, wie uns Hayek so eloquent deutlich macht), daß, wenn nur der Plan stimmt, der Erfolg sich von selbst einstellt. In Unordnung und den Freuden des zufälligen Entdeckens zu schweigen – das ist es, was Madison Avenue und Hollywood ausmacht. Das ist der Zauber von Silicon Valley, und vor langer Zeit war es auch der von Detroit.

Selbst nach zwei Jahren war es mir noch nicht gelungen, den üblen Geruch der zentralen Planung loszuwerden.
Vladimir Dloughy
Wirtschaftsminister der Tschechoslowakei
über die Büros, die er 1988 von den Kommunisten übernommen hatte

Es gibt keine Hoffnung für Staatsunternehmen.
Ein ungenannter chinesischer Wirtschaftswissenschaftler, zitiert in The New York Times, 8. Dezember 1991

1991 entdeckte ich Professor Steven P. Schnaars' *Marketing Strategy: A Customer-driven Approach* – und stieg voll ein. Es ist ein nützliches Buch, das die wichtigsten Positionen der heutigen Marketing- und Wirtschaftsstrategie-»Gurus« darlegt: die Erfolge und Irrtümer der Marktanteil-»Erfahrungskurven«-Theorie der Boston Consulting Group in den siebziger Jahren, die Vor- und Nachteile der drei »generischen Strategien« von Harvard-Professor Michael Porter sowie die Stärken und Schwächen der PIMS-Datenbanken (profit impact of market strategies = Auswirkung von Marktstrategien auf den Gewinn) usw.
Ich machte mir Notizen. Dann, als ich daranging, dieses Kapitel zu schreiben, prüfte ich ein letztes Mal meine Aufzeichnungen über Hayek – und zerriß das, was ich über das Buch von Schnaars geschrieben hatte, voller Wut, Ärger, Verzweiflung, ja, sogar Abscheu. Warum? Nirgendwo in diesen ordentlich verfaßten Seiten (die als Lehrbuch für Studenten der Betriebswirtschaft gedacht waren) fand ich auch nur den geringsten Hinweis auf die reichhaltige Vielfalt, Unordentlichkeit und Ungewißheit der Märkte, die Unordnung, den Spaß und die Begeisterung – auch die Qual und Verzweiflung – der Märkte. (Eigentlich kann man nicht von der Unordentlichkeit »der« Märkte sprechen. Die Unordentlichkeit ist der Markt *per se.*) Im Gegenteil, auf praktisch jeder Seite wurde suggeriert, daß es möglich sei, die Märkte mit soliden Plänen/Strategien und ein bißchen mehr an Marktforschung zu erobern. In meinem Buch werden Sie so etwas nicht

lesen. (Schon gemerkt?) Sie werden schnell feststellen, daß bei mir das *Chaos die Message* ist.

F. A. v. Hayek: Die Krux ist das Chaos

Um in einer hektischen Welt wie der unseren Innovation zu verstehen, muß man wohl oder übel auf die wirtschaftlichen Grundkenntnisse zurückgreifen, nicht auf die langweiligen Grundprinzipien von Angebot-und-Nachfrage-Kurven, die wir alle am Anfang lernen mußten, sondern auf die *echten* Grundprinzipien, den Wirrwarr des wirtschaftlichen Lebens. Friedrich August von Hayek hatte schon vor langer Zeit das herkömmliche makroökonomische Denken über Bord geworfen, denn er war ein außergewöhnlich scharfer Beobachter, der sich mit dem *eigentlichen* Wesen der Märkte auseinandersetzte. Hierzu empfiehlt es sich, die Umstände etwas näher zu betrachten, die zur Entstehung der Märkte beitrugen, wie Hayek sie beschreibt. Danach zeigt sich die Komplexität dessen, was dieser Wirtschaftsdeuter als die »erweiterte (wirtschaftliche) Ordnung« bezeichnet, bereits zur Zeit der »Jäger und Sammler«. Und zugleich zeigt sich sehr rasch auch, wie unmöglich es ist, selbst die einfachste erweiterte Ordnung auch nur annähernd umfassend zu kennen: Die Beziehungen sind bereits zu vielfältig und reichhaltig und zu dicht, um sie erfassen oder verstehen zu können.

Die Ausweitung des Handels, so bemerkt Hayek, erfolgt noch vor der Entstehung der Landwirtschaft – in der Altsteinzeit vor etwa 30 000 Jahren. Um den Handel über die engen Grenzen der eigenen Siedlung hinaus auszudehnen, war es wichtig, einige althergebrachte Richtlinien und Regeln zu haben. (Es ist jedoch wichtig, darauf hinzuweisen, daß diese »Regeln« nicht, wie man aus dem Begriff herleiten könnte, das Ergebnis eines Plans waren.) Einige Gesellschaften sind rein zufällig auf solche Praktiken verfallen, behauptet Hayek. Sie prosperierten. Die Praktiken – »Regeln« –, die sie bei Gelegenheit entwickelt hatten, wurden von anderen kopiert und verbreitet.) Besonders aber, so Hayek, war das *Privateigentum* der Grundstein für alles, was danach kam. Es war die Grundlage für den organisierten Handel und damit für die mühsame Entwicklung von kleinen, vereinzelten wilden Gruppen oder Stämmen zu unserer weitverbreiteten, interdependenten modernen Zivilisation.

Die *»erweiterte Ordnung«* entstand zunächst im Mittelmeerraum.

Die Gesellschaften in diesem Raum waren, so Hayek, die ersten, die das private Verfügungsrecht über Eigentum anerkannten und so dem einzelnen gestatteten, ein dichtes Netz kommerzieller Beziehungen aufzubauen. Privateigentum beinhaltet nach Hayek auch das Primat der Dezentralisierung. Das Verfügungsrecht über das eigene Gut bildet die Grundlage für Geschäftsbeziehungen mit anderen bzw. die Wahl, keine Geschäfte mit anderen zu machen.

Das intellektuelle Problem, mit dem sich Hayek auseinandersetzt, ist folgendes: Es ist nicht nur die Tatsache, daß das sich rasch bildende dezentralisierte Netz unüberschaubar wird; Hayek behauptet, daß die Haupttriebfeder für die Weiterentwicklung der Volkswirtschaften und der Zivilisation das planlose Experimentieren von und unter Millionen von Einzelpersonen (heute Milliarden) ist, die einander nicht kennen. Erfolgreiche Experimente werden nachgeahmt. (Einige ganz wenige Experimente sind sofort erfolgreich, aus den »richtigen« Gründen, d. h., sie gehen »nach Plan«. Die anderen erfolgreichen Experimente ergeben sich mit der Zeit aus den »falschen« Gründen, d. h., sie waren nicht geplant, nicht ausgedacht und meistens unvorstellbar.) Die nicht erfolgreichen Experimente, und das ist die große Mehrheit, bleiben auf der Strecke. Der Prozeß der wirtschaftlichen Expansion erzieht zur Bescheidenheit, er ist irrational und – im Prinzip – nicht geeignet für zentrale Planung und Lenkung. »Die Märkte«, schreibt Hayek, »sind nicht das Ergebnis bewußter menschlicher Planung ... Eine ohne Plan entstandene Ordnung kann die von Menschen entworfenen Pläne bei weitem übertreffen.« Und er fügt hinzu: »Die erweiterte Ordnung ist nicht das Ergebnis menschlicher Planung oder Absicht, sondern ist spontan entstanden ... Die Evolution bringt uns voran, gerade weil sie viele Dinge hervorbringt, die nicht beabsichtigt oder vorhersehbar waren.«

(Hayek verwendet nicht zufällig den Begriff »Evolution« und andere aus der Evolutionstheorie abgeleitete Begriffe wie Abwandlung, Anpassung und Selektion. Er bemüht sich sogar sehr stark, nachzuweisen, daß Darwin bereits 20 Jahre vor der Veröffentlichung von *Der Ursprung der Arten* durch die Lektüre von Adam Smith' *Der Reichtum der Nationen* stark beeinflußt war. Die Evolutionstheorie ist also sowohl Smith' brillanter Darstellung der »unsichtbaren Hand« wie Darwins umfangreichen Be-

obachtungen im Zusammenhang mit der Reise der »Beagle« zuzuschreiben.)
Allerdings stehen diejenigen, die gestern oder auch heute noch an die »unsichtbare Hand« glauben, vor einem Dilemma: Erstens wissen sie/wir nicht, wie sie funktioniert, bedenkt man ihre allumfassende Art. Zweitens erfüllt der Markt keinen »im voraus voll präzisierbaren« Zweck. Und er bringt Ergebnisse hervor, die »nicht sofort feststellbar« sind. Diese drei Eigenschaften sind aber, so Hayek, die Definitionsgrundlagen moderner, nachprüfbarer wissenschaftlicher Hypotheken. Mit anderen Worten, dieser erweiterte, unüberschaubare, unplanbare, nicht umreißbare Markt steht *im krassen Widerspruch zur Aufklärung*, zu kartesianischer Logik und wissenschaftlicher Beweisführung – also all den Dingen, die in den letzten Jahrhunderten den intellektuellen »Fortschritt« ausmachten.
Ein Teil des Problems ist in der Egozentrik begründet. »Intelligente Menschen«, schreibt Hayek, »neigen dazu, Intelligenz überzubewerten, und gehen davon aus, daß wir alle Vorteile und Chancen, die die Zivilisation bietet, einem vorgefaßten Plan verdanken müssen.« Aber das Gegenteil ist der Fall. Hayek verweist darauf, daß Europas außergewöhnliche Expansion während des Mittelalters die Folge »politischer Anarchie« war. Die *Anarchie per se* brachte die Vielfalt hervor, die zur modernen Wirtschafts»ordnung« führte. Die turbulenten kapitalistischen Städte der Renaissance in Norditalien, Süddeutschland und den Niederlanden waren eine unerklärbar neue Art von Städten, die der Ausgangspunkt für die moderne Marktwirtschaft wurden.

Fröhliche Anarchie (Urstände)

So viele Beispiele wirtschaftlichen Erfolgs – Silicon Valley, Taipei, Hongkong, Guangdong, Hollywood – haben mit Anarchie zu tun. Der »Reiz« von Silicon Valley liegt ebensosehr in seinen Bars und Squash-Plätzen wie den produktiven Labors der Stanford University. Die Anarchie führt zu den zufälligen Verbindungen, den oft wiederholten Motivationsgeschichten über Erfolg und Mißerfolg. Es ist die *Energie der kritischen Masse* – also des Chaos –, die Silicon Valley zu dem macht, was es ist (und es beinahe unkopierbar macht). Man kann natürlich ein »Silicon-Brasília« bauen, aber es wäre sicher nicht einfach, aus dem Stand ein so wildes, ungebremstes Wachstum in Gang zu setzen, wie es dieses einzigartige wirtschaftliche Treibhaus zustande gebracht hat.

Einerseits argumentiert Hayek überzeugend, daß Regeln unverzichtbar sind für den Fortschritt (aber nur eine kleine Anzahl: Privateigentum, Durchsetzbarkeit von Verträgen). Andererseits wird die Freiheit maximal erweitert – ebenso wie Reichtum und Zivilisation –, gerade weil diese Regeln »unpersönlich« sind. Sie lenken eine große Zahl von Beziehungen unter zahlreichen Menschen, die einander nicht kennen; ihr Inhalt und ihre minimalistischen Anforderungen fördern eher die Dezentralisierung als die Zentralisierung. Durch das rigorose Vorantreiben der Dezentralisierung wird, das behauptet jedenfalls Hayek, auch das Experimentieren maximal gefördert – dadurch maximiert sich die Zahl der »blinden Variationen« (wieder das Evolutionsmodell), aus denen sich gelegentlich unvorhersehbare, aber nützliche Folgen entwickeln können.
Hayek behauptet ferner, daß »jede Evolution sich auf Wettbewerb gründet.« (Nützliches) Wissen entsteht, wenn die weit auseinanderliegenden, unterschiedlichen und sogar gegensätzlichen Überzeugungen von Millionen von Menschen in experimentierenden Beziehungen aufeinandertreffen. Regeln zur Unterdrükkung von auf Glück aufbauender Differenzierung hätten die meisten Entdeckungen unmöglich gemacht. Hayek zitiert den herausragenden Wissenschaftsphilosophen Karl Popper, der in seinem Werk *Conjectures and Refutations* argumentiert, daß es kein Endwissen geben kann, nur »Anregungen« (Hypothesen bzw. Vermutungen), die eine Zeitlang unterstützt werden, dann von besseren aber zwangsläufig wieder nicht zu beweisenden »Mutmaßungen« überholt (widerlegt) werden. »Unser Ziel«, schrieb Popper in einem von Hayek exquisit zitierten Abschnitt, »muß es sein, unsere Fehlersequenz so schnell wie möglich hinter uns zu bringen.«
Damit kommen wir wieder zu Hayeks Ablehnung moderner makroökonomischer Argumentationen. Er ist der Meinung, daß sie das Wesen des Wettbewerbs als Entdeckungsprozeß verschleiern. Er verweist immer wieder auf die Bedeutung einer chaotischen Dezentralisierung als »einzige Möglichkeit, die (weit) verbreitete Information in ihrer ganzen Vielfalt zu nutzen ... Die

Dezentralisierung der Ressourcen durch (Privat-)Eigentum ermöglicht die Entstehung und Nutzung von mehr Information, als unter einer zentralen Leitung möglich ist ... Für die naive Vorstellung stellt sich dies so dar, als könne Ordnung nur das Ergebnis bewußten Ordnens sein, und es erscheint absurd, daß unter komplizierten Umständen Ordnung und Anpassung an das Unbekannte effektiver durch dezentrale Entscheidungsprozesse erreicht werden kann.«
Ein weiteres Problem für die Rationalisten ist, nach Hayek, die Tatsache, daß die Vielfalt der Wünsche, Geschmäcker und Werte – die unmittelbar eine relative Verknappung hervorruft und mittelbar einen Preismechanismus entstehen läßt – nichts mit den materiellen Eigenschaften der Dinge zu tun hat. Sie ist rein subjektiv! Die Entstehung von Produkten, Märkten und des Handels selbst ist »lediglich« ein Nebenprodukt des Bestrebens, auf die verschiedenen Geschmäcker der verschiedenen Menschen einzugehen. Hayek räumt ein, daß es »widerwärtig erscheinen mag, einer sich ständig verändernden Werteskala zu dienen«. Die Wirtschaftswissenschaft hat, so behauptet er, den täglichen Verdrängungskampf der Kaufleute im Markt fälschlicherweise als »überflüssig ... als methodischen Fehler bezeichnet. Eine Aktivität, die den bestehenden Reichtum ›aus dem Nichts‹ mehrt, ohne materiellen Schöpfungsakt und lediglich durch Unordnung des Bestehenden, stinkt nach Hexerei.«
Warum befassen wir uns so intensiv mit Hayek? Ganz einfach. Wer im wahrsten Sinne des Wortes die *Unordentlichkeit*, die *Reichhaltigkeit*, die *Leidenschaft* und die *Mangelhaftigkeit* des Marktes und seiner Mechanismen nicht richtig (ein)schätzt, ist nicht dafür gerüstet, ein Unternehmen zu führen (bzw. ein regionales oder nationales Wirtschaftssystem) – besonders in unserem heutigen aus den Angeln gehobenen Weltmarkt. Es ist nicht zu leugnen, daß Wirtschaftswissenschaftler für »unfeine Kapitalisten« nicht viel übrig haben. Das ökonometrische Modell von Chase (bzw. der Strategieplan von General Motors) sehen keinen Spielraum für Menschen wie Steve Jobs, Ted Turner, Al Neuharth in unserer Zeit oder Thomas Edison, Andrew Carnegie in der Vergangenheit, die sich als destabilisierende Faktoren erweisen.

Schlußfolgerungen aus Hayeks Thesen

- Freiheit/Reichtum (»Zivilisation«) ist das Ergebnis einer »erweiterten Ordnung« – eines über größere Entfernung ablaufenden Handels, bei dem sich Produzenten, Händler und Käufer nicht kennen.
- Die erweiterte Ordnung beruht auf einigen wenigen übergeordneten »Regeln«: z. B. Privateigentum, Durchsetzbarkeit von Verträgen. (Diese Regeln haben sich nicht als das Ergebnis von Plänen entwickelt!)
- Das Befolgen weniger einheitlicher, urpersönlicher Regeln vergrößert die Vielfalt. Die jedoch (Wettbewerb/Dezentralisierung) ist ihrerseits die Voraussetzung für Vermögensbildung.
- Das Immaterielle – Handel, Geld und Bankwesen, unterschiedliche Geschmäcker – ist die Grundlage für die erweiterte Ordnung. Jeder Wert ist abhängig von immateriellen Dingen/menschlichen Beziehungen und nicht von materiellen Eigenschaften (z. B. die eigentliche Qualität der Gegenstände).
- Der Wert ergibt sich aus der Umordnung und durch die Neugestaltung. Vermittler sind wichtiger als Produzenten.
- Wachstum entsteht durch Ausprobieren, Wettbewerb, Überleben (und Nachahmung) der Erfolgreichen. (Die Erfolgreichen wissen selten im voraus, daß sie erfolgreich sein werden. Erfolg ergibt sich praktisch immer aus unbeabsichtigten Konsequenzen, aus endlosen Strängen unvorhersehbarer Ursachen und Wirkungen, und meist tritt er erst später ein.)
- Denzentralisierung/denzentrale Informationsverarbeitung (sowie die durch Ausprobieren und durch einen glücklichen Zufall entstandene Entdeckung von Präferenzen/Wünschen) ist die Voraussetzung für die erweiterte Ordnung. Weit mehr Information kann wesentlich schneller in einem desorganisierten, dezentralen System verarbeitet werden – d. h., es entstehen mehr Zufälle und mehr nicht von vornherein absehbare Beziehungen.
- Der Erfolg belohnt nicht unbedingt diejenigen, die ihn »verdienen«, und ist auch nicht eine Sache der »Gerechtigkeit«. Dies liegt an der Komplexität des Systems, die zu einer langen Kette unbeabsichtigter Konsequenzen mit langfristigen Effekten führt, die in den seltensten Fällen – wenn überhaupt – vorausgesagt werden können.

Hau ruck: Her mit dem destruktiven Wettbewerb!

Die meisten Geschäftsleute sehen in Universitäten einen stillen, behaglichen, etwas weltfremden Elfenbeinturm. Das ist Quatsch. In Wirklichkeit sind sie weltweit (und hier gibt es kaum kulturelle Unterschiede) Hort eines energisch betriebenen Wettbewerbs. Die Verlierer weinen oft, gelegentlich begehen sie Selbstmord. Mag sein, daß heutzutage die »große Wissenschaft« an den Universitäten stärker auf Teamarbeit ausgerichtet ist, um immer größere Vorhaben in Angriff nehmen zu können. Man sollte sich jedoch keinerlei Illusion darüber hingeben, was beispielsweise das Team für Hochenergie-Physik in den Labors von Fermi vorhat: die Idee anderer zu vernichten und sie durch die eigenen zu ersetzen.
Wissenschaft und wirtschaftlicher Fortschritt sind Produkte des *destruktiven Wettbewerbs*. Kopernikus hat den Mythos eines um die Erde kreisenden Universums zerstört. Der Transistor entthronte die Vakuumröhre. Und da wir gerade bei Vakuum sind, auch unser elektrischer Heimstaubsauger hat die wunderbaren alten Teppichkehrmaschinen verdrängt. (Können Sie sich noch daran erinnern?) Wie das Wort »destruktiv« erkennen läßt, ist ein solcher Wettbewerb selten ein angenehmes Schauspiel, weder an den großen Universitäten noch im Markt für Halbleiter und Erfrischungsgetränke – noch innerhalb des Unternehmens. Aber nur weil dieser Prozeß ohne Ordnung abläuft und jahrzehntealte Mißgunst herrscht (das Salz des Universitätslebens an den forschungtreibenden Fakultäten), besteht kein Grund, diesen Prozeß oder die aus ihm hervorgehenden Ergebnisse abzulehnen.

Chairman John Akers ist dabei, das Wesen von IBM zu gefährden. Warum? Weil er weder auf die neue Stärke der deutschen Siemens noch der japanischen Fujitsu reagiert. Statt dessen geht er vor den frustrierenden und diffusen Angriffen von Hewlett-Packard, Cray Research, Convex, Sequent, NCube, 3-Com, Intel, Cypress Semiconductor, ASK, AST, Microsoft, Dell, Acer, Sun Microsystems, Apple, Compaq und mehreren anderen zigtausend Firmen, deren Namen man noch nie gehört hat, in Deckung. Akens spricht von 50 000 Wettbewerbern.
Es gibt jedoch Gurus der Wirtschaftspolitik, die behaupten,

Silicon Valley und die amerikanische Elektroindustrie insgesamt lieferten sich eine überzogene, destruktive Konkurrenz in dem Sinne, daß sie knappe nationale Ressourcen, wie beispielsweise die Fähigkeiten qualifizierter Fachleute, vergeuden. Eine ganze Menge Unternehmen bleiben auf der Strecke, andere halten sich über Wasser, produzieren aber nichts Besonderes. Ist die Zeit, die Fachleute in solchen Firmen zubringen, tatsächlich vergeudete Zeit? Ingenieure, die in notleidenden Unternehmen arbeiten, haben jedoch eindeutig die höchste und nicht die niedrigste Lernquote – und das Gelernte können sie anschließend in tausend anderen Unternehmen einbringen.

Zugegebenermaßen ist das, was sich in Silicon Valley abspielt, nicht immer angenehm mit anzusehen. Besonders da das Karussell selten auf »logischen« oder »gerechten« Gründen in Gang kommt. Aber es ist der *konstruktivste ruinöse* Wettbewerb, den dieses Land seit der Zeit, als die alten Knaben Eisenbahnen, Stahlwerke, Kohlenbergwerke und Ölbohrtürme bauten, gesehen hat. (Wollen Sie mehr über massiven, im wahrsten Sinne des Wortes blutrünstigen Wettbewerb erfahren, sollten Sie die Geschichte über die alten Kohlebergwerksbarone in Pennsylvanien nachlesen. Das Ergebnis war, wie Sie wissen, daß Amerika in Rekordzeit mit Kohle versorgt wurde, was wiederum unmittelbar den dramatischen Aufstieg des Landes zur wirtschaftlichen Supermacht antrieb.)

Schalten wir wieder zum Innenleben des Unternehmens zurück. Zehn oder zwanzig Jahre nach einer neuen technologischen Entdeckung und deren Vermarktung (siehe das Beispiel Autos zu Beginn dieses Jahrhunderts) tritt an die Stelle eines brutalen technologischen Wettbewerbs eine energische Verfeinerungswelle – das Streben nach höherer Effizienz, das Dinge hervorbringt wie die Serienfertigungstechniken bei Ford. Wenn dann die wichtigsten Gewinne des Effizienzkrieges eingestrichen sind, werden die überlebenden Giganten meist schwerfällig und selbstgefällig. (Siehe die vornehm zurückhaltende Rangelei über die Heckflossen-Führungsposition, die sich in den fünfziger Jahren in der alles andere als global orientierten amerikanischen Autoindustrie abspielte.) Im Falle der amerikanischen Autos waren es dann Außenseiter, die den ruinösen Wettbewerb provozierten, der dann die gesamte Branche aus einem vierzigjährigen Dornröschenschlaf riß.

Als erstes kam *Volkswagen* und versuchte uns beizubringen, daß Autos nicht immer wie Panzer aussehen müssen. Einmütig fanden wir diese Idee gut – aber es berührte uns nicht weiter. Dann kamen die gierigen japanischen Autobosse (sie waren nicht nur tatkräftig, sondern auch rücksichtslos) und erfanden die gesamte Industrie ein zweites Mal. Schade, daß die »Großen Drei« der amerikanischen Autobranche wie vor ihnen schon die Eisenbahnen es versäumten, innerhalb der einzelnen Unternehmen schneller einen ernsthaften Wettbewerb in Gang zu bringen. Zum Beispiel hätte General Motors 1973 seine mehrere tausend Personen beschäftigende Zentrale in Detroit zumachen und wie ABB mit einer Belegschaft von rund 150 ins Epizentrum der neu entstehenden amerikanischen Wirtschaft, nach Los Angeles, Dallas oder Atlanta, ziehen können, mit anderen Worten, es hätte sich selbst zerstören können, bevor Nissan (und andere) ihm diesen Gefallen taten. Das Problem ist, daß nur wenige etablierte Unternehmen zur Selbstzerstörung fähig sind, wenn ihnen dieser Gedanke nicht schon von vornherein mit auf den Weg gegeben wird (nachstehend sind Beispiele einiger weniger Firmen genannt, die *produktiv selbstmörderisch* sind).

Die moderne Zeit hat auch ihre Kehrseiten. Einige sind so schwerwiegend, wie z. B. die Zerstörung der Umwelt, daß sie die ganze Idee des Fortschritts in Frage stellen. Wenn man aber für die Idee des Fortschritts ist, muß man auch für die Idee des Wettbewerbs sein. Ob es uns gefällt oder nicht, Wettbewerb, der effizienten (schnellen) generellen Fortschritt bringt, ist nun einmal destruktiv. Gewiß kann ein vorübergehendes »Netz von Liebesbeziehungen innerhalb einer strategischen Allianz« funkelnde Produkte hervorbringen. Wenn aber morgen vor Morgengrauen ein anderes funkelndes Produkt erscheint (was durchaus wahrscheinlich ist), dann sicherlich nicht von der vielleicht gestern noch nützlichen strategischen Allianz. Und wenn das morgen neu auftretende Produkt wirklich einen Fortschritt darstellt, wenn es Ihr Produkt, Ihre Moral und Ihr Bankguthaben in Grund und Boden vernichtet, dann gehe ich jede Wette darauf ein, daß es nicht von den gestrigen Gewinnern oder der gestrigen Allianzen kommt.

Wenn Sie einen Rat zum Thema ruinöser Wettbewerb wollen: Vergessen Sie den ganzen Mist, den Sie über die japanischen Keiretsu-Verbindungen gelesen haben. Hinter diesen aufgereihten freundlichen Gesichtern stecken echte Straßenkämpfer. Ein Blick auf die Arbeitslosenstatistik zeigt mehr als deutlich, was passiert, wenn es selbstgefällige Unternehmen (die unseren) versäumen, sich auf einen zerstörerischen Wettbewerb (also einen ernsthaften, schnellen und fundamentalen Wettbewerb) einzulassen.

Smarte Chips von starken Rivalen = der amerikanische Erfolg
Es heißt, die USA erlebten ein Comeback auf dem Gebiet der Halbleiter. Eigentlich waren wir nie »weg vom Fenster«, außer in den Köpfen der zum neuen Establishment gehörenden Halbleiter-Bosse und einiger wehleidiger Harvard-Professoren, die es sich in den Kopf gesetzt hatten, Industriepolitik machen zu wollen. Seit »smarte« (also sogenannte »designintensive«) Chips wieder das Kernstück des Marktes bilden und der Massenchip an Glanz verloren hat, sind die Amerikaner wieder dabei, Marktanteile zurückzuholen und sich einen netten, wichtigen Vorsprung auf dem Gebiet der *Smart-Chips* zu sichern. Dies ist aber – und das sollte man dabei nicht übersehen – zum größten Teil das Verdienst vieler »halbwüchsiger«, tatkräftiger, kompromißloser, kleiner bis mittelgroßer Unternehmen – und einiger knallharter, unfeiner Riesen wie Intel, die durch die neuen Rivalen auf Trab gebracht wurden.

Ein Grundlehrgang in Betriebswirtschaft, Sie werden ihn brauchen

Das erste Kapitel in diesem Teil des Buches befaßte sich mit der Rolle des Zufalls im Wirtschaftsleben. Darin untersuchte ich die chaotischen Grundlagen der Märkte und ihrer Mechanismen. »War das alles nur Rhetorik? Wozu diese Grundlagen der Wirtschaft?« werden Sie vielleicht fragen.
Es gibt für die Grundargumentation dieses Buches nichts Wichtigeres, als die Rolle der *praktischen ungezügelten Marktkräfte* in unserer heutigen unsteten, modeorientierten Welt anzuerkennen. Die meisten Geschäftsleute sind im allgemeinen glücklich über die Märkte und werden sich wahrscheinlich insgeheim eingestehen, daß sie zu 99 Prozent ihre jetzige Position ihren »guten

Genen« verdanken. Diese »Faktoren« werden aber vergessen, wenn es Zeit ist, das Unternehmen zu gestalten – besonders ein Unternehmen, das auch morgen und übermorgen noch in der Lage sein soll, die heftigen Stürme des Wettbewerbs zu überstehen. Einige jedoch kapieren es, mit oder ohne großes Ego. Sie beobachten, wie Bürokratismus und Schwerfälligkeit in ihre bis vor kurzem noch so munteren Firmen einzieht – und tun etwas dagegen.

Thermo Electron und seine Ableger

Im Jahre 1956 machte George Hatsopoulos seinen Dr.-Ing. in Maschinenbau am MIT. Mit einem Kapital von 50 000 Dollar, die er sich von Peter Nomikos borgte, gründete er Thermo Electron Corporation. 1967 ging die Firma an die Börse. Thermo erzielte einen Jahresumsatz von 805 Millionen Dollar, beschäftigte etwas über 6000 Mitarbeiter und investierte ganze 8 Prozent seiner Bruttoumsatzerlöse in Forschung und Entwicklung. Im Zusammenhang mit der Auszeichnung als »Unternehmen des Jahres« 1989 durch das Magazin *Research and Development* sprach ein Wall-Street-Analyst in jenem Magazin von der »Ideenmaschine im Dauerbetrieb«.
»Meine Idee war ein auf breiter Basis angelegtes technisches Unternehmen, das gleichzeitig an vielen riskanten Projekten arbeitet«, sagte uns Hatsopoulos. »Wenn nur eines davon erfolgreich war, konnte das Unternehmen gewinnbringend arbeiten.« Thermo ist heute an sechs großen Unternehmen beteiligt, die alle mit dem Gebiet der Thermodynamik zu tun haben: Instrumente (Thermos größter und neutralster Bereich), Apparate für die Biomedizin, Konstruktion und Bau von Kraftwerken, die Kraft-Wärme-Kopplung einsetzen oder mit alternativen Primärenergieträgern und Biomasse betrieben werden, Fertigung von Prozeßanlagen (z. B. Altpapier-Recyclinganlagen und Galvanisierungssysteme), sowie ein Bereich Hochtechnologie (inklusive elektrooptischer Systeme und signalverarbeitende Lasersysteme) und dazugehörende Dienstleistungen. Das Unternehmen konnte seine Umsätze seit 1987 nahezu verdoppeln. Die Auslandsumsätze machen dabei etwa ein Drittel des Gesamtumsatzes aus.
Das markanteste Kennzeichen des Unternehmens ist seine von

Hatsopoulos konzipierte einmalige Organisationsstruktur. Um den unternehmerischen Geist in seinem immer größer werdenden Unternehmen in Bewegung zu halten, werden immer wieder substantielle Minderheitsbeteiligungen an sogenannten »Geschäftsbereichen« ausgegliedert und als eigenständige Betriebe verselbständigt.

So hat Thermo derzeit sieben börsennotierte Tochtergesellschaften. Thermo Process Systems Inc. beispielsweise entwickelt Wärmebehandlungssysteme für die Metallindustrie, Anlagen und Dienstleistungen für die thermische Abfallentsorgung sowie Wärmebehandlungssysteme für die Luft- und Raumfahrt. Thermo Electron ist mit 74 Prozent an dem Unternehmen beteiligt, der Rest befindet sich im Streubesitz. Thermedics Inc., an der die Muttergesellschaft 60 Prozent der Anteile hält, entwickelt Instrumente für die Sprengstoffsuche sowie das Auffinden von Arzneimitteln und Karzinogenen und entwickelt ferner biologisch verträgliche Polymere. Thermedics ist insofern eine Besonderheit innerhalb der Thermo-Electron-Familie, als es selbst mehrmals Teile ausgegliedert und zu Aktiengesellschaften verselbständigt hat, z. B. Thermo Cardiosystems Inc., ein Unternehmen, das pneumatische und elektrische Geräte zur Unterstützung der Herzfunktion herstellt. Und so weiter, und so fort.

Motive für das Ausgliedern von Unternehmensteilen

Von Anfang an war es das erklärte Ziel von George Hatsopoulos, unternehmerisches Verhalten zu stimulieren und ständig am Leben zu erhalten. So hat er beispielsweise schon vor langer Zeit damit angefangen, seine Mitarbeiter mit Optionen auf den Bezug von Belegschaftsaktien zu belohnen. Sein Motto lautet: »Der Markt soll entscheiden.« Das ist, nach seiner Meinung, das Wesentliche an einem Forschung und Entwicklung treibenden Unternehmen. (Und nennen Sie mir heute ein Unternehmen, vom neuen Restaurant um die Ecke bis zur neuen Softwarefirma, das in unseren wissensbasierten, modeorientierten Märkten nicht auf Forschung und Entwicklung ausgerichtet ist.)

Belohnungen aufgrund kurzfristiger Finanzergebnisse bringen nichts, sagte Hatsopoulos. So kann ein Geschäftsbereich beispielsweise riesige Mengen Geld in Forschung investieren und damit eine ganze Serie Neuheiten mit einem guten Marktpotential entwickeln. Die kurzfristigen Erträge können aber in dieser

Zeit durchaus rückläufig sein. Wie soll man also neugeschaffene Werte messen? Hatsopoulos hat es folgendermaßen formuliert: »Kann man sich vorstellen, daß die Leistungsprämie eines Geschäftsbereiches mit einem Gewinnrückgang von 50 Prozent verdoppelt wird, während die Leistungsprämie eines Geschäftsbereiches mit einem Gewinnzuwachs von 50 Prozent halbiert wird? Was immer ich auch an Argumenten dafür vorbrächte, ich müßte den Rest des Jahres damit zubringen, zu verhindern, daß meine Mitarbeiter demotiviert sind.« Mit Optionen auf Aktien des eigenen Unternehmens aber wird das Urteil dem Markt überlassen. Hatsopoulos meint, daß der Markt die Investitionen in Forschung durchaus würdigt, solange die Strategie des Unternehmens nachvollziehbar bleibt.

Die Aktienoptionsstrategie hat sich nach Aussagen mehrerer Führungskräfte während der turbulenten siebziger Jahre, in denen das Unternehmen jährliche Wachstumsraten von 20 Prozent zu verzeichnen hatte, bewährt. Anfang der achtziger Jahre jedoch war Thermo schon so groß und so diversifiziert, daß die Belohnung nur noch relativ wenig mit der individuellen Leistung zu tun hatte. »Es konnte passieren, daß der Kurs der Aktie fiel, weil ein Geschäftsbereich schlechte Ergebnisse meldete, während ein anderer gute Erträge abwarf«, sagte Hatsopoulos. »Jeder erhielt die gleiche Belohnung, unabhängig davon, ob sie etwas geleistet hatten oder nicht.« Dies führte zu der Entscheidung, »das Unternehmen in mehrere Aktiengesellschaften aufzuteilen. Dadurch konnte auch eine neue Managementstruktur entstehen. Jeder Teil des Unternehmens hatte damit seinen eigenen Aktionärskreis, der mit seiner Brieftasche über die Leistung des einzelnen Geschäftsbereichs abstimmte.«

Hatsopoulos weiß natürlich, daß das Ausgliedern von Unternehmen und ihre Verselbständigung zu eigenen Aktiengesellschaften nicht von ihm erfunden wurde. Andererseits scheint Thermo sich mit seinem Vorgehen über das traditionelle Denken hinwegzusetzen. »In der Vergangenheit hat man in erster Linie marginale Geschäftsbereiche ausgegliedert«, sagte er. »Unsere Strategie bestand jedoch darin, Kernbereiche unseres Geschäfts herauszubrechen und daraus eigenständige Unternehmen zu machen. Das hatte bisher noch niemand versucht, und meines Wissens haben es andere bisher auch noch nicht getan.« John Wood, Vorstandsvorsitzender von Thermedics, dem ersten ausgegliederten Unterneh-

men, stellt es so dar: »Bevor wir auf der Bildfläche erschienen, hatte der Begriff ›ausgliedern‹ in etwa den gleichen Beigeschmack, wie wenn einer sagt: ›Wie werde ich am besten meinen Hund los?‹ Wir haben genau das Gegenteil getan. Uns ging es darum: ›Wie nehme ich einen Schatz und bringe das nötige Geld auf, damit er schneller wachsen kann, als es innerhalb des Unternehmens möglich wäre?‹«
Die Führungskräfte von Thermo geben gern zu, daß auf den ersten Blick das neue Gebilde die Muttergesellschaft wie eine Holding erscheinen läßt. »Wir sind aber keine Holdinggesellschaft«, unterstreicht John Hatsopoulos, Finanzvorstand von Thermo und Bruder von George. »Wir sind ein vollständig einheitliches Unternehmen mit gemeinsamen Zielen und Interessen und bieten unseren Aktionären wie unseren Mitarbeitern die Chance, vom Erfolg einer Ausgliederung zu profitieren.«
John H. verweist noch auf einen anderen Unterschied zwischen der Ausgliederungsstrategie von Thermo und der anderer Unternehmen: »Nicht die Muttergesellschaft verkauft die Aktien des ausgegliederten Unternehmens, sondern das betreffende Unternehmen selbst! Wenn die Muttergesellschaft die Aktien verkaufen würde, sähe es so aus, als bräuchten wir Geld für uns selbst. Wenn dagegen das ausgegliederte Unternehmen seine Aktien selbst unter das Publikum bringt, dann ist klar, daß dieses Kapital zur Finanzierung des eigenen Wachstums verwendet wird.« Außerdem, bestätigt John H., hat Thermo »noch nie eine einzige Aktie eines seiner Tochterunternehmen verkauft, um das erlöste Geld für sich selbst zu nehmen. Wir lassen die ausgegliederten Unternehmen ihre Aktien verkaufen, um Kapital aufzubringen. Wenn ein Unternehmen viel Kapital benötigt und damit unsere Mehrheitsbeteiligung gefährden würde, springen wir ein, indem wir Aktien kaufen.«

Im Vorfeld der Ausgliederung

»In unserem ganzen Unternehmen haben wir vermutlich mehrere hundert Projekte, die sich in den Anfangsstadien der Entwicklung befinden«, sagte uns Thermo-Vorstandsmitglied Robert Howard. »Irgendwie schaffen es die Leute immer, den Anfang zu machen – manchmal arbeiten sie nachts an solchen Projekten und versuchen, sie weit genug voranzubringen, um ihre Durchführbarkeit glaubwürdig demonstrieren zu können. Dann kommt der Zeitpunkt, an dem der Initiator einen Versuch durchführen möchte, der etwa 30 000 Dollar kosten würde. Das kann innerhalb des Geschäftsbereichs genehmigt werden. Wenn es jedoch um Größenordnungen von 100 000 Dollar geht, wird das Projekt einer breiteren Überprüfung unterzogen.«

Gelegentlich stellt die Firmenzentrale Geld für die Finanzierung der verschiedenen Entwicklungsstadien eines Projektes zur Verfügung. In manchen Fällen ist es auch möglich, staatliche Zuschüsse oder finanzielle Unterstützung seitens der betreffenden Industriebranche zu erhalten. (Beinahe die Hälfte des gesamten F+E-Budgets von Thermo kommt aus Zuschüssen von Institutionen wie dem Gas Research Institute, dem National Institute of Health und dem Jet Propulsion Lab.) Wenn ein solches Projekt dann stärker in Gang kommt, kann es sein, daß es zunächst in eine hundertprozentige Tochtergesellschaft umgewandelt wird, um so das Management auf die spätere Ausgliederung als eigenständige Aktiengesellschaft vorzubereiten. Manchmal vergehen zwei bis drei Jahre (Tecogen), manchmal bis zu zehn Jahre (Thermo Instrument Systems), bis die Ausgliederung vollzogen wird.

»Wenn einigermaßen berechtigt Aussichten auf Erfolg bestehen und man die Art von Geschäft, das sich aus diesem Projekt entwickeln wird, absehen kann, ist es an der Zeit, ein eigenständiges Unternehmen zu gründen«, sagte uns Thermedics-Vorstand John Wood. Thermedics wurde 1983 ausgegliedert. Das Unternehmen entwickelt Geräte zur Unterstützung der Herzfunktion. 1990 wies es einen Gewinn von 3 Millionen Dollar bei einem Umsatz von 28 Millionen Dollar aus. Die Forschung bei Thermo Electron begann bereits 1965 mit finanziellen Zuschüssen des »National Institute of Health«. »Die Arbeit ging dann bis Anfang der achtziger Jahre weiter«, berichtet Wood. »Zu dieser Zeit merkte das Top-Management, daß der Entwicklungsaufwand für die Konstruktion eines mechanischen Herzens ein relativ kleiner Tätigkeitsbereich war, der in der viel größeren Thermo Electron irgendwie unterging. Da dachten wir uns: Wenn wir uns ausgliedern, geben wir den Aktionären die Chance, direkt in einem speziellen Forschungsgebiet zu investieren. Außerdem merkten wir bald, daß Menschen in einem kleinen Arbeitsteam innerhalb einer großen Firma wenig Chancen hatten, ihre erfolgreiche Arbeit direkt durch einen Anstieg der Aktienkurse (der Muttergesellschaft) belohnt zu sehen. Durch die Ausgliederung konnten wir dem Management-Team Aktienoptionen bieten, und sie konnten den Erfolg oder Mißerfolg ihrer Arbeit hautnah spüren.«

»Am Anfang, als wir gerade ausgegliedert wurden, waren wir sehr klein«, sagte Wood, »wir waren nur etwa 30 Personen. Für praktisch alle Dienstleistungen waren wir auf Thermo Electron angewiesen. Wir nutzten deren Einkaufsabteilung für unsere Materialbeschaffung, die Personalabteilung, das Finanzwesen und die Buchhaltung.« Mittlerweile hat sich die Situation geändert, aber Wood ist immer noch froh über die anhaltend gute Beziehung zur Muttergesellschaft. »Thermo Electron hat zum Beispiel einen hauptamtlichen Patentanwalt«, erklärt er. »Immer wenn wir ein Problem haben, brauche ich nur zum Telefon zu greifen und werde von einer erstklassigen Anwaltskanzlei bedient, die wir uns gar nicht leisten könnten, wenn wir ein eigenständiges kleines Unternehmen wären. Das gleiche gilt für die Finanzdienstleistungen. Wir lassen unser Geld zusammen mit dem von Thermo Electron verwalten, denn die haben einen hauptamtlichen Finanzdirektor, der daran gewöhnt ist, mehrere hundert Millionen Dollar anzulegen, und er bekommt günstigere Konditionen als wir. Auch im Wertpapier- und Konsortialgeschäft bietet dieses Arrangement Vorteile: Unsere Emissionen werden von erstklassigen Firmen übernommen. Unsere Anleihe-Emissionen wurden von Thermo Electron garantiert, so daß wir auf diesem Wege Kapital aufbringen konnten, das wir sonst nicht bekommen hätten. Außerdem haben wir Zugriffe auf viele hochqualifizierte Fachleute, ohne den Geist und die Flexibilität eines kleineren Unternehmens aufgeben zu müssen.«

Sobald Thermo-Tochterunternehmen jedoch eigenständige Aktiengesellschaften geworden sind, müssen sie sich auch wie solche verhalten. »Da wir 1983 zum Zeitpunkt unserer Ausgliederung in erster Linie eine F+E-Gesellschaft waren«, berichtet Woods, »hatten wir nicht besonders viel Absatz- und Marketing-Know-how. Wir wollten auf diesem Gebiet etwas aufholen und gleichzeitig auch die Möglichkeiten für die Massenfertigung schaffen.« Was hat Thermo Electrons brandneuer Ableger also getan? Eine Firma gekauft! »Wir erwarben eine Firma namens Corpak, einen großen Lieferanten von Systemen für die künstliche Ernährung«, sagte uns Wood. »Ihr Sitz ist in Chicago, und wir haben daher einen Teil unserer Produktion dorthin verlegt. Boston ist zwar ein guter Standort für Forschung und Entwicklung, ist jedoch aufgrund der hohen Lohnkosten für eine Massenfertigung nicht so gut geeignet.«

Seit dem ersten öffentlichen Zeichnungsangebot im Jahre 1983 ist Thermedics mittlerweile mehrmals mit Aktien- und Anleiheemissionen an den Kapitalmarkt gegangen. Außerdem wurden zusätzlich zu Corpak noch mehrere Firmen erworben, einschließlich Universal Voltronics, die Thermedics von der Muttergesellschaft Thermo Electron übernahm. Universal (Umsatz 1,5 Millionen Dollar) stellt Instrumente zum Nachweis winzigster Mengen bestimmter Substanzen her, zum Beispiel zur Messung des Nitroglyzerins im Blut von Herzpatienten. (Von da aus weiter: Nitroglyzerin wird auch in Sprengstoffen verwendet. Als das FBI von der Forschungsarbeit bei Thermedics erfuhr, entstand daraus eine ganz neue Firmenfamilie für die Sprengstoffsuche. Das Thermedics-Produkt EGIS wird beispielsweise auf Flughäfen für die Untersuchung von Fluggastgepäck auf Bomben eingesetzt. Dieser Geschäftsbereich ist so kräftig gewachsen, daß Thermedics – sieh an! – gerade eine neue 100prozentige Tochtergesellschaft gegründet hat – Thermedics Detection –, um den Absatz der Produkte zu beschleunigen.)

Thermedics ist auch weiterhin bereit, sich für neue Tätigkeitsfelder zu interessieren. »Es gibt einen sehr lebhaften Ideenwettstreit um die nur begrenzt vorhandenen Forschungs- und Entwicklungsmittel«, erklärte uns Wood. Die Initiatoren neuer Ideen stellen diese dem Top-Management von Thermedics vor, und diese wählen dann einige für die Weiterentwicklung aus. »Wenn das Projekt einigermaßen vernünftig dimensioniert ist, stellen wir uns dahinter«, sagt Wood. »Wenn es dagegen ein Großprojekt ist, bitten wir Thermo Electron um Unterstützung.« Wood brauchte zum Beispiel mehrere Millionen Dollar, um ein Arzneimittel-Nachweis-Projekt weiterführen zu können, »also gründeten wir eine (formelle) Gesellschaft mit Thermo Electron zur Entwicklungsfinanzierung«. Wie es scheint, gibt es für die marktwirtschaftlich motivierten Beziehungen zwischen Thermo und seinen Ablegern so gut wie keine Beschränkungen.

Das Ergebnis: kleine (und große) Unternehmen

Durch das Ausgliedern von Unternehmensteilen hat es Thermo Electron bisher erfolgreich geschafft, sich seinen unternehmerischen Biß zu erhalten. Wenn man sich verdeutlicht, was der Boß von Thermo Process Systems, Walter Bornhorst, über den Gang an die Börse sagt, versteht man auch, warum: »Man bekommt von seiten der Aktionäre wesentlich mehr Druck zu spüren als von seiten des Managements. Außerdem macht es Spaß, an das eigene Unternehmen zu glauben und sein Geld in die eigene Arbeit zu investieren. Ich habe mein ganzes Geld genommen und unsere Aktien gekauft, weil ich in unsere Mitarbeiter jede Menge Vertrauen hatte. Menschen, die am Unternehmen beteiligt sind, kümmern sich nicht so sehr um ihren Titel und ihre Position, sondern vielmehr darum, die Firma erfolgreich zu machen. Diese Leute langen einfach hin, wo es nötig ist, weil ihr eigenes Geld mit drinsteckt.«

Mit Hilfe der Ausgliederungsstrategie konnte Thermo Electron auch das Wachstum neuer Geschäftsbereiche beschleunigen. Finanzvorstand George Hatsopoulos berichtet, daß er von der Reaktion der Märkte angenehm überrascht war: »Wir kassierten noch eine zusätzliche Prämie insofern, als auch die Aktie der Muttergesellschaft stieg, denn jetzt konnten die Marktanalytiker den Wert der Muttergesellschaft anhand des Wertes des Ablegers, multipliziert mit dem prozentualen Anteil der Mutter, besser beurteilen. Sie zählen das dann zusammen, und wenn sie vorher dachten, der Wert sei X, so stellte sich nun heraus, daß er 2X betrug.« Andererseits profitierten die neugegründeten kleinen Publikumsgesellschaften auch enorm von der Finanzstärke der Thermo als Ganzes. Als Thermo Cardiosystems ausgegliedert werden sollte, war der Markt für Aktienneuemissionen gerade ziemlich schwach. Daher, so erzählte uns das geschäftsführende Vorstandsmitglied Howard, versprach Thermo Electron »den Anlegern, die bereit waren, in Thermo Cardiosystems zu investieren, daß sie, wenn sie wollten, nach einer bestimmten Zeit ihr Geld zurückbekommen konnten. Sie würden ihren Anteil verlieren, aber sie könnten ihre Ersteinlage zurückerhalten.« Da sich der Wert der Thermo-Cardiosystems-Aktie seit 1988 aber verdreifacht hat, hat natürlich auch kein Anleger sein Geld zurückverlangt.

Die Unternehmensleitung von Thermo Electron ist davon überzeugt, daß es möglich ist, *gleichzeitig* die Vorteile eines kleinen wie die eines großen Unternehmens zu nutzen. Für sie ist dies unter den heutigen unsteten Rahmenbedingungen, die eine ständige Erneuerungsfähigkeit und zugleich die Fähigkeit, Muskeln am Markt spielen zu lassen, erfordern, eine unerläßliche Voraussetzung. Letztlich zählt aber am meisten die nicht nachlassende unternehmerische Antriebskraft. »Wir haben eine Vielzahl neuer Projekte und viele Unternehmer«, faßt Finanzdirektor John Hatsopoulos zusammen. »Ohne eine solche Firmenkultur – was sollte man da ausgliedern? Die wenigsten Unternehmen haben eine Vielzahl neuer Projekte. Sie haben vielleicht wunderbare etablierte Unternehmen, aber es fehlt ihnen an Unternehmungsgeist.«

Die Cray-Asse

Die Supercomputer-Firma *Cray Research* fand sich 1989 am Scheideweg. Es mußte eine grundsätzliche Entscheidung über die Produkte der nächsten Generation fallen. Zwei grundverschiedene Vorgehensweisen standen zur Debatte. Mit einer seltenen und bewunderungswürdigen Offenheit war sich das Spitzenmanagement von Cray darüber im klaren, daß es nicht möglich sein würde, beide Wege gleichermaßen auszuprobieren. Firmengründer Seymour Cray trennte sich daher vom Unternehmen und gründete *Cray Computer* mit einer nur zehnprozentigen Beteiligung von Cray Research. »Diese Entscheidung«, so Esther Dyson, Guru der Computer-Branche, »beruhte auf der klaren Erkenntnis, welche Vorteile es bringt, die gesamte Energie eines Unternehmens, sowohl die emotionellen als auch die Managementenergien, auf *ein* Projekt zu konzentrieren. Cray besteht künftig aus zwei kleineren, dafür konzentrierteren Unternehmen – eines mit längerer Erfahrung, das andere ein Neuling –, die beide recht und schlecht im Markt kämpfen.« (Gerade jetzt, als dieses Buch verfaßt wird, bezieht der Firmenneuling seine ersten Prügel – was für seine Strategie vielleicht sogar die beste Werbung ist.)

Cypress und seine ausgelassenen Satelliten

> *Es gibt heute im Geschäftsleben eine neue strategische Logik, die lautet: klein, flexibel, effizient. Wenn man mit japanischen Mischkonzernen konkurrieren muß, ist Firmengröße für sich kein Vorteil. Die Verfügbarkeit preiswerter, leistungsfähiger Tischcomputer (als Grundvoraussetzung für die Entwicklung neuer Chips) bedeutet, daß immer noch kleinere Unternehmen mitspielen und gewinnen können. Mit nur 22 Angestellten und einer Finanzausstattung von nur 7 Millionen Dollar brachte Ross Technology, eine Tochtergesellschaft von Cypress, eine Chip-Reihe auf den Markt, die noch leistungsfähiger sind als die führenden 80846er-Mikroprozessoren von Intel.*
> T. J. Rodgers, Gründer und Vorstandsvorsitzender von Cypress Semiconductor,
> Financial Times, 13. August 1992

Man braucht schon Glück, will man ein noch härteres Geschäft als das der Halbleiterbranche finden. Hier große Marktanteile schluckende japanische Hersteller, dort große, wild entschlossene amerikanische Hersteller. Dazwischen haufenweise neue Firmen, die eine Nische besetzen wollen. Produkt-»Lebens«-Zyklen von sechs Monaten sind keine Seltenheit mehr. In diesem verrückten Umfeld gibt es nur wenige, denen es besser gelungen wäre, die Großen von Zeit zu Zeit von ihrer Position zu verdrängen, als *Cypress Semiconductor.* Dieses von T. J. Rodgers gegründete Unternehmen kann mittlerweile auf einen Jahresumsatz von 280 Millionen Dollar (1991) verweisen. Aber zu Schadenfreude besteht kein Anlaß. Das zentrale Problem für Rodgers besteht darin, der unternehmerischen Vitalität, die das Unternehmen bei seiner Gründung kennzeichnete, Dauer zu verleihen.
»Als wir bei 50 Millionen Dollar Umsatz waren, hatte ich das Gefühl, jetzt wird die Firma für mich und für meine tägliche Unternehmensführung zu groß«, sagte uns Rodgers 1991. Also wurden vier G+V-Zentren (Geschäftsbereiche) gegründet. Der

Erfolg ging weiter. 100 Millionen Dollar Umsatz. Bei jedem Schritt nach vorn wurden Rodgers' Nerven dünner. Er beobachtete, »wie sich allmählich Lethargie in dem früher so lebendigen Unternehmen breitmachte, so als wäre die Luft raus«.

»Wenn junge Unternehmen so gut sind und so erfolgreich arbeiten, wenn das die ›gute alte Zeit‹ für sie war«, sagte sich Rodgers, »dann wollen wir diese ›gute alte Zeit‹ doch nochmals zurückholen!« Seitdem begann er, Firmen neu zu gründen, aber mit Distanz zu Cypress – in einem anderen Gebäude, mit einem anderen Präsidenten und einem anderen Vorstand. Jede neugegründete Tochtergesellschaft hatte als Auftrag, einen klar abgegrenzten Markt zu attackieren – und jede bemühte sich, die gefürchtete »Betriebsleiter-Krankheit«, wie Rodgers sie bezeichnet, zu bekämpfen.

Die erste Tochtergesellschaft von Cypress war die Fab II. Sie wurde 1986 gegründet. »Normalerweise«, so Rodgers, »stellt man sich eine Wafer-Fertigungsanlage (also eine Halbleiter-Fabrik) so vor, daß man einen neuen Vizepräsidenten einstellt, ihm den Auftrag erteilt, die Fabrik zu bauen und sie dann in Betrieb zu nehmen.« Aber Rodgers erinnerte sich noch sehr lebhaft an seine Erfahrungen bei Advanced Micro Devices mit neuen, auf Abstand gehaltenen Anlagen: »Wenn man sich in die Position des Betriebsleiters versetzt, gibt es ganz andere Motivationen als die der Firmengründer«, sagte er. »Den Unternehmensgründern geht es um Cash-flow und Streuung des Aktienbesitzes, um das nötige Kapital zusammenzubekommen. Wenn man aber eine neue Fabrikanlage in Betrieb nimmt, hängen damit zwar auch unternehmerische Aspekte zusammen, aber die ursprünglichen Motivationen spielen keine Rolle mehr.

Ein Betriebsleiter weiß, daß er auf die Straße gesetzt wird, wenn er die Sünde Nummer eins begeht, wenn er es nicht schafft, rechtzeitig die neuen Fertigungskapazitäten in Betrieb zu nehmen. Ist er ein oder zwei Quartale zu spät dran, reißt dies in die G+V-Rechnung der Muttergesellschaft ein großes Loch, und damit ist sein Arbeitsplatz gefährdet. Folglich ist es die Hauptmotivation des Betriebsleiters, dafür zu sorgen, daß der Cash-flow sich nicht verringert, und sich gegen das Risiko in Form zusätzlicher Maschinen und Arbeitskräfte abzusichern, ohne Rücksicht auf die Auswirkung auf das Aktienkapital. Er besitzt ja keine Aktien.«

Deshalb, behauptet Rodgers, verlangt der Betriebsleiter »immer mehr Maschinen und mehr Mitarbeiter, um auch im schlimmsten Fall, wenn die Hälfte seiner Maschinen ausgefallen ist, immer noch in der Lage zu sein, seinen Auftrag zu erfüllen«. Die Firmenleitung macht sich natürlich Gedanken über die Investitionsrendite und versucht daher, die Investitionen so gering wie möglich zu halten Die Folge ist eine endlose Debatte, die, so Rodgers, der Präsident fast immer verliert. »Ich bin ein guter Diskutierer, ich bin sachlich, mir kann man kein X für ein U vormachen«, behauptete er von sich. »Aber es ist eine Tatsache, daß das Unternehmen immer größer und immer komplizierter wird und ich daher immer mehr Auseinandersetzungen verlieren werde, selbst wenn ich recht habe. Wenn die Motivation nicht stimmt, wird es dem Betriebsleiter immer gelingen, jede Menge Datenmaterial anzuschleppen, eine Armee von Mitarbeitern für sich einzuspannen, die vorstellig werden und mit Beweisen antreten, um seine Sache zu vertreten – und diese Sache vertrat er auch schon, bevor er anfing, Daten dafür zu sammeln, nämlich daß er mehr braucht, weil ›mehr‹ ihm seinen Job sichert.« Für Rodgers ist dies »eine hirnrissige Methode, ein Unternehmen zu führen«.

Kommen wir wieder zurück zum Jahr 1986: Rodgers erinnert sich, daß er inmitten dieser ewigen Auseinandersetzungen mit dem Betriebsleiter von Fab II »ihn eines Tages ansah und zu ihm sagte: ›Was würden Sie sagen, wenn ich Ihnen eine Prämie von zwei Millionen Dollar gäbe, damit Sie Fab II in Betrieb nehmen, und diesmal aber richtig!‹ Auf einmal war er interessiert! Aber die ›Prämie‹ war gar keine richtige Prämie, sondern ein vorgezogener Kapitalgewinn für den Fall, daß er es innerhalb des Plans schafft.«

Das neue Modell war geschaffen. Rodgers: »Statt einer neuen Fabrik hatten wir eine neue Firma.« Der Betriebsleiter wurde ihr Präsident. Das Unternehmen bekam eine eigene Geschäftsführung und hatte seinen Sitz in Texas und nicht, wie Cypress, in Kalifornien. Heute produziert und verkauft es Siliziumscheiben und hat neben Cypress noch zwei oder drei weitere Abnehmer, wenngleich Cypress natürlich der wichtigste Kunde ist. Sowohl der Unternehmensplan als auch die Fertigung wurden genauso finanziert wie in jeder anderen Wagniskapital-Firma auch: Die Neugründung mußte eine klassische Pro-forma-Gewinn-und-Ver-

lust-Rechnung vorlegen, eine Kapitalflußrechnung und eine Bilanz.
Aus der Pro-forma-Kapitalflußrechnung ist der maximale negative Gesamt-Cash-flow abzulesen, d. h. die Kapitalsumme, die ein Unternehmen normalerweise »aufnehmen« muß. Auf dieser Grundlage kann dann ein solch neugegründetes Unternehmen ausrechnen, welchen Prozentsatz seiner Anteile es verkaufen muß, um den Betrieb zu finanzieren. Wenn sich die Manager des neugegründeten Unternehmens in diesem Punkt irren und die Firma mehr Kapital benötigt (und einen Kapitalgeber findet), müssen noch mehr seiner wertvollen Anteile ausgegeben werden. Damit verringert sich natürlich der Wert ihres privaten Aktienbesitzes am Unternehmen zum Zeitpunkt einer vorgezogenen Neuemission.
Rodgers geht hier ohne Umwege vor. Wenn er an die Gründung eines neuen Unternehmens denkt, geht er zu seiner Bank und unterbreitet ihr seinen Unternehmensplan. Er fragt nach, was das zu gründende Unternehmen in circa drei Jahren im Markt wert sein sollte – wenn seine Ziele realisiert werden. In diesem Fall jedoch ist Cypress der Markt. Die Mitarbeiter/Aktionäre »verkaufen« ihre Aktien an die Muttergesellschaft zurück. Rodgers legt außerdem fest, welche Art »Belohnung« das Neugründungsteam bekommen soll, vorausgesetzt, daß die Erwartungen erfüllt werden. Als Beispiel: »Ungefähr fünf Millionen bis acht Millionen Dollar Belohnung für die Schaffung einer Wafer-Fertigung oder einer Mikroprozessoren-Fertigung mit einem Umsatz von 20 Millionen Dollar und 20 Prozent Betriebsgewinn.« Rodgers sähe es gerne, wenn jeder Mitarbeiter im Durchschnitt Aktien im Wert von rund 100 000 Dollar besäße (wenn alles gutgeht).
Ist beispielsweise die Investment-Bank der Meinung, daß eine neue »Firma« einen Marktwert von 75 Millionen Dollar haben müßte, und Rodgers möchte dem Management-Team der neugegründeten Gesellschaft eine Leistungsprämie von 7,5 Millionen Dollar zahlen, erhalten sie 10 Prozent aller emittierten Aktien. Rodgers weist darauf hin, daß die Aufteilung dieser Aktien Sache des Präsidenten ist. So werden beispielsweise Führungskräften mit einem höheren Gehalt mehr Aktien zugeteilt als Mitarbeitern mit einem niedrigeren Gehalt; und diejenigen, die früher in das Unternehmen einsteigen, wenn das Risiko noch sehr hoch ist, bekommen ebenfalls mehr als diejenigen, die später dazustoßen.

Rodgers bietet den Mitarbeitern seiner neuen Unternehmen zwei Arten von Aktienoptionen. Zunächst einmal Optionen auf die Aktien der neugegründeten Firma, die so gestaltet sind, daß die Mitarbeiter unverfallbare Anwartschaften haben, wenn die Cypress zu einem festgelegten Zeitpunkt die Aktien zurück»kauft«. Die zweite Art von Optionen sind die auf Aktien der Cypress. Obwohl sie gleich von Anbeginn ausgegeben werden, werden die darin begründeten Rechte erst zu dem Zeitpunkt wirksam, wenn Cypress darangeht, die Ablegerfirma zurückzukaufen. Die entsprechenden Rechte werden innerhalb der nächsten vier Jahre wirksam. Geht man davon aus, daß der Rückkauf der Neugründung nach vier Jahren erfolgt, haben, laut Rodgers, die Mitarbeiter vierjährige »Aktienoptionen auf Cypress zu einem sehr attraktiven Kurs«. Haben sie beispielsweise ihre (Optionen auf) Cypress-Aktien damals, als sie in die neugegründete Firma kamen, zu 5 Dollar erhalten und steht der Kurs der Cypress-Aktie vier Jahre später bei 12,50 Dollar, fangen ihre Optionsrechte gerade erst an, sich auszuzahlen. Wenn sie also das Unternehmen verlassen, geben sie eine ganze Menge Geld auf.
Rodgers ist davon überzeugt, daß sich die Beziehungen zwischen Cypress und ihren Tochtergesellschaften durch diese Vorgehensweise drastisch verändert haben. Der Dialog zwischen ihm und dem Chef/der Chefin der neuen Tochtergesellschaft (und deren Management-Team, die alle eine Menge Aktien besitzen) spielt sich nicht mehr ab zwischen »mir, dem Dollar-Konservator und dem Präsidenten [der Tochtergesellschaft], der mir das Geld aus der Nase ziehen will«. Bei Auseinandersetzungen zieht sich Rodgers jetzt oft den Schuh des Präsidenten der neuen Gesellschaft an: »Warum kaufen Sie nicht einfach 20 Schrittmotoren [die wichtigsten Maschinen, die bei der Halbleiterherstellung eingesetzt werden]? Ich stelle Ihnen gerne einen Scheck über 25 Millionen Dollar aus und übernehme dafür alle Aktien Ihrer Firma. Dann brauche ich Ihnen später nichts mehr zu zahlen. Wie viele Schrittmotoren wollen Sie? Mein Scheckheft ist offen.« Jetzt klingt der Chef der Tochtergesellschaft ganz anders. »Wir brauchen nur zwei Schrittmotoren«, sagt er. »Auf einmal hat er die Motivation eines Firmeneigentümers und nicht die eines Betriebsleiters«, sagte Rodgers. »Zuvor hatte er nur Geld ausgegeben und versucht, den Plan einzuhalten.«

Das Teknekron-Modell des »offenen Unternehmens«

Wahrscheinlich haben Sie noch nie etwas von *Teknekron Corp.* gehört. Das Unternehmen wurden 1968 von ein paar Abtrünnigen einiger Großkonzerne und ein paar Professoren der Berkeley-Universität (Kalifornien) gegründet. Dieses Pionier-Unternehmen der Informationstechnologie wuchs um 40 Prozent pro Jahr und erzielte 1991 einen Jahresumsatz von 225 Millionen Dollar. Nach den Aussagen ihres Gründers und Vorstandsvorsitzenden Harvey Wagner bietet sein Modell eines »offenen Unternehmens« eine einmalige Chance, Innovationen schnellstmöglich aus dem Labor auf den Markt zu bringen.

T. J. Rodgers, die Brüder Hatsopoulos von Thermo und Wagner sind sich darin einig, daß es in den USA nicht an vermarktungsfähigen Ideen fehlt. »Das Hauptproblem bestand darin, die Innovation in den Markt zu bringen«, schrieb Wagner im Sommer 1991 in der *California Management Reviev.* Er wirft den großen Unternehmen vor, sie hätten es versäumt, »den Transistor, das UNIX-Betriebssystem, RISC-Computer, relationale Datenbanken... und benutzerfreundliche PCs auf den Markt zu bringen«. Alle diese Produkte sind in den Forschungslabors einiger großer Unternehmen ausgebrütet worden. Aber, behauptet Wagner, »die Entwicklung der Märkte überließ man anderen«. Woran fehlt es? Nach Wagners Ansicht vor allem an »einem Transmissionsriemen für Innovationen – einer Art von Katalysator zwischen der Forschungsabteilung dieser Unternehmen und ihren Produktabteilungen«. Hier kommt nun Teknekron ins Spiel! Wagners Formel besteht darin, talentierte, tatkräftige junge Leute zu High-Tech-Unternehmern zu machen, indem er sie mit beiden Enden der Innovation – ihrem Ursprung und ihrer Verwendung – in Verbindung bringt. Normalerweise werden zwei aufstrebende Jungunternehmer, die einige Jahre nach Abschluß ihres technischen Studiums mit einem höheren akademischen Grad sorgfältigst von Teknekron ausgesucht wurden, zu den zentralen Figuren einer Firmenneugründung gemacht. Wenn solch ein Unternehmen auf etwa 25 Mitarbeiter angewachsen ist, erhält es den Status eines »verbundenen Unternehmens«. Wenn das verbundene Unternehmen erfolgreich ist, erfolgt dann als letzter Schritt die vollständige Ausgliederung aus der Teknekron.

Teknekron unternimmt derzeit drei bis vier Firmengründungen pro Jahr. Seit 1968 haben elf Geschäftseinheiten den Status eines *»verbundenen Unternehmens«* erworben. Vier wurden Publikumsgesellschaften (zu 100 Prozent) oder wurden von großen Konzernen aufgekauft (z. B. Litton, TRW). Sechs sind noch als verbundene Unternehmen im Wachsen begriffen. Ein Unternehmen wurde aufgelöst. (Etwa ein Dutzend weiterer Firmengründungen hat es nie bis zum Status des »verbundenen Unternehmens« geschafft.) Insgesamt wird Teknekron von einem schlanken Führungsstab von 15 Mitarbeitern geführt, die Eigentümer nicht mitgerechnet.

Warum werden hier die Unternehmen nicht von vornherein unabhängig gemacht wie bei Cypress? »Jeder nimmt dann an, das Unternehmen habe bereits die erforderliche Reife erreicht, die man von einem normal arbeitenden Unternehmen erwartet«, erklärt Wagner. »Nach meiner Überzeugung sollten Neu-Unternehmer durch verschiedene Leistungsphasen hindurchgeführt werden, die ihnen nach und nach mehr Autonomie und Kontrollen einbringen.« Wagner hat auch einen unerschütterlichen Glauben an Anreizsysteme! »Belohnungen sollten immer erst *nach* vollbrachter Leistung vergeben werden, nicht im voraus.« Bei Teknekron erhalten die Führungskräfte erst dann Aktien, wenn ihre Geschäftseinheit erfolgreich genug ist, um den Status eines verbundenen Unternehmens zu erlangen, wobei die Muttergesellschaft allerdings verspricht, daß ein »bestimmter Bruchteil des Aktienkapitals des verbundenen Unternehmens den Mitarbeitern vorbehalten ist«, schreibt Wagner. »Wer wieviel bekommt, bestimmt der Präsident des verbundenen Unternehmens im Einvernehmen mit dem Verwaltungsrat.«

In Wagners selbsternannter »Unternehmerschmiede« werden die jungen, dynamischen Führungsteams der neugegründeten Unternehmen sofort auf den Markt losgelassen. »Dadurch, daß dem Marketing von vornherein eine große Rolle zukommt«, sagt Wagner, »hat der Jungunternehmer sofort auch einen Draht zur Benutzerseite der Innovation.« Die Stabsmitarbeiter von Teknekron gehen am Anfang oft mit zu Verkaufsgesprächen. (Fast alle von Teknekron neu gegründeten Unternehmen haben das Ziel, anspruchsvolle, auf die Kundenbedürfnisse zugeschnittene Produkte für anspruchsvolle Endverbraucher zu entwickeln.) Teknekron unterhält auch besondere Beziehungen zu den Lieferanten

neuer Ideen. So versuchen Wagner und seine Kollegen, »die Unternehmer in den Neugründungen mit entsprechenden Menschen aus dem akademischen Bereich zusammenzubringen, die dann sozusagen die ›akademischen Chefs‹ des neuen Unternehmens werden«.
Wagner sieht in dem Konzept des *»offenen Unternehmens«* eine allgemeine Antwort auf das Problem des Technologie-Transfers innerhalb großer Unternehmen, aber er erkennt durchaus auch die Schwierigkeiten. So braucht eine typische Teknekron-Neugründung im Durchschnitt acht bis fünfzehn Jahre, bis sie ihre volle Reife erreicht hat – was die Geduld eines ausschließlich auf Gewinn ausgerichteten Unternehmens stark strapazieren kann.

Von allem das Beste

Die beschriebenen drei Modelle sind mit die besten, wenn man darauf aus ist, von allem *das Beste* haben zu wollen. Die Muttergesellschaften Thermo Electron, Cypress und Teknekron bringen ganz bestimmte Fähigkeiten und Dienstleistungen ein (wie auch IDG, Associated Group und CCT). Alle drei Muttergesellschaften wissen um den Wert der Firmenzentrale, in allen drei Fällen aber lautet das übergeordnete Konzept: »Der Markt soll motivieren – und entscheiden.«
Gibt es irgendeinen Grund, warum beispielsweise das Thermo-Modell nicht auf General Motors angewandt werden könnte? Keinen. Im Gegenteil, EDS ist so etwas wie ein »Thermo-Modell innerhalb von GM« – d. h., die Aktien von EDS werden an der Börse gehandelt, und Firmenchef Les Alberthal kümmert sich genauso intensiv um die Aktionäre wie um den Verwaltungsrat von GM. Es gibt auch keinen Grund, warum das EDS-Thermo-Modell nicht auch auf den Kfz-Bereich von GM angewandt werden könnte. Der Geschäftsbereich Saturn war die erste unabhängige Tochtergesellschaft, die seit 1921 von GM gegründet wurde, obwohl sie immer noch zu 100 Prozent der Muttergesellschaft gehört. Man kann vermuten, daß eine breitere Streuung des Aktienkapitals in der Öffentlichkeit sowohl beim Führungsteam als auch bei den Mitarbeitern von Saturn eine nützliche Unabhängigkeit bewirken würde. (Auf jeden Fall würde ich Saturn-Aktien kaufen, während ich mit GM-Aktien nicht mal abgebildet sein möchte!)

Radikale Markt-Injektions-Strategien

- *Alle (oder Teile) neuer Betriebseinheiten verkaufen.* Dieses Konzept wird von Cypress, Thermo Electron, Cray Research und einigen anderen verfolgt. Ich glaube, daß Modelle solcher Art auch in anderen Branchen zur Norm werden können.
- *Stellen Sie Ihre Spitzentechnologien allen Interessenten in Lizenz zur Verfügung.* Der Chef von Quad/Graphics, Harry Quadracci, ist ein erbitterter Gegner fast aller Managementbereiche, am meisten ist er aber gegen alles, was mit Produktentwicklung zu tun hat. Er betreibt eine recht ansehnliche F+E-Firma, Quad/Tech. Aber sobald Quad/Tech etwas Interessantes entwickelt und es weit genug für die routinemäßige Anwendung innerhalb der Firma hat, geht Quadracci her und vergibt die Lizenz dafür an jegliche Interessenten, auch an seine Hauptkonkurrenten! Seine Begründung ist ziemlich einfach: Heutzutage gibt es keine Eigentumsrechte mehr. Ehe man sich versieht, kommt einer, ein Konkurrent oder Außenseiter, und kopiert alles, was Quad macht. Was tut das Unternehmen dagegen? Mit Hilfe besonderer Vorrichtungen an jeder Maschine in der Fertigungshalle sorgt Quad dafür, daß es bereits an der nächsten oder übernächsten Generation von Innovationen arbeitet, während Quad/Tech noch dabei ist, die gegenwärtige Generation für den Absatz im Markt auf Hochglanz zu bringen. Durch den Verkauf seiner neuesten Technologie (zu einem anständigen Preis), sobald ein gewisses Stadium erreicht ist, hält Quadracci das Feuer jedoch ständig in Gang.
- *Die ertragreichsten Produkte zerstören.* Ein Werkstoffproduzent der alten Schule entwickelt ein halbes Dutzend neuer Technologien, von denen einige sehr vielversprechend aussehen. Einige sind marktreif und mittlerweile in Zusammenarbeit mit führenden Kunden erfolgreich getestet worden. Jetzt ist der Zeitpunkt für einen massiven Angriff auf den Markt gekommen. Nichts da. Die traditionellen Kernbereiche des Unternehmens mit ihren zahlreichen ertragreichen und führenden Produkten mauern. Die Manager der alten Geschäftsbereiche sehen in den neuen Technologien (die sich in ihrer Vorstellung noch längst nicht bewährt haben) eine direkte Bedrohung für die ertragsstarken Hauptbereiche. Es kommt zu einem erbitterten Kampf bis aufs Messer. »Das Komische ist«, erzählte mir

der Chef einer Abteilung für neue Produkte, »daß sie behaupten, unsere ›noch nicht bewährte‹ Technologie bedrohe deren ›neue‹ Technologien. Zwar verkauft die Firma diese Produkte noch nicht so lange, aber die Technologie dieser Produkte ist zum Teil über 40 Jahre alt! Wen glauben die eigentlich damit hinters Licht führen zu können?«

- *Sorgen Sie dafür, daß jeder Teil der Firma – auch die Mitarbeiter in Stabsfunktionen – Wettbewerbsfähigkeit zeigt, indem ein erheblicher Teil der Produkte und Dienstleistungen im freien Markt verkauft werden.* »Eine wichtige Voraussetzung für den Erfolg im Komponentengeschäft«, schrieb Kenichi Ohmae von McKinsey in der *Harvard Business Review* (November/Dezember 1988), »ist, daß etwa ein Drittel der Produktion an firmeninterne Abnehmer verkauft werden, ein Drittel an Konkurrenten im Inland und ein Drittel an Konkurrenten auf dem Weltmarkt, damit die Geschäftseinheit ›Komponenten‹ immer den Wind von draußen zu spüren bekommt.« Diese Strategie wurde bereits in dem Kapitel »Jenseits der Hierarchien« besprochen. Sie wird von Firmen wie General Motors, Hewlett-Packard und der Thompson Publishing Group befolgt. Aber man achte genau auf das, was Ohmae sagte: Er nannte ziemlich präzise Sollwerte für den Absatz im freien Markt durch die internen Geschäftseinheiten.

35. Kapitel

Des Marktes Wille geschehe: Der mächtige deutsche Mittelstand

Die Verlagerung des Wirtschaftsschwerpunktes von großen auf mittelständische Unternehmen ist eine radikale Umkehr des Trends, der alle hochentwickelten Industriegesellschaften über ein Jahrhundert lang beherrschte.
Peter F. Drucker
Die Zukunft managen, 1992

Abseits der Schlagzeilen über sensationelle Unternehmenserfolge und innovative Fortschritte gibt es eine stille, unauffällige mit weltweiter Konkurrenzfähigkeit: die deutschen klein- und mittelständischen Unternehmen . . .
Hermann Simon
Lessons from Germany's Midsize Giants
in: Harvard Business Review
März/April 1992

Wann immer man in Amerika derzeit über unternehmenspolitische Probleme debattiert, fragen wir instinktiv: »Was machen die Japaner?« Die Japaner tun eine ganze Menge Dinge, von denen wir lernen können (und umgekehrt). Die Regale in den Abteilungen für Wirtschaftssachbücher in den großen Buchläden brechen unter dem Gewicht der vielen intelligenten (aber auch dummen) Bücher über japanisches Management fast zusammen. Aber was ist mit Deutschland? Das ist eine Frage, die ich mir erstmals vor vier Jahren stellte. Die Exportleistung der deutschen Wirtschaft vor (und größtenteils auch nach) der Wiedervereinigung mit dem Osten des Landes ist bei weitem besser als die Japans (und auch bei weitem besser als unsere) – trotz astronomischer Löhne und einer verschwindend kurzen Wochenarbeitszeit. Und dennoch werden Sie kaum Bücher (oder auch nur Kapitel in Büchern) über deutsches Firmenmanagement finden. Aber das ist noch nicht alles, was Sie nicht finden werden. Sie werden auch kaum deutsche Unternehmen finden, von denen Sie schon etwas gehört haben. Im Jahre 1989 veröffentlichte *Business Week* eine Liste der tausend größten Unternehmen der Welt und brachte mich wirklich zum Nachdenken: Sie enthielt 353 Firmennamen aus den USA, 345 aus Japan – und 30 aus Deutschland. Sie verstehen das nicht?

Die Antwort ist der Mittelstand. Sie haben zwei der führenden Vertreter des Mittelstands in diesem Buch bereits kennengelernt (Goldmann Produktion, Kapitel 18, und Rational, Kapitel 19). Die Brite Max Worcester, der im Aufsichtsrat der *Frankfurter Allgemeinen Zeitung* sitzt, veranstaltete im Dezember 1990 in München ein Seminar zum Thema »Get to know the Mittelstand«. Auf der Grundlage meiner sich daran anschließenden Untersuchungen produzierte ich im Mai 1992 eine PBS-Fernsehsendung über den Mittelstand (»Germany's Quality Obsession«). Im Verlauf dieser Arbeiten lernte ich eine ganze Menge über dieses kaum bekannte deutsche Wirtschaftsphänomen.

Tausende und aber Tausende deutscher Mittelständler (insgesamt etwa 300 000) besetzen Mikronischen der Weltmärkte. Kombiherde und andere hochwertige Küchenausstattungen? Ja! (Rational und andere.) Nischen-Chemikalien? Ja! (Goldmann Produktion und andere.)

Und erst Textilien!

Wenn man Textilien sagt, fällt einem sofort Hongkong ein. Vergessen Sie es! Textilienausfuhrland Nummer 1 ist mit Abstand das »Superhochlohnland« Deutschland. Mit Textilausfuhren von 11 Milliarden Dollar im Jahr 1990 hat es die Nummer 2, Hongkong, um fast 30 Prozent hinter sich gelassen. Aber wer sind die Menschen, die hinter alldem stehen? Meistens sind es Menschen wie Geschäftsführer Wilhelm Zuleeg mit Unternehmen von 85 Mitarbeitern und einem Jahresumsatz von 18 Millionen Dollar (1990). Und wie machen sie das? »Wir haben die modernste Fabrik, keine unserer Maschinen ist älter als fünf Jahre«, berichtet Stefan Zuleeg Ende 1991 gegenüber *Business Week*. Das

Magazin berichtete ferner, daß die von den computergesteuerten Webstühlen kommenden »hochmodischen Stoffe an einige der elegantesten Designer der Welt, wie zum Beispiel Cerutti, Anne Klein und Georges Resch, geliefert werden«.
Business Week spürte aber noch eine Reihe anderer führender »Zwerge« auf:

- G. W. Barth produziert Kakaobohnenröstmaschinen. Wie Zuleeg hat auch der Vorstandsvorsitzende von Barth, Karl Mayer-Potschak, wie verrückt in neue Techniken investiert. Barth ist die kleinste Firma in dieser Branche (mit nur 65 Mitarbeitern), hält aber einen 70-Prozent-Anteil am Weltmarkt!
- Panther ist ein Unternehmen, das der typischen Mittelstandsstrategie »des Hechts im Karpfenteich« folgt. Dieses Münchener Unternehmen mit seiner High-Tech-Ausstattung produziert modernste Kameramannstühle für die Filmindustrie. Es war die erste Firma, die Computer in die Stühle einbaute, damit die Kameraleute die Bewegung der Stühle programmieren konnten. Die inzwischen fünf Jahre alte Firma hat 50 Prozent Marktanteil am europäischen Markt und arbeitet energisch daran, ihren zehnprozentigen Anteil am US-Markt auszubauen.

Die Deutschen werden nicht müde, immer wieder darauf hinzuweisen, daß sie eine »*soziale* Marktwirtschaft« und nicht nur schlicht eine Marktwirtschaft haben. Das bedeutet so etwas wie ein gesunder Wohlfahrtsstaat mit mehr Stabilität für Großunternehmen, als man sie in den USA findet. Je näher aber die europäische Integration rückt, desto dringender muß auch Deutschland einige seiner Wirtschaftspolitiken neu überdenken. Es hat sich gezeigt, daß einige deutsche Großkonzerne alles andere als in guter Form sind. Ein Bericht der Zeitschrift *Forbes* im Jahre 1990 behauptete, daß 200 von 300 Geschäftseinheiten der mächtigen Siemens in der Verlustzone seien oder gerade eben an ihr vorbeischlittern. Was die deutsche Wirtschaft rettet (gleich, ob mit Marktwirtschaft oder sozialer Marktwirtschaft), ist der betont *unbürokratische und wettbewerbsfreundliche* Mittelstand. Da er selten in den Genuß direkter staatlicher Mittel oder Unterstützung durch den Finanzmarkt kommt, hat er seinen eigenen Weg gesucht und ist heute ein Vorbild für uns alle.

Geobra/Playmobil: Produkt, Produkt, Produkt

Die wichtigste Erkenntnis ist die, daß »Einfachheit« in der Produktpalette eines Unternehmens, der Kundenbasis, der Organisationsstruktur und dem Unternehmenssystem der ausschlaggebende Faktor für den Erfolg ist.
Günter Rommel
McKinsey-Studie 1991
über erfolgreiche deutsche Mittelstandsunternehmen

Auf den Seiten 12 und 13 des Playmobil-Kataloges von 1990/91 ist eine weite Palette von Spielzeugen zum Thema Bauwesen abgebildet. Zum Beispiel ein Bulldozer mit einem abnehmbaren Bulldozerfahrer. Eine Straßenbautruppe: Die Arbeiter tragen alle Helme, ferner findet man die international üblichen Straßenverkehrszeichen und andere Sicherheitseinrichtungen. Sogar die Baubude des Vorarbeiters ist dabei und natürlich neben vielen anderen Dingen auch der Vermesser. Auf den nächsten beiden Seiten des Kataloges sind alle möglichen Bestandteile eines Bergungs- und Rettungstrupps zu sehen: eine Ambulanz mit Mannschaft (einschließlich Rollstuhl und Tragbahre), ein Feuerwehrauto mit Mannschaft, ein Polizeihubschrauber, ein Bergungsboot der Küstenwache, ein Krankenhaus (mit OP und den Chirurgen sowie einem Patienten, ein Krankenhausbett einschließlich wunderschöner gelber Blumen auf dem Nachttisch und ein Besucher). Andere Sortimentsbereiche sind zum Beispiel ein kompletter Bauernhof, ein ausgewachsener Zirkus, verschiedene Wassersportarten (Windsurfing, Angler, Taucher, ein Floß) oder eine Polarforscherausstattung (mit Snowmobil, einem Thermozelt und natürlich auch dem bärtigen Polarforscher). Weitere Szenen sind aus der Luft- und Raumfahrt, es gibt ein Piratenschiff und natürlich auch Cowboys und Indianer.
All dies gab es natürlich im Jahre 1876 noch nicht, als die Firma Geobra, die Muttergesellschaft von Playmobil, in Zirndorf, einer kleinen Stadt in der Nähe von Nürnberg, gegründet wurde. Die Firma produzierte verschiedene Metallprodukte und stieg dann nach dem Zweiten Weltkrieg auf Metallspielzeug (zum Beispiel Telefone und Spielkassen) um. Die so erfolgreiche Playmobil-

Produktlinie wurde 1973 unter der Federführung des in der vierten Generation die Firma leitenden Familienoberhauptes Horst Brandstätter auf den Markt gebracht (der Name Geobra ist abgeleitet von seinem Vorgänger *Geo*rg *Bra*ndstätter). 1990 verzeichnete das Unternehmen einen Jahresumsatz von knapp 250 Millionen Dollar. Es beschäftigt 2000 Mitarbeiter, davon 1200 in Deutschland. (Die Hauptfabrik ist in Dietenhofen in der Nähe von Zirndorf mit 500 Beschäftigten, eine weitere Fertigungsstätte besteht in Malta ebenfalls mit einer Belegschaft von 500 Mitarbeitern.)

Das Bild des »mächtigen Zwerges als Weltstar« gilt hier ebenso wie für Rational. Mehr als 50 Prozent des Gesamtumsatzes von Playmobil wird durch den Export erwirtschaftet. Mit Hilfe von Tochtergesellschaften oder Vertriebsgesellschaften ist Geobra in über 40 Ländern der Welt vertreten und hat auch außerhalb des Heimatmarktes Zustimmung für seine Produkte gefunden. So hat zum Beispiel der neue Zirkus von Playmobil 1990 in Holland die Auszeichnung als »Spielzeug des Jahres« erhalten. (Der Export ist allerdings alles andere als ein Spaziergang. Brandstätter räumt ein, daß es auf dem amerikanischen Markt einige Enttäuschungen gegeben hat: Die Rolle der Fernsehwerbung in den USA und die vielen Spielsachen mit Schnickschnack auf dem amerikanischen Markt passen nicht in das Playmobil-Bild. Und wie steht es mit Asien? »Das ist so weit weg und so schwer zu verstehen«, seufzt Brandstätter.)

Im Mai 1991 sitzen sich Horst Brandstätter in einem höchst undeutschen offenen Hemd und ich in seinem modernen neuen Büro gegenüber. Wir sind dabei, ein Video-Interview mit ihm aufzuzeichnen. Aber er ist etwas eingeschüchtert von den vielen High-Tech-Apparaten, die um uns herumstehen. Brandstätter ist ständig in Bewegung. Er malt etwas mit den Händen in die Luft, greift ein Stück Papier und skizziert eine Idee. Er hat ein immer wieder aufflackerndes Zwinkern in den Augen, wie man es vielleicht bei einem Spielzeughersteller erwartet. Aber man sollte sich nicht täuschen lassen. Er konkurriert in einem äußerst wettbewerbsintensiven Markt! Und er attackiert ihn nach typisch deutscher Mittelstandsmanier mit einer glasklaren Vorstellung davon, was er will, und einem unerschütterlichem Festhalten an Produktqualität oder am »Produkt, Produkt, Produkt«, wie er es selbst irgendwann einmal ausdrückt.

»In den USA«, sagt Brandstätter, »verkünden die Führungskräfte, ›was für ein tolles Jahr, was für prima Ergebnisse, was für großartige Gewinne‹ sie haben. Wir haben eine andere Philosophie, sie ist längerfristig und produktorientiert.« Brandstätter räumt ein: »Ich klinge vielleicht wie ein Prediger, aber wenn man [in unserer Branche] ein gutes Produkt machen will, darf man nur an das Spielzeug und das Kind denken. Man darf dabei nicht an Umsätze denken.« Das ist Mittelstand durch und durch!

Die Gestaltung des Spielzeugs ist also von vorrangiger Bedeutung. Aber damit ist es noch nicht getan. Wie andere Mittelständler scheut auch Brandstätter keine Kosten, wenn es um die Fertigung geht, vor allen Dingen, wenn es um die Kunst und Wissenschaft der Präzisionsformteilherstellung geht, etwa um 4500 Formteile in einem Gesamtwert von 100 Millionen Dollar. (Aus mehreren Metallen bestehende Formen für große Spielzeuge, wie zum Beispiel Piratenschiffe, können bis zu zwei Tonnen wiegen.) Große Fertigungsanlagen einschließlich modernster Spritzgußmaschinen erhöhen den Anlagewert um weitere 100 Millionen Dollar. Das Ergebnis sind zigtausend verschiedene Teile in 350 verschiedenen Farben, die zu etwa 60 Millionen Spielzeugen pro Jahr verarbeitet werden.

Die Phantasie der Kinder anregen

Hans Beck hat eigentlich Schreiner gelernt und verbrachte später einige Jahre damit, alte Möbel zu restaurieren. 1948 zog er von Ostdeutschland weg, und 1958 erfuhr er, daß Geobra nach einem Spielzeugmacher Ausschau hielt. Das war nicht unbedingt das, was er gelernt hatte, aber er wurde trotzdem eingestellt.

Im Laufe der nächsten zehn Jahre entwickelte sich zwischen Brandstätter und Beck ein außergewöhnliches Verhältnis. Es dürfte für amerikanische Manager (selbst wenn sie Firmeneigentümer sind) schwer nachvollziehbar sein, aber Brandstätter gab Beck zehn Jahre lang Zeit zum Spielen, Beobachten und Lernen. Manchmal kam Beck und unterbreitete Brandstätter eine Idee. Brandstätter ging nach Hause, dachte darüber nach, und am nächsten Tag lehnte er sie ab – oder akzeptierte sie. Aus dieser wechselseitigen Beziehung entwickelte sich gegenseitige Achtung zwischen diesen beiden Männern. Anfang der siebziger Jahre wurde dann die Playmobil-Spielzeugserie geboren.

Einfachheit, Phantasie, System – das sind die drei Grundprinzipien, die den Ruhm dieses Spielzeugs ausmachen »Das ist ein Spielzeug, an dem ein Kind seine Phantasie ausleben kann. Es kann jederzeit etwas verändern«, erläuterte mir Hans Beck. »Das Kind kann neue Ideen, neue Geschichten, neue Spiele damit erfinden.« Nach Brandstätter geht es nicht darum, »daß das Spielzeug etwas tun soll, sondern daß das Kind etwas mit dem Spielzeug tun soll«.

Hans Beck, einer der Menschen, dem dieses Buch gewidmet ist, ist ein eher wortkarger Mensch. Ich saß eine ganze Stunde in seinem Büro und sah ihm fasziniert zu, wie er weichen Kunststoff formte. Er schnitzte einen Mantel für einen Dackel. Es ist ein Element, das in das neue Wintersortiment von Playmobil aufgenommen werden soll. Um Beck herum lagen Skizzen und Modelle in den verschiedensten Entwicklungsstadien. Seine Konzentration auf die Sache war außergewöhnlich, selbst in Anwesenheit von mir, fünf weiteren Personen, ein paar Fernsehkameras und dem dazugehörigen Gerät. Seine Identifizierung mit dem Spielzeug und den Kindern, für die er sie entwirft, ist auch für den ungeschulten Beobachter unübersehbar.

Kernstück der Playmobil-Serie ist eine unauffällige und doch anziehende, etwa 15 cm große Figur, die nichts Besonderes darstellt. »Er ist neutral«, sagt Beck, »er ist weder ein großer Mann noch ein kleiner Mann. Ich wollte eine Spielzeugfigur machen, die die Kinder zwingt, ihre Phantasie zu benutzen.« Trotz des gelegentlichen Geschreis typischer Einkäufer von großen Kaufhausketten und gelegentlich auch einiger Eltern (zumindest am Anfang, bevor sie feststellen, mit welcher Faszination ihre Kinder mit diesem Spielzeug spielen) gibt es an Playmobil-Spielsachen keinen Schnickschnack und keine Elektronik. »Die Kinder werden der Spielsachen, die ›immer etwas tun‹, leicht überdrüssig«, behauptet Brandstätter. »Sie spielen dreimal damit, dann fällt ihnen nichts mehr dazu ein, und sie legen sie beiseite.« Nicht so bei den Playmobil-Figuren, denen die Kinder praktisch jede Art von Persönlichkeit verleihen können.

Es gibt verschiedene Dinge, die hier eine Rolle spielen. Auch die Einfachheit spielt hier wieder mit hinein, allerdings in einer anderen Dimension: Man kann zum Beispiel Playmobil-Figuren in eine Sitzposition bringen, aber man kann die Beine nicht einzeln verstellen. »Das hätten die Einkäufer gerne so, aber nicht die Kinder«, erklärt uns Brandstätter. »Ein Kind kann ein solches

Spielzeug nicht im Gleichgewicht halten [wenn die Beine unabhängig voneinander bewegt werden können].« An diesem Punkt in unserem Interview angelangt, hält Brandstätter inne, greift mehrere Spielzeuge auf seinem Schreibtisch und fängt an, damit zu spielen, als wäre ich gar nicht da. Einen Augenblick später fährt er fort: »Kinder mögen einfache Dinge. Sie haben Vorstellungen, die Sie und ich nicht sehen können.«

Allerdings geht es auch bei Playmobil nicht ganz ohne eine erhebliche Portion Komplexität. Spielzeuge werden niemals nacheinander entwickelt. Jedes Spielzeug gehört zu und ist ein Teil einer Miniausstattung, zu der mindestens ein paar Figuren gehören und ein oder zwei Maschinen, Fahrzeuge oder anderes. Diese Miniserien sind ihrerseits wieder Bestandteil einer größeren Serie wie diejenigen, die ich zu Beginn beschrieben habe, zum Beispiel eine Baustelle, ein Zirkus usw. Das regt die Phantasie an. Außerdem ist es keine schlechte Verkaufsidee! Auf jeder Verkaufsschachtel sind auch noch mehrere andere kleine Serien abgebildet, die zu der größeren Serie gehören, das heißt, die Kunden kommen regelmäßig zurück, um auch noch die anderen Teile zu kaufen.

Ein schwieriger Markt

»Was dieses Geschäft so schwierig macht«, erklärt Brandstätter, »ist, daß die Erwachsenen die Probleme der Kinder lösen müssen. Und wie machen sie das? In den meisten Fällen gehen sie überall in der Welt in die großen Geschäfte, sehen sich an, was es gibt, kaufen Muster und nehmen sie mit nach Hause. Dann setzen sich die führenden Leute um den Tisch und sagen: ›Dieser Artikel verkauft sich derzeit gut. Wie können wir etwas Ähnliches machen, das sich noch besser verkauft?‹ Das gilt nicht für Playmobil. Bei Playmobil verlassen wir uns auf Beck und auf die Endverbraucher. So haben beispielsweise die Einkäufer der großen Kaufhausketten Herrn Brandstätter und Herrn Beck buchstäblich auf Knien gebeten, für 1988 einen Spielzeugsatz mit dem Thema Olympische Spiele herauszubringen. Aber«, erzählt Brandstätter, »Herr Beck meinte, das paßt nicht in unser System. Die olympischen Teilnehmer sind Einzelkämpfer. Wo bleibt das Team? [Fast alle Playmobil-Sätze haben Figuren, die im Team oder in der Gruppe zusammenwirken.] Herr Beck sagt, die Kinder würden frustriert sein. Sie würden es kaufen, ein paarmal damit spielen und dann beiseite legen. Themen wie die Olympischen Spiele«, sagt Brandstätter und kommt immer näher, »sind für Erwachsene und interessieren die Einkäufer der großen Unternehmen. Wir hören so viel Komisches von ihnen. ›Hier brauchen wir noch eine zusätzliche Figur.‹ – ›Warum setzen Sie nicht Elektronik ein?‹ Aber so macht man keine Spielzeuge. In den meisten Fällen hat das mit den Bedürfnissen der Kinder nichts zu tun.«

Beck und Brandstätter sind beide um die Fünfzig. Das Playmobil-Programm steckt ihnen in den Knochen. Aber wie hält man es lebendig? Ein Teil der Antwort ist eine Forschungs- und Entwicklungs- bzw. Konstruktionsabteilung mit 80 Mitarbeitern, die unter der Leitung von Beck eine separate Geschäftseinheit darstellt. Das Ziel ist es, »umsichtig eine Entwicklungsgesellschaft aufzubauen, die wie Beck ein gründliches Verständnis dafür entwickelt, was der Verbraucher braucht«, erläutert Brandstätter. »Es wird 10 bis 20 Jahre dauern.«

Die »Endverbraucher« helfen mit! Kinder überschütten Playmobil jede Woche mit Hunderten von Briefen. Ich las einige zusammen mit Hans Beck, der auch nach Tausenden von Briefen in all den Jahren nocht nicht abgestumpft zu sein scheint. Er reichte mir eine sehr detaillierte Skizze, die ein Kind geschickt hatte, und sprach seine Bewunderung für die Schönheit der Skizze aus, als hätte er noch nie zuvor so etwas Schönes gesehen. Für viele dieser Briefe gilt, daß sie sehr detailliert und durchdacht sind. Manche Briefe sind seitenlang und enthalten Zeichnungen, die sicherlich mehrere Tage in Anspruch genommen haben. Manchmal werden ganz neue Szenen vorgeschlagen, die Playmobil in sein Programm aufnehmen soll. Die besten Vorschläge werden dann an die F&E-Abteilung weitergegeben. Und da ist dann noch der Playmobil-Park, der zur funkelnden neuen Firmenzentrale der Geobra gehört. Wie schon der Name sagt, ist es ein Ort, an den die Kinder kommen können, zum Spielen – natürlich mit Playmobil-Spielzeugen. Jeden Monat kommen fünf- bis zehntausend Kinder mit ihren Eltern hierher, um sich auszutoben. Designer, speziell ausgebildete Beobachter und manchmal auch Beck selbst setzen sich zu den Kindern und sehen ihnen beim Spielen zu. Am Tag meines Besuches waren etwa 50 bis 75 Kinder (und 20 Eltern) emsig beschäftigt. Es war sofort zu erkennen, daß Hans Beck die richtige Formel gefunden hatte. Alle Kinder waren ausnahmslos

mit ihren Phantasien beschäftigt und entwickelten vor meinen Augen zahlreiche phantasievolle Geschichten.
Die Erkenntnis, daß die Rolle der Formenherstellung in einer immer stärker vom Wettbewerb gekennzeichneten Marktsituation an Bedeutung zunimmt, hat schließlich zu der außergewöhnlichen Investition von 30 Millionen Dollar in ein neues Hauptgebäude geführt. Der wesentliche Hintergedanke dabei war, die Formenbauer und die Forschung und Entwicklung bzw. Designabteilung unter einem Dach zusammenzufassen. Seit die Mitarbeiter 1989 in das neue Gebäude eingezogen sind, hat sich die Kommunikation zwischen diesen beiden so wichtigen Gruppen drastisch verbessert, erklärt Brandstätter. Hierin sind sich Arbeitnehmer und Management einig. Ein Formenbauer erzählt mir, daß er mindestens ein- oder zweimal pro Tag bei Herrn Beck oder einem anderen Designer auf der Matte steht. Als die Formenbauer noch räumlich getrennt in der Fabrik mit untergebracht waren, lief der Kontakt mit den Designern fast ausschließlich übers Telefon.

Vorteil Mittelstand!

Obwohl Brandstätter selbst nie für ein großes Unternehmen gearbeitet hat, ist er von den Vorteilen des Mittelstandes überzeugt. Ganz oben auf seiner Liste steht ein »besseres Verständnis unter all den Menschen, die hier arbeiten«. Groß bedeutet für ihn aufgesplittert, Verlust an Gefühl für das Ganze, zu viele Verzögerungen und eine unerträgliche Verzerrung und Verwässerung der Ausgangsvision. An zweiter Stelle steht für ihn die langfristige Perspektive. Sie ist nach Brandstätter nur in einem Unternehmen möglich, das von den Eigentümern selbst kontrolliert wird. Der Vorstandsvorsitzende eines Konzerns ist auch in Deutschland nur an den Ergebnissen der nächsten vier Jahre interessiert, behauptet Brandstätter, »aber mir geht es um die Ergebnisse in zehn oder zwanzig Jahren«. Und schließlich um die ausschließliche Ausrichtung auf den Endverbraucher. Brandstätter drückt es auf eine etwas merkwürdige Art und Weise aus. »Einige meinen, ich sollte einen Verwaltungsrat haben«, sagte er mir und hakte nochmals nach: »Aber die verstehen das nicht. Dieser Rat hätte keinerlei Ahnung von unserem Unternehmen und auch kein Verständnis für die Kinder.« Am Ende geht es immer um *das Produkt, die Kinder, die Vision.*

Trumpf, die Ehe zwischen Hart und Weich

Alle fünf Jahre hat sich die Welt total verändert.
Berthold Leibinger, Vorstandsvorsitzender Trumpf, in einem Interview mit dem Autor

Berthold Leibinger sollte 1950 mit seiner Lehrzeit anfangen. Sein einziges Fortbewegungsmittel war ein Fahrrad. Daher suchte er sich, wie er mir in unserem Gespräch 1991 sagte, einen Ausbildungsbetrieb, den er von zu Hause aus mit dem Fahrrad erreichen konnte. Trumpf. Heute ist Leibinger Präsident des Deutschen Verbandes der Werkzeugmaschinenhersteller, Sprecher der Mittelstandsvereinigung und Eigentümer von 73 Prozent des Werkzeugmaschinenherstellers Trumpf, der einen Jahresumsatz von 600 Millionen Dollar ausweist. Die Broschüre dieser einzigartigen Firma beginnt mit dem Satz: »Das Streben nach der vollkommenen Maschine. Ein Ziel, dem wir uns alle bei Trumpf verschrieben haben.« Wenn Ihnen das anmaßend vorkommt, müssen Sie noch eine Menge über Leibinger, Trumpf und Deutschland lernen. Denn das Komische ist: Bei Trumpf meinen die das ernst.

»Das Streben nach der vollkommenen Maschine«

Mit den Maschinen von Trumpf werden Metalle gestanzt, ausgeschnitten, gelocht und geformt. Sie kosten zwischen 200 000 und 1,3 Millionen Dollar und sind sozusagen die »Mercedes der Werkzeugmaschinenbranche«. Das Metall wird mit Bohrkronen aus Superlegierungen und neuerdings auch mit Laser geschnitten. Trumpf war der erste deutsche Werkzeugmaschinenhersteller, der CNC-Steuerungen auf den Markt brachte, und hat auch als erster die Lasertechnik eingeführt. Eine große Trumpf-Maschine kann mit bis zu 400 verschiedenen Bohrköpfen arbeiten und sie in komplizierten, computergesteuerten Arbeitsgängen für komplizierte Aufgaben nacheinander einsetzen. Die Hauptabnehmer des Unternehmens sind große metallverarbeitende Betriebe, in denen der Materialtransport von entscheidender Bedeutung ist. Trumpf verkauft nämlich auch ein automatisches Fördersystem, das 40 000 Teile befördern kann.

Trumpf ist durch und durch ein weltmarktorientiertes Unternehmen. 60 Prozent seines Umsatzes kommen aus dem Export. Die Firma hat zwei Fabriken in den USA, und zwar in Farmington, Connecticut, und in Wilmington, Massachusetts. Einige Maschinen sind in den USA entwickelt worden, die Hälfte der Umsätze in Asien wird mit Trumpf-Maschinen gemacht, die in den USA konstruiert und hergestellt wurden.
Fast 12 Prozent der 3000 Mitarbeiter bei Trumpf sind in der Forschung und Entwicklung tätig. Vor zehn Jahren waren von 105 F&E-Ingenieuren 15 Prozent Softwarespezialisten. Heute beschäftigt Trumpf über 100 Softwareingenieure (davon arbeiten etwa 80 auf der einfachen Maschinensprachenebene, 50 mit angewandten Softwareprogrammen, und sieben sind damit beschäftigt, Software auf die spezifischen Kundenbedürfnisse hin zu entwickeln). Das ist schon ein Drittel der gesamten F&E-Belegschaft: Trumpf hält Schritt mit der Zeit. Wenn es hierfür noch weiterer Beweise bedarf, empfiehlt es sich, folgenden Ausschnitt aus einem Artikel zu lesen, der im März 1991 in *Trumpf News,* der Hauszeitung der amerikanischen Trumpf-Fertigungsstätte, erschien:
»*Trumpf Industrial Lasers* (TIL) hat jetzt Telediagnostik in sein Dienstleistungsprogramm aufgenommen. Dies bedeutet, daß die Anwender von Trumpf-Lasergeräten über Telefon und Modem mit den Kundendienstingenieuren von TIL Kontakt aufnehmen können und bei betrieblichen Problemen schnelle und genaue Diagnosen erhalten, ohne daß unnötige Ausfallzeiten entstehen. Im Rahmen des Telediagnose-Dienstleistungsvertrages können Laserbediener ihre Laser-Steuereinheit an das Computerterminal von TIL in Wilmington, Massachusetts, anschließen. Dort können die Laser-Kundendienstingenieure sämtliche Laser-Betriebsparameter bis hinunter zur Ebene der Leiterplatte überwachen und mit dem Laserbediener über Bildschirmsequenzen kommunizieren. Die Antworten müssen über die Tastatur eingegeben werden. Sobald das Problem identifiziert ist, führen die TIL-Ingenieure den Benutzer durch die verschiedenen Schritte, die notwendig sind, um die Situation zu beheben. Wenn es sich herausgestellt hat, daß ein Teil nicht einwandfrei funktioniert, kann über Nacht ein neues Teil installiert werden, und wenn nötig, wird der Kundendienstingenieur dieses Teil höchstpersönlich liefern und installieren.«

Mittelstand bedeutet »persönlich«

Einige nennen Berthold Leibinger den »Mittelstandspapst«. Als Antwort auf meine Frage bei einem Gespräch in seinem Büro im Mai 1991, »Was ist ein mittelständisches Unternehmen?«, beginnt er zögernd: »Wenn ich das nur wüßte.« Dann aber kommt er mit der bei Trumpf gewohnten Präzision sehr schnell auf den Punkt: Ein mittelständisches Unternehmen ist 1. »ein Unternehmen mittlerer Größe, das sich im Besitz einer Familie oder einiger weniger Eigentümer befindet«, 2. die »sich auf ein *Kerngeschäft* konzentrieren und bei diesem Kerngeschäft bleiben«. Ferner sollte 3. »der Wille des Eigentümers erkennbar sein«, und 4. sollte »der Eigentümer ›*Kontinuität*‹ gewährleisten, das heißt also, daß die Eigentümerfamilie in guten wie in schlechten Zeiten zu ihrer Firma steht«. Leibinger ist überzeugt, daß gerade dieser letzte Punkt »für die Stabilität der (deutschen) Wirtschaft von ausschlaggebender Bedeutung gewesen ist«.

Einige von Leibingers Mitstreitern haben diese Definition des Mittelstandes noch vervollständigt. Ludwig Litzenberger, Leiter Verkauf und Vorstandsmitglied bei Trumpf, unterstreicht den Aspekt der »*Personalisierung*«. »Jeder weiß von jedem, was er tut«, sagt er. Und Rosmarie Klamt, Verkaufsleiterin internationale Märkte, betont, daß selbst wichtige Entscheidungen innerhalb eines Tages gefällt werden können, und das ist für sie ein typisches Merkmal eines mittelständischen Unternehmens. Sie hat als Lehrling in einem Konzern angefangen und blieb dort zehn Jahre lang. »Dort«, sagte sie, »hatte jeder nur eine kleine Rolle zu spielen. Hier kann jeder das ganze Geschäft überblikken.«

Frank Schädler, der die Kundenbetreuung bei Trumpf leitet, begann seine Laufbahn bei einem großen deutschen Automobilkonzern. (Mit einem Lächeln auf den Lippen weigerte er sich, mir zu sagen, bei welchem.) »Bei Trumpf«, sagt er, »fühle ich mich nicht wie ein kleines Rädchen im großen Getriebe. Ich erlebe oft, daß meine Ideen innerhalb weniger Monate in einer neuen Maschine ihren Niederschlag finden. Wir haben hier nur wenige ›Bosse‹, und die Kommunikation ist gut und einfach.«

Trumpfs Kunden: Der Mittelstand arbeitet für den Mittelstand

Während meines Besuches im Vorführungszentrum von Trumpf traf ich auf einen von Trumpfs typischen mittelständischen (deutschen) Kunden, die Huber GmbH, eine metallverarbeitende Firma, die 1923 ihren Betrieb aufnahm und mittlerweile 25 Mitarbeiter beschäftigt. Huber arbeitet hauptsächlich für die Elektronikindustrie und produziert geprägte Metallplatten für Computergestelle. (Firmen wie IBM Deutschland und Hewlett Packard GmbH sind ganz in der Nähe.) Wegen der sich rasch verändernden Anforderungen seiner Kunden benötigt Huber flexible Maschinen, die auch sehr kurze Produktionsläufe effizient abwickeln können.

Stellen Sie sich vor: ein Firmenchef, Mitte 50, der ein alteingesessenes Unternehmen mit 25 Mitarbeitern für die Herstellung von Metallteilen leitet. Zumindest in den USA würde man aufgrund dieser Angaben kein sehr progressives Unternehmen erwarten. In Deutschland sieht die Sache ganz anders aus. Ich sah den Mann über ein Computerterminal gebeugt, zusammen mit einem der sieben Softwareingenieure von Trumpf, die an der Entwicklung kundenspezifischer Softwareprogramme arbeiten. Die junge Softwareingenieurin zeigte dem Kunden gerade ein Software-Upgrade für 80 000 Dollar, das erst seit drei Wochen auf dem Markt war. Sein Plan war es, dieses Upgrade auf einer seiner Trumpf-Maschinen zu installieren, und er wollte es jetzt so schnell wie möglich an seine Produktlinie anpassen lassen.

Bereitschaft zur Innovation – im Interesse der Kunden

»Wenn ich den entscheidenden Faktor herausgreifen sollte, der für unseren Erfolg verantwortlich ist, würde ich sagen, daß es die ständige *Bereitschaft zu Innovation* für unsere Produkte ist, unsere Einstellung zu neuen Märkten und unsere interne Organisationsstruktur«, sagt Leibinger. »Bei uns gilt die Regel: Wenn wir nicht jede Ecke unseres Unternehmens wenigstens einmal alle vier Jahre überprüft haben, haben wir nicht oft genug hingesehen.« Zur Bekräftigung seiner Aussage verweist Leibinger darauf, daß 60 Prozent des derzeitigen Umsatzes aus Produkten erwirtschaftet werden, die in den letzten drei Jahren auf den Markt gebracht wurden. Aber steht denn dieser ständige Wandel nicht im Widerspruch zu der überragenden Qualität der Trumpf-

Maschinen? frage ich. Ist das nicht chaotisch? »Das ist die ganze Kunst«, gab Leibinger zurück. »Es ist wie ein Drahtseilakt. Wenn man stillsteht, fällt man runter. Wenn man zu schnell läuft, fällt man ebenfalls runter.«
Leibinger betont, daß das Wesen des Mittelstandes darin besteht, »daß man bei seinem Leisten bleibt«, gleichzeitig aber besingt er in höchsten Tönen die Vorzüge der Flexibilität. Klartext: Man bleibt bei der Branche und den Kunden, die man kennt, und ändert dann alles um, sich deren wandelnden Bedürfnissen anzupassen: »Wir sind im Werkzeugmaschinenbau, basta. Aber man behält ständig den Prozeß im Auge, und zwar immer aus der Sicht des Kunden. Welchen Vorteil kann ihm das Werkzeug bringen? Wie kann man die Bedürfnisse der [metallverarbeitenden] Kunden am besten lösen, mit mechanischen, elektronischen, Stahl-, Diamant- oder Lasertechniken?«
Deutschland hat keine Betriebswirtschaftskaderschmieden à la USA. Deutsche Führungskräfte glauben auch nicht an die große Bedeutung, die ihre amerikanischen Kollegen den Marketingkonzepten zuschreiben. Aber sehen wir uns noch einmal die wichtigsten Marketingkonzepte in Amerika an: Harvard-Guru Ted Levitt spricht beispielsweise seit langem von »marktgetriebenen Unternehmen«. Die Deutschen würden über einen solchen Ausdruck lachen. Aber in Wirklichkeit *leben* sie für ihren Markt, auch wenn sie dafür keine Begriffe haben! (Wir in Amerika benutzen die Terminologie, aber tun selten das, was sie besagt).

»Benutzervorteile«

Trumpf baut Maschinen, die dem Kunden außergewöhnliche Flexibilität geben. Darüber hinaus ist Trumpf – wie Rational – bereit, seine Maschinen auf die speziellen Bedürfnisse der Kunden abzustellen. Das Abstellen auf Kundenbedürfnisse spielt sich zunehmend auf der Ebene der Software ab, das heißt durch »Anpassung der Maschinenintelligenz an die Bedürfnisse des Kunden, um dem im Computersystem des Kunden anfallenden besonderen Datenfluß gerecht zu werden«, so erläuterte es uns Verkaufschef Litzenberger.
Litzenberger kommt immer wieder auf den »Benutzervorteil« zurück: Es geht nicht darum, daß die Trumpf-Maschine pro Minute ein paar Löcher mehr in das Metall stanzen kann. Es ist vielmehr eine Frage der Flexibilität, das heißt, daß Teile her-

gestellt werden können, die normalerweise auf solchen Maschinen nicht gemacht werden könnten. Wie die meisten Mittelständler entfernt sich Litzenberger nie sehr weit von dem Gedanken der *zusätzlichen Wertschöpfung* für den Kunden. Das kann er auch gar nicht. Die Japaner haben zum Beispiel gegenüber Trumpf einen erheblichen Preisvorteil, der noch durch die 25prozentige Abwertung des Yen im Verhältnis zur Deutschen Mark vor einigen Jahren verstärkt wurde. »Aber wir können es uns nicht leisten, unsere Zeit damit zu verschwenden, über Wechselkursschwankungen zu lamentieren«, sagte Litzenberger. »Wir wissen, was wir zu tun haben: mehr Wert und mehr Flexibilität zu schaffen.«

Überwältigend ist das einzige Wort, mit dem man das Trumpf Schulungs- und Vorführzentrum in der Unternehmenszentrale in Ditzingen, etwa 60 km von Stuttgart entfernt, beschreiben kann. Das Design dieses Zentrums ist flott, die Sauberkeit auffällig, alles ist modern. An dem Tag, als ich es besuchte, waren gerade ein französisches Kundenteam und eine chinesische Delegation anwesend. Etwa 100 potentielle Kunden kommen pro Monat in das Zentrum. Der »Haken«, mit dem sie geangelt werden, ist einfach: Sie werden aufgefordert, Pläne von den schwierigsten Teilen, die sie produzieren, mitzubringen. Normalerweise sind das Dinge, die sie auf den Maschinen in ihrem jetzigen Bestand nicht produzieren können. Trumpf programmiert eine Demonstrationsmaschine für diese Aufgabe und kann fast immer das »unmögliche« Endprodukt noch vor Ablauf des Tages liefern.
Frank Schädler, der das Zentrum leitet, erklärte mir das Geheimnis des Erfolges mit der Behauptung, Trumpf »verkaufe Ideen«. Die Idee ist die, daß die Kunden verstehen sollen, daß Trumpf-Maschinen Dinge tun können, an die sie noch gar nicht gedacht haben. Schädler möchte, daß seine Besucher »von hier weggehen und etwas gelernt und nicht nur eine Maschine gesehen haben«. An den Besuch im Demonstrationszentrum schließt sich fast immer ein Besuch in der benachbarten Fabrik an. Auch hier können sich die Besucher wieder von der Spitzenleistung bei Trumpf in Form blitzblanker Böden und blitzblanker Trumpf-Maschinen, die Trumpf-Maschinen herstellen, überzeugen.
Normale Kunden schicken jeweils mehrere ihrer Angestellten für einige Zeit in das neben dem Demozentrum gelegene Schulungs-

zentrum. 1990 wurden etwa 3000 Mitarbeiter von Kunden hier geschult. Dieses mit 19 Lehrkräften besetzte Schulungszentrum verbringt 80 Prozent seiner Zeit damit, den Kunden 50 verschiedene Lehrgänge in CAD/CAM-Programmierung, Betrieb, Wartung, Maschinensteuerungssystem, Lasersystem, Laserschneidtechniken usw. anzubieten. Die übrigen Schulungs- und Ausbildungsaktivitäten einschließlich intensiven Sprachtrainings wenden sich an die 250 Kundendienstingenieure bei Trumpf.

»Soft« oder »Hart«?

Das Schulungszentrum ist ein deutliches Zeichen der immer größeren Bedeutung, die der Intelligenz von Werkzeugmaschinen zukommt. In den elf Schulungsräumen des Zentrums fand ich drei Werkzeugmaschinen, 22 Workstations für das Programmieren und 15 CNC-Simulatoren. Ist Trumpf also dabei, eine Computerfirma zu werden? »Nein, das nicht, wirklich nicht!« wehrt sich Leibinger (dreimal sogar). »Im internationalen Markt hat die deutsche Industrie eine starke Position im Bereich konkreter, anfaßbarer Dinge. Die Japaner beherrschen den Weltmarkt für elektronische Bauelemente, und die Amerikaner sind immer noch die besten Softwarearchitekten. Unser spezielles Talent liegt darin, die Technologie, unabhängig davon, ob sie nun mechanisch, elektronisch oder auf Software aufgebaut ist, zu anspruchsvollen, qualitativ hochwertigen konkreten Systemen zusammenzubauen.«

Leibinger erinnert sich an den Besuch einiger MIT- und Harvard-Professoren vor nicht allzu langer Zeit. Sie besuchten die Firmen Mercedes, Bosch und IBM Deutschland, die alle in der Nähe sind, und setzten dann noch »zwei kleinere Firmen« auf ihre Liste, einschließlich Trumpf. Später schrieb einer an Leibinger, vor 20 Jahren habe er den Firmen in New England geraten, aus dem Textilmaschinengeschäft und überhaupt aus dem Maschinenbau auszusteigen, denn dieses seien »Industrien des 19. Jahrhunderts, die mit Stahl und Öl usw. zu tun haben. Die Zukunft liege auf dem Gebiet der Computer, Software usw.« Jetzt sagte er: »Wir gehen nach Deutschland und finden dort eine blühende Wirtschaft, obwohl sie immer noch diese Maschinen aus dem 19. Jahrhundert produzieren.« Leibinger räumt ein, daß Maschinen heute »ganz anders sind, sie sind eine Mischung aus Elektronik, Software und Mechanik«. Trotzdem, fügt er hinzu, ist »die Ma-

schine nach wie vor das Kernstück unserer Arbeit. Die greifbare Welt bleibt bestehen, sie ist nur anders – das ist alles. Sie wird von neuen Technologien durchsetzt, und das ist ein Teil der Faszination unserer Branche.« Im Jahr 2000 werden 30 Prozent des Wertes eines Autos von der Elektronik bestimmt sein, erklärt Leibinger, »aber es bleibt immer noch ein Auto. Und als solches braucht es auch weiterhin eine zuverlässige Aufhängung, einen geräuscharmen Motor und so weiter, und so fort. Die greifbare Seite des Produktes ist immer noch sehr, sehr wichtig, wenn es darum geht, einen Konkurrenzvorsprung zu sichern.«
Dan DeChamps, der die amerikanische Trumpf-Niederlassung leitet, versicherte mir, daß etwa ein Fünftel des Gesamtwertes einer Trumpf-Maschine durch die Software bedingt ist. Als ich ihn fragte, ob Trumpf nicht in Wirklichkeit eine nur mäßig getarnte Computerfirma sei, die zufällig auch noch Metallgehäuse verkauft, wiederholte er das, was sein Chef schon gesagt hatte. »›Schlecht getarnt‹ ist einfach nicht richtig«, erwiderte er. »Sicher wird der Anteil der Elektronik in einer modernen Werkzeugmaschine immer größer. Sie ergänzt und ersetzt gelegentlich teure mechanische Bauteile, die oft nicht so effizient und zuverlässig sind. Auf der anderen Seite leisten die Mechanik und das Bewegungssystem immer noch einen sehr großen Beitrag zur Lebensdauer, Qualität und Präzision der Maschine. Wenn man nicht ganz genaue Führungsschienen, Gestelle und Befestigungen produziert, bekommt man nie eine akkurat arbeitende Werkzeugmaschine, und sei die Software noch so gut.«

Die besonderen Merkmale der mächtigen deutschen Zwerge

Es gibt ausgezeichnete Mittelstandsunternehmen in Amerika, Japan und Schweden und auch einige wenige gute in Deutschland. Trotzdem scheint es einige durchgängige Merkmale für den ungewöhnlich hohen Anteil mittelständischer »Giganten« in Deutschland zu geben.

- *Konzentration auf ein Ziel:* Der Mittelständler mit seinen 11 oder 3000 Mitarbeitern bleibt bei seinem Leisten. Es sei in diesem Zusammenhang noch einmal daran erinnert, daß bei

Trumpf die in den letzten drei Jahren auf den Markt gebrachten neuen Produkte 60 Prozent des gesamten Umsatzes ausmachen und daß die Softwareingenieure heute 30 Prozent der gesamten Belegschaft einer großen F&E-Abteilung repräsentieren, im Vergleich zu 15 Prozent vor noch wenigen Jahren. Aber alle diese großen, neuen Veränderungen dienen einer gleichbleibend wichtigen Idee: Metalle biegen, stanzen und schneiden für anspruchsvolle Kunden. Auch bei Rational ist das gesamte Know-how und Engagement auf Küchenherde konzentriert – trotz eines umfangreichen Know-hows in Technik und Marketing, das auch für andere Bereiche eingesetzt werden könnte.

- *Klein bedeutet stark:* Rational ist durch und durch ein Gigant, kein Pygmäe. Rational ist die »IBM der Kombiherdproduzenten«. In dem kleinen Scheibchen des Weltmarktes ist das Unternehmen führend, ja: marktbeherrschend. Rational-Chef Meister sagt, daß er das Unternehmen auf nicht mehr als 400 Mitarbeiter anwachsen lassen will: Es wird derzeit eine ganze Menge Arbeit im Unterauftrag vergeben, so daß sich die Fähigkeiten und Ressourcen auf eine Handvoll kritischer Bereiche konzentrieren lassen, um ihren Wettbewerbsvorsprung auszubauen.
- *Symbiose mit dem Endverbraucher:* Geobra hat sich eine Menge intelligenter Methoden ausgedacht, um mit den spielenden Kindern in engem Kontakt zu bleiben. Auch Rational ist ständig auf der gleichen Wellenlänge mit seinen Kunden. Die Firma Trumpf ist mit den Maschinenschlossern ihrer Kunden quasi verheiratet. Keine dieser Firmen verläßt sich auf »Marktforschung«, sondern jede investiert großzügig in direkte, unmittelbare Kontakte mit dem Kunden, in Kundenschulung und in einen verblüffend schnellen und teuren Kundendienst. Auch wenn sich alle drei Firmen durchaus um ihre Großhändler und die Einkaufsabteilungen ihrer Kunden bemühen, gilt ihr höchstes Interesse eindeutig dem Endverbraucher, also dem Kind, dem Küchenchef, dem Maschinenschlosser.

  (Meine deutschen Freunde aus dem Mittelstand wissen es zwar nicht, und ich habe es ihnen auch nicht gesagt, aber sie haben es mir beigebracht, das Wort Symbiose zu verwenden. Unternehmen wie Playmobil, Trumpf und Rational sind »eins« mit ihren

Endverbrauchern in einer Art und Weise, die ich schlichtweg nicht beschreiben und noch weniger in einer Checkliste erfassen kann. Den ersten Anhaltspunkt habe ich von meiner Übersetzerin bekommen. Sie benutzt den Begriff »Identifizierung mit dem Benutzer«. Am Anfang glaubte ich, sie meinte »Kundennähe«. Jetzt weiß ich, daß ich mich da irrte. Denn »Identifizierung mit dem Benutzer« ist wesentlich mehr als Kundennähe. Siehe auch Kapitel 45 und 47.)

- *Ausgabenfreudig, wo es sich lohnt – zum Beispiel für den Kunden:* Die Spitzenfirmen des Mittelstandes verlangen einen recht ordentlichen Aufpreis auf ihre Produkte und verabscheuen es, Preisnachlässe zu gewähren, denn diese verringern ihre Margen, die sie brauchen, um in modernste Technik investieren zu können. Im Unterschied zu den meisten amerikanischen Unternehmen investieren sie wie verrückt in Kundenpflege, Kundendienst, Forschung und Entwicklung sowie Maschinen und Anlagen. Wie gesagt, Geobra hat über 100 Millionen Dollar in Präzisionsformen investiert, mit denen die Spielzeuge hergestellt werden (und weitere 30 Millionen Dollar »nur« dafür, um die Designer und Formenbauer unter einem Dach zusammenzubringen).
- *Soft und hart:* Die Deutschen allgemein und die Mittelständler im besonderen sind Meister des Verbindens – von Gefühl und Präzision, Metall und Elektronik. Im Rahmen der etwa dreieinhalbjährigen beruflichen Ausbildung, die zwei Drittel aller deutschen Arbeitnehmer durchlaufen, wird ihnen ein »Gefühl« für Werkstoffe (Holz, Kunststoff, Metall) und Präzision gleichermaßen vermittelt. Dieses handwerkliche Gefühl wird geschickt mit modernsten Techniken der Elektronik, Software, Lasertechnik usw. verbunden.
- *Vorsprung, wo immer es darauf ankommt:* Es heißt, Deutschland sei auf dem Gebiet der Elektronik nicht auf der Höhe der Zeit. Das stimmt, wenn man Computer, Halbleiter und Software als Maßstab nimmt. Diese Kritik ist aber nicht zutreffend, wo es um Anwendungen geht: Man betrachte nur alle die Softwareingenieure in der Forschung und Entwicklung bei Trumpf oder die Zahl der CAD-Terminals bei Geobra, die weit höher ist als die Zahl der Drehbänke (computergesteuerte Drehbänke natürlich); oder die Kombiherde von Rational, die ein wahres Elektronikwunder darstellen mit ihren benut-

zerfreundlichen Eigenschaften. Das ist wohl der Vorteil der Unternehmen, der sich am wenigsten von anderen Konkurrenten nachahmen läßt.

- *Winzling oder nicht, die Welt ist ihre Auster:* Wenn man »global« oder »groß« sagt, denkt man automatisch sofort an die andere Seite des Atlantiks (obwohl wir uns schon bessern – siehe Kapitel 36). Das gilt nicht für Rational-Chef Meister, Trumpf-Chef Leibinger oder Geobra-Chef Brandstätter. Jedes dieser Unternehmen verkauft die Hälfte bis zwei Drittel seiner Produkte außerhalb Deutschlands. Nicht daß diese Firmen gleich von Anfang an globale Strategien gehabt hätten. Keineswegs. Vielmehr wurden sie durch die Mundpropaganda ihrer Kunden im Laufe der Zeit in die Auslandsmärkte hineingetragen. Dann machten sie sich geduldig daran, sich von Land zu Land einen guten Namen zu machen, wobei sie stets darauf achteten, daß die Infrastruktur künftige Absätze auch mehrere tausend Kilometer von der Heimat entfernt unterstützen konnte.
- *Der lange Atem:* Die Mikrowunder haben eine gute Langzeitperspektive. Das Arbeiten an der Produktakzeptanz, das Schaffen eines uneinnehmbaren Forschungsvorsprungs und der Aufbau globaler Märkte erfordert Zeit, viel Zeit. Die Mittelstandschefs denken in Jahrzehnten, nicht in Quartalen. (Dies ist nicht ganz richtig wiedergegeben: Eigentlich reden sie ganz selten über die langfristige Perspektive, aber dafür unterstreichen sie mit allem, was sie tun, ihr langfristiges Engagement für das Produkt, den Endverbraucher, die Branche, ihre Mitarbeiter, ihre Lieferanten und die Firma.)
- *Ihr Hauptaugenmerk gilt der Verbesserung (im großen wie im kleinen) – nicht der Konkurrenz:* Trumpf-Chef Leibinger wies darauf hin, daß jeder Aspekt des Unternehmens mindestens einmal alle vier Jahre von Grund auf überprüft werden muß. Rational arbeitet wie besessen daran, seinen Wettbewerbsvorsprung zu halten. Dies bedeutet die Berücksichtigung Tausender kleiner Anregungen, die von den Kunden ebenso kommen wie von der Grundlagenforschung (nach dem Standard der Industrie). Trotzdem wird bei diesen Mittelstandschefs selten über die Konkurrenz geredet. Dagegen sind sie ständig bemüht und reden immer wieder von großen und kleinen Verbesserungen.

- *Eine disziplinierte, aber flexible Belegschaft:* In deutschen Mittelstandsunternehmen finden Sie weder Gesangbücher noch morgendliche Freiübungen! Sie werden sich sogar schwertun, Qualitätszirkel zu finden. (Ich habe jedenfalls keinen einzigen gefunden und auch keine Darstellungen von Ergebnissen einer statistischen Qualitätskontrolle – SQC.) Statt dessen finden Sie Disziplin und das Interesse an handwerklichem Können. Diese Disziplin hat aber nichts mit Starrheit oder Gruppendenken zu tun. Im Gegenteil, die Deutschen, mit denen ich sprach (Unternehmer und junge Mitarbeiter), sind stolz auf ihre Möglichkeit, immer wieder als einzelne einen Beitrag leisten zu können und auch als einzelne voranzukommen.
- *Keine Mauern:* Die Unternehmen, die ich besuchte, zeichneten sich durch offene, unbehinderte, reibungslose (jedoch professionelle) Kommunikation aus. Die Formenbauer bei Playmobil setzen sich regelmäßig über die organisatorischen Abgrenzungen hinweg und sprechen mehrmals am Tag mit den Spielzeugdesignern. Die Softwareprogrammierer für die Kundenanwendungen bei Trumpf sprechen täglich mit den Softwareprogrammierern in der Forschungs- und Entwicklungsabteilung. Auch bei Rational führen die Küchenchefs einen konstanten Dialog mit den Mitarbeitern in Forschung und Entwicklung und in der Produktion, ohne dabei bestimmte Kanäle oder Dienstwege einhalten zu müssen. »Kanäle« sind eigentlich selten oder nie ein Thema. Die Menschen tun ihre Arbeit, sie machen sie schnell und ordentlich, aber ohne Organigramme, Handbücher oder dergleichen mehr unter dem Arm.
- *Qualität einkaufen und Qualität produzieren:* Von den Japanern haben wir gelernt, daß Qualität mit Qualitatszirkeln, mit statistischen Prozeßsteuerungsverfahren usw. zu tun hat, daß man die Qualitätskontrolleure abschaffen muß (und die Qualitätskontrollaufgabe den Produktionsmitarbeitern überträgt). Wie das Thema »Qualität« in Deutschland gehandhabt wird, erfuhr ich von einigen 19 Jahre alten Azubis, die mir beibrachten, daß sogar sie als Verbraucher – trotz ihres niedrigen Lohnes – immer bereit seien, eine Mark mehr zu bezahlen, wenn sie dafür Qualität bekommen.

  Dieses allgegenwärtige Qualitätsbewußtsein stützt sich auf eine Gesamtpolitik für das Produkt, eine für den Mittelstand charakteristische Ausrichtung, das Ausbildungsprogramm, vorbild-

Durchschnittsgröße einer Industriefirma

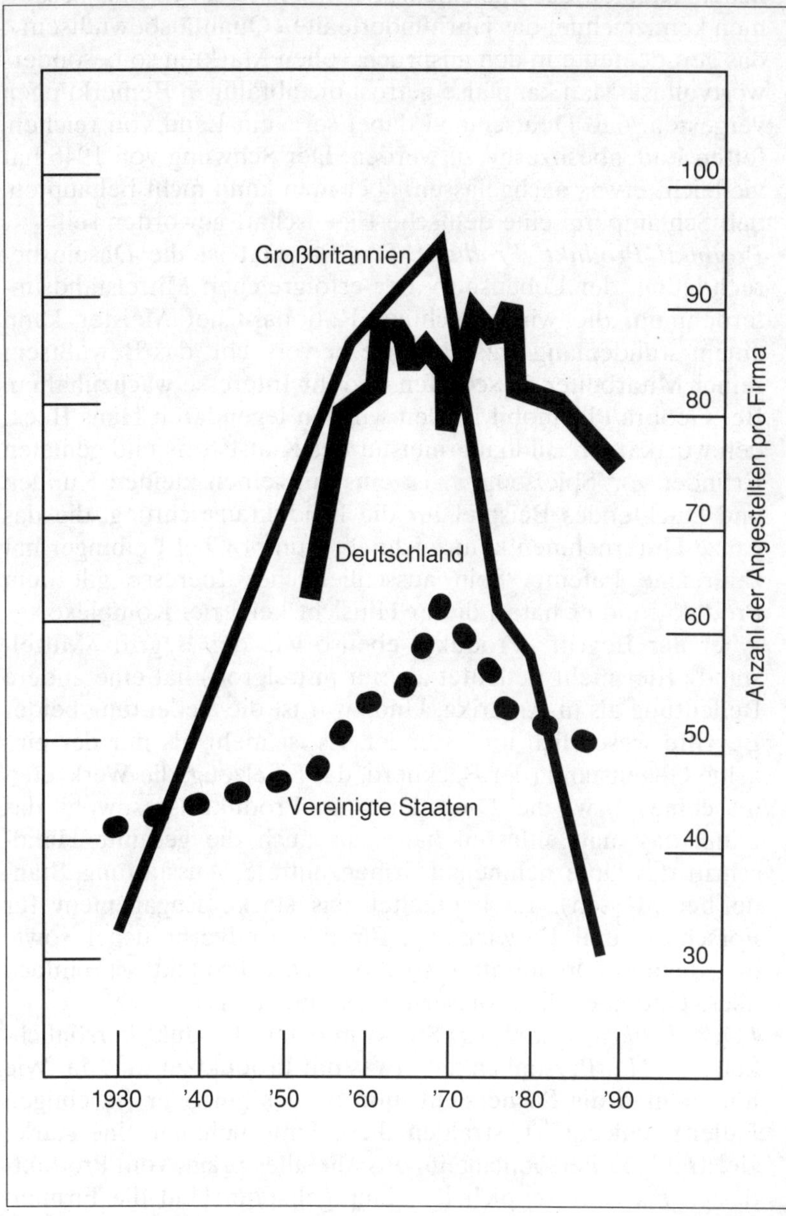

liche Ausstattung der Produktionsanlagen, blitzsaubere Arbeitsplätze und eine ausgeprägte Achtung vor dem handwerklichen Können des einzelnen Arbeitnehmers. All dies zusammen kennzeichnet das jahrhundertealte »Qualitätsbewußtsein«, das gerade heute in den anspruchsvollen Märkten so besonders wertvoll ist. Man kann also getrost die abfälligen Bemerkungen vergessen, daß Deutschland dabei sei, »ein Land von reichen, fetten Ladenbesitzern« zu werden. Der Schwung von 1946 hat vielleicht etwas nachgelassen, aber man kann nicht behaupten, daß Schlamperei eine deutsche Eigenschaft geworden sei!

- *Produkt! Produkt! Produkt!:* Das Produkt ist die Daseinsberechtigung, der Lebensnerv der erfolgreichen Mittelstandsunternehmen, die wir besuchten. Rational-Chef Meister kann einem stundenlang erzählen, wie er versucht, das Bewußtsein seiner Mitarbeiter zu schärfen und ihr Interesse wachzuhalten. Bei Geobra/Playmobil fanden wir den legendären Hans Beck, den wortkargen Bildhauermeister des Kunststoffs und genialen Erfinder von Spielzeug; er ist eins mit seinen kleinen Kunden und leuchtendes Beispiel für die Produktausrichtung, die das ganze Unternehmen kennzeichnet. Trumpf-Chef Leibinger hat zahlreiche Patente. Sein ausschließliches Ineresse gilt dem Produkt, und er hat in dieser Hinsicht keinerlei Komplexe.
  Aber der Begriff »Produkt« ebenso wie der Begriff »Mittelstand« (der mehr bedeutet als nur mittelgroß) hat eine andere Bedeutung als in Amerika. Und zwar ist die Bedeutung beider Begriffe wesentlich umfassender. Es ist mehr als nur der einzelne Gegenstand (der Backherd, das Spielzeug, die Werkzeugmaschine) bzw. die Dienstleistung. Produkt ist sowohl das Ding, das man anfassen kann, als auch die gesamte Handschrift des Unternehmens (Firmenzentrale, Ausstattung, Stände bei Messen). Es beinhaltet das starke Engagement für Forschung und Entwicklung, für den Endverbraucher sowie die flexible Organisationsstruktur. Das Produkt ist einfach alles. Und alles dient dieser umfassenden Vision!
- *Persönlichkeit, Charakter:* Steckt in einem Produkt Persönlichkeit? Ja. Hat Persönlichkeit etwas mit Produkt zu tun? Ja. Wie immer man die Sache sieht, und ob das gut oder (in einigen Fällen) schlecht ist, strahlen diese Unternehmen eine starke zielstrebige »Persönlichkeit« aus, die alles prägt, vom Produktdesign bis zum Teppich im Hauptgebäude. Und die Firmen-

chefs sind sich darüber auch im klaren. Im Gespräch über seine größeren Ziele schloß Leibinger mit folgenden Worten: »Ich hoffe, daß mein persönliches Leben meine Präsenz und meine Energie jedem als Beispiel dienen.« Es ist somit praktisch unmöglich, Produkt, Persönlichkeit und Firmencharakter voneinander zu trennen.

Die deutschen Unternehmensungetüme sind nicht weniger kränklich als die Amerikas. Deutschlands Mittelstand dagegen glänzt. Und im krassen Gegensatz zu den USA sind auch die Führungskräfte deutscher Großkonzerne jederzeit bereit, die überragende Rolle des deutschen Mittelstandes im Gesamterfolg des Landes, im Inland und als führende Exportkraft der Welt, anzuerkennen. Die Mittelständler haben uns eine Menge über die enormen Vorteile zielstrebiger, zielgerichteter, global ausgerichteter, mittelgroßer Unternehmen zu sagen. Ihre große Liebe zum Produkt, die Symbiose mit dem Endverbraucher und mutige Investitionen machen sie zu etwas Besonderem. Ihre Fähigkeit, obwohl sie manchmal nur ein paar Dutzend Leute sind, Neues zu erfinden und damit global eine Mikronische zu besetzen, ist außergewöhnlich.

Als Gruppe ist der Mittelstand eine phantastische Werbung für die grenzenlose Macht zahlreicher mittelgroßer, auf Marktnischen ausgerichteter Angriffseinheiten. Und genau das ist es, was Percy Barnevik mit ABB im Sinn hat. Der deutsche Mittelstand erschüttert die konventionellen »globalistisch« orientierten Denkweisen (daß nur die Großen überleben) und öffnet die Augen für ein originelles Modell einer leistungsfähigen umfassenden Wirtschaftsordnung.

Ist das Bild, das ich zeichne, zu rosig? Ja, vielleicht in dem Sinne, daß es eine ganze Menge lausiger Mittelständler gibt, die wenig mit Rational, Playmobil oder Trumpf zu tun haben. Und nein in dem Sinne, daß die deutschen Wirtschaftsstatistiken und die Statistiken über die nachweisliche Rolle des Mittelstands in der Volkswirtschaft für sich selbst sprechen.

36. Kapitel

Marktausrichtungsgebot I: Stimmt die Größe noch?

Der suspekteste aller (Größen-)Vorteile ist der einzige, der von den traditionellen Wirtschaftsexperten anerkannt wird: nämlich die durch Größe erzielbare Kostendegression in der Produktion. Im Laufe der letzten zehn Jahre wurde festgestellt, daß solche Kostendegressionen auch bei extrem niedrigen Produktionszahlen erreicht werden können und daß mögliche Einsparungen oft ausgehebelt werden durch einen Kostenanstieg, der mit dem Einstieg in die Großfertigung verbunden ist, und durch Nachteile, die damit zusammenhängen, daß die »menschliche Größenordnung« verlorengeht und ein Mehr an Bürokratismus entsteht.
James O'Toole
University of Southern California
»Big or Small?«, unveröffentlichter Artikel, 1991

Es gibt zwei Arten des Wettbewerbs. Unter stabilen Verhältnissen wird geplant und nach Größe konkurriert. In instabilen Zeiten – und diese werden im übrigen von Unternehmern selbst hervorgerufen – ist man auf sich selbst gestellt. Auf sich selbst und seinen eigenen Verstand gestellt sein bedeutet, daß man flexibler und innovativer sein und außerdem bereit sein muß, etwas auszuprobieren und sich selbst kaputtzumachen, bevor es andere tun.
Dick Cavanagh
Koautor von The Winning Performance
Interview mit dem Autor

Größe schließt Spitzenleistung aus.
Bill Gates
Vorstandsvorsitzender und Gründer von Microsoft
in: Upside, April 1992

»Obwohl Japan seine Absicht verkündet hat, die führende Nation auf dem Gebiet der Biotechnologie zu werden«, schrieb Gene Bylinsky am 12. August 1991 in *Fortune*, »liegt es hoffnungslos zurück.« Merck und Johnson & Johnson sorgen weiterhin für den amerikanischen Vorsprung. Stimmt das? Nicht ganz. Denn die Gewinner, so berichtet Bylinsky, sind eine Reihe relativ unbekannter Firmen: Amgen, Genzyme, Immunex, Xoma, Centocor und andere. Die amerikanischen Asse, die den »Japanern fehlen«, so Bylinksy, sind »Spitzenwissenschaftler, die bereit sind, pionierhafte neue Unternehmen zu gründen, und Kapitalgeber, die bereit sind, sie mit Risikokapital zu unterstützen«. Eines dieser Asse, Richard Bagley, Vorstandsvorsitzender von ImmuLogic Pharmaceutical und ehemaliger Mitarbeiter von SmithKline und Squibb, sagt über die amerikanischen Pharmakonzerne: »Es ist nicht sicher, daß sie, nur weil sie groß sind, überleben werden.«
Revolutionäre Techniken schießen wie Pilze aus dem Boden. Überall in der Welt treten neue Unternehmer (und Unternehmen) auf. Die Zentralverwaltungswirtschaften sind ins Straucheln geraten. Percy Barnevik von ABB sagt voraus, daß nach der vollen wirtschaftlichen Integration zwei Drittel aller europäischen Großunternehmen den Bach hinuntergehen werden. Was tut sich da?
Das Phänomen heißt: *Instabilität.* Man kann diese Technologierevolutionen (im wahrsten Sinne des Wortes im Plural) auch »modegesteuerte Märkte« bzw. das Entstehen neuer Marktwirtschaften nennen. Was immer die Gründe dafür sein mögen, eines ist eindeutig klar und unübersehbar: Groß ist nicht mehr das, was es einmal war. (Eigentlich war es auch nie das, was es sein sollte. Aber das ist eine andere Geschichte. Und warum sollten wir alte Geschichten aufwärmen?)
Aber immerhin fühlt sich Professor James O'Toole zu der Frage veranlaßt: »Ist es besser, groß oder klein zu sein?« Und seine Antwort darauf lautet: »Offensichtlich ist es am besten, *beides zugleich* zu sein.« (Das war im übrigen auch die Schlußfolgerung,

zu der wir im Teil »Jenseits der Hierarchien« gekommen sind. O'Toole leugnet – wie ich – Kostendegression durch Größe in der Produktion, erkennt aber an, daß »Großsein« eine eindrucksvolle Marktpräsenz und die damit zusammenhängende Macht mit sich bringen kann.)
Wir haben die Größenordnungen neu definiert. Auf der einen Seite fordern wir immer wieder zielgerichtete, flexible, eigenständige Einheiten, das heißt kleine Einheiten, wie Pflegepaare im Lakeland Regional Medical Center, Teams mit 12 Personen wie bei EDS, Miniunternehmenseinheiten und Buckyborgs mit Größenordnungen von 15 Personen wie die Business Development Teams bei Titeflex bis zu Größenordnungen von 100 oder so bei ABB, IDG und Acordia. Diese »Zwergunternehmen« sind fast unabhängig und dürfen in selbständiger Verantwortung praktisch alles tun, was dem Kunden dient. Klein ist also fein! Aber, wie wir schon gesehen haben, gibt es auch die »neuen großen« Unternehmen. Die Kraft dynamischer Netze, die Art und Weise, wie ABB versucht, Vorteile aus einer Zusammengruppierung kleiner Geschäftseinheiten zu ziehen, die gemeinsam das größte Energieübertragungsunternehmen der Welt bilden, ähnlich wie MCI, das sich damit begnügt, nichts zu tun, und über eine Gruppe von Netzpartnern versucht, schneller Innovation zu betreiben als Unternehmen und Konkurrenten mit größerer Fertigungstiefe, wie beispielsweise AT&T.
Soll man also beides tun? O'Toole hat recht. Damit wäre der Fall abgeschlossen. Aber halt, noch nicht. Noch ist kein endgültiges Urteil über ABB gefällt. Das »große Netz« könnte sehr leicht in Lethargie enden und schließlich konkurrenzunfähig werden (Sie erinnern sich, Keith Alm von Sara Lee wollte sogar den Wettbewerb ganz ausschalten). Und Thermo Electron hat uns gezeigt, daß es Firmennetze gibt, in denen die meisten Geschäftsbereiche als Publikumsgesellschaften organisiert und als Streubesitz in den Händen von Privatanlegern sind. (Dies ist ein riesiger psychologischer und konkreter Schritt zur Unabhängigkeit, wenngleich das Netz noch einen Teil der Macht behält.) Und dann sind da natürlich auch Deutschlands mächtige Mikromonster, von der Goldmann Produktion mit ihren 11 Mitarbeitern bis hin zu Trumpf mit einer Belegschaft von 3000: Diese Unternehmen sind klein bis mittelklein, aber ihre Reichweite ist der Weltmarkt, und sie sind total unabhängig (im Unterschied zu kleinen Unterneh-

men in Japan sind sie selten mit einem oder zwei oder einer Handvoll Großkunden verheiratet), und sie alle haben nicht den Wunsch, so groß wie »Papa Siemens« zu werden.

Werden wir es jemals lernen?

Man kann die Nuancen von »neu-groß«, »groß im Netz« usw. ruhig vergessen. Zumindest in den USA besteht immer noch irgendwo im Hinterkopf eine Liebesbeziehung zu groß-groß im *alten Sinn.* Hierzu der Leitartikel aus *Business Week* vom 29. Juli 1991: »Kleinstforschungseinrichtungen können nicht das große Geld machen.« Das Magazin sagt uns, daß auf dem Gebiet der Werkstoffwissenschaften derzeit eine Revolution stattfindet. Und *Business Week* ist wie immer der Meinung, daß wir das japanische Modell kopieren sollten (bzw. die *Business-Week*-Version davon). Das heißt, die Forschung organisieren und praktisch jede amerikanische Forschungsfirma oder Forschungseinrichtung, die interessiert ist, zu subventionieren, solange es nur ein *großes* Unternehmen ist. Zufällig (wirklich zufällig?) berichtete dieselbe Ausgabe des Magazins auch über die Fusion von Chemical Bank und Manufacturers Hanover. Man braucht nur die beiden Schlafmützen zusammenzulegen, so erfahren wir, und – Bingo! – schon haben wir die »Nummer 2 in den USA« (hinter der kränklichen Citicorp) – »im weltweiten Geschäft allerdings erscheinen sie nur unter ferner liefen«. Unter ferner liefen? Nach welchem Maßstab? Seit wann ist ein Unternehmen mit einem Vermögen von 135 Milliarden Dollar zu klein, um etwas zu bewirken? Und wer behauptet im übrigen, daß im Bankwesen groß sein besser sei? (*Business Week* beispielsweise!)

Solche Schlagzeilen sind noch das wenigste. Trotz der verwirrenden Zusammenstellung in der Fortune-500-Liste vergehen nur wenige Wochen, bis schon wieder danach gerufen wird, wir sollten Japans Keiretsu-Beziehungen zwischen Herstellern und Lieferanten, Bankern und Kunden kopieren. Eine angemessene Bezeichnung hierfür wäre »Supermeganetz tritt an Stelle der Fortune-500-Großunternehmen«. Und auch viele der akademischen Wirtschaftswissenschafter sind immer noch glühende Vertreter von Größe (die für Industriepolitik zuständigen Professoren an der Harvard University und am MIT und viele, viele andere mit Ausnahme von Menschen wie Mike Porter, die aber

eher Seltenheit sind). Auch die Wirtschaftspresse ist immer noch dafür (jedenfalls viele davon). Die Mitglieder des Kongresses sind noch dafür, ja, sie lieben Größe.
Irgendwo tief in unserem Herzen sind wir alle noch Texaner: Wir lieben es groß und noch größer und beten das Größte an. Wie anders als mit glühender Liebe läßt sich unser Beharren angesichts überwältigender Beweise erklären? Da, wo wir unsere größten Unternehmen auseinandernehmen, versuchen wir gleichzeitig das, was übrig geblieben ist, in luftdichten strategischen Allianzen zu verpacken. Und dann wundern wir uns (wie zum Beispiel IBM), warum 50 000 Konkurrenten, meistens mikroskopisch klein, uns die Butter vom Brot nehmen.

Europa und Japan denken – irgendwie – nach

Also haben sich die Mischkonzerne der sechziger Jahre in den USA überlebt (niemand ist hier anderer Meinung). Also sind unsere Großkonzerne dabei auseinanderzubrechen. Und? Im Vorfeld des Europäischen Binnenmarktes von 1993 (und danach) ist Europa jetzt auf einer Fusionswelle, das heißt, man sucht Größe um der Größe willen – die alte Größe um der alten Größe willen. (»Nun ja, Europa wird groß sein, also ist es wohl besser, wenn wir auch groß sind«: das scheint das Denken der meisten Unternehmen zu sein.)
Andererseits haben es einige schon kapiert. ABB natürlich. Siemens hat als Reaktion auf die recht dürftige Leistung von zwei Dritteln seiner Geschäftseinheiten »40 000 Mitarbeiter aus der Zentrale an die Front geschickt ins Marketing und Finanzwesen«, wie *Forbes* im Mai 1990 berichtete. Und Hollands einst mächtige Philips hat in den letzten fünf Jahren 100 000 Arbeitsplätze abgebaut, indem hauptsächlich nicht mehr passende Teile und große Firmenportefeuilles veräußert wurden.
»Die Gesamtgröße hat sehr wenig mit Wettbewerbsfähigkeit zu tun«, schrieb Michael Porter 1990 in *The Economist.* »Diversifizierung nur um der Größe willen ist für die meisten europäischen Unternehmen die falsche Strategie ... heutzutage ist es nicht mehr angebracht, das amerikanische Beispiel (der sechziger Jahre) zu befolgen. Statt dessen sollten (europäische Unternehmen) ihre Geschäftsbereiche so konzentriert wie möglich halten und

darin investieren, eine auf bestimmte Gebiete ausgerichtete internationale Marktposition in Kernbereichen aufzubauen, um für die Herausforderungen des Wettbewerbs gerüstet zu sein.« Professor Paul Geroski von der London Business School kommentierte in der *Sloan Management Review* vom Herbst 1989 ebenfalls dieses Thema und äußerte sich ähnlich zu europäischen Firmen: »Insgesamt läßt sich nachweisen, daß die Größenvorteile recht mäßig sind . . . In den allermeisten (europäischen) Märkten wird wahrscheinlich die Hauptauswirkung von 1992 eine Vergrößerung der Produktvielfalt sein.« Zur Unterstützung seiner Hypothese bringt Geroski einen Vergleich zwischen Großbritannien (mit einer überdurchschnittlich hohen Anzahl an Großunternehmen) und Deutschland (mit einer außergewöhnlichen Abhängigkeit vom Mittelstand). »Die (Briten) neigen dazu, relativ standardmäßige Produkte in großen Serien herzustellen, wobei die Produktion oft in Fertigungsanlagen stattfindet, die nur auf ein Produkt spezialisiert sind«, schreibt er. »Dagegen produzieren deutsche Hersteller eine große Vielfalt qualitativ hochwertiger Produkte in kleinen Serien . . . erstaunlicherweise hat diese Strategie keine erkennbare Einbuße an produktiver Effizienz mit sich gebracht – die Produktionsleistung pro Beschäftigten ist in Deutschland ungefähr doppelt so hoch wie in Großbritannien.«

Amerika war einmal das Vorbild für »groß ist großartig«. Heute ist Japan der Inbegriff von Gigantismus (groß ist großartig, Runde Nr. 2). Ja, aber wir hatten das Ganze schon von vornherein falsch verstanden, denn die großen japanischen Unternehmen waren immer schon weniger stark vertikal integriert und stützten sich sehr viel stärker auf ihre kleinen Zulieferanten als große amerikanische oder europäische Firmen. Aber das ist noch nicht das Wichtigste. Während die Amerikaner nach Westen (nach Japan) blicken, schauen die Japaner ironischerweise nach Osten (nach Amerika) und in gewisser Weise auch nach Europa, um dort dezentralisierte Unternehmensmodelle zu finden.

Die lebenslange Beschäftigung (die eigentlich nie so gedacht war) ist im Schwinden begriffen. Das Beförderungswesen in großen japanischen Unternehmen richtet sich immer seltener nach Dienstalter und immer mehr nach Leistung. Außerdem schaffen große japanische Unternehmen Tausende von unabhängigen Tochtergesellschaften, um ihren schläfrigen Mitarbeitern Unternehmensgeist einzuimpfen (wie sie und wir es sehen).

Als Folge des drastischen Anstiegs des Yen (und der Löhne!) und eines sehr starken Wettbewerbsdrucks vor der Haustüre (zum Beispiel ist die koreanische Firma Samsung mittlerweile Weltführer für die Vier-Megabit-DRAMs, die umsatzträchtigsten Massenhalbleiter) lagert Japan immer mehr Routineproduktionsaufgaben ins Ausland aus und wendet sich immer stärker den rein intellektuellen und Wertschöpfungsbereichen zu, wie es auch die Amerikaner schon in der Vergangenheit taten (und auch jetzt noch zunehmend tun). Auch aufgrund der wachsenden Arbeitskräfteknappheit richtet sich die Aufmerksamkeit der japanischen Unternehmen immer stärker auf die Rolle der Zulieferer. In der Vergangenheit wurden sie ziemlich schäbig behandelt, sie wurden bedrängt und mußten sich den unterschiedlichsten Wünschen der größten Unternehmen beugen. Dies hat die Zulieferfirmen dazu gebracht, arbeitsintensiv und nicht kapitalintensiv zu arbeiten (Arbeitskräfte sind das einzige Ventil, das man schnell an- und abschalten kann, denn die Zulieferer haben keine lebenslangen Beschäftigungsverträge). Jetzt aber kümmert man sich zunehmend um die technologische Ausstattung der Zulieferer, denn Japan braucht und *will* seinen eigenen High-Tech-Mittelstand.
Japans große Unternehmen, allen voran Sony, sind wild dabei, ihre Karten neu zu verteilen und ihr Schwergewicht vom Export auf Multinationalismus zu verlagern. Dies bedeutet die Auslagerung von Produktion und Entscheidungsbefugnissen aus Japan heraus. Tokio führt heute die im Ausland tätigen Geschäftsbereiche seiner Firmen am wesentlich längeren Zügel. Die im Ausland tätigen Führungskräfte versuchen erstmals, Insider zu werden, und das außerhalb von Japan.
Alle diese Faktoren zusammen schaffen die Voraussetzungen für einen ausgewachsenen Angriff auf die Größe alten Stils. »Das Zeitalter der Massenproduktion ist vorbei, und dies wird das Industriesystem in seinem ganzen Wesen grundlegend verändern«, sagte Tadao Kayonari von der Hoces-Universität zu Joel Kotkin von *Inc.* im Jahre 1990. »Die schlagkräftigen Unternehmen der Zukunft werden weniger als 150 Beschäftigte haben.« Das mag noch eine Weile dauern, aber dennoch sind große Veränderungen im Gange – ob die Amerikaner und Europäer über dieses Tempo nun glücklich sind oder nicht.

Was »klein« bedeutet (und was nicht)

Personalabbau bei Großbanken – Kleine Banken stellen ein!
San Francisco Chronicle
Schlagzeile vom 16. Juli 1992

- *Klein bedeutet nicht unbedingt winzig.* Es gibt vielleicht eine Mindestgröße, die aufrechterhalten werden muß, um vor allem in einem globalen Markt leistungsfähig bleiben zu können. Mittelstandsunternehmen setzen sich regelmäßig über solche »Regeln« hinweg. Man findet nicht selten Unternehmen, die nur ein paar Dutzend Mitarbeiter beschäftigen und trotzdem weltweiter Marktführer in einer Mikronische sind. Aber im großen und ganzen geht es in diesem Kapitel nicht darum, hier zu werben, daß man die Welt mit drei Leuten in einer Garage in Mailand, Osaka, Palo Alto oder Nürnberg verändern sollte. (Auch wenn es in der Vergangenheit geschehen ist, heute geschieht und auch in der Zukunft geschehen wird. Denken Sie nur an Wavetracer in Acton, Massachusetts, Kapitel 18.)
- *Groß ist nicht gleich groß.* ABB behält mit einem Stab von 150 Personen den Überblick über ein Unternehmen mit einem Gesamtumsatz von 28,9 Milliarden Dollar. Seine Version von »groß« hat offensichtlich nichts zu tun mit der Größe zentralisierter, mit riesigen Stabsabteilungen arbeitender Unternehmen, die wir heute so häufig in Europa und Nordamerika antreffen. »Die Größe von Thermo Electron«, wo unterschiedliche Eigentümergruppen verschiedene Teile der Geschäftsbereiche besitzen, ist anders als die Größe von 3M (das in bezug auf Größe wesentlich dezentralisierter ist als andere seiner Größe, aber noch weit davon entfernt ist, die Unabhängigkeit der nachgeordneten Geschäftseinheiten wie bei Thermo erreicht zu haben). Außerdem ist Großsein in Japan anders als in den USA oder Europa. Unter anderem sind japanische Unternehmen sehr viel stärker von ihren Zulieferfirmen abhängig als zum Beispiel amerikanische oder europäische Unternehmen (das Bild ist insofern nicht ganz korrekt, als viele japanische Zulieferer sehr stark von den japanischen Großun-

ternehmen abhängig und vielleicht in gewisser Weise nur aus den Großkonzernen ausgegliedert sind).

- *Die Kleineren bringen die behäbigen Großen ganz schön ins Gedränge.* Wenn man sich ansieht, von woher die großen Unternehmen wie IBM oder Dupont unter Druck geraten, sind es sehr oft kleine, auf einen bestimmten Bereich konzentrierte Winzlinge. Außerdem, und das ist nach den alten Vorstellungen fast schon »verrückt«, ist es heute schon üblich, daß große Firmen busweise Pilgerfahrten zu interessanten kleineren Unternehmen durchführen, um herauszufinden, wie die es machen.
- *Groß bedeutet nicht unbedingt reich.* Wir wissen, daß nicht alle großen Unternehmen gut dastehen. Gleiches gilt auch für große Länder (siehe Rußland, China, Indien). Wirtschaftsexperte Robert Summers ist in einer neueren Studie der Meinung, daß das Pro-Kopf-Einkommen insgesamt geringer ist, je größer die Bevölkerung und die Landmasse. Kleinere Länder und kleinere Unternehmen neigen nach seiner Beobachtung dazu, sich zu spezialisieren.
- *Die Dominanz von Technologie und Intelligenz verändert die Größenverhältnisse.* »Die Größenverhältnisse verändern«, so sah es Ken Iverson, Potentat des Ministahlwerkes Nucor Corp. Er und andere Unternehmer kleiner Stahlwerke haben Größenverhältnisse in der Stahlindustrie unbedeutend gemacht und damit den großen Stahlunternehmen den Wind aus den Segeln genommen (siehe American Steel von Richard Preston). Die neuen Technologien (flexible Fertigung, schnelle Computer und bessere Telekommunikation) haben die optimale Größe vieler Unternehmen verringert, berichtete *The Economist* Anfang 1990. »Und es sieht ganz danach aus, als ob sie weiter reduziert würde.« Es gibt einfach keinen Grund mehr, 7000 Leute unter einem Dach zu haben, um ein Auto oder möglichst billige Stahlbarren zu produzieren. Sicherlich bleiben Größenverhältnisse im Sinne von Marktmacht, die aber auch oft über Netzkonstruktionen erzielt werden kann, von Bedeutung und in manchen Fällen sogar von wachsender Bedeutung, während Größenverhältnisse in der Fertigung kaum noch eine Rolle spielen. Sowohl in der Textilindustrie in Deutschland als auch in der Halbleiterproduktion von Cypress oder bei der Schlauchfertigung von Titeflex kann »maximale

Fertigungsleistung auch im kleinen bzw. kleineren Rahmen erzielt werden. Im Gegenteil, muß sogar: Der alte Gigantismus und die neue Form der Produktion auf Wissensbasis mit der daraus resultierenden Wertschöpfung sind einfach nicht mehr miteinander vereinbar. Geistige Arbeit erfolgt in Gruppen von zehn Leuten, nicht von Tausenden.

- *Amerikas größte Probleme sind im wesentlichen in den »konzentrierten« Industrien entstanden.* In praktisch allen Branchen, sei es nun Unterhaltungselektronik, Robotertechnik, Massenhalbleiter, Autos, in denen die USA von seiten der Japaner in die Zange genommen worden sind, hatten wir weniger Konkurrenten und einen höheren Konzentrationsgrad (höhere Absatzzahlen verteilt auf weniger Firmen) als die Japaner. (Deshalb sei nochmals an Michael Porters Plädoyer für »einen kräftigen inländischen Wettbewerb« als Voraussetzung für den Erfolg in weltweit arbeitenden Branchen erinnert.)
- *Nicht zu vergessen ist der Aufspaltungswert.* Viele machen die achtziger Jahre für alle Übel verantwortlich. Ich würde behaupten, daß die in den achtziger Jahren verfolgte Philosophie der Entflechtung gigantischer Unternehmen meistens ein Erfolg war, wenn auch ein schmerzlicher. Gewiß wurde dabei auch maßlos übertrieben, aber man muß erst mal »damit anfangen«. Einschneiden und Kürzen und Zerstören sind allein noch keine solide Strategie. Auf der anderen Seite ist es nicht möglich, eine vorwärtsgerichtete, flexible Strategie zu schaffen, solange dieses Einschneiden, Kürzen und Entflechten nicht weitgehend abgeschlossen ist, siehe ABB und Union Pacific Railroad.
- *Ein größerer Freiraum für Ausgliederungen und Unteraufträge ist angesagt.* Die neuesten Zahlen belegen einen drastischen Rückgang in der durchschnittlichen Unternehmensgröße in Großbritannien, Deutschland und den USA. »Von 1975 bis 1985 ging die durchschnittliche Zahl der Beschäftigten pro Unternehmen um 20 Prozent zurück, schrieb der *Economist* 1990. Zuerst dachte man, daß dieser Rückgang dadurch entstanden sei, daß zunehmend Routineaufgaben von Computern durchgeführt werden. Es zeigt sich jedoch, daß er in Wirklichkeit »durch eine stärkere Konzentration der Unternehmen auf ihre wichtigsten Aktivitäten und eine Verflachung der Fertigungstiefe verursacht ist«. Der Computer spielt dabei zwar eine Rolle, aber nicht zur Einsparung von Arbeitskräften. »Viel-

mehr«, führt der *Economist* fort, »erleichtert er die Ablösung der Hierarchien durch Märkte, indem er das Auslagern von Aufgaben möglich macht.«

- *Die neuen Entwicklungen führen zu Vielfalt und Vielseitigkeit, nicht zu Einheitlichkeit.* Bei steigenden Einkommen wird es im integrierten Europa zu einer größeren Vielfalt und nicht zu größerer Uniformität kommen. Die Befriedigung der vielfältigen, unterschiedlichen Geschmacksrichtungen erfordert viele agile Unternehmen. Was für Europa gilt, gilt in zunehmendem Maße auch für Japan, Korea und Taiwan und wird wahrscheinlich demnächst, spätestens aber zum Ende dieses Jahrzehnts, auch für Lateinamerika, Osteuropa und die frühere Sowjetunion gelten. Selbst in den Vereinigten Staaten ist Regionalisierung im Marketing auf dem Vormarsch – was spezialisierten Unternehmen einen weiteren Vorsprung gibt.
- *Fast jedes Produkt wird derzeit neu erfunden.* Automobile und Werkstoffe verändern sich. Häuser werden »intelligent«. Praktisch jede Branche erlebt eine unternehmerische Neugeburt, und dies ist der nächste Sargnagel für die schwerfälligen, traditionell aufgebauten Giganten.

Selbstbewußtes Baltimore!

Bei den amerikanischen Orchestern hat es traditionell immer die »großen 5« gegeben: Chicago, Cleveland, Philadelphia, New York und Boston – Amerikas Weltklasseorchester. Sie schaffen es, die prominentesten Direktoren und Gastdirigenten für sich zu gewinnen und die besten Aufführungen auf die Beine zu stellen. Ihre Konzerte werden im Radio und Fernsehen gesendet und auf Platten und CDs aufgezeichnet. Sie reisen um die ganze Welt. Sie machen Musik für die Nachwelt. Die anderen sind in diesem Gesamtsystem nur eine »Entschädigung« für die weniger begünstigten Gemeinden.

Heute ist die Situation nicht mehr ganz so eindeutig. Die »großen 5« sind inzwischen schlafende Giganten, eingelullt in Mittelmäßigkeit durch zu biedere Programme und eine wenig motivierende Führung, so daß in einer Zeit, in der die großen Orchester immer weiter hinter den Erwartungen zurückbleiben, den Ensembles aus Baltimore, Los Angeles, St. Louis und neuerdings auch San Francisco immer mehr Beachtung geschenkt wird. Schallplatten-

firmen bemühen sich um diese Orchester und auch das Publikum, wenn sie auf Gastreisen gehen. Was diese zweitklassigen »Möchtegern-Symphonieorchester« dieser Tage auszeichnet, ist eine gewisse Frische. So fand zum Beispiel im letzten Sommer das Beethoven-Konzert des Baltimore-Symphonie-Orchesters in der Carnegie Hall viel Beachtung. Es waren nicht nur die Vorträge von Zinman, sondern vor allem sein Experimentieren mit historischen Aufführungspraktiken, wie zum Beispiel die Anwendung der sehr selten befolgten Metronommarkierungen von Beethoven. Sein Beethoven war neu und anders. Er war erfrischend leicht und so schnell wie der Wind, wenn vielleicht für einige Hörer auch etwas zu federleicht. Ein weiterer aufregender Aspekt der Musikszene in Baltimore ist der mit dem Orchester lebende Komponist, der eher respektlose und rebellische Christopher Rouse.
Aus »Sleeping Giants and Nimble Dwarfs«
Connoiseur, November 1988

Wie es funktioniert I: Gruß den unsichtbaren Händen

> *Die vertikale und totalitäre Struktur der Tawantinsuyu (Inkakultur) war zweifelsohne für das Überleben dieser Kultur schädlicher als alle Waffen der Konquistadores. Mit der Gefangennahme des Inka – jener Figur, die allen Willen und alles Streben nach Inspiration und Vitalität in sich vereinigte, die die Achse war, um die die gesamte Gesellschaft organisiert war, und von der das Leben und der Tod jeder einzelnen Person abhing, vom Reichsten bis zum Ärmsten – wußte keiner mehr, was er tun sollte. Also taten sie denn das einzige, was sie konnten, mit Heroismus zugegebenermaßen, aber ohne die eintausendundeine Regeln und Tabus, die ihre Existenz bestimmten, zu brechen. Sie ließen sich töten . . . Die Indianer, die sich an jenem düsteren Nachmittag in Cajamarca abschlachten ließen, hatten nicht die Fähigkeit, eigene Entscheidungen zu treffen, sei es mit Zustimmung der höheren Autorität oder*

gegen sie. Sie waren unfähig, eine eigene Initiative zu ergreifen und mit einer gewissen Unabhängigkeit auf die sich verändernden Verhältnisse zu reagieren. Die etwa 180 Spanier, die die Indianer in den Hinterhalt gelockt hatten und sie jetzt abschlachteten, hatten diese Fähigkeit. Es war dieser Unterschied und nicht die zahlenmäßige oder waffenmäßige Überlegenheit, die die immense Ungleichheit zwischen den beiden Kulturen kennzeichnete.

Mario Vargas Llosa
Harper's Magazine, Dezember 1990

Die Stärke der »unsichtbaren Hand« bei Adam Smith liegt genau in ihrer Unsichtbarkeit. Man braucht keinen Kontrolleur, um maximales wirtschaftliches Wohlergehen zu schaffen. Massen von Einzelpersonen, die sich nicht kennen, treffen eigene, unabhängige Entscheidungen, die sich, wie sich zeigt, zum allgemeinen Nutzen auswirken. Im Gegenteil, die Anwesenheit und Einmischung von Kontrolleuren, die versuchen, dieses Geschehen zu verstehen, zerstört die »Unsichtbarkeit« und vernichtet sehr schnell die Vitalität von Smith' Markt Eden. (Natürlich sollte das maximale wirtschaftliche Wohlergehen und der größtmögliche Nutzen nicht verwechselt werden mit der Schaffung eines »Optimums«. Märkte sind im normalen Sinne des Wortes alles andere als optimal, wenn man sie mit einer reibungslosen Welt vergleicht. Nur gibt es eben keine reibungslose Welt, und deswegen sind Märkte weit weniger suboptimal als geplante Systeme in der realen, von Reibung und Schwierigkeiten erfüllten Welt.)
Zum Thema *»Dezentralisierung«:* Die Vorstellung der Aufspaltung großer Konzerne und selbst kleinerer in mittelgroße, zielgerichtete Teile wird von Wirtschaftsbeobachtungen lebhaft begrüßt. Aber Dezentralisierung, wenn sie wirklich funktionieren soll wie bei IDG oder Thermo Electron, reduziert die hierarchische Impedanz in einer Art und Weise, wie sie in traditionell dezentralisierten (auf dem Papier dezentralisierten!) Unternehmen selten erreicht worden ist. Der Marktwind bläst überall, bei IDG genauso wie bei Thermo, und ermöglicht es so zahlreichen unabhängigen und unsichtbaren Händen (und Köpfen), die Firma energisch voranzubringen, wenn auch auf dem unvorhersehbaren Zickzackkurs.

Wer also eine *echte* Dezentralisierung will, muß auch die Unsichtbarkeit begrüßen. Es lohnt sich. Die selten besungenen Merkmale des echten dezentralisierten Unternehmens, das von der Spitze her weitgehend unsichtbar ist, ergeben ein eindrucksvolles Plädoyer für die Lockerung der Zügel (und die Unterstreichung kleinerer Größenordnungen als bisher üblich).

- *Mehr Informationsverarbeitung.* Die verrückten, unpräzisen Marktwirtschaften verarbeiten mehr Information als »Kommando«-Wirtschaften. Anstelle von Zentralplänen und zahlreichen Kontrolleuren gibt es ein Wirrwarr von Vermittlern, Opportunisten und Unternehmern, die alle darauf aus sind, Vorteile aus knapp vorhandenen Gütern, kurzfristigen Preisverzerrungen, neu entstehenden Technologien und Konsumentenpräferenzen zu schlagen. (Welcher »Kontrolleur« hätte voraussehen können, daß ein »Bedarf« für 41 verschiedene Sorten Tylenol entsteht?) So ist es auch in einem echt dezentralisierten Unternehmen. Die Menschen, die bei Titeflex arbeiten, suchen sich ohne größeren Aufwand andere (von drinnen oder draußen), um nützliche und rechtzeitige Informationen zu bekommen, damit sie die sich bietenden Chancen nutzen und Probleme lösen können. In einem zentralisierten Unternehmen dagegen bestehen starre, aufgegliederte Informationsverarbeitungsrituale, die auf Regeln von höchster Ebene beruhen und die die Menge, den Zeitpunkt, die Tiefe und die Nützlichkeit der Informationen für diejenigen beschränken, die sie am dringendsten brauchen. (Natürlich ist die zusätzliche Menge nützlicher Informationen innerhalb wirklich dezentralisierter Unternehmen für die »Spitze« unsichtbar wie in Smith' Modell der Gesamtwirtschaft. Sie wird daher von den leitenden Kontrolleuren nicht wahrgenommen, was den ohnehin zu Mißtrauen neigenden Kontrolleuren unheimlich ist).
- *Die Zahl der zufälligen Verbindungen erhöht sich.* Das Wesen der Kreation ist in allen Bereichen gekennzeichnet durch das zufällige Aufeinandertreffen von Ideen und Fakten, die bisher voneinander getrennt waren. Unternehmergeist à la Silicon Valley, der langfristig der Antriebsmotor jeder Marktwirtschaft ist, ist das direkte Nebenprodukt des Zufalls und verschlungener Beziehungen zwischen Ideen, Bedürfnissen und Menschen von hier, dort und überall her.

- *Weniger Informationsentstellung.* Hierarchien entstellen, abstrahieren und verzögern die Informationsverarbeitung, weil sie so sind, wie sie sind. In einer gutfunktionierenden Marktwirtschaft dagegen wirkt die wachsende Menge unfiltrierter Echtzeit-Information über Preise und Wertvorstellungen, die von denjenigen verarbeitet wird, die kurzfristig etwas damit anfangen können, als Beschleunigungsfaktor. Dezentralisierte Unternehmen wie Thermo Electron oder IDG lassen jeden der Beteiligten – Kunden, Händler, Lieferanten bzw. Kollegen in einem anderen Team – unentstellte Informationen direkt von der Quelle einholen und nutzen.
- *Mehr Parallelverarbeitung.* Die Computerspezialisten streiten sich darüber, welche Informationsverarbeitung besser sei, die parallele oder die sequentielle. In den ungezügelten Märkten ist die Parallelverarbeitung von Information an der Tagesordnung: Lieferanten, Produzenten, Vermittler und Konsumenten haben ständig miteinander zu tun und nutzen dieselbe Information zur selben Zeit. In wirklich dezentralisierten Unternehmen arbeiten Ingenieure, Finanzleute, Marktleute, Verkäufer, Produktionsleute der verschiedenen Einheiten (Lieferant, Unternehmen, Händler, Kunde) »alle gleichzeitig« daran, Dinge auszutesten, zu bewerkstelligen und Gelegenheiten zu nutzen. Dagegen wird in zentralisierten und funktional gegliederten Unternehmen die Information im wesentlichen sequentiell verarbeitet: Erst befassen sich die einen mit einer Sache, dann wird sie weitergegeben und von dort aus wieder weitergegeben – und natürlich verzögert.
- *Mehr Kontakte unter den »Frontkämpfern«.* In dezentralisierten Unternehmen wie McKinsey entscheiden diejenigen, die an der Front tätig sind, wer ihre Gesprächspartner sind, um möglichst effektiv und effizient arbeiten zu können. Das Ergebnis ist eine wesentlich ungehemmtere Kommunikation als in zentralisierten Organisationen, aber dies nicht nur im additiven Sinne: Mit der Zeit führen solch reichhaltige Kontakte zu umfangreichen Lernmöglichkeiten auf individueller, Gruppen-, Multigruppen- und Netzbasis und zu einer verstärkten Bereitschaft, auf unvorhergesehene Schwierigkeiten bzw. Möglichkeiten ohne Intervention der Zwischen-»Verarbeiter« – d. h. der Stabs«-Experten« und »Mittel«-Manager – einzugehen.
- *Kürzere Feedbackwege.* Wer unbehindert durch eine überge-

stülpte Struktur am Geschehen teilnimmt, »hört« schneller, ob eine Idee, sei es ein neues Produkt oder eine neue Technik, funktioniert oder nicht. Dies erlaubt ein schnelleres Anpassen, ein schnelleres Ausmustern nutzloser Programme und schnellere Verbesserungen. Marktwirtschaften arbeiten effektiver, weil sie kurze Feedbackwege haben und unentstellte Signale empfangen. Auf jeden Fall lösen sie Impulse für den nächsten Anpassungsschritt oder den nächsten Versuch aus. In jeder dezentralisierten Einheit wirkt dieselbe »Magie«.

- *Häufigere »Ballkontakte«.* Wenn man davon ausgeht, daß man intelligente, dynamische Mitarbeiter im Unternehmen hat (wovon man eigentlich fast immer ausgehen kann), ist der Erfolg in allem stets im direkten Zusammenhang mit der Anzahl der Versuche, die unternommen werden, zu sehen. Marktwirtschaften leben davon, daß sie die Anzahl der Versuche einzelner, der Unternehmer oder der Unternehmen maximieren. (Gleiches gilt innerhalb eines Unternehmens wie CNN oder Imagination.) Nimmt man einmal an, ein zentralisiertes und ein dezentralisiertes Unternehmen hätten gleichermaßen dynamische und talentierte Mitarbeiter, ist sicher, daß das dezentralisierte Unternehmen, ohne einen Finger zu krümmen, besser ist. In dezentralisierten Organisationen braucht man weniger Zeit und Aufwand für die Informationsverarbeitung durch die verschiedenen Stufen der Hierarchie, so daß mehr Zeit und Aufwand für den direkten Marktkontakt zur Verfügung stehen; es können mehr »Ballkontakte« stattfinden und Echtzeit-Probleme gelöst werden, um auf Kundenwünsche oder sonstige geschäftsbezogene Bedürfnisse einzugehen.
- *Mehr Verantwortlichkeit.* Da die Information weniger entstellt ist, sind auch die (positiven und negativen) Feedbackwege kürzer. Entsprechend ist auch durch die häufigeren Versuche ein Höchstmaß an Verantwortlichkeit in einer Marktwirtschaft gegeben. Gleiches gilt innerhalb eines Unternehmens. In der alten Motorradfirma Harley-Davidson hingen beispielsweise Teilevorräte für sechs Monate von der Fabrikhallendecke und wurden mit Hilfe eines modernen zentralisierten Fördersystems bewegt. Die Arbeiterin, die beispielsweise die Lenkstangen herstellte, fühlte sich nicht verantwortlich für das, was sie produzierte; die Lenkstangen, die sie heute herstellt, kommen sowieso erst in 180 Tagen zur Endmontage. Seit Harley jedoch

zu »Just-in-Time« übergegangen ist, vergehen nur wenige Minuten von der Fertigung der Lenkstange bis zu deren Einbau, und der Montagearbeiter geht an die Decke, wenn ihm ein defektes Teil angeliefert wird, und er weiß natürlich auch, wer dafür verantwortlich ist. Außerdem kann die betreffende Person reagieren, denn ihre falsch eingestellte Werkzeugmaschine hat erst vor einer Stunde angefangen, defekte Teile zu produzieren, und nicht schon vor sechs Monaten. (Da sie regelmäßig Rückmeldung erhält, kommt es gar nicht erst zu größeren Fehlleistungen, d. h., sie wird nicht so oft angebrüllt.)

- Weniger »Kontrolle« (im herkömmlichen Sinne) in einem echt dezentralisierten System bedeutet mehr Kontrolle im Sinne eines direkten Eingehens auf die (volatilen) Gegebenheiten. Die frühere Sowjetwirtschaft war »unter Kontrolle«. Trotzdem gab es regelmäßig Meldungen über knappe Versorgung bei fast allen Grundprodukten. Kein Mensch »versteht« die US-Wirtschaft, aber es gibt praktisch keinen Bereich, in dem es Versorgungsprobleme gibt. Unsere Wirtschaft ist im allgemeinverstandenen Sinne »außer Kontrolle«, das heißt, sie ist durch und durch unverständlich (trotz komplizierter makroökonomischer Modelle). Und genau deswegen ist sie in Wirklichkeit »in Kontrolle«.
(Gibt es überhaupt ein Argument für strikte Kontrolle? Darauf können Sie Gift nehmen! Die Kontrollen über unser Atomarsenal sind sehr dicht. Gott sei Dank! Aber denken Sie einmal darüber nach, warum: Gerade weil wir dieses System nie einsetzen wollen! Das letzte, was wir brauchen, sind verrückt gewordene Cowboys, die Raketen in die Luft schießen. In einem volatilen, unsteten Markt gibt es dagegen eine Prämie für wildgewordene Cowboys, die Raketen abschießen. Der Fortschritt wird nämlich von solchen Wildgewordenen [siehe Kapitel 38] produziert.)

Wir haben es hier mit einem größeren emotionalen Paradoxon zu tun. Die meisten Leser dieses Buches sind für Märkte und lehnen zentral geplante Wirtschaften ab. Auf der anderen Seite werden die meisten Leser dieses Buches, da sie ja menschliche Wesen sind, nervös, wenn sie sich außer Kontrolle fühlen, und nehmen daher regelmäßig Zuflucht zu Regeln und Generalplänen, um wieder »die Kontrolle« zu erlangen. Das ist aber nur möglich, wenn wir auf genau diese Mittel verzichten (d. h., der Organismus muß in der Lage sein, sich automatisch auf veränderte und nichtvorhersehbare Umstände einzustellen). Dieses Problem zu bewältigen, könnte zu einer Hauptaufgabe der Manager von morgen werden. In der Vergangenheit, als die Wege des Marktfeedbacks noch länger waren, konnten wir unsere Illusion der Kontrolle aufrechterhalten. Wir konnten planen, planen, planen – und dabei überleben. Aber jetzt, wo die Feedbackwege immer kürzer werden, geht das nicht mehr.

- *Mehr »Glück«.* Hayek hat uns deutlich gemacht, daß der Erfolg im Markt nicht immer denjenigen zukommt oder nicht einmal oft denjenigen zukommt, die ihn »verdienen«. Statt dessen belohnt der Erfolg oft diejenigen, die zur rechten Zeit am rechten Ort sind. Kontrollierte Volkswirtschaften (und kontrollierte Unternehmen) neigen dazu, nach dem Prinzip des »Verdienens« zu arbeiten. Ihre ordentlichen und hyperrationalen Vorgehensweisen (zum Beispiel, wenn es um den Einsatz von Ressourcen geht) schließen die Möglichkeit glücklicher Zufälle, die wir Fortschritt nennen, weitgehend aus. Eine echte Dezentralisierung hat schlicht den Vorteil, daß sich die Chancen glücklicher Zufälle erhöhen, indem man jede Menge dynamische, selbständig denkende und handelnde Menschen dem Markt »in den Weg« stellt.

Wie es funktioniert II: Von den kleinen Märkten lernen

The Economist berichtete 1991 über die Neigung der Japaner zum schnellen Produktwechsel: »Wenn westliche Firmen ein neues Produkt entwickeln, gehen sie so vor, daß sie den Markt erst ausgiebig testen und das Produkt viele Male umarbeiten, bis es genau den Kundenwünschen entspricht, bevor es endgültig auf den Markt gebracht wird. Die japanischen Hersteller gehen dagegen anders vor. Zum Beispiel erscheinen jährlich etwa 1000 neue Erfrischungsgetränke in Japan auf dem Markt, von denen dann 99 Prozent vor Ablauf eines Jahres wieder verschwunden sind. Neue Produkte werden nicht durch Marktforschung getestet, sondern indem man einfach das erste Produktionslos auf dem Markt absetzt.« *The Economist* führte als weiteres Beispiel einen Sharp-Hi-Fi mit zwei CD-Playern anstelle von einem an. Die Experten von Sharp waren offen skeptisch darüber, ob ein solches Produkt im Markt überhaupt Anklang finden würde, aber sie trieben das Projekt trotzdem voran. Die Jugendlichen nahmen es mit offenen Armen auf, und zu jedermanns Erstauen benützen sie das Gerät, um Tonspuren von verschiedenen CDs auf Bändern zu mischen.« Was lehrt uns das? Man weiß erst, ob man eine Nische gefunden hat oder die latenten Wünsche eines Konsumenten befriedigt, wenn man es ausprobiert. Probieren geht über Studieren!

»Die meisten großen Märkte entwickeln sich aus Marktnischen«, erklärte Marketingexperte Regis McKenna von Silicon Valley in einem Artikel der *Harvard Business Review* im Jahre 1988. Ähnlich wie Ben Lytle von Acordia oder Jon Simpson von Titeflex meint er, daß die Marktnische »uns eine Menge wichtige Dinge über den Kunden sagt, vor allem, daß wir sie als Einzelpersonen ansehen und auf ihre speziellen Wünsche eingehen sollten«. Erfolgreiche Elektronikfirmen, wie zum Beispiel Convex Computer und Tandem, hätten gelernt, Produkte für kleine Märkte zu entwickeln, indem sie Software- und Hardwareentwicklungsingenieure, Qualitätsexperten, Produktionsleute und Kunden zusammengebracht haben. »Auch Apples Erfahrung mit Desktop publishing hat gezeigt, wie Firmen und Kunden für die Entwicklung neuer Anwendungen und neuer Märkte zusammenarbeiten können«, erklärte McKenna. »Apple stieg mit dem Macintosh-Personalcomputer in diesen Bereich ein. Der Macintosh bot gute Grafikeigenschaften und eine hohe Benutzerfreundlichkeit. Aber Desktop publishing hat es damals noch nicht gegeben. Niemand hatte es bis dahin als eine klar definierte Marktnische entdeckt, und niemand hatte seine Entwicklung vorhergesehen. Apples Kunden ließen es geschehen.« Im Gegensatz dazu, so McKenna in einem Interview aus dem Jahre 1989, habe IBM verloren, weil es die kleinen Chancen vernachlässigt habe. IBM wurde von einem Verkäufer gegründet, und jeder Präsident des Unternehmens war bisher Verkäufer. Das Unternehmen schuf eine sehr stark verkaufsorientierte Kultur und tat alles, um ihre Marktanteile zu schützen. IBM hat Hemmungen, neue Produkte einzuführen, die den Stand der Technik auf Kosten bestehender Produkte vorantreiben. Ihre Mentalität ist es, den Status quo zu erhalten und nur sehr vorsichtig voranzugehen ... Viele von den technischen Leuten, mit denen ich bei IBM sprach, waren frustriert, weil viele der Innovationen und der neuen Technologien, die sie entwickelten, einfach nicht auf den Markt kamen. IBM war nicht bereit, in einen Markt einzusteigen, solange er nicht

wenigstens Umsätze von 100 Millionen Dollar versprach. In dieser Zeit können andere Unternehmen schon eine starke Marktposition aufbauen. IBM hat so auch in zahlreichen anderen Bereichen die echte Revolution verpaßt ... Die Guerillas sind im Kommen. Für Chemieunternehmen, Finanzdienstleister, Softwareentwickler oder Computerfirmen geht es also darum, daß sie jeden Versuch, große Märkte kontrollieren zu wollen, aufgeben und statt dessen ihre Talente dazu nutzen, kopfüber in das Wirrwarr des Marktes *einzutauchen*. In der *Harvard Business Review* Juli/August 1991 sprechen sich Gary Hamel und C. K. Prahalad sowohl gegen Unternehmen aus, »die lediglich ihre Kunden fragen, was sie wollen, und damit ständig den Wünschen ihrer Kunden hinterherhinken«, wie gegen Firmen, die versuchen, »ihre Kunden in Richtungen zu drängen, in die sie nicht gehen wollen«. Sie loben dagegen Unternehmen wie Motorola, die versuchen, immer einen Schritt voraus zu sein, die versuchen, »ihre Kunden dahin zu führen, wo sie hingehen wollen, bevor sie selbst es wissen«, Und, so fügen sie hinzu: »Mit Marktanalysen und Segmentanalysen wird man solche Chancen kaum entdecken. Dagegen braucht man Einblick in die Bedürfnisse, die Lebensart und die Wünsche und Ziele der Kunden von heute und morgen.«
Ich erinnere mich noch an Gespräche mit Managern bei Procter & Gamble vor ein paar Jahren. Um überhaupt für eine Finanzierung bei P & G in Frage zu kommen, mußte eine Produktfamilien-»Erweiterung« einen Mindestjahresumsatz von einer Viertelmilliarde Dollar anpeilen. Das Problem ist, daß die Welt nicht ganz so funktioniert! (Jedenfalls nicht mehr!) Im Sektor verpackte Lebensmittel, in dem P & G hauptsächlich tätig ist, besetzten echte Produktneuheiten, die auf den Markt kamen, das heißt der neu entstehende Markt von Fertiglebensmitteln mit hoher Wertschöpfung, zunächst nur winzige Marktnischen. Das Übersehen solcher winziger Produkte (Nischen) bedeutet aber, daß man eine *gesamte* Richtung, in der der Markt sich wahrscheinlich entwikkeln wird, vernachlässigt, bis es, wie vielleicht bei IBM, für ein ernsthaftes Comeback zu spät ist.
Michael Porter hat oft über General-Electric-Chef Jack Welch gespottet, weil der darauf herumritt, daß alle GE-Geschäftseinheiten in ihrer Branche entweder die Nummer 1, die Nummer 2 oder die Nummer 3 sein mußten. Ich glaube, Porter hat recht, wenn man (wie Welch das offensichtlich tut) den Marktanteil als

Gesamtmaßstab heranzieht, das heißt also zum Beispiel »den Marktanteil im weltweiten Elektrogerätemarkt«, »den Marktanteil im weltweiten Computermarkt«. Die alleinige Ausrichtung auf Gesamtmarktanteile drängt einen zwangsläufig in eine Richtung, die langfristig fatal ist. Das heißt, man gibt dem Massenaspekt (hohen Verkaufszahlen) den Vorrang und zwingt seine Kunden, an veralteten Technologien festzuhalten. Kleinere Versuche werden unschlüssig abgebrochen, und man konzentriert sich zu sehr auf die heutigen Umsatzzahlen, um Gelegenheiten der Art von Rational wahrzunehmen (oder sich gegen Firmen wie Rational zu schützen, bevor es zu spät ist). Selbst die im Vergleich zu GE winzige Thermo Electron kam zu dem Schluß, daß sie Nischenchancen nur dann wirklich wahrnehmen konnte, wenn sie ihre kleinen (im Vergleich zur Gesamtgröße der Muttergesellschaft) Ableger mehr oder weniger in die Freiheit entließ.

Bauern und Jäger

Denken Sie an die mongolischen Reiterhorden des Dschingis Khan. Was fällt Ihnen dazu ein? Wahrscheinlich etwas Ähnliches wie die Definition des Wortes »Horde« in Websters-Wörterbuch: »eine große Menge«, das heißt also die Vorstellung von Masse und Größe.

Aber das ist falsch! In einem Beitrag zur Juni-Ausgabe 1988 von *Success* hat Wirtschaftsanalytiker David Rogers dargelegt, daß die Mongolen auf dem Weg zur Eroberung der größten zusammenhängenden Landmasse, die jemals von einer Macht kontrolliert wurde, aus einer Gruppe »unabhängiger Banditen« bestanden, deren Grundbaustein jeweils »ein Mann auf einem kleinen Pferd« war. Die Reiter, die bei fast allen lokalen Konflikten zahlenmäßig weit unterlegen waren, »konnten auf einen Angriffspunkt zusprinten, innerhalb von Sekunden ihre Richtung ändern oder sich zerstreuen, um später noch einmal anzugreifen. Das Wichtige dabei war die völlige Autonomie der kleinen Einheit. Sie war groß genug, um einen Angriff durchzuführen, aber auch klein genug, um sich schnell zurückzuziehen.«

Manövrierfähigkeit war somit das Hauptmerkmal der mongolischen Kriegsstrategie. Diese Idee ist als Grundlage für eine Wirtschaftsstrategie brillant in einem nichtveröffentlichen Beitrag des schwedischen Wirtschaftsprofessors Gunnar Hedlund dargelegt.

In einem mit dem Titel »Kühe melken oder jagen gehen: Konzepte für Firmenstrategien« überschriebenen Beitrag stellt er eine A-Strategie, die auf dem landwirtschaftlichen Zivilisationsmodell beruht, einer H-Strategie gegenüber, die uns in frühere Zeiten zurückversetzt, als noch Jäger und Sammler das Land beherrschten. Hedlund ist der Meinung, daß die H-Strategie des Wettbewerbs den dynamischen, »wilden« Märkten von heute besser angemessen ist als die A-Strategie. Er untersucht beide Modelle anhand von vier Dimensionen (Umwelt, Strategie, Struktur, Führungspraxis).
Zunächst die *Umwelt:* Ist sie stabil oder chaotisch? »Der ganze Sinn der landwirtschaftlichen Revolution«, behauptet Hedlund, »bestand darin, die Umwelt berechenbarer zu machen. Man bekämpfte die Gefahren einer ungewissen Versorgung mit wilden Tieren ... Sicher, es gab auch in der Landwirtschaft gute und schlechte Ernten. Aber mit Weitblick, Technologie und Futtervorräten konnten diese Schwierigkeiten überwunden werden.« Dagegen ist »die Situation des Jägers und Sammlers nicht vorhersehbar und nicht berechenbar. Während es vielleicht im letzten Jahr noch jede Menge Karibus im Westen gab, ist die Herde in diesem Jahr nach Osten abgewandert oder erheblich dezimiert.« Jäger verschwenden nicht viel Zeit darauf, Prognosen zu erstellen; sie wissen, daß sie wenig Einfluß auf ihre Umwelt haben.
Was hat dies mit Unternehmensstrategie zu tun? Nach Hedlund jede Menge! Er schreibt: »Die Vorstellung, daß man weiß, was einem bevorsteht, ist die Grundvoraussetzung für die meisten Planungssysteme. Auch wenn die Ergebnisse von Prognosen meist sehr dürftig sind, arbeiten die Firmen weiterhin auf dieser Grundlage, als könnte die Prognose Wirklichkeit werden.«
Hedlund geht dann über von der Umwelt zur *Strategie.* Und hier stellt er »das Abernten eines Standortes« (A-Strategie) der »Suche durch Bewegung« (H-Strategie) gegenüber. Als die landwirtschaftliche Mentalität vorherrschte, strebten die Menschen danach, große Landflächen zu besitzen, um die Kostenvorteile der Größe nutzen zu können. Die Landwirte steckten ihr Land ab und blieben dort, verteidigten sich »gegen die Angriffe der Barbaren aus den Bergen und schlossen Frieden bzw. Kartelle mit ihren Nachbarn«. Im Gegensatz dazu beruht die H-Strategie »auf Bewegung«. Es ist ganz entscheidend, »daß man sich bewegen kann, nach neuen Möglichkeiten Ausschau halten und die guten Jahre nutzen kann –

nicht um zu horten, sondern um in neue Gebiete vorzudringen oder ein neues (Fischer-)Netz auszuprobieren . . .« Hedlund vergleicht dies mit der heutigen unbeständigen Situation in Wirtschaft und Unternehmen und stellt fest, daß eine schnelle Produktentwicklung sowie die Schaffung von Marktnischen die besten Überlebenschancen bieten.

Als nächstes betrachtet Hedlund das Thema *Strukturen.* Er vergleicht die »Hierarchien« der A-Welt mit den »flexiblen, beweglichen Banden« der H-Welt. Herkömmliche bürokratische Strukturen, die davon ausgehen, daß man weiß, was das Unternehmen in der Zukunft zu tun hat, sind in der heutigen unsicheren Welt nicht mehr funktionsfähig. Silicon Valley hat, so Hedlund, wenig gemein mit dem Niltal.

Das letzte Unterscheidungsmerkmal ist die *Führungspraxis.* In der H-Welt waren die Führer, so berichtet Hedlund, heldenhaft, aber egalitär – sie waren echte Strategen. Bei den jagdtreibenden Stämmen mußten die Führer ausgezeichnete und durch viele Ruhmestaten bewährte Jäger sein, so daß sie wußten, was zu tun war, und ihre Mitjäger anfeuern konnten. Hedlund beschreibt die Beziehung der damaligen Führer und ihrer Anhänger in der H-Welt als eine »durch ein gemeinsames Ziel« gekennzeichnete Beziehung. Dagegen besteht in einer Agrarwirtschaft, so Hedlund, »ein größerer Abstand zwischen Leibeigenen und Feudalherr als zwischen dem untersten Mitglied und dem Führer der Gruppe bei den Jägern. Die Sklaverei gedeiht am besten in weitgehend landwirtschaftlichen Strukturen. Menschen sind dabei Ressourcen.«

Zusammenfassend kommt Hedlund zu der Feststellung, daß »diese Analogie weit mehr ist als nur eine kleine amüsante, aber müßige Übung. Alle Unternehmen in der heutigen Industriewelt kämpfen mit den dramatischen Veränderungen in ihrem Umfeld . . . Die Herausforderungen, die sich ihnen stellen, sind für alle die gleichen: Es ist weder möglich, seine künftige Umwelt vorauszusagen, noch, sie zu kontrollieren. Keine etablierte Position ist sicher. Nur wer die Fähigkeit behält, sich mit Hilfe besonderer und einzigartiger Kenntnisse und Fähigkeiten auf Veränderungen einzustellen, hat eine Chance, auch künftig weiterzubestehen.«

---

37. Kapitel

Marktausrichtungsangebot II: Ausprobieren! Zerschlagen! Drangehen!

Wenn man nur etwas grob machen kann, läßt es sich schnell und ohne große Kosten machen. Dann läßt sich die Sache aber leicht wieder geradebiegen.
Paul McCready, Flugzeugbauer
in: Insight, 25. Juni 1990

Die Logik hinter am Markt ausgerichteten Geschäftseinheiten, zerschlagenen Hierarchien, vereinfachten Systemen und einem frischen Wind in Unternehmen läßt sich in einem Wort zusammenfassen: *Drangehen*! Fragmentierte, modeorientierte, wissenbasierte Märkte verlangen, daß alle Firmen sich so verhalten wie das Ingersoll-Rand Project Lightning Team! Es geht darum, sich die Sache genau anzusehen (den Endverbraucher), in den Markt hinauszugehen (und zwar alle) und es auszuprobieren (ähnlich wie der von der Group Four schnell produzierte Prototyp). Die Profit Centers von ABB mit jeweils 50 Mitarbeitern sind so gut, weil sie draußen im Markt sind, unbehindert mit ihren Kunden Dinge ausprobieren können. Ricardo Semler berichtete, daß er die Bürokratie bei Semco zerschlug und kleine, autonome, intime Geschäftseinheiten schuf, um die Einsteins und Thoreaus freizusetzen, um den Rebellen freie Bahn zu geben, damit sie direkt mit den Kunden arbeiten konnten. Gleiches gilt bei Acordia, CCT und IDG. Gleiches gilt auch für die kleinen Teams bei EDS, McKinsey und David Kelley Design.

Letztlich besteht die einzige Methode, in einem modeorientierten Markt zu bestehen, darin, ihn auszutesten. Vergessen Sie Pläne und Marktforschung: Tun Sie's einfach! In dem Buch *Cuckoo's Egg* beschreibt der Physiker und Computerspezialist Cliff Stoll, wie er hinter einem illegalen Computerhacker her war. Um Mittel für das Projekt zu bekommen, übernahm Stoll die Philosophie eines Berkeley-Kollegen, des verstorbenen Physikers und Nobelpreisträgers Luis Alvarez: Stoll erinnert sich an ein Gespräch mit ihm:

»›Es ist illusorisch, jemanden den Weg versperren zu wollen‹, sagte Alvarez zu mir. ›Wann hat sie jemals ein Kein-Zutritt-Schild davon abgehalten, etwas zu tun? Man braucht ja nur um die Mauer herumgehen. Wenn man nicht drumherum kann, klettert man drüber oder gräbt sich einen Tunnel drunter. Man darf nur nicht aufgeben.‹

Ja, aber wer zahlt meine Ausgaben?

›Von wem bekomme ich die Erlaubnis? Quatsch! Finanzierung? Das kann man vergessen. Niemand will für Forschungsarbeit bezahlen. Sie sind nur an Ergebnissen interessiert. Sicher kann man einen detaillierten Vorschlag ausarbeiten, wie man diesen Hacker jagen kann. Auf 50 Seiten kann man darlegen, was man weiß, was man für die Zukunft erwartet und wieviel Geld es kosten würde. Dann muß man noch die Namen von drei qualifizierten Referenzen anführen, Kosten-Nutzen-Verhältnisse angeben und welche Artikel und Publikationen man schon geschrieben hat. Und natürlich darf man die theoretische Begründung nicht vergessen. Oder man geht einfach dran, diesen Bastard zu jagen. Indem man schneller läuft als er und schneller als das Management der Forschungsabteilung. Und vor allem nicht auf jemand anderen warten, sondern es selbst machen. Den Boß zufriedenstellen, aber nicht zulassen, daß er einem die Hände bindet. Und vor allem sollte man sich nicht zur Zielscheibe machen.‹«

So hat Luis auch den Nobelpreis bekommen: nicht so sehr für das, was er getan hat, sondern *wie* er es getan hat.

Der Physiker Richard Muller beschrieb in *Nemesis* eine Untersuchung über die Theorie, wonach ein riesiger Meteor auf die Erde aufgeschlagen ist und damit das Aussterben vieler Arten – einschließlich der Dinosaurier – verursacht hat. Er erzählte eine weitere Alvarez-Geschichte:

»Ich half einem Doktoranden, Dennis Smith, eine große Fotovervielfacherröhre in einen Cerenkov-Detektor einzubauen, und ließ sie dabei fallen. Sie explodierte wie eine Fernsehbildröhre mit einem lauten, ohrenbetäubenden Krach. Ich hatte gerade ein

Gerät im Werte von 15 000 Dollar fallen lassen. Dennis tröstete mich. Er sagte, das kann jedem passieren. Ich dachte, es sei das Ende meiner Karriere. 15 000 Dollar war das Doppelte von dem, was ich in einem Jahr als Forschungsassistent verdiente. Einen Teil des Geldes würden sie hereinholen, indem sie mich feuerten. Kurze Zeit darauf traf ich ... Alvarez und beichtete, was mir passiert war. Hervorragend! dröhnte er und hielt mir die Hand entgegen, als wollte er mir gratulieren. Willkommen im Club! Jetzt weiß ich, daß du ein richtiger Experimentalphysiker wirst. Um ein richtiges Mitglied der Mafia zu werden, muß man jemanden umbringen. Und Alvarez schien der Meinung, daß man, um ein richtiger Experimentalphysiker zu werden, erst mal teures Gerät zerschlagen mußte. Es war eine Art Aufnahmeritual. Hör bloß nicht damit auf, riet er mir, mach weiter so.«

Man muß den Bastard jagen, nicht auf die anderen warten. (»Hervorragend, du hast es geschafft!«) Unsere Aufgabe besteht heute darin, Organisationen zu schaffen, in denen es nicht darum geht, daß die Menschen »es gleich beim erstenmal richtig machen« (was für eine absurde Idee), sondern in denen die Menschen dranbleiben, auch wenn es zunächst nur eine grobe Arbeit ist, so wie Paul McCready es im *Epitaph* geraten hat. Es richtig zu machen, ist natürlich schön. Schließlich, und »schließlich« beinhaltet Tausende von Fehlschlägen, hat Luis Alvarez den Nobelpreis bekommen. Aber viel wichtiger ist, es erst einmal zu tun, anzufangen. Michael Dixon, langjähriger Beobachter erfolgreicher Unternehmer, Ingenieure und Wissenschaftler, schrieb am 7. September 1990 in der *Financial Times,* daß jeder einzelne seiner Untersuchungsobjekte in einer neueren Studie »in Abrede stellte, daß er seine Arbeit erst einmal intellektuell ausarbeitet, bevor er praktisch an die Sache herangeht«. Statt dessen scheint »die entscheidende Denkarbeit in gewisser Weise in das praktische Tun einzufließen«. Ihr Erfolg liegt darin, daß sie sich »grundsätzlich auf die Intuition verlassen« (»Ich mach's nach Gefühl« war die Antwort eines der Befragten, der damit auch das Denken der anderen zum Ausdruck brachte). All dies, so Dixon, ist ein Schlag ins Gesicht der »Erst-planen-dann-tun-Methode, die auf Plato zurückgeht und mittlerweile 2450 Jahre alt ist«.

Der Haken: Die Weisheit von zweieinhalb Jahrtausenden ist im Eimer. Aber der bei den Jesuiten ausgebildete Harry Quadracci von Quad/Graphics kann es vielleicht noch besser ausdrücken: »Pläne verwenden . . . ist wie eine Kanone abschießen. Das ist okay, solange man auf eine Burg schießt. Aber die heutigen Märkte sind bewegliche Ziele. Die einzige Möglichkeit, sie zu treffen, ist, das eigene Unternehmen wie einen Marschflugkörper zu bauen. Man schießt in die allgemeine Richtung des Zieles, und die eigenen Systeme stellen dann den richtigen Kurs ein, ja näher sie dem Ziel kommen.«

Es beim zweiten Anlauf richtig machen

In dem Buch *Getting it Right the Second Time* hat Michael Gershman 47 faktengespickte Fälle auf 256 Seiten zusammengestellt. Alle besagen im wesentlichen eines: Weitermachen, alles mögliche versuchen, und irgendwann, wenn man Glück hat, macht man das Richtige. Gershman räumt ein, daß »einige Produkte sofort Erfolg haben«, aber diese Ausnahmen sind so selten, daß sie nicht von Interesse sind. (Eine von ihm besprochene Studie der University of California bewertete 6695 neue Lebensmittelprodukte, die zwischen 1970 und 1979 in Amerika auf den Markt gekommen waren. Nur 93 dieser Produkte, das sind etwa 1,5 Prozent, kamen auf Umsätze von mindestens 15 Millionen Dollar im Jahr.)

Wußten Sie, daß die heutige PesiCo schon dreimal in Konkurs gegangen ist, bevor sie wieder auf Kurs kam? Und wie war das mit dem größten Macho aller Franchiseunternehmen im Konsumbereich, nämlich Marlboro? Marlboro startete 1924 mit einer teureren, filterlosen Zigarette auf türkischen Tabaksorten, die hauptsächlich auf Frauen abzielte! Erst 30 Jahre später, nach mehreren Dutzend Variationen zum selben Thema, hat die Firma Erfolg.

Zwischen den Zeilen kann man folgendes lesen: Wenn man erfolgreich wird, passiert es normalerweise zur falschen Zeit und aus den falschen Gründen, nachdem man jede Menge Fehlstarts hatte. Außerdem ist es fast immer ein tödlicher Fehler, zusätzliches Geld in erfolglose Produkte zu stecken, sagt Gershman, obwohl solche Produkte unter ganz anderen Bedingungen später einmal erfolgreich werden können (mit einem anderen Timing, anderen Produkteigenschaften, anderem Marketing, anderem Vertrieb). Das hilft nicht viel, wenn es darum geht, zu entscheiden, wann der erste Versuch gestartet werden soll; das ist immer ein kritischer und selten richtig untersuchter Punkt. Aber es ist unmißverständlich klar, daß man viele Eisen im Feuer (viele neue Ideen) haben muß, wenn man schließlich erfolgreich sein will!

Das »Sehen« lernen

Kimon Nicolaides' Buch *The Natural Way to Draw* gilt als das beste Anleitungsbuch zum Thema Malen und Zeichnen. Wenn man versteht, was Nicholaides darin sagt, versteht man schon sehr viel besser, warum Ben Lytles Acordia-Modell so gut funktioniert.
Es gibt nur eine einzige Methode, das Zeichnen zu lernen, und dies ist eine absolut natürliche Methode. Sie hat nichts mit Technik oder Tricks zu tun. Sie hat nichts mit Ästhetik oder Beobachten zu tun, und damit meine ich physischen Kontakt mit allen Gegenständen unter Zuhilfenahme aller Sinne ... Es macht nichts, wenn während der ersten drei Monate des Zeichenstudiums die sogenannten Zeichnungen mit den abgebildeten Gegenständen keine Ähnlichkeit haben. Solange man versucht weiterzumachen, spielt es überhaupt keine Rolle, wie die Arbeit aussieht ...
Ich glaube, daß man den Zeichnungen und Malereien, die an Kunstschulen angefertigt werden, zuviel Bedeutung beimißt ... Bedauerlicherweise haben die meisten Lernenden, und ich weiß nicht, ob das ihr eigener Fehler ist oder der Fehler ihrer Lehrer, schreckliche Angst davor, einen technischen Fehler zu machen. Solche Fehler sind aber unvermeidlich. *Je früher man die ersten 5000 Fehler hinter sich bringt, um so früher kann man sie korrigieren.*
Sehen Sie sich die Kante Ihres Stuhles an. Fahren Sie dann mit dem Finger mehrere Male darüber, manchmal langsam und manchmal schnell. Vergleichen Sie Ihre Vorstellung von der Kante, die Sie durch das Befühlen mit Ihren Fingern bekommen, mit der Vorstellung, die Sie nur durch die Betrachtung gewonnen haben. Bei dieser Übung werden Sie nun beide Erfahrungen miteinander verbinden, die des Anfassens und die des Sehens ... Lassen Sie nur Ihr Auge langsam an der Kante entlanggleiten, und bewegen Sie den Bleistift langsam auf dem Papier. Und dabei stellen Sie sich vor, daß die Spitze des Blei-

stifts tatsächlich an der Kante entlangfährt. Lassen Sie sich mehr vom Tastsinn als von der Sicht leiten. Das bedeutet, daß Sie zeichnen müssen, ohne aufs Papier zu blicken, also ständig auf das Modell sehen ... Koordinieren Sie genau den Bleistift mit dem Auge. Am Anfang kann es vorkommen, daß Ihr Auge versucht ist, sich schneller zu bewegen als der Bleistift. Aber lassen Sie das nicht zu ... Stellen Sie sich ganz fest vor, daß Sie das Modell berühren.

Es läuft immer auf ein Zahlenspiel hinaus

Denken Sie an die Entwicklung neuer Produkte. Es ist ein Spiel mit geringen Wahrscheinlichkeiten, unabhängig davon, wieviel Sie planen oder wie intensiv Sie ihre jetzigen Kunden erforschen. Es gibt so viele Variablen, buchstäblich Millionen von Variablen, die den Erfolg eines neuen Produktes beeinflussen. Da sind einmal die Variablen, die mit der Technologie (Design, technische Ausstattung, Produzierbarkeit, Qualität, Servicebedingungen usw.) zu tun haben. Dann gibt es Variablen, die mit dem Vertrieb zu tun haben (wer in welchen Vertriebskanälen hat wieviel Interesse an dem Produkt, aus welchem Grund, wann). Schließlich gibt es Variablen, die mit der Verwendung durch den Kunden zu tun haben (der Zeitabstand zwischen der Entwicklung eines neuen Produktes und seiner routinemäßigen Anwendung kann, selbst wenn dramatische und eindeutige Vorteile von vornherein abzusehen sind, oft Jahrzehnte in Anspruch nehmen und erfolgt fast immer über verschlungene und unberechenbare Wege). Ganz zu schweigen von den Variablen, die mit den Konkurrenten zu tun haben (große Konkurrenten, kleine Konkurrenten, inländische, ausländische und Konkurrenten aus früher nicht konkurrenzfähigen Branchen). Des weiteren gibt es allgemeine Unsicherheitsfaktoren (Staatsstreich, Gegenschlag, Energiekartelle, Inflation). Wenn Sie nun diese und andere Variablen miteinander multiplizieren, dann sind die Chancen, auf den ersten Schlag Erfolg zu haben, praktisch gleich Null.
Dies führt zu der naheliegenden Schlußfolgerung: Innovation ist letztlich und unabhängig davon, wie gut Sie vorbereitet und ausgedacht ist, im Geschäftsleben ebenso wie in der Wissen-

schaft oder Kunst fast immer ein Zahlenspiel. Viele Versuche, viel Zeit, die mit fortschrittlichen Endbenutzern zugebracht wird, viele kleine Märkte, und vielleicht gehen ein oder zwei Schüsse ins Ziel. Und obwohl diese Erkenntnis eigentlich offensichtlich und eindeutig ist (das galt für alle Zeiten und gilt besonders für die Gegenwart), kommt sie bedauerlicherweise in den Innovationsstrategien der Unternehmen selten zur Geltung. Statt dessen verlassen sich die Unternehmen immer wieder auf eine kleine Zahl schwergewichtiger Projekte. Diese überanalysierte und zuwenig vom Tastsinn her beeinflußte Vorgehensweise beruht auf folgender Vorstellung: »Wenn man nur ausreichend Geld hineinsteckt und genug Marktforschung betreibt, muß doch irgend etwas Gutes dabei herauskommen.« Wetten, daß? Oder lieber: Wetten, daß *nicht*?

Wie kommt man in einer »risikofreien Gesellschaft« zu Rande?
Unter der Überschrift »Fear of Living« schrieb Henry Fairlie 1989 eine ernüchternde Titelgeschichte für die Zeitschrift *The New Republic.* Im Januar 1967, so stellte er fest, »fing das erste Apollo-Raumschiff während eines Tests auf der Abschußrampe Feuer. Drei Astronauten wurden getötet, die Nation war schokkiert und entsetzt, besonders auch, da die Schreie der Astronauten deutlich zu hören waren.« Nach einer kurzen Pause in der bemannten Raumfahrt wurde das Apollo-Programm mit starker öffentlicher Unterstützung wiederaufgenommen. 18 Monate später landete Apollo 11 auf dem Mond.
Fairlie stellt die Apollo-Tragödie dem Unglück der Challenger-Raumfähre im Jahre 1986 gegenüber. »Die Stimmung in Amerika hat die NASA so in Panik versetzt, daß es fast drei Jahre dauerte, bis der nächste Shuttle in den Weltraum geschickt werden konnte«, bemerkte er. »In den 19 Jahren, die zwischen diesen beiden Tragödien lagen, hat sich die Vorstellung, daß unser persönliches Leben und das Leben der Nation risikofrei verlaufen kann und verlaufen sollte, fast zu einer fixen Idee entwickelt ... und damit die Gefahr mit sich gebracht, daß wir eine undynamische und einfallslose Gesellschaft werden.«
Angesichts des Wahnsinns, der sich heute praktisch in allen Märkten abspielt, möchte ich wetten, daß diejenigen Unternehmer zu Leitbildern werden, die die Zukunft mit dem größten Elan,

den meisten Versuchen – und den meisten Fehlschlägen – angehen. Die heutige Zeit ist die schlechteste aller Zeiten, um sich in ewigen Analysen zu vergraben und vor dem Risiko, dem Handeln und vor Fehlern davonzulaufen.

38. Kapitel

Marktausrichtungsgebot III: Verräter, Einzelgänger, Leidenschaft, Arroganz

Man muß schon an seine Sache sehr fest glauben, um wettbewerbsfähig zu sein . . . Man muß fest an sein Produkt und fest an seine Branche glauben. Von den Aberhunderten erstklassiger Unternehmen aus der ganzen Welt, die ich untersuchte, befanden sich eine große Anzahl im Privatbesitz oder wurden von irgendeinem Besessenen geleitet, der die letzten zwanzig Jahre seines Lebens damit zugebracht hatte, einen Kreuzzug für die Produktion des besten Produktes zu führen.
Michael Porter
Across the Board
September 1990

Ob zu Lebzeiten geliebt oder verachtet, eines läßt sich festhalten: Diejenigen, die die Geschichte bewegt haben, haben ihre Fragen ohne Rücksicht auf konventionelles Denken gestellt. Die Zivilisation verdankt ihre Fortschritte den Unzufriedenen.
Garry Trudeau
zitiert in: Richard Saul Wurman, Follow the Yellow Brick Road

Das Führen eines Unternehmens, sei es nun ein Konzern oder ein einziges Franchise-Geschäft von Burger King, verlangt ständige Unzufriedenheit und die Bereitschaft, alles in Frage zu stellen.

Und dann nochmals in Frage zu stellen. Einerseits kann ein solches Infragestellen tödlich sein (also Mikromanagement unter einem anderen Namen), andererseits aber kann es auch befreiend sein: indem alle »heiligen Kühe« geschlachtet werden. Setzen Sie in jeden Winkel Ihres Unternehmens Menschen mit Begeisterungsfähigkeit und einem Schluß Verrücktheit (oder auch ein bißchen mehr) in ihren Adern. Diejenigen, die bereit sind, alles zu probieren, und andere dazu mitreißen, das auch zu tun, sind die Könige und Königinnen von morgen.
Einige dieser rührigen Menschen sind die Brüder und Schwestern von Mutter Teresa. Andere sind gefährliche Einzelgänger oder gar Lumpen. (»Wer die Korruption fürchtet, fürchtet das Leben« – Saul Allinski.) Aber keiner von ihnen gibt sich mit dem Status quo zufrieden. Unser Problem war, daß wir in der Vergangenheit diese respektlosen Systemzerstörer selbst verachtet haben. Jetzt *brauchen wir sie dringend.* Wir brauchen sie in großer Anzahl, wir brauchen sie für unsere Buchhaltung, unseren Einkauf, für das Produktdesign und das Marketing, und wir müssen uns überlegen, wie wir ein Umfeld gestalten können, damit sie zu uns kommen und bei uns bleiben. Nur eine durch und durch respektlose Organisation hat heute noch eine Chance, die »ständigen Stromschnellen«, wie sie Unternehmensberater Peter Vaill beschreibt, zu umfahren.

Der Neunerclub der Irren: Irre Chefs für irre Zeiten

Jede Mode, die nicht langweilig ist, ist gut.
Voltaire

Ich bin 1942 geboren und wuchs während der Eisenhower-Jahre zum jungen Erwachsenen heran. Junge Männer, die damals in die Welt hinausgingen, wurden ermahnt: »Putz dir die Nase«, »Nicht auffallen« und »Hol dir nach 40 Jahren Arbeit bei der guten alten Firma XYZ, Hersteller von XYZ-Schnickschnack, deine goldene Uhr«.
Dieser Rat war damals angebracht (vielleicht). Die neunziger Jahre aber sind ganz anders! Ich mache mir daher eine Menge Gedanken über den Ausspruch, den irgendwann 1991 Ford-

Chairman Red Poling von sich gegeben hat: »Die drei wichtigsten Dinge im Geschäftsleben wie im Golf sind Konsequenz, Verläßlichkeit und Berechenbarkeit.«
Vielleicht stimmt das für Golf. Aber solange Poling nicht bereit ist, abzutreten und etwas zu riskieren, glaube ich, sollte er das Gesagte in bezug auf das Geschäftsleben nochmals überdenken. Denn ich bin der Überzeugung, daß erstens die beiden wichtigsten Voraussetzungen im Geschäftsleben heutzutage *Inkonsequenz* und *Unberechenbarkeit* sind, und daß wir zweitens dringend *mehr Verräter* innerhalb unserer Firmenfestungen brauchen.
Als Poling seinen Spruch losließ, waren die spektakulären Gewinne, die Ford während der achtziger Jahre erzielt hatte, schon erheblich geschrumpft. Ford hatte langweilige Produkte. Die Luft war raus. Wenn also Red Poling noch etwas bewirken will, muß er ein bißchen von seiner Konsequenz aufgeben und entschieden kühner werden. Zum großen Glück für Amerika ist das schwache Ergebnis von Unternehmen wie GM oder Ford nicht die ganze Geschichte. Die USA sind von Menschen geschaffen worden, die sich über Regeln hinweggesetzt haben: Benjamin Franklin, Ethan Allen, Thomas Paine, Thomas Jefferson und Co. Später wurden sie von einem Meister im Verletzen von Regeln gerettet, nämlich Abraham Lincoln. Sie wurden von Menschen, die die Regeln verletzten, zu wirtschaftlicher Vorherrschaft gebracht, das waren Menschen wie Carnegie, Ford, Rockefeller und Morgan. Und wir haben auch heute noch eine unverhältnismäßig hohe Zahl von Menschen, die sich nicht an Regeln halten. Jack Welch von der General Electric mit ihren stolzen 60 Milliarden Dollar Umsatz ist weder konsequent noch berechenbar: »Alles ändern und dann nochmals ändern.« Das ist seine Handschrift. Damit ist er nicht allein. Zu meinem »Neunerclub der Irren« gehören neben ihm: Ted Turner (Turner Broadcasting), Craig McCaw (McCaw Cellular), Roger Milliken (Milliken & Co.), Bob Crandall (American Airlines), Fred Smith (Federal Express), Les Wexner (The Limited), Mike Walsh (UPRR, jetzt Tenneco), T. J. Rogers (Cypress Semiconductor), Vaughn Beals (Harley Davidson), Bob Swanson (Genentech), Larry Ellison (Quad), Hal Rosenbluth (Rosenbluth Travel) und Michael Dell (Dell Computer). (Das sind natürlich mehr als neun. Aber hier geht es ja auch um Unberechenbarkeit!)
Auf meiner internationalen Hitliste der Störenfriede stehen Percy

Barnevik von ABB, Lord Hanson von Hanson Trust, Anita Roddick von Body Shop, Akio Morita von Sony, Richard Branson von der Virgin Group, Stan Shi von der taiwanesischen Acer, Ricardo Semler von Semco und der Deutsche Siegfried Meister von Rational.

Von Textilien bis Fernsehen hat jede dieser Personen die Regeln mißachtet, sich gegen Rathauspolitik aufgelehnt, Nackenschläge bezogen und dabei Industrien erfunden oder *neu* erfunden.

Ich verzichte an dieser Stelle auf mein oft wiederholtes Plädoyer für Andersdenkende, Einzelgänger und Lumpen in den Führungsetagen der Unternehmen. Statt dessen rufe ich nach Verrätern. Ein Andersdenkender ist lediglich ein Störenfried. Ein Verräter dagegen findet das bestehende Regime abscheulich und ist entschlossen, erst dann Ruhe zu geben, wenn es aus dem Weg geräumt ist. Ich glaube, unsere großen Unternehmen brauchen eine Menge mehr gefährlicher Einzelgänger und mehr als nur ein paar Verräter in ihren ewig schläfrigen Mitten. Nur totale Umstürze können noch etwas erreichen.

Also, um es kurz zu machen, Herr Poling: Die Eisenhower-Zeiten sind vorüber. Motten Sie Ihre Golfschläger ein. Tauschen Sie Ihren Golfwagen gegen eine 1340er Harley Davidson ein. Langweilige Zeiten brauchen langweilige Führer. Irre Zeiten verlangen irre Führer.

Schweinehunde und andere nützliche Charaktere

> *William Paley war ein Genie. Er hatte genug Energie, um ein Dutzend brillanter Karrieren einzuschlagen. Er war großzügig, rücksichtsvoll und vor allem charmant.*
>
> Christopher Buckley, in einer Buchbesprechung

> *William Paley war ein überwältigend kleiner Mann: unsicher, kleinlich, eifersüchtig, undankbar, snobistisch . . . ein Schürzenjäger . . . ein tyrannischer Vater, ein pathologischer Lügner, beleidigend, nachtragend, grausam, neurotisch, egozentrisch, geizig und gierig.*
>
> Derselbe Christopher Buckley
> in einer weiteren Buchbesprechung

Denken Sie über folgende Passage aus *Agent of Influence*, ein allseits gepriesener Spionageroman des früheren leitenden Mitarbeiters des Nationalen Sicherheitsrates (und jetzigen Investmentbankers) David Aaron, nach: »Der Vertreter des Außenministeriums sagte: ›Wir alle wollen das gleiche. Ein internationales System, das stabiles Wirtschaftswachstum ermöglicht.‹
›Bei diesem ganzen Gerede über Wachstum‹, warf Bresson vom Tischende her ein, ›vergessen Sie, meine Herren, eine wichtige Sache, nämlich – die Schurken. Wieviel Spielraum lassen Ihre Theorien für Schurken? Sie sind die Motoren des Fortschritts. Krupp, Farben und Thyssen in Deutschland, Astor, Vanderbilt, Rockefeller und Ford in Amerika, die Rothschilds in Frankreich und England.‹«
Sie können, wenn Sie wollen, sich von der Aussage distanzieren. Der fiktive Bresson ist ein weltweit tätiger Verleger und Mogul, der sich als ehemaliger KGB-Oberst entpuppt. Aber ich würde behaupten, daß »Bresson« zum großen Teil recht hat. »Die herrschende Theorie des Kapitalismus leidet unter einem zentralen Hauptmangel: einem tiefen Mißtrauen und mangelnden Verständnis für Kapitalisten«, schreibt George Gilder in *The Spirit of Enterprise*. »Die moderne Wirtschaftswissenschaft gleicht einem riesigen mathematischen Drama auf einer komplizierten Theoriebühne, ohne daß der Protagonist mitspielt.«
In der Emerson Street 913, nur wenige Schritte von meinem Büro in Palo Alto entfernt, steht das Kulturdenkmal Nummer 836 des Staates Kalifornien. Es ist der historische Sitz der *Federal Telephone Company*, wo Lee De Forest und zwei seiner Kollegen in der Zeit von 1911 bis 1913 die moderne Vakuumröhre entwikkelten. Diese Erfindung leitete das »Zeitalter der modernen Rundfunkkommunikation, des Fernsehens und der Elektronik« ein, belehrt uns das Messingschild am Gebäude. In seinem Buch *Risk & Other Four-Letter Words* beschrieb der frühere Vorstandsvorsitzende von Citicorp, Walter Wriston, welche »Belohnung« De Forest hierfür erhielt. Der Pionier wurde alsbald »wegen Aktienschwindels verhaftet, weil er behauptete, seine Erfindung sei in der Lage, die menschliche Stimme über den Atlantik hinweg zu übertragen ... Die Geschworenen sprachen De Forest frei, aber der Richter ermahnte ihn, seine verrückten Erfindungen zu vergessen und sich einen ganz normalen, gewöhnlichen Job zu suchen und dabei zu bleiben.«

Vor nicht allzu langer Zeit soll Stanley Gold, der Rechtsberater von Roy Disney, vor dem Verwaltungsrat der Disney-Gesellschaft eine Rede gehalten haben, die dazu beigetragen hat, daß Superstar Michael Eisner 1984 zum Chairman ernannt wurde. »Typen wie Eisner sind ein bißchen verrückt . . . aber jedes größere Studio ist bisher von Verrückten geleitet worden«, berichtete John Taylor. »Walt Disney war richtig aus dem Häuschen: ›Dies ist eine kreative Institution, und sie muß wieder von Verrückten geleitet werden!‹«

Ich wurde an diese Geschichte erinnert, als ich über das Aufsehen nachdachte, das die erfolgreiche Autobiographie des früheren Vorstandsvorsitzenden von Gannett, Al Neuharth, unter dem Titel *Confessions of an S.O.B.* auslöste. Ein früherer Mitarbeiter von Gannett, der gebeten wurde, das Buch für die Zeitschrift *Fortune* zu rezensieren, berichtete in seinem Artikel, den er mit der Überschrift *»Warum es funktioniert, ein Lump zu sein«* versehen hatte: »Ich wurde von der Presse regelrecht verfolgt, Kommentare zu Neuharths Buch abzugeben. Ich vermutete, die Interviewer gingen davon aus, daß ich sofort das Buch ablehnen würde und nur Freundliches und Positives über die Führungsetage berichten würde. Aber da sollten sie sich getäuscht sehen. Ich bin nicht sicher, ob ich wirklich für Neuharth arbeiten möchte – aber das würde ich vermutlich auch von einer Reihe anderer bekannter Innovatoren sagen.«

De Forest, Eisner, Neuharth sowie alle Mitglieder meines »Neunerclubs der Irren« sind als Wahnsinnige, Monster, Egozentriker oder noch Schlimmeres verschrien worden. Wriston von Citicorp wurde ebenfalls hartnäckig dafür ausgelacht, daß er sich für das Global Banking, das National Banking und Geldautomaten eingesetzt hat; und doch haben seine Innovationen (unabhängig von den derzeitigen Schwierigkeiten, die Citicorp zu bewältigen hat) weltweit den Finanzdienstleistungssektor verändert.

Die Kühnen, die Risikofreudigen, die unternehmerisch Denkenden und die wahren Visionäre sind immer verachtet worden. Aus guten Gründen ist das Establishment ständig hinter ihnen her. Das hat fast immer zur Folge, daß nur eine Person mit einem etwas ausgeprägteren Ego, mit einem unverhältnismäßig großen Selbstvertrauen, einem Schuß Irrationalität, einer dicken Haut und einem Schuß Paranoia überhaupt eine Erfolgschance hat.

Es geht mir hier nicht darum, die Leistungen von Managern und

Führungskräften, die würdevoll und milde sind, herabzuwürdigen. (Ich habe im Gegenteil auf vielen Seiten dieses Buches und in meinen früheren Büchern die Leistungen dieser Leute gelobt.) Ich möchte aber doch in den Raum stellen, daß man fast schon ein hartnäckiger, unverschämter Schweinehund oder einfach ein Verrückter sein muß, um durch die heutigen Minenfelder durchzukommen und eine Revolution auslösen zu können. In der heutigen Zeit brauchen wir mehr Neuhardts und De Forests denn je. Aber die Menschen, die radikale Veränderungen bewirken können, verstecken sich selten hinter einem freundlichen Lächeln, einem ruhigen Verhalten und einem bescheidenen Ego.

Arroganz!

> *Premierministerin Margaret Thatcher hatte die große Gabe des Politikers, Menschenmassen davon zu überzeugen, daß ihre Politik nicht nur die einzig mögliche sei, sondern auch die einzig vernünftige, und daß daher nur ein Narr sie nicht akzeptieren könne. Diese überzeugende Arroganz war jahrelang ihre größte Stärke, wurde dann aber schließlich zu einer fatalen Schwäche.*
> Craig R. Whitney
> in: The New York Times, 23. November 1990

Sie haben plötzlich eine gute Idee, während Sie mit einem Kunden sprechen, ein Buch lesen oder unter der Dusche stehen. Normalerweise wird nichts daraus. (Schließlich haben wir, wie die Forschung zeigt, etwa 90 Gedanken pro Minute.) Aber hin und wieder klickt es. Man fängt an, sich näher damit zu beschäftigen, bespricht es mit ein paar Freunden und schlägt ein paar Dinge in der Bibliothek nach. Normalerweise schläft die Sache an diesem Punkt ein. Aber manchmal schafft es eine Idee, auf die andere Seite des Tores zu schlüpfen. Das Interesse ist geweckt. Von jetzt an läßt die Objektivität nach. Man fängt an, die Dinge nur noch selektiv im Lichte der neuen Idee zu sehen. Und nun kommt Ihre Reaktion auf das, was die Psychologen »kognitive Dissonanz« nennen: Die Idee muß gut sein, sonst würde man ja nicht soviel Zeit damit zubringen! Ihre Versessenheit wird zur irrationalen fixen Idee, und dies ist die Voraussetzung für den Erfolg. In unserer heutigen Welt gibt es so viele Minenfelder, daß nur Fanatiker eine winzige Chance haben, den nächsten Super-Hit zu landen. (Dazu George Bernard Shaw: »Der Vernünftige paßt sich der Welt an; der Unvernünftige gibt nicht auf zu versuchen, die Welt sich anzupassen . . . Der Fortschritt geht vom Unvernünftigen aus.« Und Peter F. Drucker: »Wann immer etwas erreicht wird, wann immer etwas getan wird, steckt dahinter ein auf eine Idee fixierter Monomane mit Missionseifer.«)

Die meisten intelligenten Menschen, die eine fixe Idee haben, sind jedoch noch lange keine Steve Jobs oder Ted Turners. Man hört nie etwas über sie. Und warum? Weil sie es nicht schaffen. Es gibt dafür mindestens eine Million verschiedener, zum Teil verwandter Gründe: Stand der Technik, Kundenwünsche, kompetente Konkurrenz, knapper Finanzmarkt oder Konstellation der Sterne. Kurzum, ihre Idee paßt nicht in die jeweilige Zeit. Von einer fixen Idee besessen zu sein ist also noch keine Erfolgsgarantie. Wenn aber die Besessenheit ganz fehlt, ist Mißerfolg garantiert.

Nun gut, nehmen wir an, Sie sind einer aus einer Million, der es schafft. Ihre Brieftasche wird dicker und dicker. Die Presse beginnt sich für Sie zu interessieren. Die Kunden stimmen Ihnen zu. Die über Nacht reich gewordenen Mitarbeiter bewundern und lieben sie. All dies vermittelt die Vorstellung: 1. Was für ein großartiges Produkt/Dienstleistung habe ich doch erfunden! 2. Was für ein feiner Kerl bin ich doch! Angespornt von all diesem Interesse, arbeiten Sie weiter wie ein Verrückter. Sie finden ein Alter ego, das, die Firma weiter voranbringt, und Ihr Wohlstand mehrt sich weiter dank Ihrer Managementfähigkeiten.

Plötzlich kommt ein Neuer daher, arrogant und mit einer fixen Idee, sei es mit einem schicken Restaurant genau in Ihrer Straße, einer neuen Software oder einem neuen PC genau in Ihrer Marktnische. Was jetzt? Sie machen hier oder dort ein paar oberflächliche Veränderungen. Aber ein rascher Blick auf den Pressespiegel und Ihre Vermögensaufstellung überzeugt Sie davon, daß nur Sie sich auf diesem Terrain auskennen. Also wehren Sie sich mit Händen und Füßen gegen die radikale Änderung.

Als nächstes entlassen Sie Ihre Nummer 2, weil er oder sie ständig darauf besteht, daß grundlegende Änderungen notwendig sind, und suchen sich einen anderen und wieder einen anderen wie Kranke, die sich immer neue Ärzte suchen, um sich bestätigen zu lassen, daß ihre tödliche Krankheit gar keine tödliche Krankheit ist.

Und aus rein zufälligen Gründen hat der clevere neue Konkurrent trotz alledem keinen Erfolg. Ihr Selbstvertrauen stärkt sich, und dann kommt plötzlich wieder ein Neuling auf den Markt. Der Kreislauf wiederholt sich eine Zeitlang, vielleicht über zehn Jahre. Aber dann kommt schließlich das »echte« Konkurrenzprodukt, und Ihr nur oberflächlich überholtes Juwel kommt schwer ins Schleudern. Jetzt gehören Sie zur Geschichte.

Dies ist die *Pathologie der Arroganz:* Man kann nicht ohne sie leben – man kann nicht mit ihr leben. Moment mal, mögen Sie protestieren, irgendwann werde ich zuhören. Ich würde mich nicht darauf verlassen. Die Geschichte lehrt uns (in Politik, Handel und Industrie usw.), daß man erst dann zuhört, wenn es schon zu spät ist. Es gilt sogar folgendes: Je mehr gegen Sie spricht, um so komplizierter und überzeugender klingende Argumente führen Sie an, um das Ganze »aus der Welt zu erklären«, und schließlich wird Sie nur noch der Konkurs zum Schweigen bringen.

Was läßt sich daraus lernen? (1.) Langfristig gibt es wenig Hoffnung auf Erneuerung Ihres Unternehmens, wenn nicht eine ganze Reihe wild dreinblickender Egomanen wie verrückt durch Ihre Firma rennen. Sie sollten mit ihnen einen leistungsabhängigen Vertrag abschließen, der Sie daran hindert, sie rauszuschmeißen, es sei denn, sie begehen moralische Niederträchtigkeiten. (2.) Überlegen Sie, wie Sie elegant (oder auch unelegant) aussteigen können. Aber steigen Sie aus. Sie könnten zum Beispiel Thurgood Marshalls Methode wählen. Richter Marshall sagte, er werde abtreten, sobald seine Frau ihm sagt, daß es an der Zeit sei. (Vielleicht hat sie es ihm auch gesagt.) Sprechen Sie so etwas mit Ihrer Frau oder Ihrem besten Freund ab. Oder suchen Sie sich ein Hobby, wie zum Beispiel Autorennen fahren bei 280 km/h, und versuchen Sie, eine neue fixe Idee zu finden (was aber nicht wahrscheinlich ist).

Es ist eigentlich nicht meine Absicht und auch nicht mein Ziel, solche schwachen Gegenmittel gegen die einst so nützliche Arroganz des Gründers vorzuschlagen. Vielmehr möchte ich damit nur ausdrücken, daß Arroganz *wirklich* die Würze des Lebens ist, unabhängig davon, wie unerträglich sie sich manchmal äußert, und unabhängig davon, wie gefährlich sie für ihren Träger (Person oder Unternehmen) wird. Es ist genauso gefährlich, die wesentliche Rolle der Arroganz in Kreation und Erneuerung nicht zu verstehen, wie ihre Nebeneffekte zu unterschätzen.

Leib, Seele, Leidenschaft – und Gewinn

Leidenschaften sind die einzigen Argumente, die immer überzeugen. Der einfache Mann mit Leidenschaft ist stets überzeugender als der beredte ohne.
Descartes

Freud sagte, daß alle unwichtigen Entscheidungen nach der Logik, während alle wichtigen Entscheidungen ohne Logik und aus dem Gefühl heraus getroffen werden. Ich glaube ihm . . . Für mich selbst kann ich sagen, daß ich meinen emotionalen Entscheidungen mehr traue als meinen logischen. Warum? Weil dahinter mehr Antriebskraft steckt, sie auch durchzuführen.
Bill Caudill, Gründer von CRSS
»This I Believe«

Am 27. März 1976 wurde der erste Bodyshop in Kensington Gardens Nr. 22 in Brighton, England, eröffnet. Am Ende des ersten Tages steckte Anita Roddick eine Tageseinnahme von umgerechnet 225 Dollar in ihre Jeanstasche. Anfang 1992 hatte das Unternehmen einen Börsenwert von etwa einer Milliarde Dollar, und nicht wenige Wertpapiergurus erwarten für die nächsten fünf Jahre ein jährliches Wachstum von 40 Prozent.
»Ein großer Vorteil, als ich mit ›The Body Shop‹ anfing«, schreibt Roddick in ihrem Buch *Body and Soul*, war, »daß ich nie Betriebswirtschaft studiert hatte.« Was man von ihr lernen kann, wird auch nicht an betriebswirtschaftlichen Fakultäten, zumindest

nicht an denjenigen, die ich kenne, gelehrt. Sie sagt: »Wenn ich die Haupttriebfeder in meinem Leben benennen müßte, würde ich sagen: Leidenschaft.« Und sie fügt hinzu: »Die beiden Zwillinge Liebe und Anteilnahme betreffen alle Dinge, die wir tun.«
Leidenschaft, Liebe, Anteilnahme? Anita Roddick hat davon nicht sehr viel bei ihren Konkurrenten gefunden. »Vom Einzelhandel habe ich nichts gelernt«, behauptet sie. Es ist eine Welt, »in der sich müde Führungskräfte tummeln, die mit abgeschlafften Systemen arbeiten. Es sind riesige Konzerne, die an der Langeweile sterben, die aus der Trägheit des Gigantischen resultiert.«

The Body Shop ist wesentlich dynamischer. »Wir sehen unsere Aufgabe darin, das Unternehmen am Leben und immer interessant zu halten, unsere Mitarbeiter zu schützen, eine Kraft des Guten in unserer Gesellschaft zu sein und danach erst«, sagt Roddick, »an die Aktionäre zu denken. Wenn aber Unternehmen nur im Geschäft sind, um Geld zu machen, kann man ihnen nie voll vertrauen, unabhängig davon, was sie sonst tun oder sagen . . . Der ganze Spaß ist dahin, der ganze spielerische Sinn geht dabei verloren, die Verwegenheit und auch Dinge wie: O je, das haben wir ganz schön vermasselt.«

The Body Shop hat den Markt geprägt, indem er die Kunden erzogen hat, und das ist weit mehr als das, was die übrige Kosmetikindustrie, zu der The Body Shop normalerweise zählt, von sich behaupten kann. »Die Vorstellung, daß jeder aus dem Laden herausgehen soll und etwas mitnehmen soll, ist für mich nicht Voraussetzung«, sagt Roddick. »Uns ist es lieber, wenn unsere Mitarbeiter über die Produkte aufklären, etwas über die Zutaten sagen oder auch nette Geschichten erzählen, wie dieses Produkt in die Regale von Body Shop gekommen ist. Wir wollen das Gespräch mit unseren Kunden in Gang bringen und sie nicht drängen, etwas zu kaufen.«

Verbannt die Farblosen

Da The Body Shop keine Werbung macht, sind solche Gespräche von großer Wichtigkeit. »Durch das Anregen von Gesprächen anstelle einer traditionellen Werbung für Marken«, sagte uns Roddick, »spannen wir unsere Kunden für die Mundpropaganda ein.« Begeisterung ist dabei ebenfalls sehr hilfreich. The Body Shop »strahlt positive Begeisterung aus«, fügte sie hinzu. »Ich kann keine farblosen, gelangweilten und uninteressierten Menschen um mich herum ertragen (oder beschäftigen). Die kaugummikauenden, abgestumpften Mitarbeiter, die man so oft in anderen Geschäften antrifft, bringen mich auf die Palme. Ich möchte, daß alle, die bei uns arbeiten, die gleiche Begeisterung empfinden wie ich; sie sollen genausoviel Interesse an der Betreuung und Aufklärung unserer Kunden haben ... Jedesmal, wenn ich in eines meiner Geschäfte gehe, möchte ich von dem, was ich sehe, und von den Menschen, die ich dort antreffe, begeistert sein. Ich wünsche mir angenehme, freudige Überraschungen.«

Die verschiedenen zu aktuellen Tagesthemen zusammen mit anderen Organisationen durchgeführten Kampagnen, zum Beispiel gemeinsame Veranstaltungen mit Greenpeace und Amnesty International, haben das Interesse der Kunden und das der Medien geweckt. Noch viel wichtiger ist aber, so Roddick, »der enorme Nebeneffekt auf die Mitarbeiter. Sie sind heute stolz darauf, für The Body Shop zu arbeiten. Sie können sich nicht vorstellen, welch enorme Wirkung dies auf die Moral und die Motivation hat.«

Bevor sie The Body Shop gründeten, haben Anita und Gordon Roddick bei ihrem ersten Ausflug in die Einzelhandelsbranche ein Restaurant in den Sand gesetzt. Aus dieser Katastrophe haben sie wichtige Lehren gezogen: »Wir hatten alles falsch gemacht ... Was uns gerettet hat, war ... unsere Bereitschaft einzugestehen, daß wir etwas falsch gemacht hatten, und unsere Fähigkeit, schnell auf eine andere Idee umzusteigen.« Diese Entschlossenheit, alles auszuprobieren, kennzeichnet auch heute noch The Body Shop und zeigt sich auch am Führungsstil, den Roddick als »lose strukturiert, kooperativ, phantasievoll und improvisierend und nicht nach dem Lehrbuch« bezeichnet. Sie und Gordon, so sagte sie uns, haben eine Art von »gutmütiger Anarchie entstehen lassen, indem sie jeden dazu ermutigt haben, das in Frage zu stellen, was sie taten und wie sie es taten«. Anita Roddick ist ständig auf Achse und ständig auf der Suche nach neuen Ideen. »Wir glauben, daß alle Dinge im Wandel sind, und wir müssen lernen, diesen Wandel zu lieben ... Ich bin bereit, überall hinzugehen, um mit den Menschen zu reden, die behaupten, daß sie die Dinge besser machen, immer in der Hoffnung, daß wir das übernehmen oder für uns anpassen können.«

Holt euch die Anarchisten

Je mehr The Body Shop wächst, um so mehr muß er gegen die ganz normale Tendenz zur Trägheit, die Roddick so sehr fürchtet, ankämpfen. Ihr Ehemann Gordon, so berichtet sie, »denkt jetzt daran, das Unternehmen nicht mehr von einem Büro aus, sondern nur noch von einem Stuhl aus zu leiten, den er von einer Abteilung in die andere mitnehmen kann.« Und Anita selbst ist dazu übergegangen, einige riskante Entscheidungen zu treffen, nur um zu beweisen, daß die Firma »immer noch Pep hat«. Ansonsten, so spekuliert sie, »würden unsere Manager nur noch rumrennen, über Gewinne und den Geschäftsbericht reden und dabei ganz vergessen, daß es im Geschäft nicht nur um Leistung, sondern auch darum geht, ein Mensch zu bleiben«. Das beste Mittel gegen den Stillstand, so Roddick, sei es, zu lernen, »die Personen zu lieben, die einen aus der Fassung bringen. Wenn man es schafft, die Energie des Anarchisten zu nutzen, wird er derjenige sein, der die Firma vorantreibt. Ich bin der Überzeugung, daß sie die künftigen Hüter unserer Firmenkultur sein werden.« Leider, so fügt sie hinzu, »glaube ich nicht, daß ich sie in den Rängen unserer Manager und Führungskräfte finden werde, diese künftigen Hüter unserer Kultur kommen vermutlich aus den Reihen der jungen Leute, die jetzt gerade erst zu uns stoßen«.

Wo bleibt der Spaß?

Im Laufe von 15 Jahren ist das Firmenimperium der Roddicks trotz eines sehr intensiven Wettbewerbs auf 709 Filialen angewachsen, die 1991 einen Gewinn von 26 Millionen Dollar bei Umsätzen von 238 Millionen Dollar erzielten. Und über eines muß man sich dabei im klaren sein: Sie hat es ohne Vorbilder, die sie kopieren konnte, gemacht. »Für mich gibt es keine modernen Helden der Geschäftswelt«, stellte sie ohne Umschweife fest. »Ich habe noch keine Industriekapitäne getroffen, die mein Blut in Wallung gebracht hätten. Ich habe keine Vorstände großer Unternehmen getroffen, die die Mitarbeiter schätzten und Freude, Magie, Charme oder Reiz ausstrahlten ... In den 15 Jahren, die ich in der Geschäftswelt tätig bin, habe ich nichts lernen können. Es gibt soviel Ignoranz im Topmanagement und in den Aufsichtsräten. Mir scheint, alle großen Unternehmen werden von Buchhaltern und Juristen geführt und sind nur noch schlechte Kopien voneinander. Die einzige Aufregung und das einzige Abenteuer

in ihrem Leben sind die Zahlen in der Gewinn-und-Verlust-Rechnung. Was für ein trauriges Schicksal!«
Auf die Frage nach ihren unkonventionellen Werten gibt Frau Roddick unmißverständlich zu erkennen: »Zuallererst muß man Spaß daran haben. Zweitens muß man *Liebe* in seine Arbeit stekken. Drittens müssen Sie genau das *Gegenteil* von dem tun, was alle anderen tun.«

Fernziel Anarchie

Läßt sich das überhaupt in die Praxis umsetzen? Als erstes braucht man hierzu eine bestimmte Geisteshaltung, das ist die Voraussetzung, eine Einstellung, die die Konsequenzen unruhiger Zeiten erkennt, die Inkonsequenz und Unberechenbarkeit schätzt, die Begeisterung respektiert und die Notwendigkeit erkennt, Anarchisten haben zu müssen. Darüber hinaus ist folgendes zu tun:

• *Unternehmer und kritische Andersdenkende einstellen!*
Wollen Sie wirklich Unternehmer und kritische Andersdenkende? Dann stellen Sie sie auch ein! Unter den Menschen, die sich mit den Voraussetzungen unternehmerischen Tuns auseinandergesetzt haben, gibt es hierzu ein überraschend hohes Maß an Übereinstimmung. Die beste (und einige würden sogar sagen einzige) Garantie für unternehmerischen Erfolg ist unternehmerisches *Handeln*. Menschen, die heute als Unternehmer handeln (sei es in unabhängiger Position oder für jemand anders), sind dieselben, die schon als Siebenjährige unternehmerisch tätig waren und die anderen Kinder in der Straße dazu einspannten, sie beim Verkauf von Limonade von Tür zu Tür zu unterstützen. Unternehmerisches Handeln führt immer wieder zu unternehmerischem Handeln.
Wenn Sie *widerspenstige* Unternehmer haben wollen, sollten Sie Ausschau halten nach Menschen, die schon in der Vergangenheit widerspenstig und unternehmerisch waren, also nach Menschen, die vielleicht schon in der Schule oder an der Universität ein Geschäft oder einen Club gründeten oder eine Demonstration von 2000 Personen organisierten. Vor vielen Jahren half ich dabei, einige Bewerber für ein Spezialprogramm an der Stanford Gra-

duate School of Business auszusuchen. Ich prüfte mehrere hundert Bewerbungen. Bei vielen der Kandidaten hatte ich gemischte Gefühle, aber eine Bewerbung sprang mir sofort als unbedingt positiv ins Auge. Ich nenne ihn immer noch »den Tonnenkeks-Menschen«. Als Student hatte er eine ganze Gruppe von Kommilitonen dazu gebracht, einen Keks von einer Tonne Gewicht zu backen. Wenn ich mich recht erinnere, trug ihm das auch einen Eintrag in eines dieser Weltrekordbücher ein.

- *Schützen Sie Unternehmer und kritische Andersdenkende!*

Es reicht nicht, solche »Dissidenten« einzustellen. Man muß sie auch vor den Bürokraten schützen. Und Sie müssen sich über eines im klaren sein: Jede Firma, die mehr als einen Mitarbeiter beschäftigt, hat Bürokraten (auch diejenigen, die in diesem Buch besonders hervorgehoben wurden). Also, der Schutz vor den Bürokraten wird eine der obersten Aufgaben für Manager aller Ebenen. Kritische Andersdenkende, besonders solche, die auf der Suche nach visionären Träumen und neuen Produkten sind, zerbrechen eine Menge Porzellan und gehen vielen auf die Nerven. Das heißt nicht, daß sie nicht vielleicht zuviel Porzellan zerschlagen. Das kommt durchaus vor, und es kann auch sein, daß sie anderen ganz schön übel mitspielen. Ab einem gewissen Punkt muß man sie vielleicht sogar entlassen. Daß sich Steve Jobs von Apple trennen mußte, war beispielsweise fast unvermeidlich. Seine Tiraden und Ausbrüche wurden in einem Multimilliardenunternehmen immer mehr zu einem Störfaktor. Andererseits fürchte ich, daß künftige große Erfolge bei Apple davon abhängen werden, ob es gelingt, einen neuen, ebenso störenden Steve Jobs zu finden! Gewiß doch: Wenn man solche Leute behält, gerät man in Schwierigkeiten, wenn man sie gehen läßt, gerät man ebenfalls in Schwierigkeiten. Aber das ist nun mal das Wesen der Innovation, nicht wahr?

- *Schicken Sie Unternehmer und kritische Andersdenkende in den Untergrund.*

Einer der besten Gründe, mit lediglich 15 Mitarbeitern eine Niederlassung 5000 Meilen von der Zentrale entfernt einzurichten, ist, daß man ein paar Verrückte weit genug von der Zentrale unterbringen und so vermeiden will, daß sie von der »konventionellen Politik der Hauptverwaltung« infiziert werden. Wenn sie weit genug entfernt sind, wird diese fröhliche kleine Bande erstens von anderen Ideen/Kulturen beeinflußt und zweitens eher eine gesunde Mißachtung für die Firmenpolitik entwickeln. (Dies ist ein neuer Grund, warum T. J. Rodgers beispielsweise Tochtergesellschaften in anderen US-Staaten gründet.)

- *Stellen Sie Menschen mit Begeisterungsfähigkeit und Lebensfreude ein.*

Anita Roddick verlangt Begeisterungsfähigkeit. Also engagiert sie Begeisterungsfähigkeit. Damit ist der Fall – für sie – erledigt. Nur daß wir selbst, wenn wir behaupten, daß wir Begeisterungsfähigkeit wollen, dies selten genug/nie in die offiziellen Einstellungskriterien aufnehmen.

Ein letztes Wort (der Ermutigung)

Die Probleme großer Unternehmen (und ihrer Chefs), wenn es darum geht, die Innovation ein bißchen voranzubringen, sind nicht zu unterschätzen. Einerseits wäre es am besten, wenn sie den Mund halten würden. Als Yutaka Kume zum Präsidenten von Nissan ernannt wurde, waren die Autos, die seine Firma baute, unpopulär, erzählte der Vorsitzende von Canon U. K., Ryuzaburo Kaku, bei der zweiten Weltkonferenz über Managementinnovation in London im Dezember 1991: »Wann immer Kume etwas über ein Maßstabsmodell eines neuen Fahrzeugtyps sagte, wurde gleich ein neues revidiertes Modell unter Berücksichtigung seiner jeweiligen Vorschläge gebaut. In einigen Fällen war die revidierte Version schlechter als das Original. Also versuchte er, nichts mehr über die Modelle zu sagen. Und er hörte auch auf, etwas über die Modelle vor sich hin zu murmeln, wenn er irgendein Mitglied seines Stabes mit einem Notizblock sah. Er hörte auf, den Mund überhaupt aufzumachen. Und Kume behauptet, daß danach die Firma Nissan anfing, wieder erfolgreiche Fahrzeuge zu bauen.«
Doch es gibt keine Patentrezepte! Und damit kommen wir wieder zu den De-facto-Führungstaktiken, wie sie im Zusammenhang mit den Markt-Injektions-Strategien behandelt wurden. Wenn selbst die dynamischsten, wachsamsten und antiautoritärsten Unternehmer – und Anita Roddick kann alle drei Eigenschaften für sich beanspruchen – letztlich verlorene Schlachten austragen

müssen, dann scheint es, daß nur noch eine *gezielte, selbstzerstörerische Aktion* (der Art wie bei ABB, IDG und Thermo Electron) es überhaupt schaffen wird, uns die beiden Ungeheuer Trägheit und Verschlafenheit vom Hals zu schaffen.

39. Kapitel

Marktausrichtungsgebot IV: Sich gehen lassen

Was für ein trauriger Gegensatz zwischen der strahlenden Intelligenz eines Kindes und der dürftigen Mentalität des durchschnittlichen Erwachsenen!
Sigmund Freud

In den Besprechungszimmern der Vorstände werden Strategien verabschiedet, von denen jedes Kind weiß, daß sie nichts taugen. Das Problem ist, daß eben nie ein Kind bei diesen Besprechungen dabei ist.
Victor Palmieri
Unternehmenssanierer

Der Schlüssel zum Erfolg liegt bei Sony – ebenso wie in der Wirtschaft insgesamt, wie in Wissenschaft und Technologie – darin, niemals den anderen zu folgen.
Masaru Ibuka
Mitbegründer von Sony
Fortune, 24. Februar 1992

Denken wir daran zurück, wie ein Beobachter erklärte: »Microsofts einziges Kapital ist die *menschliche Vorstellungskraft.*« Wie wahr! Wie wahr für uns alle in unserer Zeit des durch Wissen geschaffenen Mehrwerts. Aber was dann? Wie »führt« man die menschliche Vorstellungskraft? Offensichtlich läßt sie sich nicht führen. Man kann sie nur von allen Zwängen befreien und ein die menschliche Phantasie und Vorstellungskraft förderndes Umfeld schaffen.

Die menschliche Phantasie in großem Maßstab zu entfesseln – im

Einkauf genauso wie in der Forschung und Entwicklung – ist eine anspruchsvolle Idee. Nicht einmal die kühnsten Befürworter »sich selbst führender Arbeitsgruppen« und eigenständig handelnder Mitarbeiter haben dieses anspruchsvolle Konzept bis jetzt umgesetzt.

Das Problem (und die Chance) hat Freud mit seinem Ausspruch (oben) – ob übertrieben oder nicht – trefflich auf den Punkt gebracht: Die Unternehmensführer der neunziger Jahre müssen unbedingt in sämtlichen Bereichen des Wirtschaftslebens eine »strahlende Intelligenz«, wie sie Kindern eigen ist, anwenden.

Wenn man also die menschliche Vorstellungskraft und Phantasie schon nicht führen kann, ist vielleicht das Bemühen, die im Menschen steckenden Kräfte zu »lockern«, wenigstens ein erster Schritt auf dem richtigen Wege. Verräter anzuheuern und Anarchisten liebenzulernen gehört auch dazu (siehe Kapitel 38), ist aber nur ein Teilfaktor. Verräter und Anarchisten sind Fremdkörper, die darauf abzielen, die »geistesschwache Mentalität« des Unternehmens gehörig durcheinanderzurütteln. Solche Menschen einzustellen ist wichtig – aber es ist nur ein reaktiver Schritt.

Gibt es darüber hinaus *aktive* Möglichkeiten, die Ausbildung einer geistigen Schwindsucht im Unternehmen abzuwehren, ehe es zu spät ist? Können wir ein Unternehmensumfeld schaffen, in dem der Funken Phantasie (vieler Dutzend, vieler tausend) Menschen immer wieder zündet? Vielleicht.

Auf dem Wege zum neugierigen Unternehmen

> *Etwas muß ich jeden Tag machen – Musik spielen, Sport treiben, mein Flugzeug steuern oder Fahrrad fahren. Ohne das kann ich nicht leben. Ich kann nur dann kreativ sein und engagiert arbeiten, wenn ich auch die Möglichkeit habe, an etwas ganz anderes zu denken.*
>
> Philippe Kahn
> Vorstandsvorsitzender von Borland
> Computerworld, 22. Juni 1992

Die meisten Unternehmen, die aus irgendeinem Wohnzimmer heraus operieren, bekommen natürlich keine Kunden wie Walt Disney oder Fujitsu. Aber die Firma *Publishing International* mit ihren zehn Beschäftigten ist nicht wie die meisten Unternehmen. Publishing International stellt Computerspiele her. Das Unternehmen sitzt in Sunnyvale, Kalifornien. Es wird von jemandem geleitet, der um den Wert der Neugierde für ein Unternehmen weiß. »Neugierde und Kreativität sind ein natürlicher Zustand«, sagte Brad Fregger, der Vorsitzende der Geschäftsleitung, zu uns. »Unsere Angst jedoch, eins auf die Finger zu bekommen, dämpft unsere Neugierde, denn wir neigen dazu, zuerst an die Sicherheit zu denken.« Fregger achtet sehr darauf, diesen natürlichen Zustand nicht zu unterdrücken. Schließlich, so Fregger, sind Menschen, die neugierig und kreativ sind, auch motiviert.
Die Mitarbeiter bei Publishing International arbeiten meistenteils zu Hause. Mehrere Male im Monat trifft sich ein Produktentwicklungsteam in Freggers Haus. Dort ist dann ein ganzer Tag für eine kritische Besprechung des Projektstandes reserviert. »Wir arbeiten an Meilensteinen«, meinte Fregger. »Regelmäßige Arbeitszeiten von 8.00 bis 17.00 Uhr gibt es bei uns nicht. Einer unserer Programmierer arbeitet normalerweise von 22.00 Uhr abends bis 5.00 Uhr morgens.« Michael Sandige, Programmanager im Unterhaltungsbereich, erzählte uns, Fregger sage seinen Mitarbeitern einfach folgendes. »In eineinhalb Wochen müssen wir ein Ergebnis vorzuweisen haben, mir ist es egal, wie. Meinetwegen können Sie die Nacht vor dem Termin durcharbeiten und den Rest der Zeit verreisen.«
Die Mitarbeiter sitzen zwar an vielen verschiedenen Orten und arbeiten meistens völlig auf sich gestellt, aber Fregger drängt immer wieder, daß sie zwischendurch etwas völlig anderes tun. »Mitten in einem schwierigen Job fordere ich sie auf, alles stehen- und liegenzulassen und sich mit etwas völlig anderem zu beschäftigen«, meinte er im Gespräch mit mir. »Viele Chefs wollen, daß ihre Mitarbeiter ausschließlich an ihren Projekten sitzen, aber manchmal brauchen die Menschen einen kompletten Tapetenwechsel, und dann kommen ihnen die besten Ideen. Man muß auch dem Unterbewußtsein eine Chance geben zu arbeiten.« Fregger selbst nimmt Stimm- und Gesangsunterricht, wenn er eine Pause braucht. Seine zehn Mitarbeiter drehen ein paar Runden mit dem Fahrrad, gehen ins Kino, spielen Spiele, gehen

spazieren, lesen oder joggen während der Arbeitszeit. »Neugierige Menschen haben keine Angst vor dem, was auf sie zukommt«, sagt Michael Feinberg, Direktor für Entwurf und Entwicklung. »Erfolgreiche Unternehmen brauchen das. Neugierde ist die Bereitschaft, seine Zweifel dreimal am Tag für zwei Minuten aufzugeben, um Raum für das Unerwartete zu schaffen.«

Wasserpistolenschlachten bei Accolade

Die Firma Accolade (16 Millionen Dollar Umsatz) in San Jose, Kalifornien, vertreibt die bei Publishing International und anderen produzierte Software. An ganz normalen Arbeitstagen spielen die Kundendiensttechniker in einem unbenutzten Konferenzraum Tischtennis. Schlümpfe, Comic strips und aller möglicher sonstiger Kram liegen an den Computerarbeitsplätzen herum. In einem der Büros blubbert sogar ein Aquarium mit tropischen Fischen.

Die Finanzabteilung veranstaltet regelmäßig Wasserpistolenschlachten auf dem Firmengelände. Auch außerhalb der Arbeitszeit wird einiges geboten. An jedem zweiten Ersten werden Pokerrunden organisiert. Zwischen dem Abspielen und Testen ihrer eigenen Software spielen die Mitarbeiter Karten, Brettspiele, die Softwarespiele ihrer Konkurrenten und Strategiespiele mit anderen Firmen über Fax und per Post.

Was bewirkt all dies für die Neugierde und insbesondere die Produktivität? »Man kann nicht den ganzen Tag vor einem Bildschirm sitzen und interessiert bleiben«, sagte uns Vize-Präsident Paul Doctorow bei unserem Gespräch im Jahre 1991. »Auch wenn man zigmillionenmal am Tag den gleichen Niet einschlagen muß, läßt die Qualität nach, und der Spaß geht verloren. Man muß aufmerksam bleiben, also muß man Vorgehensweisen entwickeln, die die Langeweile bekämpfen.«

Das Eingehen auf ihre Besonderheiten motiviert die Mitarbeiter von Accolade auch, länger zu arbeiten, und trägt zu einer unglaublich niedrigen Fluktuationsquote von nur zwei Prozent bei. Zwei kommen mit Privatflugzeugen aus Sacramento, und einer kommt jeweils montags von Reno, Nevada. Zwei bis drei Tage arbeiten sie im Büro, den Rest der Woche zu Hause.

»Wir versuchen, die Dinge anders zu machen«, sagte uns Vorstandsvorsitzender und Gründer Alan Miller. »Ich spiele selbst auch eine Menge. Wenn man dann eine Pause macht, sich ein bißchen bewegt, kann man hinterher wieder besser denken. Es ist gut, wenn die Mitarbeiter viele Interessen haben. Und es zahlt sich aus, denn neugierige Menschen wollen viele neue Dinge lernen und verstehen – auch die Notwendigkeit des Wandels. Außerdem stacheln sie diese Neugier auch bei anderen an.«

Astrologen bei Banamex

Gehen Ihnen Gesangsunterricht und Wasserpistolenschlachten zu weit? Sind Sie der Meinung, das seien alles nur Verrücktheiten, wie es sie nur in Silicon Valley geben könne? (Aber Sie hätten gern den Drive von Silicon Valley – ohne die Wasserpistolen, wie?) Meine Antwort darauf, die kaum noch eine Überraschung sein kann, ist, daß solche offensichtliche Verrücktheit fast ein »Muß« in Denkfabriken ist – und wir führen heutzutage alle Denkfabriken. Aber selbst wenn ich Ihnen in bezug auf Silicon Valley recht gäbe, wie wollen Sie es auf die Reihe kriegen, daß sich zum Beispiel Banker mit archäologischen Ausgrabungen vergnügen?

In Mexiko gibt es in einem Geschäftsbereich der Banamex, dem größten Kreditinstitut des Landes, Aktivitäten, die den Angestellten die Augen für ganz neue Wege des Geschäftslebens öffnen sollen. Der für Innovationen zuständige Direktor, Bill Beazley, erzählte uns, daß sie in der Informationssystem-Abteilung »mit Humor und Außeneinflüssen am Arbeitsplatz versuchen, das bekannte Syndrom zu bekämpfen, daß die Menschen vor lauter Bäumen den Wald nicht mehr sehen«.

Bei einem der freitäglichen Taco-und-Bier-Abende führte die Abteilung beispielsweise einen Schwank über herrische Bosse vor. »Das war ziemlich umstritten«, gab Beazley zu. »Meistens versuchen wir Dinge reinzubringen, die nichts mit Banken oder Technologien zu tun haben. Beispielsweise laden wir Astrologen, Traumdeuter und Archäologen ein.« Aber alle diese Dinge dienen letztlich einem strategischen Ziel. »Da gibt es einen Archäologen, der an die mystische Bedeutung von Pyramiden glaubt, und wir haben ihn daher zu einer Planungsbesprechung unserer Gruppe eingeladen, um die Leute aufzurütteln«, berichtete er. »Wir haben die Sitzung auch extra an einen Ort gelegt, der für seine archäologischen Ausgrabungen bekannt ist. Das löste eine Diskussion aus und schuf eine Atmosphäre, die das Gegen-den-Strom-Schwimmen begünstigte.«

Kennt jemand einen guten Science-fiction-Schriftsteller?
Viele US-Unternehmen wären besser dran, wenn sie einmal für einen Monat einen Science-fiction-Autor engagieren würden, anstatt 1000 Spreadsheet-Programme für ihre PCs zu kaufen. Die Zukunft ist nicht länger eine Fortsetzung der Vergangenheit, sondern eine reiche Vielfalt an Episoden, die darauf warten, erzählt zu werden. Es geht nicht darum, die Zukunft vorauszusagen, sondern die Unsicherheit mit neuen Mitteln zu bewältigen. Natürlich, wenn Sie wirklich provokative Szenarios wollen, müssen Sie zu einem Spezialisten gehen, also etwa einen Science-fiction-Autor engagieren. Wer wäre besser geeignet, technologische Brüche und deren soziale Sorgen zu extrapolieren, als ein Schriftsteller des »Kybernetik-Punk«?
Michael Schrage
The San Jose Mercury News
15. April 1991

Organisierter (legaler) schwerer Diebstahl

> *Wo kommen (geschäfts)politische Ideen her? Man kann sie von überall her zusammenklauen.*
> Gouverneur Lawton Chiles
> zum Thema, wie man Florida in eine »Kleptokratie« verwandelt, zitiert in The New York Times
> 11. August 1991

Ich habe mich schon früher über Diebstahl ausgelassen. (In dem Buch *Kreatives Chaos* wurde das Thema »kreatives Klauen« erörtert.) Aber bei Gouverneur Chiles nimmt die »Kleptokratie« eine neue Dimension an: systematisch organisierter ständiger Ideenklau bei den Besten. Wer weiß, vielleicht hat auch Gouverneur Chiles diese Idee abgekupfert – beim meisterhaften Autohändler Carl Sewell oder auch bei Sara Lee Direct.
In seinem Buch *Customers for Life* behauptet Carl Sewell, daß schwerer Diebstahl wesentlich sei fürs Geschäft. 1967 hatte er damit begonnen, die dahinsiechende Autohandelsfirma seines Vaters – vor allem mit Hilfe seiner Adressenkartei – wieder auf

Vordermann zu bringen. »Wer sind die besten Autohändler im Lande?« fragte er seine Kollegen. Sewell erhielt Namen, er rief sie an, besuchte sie und besuchte noch einige mehr. Er hörte zu, machte Notizen und wieder Notizen. Dann fuhr er nach Hause und befolgte seine Lieblingsstrategie »Ausprobieren«, wobei er die besten Ideen, die er kennengelernt hatte, an seine Situation anpaßte. Heute sind Sewells Firmen die reinste Lobeshymne auf die Ideen anderer. Sehen Sie sich Sewell Village Cadillac an: Da finden Sie Merkmale, die von Super-Lebensmittel-Einzelhändler Stew Leonard herrühren (spezielle Zielgruppen), sie finden American Airlines (mit einer Abwandlung des Advantage-Programms), ein bißchen Marriott, einen Schuß Neiman-Marcus, einen Spritzer The Mansion at Turtle Creek (preisgekröntes Hotel in Dallas) und das eine oder andere von Walt Disney. Dieses ständige Lernen, dieses »Ideenausleihen«, besonders von anderen Branchen, ist leider viel zu selten.

Ideenklau bei Chuck E. Cheese

Was ich an Autogeschäften so hasse, ist, daß irgend jemand ständig über Lautsprecher ausgerufen wird. Es ist eine Belästigung und unprofessionell, aber ich wußte nicht, was ich dagegen tun konnte, bis ich eines Tages in ein Pizzarestaurant ging.

Ich hatte meine Kinder zu Chuck E. Cheese mitgenommen, eine Pizzakette, in deren Restaurants es singende und tanzende Tierfiguren gibt, die Kinder reiten können, und jede Menge Video-Spiele von Nintendo zur Verfügung stehen. Wer etwas essen will, geht nach vorne zur Theke und bestellt. Dann kann man sich eine Vorführung ansehen oder die Kinder reiten lassen, bis das Essen fertig ist.

Wegen des Lärms – die trickbewegten Tierfiguren, die Spiele, lärmende Kinder – ist es nicht möglich, jemanden auszurufen: »Herr Sewell, Ihr Essen ist fertig.« Keiner würde es hören. Also wird so vorgegangen: Wenn Sie Ihre Bestellung aufgegeben haben, bekommen Sie eine Nummer. Und jedesmal wenn eine Bestellung fertig ist, ertönt eine angenehm klingende Glocke. Das ist dann für Sie das Signal, auf einen der überall aufgestellten Fernsehbildschirme zu schauen. Immer wenn eine Bestellung abholbereit ist, erscheint die entsprechende Nummer auf den Monitoren.

Das System funktioniert phantastisch. Keiner braucht zu brüllen, und die Kunden brauchen sich beim Warten aufs Essen nicht um die Küchentür zu drängeln. Ich dachte, was für eine prima Idee, und änderte sie ein bißchen ab.
Früher war in unserem Autogeschäft folgendes üblich: Wenn Sie Ihre Rechnung bezahlt hatten, griff der Kassierer zum Mikrophon und rief aus: »Bitte Wagen Nummer 473 vorfahren.« Wenn diese Ansage kam, mußte einer vom Kundendienst den Parkplatz nach Ihrem Auto absuchen, Ihren Wagen herausholen und ihn für Sie vorfahren.
Es hat eigentlich nie einwandfrei funktioniert. Zum einen plärrten diese Ansagen den ganzen Tag lang. Zweitens konnte man nie sicher sein, ob die Kundenbetreuer die Ansage hörten. Manchmal waren sie gerade in einem anderen Fahrzeug und hatten die Fenster hochgekurbelt, oder sie waren am Telefon oder sprachen gerade mit jemandem. Nur wenn sie das Auto tatsächlich vorfuhren, konnten wir sicher sein, daß sie die Ansage mitbekommen hatten. Wenn nicht, mußte der Kunde warten und kam schließlich, um sich zu beschweren. Dann wurde die Ansage wiederholt, und das Ganze fing von vorne an.
Das war kein richtiger Kundendienst.
Heute dagegen passiert – dank Chuck E. Cheese – folgendes: Sie bezahlen Ihre Rechnung, und der Kassierer gibt die Information in einen Computer ein, die dann an einen Bildschirm auf dem Kundenparkplatz weitergeleitet wird. Wenn die Information erscheint, schaltet sich ein Kundenbetreuer ein und meldet, daß er das Auto des Kunden abholt. Diese Information wird dann an den Kassierer weitergegeben. Wenn sich der Kundenbetreuer nicht meldet, wissen wir, daß irgend etwas nicht stimmt, und schicken jemanden raus, um nachzusehen.
Bei dem neuen System gibt es keine Lautsprecheransagen mehr, und wir wissen immer, ob das Auto vorgefahren wird oder nicht. Aber was noch viel wichtiger ist: Die Durchschnittszeit bis zur Aushändigung des Fahrzeugs an den Kunden konnten von sechs Minuten auf zwei Minuten reduziert werden. Und alle diese Verbesserungen lassen sich direkt auf einen Besuch in unserem lokalen Pizzarestaurant zurückführen.

Sara Lee Direct

»Der Reiz des Führens«, sagte Fritz Morrison, Kundendienstdirektor der *Sara-Lee-Direct*-(SLD-)Einzelhandelsgeschäfte, »besteht darin, den Diebstahl großartiger Ideen zu erkennen und zu belohnen, damit die Menschen nicht nur keine Angst davor haben, Ideen zu klauen, sondern auch noch stolz darauf sind.« Damit wird klar, wie SLD die Dummheit des »Nicht-von-uns«-Syndroms – wie es Morrison nennt – bekämpft.

»Seit der Erfindung des Rades ist in der Welt nichts Neues mehr erfunden worden«, sagte Morrison im Jahre 1991. »Alles wird geklaut.« Aufgrund dieser Philosophie stiehlt SLD ohne Scheu Ideen von überallher zusammen. Sie hatten sogar Teams, die im Wettstreit miteinander versuchten, die besten Ideen zu finden, die es zu klauen lohnte: »Wir wählten sehr unterschiedliche Unternehmen aus«, fügte er hinzu, »und lernten dabei Grundzüge der künftigen Wetbewerbsfähigkeit kennen.« Die Teams studierten und besuchten zwölf Unternehmen, darunter auch American Express, Marriott, Prodigy (das Sears-IBM-Unternehmen für Informationsdienste), das Stahlunternehmen Nucor und die »Charlotte Hornets«, die Profi-Basketballer. Morrison behauptete, der formelle Wettbewerb – inklusive Preis – »sei symptomatisch für die Idee, wonach die höchste Form der Bewunderung der Diebstahl ist«.

Pam Smith vom Geschäftsbereich Informationsdienste glaubt an Ideen-Piraterie, aber ihrer Meinung nach besteht der Trick darin, »den Menschen den Glauben zu lassen, daß es ihre Idee war«. Sie unterstrich, daß ohne den kreativen Schweiß des eigenen Teams »auch die fremden Ideen nichts nützen«. Daher hat Pam Smith' Team den eigenen Sachverstand mit Ideen von Firmen wie Ernst & Young sowie Duke Power Co. verbunden und daraus neue Systementwicklungsmethoden zusammengestellt. Nach ihrer Meinung findet ein solches System innerhalb von SLD »breitere Anwendung«, als wenn es pauschal ohne Änderungen übernommen worden wäre.

SLD prägt allen geklauten Ideen seinen eigenen Stempel auf – ohne jedoch die Quelle zu verschweigen. Don Folger, Vizepräsident für Informationsdienste, hat das Konzept des Kunden-Managers aus der Werbewirtschaft übernommen und schlug vor, Informationssystem-Manager zu schaffen. Diese Kunden-Manager im Informationsbereich haben die Aufgabe, »den firmeninternen Kunden bei der Festlegung ihrer Bedürfnisse behilflich zu sein«, eine Rolle, die, so Folger, »ein bißchen von der Hierarchie zerstört« und die Mentalität des »Wir gegen euch« unterläuft, da sie die Informations-Manager dazu bringt, funktionsübergreifend zu arbeiten.

Folger unterteilt die »Klau-Praktiken« von SLD in zwei Kategorien: strategische und taktische. »Manager strecken ihre Fühler im allgemeinen nach strategischen Ideen aus, die es zu klauen lohnt«, sagte er. Ein Beispiel hierfür ist Levi Strauss & Co. »Wir haben schamlos eine Menge Ideen über die Entwicklung der Gesamtqualität und Produktivitätspläne von ihnen abgekupfert«, berichtete Folger. Andere Diebstähle waren mehr taktischer Art. »Um mehr Einblick in Datenspeichergeräte zu bekommen, besuchten wir USAir und Burlington Industries . . . Solche Besuche machen wir laufend.«

SLD hat sogar Ideen von der Carver High School in Winston-Salem übernommen. Die Rap-Musik der Schüler wurde beispielsweise für Ausbildungsvideos im Einkäufertraining übernommen. »Kreatives Klauen gibt einem Unternehmen neue Dynamik«, meinte SLD-Vorstandsvorsitzender Chuck Chambers. Wichtig ist aber, »daß man sich darüber im klaren ist, daß eine Idee, die woanders funktioniert hat, auf die eigenen Bedürfnisse zugeschnitten werden muß, damit sie unverwechselbar und anders wird. *Darin* steckt die Kraft.« (Es ist auch kein Zufall, daß SLD genauso viel weitergibt, wie es selbst woanders holt. Die Firma tauscht auch aktiv Ideen mit den Unternehmen aus, von denen es sich welche holt.)

Bei meinen Seminaren gehört der organisierte schwere Diebstahl (und die »strategische Heimsuchung«) zu den zehn wichtigsten Strategien, die erneuerungswillige Unternehmen befolgen müssen. Mit anderen Worten: Wenn Sie dieses Jahr nicht schon Ideenklauer für mindestens drei oder vier größere Firmenbesuche engagiert haben, geschieht es Ihnen recht, wenn Sie morgen weg sind vom Fenster.

Tschechow und die kreative Unternehmensstrategie

Zufällig stieß ich auf einen Artikel über neue Laptop-Modelle, der folgenden Rat enthielt: »Eine Geschäftsreise kann viel lohnender sein, wenn man den vierstündigen Flug damit zubringt, eine Präsentation oder ein Angebot auszuarbeiten, als einen schlechten Film auf einer winzigen Leinwand anzuschauen.« Als ich das las, befiel mich eine tiefe Traurigkeit.

Warum bloß? Ich befürchtete, daß der Verfasser die Alternative Zahlenspiele oder mittelmäßiger Film richtig darstellt. Ich bin wahrhaftig Vielflieger und beobachte viele, besonders junge Männer und Frauen, die Stunde für Stunde auf dem Flug von San Francisco nach New York, von Dallas nach Atlanta oder von Chicago nach Denver an ihren Zahlen herumbasteln. Sie schauen höchstens ein paarmal kurz auf, sehen Eddie Murphy oder Clint Eastwood auf der Leinwand vorbeihuschen und wenden sich sofort wieder ihren Zahlen, Bildschirmen und Spreadsheets zu.

Da frage ich mich immer: Was denken die eigentlich? *Denken* sie überhaupt? Geht in ihrem Kopf überhaupt noch etwas Originelles vor sich?

Ich habe mir einiges an Wissen über die Geschichte der Wissenschaft und der Innovation angeeignet. Dabei ist mir eines ganz deutlich geworden: Die erfolgreichsten Wissenschaftler, Erfinder und Unternehmer nutzen die unwahrscheinlichsten Quellen (Kunst, Segeln, Blumenarrangements), um im Unterbewußtsein die sie beschäftigenden Probleme in ein neues Licht rücken zu sehen.

Es gibt keinerlei Anhaltspunkte dafür, daß Inspiration – sei es für eine neue Unternehmensvision, ein neues Medikament oder einen neuen Eisbecher – dadurch entsteht, daß man beispielsweise »intensiver über Eisbecher nachdenkt«. Charles Darwin wurde beispielsweise dadurch inspiriert, daß er zufällig zum rechten Zeitpunkt eine Schrift von Thomas Malthus las. Ich kenne einen progressiv denkenden Krankenhausdirektor, der seine Ideen unter anderem aus seiner 30jährigen Leidenschaft für Theaterbesuche bezieht.

Wenn ich ein Flugzeug besteige, sehe ich mich um, wer Tschechow liest – seine/ihre Aktien würde ich kaufen. Oder ich sehe mich um, wer von den Computer-Herstellern wenigstens Zeitschriften wie *Mother Jones, Interview, Progressive Grocer* (eine Fachzeitschrift für den Lebensmitteleinzelhandel) oder *Pit & Quarry* (eine Fachzeitschrift für den Bergbau) liest.

Ich habe das Glück, daß ich mehrere Lehrer hatte, deren Wißbegier auf mich abfärbte. Meine Laufbahn als Unternehmensberater begann bei Peat Marwick (heute KPMG). Mein erster

Chef war ein begeisterter Bienenzüchter, der regelmäßig Beiträge zu diesem Thema für das angesehenste Fachblatt in diesem Bereich schrieb. Viele seiner neuartigen Ideen über organische Managementverfahren, die er auf die F&E-Probleme seiner Kunden anwandte, entstanden als Nebenprodukte aus seiner Leidenschaft für Bienen.
Später, als Student der Betriebswirtschaft an der Stanford University, hatte ich einen Professor mit einer grenzenlosen intellektuellen Neugier. Bei jeder Diskussion über ein Managementthema wurde die Diskussion ausgeweitet auf Analogien aus dem 14. Jahrhundert, seltene mathematische Theoreme oder die besonderen Eigenschaften eines 50 Jahre alten Sauterne. Alle die bei ihm waren und noch bei ihm sind, profitieren in vieler Hinsicht von seinen erstaunlichen Ausflügen und Abschweifungen.
Mein erster Chef bei McKinsey hatte einen Abschluß in Physik und Jura (nicht in Betriebswirtschaft). Wenn es zum Beispiel um ein Problem der Erdölexploration ging, konnte er sein Wissen aus beiden Gebieten einbringen und dazu noch seine eigenen Gedanken zu östlichem Mystizismus und seine Vorliebe für Volkslieder. Ich (und seine Kunden) wurden hin und wieder mit originellen Ideen belohnt, die diesen eigenwilligen Hobbys entsprangen.
In meiner eigenen kleinen Firma werde ich heute von einem Finanzdirektor beraten, der von seiner Ausbildung her Seemann auf einem Handelsschiff und Buchhalter ist. Seine besondere Leidenschaft gilt der Literatur und den Londoner und New Yorker Theatern. Er ist ein Teufel, wenn es um Finanzkontrollen geht – aber sein wirklicher Wert ist sein unübertroffenes Einfühlungsvermögen in menschliche Nöte.
Von jedem dieser Kollegen habe ich eine Menge über das Geschäft und das Leben gelernt. Alle meine Erfolge, die ich damit hatte, gelegentlich neue Managementkonzepte zu entwickeln, verdanke ich größtenteils ihrer Vielseitigkeit.
Jetzt wieder zurück zum Fliegen. Im Laufe der Jahre bin ich häufig mit meinen Mentoren zusammen geflogen. Hin und wieder haben sie sich von Clint Eastwood gefangennehmen lassen. Und ich auch. Aber keiner von uns reist mit Laptop, bereitet Vorträge vor oder »nutzt« die Zeit, um sich mit Zahlen herumzuschlagen. Einer liest Octavio Paz, ein anderer verschlingt Sherlock-Holmes-Romane. Wieder ein anderer führt sich Robert Pirsigs *Zen und die Kunst ein Motorrad zu warten* zu Gemüte.

Wir leben in verrückten Zeiten, die verrückte Lösungen erfordern. Ich bin der felsenfesten Überzeugung, daß verrückte Lösungen und geistige Vielseitigkeit siamesische Zwillinge sind. Vor kurzem las ich auf einem Flug von Amsterdam nach San Francisco eine längere Abhandlung über Führungseigenschaften, die mir mein Mentor aus Stanford hatte zukommen lassen. Die meisten Literaturhinweise bezogen sich auf Werke, die vor dem Jahr 1500 geschrieben worden waren. Ich las auch Graham Greenes *Ein Mann mit vielen Namen*. Seine Sprache ist herrlich, seine Ideen sind provokativ. Und was habe ich dabei gelernt? Keine Ahnung! Aber *irgendwie* habe ich das Gefühl, daß sich das eine oder andere Gedankensplitterchen von Greene direkt oder indirekt in dieses Buch eingeschlichen hat.

Haben Sie in letzter Zeit ein paar gute Fragen gestellt?

> *Der Physiker Isidor Isaac Rabi, dem der Nobelpreis dafür verliehen wurde, daß er eine Technik erfand, mit deren Hilfe die Wissenschaft in den dreißiger Jahren die Struktur von Atomen und Molekülen erforschen konnte, schrieb seinen Erfolg den Worten zu, mit denen ihn seine Mutter jeden Tag nach der Schule begrüßte. Sie sagte immer: »Isaac, hast du heute gute Fragen gestellt?«*
> Richard Saul Wurman
> Follow the yellow Brick Road

Anthony Suchman, Professor für Medizin an der Universität Rochester, wollte der dritten Klasse, in die seine Tochter ging, einen Einblick in die Arbeit eines Arztes geben und forderte die Schüler auf, ein Arzt-Patient-Gespräch mit einem »Patienten« (einem der Lehrer) mit hypothetischen Gesundheitsproblemen zu führen. Die Kinder, bemerkte Suchman in einem Artikel in der lokalen Tageszeitung, taten das gleiche wie die meisten Medizinstudenten und Ärzte. Sie legten mit ihrer Suche nach einer Krankheit gleich los und kamen auch sofort zu standardgemäßen Annahmen. (Bei einem »Patienten«, der über Magenschmerzen klagte, fragte ein Drittkläßler sofort, ob er unter Streß stehe); ausnahmslos versäumten alle, die viel grundlegendere Frage zu stellen: »Was ist passiert?«

Suchman ist der Meinung, daß diese bei Ärzten sehr selten anzutreffende Ziellosigkeit des Fragens mit dem Ausbildungssystem zu tun hat, das schon im Kindergarten beginnt und das Gefühl vermittelt, daß es riskant sei, »das sichere Ufer der richtigen Antwort zu verlassen und sich am Unbekannten und Unerwarteten zu erfreuen (bzw. zu erfreuen lernen)«.

Hinter Rabis Mutter und Suchmans »Was ist passiert?« steckt eine gemeinsame zentrale Idee: Wenn man Zweifel hat, sollte man auf eine Frage mit einer *Gegenfrage* antworten und die Verantwortung (für das Lernen, das Verstehen, das Wachsen) an »die« zurückgeben.

Ich habe dies auch bei meinen Seminaren mit großem Erfolg praktiziert. Ein Vorstandsmitglied Verkauf fragte mich, was ich von seinem neu entwickelten Zielsetzungsprogramm hielt und wie und wann es bewertet werden sollte. Ich antwortete mit folgenden Gegenfragen: 1. was seine Mitarbeiter im Verkauf davon hielten, 2. wie es nach deren Meinung beurteilt werden solle, 3. wann es nach deren Meinung beurteilt werden sollte. Ein Betriebsleiter stellte mir eine noch kniffligere Frage: Wie sollte man nach einer Fusion mit dem großen Abstand zwischen den Gehältern ähnlicher Personalgruppen in den beiden fusionierten Firmen umgehen? Ich fragte ihn: Warum fragen Sie die Betroffenen nicht selbst?

All dies hat eigentlich mit dem Wesen des Menschseins und weniger mit dem Geschäftsleben oder der Schule zu tun. In der klinischen Psychologie hat sich die Rogers-Therapie (nach Carl Rogers) recht gut bewährt. Sie funktioniert wie folgt:

Patient: Ich fühle mich traurig.
Psychologe: Also, Sie fühlen sich ziemlich schlecht.
Patient: Ja, in den letzten Tagen habe ich etc., etc.
Psychologe: Sie haben also in den letzten Tagen etc., etc.

Auch wenn dieser Dialog nur eine Karikatur ist, wird damit der Kern der Sache deutlich: Es geht darum, Patienten (Studenten, Arbeitnehmer) Schritt für Schritt zur Selbsterfahrung zu führen, sie also eigentlich dazu zu bringen, sich selbst zu fragen: »Was ist passiert?«

Der Fachmann, sei es der Lehrer an der Schule oder der Chef eines Unternehmens mit Milliardenumsätzen, möchte etwas leisten und helfen. In den meisten Fällen wird aber gerade dadurch das Weiterwachsen und die Neugierde, die sie fördern wollen, behindert. »Den Wunsch nach Energie anstoßen, dabei aber fast still, zugleich dennoch aufmerksam und hilfsbereit bleiben, während die anderen sich selbst anregen, erfordert eine Menge Energie«, schrieb der kanadische Romanschriftsteller Robertson Davies in *The Rebel Angels.* »Jemanden stolpern zu lassen (wodurch er lernt, an so einer Stelle nicht noch einmal zu stolpern), obwohl ein Wort von Ihnen genügt hätte, es zu verhindern, er dann aber eine große Gefahr übersehen hätte, ist eine der besonders anstrengenden Aufgaben eines Lehrers, denn es ist schwieriger, sich zurückzuhalten als loszuschreien.«
Davies' und anderer Leute Beispiel folgend, habe ich zu einer Reihe von Managern gesagt, daß sie 75 Prozent ihres Gehaltes dafür bekommen, daß sie die Gelegenheit auslassen, anderer Leute Probleme zu »lösen«. »Fragen Sie sich am Ende eines jeden Tages, ob Sie diese drei Viertel Ihres Gehaltes wirklich verdient haben, indem Sie die Klappe gehalten und ›denen‹ eine Chance gegeben haben, nach eigener Fasson zu lernen.« Das ist kein Witz. Also, wie steht es bei Ihnen?

Die Suche nach dem Glück

Viel von dem, was in diesem Kapitel steht, könnte man als pessimistisch bezeichnen. Innovation ist ein Geschäft, in dem die Chancen nicht besonders hoch stehen, so daß man Glück durchaus brauchen kann. (Und mir hat es bestimmt geholfen.) Wenn Sie der Meinung sind, daß Erfolg viel mit Glück zu tun hat und Zufälle häufig ihre Hand im Spiel haben, brauchen Sie nicht gleich zu verzweifeln. Es gibt Strategien, mit denen Sie Ihr Leben mit einem bißchen Verrücktheit anreichern und damit wohl auch das berühmte Quentchen Glück einfangen können. (Wenn Sie dagegen der Überzeugung sind, daß Ihnen der Erfolg eher hold ist, wenn Sie ordentliche Pläne machen und eine Stunde früher aufstehen, sollten Sie auf jeden Fall noch vor dem Hahn aufstehen und anfangen, Pläne zu machen.)
Wollen Sie Glück haben? Dann sollten Sie es mit den folgenden 50 (!) Strategien versuchen:

① Am Ball bleiben. Je häufiger man im Strafraum auftaucht, um so mehr Treffer schafft man.
② Probieren Sie etwas aus. Lassen Sie den ganzen bisherigen Quatsch, und machen Sie irgend etwas.
③ Fertig. Schießen. Zielen. (Statt Fertig. Zielen. Zielen. Zielen ...)
④ »Alles, was sich lohnt zu tun, lohnt sich auch, wenn es schlecht getan wird«, sagte ein kluger Mensch, der uns in Erinnerung rufen will, daß das erste Telefon auch nicht gerade überwältigend war – aber irgendwo muß man ja anfangen.
⑤ Lesen Sie alles mögliche. Sehen Sie sich überall nach guten Ideen um.
⑥ Kommen Sie möglichst viel rum. (Wollen Sie mal Geschwindigkeit »sehen«? Da müssen Sie zu CNN gehen.)
⑦ Freunden Sie sich mit allen möglichen Menschen an.
⑧ Stellen Sie alle möglichen Menschen ein. Langweiler haben langweilige Ideen.
⑨ Pflegen Sie alle möglichen Hobbys. Ziehen Sie Orchideen oder züchten Sie Yaks.
⑩ Arbeiten Sie mit allen möglichen Leuten zusammen.
⑪ Stellen Sie dumme Fragen. »Wie kommt es, daß alle Computerbefehle über die Tastatur kommen?« Irgend jemand muß diese Frage einmal gestellt haben. Seither gibt es die Maus.
⑫ Lassen Sie die Menschen selbständig werden, sich selbst bestimmen. Sie müssen das Gefühl haben, daß sie für ihre Arbeit selbst verantwortlich sind.
⑬ Bilden Sie hemmungslos aus. Wagen Sie es auch, in Dingen auszubilden, die nichts mit der Arbeit zu tun haben – sorgen Sie dafür, daß jeder beschäftigt ist. Das ist alles.
⑭ Keine Angst vor der Leidenschaft. »Ein leidenschaftsloser Innovator« ist ein Widerspruch in sich.
⑮ Streben Sie nach Mißerfolg. Der Mißerfolg ist das einzige Sprungbrett zum Erfolg. (Je größer, desto besser.)
⑯ Nehmen Sie etwas gegen die »Nicht-von-uns«-Krankheit. Lassen Sie sich von dieser »Nicht-von-uns«-Mentalität nicht abhalten, prima Ideen zu klauen.
⑰ Organisieren Sie laufend um. Zerlegen Sie, bauen Sie neu zusammen, und probieren Sie verschiedene Kombinationen aus, und bringen Sie alles immer wieder durcheinander.
⑱ Hören Sie jedem zu. Ideen kommen aus allen möglichen Richtungen.

⑲ Hören Sie auf keinen. Vertrauen Sie auf Ihre innere Stimme.

⑳ Lassen Sie sich rausschmeißen. Wenn Sie nicht hart genug daran arbeiten, rausgeschmissen zu werden, arbeiten Sie nicht genug. (Auch mehr als einmal ist in Ordnung.)

㉑ Hegen und pflegen Sie die Intuition. Ich fresse alle Besen, deren ich habhaft werden kann, wenn Sie auch nur eine einzige interessante Marktidee in einem formellen Plan finden.

㉒ Ersparen Sie sich die Treffen mit all den anderen. Vergessen Sie diese langweiligen Verbandstreffen mit immer denselben, abgeschlafften Leuten, bei denen immer über dieselben langweiligen Themen gesprochen wird.

㉓ Dezentralisieren Sie. Die Zahl der Schläge ist direkt proportional zum Grad der Dezentralisierung.

㉔ Dezentralisieren Sie erneut.

㉕ Reißen Sie alle Funktionsbarrieren ein. Unbehinderte Kontakte zwischen Menschen verschiedener Fachrichtungen wirken Wunder.

㉖ Zerstören Sie Hierarchien.

㉗ Öffnen Sie Ihre Bücher. Machen Sie jeden zum Unternehmer, indem Sie Zugang zu allen Finanzzahlen gewähren.

㉘ Setzen Sie eine Informationsflut in Gang. Je mehr unmittelbare, unaufgearbeitete Informaion die Mitarbeiter bekommen, um so mehr passiert auch.

㉙ Nehmen Sie regelmäßig Bildungsurlaub in Anspruch.

㉚ »Topfen Sie sich alle zehn Jahre um.« (Dies ist ein Rat des Dekans der Stanford Business School, Arjay Miller. Was er damit meint, ist, daß man alle zehn Jahre seine Laufbahn wechseln soll.)

㉛ Verbringen Sie 50 Prozent Ihrer Zeit mit Menschen von außerhalb. Von Ihren Händlern und Lieferanten bekommen Sie in fünf Minuten mehr Ideen als in einer fünfstündigen Ausschußsitzung.

㉜ Verbringen Sie 50 Prozent Ihrer Zeit, die Sie mit Menschen von außerhalb zubringen, mit »Exoten«.

㉝ Tun Sie mal was anderes. Verbringen Sie ein Jahr auf einer Farm oder sechs Monate in einem Burger-Restaurant.

㉞ Stiften Sie Verwirrung. Verunsichern Sie die Menschen, lassen Sie es nicht zu, daß der ausgetretene Weg noch weiter ausgetreten wird.

㉟ Desorganisieren Sie. Die Bürokratie sorgt schon für sich selbst. Der Chef muß der oberste Desorganisierer sein.

(36) Bringen Sie die Dinge aus dem Gleichgewicht . . . Schaffen Sie Instabilität, ja Chaos. Ein guter Rat an »echte Führungskräfte« von Professor Warren Bennis aus *On Becoming a Leader.*
(37) Regen Sie die Neugier an. Laut Akio Morita, Aufsichtsratsvorsitzender von Sony, ist das Entfachen einer latenten Neugier zu neuer Glut die Hauptfunktion des »ersten Hirtenhundes«.
(38) Schaffen Sie eine Ruhmeshalle der Verräter. »Abtrünnig zu sein« ist nicht genug. Sie brauchen Menschen, die das, was Sie darstellen, abgrundtief verachten.
(39) Loben Sie einen Preis aus für die Menschen, die frischen Wind in Ihre Unternehmenskultur blasen. Ihr bester Freund ist derjenige, der Ihre Firmenkultur frontal auf die Hörner nimmt. Wünschen Sie ihm Glück dabei.
(40) Verändern Sie Ihren Tagesablauf. Essen Sie ein anderes Müsli. Fahren Sie auf einer anderen Strecke zur Arbeit.
(41) Ziehen Sie das Jackett aus.
(42) Nehmen Sie die Krawatte ab.
(43) Rollen Sie die Ärmel hoch.
(44) Ziehen Sie die Schuhe aus.
(45) Verlassen Sie Ihr Büro. Ehrlich, wann haben Sie das letztemal an diesem Riesenschreibtisch in Ihrem Büro etwas Kreatives zustande gebracht?
(46) Entledigen Sie sich Ihres Büros.
(47) Verbringen Sie in jeder Arbeitswoche einen Tag zu Hause.
(48) Pflegen Sie Ihr Verständnis für die Dinge, die am Rande passieren. Wirklich Interessantes ereignet sich gewöhnlich außerhalb des recht engen Blickfeldes der Profis.
(49) Unterlassen Sie es, zu helfen. Lassen Sie die Menschen, die für Sie arbeiten, ausrutschen, stolpern, hinfallen – und damit sich selbst weiterentwickeln und lernen. Sie werden dafür bezahlt, daß Sie den Mund halten und zusehen, wie sie in Erfolge und interessante Mißerfolge stolpern.
(50) Meiden Sie die Mäßigung in allen Bereichen. »Wenn sich eine Sache lohnt, lohnt sie sich auch im Übermaß«, meinte Edwin Land, Gründer von Polaroid.

Schreiben Sie jetzt das Gegenteil zu jedem der 50 Punkte nieder. Was kommt Ihrem Profil näher?

40. Kapitel

Stellen Sie sich dem großen Paradoxon: Der Erfolg ist das Produkt tiefer Furchen. Tiefe Furchen wiederum zerstören die Anpassungsfähigkeit

> *Ein Wandel in der Umwelt bewirkt oft, daß eine bisher für erstrebenswert gehaltene Spezialisierung zur grausamen Falle wird. Das sich ändernde Umfeld erfaßt Bereiche, die über einen durch Spezialisierung verengten und weniger flexibel gewordenen Genpool hinausgehen. Dies kann zum Aussterben ganzer Arten führen.*
> E. S. Dunn
> zitiert in:
> Karl Weick, »The Social Psychology of Organizing«

> *Keine Nation in der Weltgeschichte überlebte bisher die verheerende Wirkung der Zeit oder den zerstörerischen Einfluß des Erfolges.*
> Richard Lamm
> ehemaliger Gouverneur von Colorado

»Schaffen und zerstören«: das war einer der Titel, die ich für dieses Buch in Betracht gezogen hatte. Zunächst geht es darum, keine erstklassige Organisation mit erstklassigen Gepflogenheiten zu schaffen, eine Organisation, die weiß, wofür sie steht, oder, wie Dunn sagt, eine *»spezialisierte Organisation«*. Angestrebt werden Qualitätsbewußtsein, ausgezeichnete Beziehungen zu Kunden und Händlern und fortlaufende Verbesserungen. Dann folgt eine neue Saison: Sie bringt neue Modetrends, neue Konkurrenten, neue wirtschaftliche Bedingungen. Unsere »großartigen« Methoden erweisen sich als die »Falle«, von der Dunn spricht; wir sind dem aktuellsten Konkurrenten schutzlos ausge-

liefert. Wie Karl Weick sagt: »Die Anpassung selbst steht der Anpassungsfähigkeit im Wege.« Unsere einzige Verteidigung besteht anscheinend darin, uns selbst zu zerstören, bevor der Konkurrent es tut. Aber halt: Leider ist es so, daß sich Organisationen, die sich permanent selbst zerstören, von vornherein äußerst schwertun damit, ihren Mittelpunkt zu finden, erstklassige, tiefe und beständige Beziehungen zu schaffen und dieses Ethos der ständigen Verbesserung beizubehalten.

Visionen und Werte: Unter Umständen eine Falle

Alle guten Ideen sind irgendwann ausgelaugt. Die Bedeutung der unternehmerischen Visionen und Werte bildet dabei keine Ausnahme. Der Gedanke der »Visionen und Werte« in der Unternehmenswelt geht auf das Ende der siebziger Jahre zurück. Die Mitarbeiter sollten ihr Augenmerk auf Qualität und Service richten. Zu diesem Zweck warf man damals pfundschwere Unternehmenshandbücher fort und konzentrierte sich auf eine nicht auf dem Papier festgelegte Vorstellung dessen, »was in dieser Firma wichtig ist«. Dabei wurde der Einzelinitiative viel Raum gelassen. Diese Ideen waren *damals* sinnvoll – und sind es noch heute. Allerdings gibt es Einwände: Im Laufe der Zeit schleifen sich bestimmte Wertvorstellungen zu sehr ein, und bevor man sich versieht, sind sie selbst starrer als das vorher herrschende Betriebsreglement. Die Initiative, die so ausgelöst werden sollte, wird nun ganz im Gegenteil erstickt.

Schwergewichtige Verfahrensrichtlinien, Organisationstabellen und Stellenbeschreibungen passen einfach nicht mehr in unsere lärmende Zeit. Anarchie kann allerdings nicht die Lösung sein – *gleichbleibende Produktqualität und verläßlicher Service* waren noch nie so wichtig wie heute. Eine allgemein anerkannte Vision und bestimmte gemeinsame Wertvorstellungen bilden also auch weiterhin die beste Alternative zu maßlosen, auf viel Papier festgelegten Kontrollsystemen.

Wir müssen uns aber auch darüber im klaren sein, wie schnell sich Wertvorstellungen ändern, wie hoffnungslos beengend und lächerlich überstrapaziert sie sein können und wie wenig sie in den sich ungemein schnell wandelnden Markt passen. Ironischerweise lassen sich gerade die löblichsten unserer Wertvorstellungen (zum Beispiel über Dienstleistungen und Menschen) langfristig am einfachsten in ihr Gegenteil verkehren. Warum? Aus dem einfachen Grund, daß das »Establishment« versuchen wird, eine »strikte« Beachtung genau dieser »besten« Wertvorstellungenn durchzusetzen. (Dieser Befund dürfte nicht weiter überraschen: Schließlich wurden die meisten Massenmorde im Namen starrer, tugendhafter Wertvorstellungen verübt. Beispiel: Religionskriege.)

Worin besteht nun die Lösung? Wie steht es mit dieser Definition: »Überprüfen Sie Ihre Wertvorstellungen, und bringen Sie sie regelmäßig auf den neuesten Stand«? Das klingt gut, die Erfahrung läßt aber zur Vorsicht raten. Diejenigen, die nach verkalkten Wertvorstellungen leben, bemerken selbst als allerletzte die zerstörerischen Entwicklungen in ihrer Mitte. Der Versuch, Wertsysteme zu beurteilen – selbst wenn er von »ehrlichen Maklern« vorgenommen wird –, erweist sich meist als reine Zeitverschwendung. Schlimmer noch: Er führt oft zu *weiteren* negativen Entwicklungen. Vielleicht sollte man ein »Sonnenuntergangsstatut für Wertvorstellungen« einführen: Entweder wirft man alle fünf Jahre ein Drittel der unternehmerischen Wertvorstellungen über Bord, oder aber man verbrennt sie allesamt nach zehn Jahren und beginnt wieder bei Null. Diese Idee entbehrt nicht einer gewissen Attraktivität. Aber läßt sie sich in die Praxis umsetzen?

Mir fällt nur *eine* vernünftige Lösung ein: der Versuch nämlich, einen unternehmerischen Zusammenschluß von Geschäftseinheiten zu schaffen, die so unabhängig sind, daß sie ihre *eigenen* Wertsysteme entwickeln können. Véronique Vienne (Sie erinnern sich – die »Jobhopperin« von YSL-Parfum) beobachtete während ihrer Arbeit für Condé Nast ebendiese Strategie. »Dort können sie mit dem Begriff ›Persönlichkeit‹ wirklich etwas anfangen«, berichtete sie uns. »Condé Nast baut jede seiner Zeitschriften um eine klar umrissene Persönlichkeit herum auf, nicht um eine durch Marktforschung definierte Nische. Sie erwerben, wenn Sie eine dieser Zeitschriften kaufen, Grace Mirabella [frühere Herausgeberin von *Vogue*], Anna Wintour [heutige *Vogue*-Herausgeberin] oder Tina Brown [ehemalige Herausgeberin von *Vanity Fair*]. Andere Zeitschriften verstehen dieses System nicht. Sie verkaufen nach wie vor Marktnischen.« Es ist kein Zufall, daß Condé Nast zur Newhouse-Gruppe gehört. Das

markanteste Kennzeichen dieses Riesenunternehmens ist – Sie erinnern sich – die phänomenale Autonomie seiner Geschäftseinheiten – und ein der IDG vergleichbares Ethos, das da heißt: »Entweder Leistung erbringen oder untergehen.« Wenn der Geschäftszusammenschluß aber so locker ist, warum ihn nicht ganz auflösen? Dazu lesen Sie noch einmal unsere verschiedenen Analysen der »Seele« im Abschnitt »Jenseits der Hierarchien.« Die klare Antwort: Nichts ist klar. Weder das *Warum* noch das *Wie, Wann* oder gar *Ob.*
Wertvorstellungen? Visionen? Ohne sie geht es nicht, denn in der heutigen Welt sind dicke Handbücher inakzeptabel. Mit ihnen – den Wertvorstellungen und Visionen – geht es aber auch nicht.

Die Umgestaltung von Organisationen: Eine düstere Prognose

> *Wir waren kein Opfer eines »Ahnenkultes«. Wir hatten das Glück, von Grund auf neu beginnen zu können.*
> Mathew Miller
> General Instruments, auf die Frage, warum sein Unternehmen Marktführer ist
> The New York Times, 12. Juli 1992

Es ist kein Wunder, daß man Professor Herbert Kaufmans provozierendes Buch *Time, Chance, and Organizations* im allgemeinen nicht auf den Schreibtischen der Vorstandsvorsitzenden der in der Fortune-500-Liste erscheinenden Unternehmen findet. In seinem scharfsinnigen Buch über Organisationstheorie kommt er nämlich zu folgendem Schluß: »Das langfristige Überleben bestimmter Organisationen beruht zu einem Großteil auf Glück . . . Die Wege des Zufalls bestimmen diese Langlebigkeit.« Laut Kaufman sind alle Versuche, mit Flexibilität auf diese unglückseligen Umstände zu reagieren, von vornherein zum Scheitern verurteilt. Die schlimmen »Zeichen der Zeit«, die die großen Organisationen heimsuchen, sind nicht rückgängig zu machen. »Organisationen können im allgemeinen nicht mehr als höchstens marginale Änderungen bewirken; das Umfeld ist aber so wechselhaft,

daß marginale Änderungen meist nicht dazu ausreichen, das Fortbestehen der Organisationen zu sichern.«
Für die Gesamtwirtschaft lautet die Antwort – laut Kaufman – also eindeutig: Die »Austauschbarkeit von Organisationen« ist zu begrüßen, nicht zu bedauern (d. h., statt Buhrufen ist Applaus angebracht, wenn aggressiven Unternehmensaufkäufern die Zerschlagung einer Firma gelingt und wenn in Silicon Valley zahlreiche Unternehmen Konkurs anmelden müssen). Soll es für Großunternehmen überhaupt noch Hoffnung geben, müssen Sie sie – schreibt Kaufman – in rechtlich unabhängige Unternehmensbereiche zergliedern. Auch diese Möglichkeit reißt Kaufman allerdings kaum zu Begeisterungsstürmen hin.
Kaufman steht mit seiner pessimistischen Einschätzung der Anpassungsfähigkeit einzelner Unternehmen keineswegs allein auf weiter Flur. Mitte der siebziger Jahre leiteten Michael Hannan und John Freeman von der Cornell University ein fünfzehnjähriges Forschungsprogramm in die Wege, dessen Ergebnisse sie 1989 in ihrem Buch *Organizational Ecology* zusammenfaßten. Die beiden abtrünnigen Wirtschaftstheoretiker schreiben darin: »In den siebziger Jahren wurden Organisationen in Theorie und Forschung als rational, flexibel und reaktionsschnell dargestellt, also als anpassungsfähig an eine sich wandelnde Umwelt. Die (uns bekannten) Organisationen aber waren alles andere als flexibel oder rasch in ihrer kollektiven Reaktion auf sich ständig ändernde Sachzwänge und Chancen.«
Der neuartige Blick der beiden Autoren auf das unternehmerische Panorama richtet sich nicht auf das Innenleben einzelner Organisationen, sondern beleuchtet statt dessen den allmählichen Wechsel in den verschiedenen »Populationsgruppen« von Organisationen: Es geht ihnen um die Quote der Geschäftsgründungen und -auflösungen. »Ein Wandel in den Kernstrukturen von Unternehmen (z. B. in der Organisationsform nach Funktionen, Abteilungen oder Matrix) beruht auf der Schaffung neuer und dem Verschwinden alter Organisationen . . . Bestehende Organisationen – und vor allem die größten und mächtigsten unter ihnen – ändern ihre Strategie und ihre Struktur selten so schnell, daß es ihnen gelingt, sich der ungewissen und wandelbaren Umwelt anzupassen.« Das Autorenpaar kommt zu dem Schluß, daß sich die Gründung und der Niedergang *einzelner* Firmen aus der Dynamik der Organisations*populationen* an sich erklärt.

Hannan und Freeman haben für einen Großteil der Forschung und Theorie im Bereich Organisationen und Organisationsstrategien – meine eigene nicht ausgenommen – nichts als offene Verachtung übrig. Schlimmer noch: Sie betrachten alle Bemühungen in dieser Richtung als ausgesprochen gefährlich. Bisher habe fast niemand den »tatsächlichen Zeitverlauf der Organisationspopulationen« untersucht; statt dessen »konzentrieren sich Schriften und Forschung über Organisationen ausschließlich auf die größten und erfolgreichsten Firmen. Das ist ein grundlegender Fehler, wenn es darum gehen soll, die Prozesse zu erforschen, die zu Erfolg oder zu Fehlschlägen führen.«
Der aus der ökologischen Theorie entwickelte Ansatz der Autoren wird manchen Manager ratlos dreinblicken lassen: »Es gibt in der Struktur der evolutionären Argumente nichts, das die Annahme stützt, die sich ausbreitenden Organisationsformen seien im technischen Sinn gut angepaßt. Die Logik des natürlichen Ausleseprozesses läßt in keiner Weise darauf schließen, daß dies die beste aller möglichen Welten ist oder daß eine zeitweise blühende Organisation einen dauerhaften Anspruch auf Erfolg hat. Ausleseprozesse beruhen auf der Zufälligkeit des Erfolgs.«
Beispiel: Mitte der sechziger Jahre wird in Bentonville (Arkansas) die Firma Wal-Mart gegründet. Das Unternehmen verhält sich von Tag eins an wie ein Einzelhandelskaufhaus. Zehn Jahre vergehen – nichts tut sich. Immerhin werden diese Geschäftsgepflogenheiten aus den Anfangsjahren zum Markenzeichen der Firma Wal-Mart. Aus einer Anzahl von Gründen – die nichts oder fast nichts mit Wal-Mart zu tun haben – ändert sich plötzlich die Einzelhandelsbranche. Unversehens liegt Wal-Mart ganz vorn. Sears (und andere Ketten) haben Probleme. Konnten die Unternehmensführer von Wal-Mart die Zukunft vorhersagen? Blödsinn, würden Hannan und Freeman darauf antworten. Die Originalstrategie von Wal-Mart bewährte sich ganz einfach sehr gut in dem völlig anderen Umfeld, das sich viel später entwickelte. Die beeindruckende Unfähigkeit von Sears (und 10 000 selbstzufriedener kleinstädtischer Sears-Ladenbesitzer), sich auf diesen neuen Kontakt (und auf Wal-Mart) einzustellen, führt zum Abstieg.
»Die Darwinsche Theorie ist zum Teil genial durch die Art«, schreiben Hannan und Freeman, »in der sie Vielfalt und Anpas-

sungsfähigkeit miteinander verknüpft... Ausleseprozesse können nur auf der Basis anpassungsfähiger Vielfalt zum Zuge kommen.« Daraus erklärt es sich, daß die Wal-Marts oder Apples, die Genentechs oder Cypress Semiconductors, The Limiteds oder Benettons mit ihren neuen Strukturen und Methoden »spontan auftauchen« (Hannan und Freeman) müssen, bevor sie wachsen oder imitiert werden können. Für eine bestimmte Zeit sind diese Aufsteiger wichtige Spieler mit einer großen Fangemeinde – bis zum nächsten größeren Umbruch und der nächsten Welle von Apple- oder Wal-Mart-Nachfolgern.
Viele einzelne Apple- oder Wal-Mart-Nachfolger – die *durchschnittlichen* Aufsteiger der nächsten Generation also – werden selbstverständlich und aller Voraussicht nach scheitern. Für die neugegründete Durchschnittsfirma ist der Mißerfolg ebenso die Norm wie für neue Organisationsformen. Auf jeden Erfolg wie den des Apple kommen Tausende von Osborns. Irgendwann aber wird irgendein Apple-, irgendein AST- oder Dell-Nachfolger mit Eigenschaften auftauchen, die – aus reinem Glück und völlig zufällig – dem neuen Zeitgefühl entsprechen und Apple, AST oder Dell weit hinter sich zurücklassen (wahrscheinlich gerade dann, wenn gerade die »endgültige« Harvard-Fallstudie über die »großartige Firma Apple oder AST oder Dell fertiggestellt ist).

Danke für die Erinnerungen

Ein Beispiel: Visicorp, die Firma, die Visicalc – das erste Spreadsheet, Kalkulationsprogramm, das zu einem großen Verkaufsschlager wurde – entwickelte. Visicorp war überall im Gespräch. Microsoft, Lotus und andere sind Nutznießer des Erfolgs dieser Firma. Visicorp erwies sich jedoch als unfähig, sich den Eigenschaften der nächsten Softwaregeneration – sprich der von Microsoft oder Lotus – anzupassen. Möge Visicorp in Frieden ruhen – und, wie es in einem amerikanischen Lied heißt, »Thanks for the memories« (Danke für die schönen Erinnerungen). Die Erinnerung an Visicorp lebt heute nur noch in den umfangreichen Ahnentafeln des Silicon Valley weiter.

Bemühen Sie sich einfach, sich zu ändern!

Hannan und Freeman ziehen aus ihren Untersuchungen den

Schluß, daß »der gegenwärtige Charakter der Organisationspopulation eher historische Bedingungen zur Zeit der Gründung reflektiert als moderne Anpassungsversuche«. Mit anderen Worten: Die wichtigsten Bestandteile der heutigen 3M-Philosophie – wie Respekt vor Selbständigkeit – gehen unmittelbar auf die Zeit der Firmengründung und auf das wirtschaftliche Umfeld vor 70 Jahren zurück. (Und 3M hatte Glück – das Unternehmen steht auch heute noch erfolgreich da.) Auch die Kerneigenschaften von Sears, IBM, Kodak und DuPont entsprechen im wesentlichen den ursprünglichen, jahrzehntealten Vorstellungen (die sich in der heutigen, veränderten Umwelt allerdings weniger gut bewähren).
»Wir wehren uns dagegen, daß die Vielfalt der Organisationsstrukturen zu einer bestimmten Zeit nicht mehr als die Anpassung bestehender Organisationen an diese neue Zeit widerspiegeln soll«, schreiben Hannan und Freeman. »Wir glauben vielmehr, daß die Vielfalt für eine lange Geschichte der Gründungen und Fehlschläge relativ gleichbleibender Strukturen steht.« Damit wären zum Beispiel die mannigfaltigen Formen in der Computerindustrie weitgehend ein Nebenprodukt der verschiedenen Epochen der Firmengründungen – das IBM-Zeitalter, das DEC-Zeitalter, das Apple-Zeitalter und das Sun-Microsystems-Zeitalter. Die Vielfalt wäre somit weitaus weniger das Ergebnis aus bewußten strategischen Richtungsänderungen dieser Firmen. IBM zum Beispiel führt zwar regelmäßig Umstrukturierungen durch, ist aber trotzdem Nutznießer – oder Opfer – von Gewohnheiten, die sich vor über siebzig Jahren im »unternehmerischen Urschlamm« unter Führung T. J. Watsons entwickelten. Ein einleuchtendes Beispiel ist die sehr unterschiedliche Einstellung, mit der IBM und Apple der vertikalen Integration gegenüberstehen. Sie erklärt sich aus den Ursprüngen der beiden Unternehmen.
Am überzeugendsten sind die beiden Autoren – leider! – immer dann, wenn sie erklären, warum große Unternehmen trotz beträchtlichen Druckes von außen beim Versuch der Umstrukturierung scheitern: »Im besten Fall sind Unternehmen aufsässige Werkzeuge. Die Organisationsgeschichte steht einem grundlegenden Wandel im Wege. Liegen Normen und Verfahren erst einmal fest, steigen die Kosten für einen Wandel rapide an.« Außerdem, so stellten sie fest, »wird die Organisation zum Selbstzweck.« Der Großteil der Firmenressourcen wird von den Festkosten absorbiert, die zur Erhaltung des Status quo notwendig sind – also zur

Wahrung dieser althergebrachten Wertvorstellungen. Denken Sie nur an das traurige Schicksal von GMs vormals bahnbrechender, »dezentralisierter« Organisation, wie Mary Ann Keller es in *Rude Awakenings* beschreibt:

»Als der stellvertretende Verkaufsleiter von GM aus der Chevrolet-Zentrale in Kansas City erwartet wurde, trug man mir auf, während eines Schneesturms draußen vor der Tür des Hotel Muehlenbach zu stehen und mich nicht vom Fleck zu rühren, da ich ihm bei seiner Ankunft die Tür öffnen sollte. Wir reservierten einen Fahrstuhl und blockierten ihn, damit ihm auf jeden Fall ein Fahrstuhl zur Verfügung stehen würde. Ein Mitarbeiter hatte die Aufgabe, sich den ganzen Tag auf Abruf vor der Zimmertür des Managers bereitzuhalten, seine Hemden in die Reinigung zu geben und ähnliche Dinge zu erledigen. Und – das ist die Wahrheit – man hatte uns gesagt, er liebe seinen Orangensaft morgens in einer bestimmten Temperatur, und so entsandten wir jeden Morgen jemanden in die Küche, der mit dem Thermometer die Temperatur des Orangensaftes prüfte.«

Handelt man, ist es falsch, tut man nichts, ist es auch falsch – egal, was man macht, es ist falsch

Die Lösungsidee, die Hannan und Freeman uns anbieten, klingt auf den ersten Blick bizarr. Sie erweist sich aber als unangenehmer Kernpunkt des Problems. »Wir behaupten, daß Organisationen mit eher trägen Strukturen, die nicht in der Lage sind, ihre Strategie und Struktur ohne weiteres an die Umwelt anzupassen, dem Ausleseprozeß unter den Organisationen besser gewachsen sind«, schreiben die Autoren. Übersetzung: Sieger bleiben jene, die – wie IBM, Sears oder 3M – schon in *ihren Ursprüngen* ganz eindeutig ausgeprägte Fähigkeiten hatten – Eigenschaften also, die sich Jahr für Jahr bewähren. Konsequent durchführen läßt sich eine solche Anfangsstrategie – die ihren Erfolg eher dem Zufall verdankt – ausschließlich mit dem Mittel des geregelten Verhaltens. Dieses Verhalten wiederum gründet auf einer *eindeutigen Unternehmenskultur* und *gemeinsamen Grundwerten*. Solche Regelmäßigkeit (die Grundlage für vergangene Erfolge) kann aber – wie es bei IBM und Sears geschah – in Zeiten des Wandels zu einer besonders schweren Belastung für das ums Überleben kämpfende Unternehmen werden. (Wie wir bereits feststellten, geriet ausgerechnet die altbewährte Fähigkeit von

IBM, einen Kundenstamm ganz bestimmter Art zu betreuen, in einer neuen Zeit mit neuen Kunden, die andere Vorstellungen mitbrachten, zum Nachteil für das Unternehmen.)

»Die Institutionalisierung ist ein zweischneidiges Schwert«, stellen die Autoren abschließend fest. »Sie senkt die Kosten für kollektives Handeln ganz erheblich, indem sie einer Organisation einen selbstverständlichen Rahmen setzt, innerhalb dessen die Mitglieder der Organisation Sinn und Autorität derselben als selbstverständlich hinnehmen können ... Die andere Seite des Schwertes ist die Trägheit: Eben die Faktoren, die ein System reproduzierbar machen, lassen es resistent gegen jegliche Änderung werden.« Mit anderen Worten: Je besser man eine bestimmte Sache kann – und das ist für den Anfangserfolg unerläßlich –, desto unwahrscheinlicher wird es, daß man etwas *anderes* ebenso gut erlernt (oder aber man erkennt noch nicht einmal, daß es notwendig ist, etwas anderes zu erlernen).

Für Hannan und Freeman läßt sich daran wenig ändern. »In einer sich wandelnden Umwelt kann ein hoher Trägheitsgrad zu einem erheblichen Mißklang zwischen den unternehmerischen Ergebnissen und den Intentionen der Mitglieder (nämlich die Strategie zu ändern) führen«, stellen sie fest. »Andererseits kommt es nicht eben selten vor, daß Organisationen, die sich um ständige Umstrukturierung bemühen, sehr wenig produktiv und kaum überlebensfähig sind.« In diesem Fall bezahlt das Unternehmen die ständigen Erschütterungen, von denen Umstrukturierungen begleitet werden, mit der Aufgabe seiner ursprünglichen Originalität.

Kommen wir noch einmal zum Beispiel Wal-Mart. Das Unternehmen erschien ohne großes Getöse auf der Bühne und erzielte ausschließlich aufgrund glücklicher Umstände Riesenerfolge. Zu spät bemühten sich die düpierten Altunternehmen (wie Sears usw.) zurückzuschlagen – gewöhnlich mit verheerenden Ergebnissen. »In der schlimmsten aller denkbaren Welten«, erklären Hannan und Freeman, »organisiert ein Unternehmen sich ständig neu und muß Mal für Mal feststellen, daß die Umwelt bereits einen Sprung weiter und schon wieder eine neue Struktur angesagt ist.«

Genau dies scheint derzeit auf die Lage bei den großen »Umstrukturierern« wie IBM, GM und Sears zuzutreffen. Trotz des enormen Einsatzes organisatorischer und psychischer Ressourcen bei der jüngsten, »endgültigen« Umstrukturierung von Sears ist kaum ein echter Wandel festzustellen. Zum einen dauert der Prozeß – aufgrund der Unternehmensgröße und des unbewußten Festhaltens an der alten Kultur, an die man sich trotz ihrer Überholtheit mit Stolz erinnert – endlos. Außerdem kommt die sich entwickelnde, »neue« Sears-Organisation im Vergleich zu Wal-Mart immer noch um zehn Tage und zehn Dollar zu spät. (Sears führte zwar den Slogan »Billige Preise – Tag für Tag« ein, hinkt aber nach wie vor meilenweit hinter Wal-Mart her, mit dessen Kostenstruktur und Flexibilität der wankende Riese selbst nach seiner Umstrukturierung einfach nicht mithalten kann.) Dem schwerfälligen Giganten Sears setzen darüber hinaus ganz neue Organisations»formen« zu: spezialisierte Unternehmen wie The Gap oder Toys 'Я' Us. (Wal-Mart selbst, aus purem Zufall zum neuen König geworden, beobachtet mit großer Sorge den Aufstieg all dieser Spezialunternehmen, die mit rasender Geschwindigkeit Marktnischen ausfindig machen und erobern. Es ist für Wal-Mart dabei ohne Belang, welche dieser Unternehmen überleben werden; Tatsache ist, daß *irgendeine* Gruppe überlebender Spezialisten höchstwahrscheinlich eines Tages Wal-Mart vom Thron stürzen wird. Und angesichts immer unbeständigerer Märkte kann »eines Tages« sehr schnell kommen.)

Ein echtes Original – als ob das eine Rolle spielte

Schon gut, schon gut! Ich höre Sie schon mit den Zähnen knirschen. Was hat es denn nun mit dieser »Wal-Mart-Strategie« auf sich, daß sie ihre Konkurrenten derart verstört? Zunächst einmal ist es überhaupt keine Strategie. Es ist eine schwer durchschaubare *Mixtur.* Ich habe viel Zeit mit Wal-Mart-Spitzenmanagern und Vorstandsmitgliedern, mit dem inzwischen verstorbenen Unternehmensgründer Sam Walton und in mehreren Geschäften des Unternehmens verbracht. Ich las viele hundert Berichte über Wal-Mart, in denen eine »Erklärung« nach der anderen angeboten wurde (konzentrierte sich erst auf Kleinstädte, wirkte bahnbrechend im Bereich Informationstechnologie usw.). All diese Erklärungen stimmen, sind aber doch insgesamt falsch. Der Schlüssel liegt nämlich in der einmaligen Mixtur selbst.

Wal-Mart ist (a) ein echtes Discount-Geschäft, das konsequent die

Politik vertritt: »Wir haben den niedrigsten Preis in der Stadt, und falls nicht, senken wir unseren Preis.« (b) Freundlich und großzügig (an der Tür steht spezielles Begrüßungspersonal; im Laden in Cameron [Missouri] fand man 1990 ein Schild mit der Aufschrift: »Kaufen Sie alle Filme, die Sie im Urlaub benötigen, bei uns – unverbrauchte Filme können Sie zurückgeben.«) (c) Servicebewußt; die Schlangen an den Kassen sind kürzer als bei der Konkurrenz (das bedeutet beträchtliche Ausgaben für das Kassenpersonal, nicht eben typisch für das Geschäftsgebaren von Discountgeschäften). (d) Ein Pionier in der Informationstechnologie (das Unternehmen verfügt über ein erstklassiges, äußerst kostengünstiges Vertriebsnetz und aktuellste Informationen, die es den Managern ermöglichen, die Nase im Wind zu halten). (e) Ein Spiegelbild des komplexen Sam Walton (kein »Firlefanz«, kein Übermaß, aber auch sehr experimentierfreudig; kleinbürgerlich). (f) Am Menschen orientiert (ganz ehrlich, es handelt sich hier um eine Familie mit 390 000 Mitgliedern!). (g) Aus Bentonville, Arkansas (was nicht eben Chicago ist), usw., usw. . . .
Einerseits *muß* ein Unternehmen wie Wal-Mart geradezu aus einer Kleinstadt wie Bentonville, Arkansas, stammen – die Unternehmensmentalität entspricht diesem provinziellen Hintergrund voll und ganz. Andererseits aber peilt es zielstrebig das 21. Jahrhundert an. Dem Unternehmen gelingt mit seiner kauzigen »Formel« die Verschmelzung dieser beiden Komponenten, und ich möchte gar nicht gern in den Schuhen der Konkurrenz stecken, die dagegen ankämpfen muß. (Das Problem von Sears ist teilweise darin zu suchen, daß das Unternehmen [a] die altmodische, kleinstädtisch enge Verbundenheit zu seinen Angestellten und Kunden verlor, [b] andererseits die Informationstechnologie weder für eine effektive Logistik noch für die schnelle Entscheidungsbildung auf höchster Managementebene ganz auszuschöpfen wußte.)

Das Wichtigste: Wal-Mart ist ein echtes, bisher nie dagewesenes und auch nicht vorhersehbares *Original.* Und – eines Tages – werden seine Stärken zu »Bestimmungen« werden, die ständig an Umfang zunehmen, wie unser GM-Beispiel des wohltemperierten Orangensafts anschaulich zeigte. Es bilden sich die ersten Kalkablagerungen. Neue Organisationen/Organisationsformen erscheinen auf der Bildfläche . . . Und Wal-Mart wird sich um

Anpassung bemühen und um einen halben Tag und fünfzig Cent zu spät kommen ... Es wird sich erneut bemühen und einen Tag und einen Dollar zu spät kommen ... und so fort ... (Und – auch das – schließlich wird Harvard das Unternehmen aus der Liste seiner beispielhaften Fallstudien streichen.)

Das Argument für die »r«-Strategie

In der Biologie gibt es zwei Fortpflanzungsstrategien, die sich grundsätzlich voneinander unterscheiden. Die erste ist die *»r-Strategie«*; Hannan und Freeman nennen sie eine »opportunistische« Strategie. Fortpflanzung findet auf einer Massenbasis statt (wie bei Fliegen, Mücken usw.). Die Lebenschancen der einzelnen Nachkommen sind gering. Allerdings »wachsen unter den richtigen Bedingungen« die Populationen der r-Strategie-Anhänger »rasch an«, denn die Wachstumsgeschwindigkeit wird in einer offenen Umgebung maximiert.

Die K-Strategie ist laut Hannan und Freeman der »genaue Gegenpol«: Fortpflanzungen sind selten, der Fortpflanzungsprozeß aufwendig (z. B. bei Walen, Menschen). Die einzelnen Nachkommen haben dafür aber gute Überlebenschancen, und die Population ist in der Lage, sich trotz scharfen Wettbewerbs zu vermehren.

Die r-Strategie »nutzt neue und kurzlebige Gelegenheiten rasch, ist aber außerstande, es mit riesigen Rivalen aufzunehmen«. Die K-Strategie dagegen nimmt es mit starken Gegnern auf, weiß sich aber nur langsam an Änderungen anzupassen. Ändert sich die Umwelt schnell, sind r-Strategen – die sich ja das offene Feld zunutze machen – im Vorteil. Geht der Wandel langsam vor sich, liegen dagegen die K-Strategen vorn.

Ein Unternehmen der r-Strategie landet einen Erfolg, weil es auf die Schnelle gegründet wurde und es versteht, sich eine flüchtige Gelegenheit rasch zunutze zu machen. Eine Population von Firmen der r-Strategie bedeutet also: flexible Reaktion auf eine »offene« Umwelt. Allerdings bedeutet dies keineswegs, daß eine einzelne, neue r-Strategie-Firma nun die notwendige Flexibilität besitzt, sich auch in Zukunft anzupassen und sich weiterzuentwikkeln. »Populationen von Unternehmen der r-Strategie blühen und gedeihen in Zeiten raschen technologischen Wandels, und zwar nicht, weil sie besonders flexibel sind, sondern weil der für den Aufbau erforderliche Zeitraum so kurz ist, daß die Zahl der

Firmengründungen die Zahl der Firmen, die wieder aufgeben, jederzeit übertrifft«, schreiben Hannan und Freeman. »Die Tatsache, daß in der modernen Gesellschaft schnell aufzubauende Unternehmen erfolgreich sind, spricht dafür, daß die Bedingungen für r-Strategien in den verschiedenen Umfeldern der (modernen Gesellschaft) günstig sind.«
Ich kann mir durchaus auch große »r-Strategie-Unternehmen« vorstellen – etwa 3M, IDG, Random House, CCT oder Thermo Electron –, die »Populationen« kleiner, opportunistischer »Firmen« unter ihrem Dach vereinigen könnten. Allerdings würden Hannan und Freeman hier – auf das obige Argument zurückgreifend – feststellen, daß die Fähigkeit zur Flexibilität einen hohen Preis erfordert: Alltägliche Aufgaben werden nicht mehr völlig reibungslos erledigt (Beispiele: IBM oder Disney).
Wenn die Umgebung besonders unbeständig (»offen«) ist, hat die flexible Firma mit einer Ansammlung von Zwergunternehmen vielleicht einen Vorteil gegenüber – sagen wir einmal – IBM, selbst wenn sie nie eine gezielte Strategie von dem hohen Perfektionsgrad entwickelt, wie sie IBM in den Jahren 1960 bis 1980 zu eigen war. Hannan und Freeman dazu: »Ein Umfeld, in dem der Wandel turbulent und unsicher ist, begünstigt vielleicht Organisationsformen, die sich neu ergebende Gelegenheiten schnell nutzen können. Hier konkurriert die Fähigkeit zur schnellen Reaktion ... mit der Fähigkeit, anfallende Aufgaben zuverlässig zu erledigen.«

Die sorgfältige Forschungsarbeit von Hannan und Freeman ist von einzigartiger Bedeutung. Sie sollte allen Spitzenführungskräften in kleinen wie großen Unternehmen als weise Anleitung dienen. Was regiert, ist Trägheit. Es wird kaum gelingen, sie mit einer Strategie, gleich, welcher Art, zu beseitigen. Aus dem Erfolg (einer geregelten Verhaltensweise, die sich in einer bestimmten Umgebung als sinnvoll erwiesen hat) rührt der Mißerfolg (verspätete oder verworrene Reaktionen auf eine sich wandelnde Umwelt). Zumindest sollten die Ergebnisse unserer strategischen Bemühungen unserer Begeisterung für Megastrategien und Elefantenhochzeiten einen Dämpfer aufsetzen und uns eine Orientierung hin zur Schaffung *wirklich autonomer Einheiten* nahelegen.
K-Strategien scheinen immer problematischer zu werden. (Für

die »Fortune 500« dürfte dies kaum eine gute Nachricht sein.) Vielleicht können sich aber Unternehmen auf diesen Tatbestand einstellen, wenn sie – wenigstens etwas – darauf vorbereitet sind. Der inzwischen verstorbene Vorsitzende von MCI, Bill McCowan, meinte zum »Verbraucherpapst« Ralph Nader in einem Interview für *The Big Boys* halb scherzhaft, man solle eine »Sonnenuntergangsstimmung« für Unternehmen einführen: Unternehmen sollten sich 15 Jahre nach ihrer Gründung selbst auflösen. Als er darauf hingewiesen wurde, daß MCI genau vor 15 Jahren ins Leben gerufen wurde, meinte er: »Dann vielleicht nach 20 Jahren.«
Vielleicht aber lag er mit seinen 15 Jahren ganz richtig!

Jetzt mal ehrlich . . .

> *Es ist eine beunruhigende Vorstellung, daß depressive Menschen die Realität klar erkennen, positiv denkende Menschen hingegen die Wirklichkeit in einer ihnen genehmen Weise verdrehen . . . Es weist vieles darauf hin, daß depressive Menschen zwar trauriger, aber auch weiser sind . . . Nichtdeprimierte Menschen glauben, die Dinge viel stärker im Griff zu haben, als dies tatsächlich der Fall ist.*
> Martin Seligman
> Learned Optimism

Ich finde die Sprache, die ich häufig von Experten für Organisationsdesign- und -strategie höre, schwer verdaulich. »Was wir brauchen, sind sehr flexible, sehr anpassungsfähige, sehr im Fluß begriffene, sehr biegsame ›Lernorganisationen‹, die ihre Form täglich ändern und ihren Kunden Weltklasse-Service liefern, indem sie eine Partnerschaft mit allen Mitgliedern der Wertschöpfungskette eingehen.«
Geschwätz!!! Wenn man sich ohne Unterlaß »im Fluß« befindet und täglich eine andere Form annimmt, wird man niemals in der Lage sein, eine bestimmte Sache gut (geschweige denn ausgezeichnet) zu beherrschen. So ist es nun mal!
Um überhaupt groß zu werden, muß man *irgend etwas* herausragend gut können. Gelingt einem das, geht damit fast automa-

tisch einher, daß man sich in der Spitzenposition nicht lange wird halten können. Schnell wird man das Opfer des »Tunnelblicks« (Größe und Tunnelblick sind Synonyme, wie einem jeder Olympiasieger oder Gewinner eines Nobelpreises bestätigen wird) und wird sich für den Endspurt bereithalten müssen – und das in einer Welt, in der der Endspurt zur Norm geworden ist.
Die Moral der Geschichte: Es gibt keinen einfachen Ausweg – vielleicht gibt es *gar keinen*. Der Gipfel der Dummheit ist jedoch, wenn man sich weigert, all dies zu erkennen. Auch ich selbst muß zugeben, von den Bildern verzaubert zu sein und die Bilder auf diesen Seiten beschrieben zu haben, die in den wolkigen Vorstellungen schwelgen, eine Organisation solle »biegsam, anpassungsfähig, flexibel, beweglich, fortwährend sich ändernd« sein . . . Jetzt aber mal ehrlich . . .
(Vielleicht gibt es ja doch einen möglichen Ausweg, wenn man sich an Seligmans Beschreibung hält. Stellen Sie Optimisten ein. Sie werden sich, unbelastet durch eine klare Einschätzung der Realität, auch weiterhin bemühen, Dinge zu bewegen – wie etwa Churchill. Und rein statistisch gesehen werden einige von ihnen sogar Erfolg haben . . . Allerdings ist ein Pessimist – wie Churchill – erforderlich, um eine solche Strategie wirklich schätzen zu können. Werden Sie daraus mal klug . . .)

Das Paradox der Interdependenz/ Unabhängigkeit

Ich ging bereits oberflächlich auf das Für und Wider strategischer Bündnisse ein. In Zukunft wird immer mehr Arbeit in Zusammenarbeit mit Partnern erledigt werden. Die Einbindung »Außenstehender« (ob es sich nun um Verkäufer, Kunden oder Vertriebsfirmen handelt) auch in die einfachsten Arbeitsteams wird zum Regelfall werden. Bündnisse zwischen zahlreichen Unternehmen mit dem Ziel der Nutzung einer bestimmten Marktnische werden zur Routine. Investitionen in langfristige Beziehungen zu Sublieferanten werden stark zunehmen. All diese Tendenzen suggerieren: Verbindungen, Zusammenschlüsse, verstärkte gegenseitige *Abhängigkeit*.
Andererseits können Sie Ihr letztes Hemd darauf verwetten, daß

der nächste Angriff auf Ihren Markt aus dem Nichts kommt. (Bentonville, Arkansas, schien vom hochherrschaftlichen Sears-Büroturm aus vor 15 Jahren eine gute, sachgemäße Definition des »Nichts« zu sein.) Eben die Verbindungen, die für die Wettbewerbsfähigkeit in der heutigen, komplexen Welt unerläßlich sind, hinterlassen tiefe Furchen, Fallen der Trägheit.

Es gibt eine glatte »Antwort«: Ändern Sie – wie EDS oder MCI – ständig die Form des Netzwerks. Selbst EDS und MCI aber hatten *und haben* Schwachstellen; es reicht also nicht aus, sich zur Bekämpfung der Trägheit schlicht einer größeren »Fluidität« zu verschreiben. Ganz im Gegenteil: Je »besser« diese neuen Netze sind, desto eher werden sie angreifbar. (Es ist schier zum Verzweifeln!)

Per Bak und Kan Chen drückten es Anfang 1991 im *Scientific American* folgendermaßen aus: »Große, komplizierte Systeme stürzen nicht erst unter mächtigen Schlägen, sondern schon beim Fallenlassen einer Nadel ein. Große, interdependente Systeme organisieren sich selbst ständig in einen kritischen Zustand hinein, in dem ein kleines Ereignis eine Kettenreaktion auslöst, die zu einer Katastrophe führen kann. In der Vergangenheit ging man davon aus, daß die Größenordnung der Reaktion des großen, interdependenten Systems der Bedeutung des Störfaktors entsprechen würde.«

Es stimmt schon – unsere Netzwerke sind besonders gefährdet, und zwar nicht nur das von AT&T, einem Unternehmen, das immer stärker Gefahr läuft, daß durch die Unachtsamkeit eines einzigen Baggerführers das gesamte Telefonnetz im Land zusammenbricht. Verschlungene kommerzielle Bündnisse sind auch anfällig für Außenseiter, deren schnelle Reaktionen dazu führen können, daß eng miteinander verknüpfte Unternehmen verspätet und unangemessen reagieren.

Das vielgepriesene »Spinnennetz« hat also seine ganz eigene Verletzlichkeit. Wie gewöhnlich ist die beste Abhilfe eine größere Autonomie, die für sich alleine genommen allerdings nicht ausreicht. Die sehr autonome Einheit wird nämlich wahrscheinlich nicht über ausreichende Ressourcen verfügen, um überhaupt etwas bewirken zu können. Das ist der negative Aspekt der r-Strategien. Es gibt per definitionem also keinen Ausweg.

(Ich möchte noch einmal betonen, daß der »einfache« Ausweg, nämlich der ständige Wechsel der äußeren Form, keinen Bestand haben kann. Es klingt zwar nicht schlecht – heute »r«, morgen »K«. Hat aber keine Chance. Der legendäre GM-Gründer Alfred Sloan predigte zwar einen ständigen Wechsel zwischen Zentralisierung und Dezentralisierung, aber wirklich in die Tat umgesetzt wurde dies nie. Der Autokrat Sloan herrschte im Grunde über eine stark zentralisierte Organisation, die im Lauf der Zeit mal ein ganz klein wenig mehr, dann wieder etwas weniger, dann wieder ein bißchen mehr dezentralisiert wurde. 1930 war GM – allen Managementschriften zum Trotz – keineswegs dezentralisiert; und von heute wollen wir lieber ganz schweigen.)

Der Wandel

> *Was ist denn Freiheit letztlich, wenn nicht ein Zustand, in dem man der Tyrannei des Zufalls nicht nur partiell, sondern völlig ausgeliefert ist.*
> Paul Bowles

Mein Ziel in diesem letzten Kapitel des Teils »Märkte und Innovationen« ist es, Sie zu verwirren. Mein Ziel ist es nicht, Ihnen dabei zu helfen, alles brav und ordentlich zu sortieren. Ich bin der Auffassung, daß jemand, der in der heutigen, turbulenten Zeit nicht viele Fragezeichen setzt, keinerlei Chance zum Erfolg hat. Mitte 1991 gab ich in einem Vortrag in London folgende Anregungen:

- *Selbst scheinbar minimale Änderungen sind hoffnungslos kompliziert.* Nehmen Sie nur die kleine Geschichte zur Entwicklung des »Cyclone Grinder« bei Ingersoll-Rand. Wenn man hinter die Kulissen schaut, wird das Ganze völlig unerklärlich. Wichtig war der Augenblick, in dem Jim Stryker beschloß, zu einer Grillparty einzuladen. Ausschlaggebend war der Moment, in dem sich fünf Augenpaare auf einen Arbeitnehmer richteten, der die Schleifmaschine der vorigen Generation hochhielt. Und wenn es nun drei Augenpaare gewesen wären – oder sieben? Hätten drei ausgereicht? Hätten sieben den Fortgang der Dinge verlangsamt?
- *Es ist auch fast ausgeschlossen, mit rationalen Argumenten für*

Änderungen zu plädieren. Die Forschung lehrt uns, daß es für die Menschen, die dem Abgrund am nächsten stehen, am schwersten ist, ihn zu erkennen. Ich arbeitete in der Ära Nixon unmittelbar neben dem Weißen Haus. Noch wenige Tage vor der geplanten Abstimmung zu Nixons Amtsenthebung im Repräsentantenhaus konnten wir uns einfach nicht vorstellen, daß es mit seiner Präsidentschaft tatsächlich zu Ende gehen sollte – wir, die wir theoretisch am dichtesten an den Ereignissen saßen, waren wohl die letzten 500 Menschen in den USA, denen die Augen aufgingen!

- *Wandel ist einfach!* Wandel ist unmöglich. Aber denken Sie an die Union Pacific Railroad: Die gesamte Organisation mit 30 000 Mitarbeitern wurde innerhalb von 90 Tagen auf den Kopf gestellt. Vergessen Sie auch nicht die »Wochenendrevolution« bei Titeflex. Also: Wenn alle Sterne richtig stehen (die Bedingungen im äußeren Umfeld, die innere Frustration, die »richtige« Führungskraft usw., usw.), ist Wandel »machbar« – und zwar in kürzester Zeit.
- *»Sie« sind zum Wandel bereit.* Das einzige Hindernis, das dem Wandel nicht im Wege zu stehen scheint, sind »sie«. »Sie« – die Mitarbeiter – sind immer bereit. Das heißt – falls alles andere richtig gelaufen ist (Führungsqualitäten, Vertrauensbildung, usw., usw.).
- *Die Antwort heißt radikale Dezentralisierung und freies Spiel der Marktkräfte.* Falls es eine einzige, rundum gültige Lösung gibt, liegt sie in der Atomisierung der Organisation. Die Marktwinde sollen im unternehmerischen Zelt mit Hagel- oder Orkanstärke blasen dürfen. Stichhaltiges Argument von Hannan und Freeman gegen diese überzogene Atomisierung: Das stark in Regeln eingebundene Verhalten, das für den Anfangserfolg notwendig ist, wird sich unter diesen Umständen nie entwickeln können. (D.h.: Sie schaffen es gar nicht, das Zelt überhaupt aufzubauen.)
- *Aus dem Erfolg entsteht zwangsläufig der Mißerfolg; ändern läßt sich daran nichts.* Rein statistisch stimmt diese Aussage zweifellos. In der heutigen Welt befinden Sie sich immer am Rande des Abgrunds. McGowan von MCI drückte es folgendermaßen aus: »Früher dauerte der Zyklus vom blutigen Anfänger bis zum überlegenen Geschäftsmann (und zurück) drei Generationen – heute dauert er etwa fünf Jahre.«

- *»Führungsqualitäten« werden – vielleicht? – stark überschätzt.* Es ist leicht, sich den großartigen Mann oder die großartige Frau auf dem weißen Pferd vorzustellen, die eben noch rechtzeitig herbeigaloppiert kommen, um die Situation zu retten. (Und durch die Seiten dieses Buches reiten ja auch etliche Rodeo-Sieger.) Andererseits sind Führungskräfte dieses Kalibers laut Hannan und Freeman eine »blinde Variante«.
- *Die »Tagesordnung für den Wandel« ist gigantisch, und wir müssen »alles auf einen Schlag« schaffen.* Ob es nun darum geht, alles um ein Vielfaches zu beschleunigen, ob es um eine radikale Dezentralisierung geht, ob alles neu verdrahtet werden muß, ob man verstärkt Informationstechnologie einsetzen oder sein Unternehmen global ausweiten möchte – in all diesen Fällen gibt es viel zu tun. So viel wie niemals zuvor. »Alles auf einmal zu schaffen« kann in einer solchen Situation kein guter Rat sein. Allerdings ist es auch gefährlich, eine Alternative vorzuschlagen. Es ist zweifellos unmöglich, alles auf einmal zu schaffen. Es ist aber genauso gefährlich, diesen Versuch nicht zu unternehmen.
- *Wenn Sie nicht etwas verrückt sind (und Glück haben), vergessen Sie es von vornherein.* Der Grund? Ganz einfach – was zum Teufel bleibt einem denn anderes übrig?

Teil VI

Die Mode!

Prolog:
Ewig geschmacklos oder – jenseits des Wettbewerbs?

Der Kreis schließt sich: Wir sind wieder bei der »Mode« angelangt. Der Begriff war der Auslöser für unsere Analyse kühner neuer Organisationskonfigurationen (in »Mit Hochdruck arbeiten lernen«, »Jenseits der Hierarchien«) und für unsere Untersuchung – unter anderem – von Strategien, mit deren Hilfe man gewaltsam auf den Markt drängen kann (»Märkte und Innovation«). Die Mode, so stellten wir fest, erfordert »Buckyborgs« und sich ständig wandelnde Netzwerke. Sie verlangt nach der Einstellung von Verrätern und nach Jubel, wenn wir Anarchisten unter uns entdecken. Unter dem Diktat der Mode müssen wir alle zu professionellen Dienstleistungsanbietern werden und die Kraft der menschlichen Phantasie freisetzen. »Berühren Sie es« ist wichtig; »versuchen Sie es« ist unerläßlich. Nun aber ist es an der Zeit, etwas ausführlicher auf die Modeerscheinungen selbst einzugehen:

- »Faith Popcorn« berichtet im *Popcorn Report*, daß es in Stamford (Connecticut) professionell gekochte, im Mikrowellenherd erhitzbare, abgepackte Mahlzeiten von einem Lastwagen direkt beim Bahnhof zu kaufen gibt. Name des Unternehmens: »Hallo Liebling, ich bin zu Hause!« Und die »Fax Grand Cuisine« in Elmsford, New York, läßt sich Bestellungen für Mahlzeiten faxen, die von Berufspendlern auf dem Heimweg in ihren Vorortsbahnhöfen abgeholt werden können.
- »Kekse nach Maß« hieß es in einer Überschrift der *Fortune*-Ausgabe vom 16. Dezember 1991. »Dekorierte Weihnachtskekse erfreuen sich jedes Jahr der gleichen Beliebtheit, aber wer hat schon die Zeit, sie zu backen oder sich auf die Suche nach den Farbzuckergüssen zu machen? ›Made'em-Myself‹-

Kekse von Nabisco Foods ermöglicht Kindern dieses Vergnügen ohne den üblichen Aufwand. Mit den fertig vorgebackenen Vanillekeksen erhalten Sie neun Weihnachtsmuster, zum Beispiel Nikolaus, Stern und Rentier (als Schablonen in roter Nahrungsmittelfarbe). Kinder können die Muster mit rotem und grünem Zuckerguß ausfüllen oder umranden oder die Kekse auf der anderen Seite nach ihren eigenen Vorstellungen bemalen. Made'em-Myself‹-Kekse gibt es nur in begrenzter Menge – Nabisco plant, alle bis zum 1. Januar abgesetzt zu haben. Eine 400-Gramm-Tüte mit 40 Keksen kostet 3 Dollar 79.«

- Am 21. Oktober 1991 stellte die *San Jose Mercury News* ihren Lesern folgende Frage: »Wie bewerkstelligt es eine kleine Firma, unter den 20 Hektar Glitzer und Chaos während der jährlichen Extravaganzen der Computerindustrie – der ›Comdex‹ – in Las Vegas aufzufallen? Für die ewig Geschmacklosen des Silicon Valley liefert ›Marty McGreevy‹ – aus seinem riesigen Lager mit Utensilien aus Handelsmessen – einen sieben Meter hohen Ölbohrturm oder auch ein Longhorn-Rind aus Faserglas. Für völlig abgeschmackte Typen stellt er ein polynesisches Dorf samt Grashütten, Plastikpalmen, Wasserfall und massiven Steinidolen aus solidem Polyurethan zur Verfügung . . .«

Ob nun »ewig geschmacklos«, »völlig abgeschmackt« oder nicht – wie zum Teufel will man denn sonst auf dem enormen »Technologie«-Markt, der inzwischen stärker von Modetrends bestimmt wird als der Rodeo-Drive in Beverly Hills, überhaupt noch einen Computer verkaufen? Als ich vor zehn Jahren über »weiche Dinge«, nicht Greifbares und die Wahrnehmung des Kunden zu schreiben begann, galt das damals als reichlich abstrus. Die »Qualitätsbewegung« der achtziger Jahre änderte daran auch nicht viel, höchstens, daß die Nadel nun noch mehr zum »harten«, aggressiven Ende des Verkaufs hin ausschlug. Qualität mag weich klingen, aber nachdem die Ingenieure sie einmal in die Produkte eingebaut hatten, ließen sich Unterschiede von der Größe der Augenbraue einer Stechmücke nachweisen. Behaupten sie zumindest.
Nach einem Jahrzehnt bitterernsten Qualitätsfanatismus in Detroit sagte Robert D. Knoll vom *Consumer Report* gegenüber *Newsweek* im März 1992: »Die Amerikaner bauen heute solide

Durchschnittsautos, aber nichts, was einen vor Begeisterung vom Hocker reißen könnte.« *Newsweek* fügte hinzu: »Die Japaner wiederum erhöhten den Einsatz bei dem, was die Experten die subtilere, ›sinnliche‹ Seite der Qualität eines Autos nennen.« Ob es darum geht, »daß der Hebel für den Blinker nicht wackelt oder wie sich die Kontrolltaste für die Klimaanlage anfühlt« (ein Autodesigner erwähnte diese Details), oder um »in der Mikrowelle erhitzbare, abgepackte Mahlzeiten direkt von einem Lastwagen am Bahnhof« oder aber auch um »Plastikpalmen«, die beim Computerverkauf bei einer Messe in Las Vegas absatzfördernd wirken sollen – es liegt jedenfalls etwas in der Luft.
Vielen von uns – Beratern wie Praktikern – fällt es verteufelt schwer, sich vorzustellen, wie man in dieser weich und unberechenbar gewordenen Welt noch systematisch denken soll.

Wie die ordentlichen Schweizer mit der Mode umgehen
Die schweizerische Uhrenindustrie erfand das Quarzuhrwerk, setzte diese Erfindung aber nicht ein, da man der Auffassung war, daß sie das Ende der bestehenden Märkte bedeuten würde. Eine Quarzuhr konnte schließlich jeder produzieren, während nur die Schweizer über die notwendige Geschicklichkeit verfügten, Zahnrädchen und Unruhfedern herzustellen. Es stellte sich heraus, daß die Schweizer zwar richtig dachten, ihre Strategie aber trotzdem falsch war. Uhrmacher in Japan und Hongkong stürzten sich auf die Entwicklung der Quarzuhr, und die Verkaufsziffern für Schweizer Uhren gingen innerhalb eines Jahres um 25 Prozent zurück.
Gerettet wurde die Schweizer Uhrenindustrie durch das ganz unschweizerische Konzept der *Swatch*. Der Verkauf der Swatch-Uhr machte zwar nur 2 Prozent in einem 4-Milliarden-Dollar-Markt aus, aber die Schweizer konnten mit zwei Dingen aufwarten: Erstens eröffneten sie dem Quarzuhrwerk einen Massenmarkt, auf dem die Preise fallen konnten. Und – wichtiger noch – die Swatch signalisierte, daß das Wesentliche an einer Uhr nicht mehr das Ablesen der korrekten Zeit ist. Eine Uhr für zehn Mark liefert eine ebenso zuverlässige Zeitangabe wie eine Uhr für 50 000 Mark. Mit der Swatch erwarb man jedoch keinen Zeitmesser – sondern einen Modeschmuck, der Spaß macht. Die Schweizer Uhrenindustrie erholte sich unmittelbar nach ihrer Erkenntnis, daß

sie nicht Uhren, sondern Schmuck verkaufte. Für einen Mann ist eine teure Uhr in der Tat oft der einzige »angemessene« Schmuck, den er tragen und stolz herzeigen kann. Dieser Tatsache trägt die heutige Uhrenindustrie Rechnung. Wenn Sie das Bordmagazin in einem Flugzeug öffnen, werden Sie feststellen, daß volle 30 Prozent der Werbung sehr teure Uhren zum Inhalt haben. Nur über ein Instrument der Zeitmessungen läßt sich Männern Schmuck verkaufen.
Edward de Bono
Sur/Petition

PS: Die *New York Times* hatte auch etwas zur Swatch-Manie beizutragen. Unter anderem zitierte sie im Mai 1992 den Swatch-Vorsitzenden Nicholas Hayek: »Wir waren davon überzeugt, daß wir, wenn es uns gelang, all unsere Phantasie und Kultur in ein emotionales Produkt einzubringen, unschlagbar sein würden. Emotionen sind eine Sache, die man nicht nachahmen kann.« (Wenn das nicht eine Aussage zur Mode ist, was denn dann!)

41. Kapitel

Alles wandelt sich – einfach alles

> *Ich glaube, niemand kann ganz nachvollziehen, in welch schneller Folge Intel (Mikro-)Prozessoren herausbrachte. Ein neues Produkt kommt auf den Markt – und muß nach sechs bis neun Monaten durch ein neues ersetzt werden. Keinem Unternehmen – gleich, welcher Größe – wird dies leichtfallen.*
> Richard Miller
> In: »The Invasion that Failed«

> *Jeden einzelnen Tag wird unser kollektives Bewußtsein mit zwölf Milliarden Werbeseiten, zweieinhalb Millionen Radiowerbungen und über dreihunderttausend Fernsehwerbungen überschüttet.*
> Ronald Collins
> Columbia Journalism Review
> November/Dezember 1991

Allmählich wird es lächerlich! 1990 wurden wir in den USA mit 123 (in Worten: einhundertdreiundzwanzig) neuen Sorten von Frühstücksflocken beglückt, von 64 neuen Spaghettisaucen, 54 Waschmitteln und 69 Sorten Wegwerfwindeln ganz zu schweigen. Im Jahre 1980 gab es insgesamt 2689 neue Produkte in Verbrauchermärkten – 1990 waren es 13 244. Der Durchschnitts-Supermarkt führt heute 30 000 Artikel – 1976 waren es 9000. Der Verband der Hersteller nicht rezeptpflichtiger Medikamente meldet, daß es heute 200 000 Marken, Arten und Größen rezeptfreier, über den Ladentisch verkaufbarer Medikamente gibt.

In den Jahren 1980 bis 1990 stieg die Zahl der Investmentgesellschaften von 568 auf 3347. In den USA haben wir inzwischen 70 Kabelnetze; 1980 waren es 27. Über örtliche Systeme empfängt man 170 Sender. (Lesen Sie dazu das Buch *The Age of Missing Information* von Bill McKibben, in dem der Autor mit kritischem Blick das Kabelnetz von Fairfax in Virginia beschreibt, das 93 Programme überträgt. Er führte sich 1991 jedes Programm je einen Tag lang zu Gemüte. Demnächst bewegen wir uns in Richtung auf 300 Sender.) Sonst noch etwas? Jede Woche entsteht eine neue religiöse Glaubensgemeinschaft.

Random House führte 1991 mit großem Rummel eine dritte Verkaufssaison neben den üblichen zwei ein. Im gleichen Jahr sahen sich auch die Hersteller der Playmobil-Spielzeuge veranlaßt, auf den Zug der Modetrends aufzuspringen – sie gaben nun, ebenfalls mit lautem Reklamegetöse, zwei Kataloge pro Jahr heraus statt nur einen. In jedem muß neue Ware angepriesen werden.

Heute werden uns fast 700 unterschiedliche Autotypen angeboten; auch diese Zahl steigt explosionsartig an. Neue Modelle? Erinnern Sie sich an die alten Zeiten, da wir gespannt auf das neue Jahresmodell eines Herstellers warteten, auf die große Enthüllung, und die Händler einige Wochen lang die Scheiben ihrer Schaufenster zuklebten, um uns noch ein wenig neugieriger zu machen? Vorbei, lange vorbei! Ständig werden neue Modelle vorgestellt. Wie lange überlebt eine neue Fernsehserie? Trotz Investitionen, die oft die Millionengrenze einfach überschreiten, nehmen die großen Sender die Serien nach einem Monat oder sogar noch schneller aus dem Programm, wenn sie keinen Erfolg haben.

Kürzlich wurde ein spezieller Piepser für Ärzte patentiert. Teilt er ihnen mit, wann ein Patient ernstlich erkrankt ist? Oder daß der Arzt dringend sein Büro rückrufen soll? Weit gefehlt. Aufgabe des Piepsers: Er unterrichtet die Ärzte darüber, wann in den unzähligen Medizinzeitschriften eine neue, in ihr Spezialgebiet fallende Behandlung erwähnt wird. Neue klinische Ergebnisse sind inzwischen so gang und gäbe – so der Erfinder –, daß ein solcher Piepser unerläßlich ist. (Ärzten, die nicht über diesen Piepser verfügen, fehlt, sollten sie wegen eines Kunstfehlers belangt werden, ohne Zweifel ein Mittel der Verteidigung.)

Patentschutz? Methodische Marktforschung? Können Sie auch

vergessen. Computermodelle und Halbleiter sind nach höchstens einem Jahr veraltet. Das Hauptziel ist es nun, *selbst* sein eigenes, eben fertiggestelltes Werk zu überholen, bevor ein dankbarer Konkurrent dies für einen besorgt.

»Die Großhändler von ›The Limited‹ übernehmen den neuesten Trend aus Paris oder New York und werfen, Wochen bevor die Originaldesigns überhaupt produziert werden, Billigversionen auf ihre Märkte«, berichtete die *New York Times* 1991. Früher einmal benutzten sie dazu Faxgeräte, aber das ist die Technologie von vorgestern. Die *Times* informiert uns: »Das Faxgerät wurde inzwischen durch hochauflösende Computerbilder ersetzt, die in private Übertragungsnetze integriert sind. Über diese Netzwerke werden Modeentwürfe von fernöstlichen Produktionszentren an ihre Büros in den USA gesendet.« Stephen Du Mont, Betriebsleiter der Mast Industries, des Produktionszweiges von The Limited, fügt hinzu, daß »wir bereits 60 Minuten nach Eingang eines Auftrags eine visuelle Darstellung des Stils, vorgeführt vom besten Modell des Geschäfts, nach Hongkong senden können. Das Bild kommt mit einer Qualität, die einer Lithographie ähnelt, auf dem Tintenstrahldrucker an ... Und wir können es in etwa 16 Millionen Farben ausdrucken.« Mast strebt eine Bearbeitungszeit von 1000 Stunden zwischen dem Erkennen eines neuen Stils und der Auslieferung der Ware an die Ladenkette The Limited an. Das Unternehmen arbeitet außerdem – so Du Mont gegenüber der *New York Times* – gemeinsam mit Sony an einem Experiment, bei dem modernstes Hochauflösungsfernsehen eingesetzt wurde, um »ein praktisch dreidimensionales Bild zu übertragen, das dem Händler ein ganz anderes Gefühl für die Ware vermittelt«.

Das Ändern des Geschmacks (wörtlich)

In *The Popcorn Report* läßt Faith Popcorn keinen Zweifel daran, daß sich der Geschmack ändert:

- Laut einer Harris-Umfrage kauften 1990 19 Prozent der befragten Verbraucher erstmalig organische Produkte. Nach der gleichen Umfrage änderten im letzten Jahr 30 Prozent der Amerikaner ihre Eßgewohnheiten erheblich.
- Nach einer Gallup-Umfrage sitzt heute die Hälfte der 86 Prozent von uns, die ihr Abendessen zu Hause einnehmen, vor Mahlzei-

ten, die wir im Restaurant abgeholt haben oder die ins Haus geliefert wurden. (Essen zum Mitnehmen macht derzeit 15 Prozent unserer Ausgaben für Lebensmittel aus; man rechnet damit, daß dieser Betrag dreimal so schnell steigen wird wie die Ausgaben für Lebensmittel insgesamt.)
- Der Verbrauch von Fenchelsamen stieg in den letzten zehn Jahren um 255 Prozent an, und im gleichen Zeitraum wuchs das Obst- und Gemüseangebot im Supermarkt von durchschnittlich 65 auf 250 Sorten an.

Trotz dieser allgemeinen Explosion bei den Obst- und Gemüsesorten sagt *Popcorn* eine weitere Spezialisierung voraus. Unter anderem ist eine Welle »speziell für Ihre Gesundheit entwickelter« Nahrungsmittel zu erwarten. Wie man nun persönlich dazu stehen mag – vielleicht sieht man mit einem weinenden Auge die Zunahme des Essens zum Mitnehmen und mit einem lachenden Auge das gesündere Angebot –, in jedem Fall gilt: Es ist alles nicht mehr, wie es einmal war. Und alles ändert sich, ändert sich immer weiter. Hätten Sie gedacht, daß der örtliche Supermarkt einmal zum Ort einer Moderevolution werden würde? Ach ja, von wegen Supermarkt, das hätte ich ja beinahe vergessen: *Popcorn* führt außerdem aus, daß die Lieferung von Lebensmitteln direkt in die Wohnung des Kunden den Verteilungsprozeß für Nahrungsmittel insgesamt umwälzen wird. Und das Unternehmen »Campbell Soup« geht – auf der Basis von Statistiken des *Harper's Index* – bei seiner Zukunftsplanung davon aus, daß bis zum Jahr 2000 in einem Viertel aller Autos eine Mikrowelle eingebaut sein wird. McDonald's sollte sich vorsehen!

Intelligent, intelligenter, am intelligentesten

Die Produkte ändern sich. In der Tat ist die Frage »*Was ist überhaupt ein Produkt*?« mehr als angebracht. Denken Sie nur an die »nach Maß gebackenen« Kekse und viele, viele andere Dinge:

- *Forbes* berichtete im Mai 1991 seinen Lesern über den smarten Einkaufswagen: »Zwei von drei Käufern sind bis zu dem

Augenblick, da sie auf die Regale im Supermarkt starren, keineswegs auf eine bestimmte Marke festgelegt. Die Entscheidung fällt an Ort und Stelle. Das muß Sie in Alarmstimmung versetzen, wenn Sie zu denen gehören, die Jahr für Jahr über 70 Milliarden Dollar für die Konsumgüterwerbung ausgeben oder die Zeitungsleser mit 270 Milliarden Coupons überschütten, mit denen sich Pfennigbeträge einsparen lassen, von denen aber nicht einmal sieben Milliarden eingelöst werden.«

Für John Malec aber ist diese Ziffer »zwei von drei« eine Lieblingsstatistik. Er ist nämlich der Erfinder des »*Videocart*«, eines ganz normalen Einkaufswagens, an dessen Vorderstange ein kleiner Computerbildschirm und eine Batterieeinheit angebracht sind. Dieses seltsame Gefährt wird gerade landesweit eingeführt und bringt die Werbung für bestimmte Marken unmittelbar in den Supermarkt ... Der Wagen reagiert auf bis zu 150 infrarote, strategisch geschickt über den Supermarkt verteilte Auslöser. Auf dem Bildschirm erscheint beispielsweise eine Pepsi-Reklame genau dann, wenn der Kunde vor dem Getränkeregal steht. Oder es ist eine Liste von Sonderangeboten zu sehen, die es in dem Gang, in dem der Einkaufswagen sich gerade befindet, zu kaufen gibt. Das ist eine sehr direkte Form der Vermarktung, die genau dann greift, wenn die bisher unentschlossenen zwei Drittel der Kunden ihre Entscheidung treffen.

Das Unternehmen hatte 1990 zwar nur einen Umsatz von 5 Millionen Dollar aufzuweisen, unterhält aber trotz dieser geringen Größe Geschäftsverbindungen zu Firmen wie Procter & Gamble, PepsiCo, Nabisco und Ralston Purina. *Forbes* berichtete weiter: »Diese Firmen zahlen etwa 4 Dollar, um 1000 Kunden zu erreichen. Für Gutscheine in Zeitungen wenden sie etwa sieben Dollar auf, und eine abendliche Fernsehsendung kostet 10 bis 12 Dollar pro tausend Kunden.«

Es weist bereits einiges darauf hin, daß Malecs Videocart kein bloßer Gag ist. Wie *Forbes* berichtete, verkaufen sich in einer Ladenkette des Mittleren Westens Artikel, für die mit diesem Gefährt geworben wird, »5 Prozent bis 60 Prozent besser als sonst. Ein Laden der ›Von‹-Kette veranstaltete kürzlich eine Werbekampagne mit einem Kochrezept und dem Hinweis, daß zu dieser Mahlzeit besonders gut ein Cabernet Sauvignon von Robert Mondavi passen würde. Innerhalb von zwei Tagen wurden so viele Flaschen von diesem Wein verkauft wie sonst in drei Monaten.«

- Macht das Einparken Sie immer noch etwas nervös? Am 27. März 1991 stellte Volkswagen ein Modell vor, das sich selbst einparkt und das nicht einmal mehr sehr futuristisch wirkt. Die *San Jose Mercury News* schilderte es so: »An dem Punkt, an dem der Autofahrer beginnt, den Kopf zu verrenken und sich in unnatürlichen Körperstellungen zu winden, stieg [der VW-Ingenieur, der den Prototyp fuhr] einfach aus. Auf Knopfdruck drehte sich das Steuer, und das Auto bewegte sich nach hinten und vorne, bis es fein säuberlich neben dem Bordstein geparkt war. Das automatische Einparksystem funktioniert über eine Reihe von Lasersensoren und Ultraschall-Entfernungsmessern an der Vorderseite und den Seiten des Autos.« VW geht davon aus, dieses System in fünf Jahren serienmäßig anbieten zu können. Kostenpunkt: 5000 bis 10 000 Dollar.
- Und vergessen Sie nicht die neuen, »denkenden« Werkstoffe! *Business Week* befaßte sich vor kurzem mit »Werkstoffen, die selbst denken, ›smarten Zusammensetzungen‹ und ›smarten Häuten‹«. Genauer: »Kunststoffverbunde mit eingebauten Computer- und Lichtwellenleitersensoren ... machen alles möglich: von der Entwicklung von Golfschlägern, die den Ball besonders genau treffen, bis hin zur Konstruktion von erdbebensicheren Gebäuden ... Lichtwellenumleiter dienen als Sensoren, mit denen alle möglichen Daten gesammelt werden, zum Beispiel auch über Druck, Belastung und Temperatur.«
- *U.S. News & World Report* hat auch etwas dazu zu sagen: »›Smarte‹ Werkstoffe ... kombinieren künstliche Sinneswahrnehmungen und Muskelkraft. Mit ihrer Hilfe können Substanzen durch die Änderung ihrer Form oder Festigkeit auf ihre Umwelt reagieren ... Sensoren in einem ›smarten‹ Stützbalken, der einen Riß erhalten hat, signalisieren beispielsweise an andere Balken, zum Ausgleich ihre eigene Belastung zu intensivieren. Ein smarter Flugzeugflügel wiederum ändert vielleicht seine Form, damit das Flugzeug unter unterschiedlichen Flugbedingungen effektiver fliegt.«
- Die *Financial Times* (in Kanada) fügt dies hinzu: »Die meisten Kopiergeräte in Büros enthalten bereits Mikroprozessoren. Die Xerox Canada, Inc., begann vor kurzem damit, Chips einzubauen, die die ›Gesundheit‹ ihrer Geräte überprüfen und das

Auftreten elektronischer und mechanischer Probleme vorhersagen. Das Fotokopiergerät kann an einen normalen Telefonanschluß angeschlossen und so mit einer lokalen Xerox-Vertretung verbunden werden. Das Kopiergerät ist so programmiert, daß es über die Telefonleitung Berichte liefert. Tritt ein Problem auf, druckt ein Computer bei Xerox einen Bericht aus und meldet den Fall einem Service-Mitarbeiter.« Diese Technik ist bisher nur in Großkopierern verfügbar; sie soll aber – nach den Plänen von Xerox – in einigen Jahren auch am unteren Ende der Produktpalette angeboten werden.

Weich, weicher, am weichesten

Der »smarte« Computer, die »intelligente« Technologie, Software oder Telekommunikation sind immer auch »*weich*«. Weich, so könnte man zu Recht behaupten, bedeutet jedoch noch viel mehr. Die »Verweichung« von Gütern und Dienstleistungen geht erheblich weiter. Heute – und dies dürfte kaum eine Übertreibung sein – geht ja wohl jeder ins Showbusiness. Denken Sie nur an das britische Unternehmen »Imagination«, dessen »spinnerte« Mitarbeiter wilde und verrückte Ereignisse planen. Seine Kunden? Microsoft? Keineswegs. Apple? Mitnichten. Dafür aber: British Steel. British Telecom. Die Ford Motor Company. British Airways. Also nicht gerade eine Gruppe von Spaßmachern. Die Märkte werden immer begrenzter und umkämpfter, und der Stellenwert des Showeffekts in all seinen mannigfaltigen Formen steigt beständig an.
Natürlich gibt es auch die Unterhaltung *als solche.* Ende 1990 stand auf der Titelseite von *Fortune* zu lesen: »Amerikas heißester Exportartikel wird immer heißer: die Popkultur!« Unsere Handelsbilanz im Bereich Film, Musik, Fernsehsendungen, Videos und so weiter steht mit 8 Milliarden Dollar in den schwarzen Zahlen – Tendenz steigend. *Fortune* berichtete beispielsweise, daß Madonna-CDs und -Videos im Ausland zweieinhalbmal soviel Gewinn einfahren wie auf dem heimischen Markt. Auf der anderen Seite des Pazifik sieht es übrigens genauso aus: Die Japaner gehen davon aus, daß ihre Ausgaben für Unterhaltung von 30 Milliarden Dollar im Jahre 1990 auf 130 Milliarden im Jahre 1996 ansteigen werden. Sie erklärten die Unterhaltung gar zum wachstumsträchtigsten globalen Industriezweig der neunzi-

ger Jahre! Sie nennen sie, so *Fortune*, »omizu shobai« oder »Wasserindustrie«, was im modernsten Sinne bedeutet: »schwer festzunageln, kaum greifbar«. Carnegie und Ford hätten vielleicht gemurmelt: »Nichts als Schall und Rauch«, aber 1990 verkaufte Disney in Japan Verbrauchsgüter im Wert von 1,5 Milliarden Dollar – Hüte, Uhren, Comic-Bücher. Unsere Musikindustrie mit einem Jahresumsatz von 20 Milliarden Dollar (Löwenanteil: Rock and Roll) hat einen Exportanteil von 70 Prozent. Ende 1991 berichtete die *Financial Times*, daß sechs der zehn »Medienriesen« der Welt in den USA beheimatet sind; die Nr. 1 ist Time Warner. (Ich möchte Detroit und seiner Autoindustrie ja nicht zu nahe treten, aber 1992 wäre ich lieber in der Medien- als in der Autoindustrie führend.)
Unterhaltung also. Harley Davidson ist sich darüber im klaren, daß es in der Unterhaltungsbranche ist! Seine Motorräder verkaufen sich in Europa zwar anständig, »Nebenprodukte« aber – wie Hüte, Jacken und Becher mit Harley-Logos – verkaufen sich wie wild. »Harley, das ist einfach eine Weltanschauung«, berichtete Ward Richter, Anwalt aus Madison in Wisconsin und frischgebackener Harley-Besitzer, gegenüber *USA Today*. Bei meiner letzten Begegnung mit dem Harley-Vorsitzenden Rich Teerlink kam er eben von einer Reise zu den Disney-Betrieben in Orlando zurück. Er war dort keineswegs zur Erholung gewesen, sondern hatte Gespräche mit Disney-Managern über Unterhaltung und Harleys geführt.

Im Sommer 1991 ging ich in einen Laden der Williams-Sonoma-Gruppe im Stanford Shopping Center in Palo Alto, Kalifornien. (Diese Einzelhandelskette der Luxusklasse verkauft überwiegend Kochutensilien für Gourmets.) Beim Bezahlen fiel mir ein ordentlicher Papierstapel neben der Kasse ins Auge: der Kalender des Geschäfts für den Monat Juli. Außer an Sonntagen und am amerikanischen Unabhängigkeitstag gab es an 25 der verbleibenden 26 Tage täglich eine Darbietung. Am 2. Juli etwa konnte man getrocknete Preißelbeeren, Sauerkirschen und Blaubeeren probieren; am Tag darauf waren es Erdnüsse aus Virginia. Am Freitag, dem 5. Juli, führte Krups zwischen 11 und 15 Uhr Küchengeräte vor. Williams-Sonoma bot also nicht mehr nur hübsch drapierte Küchengeräte an, sondern war in das weiche, weichere, ganz weiche Geschäft eingestiegen: *Lehren und*

erklären. (Faith Popcorn erklärte den Trend zur Unterweisung zum wichtigsten Einzelhandelstrend der neunziger Jahre.)
Und selbst die Härtesten der Harten werden weich. Die knallharten, nüchternen Technikfreaks von *Intel* schlossen sich im Juli 1991 mit gigantischem Werbeaufwand (Fernsehen, Zeitschriften) der Parade an. Die Mikroprozessoren von Intel, die Existenzgrundlage des Unternehmens, befinden sich innerhalb der Geräte anderer Firmen und sind folglich nicht sichtbar. Jetzt aber wirbt die Firma für »Intel Inside TM«; dies ist ein unverhohlener Versuch, die unsichtbaren Produkte in den Köpfen zu verankern. Intel plant, gemeinsam mit den Unternehmen, die das Teil in ihre Geräte einbauen, bis Ende 1992 250 Millionen für diese Werbung auszugeben.

Beispiele der »Produkt«-Umgestaltung I: Die Heimwerkerbranche

Als ich ein Junge war, fuhren wir samstags früh oft die zehn Meilen nach Annapolis (Maryland), um Holz für eines der Heimwerkerprojekte meines Vaters zu kaufen. Wir gingen dann immer zur J. F. Johnson Lumber Co. Ich erinnere mich heute noch an den durchdringenden Geruch frischer Sägespäne, der in den Kleidern hängenblieb, und daran, wie die mächtigen Sägeblätter in Sekundenschnelle eine Spanholzplatte zerschnitten. Den harten alten Burschen an der Säge fehlte oft ein Finger – eine ernste Warnung für alle Jungen, die von einer Karriere als Heimwerker träumten. Für mich stand also die Firma J. F. Johnson lange Jahre für den Begriff »Heimwerker«. Sie können sich also sicher meine Überraschung vorstellen, als ich 1989 als Gastredner bei der jährlichen Handelsmesse der Heimwerkerindustrie das riesige McCormick-Place-Hotel in Chicago betrat. Die Veranstaltung ist heute die fünftgrößte Handelsmesse in den USA. Diese Größenordnung spiegelt unmittelbar das Wachstum dieser Branche, deren Umsatz zwischen 1975 und 1991 von 25 Milliarden Dollar auf 115 Milliarden Dollar anstieg.
Aus der Ferne konnte nichts profaner erscheinen als die Heimwerkerbranche. Welch ein Irrtum! Der Aufruhr (und die damit verbundenen Fallen und Chancen), in dem sich dieser Industriezweig befindet, gibt darüber Aufschluß, wie sehr auch der allerletzte Winkel der Wirtschaft den Modetrends unterworfen ist.

Der An- und Verkauf von Heimwerkerzentren vollzieht sich mit rasender Geschwindigkeit. Firmen schließen sich zusammen, bilden Ketten, manche stehen vor dem Bankrott. Andererseits gedeihen die unabhängigen Betriebe dank neuester Techniken und Technologien, deren sich die Großhändler bedienen, in den letzten Jahren besser als der Durchschnitt dieser Industrie insgesamt. Wie in den meisten Branchen ist auch diese gleichzeitig größer (also konzentrierter), kleiner (also unabhängiger) und vernetzter geworden (d. h., die Großhändler leisten mehr für ihre Mitglieder/Kunden).

Nehmen wir als Beispiel eine der am schnellsten wachsenden Ketten, *Handy Andy Home Improvement Centers.* Das Unternehmen – Hauptsitz: Schaumburg, Illinois – verzeichnete 1988 einen Umsatz von 400 Millionen Dollar und besaß im Bereich der Großen Seen 55 Geschäfte. Im Branchenblatt *Home Center Magazine* erschien ein Profil dieser Firma, in dem deren bemerkenswert erfolgreiches Konzept für den Einzelhandel – das Unternehmen nennt es »X-tra« – besondere Aufmerksamkeit geschenkt wurde. Der Weg von den Sägespänen in der Kleidung des Kunden bei der J. F. Johnson Lumber im Jahre 1952 war weit. Ein Manager bei Handy Andy sagte dazu: »Das Heim von morgen braucht nicht nur Reparaturen. Es muß spannende Unterhaltung bieten. [Aha, da ist sie wieder, die Unterhaltung!] Dafür soll nun ›X-tra‹ sorgen. Handy Andy geht weit über den bloßen Verkauf von Farbe und Brettern hinaus; die neuen Läden der Kette werden immer bunter, sind immer hell erleuchtet und führen Waren, die eher in den Bereich ›Lebensstil‹ fallen.« In dem Artikel werden boutiqueähnliche Abteilungen oder »Module« beschrieben, in denen Seidenblumen, Lagerbehälter, Importmöbel und ultramoderne Beleuchtungskörper zum Verkauf stehen.

In *Home Center Magazine* findet sich ein Artikel nach dem anderen, der genau diese Art der Vermarktung als *den* Zukunftstrend hochjubelt. Eine Titelgeschichte befaßt sich mit der »schwierig anzusprechenden Kundin«: Darin wird über das wachsende Interesse der Frauen am »Do It Yourself« berichtet. Eine Begleitstudie besagt, daß etwa zwei Drittel der befragten Frauen angaben, die Heimwerkerarbeit gebe ihnen eine Möglichkeit, kreativ zu sein oder sich selbst auszudrücken. In einem zusammenfassenden Artikel über eine weitere Studie heißt es: »Die

Geschäfte von morgen werden stärker an der Unterhaltung orientiert sein.« Da ist es wieder, unser Wort! An anderer Stelle heißt es, man müsse »über die konventionelle Lieferung von guten Dienstleistungen hinausgehen und dem Kunden ›Problemlösungen‹ anbieten«. Notwendig sei »die Anfertigung nach Maß«. Oder es werden weitere »Mehrwert«-Leistungen der Vertriebsfirmen beschrieben: Da wird beispielsweise den Kunden – also den Geschäften – beigebracht, wie sie verschiedene Produktkategorien am besten vermarkten. In einem Begleitartikel dazu werden »Just-in-Time«- und reaktionsschnelle Systeme der Lagerwirtschaft als unerläßlich für wettbewerbsfähige Vertriebsfirmen geschildert.

Beispiele der »Produkt«-Umgestaltung II: Der Verkauf von Computern

Der folgende Brief ist meine Antwort auf die Anfrage einer Verkaufstrainerin bei einer großen, multinationalen Computergesellschaft:

Sehr geehrte Frau Dr. Meier,

Sie fragen mich, über welche »Fähigkeiten und Fertigkeiten und über welche Ausbildung« Verkäufer heute verfügen sollten, um sich in der neuen Welt des – wie Sie es nennen – »beratenden Verkaufens« zurechtzufinden. Wie Sie bereits sagen, muß der durchschnittliche Verkäufer heute zum »Geschäftspartner«, »Berater« und »Mittler des Wandels« werden und darf sich nicht mehr darauf beschränken, reiner »Befehlsempfänger« zu sein, der »Eisen verscherbelt« (»Eisen« steht in der Computersprache für Hardware). Ich denke an vier Bereiche, in denen der Verkäufer (und sein Team) herausragen müssen.

① *Die Technik, und zwar die von XYZ wie auch die der anderen.* Es leuchtet ein, daß der Verkäufer oder die Verkäuferin technisch versiert sein muß. Er oder sie muß die Welt von XYZ aus- und inwendig kennen und vor allem im Anwendungsbereich auf dem allerneuesten Stand sein. Mehr als je zuvor muß sich der Verkäufer außerdem hervorragend mit den Produkten der Konkurrenz (und den Problemlösungen der Konkurrenz) auskennen und vor allem auch die vielen attraktiven Alternativen und/oder Zusatzprodukte kennen, die unter unbekannten Marken angeboten werden.

Besonders wichtig ist es für den Verkäufer, in gewissem Sinne seine natürliche Voreingenommenheit für das eigene Unternehmen zu vergessen. Der beste Verkäufer (oder, wie Sie ganz richtig sagen, »Berater«) muß die Präferenzen der Kunden willig und sogar aggressiv berücksichtigen, selbst wenn XYZ Produkte gleicher (oder, wie Ihr Verkäufer meint, besserer) Qualität im Angebot hat. Es ist immer noch besser, ein System zu verkaufen, das zu 60 Prozent aus XYZ-Produkten besteht, als gar keines. Wenn Ihr Kunde sich von einem Sun-Microsystem-Terminal absolut nicht abbringen läßt, ermutigen Sie ihn oder sie, dieses in ein XYZ-Netz zu integrieren (falls dies möglich ist, was ich doch annehme). Das Wort »Berater« steht schließlich für Unvoreingenommenheit, und Ihre Verkäufer müssen bis zu einem bestimmten Grad »neutral« sein.

② *Der Verkäufer als Unternehmer.* Sie verwandten den Begriff »Gesprächspartner«. Fügen Sie hinzu: »Unternehmer« oder »unabhängige Geschäftsleute«. Von Mrs. Fields Keksen bis zur Chrysler Motor Company gilt für die Zukunft: Produkt und Führung plus Informationstechnologie. Es ist zunächst Aufgabe des Verkäufers oder des Verkaufsteams, dem Kunden diese entscheidende strategische Wahrheit zu vermitteln (bzw. dem Kunden den Weg zu dieser Erkenntnis zu weisen). Selbstverständlich vertritt das Verkaufsteam das Unternehmen YXZ, muß sich aber auch in der Rolle des halbwegs selbständigen Unternehmers sehen. Die Verkäufer sind unabhängige Geschäftsleute, die jedem einzelnen Kunden den bestmöglichen Weg in die Zukunft weisen.

③ *Mehrwertstrategien.* Ihr Durchschnittsverkäufer sollte die Entsprechung eines Harvard-Abschlusses im Bereich »strategisches Management« mitbringen. Viele haben es zwar noch nicht begriffen, aber in der Informationstechnologie liegt die strategische Zukunft für das Überleben der meisten Unternehmen, ob groß oder klein, ob »Low-Tech« oder »High-Tech«. Der Besuch des Michael-Porter-Kurses über strategisches Management (oder ein entsprechender Lehrgang) ist also wesentlich. Der Verkäufer muß in der Lage sein, das Unternehmen des Kunden im Zusammenhang der Computerindustrie insgesamt und des unablässigen Wandels innerhalb dieser

Industrie zu sehen. Er oder sie muß die Wertschöpfungskette und die verschiedenen Gründe für Wettbewerbsvorteile vor dem Hintergrund der Informationstechnologie (und ganz allgemein) beurteilen können; er muß die Konkurrenz – klein oder groß, einheimisch oder aus dem Ausland – genauestens kennen.

④ *Der Verkäufer als Experte für Organisationsentwicklung.* Nun zum nächsten Harvard-Abschluß: dem für Organisationsentwicklung! Sie wissen es unendlich viel besser als ich – wenn man nach der »Urknalltheorie« Informationstechnologie einführt, geht es meistens völlig schief, oder zumindest schießt der Versuch meilenweit am Ziel vorbei. Der Grund liegt auf der Hand: Bei der Installation von Informationstechnologie geht es vorrangig um eine Verlagerung (und oft um die Zerstörung) der Hierarchie und die Umschichtung der Machtverhältnisse innerhalb eines Unternehmens. Dies begreifen jedoch die wenigsten Kunden – und noch weniger Computerverkäufer.

Letztes Wochenende war ich in meinem Wochenendhaus am Pazifik, hundert Meilen nördlich von San Francisco. Meine Frau und ich beschlossen nach reiflicher Überlegung, einen Holzofen anzuschaffen. Der Ausführung dieses Beschlusses blickten wir einigermaßen beklommen entgegen, da es unter anderem erforderlich sein würde, ein Loch in unser Dach zu schneiden – ein Dach, das nach etlichen Jahren und den Bemühungen mehrerer Bauunternehmer nun endlich wasserdicht war. Außerdem sind wir nur selten hier oben, und die Vorstellung, uns gerade dann hier aufzuhalten, wenn die langwierigen Einbauarbeiten vorgenommen werden, war wenig ermutigend. Letztlich entschieden wir uns aber gleich bei der ersten Firma, die wir aufsuchten, zum Kauf, ohne weiter zu vergleichen. Der Grund: Wir trafen auf Verkäufer (es waren die beiden Geschäftsbesitzer), die die Rollen des »Geschäftspartners«, des »Beraters« und des »Mittlers des Wandels« in sich vereinigten.

Die beiden kannten sich mit der Installation bestens aus. Sie versicherten uns, daß sie problemlos auch dann in unserem Haus arbeiten könnten, wenn wir nicht anwesend seien. Über unser launisches Dach äußerten sie sich in einer Weise, die uns verdeutlichte, daß wir uns hier in liebevollen Händen befanden. Ihre Antworten auf Fragen zu Schwelbränden, Isolierung und Ähnliches nahm uns unsere irrationalen Ängste. Außerdem boten sie an, gegen eine Gebühr einmal im Jahr den Kamin zu reinigen. Am schönsten war unser Gespräch über Holz. Derzeit beziehen wir Holz, das oft feucht ist und in einem Holzofen gefährliche Rückstände verursachen kann. Hier wurde uns angeboten, zuverlässige Bezugsquellen zu vermitteln und ohne Preisaufschlag eine dauerhafte Belieferung mit gutem Holz zu organisieren.

Wir verließen den Laden völlig beruhigt und rundum zufrieden. Um in der Terminologie Ihrer eigenen Branche zu sprechen: Es war ein »Systemverkauf« oder »Lösungsverkauf« erster Güte und übertraf unsere höchsten Erwartungen. Ein etwas breiter gesteckter Vergleich: Wir trafen auf »Heizungsdoktoren und Lehrer der Heizungswartung, die im Umgang mit dem Patienten/Schüler einfach großartig waren«. Ganz nebenbei – selbstverständlich verkaufte die Firma ein ausgezeichnetes Produkt, nämlich einen Vermont-Castings-Holzofen. Das war meiner Frau und mir (beide Teilzeitbürger des kalten Staates Vermont) zwar wichtig, jedoch angesichts der schlüsselfertig ausgearbeiteten Lieferung und Installation absolut zweitrangig. Stellen Sie sich vor – eben jetzt, wo ich an Sie schreibe, wird oben an der Installation gearbeitet.

Mit freundlichem Gruß,

Tom Peters

»Produkt«: Was ist das?

Zwar haben wir bisher nur die Oberfläche angekratzt, aber es stellt sich doch die Frage: Was genau also *ist* nun ein Produkt? Zunächst einmal muß etwas eine *Gesamteinheit* bilden, wie zum Beispiel ein Auto oder der Sitz in der Luxusloge bei einem Baseballspiel. Selbst dieses Grundelement des Produkts hat sich erheblich gewandelt. E-Mail, Groupware, Expertensysteme, computergestützte Softwaretechnik, »Just-in-Time«-Pläne, computergestützte Herstellung, computerintegrierte Herstellung, elektronischer Datenaustausch: all diese Dinge veränderten die Grundverfahren des Produktdesigns, der Maßanfertigung und der Auslieferung des fertigen Produkts.

Zu dieser viel »weicheren« Gesamteinheit gehört *Software I,* die in die Gesamteinheit »eingebaute Intelligenz« – also die in »intelligente« Gebäude, Einkaufswagen oder Autos eingebaute

Software, wie man sie auch in Maschinenteilen von Trumpf oder in den Kombi-Öfen von Rational findet.
Als nächstes kommt *Software II*: Das richtige Industriedesign ist wesentlich, um den Zugang zu neuen Marktpotentialen zu erschließen. Einige gehen sogar soweit, das Design und seinen weitläufigen Verwandten, die Verbraucherfreundlichkeit, als wichtigste Faktoren für die Unterscheidbarkeit von Produkten und Dienstleistungen auf einem in Zukunft immer enger werdenden Markt zu nennen. (Zumindest die Amerikaner haben bisher die Bedeutung des Designs unterschätzt, vergleichen Sie dazu auch Kapitel 46.)
Software III enthält den Versuch, weit über das Konzept der »Nähe zum Kunden« hinauszugehen und eine echte Marktsymbiose zu erzielen. Erinnern Sie sich beispielsweise an die fröhliche Chefkochtruppe bei Rational – die, wie Unternehmensleiter Siegfried Meister sie nennt, »Anwälte des Kunden«. Und vergessen Sie nicht die ungeheure Intensität, mit der Ingersoll-Rand mit detektivischem Spürsinn die Bedürfnisse des Endverbrauchers festzustellen suchte. Im Mittelpunkt all dieser Bemühungen steht der Versuch, die Mauer gänzlich einzureißen, die so lange »sie« (die Kunden) und »uns« (die Anbieter) voneinander trennte.
Software IV ist die Revolution bei der Lieferung und der Logistik. Logische Nebenprodukte sind z. B. der Erfolg von Firmen wie »Federal Express« oder die Lieferung frei Haus, die Faith Popcorn beobachtete.
Software V ist die Neuformulierung des Konzepts der Dienstleistung. In Xerox-Geräten wie auch in Autos und im Laserschneider von Trumpf ist von vornherein die Diagnostik eingebaut. Auch die Unterweisung und Beratung wird allmählich zur Selbstverständlichkeit – denken Sie etwa an Trumpf, Rational, Williams-Sonoma, Handy Andy oder The Body Shop.
Mit *Software VI* wird dem Konzept der »Unterhaltung« Rechnung getragen, das Nonplusultra bei einer Dienstleistung. Der Markt der älteren Mitbürger beispielsweise ist ganz versessen auf »Erfahrungen und Erlebnisse«. (Wenn Ihre Nerven dies aushalten, sollten Sie sich den explodierenden Sektor der »High-Tech«-Beerdigung in Japan betrachten – ein kultureller Trend, der uns mit Sicherheit auch noch erfassen wird, darauf möchte ich wetten.) Edward de Bono nennt in *Sur/Petition* vier »machtvolle Faktoren für die Wertsteigerung, die in Zukunft an Bedeutung

zunehmen werden«. Diese vier Faktoren sind Bequemlichkeit, Lebensqualität, Selbstwert und Ablenkungsqualitäten. Er führt weiter aus, daß in diesen vier Faktoren »der Schlüssel zur Wertewirtschaft, die die Überlebenswirtschaft abgelöst hat, zu finden ist«. Klingt mir sehr nach Unterhaltung!
Ich erhebe bei dieser kleinen Taxonomie der Bestandteile des »Produktes« von morgen natürlich nicht den Anspruch der Vollständigkeit. Sie ist auch nicht unbedingt »richtig«. Mir lag ausschließlich daran, eine einigermaßen beeindruckende Liste zu erstellen, nach der klar auf der Hand liegt, daß die »weichen« Charakteristika die »harten« verdrängen. Und selbst die »harten« (die Gesamteinheiten) sind fast völlig »soft« geworden. »Die Materie ist nicht mehr allein ausschlaggebend!«, so umschreibt es Stan Davis in *Future Perfect*. »Der Mehrwert ergibt sich in Zukunft immer stärker aus immateriellen Elementen, ›Elementen‹ also, deren Bedeutung nicht in ihrer materiellen Existenz zu suchen ist. Manager, die sich konsequent mit den ›nicht greifbaren‹ unmateriellen Elementen ihrer Konkurrenz beschäftigen, werden sich aus dem Schatten der Konkurrenz, die sich auf die rein materiellen Komponenten konzentriert, herauslösen.«

Das eherne Gesetz der Mode

Sie hören den Begriff »Mode«. Woran denken Sie? Flair, flüchtig, flott, launisch, Luxus, belanglos. Na und – was ist denn daran falsch? Vieles, nach der Meinung zahlreicher Menschen zu urteilen. 41 Sorten Tylenol sind schlicht und einfach zuviel. Und trägt die unverständliche Logik im »Gehirn« meines Tempomats wirklich zur Steigerung meiner Lebensqualität bei? Nein. Und wie kommt es, daß mein 1991 gekauftes Brillengestell von Armani bereits 1992 nicht mehr hergestellt wird? (Das neue Modell unterscheidet sich optisch nur sehr unwesentlich vom alten, ich mußte trotzdem eine völlig neue Brille kaufen, samt Gläsern, nachdem das Gestell an einer Stelle zerbrochen war.) Aber: Die »Mode« war in gewisser Weise schon immer der Antriebsmotor des Fortschritts. Wie F. A. V. Hayek schreibt, erklärt sich die Komplexität unserer Zivilisation und die Produktivität des Handels daraus, daß »jeder einzelne Mensch die Welt subjektiv anders empfindet. Es scheint paradox zu sein, aber die Unterschiede

unter den Menschen scheinen eher Kräfte zu schüren, die die Bedürfnisse befriedigen könnten, als die Homogenität es vermag.« Mit anderen Worten: Die simple Tatsache, daß mir der Sinn nach irgendeinem Objekt steht – ob es sich nun um lila Lippenstift, neue Reebok-Schuhe, Müsli mit Ahornsirup oder eine Hypothekenanleihe mit variablem Zinssatz handelt –, ist die Grundlage für jegliche Handelstätigkeit, lokal wie global.
»Rationalisten« haben mit diesem Ansatz nach wie vor ein Problem: Diese Vielfalt der Bedürfnisse, Geschmacksrichtungen und Wertvorstellungen ist ja völlig subjektiv! Dabei bestimmt sie ganz unmittelbar die relative Knappheit und indirekt auch den Preismechanismus selbst. Bei der Einführung neuer Produkte, bei der Entstehung neuer Märkte tun wir nichts anderes, als den geringfügig oder auch sehr stark unterschiedlichen Geschmack jedes einzelnen zu befriedigen.
So gut wie jedes Produkt, ohne das das Leben heute kaum noch denkbar ist, war ursprünglich eine Frivolität. Ein Grund für die großen Forschungsreisen der europäischen Entdecker war der Wunsch der Reichen, das fade Essen aufzubessern, das an ihren Tischen serviert wurde – Marco Polo reiste in erster Linie auf der Suche nach Gewürzen in den Orient. Im Jahre 1900 besagte eine Mercedes-Studie, der Automarkt werde nie über eine Million Wagen hinauswachsen. Warum? Weil es einfach unvorstellbar war, daß »Zivilisten« auf den Gedanken verfallen könnten, ein Auto zu fahren. Man ging davon aus, daß es eine Obergrenze von etwa einer Million Menschen gab, die sich als Chauffeure eigneten. Wenn man es so betrachtet, war eigentlich auch die Erfindung des Rades überflüssig – schließlich war die Gesellschaft auf die »Radlosigkeit« eingerichtet, da es ja eben keine Räder gab. Wir brauchten keine »Post-it-Haftnotizen«, bevor es sie gab. Bevor es PCs gab, waren auch sie überflüssig. Vor der Erfindung der Eisenbahn brauchte man die Eisenbahn nicht. Noch früher brauchte man auch keine Kanäle – und so weiter.
1926 mußte sich Henry Ford endlich dem Druck der Konkurrenz (General Motors) beugen, die mit großem Erfolg unterschiedliche Modelle und Farben führte und diverse Finanzierungsmodelle offerierte. Ford raffte sich dazu auf, dem Massenkonsumenten neben dem traditionellen Schwarz auch noch andere Autofarben anzubieten. Damit betrat er den Pfad der Luxusgüter, der Mode, des Belanglosen – des Immateriellen. *Brauchen* wir 1992

wirklich mehr als eine Autofarbe? Natürlich nicht. Die Sache ist nur die: Die Autovermarkter des Jahres 1992 peilen mit verschiedenen Farben verschiedene Geschlechter, Altersgruppen und geographische Orte an – und zwar mit Erfolg. Aber stellen Sie sich nur einmal vor, wieviel effektiver wir arbeiten könnten, wenn wir weltweit nur noch eine einzige Autofarbe produzieren würden. Richtig?
Falsch! Denn seit jeher ist es die Suche nach dem Neuen, die Suche in den Randbereichen, die langfristig jeden technischen und wirtschaftlichen Fortschritt ermöglicht – und sie ist die Grundlage aller Arbeitsplätze. In einer Welt mit einer einzigen Autofarbe (usw.) kommt jegliche Entwicklung etwa in der Werkstoffkunde (Farben) und in der Software (relationale Datenbanken, nach denen Produzenten entscheiden können, welche Käufergruppe sich für welche Farbe entscheiden könnte) zum Stillstand – wie es in den großen Kommandowirtschaften unter dem Banner der Sowjetunion so lange Jahre weitgehend der Fall war. (Und: »Lexus-Ingenieure klebten sich falsche Fingernägel auf, als sie die Fensterbedienung testeten« – so zu lesen in der *International Herald Tribune* am 24. Juni 1992. Ein Hinweis auf die Bemühungen der Autoproduzenten, Frauen anzusprechen. Die Frauen kaufen »heute 50 Prozent aller neuen Autos, das sind 13 Prozentpunkte mehr als noch vor zehn Jahren«.)
Weich, frivol und modisch gab es schon immer, seit Menschengedenken. Dies war und ist gestern, heute und morgen das einzig entscheidende Spiel. Stellen Sie sich nicht ins Abseits – spielen Sie mit!
Neu an der Sache ist nur, daß die »weichen« Elemente die Überhand gewonnen haben (Beispiel: 300 Kabelfernsehsender, nach Maß gebackene Kekse). Früher konnte man wenigstens so tun, als ob es um echte Substanz ging. Eine Waschmaschine, obwohl erst seit relativ kurzer Zeit ein allgemein verbreiteter Gebrauchsgegenstand, erscheint einfach wirklicher als eine »intelligente«, superleichte Kamera. Jetzt aber muß man Farbe bekennen. Alle Aspekte des Handelsverkehrs scheinen nur noch mit einem »Doktortitel in Mode« zu erfassen zu sein. All dies erfordert eine hohe Toleranzschwelle für Unbeständigkeit und Fehlschläge. Es kann daher nicht verwundern, daß so viele unserer führenden Erfinder und Vermarkter gerade mal gut zwanzig oder gar noch jünger sind – sie »verstehen« diesen Modekram.

»Sox Appeal«

Warum kamen mir das letzte Mal, als ich Socken kaufen ging, fast die Tränen? Ich war in einen Laden gegangen, der »Sox Appeal« hieß. Es klang wie der rechte Ort, um in wenigen, angenehm verbrachten Minuten ein Paar weiße Sportlersocken zu erstehen. Ich hielt mich kurz in der Abteilung für elegante, zum Anzug passende Socken auf – es gab über 300 Varianten, darunter Produkte mit Stickereien, in Bikinis gehüllte Frauen, Krawatten, Blumen oder elegante Logos. Schließlich fand ich den Weg in die Sportabteilung. Hier war die Produktauswahl noch erschlagender. »Hypercolor«-Socken, die ihre Farbe ändern, weiße Kombinationssocken für »Sport und Anzug«, »EarthCare«-Socken, die umweltfreundlich sein sollen (und auf deren Verpackung unglücklicherweise damit geprahlt wird, daß sie sich schnell zersetzen), und dann, endlich, Strumpfwaren für sämtliche Sportarten: Racquetball, Laufen, Gehen, Radfahren, Bergsteigen, Basketball und Aerobic. Ich brauchte Hilfe.

»Wie steht es denn, wenn man nur gelegentlich Racquetball spielt, ab und zu läuft oder geht, aber nicht für jede Gelegenheit verschiedene Socken anschaffen will?« fragte ich die Verkäuferin. Sie rümpfte die Nase. »Das ist eine Sache der persönlichen Präferenz«, meinte sie. Hatte sie vielleicht ein Paar ganz normale weiße Socken? Wieder die gerümpfte Nase. »Na ja, Sie *könnten* natürlich diese nehmen, aber . . .« Ich las dann die Aufschriften auf den Kartons, reich bebildert mit Beschreibungen von Socken-Architekten über »kritische Punkte in den mit Kissen versehenen Belastungszonen«. Schließlich informierte ich mich noch kurz über die Funktionsweise des »Cross-Training«-Sockens: »Schockgewebte elastische Spannstütze, paßt sich dem Spann an, stützt und läßt den Knochen im Fuß freies Spiel, ohne zu verrutschen.« Weitere fünf Minuten verbrachte ich mit der Auswahl der Form (knöchellang, Wadenlänge oder Kniestrumpf) und des Herstellers. Zu guter Letzt ergriff ich einen »Cross-Trainer«, zwei Gehsocken und – in einem Anfall von Schuldbewußtsein gegenüber der Umwelt – ein Paar »EarthCare«-Socken.

Steve Waldman
»The New Republic«
27. Januar 1992

Wenn das Besondere gar nicht so besonders ist

Marktnische, Miniaturisierung, Spezialisierung: viele – ich zum Beispiel – bliesen im Lauf der Jahre in dieses Horn. Und das ist auch richtig so. Allerdings ist es zweierlei, auf Spezialisierung zu *machen* oder tatsächlich etwas Besonderes zu *sein*. Das Besondere muß gerade unter den heutigen Marktbedingungen wirklich etwas Besonderes sein. In den achtziger Jahren hatten die Chemieriesen der Welt etwa zur gleichen Zeit den gleichen Einfall: Sie verlagerten die Produktion von den Gebrauchsartikeln auf (in geringen Mengen) produzierte Spezialchemikalien. Das absehbare Ergebnis: Der Markt wurde zu eng, die Gewinnspannen hauchdünn. Was theoretisch etwas ganz Besonderes war, entpuppte sich in der Realität als alltäglich. Die Giganten hielten weitgehend an einem Produktionsmodell fest: der Verlagerung von Gebrauchsartikel-Gesamteinheiten auf spezialisierte Gesamteinheiten. Sie erkannten nicht, daß für die Produktion von etwas »Besonderem« etwas in der Art wie die oben angeführten sechs Richtigen der »Produkt«-Software erforderlich ist. (Ein Spitzenreiter bei den Spezialchemikalien ist seit langem Buckman Labs. Der Vorsitzende, Bob Buckman, beherrscht den »beratenden Verkauf« so gut wie kaum ein anderer, den ich kenne. Er ist sich auch bewußt, daß der Verkauf zahlreiche gut bezahlte Mitarbeiter erfordert, hinter denen das Unternehmen ohne Einschränkung steht. Oft habe ich ihn darüber kichern hören, daß die Riesen der Branche »es nicht kapieren«, daß sie, selbst wenn es ihnen gelingt, vom Produktdenken wegzukommen, nicht in der Lage sind, ihre Unternehmenskultur umzukrempeln und ihren Verkäufern den nötigen Rückhalt zu geben.)

Alle großen Unternehmen der Computerbranche – einschließlich IBM – fördern offene Systeme (die Produkte aller Firmen sind miteinander kompatibel), Netzwerklösungen und Kundennähe. Darin sehen sie das »Besondere« ihres Systems. Gleichzeitig in *Fortune* wie auch in *Business Week* erschienene Titelgeschichten vom Mai 1990 beschrieben den Einsatz identischer Strategien bei Procter & Gamble, United Technologies und AT&T: All diese Unternehmen werfen ihre überzähligen Management-Ebenen hinaus, stecken Mitarbeiter in multifunktionale Teams (Design, Betrieb, Finanzen usw.), schleichen um den Markt herum und versuchen, schnelle, maßgeschneiderte Lösungen für immer spezieller werdende Bedürfnisse der Kunden zu entwickeln. Klingt bekannt? Nun, wenn erst einmal *alle* Unternehmen flacher strukturiert sind, wenn *alle* Multifunktionsgruppen eingerichtet, *alle* Verfahren gestrafft sind und die Kunden genügend umworben worden sind – sollte sich jedes Unternehmen Gedanken darüber machen, was denn seinen eigenen Ansatz im Vergleich zu den anderen *einzigartig* macht. Wie wird sich DuPonts Feldzug für die Spezialisierung von Chemikalien grundsätzlich von der Strategie bei BASF oder Monsanto, von Buckman Labs ganz zu schweigen, unterscheiden? Wie wird sich die AT&T-Computerstrategie der offenen Systeme und der maßgeschneiderten Lösungen merklich von der Strategie bei DEC absetzen?

Es gibt darauf keine einfache Antwort. Zunächst einmal ist die Zeit einfach reif für schnelle, neue Verfahren. Selbst für ein Pharma-Unternehmen wird es allmählich fast unmöglich, einen Vorsprung vor der Konkurrenz zu halten. Für Unternehmen in den Bereichen Computer, Halbleiter, Software oder Chemie gilt dies eh. Nachahmer mit schnellen Produktentwicklungssystemen ziehen innerhalb von Monaten – und völlig legal – fast jeder führenden Marke den Teppich unter den Füßen weg. Andererseits bringt es uns auch kaum weiter, wenn wir stumpfsinnig die Organisationsstrategien der anderen übernehmen. Nur eindeutig »Besonderes« hat eine Chance, bis zum Schluß des Wettrennens mitzuhalten.

Meine Bedenken zu modischen, aber berechenbaren Strategien nahmen 1990 Gestalt an, als ich hörte, wie ein bekannter Berater das auf einem Zeitplan basierende Produktentwicklungsverfahren von Apple lobte. Er behauptete, mit diesem Plan könne Apple genau vorhersagen, welche Produkte das Unternehmen bis 1995 herausbringen würde. Ich hoffe für die Firma Apple, daß der Mann sich irrt! Denken Sie nur daran, wie der Macintosh-Computer entstand: Dem Mitgründer von Apple, Steve Jobs, ließ die Maschine keine Ruhe mehr. Er nahm die meisten Spitzentechniker von seinem/Apples noch nicht fertigen, »todsicheren erfolgreichen« Computerprojekt »Lisa« mit, brachte sie in einer Art Schuppen unter, hißte die Piratenflagge (tatsächlich!) und machte sich an die Arbeit an seinem Mac. Und darauf möchte ich wetten: Auch der nächste Durchbruch beim PC, beim Terminal oder wo auch immer wird sich auf ähnlich unberechenbare Weise ereignen. (Die spannendste Frage dabei: Wird dieser Durchbruch das Ergebnis eines festgelegten Zeitplanschemas

bei IBM, Apple, Compaq oder Sun sein? Oder wird etwas bei einer dieser Firmen durch die Ritzen fallen? Oder aber – und dies ist eigentlich am wahrscheinlichsten – kommt der nächste Entwicklungssprung von einer spitzbübischen Firma, von der noch nie jemand etwas gehört hat?)
Ein Manager aus der Konsumgüterbranche gab 1991 bei einem unserer Seminare dem Thema »Das Besondere muß wirklich etwas *ganz* Besonderes sein« eine neue Wendung. Er sagte dort: »Je mehr Firmen sich auf dem Markt drängen und ihre eigene Marktforschung betreiben, desto mehr nimmt die Bedeutung der Marktforschung ab.« Ich meine, er hat da etwas Wesentliches erkannt. Marktforscher neigen dazu, der Masse nachzulaufen. Derzeit zum Beispiel ist die Menge, was die Marktforschung über Werte und »Lifestyle« betrifft, auf dem neuesten Stand. Ergebnis: Fast alle Marktforscher »entdecken« die gleichen Dinge. (Ähnlich liegt der Fall bei der Krise, in der sich das Industrie-Design gerade befindet, da alle die gleiche Software für computergestütztes Design zu benutzen scheinen. Dies führt dazu, daß mein Auto wie mein Mixer aussieht und sich auch meine Badewanne, mein Fernglas und meine Kamera überraschend ähnlich sehen.) Ich will nicht den Wert der Marktforschung schlechtmachen oder bestreiten, daß es einigen Marktforschungsunternehmen durchaus gelingen mag, besondere Meßwerte zu entwickeln, um *selbst* aus der Masse hervorzustechen. Es gibt jedoch noch einen anderen Ansatz, den wir im Kapitel »Märkte und Innovationen« besprachen. Wenn alle sich rasch bewegen und alle die gleichen Studien zu Rate ziehen, erscheint eine Strategie besonders einleuchtend: »Nicht einfach herumstehen, sondern etwas tun.« Das heißt: Bringen Sie etwas schnell auf den Markt. Läuft es, machen Sie Dampf; ist es ein Reinfall, schießen Sie es ab. (Dieses Konzept des »Stehen Sie nicht herum, sondern tun Sie etwas!« entpuppte sich übrigens als etwas *sehr* Besonderes und ist kaum nachzuahmen. Fragen Sie einfach PepsiCo oder IDG oder Quad/Graphics. Von wegen seltsame Seele!)

Tobins »q«

»Die wichtigsten Aktivposten eines Unternehmens ... (wie etwa seine Mitarbeiter oder der Markenname) sind nicht bezifferbar; sie erscheinen nicht als Vermögensart und daher auch nicht in den Bilanzen«, schreibt Professor David Aaker im Vorwort zu seinem Buch *Managing Brand Equity.* »Die ›immateriellen Vermögenswerte‹ können nicht abgeschrieben werden; daher müssen sie unmittelbar aus dem Cash-flow und den kurzfristigen Gewinnen leben.« Das Schlüsselwort im Titel von Aakers Buch ist *managing*. Die nicht greifbaren, »weichen«, vom Modeschick bestimmten Faktoren, auf denen heute der High- oder Low-Tech-Weg beruht, werden oft sträflich vernachlässigt und in keiner Weise gemanagt. Um uns diese Zahlen anschaulicher zu machen, führen wir ein Beispiel an: *Tobins »q«*, benannt nach dem Wirtschaftsnobelpreisträger James Tobin aus Yale. Tobins »q« ist das Verhältnis zwischen dem Wert eines Unternehmens an der Börse und dem Wiederbeschaffungswert seines Vermögens an Sachanlagen. Viele Unternehmen – so berechnete *Fortune* 1991 anhand von Verhältniszahlen – weisen unterschiedliche Grade der Weichheit auf. Bei Microsoft etwa beträgt das Verhältnis Marktwert/physische Aktiva rund acht zu eins. Bei der stark hardwareorientierten Firma Emerson Electric beträgt das Verhältnis zwar »nur« zwei zu eins – bedenken Sie dabei aber, daß selbst in diesem Fall der »weiche« Wert deutlich über dem »harten« liegt. Professor David Teece von der University of California sagte gegenüber *Fortune* aus: »Tobins ›q‹ reflektiert etwas ... das sich nicht in den Bilanzen niederschlägt. Ein Teil davon ist das *intellektuelle Kapital.*« Also: die immateriellen oder nichtgreifbaren Elemente. In *Intelligent Enterprise* geht der Dartmouth-Professor Brian Quinn dieses Phänomen von einer anderen Seite an. Er nennt die nichtgreifbaren Elemente »Wert der Dienstleistungskompetenz« und definiert diesen Begriff als die Differenz zwischen dem Buchwert einer neugekauften Firma (also dem harten Anlagevermögen) und dem Transaktionswert, also dem bei Weiterverkauf erzielten Preis. Beachten Sie besonders die Unterschiede beim »Dienstleistungswert als Prozentsatz des Buchwertes«: Beim Kauf einer Gesellschaft mit hartem Sachvermögen (etwa Holzprodukte) ist der Dienstleistungswert als Prozentsatz des Buchwertes relativ gering, beim Kauf von Northern Nekoosa durch

Georgia Pacific waren es zum Beispiel 102 Prozent. Beim Kauf einer Firma mit weichen Aktiva dagegen (etwa bei Pharmaunternehmen) ist der Dienstleistungswert wesentlich höher: Beim Aufkauf von Squibb durch Bristol-Meyers waren es 752 Prozent. Und als McCaw Cellular Lin Broadcasting erwarb – McCaw kam es dabei vor allem auf die von Lin gehaltenen Linzenzrechte für Mobiltelefone an –, sprengte die Zahl alle Dimensionen: McCaw zahlte 3,8 Milliarden Dollar für ein Anlagevermögen im Werte von 209 Millionen Dollar, Kennzahl für die Dienstleistungskompetenz in Prozent vom Buchwert: 1721!
David Aakers beurteilt mit peinlicher Sorgfalt die ersten, zaghaften, aber schnell zahlreicher werdenden Forschungsarbeiten über den Wert der immateriellen Elemente. Er beschäftigt sich besonders mit der *Marktkraft*, die einem Markenzeichen innewohnt. Ein Beispiel: »American Motors führte einen Autotest durch. Dem Publikum wurde ein namenloses Auto vorgeführt (das Modell hieß damals ›Renault Premiere‹), und es sollte sagen, wieviel es für diesen Wagen zu zahlen bereit war. Ohne Namen wurde ein Preis von etwa 10 000 Dollar genannt; mit dem ›Renault-Premiere‹-Signum lag der Preis um circa 3000 Dollar höher. Als Chrysler American Motors aufkaufte, wurde aus dem Wagen der ›Chrysler Eagle Premiere‹. Er wurde zu einen Betrag verkauft, der den Preisvorstellungen des Tests in etwa entsprach. Über den Preis läßt sich der Wert eines Markennamens allerdings nicht unbegrenzt quantifizieren, das gilt vor allem bei Produktgruppen wie Zigaretten oder Flugreisen, bei denen die Preisgruppen relativ dicht beieinander liegen. Eine Alternative liegt darin, das *Kundenverhalten* zu messen. Inwieweit läßt sich der Kunde durch Markenzeichen in seinen Vorlieben und Kaufabsichten beeinflussen? Wie wirkt sich das Markenzeichen auf die Bewertung aus? Nach einem Test schnellte die positive Bewertung für Kellogg's Corn-flakes von 47 auf 59 Prozent, nachdem die Testpersonen den Markennamen erfuhren.«
Aakers sagt ganz klar, daß sich die wahrgenommene Qualität von der eigentlichen Zufriedenheit mit dem Produkt stark unterscheidet. »Ein Kunde ist vielleicht deshalb zufrieden, weil er *niedrige* Erwartungen an die Leistungsfähigkeit des Produkts hatte. Hohe wahrgenommene Qualität beruht nicht auf niedrigen Erwartungen. Es ist auch nicht das gleiche wie die innere Einstellung: Eine positive Einstellung könnte sich daraus ergeben, daß ein qualita-

tiv minderwertiges Produkt zu einem äußerst günstigen Preis angeboten wird. Andersherum entwickelt ein Kunde vielleicht zu einem qualitativ ausgezeichneten Produkt eine negative Einstellung, wenn dieses zu teuer ist. Die wahrgenommene Qualität ist also ein *nichtgreifbares Gefühl* ganz allgemeiner Art über die jeweilige Marke.« Und dieses »allgemeine Gefühl« kann Millionen/Milliarden zum Marktwert eines Unternehmens beitragen. (Falsch – es »trägt« nicht »bei«. Das »allgemeine Gefühl« ist der Marktwert!)

Achten Sie auf die Wertsteigerung Ihres Markennamens?
Welches, fragt Aakers, sind die praktischen »Indikatoren für eine *Unter*betonung der Markenförderung«?

- Manager können nicht mit Sicherheit sagen, welche verschiedenen Gruppierungen zu der Marke gehören und wie stark diese sind. Es fehlt auch an Sachkenntnis darüber, wie sich die einzelnen Bereiche im Laufe der Zeit entwickeln.
- Es gibt keinen systematischen, zuverlässigen, empfindlichen und allgemeingültigen Maßstab für die Zufriedenheit und Loyalität des Kunden, und es gibt auch kein Diagnosemodell, das laufend darüber unterrichtet, warum sich das Kundenverhalten unter Umständen ändert.
- Es gibt keine an den langfristigen Erfolg des Unternehmens gekoppelten Indikatoren zur Bewertung der Marketing-Bemühungen für eine Marke.
- Es gibt im Unternehmen keinen Mitarbeiter, der eindeutig dafür zuständig ist, das Markenkapital zu schützen.
- Die Marke und ihre Manager werden an ihren vierteljährlichen und jährlichen Leistungen gemessen. Es gibt keine wichtigen längerfristigen Ziele. Die betroffenen Manager gehen realistischerweise davon aus, daß sie nicht lange genug dabei bleiben werden, um Zeit für strategisches Denken zu haben, und das Abschneiden der Marke hängt letztlich nicht von ihnen ab.«

Gillette entkommt der Falle des Massenartikeldenkens
Gillette war schon im 19. Jahrhundert erfolgreich, da der Name für Qualität stand. Und als Sponsor sportlicher Großereignisse (im Jahre 1950) lautete der stolze Werbeslogan, Gillette sei »der ein-

zige Weg zu einer anständigen Rasur«. Anfang der siebziger Jahre allerdings verzettelte sich das Unternehmen durch Diversifikation in Produktionsbereiche, in denen es unmöglich Qualitätsführer sein konnte. Außerdem griff die Konkurrenz den Kernbereich der Firma an: Wegwerfrasierer versprachen nun eine »anständige Rasur«, und das halbe Dutzend gab es schon für unter zwei Dollar zu kaufen. Gillette schlug zurück und konnte auch einen guten Teil des Marktes für Wegwerfrasierer erobern. Dieser Trend bewirkte jedoch einen drastischen Rückgang des Verkaufs von Rasiersystemen wie etwa des Trac II und des Atra, die über 3 Dollar kosteten. Dies bedeutete den Verfall des Marktes für Rasierklingen – des Marktes also, der den ständigen Tribut des Verbrauchers an das Unternehmen bildete.

Die Gewinnspannen schrumpften. Einfacher Grund: Der Kunde konnte keinen Qualitätsunterschied mehr zwischen den einzelnen Anbietern der Branche erkennen. Bei Gillette und anderswo glaubten viele, daß Rasierklingen jetzt zwangsläufig zum Massenartikel würden. Man kam zu dem Schluß, das Unternehmen müsse seinem »Dukatenesel«, dem Rasierbereich, die laufenden Gemeinkosten drastisch beschneiden und in anderen Bereichen nach Gewinn streben. In den achtziger Jahren zeigten vier verschiedene Übernahmeversuche das Bestreben, die Firma in ebendiese Richtung zu drängen.

Die Kritiker verkannten jedoch das eigentliche Problem: Gillette hatte aus den Augen verloren, welches seine »Hausmarke« war. Wenn ein Unternehmen wie Gillette keine Produkte von herausragender Qualität mehr im Angebot hat oder die, die es hat, nicht richtig herausbringt, ist es kein Wunder, wenn die Gewinne zurückgehen. Der Kampf um den Markt für Wegwerfrasierer – einer bedeutenden Innovation, die Gillette ganz automatisch einiges an Gewinnen kostete – hatte dazu geführt, daß der Konzern seine immer noch existierenden Qualitätsvorteile aus den Augen verloren hatte. Die Trac-II- und die Atra-Klinge rasierten nach wie vor besser als jeder Wegwerfrasierer. Im Werberummel um die neuen »Good-News«-Wegwerfklingen von Gillette ging diese Tatsache aber unter.

Allmählich aber besann sich das Unternehmen wieder auf seine gute Markenpolitik. 1979 begann Gillette mit der Entwicklung des neuen »Sensor«-Rasierers, ein Verfahren, das zehn Jahre dauern sollte. Als nächstes änderte es seine Marketingstrategie in Europa.

Die Wegwerfklingen verkauften sich nun von selbst; alle für das Marketing verfügbaren Gelder steckte man jetzt in Rasiersysteme mit auswechselbaren Kassetten.
So belebte man das Rasierklingengeschäft wieder. Und als 1990 das »Sensor«-System eingeführt wurde, bewiesen die Männer mit Begeisterung, daß die Existenz der »guten Rasur« zu Billigpreisen sie nicht davon abhalten konnte, für *bessere* Qualität auch *mehr* Geld hinzublättern. Die Klingen des »Sensor«-Systems schwingen auf winzigen Federn und passen sich so besser an die Gesichtsform des Benutzers an. Die Herstellung des »Sensor«-Systems ist von 17 verschiedenen Patenten geschützt. Sie erfordert eine Maschine, die in einer Sekunde 94 präzise Laser-Schweißvorgänge durchführt. Die ersten Verkaufsziffern lagen denn auch um 30 Prozent über den Erwartungen des Unternehmens und wären vielleicht noch höher gewesen, wenn das Unternehmen die Nachfrage hätte befriedigen können.
Wenn *Qualität* auf dem Markt bzw. vom Verbraucher wahrgenommen wird, scheint in fast allen Branchen eine Gewinnsteigerung möglich zu sein. Marketing-Experten können fast überall Markenmacht etablieren und hohe Gewinne erzielen – wenn sie sich darauf konzentrieren, dem Verbraucher die Qualität des Produkts zu vermitteln.
Bradley Gale, ehemaliger Leiter
des »Strategic Planning Institute«
In: »Power Brands: The Essentials«,
unveröffentlichtes Manuskript, November 1991

Strategien für das Modezeitalter

Um dem Subjektiven, dem Wahrgenommenen, dem Modischen, dem Markenkapital, der Marktfragmentierung und der Bedeutung des nicht Greifbaren, Immateriellen gerecht werden zu können, sind drei Hauptstrategien erforderlich. Die erste Strategie – dies sagt sich so leicht und ist so schwer auszuführen – ist das *Management der nicht greifbaren, immateriellen Elemente in direkter, greifbarer Weise.* Der Rest dieses Buchabschnitts wird sich überwiegend mit diesem Punkt beschäftigen.
Die zweite Strategie im Umgang mit einer unbeständigen Welt – wir behandelten sie ausführlich im Abschnitt »Marketing und

Innovation« – besteht einfach darin, mit dem Schlagholz zuzuschlagen, d. h., als Unternehmer ohne Unterlaß gegen den schwer zu fassenden Markt zum Schlag auszuholen. Wie wir bereits feststellten, verstehen die Japaner das sehr gut. Professor Hajine Yamashina, der ehemalige Vorsitzende der Fakultät für Präzisionsingenieurwesen an der Universität Kioto, berichtete der *Financial Times* im April 1991, daß wir in einem Zeitalter der »unablässigen Einführung neuer Produkte« leben. Aus der Ferne wirkt die japanische Methode systematisch. Aus der Nähe betrachtet, wenn man die Ginza entlanggeht, sehen sie aus wie Konkurrenten, mit wildem Blick dazu entschlossen, nichts unversucht zu lassen. Mitte 1991 schrieb der *Economist*: »Japanische Unternehmen verbringen wenig Zeit damit, gründliche Marktforschungsstudien zu erstellen und herauszufinden, welche Extras bei einem neuen Produkt verkaufsfördernd sein könnten. Sie stehen auf dem Standpunkt, daß es viel besser sei, sogar mit erst halb ausgegorenen Ideen zur Werkstatt zu laufen und sich dann anzuhören, was der echte Kunde zu sagen hat ... Japanische Ingenieure leben ständig in dem Bewußtsein, daß einem Unternehmen, das auf dem heiß umkämpften Binnenmarkt ein neues Gerät auf den Markt bringt, nur drei bis sechs Monate bleiben, bevor ein halbes Dutzend Konkurrenten ähnliche Produkte auf den Markt werfen.«

Die dritte Strategie ist die organisatorische Reaktion auf die ersten beiden (das Management und die angemessene Berücksichtigung der nicht greifbaren Elemente mit dem Versuch, den Markt so oft wie möglich »anzuhauen«). Sie wird in etlichen bisher aufgeführten Beispielen evident. In Kurzfassung läuft sie auf folgende Aspekte hinaus: (1) eine flachere Organisationsform; (2) die Einführung von Mobilität und Flexibilität; (3) »projektizieren«, also in Projekte zergliedern; (4) Schaffung temporärer Netzwerke in Zusammenarbeit mit allen möglichen Partnern, um ein bestimmtes Marktziel zu erreichen; (5) kleinen, sehr unabhängigen Unternehmen die Möglichkeit zu geben, einen Markt »zu besitzen«, und schließlich (6) mit einer Reihe organisatorischer Mittel über die bloße »Nähe zum Kunden« hinauszugehen, d. h., eine Symbiose mit dem Kunden zu schaffen.

In der folgenden Tabelle fasse ich die »Strategien für das Modezeitalter« zusammen, die in etlichen »unserer« Fälle/Unternehmen angewendet werden.

Modestrategien einiger ausgewählter Firmen mit Liberation-Management

EDS:	Die neue SBU-Struktur hat zum Ziel, ihre Energien auf bisher unversuchte Möglichkeiten zu fokussieren. Eine allgemeine Nähe zum Kunden beschleunigt eine hohe Empfänglichkeit.
ABB:	Hier wird die Kleinstruktur innerhalb der größeren Struktur für eine Empfänglichkeit betont. Eine funktionelle Unterstützung geht zur Produktionsebene über (oder in die Nähe). Ein schnellerer Mechanismus setzt ein systemweites Lernen in Gang.
CNN:	Ganz oben: schnelle, nichtbürokratische Entscheidungen. Ganz vorne: flexible, vieltalentierte Leute, die sich schnell verändern können. Lebt für Schnelligkeit!
Ingersoll-Rand:	Alle Schlüsselfunktionen, Verkäufer, Vertreiber und Kunden sind an der Produktentwicklung beteiligt – sofort und von Beginn an. Design-Herstellungsprogramm. Die Fabrik wird schon früh in die Produktentwicklung miteinbezogen, ein Team existiert, um nachfolgende Team-Fabrik-Spannungen abzubauen.
UPRR:	Züge in Zügen. Entscheidungen werden eng am Kunden orientiert. Gibt Schaffnern und Teams bei Harriman/St.Louis die Möglichkeit, nichtbürokratisch mit den Kunden zu arbeiten. Normale, funktionsübergreifende Problemlösung, die oft den Kunden und den Verkäufer involviert.
Titeflex:	Schafft autonome Teams, verändert Teams dann in fast unabhängige Geschäftseinheiten. Ladenverkäufer verkaufen auch draußen.
McKinsey:	Eine fließende Projektstruktur erhöht normalerweise die Empfänglichkeit. Eine neue Strategie wird im Wert durch systematische Mechanismen erhöht, die Lernen und Wissen aus der ganzen Welt zusammentragen.

Modestrategien einiger ausgewählter Firmen mit Liberation-Management

Imagination:	Die Strategie besteht darin, Kunden mitzuteilen, daß Mode alles ist. Eine Fließorganisation lebt von Kreativität, Empfänglichkeit – sie nehmen keine neuen Geschäfte an, es sei denn, der Kunde eröffnet die Möglichkeit, neue Dinge ausprobieren zu können.
David Kelley Design:	In jeder Nische und in jedem Versteck; lebt für Hochdruck und Kreativität.
Chiat/Day/Mojo:	Drängt Kunden zu hohem Risiko und hohen wertsteigernden Lösungen, indem sie nicht von wagemutigen Initiativen zurückweichen. Für sehr schnelle Entscheidungen strukturiert und so, daß Kreative nicht von konservativen Buchhaltern überrannt werden.
»Doing Deals«:	Der generelle Aufbau von Anlagefirmen wird von der Notwendigkeit einer schnellen Überarbeitung bestimmt. Ständige Reorganisierung (normalerweise von unten nach oben). Strategische Initiativen ergeben sich. Die Firma ist ein ewig wechselndes Netzwerk.
»Dallas Organisation«:	Verschiedene formelle (Personal-Mittelsmänner) und informelle (Mundpropaganda) Mechanismen unterstützen die Errichtung einer »sofortigen (Netzwerk)-Organisation«, um eine einmalige Arbeit zu verrichten.
Véronique Vienne:	Die Karriere wird als Serie von Lernmöglichkeiten gesehen. Sie nimmt keine Arbeit an, wenn sie nicht ihre Fähigkeiten erweitern kann.
Random House:	Kleine, autonome Verlage ermöglichen eine schnelle Reaktion. Jeder hat eine bestimmte »Persönlichkeit«.

Modestrategien einiger ausgewählter Firmen mit Liberation-Management

IDG:	Wagt sofort neue Unternehmungen. Zieht überhebliche Unternehmer an und liefert ihnen fordernde Performance Standards.
Acordia:	Flaches, autonomes, fokussiertes Geschäft. Die Größe ist auf 200 Mitarbeiter begrenzt. Entwickelt überwältigendes Expertentum in Marktnischen. Ist in der Lage, alles kundengerecht zu gestalten. Ist auch in der Lage, schwierige, kleine Kunden zu übernehmen, da sie sonst ihre Existenz gefährdeten.
Chomalicy Comressor Technologies (CCT):	Hält die Einheiten klein (kleiner als 100), ist flach und ganz fokussiert. Das Ziel ist die Empfänglichkeit und das größtmögliche Wissen in Relation zu ein oder zwei Teilen, die eine Einheit produziert. Erfindet Mechanismen, die eine systemweite Fachkenntnis und ein globales Bild vermitteln.
Rational:	Die Gesamtmitarbeiterzahl beträgt 400. Vergibt mehr und mehr Aufträge nach draußen und behält für sich selbst die höchsten wertsteigernden Fähigkeiten. Ein konkurrenzloser Kontakt mit dem Endverbraucher. Mächtige »Inhouse-Chefs« repräsentieren den Kunden. Es gibt keine Barrieren zwischen den einzelnen Funktionen. Die »Identifikation mit dem Ziel« ist in aller Munde.
MCI:	Nicht an Herstellung gebunden, Organisationsdesign, flache, opportunistische Antwort auf die Technologie über fließende Netzwerke von ständig wechselnden Partnern.
Skonis, M^2 (et al.):	Eine anwachsende Zahl von Tochtergesellschaften liefert gutes Material, was in jedes zeitgenössische Netzwerk eingebaut werden kann, um eine Arbeit zu bewältigen oder fließende Möglichkeiten auszunutzen.

Modestrategien einiger ausgewählter Firmen mit Liberation-Management

CRSS:	Sehr dogmatisch bei der Technik, die eine Kundensymbiose sichert.
Quad/Graphics:	Eine Strategie, die beinhaltet, daß man sich selbst zurückstellt. Das Lernen und Lehren fördert die Innovation und die Bereitschaft zum Wechsel (»Wir essen den Wechsel zum Frühstück«). Kleinstfirmen (Schnell-Teams) reagieren auf den Kunden. Dieser Kontakt ist konstant gewährleistet. Die Kunden zu unterrichten gehört zur Routine.
Thermo Electron:	Gibt Teile vieler Abteilungen an öffentliche Teilhaber ab, um sich dem Leistungsstandard stellen zu können. Neue Abteilungen geben auch Abteilungen ab – was bedeutet, daß sie ständig unter Druck stehen, selbst neue Ideen zu entwickeln. (Sogar die Zentrale von R&D wurde abgegeben.)
Cypress Semiconductor:	Gibt energetische, kleine neue Einheiten ab; neuer Status.
Playmobil:	Neuer 30-Millionen-Dollar-Hauptsitz hat eine schnelle Kommunikation zum Ziel (besonders Designer und Gußformhersteller). Sehr niedriger Impedanz-Kommunikationsstil. Vergessen die Käufer (und sogar die Eltern): Tun für die Kinder genau das Richtige.
Trumpf:	Kundenkontakt/Lehren/sich dem Kunden anpassen sind Schlagworte. Leibinger: »Die Innovation ist alles«. Sehr einfache Kommunikation.
The Body Shop:	»Unterhaltung« mit dem Kunden. Lernmodell. Keine Werbung. Die Kunden engagieren sich mit dem Body-Shop-Gefühl und den Visionen des Body Shops.

42. Kapitel

Die Mode, die Vielfalt, die Welt

Es ist eine Illusion, zu glauben, daß die Franzosen sich immer ähnlicher werden . . . Das Gegenteil ist der Fall . . . Menschen gruppieren sich heute ständig neu in ethnischen, von Hobbys bestimmten oder ideologischen Minderheitsgruppen. Das Zeitalter der Minderheiten, die alle auf ihrem Recht bestehen, anders sein zu dürfen, ist angebrochen. Dementsprechend gibt es heute in Frankreich eine große Anzahl ganz unterschiedlicher Gruppen.
Theodore Zeldin
»The French«

Die Botschaft dieses Kapitels ist die Mode. Will heißen: die Vielfalt. Die Welt wird immer kleiner. Dabei nimmt ihre Vielfalt aber seltsamerweise keineswegs ab, sondern zu, wo immer man auch hinblickt.

Die vielen Amerikas/Amerikaner

Adam Clyde Burlesons Buch *Interstate Commerce: Regional Styles of Doing Business* ist sehr vergnüglich zu lesen – und enthält eine Warnung:
»Drei Manager aus Los Angeles . . . besuchten Knoxville, Tennessee, in einer Sache, die mit der in dieser Stadt vor einigen Jahren abgehaltenen Weltausstellung zusammenhing. Es ging bei dem Besuch um den endgültigen Abschluß eines Vertrags über Herstellung und Verkauf einer Reihe neuer Produkte (T-Shirts,

Wimpel, Aschenbecher usw.) mit Bildern und Motiven dieser Veranstaltung.
Nach seiner Ankunft wurde das Team von der Westküste in einen Konferenzraum geführt. Zunächst gab es die übliche Frage: ›Eine Tasse Kaffee für Sie?‹, schließlich saßen alle, und der Leiter der Gruppe aus Los Angeles begann mit seinem Vortrag, und zwar etwa folgendermaßen:
›Aufgrund der von Ihnen genannten Besucherzahlen und unserer Erfahrung auf diesem Gebiet kommen wir zu dem Schluß, daß Sie auf eine Goldmine gestoßen sind. Wir denken an einen Gewinn von hübschen 1,7 Milliönchen, von denen Sie die Hälfte behalten. Ohne jede Verantwortung für unverkaufte Ware! Was nicht losgeschlagen wird, nehmen wir wieder zurück!‹ . . . Während er sprach, schrieb er die Ziffer 1 700 000 an die Tafel, so daß alle die magische Zahl sehen konnten.
Die von ihm beabsichtigte Wirkung blieb aus. Die Leute aus Knoxville blickten peinlich berührt drein, warfen sich Blicke zu, sahen wieder weg.
Der Mann aus Kalifornien wertete diese Reaktion als Indiz dafür, daß der Betrag nicht ausreichend oder hinter ihren Erwartungen zurückgeblieben war, und redete weiter. Bei den 1,7 Millionen handele es sich ja nur um eine Schätzung, es seien durchaus auch Gewinne von 2 Millionen drin.
Je länger er sprach, desto klarer erkannte er, daß er die Sache nur verschlimmerte. Schließlich hörte er instinktmäßig auf und gab das Wort an seine Partnerin, die in ihrem Vortrag auf die Artikel, ihre Einzigartigkeit und die Qualität der Fertigung einging. Die Gesichter der Gruppe aus Knoxville hellten sich unversehens auf, und man lauschte dem Vortrag mit wachsendem Interesse.
Auch dem dritten Redner aus Los Angeles hörte man gespannt zu, als der über die bestgeeigneten Orte sprach, an denen man die Verkaufsstellen einrichten sollte.
Der Leiter der Gruppe kam bei seinen abschließenden Bemerkungen wieder auf die Gewinne zurück und sah zu seinem Entsetzen, daß das Publikum erneut unruhig wurde und auf den Stühlen herumrutschte. Am Ende der Sitzung waren alle höflich und freundlich und gingen nach den üblichen Abschlußfloskeln auseinander.
Die Gruppe aus Los Angeles erhielt den Zuschlag für den Auftrag nicht. Die zweite Sprecherin der Gruppe wollte herausfinden,

warum. Sie fragte eine Managerin der Gruppe aus Knoxville. Die Antwort war offen, aber rätselhaft.
›Ganz klar verstehen Sie Ihr Geschäft, das haben wir alle erkannt‹, sagte die Frau. ›Es war aber ebenso klar, daß wir mit Ihrem Chef niemals auskommen könnten. Er ist einfach zu unhöflich und drängend für uns hier im Süden‹« . . .

Es gibt regionale Unterschiede bei der Erwähnung von Gelddingen oder Gewinnen. In Los Angeles ist es ein Zeichen guter Sitten, gleich *in medias res* zu gehen und das Geldthema anzuschneiden. Im Süden gelten Gewinne zwar als selbstverständlich, werden aber nie, *absolut nie* in der Öffentlichkeit diskutiert. Man darf sie erwähnen oder andeuten, gut, man darf sie auch – es muß ja sein – in einer Ergebnisrechnung finden. Aber darüber reden? Nie. In der Eröffnungsrede und als wichtigster Punkt des Vortrags? Undenkbar. Niemals!
Sehr ungern nur gebe ich zu, daß mir vor einigen Jahren etwas Ähnliches passierte. (Und ich werde niemals verraten, welche Rolle ich spielte.) Ganz allmählich sickerte ins Bewußtsein der Konzerne ein, daß *regionale* Unterschiede in den USA ebenso wichtig sind wie Unterschiede im Einkommen oder im Alter. Das wirkt sich inzwischen *ansatzweise* auf alles aus – vom Produkt-Design bis zur Reklamestrategie solcher Giganten wie Campbell's Soup, Procter & Gamble und PepsiCo bis hin zu Nissan USA.
Solche Schwierigkeiten nehmen natürlich beim Überschreiten nationaler Grenzen explosionsartig zu, ob es nun die Grenzen Japans oder Kanadas oder Europas sind. Betrachten wir einmal einige Unternehmen, die in der ganzen Welt erfolgreich vertreten sind. Sie sind in sehr unterschiedlichen Wirtschaftsbereichen tätig, aber eines haben sie gemeinsam: viel *Geduld.* Sie akzeptieren für sich das Axiom, das der Guru der »Grenzenlosigkeit« Kenichi Ohmae, McKinsey-Chef in Japan, in der *Harvard Business Review* (März/April 1991) äußerte: »Sie dürfen keinen schnellen Profit erwarten, wenn Sie die Zehen ins kalte Wasser eines anderen Teiles der Welt stecken. Sie *müssen* mit schwankenden Gewinnen aus verschiedenen Märkten zu verschiedenen Zeiten rechnen.«

Sutter Health treibt sich in Japan herum

Im Sommer 1990 wurde ein japanischer Besucher Kaliforniens zum ersten internationalen Patienten, der in eines der zwölf Krankenhäuser eingeliefert wurde, die *Sutter Health* im nördlichen Kalifornien betreibt. Als er in die Notaufnahme kam, war man dort bestens vorbereitet: ein kulturübergreifend ausgebildetes Team, 24-Stunden-Dienst inklusive Dolmetscher, Zahlung nach den Bedingungen der größten japanischen Kreditkartengesellschaft. Dieses Programm war das Ergebnis vierjähriger Bemühungen um Beziehungen zwischen der gemeinnützigen Sutter Health (Umsatz 1991: 501 Millionen Dollar), dem japanischen Kreditkartenunternehmen JCB und einer Handvoll von Sutter zusammengetrommelter amerikanischer Unternehmen aus der Gesundheitsfürsorge. Mit diesem Programm können die fast 16 Millionen Kreditkarteninhaber der JCB mit ihrer Karte die Behandlung in 66 amerikanischen Krankenhäusern bezahlen, die sich sämtlich in der Nähe wichtiger Geschäfts- und Tourismuszentren der USA befinden. Patienten und Ärzte können sich während der Untersuchung über die »Language Line« von AT&T unterhalten, die 24 Stunden am Tag in 143 Sprachen mit Dolmetschern besetzt ist.

Wie die meisten Gesundheitsfürsorgeunternehmen in den USA, die nach der Reduzierung der staatlichen Aufwendungen unter finanziellen Druck gerieten, streckte auch Sutter – 1986 – die Fühler aus, um neue Märkte zu erschließen. Sutter wählte die Pazifikküste, nachdem ihn ein Kenner der Szene (und heute Kuratoriumsmitglied bei Sutter) darauf hingewiesen hatte, daß die demographischen Verhältnisse in Kalifornien im Umbruch begriffen seien und die Bevölkerung des Staates sich im Jahre 2000 mehrheitlich aus Asiaten und Hispanos zusammensetzen werde. Patrick Hays, Geschäftsführer von Sutter, reiste – diesen Aspekt immer vor Augen – mit einer Studiengruppe durch Japan. »Wir sahen mit eigenen Augen, daß die Welt immer kleiner wurde«, erzählte uns Hays. »Als wir nach Japan gingen, hatten wir zwei Ziele: Wir wollten das Kulturverständnis auf beiden Seiten fördern und gleichzeitig Geschäftsbeziehungen schaffen.« Hays reiste in den folgenden zwei Jahren noch zweimal nach Japan, um an Handelsmessen teilzunehmen und Kontakte zu knüpfen. Sutter engagierte während dieser Zeit die Firma Her-

man Smith Associates aus Redwood City mit dem Auftrag, Chancen und Strategien in 12 asiatischen Ländern zu untersuchen.
Um das Risiko möglichst gering zu halten, testete Sutter zunächst das Geschäftsklima, erledigte seine Hausaufgaben und blieb gelassen. »Wir ließen das Ganze bewußt sehr langsam angehen«, sagte Bill Mason, Sutters führender Manager für Programmentwicklung und Leiter des internationalen Programms des Unternehmens. »Bei solchen Dingen kann man ohne weiteres einen Haufen Geld investieren und nachher mit leeren Händen dastehen, wenn man nicht viel Geduld mitbringt.« Mason investierte nur wenig Kapital, aber geizte nicht mit seiner Zeit – Japan füllte etwa 25 Prozent seines Kalenders. Es gab Besuche und Gegenbesuche, er studierte die Situation, führte Gespräche. Zunächst etablierte er eine »Partnerschaft« von Krankenhaus zu Krankenhaus mit dem »Central Medical System« (CMS), einer in Tokio ansässigen Gruppe im Familienbesitz mit 56 Krankenhäusern. Die beiden Organisationen tauschten medizinisches und Krankenpflegepersonal aus, um die klinischen und sozialen Traditionen der beiden Länder kennenzulernen. Der nächste Schritt bestand in regelmäßigen Besuchen japanischer Ärzte, Manager und Journalisten in den Einrichtungen von Sutter, wo die Besucher die Gesundheitstechnik und die Managementpraktiken studierten. Sutters Krankenpflege- und Versorgungspersonal besuchte Unterrichtsklassen über asiatische Bräuche und religiöse Traditionen. Dabei wurde das Tabu der Organtransplantation für strikte Buddhisten ebenso erörtert wie die Bedeutung der Farbenwahl in den Ländern, in denen Weiß die Trauerfarbe ist. Außerdem entwickelten Sutter und CMS ein Überweisungsprogramm für japanische Patienten, die Spezialbehandlungen wie etwa Organtransplantationen oder psychiatrische Versorgung brauchten, die in ihrem Land nicht ohne weiteres verfügbar sind. 1989 flog zum Beispiel ein japanischer Patient, dessen Ärzte zu einer Nierenverpflanzung rieten, zu einer Untersuchung zu Sutter Health.
Wenn auch nicht viele der drei Millionen Japaner, die in jedem Jahr Amerika besuchen, in den Einzugsbereich von Sutter kommen, öffnete das Abkommen mit JCB doch viele Türen, und Sutter sammelte Erfahrungen und Kontakte, die den Einstieg in den internationalen Markt erleichterten. Beim Umgang mit JCB

und CMS lernte Sutter, »über das Denken in Kategorien wie Patienteneinweisung und der Umsatzsteigerung hinauszuwachsen . . . und ein echtes (internationales) Gesundheitsnetz aufzubauen«, so Martin Light von der Herman Smith Associates. »Man muß erst Beziehungen aufbauen und die ersten ein, zwei Jahre damit verbringen, sich weiterzubilden und Vertrauen zu schaffen.«
Der langsame, sorgfältig überlegte Prozeß der Entscheidungsbildung in Japan ist, wie Mason zugibt, für Amerikaner »oft frustrierend«. Seit Hays' erster Japanreise haben andere amerikanische Gesundheitskonzerne den Japanern eine ähnliche Zusammenarbeit angeboten. Mason ist jedoch nicht allzu besorgt über die Konkurrenz. »Die Japaner stürzen sich nicht Hals über Kopf in Geschäftsbeziehungen mit dem erstbesten Unternehmen«, meint er. »Sie wollen erst schauen, fühlen, riechen, berühren, schmecken und Besuche und abermals Besuche und noch mehr Besuche machen, um sicherzugehen, daß die Beziehung solide sein wird.« Fragt man ihn, wie er es fertigbringt, nicht die Geduld zu verlieren, sagt er: »Wir sehen die Dinge sehr langfristig. Wir bemühen uns, diese Verhandlungen nicht zum ›Ego-Trip‹ verkommen zu lassen.« Lee Iacocca könnte von diesen Burschen vielleicht ein, zwei Dinge lernen!

Wenn »Ja« nicht unbedingt »Ja« bedeutet

Brauchen wir wirklich eine weitere Checkliste dazu, wie man Geschäftsverhandlungen mit Japanern führt? Vielleicht schon. Die folgende Zehn-Punkte-Liste stammt von Bonnie Williams (1955 in Japan als Kind amerikanischer Missionare geboren); sie erschien im April 1992 in *Industry Week* und ist äußerst gründlich und treffend.

① Informieren Sie sich möglichst umfassend über die Menschen, denen Sie begegnen werden. Das täten Sie zwar überall in der Welt, aber tun Sie es in Japan mit besonderer Sorgfalt.
② Erwarten Sie niemals einen schnellen Geschäftsabschluß. Stellen Sie sich auf zahlreiche Treffen ein, während deren die Beziehung sich langsam entwickelt. Die Japaner möchten sichergehen, daß Sie vertrauenswürdig sind und langfristig denken können.

③ Seien Sie bereit, sich an der Konversation zu beteiligen, die der eigentlichen Geschäftsverhandlung vorausgeht. Während der Verhandlungen wird nicht von Ihnen erwartet, daß Sie Pausen in den Gesprächen ausfüllen. Schweigen ist in Japan normal und sollte Sie nicht irritieren und Ihnen auch nicht peinlich sein.

④ Vermeiden Sie Konfrontationen. Eine Konfrontation könnte zu einem Gesichtsverlust einer der beteiligten Parteien führen und damit zu einem höflichen, aber abrupten Ende der Gespräche.

⑤ Lassen Sie sich nicht von dem täuschen, was auf Sie wie ein Mangel an Gefühlen wirken mag. Die Japaner sind emotional und sensibel; sie zeigen dies allerdings nicht in der Öffentlichkeit.

⑥ Japaner sagen ihre Meinung nicht geradeheraus. Sie sollten also die Japaner, mit denen Sie in Verhandlungen stehen, nicht fragen, ob sie Ihnen zustimmen oder nicht. Sie werden kaum ihre wahre Meinung erfahren, sondern das, von dem man annimmt, daß Sie es hören wollen.

⑦ Ein Kopfnicken bedeutet in Japan nicht »Ja«. Noch weniger heißt es: »Der Handel ist perfekt.« Ein Nicken deutet eher an: »Ich habe das zur Kenntnis genommen.«

⑧ Eine Einladung zu weiteren Sitzungen ist ein gutes Zeichen. Ihnen mag es wie eine Verzögerung erscheinen, wieder ein Termin mehr, bei dem kein Abschluß erreicht wurde. Zeigen Sie nicht, daß Sie irritiert oder gar ärgerlich sind. Eine Einladung zu weiteren Begegnungen bedeutet, daß die Japaner beginnen, Ihnen zu vertrauen. Seien Sie dankbar.

⑨ In japanischen Unternehmen gibt es kaum jemals einen einzigen Entscheidungsträger. Vielleicht verhandeln Sie bei zahlreichen Sitzungen mit derselben Person, aber diese wird sich immer erst mit jüngeren wie erfahreneren Kollegen kurzschließen. Schließlich wird Ihr Verhandlungspartner eine Entscheidung verkünden – nicht seine eigene, sondern eine gemeinsam gefällte.

⑩ Unterschätzen Sie nicht den Konsens. Ist er einmal erreicht, geht alles sehr rasch, weil die Japaner sich bereits unter sich geeinigt haben. Jeder ist informiert und hatte Gelegenheit, seinen eigenen Beitrag zu leisten. Alle sind nun bereit, zum nächsten Schritt überzugehen.

A.T. Cross: Groschen für Groschen

A.T. Cross aus Rhode Island verkaufte 1991 Bleistifte und Kugelschreiber im Wert von 217 Millionen Dollar – *in 125 Ländern.* Cross stellt ein Spitzenprodukt her. Wie anders könnte es seinem Unternehmen gelingen, Kugelschreiber für 25 Dollar zu verkaufen, wenn man ohne weiteres eine brauchbare Alternative für 50 Cent erwerben kann? Cross ist besessen von der Qualität. Das schlägt sich beispielsweise in seiner lebenslangen Produktgarantie nieder. Erreicht wird diese hohe Qualität durch die Beachtung, die das Unternehmen seiner Belegschaft schenkt: umfassende Mitbestimmung, Verantwortung jedes einzelnen Mitarbeiters für die Qualität, keine Entlassungen. Wie jedes gute mittelständische Unternehmen weiß Cross (und er ist so mittelständisch wie seine deutschen Entsprechungen): Nichts kann eine Firma davon abhalten, auf den internationalen Markt zu expandieren, wenn sie wirklich Spitzenqualität herstellt.
Der Unternehmensberater Ira Magaziner schrieb (gemeinsam mit dem Journalisten Mark Patinkin) das Buch *The Silent War: Inside the Global Business Battles Shaping America's Future*. Er analysiert darin die Geschichte von A.T. Cross, um deutlich zu machen, was für den Erfolg in Übersee ausschlaggebend ist:

① *Beharrlichkeit:* Es dauerte eine Ewigkeit, bis Cross in Frankreich und Deutschland einen Fuß in der Tür hatte. (Die deutschen Männer hielten die Cross-Stifte anfänglich für zu dünn. Sie »stehen« eher auf sehr dicke, schwarze Füllfederhalter.) In politisch unbeständigen Märkten wie etwa in Argentinien erlebte Cross ein ständiges Auf und Ab. Zudem sind die ersten, kleinen Aufträge oft nicht rentabel – die Cross-Manager lassen es in der Tat zu, daß ein ganzes Jahrzehnt vergeht, ohne daß die Mitarbeiter für viele weitab der Heimat in seltsamen Orten verbrachte Nächte einen positiven Cash-flow vorzeigen müßten. (Wieder wie der Mittelstand.)

② *Kleine Aufträge werden ernst genommen:* Der Brief eines Geschäftsmannes aus Costa Rica führte zu einem winzigen Auftrag – und zu einem Brückenkopf für Cross. Ein weiterer Brief, dieses Mal von einem Oberst aus Israel, führte zum Einstieg in den Markt dieses Landes. Der fürs Internationale zuständige Cross-Manager, John Lawler, berichtete gegenüber Magaziner und Patinkin, daß es mit großem Potential leicht ist, sich auf große Märkte zu konzentrieren. Er fügte aber dann hinzu, daß zehn Burundis einen Markt von der Größe Kanadas ergeben können.

③ *Die Suche und die Unterstützung hungriger, nicht allzu großer Vertriebsfirmen:* Wählen Sie eine Vertriebsfirma, die schon erwartungsvoll in den Startlöchern steht. Es braucht nicht die größte, ja nicht einmal die beste zu sein. Unterstützen Sie sie dann nach Kräften. Cross gab zu einer bestimmten Zeit 25 Prozent seines örtlichen Bruttoumsatzes für Werbung aus, die seiner deutschen Vertriebsfirma unter die Arme greifen sollte.

④ *Produktion vor Ort:* Um wirklich in den europäischen Markt einzusteigen, beschloß Cross 1971, Produkte in Ballinasole in Irland herzustellen. Im Gegensatz zu vielen US-Firmen, die ihre Produktion auslagern, wurde diese Entscheidung nicht vom Kostenfaktor bestimmt. (Die Kosten waren in Irland und in den USA dieselben.) Cross legte es statt dessen tatsächlich darauf an, ein europäischer »Insider« zu werden.

⑤ *Maßanfertigung:* Magaziner und Patinkin meinen bissig: »Amerikanische Unternehmen exportieren selten. Noch seltener aber entwerfen sie Produkte für fremde Märkte oder passen ihre Produkte diesen Märkten an.« Nicht so Cross. Für Thailand änderte er seine Kugelschreiber, um auch bei hoher Luftfeuchtigkeit einen gleichmäßigen Tintenfluß zu gewährleisten. Für den europäischen Geschmack entwickelte Cross einen Füllfederhalter. (Der in Europa hergestellte Füller wurde übrigens ein Verkaufsschlager in den USA. Ein derart »umgekehrter Güterfluß« ist laut Magaziner und Patinkin eine häufige, wenn auch unerwartet angenehme Nebenwirkung für im Export aktive Unternehmen aller Größen.).

Der Preis, den man für mangelndes globales Denken zahlt, ist offenkundig das verlorene Potential. »Es kann jedoch einen noch höheren Preis geben«, schreibt Magaziner. »Wenn man den Rivalen die ganze Welt überläßt, kann es eines Tages durchaus passieren, daß sie in den eigenen Hinterhof einfallen ... Am besten können amerikanische Firmen dies verhindern, indem sie selbst als erste ins Ausland gehen.«

Andere Länder, andere Umsätze

A.T. Cross sagt also, man solle sich – wenn es sein muß – zehn Jahre gedulden, bevor man Gewinne einfährt ... Und schneidern Sie Ihr Produkt auf den Kunden zu ... Und wählen Sie eine hungrigere Vertriebsfirma. (Und, ach ja, ein gutes Produkt müssen Sie auch anzubieten haben!) »*Andere Länder, andere Umsätze*«, meint Ohmae von McKinsey.

Mehr soll nicht dabeisein, auf den Weltmarkt zu expandieren? Natürlich nicht – und natürlich doch. Hundert zum Teil sehr nützliche Bücher sind zu diesem Thema geschrieben worden. Und ich behaupte dennoch, daß sie letzten Endes auf diese simplen Botschaften hinauslaufen:

- Wir sind alle unterschiedlich. Dem muß man Rechnung tragen, indem man sich den örtlichen Gegebenheiten anpaßt.
- Dranbleiben, dranbleiben, dranbleiben. Arbeiten Sie an Beziehungen, und denken Sie gar nicht an den großen Sprung.
- Es ist in Ordnung, wenn es zehn Jahre dauert, bevor der erste Auftrag für fünf Cent eingeht.
- Guten (geduldigen) Menschen mit guten Produkten geschehen gute Dinge.
- Wenn Sie international werden wollen, verbringen Sie einige Zeit jenseits Ihrer Grenzen.

Wenn Sie das alles schaffen, schaffen Sie es vielleicht auch in Osaka – und in Knoxville, Tennessee.

Irren ist herrlich

»Wenn man in den globalen Markt einsteigt, lernt man vieles. Die wichtigste Lektion dabei ist wohl auch die härteste: Man muß zugeben können, daß man Fehler macht.« Diese Feststellung traf Dr. Ariane Antal vom Ashridge Management mit Hauptsitz in Frankreich, das Organisationen dabei unterstützen soll, sich zu wandeln. Dr. Antal nennt als wesentliche Elemente für den internationalen Erfolg zwei Dinge: die Fähigkeit, »im Fluß« zu bleiben, und die Fähigkeit, zwischen lokalen und globalen Bedürfnissen abwägen zu können.

»Als erstes muß man aber einmal lernen, Fehler eingestehen zu können«, sagt sie. »Das allein wird den Ausschlag über Erfolg oder Mißerfolg geben.« Dies ist darauf zurückzuführen, daß sich die Märkte und Situationen in der Welt in einem solchen Umbruch befinden, daß ein bestimmtes Konzept allein den Erfolg nicht gewährleisten kann. Alle Unternehmenskulturen müssen so aufgebrochen werden, daß Lernerfahrungen von oben nach unten und von Land zu Land geteilt werden. Ihr Kollege Kevin Marham fügt hinzu: »Manager sagen häufig: ›Wir begraben den Fehler lieber, ohne weiter darauf einzugehen.‹ Die erfolgreichsten Manager sind aber die, die aus Fehlern lernen.« Es muß nicht nur dem Mitarbeiter möglich sein, Probleme einzugestehen – selbst der Vorstandsvorsitzende muß lernen, zu seinen Fehlern zu stehen.
»British Management Today«
Juni 1992

43. Kapitel

Spitze! Wahnsinn! Wow! (Igitt!)

Qualität braucht man nicht zu definieren. Man begreift sie auch ohne Definition. Qualität wird unmittelbar erlebt; sie ist unabhängig von intellektuellen Abstraktionen, und man erfährt sie bereits vor diesen Abstraktionen.
Robert Pirsig, »Lila«

Die Welt kann Plünderungen und aufgeschlitzte Eingeweide akzeptieren, nicht jedoch Betrug beim Kartenspiel.
Talleyrand

In jedem Jahr werden für 10 Millarden Dollar Marlboro-Zigaretten verkauft. Was *ist* denn eigentlich Marlboro? Eine Zigarettenmarke, so gut wie jede andere, nehme ich an, wenn man einmal davon absehen möchte, daß sie einen früheren Tod wahrscheinlicher macht. Auch die Schachtel ist in Ordnung, aber nichts Besonderes. Und – yippie! – der Cowboy da drauf kommt langsam in die Jahre. Wie stellen die das bloß an, den gleichen »hombre« in Tokio, Guangzhou, Frankfurt und Los Angeles zu verkaufen?
Sie können einen gut funktionierenden Gebrauchtwagen für 1500 Dollar erwerben, vernünftige Laufschuhe für 9,95 Dollar, einen dicken Stapel mit aktuellen Informationen (nennt sich Zeitung) für 35 Cent pro Tag und eine vom ernährungswissenschaftlichen Standpunkt aus gesehen vernünftige Diät für einige Dollar pro Tag. Alles übrige sind Flausen. Pure, reine Flausen. (Und es wird alles immer flausiger, bei 3M wie bei Sox Appeal).

Die schlüpfrigen nicht greifbaren Elemente

In diesem Kapitel geht es mir vor allem darum (wenn ich auch nicht sehr optimistisch bin, ob mir das gelingen wird), Sie einen Schritt vom Rationalen, vom Logischen *abzubringen.* Vielleicht war ja mit dem Kauf eines schwarzen Modells T von Henry Ford für 700 Mäuse noch ein Rest Vernunft und Logik verknüpft (allerdings nicht allzu viel, denn die meisten Leute lebten in einer Entfernung zu ihrer Arbeitsstelle, ihrem Einkaufsort oder ihrer Großmutter, die sich zu Fuß, Fahrrad oder Pferd ohne weiteres bewältigen ließ). In Ihrem Kauf eines Acura aus der unteren Preisklasse oder eines Mercury der oberen Preiskategorie oder jedes anderen beliebigen Autos ist aber auch nicht ein Fitzelchen Logik mehr zu finden. (Da Sie aber nur menschlich sind, werden Sie nach dem Kauf eine komplexe, logische Erklärung anbieten – daß Sie z.B. mit dem Kauf des Mercury amerikanische Arbeitsplätze sichern oder mit dem Kauf des Acura den amerikanischen Autoproduzenten eine Lehre erteilen wollten.)
In einer von der Mode bestimmten Welt müssen wir lernen, mit dem Irrationalen umzugehen und es zu kontrollieren.
Nein!
Genau falsch!
Wir müssen lernen, im Irrationalen zu schwelgen, es zu umschmeicheln, es ans Herz zu drücken, es anzulächeln, anzugrinsen. Es reicht nicht aus, nur »damit fertigzuwerden«, selbst wenn wir, die wir ausgebildete Manager, Ingenieure oder Wissenschaftler sind, nicht einmal das schaffen. Wir müssen es begrüßen, dazu lachen, es genießen: So ist es schon besser!

Ich erkenne sie, wenn ich sie sehe!

Die Qualität, endlich ins amerikanische Bewußtsein eingedrungen, ist schnell zur Domäne der Technik-Freaks geworden. Jeder einzelne Aspekt der Qualität wird gemessen und auf seine quantitative Essenz verkürzt. Bei einem Seminar über Qualität erlebte ich, wie einer der berühmtesten dieser Technik-Freaks einen Spruch über Qualität aus der »Prä-Technik-Freak-Zeit« heftig kritisierte. Der Spruch lautet: »Ich erkenne sie, wenn ich sie sehe.« Ich habe ja gar nichts gegen »Fischgrätendiagramme« über Ursache und Wirkung oder gegen die statistische Verfahrenskontrolle, aber ich muß Ihnen sagen, daß meine Definition

der Qualität lautet: »Ich erkenne sie, wenn ich sie sehe!« Darauf können Sie wetten. Und wenn Sie mir nicht glauben, brauchen Sie gar nicht weiterzulesen.
Nach dem Dr. Technik-Freak ging der für den operativen Bereich zuständige Vorstand von Federal Express ans Rednerpult. Er sagte, Ziel seines Unternehmens sei die konsequente »Erfüllung der Kundenerwartungen.« Ich folgte ihm am Rednerpult und sagte: »Quatsch!« Was FedEx – gerade im Unterschied zum Hauptkonkurrenten UPS – auszeichnet, ist, daß der Schnellaufsteiger die Erwartungen so häufig übertrifft. Oder, um es mit Paul Sherlocks Worten zu sagen, FedEx bringt mich – und viele andere – zum »Strahlen«, ich finde die Firma einfach toll. Nicht deswegen, weil mein FedEx-Kurier in Vermont, Chris Goddard, jeden Wintertag den langen, vereisten Feldweg zu unserem Haus hinaufgefahren kommt. Das erwartet man mehr oder weniger. (Obwohl es auch Kurierdienste gibt, die sich – vor allem in Vermonts berüchtigter »Matsch-Jahreszeit« – weigern, diesen Weg hinaufzukommen.) Nein – ich rede davon, wie er den höchst gefährdeten Kaffeebecher ins Haus brachte, den ich auf dem Autodach vergaß. (Einige Becher habe ich auf die Art bereits zerbrochen.) Natürlich brauchte er dazu nur einen Augenblick. Aber es war eine »kleine«, fürsorgliche Handlung, ganz im Unterschied zu UPS, das unverdrossen jegliches Paket auf die Terrasse fliegen läßt, als ob ein neunjähriger Zeitungsjunge käme, der nicht gut zielen kann.
Ist Ihnen das alles zu toll und strahlend? Das »Wow« des Lebensmittelhändlers Stew Leonard (Zitat: »Wir wollen, daß der Kunde ›Wow‹ sagt, wenn er durch unseren Laden läuft!«) etwas übertrieben? Oder Carl Sewell ein Dummkopf, weil er in den Toiletten seiner Cadillac-Lexus-Vertretung Tapeten für 275 Dollar pro Rolle anbringen ließ? (Und ein Restaurant überredete, in seiner Reparaturwerkstatt ein Lokal für Kunden zu eröffnen, die auf eine schnelle Autoreparatur warten.) Und Anita Roddicks »Entzücken«, »Thrill« (der Mindestanspruch, den sie an jede der 709 The-Body-Shop-Filialen stellt). Na ja. Vielleicht können Sie ja zugeben, daß auch Ihnen gelegentlich ein »toll« oder »irre« entschlüpft. Also kommen Sie schon – ein neuer Laptop oder ein neues Spreadsheet sind »toll«. Oder nicht. Wirklich *brauchen* tun wir von all dem Kram natürlich nichts. Es ist also wie Kino. Wenn Sie Schwarzenegger oder Madonna oder Woody Allen

sehen, liefern Sie ja auch keine Pareto-Analysen der mißglückten Dialoge – oder? Sie sagen »toll«, »doof« usw. Und bei einem 200-Millionen-Dollar-Angebot von EDS oder CSC? Richtig. Geben Sie es zu!

Die freudlose Wirtschaft

Wenn es darum geht, das »Glitzern und den Kitzel« zu ignorieren, liegen Wirtschaftler an erster Stelle, obwohl sie sich immerhin den »subjektiven Grenznutzen« ausdachten. Der emeritierte Wirtschaftsprofessor Tibor Scitovsky bemüht sich in seinem Buch *The Joyless Economy* diesem Zustand abzuhelfen.

»(Die beiden wichtigsten) Quellen der menschlichen Befriedigung, nämlich die Annehmlichkeit und die Stimulierung, schließen sich bis zu einem gewissen Grad gegenseitig aus. Bis zu einem bestimmten Punkt kann man beides haben; aber über diesen Punkt hinaus kann man nur noch eins auf Kosten des anderen erlangen . . . Es gibt kaum eine Tierart, die man nicht schon beim Spiel und bei der Erforschung der Umwelt – einfach zum eigenen Vergnügen – beobachtet hat.

Die Nützlichkeit der nutzlosen Betätigung ist ein Paradox . . . Es ist eine Tatsache, daß das Angenehmste genau an der Grenze zum Unangenehmen liegt . . . Alles, was nicht neu genug und überraschend genug ist, wird als langweilig empfunden; das allzu Neue dagegen wirkt verwirrend . . .

Die traditionellen Theorien über das Kundenverhalten berücksichtigen den Kundenwunsch nach Neuartigkeit und Vielfalt überhaupt nicht . . . Dabei ist die Entdeckung, daß der Mensch Stimulierung ebenso wie Annehmlichkeit braucht, nicht eben neu. Schließlich riefen schon die alten Römer nach Brot *und* Spielen . . .

Ohne uns dessen bewußt zu sein, sind wir längst dazu übergegangen, einen hohen Lebensstandard gleichzusetzen mit großem Komfort. Dabei vernachlässigten wir die Stimulierung oder das Vergnügen als Quelle der Befriedigung und gehen davon aus, daß es uns um so besser geht, je mehr Annehmlichkeiten wir haben . . . Die Neuartigkeit dieses Buches besteht darin, daß die Neuartigkeit als Ziel menschlicher Wünsche und als Quelle der Befriedigung vorgestellt wird . . . Die Stimulierung durch das Neuartige gehört zu den fundamentalsten Bedürfnissen des Menschen.«

Verstehen Sie mich richtig – diese Dinge sind schwierig festzunageln. Mitte 1991 veröffentlichte *EquiTrend* einen Bericht über die »Qualitätswahrnehmung der Amerikaner« von etwa 190 Marken in 55 Produktkategorien. Spitzenreiter: Disneyland/Disneyworld, Kodak, Mercedes-Benz, CNN und Hallmark. Zu den ersten zwanzig gehörten außerdem: Levi's, IBM, Arm & Hammer, Lego, Maytag, Rubbermaid, Hershey's, Tylenol und Sea World. Wahrgenommene Produktqualität kann Milliarden wert sein. (Sollten Sie mir nicht glauben, brauchen Sie sich nur die Horde der Disney-Anwälte anzuschauen und die Intensität, mit der sie selbst die unschuldigste Verwendung einer Disney-Figur verfolgen, die nicht ausdrücklich genehmigt wurde. Diese Leute wissen, wie die Butter auf ihr Brot kommt!)

Wahrnehmung I: Wie heiß ist das Wasser wirklich?

Ein klassisches Wahrnehmungsexperiment bedient sich eines allgegenwärtigen Mediums: des Wassers. Der Sozialpsychologe Bob Cialdini schreibt in *Influence: Science and Practice*: »Bei Versuchen mit ausgewählten Testpersonen bekommt man gelegentlich eine anschauliche Demonstration zu sehen, mit der Studenten in die Grundsätze der Psychophysik eingewiesen werden. Die Studenten setzen sich abwechselnd vor drei Eimer Wasser, die mit kaltem, heißem und zimmerwarmem Wasser gefüllt sind. Der Student taucht eine Hand in heißes, die andere in kaltes Wasser. Dann fordert man ihn auf, beide Hände gleichzeitig in den Eimer mit Zimmertemperatur zu tauchen. Sofort ist ein Blick amüsierten Erstaunens zu beobachten, der uns das Testergebnis verrät: Obwohl sich beide Hände im selben Eimer befinden, fühlt die Hand, die im heißen Wasser war, sich kalt an, die Hand, die im kalten Wasser war, heiß. Der entscheidende Punkt: Dieselbe Sache – in diesem Fall das Wasser bei Zimmertemperatur – kann sich – je nach der vorausgehenden Erfahrung – dem Schein nach ganz unterschiedlich anfühlen.« Moral der Geschichte: Das Wohlbefinden hängt davon ab, wo man sich eben aufhält – und in welchem Wasserfaß Ihre Hände stecken.

Ein weiteres verbreitetes Experiment aus der Sozialpsychologie: Kinder aus unterschiedlichen sozialen Schichten werden aufgefordert, ein 25-Cent-Stück zu zeichnen. Kinder aus dem Ghetto stellen das Geldstück häufig in der Größe einer Orange dar, während Kinder aus reichen Familien oft einen nur pfenniggroßen Kreis malen. Moral: Ein »Quarter« ist noch lange kein »Quarter«.

In *Verdict Pending* zeichnet Fredonia French Jacques systematisch die Ursprünge von Gerichtsverfahren wegen medizinischer Kunstfehler nach. Diese Prozesse bedeuten für das amerikanische Gesundheitswesen eine Mehrbelastung von mehreren Milliarden Dollar. Der Kommentar eines Krankenhausleiters faßt die wesentliche Aussage des Buches zusammen: »Die Patienten, die klagen, sind Patienten, die ignoriert oder brüsk behandelt wurden und es dem Arzt heimzahlen wollen ... Menschen, die als Nummer behandelt wurden, deren Gefühle verletzt wurden. Patienten, die vom Arzt freundlich behandelt wurden, reichen kaum jemals eine Klage gegen ihn ein.« Moral: Die Zufriedenheit der Patienten hat mit den Fähigkeiten des Arztes oder seinem Geschick im Umgang mit dem Skalpell nur relativ wenig zu tun.

»Dominos Pizza« garantierte die Auslieferung seiner Pizza innerhalb von dreißig Minuten und krempelte damit die gesamte Pizzabranche um. Haben Sie sich aber schon mal überlegt, daß die durchschnittliche Pizzeria an der Ecke meist weniger als 30 Minuten für die Lieferung braucht? Und was macht Disney im schwülen Orlando, Florida, mit den Warteschlangen. Es sorgt nicht etwa für kürzere Schlangen, sondern läßt Schilder aufstellen, die lauthals verkünden, wie lange die Zuschauer warten müssen. Die Menschen erwarten, daß sie nach einer Operation Schmerzen haben. Sie gehen davon aus, daß sie bei Disney warten müssen. Und auch Domino's Versprechen ist nichts Besonderes. Besonders ist nur die Tatsache, daß es ausgesprochen wird.

Wahrnehmung II: Der Blickwinkel des Betrachters

Das von den Professoren Daniel Kahnemann, Paul Slovic und Amos Tversky herausgegebene Buch *Judgment Under Uncertainty* gießt Öl in die Flammen. Auf 555 sorgfältig dokumentierten Seiten belegen sie die ungefestigte Natur der menschlichen Wahrnehmung (und wie sie unsere fast immer lausige

Beurteilung von so gut wie allem beeinflußt). Die geringfügigste Veränderung bei der Vorlage von »Beweismaterial« (was wir zuerst sehen oder zuletzt usw.) kann unsere Wahrnehmung einer Situation drastisch beeinflussen. Die Autoren definieren eine große Anzahl an »weichen« Faktoren, die unser Urteilsvermögen spürbar verändern. Hier einige Beispiele:

- *Die Verankerung:* Die Testpersonen erhielten eine Multiplikationsaufgabe. Einer Gruppe legte man folgende Zahlenkette vor: 8 x 7 x 6 x 5 x 4 x 3 x 2 x 1; die andere Aufgabe lautete: 1 x 2 x 3 x 4 x 5 x 6 x 7 x 8. Die beiden Zahlenketten waren also identisch! Der Haken: Man hatte nur fünf Sekunden Zeit, die Lösung zu schätzen. Der Durchschnittswert der ersten Gruppe: 2250. Die zweite Gruppe kam im Schnitt auf die Zahl 512. (Die korrekte Antwort ist übrigens 40 320.) Willkommen in der Welt des »Verankerns«. Wo man endet, hängt davon ab, wo man anfängt. Falls die Acht links ist, also dort, wo man normalerweise beginnt, fixieren wir uns darauf und geben eine Antwort, die um das Vierfache über der Antwort liegt, bei der die kleinere Zahl links »verankert« war.
- *Abrufbarkeit:* Ist es wahrscheinlicher, daß ein Wort mit »R« beginnt oder daß ein »R« der dritte Buchstabe eines Wortes ist? Testpersonen, die diese und ähnliche Fragen beantworteten, stimmten entschieden für ersteres – und irrten sich. Erklärung: Es ist einfacher, bestimmte Kategorien aus dem Gedächtnis »abzurufen«, in diesem Fall also Wörter, die mit einem bestimmten Buchstaben anfangen, als Wörter, bei denen ein bestimmter Buchstabe an dritter Stelle steht. Allgemein ist festzustellen, daß die mangelnde Fähigkeit, sich auf Kommando ein einleuchtendes Beispiel ins Gedächtnis zu rufen, die (statistische) Realität völlig durcheinanderbringt.
- *Die Illusion der Kontrolle:* In einem Kapitel des von Kahnemann, Slovic und Tversky herausgegebenen Buches schreibt die Psychologin Ellen Langer: »Die Menschen verhalten sich, als seien Zufallsereignisse von ihnen zu kontrollieren.« Ein typisches Experiment diente der Verdeutlichung dieser Aussage: Mitarbeiter benachbarter Büros erhielten die Möglichkeit, Lotteriescheine zu kaufen. Die Teilnehmer der einen Gruppe wählten ihren Schein (geschmückt mit Namen, Mannschaft und Bild eines Fußballers) aus einer Schachtel aus. Die

zweite Gruppe bekam ihre Scheine (die gleichen) einfach ausgehändigt. Später – aber noch vor der Ziehung – fragte man beide Gruppen, für welchen Betrag sie die Scheine zurückverkaufen würden. Die Gruppe, die ihre Scheine selbst ausgewählt hatte, verlangte im Schnitt 8,67 Dollar; die Gruppe, der man die Scheine einfach gegeben hatte, wollte 1,69 Dollar dafür haben. Die Tatsache, daß die eine Gruppe selbst hatte wählen dürfen, steigerte den wahrgenommenen Wert des Scheines in diesem reinen Glücksspiel um den Faktor 4,4!

- *Man schließt von sich auf andere:* Studenten wurden von einem Forscher gebeten, an einem Experiment teilzunehmen, für das sie 30 Minuten lang ein Schild mit der Aufschrift: »Iß heute bei Joe's!« auf dem Universitätsgelände herumtragen sollten. Diejenigen, die sich (auf sehr geringen Druck hin; man sagte ihnen, daß sie »vielleicht etwas dabei lernen« würden) bereit erklärten, das Schild zu tragen, erklärten, 62 Prozent ihrer Kommilitonen seien ebenfalls dazu bereit. Diejenigen, die sich weigerten, meinten, 33 Prozent der Mitstudenten seien willens, das Schild zu tragen. Man schließt also von sich selbst auf die Welt!
- *Veranstaltungen auf mehreren Bühnen:* Im Geschäftsleben sind oft komplexe Abläufe in vielen Einzelschritten unumgänglich. Nehmen wir einmal an, ein Projekt besteht aus zehn Schritten, und nehmen wir weiter an, es besteht eine siebzigprozentige Chance, einen einzelnen Schritt zu schaffen. Wie steht es dann um die Chancen, alle zehn Schritte zu bewältigen? Die korrekte Rechnung lautet: 0,7 x 0,7 x 0,7 x 0,7 x 0,7 x 0,7 x 0,7 x 0,7 x 0,7 x 0,7 – das sind genau drei Prozent. Rechnet man mit einer Erfolgschance von nur 50 Prozent für jeden Einzelschritt, reduziert sich die Chance eines Gesamterfolges (0,5 x 0,5 . . .) auf ein Zehntel eines Prozents. Und was sagt die Forschung? Bei einem Experiment mit zwei bis vier Stadien überschätzten die Testpersonen ihre Erfolgschancen um den Faktor zwei (im einfachsten Fall) und (im kompliziertesten Fall) um den Faktor 900 000.

Zusammenfassung: Sie und ich sind unheilbar optimistisch, egozentrisch bis ins Groteske, leicht abzulenken und leicht irrezuführen. Mit anderen Worten: Unser Urteilsvermögen ist ein Witz. Mehr noch: Die Forschungsarbeit in dem klugen Buch von Kahnemann & Co. belegt ganz eindeutig, daß das »professionelle Urteil« von Ärzten, Psychologen, Automechanikern und Geophysikern ungefähr ebenso verläßlich ist wie das des Laien – nämlich gar nicht.

Wahrnehmung III: Die wirkliche Welt

Als ich neulich mit einer kleinen Chartermaschine von Toronto nach Glen Falls im Staat New York flog, füllte sich die Kabine plötzlich mit Rauch. Mein Pilot machte eine Notlandung; das Problem erwies sich als unbedeutend. Ich übernachtete in einem Motel in Buffalo und flog am nächsten Morgen mit einem anderen kleinen Flugzeug nach Glen Falls weiter.

Und was ich davon halte? War ich wütend, nachdem meine Knie nicht mehr zitterten? Überhaupt nicht. Das Problem, das mich hätte umbringen können, hatte vielleicht ein verschlafener Mechaniker verursacht. Ich habe nicht nachgefragt. Was ich aber sicher weiß, ist: (1) Der Zwischenfall irritiert mich nicht, (2) die gute Leistung des Piloten erkenne ich freudig an, (3) ich wundere mich nur, daß so etwas nicht viel öfter passiert.

Andererseits erinnere ich mich an einen Zwischenfall, der mir immer noch aufstößt. Einige Monate vor dieser Notlandung zahlte ich den vollen Preis für einen American-Airlines-Flug erster Klasse von Chicago nach San Francisco, also etwa 800 oder 900 Dollar. Auf diesem spätabendlichen Vierstundenflug aber war es dem Flugbegleiter nicht möglich, ein zweites Tütchen mit Erdnüssen aufzutreiben. Ich war sehr aufgebracht und machte die Begebenheit sogar zum Aufhänger für einen landesweit ausgestrahlten Fernsehauftritt. Ich schrieb auch an den Vorstandsvorsitzenden von American Airlines. Noch heute, fast zwei Jahre später, ist meine Erinnerung an die »zweite Tüte Erdnüsse«, die es nicht gab, deutlich, und sie regt mich immer noch auf. Will heißen: Eine Frage auf Leben und Tod, sprich Rauch in der Flugzeugkabine, nehme ich gleichmütig hin. Einen Akt – in meinen Augen – unsagbarer Vernachlässigung aber, also keine Erdnüsse, nachdem ich fast tausend Dollar hingeblättert hatte –, kann ich einfach nicht billigen.

Das beste System, das es geben kann

Welch ein System! Es kann kaum Zweifel geben, welches das

hervorragendste, komplexeste und am besten funktionierende System in der Welt – oder zumindest in meiner Welt – ist. Das ist das durchprogrammierte, kommerzielle Flugnetz in den USA. Es ist bemerkenswert sicher – ein wahres Wunder, wenn man bedenkt, daß der Pterodaktylus, in dessen Bauch wir fliegen, aus einer Million Einzelteile besteht. Und Flugzeuge landen sogar mit unglaublicher Regelmäßigkeit pünktlich oder fast pünktlich – nicht zu fassen, wenn man bedenkt, welch höhere Gewalt jeden Tag des Jahres das Wetter bestimmt (im Februar Schnee in Denver, im Juli Gewitter in Chicago, im April Nebel in Los Angeles usw.). Selbst all der »Kleinkram« funktioniert – meist. Die Effektivität der Fluggesellschaften bei der Gepäckbeförderung verblüfft mich immer wieder. Sie haben zum Beispiel aufgrund einer Verspätung Ihres ersten Fluges nur zehn Minuten, den Anschlußflug zu erwischen; trotzdem ist Ihr Koffer (fast immer) mitgekommen und wartet auf Sie, wenn Sie um Mitternacht in San Francisco ankommen.
Der Haken bei der Sache: Ich kann ohne große Übertreibung sagen, daß bei den Vielfliegern unter meinen Bekannten nicht ein einziger ist, der auf die Fluggesellschaften nicht fast ununterbrochen »sauer« ist. Wie ist das zu erklären? Hier haben wir es mit einem schockierend komplexen System zu tun, das verblüffend effektiv ist – und nichtsdestoweniger die meisten seiner häufigsten Kunden an den Rand der Verzweiflung oder gar ganz zur Verzweiflung treibt. Die Antwort, in aller Kürze: Die Fluglinien liefern bei den großen, wichtigen Dingen erstklassige Arbeit – und dann gehen sie hin und zerstören den Erfolg all ihrer Bemühungen, indem sie die Organisation der »Erdnüsse« verbokken.
Wir alle erwarten heute, daß ein Ferngespräch am Telefon sofort durchkommt. Wir erwarten selbst von einem 7000-Dollar-Auto, daß es in Vermont bei 15 Grad unter Null anspringt. Und wir gehen davon aus, daß das Flugzeug nicht abstürzt! Unsere Erwartungen an die rein technische Leistung von fast allem sind also heute extrem hochgeschraubt. Also – ich möchte dahingestellt sein lassen, ob dies gerechtfertigt ist – nehmen wir den schwierigsten Teil als selbstverständlich hin und konzentrieren uns auf das »andere«. Dieses »andere« bestimmt und beherrscht unsere Beurteilung des Produktes oder der Dienstleistung insgesamt. Im Fall der Fluggesellschaften ist das »andere« ein langjähriges Miß-

geschick, nämlich die unglückliche Erfahrung, wie ein Kind im Vorschulalter behandelt zu werden.
Die Erfahrung des Fliegens verstärkt diesen Effekt, da man sich dabei in einem röhrenförmigen Minigefängnis anschnallt und dann mit 900 Stundenkilometern durch die Wolken düst. (Die Psychologen könnten den Fluggesellschaften schon sagen, was das bedeutet: Wir haben keine Kontrolle mehr über unsere Umgebung. Unser Wahrnehmungslevel – und welch anderen gibt es? – versetzt uns in eine gefährliche Stimmung.)
Die Lösung? Vor einigen Jahren legten sich die Verbraucher wirklich mit den Fluggesellschaften an und wurden im Kongreß angehört. (Die meisten Kongreßabgeordneten, die armen Schweine, sind Dauerflieger.) Es wurde nach Verbesserungen gerufen. Unter anderem bemühten sich die Fluglinien um größere Pünktlichkeit. Ich kenne zwar »die Wahrheit« nicht, habe aber *nicht* den Eindruck, daß sich an der Pünktlichkeit – würde hier der Maßstab eines Wissenschaftlers oder Ingenieurs angelegt – viel änderte. Es geschah etwas ganz anderes, und zwar mit großem Erfolg: Es gab mehr Spielraum in den Flugplänen. In meinem *Official Airline Guide* war plötzlich zu lesen, daß ich mit Flug 962 der »Bubba Airways« statt – wie bisher – um 2 Uhr 55 nun um 3 Uhr 15 in Chicago landen würde. Wir kommen um 3 Uhr 25 an, und ich kann mein Glück gar nicht fassen. Früher hätte ich zu denen gehört, die sich lautstark beschwert hätten. (Es ist eigentlich völlig egal, ob man nun um 2 Uhr 55 oder um 3 Uhr 15 ankommt, zumindest in 99,99 Prozent aller Fälle. Zwischen 10 und 30 Minuten besteht aber ein großer Unterschied in der *Wahrnehmung:* Das Urteil lautet nun »Nicht übel!« statt, wie üblich, »Bescheuert wie immer«.)

Eine Ode an die verstopften Straßen

Ein Reporter für die *San Jose Mercury News* beschrieb seinen zweitägigen Trip mit Continental Airlines. Keine seiner schlimmsten Befürchtungen (vom Flugplan gestrichene Flüge, verlorengegangenes Gepäck) bewahrheiteten sich. Trotzdem kam er niedergeschlagen nach Hause zurück. Der Kleinkram hatte ihn einfach geschafft! (Fragwürdiges Essen, festgeklemmt in einem Sitz neben Fremden, die sich schlafend an seine Schulter lehnten.) Am Ende seines Artikels beschreibt er die Freude, nach Hause zu fahren, in

sein Auto zu steigen, Herr über *seine* drei Quadratmeter Raum zu sein, *seine* Kassette zu hören – und das alles, obwohl er sich im alltäglichen, endlosen Rush-hour-Stau auf der Interstate 280 bei San Jose befand.
Vom kommerziellen Standpunkt betrachtet geht es dabei um eine ganz entscheidende, bitterernste Sache. Stimmt – der Mann steckt im Verkehr fest. Furchtbar. Und dabei atmet er auch noch giftige Abgase ein. Erbringt keinerlei Leistung. Verschwendet weitere 50 Minuten seines Lebens. Aber jede psychologische Untersuchung zur »Steuerung der Kontrolle« wird Ihnen sagen, daß er in *seiner* Wahrnehmung ganz eindeutig alles unter Kontrolle hat. Er hat sich frei dafür entschieden, sein Auto zu besteigen. Er kann die Türe öffnen und aussteigen (nicht, daß ihm das anzuraten wäre, aber er könnte es zumindest theoretisch tun). Und um nichts anderes geht es letzten Endes bei der Wahrnehmung.

Die Schlüssel zum Erfolg (und Mißerfolg)

Und dann war da dieses wunderschöne Hotel, in dem ich vor einigen Jahren in St. Louis abstieg. Mein Büro hatte es in einem Buch über tolle kleine Hotels entdeckt. Die Besitzer hatten ein Vermögen für Marmor und Messingbeschläge ausgegeben. Das Personal war ausgezeichnet. Irgendwann muß ich den Schlüssel in die Manteltasche gesteckt haben. Auf dem Heimflug kramte ich ihn aus und entdeckte einen kleinen roten Aufkleber: *»Zimmerschlüssel bitte beim Verlassen des Hotels an der Rezeption abgeben. Anderenfalls müssen wir Ihnen zehn Dollar berechnen.«* Mein Leben lang werde ich dieses Hotel als das »Zehn-Dollar-Hotel mit dem roten Schlüssel« in Erinnerung behalten. Ich werde ihnen diesen Fauxpas nie verzeihen. (Und was ist, wenn diese Maßnahme inzwischen abgeschafft sein sollte? Egal. Eindrücke dieser Art werden durch bloße Tatsachen oder das Verstreichen der Zeit nicht verwischt.)

Die Verschwendung einer wertvollen Ressource

Das Ferienhotel liegt auf Floridas teuerstem Grund und Boden, direkt am Meer. Das Gebäude riecht förmlich nach dem großen Geld der Investoren. (Das gilt übrigens auch für das Hotel in St.

Louis). Mein Aufenthalt dort ließ trotzdem zu wünschen übrig. Eine Reihe »kleiner Sünden« wog schwerer als all das Geld, das man investiert hatte, und ich war höchst unzufrieden mit dem, was mir geboten wurde. Und vor allem: Diese kleinen »Sünden« hätte der Hotelier – *ohne Mehrkosten* – beseitigen können, wenn er ein Ohr für die Erfahrungen seiner Kunden (wie ich es war) gehabt hätte.

- *Keine Zeitung:* Nach einem Spaziergang um 6 Uhr 30 morgens ging ich zur Rezeption und fragte nach einer Zeitung. »Gibt es nicht«, sagte man mir. Die gab es in den beiden Lädchen in der Nähe des Hotels (allerdings nicht in unmittelbarer Nähe). Haben sie geöffnet? »Weiß nicht.« Wie bitte? Selbst die billige Motel-6-Kette hat Zeitungsautomaten!
- *Kein Telefon am Bett:* In meinem Schlafzimmer gab es schon ein Telefon, auf einer Kommode am anderen Ende des Zimmers – fünf Meter entfernt, mit einer Schnur, die gerade mal einen guten Meter lang war. Ich stehe höchst selten neben meiner Kommode, wenn ich meine endlosen täglichen Telefonate erledige.
- *»Wir wissen einfach, daß Sie unsere Kleiderbügel stehlen.«:* Sie berechnen mir pro Nacht 200 Dollar für das Zimmer. Wieso gehen sie dann davon aus, daß ich von Beruf Kleiderbügeldieb bin? Diese »DSK« (diebstahlsicheren Kleiderbügel) fallen für mich in dieselbe Kategorie wie die fehlenden Erdnüsse auf dem Erste-Klasse-Flug.
- *»Room Service«:* Ich setze dieses Wort bewußt in Anführungsstriche, weil – na ja, Sie werden gleich sehen ... Ich rief an und bestellte mein Frühstück. Sie fragten nach der Zimmernummer. (Das geht ja noch an, obwohl es etwas irritierend war, da ich inzwischen daran gewöhnt bin, daß das Computersystem des Hotels die Zimmernummer des Anrufers automatisch einspeichert.) Als nächstes werde ich nach meinem Namen gefragt. Bitte? Dann soll ich meine »Kontonummer« angeben – was immer zum Teufel das auch sein mag. (Au weia, jetzt erinnere ich mich. Beim Einchecken gaben sie mir so eine Karte. Die trage ich aber nicht in meiner Unterhose herum, wenn ich telefonisch Frühstück bestelle.) Dann der Höhepunkt: Man sagt mir, daß es 30 bis 45 Minuten dauern wird, bis mein Frühstück kommt. Große Güte! Und es stimmte – es dauerte

genau 43 Minuten. (Noch nie ließ ich im Restaurant eine Mahlzeit oder eine Flasche Wein zurückgehen, aber die Melone war ungenießbar – und ich befand mich mitten in Florida. Sie schmeckte wie ein kränkelndes Produkt aus den Regalen eines Supermarkts in Vermont im Februar.)

- *Das Nachrichtenlämpchen:* Als ich eincheckte, nahm ich meine Faxe gleich mit. Als ich ins Zimmer kam, leuchtete das Lämpchen. Ich rief natürlich an, und man sagte mir, es seien Faxnachrichten für mich da. »Habe ich schon mitgenommen«, sagte ich. Das Licht blieb trotzdem an. Na ja, »nobody is perfect«, und außerdem ist dieses Lämpchen doch nur eine Erwachsenenversion des Lichtchens, das man nachts für Kinder brennen läßt, stimmt's? Am nächsten Morgen rief ich wieder an. Faxbriefe, hörte ich. Ich ging davon aus, daß sie die von gestern meinten. Jetzt ging das Licht aus. Als ich von meinem Spaziergang zurückkam, war das Licht wieder an. Ich rief an. Fax. Na gut, muß was Neues sein. Ich zog mich wieder an und latschte die 100 Meter oder so zur Rezeption. Keine Faxe. Waren die von gestern. Nee, so geht's wirklich nicht!
- *Schmutzige Aschenbecher:* Neben dem Aufzug, der meinem Zimmer am nächsten war, befand sich ein Aschenbecher. Als ich um 10 Uhr abends das Hotel betrat, war er schmutzig. Und als ich morgens um halb sieben zu meinem Spaziergang aufbrach, war er immer noch schmutzig – Zigarettenstummel, Papierzeugs, ekelhaft. Es wäre mir ja vielleicht gar nicht aufgefallen, aber ich war gerade einige Monate vorher im »Disneyland Marriott« gewesen und dort um viertel vor fünf aufgestanden, um einen Spaziergang zu machen. Da waren bereits zwei junge Männer in der Lobby *und wuschen die Pflanzenblätter ab.* Und die Aschenbecher waren um 4.45 Uhr selbstverständlich sauber (obwohl sie, als ich nach Mitternacht im Hotel ankam, noch von späten Müßiggängern verschmutzt worden waren).

Es waren weniger die »kleinen Sünden« selbst, die in diesem Luxushotel meinen Zorn erweckten, als die Tatsache, daß sie mit nichts zu entschuldigen waren. Man kann all diese Kleinigkeiten beheben, ohne daß es einen Pfennig kostet. Meiner Ansicht nach gefährden die Geldgeber ihre riesige Investition, indem sie ein Dutzend kleine Fehler übersehen (die mir in nur zehn

Stunden auffielen). Übrigens ist »gefährdet« kein zu starkes Wort. Andere, mit denen ich dort sprach, waren ebenfalls unzufrieden. Das soll nicht heißen, daß die Lage (nach dem Motto: Allein der Standort ist entscheidend) *nicht* wichtig oder daß der Service *allein* entscheidend sei. Es soll nur aufzeigen, wie einfach es ist, selbst die großartigen naturgemäßen Vorteile zu vergeuden.
Und warum sollte sich der Leser mit meinen kleinen, belanglosen Beschwerden abmühen? Weil es eben diese kleinen, belanglosen Beschwerden sind, über die in großen, weit ausholenden Büchern über den Wettbewerb *nicht* geschrieben wird, nicht einmal in Büchern über die »117 Grundelemente des Kundendienstes«. In einer Welt aber, die von der Mode dominiert wird und in der der Groß- oder Einzelhandelskunde Tag für Tag einer überwältigenden Auswahl an Dingen gegenübersteht, sind die kleinen Dinge – *und vor allem die Summe aller kleinen Dinge* – die Quintessenz dessen, worum es heutzutage geht.

Süßer Mais und Geschäftsstrategie
Stew Leonard, Jr., erzählt eine Geschichte über seinen Vater, dessen Name ein berühmtes Lebensmittelgeschäft in Norwalk (Connecticut) schmückt. Stew Jr., 36, leitet das Geschäft unter den aufmerksamen Augen seines Vaters. Vor einigen Jahren bereiteten Stew Jr., sein Bruder Tom und einige andere Manager des Ladens ein Treffen mit einem mächtigen und teuer bezahlten Berater vor. Stew Sr. war verhindert, also fragte Stew Jr. ihn telefonisch, ob es etwas besonders Wichtiges gab, das man ansprechen sollte.
»Ich kaufte gestern Mais«, antwortete Stew Sr. »Den gab es zum Abendessen, und er war nicht richtig süß.«
Stew Jr. wies seinen Vater sanft zurecht. »Vater, bei dieser Sitzung geht es um andere Dinge. Wir besprechen Strategie, Verkaufsmethoden. Gibt es denn nichts wirklich Wichtiges, was ich ansprechen soll?«
»Ja. Der Mais ist nicht durch und durch süß.«
Aus dieser Geschichte lernen wir nicht, daß Stew Leonard detailversessen ist. Er gibt selbst zu, daß er das einmal war. Er kam in den Laden, gab einem Angestellten einen Schreibblock mit Unterlage und sagte: »Schreiben Sie alles mit, während ich umhergehe. Hier – kaputte Eier. Dort – schmutzige Fenster.« Das tut er heute

nicht mehr. Statt dessen widmet er sich den wirklich wichtigen Dingen – wie süßem Mais.
»Nation's Business«
Juni 1991

Zwischen Wahrnehmung und Umgestaltung

Die Magie von Disney liegt darin, daß man sich dort einfach völlig gefangennehmen lassen kann. Einen Großteil dieser Magie verdanken wir dem gut geölten »Park unter dem Park«, der die ganze Spannung erst ermöglicht. Und der Zauber von Stew Leonards Laden erklärt sich aus seinem Lieblingswort – »Wow« kann es aber nur geben, wenn die Unterstützungssysteme alle in Ordnung sind. Sie dürfen diese letzten Seiten also nicht dahingehend mißverstehen, daß ich die neuen Grundlagen der Qualität angreifen wollte. Allerdings möchte ich dazu raten, die *Qualität nicht ausschließlich den Technokraten zu überlassen.* Wir brauchen eine gut funktionierende statistische Verfahrenskontrolle, wir müssen das phantastische Leistungsniveau des »Parks unter dem Park« bei Disney erreichen. Gleichzeitig müssen wir uns aber darüber klar sein, daß dies höchstens die halbe Geschichte ist.

Nehmen Sie dieses Seebadhotel in Florida – wenn »sie« den Standort ändern, fährt von vornherein niemand dorthin. Da bin ich mir ganz sicher. Aber die Eigentümer, die eine Tonne Geld für diesen Standort ausgegeben hatten, riskierten dann das ganze Unternehmen, indem sie sich nicht um den Kleinkram – Zeitungen zum Frühstück – kümmerten. Guter Standort. Guter »Unter-Park«. Ja! Zeitungen zum Frühstück. Süßer Mais, der wirklich süß ist. Ja! Man braucht das alles – aber normalerweise investieren wir leider 90 Prozent unserer Bemühungen in den Standort (schon wieder einer dieser verflixten umzukehrenden Brüche), 10 Prozent in die Zeitungen zum Frühstück. In dieser überfüllten, unbeständigen, verrückten Welt sollte es eigentlich mehr oder weniger andersherum sein!

Letztendlich ist es doch gar nicht so schwierig, oder?

Po Lo und der Pferdekauf

Wenn ich das Verfahren für die Vergabe des Baldridge-Preises für herausragende Produktqualität bestimmen könnte, müßten die Mitglieder der Jury 15 Minuten lang über die folgende Geschichte referieren. Sie stammt aus *Raise High the Roof Beam Carpenters* von J.D. Salinger.

»Herzog Mu aus Chin sagte zu Po Lo: ›Du bist nun schon in den späten Jahren. Gibt es ein Mitglied deiner Familie, das wir an deiner Stelle auf die Suche nach guten Pferden schicken könnten?‹ Po Lo antwortete: ›Ein gutes Pferd sucht man nach seinem Körperbau und seiner Gesamterscheinung aus. Aber das ideale Pferd – eines, das keinen Staub aufwirbelt und keine Spuren hinterläßt – ist flüchtig und vergänglich und so schwer zu fassen wie dünne Luft. Die Talente meiner Söhne bewegen sich auf weitaus niedrigerem Niveau; sie können zwar ein gutes Pferd von einem schlechten unterscheiden, haben aber keinen Blick für das Idealpferd. Ich habe aber einen Freund, Chiang-Fang Kao, einen fliegenden Händler in Öl und Nahrungsmitteln, der mir in Dingen, die die Pferde angehen, in nichts nachsteht. Bitte suchen Sie doch ihn auf.‹

Herzog Mu folgte dieser Aufforderung und sandte den Freund auf die Suche nach einem Zuchthengst. Drei Monate später kehrte er mit der Nachricht zurück, er habe einen gefunden. ›Es ist in Shach'iu‹, fügte er hinzu. ›Wie sieht er denn aus?‹ fragte der Herzog. ›Es ist eine falbe Stute‹, lautete die Antwort. Es wurde jemand geschickt, das Tier zu holen, und es stellte sich heraus, daß es ein kohlrabenschwarzer Hengst war! Der Herzog war äußerst ungehalten, und er sandte nach Po Lo. ›Dein Freund‹, sagte er, ›den ich beauftragt habe, einen Zuchthengst zu suchen, hat seine Sache nicht gut gemacht. Er kann ja noch nicht einmal die Farbe oder das Geschlecht der Tiere unterscheiden! Er weiß ja nicht einmal das mindeste über Pferde!‹ Po Lo seufzte befriedigt. ›So weit ist er schon fortgeschritten?‹ rief er aus. ›Aber dann ist er doch zehntausendmal mehr wert als ich! Kao denkt an die geistigen Zusammenhänge. Dabei vergißt er die biederen Einzelheiten. Er hat die inneren Dinge im Sinn und vergißt die äußeren. Er sieht das, was er sehen will, nicht das, was er nicht sehen will. Er sieht die Dinge, die er sehen sollte, und ignoriert jene, die des Sehens nicht wert sind. Kao ist ein kluger Pferde-

kenner und ein noch klügerer Richter der Dinge, die über den Pferden stehen.‹
Und als das Pferd ankam, erwies es sich tatsächlich als überragend.«

44. Kapitel

Auf dem Weg zu besseren Handbüchern und Bedienungsanleitungen

Zusätzlicher Service, Intelligenz, die nicht greifbaren Elemente, ein Schuß des *»Wow!«*-Gefühls: dies alles zusammen bildet einen wachsenden Teil des Wertzuwachses jeder modernen Wirtschaft. Differenzierung wird bei immer engeren Märkten zunehmend schwieriger. Haben Sie jemals daran gedacht, daß Bedienungsanleitungen und Handbücher für Kunden ein einzigartiger – und überraschend dauerhafter – strategischer Vorteil sein könnten? (Ja, ganz recht – ich sagte eben strategisch *und* dauerhaft.) Der Herausgeber der *Access*-Ratgeber (ach, wie ich diese Ratgeber »liebe«!), Richard Saul Wurlitzer, hat dies schon begriffen. Sein *Follow the Yellow Brick Road* (»Folge der gelben Pflasterstraße« ist eine Aufforderung an die Kinder aus dem Märchen *The Wizard of Oz*) befaßt sich mit diesem Thema. »Niemand scheint zu wissen, wer diese (Handbücher) schreibt oder woher sie kommen.« Schließlich schickte er seine Kollegin Loring Leifer auf Erkundungstour. Ihren erstaunlichen Bericht drucke ich hier in – fast – voller Länge ab:
»Die meisten Menschen, mit denen ich sprach, warteten spontan mit unterschiedlichen Versionen zu ihrer Entstehung auf:

- ›Unsere Handbücher werden von den einzelnen Herstellern entwickelt.‹
- ›Die Handbücher werden einfach im Paket mitgeliefert. Ich weiß nicht, wer sie schreibt. Wir sind nur für die Verteilung zuständig.‹
- ›Oh, das weiß ich wirklich nicht. Ich werde versuchen, es für Sie festzustellen.‹ Na ja!

Zunächst wandte ich mich an Sears, Roebuck. Ich ging davon aus,

daß jeder irgendwann einmal in seinem Leben ein Gerät von Sears besessen hat. Ich wurde sechsmal weiterverbunden, von einer Sears-Filiale in der Bronx zu einem Ersatzteillager in Mount Vernon (New York), weiter zur Sears-Hauptverwaltung im Sears Tower in Chicago – so glaube ich jedenfalls, aber ich landete in der Immobilienabteilung.
In Mount Vernon teilte mir eine Mitarbeiterin des Ersatzlagers mit, daß sie an ein Computernetz angeschlossen sei und Gebrauchsanweisungen nur anhand von Modellnummern bestellen könne. (Sears hatte wohl von der US-Armee gelernt.) Ich erklärte, daß ich Nachforschungen für ein Buch anstellte und herauszufinden versuchte, in welcher Abteilung die Handbücher produziert würden. Die entschlossene und etwas engstirnige Mitarbeiterin bat mich wieder um eine Modellnummer. Ich verwies erneut darauf, daß ich an einem Buch mitarbeitete. Sie fragte: ›Hat Ihre Mutter nicht einen Kühlschrank von Sears?‹ Sie hielt die Geräte wohl für noch verbreiteter als ich selbst.
Die Ersatzteilabteilung hatte offenbar keine Ahnung, woher die Gebrauchsanweisungen kamen oder wer sie schrieb. Es war den Leuten dort auch gleichgültig.
Schließlich geriet ich an Manny Banayo, zuständig für Öffentlichkeitsarbeit in der Hauptverwaltung des Unternehmens in Chicago. Er bat mich, an Jim Podany zu schreiben, einen der Mitarbeiter seiner Abteilung, der mir sicher helfen könne. Am 3. Februar 1989 schrieb ich ihm also einen Brief und erläuterte mein Anliegen. Ich bin ein recht geduldiger Mensch, aber als ich am 18. September noch immer keine Antwort erhalten hatte, beschloß ich, ihn anzurufen. Eine Sekretärin teilte mir mit, daß ich mich in dieser Angelegenheit an den Marketingmanager für die Haushaltsgeräte von Sears, John Summers, wenden müsse. Summers erwiderte meinen Anruf sofort und pflichtete mir teilnahmsvoll bei. Er kaufe auch immer Haushaltsgeräte mit Bedienungsanleitungen, die jemand in einer anderen Sprache verfaßt hatte und die dann von jemand übersetzt würden, der sie offensichtlich nicht verstehe. Als ich ihn darauf ansprach, wer die Sears-Anleitungen schreibe, antwortete er, das wisse er auch nicht, aber er glaube, daß sie von ›verschiedenen Leuten‹ im Marketing oder von den einzelnen Herstellern kämen.
Ich bat ihn, mir Handbücher für Elektronikgeräte wie einen Videorecorder und eine Montageanleitung für ein Fahrrad zu

schicken, was auch umgehend geschah. Das machte mich optimistischer. Ich forschte weiter. Im Februar 1990 rief ich ihn wieder an und stellte weitere Fragen, wie die Handbücher denn nun entstünden. Er teilte mir mit, daß er seine Stelle wechsele und daß ich nach der ersten Märzwoche, wenn sie aus dem Urlaub zurück sei, Jackie Bitowt anrufen solle. Sie sei die neue Marketing-/Kommunikationsmanagerin für Haushaltsgeräte. Ich rief ihr Büro drei Tage lang an und erreichte sie schließlich am 8. März. Sie sagte, ohne einen Brief meinerseits könne sie mir nicht helfen. Ich erklärte ihr, daß ich schon mehrere Briefe an Mitarbeiter in ihrem Bereich geschrieben hätte. Sie sagte, sie müsse einen davon sehen, und im übrigen sei John Summers bis Montag außer Haus. Dann meinte sie: ›Seit der Umstrukturierung haben wir hier jede Menge Arbeit am Hals. Es ist nicht sehr wahrscheinlich, daß Sears zu Ihrem Buch beitragen kann.‹

Ich brauchte für mein Buch nicht die gesamte Sears-Organisation. Ich wollte mit einer einzigen Person reden, die etwas mit den Sears-Handbüchern zu tun hatte. Ich erklärte ihr das.

Sie antwortete höflich: ›Ich glaube kaum, daß es eine solche Abteilung gibt.‹

Ich gab meine Sears-Bemühungen auf und versuchte es mit Panasonic.

Panasonic hat eine automatische Telefonzentrale, die dem Anrufer das Gefühl vermittelt, soeben in Fort Knox eingebrochen zu sein. Man wird von Bandansage zu Bandansage geführt und muß so viele Ziffern eintippen, daß selbst ein klar denkender Mensch vergessen kann, warum er eigentlich bei der Firma angerufen hat. Es gibt tausend verschiedene Nummern. Eine für Ersatzteile für Panasonic-Geräte, eine für den Kundendienst, eine für eine Wegbeschreibung zur nächsten Verkaufsniederlassung. In jedem Fall muß man Zahlen drücken. Mein Zeigefinger tat langsam weh. Es gelang mir schließlich doch, den richtigen Knopf zu drücken. Michael Maggio vom Kundendienst verwies mich an Ron Tomcyk, der für die Öffentlichkeitsarbeit zuständig war. Tomcyk sagte, seiner Meinung nach würden über 90 Prozent der Handbücher in Japan geschrieben und von einigen Ingenieuren in den USA für den amerikanischen Markt überprüft. Um nähere Informationen zu bekommen, müsse ich mich an Justin Camerlengo wenden, den Manager für Kommunikation. Dreimal hinterließ ich eine Nachricht – Camerlengo rief nie zurück. Menschen können offenbar ebenso undurchdringlich sein wie Nachrichten auf Anrufbeantwortern. Einige Tage später rief Ann Ballas in seinem Auftrag an. Sie sagte, die Handbücher entstünden in Japan, wo die Produkte hergestellt würden. Sie riet mir, Jerry Surprise anzurufen, den Produktmanager in der Niederlassung der Firma in Chicago, oder Mike Collichio, der für Verbraucherkontakte zuständig sei.

Diese Spur schien sich abzukühlen. Ich beschloß, es bei Sony zu versuchen.

Nach mehreren Anrufen geriet ich an Lloyd Barningham in Kansas City. Er ist für den Versand der Handbücher für Sony-Produkte zuständig. Er sagt, sie würden in Japan geschrieben und in Kisten herübergeschickt, und er verteile sie bloß. Er schickte mir einige Probeexemplare, aber damit machte er es sich für mein Gefühl viel zu leicht.

Allmählich keimte in mir der Verdacht, daß es ein Geheimprogramm zur Verschleierung der Identität von Handbücherschreibern gibt, ähnlich dem Zeugenschutzgesetz. Dieses Schutzprogramm wurde vielleicht entwickelt, um das Leben der Autoren und ihrer Familien vor erzürnten Verbrauchern zu schützen, die nicht herausfinden können, wie sie die Fernsehserie ›Cheers‹ mit ihrem neuen Videorecorder aufzeichnen sollen.

Mißtrauisch, aber immer noch entschlossen, die Wahrheit herauszufinden, ging ich an General Electric heran. Ich habe einen Kühlschrank von General Electric und fand die dazugehörende Bedienungsanleitung schon immer sehr nützlich. Die Informationen über Einbau, Benutzung und Wartung des Geräts sind verständlich, und außerdem steht darin, wie lang welche tierischen Produkte in Kühlschrank oder Gefrierfach haltbar sind. Sie enthält sogar eine Beschreibung, wie die Ablagen aus dem Gerät herauszunehmen sind, wenn die Tür nicht ganz zu öffnen ist.

Auf dem Handbuch war eine Telefonnummer angegeben, an die man sich zwecks weiterer Informationen wenden konnte. Sie war groß gedruckt und stand auf der ersten Seite. Gebrauchsanweisungen ohne Telefonnummer oder gar ohne Adresse, so daß Sie die Firma niemals finden und zum Produkt befragen können, erwecken grundsätzlich meine Skepsis. Bei General Electric bemühte man sich wirklich außerordentlich, zu demonstrieren, daß man zur Verfügung stehe. Außerdem hielt ich das Handbuch für hervorragend geschrieben.

So rief ich also am Freitag, dem 30. Juni 1989, um 12 Uhr mittags, die Nummer des GE-Antwortzentrums an. Ich wollte versuchen, den Autor des Handbuchs aufzutreiben und ihm oder ihr zu sagen, daß sie gute Arbeit geleistet hätten. Zu meiner unendlichen Überraschung meldete sich nach dem ersten Klingeln eine echte, menschliche Stimme und stellte sich als Herr Miller vor. Er erklärte, die Gebrauchsanweisungen würden nicht in seinem Büro geschrieben, und riet mir, mich schriftlich an das Büro für Kundenkontakte in Louisville, Kentucky, zu wenden. Ich beschloß, statt dessen dort anzurufen. Die Nummer stand nicht im Telefonbuch, aber eine Telefonistin verband mich mit dem Büro für Kundenkontakte. Dort verriet mir ein Anrufbeantworter, daß mich jemand zurückrufen würde; ich sollte meinen Namen und meine Telefonnummer hinterlassen. Eine Stunde und neun Minuten später rief mich eine Frau namens Tonie Sullivan zurück und versprach, mir bei der Suche nach den Autoren des Handbuches behilflich zu sein. Um 15 Uhr 22 rief sie wieder an und teilte mir mit, Jean Hopwood könne mir helfen, sei aber bis 24. Juli in Urlaub.
Inzwischen rief ich wieder im GE-Antwortzentrum an und wollte andere Exemplare von GE-Anleitungen. Eine Telefonistin teilte mir höflich mit, dazu bräuche sie Modellnummern, daß sie mir aber gerne zwei Kataloge mit GE-Produkten schicken würde. Sie erläuterte, daß der GE-Bereich Fernsehgeräte, Stereogeräte, Videorecorder, Radios und Telefone von ›Thomson Consumer Electronics, Inc.‹ übernommen worden sei, der Unternehmensbereich Haushaltsgeräte aber nach wie vor zu GE gehöre. Als ich die Kataloge erhalten hatte, rief ich erneut beim Antwortzentrum an und bestellte Gebrauchsanweisungen, aber sie wurden mißtrauisch, als ich Anleitungen für so viele verschiedene Modellnummern wollte und sagten, dieser Service sei ausschließlich für Besitzer von GE-Haushaltsgeräten gedacht. Die Telefonistin schlug vor, ich solle mich direkt an Thomson wenden.
Im Büro in Louisville hatte mir jemand gesagt, ich solle Edith Garrett in der Abteilung Kundenkontakte anrufen und hatte mir eine Telefonnummer gegeben. Es stellte sich heraus, daß es die Nummer der Abteilung ›technische Veröffentlichungen‹ von TCE war. Eine Telefonistin sagte mir, für 3,50 Dollar pro Stück könne ich jedes beliebige Handbuch haben. Ich fragte sie, ob die Handbücher in ihrer Abteilung geschrieben würden; sie antwortete, sie

habe keine Ahnung, wo sie entstünden. Ich könne es jedoch mit einer Nummer bei RCA versuchen, wo man mich weiterverbinden würde. Dort antwortete eine Dame namens Rosemary. Sie hörte sich meine Fragen an und meinte dann ziemlich aggressiv: ›Woher haben Sie diese Telefonnummer?‹ Sie war anscheinend beim CIA ausgebildet worden. Mit dem Stolz des Geheimagenten verkündete sie: ›Ich habe keine Informationen.‹ Ich hatte ihr doch nicht gerade mit Bambusspitzen unter den Fingernägeln gedroht. Nur mit höflicher Beharrlichkeit konnte ich sie dazu bewegen, mir die Nummer des ›Büros für Beziehungen zum Kunden‹ zu geben. Dort bekam ich ein Band zu hören, das mir diverse, verwirrende Optionen anbot. Nummer 4 war angeblich für Betriebsanleitungen, aber das war die Nummer von Louisville, mit der ich es bereits probiert hatte. Ich mußte also aufhängen und neu wählen. Dieses Mal drückte ich 5 – für Kundendienst – und hatte ein weiteres Band anzuhören, auf dem man mir vielversprechende Optionen auf verschiedene Haushaltsgeräte anpries.
An einem Punkt völliger Entmutigung brachte mich ein mitfühlender Mensch, der – früher – in der Fernsehabteilung gearbeitet hatte, mit Dan Romisher zusammen, der – früher – in der Abteilung Fachveröffentlichungen gearbeitet hatte. Dan nannte mir tatsächlich zwei Namen von Frauen, die für die RCA- und GE-Handbücher für Elektronikgeräte zuständig waren. Ich war endlich auf Gold gestoßen!
Ich führte tatsächlich ein ausführliches Gespräch mit einem echten, lebendigen und wohlartikulierten Menschen. Die Frau schrieb die Handbücher zwar nicht selbst von Anfang an, war aber dafür zuständig, sie für den amerikanischen Verbraucher aufzubereiten. Suzanne Deem war bei Thomson für die Verbraucherveröffentlichungen zuständig. ›Wir erhalten einen Entwurf der Gebrauchsanweisungen. In Sitzungen mit Mitarbeitern aus dem Verkauf, dem Marketing, dem Ingenieurwesen und der Produktplanung entwickelten wir ein Format für Handbücher. Wir benutzen auch unseren gesunden Menschenverstand. Wenn Sie ein Produkt erhalten, was tun Sie als erstes? Man öffnet die Verpackung, nimmt die Papiere heraus und liest sie. Wir beginnen mit den Sicherheitsanweisungen, danach kommt eine Inhaltsangabe, dann eine Beschreibung des Produkts und schließlich die Betriebsanleitung. Der gesunde Menschenverstand sagt uns, daß

diese Reihenfolge richtig ist. Unsere Verkäufer sagen uns allerdings, daß die Handbücher nicht gelesen werden.
Unsere Handbücher sind in englischem Kauderwelsch geschrieben. Unsere Herstellerfirmen, die oft in Korea oder Japan sitzen, liefern sie mit. Das führt oft zu Problemen. Wegen der Zeitplanung und weil das Handbuch ja rechtzeitig fertig werden muß, schreiben wir es um oder neu, während an dem Produkt noch gearbeitet wird. Manchmal steht uns gar kein vollständiges Exemplar des im Handbuch zu beschreibenden Produkts zur Verfügung. Im Augenblick arbeiten wir zum Beispiel an einer Gebrauchsanweisung für ein Fernsehgerät. Die Software wird in Deutschland entwickelt; die Teile werden in Singapur hergestellt, und die Montage wird in Taiwan ausgeführt. An jedem dieser Orte sind Änderungen des Produkts möglich. Wir stehen unter Zeitdruck. Dieser Prozeß erfordert eine ausgezeichnete Kommunikation zwischen all diesen geographischen Punkten, und das ist nicht eben einfach, wenn es um verschiedene Menschen in verschiedenen Teilen der Welt geht, die unterschiedliche Sprachen sprechen. Der Streß ist groß bei uns. Wir sind so weit, daß wir das Handbuch drucken könnten, und die Software ist falsch angegeben. Für die Fehler im Handbuch stehen wir gerade.‹ So berichtete sie.
›In die jeweils 5000 ersten Exemplare eines Geräts legt RCA einen Fragebogen in das Handbuch. Wir sind immer offen für Vorschläge und überprüfen und ändern unsere Handbücher aufgrund des Feedbacks der Verbraucher.‹
Ich fragte sie, ob sie Talent zum Lesen von Handbüchern besitze; sie meinte: ›Ich lese nie welche. Mein Mann macht das. Ich lerne es allerdings gerade. Mein Bruder und seine Freunde, von denen die meisten einen Doktortitel haben, waren nicht in der Lage, unseren Videorecorder zu programmieren. Ich habe es geschafft, wenn es auch nicht einfach war.‹«

45. Kapitel

Wie baut man »Oha!«-Fabriken?

Es wird höchste Zeit, daß wir dieses »Zeug« operationalisieren. »Das ›Oha!‹ (Wow!) operationalisieren?« höre ich Sie zu Recht protestieren. »Ich dachte, es ginge eben darum, das Mystische zu erhalten.« Ja und nein. Es gibt schon einige praktische Schritte, die wir unternehmen können – beispielsweise den Autoren von (brauchbaren) Gebrauchsanweisungen unsere Zuneigung und Hochachtung zu beweisen. Und man kann in gewisser Weise auch Denkweisen bearbeiten – d. h. die »Sache mit dem ›Oha!‹« wird Bestandteil der Unternehmenspolitik. Das beschreibe ich im folgenden.
Es trifft allerdings zu, daß man auf jeder der nun folgenden Ideen zu sehr herumreiten kann und letztendlich das »Oha«-tum in der Organisation zu Tode reitet, statt es zu fördern. Das sollten Sie nicht vergessen, auch wenn Sie alles weitere mit zustimmendem Kopfnicken lesen mögen ...

Definitionen: Auf dem Weg zur Symbiose und zur Verflechtung

Bei Boeing findet derzeit eine Kulturrevulotion statt. Boeing hat sich der Welt stärker geöffnet und fordert Fluggesellschaften, Lieferfirmen und Sublieferanten auf, aktiv am Design seines jüngsten Flugzeuges, der 777, mitzuwirken. Es handelt sich dabei um ein zweistrahliges Großraumflugzeug. Bisher schien Boeing immer selbst am besten zu wissen, was das Beste für seine Kunden war. »Aber bei der 777 gestattete uns Boeing zum erstenmal direkten Zugang

zum Konstruktionsprozeß eines Flugzeugs«, sagt James O'Sullivan, der leitende Projektingenieur von British Airways beim 777-Programm.
Financial Times

Dem Kunden zuhören. Das war eine Botschaft, die sich durch meine ersten drei Bücher zog und die auch sinnvoll war und ist – bis zu einem gewissen Grad. Nur: Bei einer stark hierarchisch strukturierten Organisation bringt es Sie kaum weiter, wenn Sie Menschen zum Zuhören ermahnen oder selbst ganze Batterien von Zuhörtechniken installieren. Man kann ohne große Übertreibung sagen, daß es in dem gesamten Abschnitt »Jenseits der Hierarchien« darum ging, wie man auf den Kunden hört, oder, präziser, wie man erreichen kann, daß das intensive Zuhören in Fleisch und Blut übergeht – man sich ihm also nicht mehr entziehen kann. So ist es bei Acordia, CCT, EDS und McKinsey. Aber das ist immer noch nicht alles – bei weitem nicht. Selbst ein Zuhören, dem man sich nicht mehr entziehen kann, ist mit einer gewissen Passivität verbunden. Denken Sie an CRSS, David Kelly Design, Imagination und Chiat/Day/Mojo. Auf den ersten Blick zählen sie zu den besten Zuhörern der Welt. Wenn Sie etwas genauer hinblicken, werden Sie jedoch feststellen, daß diese Unternehmen das Stadium des Zuhörens durch ihre Art des entspannten Kundenkontakts, mit der sie gemeinsam mit dem Kunden völlig neue Produkte und Dienstleistungen entwickeln, bereits weit hinter sich gelassen haben. Was heißt also »besser als Zuhören« oder sogar »besser als automatisches, vorgeschriebenes Zuhören«? Wie wäre es mit *Symbiose?* Oder *Verflechtung?*

Streben Sie nach Kundentreue

Der Schritt vom Anhören des Kunden zur Verflechtung mit ihm bedeutet zugleich den Schritt vom *zufriedenen* zum *treuen* Kunden. »Zufriedene Kunden legen sich nicht auf eine Firma fest«, schreibt Professor Dave Ulrich von der Universität Michigan in der *Sloan Management Review* (Sommer 1989). »Treue Kunden hingegen entwickeln über gemeinsame Ressourcen und Standards eine Interdependenz mit einem Unternehmen.« Der wichtigste

Hebel für den Schritt von der bloßen Zufriedenstellung des Kunden zur umfassenderen Kundentreue (»Einheit mit dem Kunden«) liegt laut Ulrich in dem am stärksten »nach innen« konzentrierten aller Managementabläufe, nämlich im Bereich der *Humanressourcen.* Ulrich zählt fünf traditionell unantastbare Bereiche der Menschenführung auf, deren Berücksichtigung eine größere Einbindung des Kunden in das Unternehmen bewirken könnten:

① *Ernennungen und Beförderung:* Ulrich führt das Beispiel eines Büroausstattungsunternehmens an, das den Kunden Kriterien an die Hand liefert, mit deren Hilfe sie Kandidaten auswählen können, die dann in Zukunft ihre laufenden Bestellungen bearbeiten sollen. Der Kunde kann den Lebenslauf der Finalisten lesen. Da der Kunde von Anfang bis Ende in die Entscheidungsbildung einbezogen war, hat er ein vermehrtes Interesse daran, daß der einzustellende Mitarbeiter erfolgreich arbeitet, beobachtete Ulrich. Er berichtet, daß zum Beispiel die Mitarbeiter von GE im Bereich Humanressourcen bei Entscheidungen über Beförderungen und Nachfolgeplanung routinemäßig das Feedback von Kunden suchen und es berücksichtigen.

② *Leistungsbeurteilungen:* Bei einem Computerunternehmen beobachtete Ulrich, daß die Kunden die Beurteilungskriterien für Mitarbeiter in der Linie wie auch für Manager weitestgehend bestimmten; sie halfen den Mitarbeitern des Unternehmens sogar dabei, die Bewertungsformulare auszuarbeiten. Die Kunden liefern auch einen großen Teil der Information, die in die Beurteilung einfließt.

③ *Aus- und Weiterbildung:* Ulrich führt viele Beispiele für Firmen auf, die ihre Kunden ganz unmittelbar am Verkauf, am Service und an technischen Ausbildungsprogrammen beteiligen. Ein Beispiel: Whirlpool – ein Unternehmen, das Haushaltsgeräte herstellt – bittet häufig leitende Sears-Manager, in Fortbildungsprogrammen als Redner zu fungieren. Die Kunden wurden auch an der Planung solcher Kurse beteiligt. Es kam öfter vor, daß Trainer des Unternehmens Kunden besuchten, um eine Bedarfsanalyse zu erstellen. Nach dieser richtete sich dann das Weiterbildungsprogramm.

④ *Anreize für die Kundenbindung an ein Unternehmen:* Nehmen

Sie den Fall eines internationalen Schutzdienstes: Jedes Vierteljahr füllen 25 Prozent der Kunden jeder Filiale einen Fragebogen mit 50 Fragen aus, der keine andere Funktion hat, als eine langfristige Kundentreue zu erreichen. Fünfzig Prozent der von jedem Filialleiter ausgelobten Incentives, so Ulrich, sind unmittelbar auf diese Kundenbefragung zurückzuführen.

⑤ *Kommunikation zwischen Unternehmen und Kunden:* Ulrich stieß bei seinen Nachforschungen auf zahlreiche Beispiele: Da gab es alles von regelmäßigen Beiträgen von Kunden in Unternehmensrundbriefen bis hin zu gewichtigen Reden von Kunden bei jährlichen Mitarbeiterversammlungen nach dem Motto: »In meinen Augen . . .«

Zusammengenommen – und man sollte es nur zusammengenommen sehen – ergibt dies den Umriß eines umfassenden Ansatzes, den Kunden Einsicht ins Innenleben von Unternehmen zu erlauben. Und wieder ein Argument für ein klares Wort, nämlich: Symbiose anstreben!

Der Dialog mit dem Kunden

Erinnern Sie sich an die fast täglich stattfindenden Vorführ- und Lernveranstaltungen in den Küchenbedarfsläden von Williams-Sonoma. Und denken Sie an die vielen tausend Kunden, die Trumpf in seinem großartigen Vorführzentrum unterweist. In »The Body Shop« sind die Gespräche mit Kunden für Anita Roddick zur strategischen Besessenheit geworden, die so weit geht, daß das riesige Unternehmen es nicht für nötig hält, überhaupt Werbung zu betreiben – und das in einer Branche, die üblicherweise sehr stark auf Werbung angewiesen ist. Niemand versteht diese Strategie des »Lehren Sie den Kunden und lassen Sie ihn Ihre Produkte verstehen« besser als der Riese der »Do-It-Yourself«-Generation, Home Depot. (Strategie? Aber ja doch! Diese neuen Entwicklungen sind reine »Seele«, keine Dienstleistungstaktik.)

»Home Depot«

Mein Kollege David Graulich berichtet:

»Es ist 7 Uhr 14 morgens. Thema: Düngemittel. Ron Whited ist

Leiter der Gärtnerei in der Home-Depot-Filiale in Sunnyvale, Kalifornien. Er hält ein Stück Cheddar-Käse, eine Packung Wurst und drei Scheiben Weißbrot hoch. ›Düngemittel wirkt auf Pflanzen wie Essen auf Menschen‹, sagt er und fuchtelt mit dem Käse herum. ›Aber zuviel Vitamin A schadet Ihrer Leber, und so ist es bei einem Rasen, der zum Beispiel mit zuviel Stickstoff überlastet wird. Überdosis. Wenn ein Kunde den Stickstoff allzu großzügig verteilt, hat er ziemlich flott Streifen auf dem Rasen und kommt sich bei uns beschweren.‹

Whitedes Zuhörer sind 26 Mitarbeiter von Home Depot, darunter Verkäufer, Kassierer und Parkplatzpersonal, das den Kunden dabei hilft, ihre Einkäufe im Auto zu verstauen. Die Teilnehmer an dieser frühsamstagmorgendlichen Schulung werden alle für ihre Anwesenheit bezahlt. In einem typischen Monat finden in diesem Geschäft 15 dieser ›Lernen Sie unsere Produkte besser kennen‹-Veranstaltungen statt. Dabei wird alles von Düngemitteln bis zum Garagentoröffner behandelt. Das Unternehmen war das erste, das – 1979, mit seinen drei Filialen in Atlanta – das Konzept des »Do-It-Yourself«-Großmarktes einführte. Solche Fortbildungsprogramme sind der Grund dafür, daß ein ganzer Schwarm ernsthafter Konkurrenten wie K-Marts ›Builder's Square‹ und Zayre Corp. bisher erfolgreich abgewehrt wurde. Die Weiterbildung, so der Leiter Verkauf, Jim Inglis, ›ist unsere Geheimwaffe‹.

Scott Manning, der Leiter der Filiale in Sunnyvale, entscheidet darüber, wann welche Produkte ›drankommen‹. Zu Beginn der – wie er es nennt – ›Frühlings-Redwood-Saison‹ – in Kalifornien stehen Gartenprodukte und Rasenpflege im Vordergrund. Die Düngemittelveranstaltung zum Beispiel wird eine Stunde vor Ladenöffnung um 8 Uhr abgehalten; an ihr nehmen Mitarbeiter der Gärtnerei ebenso teil wie der angrenzenden Abteilungen Holz und Baustoffe (damit Kunden, die Fragen haben, zum richtigen Ort geleitet werden können). Steve Noren, Regionalleiter mit Zuständigkeit für die fünf Filialen in Nordkalifornien, meint: ›Ein Kassierer oder eine Kassiererin sieht einen Kunden mit einer Farbdose und fragt, ob er bereits einen Pinsel hat. Ein Parkplatzhelfer lädt eine Tür in ein Fahrzeug und fragt den Kunden, ob er auch an die passenden Scharniere gedacht hat.‹

Kassierer machen regelmäßig einen Gang durch die Riesenhallen, die zwischen 20 000 und 50 000 Quadratmeter groß sind und etwa

27 000 Produkte führen (der übliche Heimwerkermarkt hat etwa 10 000 im Angebot), um den Kunden sagen zu können, wo was zu finden ist.

Die Mitarbeiter absolvieren im Monat durchschnittlich 20 Stunden Fortbildung, darunter auch von Händlern durchgeführte Produktkurse, die nicht im Laden selbst abgehalten werden. Steve Noren meint allerdings, die ›von Kollegen gehaltenen Kurse sind lebensnaher, denn die eigenen Mitarbeiter kennen die Fragen, die der Kunde stellt.‹ Manchmal, so Noren, ›wählen wir für einen Kurs als Lehrer den Mitarbeiter, der am allerschlechtesten informiert ist und geben ihm drei Wochen Zeit, sich vorzubereiten. Wir wollen, daß alle die Produkte genauestens kennen.‹ Die Mitarbeiter unterrichten ihre Kollegen auch aus der Ferne – über Home Depots hauseigene Satellitenverbindungen. Die Firmengründer Pat Farrah, Bernard Marcus und Arthur Blank, die ersten Trainer in den Filialen in Atlanta, erhoben den Glauben an die Fortbildung und an die Produktkenntnis zum integralen Bestandteil der Unternehmenskultur. Die beiden weisen auch heute noch neuen Führungsnachwuchs ein, und das gleiche wird von allen erfahrenen Mitarbeitern erwartet. ›Bei uns kommt niemand in eine Führungsposition, der nie etwas mit Fortbildung zu tun hatte‹, sagt Jim Inglis.

Home Depot bietet seinen Kunden auch routinemäßig kostenlose ›Projektdemonstrationen‹ und ›Kliniken‹ an. Typische Themen: ›Wie installiert man Dachfenster‹, ›Wie baut man eine Wand aus Glasbausteinen‹. An dem Samstagmorgen, als David Graulich dort war, drängten sich etwa 30 Kunden um einen Vorführtisch an Kasse 15. Matthew Pegues, Leiter der Fußbodenabteilung, zeigte, wie man Kachelmuster legt und per Hand Mörtelschlamm mischt. Dabei erteilte er ununterbrochen Ratschläge – und ließ ganz nebenbei einige verkaufsfördernde Äußerungen einfließen. ›Sie sollten unbedingt Knieschützer dabei anziehen‹, sagt er etwa, oder: ›Man sollte etwa 10 Prozent mehr Kacheln kaufen, als man tatsächlich braucht, falls etwas kaputtgeht oder ersetzt werden muß. Wenn Sie die später nachkaufen, paßt die Farbe nicht mehr.‹ Die Kunden recken die Hälse und ›durchlöchern‹ Pegues mit Fragen.

Nach solchen Veranstaltungen, so Manning, ist die Wahrscheinlichkeit groß, daß die Kunden ihr Material bei Home Depot kaufen. ›Darunter sind Menschen, die aus Angst vor dem Unbekannten überhaupt keine Kacheln gekauft hätten‹, sagt er. Der Personalleiter Chet Czysen fügt hinzu: ›Unser Kunde ist der normale Mann von der Straße. Er ist zwar ein Do-It-Yourself-Typ, versucht aber zum erstenmal, etwas auf eigene Faust zu tun. Er muß erst einmal seine Hemmschwelle überwinden. Das ist unsere wichtigste Aufgabe. Aus diesem Grund bieten wir auch all unsere Kurse an.‹«

Kartoffeln mit Stammbaum

Als (der Einzelhandelskaufmann) Paul Hawken durch die Felder ging, war er weniger auf der Suche nach der vollkommenen Kartoffel als nach der »Abstammung«, die als Aufdruck auf der Tüte stehen würde. Er suchte den Bauern, der die Kartoffeln organisch anbauen würde. Das Endergebnis würde zwar wie jede andere Kartoffel auch aussehen, aber Hawken wußte, daß es einen Markt für die *Information* gab, daß das Produkt auf bestimmte Weise angebaut war. Aus diesem Grund verkaufte er Obst und Gemüse in einer Tüte, auf der der Name des Bauern, die Lage des Hofes, die eingesetzten Düngemittel, das Datum der Ernte und andere Informationen aufgedruckt waren, von denen er meinte, daß sie dem Käufer von natürlich angebauten Nahrungsmitteln wichtig seien. Er verkaufte die Anbaumethode, die dem Käufer oft überzeugender scheint als das Produkt selbst. Verkaufte Hawken nun ein Produkt oder einen Informationsdienst? Wo entsteht der Mehrwert und worin besteht er?

Charles Leinbach

»Design Management Journal«, Winter 1992

Vertrauensbildung durch »spannende« Garantien

Die Firma Orvis, der in Vermont ansässige, einzigartige Hersteller von Angeln und Angelgerät, lebt nach dem ausdrücklichen Dogma: »Der Kunde hat *immer recht* – selbst wenn man verflixt genau weiß, daß er unrecht hat. Ersetzen Sie, reparieren Sie und adjustieren Sie sein Gerät nach seinen Vorstellungen.« (Ich weiß aus eigener Erfahrung, daß die Mitarbeiter nach dieser Devise handeln – und zwar mit einem Lächeln.)

Die Firma Stave Puzzle aus Norwich, Vermont, stellt maßgefertigte Puzzle her, die einem den Verstand rauben können – und geht noch weiter. Die schriftliche Garantie von Unternehmensleiter Steve Richardson lautet: »Sie müssen uneingeschränkt zufrieden sein mit der Qualität, der Originalität und der Erfahrung des Zusammensetzens – nein, begeistert müssen Sie von Ihrem Stave-Puzzle sein! Sonst erhalten Sie den Kaufpreis zurück, und als Draufgabe bekommen Sie eine Schachtel Aspirin.« Orvis, Stave und nicht wenige andere leben von solchen uneingeschränkten Garantien, und sie leben sehr gut damit. Sicherlich haben sie ein ausgezeichnetes Ausgangsprodukt oder eine hervorragende Dienstleistung anzubieten. Das haben andere aber auch. Warum gehen diese wenigen Unternehmen noch den entscheidenden Schritt weiter und fügen dem Motto »Der Kunde hat recht« noch solche Begriffe wie »immer« und »bedingungslos« hinzu? Al Burger weiß es.

»Roasters & Toasters«

Al Burger erregte mit seinem kommerziellen Insektenvernichtungsunternehmen Aufsehen, weil er die umfassendsten Garantien in dieser Branche abgab. Er verkaufte »Bugs« Burger Bugs Killer dann mit hohem Gewinn an S. C. Johnson (Johnson Wax etc.). 1989 eröffnete er »Roasters & Toasters«, eine Restaurantkette für den Kenner von Kaffee und Gebackenem. Betrieben wird das Unternehmen von seinem Sohn Andy. Das Restaurant führt die Dienstleistungstradition fort. Die Speisekarten und Wandanschläge versprechen »ganz außergewöhnliches und hervorragendes Essen und eine ebensolche Bedienung, oder das Haus übernimmt die Rechnung.« Außerdem gibt das Haus, wenn Sie fragen, auch noch eine Tüte Hefegebäck oder Kaffeebohnen gratis dazu. Der Kunde selbst definiert den Begriff »außergewöhnlich«: Die meisten Besucher werden innerhalb von fünf Minuten bedient, Sie können sich aber, wenn Sie möchten, auf die Garantie berufen und eine Wartezeit von nur drei Minuten verlangen. Al Burger besteht darauf.

»Ich habe keine Angst davor, ausgenutzt zu werden«, erklärte uns Al Burger. »Wenn es ein Problem gibt, möchte ich es in allen Einzelheiten kennen.« Er fügte hinzu, daß sich in einem Jahr nur etwa ein Dutzend Gäste auf die Garantie beriefen und daß das Restaurant 95 Prozent seiner Kunden dauernd halten kann.

Der garantierte Service ist »das Rückgrat des Unternehmens«, so der Sohn, Andy Burger. »Wir behandeln jeden Gast wie etwas Besonderes, und das geben wir Ihnen schriftlich. Wenn wir ein Dutzend Essensbestellungen vermasseln, bekommen Sie dafür zwei Dutzend andere Essen, was auch immer der Kunde von der Karte haben möchte. Unglücklich geht hier niemand hinaus.« Er fügt hinzu: »Alle, die ich kenne, halten meinen Vater für verrückt. Er legt seinen Kopf auf den Metzgerblock. Aber die Mehrheit der Amerikaner ist ehrlich. Die Leute denken, man könne ausgenutzt werden. Wenn jemand aber ein Gauner ist, wird er sich gar nicht die Mühe machen, jemanden von Angesicht zu Angesicht um etwas anzugehen, nur weil es das gerade umsonst gibt.« Für Andy Burger ist es der Sinn der Garantie, »uns dazu zu zwingen, härter zu arbeiten. Wenn man sich selbst unter Druck setzt, vollkommene Arbeit zu leisten, schafft man das auch.«

Der Beweis: Roaster & Toaster erreichte rasch einen Umsatz von einer Million Dollar und plant für 1993 die Eröffnung zweier Filialen. Und, wie Andy Burger uns sagt: »Das Restaurant braucht keinerlei Werbung. Etwa 80 bis 90 Prozent der Kunden haben durch Mundpropaganda von uns gehört.«

Delta Dental

Ein Manager aus der Versicherungsbranche sagte es am treffendsten: »Was den Kundenservice anbelangt, liegen die meisten Versicherungsunternehmen gerade eine Stufe über Selbstbedienungstankstellen.« Bob Hunter, Geschäftsführer der »Delta Dental Plan« in Massachusetts, stimmte – bei unserem Interview mit ihm (1991) – zu: »Wir haben den Markt untersucht und bestätigt gefunden, was wir bereits wußten – Antragsformulare werden schleppend und schlampig bearbeitet; den Service dominiert Gleichgültigkeit. Das ist in der Branche die Norm. Für unser Unternehmen, das 1990 einen Umsatz von 115 Millionen Dollar verzeichnete, war das allerdings eine *gute* Nachricht.« Delta installierte über zweieinhalb Jahre hinweg neue Telefon- und Computernetze und gab der ganzen Organisation mehr Schliff und Beweglichkeit. Die Kunden – Unternehmen die für ihre Mitarbeiter Gruppenversicherungen abschließen – gaben Delta ausgezeichnete Noten für seinen Service.

Um diesen Wettbewerbsvorsprung aber noch auszubauen, kündete Delta 1990 eine umfassende »Garantie für ausgezeichnete Dienstleistungen« mit sieben Punkten an. Kunden beschrieben diese Garantie als die weitestgehende in der Versicherungsbranche. Hier die sieben Punkte: (1) Eine Einsparung von mindestens 10 Prozent: Wenn die Firma, die Klient von Delta ist, nicht wenigstens 10 Prozent der sonst üblichen Zahnarzthonorare einspart, erstattet Delta die Differenz. (2) Schneller Kundendienst: Wenn die Frage eines Kunden nicht sofort beantwortet werden kann (meistens wird sie es), ruft ein Delta-Vertreter innerhalb von 24 Stunden zurück. Ansonsten zahlt das Unternehmen 50 Dollar. (3) Schnelle Bearbeitung von Leistungsabrechnungen: 90 Prozent der zur Erstattung eingereichten Rechnungen werden innerhalb von zwei Wochen nach dem Eingang, die übrigen innerhalb eines Monats korrekt bearbeitet, oder Delta erläßt dem Kunden die Verwaltungsgebühr für einen Monat – das kann sich je nachdem zwischen 120 Dollar und 12 000 Dollar bewegen. Dies ist eine Erweiterung der ursprünglichen Garantie, die sich auf 85 Prozent und 15 Tage beschränkte. (4) Unkomplizierte Verfahren bei neuen Kontoeröffnungen: Wenn der Klient unterschreibt, bestimmt er selbst die Bedingungen für die Umstellung auf den neuen Versicherungsplan – ab wann der Versicherungsschutz bestehen, wie die Anmeldung gehandhabt werden soll und so fort. Empfindet der Kunde in seinen eigenen Augen das Verfahren nicht als »reibungslos«, erläßt Delta ihm wiederum die Verwaltungsgebühr für einen Monat. (5) Keine Ausgleichsrechnungen an Patienten: Die Differenz zwischen den üblichen Zahnarztgebühren und den von Delta ausgehandelten günstigeren Honoraren trägt nicht der Kunde. Sollte Delta hierbei ein Fehler unterlaufen, zahlt das Unternehmen 50 Dollar an den Kunden. (6) Rasche und korrekte Versendung von Mitgliedskarten: Wenn der Patient innerhalb von zwei Wochen seine Mitgliedskarte nicht erhalten hat, zahlt Delta 25 Dollar. (7) Rechtzeitige Statusberichte: Delta liefert den Klienten bis zum Zehnten des Monats seine Berichte (mit Einzelheiten über Anträge und Servicekosten) – oder zahlt dem Kunden 50 Dollar.

»Wir waren vor dieser Garantie schon gut, sonst hätten wir sie ja gar nicht geben können«, sagte der für das operative Geschäft zuständige Vorstand Tom Raffio. Trotzdem, so fügte Bob Hunter hinzu, »gab es große Ängste, als wir eine solche Servicegarantie erwogen. Wir wußten einfach nicht, was wir zu erwarten hatten.

Die Mitarbeiter sorgten sich darum, was eventuelle Fehler für sie selbst und für die Zukunft des Unternehmens bedeuten könnten.« Und heute? Statt der versprochenen 90 Prozent werden 98 Prozent aller Anträge innerhalb von zwei Wochen bearbeitet, und die Kostenersparnisse liegen statt bei den versprochenen 10 bei 15 Prozent.
In die Planung wurden wichtige Kunden einbezogen und äußerten sich dazu, welche Dienstleistungen sie als wesentlich empfanden und welche Beträge man für Fehlleistungen ansetzen sollte. Die Bemühungen von Delta, seine Klienten in den Entscheidungsprozeß einzubeziehen, beurteilt Alan Breitman, Manager bei der auf betriebliche Sozialleistungen spezialisierten Consultingfirma William M. Mercer, als »hervorragend«.
Als der Plan bekanntgegeben wurde, veranschlagte Delta 125 000 Dollar, um Anträge auf Rückerstattung im ersten Jahr abzudecken. Seither zahlte die Organisation lediglich 16 000 Dollar aus. Viele dieser Zahlungen waren vorbeugender Natur, wenn beispielsweise ein Kontoführer absehen konnte, daß ein Bericht zu spät verschickt würde – selbst wenn der Kunde sich gar nicht beschwert hatte. »Uns liegt daran, das Programm vermehrt ins Bewußtsein unserer Kundenfirmen und deren Mitarbeitern zu rücken, damit sie sehen, daß es uns ernst damit ist«, sagte Raffio. Um das Programm neu »aufzuladen«, »entwickelt jede Abteilung eine eigene Zielsetzung«, fügt er hinzu. Beispiel: Die Aufnahmeabteilung entwarf einen 14-Punkte-Plan für die Dauer eines Jahres, der eine verbesserte abteilungsübergreifende Weiterbildung ebenso vorsieht wie ein neues Verfahrenshandbuch und mit der Marketingabteilung gemeinsam veranstaltete Präsentationen für Kunden. Die Auswirkungen des Programms sind »eindrucksvoll«, sagt Bill Hubert, Manager für betriebliche Sozialleistungen bei Polaroid. »Wenn ich dort anrufe, weiß ich genau, was ich erwarten kann, und die wissen, was man von ihnen erwartet«, sagte er uns. »Das Programm führte zu einigen Entscheidungen darüber, welche Art von Unternehmen man denn sein wollte und was notwendig war, um erstklassigen Service zu bieten.« Hubert hält die Garantie für einen nicht zu unterschätzenden Risikofakto für Delta. »Es geht ja nicht um 25 oder 50 Dollar. Wenn das Unternehmen tatsächlich für Tausende von verpaßten Telefonaten oder zu spät angekommenen Mitgliedskarten zahlen müßte, würde das ganz schön ins Geld gehen.«

Deltas Versuch, die grundlegende Idee der exzellenten Dienstleistung auf eine höhere Ebene zu heben (in Richtung auf die Symbiose!), half dem Unternehmen, die Folgen der wirtschaftlichen Rezession mit Bravour zu überstehen. Seit das Programm eingeführt wurde, stieg die Zahl der Geschäftsverhandlungen um 50 Prozent, die Zahl der tatsächlichen Abschlüsse lag 66 Prozent höher als erwartet, und die Zahl der Vertragskündigungen sank auf ganze 2 Prozent.

Werden Sie »persönlich«!

Raffen Sie all Ihren Mut zusammen, steigen Sie von Ihrem analytischen, superrationalen Roß herunter und übertragen Sie »strategische« Unternehmensentscheidungen auf profane Dinge des »echten Lebens«. Warum? Nun, die »albernen kleinen Gründe« (über die Sie mit Ihrem Doktortitel natürlich erhaben sind) entscheiden darüber, in welches Lokal Sie ein zweites Mal gehen und in welches nicht, welcher Reinigung Sie den Vorzug geben, obwohl sie weiter entfernt liegt als eine andere, und zu welchem Kieferorthopäden Sie Ihre Teenager schicken. Und genau dieser »Kleinkram« entscheidet auch darüber, wieviel tausende Firmenkunden die Dienste *Ihrer* 6-Millionen-Dollar-Bank in Anspruch nehmen – oder auch nicht.

Ich nenne es das *»Geben-Sie-Ihre-Gefühle-bitte-an-der-Bürotür-ab«-Syndrom.* Wir alle haben persönliche »Glitzer«- und »Oha!«-Erfahrungen – und wir alle haben uns schon einmal über ein Erlebnis wie meine nicht aufzutreibende zweite Tüte Erdnüsse im Flugzeug aufgeregt. Wenn wir aber um 7 Uhr 59 unser Büro betreten, vergessen wir den »Kleinkram«. Wir ordnen ihn einer anderen Welt zu. Indirekt sagen wir, diese Dinge haben in der Welt der Geschäftsentscheidungen keinen Platz.

Irrtum!

Beleben Sie Ihren Dialog über Symbiose und Verflechtung. »Forschen« Sie ein bißchen nach – beim Ehepartner, bei Ihren Kindern, bei einem Freund. Prüfen Sie die Gründe, die Sie bewegen, Dinge zu kaufen. Denken Sie über ein halbes Dutzend Fälle nach, in denen Sie beschlossen, einen Ort zu besuchen – oder ihn künftig zu meiden. Was gab jeweils den Ausschlag? Ich wette, Sie sind überrascht, wie nichtig Ihre Beweggründe waren.

Allgemeiner gesagt: Bemühen Sie sich, es sich zur Gewohnheit zu machen, Dinge auf *persönlicher* Ebene zu betrachten und die Eindrücke von *Alltags*erlebnissen ernst zu nehmen.
Bedenken Sie den letzten Punkt, also die Brücke zu schlagen zwischen den großen Dingen und Ihren persönlichen Erfahrungen. Laden Sie mehrere Kollegen ein, mit Ihnen auszugehen. Analysieren Sie das Erlebnis am nächsten Tag. Die Anrufe, um Plätze im Restaurant und im Theater zu reservieren. Das Parken am Restaurant. Die Begrüßung, die Tischauswahl. Verbringen Sie einen *ganzen Tag* damit, den Abend noch einmal zu durchleben. Zeichnen Sie Ablaufdiagramme. Erstellen Sie Zeitlinien. Rufen Sie sich Augenblicke ins Gedächtnis zurück, an denen Sie sich nicht rundum wohl fühlten, und solche, die Sie zum Lächeln brachten.

Wie wichtig es für den ganzen Prozeßablauf ist, andere zu informieren

Es ist ein heißer Tag. Ich krieche im Stau über eine kurvenreiche Straße auf dem Weg nach Half Moon Bay, Kalifornien. Meine Stimmung ist auf dem Nullpunkt, obwohl ich im Innersten glaube, nur noch höchstens eine Meile vor mir zu haben. Dann sehe ich eine Entfernungsanzeige: noch 2,53 Meilen. Dann sind es nur noch 2,50 Meilen. Dann 2,42, 2,28 . . . 0,91 . . . Es ist schon seltsam, wie schlagartig meine Laune sich bessert, als ich erst einmal diese kleinen Schilder erspähe. *Tatsache:* Als ich das erste Schild sah, war ich fast dreimal so weit von meinem Ziel entfernt, wie ich angenommen hatte. *Die Realität:* Ich verfolgte glücklich die kleinen Schilder mit ihren akkuraten, abnehmenden Zahlen – die natürlich das Verkehrschaos nicht von der Straße schaffen. Aber sie vermittelten mir das Gefühl, Herr der Lage zu sein.
Hier die Entsprechung in der Welt der Organisationen: Ein dreifaches Hoch auf die Radiologieabteilung im St. Francis Memorial Hospital in San Francisco. Natürlich bin ich nicht qualifiziert, ihre Kompetenz in fachlicher Hinsicht zu beurteilen. Außerdem blieb meine Frau, die 1991 dort zu einer Computertomographie angemeldet war, endlos lange drinnen. Und trotzdem: Ein Hoch auf sie alle! Warum? Ganz einfach: Sie überschwemmten uns geradezu mit Informationen. Auch die geringste Verzögerung wurde prompt erklärt – ein Notfall, der den Terminplan begreiflicherweise verzögerte; Schwierigkeiten, von einem anderen Patienten

ein klares röntgenologisches Bild zu erhalten. Als ich etwas umherging und dann wieder im Wartezimmer auftauchte, kam sofort jemand aus der Rezeption geschossen und erklärte mir, warum Kate immer noch nicht zurück war. Auch der Röntgenologe war sehr aufgeschlossen und erklärte meiner Frau genauestens, was er gerade tat und sah, er ließ sie mitschauen – und nahm ihr damit die anfängliche Furcht.

Es ist keine Übertreibung. Der Wunsch, *»alles im Griff zu haben«*, bestimmt den Lauf der Welt. Er verleitete Richard Nixon, der einen komfortablen Vorsprung in allen Umfragen hatte, dazu, den Giftsamen zu säen, der zum Einbruch in die Watergate-Büros der Demokratischen Partei führte. Der Wunsch nach Kontrolle war auch der Grund dafür, daß das historisch paranoide Rußland sich nach dem Krieg Osteuropa einverleibte, um eine Pufferzone zwischen sich und dem Rest der Welt zu errichten. Und es verursacht mir und Ihnen Höllenqualen, wenn Röntgenologen und Labortechniker uns nicht ausreichend informieren, vor allem in Situationen, in denen wir das Gefühl haben, nicht Herr der Lage zu sein – zum Beispiel immer dann, wenn wir ins Krankenhaus müssen.

Es steht fest, daß bei gut informierten Patienten die Verweildauer im Krankenhaus kürzer ist. Und die Schilder von Walt Disney, die den Kunden verkünden, wie lange sie Schlange stehen müssen, bewirken, daß wir uns in diesen Schlangen – in denen die Wartezeit kaum jemals kürzer ist als anderswo (im Gegenteil!) – relativ wohl fühlen. Solches Beweismaterial und Hunderte von Studien über den »Ort der Kontrolle« lassen nur eine Schlußfolgerung zu: Das *Verfahren* ist wichtiger als die Substanz. Der Rhythmus der sich entwickelnden Beziehung, die Art, wie Sie behandelt werden (informiert, nicht informiert, zu spät informiert) – aus diesen Dingen erklärt sich Ihre Reaktion auf eine Dienstleistung oder ein Produkt viel mehr als aus dem sogenannten »Ergebnis« selbst. Ingenieure, Buchhalter und Ärzte werden sich gegen diese Tatsache sträuben; ich möchte sie auffordern, mir Beweise für das Gegenteil zu liefern.

Dies soll natürlich nicht heißen, daß wir für reibungslose Beziehungen und präzise, flotte Information nun schlampige Röntgenologie in Kauf nehmen sollten. Wichtig ist nur, daß die Manager von Dienstleistungen sich strategisch mit der Beziehung auseinandersetzen, die sich da entwickelt, daß sie darauf achten, die Menschen laufend zu informieren. Es braucht doch keine Million Dollar – oder einen Doktortitel –, um jemandem mitzuteilen, daß es aus diesem und jenem Grund etwas später wird.

Das ist doch alles ziemlich einleuchtend; warum scheint es dann das Lieblings»verfahren« so zahlreicher Dienstleistungsanbieter zu sein, sich in geheimnisvolles Schweigen zu hüllen? Stolz? Angst? Am ehesten wohl Unwissen: Technisch oder verwaltungstechnisch ausgebildete Manager verstehen schlichtweg nicht, wie sehr offene Information dazu beitragen kann, selbst die schlimmsten »echten« Probleme zu mildern oder gar ganz aus der Welt zu räumen.

Mehr zur Symbiose und zur Quantifizierung: Warum »Sie« die Firma wechseln

Die »Forum Corporation« hat sehr ausführliche Untersuchungen darüber angestellt, warum Kunden ihre Loyalität von einem Hersteller auf einen anderen übertragen. Die Ergebnisse finden sich in *The Customer-Driven Company* von Richard Whiteley, dem stellvertretenden Vorsitzenden des Auftraggebers. Nehmen Sie beispielsweise die Umfragen unter ehemaligen Kunden von 14 großen Unternehmen. (Alle 14 – sie kommen sowohl aus der »Produktion« wie aus der »Dienstleistung« – sind im Bereich der Transaktionen zwischen Unternehmen tätig – d. h. im Bankwesen.) 15 Prozent hatten gewechselt, weil sie bei »jemand anderen ein besseres Produkt erhalten«. Weitere 5 Prozent fanden »ein preisgünstigeres Produkt«. 20 Prozent störten sich an »einem Mangel an Kontakten und Aufmerksamkeit«. Verblüffende 49 Prozent erklärten ihren Wechsel mit »der schlechten Qualität der Dienstleistung.« Wenn man die beiden letzten Kategorien addiert, sind es über zwei Drittel, die aus Gründen gewechselt haben, die in die Kategorie »als schlecht empfundene Kontaktpflege« fallen. Nur 30 Prozent wechselten aus Kostenerwägungen oder wegen der »Qualität«.

Nun wird sicher jemand, der alles wörtlich nimmt, aufspringen und sagen: »Dieser Idiot Peters hält Qualität und Preis für irrelevant!« Augenblick mal! *Das* sage ich eben *nicht*. Wenn Menschen daran denken, sich ein Auto (oder ein Flugzeugtrieb-

Die fünf Service-Dimensionen

Service-Dimensionen (Abwägen von Service-Dimensionen in einem allgemeinen Kundenraster, das auf Regressionskoeffizienten zurückzuführen ist)	**Definition**
Verläßlichkeit (30 Prozent)	Die Fähigkeit, den versprochenen Service verläßlich und sorgfältig auszuführen
Empfänglichkeit (25 Prozent)	Die Bereitschaft, den Kunden zu helfen und prompten Service zu bieten
Garantie (20 Prozent)	Das Wissen und die Höflichkeit der Angestellten und ihre Fähigkeit, Vertrauen und Sicherheit zu übermitteln
Empathie (16 Prozent)	Die mitfühlende, individuelle Aufmerksamkeit, die dem Kunden gewährleistet wird
Fühlbares (7 Prozent)	Die augenscheinlichen physischen Gegebenheiten, die Ausstattung, das Personal und die Kommunikationsmöglichkeiten

Fokusgruppen-Kommentare

»Manchmal kümmern sie sich zu schnell um Probleme. Sie reparieren den Lastwagen, und zwei Tage später muß man ihn wegen des gleichen Problems wieder hinbringen. Manchmal denke ich, sie könnten ein wenig aufmerksamer sein und das Problem ein für allemal lösen.«

Kunde, der Lastwagen least

»Wenn ich eine neue Police durchsetzen möchte, dann bekomme ich schnelle Reaktionen. Aber wenn ich ein Problem habe, vergessen sie es.«

Versicherungskunde

»Ich brauche das Gefühl der Sicherheit. Wenn ich Informationen von einem Mitbewerber erhalte, dann würde ich gerne mit meinem Agenten über eine Qualitätsgarantie meiner Police sprechen.«

Selbstversicherter Kunde

»Ich würde gerne mit dem Versicherungsmakler reden, der versteht, daß – auch wenn ihre versicherungsmathematischen Tabellen in schwarz und weiß da stehen – das Leben sich doch in Grautönen abspielt. Ich will nicht mit einem Versicherungsmakler reden, der aus einem Buch vorliest.«

Selbstversicherter Kunde

»Tuen Sie etwas an den Servicebereichen der Händler. Sie sind kalt, starr und nicht einladend.«

Automechaniker

werk) zuzulegen, informieren sie sich so gut wie nie über das gesamte Marktangebot. Wenn Sie ein Auto im unteren Preisbereich suchen, gehen Sie zu Hyundai, Toyota, Honda oder Chevrolet. Es ist kaum anzunehmen, daß Sie auch bei den Vertretungen von Cadillac, Lexus oder Mercedes vorbeischauen. Wenn Sie andererseits in der oberen Preisklasse suchen, werden Sie nach Ihrem Besuch in den Ausstellungshallen von Infiniti oder BMW kaum auf dem Heimweg beim Geo-Händler anhalten. Die Produkte aller Unternehmen – und das gilt für den Kampfflieger zum Preis von einer halben Milliarde Dollar ebenso wie für Stifte, die 79 Cent kosten – werden fast ausnahmslos mit *etwa einem halben Dutzend oder weniger* Produkten der Konkurrenz verglichen, die alle durchaus miteinander vergleichbar sind. Innerhalb dieser »vergleichbaren« Bereiche ist der Faktor der Beziehungspflege (so, wie er in der »Forum«-Analyse definiert wird) die wichtigste Ursache für den langfristigen Sieg – oder aber die Niederlage. »Qualität« und Preis sind es nicht! Noch einmal: Die traditionelle »Qualität« hilft Ihnen aufs Spielfeld, nicht aber über die Ziellinie.

Professor Len Berry, den ich bereits erwähnte, entwickelte den analytischen Rahmen für die Forschungsarbeit des »Forums«. Er führte die Analyse noch einen Schritt weiter. Denken Sie an die 69 Prozent, die aufgrund der als mangelhaft empfundenen Dienstleistungen zu einem Konkurrenten getürmt sind. Berry faßte mit Hilfe der Faktoranalyse die Ursachen in fünf Kategorien zusammen: *»Verläßlichkeit«* (tun, was man verspricht); *»Sicherheit«* (vermittelt Vertrauen); *»Einfühlungsvermögen«, »Aufgeschlossenheit«* (Hilfsbereitschaft); *»greifbare Faktoren«* (Ausrüstung, äußere Erscheinung).

Umgang mit abtrünnig gewordenen Kunden (und noch mehr Quantifizierung)

Die Durchschnittsfirma, so sagt uns Frederick Reicheld von Bain & Company, verliert Jahr für Jahr zwischen 10 und 30 Prozent ihrer Kunden – und merkt es nicht einmal! Programme mit dem alleinigen Ziel, die Kundentreue zu steigern, können hier viel bewirken.

Nehmen Sie zum Beispiel MBNA, ein Kreditkartenunternehmen aus Delaware. Reicheld und Earl Sasser, ein Harvardprofessor, berichten in einem Artikel in der *Harvard Business Review*

(September/Oktober 1990), daß MBNA seit 1982 systematisch Feedback von Kunden sammelte, die abgesprungen waren – und aus diesen Erfahrungen lernte. »Acht Jahre später liegt der Prozentsatz der ›Abtrünnigen‹ (pro Jahr) . . . bei 5 Prozent – das ist die Hälfte der Durchschnittsquote in dieser Branche«, schreiben die Autoren. »Der Unterschied mag geringfügig erscheinen, aber . . . die Gewinne sind um das Sechzehnfache gestiegen.« Im allgemeinen führt selbst eine kleine Senkung der Zahl der »Abspringer« zu enormen Gewinnsteigerungen. Reicheld und Sasser stießen auf Gewinnmargen, die nach einer Senkung der »Abtrünnigenzahl« um nur 5 Prozent um 25 bis 85 Prozent anstiegen. Die Gewinne bei Autowerkstätten stiegen zum Beispiel um 30 Prozent, nachdem man die Zahl der »Deserteure« um 5 Prozent senken konnte. Bei Kreditkartenunternehmen betrug der Zuwachs 75 Prozent; bei Kreditversicherungen waren es 25 Prozent; bei Versicherungsmaklern 50 Prozent; im Industrievertrieb 45; in der Verwaltung von Bürogebäuden 40 Prozent; Softwareunternehmen: 35 Prozent; Filialbanken: 85 Prozent.

Das »Abtrünnigenmanagement«, wie die Autoren es nennen, ist nicht einfach. Sie stellen fest: »Gelegentlich ist es schwierig, die ›Fahnenflucht‹ zu definieren. Bei den Eisenbahngesellschaften zum Beispiel wird kaum ein Kunde ganz auf ihre Dienste verzichten, aber ein Kunde, der 80 Prozent seiner Lieferungen auf Lastwagen verlagert, ist wohl kaum als treu zu bezeichnen. Selbst Restaurants können Daten sammeln. Ein Fischlokal in Maryland speicherte zum Beispiel in seinem Computer Informationen aus der Liste der Platzreservierungen. Die Manager erfahren so, wie oft der einzelne Kunde das Restaurant besucht; diejenigen, die das Interesse zu verlieren scheinen, können auf die Art kontaktiert werden.«

Und weiter: »Die Schaffung einer ›abtrünnigenfreien‹ Unternehmenskultur und ein Management, das sich dies zum Ziel nimmt, sind revolutionär. Erforderlich dafür sind eine genaue Begriffsdefinition, Informationssysteme, mit deren Hilfe sich die Ergebnisse ablesen und mit denen der Konkurrenz vergleichen lassen sowie ein grundlegendes Verständnis der Mikroökonomie der ›Fahnenflucht‹. Langfristig sollte (dies Phänomen) zu einem wichtigen Maßstab für die Leistungsbewertung erfahrener Manager und fundamentaler Bestandteil der finanziellen Anreize werden. Manager sollten die Abtrünnigenrate ihres Unternehmens kennen, sie sollten wissen, wie sich diese Zahl – negativ wie positiv – auf die Gewinne auswirken kann, und sie sollten sich über die Gründe im klaren sein, die Menschen zum Abspringen bewegen.«

Ein weiterer Aspekt der Verflechtung: Der Aufbau und die Nutzung von Datenbanken

In *MaxiMarketing* berichten die Gurus des Datenbanken-Marketings, Stan Rapp und Tom Collins, über eine bahnbrechende Anwendung von Datenbanken bei der Firma Kimberly Clark. Mitte der achtziger Jahre setzte das Unternehmen erstmals eine neue Verkaufsstrategie für seine »Huggie«-Wegwerfwindeln ein. Zehn Millionen Dollar (aus einem Werbebudget von insgesamt 35 Millionen Dollar) gingen in ein Programm zur direkten Postversendung an Frauen, die gerade entbunden hatten. Mit Hilfe von Ärzten und Krankenhäusern baute das Unternehmen eine Datenbank auf, die 75 Prozent der 3,5 Millionen jungen Mütter pro Jahr erfaßt. Während der Schwangerschaft wurde die künftige Mutter überschwemmt mit an sie persönlich adressierten Briefen und Broschüren über Babypflege. Als Draufgabe zu der Beziehung, die sich hier zwischen Huggies und der werdenden Mutter anbahnte, lagen bei der Rückkehr von der Entbindung Gutscheine im Briefkasten. Rapp und Collins: »Außerdem verfügt Kimberly-Clark damit über ein unbezahlbares Nebenprodukt, nämlich eine riesige und Jahr für Jahr anwachsende Datenbank mit . . . Namen und Adressen von Eltern und Kindern. Eine solche Datenbank ist ein Aktivposten eines Unternehmens, das Fabriken oder Wäldern in nichts nachsteht.« Kostenintensiv? Nein, behauptet Kimberly-Clark. Das Unternehmen rechnet so: In den ersten beiden Lebensjahren eines Kindes gibt eine Familie 1300 Dollar für Wegwerfwindeln bester Qualität aus. Rapp und Collins meinen: »Die Firma hatte eher den ›*Lebenswert*‹ des Kunden im Auge, also den gesamten Verkauf an diesen Kunden, als den Verkauf einer einzelnen Produkteinheit. Sie stellte fest, daß das gesamte, der Loyalitätsbildung dienende Programm sich bereits dann auszahlt, wenn *nur ein Prozent* regelmäßige Huggies-Benutzer hinzugewonnen werden können.«
Rapp und Collins sehen es fast schon an der Zeit, den Ruf

»Standort, Standort, Standort« durch den Ruf »*Datenbank, Datenbank, Datenbank*« zu ersetzen. »Wir erleben heute eine Verlagerung: Vor einer Generation verkauften wir fast jedem das gleiche Produkt. Heute befriedigt man Bedarf und Geschmack des einzelnen. Produkte und Dienstleistungen sind maßgeschneidert. Die Verlagerung geht von der These ›Jetzt um jeden Preis verkaufen‹ dahin, Datenbanken zu entwickeln, die den Lebenswert Ihrer Beziehung zu jedem Kunden verfolgen.«

1990, drei Jahre nach *MaxiMarketing*, schrieben Rapp und Collins einen lesenswerten, praxisnahen Folgeband: *The Great Marketing Turnaround: The Age of the Individual – and How to Profit from It.* Ihr Thema ist die Mode: »Ein Darwinscher Druck auf Produkte, Dienstleistungen, Läden . . . Bedrohung der Markentreue . . . überall Gedränge.« Die enger werdenden Märkte zwingen Unternehmen dazu, festzustellen, und zwar genauestens, wer ihre Kunden sind, und diese dann bestens zu bedienen. Die diskussionswürdige Anregung von Rapp und Collins ist der Einsatz der Informationstechnologie, dem denkbar Unpersönlichsten, um das genaue Gegenteil zu erreichen: die »persönliche Note«.

Die Autoren gehen von folgender These aus: Die Vermarktung durch Datenbanken ist eine sehr persönliche Marketingform, die die Interessen und Bedürfnisse ausgewählter Kundengruppen, über deren Identität und Marktprofil der Anbieter informiert ist, erkennt und zu schätzen und bedienen weiß . . . Sie nutzt die neugefundenen Möglichkeiten des Computers dazu, eine gewinnbringende Beziehung zu einzelnen Kunden aufzubauen, die in folgenden Schritten verläuft: *Anpeilen – Kontakt aufnehmen – überzeugen – pflegen.*

Man darf aber dabei nicht halbherzig vorgehen – sonst kann man es gleich sein lassen, so die Autoren. »Der Aufbau einer interaktiven Beziehung mit einzelnen Benutzern Ihres Produkts oder Ihrer Dienstleistung darf nicht auf die leichte Schulter genommen oder wie ein bloßer Zusatz zu Ihrer Werbestrategie behandelt werden. In dieser neuen Welt des Marketings ist dies wichtiger als alles andere, das Sie tun . . . Dazu ist eine Integration der Werbung, der Verkaufsförderung, der direkten Vermarktung, der Vermarktung bei Veranstaltungen und der Öffentlichkeitsarbeit erforderlich, die sich alle aus einer interaktiven Datenbank speisen.«

Die praktische Umsetzung des Datenbank-Marketings umfaßt folgende Strategien für die Identifizierung von und den Beziehungsausbau zu (potentiellen) Kunden:

- *Vom unbekannten zum identifizierten potentiellen Kunden.* Bei den früheren Massenproduzenten – stellten Rapp und Collins fest – wird die Identifizierung des Kunden endlich zur verbreiteten Praxis. American Airlines ging als erstes Unternehmen dazu über, aber inzwischen sind auch Ford, Buick, Austin Rover, RJR Nabisco, General Foods, Quaker Oats, Bristol Meyers, Procter & Gamble, Walden Books und Radio Shack (und eine überraschend große Zahl kleiner Unternehmen) auf diesen Zug aufgesprungen. Seagram's zum Beispiel begann 1986 mit dem Aufbau einer Datenbank und verfügte 1989 über sechs Millionen Datensätze (die jährliche Zuwachsrate liegt bei 20 Prozent). Das Unternehmen vermarktet mit Hilfe dieser Datenbank Crown Royal, Chivas Regal und Glenlivet direkt.
- *Von den Kunden, von denen man weiß, daß sie auf Anzeigen hin kaufen, zu den neuen Kunden, die erst noch zu gewinnen sind.* Rapp und Collins nennen es »eine neue Perspektive für die Werbeausgaben«; sie schlagen vor, daß die Marketingmanager zwei getrennte Werbebudgets einführen sollten – »eines für die Gewinnung neuer Kunden, das andere für die Betreuung der alten.« Da ist es wieder, unser alter Freund: der *Lebenswert*! Die »Kerntruppe« der Verbraucher, die Campbell-Suppen kaufen, geben dafür jedes Jahr 200 Dollar aus und steuern jeder etwa zehn Dollar zum Gesamtumsatz des Großunternehmens bei. Kurzum, so Rapp und Collins, das Unternehmen kann es sich leisten, erst einmal festzustellen, wer diese Dauerschlürfer sind, und dann Mittel dafür aufwenden, sie persönlich zu betreuen.
- *Von der Bombardierung des Marktes zum Aufbau von Beziehungen zum Kunden.* »Kundenclubs« erweisen sich als wirksames Werkzeug beim Aufbau von Beziehungen zum Kunden, sagen die Autoren. Ein Beispiel ist der »Burger King's Kids Club«. Die Kinder müssen sich einschreiben, um mitmachen zu können – das ist der Ausgangspunkt für eine Burger King-Datei. Ein weiteres Beispiel ist der »Hallmark Keepsake Ornament Collector's Club«, dem im Jahr seiner Gründung 76 000

Menschen zuströmten. Er informiert die Mitglieder in einem Rundbrief über neue Sammeltrends – und neue Hallmark-Produkte. Die Sammler erhalten außerdem Gelegenheit, Artikel zu erstehen, die ausschließlich den Clubmitgliedern vorbehalten sind. (Ach ja: Diese Sonderangebote müssen im nächstgelegenen Hallmark-Geschäft abgeholt werden!)

- *Vom passiven Konsumenten zum aktiven Teilnehmer.* Das Golfturnier »Buick Open« ist für Rapp und Collins ein gutes Beispiel dafür, »wie effektiv es sein kann, eine interessante Veranstaltung mit individualisiertem Marketing zu verbinden«. 1987 war das »Buick Open« eine ins 23. Jahr gehende eher zum Gähnen einladende Public-Relations-Veranstaltung. Kaum ein Mitarbeiter bei Buick, kaum eine Buickvertretung wußte viel darüber – und die Kundschaft hatte auch keine Ahnung. Ein aggressiver Marketingexperte bei GM änderte das radikal. In Fernsehübertragungen des Turniers liefen 32 Werbespots für Buick. Schilder auf dem Golfplatz wiesen auf den Sponsor hin. Programme wurden als Souvenirs verkauft. Buickhändler erhielten besonderes Material, das die Vorfreude weckte und Ideen enthielt, wie der Händler vor Ort Nutzen aus dem Turnier ziehen könnte.

In ihrem Kapitel »The Best and the Boldest« rekapitulieren Rapp und Collins die verblüffende *Nintendo*-Geschichte. Der Spieleproduzent Nintendo ist für die Autoren, die gelegentlich der Versuchung des »Business-Jargons« erliegen, führend im »großen Doppel-D der neuen Ära: Datenbank und Dialog«. Nintendo baute seine Anfangserfolge auf Lotteriescheine auf, die den Produktgarantien beigefügt waren. Aus dem Rücklauf erhielt man Daten über 7 bis 10 Prozent der Kunden. Im Jahr darauf gründete die Firma einen »Nintendo Fun Club«; die Mitglieder erhielten eine Mitgliedskarte und einen alle zwei Monate erscheinenden Rundbrief. Mit der Zeit stieg die Zahl der Kinder, die mit Fragen zu den Spielen anriefen, auf über 120 000 pro Woche. (1990 hatte das Unternehmen dann schon 120 »Spielberater« an den Telefonen. Anfänglich war dieser Service kostenlos, aber der Enthusiasmus der Fans hielt auch später, als die Anrufe gebührenpflichtig wurden, unverändert an.) 1988 ging der Rundbrief in einem Magazin von 110 Seiten auf, das im Jahresabonnement 15 Dollar kostete. Das Magazin »ist unsere Geheimwaffe«, sagte der für die Werbung verantwortliche Manager bei Nintendo zu Rapp und Collins. »Was dieses Marketing der Beziehungen für Nintendo geschafft hat, läßt sich überhaupt nicht in Zahlen ausdrücken.«

Und dann noch die Restaurants mit 45 Plätzen . . .

Als Manager in der Halbleiterindustrie verbrachte Steve Weich viel Zeit in Europa. »Wenn wir dann im ›GeorgeV‹ in Paris waren, kannten alle Mitarbeiter unsere Namen«, erzählte er uns. »Diese Art der persönlichen Betreuung warf mich glatt vom Hocker.« 1989 eröffnete Weich selbst ein kleines französisches Restaurant, das er »La Creme« nannte, in einer ruhigen Gegend von San Francisco; seine Marketingstrategie bestand einzig und allein in der persönlichen Betreuung. Weich begrüßt jeden einzelnen Gast seines Restaurants – es hat nicht mehr als 45 Plätze – persönlich. Zum Abendessen bietet er eine Weinprobe an und bittet die Gäste, ihre Visitenkarte zu hinterlassen, mit der man dann in einer wöchentlichen Tombola ein Abendessen gewinnen kann. Am nächsten Tag schickt er ein kurzes Dankschreiben an jeden Kunden; in seiner Datenbank hält er fest, welches Menü und welchen Wein sie wählten, wie oft sie das Restaurant schon besucht hatten und weitere Einzelheiten, die er aufschnappt. Wenn Stammkunden anrufen, um einen Tisch zu reservieren, sucht er in seinen Daten ihr Lieblingsessen heraus und bietet ihnen an, jedes Gericht, das sie schon einmal bestellten, zuzubereiten, selbst wenn es an diesem Abend eigentlich nicht auf der Speisenkarte steht. Wenn die Gäste dann bestellen, erklärt Weich: »Dann kann ich sagen ›Ich weiß, Sie mögen den 84er Silverado Cabernet; möchten Sie ihn auch heute?‹«

Die persönliche Betreuung ist aber noch nicht alles. Weich sendet einen monatlichen Rundbrief an alle seine Kunden. Der Brief informiert über Änderungen der Speisenkarte, Weinproben und besondere Gerichte, die es nur für Stammkunden gibt. Diese Sonderangebote verlocken die Gäste dazu wiederzukommen und bauen einen festen Kundenstamm auf. Weich betreibt außer diesem Rundbrief keinerlei Werbung; er schätzt, daß ohnehin 90 Prozent seiner Gäste Stammkunden sind.

Das »L-Wort« und die wirklich »weiche« Seite der Beziehungen: Die Symbiose

> *Frauen beschweren sich vor allem darüber, daß ihre Partner nicht mit ihnen sprechen und ihnen nicht zuhören. Frauen wünschen sich eine bestimmte Art der Unterhaltung, die für sie der Inbegriff der Nähe und der Intimität ist, eben diese Art Gespräch, bei dem ich dem Partner alles sage, woran ich gerade denke, und alles mit ihm bespreche. Männern ist diese Art der Unterhaltung völlig fremd, sie verstehen also gar nicht, worauf die Frauen hinauswollen. Sie können sich nicht erklären, was die Frauen eigentlich von ihnen wollen. Sie haben das Gefühl, daß die Frauen einfach nur immer weiterreden. Da kommt es dann zu der Szene, in der die Frau eine Unterhaltung möchte und der Typ sich in der Zeitung vergräbt, weil er meint, es gebe doch gar nichts zu bereden.*
>
> Deborah Tannen
> »Can We Talk?« Ein Interview im »New Age Journal«
> November/Dezember 1990

Jegliche Kaufentscheidung, jegliche Entscheidung, ein Produkt wieder und wieder zu kaufen, hängt letztlich von *Gesprächen* (Anita Roddick) und von *Beziehungen* ab. Wie wir bereits sahen, fällt es Menschen aus Kalifornien verteufelt schwer, sich mit den Bewohnern Tennessees zu verständigen. Die Japaner finden es fast unmöglich, die Amerikaner zu verstehen. Die Amerikaner wiederum verstehen die Japaner nicht. Männer haben Kommunikationsschwierigkeiten mit Frauen. Frauen haben Kommunikationsschwierigkeiten mit Männern.

Es ist eine altbewährte Taktik – vor allem der Männer –, eine Sache mit der Bemerkung »Das ist ein Kommunikationsproblem« vom Tisch zu wischen. Ein »bloßes« Kommunikationsproblem – also nichts, was besonders zu beachten wäre. Und doch: In gewissem Sinne sind Kommunikation/Gespräche das einzige, was es zwischen Menschen gibt – im Privatleben wie im Beruf.

Beide Bereiche lassen sich in der Wirklichkeit ohnehin nicht trennen: Letztendlich sind alle Geschäftsverhandlungen auch persönlicher Natur. (Falls Sie dafür noch Beweise brauchen:

Die größten Geschäfte, nämlich die Unternehmensübernahmen, sind auch die persönlichsten. Sollten Sie immer noch Zweifel daran haben, brauchen Sie nur einen Blick in *Barbarians at the Gate* zu werfen.)
In seinem Rundbrief »Service Edge« berichtete Ron Zemke über die Arbeit von Professor Robert A. Peterson an der Universität von Texas. Peterson, ein peinlich genauer Forscher und Verfasser von mehr als hundert Fachbeiträgen, sah sich trotz größter Anstrengungen nicht imstande, die von ihm erwartete starke und positive Korrelation zwischen der »augenblicklichen Zufriedenstellung« und dem »Wiederholungsgeschäft«, also der Treue des Kunden, zu entdecken. Er bohrte jedoch unverdrossen weiter und stieß schließlich auf eine Erklärung – das *»L-Wort«*, wie Zemke sagt, L steht für *Liebe.* Kunden, die eine echte Zuneigung zu einer Organisation entwickeln, sind loyale Kunden. (Ich und Federal Express sind das beste Beispiel.) Andere Kunden sind vielleicht rundum »zufrieden«, aber ohne emotionale Bindung – so Peterson – bedeutet diese Zufriedenheit keineswegs bessere Verkaufsziffern in der Zukunft. Peterson stieß auf seine Goldader, als er seinen Verbraucherumfragen Begriffe wie »Liebe« und »Haß« statt »Präferenz« und »Zufriedenheit« hinzufügte. In seinem Buch *301 Great Management Ideas: America's Most Innovative Small Companies* schreibt er: »Bei Verkäufen an ausländische Interessenten stehen der Pomp und die ganze Aufmachung formeller Sitzungen dem Geschäftsabschluß eher im Weg. Nach zwanzig Jahren im internationalen Verkaufsgeschäft beschloß Wayne Cooper, die formalen Angelegenheiten mit einem Abend der informellen Unterhaltung wettzumachen. Cooper, Geschäftsführer der seit dreizehn Jahren bestehenden, in Charlotte, North Carolina, ansässigen »Arcon Manufacturing Inc.«, lud eine Delegation aus China auf seine Ranch ein, wo sie ihre Lieblingsgerichte kochen konnten. ›Die Chinesen waren seit einem Monat unterwegs und vermißten ihre heimische Küche‹, erklärt Cooper, der dieser Delegation am nächsten Tag – nach anderthalbjährigen Verhandlungen – ein Getreidelagersystem verkaufte. Die Delegation, die aus fünf, sechs Personen bestand, kochte der Einfachheit halber nur für sich selbst, Cooper und seine Frau Judy. Geschäfte wurden bei Tisch nicht diskutiert. ›In den Sitzungen vor diesem Abendessen kam bei den Käufern immer das Gefühl auf, daß man sie über den Tisch ziehen wollte; sie wurden mißtrauisch.

Danach wollten sie mich als Ratgeber‹, sagt Cooper, der seine Küche inzwischen einmal pro Monat ›Hobbyköchen‹ aus dem Ausland überläßt.«
Selbstverständlich ist das eine »Geschäftstaktik«. Nennen Sie es Trick, wenn Sie wollen. Ich glaube, es ist mehr: Diese allmonatlichen Rituale können Sie gar nicht überleben, wenn Sie nicht voll und ganz dahinterstehen. Ich wäre also gern bereit, im Zweifelsfall für Cooper zu entscheiden (dessen Verkaufsbilanz übrigens für sich selbst spricht). Dies ist eine weitere klitzekleine Geschichte über »Gespräche« – und über die Notwendigkeit, Beziehungen aufzubauen.
Kann man jedoch *systematisch* Beziehungen pflegen? Ja und nein. »Nein«, da ein Teil der Art, in der man Beziehungen wahrnimmt, die eigene, innerste Menschlichkeit reflektiert. Es fällt Anita Roddick vom »Body Shop« oder Harry Quadracci von Quad/Graphics wohl leichter, sich um Beziehungen zu kümmern, als etwa Roger Smith, dem früheren GM-Chef. Aber auch »ja«: Denn unser alter Freund, die Aufmerksamkeit für jedes Detail, hilft auch hier. Wenn *Sie* (als Chef) vor aller Augen Zeit auf die Verbesserung der Beziehungen verwenden, wie zum Beispiel Cooper von der Firma Arcon mit seiner Küche, werden »sie« (altgediente und junge Kollegen) dies auch tun. *Sie* können auch formaler vorgehen: Haben *Sie* einen spezifischen Kurs für »Beziehungsförderung und Beziehungspflege« in Ihrem Weiterbildungsprogramm für, sagen wir einmal, Verkauf und Marketing? (Roddick beim »Body Shop« führt solche Kurse durch).
Dies ist in unserer Zeit, in der die ganze Welt ein einziger großer Markt wird und mehr und mehr Geschäfte auch von kleineren Firmen (Beispiel auch hier: Coopers Arcon) mit Menschen aus anderen Kulturen abgeschlossen werden, besonders wichtig. Dabei sind ununterbrochene Mißverständnisse nicht nur eine Wahrscheinlichkeit, sondern todsicher zu erwarten!
Auch hier wieder ist mein alleiniges Ziel, dieses Thema überhaupt einmal »auf die Tagesordnung« zu bringen (als Teil des größeren Themas der nicht greifbaren immateriellen Elemente und der Wahrnehmung). Die zwischenmenschlichen Beziehungen werden meist als selbstverständlich hingenommen, wenn nicht gar ignoriert, oder als etwas abgetan, was »eben einfach zum Leben dazugehört«. Leider!
Beziehungen sind wirklich das Wichtigste, das es gibt.

46. Kapitel

Ein besonderer Fall von »Oha!«: Ein umfassender Überblick über das Design

Das klassische Sympton (für schlechtes Design) ist das erbarmungslos flackernde »12:00« auf der Vorderseite des Videorecorders in den meisten amerikanischen Wohnzimmern – Indiz dafür, daß niemand weiß, wie man diese Uhr einstellt. Umfragen der Branche ergaben in der Tat, daß fast 80 Prozent der Amerikaner ihren Videorecorder nie programmieren, ein Vorgang, der bis zu zehn Schritte an einer Schalttafel erfordert, an der es nur so wimmelt vor Knöpfen.
»Newsweek«, 7. Januar 1991

Das Design ist der Schlüsselfaktor, der in den nächsten zwanzig Jahren die Sieger bei den Hochtechnologie-Unternehmen von den Verlierern trennen wird.
Charles Owen
»Chicago Tribune«, 1. Februar 1990

Eigentlich wollte ich auf das Design und die Benutzerfreundlichkeit schon im vorigen Kapitel zu sprechen kommen. Es verdient jedoch mehr als eine Nebenrolle, denn es ist viel mehr als nur eine weitere Taktik auf dem Weg zur Symbiose mit dem Kunden. Die Suche nach Möglichkeiten, Produkte zu differenzieren und sich grundlegend von der Konkurrenz zu unterscheiden, wird von Woche zu Woche hektischer. Die Chancen, daß eine solche Differenzierung gelingt, werden aber – aufgrund der explosionsartigen Zunahme der Konkurrenten und Produkte – immer geringer. Fazit, so der britische Managementexperte Christopher Loring in *The Design Dimension:* »Das Design bietet vielleicht die *beste* Möglichkeit, eine grundlegende Differenzierung zu erreichen.« Übertrieben? Ich glaube kaum.

Design als Werkzeug der Unternehmens(um)wandlung

> *Bei Braun ist die Funktion des Designs am Bauhausideal ausgerichtet: der Integration mit jedem einzelnen Aspekt der Organisation. Seit Chefdesigner Dieter Rams 1955 bei Braun anfing, bedeutete Design für das Unternehmen einen entscheidenden Wettbewerbsvorteil. Rams und sein Team von zwanzig Mitarbeitern arbeiten mit Ingenieuren, Chemikern, Marketingmanagern und Produktionsplanern zusammen und entwerfen und verbessern mit ihnen gemeinsam die Produktpalette des Unternehmens. Rams sitzt bei Braun im Vorstand, mit direktem Draht zum Vorstandsvorsitzenden. In der Designsammlung des »Museums of Modern Art« in New York findet man mehr Produkte von Braun als von jedem anderen Unternehmen.*
>
> »Financial Times«, 31. Juli 1991

Christopher Lorenz machte eine Anleihe bei dem niederländischen Elektronikgiganten Philips: ein umfassendes Modell für die Produktentwicklung. Die »Vision des Industriedesigns«, so sagt er (also ästhetisches Wissen, sozialer und kultureller Hintergrund, ergonomische Erfordernisse), verdient in intellektueller und organisatorischer Hinsicht den gleichen Stellenwert wie die »Vision des Ingenieurs« (technische Forschung, Produktionsmethoden) und die »Vision des Marketing« (Marktforschung, Marktanalysen, Vertriebssysteme). Der sonst eher zurückhaltende, bedächtige Lorenz meint, daß eine effektiv geplante Designaktivität zum Lehrer, Katalysator, Arrangeur und Integrationsfaktor für den Prozeß der Produktentwicklung werden könne. In Sonys Verbrauchsgüterbereich zum Beispiel spielt das Design ebendiese übergreifende Rolle. Lorenz sagt auch, daß die formale Position des Designs innerhalb einer Organisation eine entscheidende Rolle bei seiner Wirkung nach außen spielt. Der überwältigende Erfolg, den Ford etwa mit dem Taurus und dem Sable erzielte und der das Industriedesign in den USA aus dem Tiefschlaf riß, kam nach einer umfangreichen Umstrukturierung des Unternehmens, bei der das Design den anderen wichtigen Funktionen (wie etwa der Fertigungsplanung) gleichgestellt wurde. Lorenz zeigt noch weitere Wege auf, wie Organisationen zu Vorreitern im Bereich Design werden können. Bei Olivetti in Italien zum Beispiel haben Designer ein großes Mitspracherecht, die nicht Mitarbeiter des Unternehmens sind; sie stehen in ständigem, intensiven Dialog mit dem Geschäftsführer von Olivetti – von jeher ein Designfanatiker.

Das »TRIAD Design Project«

Das 1989 eingeleitete und 1991 abgeschlossene, ehrgeizige »TRIAD Design Project« des »Design Management Institute« umfaßte 13 Fallstudien aus Nordamerika, Europa und Asien. In *Designing Products for Success* wird aufgezeigt, welche Rolle das Design in der sich wandelnden Denkweise der Unternehmen spielt. Zum Beispiel bei

- *»Bahco Tools« aus Stockholm:* Dieses Unternehmen ist einer der ältesten und größten Hersteller von Handwerkzeugen in Europa. Es ist marktbeherrschend in Skandinavien und genießt den Ruf makelloser Qualitätsarbeit. In den siebziger Jahren unternahm es jedoch Bahco, den konservativen Markt zu ändern, »in dem für Werkzeuge wie Schraubendreher eine traditionelle Form erwartet wurde«, schreiben die TRIAD-Autoren. Billigproduzenten und Konkurrenten, die den Qualitätsvorsprung der Firma aufgeholt hatten, ließen ihr keine andere Wahl. Bahco tat sich mit der »Ergonomic Design Group« (EDG) zusammen – und leitete eine Revolution ein. Designer gingen zum Beispiel hin und sprachen und arbeiteten mit zwanzig Handwerkern, die Schraubendreher benutzten. (Das erinnert stark an den Ingersoll-Rand-Fall des »Cyclone Grinder«). Gibt es tatsächlich noch Lernenswertes über den alltäglichen Schraubendreher? Überraschenderweise ja. Die Designer stellten unter anderem fest, daß die Handwerker das Werkzeug zu 70 Prozent mit beiden Händen hielten. Der Griff des neuen Bahco bot dementsprechend – eine radikale Abkehr von der Tradition – Platz für zwei Hände! Eine weitere Neuerung, schreiben die Autoren des Berichts, »war ein normierter, gleich großer Griff für schmale und breite Schraubendreher, denn die Handgröße des Benutzers ändert sich ja nicht.« Bahcos »Ergo«-Schraubendreher, nach diesen Erkenntnissen entwickelt, kam Ende der achtziger Jahre auf den Markt. Sein aufsehenerregender Erfolg löste eine ganz neue Produktserie aus, zu denen verstellbare Schraubenschlüssel, Meißel, Zangen mit Ausdehnungskupplung und Messer gehörten. Außerdem entwickelte Bahco, so die Autoren, »ein völlig neues Marketingkonzept, das die enge Anbindung an den Endverbraucher betont. Die Werkzeuge von Bahco – die seit jeher für Qualität standen – hatten nun in den Augen der Verbraucher eine neue Dimension bekommen.« Ergebnis: Es gelang dem Unternehmen überraschend schnell, die verlorenen Marktanteile zurückzuerobern.

- *Die CKD Corporation aus Nagoya, Japan:* Die CKD stellt Ventile und Komponenten für Pneumatiksysteme her und beschränkte sich zunächst auf Produkte, die von anderen Firmen entwickelt worden waren. Dann beschloß das Unternehmen, sich auf eigene Füße zu stellen und mit selbstentworfenen Produkten auf den Weltmarkt zu gehen. »Ihre Aufgabe sah CKD darin«, schreibt das TRIAD-Team, »ein alltägliches Industrieprodukt aus der Masse herauszuheben, und das in einem Markt, der sich nicht eben durch einen Trend zu dramatischen Veränderungen auszeichnet.« Das Produkt mag profan sein, aber der Name der Firma, CKD, für *»Creative Knowledge for Development«* (Kreatives Wissen zur Entwicklungsförderung) meldet einen Anspruch an. Der Geschäftsführer, Shigeru Yoshida, ist zutiefst davon überzeugt, daß »das Design eine treibende Kraft dabei ist, alle Spezialbereiche in eine gemeinsame Gesamtlösung zu überführen.« Sein Designberater Takuo Hirano ist an der Lösung von Fragen, die die *gesamte* Unternehmensstrategie angehen, unmittelbar beteiligt.

Die »Selix FRL« (der Name steht für »filter, regulator, and lubricator«, also: Filter, Regler und Schmiervorrichtungen) war das Geistesprodukt eines zwanzigköpfigen Projektteams, das Design, Gerätebau und Herstellung eng miteinander verschmolz. »Das neue Designkonzept der Firma war ein auf dem Baukastenprinzip beruhendes, gänzlich flexibles System«, berichtete das Team der TRIAD. »Man schaffte kompatible Anschlußsysteme, um den nahtlosen Übergang zu neuen Modellen zu schaffen. Es gab Neues im Design, z. B. den Einsatz von leichterem, aber dennoch strapazierfähigem Aluminium; ein besser abzulesendes Meßgerät, das zudem stabiler war und weniger Teile besaß; einfache Produktbeschreibungen, die Stärke und Qualität in den Vordergrund rückten.« Die Autoren berichten, daß »die firmeneigenen Ingenieure jetzt Dinge bauten, die durchaus einen Patentanspruch erfüllen, also etwa ein neues Filtersystem, dessen Lebensdauer viermal so hoch ist wie das der bisherigen Modelle. Die Produktionskosten sanken dank besserer *Weichstoffe* und des geringeren Ersatzteilbedarfs um 31 Prozent, während der Einzelhandelspreis dank der verbesserten Funktionalität um 17 Prozent stieg. Der Produktionsausschuß sank von 2 Prozent auf 0,5 Prozent.« Wie auch bei Bahco setzte sich der Erfolgstrend in einer ganzen Serie von Produkten fort. Die übrigen elf TRIAD-Beispiele behandeln meist wohlbekannte Firmen wie etwa Braun aus Deutschland und die japanische Sharp Corporation (die ein stagnierendes Taschenrechnerunternehmen, das auf dem Markt so eben mithalten konnte, mit einem »Mode-Rechner-Projekt« aufpolierte, das seine Produkte als »persönliches elektronisches Zubehör« verkaufte), aber auch relativ unbekannte Firmen wie die ERCO Leuchten (Deutschland). In jeder der Geschichten geht es um einen Umschwung des gesamten Unternehmens (und meist auch der Marktparzelle, in der es aktiv ist) und der gekennzeichnet ist von einem Bewußtsein der neuen strategischen Rolle, die dem Design zukommt.

Die Liebe, der Haß und Mr. Hirshberg

Im Club der Autoproduzenten, von denen es heißt, in ihren Adern flösse Benzin statt Blut, scheint Gerald P. Hirshberg von einem Alternativtreibstoff angetrieben zu werden.

Hirshberg ist der leitende amerikanische Mitarbeiter im kalifornischen Designstudio von Nissan und verantwortlich für das Aussehen dreier Modelle in diesem Jahr. Darunter sind zwei Limousinen, die der augenblicklichen Mode der »Keilform« – niedrige Motorhauben, hohe Kofferraumdeckel – zuwiderlaufen.

Hirshberg hat bei Nissan schon viele traditionelle Regeln des Karosseriedesigns über den Haufen geworfen, die er bei General Motors gelernt hatte. Dort ermutigte man die Designer, technische Überlegungen beiseite zu lassen, um ihre Kreativität nicht zu beeinträchtigen. Bei Nissan fragt Herr Hirshberg von vornherein nach sämtlichen technischen Daten eines neuen Modells; er ist der Auffassung, daß das Überwinden von Hindernissen die stärkste Triebkraft für Kreativität ist. Das Ergebnis? Die Nissan-Ingenieure brauchen, um Designs der »Nissan Design International« produzieren zu können, nur noch geringfügige Änderungen vorzunehmen. Nissan hat das einzige Designstudio in der Autoindustrie, das auch für andere Unternehmen arbeitet.

»Nissan Design International« entwarf unter anderem eine Jacht von dreißig Metern Länge, einen Computer, einen Staubsauger und eine intravenöse Pumpe für ein Krankenhaus. »Auf diese Weise bleiben wir geschickte Amateure und werden nicht zu Routiniers.«

Beobachter der Autoindustrie sagen, daß Hirshberg den ursprünglichen Auftrag erfüllt, den Nissan ihm 1980 erteilte, nämlich den Produktserien von Nissan Pfiff zu geben. »Nissan entfernt sich immer mehr von den schwerfälligen Designs, für die das Unternehmen früher bekannt war«, sagt Christopher Cedergren, Manager der Beratungsfirma Autopacific Group. Er fügt hinzu: »Die Nissan-Modelle der letzten Jahre sind sehr ausdrucksvoll und innovativ, daran kann kein Zweifel bestehen.«

GM und Chrysler Corporation sagen, sie bemühen sich mit ihrem Design darum, »Liebe oder Haßgefühle zu erzeugen; man mag es oder man mag es nicht«. So will man die Verbraucher ansprechen und auf ihrem Einkaufszettel ganz nach oben rücken. Ford überträgt das runde, aerodynamische Aussehen seiner (erfolgreichen) Taurus-Limousine auf viele andere seiner Wagen.

Natürlich kaufen Menschen Autos nicht nur nach ihrem Design, aber Beobachter sagen, daß das Design in dem Maße an Bedeutung gewinnt, wie sich die Autos qualitativ immer ähnlicher werden.«

»The New York Times«, 11. Mai 1992

Design als Persönlichkeit

»Design« kann sehr viel sein, weitaus mehr als die bloße Ästhetik oder Produktfreundlichkeit. »Design bedeutet, die strategische Zielsetzung einer Marke käuflich und für den Kunden ›real‹ zu machen«, sagt Michael Shannon, ein amerikanischer Berater für Industriedesign. »Es definiert das Aussehen des Unternehmens, wie es sich ›anfühlt‹, ›schmeckt‹, was es ›trägt‹, ›fährt‹, kurzum: Was das Unternehmen an sich hat, das den Kunden interessiert.«
Bei Firmen wie Braun, Olivetti und Sony ist Design nichts anderes als »Persönlichkeit«. Rodney Fitch, Vorsitzender der Fitch RS, erklärt es in einem Beitrag des *Design Management Journal* (Winter 1991) folgendermaßen:
»Es ist deprimierend zu beobachten, daß in allzu vielen Aspekten unseres Lebens das gute Design Nebensache ist! Sehen Sie sich um und nennen Sie mir etwas, was schlechtes Design geschaffen hat oder was mangels Design erst gar nicht geschah. Man kann sich Unternehmen wie ›The Limited‹ und ›Gap‹ . . . in den USA oder ›Boots‹ und ›Dillons‹ in England doch gar nicht ohne engagierte Designprogramme vorstellen, die die Entwicklung und die im Lauf der Zeit entstandenen Charakteristika dieser Firmen untermauern . . . Warum sollte man sich überhaupt mit ›Persönlichkeit‹ abgeben? Nun, der überzeugendste Grund ist vielleicht, daß wir uns nur so eindeutig von der Konkurrenz unterscheiden können . . .
Nur ein Geschäft kann das billigste in der Stadt sein. Die anderen hängen von anderen Attributen ab und müssen diese herauskehren.
›The Body Shop‹ ist eines der besten Beispiele der heutigen Zeit. Alles ist am Thema Umwelt orientiert; alles in den von Designern gestalteten Verkaufsfilialen spricht mit der gleichen Stimme – die Verpackung, die Poster, die verwendeten Materialien – ja der ganze Laden strahlt die ethischen Vorstellungen des Unternehmens aus.«
Thomas Moser (sehen Sie dazu den folgenden Abschnitt) würde zu all dem zustimmend lächeln!

»Begrüßen Sie Mark, Mark und Mark!«

Es geht darum, dem Kunden Seele und echten Wert zu verkaufen. Es gibt nichts Schlimmeres, als ein Möbelstück stundenlang sorgfältig zu polieren, und dann gibt man es an eine Spedition, die das gute Stück inmitten eines Regenschauers einer Kundin auf den Rasen vors Haus stellt, und ein stämmiger, tätowierter Bursche sagt: »Tut mir leid, Mam, aber unterschreiben Sie mal hier.«
Thomas Moser
in einem Interview mit Paul Cohen

Ich erwarb 1991 einen wunderschönen Tisch (an dem ich jetzt gerade sitze) und Stühle von der Firma *»Thos. Moser Cabinetmakers«* aus Auburn in Maine. Die gesamte Transaktion war vom feinsten. Es begann schon bei dem außergewöhnlichen Katalog, der beileibe nicht nur schöne Möbel vorzuzeigen hat. Er lockt mich, »Mitglied der Moser-Familie« zu werden. Er enthält zum Beispiel Profile verschiedener Mitarbeiter von Moser, ihren beruflichen Werdegang, ihre Hoffnungen für die Zukunft, Projekte, an denen sie bisher mitarbeiteten. Selbst am Telefon kam die »Persönlichkeit« des Unternehmens rüber. Nach jedem mündlichen Kontakt kam prompt ein Bestätigungsschreiben – ich brauche es kaum zu erwähnen – selbstverständlich auf erstklassigem Briefpapier, im Stil den Moserschen Möbeln nachempfunden. Eine Besonderheit beeindruckte mich zunächst auf dem Papier und dann auch in der Realität am stärksten:

»Unser Standort – Maine – bietet uns viele Vorteile, darunter seine talentierten und arbeitsamen Menschen. Unser Nachteil: Wir sitzen am äußeren Ende des Transportnetzes.

In den ersten Jahren nach der Firmengründung holte der Kunde seine Ware selbst ab – wir trugen die Möbel zum Auto, und ab ging's! Das änderte sich durch unser Wachstum. Kunden riefen nun auch aus dem Mittelwesten und dem Südosten und aus fast allen anderen Regionen des Landes an. Unsere nächste Herausforderung war dementsprechend der Möbelversand.

Anfangs setzten wir Speditionsunternehmen ein, aber das Ergebnis ließ zu wünschen übrig: erzürnte Kunden, beschädigte Möbel

und mangelhafter Service. 1987 starteten wir deshalb unseren eigenen Transportzweig.
Stolz sind wir zum Beispiel darauf, daß wir zu einer Zeit liefern können, die Ihnen paßt. Wir wissen alle, wie frustrierend es beispielsweise ist, den halben Tag darauf zu warten, daß die Telefongesellschaft endlich kommt. Unser fast zehn Meter langer Lastwagen hat sogar ein Telefon, so daß die Fahrer erreicht werden können, sollte etwas Unvorhergesehenes dazwischenkommen.
Das Ziel unseres Möbelversands ist es, Ihnen den ausgezeichneten Service zu bieten, der den Qualitätsnormen für unsere Möbel entspricht. Wir sollten Ihnen nun unsere Überschrift dieses Briefes erklären (›Sagen Sie Mark, Mark und Mark guten Tag‹): Drei der fünf Herren, die für uns fahren, heißen ›Mark‹! Der vierte ist Denny, der Bruder eines Mark, der fünfte, Russ, ist der Bruder der Abteilungsleiterin für den Versand, Debbie Bell.«
»Nette Worte«, werden Sie mir zugestehen. »Aber Reden kostet nicht.« Stimmt. Ich war selbst skeptisch und bat daher meinen kalifornischen Kollegen Paul Cohen, letzten Winter in den Osten zu kommen. Er begleitete einen Tag lang die beiden »Nicht-Marks« bei der Arbeit:
Um fünf Uhr früh an einem kalten Wintermorgen verlassen Denny Labonte und Russell LaChance die Laderampe mit Tischen, Stühlen und Schränken im Wert von 25 000 Dollar. Bestimmt sind die Möbel für sieben Kunden in und bei Boston, 150 Meilen südlich.
An diesem Tag treffen die Fahrer bei allen Kunden innerhalb der ersten fünf Minuten des eingeplanten Spielraums von zwei Stunden ein. Bei der ersten Kundin, die darauf wartet, zur Arbeit gehen zu können, brauchen sie genau drei Minuten, um einen Schaukelstuhl abzuladen, auszupacken und sorgsam in ihr Wohnzimmer zu stellen. Als nächstes transportieren sie eine große Kommode den verschneiten Gartenweg eines Kunden hinauf, stellen sie ins Wohnzimmer, zeigen ihm, wie er die Aufteilung der Fächer ändern kann und erklären den natürlichen Altersprozeß, der das Kirschholz im Lauf der Zeit von einem blassen Blondton zu einem weichen Rotton nachdunkeln läßt.
Die Fahrer sind in der Möbelpflege ausgebildet; sie können gegebenenfalls vor Ort nachpolieren und wachsen, um eventu-

elle Oberflächenkratzer zu beheben. LaChance ist außerdem noch als Kraftfahrzeugmechaniker für die Wartung des aus drei Lastwagen bestehenden Firmen»fuhrparks« zuständig. Sie sind nicht besonders für den Kundendienst ausgebildet, verlassen sich aber auf ihren gesunden Menschenverstand und die Achtung vor dem Produkt – und sie mögen ihre Arbeit. »Wir sind quasi selbständig«, sagt Labonte. »Und wir sind diejenigen, die die zufriedenen Gesichter der Kundschaft sehen.«

Machen Sie das Design zum Thema

Diese Analyse des Designs orientierte sich bisher etwas zu sehr an den Unternehmen und hob vor allem deren Gründe dafür heraus, das Design ganz oben auf die Prioritätenlisten zu setzen. Das ganze *Gefühl* für die große Chance, die im Design liegt, das *emotionale Herz* der Sache, kam dabei etwas zu kurz. Die Änderung des Organigramms ist also nicht der erste Schritt zum Paradies. Wie bei der Durchsetzung eines weitgehenden Selbstmanagements vor dem Strukturwandel das Vertrauen kommen muß, müssen Sie vor Veränderungen in der Organisation zunächst bei sich selbst anfangen, was das Design angeht. Und darüber sind Sie sich ja hoffentlich im klaren: Um Emotionen geht es beim Design.

Tun Sie den ersten Schritt ins Nirwana des Unternehmensdesigns: Tauchen Sie ein ins Design, in seine Allgegenwärtigkeit im heutigen Leben (eine Allgegenwärtigkeit übrigens, die das Design ja eben zu einem solch mächtigen »Werkzeug« im Wettbewerb macht). Design ist überall in unserer Umwelt zu finden, wenn wir es auch oft übersehen. Um groß im Design zu werden, müssen wir klein anfangen:

- Unter der Überschrift »Lesen Sie das und weinen Sie« zitierte *Newsweek* im Januar 1991 aus dem Handbuch der Sharp Electronics für ein Telefaxgerät:

  »Das Fernbedienungsübertragungskennwort ist auch in der erweiterten Telefonfunktion zu benutzen. Um ein Fax auf UX-170 übertragen zu können, müssen Sie von einem weiteren Telefonanschluß anrufen. Diese Funktion überträgt den Anruf an UX-170 durch Drücken der Kennwortnummer und

* Taste an anderem Telefonanschluß. Das Kennwort ist eine einstellige Zahl, ausgesucht zwischen 0 und 9. Um das Kennwort zu ändern, Eingangsoperation wiederholen. Um Kennwort zu finden, ausdrucken und Programmliste benutzen (siehe S. 76). Wenn bei diesem Verfahren eine falsche Zahl eingespeichert wird, drücken Sie die * Taste und wiederholen das ganze Verfahren.«
Wenn Sie das verstehen und es sich auch noch länger als zehn Minuten merken können, sind Sie zum Computerprogrammierer geboren oder sollten sich zu einer Spiel-und-Spaß-Show im Fernsehen melden.

- Bei einem Aufenthalt in einem Hotel in Winnipeg hatte ich neulich mein eigenes Shampoo vergessen. Das Hotel stellte den Gästen Shampoo in kleinen Plastiktütchen zur Verfügung. Zwei davon nahm ich mit unter die Dusche. Ich konnte aber ums Verrecken keine Stelle finden, an der man die Tütchen aufreißen konnte, vor allem nicht mit nassen, seifigen Händen. Auch mit den Zähnen erzielte ich nicht die erwünschte Wirkung. Schließlich stieg ich aus der Dusche, hinterließ einen mittleren Niagarafall im ganzen Zimmer und ergriff meinen roten Bic-Stift neben dem Bett. Es war immer noch nicht einfach, aber ich schaffte es, Löcher in die Tütchen zu bohren und nicht das gesamte Shampoo auf dem Rückweg in die Dusche austropfen zu lassen. PS: Der Stift funktionierte nie mehr richtig.

Ich möchte Sie zu einem Fanatiker des Produktdesigns und der praktischen Brauchbarkeit machen, wie ich selbst einer bin. Sollte mir das gelingen, werden Sie den Tag bedauern, an dem Sie diese Zeilen lasen. Sie werden wie ich durch die Gegend laufen und sich maßlos darüber aufregen, wie rücksichtslos die Designer und Fabrikanten mit uns Durchschnittsmenschen umgehen.
Ich fuhr meine Antennen aus, nachdem ich mich durch Donald Normans Buch *The Psychology of Everyday Things* gelacht und geweint hatte. Der ehemalige Ingenieur und heutige Psychologe Norman schreibt: »Ich nestele und stolpere Jahr für Jahr meinen Weg durchs Leben. Ich renne in Türen hinein, schaffe es nicht, den Mechanismus eines Wasserhahns zu enträtseln, bin einfach inkompetent, was die kleinen Dinge des Lebens angeht. ›Muß an mir liegen‹, murmelte ich … Aber als ich

Psychologie studierte und das Verhalten anderer beobachtete, ging mir auf, daß ich keineswegs alleine dastand ... Ich bin Computer- und Elektronikexperte und kenne mich sehr gut mit komplexen Laboreinrichtungen aus. Warum habe ich dann so viele Probleme mit Türen, Lichtschaltern und Wasserhähnen? Wieso kann ich eine Computeranlage im Wert von mehreren Millionen Dollar bedienen, nicht aber meinen Kühlschrank daheim? Wir glauben alle, das sei unser eigenes Versagen. Der wahre Schuldige – das falsche Design – entkommt unentdeckt ... Es ist an der Zeit, etwas dagegen zu tun.«

Norman geht an den innersten Kern des Design heran. Der berühmte Erkenntnispsychologe zeigt zum Beispiel, wie unser Verstand sich abmüht, Dinge einzuordnen und zu erkennen – und wie die Designer dem im Wege stehen. »Gut gestaltete Objekte sind leicht zu interpretieren und zu verstehen«, schreibt er. »Sie gehen sichtbare Hinweise darauf, wie sie funktionieren. Objekte von schlechtem Design hingegen ... liefern uns keinerlei Hinweise oder gar falsche. Sie locken den Benutzer in die Falle und beeinträchtigen den normalen Prozeß der Wahrnehmung und des Begreifens. Leider sind die Objekte mit schlechtem Design in der Überzahl. Das führt dazu, daß Menschen frustriert sind, weil sie mit Objekten leben müssen, die nicht zu verstehen sind oder Fehler verursachen.« Wenn Design richtig »funktioniert«, ergeben sich die Grundsätze fast von selbst. Ein Beispiel: der »natürliche Standort«. Nehmen Sie die Anbringung von Lampen in einem Hörsaal. Richtet man sich nach den »natürlichen Standorten«, wird die Anordnung auf der Schalttafel der Anordnung der Lampen entsprechen.

Design ist nicht gleich Ästhetik

Die meisten Beispiele in Normans Buch sind negative Beispiele, einige sind geradezu lächerlich. Nehmen Sie etwa Normans Autoradio: »25 Knöpfe, viele nach reiner Willkür plaziert. Alle winzig (so daß sie in den kleinen verfügbaren Platz passen). So, und nun fährt man nachts bei hoher Geschwindigkeit und will das Autoradio bedienen. Oder im Winter, mit Handschuhen, wo man dann zwei Knöpfe statt einen drückt ... Manche Dinge sollten im Dunkeln zu benutzen sein. Ein Autoradio sollte mit einem Minimum an visuellen Hinweisen auskommen. Der Designer dieses

Radios entwarf es jedoch sicher im Labor, ohne an das Auto oder den Fahrer auch nur einen Gedanken zu verschwenden. Wahrscheinlich hat das Ding sogar einen Ästhetikpreis gewonnen.«
Norman hebt sich seine bissigsten Kommentare – wie man sieht – für die Designer auf. »Wenn ich schreibe ›Es hat wahrscheinlich einen Preis gewonnen‹, meine ich das in diesem Buch abwertend. Warum? Weil bei der Preisvergabe meist ein bestimmter Aspekt des Designs bewertet wird, unter Ausschluß aller anderen – auch des Aspekts der Bedienbarkeit.« Als Beispiel zitiert er den Fall zweier Bürohäuser der »Federal Administration«, das eine in Seattle, das andere in Washington. In Seattle »hatten die Menschen, die später in dem Gebäude arbeiten würden, ein Mitspracherecht bei der Planung«. Im anderen Fall bestimmten die Architekten. »Welchen Entwurf ziehen die Benutzer vor? Natürlich den in Seattle. Welcher erhielt den Preis? Aber selbstverständlich das Bürohaus in Washington.« Die Jury der amerikanischen Architektenvereinigung versagte dem Gebäude in Seattle den Preis aus eben den Gründen, die es in den Augen der Benutzer besonders attraktiv machte: Es wirkte »zu sehr wie ein Wohnhaus« und »die Innenräume haben keine ›Disziplin‹ und sind unübersichtlich.«
Die Designer befinden sich deshalb auf dem falschen Dampfer, weil – so Normans Folgerung – »sie zuallererst – so ist halt die Struktur in der Branche – für ästhetische Qualität belohnt werden. Designsammlungen enthalten mit Preisen ausgezeichnete Uhren, von denen man die Zeit nicht ablesen kann, Wecker, die kaum einzustellen sind, äußerst rätselhafte Dosenöffner.« Außerdem, so Norman, sind Designer »keine typischen Verbraucher. Sie entwickeln während des Entwurfs ihres Objekts eine solche Vertrautheit mit ihm, daß sie gar nicht auf den Gedanken kommen, andere könnten damit Probleme haben.«
Das Problem ist aber noch komplexer. Selbst wenn Designer das Richtige tun und den Benutzer einbeziehen, wirkt deren Scham über ihre scheinbare Unbeholfenheit oft hemmend. Norman berichtet über einen bezeichnenden Zwischenfall, der ihm in einer Computerfirma widerfuhr. Er sollte dort ein neues Produkt beurteilen.
»Ich verbrachte einen Tag damit, die Bedienung des Geräts zu erlernen und es zu testen. Wenn man auf der Tastatur Daten eingeben wollte, mußte man genau zwischen den Tasten ›Rück-

lauf‹ und ›Eingabe‹ unterscheiden. Wenn man die falsche Taste drückte, war die Arbeit der letzten Minuten unwiederbringlich verloren. Ich wies den Designer auf dieses Problem hin und setzte hinzu, daß mir das jetzt öfter passiert sei. Seine erste Frage: ›Haben Sie denn nicht das Handbuch gelesen?‹ ›Doch, schon‹, meinte ich, ›ich verstehe schon die Funktion der beiden Tasten, sie sind nur schrecklich leicht zu verwechseln ... Das müssen außer mir doch noch andere festgestellt haben.‹ ›Nein‹, sagte der Designer. Er behauptete, ich sei der erste und einzige, der sich beschwert habe, und daß die Sekretärinnen des Unternehmens das System schon seit vielen Monaten benutzten.
Zusammen gingen wir nun also zu einigen der Sekretärinnen und fragten sie, ob sie je die Eingabe- mit der Rücklauftaste verwechselt hatten ... ›O doch‹, sagten sie aus, ›das passiert uns ständig.‹ ›Ja, aber warum hat denn dann niemand etwas gesagt?‹ fragten wir zurück. Der einfache Grund: Wenn das System versagte oder sich seltsam benahm, meldeten die Mitarbeiter das pflichtbewußt als Problem. Wenn sie aber diese beiden Tasten verwechselten, suchten sie die Schuld bei sich selbst. Es war ihnen schließlich gesagt worden, wie das System funktionierte.«
Normans Bedenken, was die Vorlieben der Designer angeht, ergänzen die Ansichten von Lorenz zum Primat des Designs. Natürlich würde Norman Christopher Lorenz zustimmen, daß im Design ein großes Potential liegt. Er würde wie David Kelley aber auch sofort darauf hinweisen, daß Benutzbarkeit nicht das gleiche ist wie Ästhetik. Will heißen: Irgendeinen beliebigen Designer – selbst einen, der viele Preise gewann – in eine bedeutende Stellung in einer Organisation zu erheben, bedeutet noch lange nicht, daß man nun auf dem geradesten Weg ins »Wettbewerbsnirwana« ist. Ein hoher Stellenwert für das Design, das ist sicher wichtig. Aber zunächst muß man den Begriff Design *richtig* definieren – also Ästhetik und Benutzbarkeit und Herstellbarkeit und finanzielle Überlebenschancen, wie Kelley fordert; oder Persönlichkeit und Wesensmerkmal, wie Shannon und Fitch sagen. Dann müssen die »richtigen« Designer an die »richtigen« Stellen rücken – also Menschen, die diese Definition, die weit über den rein ästhetischen Aspekt hinausgeht, verkörpern.

Machen Sie mit bei meinem Kreuzzug

Mein Ziel ist bescheiden. Ich möchte nicht mehr, als Sie dazu zu bewegen, sich mit mir für ein größeres Designbewußtsein einzusetzen. Regen auch Sie sich bitte auf über im Aufzug falsch markierte Stockwerke, über Shampootüten, die selbst ein Genie nicht aufreißen könnte, über Uhrenschnallen, die Pullover zerreißen. Halten Sie nicht den Mund wie die Sekretärin in unserem Beispiel. Und suchen Sie nicht die Schuld bei sich selbst. (Ich begann mich wirklich dafür schuldig zu fühlen, daß ich Pullover aus zu empfindlichen Material kaufte, als mir die Sache mit der Uhr passierte! Das ist doch wohl nicht wahr!). Also: Werden Sie einfach aufmerksam. Lassen Sie es zu, daß sich das Design und die praktische Nutzung von alltäglichen Objekten in Ihr Bewußtsein einschleichen. Gestehen Sie sich zu, sich auch einmal über das Design aufzuregen und zu ärgern, statt über sich selbst. Das müßte Sie eigentlich davon überzeugen, wieviel besser man vieles gestalten könnte, wieviel eine winzige Änderung verändern kann und wie wichtig dieses ganze Konzept ist.

Im Kampf um den Wettbewerbsvorteil geht es immer stärker um den immateriellen Mehrwert. Wenn Sie im täglichen Leben ein »Fanatiker des Designs und der praktischen Nutzung« werden, werden Sie diese Gesinnung wohl auch auf Ihr Unternehmen übertragen. Beginnen Sie heute mit Ihrer »Meckerliste«. Sehen Sie zu, daß auch andere sich beteiligen. Es wird vielleicht Ihr Wohlbefinden stören, aber es besteht durchaus die Chance, daß es Sie am Ende reich macht. Diesen Schritt müssen Sie tun – erst dann können Sie sich darüber Gedanken machen, wo das Design am Vorstandstisch Ihres Unternehmens sitzen soll.

Kleines Resümee einer großen Idee

Was ist nun also eigentlich *»Design«*? Woher kommt es? Hier der Versuch einer Zusammenfassung:

- Beim Design spielt selbstverständlich die *Ästhetik, das visuelle Vergnügen*, eine Rolle. Donald Normans Skepsis ist durchaus begründet, aber andererseits ist es unleugbar eine Freude fürs Auge, eine Kaffeemaschine von Braun oder einen Tisch von Moser anzuschauen. Die Ästhetik ist schon wichtig. Und Professor Norman: Ich genieße den Anblick der Objekte in der Industrie-Design-Sammlung des »Museum of Modern Art« durch und durch – ob sie nun verbraucherfreundlich sind oder nicht.

- *Praktische Nutzung:* Apple kam mit einer großartigen Mischung aus Ästhetik und »Benutzerfreundlichkeit« zum Erfolg. Den Begriff »benutzerfreundlich« hatte ich vor 1982, als ich meinen Apple II kaufte, noch nie gehört. Die praktische Benutzbarkeit ist Normans wichtigstes Anliegen. Damit hat er schon recht, wie ich am Abend, bevor ich dies schrieb, wieder einmal feststellte, als ich an einem entscheidenden Punkt des Basketballspiels der »Golden State Warriors« versehentlich irgendeinen Knopf auf meinem »Sch . . .«-Radio drückte und den Sender verlor.
- *Unterschrift, Persönlichkeit, Unterscheidung:* Dabei geht es um das »Aussehen, den Geschmack, den Geruch . . .«, all das, was der Designberater Michael Shannon beschrieb. Der Schwerpunkt auf dem Design ist als solcher eine firmeneigene Struktur/Kultur, das »Markenzeichen« eines Unternehmens. Design ist wahrlich keine Nebensache bei Bahco, CKD, Trumpf, Rational, Deere, Braun, Moser, Sony oder . . .
- *Einstellungssache:* Design ist eine Denkweise, eine zur Gewohnheit gewordene Achtsamkeit, die sich in der Firma von der Verladerampe bis zur Chefetage manifestiert.
- *Projektstruktur:* Designer müssen von »Tag eins« an multifunktionalen Produktentwicklungen (und deren Weiterentwicklungen) beteiligt werden. Das weiß heute jeder. Warum beherzigt dann kaum jemand diesen Rat? So umfassend wie rational gehen ohnehin ganz wenige Firmen an die Sache heran.
- *Führungsqualitäten:* Leibinger bei Trumpf, Rams bei Braun, Yoshida bei CKD, Jobs (und jetzt Sculley) bei Apple: Wenn der »Designverstand« nicht Tag für Tag an der Spitze erscheint, werden sich die großen Hoffnungen, die ich in das Design setze und hier aufzeigte, nicht erfüllen. Steve Jobs' Detailbesessenheit riecht man ja schon aus einer Meile oder einem Lichtjahr Entfernung! Jobs – und seine Entsprechung bei Microsoft, Bill Gates – geben dem Begriff »Perfektionist im Design« eine ganz neue Bedeutung.

47. Kapitel

Der »selbstbestimmte Kunde«: Produzent, Regisseur und Hauptdarsteller

Anshin *ist das japanische Wort für Sicherheit und Annehmlichkeit. Größere Annehmlichkeiten für Geschäftspartner und Kunden bedeutet in Japan weit mehr als pünktlich ausgelieferte und preisgünstige Produkte. Die Japaner wollen das Gefühl haben, einen vertrauensvollen Umgang mit Zulieferern und Geschäftspartnern pflegen zu können. Das hat geschäftliche, aber auch menschliche Gründe. Japaner wollen sicher sein, daß Sie ihr Vertrauen verdienen und ihrem Erfolg das gleiche Interesse mitbringen wie Ihrem eigenen. Die wichtigste Regel des* anshin *ist es, die Bedürfnisse des Kunden zu verstehen: Das Eingehen auf die Wünsche des Kunden ist obligatorisch. Das erfordert Zeit und enge Verbindungen. Gegenseitige Verpflichtungen zwischen Kunde und Anbieter werden über Jahre hinweg ausgebaut und gehen weit über die traditionellen amerikanischen Erwartungen hinaus. Sie reichen sogar in Bereiche hinein, die mit dem Geschäftlichen nichts zu tun haben, wie etwa Besuche von gesellschaftlichen Ereignissen oder Hochzeiten. Es ist gang und gäbe, daß Geschäftspartner Familienmitgliedern ihrer Partner Stellen geben oder daß Eheschließungen zwischen Verwandten und gemeinsamen Freunden arrangiert werden.*

Jim und Jeff Morgan
»Cracking the Japanese Market«

Wenn man es genau betrachtet, sind fast alle Unternehmen – Krankenhäuser, Fertigungsstätten, Banken – um die »Produktionsfunktion« herum organisiert, um dieser das Leben zu erleichtern. Bestimmungszweck des Krankenhauses ist in erster Linie, Ärzte und die Labor- und chirurgische Arbeit zu stützen. Die Herstellung ist darauf ausgerichtet, die Effektivität der Fabrik zu maximieren. Das Arbeitssystem der Bank ist ein Nebenprodukt der »besten Hinterzimmer-Betriebspraxis«. Ich behaupte natürlich nicht, daß die Kunden aus diesen Praktiken keinen Nutzen ziehen. Im allgemeinen wird der Patient im Krankenhaus wieder gesund, das Auto oder der Reißverschluß funktionieren meist auch, das Bankkonto wird bedient. Und Unternehmen bemühen sich sporadisch schon um den Kunden – da gibt es »Schwerpunktgruppen«, Telefonnummern zum Nulltarif, die den Dialog mit dem Kunden erleichtern sollen, »Kundenbetreuungs«-Kurse für die Belegschaft. Wie viele Unternehmen aber bauen die *gesamte Logik* der Firma auf der Überlegung auf, wie der Kunde den Prozeß seiner Erfahrung mit der Organisation empfindet? Antwort: viel zu wenige!

Disney ist die bemerkenswerteste Ausnahme. Das Geschäftskonzept bei Disney ist die Schaffung *einmaliger Episoden im Leben des Kunden.* Das beginnt schon auf dem Parkplatz. Oder noch früher: Wenn Sie zum Beispiel mit Delta nach Orlando fliegen, ergreifen die »Fangarme« von Disney Sie bereits in der Luft, spätestens aber am Flughafen von Orlando. Selbstverständlich verkauft Disney – das Unternehmen gibt das ja auch offen zu – eine Phantasiewelt. »Ich aber nicht«, sagen Sie, »Ich mache reale Produkte, keine Phantasie. Tom, Sie haben wohl zu lange in Kalifornien gelebt.« Blödsinn, sage ich darauf.

Es gibt keine Realität! Der Alltag ist das Produkt unserer verqueren Vorstellungswelt, gefärbt durch die Wahrnehmung. Basta! Und das A und O der Geschäftswelt ist die Gesamtsumme der Dramen, die die Kunden erfinden. Nehmen Sie nun einmal an, Sie – als Auto- oder Computerproduzent, als Chef eines Restaurants oder eines Krankenhauses – stimmen diesem Gedanken zu, machen sich also die Vorstellung des »*Imagineering*«, wie Disney es nennt – an die Stelle des anderen versetzen –, wirklich zu eigen und leiten Ihr Unternehmen dementsprechend. Sie schlagen den neuen strategischen Weg ein – wozu Sie mit Ihrer ganzen Unternehmung bei Null anfangen müssen –, indem Sie wie Klebstoff am Kunden hängen, ihm folgen, ein Gefühl für die Myriaden von Arten entwickeln, wie er Ihr Unternehmen wahrnimmt, woher er seinen ersten Eindruck gewinnt (aus Anzeigen, der gärtnerischen Anlage um Ihr Unternehmen, von ehemaligen, verärgerten Kunden, Gerüchten, Händlern usw.). Welche »Vibrationen« – das ist das richtige Wort – vermitteln Sie also, aus der Nähe, aus der Ferne?

Haben Sie *das* erst einmal erfaßt, entwickelt sich der Prozeß der Festlegung des dramaturgischen Austausches zwischen dem Kunden und Ihnen logisch – und unlogisch weiter. Ja, auch unlogisch: Vergessen Sie nicht, daß wir es mit bloßer Phantasie zu tun haben. Welches sind denn für den typischen Kunden die Szenen, Akte, Rhythmen, die Auflösungen von Apple, Microsoft, Marriott, Body Shop, CRSS, Titeflex? Teilweise läßt sich die Antwort – obwohl die Phantasie der Ausgangspunkt ist – sorgfältig und linear festlegen, mit einem Unterschied: Normalerweise sind solche Pläne von innen nach außen gekehrt, nicht andersherum. Der »Theaterplan« muß aber immer den Zuhörer/Käufer in den Mittelpunkt des Universums rücken – dorthin, wo Sie und ich uns als Kunden ohnehin immer rücken und in unserem eigentümlichen Innersten ein Drehbuch mit dem Titel »Ich und Marriott«, »Ich und DEC«, »Ich und das John-Hopkins-Krankenhaus« verfassen.

Diese Bilder des »von draußen nach drinnen« liegen quer zur gegenwärtig hochaktuellen Mode des »der Kunde muß im Mittelpunkt stehen«. Dieses Konzept hält immer noch an der überholten Vorstellung des »wir« fest, die »wir« uns um »sie« kümmern. »Wir« sind also aktiv (die Akteure), »sie« passiv (die Zuschauer). »Wir« sind die Sonne, um die »sie«, die Kunden, sich drehen. In einer illusionären Welt ist die Semantik zwangsläufig das bestimmende Element – und Begriffe wie »von draußen nach drinnen gekehrt«, »Autor und Regisseur: der Kunde« oder »aus der Erfahrung des Kunden entstanden« träfen die Sache viel besser. »Wir«, die Produzenten, sind eine bloße Ableitung, nichts als Statisten im Stück des Kunden, nicht umgekehrt!

Ich nenne das Ganze inzwischen »der Kunde als Maß aller Dinge«, ich spreche vom *»selbstbestimmten«* Kunden. Nicht eben elegant, und im allgemeinen sind mir derartige Wortschöpfungen zuwider. Diese fühlt sich jedoch »richtig« an. Ein Grund, warum ich diesen Terminus wählte, ist, daß er den Unterschied zur

»Maßanfertigung für den Kunden« herausstreicht. Die ist zwar an sich eine lobenswerte Sache, hat aber doch einen prä-kopernikanischen Beigeschmack. »Wir« sind dabei immer noch der Mittelpunkt des Universums und legen »ihnen« ein sorgfältig gestaltetes Warensortiment vor. Dieses Konzept hat den riesigen, von Disney beherzigten Schritt nicht nachvollzogen, der in der Erkenntnis besteht, daß »*sie*« es sind, die »uns« erschaffen. Der Grundgedanke: der Kunde als Initiator, als »Schöpfer«.

Eine völlig neue Reihenfolge: Der Anfang rückt ans Ende

Nach diesem neuen Modell steht die Erfindung der Fabrik, des Operationssaales oder der Restaurantküche an letzter statt an erster Stelle. Ganz unabhängig von der Art des Unternehmens ergibt sich die Produktionsfunktion als Folge aus der Vorstellung, die sich Ihr Kunde – nach Ihrer Hoffnung – davon in seiner Phantasie macht. Überraschenderweise führt ein solcher Ansatz jedoch zu einem größeren Stellenwert der »Fabrik« – das zeigt sich zum Beispiel bei Carl Sewell, wenn er künftige und jetzige Kunden dazu einlädt, das Innenleben seiner Serviceabteilung zu besuchen. Oder bei Stew Leonard, wenn er den Ladenkunden seine Milchverarbeitungsanlagen vorführt. Oder bei »The Body Shop« und »Home Depot«, die aus ihren Betrieben Schulen für die Kunden machten; oder bei klugen Herstellern wie Quad/Graphics oder Titeflex, die ihre Fabriken zu Schauhallen umfunktionieren und in ihren Mitarbeitern ihre besten Verkäufer gefunden haben.

In *The Service Factory* (abgedruckt in *The Harvard Business Review*, Juli/August 1989) schreiben Richard Chase und David Garvin: »Für die Fabrik der Zukunft reicht es *nicht* aus, daß Computer, Roboter und flexible Maschinen die Schwerarbeit übernehmen. Eine solche Fabrik kann bereits heute jeder Fertigungsbetrieb errichten – und natürlich auch die Konkurrenz. Daher wird es immer schwieriger, mit einer ausgezeichneten Produktionsqualität als einziger Waffe im Wettbewerb zu bestehen ... Am erfolgreichsten werden in der nächsten Generation diejenigen Hersteller sein, ... die die Fertigungsstätte selbst zum Angelpunkt ihrer Bemühungen machen werden, Kunden zu erreichen und zu halten ... Den Mitarbeitern in der Produktion und den Fabrikleitern wird es gelingen, eine ganz neue Beziehung zum Kunden aufzubauen *und* zu erhalten, weil sie in ständigem Kontakt mit ihm stehen werden.« Eine solche Fabrik, so Chase und Garvin abschließend, muß ein Experimentallabor werden, das Kunden wie Belegschaft umfassend an den sich ständig weiterentwickelnden Innovations- und Problemlösungsprozessen beteiligt. Sie muß eine offene Ausstellungshalle werden, in der die Qualitätsarbeit der Firma dem Kunden präsentiert wird.

Dieses Gesamtkonzept des »selbstbestimmten« Kunden muß sich auf alle beteiligten Parteien erstrecken. Zum Beispiel auf künftige Mitarbeiter: Wie schaffen sie sich ihre eigene Quad/Graphic-Phantasievorstellung? Das beginnt schon beim Wortlaut von Stellenausschreibungen und oder beim Gesprächsklima unter Mitarbeitern. Und: Welchen Eindruck machen sie auf Ihre Händler? Auf Kontrollinstanzen? Auf Behörden?

Ich bin der erste, der zugibt, daß die Umsetzung meiner Vorschläge kein Spaziergang sein wird. Sie brauchen zweifellos Hilfe von außen, da Sie sich mit unverfälscht naiven Augen betrachten müssen. (Übrigens möchte ich anregen, zu diesem Zweck Theaterleute, Gurus des »neuen Bewußtseins« oder Erfinder von Softwarespielen einzusetzen – und *keine* Unternehmensberater (trotz aller früheren Lobgesänge auf McKinsey). Vor allem aber erfordert es [»Der Kunde als Maß aller Dinge«] eine klare dramaturgische Strategie, in der Wörter wie »Mythos«, »Phantasie« und »Illusion« nicht aus dem Wortschatz gestrichen werden. Es ist nun einmal so: Ihr Unternehmen ist nicht »real«. Es ist nicht mehr und nicht weniger als die Gesamtsumme der zur Fiktion gewordenen, elliptischen Bilder, die Ihre Kunden, Mitarbeiter, Verkäufer, Vertriebsfirmen und die Gemeinden, in denen Ihr Betrieb ansässig ist, sich aufgrund der alltäglichen Erfahrungen mit Ihnen schaffen.

»Carol Hickey Airlines«

Bob Crandall 26. Juli 1991

Vorsitzender American Airlines

Lieber Bob,

Dies sind eigentlich zwei Briefe in einem. Der erste ist einfach ein Dankeschön und ein dickes Lob. Vor einigen Wochen kam Ihre »Managerin für besonderen Service«, Carol Hickey, vor meinem

Abflug von San Francisco nach New York an Bord und erkundigte sich bei mir und einem weiteren Passagier, ob alles zu unserer Zufriedenheit sei. So etwas ist mir bisher noch nie passiert, und ich war sehr beeindruckt. (Um nicht zu sagen: Hin und weg!) Am nächsten Tag flog ich von New York nach San Francisco zurück, und wieder war sie da.

Diese Woche befand ich mich nach einem unerwartet langen Aufenthalt in San Francisco, wo ich einige persönliche Dinge zu regeln hatte, auf dem Rückweg nach Vermont (wo ich die Hälfte der Zeit wohne). Ich hatte fünf Kisten mit Recherchematerial für ein Buch dabei, und mir war bei dem Gedanken, diese nicht im Auge behalten zu können, äußerst unwohl. Mein Büro rief Mrs. Hickey an; sie informierte uns, daß American Airlines über einen speziellen Gepäckbegleitservice verfüge. Das war aber erst der Anfang. Sie begleitete meine Frau und mich an den Schalter – und bewirkte Wunder, als unser Flug nach San Francisco gestrichen wurde. (Sehen Sie, ich bin noch nicht einmal über den Ausfall unseres Fluges verärgert!) Außerdem sorgte sie dafür, daß bei unserer Ankunft in Chicago Ginny Borowski, Ihre dortige »Managerin für besonderen Service«, bereits auf uns wartete. Auch sie war äußerst hilfreich. (Sie erreichte sogar, daß man meiner Frau einen neuen Flugschein ausstellte, weil Ihr Bodenpersonal in San Francisco in der Hektik der Abreise dort versehentlich den Originalschein einbehalten hatte.) Es war ein rundum denkwürdiges Erlebnis, und ich ziehe den Hut vor Carol Hickey, Ginny Borowski und ihren hilfsbereiten Kolleginnen und Kollegen.

Das war »Nr. 1«. Im zweiten Teil möchte ich diese Erfahrung in Zusammenhang mit dem sporadischen Dialog bringen, den Sie und ich im Lauf der Jahre führten. Ganz kurz gesagt: »Ich bin doch ein extremer Vielflieger (selbst mein Pferd heißt ›Frequent Flyer‹) und regelmäßiger Kunde bei American Airlines, wobei ich positive wie negative Erlebnisse hatte. Aber: Dies war das allererste Mal, daß ich eine echte ›Zuneigung‹ zu dieser – oder überhaupt einer – Fluggesellschaft empfand.«

Logische Fragen daraus:

- Warum dauerte es siebzehn Jahre bis zu diesem magischen Augenblick? (Besonders bei einem Kunden, der zum Umsatz beiträgt und der, da er häufig die wichtigsten Routen fliegt, meist unter mehreren Fluggesellschaften auswählen kann.)

- Besteht hier nicht eine Möglichkeit, seine Wettbewerbsstellung auszubauen? Nicht nur für »GVFs« (ganz große Vielflieger), sondern auch für »MVFs« (moderate Vielflieger) oder »EVFs« (eigentlich keine Vielflieger)?

Als barscher alter Knabe war ich schockiert darüber, welchen emotionalen Eindruck dieses einzelne Erlebnis auf mich machte. Carol Hickey verkörpert für mich nun American Airlines (»Carol Hickey Airlines«). Ich möchte einen Penny darauf wetten, daß dieser Eindruck lange Zeit vorhalten wird. (Warten Sie ab!)

Lassen Sie mich eines klarstellen. Ich habe schon viele gute Erfahrungen mit American Airlines (und natürlich auch mit anderen Fluggesellschaften) gemacht und bin auch meist bestens von Ihren Mitarbeitern betreut worden; außerdem nutze ich selbstverständlich auch Ihre Vergünstigungen für Vielflieger. Aber diese mystische Hemmschwelle – zum »wirklich denkwürdigen« Erlebnis – überschritt ich zum ersten Mal bei meinem Erlebnis mit »Carol Hickey Airlines«. Und weigere mich einfach zu glauben, daß sich solche Erfahrungen nicht mehr oder minder genauso für viele von uns Passagieren wiederholen lassen.

Mit freundlichem Gruß,

Tom Peters

Randbemerkung: Ich faxte diesen Text an Crandall und erhielt nach einiger Zeit eine nichtssagende Antwort von einem jungen Mitarbeiter. Na ja, man kann es eben nicht allen recht machen.

Der Kunde als Maß aller Dinge? – Eine Phantasie

Die mythische, auf Personen zugeschnittene, von freier Wahl bestimmte Organisation, in der der Kunde allein den Ton angibt, müßte wohl folgende Eigenschaften aufweisen:

- *Personalisierung.* Also: »Carol Hickey Airlines« oder Mark, Mark und Mark (Denny und Russell nicht zu vergessen) bei »Thos. Moser Cabinetmaker«. Diese Menschen gaben sowohl einem kleinen wie auch einem Großunternehmen ein persönliches Gesicht. Ich, der Kunde, habe bekommen, was ich wollte! Auch bei Federal Express scheint dies die Geschäftspraxis zu prägen. Die Mitarbeiter sind (oder scheinen zumindest) weniger unter Druck als ihre Kollegen bei UPS; sie nehmen sich mehr Zeit und tauschen auch schon einmal einige Worte mit dem Kunden. So baut man eine Kundenbeziehung auf. Die Informationstechnik kann ein mächtiges Werkzeug bei der Einführung der »Massenpersonalisierung« sein (erinnern Sie sich an unser Kapitel über Datenbankmarketing?), aber man muß sich vor einer Überschätzung der Technik hüten. Technik kann nicht mehr, als dem echt interessierten Mitarbeiter als Stütze dienen.

- *Maßfertigung für den Kunden.* Eine kleine Firma wie Acordia wird sich ein Bein ausreißen, um Kunden jeder Art zufriedenzustellen. Das gilt auch für die 5000 Profit Centers bei ABB. Der maßgeschneiderte Service ist in vielen professionellen Dienstleistungsfirmen schon lange die Norm – das ist auch der Grund, warum ich gerade sie als Beispiel wählte. Aber auch hier muß man Vorsicht walten lassen: CRSS und Chiat/Day/Mojo entsprechen nicht dem Normalfall. Theoretisch haben die professionellen Dienstleistungsfirmen sich zwar das Konzept der »Fertigung nach Maß« zu eigen gemacht, aber eine ganze Anzahl dieser Betriebe strahlt eine ziemliche Arroganz aus und impliziert eher: »Wir machen es, wie wir es für richtig halten, basta!« Das sind dann die Designer, die eher den nächsten Designpreis als den Kunden im Blick haben.
- *Aufmerksamkeit.* Den Kernpunkt beschrieb Shoshanna Zuboff mit ihrem Begriff des »informatierten Mitarbeiters«, wie ihn die Zugbegleiter der Union Pacific verkörpern, die das gesamte Wissen ihrer Eisenbahn augenblicklich zum Nutzen des Kunden abrufen können.
- *Freundlichkeit.* Die gesamte Logik, die vom Logo bis zur Betriebssoftware der Idee des Apple Computer zugrundelag, war »freundlich«. Man nahm ein bisher benutzerunfreundliches Produkt und verwandelte es in ein bequemes, nützliches Instrument für viele. Kurzum: Einige Unternehmen sind im Umgang freundlich und produzieren benutzerfreundliche Produkte – Andere nicht!
- *Die subjektive Wahrnehmung, daß der Kunde am Schalthebel sitzt.* Das ist das »Jahrmarkt-Konzept«, die Vorstellung jedes Kunden, daß er in der Tat »sein eigenes Unternehmen formen

kann«, »sein« Disney, »sein« Federal Express. Dabei geht es um weitaus mehr als um einen dicken Katalog mit vielen Möglichkeiten: Es geht um das Gefühl, das eine engagierte Firma wie Acordia vermittelt, daß sie nämlich so gut wie alles mitmachen wird, was Ihnen, dem Kunden, vorschwebt.

- *Die Zugehörigkeit.* Bei Quad/Graphics, EDS, McKinsey, Chiat/Day/Mojo oder CRSS beispielsweise ist der Kunde ein echter Bestandteil des Dienstleistungsteams. Er erhält freien Zugang zu allen Informationen. Zumindest für eine gewisse Zeit ist er wie ein Familienmitglied, und das läßt man ihn auf hundert Arten – greifbare wie nicht greifbare – spüren. Mein erster Chef bei McKinsey erkannte die Macht, die darin lag, sich des simplen Wörtchens »wir« zu bedienen. Bei allen Gesprächen mit Klienten und selbst mit Kollegen und in Abwesenheit dieser Klienten sagte er »wir«. Und meinte »Skelly Oil« (und wir), »Getty Oil« (und wir), »Basalt Rock« (und wir). Es dauerte gar nicht lange, und fast alle fühlten sich als »wir«.
- *Das »Club«gefühl.* Eine Variation des Themas »der Kunde als Insider«. Stan Rapp und Tom Collins beschrieben die von Nintendo, Hallmark und anderen Firmen gegründeten Clubs. Auch hier geht es darum, dem Kunden das Gefühl der Familienzugehörigkeit zu vermitteln. (Typisches Beispiel: Meine eigene Organisation, »The Tom Peters Group«, veröffentlicht einen teuren Rundbrief, der an etwa 8000 Abonnenten versandt wird. Anfang 1991 beschlossen wir, für unsere besten Kunden zusätzlich »The Tom Peters Group Update« herauszugeben, das unregelmäßig erscheint und eher informell ist. Es enthält einige »gehaltvolle« Artikel, ist aber ansonsten eher im Plauderton gehalten. Ziel des »Update« ist die Konversation – um Freunde und Familienmitglieder zu werben.)
- *Transparenz.* Öffnen Sie die Fabrik oder die Betriebsfläche – zum Teil visuell – dem Kunden. Die Meister auf diesem Gebiet sind Titeflex, Quad/Graphics, Sewell Village Cadillac und Stew Leonard.
- *Schwerpunkt: das Verfahren.* Ob es Ihnen nun gefällt oder ob Sie darüber schimpfen: Der Prozeß ist wichtiger als die Substanz. Disneys Substanz, die für eine andere Generation entworfen war (meine!), rutschte vor einigen Jahren ab – und Michael Eisner sparte nicht an Geld, um sie wieder auf den

neuesten Stand zu bringen. Was bei Disney seit jeher anders war und ist, ist aber folgendes: Der »Gast« hat das Gefühl, daß seine Interaktion mit Disney in jeder Tausendstelsekunde sorgfältig durchdacht und organisiert ist. (Dieses Gefühl hat er übrigens oft nicht an Ort und Stelle, sondern erst viel später.) Warum, warum nur gibt es so wenige Unternehmer, die »Verfahrensfanatiker« sind? Da dürfte ich die Antwort gleich mitgeliefert haben: Es erfordert Fanatiker.

- *Sachkundigkeit.* Ein bestimmter, kostenbesessener Unternehmensleiter gibt dem teuren Federal Express gegenüber der billigeren Konkurrenz UPS den Vorzug. Wichtigster Grund: die detaillierten Echtzeit-Infos von Federal Express. Solche Informationen sind unschätzbar wertvoll, es ist eine Frage der Insiderposition und der Transparenz. Die Vertriebsfirma kann gegenüber ihrem Kunden das »Innenleben« seiner Verkäufer – in diesem Fall Federal Express – offenlegen.
- *Hausbesuche.* Erinnern Sie sich an das »Buchmobil«? Oder an den Eismann oder den Lastwagen mit frischem Gemüse im Sommer? Ich schon. Als ich ein Kind war, hatten viele Menschen noch kein Auto, und »Hausbesuche« waren gang und gäbe. Dann gab es immer mehr Autos, Einkaufszentren entstanden – der Hausbesuch erübrigte sich. Heute gewinnt er aber wieder an Popularität. Dies ist überwiegend darauf zurückzuführen, daß Menschen ihre Zeit als immer wertvoller empfinden. Und vergessen Sie nicht Ken Dychtwalds Analyse des schnell wachsenden Marktanteils der älteren Menschen, eine Bevölkerungsgruppe, die (buchstäblich) ein Vermögen für Annehmlichkeiten auszugeben bereit ist. Natürlich sieht der »Einkauf im eigenen Heim« heute, im Zeitalter der endlosen Anwendungsmöglichkeiten der Informationstechnologie (Bankdienste, Einkauf usw.) anders aus als damals. Heute ist der Einkauf per Katalog wohl am stärksten verbreitet. Die Qualität der Kataloge und ihr Zuschnitt auf den einzelnen Kunden sind unglaublich. (Der Katalog von Thomas Moser ist so elegant, daß er es sich leisten kann, dafür 9 Dollar zu kassieren!)
- *Lernerfahrung.* Williams-Sonoma, Home Depot, The Body Shop, Quad/Graphics, Trumpf und andere verwenden viel Zeit, Energie und Geld darauf, den Kunden zu unterweisen. Der Umgang mit diesen Unternehmen – vom Einzelhandels-

kaufmann mit seinen Sonderangeboten bis hin zum Maschinenfabrikanten mit seinem Millionenprodukt – ermöglicht es uns, etwas Neues zu lernen. Wir erhalten mehr als ein angenehmes Einkaufserlebnis oder ein praktisches Werkzeug.

- *Ein Design, das meinen Bedürfnissen entspricht.* Beim Entwurf des modellhaften Betriebs des Lakeland Regional Medical Center standen die Bedürfnisse des Patienten im Mittelpunkt. (Gleichzeitig erfuhr das Arbeitsleben der Ärzte, Krankenschwestern und Techniker Erleichterungen. Außerdem wirkte das neue Konzept kostendämpfend.) Solche »zufälligen«, angenehmen Nebenwirkungen entstehen bei den meisten Projekten dieser Art. Die bessere Versorgung des Kunden/Patienten macht die Arbeit der Dienstleistungsanbieter lohnender.
- *Verläßlichkeit.* Die von Orvis, Delta Dental und anderen Organisationen gegebenen Garantien versprechen ein außergewöhnliches Maß an Zuverlässigkeit. Man läßt den Kunden völlig frei entscheiden, was er als angemessenen Service empfindet. Er kann sich jederzeit auf die Garantie berufen. (Und es besteht zumindest die Möglichkeit, daß seine Reklamation den Anbieter eine Stange Geld kostet; dadurch »fühlt« es sich noch wirklicher an. Und um nichts anderes geht es bei dem Konzept »der Kunde als Maßstab«.)
- *Spaß.* Natürlich ist es ein Vergnügen, bei Disney, aber auch bei The Body Shop, Trumpf oder Imagination ein- und auszugehen. Vergnügen ist schön und gut, »Spaß haben« ist aber noch besser. Das Ideal des »Let's Have Fun« wird kaum je erreicht, denn das ist gar nicht so einfach. Es ist sogar schwierig, sich das überhaupt erst einmal vorzustellen. Ein Grund: Es fällt uns ungemein schwer, das Wort »Spaß« in der grimmigen, praktischen Welt des traditionellen Geschäftslebens irgendwo einzuordnen.
- *Theater.* Theater ist Vergnügen hoch zehn. Die ganze Welt – auch die Geschäftswelt – ist ein Theater. Die Phantasie läßt über den Weg des reinen Theaters selbst das sturste Unternehmen für Industrieprodukte menschlich und »marktgerechter« erscheinen. Anita Roddick sagt, sie finde in der modernen Geschäftswelt keine Vorbilder, keine Idole. Die Manager, denen sie begegnete, hatten durchweg überhaupt kein Gefühl für Freude, für das Magische, für das Theater. Warum eigentlich nicht – Theater?

Schauspielunterricht

Das »Museum of the Moving Image« in London wurde im Mai 1990 eröffnet und gehört jetzt schon zu den zwanzig wichtigsten Touristenattraktionen in Großbritannien – dank einer unmittelbar vom Theater übernommenen Ausbildungstechnik. Der Direktor dieses Museums für Filmgeschichte, Leslie Hardcastle, besuchte in den USA mehrere Museen dieser Art und brachte von dort die Idee mit, Schauspieler als Führer durch das Museum einzusetzen. Er beauftragte Mo Heard, eine ehemalige Schauspielerin, mit der Umsetzung dieser Idee. Frau Heard meint dazu: »Ich benutzte meine Theaterausbildung als Grundlage für die Entwicklung von Kursen in einer geschäftsbetonten Umgebung. Das Konzept erwies sich als äußerst erfolgreich.«

Als Ausbilder gewann Frau Heard den für seine Aufführung improvisierter Bühnenstücke bekannten Regisseur Phil Young. Er nennt seine dreiwöchigen Kurse »Proben« und arbeitet überwiegend mit dem Mittel der improvisierten Sitzung. Im sogenannten »heißen Stuhl« setzt Young die künftigen Museumsführer realitätsnahen Stoffen aus; mit dieser Methode bereitet man im Theater Schauspieler auf das Sprechen aus dem Stegreif vor. Der »Schauspieler« sitzt auf einem Stuhl, und Young stellt ihm unvermittelt Fragen, die er beantworten muß, ohne aus der Rolle zu fallen, die er gerade spielt.

Die Marktforschung zeigt, daß die Theaterkünste der Museumsführer/innen den Ausschlag für den Erfolg des Museums geben. Die Besucherzahlen liegen bisher 25 Prozent über den Erwartungen, und der Ausbildungsgang selbst wird inzwischen kopiert.

- *Am wichtigsten: Der erste und der letzte Eindruck.* Carl Sewell erwarb eine Straßenreinigungsmaschine, weil er nicht damit zufrieden war, wie die öffentliche Straßenreinigung in Dallas die Straße vor seiner Autohandlung säuberte. Und wie Sewell sagt: Der erste Eindruck entscheidet alles. (In seinem Buch widmet er dieser »Selbstverständlichkeit« ein ganzes Kapitel!) Aus dem gleichen Grund betreut Disney seine Parkplätze fast mit Besessenheit. So oft kommt es vor, daß man bei großen Ereignissen schon vor Beginn etwas Negatives erlebt. 35 000 Autos auf einem einzigen Parkplatz bei einem Baseballspiel etwa, oder ein Parkplatz an einem entlegenen Ende des Einkaufszentrums. Wenn man da nicht ohnehin gleich wieder wendet und nach Hause fährt, geht man zumindest von vornherein schlecht gelaunt in die Veranstaltung. Doch auch der letzte Eindruck ist ausschlaggebend. Wieder ist Sewell vorbildlich: Sein Management auch des winzigsten Details bei der Bezahlung und der Wagenübergabe ist bemerkenswert. Noch bemerkenswerter ist allerdings die Tatsache, daß so wenige Unternehmen diese »Stützpfeiler« einer Transaktion überhaupt beachten.

- *Beständigkeit.* In einer zunehmend unbeständigen Welt wird die Beständigkeit höher geschätzt denn je! Man ist beschäftigter, hat weniger Zeit als zuvor – und die Möbelfirma mit der pünktlichen Lieferung ist ein Geschenk des Himmels. Thomas Moser begreift dies, andere begreifen es nicht. (Hier ein »Entschuldigungs«schreiben, das mir der Geschäftsführer der sehr teuren Möbelfirma Taos schickte: »Der Ablauf des Versands entzieht sich unserer Kontrolle. Manchmal brauchen die Transportunternehmen zwei Tage, manchmal aber auch zwei Wochen.« Vielleicht sollte ich ihm ein Exemplar dieses Buches schicken, per Nachnahme?) Mehrere Mitarbeiter der Union Pacific berichten, daß selbst die »wirklichsten« Probleme sich in Luft auflösen, wenn man den Kunden ständig auf dem laufenden hält. Auch dies ist eine Form der Beständigkeit. Die Forschungsarbeit von Len Berry bewies auf empirischer Basis, welch positive Auswirkung die Beständigkeit hat. So sehr sich heute der Schwerpunkt auf die Geschwindigkeit verlagert hat (und sie ist ja auch maßgeblich) – man sollte sich auch einmal ernstlich überlegen, alles eine Spur langsamer, dafür aber um etliches zuverlässiger abzuwickeln.
- *Prestigeunternehmen.* Es macht einfach Freude, mit qualitätsbewußten Nobelunternehmen in geschäftlicher Verbindung zu stehen. Thomas Mosers Möbel kosten einen nicht nur eine, sondern zwei Stangen Geld. Das Produkt an sich ist es schon wert. Aber darüber hinaus vermittelt er einem zu jedem Zeitpunkt der Geschäftsbeziehung das Gefühl, Bestandteil von etwas »ganz Besonderem« zu sein.
- *Liebevolle Kundenbetreuung – das A und O.* Ich halte alle Punkte auf dieser Liste für wesentlich. Ich halte sie sogar alle für grundlegend notwendig. Wenn Sie aber diesen Punkt nicht

beherzigen, gehen die anderen unter. Wir haben doch alle das Gefühl, daß bestimmten Unternehmen das Wohl des Kunden tatsächlich ein Anliegen ist. (»Alles, was wir tun, tun wir mit Liebe und Sorgfalt«, sagt Anita Roddick.) Andere wiederum erwecken den Eindruck, als ob sie uns einen Gefallen damit erweisen, daß wir ihre Kunden sein dürfen. Selbstverständlich beruht der gesamte Verlauf einer geschäftlichen Beziehung auf Wechselseitigkeit: Sowohl der Käufer wie auch der Verkäufer suchen ihren Vorteil. Andererseits wird aber langfristig die Organisation, die sich nach Kräften und auf vielerlei Wegen bemüht, zu lächeln und rücksichtsvoll zu handeln, wahrscheinlich der Sieger bleiben. Wie lautete doch die Schlußfolgerung des texanischen Professors Bob Peterson: Selbst der sehr zufriedene Kunde wird erst dann zum Stammkunden, wenn ein »emotives Element« ins Spiel kommt – d. h. Liebe.

Ikea: Ein Ausflugsziel

Das schwedische, weltweit operierende Unternehmen Ikea vermarktet etwas, das es »eine neue Art des Einkaufserlebnisses« nennt. Das Möbelreich – 1991 verzeichnete es 105 Niederlassungen und einen Umsatz von 3,8 Milliarden Dollar – hat die Selbstbedienung zu einem großartigen Konzept ausgebaut. Es zieht Kunden an, für die der Besuch in einem der Geschäfte halb Familienausflug, halb die Jagd nach einem »Schnäppchen« ist.

»Unsere Geschäfte befinden sich auf großen Arealen außerhalb der Städte, wir müssen dem Kunden also statt eines Ladens ein Ausflugsziel anbieten«, berichtete uns Cynthia Neiman, Marketingmanager für »Ikea U.S. West« 1991. »Ein Besuch bei Ikea ist ein Tagesausflug für die Familie, und wir wissen, daß wir ihren Bedürfnissen nachkommen müssen.« Der typische Kunde verbringt bei Ikea drei Stunden. Bei der Konkurrenz ist es im Schnitt eine Stunde, sagte uns Cynthia Neiman. Die riesigen Hallen bieten eine ganze Reihe von Annehmlichkeiten. Da gibt es den »Ballsaal«, wo Eltern ihre Kinder in einem Spielraum mit Glaswänden unter Beaufsichtigung spielen lassen können. Kleinkinder können dort in eine mit weichen Plastikbällen gefüllte Grube rutschen, während die Eltern in Ruhe einkaufen. Man kann auch Kinderwagen ausleihen und in einem Babyraum Windeln – die umsonst zur Verfügung stehen – wechseln. Ein Restaurant-Café bietet schwedische Fleischbällchen und andere Spezialitäten, auch Babynahrung an. (Das Restaurant in der Filiale in Burbank wurde sogar auf zwei Listen erwähnt, auf denen die besten Restaurants in Los Angeles mit Mahlzeiten für unter zehn Dollar bewertet wurden.)

Beim Betreten des Geschäfts nimmt sich der Kunde einen Ikeakatalog, ein Meßband, Block und Bleistift. Dieser »Kunden-Werkzeugkasten« ist kein fauler Trick: Der Kunde trifft seine Auswahl unter vielen tausend angebotenen Artikeln überwiegend anhand des Katalogs sowie der voll möblierten, in den Farben aufeinander abgestimmten Zimmereinrichtungen des Geschäfts. So gut wie alle Möbel werden nicht zusammengebaut verkauft, sondern in flachen Kartons, die der Kunde meist selbst aus dem Regal eines dem Laden angegliederten Warenlagers holt, in einen Einkaufswagen legt und zum Auto schiebt. Die flache Verpackung von nicht montierten Möbeln ist der Schlüsselfaktor des Ikeakonzepts. Hier wird Geld für Versand, Lagerung und Montage gespart. »Die Einkäufer werden zu dem, was Alvin Toffler ›Prosumenten‹ nennt«, sagte Cynthia Neiman – sie sind also teils Produzenten, teils Konsumenten. »Unsere Kunden sind sich völlig bewußt, daß ihnen ihre Teilnahme an diesem Prozeß ansehnliche Einsparungen bedeutet.«

»Ikea U.S.« verschickt zwar mehrere Millionen Kataloge pro Jahr, bietet aber bis heute keinen Telefonverkauf oder Versanddienst an. Doch, so Cynthia Neiman, »der Katalog ist unser effektivstes Marketinginstrument. Er weckt Spannung, und die Kunden überlegen sich schon vorher, was sie kaufen wollen. Der Katalog gießt Öl auf Phantasien von großartigen Räumen und unglaublichen Preisen.« Wenn Ikea in einen neuen Markt einsteigt, setzt das Unternehmen auch große, teure Werbekampagnen ein. Kreativer sind allerdings einige der Verkaufsförderungsmaßnahmen, mit denen Kunden angelockt werden. Jeden Dezember zum Beispiel bieten alle Ikeafilialen eine »Weihnachtsbaumvermietung« an. Für 20 Dollar mietet der Kunde eine anderthalb bis zwei Meter große Douglas-Fichte. Nach Weihnachten bringt der Kunde den Baum wieder in den Laden, erhält 10 Dollar zurück und kann den Baum – umsonst – für seinen Garten mulchen lassen. Einige Läden bieten außerdem im weiteren Verlauf des Jahres Gutscheine für einen Sämling an. Ergebnis: Mit einem einzigen, cleveren Werbegag wird der Kunde zu zwei oder gar drei Besuchen angeregt.

In Europa und Kanada wirbt Ikea außerdem mit seiner »Ikea-Familie«, einem Kundenclub, der seinen Mitgliedern für 15 Dollar pro Jahr oder einen einmaligen Kauf von mindestens 150 Dollar Preisnachlässe bei der Ware und im Restaurant gewährt. Außerdem erhält jedes Mitglied einen Rundbrief mit Tips zur Inneneinrichtung und Angebote für Pauschalreisen. Mitglieder können sogar in den Ferien weltweit ihre Häuser austauschen. Auch die elf amerikanischen Ikeavertretungen werden, so Cynthia Neiman, das Programm ab 1993 anbieten.
Der Möbelindustrieberater Jerry Epperson von der Firma »Mann Armistead and Epperson« sagte uns, aus dem Ansatz von Ikea könne man viel lernen: »Sie haben ein breitgefächertes Waren- und Preisangebot, das seinesgleichen sucht. Dazu kümmern sie sich auch noch um die Kinder und versorgen den Kunden mit Essen, so daß er den Laden nicht zu verlassen braucht. Sie sprechen die Phantasie der Verbraucher an und laden sie ein, Mitglied der Familie zu werden und das Gesamtkonzept zu kaufen.«

Das gefällt mir einerseits so, wie es jetzt dasteht. Andererseits aber auch nicht. Es gefällt mir, weil es in die richtige Richtung weist. Es gefällt mir nicht, weil eine gewisse Ganzheitlichkeit fehlt und weil das »Gefühl« des Konzepts des selbstbestimmten Kunden, des Kunden als »Maß aller Dinge« nicht ganz erfaßt wird. Für mich ist dieses Konzept Lichtjahre von »der Kunde im Mittelpunkt« und von der »Kundennähe« entfernt. Es geht sogar über die in Kapitel 45 dargelegte Symbiosethese hinaus. Es verändert die logische Grundlage von Unternehmen; es ist also neu. Es ist aber auch alt. Es trifft den Kern des Ausdrucks: »Ich stehe zu Ihren Diensten.« Ich (der Anbieter) bin bereit, Sie (den Kunden) bestimmen zu lassen. Sie (der Kunde) können mich zwingen, besser zu werden, als ich mir je hätte vorstellen können. Ist es nicht das, was letzten Endes die kleinen Acordia-Gesellschaften zum Beispiel von ihren Kunden erwarten? »Fordern Sie uns. Zwingen Sie uns, für Sie etwas zu erfinden, das wir uns beide nicht hätten träumen lassen. Hier, Kunde, seien Sie unser Töpfer. Natürlich verfügen wir über Fachwissen im Bereich der Finanzdienstleistungen. Dieses Wissen ist aber wie Ton, es ist formbar. Führen Sie uns dabei, ihm eine neue Form zu geben.«

Nachwort

Liberation Management: Entlassung in die Freiheit

Im »Lakeland Regional Medical Center« verbringen die aus Krankenschwester und Techniker bestehenden »Pflegepaare« über 50 Prozent ihrer Zeit bei den Patienten. Vor der Umstrukturierung des Krankenhauses im Jahre 1989 waren es 21 Prozent. Die Fernfahrer bei Titeflex bearbeiten inzwischen alle Vorgänge von Anfang bis Ende selbst und halten routinemäßig Kontakt zu Kunden und Verkäufern. Das ist Entlassung in die Freiheit.

Die sehr selbständigen Geschäftsführer der winzigen Acordia-Gesellschaften »springen – für die äußerst anspruchsvolle Kundschaft – durch immer kleinere Reifen«. Und viele Bereichsleiter bei Thermo Electron erläutern die Ergebnisse ihrer Vierteljahresbilanz unter dem wachsamen Blick von Wertpapieranlegern (statt vor selbstgefälligen Stabsmitarbeitern des eigenen Unternehmens). Auch das ist Entlassung in die Freiheit.

Und das muß auch so sein. An jedem einzelnen Tag kommen dreißig neue Softwareprogramme und etwa vierzig neue Produkte für den Lebensmitteleinzelhandel auf den amerikanischen Markt. In diesem hektischen Geschehen haben nur diejenigen noch eine Erfolgschance, die über beinahe jede Initiative, die ihnen sinnvoll erscheint, frei entscheiden können. Diese Vorstellung ist vielleicht »schön«. Ich glaube es. Aber das ist unerheblich. In der heutigen Zeit ist es einfach ein *notwendiger* Gedanke, und das bedeutet unbedingt Umstrukturierung in selbständige Einheiten mit dem Ziel der Entlassung in die Freiheit – das ist die Quintessenz meines Buchtitels.

Das ist auch beängstigend. Aber das ist die Freiheit immer, für einen Achtjährigen wie für einen Achtundvierzigjährigen, für Amerika nach 200 Jahren Umgang damit und für Ungarn nach zwei. Und doch stellten wir fest, daß den Arbeitnehmern dieser

Umschwung relativ leicht fällt – überwiegend deshalb, weil ihr Arbeitsleben zur Abwechslung mal ihrem Privatleben gleicht. (Zur »Abwechslung«? Eher könnte man sagen: zum erstenmal seit 200 Jahren.) Seltsamerweise scheint der Übergang den Managern am schwersten zu fallen. Auf den zweiten Blick ist das aber gar nicht so unverständlich. Viele ihrer eigenen Arbeitsplätze sind gefährdet. (Ich sehe vor meinem inneren Auge einen der »Uncle Sam«-Poster aus dem Zweiten Weltkrieg; auf diesem hier würde »Uncle Sam« mit seinem drohend ausgestreckten Zeigefinger über der Inschrift abgebildet sein: »Entlassung in die Freiheit bedeutet: Deine Stelle wird gestrichen.« Schrecklicher Gedanke.) Schlimmer noch – die Karriereleiter, die der Manager zu erklimmen gedenkt, dient allenfalls als Anmachholz, um das Feuer der befreiten, »flachen« Umgebung jenseits der Hierarchien zu entfachen.
Für die meisten Manager ist dieser Umschwung daher schmerzhaft. Allerdings – so behaupte ich – kann er auch für sie wie ein Befreiungsschlag wirken, wenn es ihnen gelingt, die Fesseln der Karriereleiter und deren Metaphern abzustreifen und zu lernen, Freude *an der Aufgabe selbst* und *an der Teamarbeit* zu entwikkeln. Die »neue Abhängigkeit« ist die von Gleichgestellten und einer erweiterten Netzwerk-Familie (neue horizontale Abhängigkeit?) und tritt an die Stelle der (alten vertikalen) Abhängigkeit vom Vorgesetzten und vom Unternehmen.
Die Anführer der Meute haben es schließlich auch nicht leicht. Sie haben sich immerhin ihren Weg durch das Rudel nach vorne gearbeitet und dabei viele Hinterteile zu riechen bekommen. Wenn sie dann endlich im Rennen vorne liegen, ist eine unmittelbare Umstellung wohl kaum zu erwarten. Es kann ja auch nicht verwundern, wenn ein eben ernannter, 48jähriger Vorstandsvorsitzender, der nach 26 Jahren gewiefter Ellenbogentaktik endlich den Platz an der Sonne erreicht hat, nicht gleich in meine Freudenrufe mit einstimmt, wie etwa: »Sie haben die Dinge nur dann im Griff, wenn Sie sie nicht im Griff haben.« Es gibt einige, die es tun, aber sie hatten meist ähnliches Glück wie ich mit meinem etwas unkonventionellen Werdegang.
Nun, Freunde, die Geister lassen sich nicht wieder in die Flasche zurückrufen. Die Revolution der Informationstechnologie kommt gerade erst auf Touren. Die Revolution in der Biotechnologie, die Revolution bei den Werkstoffen und in der Telekommunikation

(die alle in hohem Maße von jener infernalischen Rechenmaschine abhängen) werden das Gesicht der Welt durch und durch verändern. Auch die globale Interdependenz ist ein Geist, der – allem protektionistischen Geschwätz zum Trotz – der Flasche bereits entwichen ist. Hinzu kommt die allgemeine Verbreitung des Kapitalismus. Und so weiter . . . Mit anderen Worten: Rechnen Sie nicht damit, daß die Anzahl der Softwareprogramme oder Supermarktprodukte oder Unternehmer in absehbarer Zeit zurückgehen wird. Stellen Sie sich statt dessen auf noch unglaublichere Geschichten ein, die von noch unglaublicheren Orten an Ihr Ohr dringen. Mich würde es keineswegs wundern, wenn Indien es bis zum Jahre 2020 zu einer global agierenden Wirtschaftsmacht bringen sollte (dann wird die Generation der heute 22jährigen in meinem Alter sein).
Das folgende sollen keineswegs »Rezepte für die Gesellschaft des Jahres 2000« sein. Von denen gibt es ohnehin bereits so viele (auch meine gehören dazu), daß mir beim Gedanken an das Jahr 1999 ganz anders wird. Es ist viel persönlicher. Gegen Ende eines achtstündigen Seminars an einem düsteren Februartag in London (oder in Chicago oder Stockholm) kommen die persönlichen Fragen. Eine Führungskraft aus dem mittleren Management etwa: »Ich habe es versucht mit diesen Sachen. Ich glaube daran. Es funktioniert. Mein Chef hält mich aber für verrückt. Wie können Sie mir helfen!?« Ein MBA-Kandidat: »Sie sagen, ich solle meine Sachen packen und für ein Jahr nach Osteuropa gehen, das würde mir guttun. Und wie soll ich das finanzieren, wo ich doch schon ein Studentendarlehen über 65 000 Dollar abzutragen habe?« Ich weiß es nicht – wirklich nicht. Aber vielleicht finden sich im folgenden einige Anregungen. Ich hoffe es.

Die Studenten

Zwei Dinge sollten Sie nie vergessen: (1) Eine gute Ausbildung ist der einzige Weg zum Erfolg, und (2) die Ausbildung endet nicht mit der Aushändigung des letzten Universitätsdiploms. *Per definitionem* bleibt in einer Wissensgesellschaft jeder ein Leben lang Student. Ich will nicht klingen wie ein Vater, der seinem Kind rät, »die Nase in die Bücher zu stecken«. Etwas profunder ist es hoffentlich: Ich möchte jedem und jeder 15jährigen anraten, die

Bücherwürmer in seiner oder ihrer Klasse nicht mehr auszulachen – eines Tages werden Sie für diese Streber arbeiten!

In Amerika und in den meisten hochentwickelten Gesellschaften gilt die Schul- und Ausbildung seit jeher als *der* Antriebsmotor für den wirtschaftlichen Fortschritt. »Erkennen« mögen wir es zwar, aber »wir« (zumindest die Amerikaner) haben der Schulbildung nie genügend Bedeutung beigemessen. In einer weltweit interdependenten Wirtschaft aber ist die Schul- und Ausbildung der »springende Punkt«. Basta.

Für diejenigen, die in ihrer Ausbildung schon etwas weiter sind, gibt es eine zusätzliche Aufgabe, die Sie ernst nehmen sollten: Schaffen Sie sich ein *Beziehungsnetz*. Ich muß da an meine Zeit an der »Stanford Business School« denken. Ich hatte eine Handvoll Kommilitonen, deren Verhalten mir rätselhaft erschien. Das waren die instinktiven Netzarbeiter (vielleicht die künftigen Marion McGoverns). Sie verließen die Universität mit dicken Adreßverzeichnissen und zahlreichen Freundschaften – und Sie würden sich wundern, wie viele von ihnen heute an der Spitze eines Unternehmens stehen. Die Feststellung, daß ein Netzwerk in einer vernetzten Welt wichtig ist, mag Tautologie sein, aber gesagt werden muß es, und zwar immer wieder.

Außerdem fordere ich alle Studenten auf, gefälligst ihr Land zu verlassen (welches Land es auch sein mag). Ein wenig globale Erfahrung ist immer nützlich. Ohne »globalen Instinkt« geraten Sie in den kommenden Jahren in die Klemme. Wenn Sie als Student im letzten Semester oder als eben diplomierter Universitätsabgänger irgendeinen Job im Ausland auftreiben können – nichts wie hin.

Schlußendlich: Seien Sie engagiert. Oder folgen Sie Ihrem Glücksstern oder wie immer Sie es nennen wollen. Nichtssagender Rat? Vielleicht. In der Praxis wirkt sich das aber so aus: In der Wissensgesellschaft brauchen Sie, um überleben zu können, einen besonderen »Zusatzwert«, etwas, das Sie besonders gut können, das Sie von den anderen unterscheidet. Und richtig gut werden wir doch meistens nur bei etwas, das wir mögen. Wenn Sie begeisterter Skiläufer sind und frisch von der Uni kommen, suchen Sie sich eine Stelle in einer Branche, die mit Sport zu tun hat. Nutzen Sie Ihr Hobby zu Ihrem beruflichen Vorteil. Bei Ihrer Arbeit in einem großen Unternehmen wird Ihnen heute keiner mehr hilfreich zur Seite stehen. In dem gnadenlosen

Kampf da draußen gewinnt unbedingt der mit den besseren Fähigkeiten. Wenn Sie nicht *irgend etwas* mit großem Geschick, mit Motivation und mit Begeisterung tun, sind Sie in Schwierigkeiten.

Die »Arbeitnehmer«

»Arbeitnehmer« – wie auch »Organisation« – setze ich in Anführungszeichen. Warum? Jede Arbeit wird heute (zumindest in den Industrieländern) immer schneller zur Arbeit *für* professionelle Dienstleistungsfirmen. Der Typus »Manager« verschwindet von der Bildfläche. Die »Arbeitnehmer« werden selbst zu »Managern«. Die Arbeit ist für uns alle die gleiche. Für *alle*? Ja, für alle! Titeflex und Union Pacific sind Dienstleister, ob sie sich selbst so bezeichnen oder nicht. Die notwendigen Schlußfolgerungen daraus sollten einsichtig sein:

- *Bildung.* Hier gilt dasselbe, was ich den Studenten riet. Ob Sie nun Parkplatzwächter, Empfangssekretärin, Automechaniker oder Diplomingenieur sind: Sie müssen sich fortbilden, und zwar ständig. Hilft Ihr Unternehmen Ihnen dabei, wunderbar. Hilft der Staat, sehr gut. Hilft Ihnen niemand, haben Sie Pech gehabt – aber mein Rat bleibt unverändert. Sie müssen mit allen Mitteln sehen, daß Sie dranbleiben.
- *Risiko.* Das größte Risiko ist es, *keines* einzugehen und in eine Ecke abgeschoben zu werden. Nehmen wir an, Ihr Unternehmen ist noch sehr »steil«, und die altmodische Hierarchie sitzt noch fest im Sattel. Pech. Trotzdem besteht Ihr einziger Weg zur »Beschäftigungssicherheit« (neuen Stils, d.h. gesicherte Beschäftigung innerhalb des Netzwerks), aus Ihrer Ecke hervorzukommen.
- *Wechseln Sie häufig die Stelle.* In Silicon Valley reagieren heute viele mögliche Arbeitgeber mit Vorsicht, wenn der Bewerber nicht Erfahrungen bei diversen Firmen nachweisen kann. Welch ein Bruch mit der Tradition! Nun ist Silicon Valley ja enorm erfolgreich, aber kaum die Norm. Und doch: Die Welt bewegt sich in diese Richtung (ein ganz kleines bißchen sogar in Japan). Immer mehr wird eine Aktenmappe an Erfahrungen zur einzigen Grundlage der beruflichen Sicherheit. Paradox – aber so ist es.

Das mittlere Management

Bin ich jemand, der ohne Unterlaß auf das mittlere Management eindrischt? Ja. Sind die meisten Teilnehmer an meinen Seminaren Führungskräfte der mittleren Ebene? Ja. Warum? – Keine Ahnung. Das mittlere Management (wie wir es seit seiner Erfindung durch die Eisenbahnen gleich nach dem amerikanischen Bürgerkrieg kennen) ist tot. Daher sind auch die »Middle Manager«, wie wir sie kennen, mausetot. Wenn das aus den bisherigen Seiten nicht zum Ausdruck kommt, dann hat einer von uns beiden – Sie, lieber Leser, oder ich – ein sehr großes Problem. Was sollten Sie also tun, wenn Ihre kleinlaute Antwort auf meine ungestellte Frage lautet: »Ich bin aber einer!«

Ganz einfach. Wie ich es hier beschrieb: Handeln Sie wie ein Berater. Machen Sie sich Freunde in der Produktion, entwickeln Sie Projekte. Das ist, so meine ich, das »richtige« Rezept. Aber es ist auch falsch, es ist zu glatt – und emotionslos. Ob Sie nun 33 sind und auf dem schnellen Weg nach nirgendwo oder 52 und auf dem langsamen Weg zum Ausgang, mein *wirklicher* Rat lautet: *Schlagen Sie Krach!*

Zunächst einmal: Warum nicht? Ihr Arbeitsplatz, Ihr Gehalt und Ihre Selbstachtung sind ohnehin in tödlicher Gefahr. (Zum Zeitpunkt, da ich dies schreibe, erholen sich gerade einige größere Unternehmen ein wenig von der Rezession – aber sie werden nach wie vor schlanker, und die meisten haben nicht die Absicht, in absehbarer Zeit neue Mitarbeiter einzustellen.) Warum sich nicht mit einem großen Knall verabschieden? Das Komische ist, daß ich das ernst meine. Vielleicht ist Ihr Percy Barnevik noch nicht auf der Bildfläche erschienen, aber innerhalb der nächsten zehn Jahre wird er (oder sie) bestimmt kommen. Und wie es Barnevik 1981 in Schweden machte, wird sie oder er Ihnen vielleicht eben mal 100 Tage oder so geben, um sich irgendwo eine Tätigkeit zu suchen. Sind Sie bereit? Mit Stillhalten und Schweigen können Sie nur verlieren.

Es ist vorbei, hören Sie? *Aus! Vorbei! Ende!* Bis zum Jahre 2000 wird vielleicht nicht jedes Unternehmen wie Wal-Mart oder CNN oder ABB sein. Aber die Tendenz ist unverkennbar. (Offen gestanden, kann ich wohl auch nicht mehr tun, als an Sie zu appellieren: »Bauen Sie Ihre eigene Firma auf«, »Schaffen Sie Ihr eigenes Netz« – entweder das, oder Sie gehen unter.)

Die »Chefs« (Unternehmensleiter)

Wie meine anderen Bücher richtet sich auch dieses hauptsächlich an sie. Ich habe so ziemlich alles gesagt, was ich zu sagen weiß. Die Botschaft ist klar: (1) Vertrauen, (2) »Sie« können »es« allein (was immer »es« auch sein mag), (3) Sie haben nur dann die Kontrolle, wenn Sie sie nicht haben (»Leiter« einer flachen, *radikal dezentralisierten* »Organisation«).

Fast alle Chefs, die diesen Text lesen, sind Befürworter einer Dezentralisierung. Fast alle Chefs, die diesen Text lesen, haben bereits dezentralisiert. Fast keine der dezentralisierten Gesellschaften ist dezentralisiert. Haben Sie's begriffen?

Die Damen und Herren am Ruder des Staates

Während ich dies niederschreibe, klettert das Buch *Reinventing Government* von David Osborne und Ted Gaebler die amerikanischen Bestsellerlisten hinauf. Das Buch – von prominenten Republikanern ebenso gelobt wie von prominenten Demokraten – wirbt für einen weniger bürokratischen, »kunden«näheren Staat, der diesem postbürokratischen Zeitalter ganz allgemein gerecht werden soll. Wer weiß, ob Osborne und Gaebler recht haben (ich denke, im großen und ganzen schon). Der entscheidende Punkt ist der: Das Staatswesen – ob in Amerika, Japan, Deutschland oder Frankreich – wurde bisher noch nicht wieder »neuerfunden« – die Welt des Handels wohl (wenn auch diese Aufgabe noch lange nicht abgeschlossen ist). Jenseits des Hierarchien-Liberation-Managements ist kein Buch über Politik, aber einige in diesem Buch enthaltene Ideen könnten durch eine andere Politik einen immensen Auftrieb erfahren.

Zum Beispiel beim Handel: Die Japaner sind sicherlich keine Engel, was den Handel anbelangt, aber zumindest gibt es bei ihnen einen Trend hin zu größerer Offenheit. Die Amerikaner (»wir« für mich als Autor) waren nie die Heiligen, für die wir uns hielten. (In einer Umfrage der »European Foundation for Management Development« aus dem Jahr 1990 über den freien Handel zwischen den 23 Mitgliedstaaten der OECD lagen wir auf dem viertschlechtesten Platz). Und der Trend bei uns marschiert sehr flott in Richtung auf neue Handelsbeschränkungen. Wenn Sie daran irgendwelche Zweifel haben, sollten Sie sich eiligst ins nächste Buchgeschäft bewegen und *The Fair Trade Fraud* von James Bovard kaufen. (Das Buch ist urkomisch. Es ist kaum zu glauben, auf welche Tricks wir verfallen, um die Waren anderer aus unserem Land fernzuhalten – oder wie wir sie mit Steuern zuhauf belegen, wenn sie einmal drin sind.)

Die Anpassung an neue Technologien und an die sich immer stärker manifestierende Realität des »Globalismus« wird niemandem leichtfallen. Und wie immer werden einige ungerecht hart unter den Verwerfungen der tektonischen Platten der Wirtschaft zu leiden haben. Ich habe jedoch nicht den leisesten Zweifel, daß Amerika und die Welt nur in dem Maße wirtschaftlich aufblühen können, in dem wir gegenseitig alle Türen für die Güter und Dienstleistungen der anderen öffnen, statt sie zuzuschlagen. (Und man kann nur inständig darauf hoffen, daß die neuen »Blöcke« – also das freie Freihandelsabkommen in Nordamerika, die EG nach 1992 – nicht zur Grundlage eines Neoprotektionismus werden.)

Insgesamt wäre unsere US-Handelsbilanz 1991 positiv gewesen, wenn man die Dienstleistungen hinzugerechnet hätte (es mutet bizarr an, daß in den gängigsten Handelsbilanzzahlen der Dienstleistungsbereich – in den USA mit 50 Milliarden Dollar im Plus – ausgeklammert ist) und unsere (immer noch riesigen) Ölimporte abgezogen hätte. Wir müssen lernen, am Handel »zu arbeiten«, müssen auf hunderterlei Art lernen, globaler zu denken. Was wir aber nicht brauchen, ist »verwalteter Handel«, wie einige es nennen (oder, laut Bovard, sogenannter *»Fair Trade«*). Es ist eine einfache Tatsache: Fast jede in bester Absicht beschlossene Handelsbeschränkung – und vielen liegt eine gute Absicht zugrunde – schlägt fehl. (Da beschränken wir die Einfuhr von bestimmten Elektronikteilen und versetzen damit unserer weltweit führenden Computerindustrie ungeheure Nackenschläge. Na großartig!)

Die Freiheit zu scheitern

»Die große Freiheit Amerikas besteht darin, daß man wieder und immer wieder scheitern und dennoch immer wieder einen Neuanfang versuchen darf«, schrieb Richard Reeves in der *Interna-*

tional Herald Tribune. Wir schreiben etwa das Jahr 1991; ich war gerade in ein langes, ausuferndes Gespräch mit einem »Middle Manager« verwickelt, der seine berufliche Situation als ausweglos empfand. Plötzlich mischte sich ein Seminarteilnehmer aus den hinteren Reihen ein. »Sie verstehen beide nicht«, rief er beinahe. »Das hier ist so – nun ja, *befreiend.*« Er beschrieb dann seine neu gewachsene Einstellung zu seiner eigenen Bürokratie (übrigens im öffentlichen Dienst): Projekte einleiten, aktiv werden, Risiken eingehen. Und? Seine Gruppe erzielte trotz der wachsamen, mißtrauischen Augen, die ihn aus ungezählten Ecken verfolgten (Augen seiner, wie er bedauernd berichtete, furchtsamen Kollegen, kaum seiner Vorgesetzten) phänomenale Erfolge.
Diesem mir dem Namen nach unbekannter Seminarteilnehmer – und auch Tom Strange und Joe Tilli bei Titeflex – verdanke ich den Titel dieses Buches. Ich befürchte, wir vergessen allzu oft, daß die Freiheit zu scheitern und einen erneuten Versuch unternehmen zu können, den Kern der Entlassung in die Freiheit bildet, in Amerika genauso wie überall auf der Welt. (Und, noch ein letztes Mal: In einem von Modetrends bestimmten Markt gilt dies ganz besonders.)

Dank

Es ist nur richtig, daß die Entstehung dieses Buches beispielhaft für den Prozeß ist, den es beschreibt und empfiehlt. Es ist ein Geistesprodukt – »Brainware« – und Produkt eines einzigartigen, globalen und zeitlich vorübergehend bestehenden Netzwerkes. Auf dem Umschlag steht nur ein (mein) Name, aber dieses Buch ist der Beweis für das Funktionieren des »Netzwerks«.
Zunächst sei das Team der Recherche zu nennen. Es setzte sich aus Mitgliedern von beiden Seiten des Atlantik zusammen. Unter anderem waren es: *Andrea Meyer, Kathy Dalle-Molle, Allan Mitchell, Deborah Hudson, Marcia Wilkof, Yueling Lin.* In vielen Fällen »entdeckten« sie die Unternehmen, leisteten sie die primäre Forschungsarbeit – und faßten sie ihre Ergebnisse in solch ausgezeichneter Form zusammen, daß ich sie hier fast unverändert übernahm.
Einige der kürzeren Fallbeispiele erschienen zunächst in unserem Rundbrief »On Achieving Excellence«. Recherchiert und berichtet wurden sie von *Paul Cohen, Darlene Viggiano, Donna Hawley* und *David Graulich.* Ihre Arbeit – ganz geringfügig redigiert – ist in den Anmerkungen gekennzeichnet.
Einige der umfangreicheren Beispiele ergaben sich aus unserem Programm für den Fernsehsender PBS. *Paul Loewenwarter, Ed Fouhy, Marty Feinberg, John Teegarden, Ingrid Terhorst* und *Shirley Robson* recherchierten für diese Sendungen, produzierten sie und führten Regie. Unserer altgedienten Partnerschaft mit »Video Publishing House« verdankt dieses Buch vieles; ganz besonderer Dank geht an *Von Polk.* Dank auch an *Pat Perini* und *Don Boswell* und KERA-TV in Dallas, die unermüdlichen Sponsoren unserer PBS-Sendungen.
Die wahren »Stars« sind natürlich die vielen hundert Menschen,

die uns ein Interview für dieses Buch gewährten, und die vielen tausend Teilnehmer, die von Seoul bis Peking und San Jose bis München unsere Seminare besuchten und mir kritisches Feedback gaben (aber auch Unterstützung).
Viele der Ideen entstammen meiner wöchentlich erscheinenden Zeitungskolumne. Mein Dank geht an: »Tribune Media Service« für den Vertrieb, an die etwa 80 Redakteure, die sie herausgeben und an *Paul Cohen* und all die anderen, die die Texte redigierten. Und an viele tausend Leser mit all ihren Zuschriften – sie reichten von »Halt doch die Klappe, du Blödmann« bis zu fünfseitigen Kommentaren zu meinen Grübeleien.
Die intellektuelle Inspiration zu diesem Buch gaben die Wissenschaftler und Autoren, die so sehr Teil meiner »erweiterten Universität« sind. Besonders der Einfluß von *Brian Quinn* und *Charles Handy* ist zumindest zwischen den Zeilen auf (fast) jeder Seite zu spüren. Und der Einfluß *Gene Webbs'* ist – für uns alle, die wir ihn kennen – unverkennbar.
Ein Team unter der Leitung meiner »stillen Ko-Autorin« und langjährigen guten Freundin, *Corona Machemer* von Knopf, gab dem Buch die endgültige Gestalt. Vier Jahre lang war sie aufmerksame Zuschauerin, versetzte mir einige sanfte Rippenstöße. Im vergangenen Jahr dann gingen wir zum drittenmal eine Partnerschaft ein; sie arbeitete sich durch die Grundgedanken dieses Buches ebenso hindurch wie durch jede einzelne Seite und gestaltete neu, gestaltete um. (Sind Ihnen in jüngster Zeit Lektoren untergekommen, die – wie sie es Anfang 1992 tat – 48 Tage ohne Unterlaß an einem einzigen Manuskript saßen? Die großen Lektoren des »alten« Verlagswesens wüßten dies zu würdigen.)
Meist lautet der Dank so: »Danke für all die Hilfe; etwaige Fehler habe ich mir selbst zuzuschreiben.« Das empfand ich immer als bevormundend. Corona ist für den eventuellen Erfolg dieses Buches ebenso mitverantwortlich wie für seine Mängel. Sie ist ganz einfach Partner!
Das Endprodukt entstand gleichzeitig an beiden Küsten. In Kalifornien tippte *Susan Bright Winn* ab März 1990 das Manuskript etwa achtmal ab (zu einem Zeitpunkt umfaßte es 1962 Seiten). Ein Jahr lang war sie auch seine einzige Leserin; in dieser Rolle spornte sie mich an, kommentierte und trug zum technischen Ablauf bei. Corona und sie opferten viele Wochenenden für DAS BUCH.

Nun zu »The Tom Peters Group«: *Chris Gage* half bei allem (von der Grundlagenforschung bis zur logistischen Verwaltung von knapp zweitausend Manuskriptseiten) und überprüfte dann mehrere Male Seite um Seite auf den geringsten Fehler. Chris' Kollegin *Alison Peterson* wird in diesen Seiten erwähnt (Kapitel 24). Sie war an mehreren Aspekten des Buches – wesentlichen wie profanen – beteiligt. Viele weitere Kollegen von »The Tom Peters Group«, vor allem *Ian Thomson, Jim Krouzes* und *Lennart Arvedson*, gewährten auch in gelegentlich schwierigen Phasen loyale Unterstützung.
Der Prozeß der Verifizierung der Tatsachen ist eine enorme Aufgabe und erfordert Detailbesessenheit und ein tiefes Verständnis für die grundlegenden Ideen des Buches. Diese Besessenheit besitzt *Kathy Dalle-Malle*. Sie verbrachte buchstäblich Monate damit, sämtliche Fakten in diesem Buch zu überprüfen. Sie trug wesentlich zur Substanz des Buches bei, indem sie einen Großteil der im Buch erwähnten Personen erneut interviewte. (Sie engagierte sogar die Mithilfe einiger Familienmitglieder, die sie beauftragte, dieses und jenes zu hinterfragen. Ein echtes Netzwerk!)
Bei Knopf in New York hatten wir neben Corona zahlreiche weitere Mitarbeiter. Alle arbeiteten sie mit höchster Geschwindigkeit, denn der Zeitplan hätte vom Teufel selbst stammen können, so eng war er. *Melvin Rosenthal* war der »Produktionsmanager«, der die endgültige Formgebung des Manuskripts betreute. Ihm zur Seite standen etliche auf Vertragsbasis eingestellte Mitarbeiter, darunter Lektorin *Barbara Perris* und vier Korrektoren. *Andy Hughes* und *Claire Bradley* verwalteten die eigentliche Herstellung des Buches (verhandelten mit Papierlieferanten, Setzern, Druckereien, Buchbindern usw.) *Cassandra Pappas* entwickelte das Design des Buchs (sie spielte eine Doppelrolle: Für Knopf war sie Textdesignerin, für mich arbeitete sie als freie Mitarbeiterin die Tabellen und Graphiken aus). Corona Machemers Assistentin, *Kristen Tripoli*, hielt uns – wie es Chris Gage in Kalifornien tat – den Rücken frei, während Corona in Vermont mit mir arbeitete. *Alison Biggert* von der Knopf-Publicity-Gruppe war bei der Zusammenstellung der Fakten über Random House, Inc. eine wertvolle Hilfe.
Und vergessen wir nicht die »Chefs«, über die Sie auf diesen Seiten so viel gelesen haben. Der Knopf-Verleger *Sonny Mehta*

ist seit Jahren ein Verfechter meiner Sache und eine Stütze. Er brachte während der schwierigen Geburt dieses Buches unermeßliche Geduld auf. Der Chef von »Big Random«, *Alberto Vitale*, vermittelt mir wie sein Vorgänger, *Bob Bernstein*, das Gefühl, ein »Familienmitglied« zu sein und nicht bloß ein gewinnbringend zu vermarktender Besitz.
Im Privatteam des Autors spielt die andere Hauptrolle (neben Corona Machemer) meine Frau, *Kate Abbe*. Kate ist Dichterin und geht so sparsam mit Worten um wie ich verschwenderisch. Als Profi ist sie eine ständige Quelle der Inspiration (und arbeitete sich mühsam durch sämtliche Seiten des damals noch sehr aufgeblähten Manuskripts). Als Partnerin ist sie genau das – eine Partnerin, rund um die Uhr, die allzu oft meine Launen und (mehr als gelegentlich) meine Verzweiflung am stärksten zu spüren bekommt. *Esther Newburg* von ICM war ebenfalls Bestandteil und Partnerin in diesem nicht eben einsamen Prozeß. Sie ist Agentin (und *agent provocateur*) – freundlich, wenn es angebracht ist, hart, wenn es notwendig ist. Sie spielte eine große Rolle bei der Entstehungsgeschichte und Präsentation dieses Buches.
Kate und ich leben in Kalifornien und in Vermont. Unser Nachbar, *Phil Hayes*, verdient eine Dankesverbeugung. Das wundersame Dachzimmer, das er speziell zum Schreiben baute, war während eines langen, schwierigen Jahres mein Refugium. Andere Nachbarn in Vermont, *Ed* und *Barbara Morrow*, sind die Besitzer des »Northshire Bookstore«, einem der landesweit besten unabhängigen Buchhandlungen. Ed und Barbara machten mir während der langen, deprimierenden Tage und Monate immer wieder den Mut, den ich dringend brauchte. Sie erweckten den Eindruck, daß sie am Ende tatsächlich ein Buch sehen wollten!
Das Zustandekommen eines Buches ist ein monströses Projekt. Sehr kurzen Danksagungen stand ich immer schon skeptisch gegenüber. Die »Persönlichkeit«, die ein Buch letztendlich hat, verkörpert die Persönlichkeit und das emotionale Engagement aller Beteiligten. Die Leidenschaft des Produktionsmanagers *Mel Rosenthal* war ebenso wichtig wie meine eigene. (Hollywood scheint dies besser zu verstehen: der Abspann des Films, der alle bis hin zum zweiten Requisiteur nennt, scheint gelegentlich ebenso lange zu sein wie der Film selbst.) Nun ist mein Dank

schon so lang geraten – und trotzdem bin ich mir nur allzu bewußt, daß es viele hundert anderer gibt, die hier nicht erwähnt wurden und direkt oder indirekt beteiligt waren. Ihnen kann ich nur meinen stummen Dank aussprechen.
Nun ist es geschafft. Wie die in Kapitel 12 beschriebene Dallas-»Organisation« werden wir nie wieder in der gleichen Zusammensetzung arbeiten. Wir alle werden nach neuen Ufern streben. Und doch waren wir eine »Organisation« in dem neuen und immer wichtiger werdenden Sinne, den ich auf diesen Seiten beschrieb. Ich danke all meinen »Netzwerk«-Partnern aus vollem Herzen.

T. P.

Quellennachweis

I. Generelle Quellen:

AIA Press: Excerpts from *Problem Seeking: An Architectural Primer* by William Pena, Steven Parshall, and Kevin Kelley. Copyright © 1987 by CRSS, Inc. Reprinted with permission of AIA Press.

Bantam Books, a Division of Bantam Doubleday Dell Publishing Group, Inc.: Excerpts from *Follow the Yellow Brick Road: Learning to Give, Take & Use Instructions* by Richard Saul Wurman with Loring Leifer. Copyright © 1992 by Richard Saul Wurman. Reprinted by permission of Bantam Books.

Basic Books, Inc.: Excerpts from *The Psychology of Everyday Things,* by Donald A. Norman. Copyright © 1988 by Donald A. Norman. Reprinted by permission of the publisher.

Business Books, Ltd.: Excerpts from *The Age of Unreason* by Charles Handy. Copyright © 1989 by Charles Handy. Reprinted with permission of Business Books, Ltd., London, England.

California Management Review: Excerpts from »Adapting to Technology and Competition: A New Industrial Relations System for the 21st Century« by Raymond E. Miles.

California Management Review, Winter 1989. Copyright © 1989 by The Regents of the University of California. Reprinted from the *California Management Review*, Vol. 89, No. 2. By permission of The Regents.

Computerworld: Excerpts from »Is There a Doctor in the Network?« by Michael Alexander. Reprinted from *Computerworld*, December 9, 1991. Copyright © 1991 by CW Publishing Inc., Framingham, Massachusetts 01701.

The Design Management Institute Press: Excerpts from »Success in Retailing Identities« by Rodney Fitch, *Design Management Journal*, Winter 1991. Copyright © 1991 by The Design Management Institute. Excerpts from »Managing the Evidence in Service Businesses« by Leonard L. Berry and Kathleen Seiders, *Design Management Journal*, Winter 1992. Copyright © 1992 by The Design Management Institute. Excerpts from *Designing for Product Success: Essays and Case Studies from the TRIAD Design Project Exhibit.* Copyright © 1989 by The Design Management Institute.

Digital Press: Excerpts from *Fifth Generation Management* by Charles M. Savage. Reprinted with permission. Copyright © 1990 by Digital Press/Digital Equipment Corporation, One Burlington Woods Drive, Burlington, Massachusetts 01930.

Doubleday, a Division of Bantam Doubleday Dell Publishing Group, Inc.: Excerpts from *Customers for Life: How to Turn That One-time Buyer Into a Lifetime Customer* by Carl Sewell and Paul B. Brown. Copyright © 1990 by Carl Sewell. Reprinted by permission of Doubleday. Excerpts from *The Cuckoo's Egg: Tracking a Spy Through the Maze of Computer Espionage* by Clifford Stoll. Copyright © 1989 by Clifford Stoll. Reprinted by permission of Doubleday.

Ebury Press: Excerpts from *Body and Soul* by Anita Roddick with Russell Miller. Copyright © 1991 by The Body Shop International plc and Russell Miller. Reprinted with permission of Ebury Press, London, England.

The Economist: Excerpts from »The Planned and the Damned«, *The Economist,* February 18, 1989. Copyright © 1989 by *The Economist.* Reprinted with special permission.

Editor & Publisher: Excerpts from »The New Curmudgeon« by Thomas Winship, *Editor & Publisher*, August 3, 1991. Copyright © 1991 by *Editor & Publisher.*

Enterprise Magazine: Excerpts from »Building Strategy on Technology« by Bill Birchard. Reprinted from *Enterprise Magazine,* Summer 1991. Copyright © by 1991 Digital Equipment Corporation.

Financial Times: Excerpts from »U.S. Retailer All over the Shop«, *Financial Times,* by Barbara Durr and Nikki Tait, May 12, 1992. Copyright © 1992 by *Financial Times.*

Forbes: Excerpts from »We Don't Learn from Our Clients, We Learn from Each Other« by John Merwin. Excerpted by permission of *Forbes* magazine, October 19, 1987. Copyright © 1987 by Forbes, Inc.

Fortune: Excerpt from »Make Your Office More Productive« by Ronald Henkoff. Reprinted by permission from *Fortune*, February 25, 1991. Copyright © 1991 by Time Inc.

Franklin Watts: Excerpts from *Interstate Commerce: Regional Styles of Doing Business* by Clyde W. Burleson. Copyright © 1987 by Clyde W. Burleson. Published by Franklin Watts, New York, New York. Reprinted with permission of the author.

The Free Press, a Division of Macmillan, Inc.: Excerpts from *Managing Brand Equity: Capitalizing on the Value of a Brand Name* by David A. Aaker, reprinted with the permission of The Free Press, a Division of Macmillan, Inc. Copyright © 1991 by David A. Aaker. Excerpts from *Competing Against Time: How Time-Based Competion Is Reshaping Global Markets* by George Stalk, Jr., and Thomas M. Holt. Reprinted with the permission of The Free Press, a Division of Macmillan, Inc. Copyright © 1990 by The Free Press. Excerpts from *Cracking the Japanese Market: Strategies for Success in the New Global Economy* by James C. Morgan and J. Jeffrey Morgan. Reprinted with the permission of The Free Press, a Division of Macmillan, Inc. Copyright © 1991 by James C. Morgan and J. Jeffrey Morgan.

GQ: Excerpt from »Please, Mr. Postman« by Hilary Sterne, *GQ*, November 1991. Copyright © 1991 by Gentleman's Quarterly.

The Guidebook Company, Ltd.: Excerpt from *Southwest China Off the Beaten Track* by K. Mark Stevens and George E. Wehrfritz. Copyright © 1988 The Guidebook Company, Ltd.

Harper's Magazine: Excerpts from »Questions of Conquest« by Mario Vargas Llosa. Copyright © 1990 by *Harper's Magazine.* All rights reserved. Reprinted from the December issue by special permission.

Harvard Business Review: Excerpts reprinted by permission of the *Harvard Business Review:* Excerpt from »How Johnsonville Shares Profits on the Basis of Performance« by Ralph Stayer (November–December 1990). Copyright © 1990 by the President and Fellows of Harvard College; all rights reserved. Excerpt from »Managing Without Managers« by Ricardo Semler (September–October 1989). Copyright © 1989 by the President and Fellows of Harvard College; all rights reserved. Excerpts from »Reengineering Work: Don't Automate, Obliterate« by

Michael Hammer (July–August 1990) Copyright © 1990 by the President and Fellows of Harvard College; all rights reserved. Excerpts from »Power Transformer – The Dynamics of Global Coordination« by William Taylor (March–April 1991). Copyright © by the President and Fellows of Harvard College; all rights reserved.

Harvard Business School Press: Excerpt from *Doing Deals: Investment Banks of Work* by Robert Eccles and Dwight Crane. Boston: Harvard Business School Press. Copyright © 1988 by the President and Fellows of Harvard College; all rights reserved.

Harvard University Press: Excerpts from *Organizational Ecology* by Michael T. Hannan and John Freeman. Cambridge: Harvard University Press. Copyright © 1989 by the President and Fellows of Harvard College; all rights reserved.

Healthcare Forum Journal: Excerpts from »Six Models of Patient-focused Care« by David O. Weber, *Healthcare Forum Journal,* July/August 1991. Copyright © 1991 by *Healthcare Forum Journal.* Excerpt from »The Patient-focused Hospital« by Philip J. Lathrop, *Healthcare Forum Journal*, July/August 1991. Copyright © 1991 by Philip J. Lathrop.

Houghton Mifflin Company: Excerpts from *The Natural Way to Draw: A Working Plan for Art Study* by Kimon Nicolaides. Copyright © 1941 by Anne Nicolaides. Reprinted with permission of Houghton Mifflin Company. Excerpts from *Horace's Compromise: The Dilemma of the American High School* by Theodore R. Sizer. Copyright © 1984 by Theodore R. Sizer. Reprinted with permission of Houghton Mifflin Company.

Industry Week: Excerpt from »Japan Needs to Be Understood« by James Bredin. Reprinted with permission from *Industry Week (April 20, 1992).* Copyright © by 1992 Penton Publishing Inc., Cleveland, Ohio.

The Institute of Electrical and Electronics Engineers, Inc.: Excerpt from »The Fewer Engineers Per Project, the Better« by C. Gordon Bell, in *IEEE Spectrum,* February 1989. Portions reprinted with permission from *IEEE Spectrum*, February 1989, p. 22. Copyright © 1989 by IEEE.

John Wiley & Sons, Inc.: Excerpts from *Rebirth of the Corporation* by D. Quinn Mills. Reprinted by permission of John Wiley & Sons, Inc. Copyright © 1991 by D. Quinn Mills.

LaCrosse Tribune: Excerpts from »Theme at Ovation Marketing: ›You Make the Call‹« by Ken Brekke, *La Crosse Tribune,* September 2, 1991. Copyright © 1991 by LaCrosse Tribune.

Maister Associates: Excerpt from »How's Your Asset?« by David H. Maister. Copyright © 1991 by David H. Maister.

McGraw-Hill Book Co.: Excerpts from *The Social Psychology of Organizing* by Karl Weick. Copyright © 1969 by McGraw-Hill Book Co. Reprinted by permission of McGraw-Hill Book Co.

The MIT Press: Excerpts from *Cyberspace: First Steps,* Michael Benedikt, editor. Copyright © 1991 with permission of The MIT Press.

Mobile Office: Excerpts from »Industry Focus: Consumer Packaged Goods« by Brett Anderson, August 1991. Copyright © by 1991 *Mobile Office.* Reprinted with permission from *Mobile Office* magazine.

Nation's Business: Excerpts from »A New Sense of Service« by Michael Barrier, *Nation's Business,* Juni 1991. Reprinted by permission of *Nation's Business.* Copyright © 1991 by the United States Chamber of Commerce.

The New Republic: Excerpts from »The Tyranny of Choice« by Steven Waldman, reprinted from *The New Republic,* January 27, 1992. Copyright © 1992 by The New Republic, Inc.

The New Yorker: »Life – The Game.« Drawing by Cheney. Copyright © 1990 by The New Yorker Magazine, Inc.

The New York Times: Excerpts from »Book Notes« by Roger Cohen, *The New York Times,* July 31, 1991. Copyright © 1991 by *The New York Times.* Excerpts from »Breaking Molds for Nissan« by Adam Bryant, *The New York Times,* May 11, 1992. Copyright © 1992 by *The New York Times.* Excerpts from »Selling Now in Tokyo: Tiniest IBM Portable« by David E. Sanger, *The New York Times*, April 11, 1991. Copyright © 1991 by *The New York Times.*

Oxford University Press: Excerpts from *The Joyless Economy: An Inquiry into Human Satisfaction and Consumer Dissatisfaction* by Tibor Scitovsky. Copyright © 1976 by Oxford University Press, Inc. Reprinted by permission of Oxford University Press.

Random House, Inc.: Excerpts from *Shares Minds: The New Technologies of Collaboration* by Michael Schrage. Copyright © 1990 by Michael Schrage. Reprinted by permission of Random House, Inc.

Sales & Marketing Management: Excerpts from »DEC Gets Its House in Order« by Thayer C. Taylor, July 1990. Reprinted by permission of *Sales & Marketing Management.* Copyright © 1990 by *Sales & Marketing Management.*

Science News: Excerpts from »Buckyballs Still Charm« by Elizabeth Pennisi, *Science News*, August 24, 1991. Reprinted with permission from *Science News*, the Weekly Newsmagazine of Science. Copyright © 1991 by Science Service, Inc.

Simon & Schuster: Excerpts from *The Turning Point: Science, Society, and the Rising Culture* by Fritjof Capra. Copyright © 1982 by Fritjof Capra. Reprinted by permission of Simon & Schuster.

Sloan Management Review: Excerpts from »Technology in Services: Creating Organizational Revolutions« by James Brian Quinn and Penny C. Paquette, *Sloan Management Review*, Winter 1990. Copyright © 1990 by the Sloan Management Review Association. All rights reserved. Excerpts from »Technology in Services: Rethinking Strategic Focus«, by James Brian Quinn, Penny C. Paquette, and Thomas Doorley, *Sloan Management Review,* Winter 1990. Copyright © 1990 by the Sloan Management Review Association. All rights reserved.

The University of Chicago Press: Excerpts from *The Fatal Conceit: The Errors of Socialism* by F. A. Hayek. Reprinted by permission of the University of Chicago Press. Copyright © 1988 by F. A. Hayek.

The Wall Street Journal: Excerpts from »Get Smart: Everyday Products Will Soon Come with Built-in Intelligency« by Jacob M. Schlesinger, *The Wall Street Journal,* October 21, 1991. Reprinted by permission of *The Wall Street Journal.* Copyright © 1991 by Dow Jones & Company, Inc. All rights reserved worldwide.

Whole Earth & Review: Excerpts from »The Great Equilizer« by Howard Rheingold, *Whole Earth Review,* Summer 1991. Copyright © 1991 by *Whole Earth Review.* Reprinted by permission. Excerpts from »Highways of the Mind« by Roger Karraker, *Whole Earth Review,* Spring 1991. Copyright © 1991 by *Whole Earth Review.*

W. W. Norton & Co.: Excerpts from *Surely You're Joking, Mr. Feynman! Adventures of a Curious Character* by Richard P.

Feynman. Copyright © 1984 by Richard P. Feynman. Reprinted with permission of W. W. Norton & Co.

II. Quellen zu einzelnen Kapiteln:

Kapitel 1

Joseph Pereira, »From Air to Pump to Puma's Disc System, Sneaker Gimmicks Bound to New Heights«, *The Wall Street Journal*, October 31, 1991.

Charles Leadbeater, »Masters of the Interior Universe«, *Financial Times,* September 3, 1991.

Fred Moody, »Mr. Software«, *The New York Times Magazine,* August 25, 1991.

»We are tyring ... less Materials«: »60 000 and counting«, *The Economist*, November 30, 1991.

John Huey, »Why Matsushita Bought MCA«, *Fortune*, December 31, 1990.

Paul B. Carroll, »IBM to Start Announcing Its Fall Line«, *The Wall Street Journal,* September 3, 1991.

Eben Shapiro, »All About Fat Substitutes; the Long, Hard Quest for Foods That Fool the Palate«, *The New York Times,* September 29, 1991.

Taichi Sakaiya, *The Knowledge-Value Revolution* (Tokyo: Kodansha International, 1991).

Alex Barnum, »Designer Mice: Genetic Engineers Are Building Better Disease Models«, *San Jose Mercury News,* October 1, 1991.

Marc Levinson, »America's Edge«, *Newsweek*, June 8, 1992.

Thomas McCarroll, »Solid as Steel, Light as a Cushion«, *Time*, November 26, 1990.

Advertisement, *Mobile Office,* March 1992.

»Unit of Tandy Rolls Out First ›Wearable‹ Computer«, *The Wall Street Journal,* March 20, 1991.

Michael Schrage, »Ah, the Sartorial Splendor of the Givenchy PC«, *San Jose Mercury News,* August 12, 1991.

Janet McGovern, »Only the Food Tells You It's a Supermarket«, *The Peninsula Times Tribune,* September 30, 1991.

Carol C. Horn, »Bookstores Turn Over a New Leaf: From Tarot to Lectures, Bookstores Branch Out«, *The Peninsula Times Tribune,* September 19, 1991.

California Raisin Advisory Board, Fresno, CA, November 1990.

Jeff Wilson, »Liz Taylor Makes Vows for Eighth Time Sunday«, *Rutland Daily Herald,* October 4, 1991.

»Soda-pop Celebrity«, *The Economist,* September 14, 1991.

Alex Prud'homme, »What's It All About Calvin?« *Time*, September 23, 1991, p. 44.

Kurt Anderson, »California Dreamin'«, *Time*, September 23, 1991.

Andrew S. Rappaport and Shmuel Halevi, »The Computerless Computer Company«, *Harvard Business Review*, July–August 1991.

Taichi Sakaiya, *The Knowledge-Value Revolution.*

»Dow Jones Industrial Components Changed to Reflect Shift to Service«, *The Wall Street Journal,* May 3, 1991.

George Stalk, Philip Evans, and Lawrence E. Shulman, »Competing on Capabilities: The New Rules of Corporate Strategy«, *Harvard Business Review*, March–April 1992.

Véronique Vienne, »Make It Right . . . Then Ton It Away: An Inside View of Corporate Culture at Condé Nast«, *Columbia Journalism Review*, July–August 1991.

David Owen, »A tight rein with acceptable costs«, *Financial Times*, March 11, 1991.

Shoshana Zuboff, *In the Age of the Smart Machine: The Future of Work and Power* (New York: Basic Books, 1988).

The all-purpose global . . . »$ 500 million on nothing«: »Saatchi Brothers rudge against Bell and Sorell«, *Management Week,* October 16, 1991.

Charles M. Savage, *Fifth Generation Management: Integrating Enterprises through Human Networking* (Maynard, MA: Digital Equipment Corp., 1990).

Steven Bach, *Final Cut: Dreams and Disaster in the Making of Heaven's Gate* (New York: New American Library, 1985).

The Home Book of Quotations, 10th ed. (New York: Greenwich House, 1984).

F. A. Hayek, *The Fatal Conceit: The Errors of Socialism* (Chicago: University of Chicago Press, 1988).

Arthur Schlesinger, Jr., »War in the Gulf; Counsel of Ignorance«, *The New York Times,* December 17, 1990.

G. K. Chesterton was quoted as saying, »If a thing is worth doing, it is worth doing badly.« *Oxford Dictionary of Quotations*, 3rd ed. (Oxford: Oxford University Press, 1979).

Rich Karlgaard, »Philippe Kahn: Still a Barbarian?«, *Upside*, September 1991.

William Shakespeare, *Coriolanus,* Act 4, Scene 1, Lines 6–7.

Kapitel 3

Thomas L. Friedman, »By Trip's End. Moscow Looks Good«, *The New York Times*, February 20, 1992.

Alvin Toffler, *The Third Wave* (New York: Bantam, 1981).

Kathleen Eisenhardt, »Speed and Strategic Choice: How Managers Accelerate Decision-Making«, *California Management Review*, Spring 1990.

Kapitel 4

Carla Rapoport, »A Tough Swede Invades the U.S.«, *Fortune*, June 29, 1992.

William Taylor, »The Logic of Global Business: An Interview with ABB's Percy Barnevik«, *Harvard Business Review*, March–April 1991.

Steven Brull, »As the Profit Machine Slows Down, Japan Rethinks the Product Cycle«, *International Herald Tribune,* March 26, 1992.

James J. Mitchell, »Better Fast than Dead«, *San Jose Mercury News*, February 11, 1992.

David Vice, quoted on the book jacket of *The Quick and the Dead: Brian Mulroney, Big Business and the Seduction of Canada* by Linda McQuaig (New York: Viking).

George Stalk, Jr., and Thomas M. Hout, *Competing Against Time: How Time-Based Competition Is Reshaping Global Markets* (New York: Free Press, 1990).

Stalk and Hout, *Competing Against Time*, Even the most timely... »you have an advantage«: »Saving Time Creates New Opportunities«, *On Achieving Excellence,* April 1991.

Kapitel 5

Michael Hammer, »Reengineering Work: Don't Automate, Obliterate«, *Harvard Business Review,* July–August 1990.

»How Long Does It Take to Launch an Effective Team-based

Operation?«, *Total Employee Involvement Newsletter* (Boston: Productivity, Inc., September 1991).

Kapitel 6

David Bohm, »On Dialogue«, David Bohm Seminars, Ojai, CA, 1990.

Kapitel 7

Alvin Toffler, *Power Shift: Knowledge, Wealth, and Violence at the Edge of the 21st Century* (New York: Bantam, 1990).
Ronald Henkoff, »Make Your Office More Productive«, *Fortune,* February 25, 1991.
Mike Walsh, Speech to Security Analysts, March 23, 1990, Omaha, NE.
John Markoff, »Computer Oracle Breaks Silence«, *The New York Times,* June 3, 1992.
George Leonard, *Mastery: The Keys to Long-Term Success and Fulfillment* (New York: Dutton, 1991).

Kapitel 8

Stan Davis and Bill Davidson, *2020 Vision: Transform Your Business Today to Succeed in Tomorrow's Economy* (New York: Simon & Schuster, 1991).
Bill Birchard, »Building Strategy on Technology«, *Enterprise*, Summer 1991.
Robert B. Reich, *The Next American Frontier* (New York: Time Books, 1983).
Markoff, John, »Supercomputing's Speed Quest«, *The New York Times*, May 31, 1991.
John Markoff, »It May be Faster than Anyone Wants«, *The New York Times*, June 10, 1992.
Roger Karraker, »Highways of the Mind«, *Whole Earth Review*, Spring 1991.
Davis and Davidson, *2020 Vision.*
Emily T. Smith, »Sewing Machines That Eavesdrop on Their Own Problems«, *Business Week,* October 21, 1991.
William D. Marbach, »From Putt-putt to Vroom! With the Turn of a Key«, *Business Week,* July 8, 1991.
»Coors Confident Its Talking Cans Won't Burp«, *The Globe and Mail*, May 26, 1992.

Brett Anderson, »Industry Focus: Consumer Packaged Goods«, *Mobile Office*, August 1991.
Meghan O'Leary, *CIO*, March 1992.
»Jockeying for the PC Lead«, *The Wall Street Journal*, April 19, 1991.
The Nihon Keizai Shimbun, »Boeing, Japan Partners to Link Up on Design«, *The Nikkei Weekly*, October 26, 1991.
Jacob M. Schlesinger, »Get Smart: Everyday Products Will Soon Come with Built-in Intelligence«, *The Wall Street Journal,* October 21, 1991.
Robert Hall and Lea Tonkin (eds.), *Manufacturing 21 Report: The Future of Japanese Manufacturing* (Wheeling, IL, Association of Manufacturing Excellence, 1990).
Thomas D. Steiner and Diego B. Teixeira, *Technology in Banking: Creating Value and Destroying Profis* (Homewood, IL: Dow Jones-Irwin, 1990).
Meghan O'Leary, »Networking's World Beaters«, October 1990.
Jean S. Bozman, »Oracle Links to Wizard«, *Computerworld,* February 17, 1992.

Kapitel 9

Mel Phelps, »One Big Network«, *Upside*, June 1991.
Draft manuscript of *2020 Vision*, October 4, 1990.
Chandler Harrison Stevens, »Electronic Organization and Expert Networks: Beyond Electronic Mail and Computer Conferencing«, Sloan School of Management Working Paper No. 1794–86, Massachusetts Institute of Technology, Management in the 1990s Research Program, May 1986.
Gary Loveman, »Cash Drain, No Gain«, *Computerworld*, November 25, 1991.
»Prince of the Global Village«, *Time*, January 6, 1992.
John Naisbitt, *Megatrends: Ten New Directions Transforming Our Lives* (New York: Warner Books, 1982).

Kapitel 10

John Markoff, »IBM Will Change in Effort to Keep Market Dominance«, *The New York Times*, November 27, 1991.
John Merwin, »We Don't Learn from Our Clients, We Learn from Each Other«, *Forbes*, October 19, 1987.
John Merwin, »Guiding the Flock«, *Forbes*, October 1987.

A. J. Vogl, »Breaking with Bureaucracy«, *Across the Board*, January–February 1991.

Richard Crawford, *In the Era of Human Capital: The Emergence of Talent, Intelligence, and Knowledge as the Worldwide Economic Force and What It Means to Managers and Investors* (New York: Harper Business, 1991), p. 115.

D. Quinn Mills, *Rebirth of the Corporation* (New York: John Wiley & Sons, 1991).

Peter Keen, »The ›Metabusiness‹ Evolution: Challenging the Status Quo«, *Advance,* October 1988.

Raymond E. Miles, »Adapting to Technology and Competition: A New Industrial Relations System for the 21st Century«, *California Management Review,* Winter 1989.

Charles Handy, *The Age of Unreason* (London: Business Books Limited, 1989).

From Quinn, James Brian, and Paquette, Penny C., »Technology in Services: Creating Organizational Revolutions«, *Sloan Management Review*; and James Brian Quinn, Penny C. Paquette, and Thomas Doorley, »Technology in Services: Rethinking Strategie Focus«, *Sloan Management Review,* Winter 1990.

Geoffrey Owen and Louise Kehoe, »A Hotbed of High-Tech«, *Financial Times*, June 28, 1992.

Robert X. Cringely, *Accidental Empires: How the Boys of Silicon Valley Make Their Millions, Battle Foreign Competition, and Still Can't Get a Date* (Reading, MA: Addison-Wesley, 1992).

Richard Bettis, Stephen Bradley, and Gary Hamel, »Outsourcing and Industrial Decline«, *Academy of Management Executive*, February 1992.

Kapitel 11

Doran P. Levin, »Adjusting to Japan's Car Culture«, *The New York Times*, March 3, 1992.

Marion Cotter, »The Power of Imagination«, *PR Week*, April 1990.

Christina Lamb, »Stimulating Creativity«, *Financial Times*, March 20, 1990.

Carla Marinucci, »Over the Edge: A Week in the Type – A life of a Hot San Francisco Ad Agency«, *Image*, July 7, 1991.

When we have . . . take care of it«: Chee Pearlman, »David Kelley«, *ID*, September-October 1987.

Examiner Staff and Wire Reports, »3 Bay Companies to Form Product Development Firm«, *San Francisco Examiner*, June 11, 1991.
Steve Kaufman, »By Design: Final Looks Is No Longer a Byproduct«, *San Jose Mercury News*, January 1, 1991.
Renee Simon, »Mind Over Matter«, *America West Airlines Magazine,* October 1988.
Pearlman, »David Kelley«.
Michael Rogers, »Silicon Valley's Newest Wizards«, *Newsweek*, January 5, 1987.
Cleveland Horton, »Agency of the Decade: Chiat Proves Big Can Be Better«, *Advertising Age*, January 1, 1990.
Christy Marshall, »Smart Guy«, *Business Month*, April 1988.
Robert G. Eccles and Dwight B. Crane, *Doing Deals: Investment Banks at Work* (Cambridge, MA: Harvard Business School Press, 1988).

Kapitel 14

Richard Saul Wurman with Loring Leifer, *Follow the Yellow Brick Road: Learning to Give, Take, & Use Instructions* (New York: Bantam 1992).
Takahiro Fujimoto, »Product Integrity and the Role of Designer-as-Integrator«, *Design Management Journal*, Spring 1991.
Peter B. B. Turney, *Common Cents: The ABC Performance Breakthrough* (Hillboro, OR: Cost Technology, 1991).
John Sculley with John A. Byre, *Odyssey: Pepsi to Apple ... A Journey of Adventure, Ideas, and the Future* (New York: Harper & Row, 1987).
Charles Handy, *The Age of Unreason.*
Bruce Nussbaum, »I'm Worried About My Job!« *Business Week*, October 7, 1991.
R. Edward Freeman, Daniel R. Gilbert, Jr., *Corporate Strategy and the Search for Ethics* (Englewood Cliffs, NJ: Prentice-Hall, 1980).
Paul Cohen, »Living on the Edge: Story of a Master Networker«, *On Achieving Excellence*, February 1992.

Kapitel 15

Leslie Brokaw and Curtis Hartman, »Managing the Journey«, *Inc.,* November 1990.

Michael Hammer, »Reengineering Work: Don't Automate, Obliterate«, *Harvard Business Review*, July–August 1990.
Davis and Davidson, *2020 Vision*.
David O. Weber, »Six Models of Patient-Focused Care«, *Healthcare Forum Journal*, July–August 1991.
J. Philip Lathrop, »The Patient-Focused Hospital«, *Healthcare Forum Journal*, July–August 1991.
Weber, »Six Models«.
Michael Alexander, »Is There a Doctor in the Network«, *Computerworld*, December 9, 1991.
Davis and Davidson, Working Manuscript of *2020 Vision*, Spring 1991.
Roy A. Bauer, Emilio Collar, and Victor Tang with Jerry Wind and Patrick Houston, *The Silverlake Project: Transformation at IBM* (New York: Oxford University Press, 1992).

Kapitel 16

Ralph Stayer, »How Johnsonville Shares Profits on the Basis of Performance«, *Harvard Business Review*, December 1990.
Peter Lazes and Marty Falkenberg, »Workgroups in America Today«, *Journal for Quality and Participation*, June 1991.
D. Quinn Mills, *Rebirth of the Corporation*.

Kapitel 18

Peter Drucker, »Choose Your Company's Size«, *Fortune*, December 31, 1991.
John S. McClenahen, »Robert Krieble's Capitalist Crusade«, *Industry Week,* April 6, 1992.
Richard Preston, »Mountains of Pi«, *The New Yorker*, March 2, 1992.
Elizabeth Pennisi, »Buckyballs Still Charm«, *Science News*, August 24, 1991.
David Streitfeld, »Life at Random: Reading Between the Lines at America's Hottest Publishing House«, *New York*, August 5, 1991.
Michael S. Hopkins, »Dream Team«, *Inc.*, April 1989.
William Brandel, »Two Local Firms Tap Soviet Need to Know«, *Boston Business Journal*, May 28, 1990.
Echo Montgomery Garrett, »One Thing Leads to Another«, *Folio's Publishing News*, August 15, 1990.

»Patrick McGovern: High tech's Town Crier«, *Boston Business Journal*, September 24, 1990.
Corey Sandler, »Down-to-Earth Talk«, *Human Capital*, November–December 1990.
McGovern, »Networked Corporation«, p. 48.
»Building Flexible Companies: Strategies and Structures for Fast-Moving Markets«, Report No. P601, Business International Limited, London, 1991.
Charles Fleming, »Zurich Group Switches Focus to the Specific from the Generalized«, *The Wall Street Journal Europe*, June 23, 1992.
Ricardo Semler, »Managing Without Managers«, *Harvard Business Review*, September–October 1989.

Kapitel 20

Berry Leonard and A. Parasuraman, *Marketing Services: Competing Through Quality* (New York: Free Press, 1991).
Jessica Lipnack and Jeffrey Stamps, »New Meaning for Worldwide-Company: McDonnell Douglas Airlines Presents Formidable Management Challenge«, *St. Louis Post-Dispatch*, December 22, 1991.
Marlene C. Piturro, »Oo la la, Sasson!«, *World Trade*, January–February 1992.
James Brian Quinn, Manuscript of his forthcoming book, *Intelligent Enterprise: A Knowledge and Service Based Paradigm for Industry*, to be published by The Free Press in September 1992.
Robert B. Reich, »Brainpower, Bridges and the Nomadic Corporation«, *New Perspectives Quarterly*, Fall 1991.
Kevin Done, »Ford signs engine deal with Yamaha«, *Financial Times*, March 6, 1991.
Clinton Wilder, »Giant Firms Join Outsourcing Parade«, *Computerworld*, September 30, 1991.
Rick Wartzman, Susan Garey, and Jeremy Mark, »A McDonnell Deal in Asia would Jolt the Airliner Industry«, *The Wall Street Journal*, November 15, 1991.
»Getting Back to Strategy«, *Harvard Business Review*, November–December 1988.
Michael Schrage, »Beware the Innovation Protectionists«, *The Wall Street Journal*, January 15, 1991.
Roger Cohen, »Book Notes«, *The New York Times*, July 31, 1991.

Kapitel 21

From *Groucho & Me* (1959, Chapter 26), *The Oxford Dictionary of Modern Quotations* (Oxford: Oxford University Press, 1991).

Michael Cassell, »Contracted Business Services«, *Financial Times*, March 11, 1991.

Michael Selz, »Small Companies Thrive by Taking Over Some Specialized Tasks for Big Concerns«, *The Wall Street Journal*, September 11, 1991.

Charles Sabel, Horst Kern, and Gary Herigal, »Collaborative Manufacturing: New Supplier Relations in the Automobile Industry and the Redefinition of the Industrial Corporation«, Massachusetts Institute of Technology Working Paper, March 31, 1989.

Kapitel 22

»Farewell HQ«, *The Economist*, March 24, 1990.

Shawn Tully, »A Boom Ahead in Company Profits«, *Fortune*, April 6, 1992.

Simon Holberton, »ABB engineers its money«, *Financial Times*, February 15, 1991.

T. Kiely, »Fee Enterprise«, *CIO*, April 1991.

Darlene Viggiano, »HP's Circuit Group Becomes Self-Sustaining Profit Center«, *On Achieving Excellence,* May 1991.

Darlene Viggiano, »Shop grows by handing employees freelance work.« *On Archieving Excellence*, May 1991, p. 5.

Correspondence between Tom Peters (August 20, 1991) and Seth Steingraph (June 12, 1991).

»Money is made . . . de facto standards.« Cringely, *Accidental Empires*.

Kapitel 23

Berry and Parasuraman, *Marketing Services.*

Leslie Colitt, »Leading a German Crusade on Strategic Alliances«, *Financial Times*, April 22, 1991.

Keith Alm, Speech on Strategic Marketing, March 29, 1990.

Kapitel 24

Michael Schrage, *Shared Minds: The New Technologies of Collaboration* (New York: Random House, 1990).

Anita Roddick with Russell Miller, *Body and Soul* (London: Ebury Press, 1991).

Sally Helgesen, *The Female Advantage: Women's Ways of Leadership* (New York: Doubleday, 1990).

Kapitel 25

Karl Weick, *The Social Psychology of Organizing* (Reading, MA: Addison-Wesley, 1979).

John Gribbin, *In Search of Schrödinger's Cat: Quantum Physics and Reality* (New York: Bantam, 1984).

John Horgan, »Quantum Philosophy«, *Scientific American*, July 1992.

Werner Heisenberg, *Physics and Philosophy* (New York: Harper & Row, 1958).

Danah Zohar, *The Quantum Self: A Revolutionary View of Human Nature and Consciousness Rooted in the New Physics* (London: Bloomsbury, 1990).

Fritjof Capra, *The Turning Point; Science, Society, and the Rising Culture* (New York: Bantam, 1983).

Bruce Chatwin, *The Songlines* (New York: Penguin, 1988).

Max Frisch, *Homo Faber* (New York: Harcourt Brace Jovanovich, 1959).

K. Mark Stevens and George E. Wehrfritz, *Southwest China Off the Beaten Track* (Hong Kong: The Guidebook Company, Ltd., 1988).

Gary Zukav, *The Dancing Wu Li Masters: An Overview of the New Physics* (New York: Bantam, 1980).

Roger Penrose, »The Biggest Enigma«, *New York Review of Books*, March 28, 1991.

Kapitel 26

William W. Caudill, *Architecture by Team: A New Concept for the Practice of Architecture* (New York: Van Nostrand Reinhold, 1971).

William Pena with Steven Parshall and Kevin Kelley, *Problem Seeking: An Architectural Primer* (Washington, DC: AIA Press, 1987).

Drew Winter, »The Supplier as Extended Family«, *Ward's Auto World*, July 1988.

Kapitel 27

Mills, *Rebirth of the Corporation.*
»The eternal coffee break«, *The Economist*, March 7, 1992.
Paul Cohen, »Steelcase uses the power of the Pyramid«, *On Achieving Excellence,* March 1990.
Competing Against Time.
Donna Hawley, »Fitch Richardson Smith Makes Its Workplace an Office Design Lab«, *On Achieving Excellence*, March 1990.
Stuart Crainer, »Bottlers Put Office Staff Close to the Action«, *On Achieving Excellence,* March 1990.
Chris Bartlett and Sumantra Ghoshal, *Managing Across Borders: The Transnational Solution* (Boston: Harvard Business School Press, 1989).
»America's New King of Europe's Roads«, *The Economist*, March 9, 1991.
David E. Sanger, »Selling Now in Tokyo: Tiniest IBM Portable«, *The New York Times*, April 11, 1991.
Anna Lee Saxenian, »The Origins and Dynamics of Production Networks in Silicon Valley«. Prepared for the International Workshop on Networks of Innovators, Center for Research on the Development of Industry and Technology, University of Quebec, Montreal, May 1–3, 1990.

Kapitel 28

Robert H. Buckman, letter to Tom Peters, November 22, 1989, and opening remarks at Buckman Laboratories Canadian Marketing Conference, May 1992.
Thayer C. Taylor, »DEC Gets Its House in Order«, *Sales and Marketing Management,* July 1990.
Chuck Hawkins, *Business Week,* Mai 25, 1992.
Barnaby J. Feder, »Kennametal Finds the Right Tools«, *The New York Times,* Mai 6, 1992.
Feigenbaum, Pamela McCorduck, and Penny H. Nii, *The Rise of the Expert Company: How Visionary Companies are Using Artificial Intelligence to Achieve Higher Productivity and Profits* (New York: Vintage, New York, 1989).
Mary E. Boone, *Leadership and the Computer: Top Executives*

Reveal How They Personally Use Computers to Communicate, Coach, Convince and Compete (Rocklin, CA: Prima Publishing, 1991).

Thomas Winship, »The New York Curmudgeon«, *Editor and Publisher,* August 3, 1991.

Michael Schrage, *Shared Minds: The New Technologies of Collaboration, passim 44.*

Howard Rheingold, »The Great Equilizer«, *Whole Earth Review,* Summer 1991.

Kapitel 29

Peter Wilby, »The Professionals Who Fear We Could Manage Without Them«, *The Independent,* April 14, 1991.

Kapitel 30

Marilyn Berlin Snell, »Beyond Being and Becoming«, *New Perspectives Quartely,* Spring 1992.

Stanley M. Davis, *Future Perfect (*Reading, MA: Addison-Wesley, 1987).

Frank Smith, *Insult to Intelligency: The Bureaucratic Invasion of Our Classrooms* (New York: Abor House, 1986).

Theodor R. Sizer, *Horace's Compromise: The Dilemma of the American High School* (Boston. MA: Houghton Mifflin, 1984)

Deborah Meier, »In Education, Small Is Sensible«, *The New York Times,* September 9, 1989.

Kapitel 31

Ellen J. Langer, *Mindfulness* (Reading, MA: Addison-Wesley, 1989).

Rosabeth Moss Kanter, »The Transcending Business Boundaries: 12 000 World Managers View Change«, *Harvard Business Review,* May–June 1991.

Ken Brekke, »Theme at Ovation, Marketing: ›You Make the Call‹«, *La Crosse Tribune,* September 2, 1991.

John Pfeiffer, »The Secret of Life at the Limits: Cogs Become Big Wheels«, *Smithsonian,* July 20, 1989.

Lane Cooper, *Louis Agassiz as a Teacher (*New York: Comstock, 1945), pp. 79, 80.

Kapitel 32

Michael Prowse, »Post-modern Test for Government«, *Financial Times,* April 21, 1992.
Harold Leavitt, »Educating Our MBAs: On Teaching What We Haven't Taught«, *California Management Review,* Spring 1989, *Business Week,* May 4, 1992, »The Planned and the Damned«, *The Economist*, February 18, 1989.
John Kenneth Gailbraith, *The New Industrial State (*Boston: Houghton Mifflin, 1971).
Gary Hamel and C.K. Prahalad, »Strategic Intent«, *Harvard Business Review,* May–June 1989.
Nikki Tait and Barbara Duss, »US Retailer All Over the Shop«, *Financial Times,* May 12, 1992.

Kapitel 33

Kurt Vonnegut, *Hocus Pocus* (New York: Putnam Publishing Group, 1990).
Ann Beattie, *Picturing Will* (New York: Random House, 1989).
Mark Skousen, »Roaches Outlive Elephants: An Interview with Peter Drucker«, *Forbes,* August 19, 1991.
Richard L. Hudson, »How Two IBM Physicists Triggered the Frenzy Over Superconductors«, *The Wall Street Journal,* August 19, 1987.
Richard Rapaport, »It's All Right Now«, *Upside,* May 1992.
Hayek, *The Fatal Conceit.*
Cynthia Monaco, »The Difficult Birth of the Typewriter«, *American Heritage of Invention & Technology,* Spring/Summer 1988.
Kate Ballen, »Continental Comes Back«, *Fortune,* June 19, 1989.
Burton G. Malkiel, *A Random Walk Down Wall Street* (New York: W.W. Norton & Company, 1981),
Henry Mintzberg, *Mintzberg of Management: Inside Our Strange World of Organizations* (New York: Free Press, 1989).

Kapitel 34

L. E. Birdzell, Jr., and Nathan Rosenberg, *How the West Grew Rich* (New York: Basic Books, 1986).
Martin Wolf, »Minister with a mission«, *Financial Times,* November 7, 1991.
Sheryl WuDunn, »As China's Economy Thrives, the Public Sector Flounders«, *The New York Times,* December 18, 1991.

Michael Porter, »Europe's Companies After 1992: Don't Collaborate, Compete«, *The Economist,* June 9, 1990.
Michael E. Porter, *The Competitive Advantage of Nations* (New York: Free Press, 1990).
Robert Cassidy, »Corporation of the Year: A Perpetual Idea Machine«, *Research & Development,* November 1989.
Ester Dyson, »Divided We Flourish«, *Forbes,* July 10, 1989.
T. J. Rodgers, »The inequity of Sematech«, *Financial Times,* August 13, 1991.
Harvey E. Wagner, »The Open Corporation«, *California Management Review,* Summer 1991, »Land of the licensing Sun«, *The Economist,* June 3, 1989.
Stalk and Hout, *Competing Against Time.*
Kenichi Ohmae, »Getting Back to Strategy«, *Harvard Business Review,* November–December 1988.

Kapitel 35

Peter F. Drucker, *For the Future: The 1990s and Beyond* (New York: Dutton, 1992).
Hermann Simon, »Lessons from German's Midsize Giants«, *Harvard Business Review,* March–April 1992, The *Business Week* Global 1000«, *Business Week,* July 17, 1989.
William J. Hastein, »Think Small: The Export Lessons to Be Learned from Germany's Midsize Companies«, *Business Week,* November 4, 1991.
Gunter Rommel, »The secret of German competitiveness«, *The McKinsey Quarterly 1991,* No.3.
Jonathan Zeitlin, »Lessons for Enterprise Culture from the Third Italy«, *Quarterly Enterprise Digest,* October 1989.
Rich Karlgaard, *Upside,* April 1992.
Gene Bylinsky, »Biotech Firms Tackle the Giants«, *Fortune,* August 12, 1991.
John Case, *»From the Ground Up: The Resurgence of American Entrepreneurship* (New York: Simon & Schuster, 1992), »Two-bit Labs Can't Make Megabucks Materials«, *Business Week,* July 29, 1991.
William Glasgall, »Ready, Set, Merge«, *Business Week,* July 29, 1991.
Paul Geroski, »On Diversity and Scale – Exant Firms and Extinct Goods?«, *Sloan Management Review,* Fall 1989.

Joel Kotkin, »Creators of the New Japan«, *Inc.,* October 1990.
Patricia Silverstein, »Small Businesses Expand Workforce, Help Boost Economy«, *Rocky Mountain News*, February 2, 1992, *San Francisco Chronicle,* July 16, 1992, p. B1.
Gary S. Becker, »Actually, Small-Fry Nations Can Do Just Fine«, *Business Week,* October 1, 1990, »Think of the 1992 Company; Size Alone May Not Help Companies to Prosper in Europe's Single Market«, *The Economist,* January 20, 1990, »The Incredible Shrinking Company«, *The Economist,* December 15, 1990.
Mario Vargas Llosa, »Questions of Conquest: What Columbus Wrought, and What He Did Not«, *Harper's*, December 1990.
»Study of Top-Performing Companies«, A.T. Kearney, 1991.
Brian Dumain: »Those Highflying PepsiCo Managers«, *Fortune,* April 10, 1989.
C. Gordon Bell, »The Fewer Engineers Per Project, the Better«, *IEEE Spectrum*, February 1989.
»What Makes Yoshio Invent«, *The Economist,* January 12, 1991.
Regis McKenna, »Marketing in an Age of Diversity«, *Harvard Business Review,* September–October 1988.
Ron Wolf, »Q&A: The Fall of Big Blue«, *San Jose Mercury News,* February 6, 1989.
Gary Hamel and C. K. Prahalad, »Corporate Imagination and Expeditionary Marketing«, *Harvard Business Review,* July–August 1991.
David J. Rogers, »Ride a Small Horse: The Business Wisdom of Genghis Khan«, *Success*, June 1988.
Gunnar Hedlund, »Milking Cows Versus Going Hunting: Conceptions of Corporate Strategies«, unpublished paper, December 9, 1987.

Kapitel 37

David Holzman, »Masterful Tinkering of Genius«, *Insight,* June 25, 1990.
Ricardo Semler, »Managing Without Managers«, *Harvard Business Review,* September–October 1989.
Clifford Stoll, *The Cuckoo's Egg: Tracking a Spy Through the Maze of Computer Espionage* (New York: Doubleday, 1989).
Richard Muller, *Nemesis: The Death Star (*New York: Weidenfeld & Nicolson, 1988).

Michael Dixon, »Why Intellectual Skills May Not Be Enough«, *Financial Times,* September 7, 1990, Recruitment Section.
Michael Gershman, *Getting It Right the Second Time: How American Ingenuity Transformed Forty-nine Marketing Failures into Some of Our Most Successful Products* (Reading, MA: Addison-Wesley, 1990).
Richard P. Feynman, *Surely You're Joking, Mr. Feynman! Adventures of a Curious Character* (New York: W.W. Norton & Co., 1984).
Kimon Nicolaides, *The Natural Way to Draw: A Working Plan for Art Study (*Boston: Houghton Mifflin, 1969).
Michael Bamberger, »Listening to the Good Sounds of Golf«, *MT,* May 1992.
Henry Fairlie, »Fear of Living«, *The New Republic,* January 23, 1989.

Kapitel 38

Michael Porter, »Have We Lost Our Faith in Competition?«, *Across the Board,* September 1990.
John Lukacs, *The Duell: 10 May – 31 July 1940, The Eighty-Day Struggle Between Churchill and Hitler* (New York: Ticknor & Fields, 1991).
Christopher Buckley, »Success Was Not Enough«, *The New York Times Book Review,* November 4, 1990.
Max Wilkinson, »From Cyberbrat to Superman«, *Financial Times,* June 9, 1992.
David Aaron, *Agent of Influence (*New York: G. P. Putnam's Sons, 1989).
George Gilder, *The Spirit of Enterprise* (New York: Simon & Schuster, 1984).
Walter B.Wriston, *Risk & Other Four-Letter Words* (New York: Harper & Row, 1986).
John Taylor, *Stroming the Magic Kingdom: Wall Street, the Raider's, and the Battle for Disney* (New York: Alfred A. Knopf, 1987).
Aloysius Ehrbar, »Why It Works to Be a Jerk«, *Fortune,* October 23, 1989.
Craig R. Whitney, »Ungentle Persuader: How a Great Strength Became a Fatal Flaw«, *The New York Times,* November 23, 1990.

From *Maxims for Revolutionists,* according to *The Home Book of Quotations,* 10th edition (New York: Greenwich House), 1984.
William Caudill, *The TIBS of Bill Caudall* (Dallas: CRSS, 1984).
Rahul Jacob, »What Selling Will Be Like in the 90s«, *Fortune,* January 13, 1992.
David Ogilvy, *Principles of Management* (New York: Ogilvy & Mather, 1968).

Kapitel 39

Robert Bly, *Iron John: A Book About Men* (Reading, MA: Addison-Wesley, 1990).
Victor Palmieri, »Now Hear This«, *Fortune,* February 24, 1992.
Brenton R. Schlender, »How Sony Keeps the Magic Going«, *Fortune,* February 24, 1992.
Paul Gillin, »Philippe Kahn«, *Computerworld,* June 22, 1992.
Paul Cohen, »Time off promotes growth at Tandem Computer«, *On Achieving Excellence*, July 1991.
Michael Schrage, »Spreadsheets Endanger Corporate Health«, *San Jose Mercury News*, April 15, 1991.
Tim Golden, »Florida Governor Aims to Reinvent Ailing State«, *The New York Times,* August 11, 1991.
Carl Sewell and Paul B. Brown, *Customers for Life: How to Turn That One-Time Buyer into a Lifetime Customer* (New York: Doubleday, 1990).
Darlene Viggiano, »Sara Lee Direct: Not Held Hostage to ›Not Invented Here‹«, *On Achieving Exellence*, June 1991.
William J. Altier, »Letter to the Editor«, *Across the Board,* June 1992.
Anthony L. Suchman, »First Ask Patient What Happened«, *Rochester Democrat and Chronicle,* October 17, 1990.
»How Not to Fix the Schools«, *Harper's,* February 1987.
Robertson Davies, *The Rebel Angels* (Viking Penguin, 1983).
Warren Bennis, *On Becoming a Leader* (Reading, MA: Addison-Wesley, 1989).
»This wisdom of Edwin Land«, *The Boston Globe*, 1991).

Kapitel 40

Karl Weick, *The Social Psychology of Organizing.*
Richard Lamm, »Challenge Facing America Is Great, Hour Growing Late«, *Rocky Mountain News,* June 11, 1989.

Edmund L. Andrews, »And Now for Something Substantially Different: Digital TV«, *The New York Times,* July 12, 1992.
Herbert Kaufman, *Time, Chance, and Organizations: Natural Selection in a Perilous Environment* (Chatham House, NJ: Chatham House Publishers, 1991).
Michael T. Hannan and John Freeman, *Organizational Ecology* (Cambrigde, MA: Harvard University Press, 1989).
Maryann Keller, *Rude Awakening: The Rise, Fall, and Struggle for Recovery of General Motors* (New York: William Morrow and Co., 1989).
Martin E.P. Seligman, *Learned Optimism: How to Change Your Mind and Your Life* (New York: Pocket Books, 1990).
Per Bak and Kan Chen, »Self-organized Criticality«, *Scientific American,* January 1991.
Paul Bowles, *A Distant Episode: The Selected Stories* (New York: The Ecco Press, 1988).
Faith Popcorn, *The Popcorn Report* (New York: Doubleday, 1991).
Alison L. Sprout, »Products to Watch, *Fortune,* Dec., 1991.
Ron Wolf, »Exhibit Emporium Caters Comdex Kitsch«, *San Jose Mercury News,* October 21, 1991.
Larry Reibstein, »The Hardest Sell«, *Newsweek,* March 30, 1992.
»Managing the Evidence of Intangible Products«: *Design Management Journal,* Winter 1992.
Edward de Bono, *Sur/Petition: Creating Value Monopolies When Everyone Else is Merely Competing* (New York: Harper Business, 1992).
Patricia Leigh Brown, »What time is it? Time for another Swatch«, *The New York Times,* May 11, 1992.

Kapitel 41

Julie Pitta, »The Invasion That Failed«, *Forbes,* January 20, 1992,
Ronald Collins, »Clutter«, *Columbia Journalism Review,* November–December 1991.
Bill McKibben, *The Age of Missing Information* (New York: Random House, 1992).
»Systems Help Doctors Keep Up to Date«, *The New York Times*, July 13, 1991.
Woody Hochswender, »How Fashion Spreads Around the World at the Speed of Light«, *The New York Times,* May 13. 1990.

Joshua Levine, »The Ultimate Sell«, *Forbes,* May 13, 1991
Associated Press, »Far Beyond the Beetle: Concept Car Parks Itself«, *San Jose Mercury News,* March 28, 1991.
»These Materials Are Downright Precocious«, *Business Week,* September 16, 1991.
William F. Allman, »The Stuff of Dreams«, *U.S. News & World Report,* November 26, 1990.
Ken Wells, »Adventure Capitalist Is Nipping at the Tail of Big British Airways«, *The Wall Street Journal,* May 22, 1992.
John Huey, »America's Hottest Export: Pop Culture«, *Fortune,* December 31, 1990.
Bronwen Maddox, »Headline Makers«, *Financial Times*, December 17, 1991.
Jeffrey Potts, »Yuppies Help Fuel Demand«, *USA Today,* July 22, 1991.
John Helyar, »Game? What Game? Arenas Emphasize Ambiance and Amenities to Entice Fans«, *The Wall Street Journal,* March 20, 1991.
Mark L. Johnson, »Creating a Masterpiece«, *Home Center Magazine,* May 1988.
Ken Dychtwald with Joe Flower, *Age Wave: The Challenges and Opportunities of an Aging America* (New York: Bantam, 1990).
Stewart Brand, *The Media Lab: Inventing the Future at M.I.T.* (New York: Penguin Books, 1988).
Paul Sherlock, *Rethinking Business to Business Marketing* (New York: The Free Press, 1991),
Arthur Higbee, »With Pink Paint Job Far Behind, Carmakers Tune Ads for Women«, *International Herald Tribune,* June 24, 1992.
»Winged Victory«, *The Economist,* December 2, 1989.
Nicholas Colchester and David Buchan, *Europe Relaunched: Truths and Illusions on the Way to 1992* (London: Hutchinson Business Books Limited, 1990).
Steven Waldman, »The Tyranny of Choice«, *The New Republic,* January 27, 1992.
Andrew S. Rappaport and Shmuel Halevi, »The Computerless Computer Company«, *Harvard Business Review,* July–August 1991.
David A. Aakers, *Managing Brand Equity Capitalizing on the Value of a Brand Name* (New York: Free Press, 1991).

Thomas A. Stewart, »Brainpower«, *Fortune,* June 3, 1991.
Aakers, *Managing Brand Equity.*
Bradley Gale, »Power Brands: The Essentials«, unpublished paper, November 1991.
Simon Holberton, »A Japanese View of Competition«, *Financial Times,* April 26, 1991.
Nicholas Valery, »Thinking Ahead«, *The Economist*, December 2, 1989.

Kapitel 42

Theodore Zeldin, *The French* (New York: Pantheon, 1982).
Clyde W. Burleson, *Interstate Commerce: Regional Styles of Doing Business* (New York: Franklin Watts, 1987).
Paul Cohen, »In the summer of . . . from these guys!«, »Thinking Globally: Healthcare Provider Looks to Japan«, *On Achieving Excellence,* June 1990.
»Japan Needs to Be Understood«, *Industry Week,* April 20, 1992.
Ira Magaziner and Mark Patinkin, *The Silent War: Inside the Global Business Battles Shaping America's Future* (New York: Random House, 1989).
James Morgan and Jeffrey J. Morgan, *Cracking the Japanese Market: Strategies for Success in the New Global Economy* (New York: Free Press, 1991).
»The Unpalatable Key to Global Success«, *Management Today,* June 1992.
Robert M. Pirsig, *Lila: An Inquiry into Morals* (New York: Bantam, 1991).
Tibor Scitovsky, *The Joyless Economy: An Inquiry into Human Satisfaction and Consumer Dissatisfaction* (New York: Oxford University Press, 1978).
Horovitz, Bruce, »Disney Tops Poll of Best Brand Names«, *The Los Angeles Times,* July 10, 1991.
»Domestic Brands Gain in Battle of Perceptions«, *The Wall Street Journal,* July 9, 1991.
Robert B. Cialdini, »A nice demonstration . . . event that precedes it«, *Influence: Science and Practice* (Harper Collins, 1988).
Fredonia French Jacques, *Verdict Pending: A Patient Representative's Intervention* (Garden Grove, CA: Capistrano Press, Ltd., 1983).
Lynn Payer, *Medicine & Culture: Varieties of Treatment in the*

*United States, England, West Germany and France (*New York: Henry Holt and Company, 1988).
Daniel Kahneman, Paul Slovic, and Amos Tversky, *Judgment Under Uncertainty: Heuristics and Biases* (New York: Cambrigde University Press, 1982).
Larry Slonaker, »Airplane 1988: A Disaster Story Wherein Our Intrepid Reporter Does the Unthinkable – Flies 4600 Miles on (Gasp!) Continental«, *San Jose Mercury News,* April 24, 1988.
Hilary Sterne, »Please, Mr. Postman«, *GQ*, November 1991.
David Woodruff, Karen Lowry Miller, Larry Armstrong, and Thane Peterson, »A New Era for Auto Quality: Just as Detroit Is Catching Up, the Very Concept Is Changing«, *Business Week*, October 22, 1990.
William Wiggenhorn, »The Language of Quality«, *Harvard Business Review,* July–August 1990.
Michael Barrier, »A New Sense of Service«, *Nation's Business,* June 1991.
Gary D. Eppen, Ward Hanson, and R. Kipp Martin, »Bundling – New Products, New Markets, Low Risk«, *Sloan Management Review.*
Jerry E. Bishop, »Technology and Medicine: Doctors Get Results By Sending Letters After Treatments«, *The Wall Street Journal,* October 11, 1991.
J. D. Salinger, *Raise High the Roof Beam, Carpenters* (Boston: Little, Brown and Company, 1963).

Kapitel 45

Paul Betts, »A Revolution on the Runway«, *Financial Times,* May 7, 1992.
David Ulrich, »Tie the Corporate Knot: Gaining Complete Customer Commitment«, *Sloan Management Review,* Summer 1991.
David Graulich, »At Home Depot Stores, Training Is by and for the People«, *On Achieving Excellence,* June 1988.
Charles Leinbach, »Purchasing the Design of Service«, *Design Management Journal,* Winter 1992.
Darlene Viggiano, »Trust Your Customers, Says Service Star«, *On Achieving Excellence*, August 1991.
Paul Cohen, »Industry's Game with an Ironclad Guarantee«, *On Achieving Excellence,* August 1991,

Leonard L. Berry and Kathleen Seiders, »Management the Evidence in Service Businesses«, *Design Management Journal,* Winter 1992.
Ron Zemke with Dick Schaaf, *The Service Edge: 101 Companies That Profit from Customer Care (*New York: New American Library, 1989).
Richard C. Whiteley, *The Customer Driven Company: Moving from Talk to Action* (Reading, MA: Addison-Wesley, 1991).
Leonard Berry, A. Parasuranman, and V. Zeithaml, »Understanding Customer Expections of Service«, *Sloan Management Review,* Spring 1991.
Frederick F. Reichheld and W. Earl Sasser, Jr., »Zero Defections: Quality Comes to Services«, *Harvard Business Review,* September–October 1990.
Peggy Taylor, »Can We Talk?«, *New Age Journal,* November–December 1990.
Ron Zemke, »What's Love Got to Do with it?«, *Service Edge,* June 1991.
Sara Noble (ed.), *301 Great Management Ideas from America's Most Innovative Small Companies* (Boston: Inc. 1991).
Stan Rapp and Tom Collins, *The Great American Marketing Turnaround: The Age of the Individual – and How to Profit From It* (Englewood Cliffs, NJ: Prentice-Hall, 1990).
Paul Cohen, »Restaurant's Marketing, Plan: Personalized Service«, *On Achieving Excellence,* April 1990.

Kapitel 46

»The Right Button: Why Machines Are Getting Harder and Harder to Use«, *Newsweek,* January 7, 1991.
William Mullen, »The Low Side of High Tech«, *Chicago Tribune Sunday Magazine,* February 11, 1990.
Alice Rawsthorn, »No frills, no spills«, *Financial Times,* July 31, 1991.
Christopher Lorenz, *The Design Dimension: The New Competitive Weapon for Business* (Oxford: Basil Blackwell, 1987).
Designing for Product Success: Essays and Cases from the TRIAD Design Exhibit (Boston 1989).
Paul Cohen, »John Deere Runs with a New Design Program«, *On Achieving* Excellence, October 1990.

Adam Bryant, »Breaking Molds for Nissan«, *The New York Times,* May 11, 1992.
Rodney Fitch, »Success in Retailing Identities«, *Design Management Journal,* Winter 1991.
Paul Cohen, »Caring Drivers Deliver Prize-winning Customer Service«, *On Achieving Excellence,* April 1992.
»Read It and Weep«, *Newsweek,* January 7, 1991.
Donald A. Norman, *The Psychology of Everyday Things* (New York: Basic Books, Inc., 1988).

Kapitel 47

Morgan and Morgan, *Cracking the Japanese Market.*
Richard B. Chase and David A. Garvin, »The Service Factory«, *Harvard Business Review*, July–August 1989.
Stuart Crainer, »Theatrical Training Techniques Make Museum a Hit«, *On Achieving Excellence,* June 1990.
Paul Cohen, »Capture the Imagination: Create a Total Customer Experience«, *On Achieving Excellence,* March 1992.

Nachwort

Richard Reeves, »As Times Keep Changing, Spring Still Follows Winter«, *International Herald Tribune,* December 6, 1990.

Personenregister

Sachregister

Titel der amerikanischen Originalausgabe: Liberation Management. Originalverlag: Alfred A. Knopf, Inc. Übersetzt von Ursel Reineke mit Christiane Ferdinand-Gonzalez, Inge Franck, Angelika Haarkamp, Sabine und Peter Underwood.

Wenn Sie Fragen, Anregungen oder Beschwerden haben, rufen Sie uns bitte an: Wolfgang Drescher, ECON Verlagsgruppe, Telefon 02 11/43 90 60, Fax 02 11/43 90 668

Die Deutsche Bibliothek – CIP-Einheitsaufnahme

Peters, Tom: Jenseits der Hierarchien, Liberation Management / Tom Peters. Dt. von Team Ursel Reineke. – Düsseldorf; Wien; New York; Moskau; ECON Verl., 1993. Einheitssacht.: Liberation Management <dt.>. ISBN 3-430-17465-1.

 Lektorat: Wolfgang Drescher. Gesetzt aus der Times, Linotype. Satz: Formsatz GmbH, Diepholz. Druck und Bindearbeiten: Franz Spiegel Buch GmbH, Ulm. Printed in Germany. ISBN 3-430-17465-1.